(南)

1945년 12월 생이며, 중국 강소성(江蘇省) 단양(丹陽) ...학과를 졸업하고, 1978년에 푸단대학(復旦大學) 중문과... 우대학(復旦大學)에서 교수를 역임하였으며, 1995년부터 저장대학(浙江大學)으로 옮겨서 저장대학 고적연구소, 중외문화교류센터, 송학연구센터의 교수를 지냈다.

문학, 역사, 철학, 과학 등 연구 분야가 광범위하며, 1968~1978년에는 문학 창작에도 종사하여 문학작품을 발표하기도 하였다. 문학, 철학, 미학 분야에서 많은 연구 업적을 남겼다.

특히 주자학 연구에 헌신하여 주희의 문집에 수록되지 않은 여러 글을 수집해서 엮은 『주희일문집고(朱熹佚文輯考)』, 주희의 생애와 관련한 방대한 직접 자료와 방계 자료를 분석하고 정리하여 주희의 생애를 엄밀하게 재구성한 『주희연보장편(朱熹年譜長編)』, 주희의 일생 학문과 사상, 문학 창작, 정치 활동을 수많은 문헌 자료를 입체적으로 분석하고 다차원적 사유의 시각에서 해석하여 재조명한 주희의 전기인 『주자대전(朱子大傳)』 3부작을 완성하였다. 이 3부작은 주희의 생애와 학문 사상에 관한 한 전무후무한 연구 성과물로, 중국의 성 단위, 국가 단위의 권위 있는 상을 수상하였다.

현재 수징난 교수는 양명학 연구에 투신했는데, 왕수인(王守仁)의 일문, 연보, 전기의 3부작 작업에 남은 정열을 쏟고 있다.

옮긴이 **김태완** (金泰完)

경북 봉화에서 태어나 유년기와 청소년기를 보냈다. 서울로 올라와 숭실대학교에서 철학을 공부했으며, 특히 퇴계와 율곡에 깊은 관심을 두었다. 공부할수록 조선 성리학의 심오한 매력에 빠져들어서 마침내 율곡 이이의 책문을 텍스트로 박사학위를 받았다. 이이의 책문을 통해 조선의 지식인들이 이론과 실천의 조화를 어떻게 추구하고 풀어나가려 했는지를 보면서 감탄하고 이를 알리고자 하였던 노력이 『책문, 이 시대가 묻는다』와 『율곡문답』으로 결실을 맺었다.

그밖에 지은 책으로는 『경연, 왕의 공부』, 『우화로 떠나는 고전산책』, 『살기 좋은 세상을 향한 꿈 맹자』 등이 있으며, 옮긴 책으로는 『정학집요』, 『중국의 고대 축제와 가요』 등이 있다.

주자평전

上

주자평전

上

수징난 지음
김태완 옮김

역사비평사

주자평전, 上

차례

주자평전, 下

차례

【 일러두기 】

1 이 책『주자평전』은 수징난束景南의 『주자대전朱子大傳』(福建教育出版社, 2000 ; 商務印書館, 2003)을 완역했다.

2 원서에는 길게 이어진 문장과 문단이 많은데, 번역할 때 읽기와 맥락을 고려하여서 문장이나 문단을 적절하게 나누었다.

3 이 책의 각주는 원서의 내용 그대로이며, 본문이나 각주 가운데 '＊'로 표시한 간략한 내주內註는 저자가 달았다. 그러나 인물(본이름), 관직, 어려운 개념어(용어 풀이 포함) 등과 관련하여 '＊' 표시 없이 괄호 안에 넣은 내주는 모두 역자가 달았다. 그 밖에 역자가 교감한 내용 또는 원서에서 바로잡아야 할 내용은 '역자 주'로 따로 표시했다.

4 시대 또는 시기와 관련하여 원서에는 연호로만 표기되어 있지만, 독자의 이해를 돕기 위해 역자가 서력을 병기했다.
   - 淳熙四年 → 순희 4년(1177)

5 본문에 나오는 인명이나 지명은 모두 우리식 한자 발음으로 표기하되, 동음은 괄호 없이 표기했고, 필요에 따라 보충한 한자는 괄호로 표시했다. 단, 서문, 후기와 후발後跋 등에 나오는 현대인과 지명은 국립국어원의 중국어 발음 표기법을 따랐다.
   - 趙眘 → 조신趙眘(효종) ※ 남송 황제의 이름은 원서대로 하되, 처음 나올 때 괄호 안에 묘호를 밝혔다.
   - 張帥 → 장 수사張帥司(장효상張孝祥)
   - 劉丈 → 유 어른(劉丈, 유공劉珙)
   - 배우는 사람들이 단서를 찾고(求端), 힘써 공부하고(用力), 스스로 처신하고(處己), ……
   - 張岱年 → 장다이녠張岱年 / 復旦大學 → 푸단대학復旦大學

6 용어는 그대로 쓰고, 명제는 '번역문(원문)'의 형식으로 처리했다.
   - 이기상즉理氣相卽 / 도기상즉道器相卽
   - 하늘과 사람의 도는 둘이 아니고, 죽음과 삶의 이치도 둘이 아니다.(天人無二道, 幽明無二理)

7 인명은 성명에 자字를 함께 붙였든지 성과 자만 썼든지 간에 원문을 따랐다. 성씨만 나와 있으면 맥락을 고려하여서 이름까지 밝혔다. 특히 원서의 인명에서 자나 호號로만 표기된 것은 역자가 일일이 본이름을 괄호 안에 병기했다.
   - 潘 → 반경헌 / 劉 → 유청지 / 陸氏 → 육구연
   - 二程 → 정호와 정이
   - 陸氏 兄弟 → 육구연 형제

● 張魏公 → 장위공張魏公(장준) / 韋齋 → 위재韋齋(주송) / 陸子靜 → 육자정陸子靜(육구연)
● 朱熹仲晦 → 주희 중회朱熹仲晦 / 張栻敬夫 → 장식 경부張栻敬夫
● 東萊呂祖謙 → 동래東萊 여조겸呂祖謙 / 草堂劉致中 → 초당草堂 유치중劉致中(유면지)

8 지명은 원문대로 표기했으나, 필요에 따라 괄호 안에 완칭을 표기했다.
● 婺 → 무주婺州 / 衢 → 구주衢州 / 閩 → 민閩(복건) / 贛 → 감贛(강서) / 湘 → 상湘(호남)
  / 浙 → 절浙(절강)

9 책 이름은 겹꺾쇠(『 』), 편이나 소책자, 시 제목 등은 홑꺾쇠(「 」)로 표기했다.

10 책이나 편지 등의 제목은 이 책 (하)권 말미의 '주요 참고도서' 목록에 따라 정식 명칭으로 표기
  했다. 단, 주희의 『문집』(『주문공문집』)과 『어류』(『주자어류』)는 제외했다.
● 《朱文公文集》, 《朱集》 → 『문집文集』
● 《張南軒文集》, 《張集》 → 『남헌선생문집南軒先生文集』
● 《呂集》, 《東萊文集》 → 『여동래문집呂東萊文集』
● 《答朱》 → 「답주회암答朱晦庵」
● 萬曆《黃岩縣志》 → 『만력황암현지萬曆黃岩縣志』

11 편지나 상소문 종류의 어투는 높임말로 표기했지만 간접 인용이나 강조에는 적용하지 않았다.
  다만, 확실하게 장유長幼가 정해진 친·인척의 형제간에는 평어체를 썼다.

12 관직은 약칭을 완칭 혹은 별칭으로 표기하고, 처음 나올 때 괄호 안에 완칭을 적었다.
● 帥 → 수사帥司(경략안무사)
● 漕臺 → 조사漕司(전운사)
● 潭州帥劉珙 → 담주潭州의 수사帥司 유공劉珙

13 이 책의 부록으로 제공한 '연보', '주희의 저술 목록', '주희와 관련 있는 사람들', '주희와 관련
  된 고적'은 원서에는 없으며, 역자가 따로 정리한 것이다. 각각의 참고도서는 다음과 같다.
● 연보 : 束景南(수징난), 『朱熹年譜長篇(주희연보장편)』, 華東師範大學出版社, 2001.
● 주희의 저술 목록 : 束景南, 「朱熹著述考略(주희저술고략)」, 『朱熹年譜長篇』.
● 주희와 관련 있는 사람들 : 黃宗義(황종희), 『宋元學案』 ; 『朱子(주자)』(최석기 엮음, 술이, 2005) ;
  『宋元時代 학맥과 학자들』(최석기 외, 보고사, 2007) ; http://baike.baidu.com
● 주희와 관련된 고적 : 張立文(장리원) 주편, 『朱熹大辭典(주희대사전)』, 上海辭書出版社, 2013.

한국어판 서문

　한중 두 나라의 아주 오랜 옛날 고대로부터 길이 이어져온 문화 교류 가운데 주자학의 전파와 교류는 사람들의 주목을 가장 많이 끌고 영향이 매우 심원한, 성공적인 사례라고 일컬을 수 있다. 대략 남송 후기에 주희의 중요한 저작인 『사서집주』, 『가례』, 『주자어류』 등이 한국에 전해지면서 주희의 사상은 한국에서 새롭게 해석되고 발전해 나갔다. 그리하여 '동방의 주자'라고 떠받들리는 저명한 이학 대사理學大師 이퇴계李退溪(이황李滉)가 출현하였다. 잃어버린 주희의 문헌 자료 가운데 어떤 것은 도리어 한국에서 잘 보존되고 있다.

　1982년에 한국 학자 이내양李乃揚은 『조선고사휘주본주자어류朝鮮古寫徽州本朱子語類』를 영인 출판하였는데, 이는 20세기 주자학 문헌의 중대한 발견으로서 국제 주자학 연구를 촉진하는 데 큰 영향을 미쳤다. 나는 바로 이런 분위기에서 『주자대전朱子大傳』(편집자 주―이 책 『주자평전』을 가리킨다. 주희의 문집인 『주자대전朱子大全』과 구분하기 위해 한국어판 책 이름은 『주자평전』으로 지었으며, (하)권의 후기·후발에서도 책 이름을 그렇게 명명한다)을 쓰기 시작하였다. 2003년에 나는 한국의 전남대학교에서 주최한 국제 주자학 학술대회(소쇄처사 탄신 500주년 기념 국제학술

대회)에 초청을 받아 참가했는데, 철학과 주임 백은기白殷基 선생으로부터 '주희 연구 프로젝트'를 신청할 수 있다는 소식을 듣게 되었다. 그리고 마침내 1,000여 만 원의 연구 경비를 받았다. 나는 한국에서 이처럼 주희 연구를 중시한다는 사실에 깜짝 놀랐다.

2005년에 한국의 백은영白銀英 여사가 나의 『주자평전』을 번역하고 싶다는 편지를 보내왔기에, 흔쾌히 출판계약서에 서명을 하였다. 그 뒤 숭실대학교의 김태완 선생이 10년 동안 조금도 게을리하지 않고 부지런히, 온갖 곤란을 극복하고 고통스러운 번역 작업을 한 끝에 마침내 『주자평전』의 한국어판을 완성하였다. 안목이 높고 원대한 한국의 역사비평사는 시간과 공을 들여서 이 『주자평전』을 출판하기로 결정하였다. 편집장 조수정 선생은 다음과 같이 열정이 넘치는 편지를 내게 보내왔다. "『주자평전』은 김태완 선생님께서 이미 초벌 번역과 두 차례에 걸친 검토를 끝마친 상황입니다. 이미 예상은 하고 있었지만, 번역된 원고로 보니 말 그대로 대작임을 실감합니다. …… 『주자평전』은 …… 한국의 독자들에게 꼭 필요한 책이라는 점에서 더욱더 교정·편집에 정성을 들일 것을 감히 약속드립니다. 주희에 대해 한국에서는 사상적으로 많이 연구되고 있지만, 정작 주희의 삶을 깊이 있게 써 내려간 책은 부족하다는 점에서 수징난束景南 선생님의 『주자평전』은 틀림없이 좋은 반응을 불러일으키리라 생각합니다." 나는 한국의 독자들이 이 책에 대해 이처럼 관심을 느끼고 있으리라고는 생각지 못하였다. 다만 이 책이 한국 독자의 기대를 저버리지 않기만을 바랄 뿐이다.

나는 주희의 사상이 인류 공동의 문화유산이라고 생각한다. 오랫동안 주희를 연구하면서 다음과 같은 사실을 인식하게 되었다. 주희는 12세기 중국에서 존재론의 대사大師로, 그가 세운 '도道' 본체의 존재론 체계는 우주의 '존재' 문제를 해결하는 데 그 취지가 있는 사상 체계이다. 그는 '도'와 '존재'를 깊이 사색하여서 '있음(在)'과 '있는 것(在者)', '내가 있음(我在)'과 '그가 있음(他在)', '형상形上'과 '형하形下', '이일理一'과 '분수分殊'를 캐물어서 체용일원體用一源, 현미무간顯微無間(본체와 작용은 근원이 같고, 현상과 본질은 간격이 없다)이라는 '이일분수'의 우주 존재를 세웠으며, '아도합일我道合一', '만물일체萬物一體'로써 '사람'이 우주 존재에서 차지하는 지위를 확립하였다. 주희는 또 봉건 군권 사회의 인본주의적 '인간학(人學)'의 대사로서, 그가 세운 인본주의 '인간학' 체계는 '사람' 자신의 문제를 해결하는 데 그 취지가 있는 사상 체계이다. 그는 '사람'을 근본으로 삼고 '인仁'을 인간관계의 준칙으로 삼아서 '사람을 사랑(愛人)'했으며, 인간관계의 화합, 사회의 화목, 국가의 대치大治, 천하의 대동大同을 주장하였다. 그뿐만 아니라 중고中古 시대에서 근세로 전환하는 시기에 인성을 구속救贖한 대사로서 한 시대 인성의 소외와 무거운 죄악을 짊어진 '석가모니' 또는 '그리스도'에 견줄 수 있다. 주희가 세운 '성즉리性卽理'의 '성학性學' 체계는 '인성' 문제를 해결하는 데 그 취지가 있는 사상 체계이며, 인성을 선善으로 회복시킴을 귀결로 삼는다. 그는 거의 '내가 지옥에 들어가지 않으면 중생은 믿을 바가 없다'는 순도자殉道者의 비장함을 가지고 옳음을 위해 뒤도 돌아보지 않으며 인성 구속의 가시밭길을 밟아 나아가 끝내 돌아오지 않았다.

인성 구속과 인성 완성은 인류 문명의 진화·진보에 대한 영원한 주제이다. 이 때문에 주희의 현재적 가치는 바로 그를 전통문화의 역사적 거울로 삼아 그가 인성 구속의 길을 걸어간 발자취와 그의 인성 구속의 사상 체계가 형성한 정신적 역정을 탐색하여서 현대사회의 인성 소외, 정신적 위기, 도덕 상실을 반성하고, 그럼으로써 현재 포스트모더니즘 사회에서 인성의 소외를 겪고 있는 현대 문명인에게 인성 구속과 인성 완성의 현실적인 새 길을 밝히 보여줄 수 있다는 점이다. 나는 바로 이 점이야말로 오늘날 우리가 주희를 연구하는 의의라고 생각한다.

형상은 본체가 되고	形上爲體
형하는 작용을 드러낸다	形下顯用
태극은 (음양을) 품고 있고	太極合抱
음과 양은 서로 운동한다	陰陽互動
나와 도는 합일하고	我道合一
만물은 함께하여서	萬物與共
(사람의) 참되고 선함과 (천지의) 크고 아름다움이	眞善大美
화해하고 대동한다	和諧大同
마음은 인애를 주로 하고	心主仁愛
도는 중용으로 행해진다	道行中庸
인륜의 한 도는 충서를 꿰고	人倫一道貫恕忠
백성은 내 동포 만물은 내 동무	民吾同胞物吾與
사해 안이 모두 형제로다	四海之內皆弟兄

원컨대, 이 책이
인성 구속의 노래가 되어서
현대 세계의 대중에게 불리기를.

—— 저장대학浙江大學 송학연구센터宋學硏究中心에서

2015년 5월 1일 수징난束景南

장다이녠張岱年의 서문

　　주희는 중국 근고近古 시대 최대의 철학가로서, 그의 학설은 계통이 굉대하고 조리가 치밀하다. 그는 북송의 주돈이周敦頤, 소옹邵雍, 장재張載, 정호程顥와 정이程頤 등 여러 위대한 철인哲人의 학설을 종합하여, 확실히『중용』에서 말한 것처럼 '널리 배우고, 깊이 묻고, 신중하게 생각하고, 분명하게 분석하고, 독실하게 실천(博學之, 審問之, 愼思之, 明辨之, 篤行之)'하였다. 그는 '존덕성尊德性(덕성을 존중함)'과 '도문학道問學(학문의 길을 밟음)' 두 가지를 함께 종합하였는데, 비록 동시대 육구연陸九淵의 학문과 서로 대립했지만 실제로는 이미 육학陸學의 '존덕성'을 자기 학설 가운데 포괄하였다. 그는 '이치가 일에 앞서 있다(理立事先)', '이치가 사물에 앞서 있다(理在物先)'는 말을 공언함으로써 진리에 위반됨을 면하지 못했지만, 광대한 학문 체계와 명석한 조리는 지금까지 그와 견줄 만한 사람이 없다. 그의 일생 경력은 대단히 복잡하지만 처음부터 끝까지 언행이 일치하였고, 결코 자기의 사상을 위배하지 않았다. 그의 일생은 철학가의 일생으로서 부끄럽지 않다.

　　근년에 국내외에서 '주자학朱子學'을 연구하는 사람이 많이 늘어나, 수많은 새로운 저작을 발표하였다. 첸무錢穆 선생의 『주자신학안朱子新學案』, 찬윙칫陳榮捷 선생의 『주자신탐색朱子新探索』, 천라이陳來 동지의 『주희철학연구朱熹哲學硏究』는 모두 다른 방면에서 앞사람의 성과를 뛰어넘었다. 이 책들은 모두 만족스러운 성취를 이루었다. 수징난束景南 동지는 7년 동안 노력하여 『주자평전』을 썼는데, 주자의 모든 저작과 어록을 자세히 읽었을 뿐만 아니라 앞사람들이 주의하지 못했던 관련 사료史料를 광범위하게 열독하고, 수많은 자료를 널리 찾고, 심오하고 깊이 숨은 진리를 탐구하고 찾아내서 새로운 견해를 많이 제시하고, 숱한 의문과 난제를 해결하였다. 이는 '주자학' 연구에 관한 새롭고 중요한 성과임을 긍정해야만 한다.

이 『주자평전』은 주자를 '중국 전통문화의 후기를 대표하는 인물로 삼아 다차원 문화(多維文化)의 시야에 두고서 고찰을 한' 책이다. 이 관점은 참신하며, 찬양할 만한 가치가 있다. 『주자평전』은 수많은 의문과 난제를 광범위하고 세밀하게 고찰함으로써 사람들이 신뢰할 수 있는 결론에 도달하였다. 수징난은 『주자평전』에서 주자와 불교, 도교의 관계를 상세하게 논술하였다. 근래 사람들은 '삼교합일三敎合一'을 즐겨 말하면서 주학朱學이 불교와 도교를 융회融會하였다고만 말하고, 주희가 '불교와 도교를 물리친 일(辟佛老)'에 대해서는 주의하려고 하지 않는다. 이 책에서 수징난은 "주학朱學은 새로운 유학의 하나로서, 당시 사회에 범람하고 횡행하던 불교와 도교에 반대하여 나온 직접적인 산물이다. 이 기본적인 역사적 사실을 떠나서는 주희가 불교와 도교를 융합한 점을 말할 수 없다."고 지적하였다. 나는 이 관점이 완전히 정확하다고 생각한다.

주희가 당중우唐仲友를 탄핵한 일에 관해 근래 사람들은 '반이학反理學'의 편협한 태도를 품고서 당중우를 꽤 동정하는데, 『주자평전』은 아주 확실한 자료를 가지고서 당중우의 탐오貪汚한 죄행을 까발리고, 동시에 세상에 전하는 「복산자卜算子」라는 사詞가 엄예嚴蕊의 작품이 아니며, 엄예가 사를 지어서 억울함을 하소연했다는 홍매洪邁의 『이견지夷堅志』에 기록된 내용이 완전히 허구임을 고증해냈다. 이 고증도 신뢰할 만하다.

이 책에서는 주희가 올린 「무신봉사戊申封事」에 대해 평가하면서 "남송 사회에 대한 첫 번째 전면적인 해부로서, 비분강개하고 이지적이며 냉정하게 교직된 말을 진술하는 가운데 철인의 드넓고 큰 명철한 지혜가 고동친다. ……"고 여겼는데, 나는 이 상세한 해석 역시 깊이가 있다고 생각한다.

이 『주자평전』은 새로운 관점으로 써낸 철인의 전기로서, 정밀한 고증과 상세한 분석이 모두 새로운 수준에 도달하였다. 나는 수징난의 이 책이 심혈을 기울여 쓴 훌륭한 저작이라고 여기며, 이에 몇 마디 간략한 군더더기 말로 서문을 삼는다.

— 베이징대학에서 **장다이녠**張岱年
1988년 12월

찬윙칫陳榮捷의 서문

　　주자의 생애에 관한 연구는 통상 그의 '행장行狀'과 '연보年譜'를 근거로 삼는다. '행장'은 그가 학문의 단서를 추구하고 노력을 기울인 정밀한 의의와 도道에 나아가고 덕德을 성취한 중요한 귀결에 관해 남김없이 상세하게 진술하였고, '연보'는 그가 스승을 구하고 벗을 사귄 일에 대해 본말을 풀이하고 서술하였으며, 출처出處와 진퇴進退, 관직에 올라 정치에 임한 행적에 관해 '행장'과 마찬가지로 거의 모두 빠짐없이 상세하게 담고 있다. 그러나 '행장'은 그의 종교 생활에 대하여 다만 '拜於家廟以及先聖(가묘와 선성에 참배했다)'이라는 여덟 자와 '其祭祀也(제사를 지냈다)'라는 두 줄만 싣고 있다. 주자의 배우자에 관해서도 다만 "유씨劉氏에게 장가들었는데, 유씨는 석인碩人으로 추봉追封되었다. 유씨는 백수초당白水草堂(백수와 초당은 유면지의 호)의 딸로서 …… 에 졸卒하였고, …… 에 묻혔다."고 하였다. '연보'는 더 소략하다. 이런 면에 소홀하고 간략한 까닭은, 이런 내용이 주자에 대한 주된 취지와 무관하거나 사사로운 일이라 공개하기에 마땅치 않았기 때문이리라.

　　그러나 근세에는 학문의 시야가 이미 크게 넓어졌다. 사회학·심리학 등이 잇따라 성립해서 문학·역사·철학의 범위를 초월하였다. 곧 심리학으로 말하자면, 전통적으로는 모두 시詩와 사詞로써 심정을 표현하는 작품으로 삼았다. 그러나 큰 소리로 노래하고 호방하게 술을 마시는 것으로도 충분히 감정을 드러낼 수 있다. 그러므로 새로운 학문의 관점에서 볼 때 이런 방면의 생활은 '행장'과 '연보'에서 당연히 상세하게 진술해야 한다. 또한 빈곤과 병이 주희를 번갈아 괴롭힌 일도 사람들이 모두 아는 바이다. 그러나 '행장'과 '연보'는 자질구레한 몇 마디 말뿐이어서 상세하지 못하다.

이번에 수징난束景南 교수가 지은 『주자평전』은 다차원 문화(多維文化)의 시야에서 연구하여 '행장'과 '연보'의 미비한 점을 보완하였다. 나는 일찍이 그가 쓴 「복산자비엄예소작고卜算子非嚴蕊所作考(복산자는 엄예의 작품이 아님을 고증함)」를 꼼꼼히 읽은 적이 있는데, 악림岳霖의 판결 및 재기才妓가 사詞를 지었다는 설이 허무맹랑한 말임을 실증하였다. 또 「주돈이태극도설신고周敦頤太極圖說新考」도 꼼꼼히 읽은 적이 있는데, 그 글에서 수징난은 진단陳摶이 주자周子(주돈이)에게 태극도太極圖를 전수한 경위와 더불어, 도교에서 역시성단逆施成丹을 그린 무극도無極圖와 순행조화順行造化를 그린 태극도를 그림 하나로 그려서 두 가지 용도로 사용한 것임을 설명하였다. 그가 고증과 근거를 정확하게 하고 수많은 전적을 끌어와 입증하였음을 알 수 있다. 그의 학문 방법은 참으로 상승上乘에 속하며, 또한 새로운 견해도 많다. 앞으로 반드시 중국 문화를 드러내기 위해 새로운 생명력을 더할 터이니, 주자 연구를 추진하는 데만 그치지 않을 터이다. 그러므로 기꺼이 서문을 쓴다.

— 미국에서 **찬윙칫**陳榮捷

　활력이 있는 어느 민족이라도 때때로 자기의 문화 전통을 반성하지 않으면 자아를 인식하지 못하고, 따라서 전통과 자아를 초월하지 못한다. 만일 주희를 공자와 마찬가지로 중국 전통문화의 당연한 대표자라고 한다면 전통과 자아를 새로이 알아야 하는 것과 마찬가지로 주희를 새로이 알아야 한다. 그러나 지금까지 사람들은 줄곧 이런저런 방식으로 주희를 '성인聖人'으로 삼아서 연구해왔다. 곧 그를 '성인'으로 삼고서 찬송하거나, 아니면 '성인'으로 삼고서 비난했던 것이다. 이로 말미암아 연구 방식이 고정되고 경직되었다. 그 결과 그의 생활에서 다차원 문화의 사회적 네트워크 가운데 형성된 복잡한 유가의 영혼과 문화적 심리 상태(心態)는 보이지 않게 되었고, 살아 있는 한 '사람(人)'은 '증발'해버린 채 딱딱한 철학 원리와 정치 신념의 상징적 부호가 되어서 사람들이 저마다 자기가 필요한 대로 어떤 한 '측면(面)', 어떤 한 '차원(維)'을 붙잡아서는 그를 찬양하기도 하고 깎아내리기도 하고, 기리기도 하고 헐뜯기도 했던 것이다.

　우리에게는 주희 연구의 방법에서도 똑같이 '고전'에서 '근대'로 이르는 혁명, 일차원에서 다차원으로, 정치 문화의 표층에서 심리 구조의 심층으로 이르는 혁명이 필요하다. 일단 우리가 주희라는 생명을 가진 몸뚱이와 피와 살을 지닌 영혼을 다차원 문화의 시야에 놓고서 전 방위적으로 문화적인 묘사를 진행하고, 그의 문화 성격과 심리 구조(*심리 상태)에 대한 탐구로부터 전체 중국 전통문화에 내재된 고갱이(纛)를 드러내간다면, 고전적인 주희 연구의 시대는 끝날뿐더러 주희를 고대의 성인이나 현대의 구세주로 삼아서 진행하던, 그러한 순전히 정치적인 찬양이나 비판의 시대는 종결을 고하리라.

주희에 대한 연구에는 두 가지 다른 방향으로 사유하는 연구 방법이 있다. '고전'적 연구 방법은 사람의 살아 있는 문화개성, 문화심리를 '여과'해서 일반적인 철학 원리, 인생의 신조와 정치 원칙으로 삼는 것인데, 이는 구체적인 데서 논리적 추상으로 상승하는 방법이다. 나의 연구 방법은 이와는 상반된다. 한 시대의 철학적 의식, 인생의 신념과 정치적 추구를 현실의 살아 있는 사람의 문화개성, 문화심리 상태로 환원하는 방법이다. 이는 추상에서 역사적 구체성으로 상승하는 방법으로서, 살아 있는 문화 환원법이라 부를 수있다.

내가 쓴 이 책은 심리 상태를 연구한 것이자 전기체傳記體 형식으로 도학道學의 문화심리 상태를 연구한 저작이다. 나는 책의 첫머리에서 바로 다음과 같은 사실을 지적한다. 주희와 같은 일류一類 문화적 위인의 "한평생 사상활동과 문화심리 상태의 발전 역정은 그가 처한 시대의 인류 문화 사상의 역사적 진행 과정을 논리적으로 재현하며, 그 개인이 일생 동안 겪은 곡절 많은 정신적(心路) 역정은 한 민족이 갖는 심리 상태의 전체 역사를 농축하고 있어서 마치 문화의 '배태胚胎'처럼 후세 사람에게 그 시대 사람들의 문화심리와 문화양식의 역사에 대해 '발생학'적 연구를 형성하게끔 한다." 여기서 나는 나의 문화 환원법적 역사 연구에 대해, 그리고 이 책에서 이 방법을 어떻게 운용하고 있는지에 대해 간단명료하게 논술하였다.

우리의 수많은 주자학 연구 저작 가운데는 뜻밖에도 주희의 문화심리 상태를 연구한 책이 한 권도 없는데, 도리어 서양의 콘라드 쉬로카우어Conrad Schirokauer가 「주희의 정치 경력 : 모순 심리의 연구(Chu Hsi's Political Career : A Study in Ambivalence)」를 써서 주희가 지닌 양극 대립의 도학적 심리 상태에 주의를 다소 기울였다. 만일 심리 구조가 어떤 유형의 문화에서 가장 심층에 있는 핵심이라고 한다면 역사적 인물에 대한 문화적 연구는 마땅히 사람의 심층심리 구조를 탐구하고, 어떤 개체(*혹은 어떤 공동체)의 신상에 대한 '원생태 原生態(*혹은 자연태自然態)' – 심리 상태에서 그러한 심리 구조를 탐구하는 것을 근본 특징으로 삼는다. 그러나 사람의 심리 상태는 그를 낳은 문화생태의 환경과 사회 역사의 환경에서 벗어날 수 없다. 왜냐하면 사람·문화·사회는 유기적 통일을 이루고 있기 때문이다.

서양에서는 19세기 이래 형형색색의 문화사회학 이론과 방법이 구름처럼 뭉게뭉게 일어나서 스펜서H. Spencer, 타일러E. B. Tylor로부터 20세기 신실증주의에 이르기까지 문화진화론을 고취하였고, 프랑스의 문화영역론, 영국의 문화전파론, 미국의 역사학파가 문화전파론을 선양하였으며, 프랑스의 '아날 학파 사회학'과 영국의 말리노우스키B. Malinowski로 대표되는 기능주의학파, 1940~1950년대의 구조주의가 문화기능론을 기치로 내걸었고, 종족宗族 심리학파, 프로이드주의, 기호상호기능주의, 존재론, 현상학은 문화의 심리적 해석을 중시하였다.

비록 그들의 문화사회학 이론과 방법은 모두 과장된 데다 한쪽으로 치우친 문제가 있었지만, '문화'를 '사람' 및 '사회'와 연계하여 일체로 삼아서 고찰함으로써 문화의 본질을 파악하였다. 영국의 사회학자 에반스 프리처드E·Evans-Pritchard는 아프리카 누어Nuer 족의 문화를 연구하면서 그들의 공간 관념이 결코 생태 공간이 아닌 씨족 촌락 간의 관계(*이른바 구조 공간)에 의해 결정된다는 점을 발견하였다. 마찬가지로 그들의 시간관념도 생태 시간에 의해 결정되는 것이 아니라 경제적인 작업이나 사회적인 사건 등에 달려 있다. 이는 문화가 사회와 불가분의 관계에 있음을 보여준다.

파슨즈Parsons는 『현대사회의 체계(The System of Modern Societies)』에서 사회의 진행 구조를 '행동적 유기체', '인격체계', '문화체계', '사회체계'라는 네 가지 체계로 나누었다. 만일 우리가 '심리 상태의 체계'로써 '행동적 유기체'와 '인격체계'를 대체한다면, 이는 '심리 상태의 진행 구조'를 구성할 것이다. 왜냐하면 누구든 다원적 문화(多維文化)의 네트워크로 이루어진 사회에서 살아가는데, 문화생태의 환경과 사회 역사의 환경이 두 방면에서 사람의 심리 상태를 규정하면서 사람·문화·사회의 삼중 교차와 쌍방 교류의 유기적 계통을 구성하기 때문이다.

사람은 사회관계의 총화이다. 사람은 특정한 사회를 조직하고 사회도 특정한 사람을 낳아 기른다. 사람은 문화를 창조하는 주체이다. 사람이 문화를 창조하는 동시에 문화도 사회를 생산하고 규범화한다. 이 때문에 사람은 사회와 문화의 매개이며, 복잡한 심리 구조를 가진 사람은 문화 연구의 출발점이다. 그런데 심리 상태는 사람·문화·사회의 삼중 교차와 쌍방 교류의 충격 가운데에서 형성하고 발전한 것이다. 문화 환원법의 연구는 바로 사람·문화·사회의 삼중 교차와 쌍방 교류의 '대문화大文化'를 배경으로 삼아 구체적으로 표현되어 심리 상태에 대한 생동하는 형상으로 전개된다. 따라서 나는 주희를 연구하면서, 유행하는, 판에 박은 듯한 철학 교과서와 철학 강의의 연구 방법과 저작 방법을 버렸다. 무한히 복잡한 문화의 다차원적인 '사람'을 본체론·인식론·도덕론 등과 같은 논리적 형식에 따라 간단히 분할하는, 그러한 철학 연구는 '사람'의 복합적이고 심층적인 심리 구조의 파란만장한 움직임을 묘사하기에는 거의 무능력하며, 또한 무한히 풍부하고 생동하는 전체 심리 상태는 이런 기계적 분할 가운데에서 해체되어버리기 때문이다.

문화 환원법적 연구의 특징은 추상을 구상(*감성적 구상이 아니라 이성적 구상)으로, 부분 분할을 전체 조합(*기계적 분할이 아니라 유기적 조합)으로 만듦으로써 문화 심리 상태 연구의 요구에 부합한다. 나는 주희의 도학문화道學文化의 심리 상태를 연구하면서 전기체傳記體 형식을 빌려 주희라는 이 '사람'을 사람·문화·사회의 삼차원적 유기적 계통에 두고 고찰하려고 한다. 이렇게 하여 주희의 문화심리 상태에 대한 탐구는 사회 문화의 배경이라는 거시적 전개와 심리 구조의 미시적 투시가 통일을 이룬 데서 진행될 수 있다.

'사람'에서는 파슨즈가 말한바, '성격 계통'과 '행위 계통'을 충분히 드러낸다. 성격 계통과 행위 계통은 한 사람에 대한 심리 상태의 계통을 조직하며 이 둘은 본래 나눌 수 없다. 주희라는 '사람'(*'성인'이 아니라)을 묘사하는 것은 그의 복잡한 도학적道學的 성격, 복잡한 도학적 행위, 복잡한 유가적儒家的 자아, 복잡한 문화적 심리를 묘사하려는 것이다. 한마디로, 양극으로 대립하는 그의 도학적 심리 상태의 전체적인 복잡성을 묘사하지만, 그의 살아 있는 문화 영혼을 무미건조한 철학의 틀로 가닥가닥 분할하여 정화하는 것을 피하려 한다. 통시적通時的 연구를 통해 그의 한평생 사상적 변화 발전과 전후의 차이를 드러내며, 일반적인 철학이 채택한 바, 발전 관념을 결핍한 공시적 共時的 연구의 인증引證과 논술을 피하며, 걸음걸음 전개된 주희의 사상적 역정을 통해 그의 심리 상태 계통에 대한 동태적 전개를 문화발생학과 문화심리학, 문화역사학의 삼자 합일로 묘사하는 데 중점을 두고자 한다.

'문화'에서는 사람의 뒤에 대문화의 굉대한 역사를 배경으로 두고서, 횡적으로는 주희가 처한 문화적 환경과 문화적 분위기를 서술할 뿐만 아니라 종적으로는 그에게 깊은 영향을 미친 문화적 계승의 노선과 문화 발전의 맥락을 서술할 것이다. 말하자면, 주희가 가진 도학문화 심리 상태의 역사적 탄생을 종적인 문화 전통과 횡적인 문화 현실의 역사적 교차점에 놓고서, 또 이 교차점을 문화의 초점으로 삼아 그의 도학적 심리 상태를 들여다보는 것이다. 그를 제약하고 규범 속에 가둔 문화적 환경을 서술할 뿐만 아니라 그가 이런 문화적 환경에 영향을 미치고 변화를 일으킨 방법을 서술함으로써 도학문화 심리 상태의 출현이 인간화한 문화 환경 및 문화 환경의 인간화라는 쌍방향의 역사적 교류의 필연적 결과임을 드러내겠다. 이런 거대한 문화의 배경 속에서 주희에 대하여 철학적 연구를 진행하고, 또한 정치적·경제적·문학적·역사학적·자연과학적 및 심리적·성격적·행위적·도덕적 연구를 진행하겠다. 한마디로 그에 대한 다차원 문화의 연구를 진행할 것이다.

'사회'에서는 주희의 이학理學을 낳은 일반적인 사회 환경을 서술할 뿐만 아니라 '이 한 사람' 주희 및 그의 독특한 심리 상태를 낳아 기른 특수한 사회적 환경을 서술하려고 한다. 일종의 개방된 문화적 성격의 계통을 가지고서 그가 관직에 올라 정치를 하고 학문을 강론하고 제자들을 가르치며, 제왕과 장수, 재상, 높고 낮은 관리, 크고 작은 학파와 사상가, 정객, 관료, 시인, 사우師友와 제자, 선승과 도교도 등 삼교구류三敎九流의 여러 인물들과 빈번하게 교류한 사회적 활동을 펼쳐 보인다. 도덕적 위기가 일어난 사회는 도학의 심리 상태를 낳아 기른 온상이었다. 만약 도학(*이학)이 사회의 정신적 위기 속에서 사람의 가치 관념을 중건한 것이라면, 도학의 심리 상태는 이러한 가치 관념의 중건에 도움을 받아서 도달한 일종의 심리적 조절이고 심리적 평형이다. 이런 점에서 오직 송 대宋代의 도덕적 타락과 이욕利欲의 범람, '털 끝 하나 머리카락 하나 병에 걸리지 않은 곳이 없는' 사회에서만 비로소 유가 심리 상태의 규범 상실로부터 도학 심리 상태를 중건하는 방향으로 전환한 심각한 동인을 찾을 수 있다. 따라서 한편으로는 이학 문화의 창건자로서 주희의 가장 깊은 복잡한 심리 구조를 모두 드러내 보이고, 또 한편으로는 동시에 그가 처한 시대의 전체 사회에 대한 모든 문화적 풍모를 생동성 있게 드러내 보인다.

어떤 문화에 대한 연구라도 문화 주체에 대한 연구에서 벗어난다면 의미가 없다. 사람은 능동적으로 문화를 창조하는 주체이므로 문화 주체가 없다면 문화적 객체(*인간화한 객체를 가리키지 비인간화한 자연 객체가 아니다)도 없기 때문이다. 어떤 문화 유형이라도 결국 문화적 주체의 심층심리 구조로 응축해야만 비로소 현실 존재의 존재 의의를 획득할 수 있다. 문화 환원적 연구는 문화적 주체를 돌출시켜서 문화 일반에 대한 추상적 연구를 문화적 주체에 대한 구체적 연구로 환원시키고, 문화적 주체를 다차원 문화의 광활한 시야에 놓고서 그 심층적인 문화심리 구조를 자세히 살펴보는 연구이다. 철학의 추상적 연구가 배제하고 내버린 주체의 문화심리 상태, 문화 성격, 문화심리, 문화 행위는 여기서 주요한 연구 대상이 되며, 문화적 주체의 심리 상태로부터 한 시대 한 민족의 전체 문화 전통과 문화심리를 들여다볼 수 있게 된다. 이와 같이 사회 문화와 문화양식에 대한 연구는 문화 주체의 인격심리와 심리 상태에 대한 연구로 환원된다. 왜냐하면 문화는 일종의 각 개별 행위 요소의 배열이며 게슈탈트Gestalt이기 때문에 여러 문화에는 모두 일종의 주도적인 가치 관념이 있으며, 아울러 이러한 주도적 가치 관념에 비추어 행위 원소를 선택함으로써 어떤 정합성整合性을 얻고 어떤 문화양식을 형성한다.

베네딕트R. Benedict가 제출한 문화적 환원은 바로 문화적 양식을 인격심리의 특징으로 환원한다. 그녀는 인격심리의 특징으로 일종의 문화적 양식을 개괄하고 특징화하여서 문화적 양식을 심리학의 유형으로 환원한다. 『문화의 패턴』에서 그녀는 "문화는 인격(personality, 인성)이 제도에서 확대된 것이다."라는 생각을 밝혔다. 문화는 인격심리가 특징적으로 규범화하고 제도화한 것이다. 문화가 내면화하여서 인격심리가 되기 때문에 각종 문화는 그에 상응하는 인격심리학의 유형으로 나뉠 수 있다. 인격심리의 특징은 문화의 중요한 좌표계坐標系가 되며, 서로 다른 문화는 모두 이 좌표계 위에 반영하고 표시할 수 있다. 그리하여 문화를 심리학의 특징으로 환원한 다음, 서로 다른 문화를 모두 이 좌표계에서 그에 상응하는 것으로 대치할 수 있다. 베네딕트 스스로는 니체의 디오니소스형 인간과 아폴론형 인간의 심리 특징을 이용하여 원시 문화의 특징을 묘사한다.

나는 이 책에서 주희를 결코 일반적인 역사 전기의 인물로 삼지 않고 이학 문화를 창조한 주체로 삼아서 구체적으로 연구하겠다. 동양의 유가적 전통문화는 구체적으로 일종의 도학적 인격심리의 특징으로 환원되어서 우리로 하여금 그의 도학문화의 성격과 문화심리 상태를 통해 전체 유가적 전통문화의 모든 내재적 활력과 내재적 모순을 투시할 수 있게 할 것이다. 이러한 문화 환원은 저절로 동력학적動力學的인 것이 된다. 문화 주체의 인격심리는 곧 동력 계통의 하나이기 때문이다. 슈許, Hsu가 『심리인류학 : 문화와 인격의 관점』에서 말했듯이 인격은 개인이 생존하는 일생 동안 사회·문화와 상호작용하는 과정을 가리킨다. 그래서 그는 인격을 일종의 불변하는 실체로 이해하는 데 반대한다. 이 또한 내가 전기체를 이용하여 주희의 도학 인격심리를 동력학적으로 묘사하려는 까닭이라고 할 수 있겠다.

바로 이러한 방식이 이 책에서 내가 제출한 일종의 문화환원적 연구 방법이다. 이 방법은 주희의 심리 상태가 거쳐 온 과정의 역사가 되어 세계적인 주자학 연구에서 공백 한 칸을 채워 넣을 수 있지 않을까? 나는 시간의 검증을 기다리고 있다.

— 수징난束景南

제1장
몰락한 세가의 부침

쇠락한 세상에 탄생한 성인
우계尤溪와 포성浦城에서 수도로
건구建甌 환계環溪에서

쇠락한 세상에 탄생한 성인

위인은 모두 시대의 거울이다. 한 시대의 문화적 위인은 또한 한 시대의 문화적 두뇌이자 영혼으로서, 시대의 봉우리에 거인처럼 우뚝 서서 사람들의 정신적 추구와 문화적 가치가 나아갈 방향을 움켜쥐고 있다. 자기 일생의 사상 활동과 문화심리 상태의 발전 역정은 그가 처한 시대에 인류 문화 사상의 역사적 진행 과정을 논리적으로 재현한다. 곧 그 개인의 일생에 걸친 곡절 많은 정신적(心路) 역정은 한 민족 전체가 갖는 심리 상태의 역사를 농축하고 있으며, 마치 문화의 '배태胚胎'처럼 후세 사람들에게 그 시대 사람들의 문화심리와 문화양식의 역사에 대해 '발생학'적 연구를 하도록 하고, 유한한 개체인 그의 일생을 한 시대 문화심리 상태의 전개로 간주해서 해부하게끔 한다.

당唐 말과 오대五代로부터 송 대宋代에 이르는 시기는 유학이 쇠미해지고 사회가 불안하게 들끓던 쇠락한 시대였다. 내우內憂와 외환外患이 교대로 일어나 빈곤과 쇠약이 쌓이고 쌓였지만, 오히려 사람들의 욕망이 넘쳐흐르고 도덕은 사라졌다. 선비(士子)들은 신앙이 무너지고 심리적으로 규범을 상실한 데 따른 미망迷惘과 고통을 오랫동안 겪었기 때문에 일찍부터 이러한 문화적 위인의 출현을 고대하고 그를 통해, 이미 잃어버린, 정신을 유지하는 역량을 지닌 전통 유가 문화의 가치 관념과 민족의 심리적 구조가 다시 주조되기를 기대하였으며, 또한 그런 위인을 불러냈다. 그러나 쇠락한 세상에 문화적 위인은 어쩌면 그리도 더디 오는지, 중원이 함락되고 산하가 찢기고 나라가 무너지고 집안이 망하는 피와 불의 재촉을 겪고서야 '성인聖人'의 모습으로 시대의 요구에 부응하여서 진세塵世에 강생降生했던 것이다.

민중閩中(복건)의 기이하고 빼어난 산수의 품 안에서 우계尤溪는 푸른 물이 띠 모양으로 굽이굽이 남검南劍을 가로질러 북으로 올라가다가 세차게 쏟아져 내리는 삼계三溪의 물과 합쳐서 장대하고 광활한 민강閩江을 이룬다. 전란으로 모조리 약탈당하는 수난을 이제 막 겪은 우계현尤溪縣은 먼지를 뒤집어써서 누렇게 보이는 더러운 구슬처럼 우계 서쪽 기슭에 버려져 있었다.

건염建炎 4년(1130) 9월 15일, 중양절重陽節이 막 지난 때였다. 퇴락하여 쓸쓸한 산성에는 울타리 가에 망국의 한을 모르는 국화만이 허물어진 낡은 집에서 풍기는 담담한 계수나무 향기와 함께 솔솔 부는 가을바람 속에 아직 피어 있었다. 바로 이날 오시午時에 우계 현성縣城 북쪽 청인계靑印溪의 남산(*나중에 육수봉毓秀峰으로 불린다) 아래 다른 지방 출신의 실직 관원이 우거하는 정씨鄭氏의 관사館舍에서 여위고 약한 갓난아기가 인간 세상에 태어나서 내지르는 고고성呱呱聲이 울려 퍼졌다. 마치 나지막하게 흐느끼는 우계의 시냇물에 호응이라도 하는 듯이.

정씨 관사에 우거하는 이 집안의 가장인 주송朱松은 자字가 교년喬年이고 본적은 무원婺源이다. 타고난 성격이 조급하여 스스로 호를 위재韋齋라고 하였다. 훗날 음양풍수陰陽風水 선생이나 참위가讖緯家들은 '하늘이 큰 임무를 내린 이 사람(天降大任於斯人)'에 대한 신기한 조짐을 허구로 만들어내서는 이 아기의 탄생에 억지로 갖다 붙였다. 소성紹聖 4년(1097)에 주송이 태어났을 때 무원 남쪽 거리에 있는 주씨 고택故宅의 옛 우물에서 갑작스레 구름 같은 흰 기운이 일어 오랫동안 흩어지지 않았는데, 이제 우계에서 이 셋째 아들이 태어나기 사흘 전 멀리 천 리 밖에 있는 옛 우물에서 또다시 홀연히 무지개 같은 보랏빛 기운이 일었다는 것이다. 마치 '자양 선생紫陽先生'이 인간 세계로 귀양 오리라고 예고라도 하는 듯이.

　더욱 기이하게도 이 아기는 태어날 때부터 장래에 이학理學의 태두泰斗요, 봉건사회의 둘째가는 '성인'이 되리라고 예시라도 하듯, 뺨 위 오른쪽 눈초리 곁에 검은 점(黑痣) 일곱 개가 북두칠성 모양으로 나 있었다. 바로, 봉건사회의 첫째가는 '성인' 공자에게 역시 날 때부터 가까이서 보면 묘성昴星 같고 멀리서 보면 두성斗星 같은 기이한 검은 점(黑子)이 나 있었던 것과 같았다.[1] 풍수지리와 술수術數를 독실하게 믿었던 주송은 일찍이 유명한 어떤 점쟁이(山人)에게 풍수상의 길지를 찾아달라고 청하면서 장래에 부귀해질지 물은 적이 있었다. 점쟁이는 "부유하기도 지금과 같고 귀하기도 지금과 같을 것입니다. 아들을 하나 낳을 텐데 바로 공부자孔夫子 같이 될 것입니다."(『요산당외기堯山堂外記』)라고 대답하였다. 그러나 주송은 수많은 우환을 겪은 끝에 태어난 이 볼품없는 셋째 아들의 머리에 공부자처럼 빛나는 성인의 전정前程이 펼쳐지리라고는 꿈에도 생각지 않았다.

　우계尤溪는 옛날에는 우계沈溪라고 하였다. 『문선文選』을 속속들이 꿰고 있

1 　『주문공연보사실朱文公年譜事實』 : "문공文公은 오른쪽에 검은 점 일곱 개가 있었는데, 마치 별처럼 늘어서 있어서 당시 모두 이상하다고 하였다. 명明의 분순어사分巡御史 이조원李稠源瑄은 풍성豊城 사람인데, 일찍이 무원령婺源令으로 있을 때 그 지역 노인들로부터 '문공의 4대조비四代祖妣 공인恭人 정씨程氏를 관갱官坑에 매장할 때 밑에 돌이 일곱 개 있었기 때문에 문공을 낳자 얼굴에 검은 반점 일곱 개가 있었다'는 말을 들었다." 민본閩本 『연보年譜』에도 "문공은 얼굴 오른쪽에 검은 점 일곱 개가 있었는데, 당시 모두 기이하다고 일컬었다."라고 하였다. 현존하는, 소희紹熙 4년(1193)에 주희가 거울을 보고 그린 자화상의 석각石刻에 근거하면, 주희의 얼굴 오른쪽에 검은 점이 그려져 있으니 주희가 태어나면서부터 검은 반점이 나 있었다는 말은 당연히 사실이다. 그러나 별처럼 늘어서 있다고 한 말은 상명참위설相命讖緯說로 갖다 붙인 데서 나왔으니, 실로 『춘추위연공도春秋緯演孔圖』에 이른바 "공자는 키가 열 자나 되고, 몸 둘레가 아홉 아름이나 되며, 앉으면 용이 웅크린 것 같고, 서면 줄에 묶여 있는 소 같으며, 다가가면 묘성昴星 같고, 바라보면 두성斗星 같았다."는 식의 날조된 말이다.

던 주송은 곧바로 매승枚乘의 「칠발七發」에 나오는 '졸졸 줄줄 끊임없이 흘러
간다(沈沈澴澴, 蒲伏連延)'는 구절을 떠올린 뒤 우계沈溪 강가에서 태어난 막내아
들에게 우랑沈郎이라는 아명兒名을 지어주고 어릴 적 자(小字)를 계연季延이라고
하였다. 또 항렬에 따라 오십이랑五十二郎이라고도 불렀다. 나중에 사람들이
줄곧 그의 아명을 침랑沈郎이라고 하였는데, 실상은 글자가 와전된 탓이다.[2]

---

2 민본『연보』에, "문공은 이름이 침랑沈郎이고 어릴 적의 자는 계연季延인데, 모두 그 지역에
서 뜻을 따왔다. 우계尤溪는 원래 이름이 침계沈溪인데, 나중에 왕심지王審知의 이름을 휘諱하
여 우계尤溪로 고쳤다." 하였다. 왕무횡王懋竑의『주자연보』는 이 설을 취하였다. 생각건대, 여
러 학자들의 연보는 모두 본래『소흥십팔년동년소록紹興十八年同年小錄』에 근거하여 나왔다. 그
러나 그것들이 근거로 삼는『소흥십팔년동년소록』은 모두 송 대 사람이 쓴 구본舊本이 아니
다. 이 기록과 관련하여 지금 고려할 자료는 셋이 있다. 첫째는 금본今本『소흥십팔년동년소
록』인데, 상세한 자와 호 및 위로 삼대三代에 관한 기록이 없어서 더욱 옳지 않으니 분명 후
대 사람이 고친 것으로, 원본에서 나오지 않았음은 매우 분명하다. 둘째는『금석속편金石續
編』권18「왕좌방진사제명비王佐榜進士題名碑」와 전대흔錢大昕의『금석문자발미金石文字跋尾』인데,
"석각은 저주滁州 구매정歐梅亭에 있으며, 명의 장명도張明道가 발문을 지었다." 하였다. 여기서
는 본관을 '건주建州 건양현建陽縣 군옥향群玉鄉 삼계리三桂里'라 하였다. 셋째는 청의 주옥朱玉이
편집한『주자문집대전류편朱子文集大全類編』에 부록된「제명록題名錄」인데, 본관이 '건주 숭안현
崇安縣 오부리五夫里 개요향開耀鄉'으로 되어 있다. 그러나 그 또한 원본인 구본으로 볼 수는 없
다.『가정우계현지嘉靖尤溪縣志』권1에 "우계尤溪의 옛 이름은 침계沈溪인데, 후세 사람이 왕심
지의 이름을 휘하여 물 수 변을 떼어내고 우尤라 하였다. 혹은 주州에 우씨尤氏들이 많아서 시
내의 이름으로 삼고, 이를 가지고서 현의 이름으로 삼았다고 하는데, 어느 것이 옳은지는 알
수 없다."라고 하였다. 이 설도 틀렸다. 왕심지는 자가 신통信通이며, 시내의 이름과 피휘는 상
관없다. 또 침沈 자에서 삼수변(氵)을 떼어내도 우尤 자가 되지 않는다.『수경주水經注』등과 같
은 오대五代 이전의 지리서地理書에 이미 '우계尤溪'라고 되어 있으니, 침계沈溪에 관한 설은 믿
을 수 없다. 양장거梁章鉅의『영련속화楹聯續話』에, "주자는 연평延平의 우계에서 태어났기 때문
에 어릴 적 자를 우랑沈郎이라고 하였다. 우尤는 물 이름이니 곧 우계沈溪이다. 현의 이름도 여
기에서 땄다. 후세 사람이 모두 잘못 알고서 주자의 자를 침랑沈郎이라고 했을 뿐이다."라고
하였다. 양장거의 이 설은 본래 이문정李文貞(이광지李光地)에게서 나왔다. 그의『퇴암수필退庵隨
筆』권18에 "이문정이 또 말하기를, '주자는 우계에서 태어났다. 그러므로 어릴 적 자를 우랑
沈郎이라고 하였는데, 그 글자는 수水 자와 우尤 자를 따랐으며, 유由(*yóu)와 같이 읽는다. 혹 침
沈이라고 하는데, 이는 옳지 않다." 하였다. 양장거와 이문정의 이 설은 그럴듯하기는 하지만

정씨 관사의 주인 정안도鄭安道는 호가 의재義齋이다. 희령熙寧 6년(1073)에 진사가 되었고, 관직은 금자광록대부金紫光祿大夫에 이르렀다. 관사는 정안도가 우계에 있을 때 거주했던 남계南溪의 별장이었다. 선화宣和 5년(1123)에 주송이 우계 현위縣尉로 있을 때 정안도의 아들 정덕여鄭德與가 우계의 수령으로 있었기 때문에 두 사람은 지우知友를 맺었다. 선화 7년에 주송이 현위의 임기를 채우고 떠날 때 두 사람은 민현閩縣 구선산九仙山에서 헤어졌다. 그러고 나서 7년 뒤 정덕여는 다시 용암龍巖에서 벼슬하고 있었고, 주송은 벼슬길에서 떨어져 실의에 빠지고 생계가 날로 곤란해져서 관료 생활에 염증을 느낀 나머지 은거할 생각을 하고 있었다. 정덕여가 주송에게 이부吏部의 전형銓衡에 나아가라고 간곡히 독촉하는 바람에 주송은 건염建炎 3년(1129) 12월에 정신을 차리고 건주建州의 임시직(權職)에 나아갔다. 건염 4년(1130) 5월, 주송은 반란군의 난을 피하여 온 가족을 이끌고 우계로 와서 정씨의 관사에 우거하였다. 세상에 알려지지 않은, 몸 부쳐 산 이 처소(寓所)가 바로 한 시대의 '성인'

고증할 수는 없다. 지금 생각건대, 우沇 자는 『설문해자說文解字』에 보인다. 매승枚乘의 「칠발七發」에 "졸졸 줄줄 끊임없이 흘러간다.(沇沇湲湲, 蒲伏連延)"고 하였다. 옛사람들의 이름과 자는 뜻이 본래 상응한다. 주희의 어릴 적 이름은 우랑沇郎이고 자는 계연季延인데, 바로 "졸졸 줄줄 끊임없이 흘러간다."는 구절에서 따왔다. '우우沇沇'는 『문선』의 주에서 '물고기와 자라가 뒹구는 모습'이라고 하였는데, 옳지 않다. '우우'에는 분명 '졸졸 흐른다(瀟瀁)'는 뜻이 있다. 그러므로 아래에 '끊임없이(連延)'라는 구절이 있다. 시냇물의 이름 우계沇溪는 대체로 그 시냇물이 졸졸 줄줄 끊임없이 넘실넘실 흘러가는 것을 뜻한다. 남검南劍에는 우계沇溪가 있는데, 옛날에 남검을 연평延平이라고 한 것은 당연히 또한 이에 (끊임없이 흘러간다는 뜻에) 근거하였다. 대체로 우沇 자는 벽자僻字라서 많이 보이지 않는 글자이다. 송 대의 각자공刻字工은 속자俗字를 쓰기를 좋아하여 우尤를 우尢로 새기고 침沈을 沈으로 새기기도 했는데, 후세 사람이 마침내 우沇를 침沈으로 오인하였다. 그러니 만약 이름을 침랑沈郎이라 하고 자를 계연季延이라 한다면 이름과 자의 뜻이 상응하지 않는다.

이 태어난 곳이 되었다.[3]

정씨의 관사에서 우랑沈郎은 남침하는 금金 사람들의 북소리, 그리고 소란을 일으키는 반란군의 불빛과 봉기한 농민들의 함성과 함께 세상에 태어났다. 정강靖康 원년(1126)에 강왕康王 조구趙構(고종)가 남경南京 응천부應天府에서 즉위한 이래, 소조정小朝廷(남송 정권을 폄하한 말)은 도망가고 두들겨 맞아가면서 얼마 남지 않은 목숨을 구차하게 이어가고 있었다. 건염 원년(1127)에 금의 병력이 세 갈래로 길을 나누어서 대거 남하하자, 조구는 양주揚州로 달아났다. 건염 2년(1128)에는 항주杭州로 달아났다. 건염 3년(1129) 7월에 금의 병력이 다시 네 갈래 길로 나누어서 파죽지세로 남침해오자 조구는 황급히 명주明州로 달아났다.

발리속拔離速이 거느린 금의 군사는 이해 10월 말에 작은 배와 뗏목을 이용하여 강을 건너서 맹 태후孟太后(철종의 황후 맹씨) 일행을 바싹 추격하고, 잇따라 강서江西의 홍주洪州·길주吉州·무주撫州·균주筠州를 공격해서 점령하였으며, 선봉은 곧바로 만안萬安에까지 이르렀다. 12월에 금의 병력 한 갈래가 강서로부터 복건福建의 소무邵武로 쳐들어와서 불을 지르고 사람을 죽이고 노략질을 하였다. 이때 관직에서 물러나 5년 동안이나 하는 일 없이 지내던 주송은 막 건주의 임시직에 나아갔다가 황급히 관직을 버리고 온 가족을 이끌고서 정화현政和縣으로 피하여 농사鵡寺에 숨어 지냈다.

건염 4년(1130) 여름이 되자 금의 병력은 각 로路(송·원 대 지방 행정구역의 단위)에서 떨쳐 일어난 송 군민軍民의 저항에 부딪혀 북으로 퇴각하기 시작하였다.

---

3 구설은 대부분 주송이 우계의 현위로 있을 때, 혹은 우계 현위의 임기가 만료되어 정씨의 관사에 우거할 때 주희를 낳았다고 한다. 예컨대, 주옥朱玉의 『주문공연보사실』에는 "다시 남검주南劍州 우계 현위에 임명되었다가 임기가 만료되어서 정씨의 의재義齋를 빌려 살고 있던 상황에서 문공을 낳았다."라고 하였다. 오늘날 사람들도 이 설을 답습하는데, 매우 옳지 않다.

그러나 5월 초에 절중浙中의 공의龔儀가 일으킨 반란군이 파괴와 약탈을 일삼으며 용천龍泉으로 곧바로 내려와서 송계애松溪隘를 격파하고 민閩으로 쳐들어왔다. 이에 주송은 급히 배를 사서 송계松溪를 따라 남하하여 우계현에 도착한 뒤 처자식(家小)을 정씨의 관사에 잠시 안돈시킨 다음, 자기는 실직한 관원으로 혼자 복주福州로 가서 복건 안무사福建按撫使 정매程邁를 만났다.

공의의 반란군은 재빠르게 송계를 격파하고 건주로 내려가서 급히 남검을 공격하였다. 주송은 6월 14일에 서둘러 우계로 돌아왔는데, 그의 두 아우 주정朱檉과 주고朱槔가 이미 그의 처자식을 데리고 깊은 산중에 피신해 있었다. 공의의 반란군이 연평에서 관군에 격파되고 난 뒤에야 주송은 7월에 식구를 데리고 다시 정씨의 관사로 돌아왔다. 8월에 구령甌寧의 범여위范汝爲가 무리를 거느리고 봉기하여 건녕建寧과 남검 일대에 거침없이 출몰하였다.

복건로福建路는 본래 인민은 가난하고 땅은 좁고 인구는 조밀한 곳으로서, 관부의 가혹한 착취와 금 군사의 노략질 외에도 셀 수 없이 많은 군사반란을 겪은 데다 묘부苗傅와 유정언劉正彦이 정변에 실패한 뒤 숨어들었으며, 왕섭王燮 군의 변란, 건주의 군란軍亂, 공의의 반란이 차례로 일어났던 까닭에 관군의 포위와 토벌로 '쓸데는 한정 없이 많고, 양식은 다 떨어져서', '쌀 한 말이 1,000전錢'이나 되는 상황이었다. 이부 시랑吏部侍郎 요강廖剛은 민중閩中에서는 "식량은 나날이 더 떨어지고, 병사는 나날이 더 늘어나고, 도적은 나날이 더 많아지고, 인민은 나날이 더 곤궁해져갑니다."(『고봉문집高峰文集』권1 제차諸箚) 하고 놀라서 부르짖었다.

건염 4년(1130)에 먼저 건주의 숭선崇先이 무리를 거느리고 일어나자, 이어서 사염私鹽 소금 장수를 우두머리로 한 무장 세력이 범여위를 추대하여 봉기했는데, 그 모인 무리가 수천 명이었다. 소무邵武 광택현光澤縣의 유시거劉時擧가 봉기하자 그를 옹위하는 무리가 1만에 이르렀고, 남검 순창현順昌縣의 여승余勝이 봉기하자 모인 병사가 수천 명이었다. 조정에서는 토벌과 선무宣撫를 병행하자는 요강의 책략을 채택해서 한편으로는 사향謝響·육당陸棠·시규施逵를 파견하여 봉기군에 들어가서 그들을 설득하여 귀순하도록 했으며, 다른 한편으로는 회계會稽로부터 대군을 파견하여 산속의 봉기군을 포위하고 토벌하였다. 그러나 9월에 통제관統制官 이봉李捧이 경솔하게 험준한 곳으로 깊이 들어갔다가 범여위의 군대로부터 심각한 타격을 입고 군사 수천 명을 잃었다. 이 일은 건녕과 남검 일대의 명망 있는 호족과 사환仕宦의 집안을 몹시 놀라게 하였다.

이강李綱은 「구월명甌粵銘」에서, 관군을 동원했다가 참패한 이 일을 다음과 같이 언급하였다. "건염 4년 가을에 구령의 적당賊黨 범여위가 무리를 불러 모아서 중원으로 돌아왔는데, 통제관 이봉이 군사를 거느리고 경솔하게 진격했다가 몰살을 당하였다. 조정에서는 관리를 파견하여 위무하고 군사 1만을 청해서 주둔시켰지만, 적은 더욱 기세등등해져서 군현郡縣을 깔보고 업신여겼다. 그러나 아무도 감히 어찌지 못하였다."(『양계집梁谿集』 권142 「구월명」)

이봉이 경솔하게 진격했다가 참패하고 주송의 온 식구가 두려움과 불안에 휩싸여 있던 때와 거의 같은 시기에 소오랑小五娘 축씨祝氏가 우랑을 낳았다. 주송은 자기와 마찬가지로 동요 속에서 불안하게 지내고 있던, 고향 무원에 있는 장인 축확祝確에게 즉시 편지를 보내 외손 우랑이 태어난 때의 정황을 상세히 알렸다.

소오랑이 9월 15일 오시午時에 해산하여 사내아이를 낳았습니다. 다행히 산모와 아기는 모두 무사합니다. 작년 12월 초에 건주建州의 임시직(權職官)으로 있다가 오랑캐의 기병이 강서로부터 소무로 들어왔다는 소문을 듣고서 직무를 버린 뒤, 식구를 이끌고 정화政和로 가서 농사甓寺에 우거하였습니다. 5월 초에 공의의 반란군이 처주處州를 불태우고 용천龍泉으로 들어왔기에 배를 사서 황급히 식구를 이끌고 남검으로 내려와 우계로 들어왔습니다. 그리고 나서 저는 혼자 복당福唐으로 가서 정 수帥(복건 안무사 정매)를 만났습니다. 복당에서 들으니, 적병이 송계애松溪隘를 깨뜨리고 신속하게 동쪽으로 내려와 건주로 들어가서 남검을 공격하여 매우 위급하다고 하였습니다. 그래서 또 바삐 지름길을 통해 우계로 돌아왔습니다. 6월 14일에 일찍 현에 이르렀지만 적병은 이미 십 수 리 밖에 있었습니다. 다행히 제 두 아우가 식구를 데리고 깊이 숨었기에 이날 즉시 현관縣官과 함께 식구가 숨어 있는 곳으로 달려갔습니다. …… 7월에 막 현으로 돌아오자마자 구령의 토적(土寇) 범여위라는 자가 건녕과 남검 사이에서 출몰하였는데 그 무리가 수천이고, 관군은 이들을 만나는 족족 궤멸되는 바람에 제사諸司에서는 회유하여 안정시킬 것을 관부에 청할 수밖에 없었습니다. 이에 회답 공문을 보내 군사를 호궤犒饋하고 장관將官을 설치하며 무리를 해산시키라고 명령했습니다만, 어쩐 일인지 관군이 대규모로 회계會稽로부터 진군해와서 그들을 토벌하고자 하였습니다. 엊그제 보고가 올라오기를 대규모 병력이 무턱대고 적의 소굴로 들어갔다가 군사 수천을 잃었고(●생각건대, 이봉이 군사를 잃은 일을 가리킨다), 이 일로 적이 더욱 형세를 떨치게 되었다고 합니다. 대체로 올 여름 이후 하루도 편히 잔 날이 없습니다. ……

——『주문공문집朱文公文集·속집』[4] 권8 「위재여축공서발韋齋與祝公書跋」

　　주송은 나라가 어렵고 집안이 힘겨운, 이리저리 떠도는 곤궁한 상황에서 새로 얻은 어린 아들에게 결코 기대를 품을 수 없었다. 하지만 어쨌든 당시

4　이하 간략하게 『문집』과 『속집』이라 한다.

의 풍속에 따라 9월 17일에 삼조세아회三朝洗兒會(아기가 태어난 지 사흘째 되는 날 아기를 목욕시키는 행사)를 거행하였다. 친척과 벗들이 집에 와서 축하하고 달을 보며 떡국(湯餠)을 먹었다. 세아과채전洗兒果彩錢으로 둘레를 장식하고 향기로운 풀을 달인 물을 담은 목욕 대야에 우랑을 넣어 씻겼다. 대야에는 과일, 채전彩錢, 파와 마늘이 떠 있었다. 둘러서서 보던 친척과 벗들은 다투어 목욕물 속에 돈을 던져 넣었다. '첨분添盆'이라는 의식이었다. 아들을 갖기를 간절히 바라는 부녀자들은 대야의 목욕물에 곧게 선 대추를 건져 먹으면서 빨리 귀한 아들을 낳기를 희망하였다.

의재 정안도는 주송을 위해 득남을 축하하는 시 두 수를 지었다.

오늘 밤 모여서 국수를 먹네	今宵湯餠會
자리엔 온통 달빛 가득하고	滿座桂香來
둥근달은 구리거울로 날고	圓月飛金鏡
유하주는 옥잔 속에 넘치네	流霞泛玉杯
악와는 원래 갈래가 다르고	渥洼原異種
단혈에서 어찌 평범한 아기가 태어나랴!	丹穴豈凡胎
사방에 소문 자자하니	載路聲聞徹
상서로운 빛이 상대에서 빛나네	祥光燭上臺
상서로운 기운은 남산에 가득 어리고	瑞氣靄南山
별서에는 대문에 활을 걸어두었네	孤懸別墅間
오늘 탄생을 노래하나니	此時歌岳降
뒷날 매우 특출한 인물이 되리라	他日見探環
잔치 자리는 드넓고 울타리에는 예쁜 꽃이 피었는데	席敞籬花艶

슬독에는 댓잎이 점점이 떴다 　　　　　　　　　　尊浮竹葉斑

노부는 술에 취해 노래하며 　　　　　　　　　　老父歌旣醉

지팡이를 끌고 달빛 속에서 돌아온다 　　　　　　拄杖月中還

—『남산사지南山祠志』「하헌정공거남시賀獻靖公擧男詩」(●『남계서원지南溪書院志』, 권4「주교년
　위공이 아들을 얻어, 가서 축하하고 시 두 수를 남겨 증정하다(朱喬年尉公擧男往賀留賦二詩馬贈)」
●유하주 : 신선이 마시는 술 / ●●악와 : 감숙성 당하黨河의 지류 / ●●●단혈 : 봉황이 산다는 산
이름. 남의 집 아들이 훌륭함을 일컫는 말 / ●●●●상대上臺 : 문창성 남쪽에 있는 별. 목숨을
주관한다. / ●●●●●별서에는 대문에 활을 걸어두었네 : 득남을 축하하는 풍습

　근심과 기쁨이 교차하는 가운데 주송은 도리어 암담하고 아픈 마음으로
아이를 씻기는 시를 읊었다.

아이를 씻기며, 두 수 　　　　　　　　　　　　洗兒二首

내 이미 죽음을 알 나이 　　　　　　　　　　　　行年已合識頭顱

예전에 배운 쓸모없는 재주는 갈수록 엉성하다 　舊學屠龍意轉疏

아이가 있으면 군역에 보내 전쟁을 도와야지 　　有子添丁助征戍

고생스럽게 다시 유자의 관을 쓰게 하겠는가 　　肯令辛苦更冠儒

아들이 태어난 지 사흘째 아침 장수를 비는 술잔을 든다 　擧子三朝壽一壺

일생 노래하고 웃으며 수염이나 쓰다듬었으면 좋겠네 　百年歌好笑掀鬚

전쟁이 싫은 줄을 앎은 하늘의 뜻이라 　　　　　厭兵已識天公意

차마 고개 돌려 다시 이놈을 보지 못하겠네 　　不忍回斗更指渠

—『위재집韋齋集』권6

　주송은 집안 대대로 유학을 업으로 삼았기 때문에 어릴 적부터 경서經書

를 부지런히 읽고 스스로 나라를 다스릴 방도를 가슴에 품고 있다고 여겼다. 그런데 이제야 비로소 그것이 쓸모없는 기술(屠龍之技)에 지나지 않는다는 점을 깨달았던 것이다. 전쟁의 소용돌이와 내우외환의 세월 속에서 그는 그저 우랑이 나라의 정벌·방어 사업에 보탬이 되는 일개 장정이 되기를 바랄 뿐이었다. 그러나 금나라는 중천에 떠 있는 태양과 같고 송 왕조의 존망은 실낱 같은 상황임을 생각하여서 우랑이 유학을 버리고 군인이 되며 문文을 버리고 무武에 나아가기를 바랐지만, 일종의 전쟁을 혐오하는 정서로 인해 그는 차마 머리를 돌려 더 이상 우랑을 보고 있을 수 없었다. 우랑의 운명에 대한 이러한 항금애국抗金愛國의 고통스런 생각 속에는 무원婺源의 주씨朱氏와 축씨祝氏, 이 두 유명한 성씨가 결합하여 이룬 이 가정이 중간에 쇠락해진 사정이 드러나 있다.

주씨는 원류가 아주 오래된 명망 있는 대성大姓이었다. 그러나 주송의 아버지 주삼朱森 대에 이르러서는 이미 가도家道가 쇠퇴하고 유업儒業이 끊겼다. 주삼과 주송은 오군吳郡 주씨에서 갈라져 나왔는데, 오군 주씨 위로는 겨레의 세계世系가 너무도 멀고 이주가 아주 복잡하므로 상고하기 어렵다. 나중에 나온 주씨의 종보宗譜와 족첩族牒, 가전家傳은 주씨를 선진先秦 시대의 주邾나라 및 상고 시대의 육종陸終과 고신제高辛帝까지 미루어 올라가고 있지만, 이는 모두 믿을 만한 역사 자료가 아니라 억지로 인연을 갖다 붙인 것이다.[5] 주송과 주희도 비록 명문 겨레임을 표방하는 저속한 기질을 벗어 버리지는 못하

---

5 오군 주씨가 이전에 원래 고신高辛, 육종陸終과 주邾나라에서 나왔다는 점에 관해서는 『동치속수일담산자양주씨가보同治續修日擔山紫陽朱氏家譜』, 『동치속수남해구강주씨가보同治續修南海九江朱氏家譜』, 『함풍주씨통보咸豐朱氏通譜』, 『건륭중수자양주씨종보乾隆重修紫陽朱氏宗譜』 등에 보이지만, 이들은 모두 믿을 만한 역사 자료가 아니다. 전대흔이 『십가재양신록十駕齋養新錄』에서 이에 대해 일찍이 비판을 하였다.

였지만, 그들은 조상의 호적을 정식으로 밝힐 때는 모두 신중하게 '오군 주씨吳郡朱氏'라고만 일컬었다.[6]

'오군 주씨'는 후한 영제靈帝 때 청주青州에서 장강長江을 건너온 주씨의 한 갈래를 가리킨다.[7] 청주 주씨는 장강을 건넌 뒤 두 갈래로 나뉘어서, 한 갈래는 고소姑蘇에 옮겨가 거주하고, 또 한 갈래는 단양丹陽에 옮겨가 거주하였다. 한 대漢代에 사례 교위司隷教尉와 청주 자사青州刺史를 지낸 주우朱寓가 난리를 피해 와서 살았던 단양(*당도當塗)은 후한 시대에는 오군에 속하였다. 주희가 스스로 곧잘 '단양의 주희(丹陽朱熹)'라 일컬었던 사실로 볼 때, 그의 오군 주씨는 먼 조상 때 단양으로 옮겨와 거주한 갈래였음을 알 수 있다. 주우의 후손인 주량朱良은 대략 한 헌제漢獻帝 때 평릉平陵(*율양溧陽)으로 옮겨가 거주했으므로(『함풍주씨통보咸豊朱氏通譜』권1「원류고源流考」), 주희는 스스로 '평릉의 주희(平陵朱熹)'라고도 일컬었다.

삼국시대 동오東吳 시기에 단양의 주씨와 고소의 주씨가 주변의 군郡으로 널리 퍼져 나가, 주씨는 이미 동남東南에서 유명한 4대 성씨 가운데 하나가 되었다. 주희의 15대손 주차기朱次琦는 다음과 같이 말하였다. "이로부터 족

---

6 예컨대 주송의 「녹증조부작시후서錄曾祖父作詩後序」, 주희의 「무원다원주씨세보서婺源茶院朱氏世譜序」·「유씨매묘지명劉氏妹墓志銘」·「주변행장朱弁行狀」 같은 것들이다. 주희는 문집의 글에서 서명할 때 신안新安 이외에 오군이라고 많이 썼다. 만년에 지은 『참동계고이參同契考異』에서 '추희鄒訢'라고 서명한 것은 진짜 이름을 숨기고 싶어 우연히 장난 삼아 한 것이지, 조상의 적籍을 표시하려는 뜻은 없었다.

7 청주 주씨는 원래 패沛나라에서 나왔다. 주장문朱長文의 『오군도경속기吳郡圖經續記』권하에는 당 대唐代의 잔결된 주씨묘갈朱氏墓碣이 실려 있는데, 장강을 건너온 조상에 관해 추급하여 서술하였다. "16대 419년 동안 하비下邳에 살다가 평시平始(*생각건대, 응당 원시元始로 써야 한다) 3년 (415)에 그 지역을 피하여 회창會昌으로 갔는데, 임술년까지 총 842년간 오吳에 적을 두었다. ……"

성族姓이 동남에서 으뜸가니, 마침내 천하의 유력한 성씨(右姓)가 되었다. 이른바 동남 오 지역의 네 성씨인 주씨朱氏, 장씨張氏, 고씨顧氏, 육씨陸氏가 큰 성이라 한 것이 이것이다."(『동치남해구강주씨가보同治南海九江朱氏家譜』권1 「원류源流」) 단양의 주씨와 고소의 주씨가 어지럽게 뒤섞여 옮겨가 살면서 지파의 경계는 분간할 수 없게 되었다. "단양의 자손은 오래도록 번창하여 주변의 군인 고소, 곧 옛 오나라 지역에 흩어져 살았다."(『무원다원주씨세보婺源茶院朱氏世譜』) 오군의 주씨도 두 파의 통칭이 되어서 함께 주씨로서 '오의 성씨(吳姓)'에 속하게 되었다.

동오가 건업建業(금릉金陵)에 도읍을 정했기 때문에 오군의 주씨는 남북으로 옮겨 다니며 살았는데, 그동안 평릉의 갈래 중에서 금릉으로 옮겨간 사람들도 있었다. 주변朱弁과 주송은 모두 자기 주씨의 시조가 금릉에 있음을 분명히 말했고, 주희도 「무원다원주씨세보서婺源茶院朱氏世譜序」에서 이 사실을 다음과 같이 언급하였다. "봉사공奉使公(주변)의 『빙유집聘游集』을 살피건대, 스스로 '계파가 금릉에서 나왔는데, 당 대 효우孝友 선생의 후손이라'고 하였다. 『당서唐書』를 찾아보니 효우 선생은 휘諱가 인궤仁軌이다. 스스로 단양의 주씨라 하고 박주亳州 영성永城에서 살았는데, 효도와 의리로 세상에서 기림과 포상을 받아 한 집안의 벌열閥閱(공적을 새긴 기둥)이 서로 바라볼 정도였지만 오군吳郡의 겨레는 아니다. 봉사공(주변)이 선이부先吏部(주송)에게 지어 준 시에, 또 '건업의 강물은 아득한데 / 높은 누대에 봉황이 내려온다 / 비조의 옛 거처는 남아 있으나 / 지금은 초목에 덮여 황량하구나(迢迢建業水, 高臺下鳳凰, 鼻祖有故廬, 于今草樹荒)'라고 했는데, 어느 곳을 가리키는지 모르겠다."(『신안문헌지新安文獻志』권18 「무원다원주씨세보서」)

주변의 서술은 주희의 시조를 명확하게 기재한, 현존하는 자료 가운데 가장 이른 기록이다. 그는 자기가 아는 사실에 근거하여 금릉을 언급했지만 더이상 황당무계한 견강부회를 하지는 않았다. 주희는 이 사실에 대해 막연하여 분명히 알지 못하였지만 의심하거나 부정하지는 않았다. 나중에 무원 주씨의 후손이 보첩譜牒에서 '오 지역 으뜸 성씨(吳中首姓)'인 주자사朱子奢를 끌어들여 스스로 중시하려고 했는데, 금릉의 '비조鼻祖'와 연관된 주씨 겨레의 변천은 이로부터 사라져서 알려진 바가 없다.

주변의 기술에 근거하면, 당 이전 금릉의 주씨 가운데 당연히 박성亳城으로 이주한 일파가 있었으리라. 당 말기, 박성의 주씨는 또 일파가 떨어져 나와서 언사偃師로 이주하였고, 주잠朱涔 때에 다시 오군으로 돌아와서 무원 주씨의 시조인 주고료朱古僚를 낳았다. 이는『소흥성남주씨보紹興城南朱氏譜』에 명확하게 기록되어 있다. "소흥 주씨는 대부분 당 희종唐僖宗 때 전중승殿中丞을 지낸 주잠의 후예이다. 처음에는 언사에서 살았다. 주잠의 아버지는 이름이 수도守滔이다. 주잠에 이르러 오군으로 피해 가 살면서 아들 둘을 낳았다. 맏이는 혁璋이고 둘째는 괴瓌인데, 둘째의 다른 이름은 고료古僚이다." 이로써 보자면『건륭중수자양주씨종보乾隆重修紫陽朱氏宗譜』에 나오는,『당서』에서 견강부회하여 널리 퍼진 다음과 같은 주장은 믿을 수 없다. "주자사는 당 홍문관 학사이다. 집안이 소주蘇州 선마교洗馬橋에 살았다. …… 정관貞觀 13년(639)에 칙령으로 '오중수성吳中首姓(오 지역 으뜸 성씨)'이라는 칭호를 내리고 작위와 벼슬을 주었다. …… 주자사 때 주씨는 오에서 유명한 성씨가 되었다. 무원 주씨의 각 파는 모두 오군 주자사의 후손이다."(『원성론原姓論』) 무원 주씨의 각 파는 당연히 금릉의 '비조'인 주효우·주잠·주고료의 후예이며, 주자사와는 관련이 없다.[8]

---

8 후세에 주씨는 각 지역의 종손과 지손의 분파가 분분해졌기 때문에 진위를 다 가릴 수는 없다. 도광道光 2년(1822) 주정매朱廷梅가 중수한『강서주씨가보江墅朱氏家譜』에는 주씨의 각 지역 종손과 지손의 본원을 17개 분파로 기재하였는데, 참고할 만하다.

주고료는 이름이 주괴朱瓌라고도 하며, 자는 순신舜臣이다. 당 희종僖宗 광명廣明 원년(880) 6월, 황소黃巢의 봉기군 휘하 군사들이 채석采石을 거쳐 장강을 건너서 북진할 때 고소의 부호였던 주고료는 남쪽으로 도망가 흡현歙縣의 황돈黃墩에 이르러 그곳에서 30년 가까이 거주하였다. 천우天祐 연간(904~907)에 그는 자사刺史 도아陶雅의 명을 받들어서 병사 3,000명을 거느리고 무원을 지켰다. 얼마 지나지 않아 무원으로 집을 옮겼으며, 나중에 다원 제치사茶院制置使에 임명되었다. 주씨 후예에 의해 무원 주씨의 시조로 높여졌다.[9]

무원 주씨의 최초 네 대의 정황에 관한 가장 이른 기록은 가우嘉祐 5년(1060)에 주고료의 5세손인 주진朱振이 아버지 주유보朱惟甫의 시집에 붙인 서문이다.

> 당 대 사람 도아陶雅가 흡주歙州를 다스리면서 처음으로 무천婺川(무원)을 정복하였다. 천우天祐 연간에 우리 조상은 도아의 명으로 무천에서 세금 거두는 일을 주관하다가 마침내 군사 3,000명을 거느리고 무천을 지키게 되었다. 그 덕분에 향리(邑里)가 안정되어서 그곳에 집을 삼았다. 이 분이 무천 오군 주씨의 시조이시다. 처음으로 흡주의 황돈黃墩으로 왔다. 지금 흡주 백성 가운데 가을에 제사를 지낼 때 물고기와 자라를 쓰는 주씨는 모두 같은 겨레이다. 무원에 거주한 사람들은 자산이 매우 풍족하였다. 셋째 아

---

9 주사고朱師古가 흡현으로 옮아가고 주고료朱古僚가 무원으로 집을 옮겼다고 한 설이 있는데, 『흡현금석지歙縣金石志』 권8에 실린 청淸 왕문탄汪文坦의 「주자시천조사고공묘비기朱子始遷祖師古公墓碑記」에 "휘국徽國 문공文公(주희)이 신안新安에 적을 두게 된 연원은 사고 공師古公에게서 비롯되었다. 당 광명廣明 연간(880~881)의 난 때 소주의 선마교를 나와 흡현으로 옮겨가 황돈黃墩에 거주하였다. 두 대가 지나 고료 공이 자사 도아의 명으로 병사를 이끌고 무원을 지키다가 마침내 무원으로 집을 옮겼다."라고 하였다. 그러나 주사고와 주고료는 실은 동일 인물이므로 이 설은 그르다.

들이 남당南唐을 섬겨서 승지상시承旨常侍의 관직에 보임되었다. 그 후손 가운데 다른 군에 흩어져 사는 사람들이 많다. 아버지 흡계부군歙溪府君(주유보)은 그분의 증손이시다. 200년 동안 이사 가지 않고 그 집에 이어서 살았다. 부군에게는 종형從兄이 있었는데 어릴 적에 고아가 되었으나 학문에 힘써서 당시에 명성을 떨쳤다. 함평咸平 연간(998~1003)에 고을의 추천을 받아 남궁南宮(예부 회시, 곧 진사시)에 응시하였으나 낙방하고 집으로 돌아온 뒤 은거하여 점을 쳐서 먹고살며 세상에 알려지기를 바라지 않았다. 천성天聖 연간(1023~1031)에 늙어서 죽었는데, 후사가 없던 까닭에 부군이 장례를 치러주었다. 흡계부군은 어릴 적부터 호방하고 소탈하였으며 계모를 아주 성실히 섬겼다. 일찍이 종형에게서 시를 배워 시의 대체를 알았다. 대중상부大中祥符 갑인년(1014)에 궁찬宮贊 두 공杜公이 무원의 사使가 되었을 때 관직(吏籍)을 얻어 20년 동안 있었는데, 법률에 밝아 고을에서 원망하는 말이 없었다. 경우景祐 갑술년(1034)에 관직(吏事)을 버리고 돌아와 생업에 힘썼으며, 번잡한 가운데도 태연자약하게 시를 지었다.

— 『위재집韋齋集』 권10 「녹증조부작시후서錄曾祖父作詩後序」,

『신안월담주씨족보新安月潭朱氏族譜』 참조

주고료는 자산이 풍족하여서 상당히 부유했으나, 이후 5대에 걸쳐 유학에 종사한 뒤 중등 관료에서 점차 소지주의 지위로 떨어졌다.

4세 주유보朱惟甫, 5세 주진朱振, 6세 주현朱絢은 모두 벼슬하지 않았다. 7세 주삼朱森, 곧 주희의 할아버지에 이르러서는 이미 가업이 무너져서 떨치지 못하였다. 주삼은 자가 양재良材이며, 경서만 읽고 생계는 아랑곳하지 않는 고리타분한 선비로서, 평생 뜻을 얻지 못한 까닭에 실의에 빠져 살았다. 자기는 벼슬하여 출세하지 못했지만 후손들에게는 흐느껴 울면서 다음과 같이 훈계하였다. "우리 집안은 유학을 업으로 삼고 5대에 걸쳐서 덕을 쌓았으니 후손 가운데 당연히 출세하는 자가 나타날 터이다. 마땅히 부지런히 노력하고, 삼가고 조심하여서 선조(先生)의 업적을 무너뜨리지 말라."(『위재집』 권12 「선군행장先君行狀」)

만년에는 더욱 불교 경전과 도교 서적에 빠져서 위로와 해탈을 찾았다. 주송은 세상 물정 모르고 학문 탐구에 빠진 선친의 모습을 「행장」에서 다음과 같이 서술하였다. "식구의 생계에 대해서는 입에 담은 적이 없었다. 아들 송松이 향교에 다녔는데, 때때로 조금 좋은 성적을 거두기도 하고 그렇지 못하기도 하였지만 기뻐하거나 슬퍼하지 않았다. 집안이 본래 아주 가난하였으며, 이런 형편이 오래되면서 더욱 위급해졌다. 누군가 생업을 일삼으라고 권유하면 '외물外物은 뜬구름 같은 것이어서 쓸데없다. 자식이 현명해진다면 영화롭지 않더라도 나에게는 족하다. 그렇지 않으면 뒷날 교만하고 방종해지는 바탕이 되기에 딱 알맞다.' …… 만년에는 불경(內典)을 읽어서 그 진리를 깊이 이해하였으며, 때때로 노래하고 시를 읊으면서 홀연 세속을 초월하려는 뜻을 두었다. ……"(동상) 주송은 실제로는 다만 몰락한 독서인 출신이었다.

소성紹聖 4년(1097)에 주송이 무원현 만년향萬年鄕 송암리松巖里에서 태어났을 때 주씨 집안의 큰 겨레는 이미 소지주의 언저리로 떨어졌다. 나중에 그는 명망 있는 귀족들에게 시를 빈번히 증정하고 청탁을 하러 찾아가서 찢어지게 가난한 집안 형편을 거듭 호소하였다. "집안이 본래 가난하여서 부모와 처자식의 봉양도 아침을 차리면 저녁을 예상할 수 없습니다."(동상, 권9 「상호찰원서上胡察院書」) "저는 강남의 비천한 사람으로서 집에는 생계에 필요한 물자(伏臘)도 공급하지 못하고 있으며, 부모와 처자식이 딸려 있습니다."(동상, 「상이참정서上李參政書」) "나는 가난하여서 사방으로 소개장을 들고 보잘것없는 뭇사람의 뒤를 따르며 곤궁하고 비참한 모욕을 맛보지 않은 것이 없었다."(동상, 권10 「청헌기淸軒記」)

한번은 그가 조씨 성을 가진 조사漕使(전운사)에게 시를 쓰고 편지를 올려서 자기가 붓을 잡고 과거 공부의 글을 배우는 까닭을 애절하게 말하였다. "저는 어려서부터 빈천했기 때문에, 나아가서는 10금, 100금을 밑천으로 삼아 장사하여서 재물을 모아 한 고을의 장자(長雄)가 되지도 못하였으며, 물러나서는 높은 산 깊은 골짜기에 100무畝의 밭을 구해 몸소 경작하여서 식구를 건사할 수도 없었습니다. 집안을 돌아보니 사방 벽이 쓸쓸하고 구렁텅이에 뒹굴 근심이 아침저녁으로 바싹 다가와서 앞길은 막히고 형세는 궁박하여 계책을 낼 수 없었습니다. 이에 비로소 책을 끼고 붓을 잡고 공부하였는데, 배운 것은 세속의 이른바 거자擧子의 과거 공부를 위한 글이었습니다."(동상, 권9 「상조조서上趙漕書」) 여기에는 주삼, 주송 부자가 소지주와 자영농 사이에서 부침한 곤경이 생생히 그려져 있다.

정화政和 8년(1118)에 주송이 동상사 출신同上舍出身으로 적공랑迪功郎, 건주建州 정화현政和縣 현위縣尉에 제수되었다. 이에 무원의 옛집에 근근이 소유하고 있던 전지 100무를 저당 잡히고 얻은 자재資財에 의지하여 한 집안 여덟 식구가 비로소 관문을 지나고 고개를 넘어 민閩(복건)으로 들어가서 거주하게 되었다(우집虞集, 「복전기復田記」). 한 장정에 100무의 전지는 자영농 수준에 지나지 않았다. 그는 중간에 등용되어 벼슬길에 들어서서 낮은 관료의 지위를 확보하였으나 부친상(外艱)을 당하는 바람에 금세 이임하고 말았다. 복상이 끝난 뒤 그는 민중閩中과 서울(京師) 사이에서 객지 생활을 하였다. 다만 선화宣和 5년(1123)에서 7년까지 잠시 우계현 현위를 맡았으나 또 오랫동안 집에서 자리가 나기를 기다려야 했다. 우랑이 태어났을 때 그는 여전히 실직하고 떠도는 곤궁한 관원이었다. 나중에 주희의 강렬한 사대부 사상과 의식에 일정 부분 자영농의 요구와 바람을 비교적 많이 받아들이고 있었던 까닭은 바로 그가 이러한 몰락한 독서인 집안 출신이라는 사실과 밀접한 관계가 있다.

우랑의 어머니 집안인 축씨도 주씨와 대대로 혼인을 맺은 신안의 명문거족이었으나 주씨와 마찬가지로 빛나는 영광에서 쇠퇴의 길을 걸었다. 주희는 만년에 「외대부축공유사外大父祝公遺事」에서 감상에 젖어 축씨의 부유하고 영화로웠던 지난날을 추억하였다. 소정紹定 6년(1233)에 축씨의 후예와 인척이었던 여오呂午(*백가伯可)는 「발축공유사후跋祝公遺事後」에서 역시 '꽃이 져서 물을 따라 흘러가니 봄이 가네(落花流水春去也)'와 같은 감상적인 글귀로 축씨의 원류와 흥망성쇠를 기술하였다.

> 축씨는 대대로 강릉江陵에서 살았는데, 승준承俊이 흡歙으로 이주하였다. 인질仁質이라는 이는 호가 반주半州이며 그의 아들이다. 손자 상기象器는 이름을 용지用之로 바꾸고, 유과儒科에 등과하여 태학 박사太學博士가 되었다. 6세손에 이름이 균筠이라는 이가 있었는데, 향천鄕薦을 받을 정도로 학문이 풍부하고 문장이 넉넉하였다. 아우 진眞은 군학郡學의 빈객이 되었다. 화보和甫는 7세손이 된다. …… 처음에 태학 박사에게 아우 경선慶先이 있었으니, 바로 황태사黃太史가 화상畫像에 찬贊을 쓴 그 사람인데, 아들딸 열넷을 낳았다. 넷째 따님이 바로 이읍黟邑의 추밀樞密 왕발汪勃 공의 부인이다. 또 셋째 아들 전詮의 따님은 추밀의 아들 제형공提刑公 작려作礪에게 시집을 갔다. 시어공侍御公 의화義和, 시승공寺丞公 의영義榮, 급사공給事公 의단義端이 모두 그의 소생이다. 둘째 아들 확確의 따님은 위재 이부吏部 주송 공에게 시집갔는데, 이 분이 문공의 어머니이시다. 고향 사람들은 축씨의 따님들이 최고라고 서로 말을 전하였다. ……
>
> ──『고금사문류취古今事文類聚』 후집 권10,『신안명족지新安名族志』 참조

축확의 조부 축인질은 한 지방의 거부로서 신안군 산업의 절반을 보유하였기에 '반주半州'라고 불렸다. 그러나 방랍方臘이 봉기하여 축씨 '반주'의 가업을 분탕질하였고, 축확은 또 권귀權貴에 아첨하는 소인들과 한바탕 소송을 하는 중에 가산을 탕진하고 말았다. 우랑의 모친 축씨는 축확의 외동딸인데 오랑五娘이라고 일컬어졌다.

「좌사가전左史家傳」(「좌사여공가전左史呂公家傳」)에 다음과 같이 기록되어 있다. "공(•여오呂午)의 부인 집안에 축씨의 둘째 거사(祝二居士) 경선이라는 이가 있었는데 아들딸 열넷을 낳았다. 추밀 왕발 공의 아내는 대오고大五姑로서 작려를 낳았으며, 아들 항렬로서 제1종從이다. 작려의 아내는 오십오고五十五姑로서 의단·의영·의화를 낳았고, 이부吏部 주 문공朱文公 송松의 아내는 오고五姑인데 이 분이 문공文公(주희)을 낳았으며, 모두 손자 항렬로서 제2종이다."(여오, 『좌사간초左史諫草』) 오랑은 원부元符 3년(1100)에 태어나서 18세 때 궁핍한 태학생 주송에게 시집갔다. 오래지 않아 축확의 집안이 중도에 쇠락하여 신안 축씨의 큰 겨레는 뿔뿔이 흩어졌다.

주송의 증조와 조부는 모두 신안의 또 다른 명문거족인 왕씨汪氏의 딸들에게 장가들었다. 범성대范成大는 「서신안사書新安事」에서 신안 왕씨 성의 형세를 다음과 같이 언급하였다. "왕씨 성의 비조는 이름이 화華이다. 수隋 말에 흡주歙州·선주宣州·항주杭州·목주睦州·무주婺州·요주饒州 등지를 거점으로 삼았으나 당唐이 세워지자 귀순하였다. 지금은 현령영제왕顯靈英濟王에 봉해져 있다. 세속에서는 황소黃巢가 왕씨汪氏와 왕씨王氏는 같은 무리라면서 왕씨汪氏를 건드리지 말라고 명령을 내렸기 때문에 흡 땅 사람들이 다투어 왕씨汪氏라고 하였다고 전해진다.(황黃, 왕汪, 왕王은 소리가 같았다) 속담에 '네 방향엔 문, 세 면엔 물, 열에 아홉 집이 왕씨. 백성은 유과(油粿) 귀신, 관원은 두부 왕(왕씨汪氏 백성은 유과를 팔아서 먹고살았고, 관원은 두부를 팔아서 먹고살았다는 뜻)'이라고 하였는데 저속하고 누추함을 풍자한 말이다."(『범성대일저집존范成大佚著輯存』)

오랑의 넷째 고모는 나중에 현귀해진 추밀 왕발에게 시집갔다. 그러나 기개가 오연한 주송은 진회秦檜에게 아첨하고 도학을 크게 반대하는 이 왕발에게 애걸하여 도움을 구하려고 하지는 않았다. 민閩에 들어온 뒤 주송은 오히려 노인과 어린아이를 이끌고 건주와 남검南劍, 그리고 복주 일대에서 사방을 돌며 얻어먹고 몸 부쳐 사는 곤궁한 생활을 이어 나가면서 셋째 아들 우랑을 낳기까지 하였다.

쇠락한 세상에 쇠미한 겨레에서 태어난 우랑은 세상 빛을 본 첫날부터 위급하고 곤궁한 삶이 시작되었다.

우계尤溪와 포성浦城에서 수도로

우랑이 태어난 뒤 주송은 우계에서 겨우 석 달 남짓 우거하였다. 범여위
范汝爲·유시거劉時擧·여승余勝의 봉기군 사이에 내분이 일어나 건주와 남검 일
대가 또 불안정하게 들끓자 강보에 싸인 우랑은 사방을 도망 다니며 여기저
기 몸 부쳐 사는 삶을 실컷 맛보았다.

건염建炎 4년(1130) 4월 12일, 관부가 범여위를 이익으로 유인하자, 이를
물리치지 못한 그는 관부의 회유를 받아들였고 이듬해 정월에는 건양建陽에
서 유시거의 봉기군을 격멸하였다. 6월에는 숭안崇安의 요공소廖公昭와 웅지령
熊志寧이 또 무리를 거느리고 봉기하였다. 조정에서는 신기종辛企宗을 복건 제
치사福建制置使로 삼고, 이어서 통제관統制官 부덕傅德과 섭수재葉秀才로 하여금
몰래 범여위에게 '근왕勤王하여' 충성을 바치라고 설득해서 봉기군을 공격하
게 하였다. 범여위는 요공소·여승을 생포한 뒤 다시 장만전張萬全과 서로 공
격하며 싸우기를 그치지 않았다. 그러나 10월에 범여위는 조정을 배반하여
건주성에 들어가 점거하고, 소무邵武를 격파한 뒤 곧바로 남검을 공격하였다.

우계에 있던 주송은 봉기군의 추격을 피해 먼저 소흥 원년(1131) 2월에 온
식구를 이끌고 우계에서 용파龍爬로 도망을 갔다가, 이어서 가을에는 장계長
溪로 달아나 구령사龜靈寺에 우거하였다.[10] 범여위와 장만전이 건주성 아래서

---

10 『동치중찬복건통지同治重纂福建通志』 권265 「사관寺觀」 : "구령사는 현의 서쪽 구도九都에 있다.

벌인 혼전은 소홍 2년(1132) 봄까지 이어졌다. 주송은 범여위가 건주의 양식이 떨어져서 먹을거리를 구하러 복주로 군사를 옮길 준비를 한다는 소문을 듣고는 또 한번 급히 온 식구를 이끌고 복주로 달아나 계서양鷄嶼洋을 건너서 동강桐江에 숨어 살았다. 그는 이 도피 생활을 시문으로 기록하였다.

구양 문충공 근체악부 발 歐陽文忠公近體樂府跋

신해 소홍 2월 초하루에 우계에서 도적을 피하여 용파에 묵으며 두 아우를 기다렸다. ……　　　　— 명각明刻, 『구양문충공근체악부歐陽文忠公近體樂府』

시냇가에서　　　　　　　　　　　　　　　　　　　溪上

구름과 물 인연 삼아 걸어보며　　　　　　　　　攀緣雲水試靑鞋

열은 그늘 살포시 걷히기를 기다리네　　　　　　待得輕陰漠漠開

바닷가 산 외딴 곳에서 일어나　　　　　　　　　興在海山孤絶處

시냇가에 다시 몇 번이나 왔던가?　　　　　　　溪邊更復幾回來

　　신해년에 도적을 피해 장계 구령사에 우거하였다. 임자년 봄, 건주의 도적이 아직 평정되지 않았다는 소식을 듣고 식구를 데리고 복주로 가서 계서양을 건너 동강에 머물렀다. 그래서 이 절구를 지었다.

　　　　　　　　　　　　　　　　　　　　　—『위재집』 권6[11]

당 함통咸通 원년(860)에 건립되었다. 송宋 때 주위재朱韋齋(주송) 선생과 그 아들이 여기에 우거하였다. 회옹서원晦翁書院이라고도 한다."

11 『위재집』 앞에 붙은 청淸 사람 주옥朱玉이 지은 「연보」를 살펴건대, "소홍 원년 신해(1131), 이 해에 도적을 피하여 장계 구령사에 우거하였다. 소홍 2년 임자년 봄, 건주의 도적이 아직 평

우랑은 이해(1132)에 이미 세 살이 되었고, 이때 처음으로 복주福州에 갔다. 금에 대항하기에는 무능한 남송의 소조정은 이해 정월에 대군을 민에 파견하여 적을 토벌했는데, 물과 뭍으로 동시에 진격하여 건주에서 범여위의 봉기군을 격멸하였다. 주송은 비로소 온 식구를 이끌고서 다시 우계로 돌아왔다.

주송이 관직을 버리고 도망한 일은 법에 따르면 직책을 무단이탈하고 나라가 혼란한 상황에서 힘을 쓰지 않은 죄로 처벌받을 터였지만, 우연한 기회가 그를 순탄치 않은 벼슬길로 밀어 넣었다. 조정에서는 이때 한세충韓世忠에게 민으로 들어가 무력으로 진격하여 토벌하라고 명하는 동시에, 감찰어사 호세장胡世將을 복건로福建路 무유사撫諭使에 제수하였다. 대략 2월 무렵에 주송은 식구를 데리고 동강에서 우계로 돌아가면서 복주를 경유하였는데, 이때 호세장에게 청탁을 하러 찾아가서는,[12] 중원에 나아가 점거하여 신주神州(중국)

정되지 않았다는 소문을 듣고서 식구를 이끌고 복주로 가려고 계서양을 건너 동안桐安에 우거할 곳을 정하려고 하다가 그만두었다(不果)고 하였다. 여기서 '그만두었다'고 한 말은 잘못이다. 이 「연보」는 거의 편마다 오류투성이인데, 앞으로 많이 고증하겠다.

12 주송이 호세장에게 청탁을 하러 찾아간 일과 석정진 감세石井鎮監稅에 제수된 일에 대해 주희가 「주송행장朱松行狀」에서 서술한 내용 가운데에는 오류가 있다. 행장에서는 주송이 호씨에게 청탁을 하러 찾아간 일을 소흥 4년(1134)에 갖다 붙인다. 그러나 주희는 이해에 주송이 사극가謝克家의 천거를 받아 조정에 들어간 일과 혼동하여 하나로 삼았다. 그러니 누가 주송을 석정진 감세에 천거하였고, 어떻게 현관縣官에서 진관鎮官으로 강직되었는지, 모두 어렴풋해서 분명하지 않다. 호세장이 진강부鎮江府 지부知府가 된 때는 소흥 3년 4월이고, 홍주洪州의 지주知州로 나간 때는 소흥 4년 3월이다.(●「남송제무연표南宋制撫年表」를 참조하라) 또 「고종본기高宗本紀」에 근거하면, 한세충이 범여위의 봉기를 평정한 때는 소흥 2년 정월이니, 호세장이 민에 들어간 것은 당연히 동시에 일어난 일이며, 그가 조정에 들어가서 상서 우사원외랑이 된 때는 대략 이해 여름이다. 기거랑起居郎에 제수된 때는 이해 7, 8월 사이이다. 『중흥소기中興小紀』 권13에 보인다. 중서사인中書舍人에 고쳐 제수된 때도 이해 8월이며, 금방 또 같은 달 임자일에 직책을 잃고 봉사가 되어 떠났는데, 『양조중흥성정兩朝中興聖政』 권12에 보인다. 「하중서

를 회복할 계책을 올리고, 조정의 위아래에 가득 찬 투항파의 '동남을 지킨다(保守東南)'는 썩은 주장을 통렬하게 꾸짖었다. 호세장은 이즈음 조정을 위해 인재를 찾아서 모집하는 사명을 띠고 있었기 때문에, 자못 담대하고 식견이 있는 이 낮은 관리는 그로부터 격려를 받고 연민을 얻었다. 호세장은 오래지 않아 상서 우사원외랑尙書右司員外郞이 되었고, 주송은 그의 보증과 추천으로 천주泉州 석정진石井鎭의 감세監稅에 제수되었다.

나중에 호세장이 이해 8월에 중서사인에 고쳐 제수되었을 때 주송은 「하중서사인계賀中書舍人啓」에서 진정을 털어놓았다. "저는 경모한 지 오래인데 특별히 격려와 연민을 얻었습니다. 시험 삼아 관리의 일로 쏘다니면서 어염魚鹽을 관리하는 자질구레한 일에 싫증이 났는데, 알아주심에 감격하여서 간담肝膽이 커짐을 느낍니다."(『위재집』 권11)[13]

송 대에 진鎭의 감관監官은 화금火禁을 관장하거나 주세酒稅의 사무를 겸하는 데 지나지 않았으며 지위는 현관 아래였다. 주송이 위尉에서 감監으로 강직된 까닭은 그가 관직을 버리고 책임을 회피했기 때문이었다. 그는 다만 호세장의 보증과 추천에 의지하여 겨우 진의 감관이라는 작은 관직을 얻을 수

사인계賀中書舍人啓」에 근거하면, 주송은 호세장이 중서사인에 제수되기 이전에 이미 석정진의 감세로 있었다. 이로 미루어보면, 주송이 호세장에게 청탁을 하려고 찾아간 것은 반드시 소흥 2년 봄 무렵에 동강에서 우계로 돌아가면서 복주를 경유할 때의 일이고, 석정진의 직임에 나아간 때는 소흥 2년 여름이다. 소흥 4년 3월에 호세장은 홍주의 지주로 나가서 가을에는 이미 조정에 있지 않으니 주송을 천거할 수 없었다. 이해에 주송을 천거한 자는 사극가와 기종례綦宗禮이다.(•아래에 보인다) 『위재연보韋齋年譜』에는 주송이 석정진의 감세가 된 때를 건염 3년(1129)에 갖다 붙이고 8월에 임지에 갔다고 하였다. "공이 진에 있었는데, 11월에 북쪽의 기병이 강서江西로부터 소무邵武로 들어왔다는 소문을 들었다. 이때 식구들은 우계에 있었다. 드디어 맡은 일을 버리고 식구를 이끌고서 정화政和로 돌아갔다."라고 한 이 설은 극히 잘못이다.

13 『위재집』 권9 「상호찰원서上胡察院書」를 참조하라.

있었던 것이다.[14]

주송은 소흥 2년(1132) 5, 6월 사이에 남쪽으로 내려가 석정으로 갔다. 이
때 그는 우랑과 온 식구를 데리고 부임하였다. 어린 우랑이 천주 석정에서
보낸 유아기는 주송의 두 시에서 어렴풋하게 보인다.

추석 달 감상 　　　　　　　　　　　　　　　　中秋賞月

작년 추석에는 비가 와서	去年中秋雨
띠집은 처량하고 추웠다	野蘆凄薄寒
전쟁터의 먼지가 한쪽을 어둡게 가리니	驚塵暗一方
나그네 잠자리가 어찌 편안하랴!	客枕那得安
침상을 대하고 불러서	起呼對牀第
옷을 걷어올리고 비틀거리며 걷고	攬衣步蹣跚
손을 맞잡고 고개 들어 한숨 쉬었네	握手仰太息
세상은 어느 때나 느긋해질까 하고	宇宙何時寬
올해 가을 달을	今年中秋月
바닷가 파도와 함께 보네	竝海窺濤瀾
앉아서 푸른 하늘을 보노라니	坐看鬱藍天
홀연히 흰 옥쟁반이 용솟음친다	忽湧白玉盤

---

14 감세직監稅職은 진관鎭官이지 현관縣官이 아니다. 『송사』「직관지職官志·7」에 "진관은 여러 진의
　관내 인구가 번성한 지역에 설치한다. 감관을 두어서 화금을 관장하고 주세의 일을 겸한다."
　라고 하였다. 지금 어떤 사람은 주송이 감으로 강직된 까닭에 대해 상주한 일로 진회秦檜에게
　죄를 얻었기 때문이라고 하는데, 역시 잘못이다. 이때 주송은 진회와 전혀 서로 관련하지 않
　았다.

두 손님을 돌아보며 眷言雙口客•

문밖에 나가 홑옷 입은 자식을 그리워한다 倚閭念衣單

다시 술잔을 들고 亦復取樽酒

편안한 얼굴로 어른을 모시고 여유 있게 즐긴다 承顏有餘歡

하늘가는 아득하고 天涯等牢落

세상살이는 한창 힘들고 어렵구나 世路方艱難

촛불을 잡고 이야기를 나누니 且遵秉燭語

눈물 흘리며 탄식하지 말지라 毋爲泣河嘆

술잔을 놓고 솟는 달을 감상하니 停杯玩飛轍

은하수는 고요하여 소용돌이치지 않는다 河漢靜不湍

어린 아기도 잠들지 않고 癡兒亦不眠

두꺼비와 토끼를 애써 찾으려 한다 苦覓蛙兔看

• 眷言雙口客 : 眷言雙峯客으로 된 판본이 있다. ── 역자 주

수유와 국화 茱菊

바닷가에서 중양절을 맞이하니 海上作重九

국화꽃 푸른 술은 향기를 토한다 菊採靑蕊香

근처 저자에서 수유를 사고 近墟買茱萸

마른 열매를 약주머니에서 꺼낸다 枯顆出藥囊

아이들은 풍토를 기억하는지 兒曹記土風

애타게 기원을 드린다 歎歎事祈禳

늙은이는 속됨을 면치 못하니 老夫未免俗

애오라지 너희는 풍광에 답하라   聊爾答風光

……

—『위재집』권3

　'작년 추석에는 비가 와서 띠집은 처량하고 추웠다'는 구절은 주송 가족
이 장계 구령사에 우거한 일을 가리킨다. '전쟁터의 먼지가 한쪽을 어둡게 가
리니'라는 구절은 범여위 등 농민군이 봉기한 일을 가리킨다. '침상을 대하고
불러서'라는 구절은 함께 피난한 우랑의 숙부 주정과 주고와 같이 지낸 일을
가리킨다. '바닷가 파도와 함께 보네', '바닷가에서 중양절을 맞이하니'라는
구절은 바로 바닷가인 천주 석정에서 집안사람들과 함께 파도 소리를 듣고
달을 보면서 중추절과 중양절을 보낸 일을 가리킨다. 우랑은 이때 생애 처음
천주에 왔다.

　세상을 구제하고 나라를 사랑하는 열정을 지녔던 주송은 궁벽한 진에서
감세라는 작은 관직을 맡아 뜻을 얻지 못한 억울함을 느끼고서 다시 한 번
호세장에게 편지를 보내, '어염을 관리하는 자질구레한 일에 싫증 나서' 하루
빨리 '해임되어서 집에 돌아갈' 생각을 하고 있다고 하였다. 그러나 그의 학
문과 행실, 재능과 식견을 천주의 수령인 사극가謝克家가 높이 알아주었고, 내
한內翰 기종례綦宗禮도 그의 시재詩才를 특별히 중히 여겨서 마침내 두 사람의
천거로[15] 주송은 소흥 4년(1134) 봄에 부름을 받아 시험을 보고 관직에 임명되

---

15 기종례가 주송을 천거한 일은 나원羅願의 『신안지新安志』권7 「서선달敍先達」에 보인다. "이부
吏部 주송은 …… 내한 기종례의 천거로 부름을 받아 비서성 정자秘書省正字에 충원되었다." 또
권10 「서설敍說」에 인용한 증단백曾端伯의 『황송백가시선皇宋百家詩選』에서는 다음과 같이 말하
였다. "주 이부 교년朱吏部喬年(주송)은 …… 소흥 초에 기처후綦處厚(기종례)가 한림학사였는데,
늘 그(주송)의 시를 읊조리고 다음의 절구 한 수를 가장 아꼈다. '봄바람이 불어와 죽순이 돋

어서(召試館職, 학문에 조예가 있는 선비를 불러서 특별 시험을 보이고 관각館閣, 곧 학문을 전담하는 소문관·집현원·사관의 세 관과 비각의 직책에 임명하는 제도) 도성에 들어갔다. 그는 제출한 책문에서 중흥 사업의 난이難易와 선후先後에 관한 설을 종횡으로 거침없이 변론하였는데, 넘실넘실 넘칠 듯한 수천 글자나 되는 말이 일시에 지추밀원사 조정趙鼎에게 크게 알려져서 비서성 정자秘書省正字에 제수되었다. 조정이 8월에 조서를 받아 도독천섬형양제군사都督川陝荊襄諸軍事가 되면서 주송을 막료로 쓰겠다고 상주할 준비를 하였는데, 공교롭게도 이때 주송의 모친 정씨程氏가 세상을 떴다. 이에 주송은 모친상(丁憂)을 치르기 위해 우계로 돌아갈 수밖에 없어서 다시 한 번 관직에 오를 좋은 기회를 잃어버렸다.

복상 기간 동안 주송의 집안 형편에 뜻밖에 한 차례 큰 변고가 일어나, 우랑은 우계에서 또 추위와 굶주림으로 맵고 시린 나날을 보내야 했다. 주송은 조정에게 보낸 답장에서 탄식하며 말하였다. "갑인년(1134) 가을에 저는 큰 어려움을 당하여 이리저리 떠도는 고통을 겪고서 꼭 죽을 것만 같았습니다. 온 식구가 추위와 굶주림의 근심으로 아침을 먹으면 저녁을 기대할 수 없었으니, 생각을 흐트러뜨리는 일들을 한마디로 다 하기 어렵습니다."(『위재집』 권7 「상조승상차上趙丞相箚」) 우랑의 두 형이 모두 이렇게 '온 식구가 추위와 굶주림'을 겪던 가운데 죽었기에[16] 주송은 모든 희망을 우랑에게 걸었다. 그는 집에서

아나 / 온 산에 빽빽해도 아는 이 없네 / 급히 종을 불러 안개비 속을 헤집으라 이른다 / 내일 아침에는 푸른 순이 삐죽삐죽 올라오리라(春風吹起籜龍兒, 我我滿山人未知, 急喚蒼頭劚煙雨, 明朝吹作碧參差)' 이전 사람이 죽순을 두고 '급히 먹어야지 지체해선 안 되네 / 하룻밤 남풍에도 대나무가 되니까(急忙喫著不可遲, 一夜南風變成竹)'라고 읊은 시가 있었는데, 주교년이 이를 고쳐 이처럼 정교하게 완성했던 것이다. 기처후가 조정에 힘껏 천거하여서 나중에 상서랑尚書郎이 되었다."

16 주희의 두 형이 요절한 일에 대해서는 주송과 주희 모두 그들의 이름과 그 일을 언급하지 않았다. 『위재집』 권6에 수록된, 건염 4년(1130) 6월 28일에 주송이 지은 시에서 "아이들에게 농사짓는 법을 가르친다(自教兒童事家畦)"고 읊었을 때 주희는 아직 태어나지 않았으니, 여기서

복상을 하면서 틈날 때마다 직접 우랑을 지도하였다.

우랑은 태어나면서부터 남달리 영특하였다. 다섯 살 무렵 말을 할 수 있게 되었을 때 주송이 하늘을 가리키며 '하늘이다' 하고 가르치자, 우랑은 뜻밖에도 "하늘 위에는 무엇이 있나요?" 하고 물어서 주송을 크게 놀라게 하였다(『주희행장』). 다섯 살 때 우랑은 벌써 아득한 우주의 허공을 올려다보며 깊이 사색하기를 즐겨 하였다. "저 천지의 사방 가장자리 바깥은 무슨 물건인지 고뇌하였다. 어떤 사람이 사방은 가장자리가 없다고 하는 말을 듣고서 나는 벽 뒤에도 반드시 무슨 물건이 있듯이 역시 다하는 곳이 있을 것이라 생각하였다. 그때 사색을 하느라 거의 병이 날 지경이었다."(『주자어류朱子語類』 권94)[17]

자식에 대한 기대가 간절했던 주송은 소흥 4년에 우랑을 소학小學에 들여보냈다. 그는 외사촌 아우(內弟) 정복형程復亨에게 편지를 써서 알렸다. "아내가 아들을 낳았는데 이름을 오이五二라고 하였네. 올해 다섯 살이 되어 학교에 들어갔네."(『연보』) 그는 아들을 학교에 보내며 쓴 시에서 이제 갓 다섯 살이 된 우랑에게 엄격한 요구를 하였다.

오십이랑을 글 읽으러 보내며	送五二郞讀書詩
너는 기숙사에 거처하게 되었으니	爾去事齋居
몸가짐 마음가짐을 처음부터 잘해야 한다	操持好在初
고향에는 가업이 별로 없으니	故鄕無厚業

'아이들(兒童)'이란 당연히 주희의 두 형을 가리킨다. 그들의 요절은 주송이 상을 입고서 소흥 6년(1136)에 온 집안이 굶주림과 추위에 시달리던 때의 일이다.

17 이하 간략하게 『어류語類』라고 한다.

낡은 상자에는 남은 책 몇 권뿐이다	舊篋有殘書
밤에 잘 때는 늦게 불을 끄고	夜寢燈遲滅
새벽에 일어나면 일찍 머리를 빗어라	晨興髮早梳
시 주머니는 가득 채우고	詩囊應令滿
술은 마땅히 드문드문 마셔라	酒盞固宜疏
묶여 있는 명마는 차라리 개와 같고	騄驥寧似犬
용은 본래 물고기였다	龍化本由魚
솥은 속을 채워서 올리고	鼎薦緣中實
종은 비어서 울리는 것이니라	鐘鳴應體虛
온 누리에 봄이 되니	洞洞春天發
붉은 해가 유유히 지네	悠悠白日除
집안을 이루는 일은 오로지 너에게 달렸으니	成家全賴汝
이번에 가거든 주저하지 말아라	逝此莫躊躇

——『위재집』 권4

이렇게 엄격한 유학 교육도 일종의 판에 박힌 듯한 도학적 가정교육이었다. 주송은 우랑을 표준적인 도학의 유학자로 키우려고 하였다. 우랑은 부친의 요구 사항 중 '술은 드문드문 마시라'는 조항을 제외하고는 모두 지켰다.

당초에 주송은 정화의 현위로 부임해 있는 동안 그의 부친 주삼이 죽었을 때 집안이 가난한 탓에 고향에서 장사 지낼 돈이 없었다. 그 때문에 정화현 동북 연화봉蓮花峰 아래 호국선원護國禪院 서쪽에다 부친의 장사를 지냈고, 모친 정씨를 그 뒤에 합장하였다. 주송이 정화에서 여묘살이를 하며 집상을 한 기간은 소흥 7년(1137)까지 이어지는데, 이때 그는 늘 우랑을 데리고 정화에 갔으며, 우랑은 주송이 정화 현위로 있을 때 세운 운근서원雲根書院과 성계

서원星溪書院에 머물면서 글을 읽었다.[18]

우랑은 성격이 내향적이고 사색을 좋아하였다. 우계에서는 침묵하고 고독을 즐기며 고립되어서 남과 어울리지 않는 성격이 두드러졌으나, 이미 노성하고 신중하며 재기와 사고가 비범하였다. 다섯 살 때 한번은 어린아이들과 함께 정씨 관사 앞의 모래톱(沙洲)에서 놀았는데, 혼자 단정히 앉아서 손가락으로 모래 위에 금을 그었다. 여럿이 달려가서 보았더니 그런 것이 뜻밖에도 모두 팔괘의 부호여서 하나같이 그를 경이롭게 생각하고 '신동'이라 여겼다. 나중에 사람들은 곧 우계 수령水嶺 서쪽 기슭의 사주를 획괘주畫卦洲라 불렀으며, 건구建甌에서도 이 사건에 갖다 붙여서 획괘정畫卦亭을 세웠다.[19]

---

18 『복건통지福建通志』 권6 「학교지學校志」 : "정화현 성계서원은 현 남쪽 정배산正拜山 아래에 있다. 송 정화 연간(1111~1118)에 현위 주송이 세웠다." 또 "운근서원은 현 서쪽에 있는데 역시 송 때 주송이 세웠다. 뒤에 무너졌다." 『건녕부지建寧府志』 권6 : "주송이 일찍이 황용산黃熊山 기슭에 운근서원을 세우고 스승을 모셔서 고을의 자제를 훈육하였다. 또 시의 다리 남쪽에 성계서원을 세워서 한결같은 마음으로 학문을 배우고 익히는 장소로 삼았다. 나중에 모친상을 당하여 떠났다." 『정화현지政和縣志』 권33 「주자朱子」 : "차車 아무개의 『정화현지』에 일컫기를 '공이 선영先塋의 제사 때마다 운근서원에서 이틀 밤을 묵고 갔다. 또한 일찍이 진징군陳徵君 사당에 참배하고 한참을 탄식하고서 ……'라 하였다. 곽사후郭斯垕의 『정화현지』를 보건대, 공이 어릴 때 위재가 운근에 데려가 글을 읽도록 하였다. 이는 정화에 장년기뿐만 아니라 어렸을 때도 거주하였으며, 하루아침 하루저녁이 아니라 온 해를 거주했음을 뜻한다."

19 주희가 어렸을 때 괘를 그린 일은 황간黃榦의 「주자행장朱子行狀」에 가장 먼저 실렸는데, 나중에는 마침내 두 가지 설이 공존하게 되었다. 그 하나는 여섯 살 때 우계에서 일어난 일이라 하는데, 『우계현지尤溪縣志』 및 『복건통지』 권25 「명승지名勝志」에 보인다. 다른 하나는 여덟 살 때 건구에서 일어난 일이라 하는데, 『건구현지建甌縣志』에 보인다. 여러 학자들의 연보에서는 주희가 괘를 그린 일을 모두 여덟 살 때 일어난 일이라고 비정하는데, 무엇에 근거했는지는 말하지 않았다. 오늘날 사람들은 모두 여덟 살 때 건구에서 일어난 일로 여기고 건구의 획괘정을 진적眞跡이라 하지만, 실은 그렇지 않다. 생각건대, 주희가 우계에 우거한 기간은 일곱 살 때(•소흥 6년)까지이며 일곱 살 이후로는 포성浦城(•상세한 내용은 아래 주의 고증에 보인다)에서 우거하였으니, 여덟 살 때 주희는 포성에 있었지 건구에 있지 않았다. 소흥 10년에 주희가 열한 살이 되었을 때 비로소 건구에서 우거하였다. 그러므로 여덟 살 때 건구에서 일어난 일이

우랑이 우계에서 보낸 유년 생활은 주송이 상을 마치고 복을 벗음에 따라 끝났다. 소흥 7년(1137) 여름에 주송이 부름을 받아 입대入對하게 되었는데, 도성으로 가기 전에 그는 축씨와 우랑을 건주 포성浦城의 우거寓居에 보내고, 우랑을 위해 가정교사(塾師)를 초빙하였다. 집이 가난하여 재물이 궁핍했기 때문에 주송은 행장을 꾸려 단신으로 도성에 들어갔다.[20] 그는 서울에서 소흥 10년(1140)까지 직책을 맡아 일하였는데, 이때는 주전파와 주화파의 투쟁이 크게 일어났다가 일단락되고 남송의 소조정에 결정적인 전환이 일어난 시기였다. 얹혀살았던 이 시기의 생활은 우랑의 어린 영혼에 강렬한 사상의 낙인을 찍었다.

라고 하는 설은 분명 잘못이다. 「위재연보」에서는 여덟 살 때 건구에서 괘를 그렸다는 설에 근거하여 주희가 소흥 7년(•여덟 살)에 이미 건구에 이주했다고 추론하는데, 이는 잘못에 잘못을 더한 것이다.

20 주희가 우계에 우거한 시기가 어느 해까지였는지는 연보에 고증이 되어 있지 않다. 『남계서원南溪書院』 권1 「본원本原」을 보면 "(•주송은) 처음 의재義齋의 남계南溪에 있는 별서別墅에 관사를 빌려서 아들 회암晦庵을 낳았다. 소흥 6년(1136)에 식구를 데리고 우계를 떠났다."고 하였고, 『우계현지』에도 "여섯 살 때 관사 앞 사주 위에 괘를 그렸다. 일곱 살 때 위재를 따라 우계를 떠났다."고 하였으니 주송 부자가 우계에 우거한 기간은 소흥 6년까지이다. 소흥 6년 이후 주희가 어디에 우거하였는지는 역시 연보에 고증되어 있지 않다. 『위재집』 권7 「상조승상차上趙丞相箚」를 보면 "갑인년 가을(•소흥 4년)에 저는 큰 어려움을 당하여 …… 지난여름에 조정의 부름을 받아 식구를 건주의 포성에 보내 놓았으며, 재물이 궁핍하여서 보따리에 옷과 이불을 싸서 들고 부임하였습니다."라고 하였다. 지난여름에 부름을 받았다는 말은 대체로 소흥 7년 상복을 벗은 뒤 다시 부름을 받아 도성에 들어간 일을 가리킨다. 『위재집』 권12 「고증관문告贈官文」에서 '관각館閣에서 관직에 임명되었다' 한 일은 '소흥 7년 정사년'에 있었다. 오늘날 사람들은 주송이 조정에 들어간 때를 소흥 8년이라고 여기는데, 이는 잘못이다. 「위재연보」에서 소흥 7년에 주희가 여덟 살 때 이미 건구로 옮겨가 거주하였다고 추정한 기록은 대체로 연보에 여덟 살 때 괘를 그렸다고 한 기록에 근거하여 견강부회하고 함부로 추단한 것이다. 청 『강희건안현지康熙建安縣志』 권8 「예문藝文」, 민국民國 『건구현지建甌縣志』 권7 「명승名勝」에서 오늘날 사람들에 이르기까지 모두 주송이 소흥 7년에 건구로 옮겨가 거주했다고 알고 있는데, 이는 모두 「위재연보」와 잘못 전해 들은 설을 그대로 이은 것이다.

소흥 5년(1135)에 금金과 위제僞齊(북송 말 제남濟南의 지부知府 유예劉豫가 세운 금의 괴뢰정권. 국호는 태제大齊)가 연합하여 송을 공격했다가 실패한 뒤로 남과 북이 대치하는 형세는 이미 남송에 유리한 변화를 일으켜서 금의 장수 한상韓常마저도 다음과 같이 말하였다. "지금과 이전은 상황이 다르다. 전에는 우리가 강하고 저들은 약했으나, 지금은 우리가 약하고 저들은 강하다. 다행인 것은 남쪽 사람들이 이 사이의 상황을 모르고 있다는 점뿐이다."(『대금국지大金國志』권 27 「한상전韓常傳」) 주전파인 우상 장준張浚은 형세를 바꿀 기회를 포착하고 적극적으로 북벌을 준비하였다. 그는 황제가 건강建康으로 옮겨가느냐(移驆) 임안臨安으로 돌아가느냐(回驆) 하는 문제를 놓고 온건파인 좌복야左僕射 조정趙鼎과 갈등을 빚었다.

주전主戰과 주화主和 사이에서 줄곧 머뭇거리고 흔들리던 조구趙構(고종)는 먼저 조정을 파면한 뒤 장준 등 주전파의 간곡한 청과 재촉을 받고서 소흥 7년(1137) 3월에 건강에 체류하며(駐驆) 북진을 위한 군사동원의 태세를 갖추었다. 주송은 마침 적당한 시기를 만나 도성에 들어가 주대奏對를 하였는데, 비분강개한 글로 중흥과 회복의 주장을 다시 올리고서 조정으로부터 관직을 얻어 궁중의 장서를 정리하고 편집, 교정하는 일을 맡아보았다.

그런데 8월에 회서淮西에서 병사들이 장수를 죽이고 반란을 일으키는 변란이 발생하여 조야朝野를 진동하게 하였다. 역경酈瓊이 여지呂祉를 협박하여 유예劉豫에게 투항했던 것이다. 일시에 이론異論이 벌 떼같이 일어나 장준은 내몰려서 자리를 잃고 주화파가 득세하였으며, 이때 뜻밖에도 양회兩淮(회남 동로와 회남 서로)의 방어를 다 철수하고 건강으로 물러나 수비를 하자고 하는 사람도 있었다. 본래 마지못해 주전의 태도를 보였던 조구는 소흥 8년 2월에 급히 임안으로 돌아옴으로써(還驆) 소흥 5년 이래로 중원 회복에 유리했던 형세가 하루아침에 무너졌다. 이해에 조구가 정식으로 임안에 도읍을 정하면서 동남쪽의 반 쪼가리 강산(半壁)에서 구차하게 안주하는 국면이 형성되었다. 비록 주전파가 항쟁하자고 외쳤지만 형세를 만회하기에는 무력하였다.

바로 이때 주송은 우랑을 데리고 도성으로 갔다. 임안에서 우랑은 송이 남쪽으로 건너온 이래 '항주杭州를 변주汴州(북송의 수도 개봉開封)로 만든' 백 년 동안의 구차한 안주의 국면이 이루어진 역사의 한 막幕을 직접 자기 눈으로 목격하였다. 그는 이 일을 평생 잊지 못하여 늘그막의 나이에도 여전히 근심하고 비분강개하면서 추악한 남송의 소조정이 도읍을 정했던 해의 일을 언급하였다. "이로부터 묘당廟堂의 계책은 갈팡질팡 겉돌고 상하가 해이해져서 북벌 계획이 날로 더욱 쇠퇴하였다. 중원으로 돌아가려는 바람은 앉아서 좋은 기회를 잃어버리고 이듬해 수레가 끝내 임안으로 돌아갔다."(『주송행장』)

주송은 여러 차례 주대奏對에서 항거하자는 주장을 폈으나 조구는 화친을 청하고 투항할 결심을 확고하게 굳혔다. 3월에 조구는 더러운 이름이 뚜렷이 드러난 진회를 조정으로 불러들여 상서 우복야尚書右僕射, 동 중서 문하평장사 同中書門下平章事로 삼았다. 진회는 대권을 독점하자 더욱 대규모로 투항 활동을 개시하여서 남송 소조정의 굴욕스러운 역사의 가장 추악한 한 페이지를 열어젖혔다. 주송은 조정에서 어사중승御史中丞 상명常明 등의 천거를 받고 저작 좌랑著作佐郎에서 곧바로 이부 원외랑吏部員外郎으로 올랐지만 중원 회복의 희망이 없어지자 항의하는 소를 올린 뒤 다만 적막한 사원史院에서 『철종실록哲宗實錄』을 편수하느라 나날을 보낼 뿐이었다.

주송이 도성에 들어온 뒤 조정에서 수많은 일이 일어나는 동안, 우랑은 포성의 우사寓舍에서 고심하며 경서를 읽고, 소흥 7년(1137)부터 가정교사의 지도 아래 정규적인 유가 육경六經의 훈몽訓蒙 교육을 받기 시작하였다. 그러나 그 이전에 다섯 살 때 이미 『효경孝經』을 처음 전수받았는데, 우랑은 한 번 읽고는 곧 통달하였으며 마음속에서 환히 깨달았다. 우랑은 붓을 들어서 『효경』에 글자를 써넣었다. "이와 같이 하지 않으면 사람이 아니다."(『주희행장』)
유가 성현의 충효절의忠孝節義에 대한 가르침과 해설은 어려서부터 우랑의 정
신 깊은 곳에 이미 뿌리를 내렸던 것이다.

우랑은 소흥 8년(1138) 아홉 살 때는 『맹자』를 읽기 시작하였는데, 곧바
로 이 책에 빠져들어서 분발하였고, 열 살 때는 성인聖人이 되겠다는 뜻을 품
었다. 그는 나중에 자기가 처음으로 『맹자』를 읽었을 때의 감동을 다음과 같
이 추억하였다. "공자가 말하기를 '인仁이 멀리 있겠느냐? 내가 인 하고자 하
면 이에 인이 이른다(仁遠乎哉, 我欲仁, 斯仁至矣)' 하였다. 이 말은 오로지 사람들이
스스로 실천해 나가게끔 한다. 『맹자』에 이른바 혁추奕秋는 다만 이런 것들에
갈등을 느꼈다. 그의 제자 가운데 한 사람은 앞으로 나아가 배우려 하였고,
한 사람은 그렇게 하지 않았다. 나는 나이 여덟아홉 살 때 『맹자』를 읽고서
이 부분에 이르러 개연히 분발하지 않은 적이 없었다. 배움이란 마땅히 이와
같이 공부해야 한다고 여겼던 것이다. 당시에는 바로 그같이 생각하였지만
어떻게 공부해야 하는지는 알지 못하였다. 그 뒤로 더욱 쉬지 않고 한결같이
공부를 해 나가려고 하였다."(『어류』, 권121) "나는 열 몇 살 때 『맹자』를 읽었는
데 '성인은 나와 같은 무리(聖人與我同類)'라는 말에 이르러 말할 수 없이 기뻤
다. 성인도 쉽게 될 수 있다고 여겼던 것이다. 그러나 지금에야 바야흐로 어
렵다는 사실을 깨달았다."(동상, 권104)

소흥 9년(1139)에 우랑은 벼슬길에 들어가기 위해 거자擧子의 공부를 익히
기 시작했으나 공자와 맹자의 '성현의 학'에 푹 빠져서 녹봉을 추구하는 정
문程文(과거 시험에 쓰이는 특수한 형식의 문장)을 짓는 데는 흥취를 느끼지 못하였
다. 그가 스스로 한 말에 근거하면, 과거에 합격하여 진사進士가 되기 전에 단
지 과거 시험(擧業)의 문장을 열대여섯 편 지어보았을 뿐이라고 한다. 우랑은
뼈를 깎는 노력으로 부지런히 분발하여서 글을 읽었으며, 해마다 동쪽 정화

로 가서 조부 주삼과 조모 정씨의 묘에 성묘를 하였다. 성묘하러 갈 때는 주송이나 축씨가 우랑을 데리고 함께 갔다. 우랑은 언제나 황웅산 기슭의 운근서원에 묵으면서 글을 읽으려고 하였으며, 때로는 송계松溪로 달려가서 현 경계에 구름 위로 높이 솟은 담로산湛盧山 아래에서 경서를 안고 부지런히 글을 읽었다.[21]

주송은 맏아들과 둘째 아들이 요절했기 때문에 온갖 정성과 심혈을 기울여서 우랑을 길렀다. 한번은 우랑을 데리고 임안으로 가서 온 마음을 다하여 가르쳤는데, 아들을 위해 양유의楊由義라는 스승을 초빙하였다. 양유의는 당시 공경公卿의 문을 드나드는 포의한사布衣寒士였는데, 나중에는 형부 시랑刑部侍郎의 벼슬에까지 이르렀다. 예전에 그가 금나라에 사신으로 간 적이 있었는데, 무릎을 굽혀 절을 하지 않고 절개를 온전히 보존하고 돌아와서 이름이 조정에 떨쳤다. 주희가 이를 찬탄하였다. 이 사람은 현재 알려진 주희의 첫번째 스승이다. 『해창도경海昌圖經』에는 다음과 같이 기록되어 있다.

양유의는 자가 의지宜之이다. …… 전운사의 천거(漕薦)를 받고 응시하였으나 급제하지 못하고 제공諸公의 문에 묵었다. 이부吏部 주송이 초빙하여서 아들 주희를 가르치게 하였다. 나중에 아버지의 은택으로 우계右階(오

---

21 『건녕부지』 권1 : "담로산은 현 남쪽에 있다. 동관東關, 삼계杉溪 두 마을에 걸쳐 있으면서 정화현의 경계에 닿아 있다. 산의 모습은 높고 깎아지른 듯하며, 그 위에는 늘 구름이 떠다니고 안개가 낀다. 이 산은 담왕湛王이 검을 주조한 곳이다. 주송이 정화현에서 고을살이를 할 때 그의 부친 주삼을 호국사護國寺에 장사 지냈기 때문에, 주희는 그로부터 성묘를 다녔으며 이곳에 묵으면서 글을 읽었다." 『복건통지』 권6 「학교지學校志」 : "송계현 담로서원湛盧書院은 담로산 아래에 있다. 송 정화 현위 주송의 부친 주삼은 주자의 조부인데, 묘가 성계星溪에 있다. 담로에서 20리 떨어진 곳이다. 주자가 늘 그 아래에서 글을 읽었다. 고을 사람이 그로 인해 서원을 세우고 제사하였다."

른쪽 품계의 관직)에 보임되어서 섬군贍軍의 남고南庫를 감독하였다. 융흥隆興 (1163~1164) 초에 노중현盧仲賢이 금에 사신으로 가면서 명을 수행하게 되었는데, 양유의가 동행을 청하였으므로 합문지후밀원간관閤門祗侯密院幹官으로 봉사금국통문심의관奉使金國通問審議官에 충원되었다. 금에서 그들 일행을 막고 절을 하라고 하였다. 양유의는 맹세코 무릎을 굽히지 않고 절개를 온전히 보존하여서 돌아왔다. …… 주희는 그 무덤에 명銘을 지으려고 하면서 일찍이 다음과 같이 말하였다. "충의와 큰 절개는 중국과 오랑캐가 감탄하고 칭송한다.(忠義大節, 夷夏稱嘆)" 그러나 주희가 죽는 바람에 쓰지 못하였다. ……

―『함순임안지咸淳臨安志』 권67 [22]

양유의의 충의와 애국심, 고전적이고 화려한 문장과 글씨는 모두 우랑에게 깊고 깊은 영향을 미쳤다. 그는 앞뒤로 20년 동안 공경대부의 문하에 묵었다. 우랑은 아버지와 스승을 따라 모시고 다니면서 늘 그들의 시우詩友와 문사文士, 명유名儒들의 고담준론을 들으며 조정의 일과 정치의 국면을 귀에 딱지가 앉고 눈이 무르도록 접하였다. 또한 도성의 원로 중신과 이학理學의 선배들을 알게 되었다.

소흥 8년(1138) 봄, 우랑은 수많은 조정의 관료들 가운데에서 정이程頤의 4대 제자 가운데 한 사람인 윤돈尹焞을 만났다. 당시 양시楊時·호안국胡安國·주진朱震과 같은 이학의 대가들이 잇따라 세상을 떠나서 윤돈은 사대부의 중망

---

22 생각건대, 『함순임안지』는 양씨楊氏의 『가기家紀』에 근거하였으니 반드시 믿을 만하다. 양유의는 20여 년 동안 임안에서 현명한 사대부의 집에 문객으로 묵으면서 민閩(복건)에 들어간 적이 없었으므로, 주송이 그를 초빙하여 주회를 교육한 일은 반드시 주송이 조정에 들어가 임직에 있었을 때의 일이다. 상세한 내용은 『절강통지浙江通志』 권194에서 인용한 『영지비고寧志備考』에 보인다.

을 받는 노유老儒가 되었다. 우랑은 이때 처음으로 도성에 들어가 이 대유大儒의 풍채를 목도하였다. 마침 윤돈은 4월에 자기가 지은 『논어해論語解』를 황제에게 올렸는데, 우랑은 나중에 이 『논어해』를 구해서 한 차례 베꼈다.

주희는 어렸을 때 특별히 『논어』를 애독하고 아울러 사서四書 가운데 맨 먼저 여러 학자의 설을 모아서 『논어상설論語詳說』을 완성하였는데, 이때 윤돈을 만난 일이 얼마간 자극이 되었으리라. 나중에 주희는 윤돈의 고명한 제자인 왕덕수王德修에게 자신의 소년 시절에 겪은 이 과거사를 언급하였다.

> 제가 아이 때에 선친께서 비서성秘書省에서 벼슬을 하셨는데, 이때 화정
> 和靜(윤돈) 선생은 소감少監으로 계셨습니다. 제가 일찍이 무리들 가운데서
> 그분의 도덕군자다운 모습을 멀리서 바라보고 또 그 책을 얻어서 베꼈습
> 니다. 그러나 어린 데다 어리석고 어두워서 그것이 무슨 말인지 알지 못했
> 습니다. 장성하고 나서 선생과 어른(長者)들을 따라 배우며 『논어』에 관한
> 설명을 듣고, 하남河南(정호와 정이) 문인의 책을 두루 읽은 뒤에야 화정 선생
> 의 말씀을 알고 비로소 그 맛을 거칠게나마 터득하였습니다.
>
> ──『문집』 권55 「답왕덕수答王德修」[23]

역시 소흥 8년 5월, 우랑은 또 호상파湖湘派의 이학理學 대가인 예부 시랑

---

23 윤돈이 소감少監에서 내사內祠에 고쳐 제수된 때는 소흥 8년 4월로서 『중흥소기中興小紀』 권24
에 보인다. 주희가 윤돈을 만난 때는 응당 이해 봄이었음을 알 수 있다. 왕응린王應麟의 『옥해
玉海』에 "소흥 8년 4월, 윤돈에게 조서를 내려서 『논어』를 풀이하게 하였다. 책이 완성되자 6
품品의 관복을 하사하였다."고 하였다. 윤돈의 「논어해후서論語解後序」에 "(•소흥 8년) 4월 21일
에 올렸는데, 학자 기관祁寬·여계중呂稽中·여견중呂堅中이 거기에 있었다. 책의 완성은 모두 이
세 선생의 도움이다."라고 하였다. 주희가 『논어해』를 본 때는 아마도 이해 하반기였으리라.

호인胡寅을 만났다. 호인은 자가 명중明仲, 호가 치당致堂이며, 이학가 호안국의 맏아들이다. 구산龜山 양시에게서 수학하였다. 그는 호안국의 둘째 아들 오봉五峰 호굉胡宏과 함께 심원한 영향을 끼친 호상파를 열었다.

호인의 호방한 기질과 사상은 모두 우랑을 감화하였다. 나중에 주희는 이 때 도성에서 호인을 상견했을 때의 정경을 다음과 같이 언급하였다.

> 호치당胡致堂(호인)은 논의가 뛰어나고 인물이 탁월하였다. 전에 일찍이 그를 모시고 앉아서 보니, 몇 잔을 마신 뒤 공명孔明(제갈량)의 「출사표出師表」를 읊고 장재숙張才叔(장정견張庭堅)의 「자정인자헌우선왕의自靖人自獻于先王義」(자중하면서 사람마다 올바른 일을 하여 자기만이라도 선왕에게 공헌을 해야 한다는 『서경』「미자微子」의 한 구절을 해석한 글)와 진료옹陳了翁(진관陳瓘)의 주장奏狀 등을 외었는데, 호걸스러운 사람이라 할 만하였다. ──『어류』권101[24]

호인과 우연히 만난 일은 우랑의 심중에 조용히 스며들어서 소리 없이 감화하는 기이한 힘을 발휘하였다. 주희는 나중에도 술을 마시면 공명의 「출사표」를 즐겨 외었고, 진료옹의 몸가짐과 지조, 학문과 행실로 자기를 갈고 닦았다. 주희가 지은 벽불辟佛의 「석씨론釋氏論」은 호인이 쓴 「숭정론崇正論」의 반이단 사상의 그림자가 짙게 드리워 있으며, 또한 호인의 『논어상설論語詳說』도

---

24 호인은 소흥 8년(1138) 5월에 부름을 받아 예부 시랑에 제수되어서 도성에 들어왔으나, 그달을 넘기지 못하고 부친 호안국의 상을 당하여서 형산衡山으로 돌아갔다. 『중흥소기』권24에 보인다. 소흥 10년에 호인은 복을 벗고 다시 조정에 들어왔지만, 이때 주송은 이미 조정을 떠나 민으로 돌아갔다. 호인도 곧 진회의 탄핵을 받고 파직되어서 다시 형산으로 돌아갔다. 이 해에 호인은 숭안崇安에 왔었다. 소흥 25년(1155)에 진회가 죽고 호인이 다시 관직을 얻은 때로부터 그가 죽은 소흥 27년까지 주희는 멀리 동안同安에 부임해 있었던 까닭에 서로 만날 인연이 없었다. 그러므로 주희가 호인을 만난 때는 당연히 도성에 있었을 때이다.

주희가 『사서집주四書集注』에서 인용하여 논증한 주요 서적 가운데 하나였다.

　주송이 조정에서 임직에 있었던 두 해 남짓 되는 기간에 집안 형편은 조금 호전되었으나, 펴졌던 형편은 주송이 화친 논의(議和)를 견결하게 반대하다가 진회에게 죄를 얻으면서 금세 또 끝나버렸다. 진회는 재상이 되어 권력을 잡자마자 곧 조구의 의지를 받들어서 이전보다 더 열성으로 투항과 화친 논의의 활동을 전개하였다.

　금나라의 달뢰撻賴와 올출兀朮은 함께 모의하여서 소흥 7년(1137)에 점한粘罕 일파를 무너뜨리고 위제僞齊를 폐출한 뒤에 남송에 대해 투항을 유도하는 활동을 전개하였다. 소흥 8년 봄에 그들은 우선 왕륜王倫을 석방하여 돌려보내면서, 시정의 무뢰배이며 협잡꾼 출신 소인배인 이 포로를 교섭의 중개 인물로 충당하였고, 5월에는 또 오릉사모烏陵思謀에게 '국서國書'를 휴대하게 하여 임안으로 파견해서는 비밀 회담을 열었다. '국서'에 제시된 화친 논의의 내용은, 조길趙佶(휘종)의 관을 송환한다, 조구의 생모 위씨韋氏를 돌려보낸다, 원래 위제에 속해 있던 황하 이남과 회수 이북 지역을 남송에 돌려준다는 안건이었다.

　그러나 그들이 제시한 화친 논의의 선결 조건은 남송이 반드시 금의 군주를 향해 신하라 일컫고 공물貢物을 바치며, 조구는 자발적으로 황제의 칭호와 송의 국호를 버리고 금나라의 번속藩屬이 되어야 한다는 내용이었다. 조구와 진회는 이런 조건을 전반적으로 받아들이고 7월에 왕륜을 금에 사신으로 파견하여서 스스로 신하로 일컫고 화친 논의를 하겠다는 속마음을 밝혔다.

　10월에 금은 '조유강남사詔諭江南使' 장통고張通古와 '명위장군明威將軍' 소철蕭哲을 파견하였고, 그들은 무위를 떨치며 임안으로 와서 정식으로 조약을 체결하였다. 남송 전국은 놀라 진동하였고 임안성은 흉흉하게 들끓었다.

　이런 모든 일은 바로 우랑이 임안에 와 있을 때 일어났고, 그도 남(송)과

북(금)의 관리와 수레(冠蓋)가 분주하게 오가는 정황을 목격하였다. 또 5월에 금 사람이 보낸 '국서'가 임안에 도달했을 때 우랑은 처음으로 주송과 호인의 담론을 곁에서 들었는데, 담론의 내용은 호인과 진회가 조당朝堂에서 강화를 두고 논쟁한 일에 관한 것이었다. 그는 나중에 다음과 같이 추억하였다.

> 호명중胡明仲(호인)과 진회가 조당朝堂에서 화의和議를 두고 논쟁을 하였다. 진회는 말없이 다만 금 사람이 답한 '국서'를 들어서 손으로 급히 말아서는 양 끝을 접고 중간의 한 줄만 남겨서 명중에게 보였다. '구하지 않고서도 얻는 것이니 큰 은혜라 할 만하다(不求而得, 可謂大恩)'고 씌어 있었는데, 글자 크기가 손바닥만 하였다. 이때 오랑캐가 처음 하남河南 땅을 우리에게 돌려준 것이다. 선생(주회)은 치당致堂(호인)이 말하는 것을 직접 보았다.
>
> —『어류』권131

이 사건도 우랑에게 강렬한 인상을 남겼다. 그는 나중에 제자들에게 '국서' 가운데 씌어 있는, '구하지 않고서도 얻는 것이니 큰 은혜라 할 만하다'고 한 말을 굳게 기억하고 잊지 말도록 하였다. '아마도 오랜 시간이 흐른 뒤에는 이를 아는 사람이 없을 것'이기 때문이었다(동상).

온통 화친을 구걸하는 소리만 들리는 가운데 조정에서는 맨 먼저 대장 한세충韓世忠이 여러 차례 항쟁하자고 상소하였고, 이어서 종관從官(근신) 장도張燾·안돈복晏敦復·위해魏矼·증개曾開·이미손李彌遜·윤확尹㷸·양여가梁汝嘉·누일樓駬·소부蘇符·설휘언薛徽言 및 어사御使 방정실方廷實이 분주히 조정에 들어가 화친 논의에 반대하는 말을 아뢰었다.

제일 격렬하게 항의하고 가장 널리 전파된 것은 11월 25일에 추밀원 편수관이며 시인인 호전胡銓이 진회·손진孫進·왕륜을 참하라고 청하는 주장奏章

이었다. 호전은 바른 기개가 늠름하고 굳은 뼛골이 쟁쟁하였으므로 조정과 시정市井에서 그의 주장을 일시에 다투어 전하며 외었다. 나중에 주희는 "담암澹庵(호전)의 주소奏疏는 중흥中興 때 제일가는 것이니 해와 달과 빛을 다툴 만하다!"(『호충간공문집胡忠簡公文集』 「역대명현평론歷代名賢評論」)고 말하였다. 이는 바로 그가 소년 시절 도성에서 이 글을 읽었을 때부터 받은 절실한 느낌에서 나온 말이었다.

주희는 임안에서 편수관 호전, 호부 시랑 이미손, 예부 시랑 증개 등이 잇따라 파직되는 정황을 목격하였고, 만년에도 여전히 이 일을 생생하게 기억하였다.

> 나(熹)는 오히려 소흥紹興 중년에 간흉奸凶들이 조정을 휘젓고 충신과 현 자들이 시사時事에서 손을 떼고 떠나는 모습을 보고서 …… 계사季士가 또 이 축軸을 보여주었는데, 예컨대, 이李(*이미손)·증曾(*증개), 두 분 호씨(二胡, *호 전胡銓과 호정胡珵) 같은 여러 분은 모두 선인先人(주송)이 종유한 사람들로서 당 일에 잇따라 줄줄이 서울을 떠났다. 그 말을 거듭 살펴보니 더욱 개탄스러 웠다.
> ─『문집』 권82 「발고언선가제첩跋高彦先家諸帖」

호전이 '소주昭州에 편관編管되어서 영구히 서용되지 못하는' 운명에 처한 뒤 12월 21일, 주송은 분개하여 같이 관직館職으로 있던 관원 호규胡珪·장광張廣·능경하凌景夏·상명常明·범여규范如圭와 함께 여섯 사람 이름으로 연명하여서 다시 주장奏章 한 통을 올리고 화친을 구걸하자는 설을 통렬히 배척하였다.

> 인민의 고혈膏血을 짜내 교만하고 게으른 병사를 길러서는 주둔지와 수 자리에서 써먹지 않으니 분하고 한탄스럽습니다. 그러다가 위급한 상황에

서는 강화講和를 말합니다. 가령 이런 무리가 하루아침에 구실을 대고 난리를 부른다면 장차 무엇으로 변란을 그치게 하겠습니까! …… 하물며 오랑캐는 오래전부터 의리가 없어서 이리 같은 야심을 품고서 아비와 자식의 친분으로 유인하는데(鳴鏑) 그 달콤한 말을 좋아하여 믿고 의심하지 않으니 일을 헤아림이 또한 엉성합니다! 저들이 화和(강화)라는 한 글자로 우리에게 자기들의 뜻을 관철한 지 12년입니다. 그리하여 우리 왕실을 뒤엎고, 우리 변방의 방비를 해이하게 만들고, 우리의 국력을 고갈시키고, 우리의 장수를 해체시키고, 불공대천의 원수에 대한 우리의 원한을 느슨하게 하고, 고국의 노래를 부르며 고국을 생각하는(嘔吟思漢) 우리 중국의 불쌍한 백성(赤子)을 절망하게 하였는데, 어째서 지금에 이르도록 오히려 깨닫지 못합니까! ……

— 『삼조북맹회편三朝北盟會編』 권186

주희는 나중에 이 주장이 주로 주송 등의 의사를 바탕으로 호규가 초草를 잡은 것이라고 하였는데, 아마도 그는 어린 시절에 그들이 함께 공통으로 상정하여 문안을 기초하는 상황을 눈으로 직접 보았을 터이다. 주희의 일생 동안 변함없는 항금抗金의 주전主戰 사상은 이 시기에 맨 처음 감화받아 형성되기 시작하였다.

여섯 사람이 올린 글은 아무런 결과를 얻지 못하였고, 인심이 흉흉한 임안성에는 거리와 골목마다 '진 상공秦相公(진회)은 세작細作(간첩, 첩자)'이라는 표어가 나붙었다(『어류』 권131). 그러나 조구와 진회는 만인이 자기들에게 침을 뱉고 욕을 해도 아랑곳하지 않고 이미 화친을 구걸하기로 결정하였다. 12월 24일에는 금나라에서 파견한 조유사와 명위장군이 의기양양하게 도성 문으로 들어와 좌복야부左僕射府에 투숙하였다.

12월 28일에 진회는 후안무치하게 좌복야관左僕射館에 가서 무릎을 꿇고

배례하고 금나라의 조서를 받았다. 조구는 부득이하게 소흥 9년(1139) 원단元
므에 전국에 조령詔令을 반포하여서 화친 논의가 성립했음을 선포하였다. "대
금大金이 사신을 파견하여 화친을 통하고 옛 땅을 돌려주었으니, 응당 관사官
司에서는 문서대로 이행하여서 양국의 큰 체모를 보존하기를 힘써야 하며 대
뜸 헐뜯어 물리쳐서는 안 된다. 안팎에 포고하니 저마다 잘 알도록 하라."("삼
조북맹회편』 권191)

이해는 바로 송의 개국 180주년으로서 조광윤趙匡胤이 토대를 세운 강산
이 일찌감치 이런 취생몽사醉生夢死하는 패가망신의 후손에 의해 전혀 딴판으
로 유린되었던 것이다. 산하가 파괴되고 중원이 도탄에 빠지자 주송은 우랑
에게 가슴 아픈 탄식을 금하지 못하였다. "태조께서 명을 받으시고서 지금이
180년이다!" 이 한마디는 우랑의 마음속에 죽을 때까지 잊기 어려운 아픔을
남겨 놓아, 죽기 1년 전인 경원 5년(1199)까지도 그는 북벌의 가망이 없게 된
사실을 슬프게 탄식하는 시에서 당시 주송이 그에게 '신자臣子의 책임'을 자
기 책임으로 삼으라고 깨우쳐준 일을 언급하였다.

건륭建隆 경신년(960)은 올해 기미년(1199)으로부터 240년 전이다. 일찍이
기억하건대, 열 살 때 선친께서 분개하셔서 나를 돌아보시고 "태조께서 명
을 받으시고서 지금이 180년이다!" 하시며 오랫동안 탄식하셨다. 선친의
가르침을 가슴속에 새긴 지 올해 갑자甲子가 또 한 주기를 돌았다. 몸은 쇠
하고 병들어서 시들었고, 끝내 신자臣子의 책임은 조금이라도 다할 수 없
다. 이에 이 시로써 화답하고 아울러 그 말을 기록하여서 자식들에게 보이
며, 그로 인해 숙연히 감격하여 눈물을 흘린다.
　　―『문집』 권9 「마침내 돌아가 쉬도록 허락을 받아 진소원 어른이 시로 축하를 하
　　므로 이에 화답하여 다시 한 수를 짓다(蒙恩許遂休致陳昭遠丈以詩見賀已和答之復賦一首)」

소흥화의紹興和議는 유례없는 투항의 대대적인 배신적 매판이라 주전파는 조정에서 이미 설 자리가 없게 되었다. 참정參政 이광李光이 주송을 천거하여 근신近臣의 반열에 발탁하려고 계획했으나, 그는 이미 연명 상소로 인해 진회로부터 시기와 원한을 사고 있었다. 주송이 또 한 차례 윤대하여서 항의의 주장을 편 뒤로 소흥 10년(1140) 3월 진회는 곧 당우黨羽인 언관 우간의右諫議 하주何鑄를 넌지시 꼬드겨, '딴 생각을 품고서 스스로 현명하다 여기고, 겉으로는 사양하고 겸손한 체한다'는 죄명으로 주송을 상요군上饒郡으로 좌천시켰다. 주송은 곧 분연히 사관祠官을 자청해서 친한 벗 범백달范伯達과 함께 배를 타고 선뜻 남쪽으로 돌아갔다. 우랑이 포성에서 부지런히 글을 읽고 도성에서 교육을 받던 생활은 끝났다. 여기저기 일정하지 않게 얹혀살던 어린이의 시기(童年)는 이렇게 간난신고의 한 페이지를 넘겼다.

건구建甌 환계環溪에서

건구성 남쪽 자지상방紫芝上坊은 한 줄기 건계수建溪水가 구불구불 북쪽에서 흘러와 남쪽으로 휘돌아 흐르며, 동쪽에는 자지산紫芝山이 옆으로 누워 있고 서쪽에는 철사산鐵獅山이 높이 웅크려 있어 산이 아름답고 물이 수려한, 경치가 아름다운 곳이었다. 동네 앞에는 두 골짜기의 산 그림자와 물빛이 서로 가로질러서 아름답게 빛나고 부교浮橋가 성으로 통해 있었다. 전하는 설에 따르면 오대五代 시기에 왕심지王審知가 민에 있을 때 산중에서 갑자기 자지紫芝가 났다고 한다.

주송은 건구와 남검 일대를 오가며 타지에서 벼슬을 하였는데, 사람은 걸출하고 땅은 신령스러운(人傑地靈) 이곳을 일찌감치 눈여겨보다가 정화 현위로 있을 때 여기에 환계정사環溪精舍를 지었다. 이때 봉사가 되어 민閩으로 돌아온 뒤 그는 온 식구를 포성浦城에서 불러들였다. 이로부터 건구성 남쪽 건계 가(建溪之上)에 거주를 정하였다.[25]

---

25 주송은 파직되어 돌아와서 스스로 '건계 가(建溪之上)'라고 일컬었다. 『위재집』권10 「존승원불전기專勝院佛殿記」: "파직되어서 조정을 떠나 건계 가에 우거하였다.", 「청헌기淸軒記」: "건수建水 가에 우거하였다." 주희의 「주송천묘기朱松遷墓記」로 고증하건대, "건구성 남쪽 우사寓舍에서 졸하였다." 하였으니, 그는 응당 건구성 남쪽에 우거하였다. 『복건통지』권32 「명승지名勝志」: "구령현甌寧縣 환계정사는 부성府城의 남쪽 자지방紫芝坊 다리 가에 있다. 송의 주송이 지었다. 주송이 정화 우계의 현위로 있을 때 이 정사를 지었다. ……" 『건구현지建甌縣志』권7 : "환계정사는 성 남쪽에 있으며 주위재朱韋齋(주송) 선생의 고택이다. 나중에 사당으로 개조하

주송이 받은 봉사직은 녹봉의 반만 받았기 때문에 소흥 9년(1139)에 우랑의 누이가 태어나자 집안 형편은 또 빈한해졌다. 우랑은 주송의 심혈을 기울인 독려와 가르침 아래서 열한 살 때부터 더욱 엄격한 가정의 훈몽訓蒙 교육을 받으며, 스스로 말했듯이 '10년 동안 적막하게, 물려받은 경전을 끌어안은 (十年寂寞抱遺經)' 생애를 시작하였다.

주송이 이해 섣달 그믐날에 수세守歲를 하며 지은 시에서 아직 치기稚氣를 벗어나지 못한 이 시기 우랑의 독서 생활을 어렴풋이 볼 수 있다.

설날 선물   饋歲

해가 저무는데 이곳 풍속을 지키네   歲晚追土風

외로운 독 같은 나라를 누가 도울까?   獨甕誰與佐

사람의 마음은 흐르는 세월을 느꺼워 하고   人心感流光

누대의 음식으로는 기이한 물건을 막았네   臺饌屛奇貨

닭과 돼지를 우리에 가두고   鷄豚取牢柵

크고 작은 문을 닫았다   門戶隨小大

고향을 떠나온 지 20년   去鄕二十年

고향을 그리며 누워서 근심하네   憶此但愁臥

였다." 왕전汪細, 「환계정사기環溪精舍記」: "요주饒州의 지주知州가 되었으나 부임하지 않고 사록祠祿을 청하였다. 건주성의 골짜기와 산의 승경을 좋아하여 환계정사를 짓고 우거하면서 거기서 일생을 마칠 듯이 하였다."(『건녕부지』 권17) 주희의 『속집』 권8 「발위재서곤양부跋韋齋書昆陽賦」에서 말하였다. "소흥 경신(•10년, 1140)에 내(熹) 나이 열한 살이었다. 아버님(先君)께서 파직되어 조정을 떠나 건양建陽으로 오셔서 머무셨는데, 등고산登高山에 있는 구씨(구희丘義)의 집에서 지내셨다."

어리석은 아이는 아직 철을 모르고	兒癡元未識
자리에 맛있는 음식 쌓아두기를 바라네	但索梨釘坐
어느 때나 까마귀 고향에 돌아올 줄 알까?	何時鴉識村
맷돌을 돌리는 나귀는 되지 말라	莫作驢轉磨
사방에 뜻을 두지 말고	不須志四方
아들이 잘못이나 적기를 바라네	敎子求寡過
아직 강건할 때 돌아와	歸哉及强健
늙어서 번거롭게 약을 쓰네	老去煩劑和

수세　　　　　　　　　　　　　　　　　守歲

뜰에 밝힌 횃불에 아직 밤은 깊지 않았는데	庭燎夜未央
용과 뱀을 그린 깃발 펄럭이누나	旌旗煥龍蛇
아홉 문을 일시에 닫거니	九門一放鎖
수많은 말을 누가 막을까?	萬馬誰能遮
난리에 옛일을 떠올리니	亂離憶舊事
편안히 잠들어 꿈을 꿀 수 없네	安眠夢無何
등불 빛에 눈은 부시고	目眩燈燭光
아들딸 떠드는 소리 성가시다	坐厭兒女譁
이 또한 이곳 풍속인가	念此亦土風
정신이 어지러워도 꾸짖지 않네	雖癡不容撾
다시 노백 놀이를 하는지	更爲盧白戲
곁에서 다툼이 일어나네	紛爭起橫斜

묵은해는 헤아릴 나위 없거니와	故歲不足計
새해에는 차질이 없기를	新歲莫蹉跎
경서와 역사서를 외기에 힘쓰니	努力誦書史
종들이 늙은이 자랑한다 비웃네	從人笑翁誇

— 『위재집』 권3 「언계주가 선배의 운을 쓴 것에 차운하다, 세 수(次韻彦繼周用前輩韻三首)」[26]

'사방에 뜻을 두지 말고'라는 구절은 나랏일이 날로 그릇되어가고, 자기의 가슴 가득한 충심忠心이 도리어 배척을 당하는 데 대해 비분강개하여 격분한 말이며, '경서와 역사서를 외기에 힘쓰니'라는 말은 그가 우랑을 군주에게 충성하고 세상을 구제하는 인재로 길러내겠다는 고심을 의탁한 표현이다. 주송은 '부모와 자식은 은혜를 주로 하고, 군주와 신하는 의리를 주로 하는(父子主恩, 君臣主義)' 것이 '천하의 큰 계율(大戒)'이라고 여겼다(『문집』 권97 「주송행장」). 그래서 그는 우랑에게 특별히 충효와 절의를 집중하여 교육시켰다.

선화 7년(1125)에 주송이 건주 용거원龍居院에 우거할 때 황산곡黃山谷의 「식시오관食時五觀」을 베껴서 둘째 아우에게 준 적이 있는데, 거기에 찬贊하는 말 세 구절을 지었다. "부끄러움을 알면 덕을 기를 수 있고, 분수를 알면 복

---

26 시에서 '아들딸 떠드는 소리 성가시다' 하였는데 주회의 누이는 소흥 9년(1139)에 태어났으니, 이 시는 당연히 이해 이후에 지어졌다. 또 시에서 '고향을 떠나온 지 20년'이라 한 표현은 대체로 허위로 가리킨 것이다. 주송이 고향을 떠나 민에 들어간 일은 정화 8년(1118) 정화현 현위에 제수된 뒤였다. 『위재집』 권9 「상당조서上唐浦書」에 '민중에 온 지 7년 …… 이어서 우계 현위로 와 ……'라고 하였다. 주송이 우계 현위가 된 때는 선화 5년(1123)에서 7년까지이니 위로 7년을 거슬러 올라가면 민에 온 때가 확실히 정화 8년임을 알 수 있다. 정화 8년에서 아래로 20년을 내려가면 소흥 8년인데 시에서 이미 주희의 누이와 함께 민으로 돌아가 거주한 사실을 언급하였으니, 시는 응당 소흥 10년에 지은 것이다. '아직 강건할 때 돌아왔다' 한 표현은 이해에 조정에서 파직되어 돌아온 일을 가리킨다.

을 기를 수 있고, 절의를 알면 기개를 기를 수 있다."(『위재집』 권1 「발산곡식시오관
跋山谷食時五觀」) 이는 실제로도 그가 우랑을 교육한 사상의 도덕적 준승準繩이었
으며, 우랑을 위해 정한 사람됨과 처세의 좌우명이었다. 그는 온 마음과 힘을
다하여서 유가의 충효기절忠孝氣節과 도덕문장道德文章으로 우랑을 훈도하고
계발하였다. 그러나 신하가 되어서는 충성을 다하고 자식이 되어서는 효도를
다하라는, 낡은 성현의 가르침에 침투한 봉건 도덕의 가정교육에는 오히려
왕을 높이고 오랑캐를 물리치며(尊王攘夷), 금에 항거하고 나라를 회복한다(抗金
復國)는 현실적인 내용이 포함되어 있었다.

춘추학春秋學에 정통한 주송은 늘 고금의 성패와 흥망의 커다란 사례를 즐
겨 강술함으로써 우랑이 자라서 대송의 중흥과 재조再造에 충성과 역량을 다
하도록 자극하였다. 한번은 그가 특별히 우랑을 위해 「광무본기光武本紀」를 읽
어줌으로써 유수劉秀(광무제光武帝)가 한漢 왕실을 중흥한 업적으로 우랑을 개도
하였는데, 우랑이 곤양대전昆陽大戰을 읽어 나갈 때 유수가 어떻게 3,000 정
예병으로 곤양을 포위한 왕심王尋의 42만 대군을 격파할 수 있었는지에 대해
물었다. 주송은 곧 상세하게 설명해주고, 우랑을 위해 소동파蘇東坡(소식)의 「곤
양부昆陽賦」와 제자題字를 크게 써주었다.

아들과 조카(甥, 생질)를 위해 「광무본기」를 읽어주셨는데, 곤양의 전투에
이르러서 내가 "어떻게 이와 같이 할 수 있었나요?" 하고 여쭈었다. 대략을
말씀해주셔서 흔연히 이해하였더니, 소자첨蘇子瞻(소식)의 「곤양부」를 써
주셨다. 자첨이 이 부를 지을 때 바야흐로 스물 한두 살이었을 뿐인데 필
력이 호방하고 웅장하여서 사마상여司馬相如에게 뒤지지 않았다.

— 『속집』 권8 「발위재서곤양부跋韋齋書昆陽賦」

우랑은 아버지가 손수 쓴 이 글씨를 늙어서까지 줄곧 귀하게 간직하였다. 만년에 주희는 그 위에 발문을 써서 추억하였다.

소흥 경신년(1140)에 내 나이 열한 살 때 아버님께서 파직되어 조정을 떠나 건양으로 오셔서 등고산蹬高山에 있는 구씨(구희丘羲)의 집에서 지내셨다. 한가한 날 손수 이 부를 써서 나에게 주시면서 고금의 성패와 흥망의 대체를 말씀해주셨는데, 참으로 오래된 일이다. 이제 어느덧 59년이 되었다. 병중에 소동파의 문집을 들춰보다가 옛일을 생각하니 어제 일 같다. 어려서 아버님을 여읜 나머지 아버님에 대한 그리움에 저절로 눈물이 줄줄 흘러서 멈출 수 없다.　　　　　　　　　　　　　　　　　　　　 —동상

주송이 우랑을 위해 유수가 이룬 중흥의 전공戰功을 이야기해준 때는, 유기劉錡가 순창順昌에서 대승을 거두고 악비岳飛가 장거리를 쉬지 않고 달려와 곧바로 중원으로 진격해 들어왔을 때이니, 여기에는 옛일을 빌려서 오늘날의 일을 감개하는 깊은 뜻이 있었다.

원래 소흥 9년(1139)의 화친 논의는 우담바라가 한 번 핀 것처럼 덧없는 속임수에 지나지 않았으나, 남송의 소조정은 화친 논의의 성사를 축하하는 데 도취되어서 깨어나지 못하고 있었다. 금의 사람들은 이미 강화 조약을 파기해버렸던 것이다.

올출兀朮 집단은 달라撻懶 일파에게 모반의 죄명을 씌워서 제거하고 금 조정의 대권을 장악한 뒤 대거 남침하였다. 송의 군사와 인민은 분발하여 일어나서 반격을 하였다. 유기는 순창에서 기습하여 승리를 거두었다. 5,000 정예병으로 금의 군사 10만을 대파하였던 것이다. 악비는 파죽지세로 중원을 장악해 나갔다. 선봉이 개봉開封에서 겨우 45리 떨어진 주선진朱仙鎭까지 이르

자 광무제가 한실漢室을 중흥한 것과 같은 환상이 물씬물씬 일어났다. 순창의 선비와 인민이 온 열성을 다해서 삶은 콩과 대나무 통(筒), 큰 칼을 들고 안하무인의 철부도鐵浮圖(금의 대장 완안올출 수하의 철기병)와 괴자마拐子馬(세 사람을 한 조로 한 철기병)를 죽이고 물리쳤던 까닭에 사람들은 소동파가 「곤양부」에서 과장되게 그려낸 대전大戰이 눈앞에서 완연히 펼쳐지는 듯한 황홀감을 느꼈다.

그러나 뜻밖에도 조구와 진회가 윤6월에 각 로路의 군마에 명령을 내려서 강제로 진격을 정지하게 하였고, 7월에는 '금자패金字牌를 급히 내려보내서' 악비에게 '군사를 돌리라고(班師)' 강압적으로 명령하여 10년 공적을 하루아침에 허물어버렸다. 남송 소조정으로 말하자면, 이로부터 중원을 회복하고 산하를 통일할 희망을 영영 잃어버렸던 것이다.

소흥 11년(1141)에 남송은 성 아래까지 금의 병사들이 다가와 위협하고 몰아세우는 가운데 금에 신하를 자청하고 공물을 보내겠다는 화의和議에 서명하였다. 그 결과 은 25만 냥과 비단 25만 필의 심각한 부담이 송 인민의 머리를 짓눌렀다.

주송과 우랑은 함께 기쁨에서 슬픔으로, 희망에서 실망으로 파멸의 과정을 겪었다. 주송은 이때부터 우랑에 대한 전면적인 사서四書 교육에 전폭적인 정력을 기울였다. 나중에 주희는 거듭 "내가 어릴 때 사서를 읽었는데 매우 힘들었다.", "내가 총각머리 아이 때 『논어』, 『맹자』를 읽었는데, 그 뒤로 『논어』, 『맹자』 같이 고상한 문자를 찾았으나 결국 없었다."(『어류』 권104), "선친께서 나를 가르치실 때 위기지학爲己之學에 뜻을 두셨음을 자못 알고 있었지만 그 경지를 얻지는 못하였다."(『문집』 권38 「답강원적答江元適」) 이는 주로 건구의 환계에서 받은 가정교육을 가리킨다.

우랑이 집에서 받은 사서 교육은 바로 정호程顥와 정이程頤의 이학 교육이었다. 주송의 사상은 낙학洛學에 근원을 두었다. 그와 연평延平 이통李侗은 모두 구산龜山 양시楊時의 고족高足인 예장豫章 나종언羅從彦을 사사하였다. 정문程門의 네 제자 가운데 양시는 명도明道 정호가 가장 중한 그릇으로 여겼다. 양시가 영창穎昌에서 정호를 사사하고 돌아갈 때 정호는 그를 눈으로 이별하면서 아주 득의만면하여 "내 도가 남으로 간다!(吾道南矣)" 하고 한마디 하였다. 양시는 남검南劍으로 돌아가 정호와 정이의 학문을 전파하여서 강남 낙학의 대종大宗이 되고 민학閩學의 개창자가 되었다.

주송은 민閩으로 들어간 뒤 주로 남검과 건구 일대 양시의 제자들과 종유從遊하였다. 그는 스스로 소흥 10년(1140) 이전에 학문이 두 차례 변하였다고 말한다. 초년에는 서울에 유학하여 거자擧子가 되기 위한 글을 배우면서 오로지 시문詩文과 사장詞章을 익히는 데 마음을 쓰고, 가의賈誼와 육지陸贄의 학문을 좋아하였다. 선화 5년(1123) 이후 양시의 제자 나종언과 소의蕭顗를 따라 배우면서 비로소 하락河洛의 학문을 접하고, 이로부터 옛 학문을 모두 버린 뒤 육경六經과 여러 역사서와 정호와 정이의 이학에 잠심하여 문장과 학문이 일변하였다. 그리고 소흥 4년(1134) 이후 세상의 변화에 근심을 품고 정호와 정이의 낙학을 실천하고 터득하여서 문장과 학문이 두 번째 변하였다.

소흥 10년에 건계 가로 이사하여 거주한 뒤 그의 문장과 학문은 또 크게 변화하였다. 우랑이 가장 깊은 영향을 받은 것은 주송이 만년에 은거할 때 세 번째로 변한, 성숙한 문장과 학문이었다. 주송이 충심으로 믿고 계승한 정호와 정이의 낙학은 명도(정호) – 구산(양시) – 예장(나종언)으로 이어지는 이학 사상이었기 때문에, 그가 우랑에게 가르친 사서 교육 또한 양시의 줄기로 이어지는 낙학적 이학 사상의 특징을 드러냈다. 곧 『중용』을 근본으로 삼아 사맹파思孟派(자사와 맹자 학파)의 내면적 자아 수양의 공부를 중시하는 것이었다.

융흥隆興 원년(1163) 전후에 주희가 지은 「훈몽절구訓蒙絶句」 가운데 시 두 수는 그가 어렸을 때 받은 이런 교육을 추억하는 시편이다.

일깨움   喚醒

학문을 함에 늘 이 마음 일깨울 생각을 해야 하니   爲學常思喚此心

일깨움이 익숙해지면 사물이 어지럽히기 어렵지   喚之能熟物難昏

어두워지면 곧 마음속에 잃어버린 듯 자각하여서   纔昏自覺中如失

맹렬히 성찰하고 추구하면 곧 밝음이 있지   猛省猛求明則存

두 글자 직접 들은 땐 열아홉 해 겨울   二字親聞十九冬

줄곧 게을러 공 없음이 부끄럽네   向來已愧緩無功

이후로는 무엇으로 게으르고 부지런함 알까   從今何以驗勤怠

이 마음 익숙히 생각함에서 벗어나지 않네   不出此心生熟中[27]

융흥 원년에서 위로 19년을 거슬러 올라가면 바로 우랑이 건구에 있던 시기이다. '일깨움(喚醒)'은 『중용』 신독愼獨의 존양存養 공부를 가리킨다.

주희는 사람이 마땅히 늘 경외심을 지니고 게을러서는 안 되며, 이 마음을 분발시켜서 경각심을 일으키고, 말똥말똥하면서 맑게 깨어 있는 경지를

---

27 「훈몽절구訓蒙絶句」 98수는 주희가 초년에 지은 시편이다. 서경손徐經孫의 『서문혜존고徐文惠存稿』 권3에 수록된, 「황계청주주문공공훈몽시발黃季淸注朱文公公訓蒙詩跋」에 "위의 『훈몽절구』 다섯 권은 회암 선생 주 문공이 지었다. 그 주석은 연강沇江 황계청黃季淸 군이 서술한 것이다." 하였다. 또 『팔경실금석보정八瓊室金石補正』 권83에 석어제각石魚題刻 100단段이 수록되어 있는데, 그 가운데 순우淳祐 연간(1241~1252)에 새긴 주희의 시에 "자잘하게 근심하는 한 치 가슴은 정신의 집이라 / 천하의 경륜이 이 가운데 갖춰졌네 // 늘 미친 물결을 향해도 보기에 부족하니 / 바로 근본이 있어 끝없이 나오는 듯하네(眇愁方寸神明舍, 天下經編具此中. 每向狂瀾觀不足, 正如有本出無窮) 회옹晦翁"이라 하였다. 이는 곧 『훈몽절구』의 「관란觀瀾」 시이다. '회옹'이라고 제하였으니 주희는 만년에도 이 초년의 작품을 버리지 않았던 것이다.

길이 보지保持하는 것이 바로 '일깨움'이라고 여겼다. 그래서 그는 "마음은 다만 한 개 마음인데, 한 개 마음으로 한 개 마음을 다스리는 것은 아니다. 이른바 보존(存)이니 거둬들임(收)이니 하는 것이 바로 일깨움이다."(『주자전서朱子全書』 권3, 『어류』 권12)라고 하였다. 이런 '일깨움'은 바로 맹자가 말한 '놓친 마음을 거둬들임(收其放心)'이다. 그래서 그는 또 "사람의 본래 마음은 밝지 않으니 마치 잠자는 사람이 아무것도 몰라 이 몸이 있는 것을 알지 못하는 것과 같다. 모름지기 깨워야만 비로소 알게 되는데 흡사 졸음이 일 때 억지로 스스로 깨어 있으려고 하여서 깨어 있기를 그만두지 않으면 끝내 깨어나게 되는 것과 같다. 내가 보기에 가장 중요한 공부는 다만 일깨움에 있다."(『어류』 권12)

『중용』은 사맹파의 성경으로서, 양시가 전승한 하락의 학문도 자기가 홀로 얻었다고 자부한 정호의 『중용』을 진리로 전승한 것이었다. 그래서 양시의 도남道南 학맥은 『중용』을 마루(宗)로 삼지 않은 이가 없었다. 호안국胡安國은 자기와 양시가 전수한 학문의 다른 점을 다음과 같이 말한 적이 있다. "나는 사謝(사량좌謝良佐)·유游(유작游酢)·양楊(양시) 세 선생에 대해서는 스승과 벗의 의리를 겸하고 있어서 실로 존경하고 신뢰하였다. 전수한 바를 논하자면 저마다 내력이 있다. 구산(양시)이 본 바는 『중용』에 있으니 명도(정호) 선생으로부터 전해 받은 것이다. 내가 들은 바는 『춘추』에 있으니 이천伊川(정이) 선생으로부터 발단한 것이다."(『송원학안宋元學案』 권25)

양시는 또 "『중용』이라는 책은 대체로 성학聖學의 연원으로서 덕으로 들어가는 가장 중요한 방법이다."(『중용의서中庸義序』)라고 말하였다. 그가 『중용의中庸義』를 지은 까닭은 바로 '선생의 심오한 학문(奧)을 전승'하기 위함이었다. 그리하여 "성학이 전승한 바가 이 책에 갖춰 있으니 배우는 사람은 마땅히 여기에 마음을 다해야 한다. 그러므로 이를 위해 훈전訓傳을 짓는다."(『구산선생연보龜山先生年譜』)고 하였다. 구산을, '옷깃을 여미고 자리에서 모시기를 20여 년'

했던 나종언도 "『중용』이라는 책은 세상의 배우는 사람이 마음을 다하여서 본성을 알고, 몸소 실천하여서 본성을 다하게 하는 책이다."라고 높였고(『예장문답豫章問答』), 『중용설中庸說』이라는 전문적인 저작을 남겼다.

주송은 정호 – 양시 – 나종언으로 이어지는 하락河洛의 도통을 계승하고 역시 『중용』을 사서오경의 머리에 두고서 다음과 같이 말하였다. "정씨 형제는 자사子思, 맹가孟軻를 근본으로 추존하고 『중용』을 마루로 삼았습니다."(『위재집』 권9 「상사참정서上謝參政書」), "『중용』은 오직 공씨孔氏(공자)의 가학家學에서 나왔으며, 『대학』한 편은 도道로 들어가는 문입니다."(『위재집』 권9 「답장덕찬수재서答莊德粲秀才書」)

자사와 맹자의 『중용』을 근본으로 삼은 주송의 유학 교육 아래 우랑은 위기爲己의 존양存養 공부에 더욱 의식을 기울여서 아주 빠르게 커다란 진전이 있었다. 주희는 나중에 다음과 같이 말하였다. "내 나이 열네댓 살 때 이것들이 아주 좋은 것임을 느끼고서 마음으로 좋아하였다. 나는 감히 스스로 어리석지 않으려고 실로 아주 조금씩 쌓아 나가면서 실행하였다."(『어류』 권104) 『중용』을 근본으로 삼는 이러한 가정의 이학적 훈몽訓蒙은 주희로 하여금 나중에 자연스럽게 무이武夷의 세 선생과 연평延平 이통李侗을 사사하는 사상 노선을 잇게 하였다.

주송도 논어학論語學의 전수에 온 힘을 기울였다. 융흥 원년(1163)에 주희는 「논어요의목록서論語要義目錄序」에서 다음과 같이 말하였다. "하남河南의 두 분 정 선생님은 맹자 이래 전해지지 않은 학문을 얻으셨다. …… 나는 나이 열서너 살 때 선친으로부터 그 학설을 전해 받고서 아직 대의를 깨닫지도 못했는데, 선친께서는 나(孤)를 버리고 돌아가셨다."(『문집』 권75 「논어요의목록서」) 또 「논어훈몽구의서論語訓蒙口義序」에서 "나는 어려서 아버님(父師)의 가르침을 얻고서 이 일에 20여 년 종사하였다."(『문집』 권75 「논어훈몽구의서」)고 하였다.

주희가 받아들인 것은 정호와 정이의 『논어』 학설인데, 이는 윤돈의 『논어해論語解』 등과 같은 정호와 정이의 제자의 『논어』 관련 저작과 더불어 정문程門의 제자가 기록한 어록을 포괄하였다. 송이 남쪽으로 건너온 이래 정호와 정이의 문집과 어록은 이미 이리저리 흩어지고 잃어버려서 전해지지 않았기에, 주송이 수집하여 집안에 간직한 정호와 정이의 일부 어록도 우랑이 익히고 외운 이학 경전의 하나가 되었다. 주희가 나중에 자기의 『논어』 주해서에서 인용한 여러 학자의 학설 가운데 어떤 것들은 바로 그가 어렸을 때 베끼고 수집하고 열람한 것들이다. 가숙家塾의 동몽童蒙을 위해 편집한 『논어훈몽구의論語訓蒙口義』에도 그가 어린 시절 주송에게서 들은 장구章句에 관한 훈고의 설이 보존되어 있다.

주송은 오경 가운데 『춘추』를 가장 중시하였다. 그가 우랑에게 '경서와 역사서를 외기에 힘쓰라'고 한 '역사서'는 주로 『좌씨춘추左氏春秋』(『춘추좌씨전春秋左氏傳』)였다. 빈곤과 허약함이 누적되고 내우외환이 겹친 북송의 시대 상황은 사대부들로 하여금 특별히 미언대의微言大義를 즐겨 말하고, 한 글자로 포폄하는 것을 중시하는 춘추학春秋學에 마음을 기울이게 하였다. 그리하여 송이 남쪽으로 건너온 이래 30여 년의 정력을 집중하여 『춘추전春秋傳』을 완성한 호안국과 같은 춘추학의 대가가 출현하였다.

그런데 주송 부자가 특별히 『좌씨춘추』를 좋아하게 된 까닭은, 첫째, '존왕양이尊王攘夷'의 올바른 명분과 도리에 맞는 말로써 이민족의 침입을 물리치고 누적된 허약함과 외환外患을 해결하는 데 사상적 무기를 제공할 수 있으며, 둘째, '군신과 부자의 대륜大倫, 대법大法'이 파괴되어버려서 떨치지 못하는 봉건의 강상綱常을 정돈하여 누적된 빈곤과 내우內憂를 해결하는 데 정신적 무기를 제공할 수 있기 때문이었다.

주송의 충효절기忠孝節氣와 항금애국抗金愛國 사상은 주로 춘추학의 전수를 통해 우랑에게 영향을 미쳤다. 주희는 나중에 자기의 춘추경학春秋經學을 총결하여 다음과 같이 말하였다.

> 우리 선친(先君子)께서는 좌씨左氏의 책을 좋아하셔서 매일 저녁 읽으셨는데, 반드시 한 권을 다 읽고서야 잠자리에 드셨다. 그러므로 나는 어려서 수학하지 않았을 때부터 이미 귀에 익었다. 자라서 조금씩 여러 선생과 어른(長者)으로부터 『춘추』의 의례義例(주지와 체제)를 묻고 …… 유독 군신과 부자의 대륜, 대법에서 감동을 받았다.
>
> —『문집』 권82 「서임장소간춘추경후書臨漳所刊春秋經後」

'역사(史)'를 중시하지 않고 '의리義理'를 중시하는 주송의 이러한 춘추학은 주희로 하여금 『춘추』를 위한 새로운 주해서를 쓰게 하지 않았고, 도리어 『자치통감강목資治通鑑綱目』이라는 이학적 역사학의 명작을 써내게끔 하였다.

그러나 이 같은 주송의 엄격한 이학과 경학의 계몽과 교육 가운데 우랑은 또한 불교와 도가(佛老) 사상의 훈도薰陶를 깊이 받았다. 정호와 정이 및 그 제자의 저작은 본래 불교와 도가(釋老)의 학설이 뒤섞여 있었다. 그중 주송이 유학의 큰 근본으로 받든 『중용』의 성명性命 담론은 사람들에게 경건(敬)과 성실(誠)과 계신공구戒慎恐懼(보이지 않고 들리지 않는 곳에서도 삼가고 두려워하며 본성을 지킴)를 가르침으로써 진여불성眞如佛性, 묵식좌선黙識坐禪을 선양하는 불교와 가장 밀접한 관련을 맺으면서 소통할 수 있었고, 이학가가 불교의 이론을 원용하여 유학을 이해하는 데(援佛入儒) 가장 좋은 천연의 교량이 되었다.

중용학中庸學을 마루로 삼은 정호는 역학易學을 마루로 삼은 정이에 견주어 더욱 선기禪氣를 갖추고 있었다. 『중용』에 대한 정호의 비전秘傳을 얻은 양시는 불교로 유학을 해설하는 『중용의中庸義』를 썼으며, 양시 문하의 선비들은 마치 그림자가 몸을 따르듯이 『중용』을 좋아하고 또 불교의 학설을 좋아하였다. 여본중呂本中·장구성張九成·진연陳淵·이욱李郁·소의蕭顗 같은 사람들은 모두 선을 좋아하고 불교를 좋아했던 유명한 제자들이었다. 우랑은 주송이 전수한 정문程門의 중용학으로부터 비교적 불교의 학설을 많이 받아들였다.

건구에서 우랑은 이학에 연원을 둔 가정환경 속에서 생활했을 뿐만 아니라 불교와 도교의 기운이 충만한 가정 분위기에서 성장하였다. 할아버지 주삼朱森은 처량하고 적막한 만년에 불전佛典 연구에 전념함으로써 세월을 보냈고, 아버지 주송은 가풍을 계승하여 불교와 도교를 특별히 애호하고 일생 납자치류衲子緇類(승려)나 우객 도사羽客道士와 널리 교제하였다. 주송은 민에 들어온 뒤 정처 없이 떠돌며 자주 절(蕭寺)과 선원禪院에 우거하였는데, 심사深師·각사覺師, 화엄 도인華嚴道人, 무구 도인无求道人, 서당 도인西堂道人, 정오淨悟, 담사湛師, 삼봉 장로三峰長老, 혜균惠勻, 남봉 장로南峰長老, 강 도인康道人, 대지 선사大智禪師 등과 시를 읊고 글을 논하며, 선을 담론하고 불법을 말하였다.

그 가운데 우랑에게 영향을 끼친 사람으로는 두 사람이 있다. 한 사람은 무구 도인인데, 원래 성은 유劉이며, 우계 사람이다. 나중에 유학을 버리고 불교로 들어가 여러 책을 널리 열람하고, 동계東溪의 고등高登으로부터 시 짓는 법을 배웠다. 주송이 우계 현위로 부임했을 때 무구 도인을 알게 되었는데, 그는 주송과 가장 많은 시를 주고받은 선우禪友였다. 우랑은 처음에 우계에서 살았고 나중에는 건구에서 살았기에 늘 그를 볼 수 있었다.

또 한 사람은 정오 선사인데, 이름은 조원祖源이다. 주송은 정화에 손님으로 머물 때 건안을 왕래하면서 언제나 성 동쪽에 있는 존승선원尊勝禪院에 묵었고, 정오와 도우道友로서 우의를 다졌다. 주송은 소흥 10년에 건계로 돌아가 살았는데, 정오가 특별히 찾아와서 주송에게 「존승원불전기尊勝院佛殿記」를 써달라고 청하였다. 만년에 주희는 주송이 정오에게 보낸 편지에 대해 발문을 쓰고 다음과 같이 추억하였다. "선친께서는 어려서부터 속세를 벗어난 고상한 사람들과 왕래하기를 좋아하셨는데 정오 스님(淨悟師)과 더욱 돈독하게 지내셨다. …… 정오는 건양建陽 후산後山 사람이다. 만년에 존승원에서 물러나 남산南山 운제원雲際院에 거처하셨으며, 방이 쓸쓸하였다. 선정에 들고서여가에는 예불을 엄청나게 많이 하셨다. 나이가 여든이 넘었는데도 눈빛이 형형하여서 보통 스님이 아니었다. 늘 나에게 부 문충공富文忠公(부필富弼)과 조청헌趙淸獻(조변趙抃)이 불교를 배운 일에 대해 말씀해주셨다. 그 말씀은 조심스러워서 확실히 근세 승려들의 과장된 말로 세상을 속이는 병폐가 없었다. 이로써 선친이 그를 후대하신 일이 구차하지 않았음을 알았다."(『문집』 권84 「서선이부여정오서후書先吏部與淨悟書後」) 주희는 불문佛門에도 언행을 조심스럽게 하고 과장된 말로 세상을 속이는 병폐가 없는 승도(釋徒)가 있음을 인정하였던 것이다. 초년에 형성된 이러한 인식과 인상은 나중에 발전하여서 주희가 불교를 배척하면서도 또한 불교에서 취한 바가 있게 된 사상적 근거가 되었다.

주송의 평생 저술은 본래 본집 12권과 외집 10권이 있었으나 주희가 순희 7년(1180)에 남강南康에 부임했을 때 본집 12권만 판각해서 그것이 세상에 유행하였고, 외집은 판각을 하지 않아서 마침내 망실되기에 이르렀다. 이는 분명히 외집 가운데 주송이 승려(釋子)나 도사(羽流)와 도를 논하며 주고받은 글이 적잖이 수록되어 있었기 때문일 터이다.

주희의 외사촌 아우(表弟) 정순程洵이 그에게 주송의 문집을 빌리려고 했을 때 그는 아주 깊이 감추면서 다음과 같이 말하였다. "선친의 문집을 베낀 사람이 없으며, 또한 대부분 실용의 문자라서 우리 아우가 오늘날 학문을 하는 데 급한 것이 아니니 보내지 않네."(『주문공문집朱文公文集·별집別集』[28] 권3 「정윤부程允

---

28 앞으로 간단하게 『별집』이라 칭한다.

夫」서1) 마지막에는 솔직하게 털어놓았다. "선친의 문집은 역시 내보이기 어려우니 마침 또한 의심스러운 바가 있기 때문이네."(동상, 서5) 주송의 「여정오서與淨悟書」는 응당 원래 외집에 있었으며, 주희가 지은 후발後跋은 그가 어렸을 때 도가와 불교에 출입한 주송의 영향을 받은 정황을 드러내고 있다.

우랑의 셋째 숙부 주고朱槔는 자가 봉년逢年[29]이며, 주송과 마찬가지로 부처와 노자(佛老)를 아주 좋아하였다. 그는 건주의 공원貢元(공생, 각 성省에서 실시한 1차 과거 시험에 합격한 사람)으로서 스스로 세상을 초월한, 탁월한 재능의 소유자로 자부하였으며, 사람됨이 얽매이지 않고 방달放達하였다. 세속을 따라 처신하려 하지 않았기 때문에 결국 곤궁하게 늙고 산림에 은거하였다. 대부분 무구 도인, 용취 도인涌翠道人, 규 도인奎道人과 같이 시문에 능한 선승과 시를 주고받으며 스스로 한적한 生活을 하였기에 정신과 정서상에서 우랑에게 직접적인 영향을 미쳤다. 우랑은 어려서부터 주고와 함께 생활했기에 숙질간의 정이 매우 두터웠다. 특히 불교와 도교(佛道)를 바탕으로 처세하는 주고의 인생 태도는 위급하고 곤궁한 가운데 힘겹게 글을 읽으며 나날을 보내는 우랑을 강렬하게 감화하였다.

우랑의 외가도 불교를 신봉하는 큰 거레였다. 그의 외조부 축확祝確은 가업이 몰락한 뒤에도 의구히 불경을 외고 선행을 하였다. 주희는 「외대부축공유사外大父祝公遺事」에서 부처에게 비는 일이 성벽으로 된 외조부를 다음과 같이 묘사하였다. "내가 어릴 적 외조부를 뵈었을 때도 그 말(황태사黃太史가 지은 축경선祝景先의 화상찬)을 자못 외울 수 있었다. …… 부모상을 당하여 여묘 아래 이름난 나무 수천 그루를 손수 심었다. 불경을 조금 외고 한 그루씩 심었는데

---

29 주고의 사적은 『신안월담주씨족보新安月潭朱氏族譜』 권1, 우무尤袤의 「옥란집후발玉瀾集後跋」을 참조하라.

날마다 일상의 과업이 되었다. 복상을 마치고 돌아가실 때가 되니 심은 나무가 울창하게 그늘을 이루었다."(『문집』 권98 「외대부축공유사外大父祝公遺事」)

주희가 남긴 축수시祝壽詩 몇 수로 보면 모친 축씨 역시 소식素食을 하며 염불을 하는, 몰락한 대갓집 규수였다. 주희는 어머니에 대해 '덕성이 특히 외할아버지(公)를 닮았다'고 하였으며, '또한 두터운 덕 하늘이 갚아줄 줄 알기에, 더욱이 음덕이 세상에 드묾을 말하네(也知渾厚天應報, 更說陰功世所希)'라고 하였다(『문집』 권2 「수모생조壽母生朝」). 아침저녁으로 축씨와 서로 의지하며 살아온 우랑은 어머니가 염불하는 소리를 들으며 자랐고, 나중에 무이의 세 선생과 도겸 선사道謙禪師를 사사하여 불경과 도서道書에 깊이 빠졌을 때도 이 염불소리는 여전히 그를 따라다녔다.

우랑의 외숙부 축화祝華와 축신祝莘도 부처를 믿고 노자를 좋아하는 축씨 큰 겨레의 가풍을 계승하였다. 축신은 불자 장씨張氏의 딸을 아내로 맞이하였으며, 축교祝嶠는 이락伊洛의 학문을 좋아하였는데 그들도 모두 평소 함께 지내는 중에 자기 사상을 모형으로 하여 우랑의 어린 영혼을 주조하였다.

축신은 독서에서 우랑을 열어주었는데, 한번은 그에게 두 가지 기이한 소문을 들려주었다.

『신경新經』이 유행하고 있을 때 어떤 선생이 사람을 가르치는데 아주 조리가 있었다. 이때 이미 역사서를 금했기 때문에 읽는 것은 그저 『순자荀子』·『양자揚子』·『노자』·『장자』·『열자列子』 등의 책이었는데, 그는 곧 여러 책들에 차례를 획정하였다. 처음 입학하여 한 책만 본다. 읽어서 모두 이해하면 그제야 두 번째 책을 본다. 매 책마다 반드시 처음부터 끝까지 꿰뚫어 읽되 모두 차례가 있다. 많은 책을 통달하고 나면 이에 반드시 과거(科第)를 위한 계획을 세운다. 예컨대, 형명도수刑名度數 같은 것도 각각 조금씩 이해한다. 천문지리天文地理도 조금 깨친다. 오운육기五運六氣도 조금 깨친다. 『소문素問』(『황제내경소문黃帝內經素問』) 등과 같은 책도 대략 이해한다. 또 『성제경聖製經』과 같은 책도 읽고, 곧 여러 책들을 모두 조금씩 깨친다. 『성제경』이란 여러 책의 요약본으로서, 소무昭武의 한 선비가 양사성梁師成(북송 말의 환관, 휘종의 총신, 육적六賊의 한 사람)에게 갖다 바치고 관작을 얻으려고 지은 것이다. 그가 책을 바친 뒤 여러 달이 지나도록 소식이 없었다. 어느 날 홀연 궁 안에서 직접 문서 한 통이 내려왔는데 "어제御製 『성제경』을 천하에 모두 읽고 외게 하라."고 하였다.

　…… 이때 이미 사학史學을 금하고 있었으므로 더욱 감히 역사서를 읽는 사람이 없었다. 봉사奉使 숙조叔祖(종조부, *주변朱弁)께서는 향리에서 가르치셨는데, 『몽구蒙求』를 가지고 사안에 따라 본말을 설명하므로 당시 사람들이 존경하며 고금에 통달하였다고 여겼다. 선비 한 사람이 법을 범하여 경형黥刑을 받고 도성에 있었다. 그는 양사성의 수중에 있는 직서원直書院에서 회계를 맡아보면서 양사성에게 서책을 정리하여 주었는데, 정리가 매우 잘되어 있었다. 양사성이 기뻐하며 그 선비에게 경형을 당한 까닭을 물었다. 그가 사실대로 아뢰자, 드디어 그를 관직에 보임하고 직서원을 책임지게 하였다. 하루는 황제가 양사성의 집에 행차한다는 전지가 내려와서 양사성이 이 사람에게 쌓인 서책을 정돈하게 하였다. 이 사람은 경전과 역사서를 차례로 배열하였는데 매우 볼만하였다. 양사성이 점검을 하다가 여러 역사서가 탁자 위에 배열되어 있는 모습을 보고 깜짝 놀라 급히 아래로 옮겼다. 그러고서 "이런 글을 꺼내 놓아서 어쩌자는 것이냐?" 하였다. 이는 단지 그가 이런 책을 좋아하지 않았기 때문이 아니라 다만 임금이 취하여서 흥망성쇠와 치란의 단서를 보게 될까봐 두려웠을 뿐이다.

—『어류』 권10

축신은 우랑에게 송이 남쪽으로 건너오기 전후로 하늘이 무너지고 땅이 꺼지며 정치가 황폐하고 전쟁으로 혼란한 시대에 날로 파괴되어가는, 학문의 보편적인 기풍을 말하였던 것이다. 곧 황제와 대신이 창도하여 이끄는 가운데 위에서 하는 일을 아래에서 본받아 독서하고 과거에 응시하는 선비가 경전은 읽으면서 역사서는 읽지 않고, 도가와 불교의 잡다한 서적을 두루 뒤적이며, 깊이 이해하려고 하지는 않고 피상적으로 이것저것 맛보고 읽어서 과거를 보아 입신출세하는 길을 널리 취하였다. 축신은 바로 이런 부류에 속하는, 독서하는 선비였다. 우랑은 이처럼 학풍이 부패하는 환경 속에서 생활하며 어릴 적부터 경전을 중시하고 역사서를 경시하며, 도가와 불교의 잡다한 서적에 심취하고 이것저것 널리 보고 읽는 습성을 길렀던 것이다.

건구에서 우랑은 3년 남짓 이와 같은 경학과 이학의 교육을 받았다. 그러나 주송은 필경 문사文士이지 이학가理學家는 아니어서 평생 시문詩文을 짓는 데 힘을 쏟았다. 특히 건염建炎(1127~1130), 소흥紹興(1131~1162) 사이에 시로 명성을 떨쳐서 이름난 대귀족들이 이구동성으로 그를 칭찬하였고, 학자와 선비들 사이에서 그의 시문을 전하여 베끼고 외고 읊조렸다. 가풍과 조상의 가업을 거듭 떨치려는 염원이 강렬했던 주송은 우랑이 하루빨리 과거를 보아 벼슬 길에 들어가기를 바랐기 때문에 더욱 많은 정력을 기울여서 우랑에게 문장을 짓고 시를 짓는 방법을 가르쳤다.

주송의 문학 사상과 문학 창작도 우랑에게 결정적인 영향을 미쳤다. 우랑이 처음 시문을 배울 때는 마침 주송 평생의 문장과 학문이 크게 변한 시기였을 뿐만 아니라 시대 전체의 문풍文風과 시풍詩風이 모두 날로 퇴폐하여서 시급히 안정되기를 바라던 시기였다. 송이 남쪽으로 건너온 이래 구소歐蘇(구양수와 소식)가 창도한 고문古文 운동은 일찌감치 깊이 가라앉아버렸고, 쇠퇴한 시대는 문기文氣가 비루하고 약해지는 분위기를 조성하여서 이익을 좋아하는 선비들은 오로지 정문程文을 익히고 과거 공부를 닦을 줄만 알았고, 쓸쓸한 시단詩壇에서는 강서파江西派 하나만 홀로 천하를 주름잡았으나 역시 몰락의 길을 걷기 시작하였다.

하지만 주송은 이 같은 쇠퇴한 문풍의 영향에서 벗어날 수 있었다. 그는 고문을 중시하고 정문을 천시하였다. 향교에서 배울 때도 과거를 위한 문장에 염증을 내고서 남의 눈을 피해 몰래 이전 유학자의 고문을 열독하다가 향선생鄕先生의 꾸중을 듣고 자로 얻어맞는 벌을 받았으나 뉘우치려고 하지 않았다. 그의 친한 벗 등숙鄧肅은 그가 '서쪽 낙양(정호와 정이)에서 도를 배우고, 원우元祐(1086~1093) 때의 문장을 배웠다'고 하였다. 그는 왕안석王安石의 문장도 십분 추중했던 것이다(『병려집絣欄集』 권19 「발주교년소발왕안석자跋朱喬年所跋王安石字」). 그래서 그는 우랑에게도 정문을 익히라고 강요하지 않았는데, 이 때문에 우랑은 더욱 많은 시간을 들여 고문을 연구할 수 있었다. 주희는 나중에 고문을 배우는 데서부터 착수하여 구양수歐陽修·증공曾鞏을 거쳐 진무기陳无己·진여의陳與義로 이어지는 길에 이르러서 자기의 독특한 문풍을 주조해냄으로써 남송의 일대 고문가古文家가 되었다. 이는 바로 주송이 일찍이 훈육한 덕분이었다.

시가詩歌에서 주송은 초년에 이미 그 명성이 신안新安에 떠들썩하였고, 향리의 시인 유유중兪猷仲 등과 함께 '성계십우星溪十友'를 맺었다. 그때 그의 시학詩學은 강서파의 길을 걸었으며, 그와 시를 주고받은 사람들도 대부분 강서파를 모방하는 시인들이었다.

그러나 산곡山谷(황정견黃庭堅)이 진부한 것을 버리고 범속함을 반대한다고 내세우면서부터 환골탈태하여 나중에 일어난 강서 시인들은 온 마음으로 기이함을 추구하지 않는 이가 없었다. 요율拗律(평측의 상격을 따르지 않고 변환한 시체인 요체로 지은 율시)·요구拗句(평측을 따지지 않은 구)·험운險韻(잘 쓰이지 않는 벽자로 압운

한 운)·기사奇事(기이한 사례)·벽전僻典(아주 드물게 인용하는 전고)을 사용하는 기풍이 시계詩界에 만연하여서, 깔깔하여 빽빽하고 말라비틀어져 딱딱하며, 매우 기이하게 꾸며내는 풍조로 흘렀던 것이다. 송이 남쪽으로 건너오기 전후의 시인들은 곧 시를 배우는 길에서 두 갈래로 나뉘어 강서파의 퇴폐한 풍조를 힘써 만회하려고 하였다. 한 갈래는 만당晚唐의 시를 배우는 쪽으로 돌아서서 만당의 온윤하고 빼어난 기교(工秀)로 강서파의 거칠고 호방하며 메마르고 깔깔한 폐단을 바로잡으려 시도하였는데, 한구韓駒를 시작으로 하여 강서파의 개산시조 황산곡黃山谷(황정견)과 진사도陳師道의 만당을 혐오하던 태도에서 완전히 돌아섰다. 나중에 육유陸游·양만리楊萬里 등이 모두 이 갈래 시의 길에서 걸출하게 나타난 뒤로 사령파四靈派, 강호파江湖派가 나오기에 이르렀지만, 결국 몰락의 길을 걸었다.

다른 한 갈래는『시경』의 전통을 근본으로 삼고 중간에 도연명陶淵明·사령운謝靈運·유종원柳宗元·위응물韋應物을 표준으로 삼아,『시경』300편의 말과 뜻이 사특함이 없다는 것(言志無邪)과 도연명·위응물의 소산충담蕭散沖澹(소탈하고 시원스러우며 마음에 떠오르는 대로 담담하고 자연스럽게 표현하지만 기품이 있음)한 시풍으로써 강서파의 꾸미고 아로새기고 지나치게 전아한 문제를 해결하려 하였다. 이는 이학가 시인과 이학 사상에 깊이 영향을 받은 문사들이 걸어간 시의 길로서 시 창작과 경전 읽기, 시학과 경학이 통일을 이루었다. 이런 시는 이학의 성행에 따라 오랫동안 쇠퇴하지 않았으나, 이학의 성행에 수반하여서 생명력을 잃어버리고 결국 역시 죽음의 길을 밟았다.

주송이 우랑으로 하여금 걷게 한 길은 바로 뒤의 길이었다. 그가「상조조서上趙漕書」에서 체계적으로 논술한 시 창작에 대한 견해 또한 우랑에게 시 창작을 지도했던 시 교육의 대강大綱이었다.

일찍이 시를 배우는 사람은 반드시 육경六經의 심오한 뜻을 탐구하여서 그 근원을 깊게 하며, 고금의 역사를 대대로 관찰하여서 그 물결을 더욱 일으키며, 사물의 끝없는 변화를 음미하여서 그 변화를 궁구하며, 고금의 추세를 엿보아서 그 법도를 판단해야 한다고 생각합니다. …… 시란 이남二南(주남周南과 소남召南, 『시경』의 처음 두 권) 이하 300여 편인데 선유先儒는 이남을 주공周公이 지은 것이라고 여겼습니다. …… 그 나머지는 당시 공경대부와 여항閭巷의 필부필부가 지은 시편인데, 그 표현(辭)이 감정을 억누르거나 자극하는 것이 반복되고, 기세가 오르다가 갑자기 꺾이며, 근심과 안락의 정취를 끝까지 다 말하였으나 끝내는 바름으로 돌아갔습니다. …… 한漢에 이르러 소무蘇武와 이릉李陵이 혼연히 천부의 자질을 이루어서 옛 시와 거리가 멀지 않았습니다. 위魏·진晉 이후 강좌江左(육조 시대)에 미쳐서는 비록 옛사람이 시를 지은 본래 뜻을 회복하지 못하였지만, 청신하고 풍부하며 아름다울 뿐 아니라 각 명가名家가 모두 그윽하게 초탈한 운치가 있어서 지금 읽어도 사람들로 하여금 세상을 벗어나게 하는(世表) 뜻이 있습니다. 당唐에서는 이백李白과 두보杜甫가 나와서 고금의 시인이 모두 묻혀 버렸습니다. 그 뒤로 천박한 유생이나 좀스러운 서생들이 매끄러운 입술과 능란한 혓바닥을 놀려서 문장을 찢고 구를 나누고 알록달록하게 배치하고 화려하게 수를 놓아서 끊임없이 지어냈습니다. …… 일찍이 들건대, 부자夫子(공자)가 "『시』 300편을 한마디로 말하면 '생각에 사특함이 없다(思無邪)'는 것이다."라고 하였습니다. 아! 성인의 뜻은 생각하면 알 수 있는 것입니다.

—『위재집』 권9

만일 이 단락의 논술을 주희가 경원 5년(1199)에 공풍鞏豊에게 시를 논하여 준 저명한 글(『문집』 권64 「답공중지答鞏仲至」 서4)과 대조해 본다면 놀랍게도 주희가 거의 완전히 주송을 답습했음을 발견할 수 있다. 이는 시학과 경학은 하나로 합치한다, 『시』(『시경』) 300편을 근본으로 삼는다, 시는 도연명과 유종원의 문정門庭에서 나온다고 하는 주송의 시 교육이 일찍부터 우랑의 마음속에 깊이 새겨져 있었음을 밝히 드러낸다.

시문 창작의 안목을 열어주기 위해서 주송은 늘 우랑을 데리고 명공석유名公碩儒와 시우詩友를 방문하였다. 소흥 12년(1142) 9월에 그는 우랑을 데리고 복주福州를 여행하였는데, 그의 친한 벗 정매程邁가 (다시) 복건로 안무사福建路按撫使로 왔기 때문이다. 또한 장락長樂에 돌아가 거주하는 저명한 시인인 노천 거사蘆川居士 장원간張元幹을 만나 보려는 이유도 있었다.

장원간은, 호전胡銓이 진회를 참하라는 글을 올렸다가 신주新州로 유배 갈 때 기개가 산하를 압도하는 「하신랑賀新郎」이라는, 전송하는 사詞를 지어서 청사靑史에 이름을 드리웠으며, 주송과 뜻이 같고 도가 합하는 시우였다.[30] 주송이 장락 연강連江에서 노닐 때 함께 따라간 우랑은 그와 장원간이 시문을 고상하고 활달하게 논하는 것을 들을 수 있었다.

복주에서 주송이 제점형옥사提點刑獄司 종사관從事官의 관사 동헌東軒에 투숙하였는데, 부자득傅自得이라는 젊은 시인이 찾아와서 시를 짓는 방법을 물었다. 두 사람은 침상을 대하고서 밤새 시를 논하고 잇달아 시를 지었는데, 이 일이 또한 우랑에게 한 차례 심상치 않은 시 교육을 제공하였다. 나중에

---

30 장원간이 사詞를 지어서 호전을 전송한 일로 인해 제명된 때는 바로 주송 등 여섯 사람이 글을 올렸을 때이다. 주희는 이때 임안에 있었으니, 어쩌면 장원간을 봤으리라. 장원간의 『노천귀래집蘆川歸來集』 권10 「제공제등정언문諸公祭鄭正言文」은 소흥 2년(1132)에 장원간이 주송 등과 함께 제사를 지낸 일을 말하니, 두 사람은 일찍이 서로 알고 지냈음을 알 수 있다. 또 같은 책 「대감노천노은유암존조사실大監蘆川老隱幽巖尊祖事實」에 주송이 "소흥 임술(1142) 10월 7일에 연강連江 옥천사玉泉寺를 관람하였다."고 한, 발跋이 있으니, 주송이 소흥 12년 임술에 복주로 여행한 목적은 역시 장원간을 방문하기 위함이었음을 알 수 있다.

부자득은 「위재집서韋齋集序」에서 이때의 만남을 다음과 같이 묘사하였다.

　　나는 소싯적에 시를 배웠는데, 시 짓는 요령을 공에게 물은 적이 있었
다. …… 그 사이에 민부閩部(복건) 헌대憲臺(제점형옥사) 종사관의 관사 동헌에
묵었는데, 밤에 침상을 대하고 이야기를 나누며, 쉬지 않고 시를 잇달아 짓
다가 새벽에야 일어서니 장맛비가 막 개고 서풍이 서늘하였다. 공은 나를
위해 간재簡齋(진여의)의 "문을 열고서야 비 온 줄 알았네, 늙은 나무 반편이
젖었구나開門知有雨, 老樹半身濕"라는 시구와 위 소주韋蘇州(위응물)의 "여럿이
함께 나란히 앉아, 숲 속 가득한 바람을 즐기네諸生時列坐, 共愛風滿林"라는 시
구를 읊어주었다. 또 "옛날 시인은 충구직치沖口直致(깊이 생각하지 않고 입에서
나오는 대로 표현함)를 귀하게 여겼으니, 대체로 팽택彭澤(도연명)의 '동쪽 울타
리 밑에서 국화꽃 꺾어 들고, 그윽이 남산을 보네把菊東籬下, 悠然見南山'라는
구절이 바로 그러한 맥락關棙이다. 세 사람은 출처出處와 궁달窮達이 비록
같지 않았지만 이 시를 읊으면 그 사람의 소산청원蕭散淸遠(소탈하고 시원스러
우며 맑고 원대함)함을 볼 수 있으니, 이는 태사공太史公이 이른바 '저속한 사람
과 말하기 어렵다'는 것이다."라고 하였다. 나는 그때 의식이 열려서 정신
으로 이해하였다. 그로부터 비로소 시 짓는 정취를 알았다. 이별한 지 얼
마 되지 않아 공이 돌아가셨다.[31]　　　　　　　　　—『위재집』「위재집원서韋齋集原序」

---

31 주희가 지은 「부자득행장傅自得行狀」을 보면, 부자득이 그때 제점형옥사 간판공사幹辦公事로 있
었음을 알 수 있다. 주송이 「대감노천노은유암존조사실大監盧川老隱幽巖尊祖事實」에 대해 지은
발문에 근거하면, 주송이 복주로 가서 노닌 때는 응당 소흥 12년(1142) 9월 하순이다. 섭몽득
葉夢得이 12월 22일에 복주의 지주로 왔고 부자득의 「위재집서」에 '이별한 지 얼마 되지 않아
공이 돌아가셨다'고 하였으니 주송은 섭몽득을 만나고 나서 연말에 건구로 돌아간 듯하다.
주희는 동안同安에 부임하기 전에 이미 부자득과 잘 알고 있었으나 부자득은 다만 소흥 12년
에 주송과 한 번 만났고, 그 뒤 주송은 곧 죽었다. 그리고 부자득은 천주泉州 사람이며, 또 줄

부자득은 나중에 이때의 만남을 '동헌의 모임(東軒之集)'이라고 일컬었다. 주희 초년의 시 작품은 도 팽택陶彭澤(도연명), 위 소주韋蘇州(위응물)와 진간재陳簡齋(진여의)의 소산청원한 정취를 깊이 얻었으니, '동헌의 모임'에서 주송의 시 교육이 우랑에게 영향을 깊이 미쳤음을 알 수 있다.

주송의 이러한 계몽적 교육을 받으면서 우랑의 시문은 소흥 12년에 이르러 돌연히 비약하고 맹렬히 진보하여, 건주에서부터 무원의 고향에까지 전해 졌다. 무원의 고향 선배 유중유兪仲猷와 동영董穎이 모두 극구 칭찬을 아끼지 않았다. 동영은 시 한 수를 지어서 "모두 위재가 늙었다고 탄식하나, 문필이 탁월한 아들이 있다네(共歎韋齋老, 有子筆扛鼎)"(『연보』)라고 하였다.

주송이 우랑을 데리고 복주로 가서 노닐기 얼마 전, 9월 15일 우랑의 생일날 주송은 아들의 시문이 출중함에 기쁨과 위안을 느껴서 뭉게뭉게 생각이 일어나는 대로 우랑을 위한 축수시 네 수를 잇달아 지었다.

월단(월병)으로 십이랑의 생일 잔치를 축하하고 장난 삼아 조촐한 시 몇 수를 짓다　　　　　　以月團爲十二郞生日之壽戲爲數小詩

봉산의 월병은 달처럼 둥글고　　　　　　　　鳳山團餠月朣朦

늙은 계수 묵은 떨기에서 곁가지가 나왔네　　老桂橫枝出舊叢

곧 천주와 장주漳州에서 관직에 있었으니 주희를 만날 인연이 없었다. 그러므로 두 사람이 처음 알게 되어 망년忘年의 교제를 맺은 것은 필시 소흥 12년에 복주에 있을 때이다. 대체로 주송은 주희를 데리고 다니며 사람을 방문하기를 좋아하였으니, 주희가 이때 당연히 주송을 모시고 함께 갔을 터이다. 주희가 나중에 부자득에게 편지를 보내 『위재집』의 서문을 간청하였고, 부자득이 서문에서 "내가 편지를 보고 놀라서 동헌의 모임을 추억하니 아득한 세월이 지났다."고 한 표현에 근거하면, '동헌의 모임'에는 분명히 주송 한 사람만이 아니라 주희도 있었다.

어린 벗 다른 해 봄에 손을 써서   小友他年春入手
비로소 과거 급제가 본래 공허한 것임을 알았네   始知蟾窟本來空

침상에서 꿈을 깨고 나서 다시 술을 마시지 않고   夢覺床頭無復酒
말은 끝나고 술병 바닥에는 다만 찌꺼기만 남았네   語終甁底但餘糜
북해에서 벗을 불러 찾으니   已堪北海呼爲友
오히려 서쪽에서 아이를 부를까 걱정이네   猶恐西眞喚作兒

놀라운 아이 붓에서 바람을 일으키고   駸駸驚子筆生風
한 자 되는 몸으로 책을 펼친다   開卷猶須一尺窮
장성하면 어찌 벌레나 쥐와 같이 되랴   年長哪知蟲鼠等
눈이 밝아 이미 물소의 뿔처럼 풍성함을 보이네   眼明已見角犀豐

태어난 날 그때의 즐거운 일을 기억하니   生朝樂事記當年
떡국이 있는데 어찌 반소매 옷 지을 돈이 필요하랴   湯餠何須半臂錢
나는 스스로 술병에 술이 있음을 아니   吾筭自知樽有酒
그대 늙은이들은 자리에 융단이 없음을 탄식하지 말라   汝翁莫嘆坐無毯

—『위재집』권5

　　열세 살 난 우랑은 이미 그 붓놀림이 바람을 일으키고 역량이 탁월하였
기에 부자득은 한 번 보고서 곧 '북해에서 벗을 불러 찾아' 우랑과 망년의 친
교를 맺었다. 주송 스스로는 우랑이 나중에 일대 '성인'이 되기 위해 응당 갖
추고 있는 일체의 자질을 깨닫지 못하였으나 몸소 건구에서 동몽의 가정교
육을 통해 잘 준비해주었다. 다만 그는 아직 우랑이 과거에 합격하여(蟾宮折桂)

관직에 오르는 전정前程을 제대로 보지도 못한 채 바로 이듬해(1143) 세상을 떠났으며, 우랑도 일찌감치 부지런히 글을 읽던 건구 시절의 생활을 마감하였다.

朱子評傳

제2장

무이의 세 선생을 사사하다

담계潭溪에 거주를 정하다
'세 글자 부적(三字符)'과 '소소영령한 선(昭昭靈靈底禪)'
백수白水와 적계籍溪를 통해 호상파湖湘派로 향하다

│ 담계潭溪에 거주를 정하다 │

소흥 13년(1143) 3월 24일에 주송朱松이 병으로 죽었다. 죽기 전에 그는 집 안일을 숭안崇安 오부리五夫里의 집에서 봉사奉祠로 지내던 유자우劉子羽에게 부탁하고, 또한 그와 도학으로 맺어진 숭안의 친밀한 세 벗인 적계籍溪 호헌胡憲과 백수白水 유면지劉勉之, 병산屛山 유자휘劉子翬에게 편지를 보내 우랑의 교육을 부탁하였다. 병상에서 그는 우랑에게 다음과 같이 말하였다. "적계 호원중胡原仲(호헌), 백수 유치중劉致中(유면지), 병산 유언충劉彦冲(유자휘), 이 세 사람은 내 벗이다. 그들의 학문은 모두 연원이 있으니 내가 경외하는 바이다. 나는 곧 죽거니와, 너는 가서 그들을 아버지로 섬기고 오직 그들의 말을 듣는다면 내가 죽어도 한이 없겠다."(『문집』 권90 「병산선생유공묘표屛山先生劉公墓表」) 유자우가 주희 모자를 건구에서 숭안 오부리 집으로 맞아들였고, 유면지가 주관하여 주송의 장례를 치렀으며 이듬해 오부리 서탑산西塔山에 장사를 지냈다. 주희 는 남의 울타리 밑에서 의지해 사는 생활 가운데 새로운 사상의 역정을 시작하였다.

유자우는 자가 언수彦修이고, 유자휘는 자가 언충彦冲이다. 이 두 사람은, 금金에 사신으로 가서 죽으면서까지 굽히지 않았으며, 충성과 의리, 기개와 절개로 이름난 유겹劉韐의 아들들이다. 숭안의 유씨는 대대로 높은 관직을 지 낸 큰 겨레이며 저명한 성씨였는데, 특히 스스로 전한前漢 시대 초 원왕楚元王 (유교劉交)의 후예로 자부하였다. 오대五代 때 광주 도독光州都督 유초劉楚가 아들여섯을 낳았는데, 그 가운데 유오劉翱·유상劉翔·유빈劉廞이 난을 피해 민閩(복건)으로 들어와서, 유오는 건양建陽 마사麻沙에, 유상은 숭안 오부에, 유빈은 건양 마포馬鋪에 거주하였다. 유상의 아들 유용劉庸은 오부리 병산屛山 아래 담계潭溪 가에 거주를 정하여서(卜居) 병산 유씨의 시조로 추대되었다(『병산집屛山集』 권9 「유민각묘표劉民覺墓表」).

병산 유씨는 대대로 번성하여서 한 지방의 부유하고 현귀한 사환仕宦의 집안이 되었고, 유겹이 유자우·유자익劉子翼·유자휘 등 세 아들을 낳았을 때는 병산 아래 거대한 장원을 보유하였다. 유자우는 일 처리가 강직하고 결단성이 있었으며, 특히 용병에 뛰어나서 장준張浚에게 중용되었다. 서촉西蜀에서 여러 차례 특별한 공적을 세웠으나 진회秦檜의 화친 논의를 반대했기 때문에 파직되어서 돌아왔다. 주송이 만년에 그와 교유하면서 서로 알게 된 덕분에 주희 모자는 그의 보살핌을 받을 수 있었다. 유자우는 유씨 장원 앞에 다섯 칸짜리 낡은 누각을 수리해서 주희 모자의 거처로 삼게 해주었다.[1]

유씨 장원은 사모산沙帽山 아래에 자리하고 있어서 담계의 푸른 물이 장원

---

1 주희 모자가 당시 거주한 곳은 낡은 집(舊屋)이었는데, 그 이름을 자양루紫陽樓라고 한 것은 나중의 일이다. 『유씨종보劉氏宗譜』 권1 「유자우전劉子羽傳」 : "이부 시랑(응당 이부 원외랑이라 해야 한다) 주송이 병이 위독해져 집에 있으면서 공에게 부탁하여, 저택(宅) 곁에 집(室)을 하나 짓고 이름을 자양루라 하고서 그의 아들 주희를 가르쳤다." 또 같은 권에 「사모산하부전조기형도紗帽山下府前基形圖」가 있는데, 그 가운데 '주 문공朱文公(주희)이 글을 읽고 주석 작업을 하던 자양루'의 방위가 있다. 거기에서 말하였다. "그 땅은 숭안읍 오부의 담계 가 병산 아래에 자리하고 있다. 유상의 아들 유용 공이 산천의 빼어난 환경을 좋아해서 처음으로 그곳에 거주지를 정하였다. 사모산이 병풍을 닮았으므로, 뒤에 유자휘 공이 (병산을) 호로 삼았다. …… 순우淳祐 2년(1242)에 그 산 아래 병산서원屛山書院을 삼가 지었으니 곧 병산공屛山公(유자휘)의 사당이다. 왼쪽에는 불원복당不遠復堂이 있고 오른쪽에는 무불경당毋不敬堂이 있으며, 문 위에 병산서원이라는 네 글자 편액이 걸려 있는데 문인인 주희가 썼다. 또 산 맞은편에 자양루를 지었는데, 바로 주 문공이 병산 공으로부터 수업을 받고 몸으로 깨치던 곳이다."

앞을 졸졸 흘러가 산을 베개로 베고 시내를 띠로 두르고 있었다. 위아래로
유연당悠然堂·해당주海棠洲·성심천醒心泉·회신정懷新亭·연좌암宴坐巖·산관山館·
양음헌凉陰軒·귤림橘林·연지蓮池·남계南溪·조부당早賦堂·횡추각橫秋閣·만석정萬石
亭·계암桂巖·백화대百花臺·도미동荼蘼洞·의원정意遠亭 등 17경이 펼쳐져 있어서
오랜 세대에 걸쳐 쇠퇴하지 않은 벼슬아치 대갓집의 부귀하고 유아儒雅한 관
록을 드러내 보였다. 주희는 나중에 과장된 필치로 유씨 댁을 위해 대련對聯
두 폭을 썼다. "서한 제왕의 후손, 세 유씨 문헌의 집안(西漢帝王胄, 三劉文獻家)",
"팔민(복건)의 으뜸 고을 선현의 땅, 천고의 충량한 재상의 집안(八閩上郡先賢地,
千古忠良宰相家)"

　　사모산 세 봉우리가 빽빽하게 우뚝 솟아서 거대한 병풍과 같았기에 유자
휘는 '병산屛山'이라는 이름을 취하여 자기 호로 삼았다. 주희 모자가 거주했
던 낡은 누각은 바로 병산 맞은편에 있었는데, 주희는 일찍이 이곳을 "아름
다운 봉우리 창 앞에 무수히 늘어서 있네 / 물이 안고 산이 두른 땅은 아니지
만 / 겨울은 따뜻하고 여름은 서늘했네 / 무성한 대나무 집 주위를 두르고 /
절벽에는 차가운 샘 차고도 시원했다(好峰無數列窗前, 雖非水抱山環地, 却是冬溫夏冷天.
遶舍扶疏千箇竹, 傍崖寒冽一泓泉)"(『문집』 권9 「담계의 옛집을 그리워하다(懷潭溪舊居)」)라고 묘사
하였다.

　　나중에 주희는 줄곧 조상의 고거故居와 세상을 떠난 주송을 그리워하였
다. 그리하여 주송이 일찍이 휘주徽州 자양산紫陽山에서 유람하고 독서하면서
'자양서당紫陽書堂'이라는 인장을 새긴 일을 기억하고는 건도 7년(1171)에 이
낡은 누각의 대청(聽事堂)에 '자양서당'이라는 팻말을 써서 붙였다. 그리고 주
송의 호 '위재韋齋'를 따서 동쪽 편실偏室의 이름으로 붙이고, 한가하게 거처하
는 방을 '회당晦堂'이라고 정하였으며, 동쪽의 서재를 '경재敬齋', 서쪽의 서재
를 '의재義齋'라고 이름 붙였다. 바로 이 다섯 칸짜리 낡은 누각을 '자양루紫陽

樓'라 일컫고 자기의 호도 '자양紫陽'으로 삼았다.

담계에서 주희 모자의 형편은 결코 부유하지는 않았으나 일반적으로 남의 울타리 밑에 의지해서 사는 생활과 같지도 않았다. 유자우는 유면지에게 보낸 편지에서 주희 모자에게 제공하는 주거와 음식의 상황을 다음과 같이 언급하였다. "비계緋溪에 다섯 칸을 얻고 그릇과 도구를 갖추었습니다. 또 칠창七倉 앞에 나무를 심을 땅을 마련하였고 나물을 심을 채소밭이 있으며, 물고기를 잡을 못이 있습니다. 주씨 집안은 식구가 많지 않으니 거처할 만합니다."(『학림옥로鶴林玉露』 갑편甲編 권5 「자제위간관子弟爲幹官」) 그러나 주희는 도리어 일종의 정신적 억압을 느꼈다. 지나치게 조숙한, 인생에 대한 우환 의식은 그를 더욱 노성하고 침울하며, 의연하고 내향적인 성격으로 변모시켰다.

아버지를 잃은 열네 살짜리 소년(孤童)은 이미 주씨 겨레의 골육이 뿔뿔이 흩어지고 타향에서 얹혀사는 서글픈 신세로 인한 비애와 처량함을 한껏 겪었다. 그는 셋째 숙부 주고朱槹에게 편지를 써서 유씨에게 의지해 사는 자기의 맵고 아린 괴로움을 호소하였고, 주고는 「자작만가사自作挽歌詞」에서 주송이 죽은 뒤 몰락한 집안 형편과 숙질 두 사람이 공통으로 느끼는 처량한 심경을 표현하였다.

천애 고아가 된 조카가	天涯念孤姪
어머니를 이끌고 유씨네에 의지했네	携母依諸劉
편지를 보내 슬프고 괴로운 일 말하니	書來話悲辛
마음은 달려가나 몸은 매어 있네	心往形羈留
선영은 선봉에 의탁하였고	先塋託仙峰
산승은 오동나무 잎을 쓴다	山僧掃梧楸
두 딸은 어미 따라 살고	二女隨母住

외할아버지는 지금 백발이시다   外翁今白頭

큰형님은 상서랑으로서   伯氏尙書郞

명성이 중국 땅을 울렸고   名字騰九州

둘째 형님은 무과에 급제하여   仲兄中武擧

기개가 오랑캐 추장을 없애려 하였네   氣欲無羌酋

산이스랏 꽃 하루아침에 피어나   棣華一朝集

가시나무 세 가지 빽빽하게 자랐네   荊樹三枝稠

당당한 형제들 잇달아 떠나고   堂堂相繼去

나만 남아 산속으로 돌아왔네   遺我歸山丘

— 『옥란집玉瀾集』 「자작만가사自作挽歌詞」

주희의 둘째 숙부 주정朱檉은 일찍이 무과(武擧)에 급제하였으며, '기개가
오랑캐 추장을 없애려 한', 단호하게 전쟁을 주장하는 호걸스러운 선비였으
나 이때 또한 노쇠하여 세상을 떠났다. 주고는 벼슬길이 순조롭지 못해서 오
래도록 정처 없이 떠도는 객지 생활을 하였다. 당唐 이래 흥망성쇠를 되풀이
하며 끊어질 듯 이어져 온 주씨 큰 겨레는 이 시기에 이르러서 이미 완전히
스러져 몰락하였다. 그러나 곤경 중에도 발버둥 치며 항거하던 주고는 '입으
로 도적을 치는 서생(書生口擊賊)'으로서 우국의 심정을 가지고 담계에 있는 주
희에게 여전히 정신적인 영향을 끼쳤으며, 시와 서찰을 주고받는 가운데 전
쟁의 고통에 시달리는 중원을 구원하고 주씨 조상의 기풍을 다시 떨치는 일
을 잊지 않도록 주희를 일깨웠다.

소흥 15년(1145)의 비바람이 몰아치는 섣달 그믐밤에 그는 긴 시 한 수를
써서 주희에게 보냈다.

을축년 섣달 그믐밤에 영흥 숙소에서 쉰둘째 조카에게 보내다, 한 수

乙丑除夜寓永興寄五二姪一首

마지막 남은 날에 새해가 밝기를 피하고 싶은데	殘臘避新正
쏜살같이 흐르는 세월 막을 수 없네	疾馳不可鞚
매화는 모습을 보이다	梅花相行色
다시 비바람에 보내네	更以風雨送
슬프다! 녹림의 호걸	傷哉綠林豪
물결은 장수章水와 공수貢水로 나뉘었네	支派出章貢
음식을 올린 뒤 이제 몇 해나 되었나	荐食今幾年
황금과 비단은 서까래에 닿았네	金帛旣充棟
왕의 군대는 산과 못으로 달아나	王師走山澤
넋을 잃고서 주리고 추위에 떠네	魄散失饑凍
곡식 값싸다는 헛소문만 들리고	空聞米粟廉
전쟁의 고통을 구제하지 못하네	不救干戈痛
어둠 속에 지전은 나부끼고	冥冥紙錢底
수천 집들은 무덤이 되었네	千室羅盎甕
조상 제사를 지낼 겨를도 없이	祀先不暇嘗
이 밤에 놀라서 잠자리에 드네	一夜驚入夢
서생은 입으로 적을 치면서	書生口擊賊
조롱을 벗어남을 스스로 부끄러워하네	自愧脫嘲弄

……

— 『옥란집玉瀾集』

주고의 가슴을 가득 채운, 곧 금에 항거하고 도적을 치려는 서생의 의기 意氣와 나라에 보답하고 조상을 빛내려는 열망은, 주송이 죽은 뒤 더욱 강렬하게 품고 있던 '문호를 번성하게 하여서 조상의 제사를 받들려는' 주희의 의지를 분발시켜 주희로 하여금 부지런히 글을 읽도록 자극하였다. 소흥 13년 (1143)에 담계에 거주를 정하고 자양루에 살면서부터 주희는 호헌·유면지·유자휘 세 선생에게 수학하는 생활을 시작하였다.[2] 주희가 세 선생에게 수학했다고 해서 사람들이 종래 말하듯이 적계(호헌)·병산(유자휘)·초당草堂(유면지)을 모시고 배운 것은 결코 아니며, 더욱이 최초에 유면지의 초당에서 수학하지도 않았다. 실제로 주희는 줄곧 유자우과 유자휘의 가숙家塾에서 가르침을 받았다.

문자향文字香이 있는 송 대 사환仕宦의 가문에서는 대다수가 명사名士를 초빙하고 가숙을 세워서 주로 자제에게 과거를 위한 공부를 시켜 벼슬길에 수월하게 들어가게끔 하였다. 장식張栻은 유자우의 묘지명에서 유자우가 "가숙을 열고 명사를 초빙해서 고을의 빼어난 자제를 가르쳤다. 이부랑 주송이 병이 위독해져서 집안일을 공에게 부탁하였는데, 공이 저택 곁에 집을 지어서 거주하게 하였다. 주송의 아들 주희를 자기 자식들과 함께 가르쳤는데, 그들

---

2 여러 학자들의 연보는 모두 주희가 담계에서 세 선생에게 배운 때가 소흥 13년에 주송이 죽고 나서 얼마 안 된 때라고 하는데, 이는 의문의 여지가 없다. 지금 어떤 사람은 소흥 14년에야 주송을 장사 지냈다는 사실을 근거로 주희가 담계에 옮겨가 거주한 때를 소흥 14년이라고 달리 추정하는데, 그 설은 분명 잘못이다. 주희의 『문집』 권78 「명당실기名堂室記」에서 분명히 말하였다. "내가 태어나 열네 살이 되던 해에 선친이 나를 버리고 세상을 떠나시면서 적계 호공 선생, 초당과 병산 두 분 유 선생의 문하에서 배우라고 유언을 남기셨다." 또 권91 「유십구부군묘지명劉十九府君墓誌銘」에서도 말하였다. "내 나이 열네댓 살 때 선친의 유언으로 고故 빙사聘士 유 군劉君 선생께 배웠다." 권75 「송황자형서送黃子衡序」에서도 말하였다. "내가 태어나 열다섯 살이 되던 해는 소흥 계해년(1143)인데, 처음 자형子衡과 담계 가에서 놀았다." 계해년은 바로 소흥 13년('태어나 열다섯 살이 되던 해'란 바로 허위로 지적한 것이다)이다.

모두 마침내 도의道義를 성취하였다."(『명신비전완염집名臣碑傳琬琰集』권23「유자우묘지명劉子羽墓志銘」)라고 하였다.

'초빙된 명사'에는 주로 호헌과 유면지가 포함되었고, '고을의 빼어난 자제'에는 주희가 포함된다. 나중에 주희는 유자우의 신도비 비문에서 유자우가 "측은히 불쌍하게 여기고, 나를 거두어서 자식과 조카처럼 가르쳐주셨다."(『문집文集』권88「소부유공신도비少傅劉公神道碑」)고 하였는데, 바로 그를 가숙에 들여 가르침을 받게 한 일을 가리킨다. 유씨의 가숙에 들어가서 글을 읽는 자제들은 '동사생同舍生' 또는 '제생諸生'이라 하였고, 가르치는 장소는 육경당六經堂에 있었다.

유자휘는 일찍이 가숙의 제생을 위해 「시육경당학자示六經堂學者」를 지었다.

너희들은 마음이 아름다우니	汝心之休
이곳에서 노닐어라	處此如游
너희들은 마음이 흐르니	汝心之流
이곳에서 갇힌 듯이 있어라	處此如囚
이 집에는 무엇이 있느냐?	此堂何有
경전과 역사책이니라	維經與史
숨겨진 의리를 찾고 널리 적용할 것이	隱索周施
여기에 갖춰 있다	於兹備矣
낭랑하게 글을 욈에	誦書琅琅
그 정신이 드날린다	其神乃揚
잡다한 생각이 마구 일면	雜慮橫心
성인의 말씀을 잊어버린다	聖言則忘
묵묵히 글을 강론하면	講書黙黙

자세한 뜻을 터득할 수 있다	精義乃得
남에게 총명을 빌리면	借聰於人
끝내는 반드시 미혹되리라	終焉必惑
저 신속한 시간을 보라	視彼迅晷
다시 돌아오지 않는다고 하여	若弗云來
지금 너희들이 힘쓰지 않으면	今汝不勉
무엇이 있겠느냐?	則何有哉
때에 맞게 익히는 기쁨과	時習之說
자기 몸에 돌이키는 즐거움은	反身之樂
우러러보면 앞에 있다가 홀연 뒤에서 망망하니	瞻忽茫茫
너희들 깜냥으로 헤아릴 일이 아니다	匪伊情度

——『병산집屛山集』 권6 「시육경당학자示六經堂學者」

육경당은 가숙의 학당이며 '학자學者'는 가숙의 학생들이니, 「시육경당학자」란 실제로는 가숙의 학규學規를 가리킨다. 육경당은 17경 원림園林의 산과 물로 둘러싸인 곳에 자리했는데, 악기를 연주하고 노래를 하며 경을 외는 소리가 끊이지 않았다. 주희는 바로 여기에서 경학을 가르치는 숙사塾師(가정교사)로부터 경전과 역사서 강의를 공손하게 듣고, 정문程文과 시부詩賦 짓는 법을 배웠다.

주희와 앞서거니 뒤서거니 하며 글방(塾)에 들어가 같이 배운(同舍) 제생으로는 유자우의 세 아들인 유공劉珙·유상劉瑺·유평劉玶(유자우의 막내아들인데 나중에 유자휘에게 양자로 들어갔다. — 역자 주) 외에 황수黃銖·위염지魏掞之·방사요方士繇·황자형黃子衡·유무劉懋·방뢰方耒·구양광조歐陽光祖 등과 같은 유명한 사람이 있었는데, 이들은 뒷날 모두 주희의 이학理學 동지와 제자가 되었다. 위염지와 방

사요는 주희와 마찬가지로 유씨 큰 거레에 의탁하여 얹혀살았기에 세 사람은 동병상련의 감정이 있었다.[3]

유공·유평 형제는 주희와 함께 어려서부터 같은 방(同窓)에서 함께 글을 읽었으며, 가장 오랫동안 함께 지냈기에 보통 사람들과는 다른 형제(手足)의 정이 있었다. 나중에 유공은 동지추밀원사同知樞密院事에 올랐는데, 주희는 그와 유년기에 함께 지낸 일을 다음과 같이 말하였다. "나는 아버지를 잃은 아이로서 공의 집안에 의탁하였습니다. 공은 나를 비루하게 여기지 않고 더욱 권면하고 이끌어주었습니다. 공의 자태는 난새(鸞)나 고니(鵠) 같았고, 나의 성정은 노루(麞)나 수사슴(麋) 같았습니다. 어찌 다름이 없겠습니까만 끝내 흠을 잡지 않았습니다."(『문집』 권87 「제유공보추밀문祭劉共父樞密文」) 주희와 빛나는 유씨 큰 거레의 거듭된 관계는 그가 벼슬길에 들어가고 이학 사상과 명성을 전파하는 데 모두 중요한 작용을 하였다.

주희가 경전을 읽고 수학한 곳은 유자휘의 가숙뿐만이 아니었다. 명사이며 고사高士인 세 선생은 산수의 경치가 뛰어난 곳에 서실書室을 짓고 글을 읽기를 좋아하여 제생을 이끌고 산속에서 강학을 하고 시를 읊고 글을 지었는데, 그런 곳도 모두 주희가 가르침을 받은 곳이 되었다.

가장 유명한 곳은 무이武夷의 수렴동水簾洞이었다. 숭안성崇安城 남쪽에 있는 아홉 굽이 시냇물(九曲溪流), 서른여섯 푸른 봉우리(三十六青峰), 아흔아홉 바위(九十九幽巖), 일흔두 동굴(七十二洞穴)로 이루어진 인간세계의 기이한 무이산 경치 가운데에는 '절벽에서 쏟아지는 폭포는 흰 용이 걸려 있는 듯하고, 주렴처럼 드리운 물보라에 바람이 지나가니 옥처럼 영롱한 소리가 난다(絶壁飛泉掛白龍,

---

3 『오부리지고五夫里志稿』「유우游寓」: "방사요는 주희, 위염지와 함께 유자우에게 의탁하였는데, 유자우가 집 세 채를 마련하여서 그들을 거처하게 하였다."

一簾風送玉玲瓏'는 수렴동(*당 대唐代에는 요동천曜洞天이라 하였다)이 있다. 수렴동의 깎
아지른 아름다운 벼랑 꼭대기에서는 두 갈래 폭포가 공중에서 물보라를 뿌
리며 떨어져서 마치 주렴과도 같았으며, 어둑하고 깊어서 기이한 동굴은 높
이와 넓이가 수십 길이나 되어서 천 수백 명이 들어갈 수 있었기에, 세 선생
이 제생에게 학문을 강론하는 천연의 학당이 되었다. 지금까지도 얼룩덜룩한
적벽赤壁 위에는 여전히 강희康熙 48년(1709) 10월의 '순무복주□처지방제독군
무도찰원우첨도어사장모포고巡撫福州□處地方提督軍務都察院右僉都御使張某布告'라는
마애암 석각이 남아 있는데, 거기에 수렴동의 유씨 학당을 다음과 같이 기술
하고 있다. "병산의 여러 현인이 무이산 수렴동에 거주하며 학문을 강론하였
고, 마침내는 골짜기에 사당을 짓고 노닐었다. 문인 주 문공朱文公(주희)이 손수
'백세여견百世如見(언제까지나 뵙는 듯하다)'이라는 네 글자 편액을 썼는데, 현재 사
당에 걸려 있다. 지금까지 600여 년 동안 봄가을로 제사를 지내며 후예가 관
리해오고 있다."

병산에서 수렴동까지의 길은 비교적 멀어서 유자휘는 특별히 도중에 헐
마장歇馬莊을 세우고 밭 200무畝를 내어 강학의 비용으로 제공하였다. 「건도
중전권발乾道中田券跋」에서 다음과 같이 말하였다. "처음에 병산(유자휘)과 주자
(주희)가 무이에서 강습을 하였는데, 집에서 거리가 적잖이 멀었다. 이때 중도
에 헐마장을 세우고 밭 200여 무를 사서 여러 가지 경비로 제공하였는데, 실
제로 주자와 함께 공동으로 썼다. 병산이 죽은 뒤 충숙공忠肅公 유공劉珙이 모
두 주자에게 주어서 어머니를 봉양하는 밑천으로 삼게 하였다. 나중에 주자
가 동안同安에서 임기가 만료하여 돌아갈 때 밭을 병산의 아들 유평劉玶에게
돌려주었더니, 유평이 받지 않고 충숙공과 의논하여 남봉사南峰寺에 주었다.
지금도 남아 있다."(이묵李黙, 『자양문공선생연보紫陽文公先生年譜』융흥 원년 하)

무이의 수렴동은 주희와 제생이 함께 수학하던 학당이었으며, 이 밖에 유

면지의 초당, 호헌의 산거山居와 유중劉中(유자휘의 집안 아우)의 서장서원瑞樟書院이 주희가 늘 혼자서 오가며 배움을 묻고 가르침을 듣던 장소였다. 유면지의 초당은 실제로는 두 군데가 있었다. 한 군데는 숭안 오부리 아봉鵝峰 아래 백수白水 가에 있었는데, 유면지의 조상 대대로 전해진 고거故居이지만 송이 남쪽으로 건너온 이래로 황폐해졌다. 유면지는 또 건양建陽 근교 소둔蕭屯의 별서別墅에 따로 초당을 엮고 평소 이곳에 은거하면서 글을 읽고 시를 읊으며 텃밭을 가꾸고 스스로 즐겼다. 죽은 뒤에도 소둔의 초당 근처에 묻혔다. 그래서 주희가 유면지에게 수학할 때는 비교적 소둔의 초당에서 많이 하였다.[4]

서장서원은 유중이 건양 영충리永忠里 마사진麻沙鎭에 세웠는데, 마사도 유씨의 큰 겨레가 번성한 곳이다. 유자휘는 유중의 집안 형이어서 그의 초청을 받아 서원에서 강학하였으며, 늘 주희를 함께 데려가 배움을 듣고 가르침을 받게 하였다.[5] 유자휘와 유면지가 잇달아 죽은 뒤에는 호헌의 적계 산거가

---

4 지금 사람들은 대부분 두 군데 초당을 하나로 혼동하고 있다. 『가정건녕부지嘉靖建寧府志』 권 20 「고적古迹」을 살피건대, 다음과 같이 말하였다. "유면지의 집은 오부리 백수에 있는데 편액을 '초당'이라 하였으니, 곧 유자휘·호헌·주희가 서로 도를 강론하던 곳이다." 이는 곧 아봉초당鵝峰草堂(•백수초당白水草堂)을 가리킨다. 『숭안현지崇安縣志』 권9 「택묘宅墓」 : "유면지의 초당은 내오부內五夫 아자봉鵝子峰 아래에 있다. 유면지가 먼저 백수에 거주하다가 나중에 건양 소둔으로 옮겼다. 이는 곧 유자휘·호헌·주자가 강학하던 곳이다." 주희가 쓴 유면지의 묘표(「병사유선생묘표聘士劉先生墓表」)는 다음과 같이 말하였다. "난(정강의 난)이 일어난 뒤 고향의 집이 황폐해져서 곧 건양 근교 소둔의 별서에 풀을 엮어 초당을 지었다.", "선생의 묘는 초당에 있는데, 그곳은 시내를 건너 서북쪽 7리 되는 곳 군옥향群玉鄕 삼계리三桂里이다." 이는 곧 소둔초당蕭屯草堂이다. 그러므로 『숭안현지』 권18 「인물人物」에서도 말하였다. "유면지 …… 곧 근교에 초당을 지었다." 『병산집』 권18 「소둔으로 치중을 방문하며 감회가 있어, 열 수(蕭屯訪致中有懷十首)」 등등에 근거하면 유치중劉致中(유면지)은 주로 소둔초당에서 조용히 지내면서 글을 읽었음을 알 수 있다. 그러므로 황간黃榦이 이곳을 '주 문공(주희)이 도를 물은 곳'이라고 일컬었던 것이다.(•『면재집勉齋集』에 보인다)

5 『건녕부지建寧府志』 권17 「서장서원瑞樟書院」 : "건양현 영충리 마사진에 있다. 당 때 개국공開

곧 주희가 주로 배움을 묻는 곳이 되었다.

유씨 가숙에서 주희는 소학小學에서부터 대학大學까지, 법첩法帖을 임모臨摹하는 데서부터 부지런히 경서를 읽는 데까지 더욱 정규적이고 전면적인 유가儒家 교육을 받았다. 한편으로는 벼슬길에 들어가기 위한 과거 공부로서 정문程文과 사장詞章의 학을 익히고, 다른 한편으로는 '성현의 영역'에 들어가기 위해 정호와 정이의 낙학적洛學的 이학을 잠심하여 연구하였다.

주희의 서법書法은 나중에 스스로 탁월하게 일가一家를 이루었으니 멀리는 종요鍾繇와 왕희지王羲之를 스승으로 삼고, 중간에는 안진경顔眞卿의 서체를 배우고, 가까이로는 채양蔡襄을 따랐는데, 바로 유씨 가숙에서 뿌리를 내린 것이었다. 주희를 가르친 세 선생은 심지어 동몽童蒙의 학습에서도 이학의 정신을 관철했다. 글씨는 그 사람과 같아서 서법을 배우는 것도 반드시 안진경·채양과 같이 단정한 인사의 글씨를 배우게 하였고, 부드럽고 예쁘며 들뜬 붓놀림을 하지 못하게 하였다.

주희는 나중에, 가숙에서 유공과 함께 생활하며 자첩字帖을 익힌 일을 추억하였다. "내가 어렸을 적에 (*조조가 쓴) 이 표表를 배웠다. 그때 유공보劉共父는 안진경의 「녹포첩鹿脯帖」을 한창 배우고 있었다. 내가 고금의 자획을 가지고 그에게 따지자, 공보가 나에게 '내가 배우는 것은 당唐의 충신이요, 그대가

國公으로 유씨 성을 가진 자가 있었는데 진 남쪽에 거처를 정하였다. 나중에 녹나무(樟木)를 심었는데 둘레가 수십 아름이 되었다. 후손인 심주 태수溧州太守 유중이 장당서원樟堂書院을 창건하고 거기서 유자휘와 도를 강론하였으며, 주희도 유자휘를 따라 그곳에서 학문을 익혔다. 그 뒤 우사右史 유숭지劉崇之가 또 주희를 따라 이곳에서 학문을 익혔다." 『가정건양현지嘉靖建陽縣志』 권5 「학교지學校志」 : "서장서원은 영충리 마사진에 있다. 유백劉白의 후손인 심주 태수 유중이 서원을 중창增創하고 형 유자휘와 함께 도를 강론하였으며, 주희도 유자휘를 따라 이곳에서 학문을 익혔다. 그 뒤 우사 문충공 유숭지와 유지劉砥·유려劉礪·유자환劉子寰이 모두 여기에서 주희의 수업을 받았다."

배운 것은 한漢의 찬적纂賊일 뿐이다'라고 말하였다. 그때 나는 입을 다물고 대응하지 못하였다."(『문집』 권82 「제조조첩題曹操帖」)

정문과 시부詩賦는 과거 시험을 위한 수업의 기본 공부로서 세 선생이 중점적으로 독려한 일이었다. 그들은 사마광司馬光의 『온공집溫公集』, 진료옹陳了翁(진관陳瓘)의 『요재집了齋集』 등을 선택하여서 정문 연습의 교본으로 삼았다. 경전의 의리를 이해하고 과거 시험의 문장을 배우게 하고자 유자휘는 제생들이 책을 읽도록(讀) 규정하고 보도록(看) 하지 않았다. 자기가 직접 제생들이 책을 '읽도록' 감독했던 것이다. 주희는 다음과 같이 추억하였다.

> 온공溫公(사마광)이 성시省試에서 「민수천지지중이생론民受天地之中以生論」을 지었다. …… 나는 예전에 이런 문자 및 『요재집』과 같은 것을 모두 자세히 보았다. 이런 문제를 논한 곳에 대해서 글을 손에 집히는 대로 뽑아 보았다. 어린 시절에 병옹病翁(유자휘)으로부터 감독을 받았는데, 그는 사람들에게 '보도록' 하지 않고 '읽도록' 하였다. 의론이 좋은 곳이 있으면 그로부터 '읽도록' 감독을 받았는데, 정말 엄청나게 힘들었다!　　　—『어류』 권130

유자휘는 주희에게 더욱 '과거 공부(擧業)'를 기대하였다. 가숙에서 주희는 아주 빠르게 또 다른 동사생인 황수黃銖와 더불어 시문詩文에 뛰어나게 특출하여 두드러지게 두각을 나타냈고, 그와 우열을 다투면서 함께 발전하였다. 황수의 자는 자후子厚이며, 포성浦城에서 찾아와 유자휘에게 수학하였다. 그의 어머니 손도현孫道絢은 스스로 호를 충허 거사冲虛居士라고 하였는데, 지은 사詞가 슬프고도 아름답고, 밝고도 고와서 주희로부터 '글을 읽고 문장을 짓는(讀書能文)' 송 대의 저명한 여류사인女流詞人이라고 칭찬을 받았다.

주희는 황수의 시집에 대해 지은 서문에서 유씨 가숙에서 함께 수학하며 시문을 배우던 정황을 언급하였다. "내 나이 열대여섯 살 때 병산 유씨의 재관齋館에서 자후子厚(황수)를 만나 함께 병옹病翁(유자휘) 선생을 섬겼다. 자후는 나보다 한 살 적어서 글을 읽고 문장을 짓는 것이 서로 대략 비슷하였지만, 간혹 때로는 나를 따라 연마하여서 전에는 미치지 못하던 바에 나아간 점이 있었다. 3, 4년 뒤 나는 오히려 그대로였으나 자후는 하루아침에 문득 분발해서 빠르게 진보하였는데, 심척尋尺(여덟 자를 가리키나 여기서는 보통의 기준을 말함)으로는 헤아릴 수 없을 듯하였다. 번번이 좌중을 놀라게 할 만큼 말을 잘하고 글씨를 잘 썼다. 참으로 초연한지라 내가 쫓아갈 수 없어서 감탄하였다. 같은 연배 가운데에서도 그에게 미칠 수 있는 자가 드물었다."(『문집』권76「황자후시서黃子厚詩序」)

그러나 나중에 황수는 과거에 연거푸 실패하자 실망해서 의욕을 잃고 곡성산穀城山에 은둔한 채 종신토록 다만 시사詩詞를 읊조리며 스스로 즐기고, 성운聲韻과 음률音律, 예서隸書에 모두 정통한 은군자隱君子 '곡성옹穀城翁'으로 세상에 알려졌다. 반대로 주희는 과장(場屋)에서 단번에 남들을 깜짝 놀라게 하며(一鳴驚人) 젊었을 때 뜻을 이루었으나, 흔쾌히 사장詞章의 학인 '소도小道'를 버리고 정호와 정이의 '성현의 학'으로 전향하였다.

젊은 주희는 이미 당대의 대유大儒가 되려는 의지를 지녔으며, 세 선생을 따라 배운 것도 주로 경전을 연구하고 유학을 익히는 것이었기에 세 선생의 경학과 이학을 겸하여 흡수하고 아울러 축적하여서 받아들였다. 세 선생의 유가 교육은 주희에게 청렴하게 물러나고 스스로를 아끼는(廉退自好) 인생철학, 화친을 반대하고 전쟁을 주장하는 정치 태도, 그리고 오직 정호와 정이만 존중하는 이학 사상, 이렇게 세 방면으로부터 특수한 도학적 성격을 도야하고 주조하였다.

세 선생은 모두 몸을 깨끗이 하여 자기 지조를 지키고, 세속을 초탈하는 박학다식한 대유학자로서 일과 행실이 고상하고 고답적이었다. 유면지는 과거를 포기하고 은거하여 두문불출하고 베개를 높이 베고 누워서 '늙을수록 재주가 많았으며, 십 년을 꼿꼿이 앉았다(老大多才, 十年堅坐)'는 아름다운 명성을 남겼다. 유자휘는 서른 살에 병산에 한가하게 은거하며(息影) 관료 사회에서 부침하는 데 뜻을 두지 않았다. 호헌은 태학太學에서 고향으로 돌아와 살면서 밭을 갈고 약초를 팔아 생활하였다. 그들은 모두 맑고 고상하고 담박하며(淸高淡泊), 나아가기를 어려워하고 물러나기를 쉽게 여기며(難進易退), 평생토록 독서와 저술을 낙으로 삼는 주희의 처세 성격을 주조하였다.

그러나 남송의 굴욕과 부패는 그들이 자기 한 몸만 착하게 보존하도록 놓아두지 않았다. 세 선생은 모두 금에 항거하고 나라에 보답하려는 열정과 의리를 중시하고, 적을 격퇴하려는 충성스러운 울분을 가슴 가득 품고 있었다. 유자휘는 초년에 진정眞定의 막부幕府로부터 부름을 받아 전쟁터에서 목숨을 걸고 싸웠으며, 정강의 변(靖康之變)에 통분하여 애곡하다가 병이 났다. 유면지는 소흥 8년(1138)에 부름을 받고 도성에 들어가서, 비굴하게 오랑캐와 화친하는 것에 비분강개하며 반대하는 말을 올리려다가 진회의 당우黨羽로부터 저지를 받고 돌아왔다. 호헌은 오랫동안 파면되어 있던 항금주전抗金主戰의 원로 신하이며 역전의 노장(宿將)인 장준張浚과 유기劉錡를 기용하자고 감히 앞장서서 상소를 하여 조야朝野에 떠들썩하게 이름을 알렸고, '오현五賢'의 하나로 열거되면서 사방으로부터 칭송을 받았다. 이같이 세 선생은 주희의 도학 성격 가운데 세상을 구제하고 인민을 걱정하며(濟世憂民), 건결하게 금에 항거하며(堅決抗金), 힘써 쇠퇴한 세상을 만회하려는(力挽衰世) 또 다른 일면을 주조하였다.

이러한 정正과 반反, 두 측면의 도학의 성격은 하나로 합해져서 또한 주희가 어려서부터 가슴에 꼭 품고 있었던, 정호와 정이의 이학 사상에 집착하는 성격으로 응결되었다. 그가 담계에서 세 선생에게 수학할 때는 바로 남송의 통치자가 정호와 정이의 낙학洛學을 엄격하게 금절하던 시기였다. 나중에 반도학反道學, 반위학反僞學과 학금學禁, 당금黨禁으로 발전하는 반이학反理學의 정치 사조는 한평생 운명의 부침과 이학 사상의 형성에서 곡절 많았던 주희의 역정에 결정적인 작용을 하였다.

오대五代에 유학이 '크게 붕괴된' 이래, 중국의 문화를 짊어진 지식분자 선비들은 길고 긴 문화적 전환기 가운데서 발버둥 쳤는데, 이 시기는 또한 새로운 모형의 이학 문화를 낳은 길고 긴 난산기難産期였다. '도학'은 태어난 날부터 곧바로 홍수와 맹수로, 그리고 면모가 추악한 '괴물'로 여겨졌기에 보수적이고 옛것에 연연하는 비루한 유학자로부터 기생을 끼고 풍류를 즐기는 명사에 이르기까지 삼교구류三教九流의 인물로서 무리지어 일어나 공격하지 않는 사람이 없었다.

정호와 정이의 낙학은 숭녕崇寧(1102~1106) 이래로 금절되었다가 정강靖康(1126~1127) 초에 이르러서야 비로소 금절이 느슨해졌으나, 겨우 10년이 지나 또다시 커다란 금절을 만났다. 소흥 6년(1136)에 어린 주희가 아직 도성 임안에서 수학하고 있을 때 좌사간左司諫 진공보陳公輔가 '이천伊川(정이)의 학문은 천하를 미혹하여 어지럽힌다'고 앞장서서 주장하며 '막아서 끊어버리기를(屛絶)' 청하면서, 송이 남쪽으로 건너온 이래 살기등등하게 반이학의 서막이 열렸다. 이로부터 끊임없이 이어진 도학의 금절이 일어났다 수그러들었다 했는데, 사실은 모두 '반도학'의 문화적 투쟁이라는 형식으로 엄폐된 정치투쟁이었다. 도학(*이학)은 복잡다단한 권력 쟁탈 가운데서 누군가에게 이용되고 누군가를 위해 복무하는 지위에 처한 데 지나지 않았다.

남송의 제1차 대대적인 도학 금절은 진공보가 도발했지만 가장 먼저 도학을 주장한 이 역시 그였다. 왕각汪愨이 「왕신백집발王信伯集跋」에서 관방官方

의 '정사正史'에 의해 엄폐되었던 진상을 들춰냈다. 진공보는, 오늘은 반왕학反王學, 내일은 반정학反程學으로 변화무상한(飜雲覆雨), 완전히 교활한 정치 투기꾼이었던 것이다.

소흥 8년(1138)에 진회는 재상에 임명되자 투항과 매국을 위하여 오직 왕학王學(왕안석의 학문)을 높이고 정학程學(정이의 학문)을 엄금하였다. 그리하여 정학은 '전문곡학專門曲學'이 되었으며 정치상으로 당동벌이黨同伐異하는 이들에 의해 애국지사를 몰아내는 데 이용되었다. 소흥 14년(1144)에 왕발汪勃은 '전문곡설專門曲說을 제거하라'고 상주하였고, 하약何若은 '이천의 학문을 축출하라'고 상주하였다. 소흥 20년(1150)에 조균曹筠은 '고관考官으로서 전문專門의 학설을 취하는 자는 어사로 하여금 탄핵하게 하라'고 주청하였다. 소흥 25년(1155)에 이르러서는 장진張震이 재차 '천하의 학교에서 전문의 학을 금하라'고 청하여 학금學禁이 최고조에 이르렀다. 주희가 세 선생을 사사한 소년 시기는 바로 이러한 반정학의 문화적 분위기 속에서 지나갔다.

이때 정호와 정이의 낙학은 민간으로 향하였다. 배척을 받고 제거된 낙학의 전승자들은 숲 속에서 도를 창도하고 산속에서 학문을 전수하였다. 무이의 세 선생은 모두 이락伊洛(정이와 정호) 학문의 경건하고 성실한 신도였다. 유면지와 호헌은 태학에 있을 때 남몰래 정문程門의 책을 찾아보고 깊은 밤중에 등불을 켜고 장막 속에 숨어서 몰래 베껴 묵송하였다. 유자휘의 「성전론聖傳論」은 더욱 금절된 '전문곡학'의 책으로서 주희가 받아 읽은 주요 교과서 가운데 하나였는데, 하약은 주장奏章에서 특별히 이 책을 언급하였다. "처음에는 조정趙鼎이 이천(정이)의 학문을 부르짖었고, 고항高閌의 무리가 따라서 화답하였습니다. 이에 횡거橫渠(장재)의 『정몽서正蒙書』와 (유자휘의) 「성전십론聖傳十論」이 있었는데, 대부분 기이한 학설을 좋아하고 주장하는 데 힘쓰고, 괴팍한 영역과 허황하고 공적空寂한 경지로 흘러들었습니다."(『도명록道明錄』 권4)

그러나 정호와 정이의 낙학을 엄격하게 금절하면 할수록 젊은 주희는 정호와 정이의 낙학에 더욱 집착하였다. 나중에 그는 자기가 담계에 도착한 뒤에야 비로소 진정으로 정호와 정이의 '위기爲己'의 학문에 뜻을 두었다고 추억하였다. '나이 열네댓 살 때 여기에 뜻을 두어서' 한편으로는 '박학博學·독지篤志·절문切問·근사近思의 실질에 종사하였고', 다른 한편으로는 '격물格物·치지致知·성의誠意·정심正心의 근본에 힘을 쏟기' 시작하였다(『문집』 권54 「답진정기答陳正己」 서1).

이는 주희가 세 선생을 사사한 것이 이미 주송에게서 받은 가정의 동몽교육과 크게 차이가 났음을 분명히 드러낸다. 그는 사서오경의 전면적인 교육을 자각적으로 받아들이기 시작하여 구두句讀의 훈고 및 경서를 읊고 암송하는 것을 익히는 소학 공부에서 격물치지格物致知·정심성의正心誠意의 대학 공부로 전향하였다. 그는 스스로 세 선생에게 수학한 때가 평생 가장 부지런히 글을 읽고 공부하며 아울러 처음으로 터득한 바가 있었던 시기라고 말한다.

> 나는 예닐곱 살 때부터 공부하고 글을 읽었는데, 그때는 사방에 의지할 데가 없어서 다만 스스로 그렇게 강경하게 힘써서 나아갔다. 오늘날에 이르러서는 비록 말할 나위가 없지만 당시에도 아주 힘겹게 글을 읽었다.
>
> —『어류』 권104

> 나는 어렸을 때 학문을 하였는데, 열여섯 살 때는 바로 이학을 좋아하였고, 열일곱 살 때는 곧 오늘날 학자처럼 식견이 있었다.　　—『어류』 권115

> 내 나이 열일고여덟 살 때 『중용』, 『대학』을 읽었는데, 매일 아침 일찍 일어나 열 차례 외었다.　　—『근사록집주近思錄集注』 권3에서 인용

사람들은 흔히 세 선생의 이학 사상 체계를 동일한 노선과 유형으로 간주하여 그들이 주희에게 공동으로 영향을 미쳤다고 분석한다. 그러나 실제로는 세 선생이 비록 모두 정학을 숭상하기는 했지만 학문 사상은 오히려 저마다 전수한 연원이 있었기 때문에 주희가 그들로부터 받아들인 사상은 잡다하여서 동일하지 않다.

　경학經學으로 볼 때 세 선생은 모두 위로 정호와 정이를 계승했지만 유자휘는 호원胡瑗·정이·호안국胡安國으로부터도 많은 것을 취하였고, 호헌은 사량좌謝良佐·호안국·초정譙定·주진朱震과 호상파湖湘派로부터도 많은 것을 취하였으며, 유면지는 초정·유안세劉安世·양시楊時·장재張載로부터도 많은 것을 취하였다. 주희는 세 선생의 학설을 겸하여 수용하고 포괄했지만, 이런 수많은 이학 대가의 사상이 모두 서로 다른 방향에서 세 선생을 경과하여 주희에게 통하였다.

　선학禪學에서는, 세 선생이 모두 불교의 이론을 원용하여 유학을 이해하기를(援佛入儒) 좋아했는데, 다만 유자휘는 오로지 불교의 전통적인 지관止觀을 배웠으나 유면지와 호헌은 신파新派 선종의 참오參悟를 충실히 준수하였다. 이러한 서로 다른 입도入道와 수양 방법은 나중에 주희 사상의 변천 과정에서 서로 다른 시기에 서로 다른 작용을 일으켰다.

　심지어 시학詩學에서는, 세 선생이 비록 모두 도연명과 유종원柳宗元이 시를 배우는 입문 과정(門庭)이라고 주장하였지만, 유자휘는 오언고시五言古詩를 전공했음에도 『문선文選』에 수록된 간결하고 담담한 시를 법으로 삼았고, 유면지는 사부辭賦에 특별한 장기가 있었는데 화려한 한부漢賦(한 대의 부)를 법으로 삼았기에 이처전李處소은 그를, "대단한 붓을 놀려 부賦를 쓰니 명성이 천지를 진동하여서 옛 장양부長楊賦, 우렵부羽獵賦와 견줄 만하다.(祖筆摩空有賦聲, 長楊羽獵舊齊名)"(『숭암집崇庵集』 권5 「간유치중형제簡劉致中兄弟」)고 일컬었다.

세 선생은 또한 공동으로 주희가 시와 부를 겸하여 정통하도록 그 밑바탕을 조성하였다. 정밀하고 거칢, 순수하고 잡박함을 어지러이 함께 드러낸 이들의 이와 같은 이학 교육은 도리어 주희가 나중에 이학 체계를 집대성하는 데 풍부하고 두터운 사상적 토양을 마련해주었다.

무이의 세 선생은 정문程門의 이학가이지만 전통적인 경학가는 아니었다. 그래서 주희에게 직접 정호와 정이 및 그 문인의 저작을 활용하여 이학 사상을 주입하는 것을 중시했는데, 이때 그들은 오경학五經學에서 사서학四書學으로 중점을 옮겼다. 열네 살 소년 주희는 이미 보통과 다르게 경건하고 성실한 숭배의 마음을 품고서 정호와 정이, 장재張載의 저작을 잠심하여 연구하고 읽기 시작하였다. 그는 스스로 다음과 같이 말하였다. "하남河南 정 선생(정이), 횡거橫渠 장 선생(장재) 같은 근세의 대유학자가 …… 저는 열네댓 살 때부터 두 학자의 글을 읽었는데 지금 40여 년이 되었습니다. 그런데 그 의미가 깊고 취지가 원대하여서 근세의 이른바 어지러운 문장이니 의론이니 하는 것들은 거의 두 번 다시 볼 필요 없다는 사실을 깨달았습니다. 참으로 맹씨孟氏(맹자) 이래 한 사람일 뿐입니다!"(『문집』 권58 「답송심지答宋深之」 서1)

정호와 정이의 이학은 세 선생의 사서 교육을 통해 집중적으로 주희에게 직접적이고 결정적인 영향을 미쳤는데, 그 처음 교육은 또한 『대학』과 『중용』에 있었다. 주송은 주희에게 제때 『대학』의 체계적 계몽 교육을 진행하지 못하였으나, 주희는 세 선생의 지도를 받으며 비로소 『대학』을 읽고 정호와 정이의 격물설格物說을 연구하기 시작하였다. 그러나 선의 영향을 크게 받은 세 선생은 결코 정호와 정이의 격물설의 정수를 그에게 가르칠 수 없었다. 주희는 나중에 다음과 같이 말하였다. "격물설은 정자程子가 논한 것이 상세합니다. …… 대체로 열대여섯 살 때부터 이 책(*『대학』)을 읽을 줄 알았지만 격물의 뜻을 분명히 알지 못하고 30여 년 동안이나 이리저리 생각하였습니

다."(『문집』 권44 「답강덕공答江德功」 서2)

『중용』에 대해서는, 세 선생이 정이와 장재의 고족高足 여대림呂大臨의 『중용해中庸解』를 선택하여 주희에게 전수하였다. 주희는 이 책의 인성설人性說을 읽고 느낀 맨 처음 인상을 거듭해서 언급하였다.

> 내 나이 열대여섯 살 때 『중용』의 '남이 한 번에 하면 나는 백 번을 해서라도 하고, 남이 열 번에 하면 나는 천 번을 해서라도 한다'는 장을 읽고, 이어서 여여숙呂與叔(*여대림)이 이 단락을 아주 통쾌하게 풀이해 놓은 것을 보았다. 그 글을 읽고서 깜짝 놀라 경계하여 힘쓰고 분발하지 않은 적이 없었다.
> ─『어류』 권4

> 신이 듣기에, 『중용』에 "남이 한 번에 하면 나는 백 번을 해서라도 하고, 남이 열 번에 하면 나는 천 번을 해서라도 한다. 과연 이 도를 할 수 있으면 비록 어리석더라도 반드시 현명해지고, 비록 유약하더라도 반드시 강해진다."고 하는 말이 있습니다. 그리고 원우元祐 연간(1086~1094)에 관직館職에 있던 여대림이 이를 풀이하여서 "군자가 배우는 까닭은 기질氣質을 변화시키려는 것일 뿐이다. 덕이 기질을 감당할 수 있으면 어리석은 자라도 현명해질 수 있고 유약한 자도 강해질 수 있다. 기질을 감당하지 못하면 비록 배움에 뜻을 두더라도 또한 어리석은 자가 현명해질 수 없고 유약한 자가 강해질 수 없다. …… 오늘날 노둔하고 거칠고 지리멸렬한 배움을 가지고 하다가 말다가 하면서 좋지 않은 자질을 변화시키려고 하다가 변화시키지 못하면 곧 '타고난 자질이 좋지 않은 것은 배움으로 변화시킬 수 있는 바가 아니라'고 한다. 이는 자기를 포기하는 데 과감한 것이니 인仁하지 않음이 심한 것이다."라고 하였습니다. 신은 어려서 글을 읽다가 우연히 이 말

에서 깊이 반성하고 분발을 하며 느꺼워서 스스로 그만둘 수 없었습니다.
이로부터 학문을 하여 바야흐로 조금씩 진보하였습니다.

— 『문집』 권14 「걸진덕차자乞進德箚子」

　　여대림의 인성론은 곧바로 정이와 장재에게 근본을 두고 있다. 정이와 장
재는 성性이란 선하지 않음이 없으나 다만 기품氣稟이 다르기 때문에 선과 불
선不善이 있다고 여긴다. 기질의 성(氣質之性)을 변화시켜서 천지의 성(天地之性)
으로 복귀하면 사람마다 성인이 될 수 있다. 그들이 말하는 이러한 인성론
은 비굴하게 남의 울타리 밑에서 의지해 사는 고아인 우랑으로 하여금 자포
자기해서는 안 된다는 것을 활연히 깨닫게 하였다. 이로부터 주희는 더 한층
분발하고 노력하여서 배움이 크게 진보하였다. 나중에 그는 자제子弟를 재목
으로 만들기 위해 가르치고 훈계하는 말투를 모방하여 「부자기문不自棄文」을
써서 여대림의 부자기不自棄 사상을 발휘하였다.

　　천하의 사물(物)은 모두 대상사물(物)이다. 대상사물은 취할 만한 측면이
하나라도 있으므로 세상에 버림받지 않는데, 사람이면서 대상사물만 못하
다고 할 수 있겠는가? 돌처럼 단단한 것은 옥을 가공하는 데 쓰며, 살모사
처럼 독이 있는 것은 약을 조제하는 데 쓴다. 똥은 더럽지만 밭에 거름으
로 내면 오곡이 영양분으로 삼아서 싹이 나고 열매를 맺는다. 재는 식어버
린 것이지만 세탁에 쓰면 저고리와 치마가 잿물의 힘으로 깨끗해진다. 거
북의 고기를 먹고서 껍데기는 버려도 되지만 남쪽 사람은 거북 껍데기로
풍흉豐凶을 점친다. 거위의 고기를 먹고서 털은 버려도 되지만 동峒(중국 서
남쪽 산간에 거주하는 이민족) 사람들은 꿰어서 추위를 막는 데 쓴다. 이런 사실
로 탐구하고 유추하면 천하에 버릴 물건은 없다. 지금 사람이면서 버림을

당하는 까닭은 다만 스스로 버리기 때문일 뿐이다.

— 『주자문집대전류편朱子文集大全類編』 「정훈·庭訓」⁶

이 문장은 아마도 주희 평생의 글 가운데 지금까지 전해져오는 가장 이른 작품일 터인데, 세 선생을 사사하던 시기에 주희의 문풍文風과 필력, 사상의 수준을 볼 수 있다. 문장은 비록 자제가 응당 올바른 일(正業)에 힘써서 사농공상士農工商에 종사해야지, 하는 일 없이 빈둥대고 손을 놀려서는 절대 안 된다고 훈계하는 것에 지나지 않는다. 또한 패가망신하고 가업을 망친 귀족과 전통 있는 가문의 자제들을 낱낱이 꼽아가며 예를 들어가면서, 그들은 바로 네 가지 사업에 종사하지 않고 주된 직업이 없었기 때문에 하루아침에 세상이 변하고 운수가 쇠퇴하자 하릴없이 굶어 죽어서 구렁텅이에 뒹굴 수밖에 없었다고 하였다.

이는 모두 봉건 통치자가 자식을 훈계할 때 노상 하는 말이지만, 이런 '부자기'의 철학적 기초는 도리어 정이와 장재의 인성론이었으며, 또한 역시 횡

---

6 생각건대, 이 글은 주희의 『문집』에는 실려 있지 않지만 주옥朱玉에 의해 『주자문집대전류편』에 편입되었다. 『패문운부佩文韻府』 「습유拾遺」에도 "주희에게 「부자기문」이 있다."고 일컬었다. 『홍루몽紅樓夢』 제56회에서 설보채薛寶釵가 "주부자朱夫子(주희)의 부자기不自棄의 글을 보지 못하셨단 말인가요?"라고 한 말은 곧 이 글을 가리킨다. 오늘날 사람들은 이학가가 종래 '부자기' 사상을 말하지 않았다고 해서 「부자기문」을 위작으로 의심하기도 한다. 하지만 '부자기'는 바로 이학가의 기본 사상으로서 많은 사람들이 언급하였다. 예컨대, 여대림은 『중용해』에서 "자기를 포기하는 데 과감한 것이니 매우 인仁하지 않다."라고 하였고, 복재復齋 육구령陸九齡은 「여서원빈與舒元賓」에서 "조금이라도 놓쳐버리면 곧 자기를 포기하는 것입니다."(『황씨일초黃氏日抄』 권42 「육복재문집陸復齋文集」)라고 하였다. 유가의 부자기는 바로 불교, 도교의 자기自棄에 대항하는 말로서 반드시 관료 지주 출신이 아니라야 비로소 부자기 사상을 가지는 것은 아니다. 생각건대, 주희의 문장은 남풍南豊(증공曾鞏)을 배워서 참으로 질박하고 실제적이며 엄격하고 건실한 것으로 이름이 났는데, 「부자기문」은 질박하고 실제적이니 또한 위작이 아님을 알 수 있다.

거(장재)가 「서명西銘」에서 '인민은 내 동포이며 만물은 내 동무(民吾同胞, 物吾與
也)'라고 설파한 내용을 혼합한 것으로서 불가(釋家)에서 말하는 자기自棄의 불
성론佛性論과 서로 대조된다. 인성에 부합하는, 세상에 쓰임을 받고 자기를 포
기하지 않는 유가에 대한 집착은 또한 바로 반인성적인, 자아의 포기와 인성
의 소외疏外를 불성으로 삼는 불가에 대한 부정이다. 소년 주희가 불가와 도
가에 출입하면서 경건하고 성실하나 유치하게 세속을 벗어나기를 추구한 밑
바탕에는 줄곧 부자기의 현세적인 유가의 정신이 존재하였던 것이다.

여대림은 그에게 영원한 유가의 미소를 던져주었다. 장재의 성론性論은
여대림을 통해 주희에게 전해졌고, 여대림의 주정설主靜說과 중화설中和說도
연평延平 이통李侗에게 직접 계시되었다가 나중에 주희에 이르러 불교를 버리
고 유학을 숭상하는 사상적 변화를 촉진하였다. 이 때문에 여대림은 주희의
이학 사상의 형성과 발전에서 주희가 정이에게로 향하는 '중개의 연결 고리
(環節)'였고, 또한 그의 사상 역정에서 세 선생을 벗어나 이통에게로 향하는 잠
재적인 동력을 남겨주었다.

그러나 세 선생은 또한 모두 불교와 도가를 좋아한 이학가여서 불교와 도
가의 기질이 깊이 침투한 이학 사상을 주희에게 전수하였다. 오대五代와 북송
이래 고전 경학의 쇠퇴와 몰락은 불교와 도교의 부흥과 번성에 드넓은 문화
적 공간을 제공하였다. 중원 함락과 산하 파괴라는 경천동지할 거대한 변화
는 사대부들로 하여금 불교와 도교의 천국으로 향하여 정신적 위로를 받고
이에 마취되도록 했을 뿐만 아니라, 불교와 도교의 성장과 범람에 드넓은 심
리적 공간을 제공하였다. 그리하여 불교, 도교 문화는 유교 문화의 두 날개가
되어서 사대부의 심리 구조에 거대한 충격을 일으켰다. 이에 더하여 사회 정
치의 위기는 사상상의 위기와 심리상의 위기를 조성하여서 불교, 도교의 현
묘한 설이 공맹의 도보다 고상하다고 공개적으로 선양하는 유가의 반역자에

서부터 사나운 목소리와 얼굴빛으로 불교를 물리치고 도교를 배척하는 성학聖學의 호교론자(衛道士)에 이르기까지 모든 사대부의 심리 구조의 심층에 불교와 도교의 문화적 인자를 깊고 농후하게 쌓고 있었다.

유·불·도의 삼대 문화적 형태는 대립과 충돌로부터 흡수와 융합에 이르는 과정에서 오색찬란한 이학 체계와 사대부들의 각양각색의 문화심리를 낳아서 길러냈다. 그들 가운데 어떤 이들은 불교와 도교를 입신 처세의 정신적 지주로 삼아 평형을 잃어버린 유가적 영혼을 안정시켰고, 또 어떤 이들은 나라를 안정시키고 세상을 경륜하는 정치술로 삼아 시대의 풍조가 나날이 하락하는 쇠퇴한 봉건사회를 구제하려고 하였다. 어떤 이들은 불교와 도교의 육도윤회六道輪回, 천당 지옥의 설교를 내다버리고 단지 그것이 지닌 본체론과 인식론의 초월적이고 현묘한 사유를 받아들였으며, 또 어떤 이들은 선정참오禪定參悟, 수신양성修身養性에 집착하여서 윤리 도덕의 자아 해탈을 추구하였다. 어떤 이들은 유가의 옛 자아(故我)를 지닌 채 삭발하고 승복을 입고서 공문空門(불교)에 숨어 들어갔고, 또 어떤 이들은 유학 부흥의 구호를 높이 외치면서 불교와 도교(禪老)를 표절하였다. ……

주희는 바로 이 같은 문화와 역사의 환경 아래 담계로 와서 세 선생을 사사하였으며, 세 선생 또한 본래는 바로 이러한 문화와 역사의 환경 속에서 조성된 한 시대의 이학가였다. 그들은 이지理智상으로는 수신·제가·치국·평천하와 적극적 구세救世를 신봉하는 전통 유가였지만, 감정상·취미상·심리상으로는 도리어 더욱 불교와 도교의 신묘하여 헤아릴 수 없는 현묘한 설과 의기투합하였으며, 적막한 자아의 포기(自棄)를 수긍하지 않았지만, 도리어 또한 세상을 초월하는 해탈을 생각하였다.

특히 이때 불교와 도교 역시도 자기의 문화적 방위方位를 조정하고 있었다. 사유가 현묘한 불교는 세속화·대중화하면서 시대 상황에 부응하여, 등록

燈錄, 어록語錄, 공안公案이 어지러이 생겨나 새로운 선종인 경산선徑山禪(대혜大慧의 간화선)이라는 기형적인 태아를 잉태하였다. 조잡하고 저속한 도교는 현묘한 사유를 발전시키고 사대부화하여서 희이希夷 진단 노조陳摶老祖에서 자양진인紫陽眞人 장백단張伯端에 이르기까지 모두 우주의 생성 변화를 설명하는 태극설太極說과 연단수행煉丹修行을 설명하는 무극설無極說로 사대부 이학가들을 심취하게 하고 정신을 미혹시켰는데, 이는 세 선생과 주희에게는 더욱 특수한 흡인력을 지니고 있었다.

주희는 나중에 주로 『역』·『대학』·『중용』에 의거하여 자기 평생 학문의 대지大旨와 이학 체계의 논리 구조를 세웠다. 그런데 세 선생의 경학은 바로 『역』·『대학』·『중용』 세 학문에서 불교와 도교의 정신을 가장 잘 갖추었다. 평생 역학易學을 제일 중시한 유자휘는 오로지 불교와 도교의 허무적멸의 설로 즐겨 『역』을 풀이하였으며, 스스로 "만년에 위대한 『역』의 이치를 엿보고서, 적연寂然의 의미를 조금 이해하였다.(晚而窺大易, 稍解寂然意)"(『병산집』 권 14 「유도조·강정만·구순보가 『역』과 『맹자』를 강론하였는데, 그 의미를 주워 모아서 20운을 만들다(劉道祖江程萬丘順甫講易孟子拾其意爲二十韻)」)고 하였다. 유면지와 호헌에게 역학을 전수한 초정譙定은 촉蜀의 도교 성지인 청성산靑城山에 은거하며 오로지 도사(羽流)들과 함께 도교(老)로 『역』을 풀이하기를 좋아하였다.

『대학』의 경우, 주희는 세 선생의 격물치지의 설을 받아들인 뒤 30여 년 동안 어찌할 바를 몰랐으며, 불교와 도교로부터 스스로 빠져나올 수 없었다고 하였다. 이는 바로 그가 격물설에서 받아들인 사상이 선의 낙인이 찍힌, '마음으로 이치를 이해하는(以心會理)' 사상이었지, '사태에 나아가 이치를 궁구하며(就事窮理)', '대상사물에 다가가 이치를 궁구하는(卽物窮理)' 정씨와 이통의 사상은 아니었기 때문이다. 이러한 '마음으로 이치를 이해하는' 것은 실제로는 여전히 '마음(中)'을 주로 삼으면서 겉으로는 억지로 유학의 이론을 말하려는 석씨釋氏(불교)의 학문'이었던 것이다(『문집』 권44 「답강덕공答江德功」 서2). 이런 점은 얼마 뒤 주희가 도겸 선사道謙禪師를 종유할 때 더욱 극도로 팽창하였다가 이통을 사사하고서 겨우 소멸되기 시작하였다.

『중용』의 경우, 정문程門의 수많은 제자는 본래 중용학의 선기禪氣를 가장 중시하였다. 주희도 "정문의 여러 학자가 당시에 직접 두 분 정 선생님을 뵈었으나 석씨에 이르러서는 오히려 대부분 간파하지 못하였다. 이는 제대로 깨닫지 못한 것이다. 이 점은 『중용』에 대한 풀이를 보면 알 수 있다."(『어류』권101)고 하였다.

세 선생이 추중한 여대림에 대해서도 주희는 "여여숙呂與叔은 나중에 불서佛書를 보았다. 벗들이 편지로 책망하자 여여숙은 '나는 다만 그 도리가 어떤지를 보려고 할 뿐이라' 하였다. 그의 『문집』에 잡다하게 기록된 내용 가운데에는 역시 불순한 내용이 많다."(동상)고 하였다.

세 선생은 자기들도 모두 유·불·도(老) 세 도를 통일하지 못하였으며, 그들의 유가적 자아와 불교·도교적 자아는 시종 둘로 나뉘었다. 아울러 인격의 양극단으로 대립하는 도학적 분열을 젊은 주희에게 전해주었다. 주희는 무이의 세 선생을 사사하면서, 동시에 10여 년 동안 불교와 도교에 출입한 정신적 역정을 시작했던 것이다.

'세 글자 부적(三字符)'과 '소소영령한 선(昭昭靈靈底禪)'

세 선생 가운데 병옹 유자휘는 주희에게 진정한 정신 계몽의 지도교사였다. 그렇다고 주희가 완전히 유자휘의 사상 모형에 따라 자기를 빚어낸 것은 아니었다.

유자휘 이학의 전수 연원이 줄곧 밝혀지지 않아서 황종희黃宗羲는 그가 '낙학을 사숙했다'고 하였고, 후세 사람은 곧바로 두드러진 사승 관계가 없다고 보았다. 실제로 유자휘의 증조 유태소劉太素가 춘추학春秋學의 대가 호원胡瑗을 따라 배운 이래 호원의 춘추학은 이미 유씨 집안에 대대로 전승된 가학家學이 되었다. 유태소는 호원의 춘추학을 전수받았고, 저서에『춘추해평春秋解評』이 있다. 조부 유민선劉民先은 호원과 유태소로부터 춘추학을 전수하였고, 저서에『춘추』를 풀이한 여러 종이 있다. 아버지 유겹劉韐은 유민선으로부터 춘추학을 전수하였으며, 경전과 역사서를 널리 보고 환히 꿰었다. 호원은 춘추학과 역학易學에 정통하여서 정이로부터 높이 존중받았는데, 유자휘가 역사학과 역학에 뛰어났으니 응당 멀리 호원을 계승했을 터이다.[7]

---

7 『유씨종보劉氏宗譜』권2 : "태소太素는 …… 안정安定 호 선생(호원)으로부터『춘추』를 강습받았고 향리에 돌아와 가르쳤다. ……저서에『춘추해평』이 있으며, 집에 보존되어 있다. …… 민선民先은 …… 조의공朝議公(•유태소)은『춘추』로 □□□□□ …… 저서에『춘추』에 관한 여러 학설을 논한 것과『논어강의論語講義』가 있다. …… 겹은 …… 궁보공宮保公(•유민선)을 따라 배웠는데 경전과 역사서를 널리 보고 환히 꿰었다." 이는 유민선이 유태소에게서『춘추』를 전

유자휘와 유자우는 일찍이 함께 춘추학의 또 다른 대가인 호안국胡安國에게서 수학하였다. 호안국은 자가 강후康侯이다. 정이의 벗 주장문朱長文과 근재지靳裁之를 사사하고, 정문의 고제高弟인 유작游酢·사량좌謝良佐·양시楊時와 교유하여서, 위로는 정호와 정이의 낙학을 계승하고 아래로는 악록岳麓의 호상학湖湘學을 열었다. 송이 남쪽으로 옮겨온 이래 그는 낙학을 이끈 공으로 도남道南 학맥의 양시와 함께 나란히 거론될 수 있었다. 호안국도 숭안 오부리 사람인데 소흥 초년에 가서야 악록 아래로 이주하였다.

숭안에서 호씨와 유씨 두 겨레는 대대로 같은 마을에서 서로 사이좋게 지내고 자제 간에 서로 묻고 배우며 학업을 전수하였다. 유민선이 오부의 향리에서 가르치고 있을 때는 소년 호안국이 입학하여 가르침을 받던 시기였다. 나중에 호안국은 유민선에 대해 "고금에 널리 통달하고 풍모가 웅혼하고 깊어서 멀리서 바라보아도 군자임을 알겠다."(『유씨종보』 권2)고 칭찬하였다. 아마도 호안국 역시 유민선의 계몽을 받고 수학한 제자였을 가능성이 있다. 호안국이 한 시대의 유종儒宗이 된 뒤에는 유씨 자제들이 또 호안국에게서 수학하였다.

유씨 큰 겨레의 가숙은 연원이 오래 이어졌으며, 지방 자제들의 교육을 좌우하였다. 유태소는 '향리에 돌아와 가르쳤는데, 생도가 100여 인이었으며', 유민선은 '후학 수백 여 인에게 학업을 전수하였고', 유민각劉民覺은 '스승의 자리에 20여 년 있으면서 영재를 기르고 이끌어서 대부분 성취하였다.'(『유씨종보』 권2 및 주희의 「유자우신도비劉子羽神道碑」, 「유공신도비劉珙神道碑」) 계속하여

수한 사실을 말한다. 주희의 「유공신도비劉珙神道碑」를 보면 "휘가 민선이라는 이가 있었는데, 돈독하고 순박하며 뛰어난 행실이 있었다. 안정 선생으로부터 춘추학을 전수하였다."고 하였다. 『복건통지福建通志』 「열전列傳·유행전儒行傳」 권1에서도 유민선이 '호원으로부터 춘추학을 전수하였다'고 하였다.

유자우, 유자휘에 이르러서도 명사를 초빙하여 향리의 자제를 교육하였다.

호안국은 정화政和 2년(1112) 이후 부모의 상을 당하여서 오부의 적계로 돌아와 거처하다가 정강靖康 원년(1126)에야 비로소 조정에 들어가 관직을 맡았다. 한가하게 거처한 이 15년 동안에 유씨 가숙에서는 자연스레 이 '고향의 명사鄕鄰名士'를 초빙하여 유씨 집안의 자제를 교육하려고 하였다. 무이 일대의 학자 호헌·범여규范如圭·강기江琦 등이 모두 그의 입문 제자가 되었다.

유자휘는 중화重和 2년(1119)을 전후하여 서울에 들어가 태학에 유학하기 이전 호안국에게서 대략 6, 7년 수학하였고, 그 뒤로도 계속하여 통신을 주고받았다.[8] 그가 경전과 역사서를 아울러 중시하여 학생에게 교수한 점도 역시

---

8 호안국이 정화 2년에서 정강 원년까지 오부 적계의 집에 거주한 사실은 『송사』 호안국의 열전에 보인다. 살펴건대, 호씨와 유씨가 대대로 같은 마을에서 서로 사이좋게 지낸 사실에 대해서는 호인胡寅의 『비연집斐然集』 권27 「제유대제언수祭劉待制彦修」에서 다음과 같이 말하였다. "나는 공(유자우)과 같은 지역의 이웃한 마을에 살면서 할아버지 이래로 친밀하게 왕래하였습니다. 서울(王城)에서 공을 알았을 때는 서로가 장년이었습니다. …… 형산衡山을 나와 절(蕭寺)에서 찾아뵈었는데, 그때 우리 선친(吾先子,·호안국)께서 새로 빚은 술을 대접하라고 명하셔서, 나는 채마밭의 채소를 삶았습니다. 술잔에 술을 가득 따라 아주 많이 마셨는데, 나귀가 멋대로 가버리지 않도록 묶어 두고 새벽까지 술을 마셨습니다. …… 병진년(1136) 가을에 나는 엄주嚴州의 수령이 되고 공은 온릉溫陵의 수령이 되었는데 지나가는 길에 기꺼이 묵으셨습니다. …… 경신년(1140)에 내가 체직이 되어서 유사楡社로 돌아가는 도중 병산 아래에서 공의 형제(유자휘)를 보았는데, 나를 이끌고 당堂에 올라 모부인을 뵙게 하였습니다. …… 공은 만년에 이르러 다시 이곳을 방문하셨습니다. ……" 이른바 형산에서 만남은 응당 소흥 2년(1132)에 유자우가 이주로利州路 경략사經略使로 있을 때의 일이며, 유자우는 제자로서 호안국을 찾아뵈었다. 주희의 『문집』 권81 「발방백모가장호문정공첩跋方伯謨家藏胡文定公帖」에 들어 있는, 호안국이 유자익劉子翼(·유자휘의 형)에게 준 첩자帖子에서 "필시 언수彦修(·유자우)는 이미 태부인太夫人을 모시고 온릉으로 갔을 것이다. 이 고을은 좋은 지역이라 부모를 모시기에 편하여서 기쁨과 위안이 함께 늘어난다. 임천臨川은 고향鄕邦과 아주 가까워서 서신을 전하기 쉽다. 언충彦沖(·유자휘)은 물러나 자기 절조를 지키고 있으니 매우 칭찬할 만하다. 덕스러운 집안이 선을 쌓은 지 오래이다. ……"라고 한 언급을 근거로 하면, 이 첩자는 소흥 5년(1135)에 지은 것이니, 또한 호안국과 유씨 삼형제가 일찍부터 잘 알고 있었음을 증명한다. 이들은 모두 유씨

호원, 호안국의 학풍을 이어받았음을 뜻한다.

주희의 교육에 대한 유자휘의 지도적인 사상은 그의 「시육경당학자示六經堂學者」와 「유훈遺訓」(*곧 「훈계」이다)에 반영되어 있다. 「시육경당학자」는 경전과 역사서를 아울러 중시하는 학풍을 주창하는 글이다. 이런 교육은 널리 공부하여 요약하고, 역사로 경전을 검증하고, 옛것을 오늘에 적용하고, 실제로 행위하며, 일상생활에서 공부하는 것을 강조한다.

유자휘는 임종 때 병상에서 주희 등 여러 학생에게 구두로 「유훈」을 남겼는데, 이는 그가 자기 평생의 교육 사상과 방법론을 총결한 것이며, 또한 후천적 축적과 일상생활에서 실천, 스승을 좇아 도를 배우는 일의 중요성을 강조한 것이다. 이학가의 교육 사상과 교육 방법을 전형적으로 체현한 이 학규는 「시육경당학자」와 함께 경전과 역사서를 아울러 중시하고, 도덕 수양과 인식 방법을 하나로 합하며, 일상생활의 예의범절(灑掃應對)과 장구章句의 훈고를 공부하는 소학과 격물치지格物致知·정심성의正心誠意의 대학을 통일하는 유자휘 이학 교육의 체계를 구성하였고, 직접 주희의 교육 사상을 잉태하였다. 주희가 한평생 학문을 강론하고 학생을 가르치는 이학 교육에 종사하면서 제정한, 후세에 전해진 모든 저명한 학규와 학칙學則은 모두 유자휘의 「유훈」에서 발전해 나왔다.

그러나 유자휘의 이러한 교육으로부터 주희가 받아들인 것은 도리어 유·불·도 삼교를 융회하는 이학 사상이었다. 유자휘는 결코 주희에게 직접 선

가숙에서 호안국에게 수학한 적이 있었기 때문이다. 유자휘로 고찰하자면, 그는 건중정국建中靖國 원년(1101)에 태어났고 성년이 되기 전(未冠) 태학에 유학하였는데, 이는 중화 2년(1119)의 일이다. 이 전에 가숙에서 수학하였는데, 이때 호안국도 오부의 적계에 함께 거주하였다. 나중에 유자휘의 아들 유평劉玶이 특별히 호안국의 첩자를 병산 산관山館의 복재復齋에 갈무리한 것은 아마도 우연이 아니리라.

학禪學을 주입하지는 않았다. 심지어 주희가 그에게 "『요옹집了翁集』 뒷부분에 선을 말한 내용이 있는데, 더욱 두서를 탐구할 방법이 없습니다." 하고 의문을 품자, 그는 "이 늙은이가 나중에 이와 같이 말했지만, 생각건대 심풍心風을 앓았기 때문이다!"(『어류』 권130)라고 대답하였다. 유자휘의 불교, 도교 사상이 주희의 이학 사상 가운데 스며들었다.

소흥 15년(1145), 유자휘는 주희를 위해 '원회元晦'라는 자를 취해서 주고 자사字詞를 지었다.

> '원회'로 자를 붙여서 이름의 뜻을 드러낸다. 나무는 뿌리에서 길러서 (晦. 회양晦養, 재능이나 소질을 드러내 놓지 않고 숨겨서 길러냄) 봄에 잎사귀가 무성하게 피고, 사람은 몸에서 길러서 정신(神明)이 안에서 살찐다. 옛날 증자는 자기 벗을 칭찬하여, '있으나 없는 듯이 하고, 꽉 차 있으나 빈 듯이 하며 ……'라고 하였다. 마땅히 어리석은 상태에서 수양을 하여 말을 함에 신중할 것을 생각하며, 행동을 함에 실수할 것을 생각해서 조심조심 두려워하되 오직 증자와 안자를 경외하라.　　―『병산집』 권6 「자주희축사字朱熹祝詞」[9]

---

9 연보에서는 유자휘가 주희를 위해 자사字詞를 지은 때를 소흥 13년(1143)에 갖다 붙였는데, 이는 잘못이다. 주희의 『문집』 권82 「발반현보자서跋潘顯甫字序」에서 "내 나이 열예닐곱 살 때 병산 유 선생이 나에게 원회라고 자를 지어주시고 축하해주셨는데, 그 사詞에 이르기를 ……"라고 한 내용에 근거하면, 이 일은 응당 소흥 15년(1145)에 있었다. 또 『사조문견록四朝聞見錄』 병집丙集 「이원二元」에 "주 문공 희(주희)의 자는 원회元晦이다. 중년에 스스로 뉘우치기를, 원元이란 건乾의 네 덕 가운데 으뜸인데, 이를 일컫기에는 부족하여서 부끄럽다 여기고 마침내 바꾸어서 중회仲晦라 하였다."고 하였는데, 이 설도 그르다. 송 대 사람의 풍습은 이름 하나에 자를 두 개 가지고 있었다. 육유陸游의 『노학암필기老學庵筆記』 권9에서 말하였다. "근세의 명사 가운데 이광李光은 자가 태발泰發인데 다른 자가 태정泰定이며, 조열지晁說之는 자가 이도以道인데 다른 자가 백이伯以이다. 반량귀潘良貴는 자가 의영義榮인데 다른 자가 자천子賤이다. 장수張守는 자가 전진全眞인데 다른 자가 자고子固이다. 주필대周必大는 자가 자충子充인데 다른 자가

불교와 도교의 학설이 잡다하게 뒤섞인 자사에서 유자휘는 유·불·도 삼교가 통일된 자기의 사상을 전부 주희의 자인 '원회'의 뜻을 풀이하는 데 쏟아부었다. 이는 무진 거사無盡居士 장상영張商英이 선종의 대사 묘회 종고妙喜宗杲를 위해 '담회曇晦'라는 자를 취한 것과 곡조는 달라도 기법은 같은 묘미가 있었다. 묘회와 주희, 한 사람은 불국계佛國界의 빛나는 태양으로서 무진 거사가 그에게 '담회'라는 자를 붙여 주었고, 또 한 사람은 이학계의 빛나는 태양으로서 병산 거사가 그에게 '원회'라는 자를 붙여 주었으니, 이는 결코 교묘한 우연의 일치가 아니었다.

유자휘는 본래 처음에 종고에게 선을 물었다. 종고는 속성俗姓이 해奚이며 선주宣州 영국寧國 사람이다. 원오 극근圓悟克勤의 대제자이다. 퇴락한 임제臨濟의 선풍禪風을 거듭 떨치고 간화선看話禪을 크게 이끌었으며, 불교를 토대로 유가와 도교를 겸함으로써 총림叢林의 납자衲子와 사대부가 공통으로 정례頂禮를 올리는 '불일佛日'이 되었다. 정강 2년(1127)에 유자우는 유겹의 영구靈柩를 호송하여 귀향한 뒤 장례를 모실 때 가흥嘉興의 전지와 가옥을 상축사上竺寺에 증여하면서 '평소의 뜻에 따른다'고 하였다(『유씨종보』 권1). 유자우·유자휘 형제는 이때 종고와 서로 알게 되었다.

그 뒤 소흥 초년에 종고가 민閩으로 들어가 유씨 형제와 더욱 밀접한 관계를 맺었다. 소흥 6년(1136)에 종고가 천주泉州 운문암雲門庵에 있을 때 유자우가 천주의 지주知州로 왔다. 종고는 "공은 이미 이 문중門中(불교)에서 스스로를 믿어 의심하지 않으니, 이는 작은 일이 아닙니다."(『대혜어록大慧語錄』 권27 「답유

홍도洪道이다. 예욱芮燁은 자가 국기國器인데 다른 자가 중몽仲蒙이다. 임률林栗은 자가 황중黃中인데 다른 자가 관부寬夫이다. 주희는 자가 원회인데 다른 자가 중회이다. 사람들이 부를 때는 옛 자를 많이 쓰고 글을 짓고 제명題名하는 데는 반드시 뒤에 붙인 자를 썼다. 후세에는 거의 의혹을 가졌다."

보학언수答寶學彦修』) 하고 유자우를 극찬하였다. 종고의 수많은 세속 제자 가운데 유자우는 '사대부로서 삼가고 정성스럽게 도를 물어 친히 인정을 받은(契證)' 이에 속하였다(조영祖詠, 『대혜연보大慧年譜』). 『속전등록續傳燈錄』은 그를 종고의 '법사法嗣' 반열에 둔다.

비록 유자휘는 선학에서 종고와 끝내 합치하지는 못했지만, 종고는 의구히 「유자휘상찬劉子翬像贊」을 지어서, 그를 "재색財色과 공명功名을 일도양단하였으니, 그 자리에서 성불할 이는 모름지기 이 사람이다."(『대혜어록』) 하고 칭송하였다. 유자휘의 『병산집』에 「경산의 기생자가 도복을 짓다, 세 수(徑山寄生子作道服三首)」가 있는데, 둘째 수에서 "먼 데 소식 은근히 초암에 이르렀는데 / 도리어 쇠약한 병 부끄러워 견딜 수 없다 / 애오라지 불일의 베 석 단端(피륙 20자)으로 / 청주를 위해 적삼을 짓는다(遠信慇懃到草庵, 却慚衰病豈能堪. 聊將佛日三端布, 爲造靑州一領衫)"(『병산집』 권19)라고 하였다. 이는 바로 '불일' 종고에게 써준 것이다.

한번은 종고가 특별히 오부리에 있는 개선사開善寺에 와서 높은 자리에 올라 유씨 형제를 위해 설법하였는데, 형제 두 사람의 서로 다른 선법禪法의 경로(門徑)를 구별하였다. 주희는 일찍이 이 사건을 다음과 같이 언급하였다. "옛날 병옹病翁(유자휘)이 묘희(종고)를 만났을 때 면전에서 자기 말을 하려고 하였다. 그(묘희)가 개선사에서 자리에 올라앉아 다음과 같이 말하였다. '언충彦冲(*유자휘)은 수행을 하기는 하나 도리어 선을 알지 못하고, 보학寶學(*유자우)은 선을 알기는 하나 도리어 수행하지 못한다. 이른바 장삼張三은 돈은 있으나 쓰지 못하고, 이사李四는 쓸 수는 있으나 돈이 없는 격이다!' ……"(『어류』 권126)

개선사는 공진산拱辰山에 있었는데, 유상劉翔이 남쪽으로 와서 처음에 공진산에 거주하고 유씨 선조의 저택을 남겼으며, 유겹도 거기에서 학업을 완성하였다. 개선사에는 종고의 대제자 도겸道謙도 있었다. 따라서 개선사는 유씨 형제가 불법을 묻고 참선을 하는 곳이 되었다. 유자휘가 주희에게 '원회'를 자로 취해서 준 것은 종고의 그림자를 주희의 몸에 드리운 것이었으니, 그의 자사字詞는 한 차례 선을 교육한 데 그친 것이 아니었다.

유자휘는 포전莆田에 있을 때 도교·불교의 무리와 교유하면서 유·불·도 삼교가 동일함을 깨닫고 돌아온 뒤 「성전론聖傳論」·「복재명復齋銘」·「몽재명蒙齋銘」을 지어서 유교로 불교와 도교를 겸하는 자기의 이학 체계를 세웠다고 스스로 일컬었다.

자사에서 '원회'라는 자의 뜻을 천술하여 말한 내용 가운데 '사람은 몸에서 길러서 정신이 안에서 살찐다', '마땅히 어리석은 상태에서 수양을 한다', '있으나 없는 듯이 하고, 꽉 차 있으나 빈 듯이 한다'는 말은, 바로 「몽재명」에서 "동심童心은 거울같이 맑아서 잡다한 사려가 들러붙어 있지 않으며, 그 어리석은 상태를 깨우치는 것은 덧붙여주거나 늘리는 바가 있지 않다. 경박함을 일으키지 말고 들끓는 마음을 고무하지 말며 올바름을 따를 뿐이다.", "사람의 참된 본성(眞性)은 현명하지 않은 것은 아니나 일곱 감정(七情)이 둘러싸고 일어나 공격을 하면 화려하고 어지럽게 이욕利欲을 자극하는 온갖 사물로 가려진다. 돌이켜 성찰하면 또한 이런 상태에 이르지 않는다. 일반 대중의 표면에 우뚝 홀로 서서 스스로 학문을 즐기되, 만일 본 바가 없으면 기이하고 거짓되며 들뜨고 말단의 술수로 가려진다."고 말한, 도교·불교 분위기의 동심설童心說과 진성설眞性說이다.

또한 「성전론」과 「복재명」에서 "사람이 태어나면 모두 이 본성을 갖추고 있다. 희로애락이 혹 그 올바름을 잃었어도 살펴보고서 회복할 줄 알면 그 밝음을 갉아먹지 않는다. 들음에 회복할 줄 알면 방탕한 소리에 흘러들지 않는다. 말을 함에 회복할 줄 알면 함부로 말하거나 경솔하게 말하지 않는다. 움직임에 회복할 줄 알면 뉘우치고 근심할 일이 생기지 않는다."고 말한, 도교·불교 분위기의 복성설復性說이다.

'원회'라는 자는 바로 허정虛靜과 욕망의 제거를 통해 동심과 진성을 보지하고, 신령스럽고 명료하며 지극히 선한 본성을 길이 보존하기를 바라는 뜻을 담고 있다. 이는 『주역』의 복괘復卦와 몽괘蒙卦, 겸괘謙卦를 빌려서 이론을 세워 유가의 도덕 수양의 양몽설養蒙說에서 불교와 도교의 수행설로 더욱 나아간 것이다. 주희는 바로 이 같은 '원회元晦'의 길을 밟아나갔던 것이다.

유자휘가 주희에게 전수한 이학 사상의 대강은 「성전론」이다. 이는 유·불·도 삼교를 뒤섞은 이학의 대표 저작으로서 주희조차 이런 점을 부인하지 않는다. 한번은 양도부楊道夫가 그에게 물었다. "「십론十論」(*생각건대, 곧 「성전론」을 가리킨다)과 같은 저작은 부자夫子(공자)에 대해 오로지 죽음과 삶을 가지고 말한 것인데, 이 문제를 큰 일로 삼은 듯합니다." 주희가 한참 침묵하다가 대답하였다. "그(*유자휘)는 본래 불교를 배웠다. 다만 옮겨 베껴내면서 수많은 말을 했을 뿐이다."(『어류』 권96) 「성전론」은 오로지 성인이 전승한 도통(聖傳道統)을 강론한 글로서 주돈이周敦頤의 「태극도설」, 장재의 「서명」과 함께 솥발처럼 나란히 셋으로 세우기에 손색이 없다.

유자휘는 송이 남쪽으로 건너온 이래 맨 처음으로 도통의 전수를 전문적으로 연구한 이학가인데, 다만 그의 도통론은 과거 이학가에게는 없는 두 가지 특색을 지니고 있다. 하나는, 도통의 심전설心傳說을 제출한 것이다. 그는 요·순·우·탕·문왕·주공·공자·안자·증자·자사·맹자의 도통을 허위로 구성하고서 이 도통이 성인의 마음에 의지하여 서로 들어맞고 서로 전승된 것이라고 인정하였다. '은밀하게 성인의 마음에 들어맞아 서로 주고받은' 것이기 때문에 '성인이 전승한(聖傳)' 것이라고 일컬었다. 그는 「대우모大禹謨」를 인용하여 "『서』에서 '정밀하고 한결같이'(惟精惟一)라고 하였는데, 이는 서로 전승한 은밀한 뜻이다."라고 하였다.

이러한 독특한 도통심전설道統心傳說은 나중에 주희에게 받아들여져서 열여섯 글자 심전(十六字心傳)으로 발전한다. 주희는 유자휘와 똑같은 말로 다음과 같이 말한다. "이른바 '인심人心은 위태롭고 도심道心은 은미하니, 정밀하고 한결같이 하여서 진실로 그 가운데를 잡으라(人心惟危, 道心惟微, 惟精惟一, 允執厥中)' 하는 가르침은 요·순·우가 서로 전승한 은밀한 뜻입니다."(『문집』권36「답진동보答陳同甫」) 여기서 곧 열여섯 글자 심전설의 진정한 원천을 발견할 수 있다. 한유韓愈는 다만 도통道統을 말했지 심전心傳을 말하지 않았으며, 정호와 정이도 「대우모」의 열여섯 글자를 심전이라고 말하지는 않았다. 열여섯 글자 심전을 발명한 사람은 원래 유자휘이다. 그러나 그도 선종의 '이심전심以心傳心'의 법통法統을 모방하였다.

홍인弘忍은 다음과 같이 말한다. "옛날 달마대사가 처음 이 땅에 왔을 때 사람들이 믿음을 알지 못하였다. 그래서 이 옷(가사)을 전수하여 부처를 믿는 것으로 삼았다. 대대로 불법을 전승하되 마음에서 마음으로 전하여 모두 스스로 깨닫고 스스로 이해하도록 하였다. 예로부터 부처와 부처는 오로지 본체本體를 전하였고, 조사와 조사는 본심本心을 은밀히 넘겨주었던 것이다."(『육조단경六祖壇經』「자서품自序品」제1)

두 번째 특색은 불교와 도교가 도통에 편입되었다는 설을 제출한 것이다. 유자휘는 후세의 유·불·도가 성인의 도에 대해 모두 저마다 한 측면을 지키고서 전체를 얻지 못하였으며, 저마다 차이점에 집착하고 공통된 측면을 보지 못하였으나 실제로 본원에서 말하자면 세 도가 본래 하나(三道本一)라고 여겼다. 그래서 그는 「성전론」에서 다음과 같이 말한다. "그 근본을 보지 않고 저마다 한 측면을 지켜서 성인의 도가 결국 분리되었으며, 서로 차이점을 공격하고 공통된 측면으로 돌이키지 않아서 성인의 도가 결국 고립되었다. 탁월한 지혜를 가진 자가 나오지 않으면 누가 이끌어서 귀결시키고 모아서 회통하게 할 수 있겠는가!"(『병산집』 권1 「성전론십수聖傳論十首」)

　이처럼 유자휘는 불교와 도교 및 그들의 성인을 도통에 편입시키고서 '맹
가孟軻(맹자)가 죽은 뒤 그 전승을 얻지 못하였다'고 한 한유의 도통설을 비평
하였다. "아! 성현이 서로 전승한 것은 한 도이다. 앞에는 요와 순이 있어서
전승에 유래가 있었고, 뒤에는 공자와 맹자가 있어서 전승이 본래 없어지지
않았다. …… 사립문과 바라지창을 단 집에서도 성인의 마음에 은밀하게 합
하여서 서로 주고받았으니, 참으로 없었던 시대가 없었다. 그런데 성인의 도
를 고립시키고 학자의 뜻을 끊어버렸으니, 한자韓子(한유)의 말이 어찌 그리 준
엄한가!"(동상)

　도를 전승한 성인이 '없었던 시대가 없었다'고 한다면 맹가 이후는 누구
인가? 주희가 나중에 유자휘를 대신하여 대답하였다. 한번은 주희의 제자가
이 점을 이해하지 못하여 곤혹스럽게 여기고서 물었다. "「원도原道」에 '맹가
가 죽은 뒤 그 전승을 얻지 못하였다'고 하였는데 정자程子는 '진실을 보지 않
고서는 이런 말을 할 수 없다'고 하였습니다. 그런데 병산屛山(유자휘)은 (한유가)
성인의 도를 고립시키고 후학을 끊어버렸다고 하였으니 무슨 말입니까?" 주
희가 웃으면서 대답하였다. "병산은 다만 불교(釋子)와 도교(道流) 모두 그 전승
을 얻었음을 말하려고 했을 뿐이다!"(『송원학안宋元學案』 권43) 주희가 내놓은 이런
대답은 사람들을 깜짝 놀라게 하였지만, 실은 그가 어렸을 때 유자휘에게서
직접 들은 말이다.

　불교와 도교를 절취하여 도통에 잇는 이러한 설은 북송 초 이래 이미 드
물지 않게 유행하였다. 종고의 『대혜어록』에서도 유자휘와 똑같은 논조가 기
록되어 있다.

　　…… (＊왕안석이) 하루는 장 문정공張文定公(장영張詠, ＊괴애乖崖)에게 물었다.

"공자가 세상을 떠나고 100년 뒤 아성亞聖 맹자가 나왔습니다. 그 뒤 끊어져서 사람이 없는 까닭은 무엇 때문입니까?" 문정공이 말하였다. "어찌 사람이 없었겠습니까? 아마도 공자와 맹자보다 뛰어난 자가 있었을 것입니다." 형공荊公(왕안석)이 말하였다. "누구입니까?" 문정공이 말하였다. "강서江西의 마 대사馬大師(마조馬祖), 탄연 선사坦然禪師, 분양汾陽의 무업 선사無業禪師, 운봉 암두雲峰巖頭, 단하 운문丹霞雲門입니다." 형공이 듣고 그 의도를 잘 깨닫지 못하여서 물었다. "무슨 말씀입니까?" 문정공이 말하였다. "유가는 담박하여 받아들일 수 없어서 이들이 모두 불교에 귀의했던 것입니다." 형공이 흔연히 탄복하였다. 뒤에 장무진張無盡(•장상영張商英)에게 말하였더니, 장무진이 책상을 어루만지며 감탄하고서 말하기를, "통달한 사람의 지극한 이론이다!" 하고 붓을 당겨서 문건(案聞)에 기록하였다.

— 『보각종고선사어록普覺宗杲禪師語錄』 권 상

불교와 도교도 도통의 성전聖傳을 얻었다고 보는 점은 바로 선종 종고 일파의 가문에서 전해지는 논조인데, 유자휘가 접하고 더욱 발휘하여서 유가의 도통과 불교의 도통을 합일하였던 것이다. 이런 독특한 도통론은 곧 정통 이학가가 보기에는 세속을 놀라게 하는 기이한 설이었다. 젊은 주희는 이런 도통론을 받아들여서 10여 년 동안 도교와 불교에 출입한 사상적 근거를 형성하였다. 그는 이 시기에 '같은 점을 좋아하고 다른 점을 싫어하며, 큰 것을 기뻐하고 작은 것을 부끄러워하는(好同而惡異, 喜大而耻於小)' 학문 탐구(治學)의 방법을 길러냈던 것이다.

유자휘는 또 '불원복不遠復(머지않아 돌아옴)' 세 글자 부적(三字符)의 수양 방법을 주희에게 전수하였다. 세 도가 서로 전승한 도통론과 '불원복'의 수양 방법은 유자휘가 갖는 독특한 이학 체계의 양대 초석을 이루었다. 유자휘는 남달리 기발한 생각으로 '복괘復卦'가 역학의 근본이며 『역』에 들어가는 문호라고 여기고서 복괘 초효初爻의 '불원복'을 종신토록 가슴에 새겨야 할 '세 글자 부적'으로 삼았다.

주희는 유자휘가 임종할 때 그에게 평생 '도에 들어가는 차례(入道次第)'를 물었는데, 그때 유자휘는 오직 '세 글자 부적'을 평생의 절학絶學으로 삼아서 전수해주었다. "내(유자휘)가 젊었을 적에 아직 도를 듣지 못하고 포전莆田에서 벼슬을 할 때 병을 앓은 뒤 처음으로 불교와 도교의 무리를 접하였는데, 그들의 이른바 청정淸淨, 적멸寂滅을 듣고 기뻐서 도가 여기에 있다고 생각하였다. 돌아온 뒤 우리 유교의 글을 읽으니 마음에 들어맞는 점이 있었다. 그 뒤우리 유교의 도가 위대하며, 그 본체(體)와 작용(用)이 이처럼 완전함을 알게되었다. 또 나는 『역』에서 덕에 들어가는 문을 얻었으니, 이른바 '머지않아돌아온다(不遠復)'는 말이 곧 나의 세 글자 부적이다. 이것을 가슴에 품고 매사에 대응해왔으며 감히 실추시키지 않았다. 이에 일찍이 「복재명」과 「성전론」을 지어서 내 뜻을 보였던 것이다."(『문집』 권90 「병산선생유공묘표」) '세 글자 부적'은 유자휘가 불교와 도교의 청정적멸淸淨寂滅의 설로부터 계발을 받은 뒤 세도가 동일하다고 인식한 데서 나온 산물임을 알 수 있다.

「복재명」은 「성전론」에 대한 보충이다. '불원복'은 우선 유가의 '극기복례克己復禮'의 수양 공부이다. 그는 「발호연자跋浩然子」에서 명확하게 말한다. "복괘는 『역』의 문호이다. 집에 들어가는 자는 마땅히 지게문으로부터 들어가야한다. 『역』을 배우는 자는 마땅히 복으로부터 시작해야 한다. 극기복례는 안자顔子의 회복(復)이다. …… 이는 복의 뜻이 도를 듣는 중요한 말이며 덕으로나아가고 학업을 닦는 지름길임을 알 수 있다."(『병산집』 권6)

「성전론」에서 안회가 위로 도통의 성전을 계승하였음을 논할 때 그는 더욱 구체적으로 '복'이 바로 '자기를 극복하고 예로 돌아가는 인(克己復禮爲仁)'이며 또한 사맹학파思孟學派가 말하는 '놓친 마음을 거둬들이고(收其放心)', '돌이켜 자기에게서 추구하는(反求諸己)' 내심內心의 도덕 수양임을 지적하였다. 이는 그가 복괘「상전象傳」의 '머지않아 돌아옴이니 이로써 몸을 닦는다(不遠之復, 以修身也)'고 한 말을 갖다 붙여서 발휘한 것이다. 그러나 '불원복'은 또한 불교와 도교의 '고요함을 주로 하는(主靜)' 수행 공부의 일종이다.

유자휘가 불교, 도교도와 접촉한 뒤 깨달은 것은 불교와 도교의 '주정관복主靜觀復'의 설이었고, 수행한 것은 조동曹洞 문하의 천동 정각天童正覺이 제창한 정관묵조靜觀默照(*묵조선)였다. 『노자』는 '현묘한 (마음의) 거울을 깨끗이 닦을 것(滌除玄覽)'과 "텅 빈 궁극에 이르러 고요함을 돈독하게 지키라. 만물이 함께 어울려 자라니 나는 (순환하여) 반복함을 본다. 만물은 무성하게 자라나서 저마다 그 뿌리로 되돌아간다. 뿌리로 되돌아가는 것을 고요함(靜)이라 한다. ……"(『노자』 16장)고 주장한다.

유자휘는 포전 선사莆田禪師에게서 배워 묵조 선법禪法을 이해하고 서른 살에 돌아가 한가하게 거처하면서 종일 정좌 공부를 하였는데, "홀로 한 방에 거처하면서 스스로 병옹病翁이라 일컫고, 종일 묵묵히 좌선하기도 하고, 노래를 부르며 스스로 즐기기도 하였다." 주희는 그가 심지어 "꿇어앉은 채 하루 밤낮을 보내기도 하였는데 멍하니 한마디도 없었다"(『문집』 권90 「병산선생유공묘표屏山先生劉公墓表」)고 하였다.

주희는 유자휘의 복재금復齋琴(유자휘가 자기 소유의 '금琴'에 붙인 이름)을 위해 쓴 명문銘文에서 명확히 지적하여 말하였다. "고요함을 주로 하고 돌아옴을 보아서 그 몸을 닦는다."(『문집』 권85 「유병산복재금명劉屏山復齋琴銘」) 이는 유자휘의 '불원복'이라는 세 글자 부적에 대한 가장 뛰어난 해설이며, 노장老莊의 수허정守虛靜(텅 비고 고요한 본연의 모습을 지킴), 불가의 선정禪定이 유가의 극기복례와 통일을 이룬 것이다. '고요함(靜)'으로써 '돌아옴(復, *인仁)'을 추구하기 때문에, 유자휘가 보기에 '돌아옴'은 들어가는 문이며, '고요함'도 들어가는 문이다. "배우는 사람은 반드시 마음 씀이 있어야 한다. …… 고요함을 들어가는 문으로 삼아서 어지럽혀도 변하지 않는다."(『병산집』권1 「성전론십수」)

주희는 비록 조동종의 묵조 선법을 믿지는 않았지만, 이러한 삼도합일三道合一의 수양 방법은 그가 초년에 도교와 불교에 드나드는 데 방법론적 기초를 제공하였으며, 나중에는 다시 이통李侗의 '묵좌징관默坐澄觀'의 가르침과 공명을 일으켰다. 건도 7년(1171)에 그는 다시 「밀암에서 노닐며(遊密庵)」라는 시 한 수에서 '불원복' 세 글자 부적을 언급하였다(『문집』권6). (주희의 『문집』권6에 이와 관련된 시는 「밀암에서 노닐며(遊密庵)」가 아니라 「주한정에서 노닐며 '무·림·수·죽·청·류·격·단'의 글자로 운을 나누어서 시를 지었는데 '죽' 자를 얻다(游晝寒以茂林脩竹清流激湍分韻賦詩得竹字)」이다. 해당 시구는 다음과 같다. "십 년 동안 진토에 떨어졌으나, 다행히 머잖아 돌아왔다네(十年落塵土, 尚幸不遠復)" ― 역자 주)

유자휘는 시 교육에서도 선기禪氣가 충만하였다. 이학가 가운데서도 우뚝하게 뛰어난 시인이었던 그는 자기의 문학 사상과 시가 창작으로써 주희를 시인의 형상으로 빚어냈다. 왕사정王士禎은 "병산 문집의 여러 시는 곳곳에서 선의 어휘가 많다."(『지북우담池北偶談』권17 「병산시선屏山詩禪」)고 하였다. 주희는 초년에 선시禪詩 짓기를 좋아해서 선의 어휘를 시에 즐겨 썼는데, 유자휘의 훈도가 그 부분적인 원인이다. 다만 유자휘는 주로 주송이 열어준 시의 길을 따라 달려가게끔 주희를 이끌었다.

유자휘는 송이 남쪽으로 건너온 이래 강서시파江西詩派가 쇠퇴의 길을 걷고 남송 4대가인 우무尤袤·육유陸游·범성대范成大·양만리楊萬里가 일어나기 이전에 홀로 새롭고 독창적인 길을 걸은 대가이다. 방회方回는 다음과 같이 말한다. "송이 남쪽으로 건너온 초기에 유병산劉屏山(유자휘)이 있었고, 그 뒤 범성대·양만리·우무·육유와 소동부蕭東夫(소덕조蕭德藻)가 있었으며, 주 문공(주희)

에 이르러서 『문선文選』의 시 체제가 탁월해졌다. 근세에는 또 조창보趙昌父(조번趙蕃)가 있어서 허자虛字를 잘 썼다. 사람이 없다고 할 수는 없다."(『동강집桐江集』권5 「유원휘시평劉元輝詩評」)

유자휘가 시를 배운 길은, 법도는 한漢·위魏의 시를 취하고 격식은 도연명陶淵明과 위응물韋應物을 따랐는데, 이는 주송과 일치한다. 초년에는 『문선』과 악부樂府로부터 착수하였고, 만년에는 한·진晉·당唐의 시풍을 한 용광로에서 녹여냈기 때문에 고리타분한 도학을 설교하는 일반 시인과 아주 달랐다. 그는 비록 강서파의 대가 여본중呂本中·한구韓駒·증기曾幾·장얼張嵲·이처권李處權 등과 시를 주고받았으나, 오히려 강서파의 울타리를 훌쩍 뛰어넘을 수 있었다. 금이 남침하고 중원이 무너진 잔혹한 현실은 그로 하여금 시대를 근심하고 나라를 사랑하는 명작을 써내게끔 하였다. 산하의 파괴, 고도故都의 상실을 탄식하여 읊은 「변경기사汴京紀事」 20수는 깊고 넓은 우분憂憤의 필치로서 사람의 입에 오르내리는 걸작이 되었다. 그의 고체시古體詩는 악부의 정치情致를 갖추고 있고, 근체시는 당 사람의 운치를 갖추고 있었다.

소흥 20년(1150)에 주희는 정순程洵에게 보낸 편지에서 자기가 유자휘와 여러 선생들로부터 받은 시 교육을 다음과 같이 말한다.

여러 선생에게서 들으니 모두 '시를 지음에는 모름지기 도연명과 유종원의 문정門庭으로부터 나와야 아름답다. 이와 같지 않으면 소산충담蕭散沖澹한 정취를 발산할 수 없기 때문에 협소하고 저속함을 면하지 못하여서 옛사람의 아름다운 경지에 이를 길이 없다.'고 하셨다. 예컨대 『문선』의 시 및 위 소주韋蘇州(위응물)의 시는 익숙하게 보지 않으면 안 된다. 그러나 더욱 모름지기 『논어』와 『맹자』를 읽어서 근본을 탐색해야 한다.

삼백 편三百篇(『시경』)은 본성과 감정의 뿌리이며, 「이소離騷」는 사詞와 부賦의 마루(宗)이다. 시를 배우면서 여기에 뿌리를 두지 않으면 이는 또한 천박하다. 그러나 배우는 사람의 급선무는 또한 여기에 있지 않다. 배우는 사람의 중요한 일은 자기에게 돌이켜서 추구하는 것일 뿐이다. 자기에게 돌이켜서 추구함에는 별다른 묘한 방법이 없다. 『논어』와 『맹자』 두 책을 자세하고 익숙하게 읽어서 성현이 마음을 쓴 곳을 찾아보고, 가슴에 깊이 새겨서 굳게 지니는 것이 옳다.　　　　— 홍거무洪去蕪, 『주자연보朱子年譜』

　　시를 배움에는 『시경』과 「이소」를 근본으로 삼고 도연명과 유종원, 『문선』, 위응물의 시에 드나들어 소산충담한 정취를 얻어야 한다. 그리고 『시경』과 「이소」 위에서, 또 더욱 모름지기 『논어』와 『맹자』를 근본의 근본으로 삼아야 한다. 이는 전형적인 이학가의 시론이다. 다만 도연명과 유종원의 충담沖澹함에서 법도를 취한 점은 강서파가 두보(老杜)를 사승師承으로 삼고 만당파晚唐派가 가도賈島와 요합姚合을 추종하는 것과는 별도의 기치를 내건 일이니, 이는 바로 양시로부터 주송과 세 선생에 걸쳐 이들이 이끌어간 시의 길이었다. 양시는 곧 다음과 같이 말하였다. "도연명의 시에서 미칠 수 없는 바는 충담하고 깊고 순수한 것이니, 이는 자연스러움에서 나온다."(『초계어은총화苕溪漁隱叢話』 후집 권3)

　　주희는 이 시의 길을 따라가면서 크게 확대하고 발전시켰는데, 멀리 한·위의 시를 배우고, 중간에는 도연명·두보·유종원·위응물을 법도로 삼고, 가까이로는 간재簡齋(진여의)를 취함으로써 많은 스승을 겸하여 채택하였다. 초년에는 『문선』의 체제와 악부의 풍모를 모방하고, 중년 이후에는 발전하여서 스스로 체제를 변화시켜 자기의 시풍과 시론을 형성하였던 것이다.

　　유자휘가 어렸을 때 지은 「문쟁시聞箏詩」는 그가 한·위의 시에 드나들던 때의 대표작인데, 주희가 어렸을 때 지은 「의고팔수擬古八首」도 전적으로 한·위 악부의 격식을 띠고 있어서 「문쟁시」와 족히 우열을 다툴 만하다. 주희는 나중에 유자휘의 「문쟁시」를 논할 때 다음과 같이 말하였다. "격식과 의태意態는 순전히 『문선』과 악부의 여러 시편을 배운 것으로서 근세의 속체俗體가 섞여 있지 않다. 그러므로 그 기운氣韻이 고아하고 고졸하며 음절音節이 화창하여서 한때의 같은 무리들은 이에 미칠 수 있는 사람이 적었다. 만년에 이르러서는 필력이 노숙하고 강건하였으며 여러 작품에 드나들면서 스스로 일가를 이루었으니 이미 이 체제를 점차 변화시킨 것이다."(『문집』 권84 「발병옹선생시跋病翁先生詩」) 이는 차라리 주희가 자기의 평생 시가 창작의 길을 스스로 진술한 것이라 하겠다.

주희는 유자휘와 자기의 이 창작 노선으로부터 '옛것을 변화시킴變古'이라는 기본적인 문학 사상을 총결하였다. "천하만사는 모두 일정한 법칙을 갖고 있으니, 이를 배우는 자는 모름지기 순서를 따라 점차 나아가야 한다. 만일 시를 배운다면 마땅히 이런 점을 법으로 삼아야 옛사람의 본래 체제를 거의 잃지 않을 것이다. 이후 능히 변화를 이루어낼 수 있을지는 참으로 쉽게 헤아릴 수 없으나 변화도 또한 매우 어려운 일이다. 과연 변화하여서 그 정당함을 잃지 않으면 종횡으로 오묘하게 응용하되 어디엔들 적용하지 못하겠는가? 불행히도 한번 그 정당함을 잃어버리면 도리어 옛날의 근본과 법칙을 지켜서 한 몸을 마치는 것의 온당함만 못할 듯하다. 이백·두보·한유·유종원도 처음에는 모두 『문선』의 시를 배운 사람들이었다. 그러나 두보와 한유는 변화가 많았고 유종원과 이백은 변화가 적었다. 변한 것은 배워서는 안 되고 변하지 않은 것은 배워야 한다. 그러므로 변한 것으로부터 배움은 변하지 않은 것으로부터 배움만 못하다. 이는 곧 노魯나라 남자가 유하혜柳下惠를 배우려 한 것과 같은 뜻이다."(동상)

주희는 결코 수구守舊와 복고復古를 주장하지는 않았다. 그는 옛것을 변화
시키는 것을 으뜸으로 삼고, 옛것을 지키는 것을 다음으로 삼고, 옛것을 변
화시키려다 올바름을 잃어버린 것을 최하로 삼았다. 옛것을 변화시키는 일
은 어렵고 옛것을 지키는 일은 쉽다. 옛것을 지킨다 함은 한·위의 옛것을 지
키는 것으로서 옛것을 변화시키는 공력이 지극하지 못하기에 '올바름을 잃지
않으려는' 일종의 부득이한 방법이었다. 그리고 그 목적은 강서파가 옛것을
변화시키려다 올바름을 잃고 사악한 길로 빠져버린 점을 징계하고, 고체古體
로써 마도魔道에 떨어진 '근세의 속체俗體'를 반대하려는 데 있었다. 그래서 그
는 처음부터 곧 유자휘와 마찬가지로 한 시대를 풍미한 강서파와 상반된 창
작의 길로 달려갔다. 초년의 옛것을 지킴(守古)에서 중년과 만년의 옛것을 변
화시킴(變古)으로 나아갔던 것이다.

그는 온 마음을 기울여서 유자휘를 배웠고 나중에는 유자휘의 대표작
「담계십칠영潭溪十七詠」을 손수 바위에다 새겼다. 유자휘의 지도 아래 열예닐
곱 살 난 제자는 이미 그림자와 몸이 서로 따르듯 하는 스승의 시우詩友가 되
었던 것이다. 유자휘는 「병중에 매화를 완상하여 원회 노우에게 주다(病中賞梅
贈元晦老友)」라는 시에서 주희에게 무한한 희망을 걸었다. "매화꽃 근처에 담소
를 나눌 이 없어 / 그대가 오기만 기다리네 / 황량하고 차가운 속에 한 점 향
기가 / 족히 하늘과 땅에 퍼지네 / 하늘과 땅도 무심하거늘 / 뜻있는 사람은
받아들이네 / 흰 것을 감추고 새로운 조화에 맡겨 / 풍미가 이와 같기를(梅邊
無與談, 賴有之子至. 荒寒一點香, 足以酬天地. 天地亦無心, 受之自人意. 韜白任新和, 風味要如此)"(『병
산집』 권14)

정학程學을 금절시킨 진회의 문화적 전제專制 아래서 학술은 쇠잔하고 시
풍詩風은 시들어 떨어졌는데 유자휘는 희망을 갖게 하는 이 도학의 제자를
'황량하고 차가운 속의 한 점 향기'로 간주했던 것이다. 그러나 유자휘는 제

때 주희를 완전히 자기의 형상으로 빚어내지 못하고서 세상을 떠났다. 소흥 17년(1147) 11월, 주희가 가을에 막 건주의 향공鄕貢에서 일거에 높은 성적으로 합격했을 때 유자휘는 이미 병으로 쓰러져 일어나지 못하였다.

주희는 날마다 병석에 누운 스승의 시중을 들었고, 유자휘는 혼신의 수단을 발휘하여 온 마음을 다하여서 전수하였다. 주희는 이 마지막 수십 일 동안 수학한 사실을 다음과 같이 묘사하였다.

> 선생이 병에 걸리셨는데 나는 때마침 행역行役으로 밖에 있다가 속히 돌아와 문안을 여쭈었다. 선생이 매우 기뻐하며 돌아보고 말씀하셨다. "병중에 더불어 말할 사람이 없었는데 그대가 돌아오니 다행이다." 이로부터 날마다 탕약을 올렸다. 선생은 더욱 상세하게 가르쳐주시고 더욱 무거운 기대를 걸고서 평생 학문할 차례를 남김없이 두루 말씀해주셨다. 하루는 조용히 시 한 편을 꺼내어 보여주셨다. 선생은 글 쓰는 것을 좋아하지 않는 성품이라 늘 시문을 대부분 입으로 불러서 제생으로 하여금 받아쓰도록 하셨는데, 이 시와 유치명劉致明(유치중劉致中〔유면지〕의 형제) 어른에게 준 긴 시구는 유독 모두 손수 쓰신 것이니, 그 뜻을 알 수 있다. …… 또 오래된 상자를 열었더니 쇄지碎紙 수십 장이 있었는데, 모두 평일에 몸소 성찰하면서 스스로 격려한 말이었다. 겨우 앞뒤 차례를 매겨 한 편을 만들고서 나와 동사생 황수黃銖에게 명하여 필사하도록 하셨다. 다시 취하여 열람해보고 손수 다시 수십 자를 교정한 뒤 하루도 못 되어 마침내 세상을 떠나셨다.
>
> —『문집』 권84 「발가장유병옹첩跋家藏劉病翁帖」

처음 병을 얻어 매우 쇠약해지자 …… 날마다 배우는 사람들과 함께 수신修身과 구도求道의 요체를 논하여 말하고, 「훈계訓戒」 수백 마디를 지었으며, 고(琴)를 타고 시를 짓기도 하였는데, 평소와 같이 담담하셨다. 나는 당시 동자童子로서 선생의 병환 시중을 들고 있었는데, 하루는 선생께 지난날 도에 들어가신 차례를 여쭈었다. …… 나는 머리를 조아리고 선생의 가르침을 받았다. 그 일이 있은 지 이틀 뒤 선생께서 돌아가셨다.

— 『문집』 권90 「병산선생유공묘표屛山先生劉公墓表」

유자휘는 소흥 17년(1147) 12월 6일에 세상을 떠났으며, 그의 평생 시문은 나중에 주희와 유평, 황수가 함께 『병산집』 20권으로 편집하였다. 유자휘는 도에 들어가는 문인 세 글자 부적을 임종의 유훈으로 주희에게 전해주었다. 그러나 그는 생전에 개선사의 선사 도겸을 주희에게 소개한 일이 도리어 주희로 하여금 자기의 '주정主靜'의 법문法門에서 벗어나 도겸의 '주오主悟'의 법문으로 들어가게 하고, 자기가 죽은 뒤 또 다른 독특한 선학의 길로 달려가게 할 줄은 결코 헤아리지 못하였다.

주희는 소흥 14년(1144)에 도겸 선사를 알게 되었는데, 이는 우연한 기회에 이루어진 일이었다. 그는 결정적인 의의가 있는 이 사건을 다음과 같이 추억하였다.

내 나이 열대여섯 살 때 또한 일찍이 여기(*선학)에 마음을 두었다. 하루는 병옹이 스님 한 사람을 만나서 말씀을 나누었다. 그 스님은 단지 화답하는 말만 할 뿐, 옳다 그르다 말을 하지 않았다. 그러고서 유 선생에게 "나도 소소영령한 선(昭昭靈靈底禪, '소소'란 매우 밝고 분명한 모습이고, '영령'이란 마음의 영묘하고 불가사의한 작용을 말함)을 알고 있습니다." 하고 말하였다. 유 선생이 뒤에 (이 스님에 관해서) 나에게 말씀해주셨다. 나는 이 스님에게 더욱 오묘한 경지가 있을 것이라 생각하고서, 드디어 그에게 가 묻고서 그가 말한 것이 매우 좋음을 알았다. 시험에 응시하러 갔을 때 그의 생각을 바탕으로 되는 대로 썼다. 그때는 문자가 그럴듯하지 않았지만 지금은 세밀하다. 다른 응시생들이 거칠게 말하여서 시험관은 내 말에 감동을 받아 마침내 내가 합격하였다.

— 『어류』 권104

위의 '소소영령한 선'을 이해한 '선가禪家'는 주희가 어렸을 때 스스로 찾아가 선에 대하여 묻기를 좋아했다고 일컬었던 바로 그 '고불일杲佛日(종고宗杲)의 제자' 도겸이다. 그러나 도겸의 '소소영령한 선'은 유자휘의 '세 글자 부적'과 함께 도에 들어가는 서로 다른 두 갈래의 법문으로서, 송 대 선종 내부의 깨달음을 주로 하는(主悟) 임제종의 경산 종고徑山宗杲 일파와 고요함을 주로 하는(主靜) 조동종의 천동 정각天童正覺 일파의 대립을 반영한다. 주희는 비록 유자휘의 유·불·도 삼도동일三道同一 사상을 받아들였지만 선학의 경우에는 도리어 도겸으로부터 직접 받아들인 것으로서, 유자휘의 그것과는 아주 다르다.

극근克勤과 종고의 간화선은 바로 일종의 '화두話頭'를 돈오頓悟하는 선으로서, 어떤 화두와 문제를 확립한 뒤 내성적內省的 참구체인參究體認을 진행하여 의심에서 깨달음으로 나아간다. 이는 참오參悟를 중시하고 정좌靜坐를 중시하지 않으며, 깨달음을 주로 하고 고요함을 주로 하지 않는다. 경산 종고의 이러한 간화선은 천동 정각 일파의 선종이 제창한 묵조선과 날카롭게 대립하였다.

묵조선은 정좌하는 가운데 내심의 관조를 진행하는 선법인데, 이는 전통적인 불교의 지관止觀 수행 방법으로 복귀하는 선이다. 그러나 묵조선파는 새로운 종고 일파의 선종으로부터 격렬한 비판을 받고 '두찬 장로杜撰長老(근거 없는 엉터리를 함부로 말하는 장로)'이니 '사선邪禪'이니 하고 배척을 당하였다. 종고는

「답허사리수원答許司理壽源」에서 마음은 실체가 없으므로 정좌를 통해 거둬들일 수는 없다고 인정하였다. 그는 또 「답이참정答李參政」에서 간화선을 묵조선과 비교하여, 묵조선의 정좌는 일종의 외계와 완전히 격절된 공허한 영역을 밟고 허상을 지키는 방법이며, 그 결과는 내심이 죽음의 정적(死寂)에 이르는 것이지만, 간화선의 참오는 '일상생활(日用)에서 화두를 보아' 불교 진리의 돈오를 추구한다고 하였다.

유자휘는 초년에 이미 종고 및 그의 제자 도겸, 종원宗元 등과 교유交游하면서 도를 물었지만, 포전에서 통판通判의 직임에 있을 때 여러 날 동안 정좌한 채 선정에 들 수 있는 선사와 교제를 맺은 뒤, 그로부터 천동 정각의 묵조선에 귀의하였다. 주희는 이 사건을 다음과 같이 언급하였다. "병산 선생은 소년 때 과거 공부를 하여 포전에서 관직에 있었다. 절(巷下)에서 여러 날 선정에 들 수 있는 스님 한 사람을 만났다. 그 뒤 요로了老를 만났다. 집으로 돌아와 유가의 서적을 읽고서 불교와 합치한다고 여겨 「성전론」을 지었다."(『어류』 권104)

유자휘가 도성에 들어가면서 사명四明(절강성 영파寧波)을 지나갈 때 방문한 요로라는 사람은 바로 천동 정각의 대제자 사철 선사思徹禪師로서, 호가 '요당了堂'이다(『오등회원五燈會元』 권14 「천동각선사법사天童覺禪師法嗣」). 유자휘의 시우詩友 여본중呂本中은 시 「요로에게 드리다(贈了老)」에서 다음과 같이 읊었다. "지난해 그대를 창해에서 만났는데 / 당당한 법회는 만 기를 거느린 장수 같았소 / 올해는 그대를 절강 하동河東(*사명을 가리킨다)에서 만나니 / 오히려 당시의 늙은이 같소 / 전송을 함에 또 천동 늙은이가 있으니 / 날랜 말 머리 나란히 하여 희끗희끗 마른 풀 위를 달리네 …… (前年見公滄海上, 法會堂堂萬騎將. 今年見公浙河東, 猶是當時舊老翁. 送行更有天童老, 駸駸齊驅獵霜草. ……)"(『동래선생시집東萊先生詩集』 권15) 이 시는 유자휘가 요로를 만남과 거의 동시에 씌어졌다.

주희도 일찍이 요로에 관해 언급하였다. "예전에 요로가 사람들에게 좌선을 가르쳤는데, 고로昊老(종고)가 옳지 않다고 여겼다. 그래서 「정사론正邪論」을 지어서 배척하였다. 그 뒤 종고가 천동天童에 있었는데, 요로가 종고를 한결같이 스승으로 존경하고 경배하였다. 종고가 마침내 요로와 더불어 함께하였다.(*생각건대, 이 설은 옳지 않다) 종고가 죽자 그를 위해 명銘을 지었다. (주희의 제자가) 물었다. '그(종고)는 청정적멸을 추구했음에도 어째서 좌선을 하지 않았습니까?' (주희가) 대답하였다. '그 또한 깨달음을 얻으려 하였다'."(『어류』 권126) 이는 종고 간화선의 주오主悟를 천동 묵조선의 주정主靜과 매우 분명하게 구별한 것이다.

주희가 담계로 와서 거주하며 세 선생을 사사한 무렵은 바로 정각, 요당의 '동하종풍洞下宗風'이 회전淮甸(회하淮河 유역)으로부터 민閩(복건)과 절浙(절강)에까지 왕성하게 뻗어나간 때로, 임제종 부흥을 자기 임무로 삼은 종고가 유자휘와 왕래하면서 간화선과 묵조선의 격렬한 논변을 전개하였다. 주희는 이 논쟁을 귀로 듣고 눈으로 보았던 것이다.

종고는 유자휘에게 보낸 편지에서 그가 20여 년간 묵조 좌선에 빠졌던 일을 거듭 비평하였다. "영형令兄 보학공寶學公(*유자우)께서 …… 기본이 건실하여 삿된 독소가 침범할 수 없으니 마음을 잊어버리거나 마음을 꼭 붙잡고 있는 일에도 침범당하지 않습니다. …… 두찬 장로들이 그대에게 정좌하고 부처가 되기를 기다리라고 가르치니, 어찌 허망의 뿌리가 아니겠습니까?"(『대혜어록』 권27 「답유통판언충答劉通判彦冲」 서1) "그대는 고요함을 주로 하는 곳(靜勝處)에 머문 지 20여 년이 되었습니다. 시험 삼아 조금이라도 힘을 얻은 것을 가져와본다면 좋겠지만, 만약 하나하나 모두 고요하기만 함으로써 힘을 얻는다면 무슨 까닭에 시끄러운 곳에서는 도리어 잃어버리십니까? 지금 힘을 덜어서 고요한 곳이나 시끄러운 곳이나 하나같이 하고자 한다면 다만 조주趙州(조주

종심從諗)의 '무無' 자를 뚫고 나가십시오. 홀연히 뚫고 나간다면 비로소 고요한 곳과 시끄러운 곳이 모두 방해가 되지 않음을 알 것이며, 또한 힘써 지탱하려고 하지도 않고 또한 지탱할 것이 없다는 생각도 하지 않을 것입니다."(동상, 서2)

유씨 형제 두 사람 가운데 유자우는 종고의 간화선을 믿었고, 유자휘는 천동의 묵조선을 믿었다. 깨달음을 주로 하는 종고 경산선徑山禪의 안목으로 보면 유자우는 '선을 할 줄 아는 것(會禪)'이지만 유자휘가 밤낮 멍하니 정좌하는 것은 저절로 '수행을 하되 선을 할 줄 모르는' 것이었다.

종고는 유자우에게 보낸 편지에서 유자휘의 선학禪學에 대해 비판적인 총결을 내리면서 간화선의 주오主悟에 대하여 다음과 같이 인정하였다. "한 번 마치면 일체를 마친 것이며, 한 번 깨달으면 일체를 깨달은 것이며, 한 번 증득證得하면 일체를 증득한 것이니, 예컨대 실 한 타래를 자르는 것과 같아서 한 번 자르면 한꺼번에 잘립니다. 가없는 법문法門을 증득하는 것도 다시 차례가 없습니다.", "광대한 적멸묘심寂滅妙心은 색으로 보거나 소리로 찾을 수 없습니다. 머무는 바가 없어야 함(應無所住)이란 이 마음이 실체가 없음을 말합니다. 그 마음을 낸다는(而生其心) 것은 이 마음이 진실(眞)을 떠나서 서 있는 것이 아니라 서 있는 곳이 곧 진실한 곳이라는 말입니다."(동상, 「답유보학언수答劉寶學彦修」)

종고는 적극적으로 세속에 들어온(入世) 한 시대 선종의 대사이며, 경산선의 유교와 불교의 조화가 묵조선보다 더욱 교묘하고 고명하였다. 이른바 실상實相과 세간世間은 서로 장애가 없으며, 무심無心과 유심有心은 다르지 않으며, 고요한 곳과 시끄러운 곳은 하나 같다는 사상은 바로 불가의 출세出世와 유가의 입세入世를 절묘하게 통일한 것이다. 그리고 하나를 마치면 일체를 마친 것이며, 하나를 깨달으면 일체를 깨달은 것이며, 하나를 증득하면 일체를 증득한 것인 '주오主悟'의 법문도 고생스럽게 아무런 의식 없이 앉아서 생각을 끊어버리는 묵조선으로서는 따라잡으려야 따라잡을 수 없는 것임을 알 수 있다.

바로 이런 점들이 소년 주희를 대단히 강력하게 끌어들였기 때문에 종고와 유자휘의 선학 논쟁에서 주희는 종고 쪽으로 향하였고, 종고의 제자 도겸의 '소소영령한 선'을 한 번 보고는 마음을 기울였던 것이다. 소흥 17년(1147)에 유자휘가 세상을 떠난 뒤 주희는 종고와 도겸의 주오主悟 법문의 지도를 받음으로써 장장 10년에 걸쳐 도교와 불교에 출입하기 시작하였다. 반대로 유자휘의 세 글자 부적이 추구하는 주정主靜의 법문은 그에게서 오랜 시간 시들어 떨어져버렸다.

백수白水와 적계籍溪를 통해 호상파湖湘派로 향하다

주희의 사상이 변천하는 역정에서 보자면 백수白水 유면지劉勉之와 적계籍溪 호헌胡憲이 그에게 미친 영향은 유자휘보다 오히려 더욱 심원하다.

소흥 18년(1148)에 유면지는 딸 유청사劉淸四를 주희에게 시집보냈다. 장인이 된 유면지는 주희의 이학 사상 형성에 특수한 위치를 차지하게 되었다. 유면지의 자는 치중致中이다. 초년 시절 서울에 유학하였고, 돌아온 뒤 종신토록 산림에 은거하면서 벼슬하지 않았다. 초정譙定·유안세劉安世·양시楊時를 전전하면서 배웠기 때문에 주희의 세 선생 가운데서 비교적 잡박하지만, 유자휘와 호헌에 견준다면 호헌에 더욱 근접하였다.

유면지와 호헌이 주희에게 이학을 전수한 측면에서 유자휘와 다른 점은 우선 역학에서 드러난다. 유자휘의 의리역학義理易學은 멀리로는 호원胡瑗을 잇고 가까이로는 정이程頤에게 뿌리를 두고 있다. 그러나 유면지와 호헌의 상수역학象數易學은 멀리로는 곽재郭載를 잇고 가까이로는 초정과 주진朱震에 뿌리를 두었다.

그들이 공통으로 사사했던 초정은 실제로는 정이의 입실入室 제자이다. 그러나 주희는 왕응신汪應辰에게 보낸 편지에서 다음과 같이 언급하였다. "내가 호 선생(*호헌), 유 선생(*유면지) 두 어른의 말씀을 들으니 (두 분이) 친히 초譙 공을 뵌 적이 있다고 하였습니다. (그분들의 말씀에 따르면 초정이) 스스로 말하기를 이천伊川(정이)을 부릉涪陵에서 알게 되어 낙중洛中(낙양)에서 함께 살기로 약속했다고 합니다. 그런데 그가 낙양에 이르렀을 때 이천은 이미 세상을 떠난 뒤였습니다. (초정이) 이천의 역학을 물었다고 하지만, 그런 것 같지는 않다는 생각이 듭니다. 기타 언행을 살펴보면 또한 자못 불교와 도교의 학문이 섞여 있는 사람이니, 아마도 문인이라고 일컬을 수는 없을 듯합니다."(『문집』 권30 「답왕응신答汪應辰」 서11) 이 때문에 후세 사람들은 모두 주희가 지은 『이락연원록伊洛淵源錄』을 배워서 대뜸 초정을 정문程門의 바깥으로 배제한다.

하지만 초정은 정이와 낙중에서 함께 살기로 약속하기 이전에 이미 정이의 건실하고 성실한 제자였다. 증민행曾敏行은 『독성잡지獨醒雜志』에서 이 사실을 언급하였다. "부릉의 초정은 자가 천수天授이다. 어릴 때 불교를 배웠다. 이천이 부릉에 유배되어 오자 비로소 자기가 배운 학문을 버리고 이천에게서 배웠다. 이천이 그에게 『중용』과 여러 책을 가르쳤고, 그는 많은 깨달음을 얻었다. 나중에 이천이 돌아가게 되자 천수가 낙중에까지 모셔드리고 돌아왔다. 정강靖康(1126~1127)과 건염建炎(1127~1130) 사이에 전란으로 어지러웠지만 천수는 오히려 아무 근심이 없었다."(『독성잡지』 권7)

이러한 전수의 연원으로 볼 때 유면지와 호헌은 모두 정이의 재전 제자再傳弟子이다. 다만 정이의 의리역학이 초정에게 미친 영향은 크지 않았다. 초정은 정이로부터는 『중용』 등의 학문을 받아들였고 곽재로부터는 역학을 받아들였기 때문에 그의 역학은 상수학 가운데 상학象學에 속하며, 불교와 도교의 학설이 뒤섞여 있다. 주희는 그의 '상학의 문자'가 '정문에서도 순수하지 못한 것'이라고 하였다(『문집』 권30 「답왕응신答汪應辰」 서11).

유면지는 초정으로부터 상학의 비의秘義를 모두 터득하고서 집으로 돌아온 뒤 전적으로 초정의 「목우도牧牛圖」에 대한 상세한 해설을 지었다. 호헌도 "부릉의 처사 초천수(초정) 공으로부터 『역』을 배웠으나 오래도록 터득한 것이 없었다. 초천수가 말하기를 '이는 본래 당연하다. 마음이 외물에 물들어 있으므로 견식見識이 있을 수 없다. 오직 학문에 힘써야 밝아질 수 있을 뿐이다.' 하였다. 선생이 이에 크게 한숨을 쉬며 탄식하기를 '이른바 배움이란 극기克己 공부가 아니겠는가!' 하였다. 이로부터 한결같이 하학下學에 뜻을 두었다."(『문집』 권97 「적계선생호공행장籍溪先生胡公行狀」) 실제로 호헌은 형문荊門에서 일찍이 상수의 대사 주진朱震에게 배움을 물었고 나중에 주진의 천거를 받았으며, 또한 주진의 입문 제자가 되었다.[10]

주희가 유면지와 호헌으로부터 받아들인 것은 바로 도교와 불교의 잡다한 설이 뒤섞인 초정의 상학이었다. 이런 상학은 수학數學과 달라서 '상象'을 중시하고 '수數'를 중시하지 않으며, '도서圖書'를 중시하고 '의리義理'를 중시하지 않는다. 주희는 초년에 유면지와 호헌 두 선생으로부터 배운 초정의 상학을 여러 차례 언급하였다.

> 부릉 사람 초정이 두 곽씨(二郭, *곽재·곽자후郭子厚)로부터 배운 것은 상학
> 象學이다. 그 설에 이르기를, "『역』에 상학, 수학數學이 있다. 상학은 스스로
> 본 바가 있지 않으면 터득할 수 없으며 스승이 전수해줄 수 있는 것이 아
> 니다." 하였다. 초정이 원중原仲(*호헌)에게 보낸 편지에서 "공은 어째서 상象
> 이 도道에 있는 것은 바로 『역』이 태극을 갖고 있는 것임을 생각하지 않습
> 니까?" 하였다. …… 초정은 「목우도」를 지었다. …… 초당草堂 유치중(유면

---

10 주희는 「호헌행장胡憲行狀」에서 말하기를, "종신從臣 …… 주진 공이 …… 선생의 의로운 행실을 조정에 아뢰었다."고 하였다. 호헌은 「상채선생어록발上蔡先生語錄跋」에서 스스로 말하기를, "나는 대관大觀(1107~1110) 초년에 장사長沙에서 문정공文定公(호안국)을 가까이서 늘 모셨는데, 상채上蔡(사량좌) 선생의 학문에 대해 그 말이 남을 잘 계발한다고 하는 말을 들었다. 그 뒤 형문의 학사學舍에서 주씨 둘째 어른 주자발朱子發(주진)을 따라 배웠는데, 매우 정성스러움을 다하였다. 주자발은 터득한 말과 서소書疏를 반드시 보여주었다. ……"고 하였다. 호헌이 형문에 가서 주진을 따라 배운 때는 바야흐로 20여 세 무렵이었다.

지)이 이를 위해 해설을 지었는데 매우 상세하다.

　(제자가) 물었다. "적계(호헌)가 초천수를 만나 『역』을 물었더니 천수는 먼
저 '보이는 것을 상이라 한다(見乃謂之象)'는 구절을 보여주었는데, 적계는 그
까닭을 깨닫지 못하였습니다. 다른 날 또 물었더니 초천수가 '공은 어째서
상이 도에 있는 것은 마치 『역』이 태극을 갖고 있는 것과 같음을 생각하지
않습니까?' 하고 물었습니다. 이는 무슨 뜻입니까?"
　(주희가) 말하였다. "…… 나더러 답을 하게 했더라면 반드시 먼저 그에게
64괘를 가르치고, 「건乾」, 「곤坤」에서부터 「잡괘雜卦」까지 익숙하게 읽도록
했을 것이다. 원류를 깨달아야 비로소 이에 미칠 수 있다."

　적계가 초천수를 만나 『역』을 물었더니 천수는 "또한 '보이는 것을 상이
라 한다'는 구절을 보시오." 하였다.
　　　　　　　　　　　　　　　　　　　　　　　　　　　　—『어류』 권67

　'상象이 도道에 있는 것은 곧 『역』이 태극을 갖고 있는 것'이라는 구절은
거의 주돈이의 「태극도설太極圖說」에서 펼치는 방법론의 대강이다. 주희가 지
은 『태극도설해太極圖說解』의 최초 사상의 원천은 바로 여기서부터 획득한 것
이라 할 수 있다. 초정은 나중에 청성산靑城山에 은거하면서 도사들과 한패가
되었고, 주희도 나중에 채원정蔡元定에게 부탁하여 청성산에서 '태극음양합포
도太極陰陽合抱圖'를 구입해 오게 하였는데, 이는 결코 우연이 아니었다. 이는
주희가 비록 초년에는 정이의 『역전易傳』을 추숭하였고 엄연한 의리역학파였
지만 그가 상象과 도圖에 탐닉하고서 나중에 주돈이를 통해 전향하여서 상수
역학에 마음을 기울이게 되었고, 무이武夷의 유면지·호헌 두 선생이 이미 그
의 마음속에 처음으로 상수역학의 씨앗을 뿌린 것임을 분명히 나타낸다.

주희에게 이학을 전수한 측면에서 유면지와 호헌이 유자휘와 다른 점은 선학 사상에서도 드러난다. 유자휘는 천동 정각파에 귀의하였으나 유면지와 호헌은 경산 종고파를 신봉하였다. 유면지와 호헌의 불학 사상은 일부분 양시·초정·유안세·호안국 등에게서 나왔지만 주요한 사상은 도리어 종고 문하의 양대 제자인 종원宗元과 도겸道謙에게 직접 선을 묻고 도를 물어서 얻은 것이다. 그들은 유자휘처럼 마음을 닫고 고요히 앉아서 참선하는 것을 특별히 좋아하지 않았다.

유면지는 태학太學을 떠나 남도南都를 지나갈 때 유안세에게 경의를 표하며 찾아뵈었는데, 그때 유안세는 그에게 '방외方外의 학'을 알려주었다. 민閩으로 돌아온 뒤 유면지는 건양 죽원산竹源山에 초당을 엮고 은거하였는데, 이로부터 세상 밖 고고한 사람(世外高人)처럼 불교의 선의 천국으로 도피하였다. 유자휘는 「두 유씨에게 차를 보내다(寄茶與二劉)」에서 다음과 같이 읊었다. "큰 유씨가 하늘을 말하니 보랏빛 수염이 늘어지고, 작은 유씨가 선으로 도피하니 맑은 흥이 길게 이네(大劉談天紫髯張, 小劉逃禪清興長)"(『병산집』 권12) 작은 유씨란 유면지(유치중)를, 큰 유씨란 유치단劉致端을 가리킨다. 형제는 모두 '현묘한 이치를 말하고 단彖과 상象을 헤아리기를' 좋아하는 포의布衣의 고사高士였다.

주희는 유면지와 사위, 장인의 관계를 맺은 뒤 역학에 정통한 유치단을 알게 되었으며, 유면지의 적장자로서 산학算學에 정통한 유자풍劉子灃과 서로 형제로 일컬었다. 『역』과 부처와 노자와 장자의 네 가지 현묘한 기풍으로 충만한 가정의 강렬한 훈도를 받으며 주희는 유면지를 통해 죽원산의 종원 선사를 알게 되었고, 이후 죽원암竹源庵은 주희가 '도를 물은 곳'이 되었다.[11]

---

11 『복건통지』 「지리지地理志·산경山經」 : "(•건양) 죽원산은 『민서閩書』에 '유면지가 옛날 은거하였고 주 문공이 도를 물은 곳'이라 하였다." 옹정雍正 『강서통지』 권94 「인물」 : "증송曾松은 자

종원은 민중閩中(복건) 사대부들의 마음속에 불국의 명주明珠로 자리 잡은 사람이고, 또한 주희가 말한 '대단하게 과장하는(吹噓得大)' 종고 불일의 문도 였다. 그는 일찍이 사제師弟 도겸이 종고의 법문에 들어간 일을 지적한 적이 있다. 입을 열어서 큰소리로 부처를 꾸짖고 조사를 욕하는 이 종고의 제자를 『속전등록』에서는 다음과 같이 묘사하였다.

건녕부 죽원암 암주庵主 종원은 본군 연씨連氏의 아들이다. 오랫동안 대 혜에 귀의하여 서쪽 자리(선을 강론하는 오른편)에 나누어 앉았다. 승상 장준 공이 삼산三山(복건)의 안무사로 있을 때 여러 사원에서 그를 초빙했으나 나 아가지 않았다. 고향에 돌아가 모옥茅屋을 엮고 중묘원衆妙園이라고 이름 붙 였다. 노숙한 승려와 사대부가 법문을 청하였다. …… 대중에게 보이며 말 하였다. "법을 주재하는 사람은 기운이 우주를 삼켜서 대법왕大法王이 된 다. 만약 석가나 노자, 달마대사가 나온다 해도 그들로 하여금 손을 맞잡 고 내 등 뒤에 서서 두려워 반듯하게 서 있게 하리니 이 또한 분수를 넘는 일이 아니다." 하루는 '세존이 태어나자 한 손가락으로 하늘을 가리키고 한 손가락으로 땅을 가리키면서 천상천하天上天下, 유아독존唯我獨尊이라고

가 견백堅伯이다. 증기曾幾의 종손자이다. …… 가정嘉定 연간(1208~1224)에 건양현 동북쪽에 우 거하였다. 죽원竹原이라는 산이 있는데, 유면지가 옛날에 은거했던 곳이고 주자가 도를 물은 장소이다. 증송은 개연히 오래된 유적을 생각하고 옛사람을 벗으로 삼으려는 뜻을 두고서 그 곁에 낙사암樂斯庵을 짓고 거처하였다. 벗 황간黃榦이 이를 위해 기문을 지었다."(●또한 『건녕부 지』 권18에도 보인다) 유자휘의 『병산집』 권13에 있는 시의 서문을 보면 "운암雲庵, 죽원 두 선사 가 함께 초청을 하였다. 3월 21일에 마침내 죽원암에서 식사를 하였으며, 선을 물어서 터득 하였다. 유기중劉寄仲은 약속을 했지만 오지 않았고, 오주보吳周寶·유덕화游德華·유치중 및 공 망公望·유재중劉才仲·진성술陳聖述과 내가 모였다. 조용히 변론을 하며 회포를 풀었는데, 마음 이 꼭 맞아서 이에 시를 읊어 기념하였다."고 하였다. 이 죽원 선사가 종원宗元임은 의심할 여 지가 없다.

했다'는 말이 거론되자 스님은 "괴이한 일을 보고 괴이하게 여기지 않으면 그 괴이함은 저절로 사라진다." 하고, 가르침을 내리기를 "이런 일들은 흡사 사람을 죽이는 놈과 맞닥뜨리는 것과 같아서 네가 그를 죽이지 않으면 곧 그가 너를 죽일 것이다."라고 하였다.

— 『속전등록』 권32 「경산대혜고선사법사徑山大慧杲禪師法嗣」

　유면지와 호헌, 유자휘는 늘 종원이 있는 죽원암과 도겸이 있는 개선사에 가서 설법을 듣고 선을 담론하였으며 '조용히 변론'을 하였는데, 주희가 모시고 가서 늘 그들이 '담론을 함에는 장자의 해학을 뒤섞고, 도교 경전을 펼쳐 널리 읽는(叢談雜莊謔, 泛閱披黃素)' 말을 들을 수 있었다(『병산집』 권13).

　이들이 주고받은 내용은 종원의 '다른 데서 구하기를 빌리지 않고(不假他求)' '선을 깨닫는(悟禪)' 것이었다. 나중에 주희는 종원에 관해 다음과 같이 언급하였다. "옛날 건양의 어느 마을에 종원이라는 스님이 있었다. 하루는 경산에 올라가 7, 80일 동안 머물고 선을 깨친 뒤 돌아왔다. 그 사람은 총명하고 민첩하며 산법算法에 능하였고, 『경세서經世書』를 보아서 모두 간단하게 깨달았다."(『어류』 권100) 주희가 도겸의 '소소영령한 선'의 선학에 귀의한 일은 결코 단순히 유자휘가 한때 심혈을 기울여 소개했기 때문이 아니라, 유면지와 호헌이 정면에서 인도했기 때문이었음을 알 수 있다.

　주희에게 이학을 전수한 측면에서 유면지와 호헌이 유자휘와 다른 점은 사서학四書學과 장재張載의 학에서도 드러난다. 유면지와 호헌의 이학 사상은 맥락의 연원이 장재의 고제자高弟子 여대림呂大臨을 경유하여 위로 장재까지 거슬러 올라간다. 따라서 그들 두 사람은 모두 주희에게 장재의 저작을 전수하는 일을 특히 중시하였고, 호헌은 더욱 논어학과 장재학을 통해 직접 주희를 도교와 불교의 길에서 나와 호상파의 길을 걷도록 이끌었다.

유면지는 맨 처음으로 주희에게 장재의 「서명西銘」을 전수하였는데, 주희는 만년에 유문遺文을 수집하여 가묘家廟에 보관할 때 그 가운데 "횡거橫渠(장재)의 「서명」은 실은 장인인 초당草堂 유 선생(유면지)이 주신 것으로서 맨 처음과 맨 끝에 선생이 손수 쓴 글 스무 자가 있다. 축사祝辭의 글자는 병옹 유 선생(유자휘)이 쓰신 것이다."(『문집』 권84 「서선이부위재기명병유범이공첩후書先吏部韋齋記銘竝劉范二公帖後」)라고 언급하였다.

장재의 「서명」은 주돈이의 「태극도설」과 나란히 배열되는 이학의 성경으로서 이학가들이 「원도原道」의 종조宗祖'로 떠받들고 있다. 정이, 양시로부터 주희에 이르기까지 바로 이 「서명」을 빌려와 유가의 도와 노자·불교·양주楊朱·묵적墨翟의 일체 이단의 도를 깨끗하게 판가름하는 '이일분수理一分殊'의 사상을 세웠다. 주희의 「서명해의西銘解義」에 들어 있는 이학 사상도 그 원천은 유면지로 거슬러 올라갈 수 있다.

사서학에서 유자휘는 주희에게 거의 아무것도 남긴 것이 없지만 유면지의 경학은 도리어 주희의 사서학에 갈아 없앨 수 없는 흔적을 남겼다. 주희가 필생의 정력으로 온 심혈을 짜내서 완성한 『사서집주』는 특히 유면지의 설을 인용했는데, 만년에 이르기까지 이를 반복하여 수정하고 보완과 삭제를 하는 바람에 거의 면모가 완전히 달라졌지만 그와 관계없이 집주 가운데 인용한 유면지의 설은 줄곧 폐기하지 않고 보존하였다.[12]

---

12 전대흔錢大昕, 『십가재양신록十駕齋養新錄』 권3 「유빙군劉聘君」 : "주 문공(주희)의 『집주』에서 유빙군의 설을 인용한 것은 셋이다. 빙군聘君은 백수白水 유면지 치중劉勉之致中이다. 이심전李心傳의 『계년요록系年要錄』에 '소흥 7년(1137) 4월, 중서사인中書舍人 여본중呂本中 등이 상주하기를 〈건주 진사 유면지는 학문에 연원이 있고 행실이 스승으로 본받을 만하여 민중閩中의 선비로 추앙하지 않는 이가 없습니다. 엎드려 바라건대 특별히 녹용錄用하소서.〉 하였다. 그리하여 조서로 불러서 행재소에 나아갔다.'고 하였다. 그러므로 빙군이라는 칭호가 생겼다. 빙군은 인종仁宗의 이름을 휘한 것이다(원래는 부름을 받은 선비라는 뜻에서 징군徵君(정사徵士)이라고 하였

주희의 사상이 발전하는 데 호헌은 유면지보다 훨씬 크게 영향을 미쳤다. 호헌은 세 선생 가운데 가장 오래 살았기 때문에 주희 스스로도 그를 제일 오랫동안 사사했다고 하였다.[13] 그리고 주희가 이통李侗을 사사한 시기와 호헌을 사사한 시기는 교차하고 중첩한다. 따라서 주희의 사상 발전에 호헌이 끼친 영향은 그 특징이 전후로 서로 다른 사상적 변화상에서 집중적으로 표현되었다. 이는 바로 선에서 빠져나와 유가로 돌아온 뒤 애써 배우며(困學) 방황하던 주희를 호상파의 대문으로 이끌었다.

호헌은 자가 원중原仲이며 호안국의 조카이다. 그의 이학 사상의 연원을 가장 상세하고 또렷하게 서술한 사람은 졸재拙齋 임지기林之奇이다. 임지기는 「호헌행장」에서 호헌을 다음과 같이 서술하였다.

…… 부주涪州의 처사 초정譙定을 서울에서 만났는데, 나그네 신세임에

는데, 인종의 이름이 조정趙楨이므로 같은 발음을 피하여 빙군이라고 하였다―역자 주). 문공은 초년에 치중致中(유면지)을 사사하였고, 또한 장인으로 맺어졌으므로 이름과 성을 일컫지 않았다." 생각건대, 유면지가 행재소로 나아간 일은 소흥 8년(1138)에 있었다. 『송회요집고宋會要輯稿』 119책 「선거選擧」 31에 "소흥 8년 11월 4일, 중서 문하성에서 말하기를 '건주의 진사 유면지가 이미 도당都堂에 나아와서 심사를 마쳤'고 하였다. 중서 후성中書後省(중서 외성中書外省)에 조령詔令을 내려, (그를) 불러서 책문 한 편(一道)으로 시험을 보았다."고 하였다. 이때 주희도 임안에 있었으니, 처음 유면지를 알게 된 때는 아마도 이 무렵일 터이다.

13 종래에는 주희가 적계의 영향을 깊이 받은 점을 소홀히 여겼다. 그리하여 오늘날 사람들도 호헌이 늘 바깥에서 벼슬하였기에 주희가 실제로 호헌에게 수학한 시간은 백수(유면지)와 병산(유자휘)에 미치지 못한다고 여기는데, 실은 고찰을 하지 못한 것이다. 『송사』 「호헌전胡憲傳」, 「남송제무연표南宋制撫年表」, 『복건통지』 「유행전儒行傳」 권1 '정원전程元傳' 등에 근거하면 호헌은 소흥 23~24년에 복건로 안무사 준비차견準備差遣에 제수되었으니 소흥 13년(1143)에서 소흥 23년(1153) 사이에는 오부五夫의 집에 있었으며, 이때 주희도 마침 오부에 거주하고 아직 출사하지 않았다. 소흥 24년부터 소흥 32년(1162)에 죽기까지 그 중간의 근 8년 동안 호헌은 정자正字에 제수되어 한 차례 도성에 들어갔고 나머지 기간은 줄곧 오부에 있었다.

도 배움을 물었다. 초정은 그에게 역학易學을 …… 격물치지格物致知의 요체를 훤히 깨달았다. 돌아와서는 계부季父 문정공文定公(•호안국)을 따라 배웠는데, 문정공은 요와 순, 공자와 맹자가 도학道學을 서로 주고받은 상세한 내용을 더 가르쳤다. 이에 강론하여 익히고 실마리를 유추하여서 풀어냈는데 부분에 이르기까지 자세하였고, 지극히 넓고 크게 탐구하였다. …… 선생은 사촌 아우 시랑공侍郎公(호인)과 함께 가학家學의 올바른 전통을 얻었다. …… 선생의 학문은 처사 초정의 청렴함에 뿌리를 두고, 문정공의 책임의식에 마음을 두고서 조화롭고 합당함으로써 성취하고, 성실하고 진실함으로써 통일을 이루었으며, 절개를 지키고 도를 즐겨서 한 가지 행실만으로 이름을 내지는 않았으나 순수하게 모두 올바름에서 나왔다. 온갖 학파와 여러 학자들의 장점을 널리 취하고 한 가지 학설을 주로 하지 않았으며, 반드시 자기 몸에서 체득하고 마음에서 징험하였다. 말은 간략하고 이치는 갖추어졌으며, 행실은 높고 지조는 견실하였다.

— 『졸재문집拙齋文集』 권18

호헌이 초정과 호안국을 사사한 일은 분명히 그로 하여금 정학程學과 호상학을 소통하게 하였다. 그는 초년에 호안국을 사사하였으며, 또 대관大觀(1107~1110) 중에는 낙양에 가서 초정에게 배움을 물었다. 초정이 자기의 상학象學을 멀리 한 대漢代의 촉 사람 장군평莊君平의 상수학을 계승한 것으로 일컬었기 때문에, 호헌은 돌아가서 산중에 은거한 뒤로도 장군평이 점을 치고 의술을 행한 일을 모방하여서 점포를 열어 약을 팔고 학문을 강론하여서 제자에게 전수하였다. 소흥 13년(1143)에 주희가 오부에 왔을 때 호헌은 이미 건주建州 교수敎授의 직책에서 봉사奉祠를 맡아 돌아와 있었다. 주희가 담계에 거처를 정한 것은 주로 호헌이 계획하고 처리한 일이었다.

그 뒤로 호헌은 소흥 23, 4년에 복건 안무사 준비차견福建安撫使準備差遣에 제수되었고, 소흥 30년(1160)에 조정에 들어가 비서성 정자秘書省正字가 되었으니 대부분 시간을 '백수로 시냇가에 은거하여 경전을 탐구하며(白首窮經隱澗隈)' 글을 읽고 학문을 전수하면서 보냈다. 주희에 대해 『논어』의 '위기지학爲己之學'을 중시한 호헌의 교육은 그가 건주 교수의 직책에 있을 동안 이루어졌다. 그가 교수석에 올라가 '위기지학'을 강의하자마자 제생은 도학의 꽁생원(道學學究)이라고 몰래 비웃었다.

주희는 다음과 같이 말하였다. "적계가 제생을 가르치면서 수업 시간의 여가에는 근지斤紙에 옛사람의 아름다운 행실이나 시와 문장, 명문銘文과 잠언 가운데서 사람에게 보탬이 될 만한 내용을 써서 벽에 붙여놓고 오가면서 외게 하였는데 모두 정확하고 익숙하게끔 하였다."(『어류』 권101)

경학 가운데서 호헌이 주희에게 가장 큰 영향을 미친 분야는 예학禮學과 논어학이다. 세 선생 가운데 호헌이 예학에 가장 정통하였는데, 주희는 늘 그에게 예를 물었다. 나중에 주희는 다음과 같이 말하였다.

> 나는 열네 살 때 아버지를 여의고 열여섯 살 때 상을 벗었다. 이때 제사
> 는 다만 집안의 옛 예법을 따랐는데, 예문禮文은 비록 미비하였으나 매우
> 엄숙하고 정돈되었다. 선비先妣(돌아가신 어머니)께서는 제사의 집례에 매우
> 경건하셨다. 내 나이 열일고여덟 살에 비로소 여러 학자의 예문을 고찰하
> 고 정정하여서 예문이 조금 갖춰졌다.   —『어류』 권90

주희가 여러 학자의 예문을 고증하고 편집한 이 책은 주로 호헌의 지도 아래 쓴 평생 첫 번째 예학의 저작으로서, 나중에 지은 『제의祭儀』와 『가례家禮』, 『고금가제례古今家祭禮』의 가장 시원적인 초고본이며, 그의 평생 『예』의 경

학 사상의 남상濫觴이 된다.

호헌이 전수한 논어학은 주희의 사서학 사상 형성에 결정적인 의의를 갖고 있다. 호헌은 『논어』를 가장 중시하여 오직 논어학에 대한 전문적인 저작인 『논어회의論語會義』를 썼는데, 이는 글쓰기를 좋아하지 않았던 세 선생의 유일한, 글로 완성된 전문적인 경학 저술이다. 『논어회의』는 먼저 학자 수십 인의 『논어』에 관한 해설을 모아서 엮고, 나중에 정호와 정이의 해설을 근본으로 삼아 가장 정확하고 요점이 되는 내용을 베껴서 기록한 뒤 자기 견해를 덧붙여 한 권으로 만든 것이다. 호헌이 소흥 30년(1160)에 도성에 들어가 정자正字를 맡았을 때 이 책을 조정에 바쳤다.

『논어회의』는 여러 학자의 해설을 샅샅이 뒤져 널리 채록하였으며, 도교와 불교의 잡다한 학설을 받아들였다. 주희는 호헌의 또 다른 제자인 위염지魏掞之에게 보낸 편지에서 이 책을 다음과 같이 평가하였다. "호 어른(胡丈, 호헌)의 『논어회의』 초본初本을 가지고 있습니까? 두 분 선생(정호와 정이)께서 『논어』를 풀이한 곳이 모두 그 가운데 들어 있습니다. 대체로 두 분 선생 및 그 문인 몇 사람의 해설만 보아도 충분합니다. 『논어회의』에는 왕원택王元澤(왕방王雱), 두 소씨(二蘇, 소식蘇軾과 소철蘇轍), 송함宋咸과 같은 사람의 잡다한 설이 매우 많지만 이것들은 볼 필요가 없으며 한갓 사람들을 어지럽힐 뿐입니다."(『문집』 권39 「답위원리答魏元履」 서1)

『논어회의』는 편찬 체제부터 사상 내용에 이르기까지 모두 주희 초년의 논어학을 위한 이상적인 '남본'이 되었다. 그가 세 선생을 사사할 때 쓴 첫 번째 책 『논어집해論語集解』는 바로 호헌의 『논어회의』를 모방한 것이다. 주희는 「논어요의목록서論語要義目錄序」에서 자기의 『논어집해』에 대해 다음과 같이 말하였다. "고금의 여러 유학자의 설을 두루 구해서 합쳐 책으로 엮었다. 오랫동안 외고 익혔으나 더욱 의미가 희미하고 어두웠다. 만년에 도를 지닌

분(*이통을 가리킨다)을 가까이하여 남몰래 들은 바가 있은 뒤에야 천착하고 지엽으로 벗어난 설(穿鑿支離)은 본래 취하기에 충분하지 않음을 알았다."(『문집』 권75 「논어요의목록서」)『논어집해』는 첫째, 전체적이며(*여러 학자의 설을 두루 구하였다), 둘째, 잡다하니(*도교와 불교의 잡설) 바로 『논어회의』와 전적으로 면모가 같아서 주로 호헌의 지도 아래 편집하여 완성한 것임을 분명히 알 수 있다.

주희는 비교적 긴 이 시기 동안 줄곧 호헌의 『논어회의』를 추숭推崇하였고, 소흥 32년(1162) 호헌이 죽었을 때 그를 보내는 만시挽詩에서 다시 이 책을 다음과 같이 언급하였다. "담박하니 품은 뜻을 잊은 지 오래되었고 / 혼륜하니 뜻을 새김 깊으셨네 / 청빈한 즐거움 고치지 않으셨고 / 산수는 절로 속을 알아주었네 / 책부에는 남기신 책 있고 / 공이 지은 『논어회의』 부본이 비각에 있네 / 무덤 위에는 나무 그늘 드리웠네 / 문인들 봉분을 말갈기처럼 만듦에 / 추운 날 함께 옷깃 적시네(澹泊忘懷久, 渾淪玩意深. 簞瓢無改樂, 山水自知音. 冊府遺編在, 公所定著論語會義副在秘閣. 丘原宰樹陰. 門人封馬鬣, 寒日共霑襟)"(『문집』 권2 「적계 호 선생을 애도하다(挽籍溪胡先生三首之三)」) 그는 나중에 다시 위엄지에게 "『논어』를 공부하도록 하십시오."(『문집』 권39 「답위원리」 서1)라고 말하며 『논어회의』를 논어학의 입문서로 삼도록 하였다. 『논어회의』와 『논어집해』의 재료, 정호와 정이 및 그 문인의 해설도 부분적으로 주희의 『논어집주』에 보존되어 있다.

그런데 호헌의 논어학은 주희에게 더욱 특별한 의의를 지니고 있었다. 바로 주희가 도교와 불교에 출입하다가 불교를 버리고 유학을 숭상하는 데로 이르고, 아울러 나아가 호상파를 향해 달려가는 사상의 길을 형성하였던 것이다. 주희의 사상에 미친 호헌의 영향은 소흥 28년(1158)을 경계로 전후 두 시기로 달라지는데, 다만 후기의 중요한 영향은 주희가 이통을 사사했다는 사실에 의해 가려졌을 뿐이다.

주희가 이통을 사사하면서 선에서 달아나 유학으로 돌아옴에 따라 호헌도 불교와 도교를 비판하는 쪽으로 전향하기 시작했는데, 이는 물론 한편으로 그가 호상파의 비평을 받았기 때문이었다. 호굉은 그를 다음과 같이 비평하였다. 첫째, 그는 심성心性을 알지 못한다. 둘째, 그는 불교 학설의 오묘한 도와 정교한 의리가 유가의 그것보다 낫다고 여겼다. 셋째, 그는 유가의 큰 본질을 알지 못하고 불교(釋家)의 말을 끌어들여서 유가의 학설에 갖다 붙이기를 좋아하였다(『오봉집五峰集』 권2 「여원중형서與原仲兄書」). 그리고 다른 한편으로는 이통 및 범여규范如圭, 주희 등과 함께 학문을 토론하면서 영향을 받고, 사량좌謝良佐의 논어학으로부터 계발을 받았기 때문이었다.

소흥 28년(1158)에 주희가 이통, 호헌, 범여규와 함께 『논어』의 '일관一貫' 장을 둘러싸고 한바탕 논변을 전개했다는 점은, 호헌도 이통이나 주희와 마찬가지로 '이일분수理一分殊' 사상의 인식에 도달하였으며, 아울러 이로써 유가와 도교, 불교 사이의 경계를 구분하였음을 나타낸다. 주희는 범여규에게 보낸 편지에서 기쁨에 들떠 다음과 같이 말하였다. "호 어른(胡丈, *호헌)이 편지에서 지난날 주장했던 일관의 설을 다시 매우 힘써 주장하였습니다. 다만 '만약 이해가 한 단계 향상하면 안과 밖, 위와 아래, 멀고 가까움(遠近), 가장자리와 경계(邊際)가 없어져서 확연하게 사통팔달四通八達할 것'이라고 하였습니다. 저는 이 말이 제 생각과 아주 잘 들어맞는다고 가만히 생각하였습니다. …… 저는 저번에 연평延平으로 가서 이원중李愿中(이통) 어른을 뵙고 일관과 충서忠恕의 설을 여쭈었습니다. …… 그 말씀이 제 생각과 약속한 것처럼 꼭 들어맞았습니다."(『문집』 권37 「여범직각與范直閣」) 여기서 이미 만년에 호헌의 사상 또한 선에서 달아나 유가로 돌아오는 변화가 무르익고 있었다는 낌새가 드러난다.

소흥 29년(1159)에 주희가 교정校訂한 『상채선생어록上蔡先生語錄』은 바로 그들 두 사람이 논어학을 토론하여 공동으로 '이일분수'를 인식한 산물로, 주희는 교감에서 산정刪定에 이르기까지 모두 호헌과 토론하고 상의를 거쳤다. 호헌은 주희에게 가장 중요한 호안국 집안의 사본—『사자아언謝子雅言』을 제공하였다. 주희는 또 다른 오중吳中 판본에서 정호와 정이를 공격하고 헐뜯는 대량의 불교 학설을 '생각건대, 근세에 불교를 배우는 자들이 사사로이 몰래 공부를 하여서 그 학술을 높인다'고 여겨서 모두 삭제하였다. 호헌은 주희가 이 불교 학설 55개 장을 삭제하는 데 동의하였다. 이듬해 호헌이 정자正字에 제수되어 도성에 들어갔을 때도 주희를 도와 여조겸呂祖謙에게서 강민표江民表의 『변도록辨道錄』을 찾은 점은, 주희가 삭제한 55개 장이 원래는 불교와 도교를 좋아하는 강민표의 작품이었음을 완전히 실증한다.

호헌은 특히 『상채선생어록』을 위한 발문에서 다음과 같이 말하였다.

> (나는) 형문荊門의 학사學舍에서 주씨 둘째 어른(朱二丈) 주자발朱子發(주진朱震)을 따라 매우 성실하게 배웠다. 주자발은 터득한 말과 서소書疏를 반드시 보여주었는데, 다음과 같이 말씀하셨다. "선생(사량좌)께서 서죽西竹 목장木場을 감독하는 날 태학에 가서 뵈었다. 좌정을 하고 내(子發)가 나아가 말씀을 드렸다. '저(震)는 오래전부터 선생님을 뵙고 싶었는데 오늘 막상 오니 여쭐 말씀이 없습니다. 모르겠습니다만, 선생님께서는 무슨 가르침을 주시겠습니까?' 선생이 말씀하셨다. '현자와 더불어 『논어』를 말하기를 좋아하오. …… 성인의 도는 뚜렷한 것도 없고 은미한 것도 없으며, 안도 없고 밖도 없으니 물 뿌리고 쓸고 대답하고 사람을 대하며 나아가고 물러남에서부터 천도天道에 이르기까지 근본과 말단이 일관되어 있소. 『논어』는 이렇게 보아야 하오.'라고 하셨다. ……" 나(憲)는 주원회朱元晦(주희)가 교정하여 지은 『상채선생어록』 세 권을 읽고서 옳게 바로잡은 것이 자세하고 정확하며, 취하고 버린 것이 구차하지 않음을 상세하게 보았다. 오랫동안 전하고 믿

을 수 있다. 그래서 남몰래 그 취지가 이와 같음을 감탄하였다. ……

—『상채선생어록』「후발後跋」

근본과 말단이 일관한 '이일분수'를 주희와 호헌이 인식한 것은 아주 대단한 정도로 사량좌 논어학의 직접적인 계발을 받은 것임을 알 수 있다. 호헌은 바로 여기서 주희를 한 걸음 더 호상파로 이끌었다. 왜냐하면 사량좌의 논어학은 호상파의 논어학과 직접적인 연원과 계승 관계에 있었기 때문이다. 정호와 정이의 낙학은 한 맥이 양시楊時로부터 나종언羅從彦, 이통에 이르러서 동남의 민학閩學으로 발전하였는데, 『중용』을 도에 들어가는 요체로 삼았다. 다른 한 맥은 사량좌로부터 호안국 부자에 이르러서 호상학으로 발전하였는데, 『논어』를 도에 들어가는 요체로 삼았다.

호헌과 호인胡寅·호굉胡宏·호녕胡寧은 본래 호안국 문하의 4대 제자이니, 설령 가학家學의 전수라는 점에서만 보더라도 호헌은 역시 호상파와 밀접한 관계가 있었다. 호안국도 실은 사량좌의 제자이다. 주희는 「덕안부응성현상채사선생사기德安府應城縣上蔡謝先生祠記」에서 다음과 같이 말하였다. "호 문정공(호안국)이 전학사典學使로 관할 지역을 순시하면서 그곳을 지나갔는데, 감히 직책에 관한 일로 질문하지 못하고 다만 중간에 사람을 넣어서 (사량좌에게) 제자의 예를 갖추어 뵙기를 청하였다. …… 마침내 배움을 물었다."(『문집』 권80 「덕안부응성현상채사선생사기」)

전사산全謝山(전조망全祖望) 이래 모두 호안국이 상채 사량좌의 제자임을 부정하였으나, 주희의 논조를 살펴보면 도리어 제자라는 사실에 충분한 근거가 있다. 호헌이 주희에게 준 호안국 집안의 사본 상채어록은 제목이 『사자아언謝子雅言』으로서 유독 다른 판본과 같지 않고, 책 속에서도 사량좌를 '사자謝子'로 일컫고 있다. 이는 분명 스승에 대한 제자의 존칭이니 『사자아언』은 바로 호안국이 기록한 어록이다. 주희는 「사상채어록후서謝上蔡語錄後序」에서 그 어록을 다음과 같이 언급하고 있다. "호 문정공(호안국) 집안의 사본 두 편을 공의 조카인 적계(호헌) 선생으로부터 얻었는데, 제목이 『사자아언』이었다. 책 네 편을 서로 참조하여서 교정하였다. 호씨의 상편은 55개 장으로서 문정공의 문답을 기록한 것인데 모두 다른 책에는 없는 것들이고, 강령을 끌어와 배우는 사람에게 힘쓸 곳을 가리켜 보인 점도 탁월하여서 다른 책이 미칠 바가 아니다. 하편은 47개 장으로서 판본(오중吳中의 판본, 『소요선생어록逍遙先生語錄』), 오씨본吳氏本(오임吳任의 사본, 『상채선생어록』)과 대략 같다."(『문집』 권75)

『상채선생어록』은 대부분 사량좌와 호안국이 사제의 어조로 일문일답을 한 것으로서 결코 평등한 벗들끼리 갈고닦은 것이 아니니, 주희가 호안국에 대해 '현에 들어가자 마침내 먼저 자기를 닦고 나서 나아가 예를 갖추어 (*상채를) 뵈었다'(『어류』 권101)라고 한 말이 완전히 사실임을 증명한다.[14] 다만 나중에 호안국이 우뚝하게 대가가 된 뒤 그에 대한 사량좌와 후세 사람의 찬미와 추중이 초년에 그가 상채를 따라 배운 사실을 덮어버렸던 것이다.

---

14 『상채선생어록上蔡先生語錄』에서는 모두 호안국이 공손하게 묻고 예를 갖추어서 자기를 매우 낮추었는데, 이는 제자가 배움을 묻는 상황이라는 점은 본래 의문의 여지가 없다. 예컨대 하권에는 사량좌가 호안국에게 보낸 편지 여러 통을 기록하였는데 "받은 편지에 도에 나아가는 뜻이 넘쳐흘러서 그대에게 바라는 바가 깊습니다. …… 2, 30년이 깨닫지 못한 사이에 헛되이 지나가버렸으니 경계하여 게을리하지 않는다면 다행이겠습니다!"라고 하고, "배움에 나아가되 공부를 더하라고 가르쳐주심은 매우 좋습니다. …… 오늘날 부귀와 이익과 영달을 벗어난 사람을 많이 볼 수 없는 까닭은 (도를) 전혀 보지 못하였기 때문입니다. …… 이는 작은 일이 아니니 절대로 모름지기 힘써야 합니다!"라고 한 말은 전적으로 스승이 제자를 가르치고 격려하는 말투이다. 호안국이 스스로 사량좌·유작·양시 '세 선생과는 의리가 스승과 벗을 겸하였다'고 했던 바, 그는 이미 사량좌가 일찍이 '스승을 겸한' 측면이 있었음을 분명히 말했던 것이다. 대체로 호안국이 사량좌를 만났을 때는 아직 겨우 20여 세였으므로 제자의 예를 갖추어 그를 사사하였으며, 사량좌가 죽었을 때는 30세에 불과했으니 호안국이 나중에 대가가 되어서 젊었을 적에 사량좌를 사사했던 사실을 부인하였다는 말은 온당하지 않다.

사량좌의 경학은 『논어』를 근본으로 삼았으며, 『논어해論語解』한 부가 세상에 소문이 났다. 주진이 그에게 배움을 물었는데, 그는 다만 주진에게 '『논어』한 부를 말했을' 뿐이다. 호안국의 논어학은 사량좌로부터 직접적인 영향을 받은 것으로서, 주희는 호안국을 정문의 네 선생(程門四子. 여대림·사량좌·유작·양시)과 나란히 비교하여 "문정文定(호안국)의 학문은 필경 나중에 상채(사량좌)에게서 얻은 것이 많다."(『어류』권101)고 하였다.

호상파의 논어학도 바로 호안국을 경유하여 사량좌를 계승한 것이다. 주희는 이 점을 다음과 같이 언급하였다. "호 시랑胡侍郞(*호인)은 일찍이 문자상에 밝혀낸 곳이 많다고 하여서 사람들에게 사씨謝氏(사량좌)의 『논어』(『논어해』)를 보라고 가르쳤다."(『어류』권19) 호헌의 논어학은 더욱 사량좌와 호안국에게 뿌리를 두었다. 주필대周必大는 「호헌묘표胡憲墓表」에서 다음과 같이 말하였다. "원중原仲(호헌)은 스스로 말하기를 '어려서 종숙從叔 문정공(호안국)으로부터 논어학을 전수받았는데, 때때로 나를 위해 읊고 풀이해주었기에 내가 도에 들어가는 요체로 삼았다'고 하였다."(『성재문고省齋文稿』권35) 사량좌, 호안국으로부터 호상파와 호헌에 이르기까지 모두 『논어』를 '도에 들어가는 요체로 삼았음'을 알 수 있다. 논어학상에서 그들의 전수와 계승 관계는 일목요연하다. 주희가 호헌을 사사하면서 역시 필연적으로 사량좌 논어학의 영향을 특히 깊이 받았다. 그는 스스로 "나(熹)는 어려서 망령된 생각으로 학문을 하였지만 곧 선생(*사량좌)의 말씀에 힘입어 그 취지를 밝혔다."(『문집』권80 「덕안부응성현상채사선생사기」)라고 하였다. 이는 그에게는 호상파로 전향하기 위한 사상적 기초를 준비한 것이었다.

그러나 주희가 호헌에게서 받은 호안국과 호상파의 영향은 또한 논어학에만 있지는 않았다. 호상학파의 사상 연원과 그 특징은 호안국이 멀리 계승한 태산泰山 손복孫復의 춘추학과 사량좌로부터 획득한 논어학을 양대 가학의 적전嫡傳으로 삼고, 동시에 장재의 학문을 특별히 추중하였다는 점이다.

『논어』 '일관一貫' 장은 이일분수 상에서 장재의 「서명」과 상통한다고 할 수 있다. 증민행曾敏行은 호안국이 장재의 학문을 좋아한 점을 다음과 같이 언급하였다. "숭녕崇寧, 대관大觀 연간(1102~1110)에 태학관太學官이 되었는데, 비록 당시에 원우元祐의 학술(구법당의 학자들, 특히 정이의 학문)을 익히는 것을 금지했지만 공은 홀로 『정몽正蒙』과 같은 여러 책에 관심을 갖고 양시, 사량좌 등 여러 사람과 연락하고 관계를 끊지 않았다."(『독성잡지』 권7)

주희도 호굉이 『정몽』을 추중한 사실을 언급하였다. "근세에 의리를 정밀하게 한다(精義)는 설을 말하는 것으로는 『정몽』보다 자세한 것이 없다. 오봉五峰(호굉)도 '거경居敬이 의리를 정밀하게 하는 방법'이라고 하였다. 이 말은 더욱 자세하고 절실하며, 간략하고 합당하다."(『송원학안』 권42)

정이가 장재의 『정몽』이 '청허일대淸虛一大(맑고 텅 비고 하나이고 가장 큰 우주의 원기)'를 만물의 근원으로 삼았다고 비평한 뒤로 양시로부터 이통에 이르기까지 모두 사람들에게 『정몽』을 읽지 말도록 하였다. 그들은 「서명」을 중시하고 『정몽』을 천시하였다. 『정몽』을 내세우는 것은 호상파의 기치가 되었다. 주희가 15세 이후 『정몽』 등 장재의 저작에 푹 빠져서 열심히 읽은 까닭은 분명히 호헌의 영향을 받았기 때문이다.

주희는 또한 호헌에게서 호안국의 『춘추』 역사학을 받아들였다. 그는 일찍이 자기가 진정으로 역사학을 공부하는 데 힘을 쏟은 때는 20세 이후라고 하였다. "나는 열대여섯에서 스무 살까지 역사서를 전혀 보려고 하지 않았다. 다만 (역사적 사건의) 옳고 그름을 따지는 일은 요긴하지 않고 이해하기 어렵지 않다고 생각했다. 그제서야 대체로 이런 글이 맛이 있다고 느꼈으나 필경은 (역사서를) 소홀히 여겼었다."(『어류』 권104) 20세 무렵이라면 바로 유자휘, 유면지가 막 세상을 떠난 지 얼마 안 되고, 다만 호헌이 그의 스승으로 있던 시기이다. 이는 주희가 20세 뒤에는 호헌의 전수 아래 호안국의 『춘추』 역사학을 독파하기 시작하였음을 분명히 나타낸다. 주희가 호헌을 사사한 일은 이미 그가 나중에 호안국의 호상학과 양시의 동남 민학의 양대 낙학을 집대성하기 위한 토대를 놓는 일이었다.

소흥 30년(1160)에 호헌은 도성에 들어가 관직을 맡고서 주희의 시 작품을 호굉에게 전해주었다. 주희는 호헌과 호굉을 통해서 호굉의 고족高足인 남헌南軒 장식張栻과 사귀었는데, 이 일은 그가 직접 호상파와 접촉하기 위한 통로를 열어주었다. 소흥 32년에 호헌이 죽은 뒤 주희는 호상파의 저작을 연구하기 시작하였다. 호상파의 중용학은 또한 이통이 죽은 뒤 주희가 길을 잃고 방황하며 고민하던 것을 극복하는 데 도움을 주었다. 그러나 호상파의 이러한 영향은 아직 한참 뒤의 일이고, 그가 세 선생을 사사한 때와 호상파로 전향하기까지 사이에는 도교와 불교에 출입하며 도겸을 사사하던 시기 및 선에서 달아나 유가로 돌아와 이통을 사사하던 시기라는 길고 긴 두 가닥 사상의 역정이 가로놓여 있었다. 소흥 17년(1147) 이후 도겸의 '소소영령한 선'이 그를 점유하였던 것이다.

朱子評傳

제3장

불교와 도교에 드나든 정신적 역정

심학心學의 길을 걷다

목재牧齋를 통하여

"겸개선謙開善에게서 공부를 하다"

┃ 심학心學의 길을 걷다 ┃

    주희가 도겸道謙을 사귀고 '소소영령한 선(昭昭靈靈底禪)'을 받아들인 일이야 말로 그가 10여 년 동안 도교와 불교(老佛)에 드나들게 된 역정의 진정한 시작이자 심학의 길을 걸은 기점이었다. 이전에 그는 필경 다만 간접적으로 집안에서 불교와 도교 분위기의 훈도를 받고, 호헌·유면지·유자휘 세 선생으로부터 불교와 도교가 뒤섞인 이학 사상을 받아들였다. 이후에야 비로소 그는 직접 불경과 도교 서적에서, 그리고 선사에게서 불교와 도교의 사상을 섭취하여 도겸 선사를 사사하는 길로 달려가는 데까지 이르렀다.

    세 선생의 교육은 주희를 노숙하고 신중한 소년 우랑에서 남달리 뛰어난, 도를 실천하는 선비로 아주 빠르게 빚어냈다. 주희는 세 선생을 사사하고 빈궁한 가운데 열심히 독서하던 생활을 「어머니 생신날 아침에 장수를 빌다(壽母生朝)」에서 다음과 같이 묘사하였다. "집은 가난하고 아들은 어리석지만 깊이 숨어서 / 다섯 해 동안 나오지 않아 문과 뜰이 황폐해졌네 / 열흘에 아홉 번은 아궁이에 불을 때지 않았는데 / 어찌 맛있는 안주와 술상을 마련하겠는가? / 부끄러워 머리 숙이시니 땀은 팥죽처럼 흘렀었지 / 노모는 이런 생각 잊은 지 이미 오래 / 웃으며 건강이 얼마나 상하셨는지 여쭙지만 / 사람 세상 부귀영화 어찌 한결같으랴! / 도덕과 의리 있으시고 만수무강하시며 / 절조를 힘쓰셔서 더욱 강녕하시기를(家貧兒癡但深藏, 五年不出門庭荒. 竈陘十日九不煬, 豈辦甘脆陳壺觴. 低頭包羞汗如漿, 老人此心久已忘. 一笑謂汝庸何傷, 人間榮耀豈可常. 惟有道義思無疆, 勉勵

汝節彌堅剛)"(『문집』권2)

소흥 17년(1147)에 나이 어리고 원기 왕성한 주희는 마침내 벼슬길에 나아가 세상을 구제하고, 조상의 유업儒業을 계승하고, 선조를 빛내라는 주송의 유훈을 실현할 때가 왔음을 느꼈다. 이해 가을, 그는 건주建州의 향공鄕貢에 참가하였다.

송 대의 과거는 주시州試·성시省試·전시殿試의 세 단계 시험으로 실시되었다. 응시하는 선비가 먼저 주州에서 시험을 보아 합격하면 주에서 책임을 지고 추천을 하여(保送) 예부禮部에 보내는데, 이를 '발해發解'라고 한다. 예부의 시험에서 합격하면 다시 전시에 참가한다. 전시에서 '급제及第'를 하면 평민 신분을 벗고(釋褐) 관직을 제수받을 수 있다. 주의 시험은 해마다 8월 5일에 과장科場을 설치하여 시험을 보았다(鎖院). 건주의 공원貢院(과거 시험을 보는 장소)은 등룡방登陵坊에 있었으며, 내부에는 정청무랑正廳廡廊(중심 건물과 거기에 딸린 부속 건물)·고관직사考官直舍(시험관의 집무실)·등록미봉원謄錄彌封院(응시생의 답안지에 신분을 기입해서 등록하고 봉하여 관리하는 업무를 보는 곳)이 설치되어 있었다. 바로 이 새장 같은 어두운 고사考舍에서 주희는 벼슬길을 향한 성공적인 첫걸음을 내딛었다.

그는 책문策文 세 편에서 조정의 대사를 대담하게 논하여 고관 채자蔡玆의 인정을 받고 단번에 우수한 성적으로 향공에 합격한다. 나중에 채자는 스스로 자못 득의하여 사람들에게 예언을 하였다. "내가 후생後生 한 사람을 뽑았는데, 책문 세 편이 모두 조정을 위해 큰일을 조치하려고 하는 내용이었다. 다른 날에 반드시 범상치 않은 사람이 될 것이다."(『연보』)

채자는 자가 광렬光烈이고, 영춘永春 동원東園 사람이다. 소흥 12년(1142)에 진사가 되었다. 만년에 관직에서 은퇴하여 자연(林泉)으로 돌아와 장춘당長春堂을 짓고 그곳에서 술잔을 기울이며 시를 읊으면서 스스로 즐겼다. 주희는 인재를 알아보는 채자의 혜안을 잊지 못하여서 나중에 동안同安의 주부主簿로 있을 때 그를 찾아뵙고 함께 환취정環翠亭 아래에서 학문을 강론하고 시를 논한 적이 있다.[1]

추시秋試에서 합격하고 이듬해 봄 도성에 들어가 성시에 참가하려고 한 주희는 어린 나이에 뜻을 이루어 마음속에 대뜸 넓은 세상에서 노닐고자 하는 서생書生의 의기意氣와 호방한 감흥이 싹텄다. 그는 임안臨安에 가기 전에 격앙되어서 「원유遠游」라는 장편시 한 수를 읊었다.

---

1 『영춘현지永春縣志』 권10 「환업宦業」 : "채자는 자가 광렬이고, 영춘 90도都 동원 사람이다. 학문으로 명성을 날려서 따라 배우는 사람이 많았다. 일찍이 명경明經으로 향천鄉薦을 받았고 다시 사부詞賦로 소흥 12년(1142)에 진사에 급제하였다. 벼슬은 남은수南恩守에 이르렀다. 평소 늘 임기가 만료되면 향리에 돌아가려는 생각을 하였다. 승상 양극가梁克家 공이 권력을 장악하고서 채자에게 광덕헌光德憲(광덕 제점형옥공사提點刑獄公事)을 제수하였는데 매우 강력하게 사양을 하다가 결국에는 관직에서 은퇴하여 돌아갔다. 동쪽에 집을 짓고 '연당燕堂'이라고 편액을 하였다. 나중에 소강절邵康節(소옹)의 '이도 머리도 쇠하여서 예전과 같지 않으나 자연에서 늙어가니 길고 긴 청춘(齒髮既衰非昔日, 林泉能老是長春)'이라는 구절을 따와서 당 이름을 다시 '장춘長春'이라 고치고 거기서 날마다 손님, 벗들과 술잔을 기울이고 시를 읊었다. 일찍이 소흥 2년에(●생각건대, 마땅히 17년의 잘못이다) 건주 공원의 고관이 되었는데 사람들에게 말하기를 '내가 후생 한 사람을 뽑았는데, 책문 세 편이 모두 조정을 위해 큰일을 조치하려고 하는 내용이었다. 다른 날에 반드시 범상치 않은 사람이 될 것이다.'라고 하였다. 바로 주희이다. 그의 대단한 안목이 이와 같았다." 또 권13에 실려 있는 임경화林景和의 「환취정기環翠亭記」에서 말하였다. "듣기에 이곳에 환취정이라는 정자가 있다고 한다. …… 소흥 연간에 주자가 동안의 주부로 있을 때 자주 고을의 진신縉紳 선생 채광렬蔡光烈(채자), 진체인陳體仁 들과 함께 이곳에서 놀았다고 한다. 이 두 사람은 학식이 높고 우의가 돈독하였는데, 한 사람은 주자를 과거 시험(棘闈)에서 발탁하였고, 또 한 사람은 주자와 막역한 사이가 되어서 도가 서로 같고 뜻이 서로 합하였다. 그래서 초가지붕 처마 밑에서 햇볕을 쬐며 대나무 평상에 앉아 시를 논하였고, 끊임없이 서로 오가면서 그리워하는 정을 버리지 못하였다. 이에 연유하여 마침내 환취정을 도불쇠道弗衰(도가 쇠하지 않음)라고 일컬었다."

원유편 遠遊篇

좌중에 계신 분들 술잔 멈추고	擧坐且停酒
멀리 노닐었던 내 노래 들으소서	聽我歌遠遊
멀리 노닐어 어디까지 이르렀나	遠遊何所至
지척에서 온 세상이 보이네	咫尺視九州
온 세상 얼마나 넓고 넓은지	九州何茫茫
빙 두른 바다를 경계로 삼는다	環海以爲疆
위로는 외로운 봉이 날고	上有孤鳳翔
아래는 신령한 말이 달린다	下有神駒驤
누군들 먼 길 꺼려하지 않으랴만	孰能不憚遠
나는야 그곳으로 노닌다네	爲我游其方
그대에게 한 잔 술 올리고	爲子奉尊酒
장검을 두드리며 강개한 노래를 부르네	擊鋏歌慨慷
큰길에서 그대 전송하려니	送子臨大路
차가운 해도 빛을 잃었네	寒日爲無光
구슬픈 바람 먼 골짜기서 불어	悲風來遠壑
손잡고 부질없이 서성이네	執手空徊徨
그대 어디로 가는가?	問子何所之
가거들랑 관문과 다리를 조심하게	行矣戒關梁
세상사 수없이 험난하니	世路百險艱
문을 나서면 시름으로 마음이 아프네	出門始憂傷
동으로 가자니 해 돋는 곳 걱정	東征憂暘谷
서로 가자니 구불구불한 길 두렵네	西遊畏羊腸

남으로 수레를 돌리니 풍토병이 침범하고	南轅犯瘴毒
북쪽으로 달리니 바람이 옷을 찢네	北駕風裂裳
그대 튼튼한 수레로 달리게	願子馳堅車
험한 곳을 넘으면 굳센 것이 꺾이리니	躐險摧其剛
높은 산도 버티지 못하는데	峨峨既不支
자잘한 언덕이야 무엇이 능히 당하랴	瑣瑣誰能當
아침에는 남극 길에 오르고	朝登南極道
저녁에는 태항산에서 묵네	暮宿臨太行
눈을 흘겨보니 곧 만리요	睥睨卽萬里
단숨에 천하를 뛰어넘네	超忽凌八荒
일없이 발을 절룩거리는 사람은	無爲蹩躠者
온종일 빈집을 지키네	終日守空堂

—『문집』권1[2]

한漢·위魏의 악부와 위魏·진晉 고풍古風의 여운을 적잖이 지닌 주희의 어린 시절 이 작품에서는 격앙과 미망迷茫이 씨줄과 날줄로 짜여 있고, 장검을 두드리며 구슬피 부르는 노래와 구름을 뚫을 듯 높이 부르는 노래가 함께 울려서, 마치 그가 앞으로 일생 동안 뜻을 이루지 못하고 순조롭지 않은 벼슬길

---

2 주희의 『문집』권81 「발남상인시跋南上人詩」는 다음과 같이 말한다. "남상 사람이 이 시집을 가져와서 내가 지은 옛 시를 구하였다. 밤에 앉아서 이 발문과 「원유」, 「추야秋夜」 등 시편을 베껴 썼다." 이로써 「원유」는 주희가 어렸을 때 지었으며, 중년 이후에도 이를 매우 아꼈음을 알 수 있다. 권1에 수록된 시가 연대순으로 편집되었음을 고려하면, 「원유」는 소흥 21년 신미년(1151)에 지은 시 앞에, 권의 머리에 배열되어 있으니 마땅히 주희의 현존하는 맨 처음 시이다. 여악厲鶚의 『송시기사宋詩紀事』에는 이 시를 수록하고 '열아홉 살 때 지었다'고 하였다.

을 걷게 될 것임을 예시라도 하는 듯하다. 가벼운 갖옷과 살찐 말로 날렵하게 명산대천을 멀리 유람하고 명공거경名公巨卿과 교제하는, 흘러넘치는 적극적이고 진취적인 호탕한 감정과 편안한 기운 및 공을 세우고 가업을 일으키려는 성당盛唐의 시인과 같은 씩씩한 마음은 소실되어버리고, 반쪽 남은 산하의 남송 시인은 다만 석양 황혼에 어두운 심정을 품고서 참담하게 먼 여행길에 오를 필연의 운명에 처하였던 것이다. 주희의 먼 여행은 서풍이 몹시 몰아치는 옛길에 비루먹은 말을 타고 가야 하는 파란 많은 벼슬길이었으며, 개인의 공명과 부귀를 쟁취하려는 욕망에는 또한 함락된 중원과 파괴된 산하에 대한 우려와 분노의 이중적인 감정이 들어 있었다.

열아홉 살 주희의 머릿속에는 이미 정호와 정이의 이학理學이 들어 있었을 뿐만 아니라 영혼에는 불교와 도교가 스며들어 있었다. 그랬기에 민閩(복건)을 나와 멀리 여행하는 일은 현자를 방문하여 도를 묻고 선사를 방문하여 불법佛法을 묻는 특별한 의의를 지니고 있었다. 종고宗杲의 『대혜어록』은 일찍감치 그가 몸에 지니고 다니는 불학의 계몽 독본讀本이었다. 소흥 18년(1148) 봄, 그는 여행 상자에 『대혜어록』 한 질만 넣고서 산을 넘고 물을 건너 절浙(절강)로 들어가 임안에 가서 응시하였다.

우육尤焴은 일찍이 「제대혜어록題大慧語錄」에서 이 일을 언급하였다.

대혜의 설법은 종횡무진하고 웅혼하였다. …… 지금 옛날에 들었던 두 가지 이야기를 하고자 한다. 주 문공이 소년 때 당시의 글을 읽기를 좋아하지 않았는데 연로하고 명망 있는 어떤 고승이 선禪을 설하여 본래 마음을 곧바로 가리키자(直指本心) 마침내 소소영령하게 깨달았다. 열여덟 살 때 과거를 치르려 마음먹었으며, 이때 유병산劉屛山(유자휘)을 따라 배웠다. 병산은 그가 반드시 과거에 응시할 뜻을 두었다 생각하고 그의 상자를 열어

보니 『대혜어록』 한 질만 있었다. 이듬해 공은 과거에 급제하였다. 공은 평생 선학의 정수를 깊이 터득하였으며 관건을 투철하게 깨달았다. 이 상등의 근기根器를 여기서 충분히 알게 되었다. 나는 일찍이 반자선潘子善(반시거潘時擧) 어른에게서 이 말을 들었다.　　　　　—『불조역대통재佛祖歷代通載』 권20

우육은 우무尤袤의 손자이며, 우무는 주희와 서로를 가장 잘 아는 동년同年이고, 반시거潘時擧(*반자선)는 주희의 상서학尙書學에 정통한 고제자高弟子이다. 이 일은 응당 반시거가 주희에게서 직접 귀로 들었을 터이다.

주희는 민을 나와 과거를 응시하러 가는 이 기회를, 멀리 여행하면서 선사를 방문하는 좋은 기회로 삼고, 길을 가는 내내 거의 종고 선문禪門 제자의 안목으로 민 바깥의 신천지를 주시하였다. 배가 동려桐廬를 지날 때 유명한 사찰이 보이자 그는 곧 선시禪詩 한 수를 읊었다.

동려를 지나는 배에서 본 산사　　　　　桐廬舟中見山寺

온 산의 구름과 물 산사를 둘러싸고	一山雲水擁禪居
만 리 강가의 누대는 집 앞의 섬돌을 들렀네	萬里江樓遶屋除
총총한 행색은 바로 내 모습	行色忽忽吾正爾
곳곳에 부는 봄바람에 그대는 어떠한가?	春風處處子何如
강호를 떠나 갈매기를 따르며	江湖此去隨漚鳥
죽과 밥은 어느 때나 목어와 함께하려나	粥飯何時共木魚
외로운 탑은 사람에게 할 말이 있는 듯	孤塔向人如有意
훗날 와서 대자리 하나 빌리리라	他年來借一蒲蔯

　　　　　　　　　　　　　　　　　　　　　—『문집』 권10

향공에 처음 합격하고 서울로 시험을 보러 가는 이 세속의 거자擧子는 오매불망 '죽과 밥이 목어와 함께하는', 세속을 벗어난 선의 꿈(世外禪夢)을 꾸면서 '외로운 탑이 사람에게 전하려는 뜻을 생각하고 훗날 와서 대자리를 빌리려는' 마음의 소원을 시에 표현하였다.[3]

나중에 주희는 매번 동려의 조대釣臺를 지나갈 때마다 산림에 물러나서 숨은 고사高士가 되려는 비현실적인 상념에 잠겼다. 만일 이해에 과거에 낙방하여 금방金榜에 이름이 내걸리지 못하고 처음 벼슬길에서 순조롭게 뜻을 얻지 못했더라면 '숨겨서 기르는(晦)' 일을 인생의 제일가는 의의로 삼은 건주의 이 공사貢士는 아마도 정말로 목어 소리가 들리는 승방僧房에서 일생을 마쳤으리라.

소흥 18년(1148)의 예부시禮部試는 권 상서 이부 시랑權尚書吏部侍郎 변지邊知가 지공거知貢擧이고, 권 상서 예부 시랑權尚書禮部侍郎 주집고周執羔와 우정언 겸 숭정전 설서右正言兼崇政殿說書 무급巫伋이 동지공거同知貢擧였다.

소흥 13년(1143) 이후에는 선비를 선발할 때 경술經術을 우선시했는데 삼장三場을 참조하여 합하였다. 본경本經(오경)과 『논어』, 『맹자』의 의義 각 한 편(道)을 초장, 시와 부 각 한 수를 둘째 장, 자子·사史·논論·시무책時務策 한 편을 셋째 장으로 하였다.

부패한 과장科場에서는 세력이 있는 가문이 뇌물로 고시관을 매수하고,

---

3 주희의 『문집』에 시는 열 권인데 제10권은 나중에 계속 수집·보완되면서 편년에 따라 편집되지 않았기 때문에 매우 뒤죽박죽이다. 이 시는 봄에 지었다. 주희는 평생 여덟 차례 도성에 들어가면서 오갈 때마다 매번 동려를 지나갔다. 그런데 오직 소흥 18년의 성시省試와 21년의 전시殿試에서만 봄에 임안으로 갔다. 이 시는 처음 동려의 산사를 보고 읊은 것이니, 응당 소흥 18년 봄 도성에 들어갈 때 지었다. 다음에 인용한 「무림武林」과 「봄날 상축사에서 노닐다(春日游上竺)」 두 수도 같다.

시권試卷을 바꾸어서 이름을 대리로 적고, 남의 이름을 사칭하여 시험을 치르는 풍조가 만연했는데, 몰락한 독서 세가世家 출신의 주희는 시험에 몰두하여 온 마음을 기울였다. 2월 12일에 과장에 들어가 18일, 19일, 20일에 시·부·논·책 세 장을 시험 보고, 22일, 23일, 24일에 또 경의 의·논·책 세 장을 시험 보았다. 주희는 『역』의 시권과 『논어』, 『맹자』의 의는 비교적 마음먹은 대로 수월하게 시험을 치렀다. 나중에 그는 『역』의 시권에 관한 흥미 있는 이야기를 떠올리며 다음과 같이 말하였다.

> 무진년 성시에서 '강중이응剛中而應'이 출제되었다. 어떤 사람이 이 구절은 일곱 번 나온다고 하였다. 내가 「단사彖辭」를 가지고 속으로 묵묵히 세어보았더니 다섯 군데 있었을 뿐이다. 그 사람이 굳게 고집했으므로 내가 또다시 암송하면서 헤아려보았더니, 다만 본문을 함께 기억하지는 못하였지만 다섯 번 나오는 것으로 기억하였다. 나는 기억하는 대로 글을 썼다. 끝나고 과장에서 나와 본문을 조사해보니 과연 다섯 번 나왔을 뿐이다.
>
> ─『어류』 권104[4]

대체로 『역』의 시권과 『논어』, 『맹자』의 의義에서 주희는 모두 도겸의 선禪의 설을 원용하여 남달리 기발한 이론을 펼침으로써 고관으로부터 크게 칭

---

4 유문표俞文豹의 『취검록吹劍錄』「사록四錄」에 이 내용이 수록되어 있는데, 같이 시험 보는 사람이 서로를 꺼려 해서 그렇게 말한 것이라 하였다. "회암(주희)이 성시를 보는데 경전 시험에 '강중이응剛中而應'이 출제되었다. 같이 시험 보는 사람이 이 구절은 일곱 번 나온다고 하였다. 선생이 묵묵히 헤아려보니 다섯 번만 나왔다. 마침내 기억하는 대로 의義를 제출하였다. 과장을 나와서 조사해보니 과연 다섯 번만 나왔다. 이에 같이 경전 시험을 보는 사람이 서로를 꺼려 하여서 그렇게 말한 것을 깨달았다. 이해(1148)에 선생이 과거에 급제하였다."

찬을 받았고, 이는 마침내 그가 진사에 급제하는 데 결정적인 영향을 끼쳤다.

선비들을 금고禁錮하고 주전파主戰派를 살육하는 진회秦檜의 공포 통치 아래서 선비들은 선으로 달아나 재앙을 피하였고, 거자들은 시권에 선의 설을 많이 씀으로써 고관의 이목을 자극하여 쏠리게 하였다. 진회는 또 왕학王學을 높이고 정학程學을 금하였는데, 왕학의 불교적 선의 분위기는 본래 정학에 견주어 더하면 더하였지 덜하지 않았다. 사대부는 선을 말하고 노자를 담론하는 기호를 보편적으로 길러내서 이러한 기풍이 과장에까지 침입하였다. 소흥 17년(1147)에 태학 박사 왕지망王之望이 주장奏章에서 다음과 같이 말하였다. "거인擧人의 정문程文은 혹 순수하게 본조 인물의 문집 수백 마디나 가송歌頌 및 불교 서적의 전체 구절, 혹은 옛 법식 모두를 시험에 쓰지 못하게 하였습니다. 건염建炎(1127~1130) 초에 이런 답안지를 모두 탈락시켰으므로 해당하는 자가 많았습니다."(『문헌통고文獻通考』 권32 「선거고選擧考」 및 『송사』 권156 「선거」 2 참조) 이때의 주고관主考官 주집고, 초고관初考官 심해沈該, 복고관覆考官 탕사퇴湯思退와 같은 사람들이 또한 모두 부처를 받들고 노자를 좋아하는 무리인지라 불교 학설을 원용하여 유학을 설명한(援佛入儒) 주희의 시권은 자연 그들의 주목을 받았다.

이때 제출한 시권은 주희의 사상 발전에 이정표가 되었다. 이는 다음과 같은 사실을 밝히 드러낸다. 주희에게서 심학心學이 이학理學을 압도하여 주오主悟를 주장하는 도겸의 '소소영령한 선'이 마침내 주정主靜을 주장하는 유자휘의 '세 글자 부적(三字符)'과 싸워서 승리했으며, 도겸의 선의 설이 주희로 하여금 단숨에 금방金榜에 높은 성적으로 오르게끔 하였고, 또한 그가 도겸을 사사하는 직접적인 계기가 되어서 10여 년간 도교와 불교에 드나든 것이 유자휘(*묵조선默照禪)가 규정한 심학의 길을 따라 나아가는 것이 아니라 도겸(*경산선徑山禪)을 따라 나아가도록 결정하였다.

예부시禮部試를 치른 뒤 주희는 초조하게 전시를 기다렸다. 이즈음 끊이지 않고 내리는 봄비는 그에게 선을 추구하는 아흥雅興을 불러일으켰다. 도읍으로 정해진 지 10년이 되는 임안은 비록 아직까지는 사치와 환락이 난무하는 '돈을 빨아들이는 하마(銷金鍋兒, 금을 녹이는 도가니)'로 변하지 않았지만, 일찌감치 총림叢林의 소굴이 되어서 한편으로는 왕공대신이 다투어 정원을 사들이고 저택을 지어 부귀영화를 누리는 안락한 보금자리를 꾸몄고, 또 한편으로는 구차한 안일을 추구함에 따라 사원이 빽빽이 들어서서 선의 풍조가 갈수록 치성해졌다.

주희는 천축天竺에 올라가 구경하고 서호西湖에 배를 띄워 도성의 선과 불교의 기운(禪風佛霧)을 호흡하며, 늦게 핀 복숭아꽃을 대하고서 「무림武林」이라는 시 한 수를 읊었다.

무림　　　　　　　　　　　　　　　　　　　　　　　　　　武林

봄바람 불어도 복사꽃 피지 않고　　　　　　　　　　春風不放桃花笑
궂은비는 나그네 근심에 젖게 하네　　　　　　　　　陰雨能生客子愁
다만 나는 근심에 젖을 마음이 없으니　　　　　　　只我無心可愁得
서호에서 쪽배 타고 풍월을 읊노라　　　　　　　　　西湖風月弄扁舟
　　　　　　　　　　　　　　　　　　　　　　　—『문집』 권10

이는 숨기고 드러내지는 않았지만 실상은 선시禪詩이니, 이른바 '근심에 젖을 마음이 없다'는 말은 바로 종고가 설한 '무심한 곳은 유심한 곳과 다르지 않다(無心處不與有心殊)'는 뜻으로서, 시의 심미적 체험으로 선종의 '무심관無心觀'을 표현한다.

혜능慧能은 무념無念을 마루(宗)로, 무상無相을 본체(體)로, 무주無住를 뿌리(本)로 삼는 저명한 선 수련의 법문을 제시하였는데, '무념'이 곧 '무심無心'이다. 선종에서는 마음이 생겨나면 온갖 법이 생기고, 마음이 사라지면 온갖 법이 사라진다(心生則種種法生, 心滅則種種法滅)고 여겼다. 이 때문에 그들은 사람들이 사물에 무심하고 대상(境)에 마음을 일으키지 않도록 하여 '무심을 써서 곧 바로 성불하기를' 바랐다.

혜능은 "모든 대상에 마음이 물들지 않는 것을 무념이라 한다. 자기의식(自念) 위에서 늘 모든 대상을 떠나며 대상에 대해 마음을 일으키지 말라."(『육조단경六祖壇經』)고 강조하였다. 혜충 선사慧忠禪師는 여기서 더 나아가 "무심하면 저절로 성불한다. 성불이 또한 무심이다."(『경덕전등록景德傳燈錄』)라고 하였다. 무심과 유심有心이 다르지 않다는 종고의 주장은 혜능의 무심설을 구체적으로 발휘한 것이다.

주희는 스스로 무심과 유심이 다르지 않으며, 고요함과 시끄러움이 같음을 이미 투철하게 인식하였다. 그리하여 다음과 같이 생각하였다. 다른 사람의 평범한 마음은 모두 비 때문에 근심하여서 외부 사물에 부림을 당함을 면치 못하나, 자기는 홀로 대상에 마음을 일으키지 않을 수 있으므로 비록 궂은비가 내리더라도 근심에 젖을 마음이 없으니 의구히 즐겁게 '서호에서 쪽배를 타고 풍월을 읊을' 수 있다. 설령 고요함이 이기는 공부를 하지 않았다고 하더라도 여전히 '눈을 뜨고 사물을 대하는 곳에서 편안하고 한가로움을 얻을(於開眼應物處得安閑) 수 있기에 '고요한 곳'에서도 잃어버리지 않고 '시끄러운 곳'에서도 잃어버리지 않는 경지에 이르렀다. 이것이 바로 종고의 신파 선종에서 말하는 '소소영령한 선'에 대한 생동감 있는 해설이며, 마음을 비우고 도를 깨닫는(心空悟道) 경산선의 주지를 시로 승화한 것이다.

도성에서 선을 추구하던 중에 주희는 눈길을 다른 종파로 돌려 천태법화

天台法華의 승지인 상천축사上天竺寺에 가서 불법을 묻고 도를 구하였다. 서호 천축산에 우뚝 솟아 있는 상천축사는 후진後晉 천복天福 4년(939)에 지어졌다. 전하는 말에 따르면, 승려 도익道翊이 기이한 나무를 얻어서 관음보살(觀音大士) 상을 조각하였는데 매우 영험하였다고 한다. 절이 조성된 뒤로 사대부와 인민이 숭배하여 신봉했으며, 향불이 꺼지지 않고 고승이 배출되어서 황제가 행차하여 불법을 묻고, 공경公卿과 사대부가 유람하며 선을 추구하는 사찰로 유명해졌다. 임안으로 과거를 응시하러 오는 거자들도 대다수가 상천축사에 찾아가 관음을 참배하고, 꿈속에 현몽하여 과거에 급제할 수 있도록 기원하였다.

고종 조구趙構는 앞장서서 부처를 믿고 염불을 하였는데, 소흥 3년(1133)에는 평강부平江府의 서장전墅莊田 20경頃을 상천축사에 특별히 회사하였다. 소흥 5년 여름에 큰 가뭄이 들자 조정에서는 항주부杭州府 태수를 파견하여 천축의 관음을 맞이해서 해혜사海慧寺에 모셨고, 반법혜潘法惠라는 고행하는 두타승은 비를 빌고자 놀랍게도 벌겋게 단 쇠구슬을 눈에 집어넣고 그 위에 불을 붙이고 향을 태워서 두 눈이 바짝 타버렸다.

소흥 18년(1148) 정월에 거자들이 도성에 운집했을 때 조구는 또 한번 천축에 행차하여 예불하고 불법을 물음으로써 임안 도성의 인민은 물론이고 사방에서 과거에 응시하러 온 거자들을 깜짝 놀라게 하였다. 2월 19일은 또한 관음보살의 탄신일인지라 상축사의 종과 경쇠와 북과 바라가 일제히 울리고 도량을 크게 베풀어서 더욱 도성의 인민과 거자들의 정신을 어지럽히고 몽롱하게 하였다.

주희는 바로 이런 분위기에 강렬하게 물들어서 상축사를 유람하고 그 절의 스님들과 차를 품평하며 불법을 담론하였다. 그러고서 절의 벽에 기행시를 한 수 제題하였다.

봄날 상축사에서 노닐다　　　　　　　　　　　　　　春日游上竺

천축은 오래된 절　　　　　　　　　　　　　　　　　　竺國古招提

날아오르는 용마루는 푸른 기와와 나란히　　　　　　飛甍碧瓦齊

숲은 깊어 대낮임을 잊게 하고　　　　　　　　　　　林深忘日午

산은 높아 하늘이 낮게 여겨지네　　　　　　　　　　山迴覺天低

빼어난 나무는 한창 초록이 짙고　　　　　　　　　　琪樹殊方色

진귀한 새는 별다르게 우지진다　　　　　　　　　　珍禽別樣啼

사문에 글이 뛰어난 이 있어　　　　　　　　　　　　沙門有文暢

차를 마시며 한가롭게 시를 남긴다　　　　　　　　　啜茗漫留題

　　　　　　　──『항주상천축강사지杭州上天竺講寺志』 권14 및 『무림범지武林梵志』

송이 남쪽으로 옮겨온 이래 묵객墨客, 소인騷人이 모두 상축사를 유람하고 즐겨 제題를 남겼는데, 유명한 이학가인 여조겸呂祖謙, 장식張栻과 같은 사람들도 제시를 남겼다. 유자우劉子翊·유자휘劉子翬 형제는 상축사에 전지田地를 증여하였고 그곳 승려들과 관계가 더욱 긴밀하였으며, 특히 유자휘는 문집에 「천축사를 지나며(過天竺寺)」라는 시를 남겼다.[5] 주희가 상축사의 승려를 방문한 것도 역시 유자휘의 소개 덕분이다.

　주희가 시에서 언급한 '글에 뛰어난 이'와 유자휘가 시에서 언급한 '도인

5　『병산집』 권17 「천축사를 지나며」: 오솔길을 한없이 가노라니 / 몸은 그림 속에 있는 양하네 / 짙은 숲을 뚫고 가려니 / 산 노을 짙어 돌아올 길 모르겠네 // 걸상에서 내려와 잠시 걸터앉아 / 시를 다듬느라 자주 말을 머뭇거리네 // 도인은 나그네를 붙잡아 두려 하고 / 조각달은 홀로 구름 뚫고 나오네(一徑聯鏢去, 身疑在畫圖. 林陰穿欲盡, 山靄近還無. 下榻聊盤礴, 裁詩屢囁嚅. 道人留客意, 片月出雲孤)

道人'은 아마 모두 상축사의 '회암晦庵' 혜명 법사慧明法師를 가리킬 터이다. 『항주상천축강사지』의 「혜명법사전慧明法師傳」에서는 다음과 같이 말한다. "회암 혜명 법사는 염관鹽官 사람이다. 상부사祥符寺에서 출가하였다. 나중에 상축사 혜광慧光 스님을 찾아뵙고 녹륜綠輪 아래서 강습을 들었다. 20년간 밤낮 쉬지 않고 일가교관一家敎觀(법화종 한 종파의 교의와 진리)의 가르침을 철저히 깨달았다. 처음에는 혜통사慧通寺에 머물렀고 나중에는 순왕부循王府 대제待制의 지위에 나아갔다가 부춘富春의 난야蘭若로 옮기기를 청하여서 청산菁山 상조사常照寺에 투신하여 섭공葉公과 함께 관조하여 정좌하고 선정에 들어서 정토로 돌아가는 계책으로 삼았다. 겸하여 『법화경』 등의 경전을 암송하였다. 경원慶元 기미년(1199)에 질병으로 목숨이 위급하게 되자 제자가 게송偈頌을 청하였다. 이에 '골두지외과骨頭只煨過(뼈다귀를 태웠을 뿐이다)'라는 다섯 글자를 써 주었다. 결가부좌를 하고 담담하게 서거하였다." 경원 기미년으로부터 거슬러 올라가면 주희가 상축사를 방문한 때는 바로 혜명도 상축사에서 일가교관의 취지를 익히던 때이다.

나대경羅大經은 『학림옥로鶴林玉露』에서 혜명이 지은 「만강홍滿江紅」이라는 사詞를 주희가 지은 것으로 잘못 전해진 이야기를 다음과 같이 언급하였다. 주희의 이웃에 사는 늙은이가 주희에게 대뜸 (「만강홍」을 지었느냐고) 물었다. 주희는 "내가 지은 것이 아니라 바로 어떤 스님이 지은 것입니다. 그 스님도 스스로 호를 회암晦庵이라고 하였습니다." 하고 대답하였다(『학림옥로』 갑편 권4 「주문공사朱文公詞」). 이로써 주희가 회암 혜명을 알고 있었다는 사실을 알 수 있다. 유자휘가 주희의 자를 '원회元晦'라 지어 주고, 주희가 스스로 호를 '회암晦庵'이라고 한 것도 이상하지 않다.

송 대에 선종은 일찌감치 선종 이외의 이설異說이나 유가, 도가 사상을 겸하여 받아들이고 함께 온축하는 풍조를 성행시켜서 화엄종과 선종의 합류를 이끌어냈다. 불과 극근佛果克勤은 승상 장상영張商英을 만나 선종의 교설 외에 화엄의 교의教義를 크게 펼쳐서 '스님 중의 관중(僧中管仲)'이라는 기림을 받았다. 경산선의 영수 종고는 더욱 유학을 원용하여서 불교를 해설한 대사이다.

그런데 천태종天台宗에서는 '방편법문方便法門'을 고취하여서 불교는 다만 '일불승一佛乘'만 있을 뿐, 이승二乘·삼승三乘은 부처가 중생을 교화하여 부처의 나라에 들어가게 하기 위한 '방편설方便說'에 지나지 않으며, 그 밖의 각 파는 모두 '방편설'로서 천태의 본종本宗에 회귀할 수 있다고 여겼다. 천태종은 바로 이런 '방편법문'을 빌려와 불교·도교·유교 삼가三家의 회통과 조화를 힘써 도모하였으니 유교·불교·도교를 드나들던 젊은 주희의 마음과 정신을 온통 빼앗은 것도 이상할 게 없다.

주희는 방방放榜을 기다리던 여러 달 동안 도성의 총림에서 선을 추구할 시간을 충분히 가졌다. 4월 3일, 조구趙構(고종)는 집영전集英殿에서 수석 합격한 서리徐履를 비롯한 거인을 친히 책문으로 시험을 보였는데, 주희도 이 전시에 참가하였다. 조구가 거자들에게 출제한 '어책御策'은 부끄러운 줄도 모르고 큰소리로 "짐이 예로부터 중흥中興을 이룬 군주를 관찰해보니 광무光武보다 성대한 이가 없었다."(『송회요집고宋會要輯稿』 제110책 「선거選擧」 8)고 하면서 '중흥'의 계책을 묻는 것이었다.

진회와 한패가 되어서 나라를 팔아먹고 화친을 구걸한 어리석은 황제가 광무의 중흥을 크게 말한다는 점은 매우 골계적이고 가소로운 일이었지만, 거자들은 '황제의 의도'를 헤아리고 군사를 동원하여서 회복하는 문제는 모두 조심조심 회피하였고, 다만 내정內政에 관해 큰소리로 변죽만 울리면서 태평을 분식하였다. 그 결과 책문의 논지에서 '경솔한 전쟁(浪戰)'을 반대하고 '군사력으로 승리를 얻기를 바라지 않는다'는 주장을 펼친 왕좌王佐가 장원급제하였다. 주희는 비록 항금애국抗金愛國과 대송중흥大宋中興이라는 소년의 성대한 기상을 가슴에 품고 있었지만 책문의 논지에서는 군사를 일으키자는 격렬한 주장을 발표하지 않았기 때문에 조정의 눈에 들었다.

4월 17일에 조구는 다시 집영전에서 호명(唱名)을 하며 장원급제한 왕좌 이하 330인에게 급제 출신, 동同 출신을 수여했는데, 주희는 제5갑 제90인으로 동진사 출신同進士出身을 수여받았다. 곧 이어서 일련의 번쇄한 석갈釋褐 의식이 진행되었다. 18일에는 새로 진사에 급제한 사람들이 명차名次의 높낮이에 따라 기집期集의 장소에 나아갔으며, 기집 비용 1,700민緡을 하사받았다.

29일에 조정에서 사례한 뒤 5월 2일에는 법혜사法慧寺에 함께 가서 배황갑拜黃甲, 서동년敍同年 의식을 거행하였다. 식장에는 두터운 요(褥)를 깔아 놓고 진사들은 한 줄로 죽 들어와 동서로 나뉘어서 서로 마주하였다. 40세 이상은 동쪽 회랑에 서고 40세 이하는 서쪽 회랑에 서서 마주하며 절을 한 뒤 먼저 진사 가운데 연장자 한 사람을 뽑아서 장원의 절을 받았고, 다시 진사 가운데 연령이 가장 어린 사람을 뽑아서 장원에게 절을 시켰다.

5일에 새로 급제한 진사들은 또 함께 국자감國子監에 나아가 '선성선사추국공先聖先師鄒國公(공자)'을 참배하고 석채례釋菜禮를 행한 뒤 진사들의 이름을 돌에 새겨서 비를 세웠다. 6월 3일, 예부 공원禮部貢院에서 문희연聞喜宴을 베풀어주었는데, 잔치 자리에서 새로 급제한 진사들에게 각기 하나씩 조구의 '어서御書'를 돌에 새긴 「유행편儒行篇」을 하사하였다(『송회요집고』 제107책 「선거」 2). 평민 신분을 벗고 벼슬길에 들어서는 대단한 전례가 그제서야 끝이 났다.

주희는 6월에 임안을 떠나 춘풍득의春風得意하여 귀향길에 올랐는데 여전히 팔팔한 흥취를 갖고 선사를 찾아 도를 물었다. 그의 마음속에 가장 심각하고 깊은 인상을 남긴 일은 배를 타고 구주衢州 강산현江山縣을 지나갈 때 청호淸湖로 가서 양시楊時의 재전 제자 서존徐存을 배알한 일이다. 서존은 자가 성수誠叟, 호가 일평逸平이며 강산에서 가장 명성을 얻고 있는 숙유宿儒로서 애헌艾軒 임광조林光朝, 오봉 호굉胡宏과 서로 알고 지냈고, 남당南塘에 은거하며 학문을 전수하였는데 배우는 사람이 1,000여 인이었다. 그가 스스로 소의蕭顗를 따라 배웠다고 하였으니[6] 주송과는 동문의 벗이었다.

서존의 이학 사상은 이천伊川(정이)과 구산龜山(양시)의 학맥에서 나왔으며 사맹思孟(자사와 맹자)의 심학心學에 정통하였다. 그런데 주희의 뇌리에 맴돌고 있던 것은 도겸 선가의 심학이었으니, 그도 곧 맹자의 '놓친 마음(放心)'의 설에 의문을 품고 비로소 그의 문을 두드리고 찾아뵜던 것이다.

서존은 주희에게 극기귀인克己歸仁·지언양기知言養氣의 설을 상세히 알려주었고, 「심명心銘」 한 수를 지어서 그에게 증여하였다.[7] 그러나 주희는 분명 여

---

6 서존 성수徐存誠叟는 『송원학안』 권25 「구산학안龜山學案」에 전기가 있다. 그의 사승에 관해서는 원보袁甫의 『몽재집蒙齋集』 권11 「서일평집서徐逸平集序」에서 다음과 같이 말하였다. "일평 서 공이 스스로 말하기를 자기는 소 선생(소의)에게서 학문을 얻었고, 소 선생은 구산 양 선생(양시)에게서 얻었다고 하였으니 그의 학문은 대체로 이락伊洛의 학문에서 나왔다." 그러나 권15 「발서일평시첩跋徐逸平詩帖」에서 또 말하였다. "선배 사우師友의 연원이 나온 바를 찾는다면, 예컨대 서일평(서존)이 양구산(양시)을 사사한 것과 같은 것이다." 『구주부지衢州府志』에서도 서존의 학문을 '구산의 학문에서 나왔'고 하였다. 『애헌집艾軒集』 권6 「여양차산與楊次山」에서도 말하였다. "구산 선생에게 영가永嘉한 제자가 있으니 그의 생존 여부는 모른다. 한 사람은 삼구三衢에 있는데 바로 서성수徐誠叟(서존)이다. 내(임광조)가 옛날에 그를 알았는데, 지난날 삼구를 지날 때 보니 이미 80여 세였다." 주희는 『문집』에서 거듭 서존을 '정씨 문인에게서 수업하였다'(권78 「강산현학기江山縣學記」), '일평은 정씨의 문인에게서 수업하였다'(권79 「경행당기景行堂記」)라고 일컬었으니, 아마도 틀림없이 소의의 문인이며 양시의 제자는 아닌 듯하다.

7 『강산현지江山縣志』 권4 「학교學校」 : "일평서원逸平書院은 예전에 남당南塘에 있었는데 송의 일평 선생과 주고정朱考亭(주희)이 강학하던 곳이다." 서수徐需의 「서일평선생정학서원발徐逸平先生正學書院跋」에서 말하였다. "(●일평은) 구산의 정심正心의 학을 얻었고 고상하게 은둔하여서 벼슬을 하지 않았으며 고을의 남당에 은거하였다. 따르는 자가 1,000여 인이었다. 주회암(주희)이 맹자의 방심放心의 설에 의문을 품고 나아가 물었다. 선생이 「심명心銘」을 지어 주었는데, 배우는 사람들이 비결(印訣)로 인식하였다.…… 또, 장중장掎의 「중수일평서원기重修逸平書院記」에서 말하였다. "(●일평) 선생이 남당에서 도를 강론하였고 일찍이 「잠심실명潛心室銘」을 지었다. …… 주자가 일찍이 방문하여 도를 논하였는데 매우 공경하고 숭앙하였다. 이에 남당서원南

전히 소소영령한 선의 설에 의지하여 금방金榜에 이름이 내걸린 홍분에서 벗어나지 못했기에 '불교'는 아직 '유학'을 아는 데 장애가 되었다. 도겸으로부터 전수한 심학을 이용하여서 일평(서존)의 맹자 심설心說을 이해하는 것은 자연 서로 합치하지 않았던 것이다. 나중에 불교를 버리고 유학을 숭상하게 되어서야 주희는 비로소 서존 심설의 진수를 이해하였으나, 뒤늦은 깨달음에 후회막급이었다.

주희는 「발서성수증양백기시跋徐誠叟贈楊伯起詩」에서 자기 사상과 인식의 변화를 다음과 같이 추억하였다. "내 나이 열여덟아홉일 때 서 공 선생을 청호清湖에서 뵈었는데, 극기귀인·지언양기의 설로 어리석음을 깨우쳐주셨다. 그때는 그 말을 깨닫지 못하였으나 오랜 뒤에 바꿀 수 없는 이론임을 알았다."(『문집』 권81)

서존의 심설은 나중에 주희의 사상이 변화하고 발전하는 데 중요한 계발을 하였다. 그래서 주희는 거듭 그를 칭찬하며 "정씨의 문인에게서 수업하였는데 마음에서 터득하고 행실에서 성취하였으며, 또한 그 학설을 미루어서 남을 가르칠 수 있었다. 법도가 되는 행실과 말씀이 전해지는데, 오늘날에서 그다지 멀지 않다."(『문집』 권79 「경행당기」), "학식이 심오하고 행실이 고상하며, 집에서 도를 강론하였다."(『문집』 권78 「강산현학기」)고 하였다. 20년 뒤 주희는 다시 청호에 가서 서존의 무덤에 조문하고, 지나간 일에 대해서 돌이켜 스스로 반성하였다.

소흥 18년(1148)에 멀리 도성에 들어가 노닌(遠游) 일은 역시 그가 원유遠游

塘書院의 편액을 썼다." 모묵毛黙의 「일평 선생의 유적(逸平先生遺迹詩)」에서도 말하였다. "심명의 설은 닳아버린 조각만 남고 / 손때가 묻은 수많은 책을 누가 전하랴? / 친히 도를 묻고 가르침을 세우며 / 여러 차례 질의한 사람은 고정(주희)뿐이라(心銘共說遺殘碣, 手澤誰傳有積書. 訪道親承中立教, 質疑數接考亭車)"

하며 선을 추구한 것과 도교와 불교에 드나든 일의 '전주곡'이었을 뿐이다. 그러나 주희를 추동한 이학 사상과 불교, 도교 사상은 모두 한 차례 비약하였다. 그가 전면적으로 독서를 하는 열광의 시기가 시작되었던 것이다. 그리하여 그의 20세는 그에게서 분계선을 이룬 시기이니, 초년에 학문을 추구하던 길에서 한 시대를 그었다.

주희는 20세 되던 해가 그의 학문 사상이 전환을 이룬 시기라고 여러 차례 언급하였다.

> 나는 17, 8세부터 20세까지 『맹자』를 읽었는데 다만 구절에 따라 이해했을 뿐 투철하게 통하지는 못하였다. 20세 이후 비로소 그렇게 읽어서는 안 된다는 사실을 깨달았다. 원래 수많은 긴 단락이 모두 머리부터 꼬리까지 서로 조응하고 맥락이 서로 관통하니 …… 이로부터 『맹자』를 보면서 뜻이 극히 통쾌하게 이해됨을 느꼈다.

> 나는 15, 6세에서 20세까지 역사서를 도무지 보려고 하지 않았다. …… 필시 세심하지 않았던 것이다.

> 나는 지금 또 여러분에게 바깥일을 물리치고 서둘러 공부를 전일하게 하여 이 도리를 보도록 권유한다. 나는 나이 스물이 조금 넘었을 때 이미 이렇게 공부하였다.

나는 예전에 (*『시경』의) "중씨仲氏(대규戴嬀)가 미더우니 그 마음이 실하고 깊도다. 마침내 온화하고 은혜로워서 맑게 그 몸을 삼가고 선군(장공莊公)의 생각으로 과인을 힘쓰게 하도다."(『시경』「패풍邶風·연연燕燕」)와 "이미 내 도끼 부서지고, 다른 도끼날이 또 빠졌네. 주공周公이 동쪽으로 정벌하니 사방 나라가 임금의 땅이로다. 우리 백성을 아끼는 마음 또한 크도다."(『시경』 「빈풍豳風·파부破斧」), "이윤伊尹이 '선왕께서는 사람의 기강을 닦는 일부터 시작하시어 간하는 말을 따라 어김이 없으셨습니다. 먼저 백성을 따르게 하셨으며, 윗자리에서는 총명을 다하고 아랫자리에서는 충성을 다하셨습니다. 사람들에게 모든 것을 갖추기를 구하지 않았고 제 몸을 검속함에는 미치지 못함이 있는 듯이 하여서 온 나라를 소유하기에 이르렀으니, 이는 얼마나 어려운 일입니까?'"(『서경』 「상서商書·이훈伊訓」)라고 한 말을 읽었다. 이런 곳은 다만 책을 덮고 개연히 생각하기를 그만두지 못하는 내용인데, 벗들은 문자를 보고 이런 뜻을 이해하기 어려워한다는 사실을 알게 되었다. 나는 20세 전후에 이미 『상서』의 대의가 이와 같음을 알았다.

—『어류』 권104

20세 이후 주희의 학문 사상은 두 가지 중요한 변화를 일으킨다. 첫째, 장구章句를 기억하고 외는 죽은 독서에서 경전의 의리를 융회관통하는 방향으로 전환한 것이고, 둘째, 경전 읽기만 중시하는 방법에서 경사자집經史子集과 백가百家의 책을 전면적으로 연구하고 독서하는 방향으로 전환한 것이다. 이와 같은 전면적인 독서는 주희를 소흥 18년(1148)의 원유에서 돌아온 뒤 선학禪學과 이학理學이라는 두 종류 상반된 역량의 충돌과 다툼의 한가운데에 처하게 하였다.

주희는 소년 시절에 과거장에서 빠져나와 사람들에게 염증을 내게 하는 과거 공부의 굴레를 벗어났기 때문에, 이로부터 책의 산과 학문의 바다에서 자유롭게 마음껏 노닐며 불경과 도교 서적의 신비를 한껏 엿보고 탐색할 수 있었다. 하루아침에 과거에 합격하면 곧 관료로서 출세의 길(官場)을 뒤쫓느라 독서를 하찮은 풀강아지처럼 여기는 선비들과는 상반되게, 등과한 뒤 마치 기갈이 들린 듯 독서에 열광했던 일을 그는 스스로 다음과 같이 말하였다. "배우는 사람이 도무지 스스로 힘써 독서하지 않기란 어렵다. 나는 등과한 뒤 독서를 함에 남들이 이러쿵저러쿵 하더라도 전혀 아랑곳하지 않고 한결같이 스스로 글을 읽었다."(『어류』 권104)

이처럼 남들의 시비에 아랑곳하지 않고 벼슬길에 올라 출세하기를 추구하지도 않고서 쉼 없이 열성으로 글을 읽었는데, 특히 불전佛典과 도교 서적은 거의 섭렵하지 않은 것이 없었다. 그는 다음과 같이 말한다.

> 나는 예전에 무엇이나 다 배우기를 바랐다. 선禪·도道·문장·초사楚辭·
> 시·병법 등 무슨 분야든지 배우려고 하였으며(事事要學), 이런 분야에 드나
> 들 때마다 접한 무수한 글을 사안마다 모두 책 두 권에 기록하였다.
>
> ─『어류』 권104

이는 바로 그가 불경과 도교 서적을 읽을 때도 마음으로 터득한 모든 내용을 기록하여 전부 책 두 권으로 만들었다는 말이다. 주희의 사상에 중요한 영향을 미친 불경인 『원각경圓覺經』·『능엄경楞儼經』·『육조단경六祖壇經』과 화엄종·천태종의 주요 경서, 종고 신파 선종의 저작과 도장道藏 중의 도도道圖·도설道說에 대해 바로 이때부터 잠심하여 열람하기 시작하였던 것이다. 이러한 열성적인 독서는 도겸을 사사하는 길로 신속하게 그를 이끌었다.

소흥 18년(1148)에 실시한 과거에서 급제한 일도 주희로 하여금 거자擧子의 정문程文을 버리고 전력을 다해 오로지 고문古文을 익히게끔 하였는데, 이는 바로 그가 말한 '무엇이나 배우려고 한' 것 가운데 '문장'이었다. 그는 이학가에서 고문가로 눈길을 돌렸다. 주희는 당송팔대가唐宋八大家 가운데서 한유韓愈·구양수歐陽修·증공曾鞏을 추숭하였는데, 구양수의 고문을 최상으로 여

졌다. 한편 증공의 산문은 고아古雅하고, 평정平正하며, 엄정하고, 실질적이라고 이름이 났다. 문장의 기운은 구슬을 꿴 듯 일관하여서 특히 사변성이 강한 의론의 글이나 철학적 이치를 담은 문장을 쓰는 데 적합하였다. 증공의 문장구조와 구성은 엄격 근실하고 명석하며, 내용의 서술과 의론은 세부적인 데 이르기까지 두루 상세하며, 어휘와 어구의 사용은 느긋하고 화평하였는데, 이런 점들이 이학가인 주희를 더욱 그에게로 기울어지게 하였다.

그는 증공의 고문을 준칙(圭臬)으로 삼아 잠심하여서 모방하였다. "나는 스무 살 무렵 남풍南豊(증공) 선생의 글을 좋아하여 몰래 흠모하고 본받았다."(『문집』 권84 「발증남풍첩跋曾南豊帖」) 이와 같이 모방하고 본받고 배우면서 주희의 산문은 스스로 남풍 문장의 정수를 갖추었다. 나중에 그는 다음과 같이 말하였다. "나는 마흔 이전에는 여전히 다른 사람의 문장 짓는 법을 배우려고 하였는데, 나중에는 그럴 겨를이 없었다. 그러나 나중에 지은 글은 곧 다만 스무 살 전후에 지었던 글의 방식일 뿐이었다."(『어류』 권139) 이는 곧 그가 증공의 고문을 배웠기에 결국 나중에 육구연도 주희의 문장이 '남풍의 엄격하고 강건함을 얻었다'고 칭찬하지 않을 수 없었던 사실을 가리킨다. 그러나 주희가 남풍을 흠모하고 좋아한 까닭은 단지 그의 문장의 '어휘가 엄격하기(詞嚴)' 때문만이 아니라 더욱 주요하게는 '사상이 발랐기(理正)' 때문이었다(『문집』 권84 「발증남풍첩」).

증공은 고문의 대가이며 시인으로서, 염락濂洛(염계와 낙양. 주돈이·정호·정이를 대표하여 부르는 말)의 여러 유학자보다 일찍 이학을 밝혀서 자기의 이학 사상 체계를 갖추고 당송팔대가 가운데서 자기만의 깃발을 내세웠다. 후촌後村 유극장劉克莊은 다음과 같이 말한다. "증자고曾子固(증공)가 이학을 밝힌 시기는 이락伊洛(정호와 정이)보다 앞서며, 구양수와 이름을 나란히 하면서 송유宋儒의 마루(宗)가 된다."(『후촌선생대전집後村先生大全集』 권111 「서재평심록恕齋平心錄」)

유훈劉壎도 증공 이학 사상의 특징을 언급하였다. "염락의 여러 유학자가 아직 나오기 전에 양억楊億, 유균劉筠의 곤체崑體는 말할 거리가 못 되고, 구양수, 소식을 거쳐 일변하여서 문장이 비로소 옛것을 향하였다. 그들이 군주의 도리, 나라의 정사, 인민의 정서, 군사전략을 논한 내용은 오묘한 경지에 나아가지 않음이 없었으나 이학은 아직 언급하지 못하였다. 이런 때에 남풍 선생 증 문정공曾文定公(증공)이 홀로 문장은 성리性理에 근거한다고 주장하였다. 정치의 도리를 논하면 반드시 정심성의正心誠意에 뿌리를 두었고, 예악을 논하면 반드시 성정性情에 뿌리를 두었으며, 학문을 논하면 반드시 내면에 힘씀을 주로 삼았고, 제도를 논하면 반드시 선왕의 법을 뿌리로 삼았다. …… 이는 주 문공이 평론한 글인데, 그가 오로지 남풍을 법도로 삼은 까닭은 대체로 주렴계(주돈이), 이정二程(정호와 정이)에 앞서서 맨 먼저 이학을 밝혔기 때문이리라."(『은거통의隱居通議』 권14 「남풍선생학문南豐先生學問」) 그래서 후세에 남풍을 일컬어 '문장이 성학性學에 뿌리를 두었다'고 하여 송 대에 '도통道統'을 계승한 '유종儒宗'으로 높였으며, 단순히 '문통文統'에서 한자리를 차지하는 고문의 대가로 지목하는 데만 그치지는 않았다.

증공도 주돈이, 정호와 정이, 소옹, 장재와 함께 주희가 어렸을 때 이학 사상을 섭취한 중요한 연원이 되었다. 그는 주희가 도학가와 고문가를 소통시켜서 두 파를 집대성하는 데 이용한 천연의 교량이었다. 주희는 증공을 통해 도학가와 고문가의 사상과 학문 노선을 융합하고, 도통과 문통을 통일했던 것이다.

주희는 소흥 18년(1148)에 도성에 들어가 원유하고 돌아온 뒤 오로지 증남풍(증공)을 배운 직접적인 성과를 거두었다. 바로 『증자고연보曾子固年譜』를 지은 것이다. 이 책은 주희가 동안에 부임하기 전에 완성한 것으로서 20세 이후 열성적으로 독서하던 시기의 사상과 학문을 대표한다. 증공에 대한 주희의 인식은 주희가 연보를 위해 쓴 서문 두 편에 집중적으로 응결되어 있다.[8] 두 서문은 주로 증공을 어떻게 인식하는가를 논하고 있는데, 여기서 주희는 증공을 단지 '문장이 뛰어나다(文高)'고만 평가한다면, 이는 그를 '천박하게 아는 것'일뿐 아니라 '천박하고 망령된 짓'이라고 여겼다. 이는 주희가 남풍(증공)을 배우면서 중시한 것이 그의 이학이지 문장만은 아니었음을 나타낸다. 이는 당시 보편적으로 증공을 '문장이 뛰어나다'고 추중하던 기풍에 반대하는 기이한 주장으로서 세상을 놀라게 하는 새로운 견해였다. 침체된 고문의 문단에 이와 같은 새로운 주장이 돌연 나타나서 이학가의 마음속에 고문가 증공을 등장시켰던 것이다.

더욱이 주희의 이런 인식은 당시 크게 왕학王學을 숭상하던 진회에 반대한다는 역사적 배경을 지니고 있다. 원래 주희가 서문에서 거듭 배척한 '속이 좁고 비열하며(湫然卑鄙)' '세상이 중시한(爲世所重)' '이 사람(斯人)'이란 바로 악명 높은 진회였다.[9] 증공의 이학은 왕안석의 학문과 심각하게 엇갈렸다. 진회는

---

8 이 서문 두 편은 주희 문집에 실려 있지 않다. 『어류』 권139 양방楊方의 기록을 보면, "선생은 예전에 남풍南豐(증공)의 문장을 좋아하여서 그를 위해 『연보』를 지었다."고 하였다. 『직재서록해제直齋書錄解題』 권17 「원풍유고元豐類稿」에서도 "중서사인中書舍人 남풍 증공 자고鞏子固가 지었다. …… 『연보』는 주희가 편집한 것이다."라고 하였으니 주희가 남풍의 연보를 지은 사실이 충분히 증명된다. 또 단평端平 원년(◦1234)에 지은 사채백謝采伯의 『밀재필기密齋筆記』에서 다음과 같이 말하였다. "주 문공이 남풍을 위해 『연보』를 짓고 '맹자와 한자韓子(한유) 이래 수많은 작품을 남긴 사람으로서 이 사람만 한 이가 없는데, 어째서 세상이 공을 알아주는 것이 천박한가!'라고 하였다.……" 사채백은 주희와 동시대 사람인데 주희보다 조금 뒤에 살았으며 그가 인용한 글은 바로 서문 두 편과 같다. 유훈이 인용한 서문 두 편이 결코 위작이 아님은 충분히 입증된다.

9 주희가 서문에서 배척한 사람이 누구인지는 종래 알려지지 않아서 유훈도 다만 '생각건대 당시 권세 있는 지위'의 사람일 것이라고 의심하였다. 지금 생각건대, 손적孫覿의 『손상서문집孫尚書文集』의 「발후산집후跋後山集後」, 왕명청王明淸의 『휘주록揮麈錄』 제3록에 인용된 왕질王銍의 『수기記記』는 『어류』 권139 보광輔廣의 기록을 참조하였다. "내(보광)가 또 후산後山(진사도陳師道)

분명히 왕학을 높였으면서도 고상한 문사에게 빌붙듯이 증공에 대해 붓끝을 놀려 「시손문示孫文」, 「발후산거사집跋後山居士集」 따위의 추한 글을 지어서 그가 어떻게 '문장이 뛰어난지' 치켜세웠다. 이런 점에서 주희가 증공의 이학을 내세워서 진회가 증공의 '문장이 뛰어나다'고 내세우는 데 반대하려고 한 것도 이상하지 않다. 당시에는 공개적으로 정학程學을 내세울 수 없었다. 따라서 증공의 이학을 내세운다는 사실은 곧 주희의 진정한 목적이 정호와 정이의 이학으로 진회의 왕학을 반대하는 데 있었음을 의미한다.

진회가 자자손손 영구히 보존할 목적으로 지은 하찮은 「시손문」이 나오자 후안무치한 사대부들은 어지러이 앞을 다투어 먼저 보는 것을 영광으로 삼고서 낯간지럽게 치켜세우고, 인쇄하여 널리 전파하였으나 20여 세의 젊은 주희는 글을 써서 통렬하게 배척하였다.(＊다른 사람들은 모두 진회가 죽은 뒤에 배척하였다) 이는 역시 투항과 매국을 통렬하게 비판하고 견결하게 전쟁을 주장하며 화친을 반대하는 주희의 담력과 식견을 드러낸다. 고집스럽고 오만하게 감히 어리석은 군주와 용렬한 재상을 곁눈으로 째려보며 냉대한 그의 도학적 성격은 이미 이 시기에 형성되었던 것이다.

한편으로는 선과 노자의 책을 열성으로 읽고, 한편으로는 정호와 정이, 증공의 책을 잠심하여 연구하면서 상반된 선학과 이학을 함께 성취한 정신적 역량은 서로 소장消長하고 서로 융화하면서 마침내 주희를 심학의 길에 올

은 남풍(증공)의 문장을 마루로 삼았느냐고 물었다. …… 진 승상(진회)이 자기 자손을 가르치려고 지은 글 가운데 후산을 언급한 곳을 들어서 말씀하셨다. '그는 모두 잘못 기억하고 있다. 남풍은 사관史館에 들어갔을 때 일찍이 형화숙邢和叔(형서邢恕)을 천거하였다. 후산을 천거하려는 뜻을 품고 있기는 했지만 그가 아직 관직을 얻지 못했던 탓에 그만두었다.'" 주희가 두 서문에서 배척한 사람이 틀림없이 진회임을 알 수 있다. 『노학암필기老學庵筆記』 권6, 『후촌선생대전집後村先生大全集』 권175 「시화속집詩話續集」을 참조하여 보라.

려놓았다. 20세 이후 주희의 맹렬한 독서는 선가의 이심관심以心觀心의 심학적 인식 – 수양 방법론을 따라 이루어졌다. 그는 스스로 20세 이후의 전면적인 독서가 내 마음(吾心)으로 성인의 마음을 '체험'하는 시기였다고 일컬었다.

> 독서를 하면 모름지기 자기 마음으로 성인의 마음을 체험해야 한다. 잠시라도 익숙하게 체험하면 자기 마음이 곧 성인의 마음이 된다. 나는 20세 때부터 도리를 보았는데 바로 그 이면裏面을 보려고 하였다.
>
> —『어류』 권120

이런 이심관심, 오성합일吾聖合一은 일종의 향내적向內的 체험이며, 신묘한 직각적 관조로서 주희는 스스로 여기서 이통이 말한바 도겸道謙의 '이면에 나아가서 체인體認'하는 공부를 아주 잘 해석하였던 것이다. 이 공부는 외물을 접촉하지 않고 다만 내심적 자아의 '잠깐의 체험(少間體驗)'과 '이면의 체인'을 빌리면 곧 천리天理를 인식하고 성인의 마음을 밝힐 수 있다는 것이다. 이는 바로 그가 나중에 비판했던, 불가의 '마음으로 이치를 이해하는 것(以心會理)'이지 유가의 '사물에 나아가 이치를 탐구하는(就事窮理)' 것은 아니다.

이런 체험 혹은 체인은 바로 종고 신파 선종의 간화선이 추구하는 신비한 직각적 깨달음(悟入)과 같다. 주희는 '잠깐의 체험'에 의지하여 내 마음과 성인의 마음이 한 몸으로 하나가 되는 경지에 도달하였으며, 종고는 화두와 기봉機鋒을 빌려서 단숨에 초월함으로써 불교의 이치를 직접 깨달았다. 이리하여 도겸의 '소소영령한 선', '이면에 나아가 체인하는' 심학의 인식 – 수양 방법은 주희의 몸에서 초보적으로 확립되었다. 이러한 심학은 그에게는 도겸을 사사하는 데로 나아가는 길을 평탄하게 닦는 것이었다. 그는 이렇게 선을 찾는 원유를 시작하였다.

소흥 18년(1148)에 등과한 뒤 주희는 또 두 차례 원유를 하였다. 소흥 20년 봄, 무원婺源으로 돌아가서 조상의 묘에 성묘한 일은 민閩을 떠나 첫 번째 금의환향한 원유였다. 주고료朱古僚가 남쪽으로 와서 처음 흡현歙縣 황돈篁墩에 거주하면서 그곳의 주가항朱家巷은 주씨 선대의 고거故居가 되었다.[10] 주고료가 나중에 옮겨가서 터전을 잡은 무원의 현고진弦高鎭은 현의 남쪽 명도방明道坊에 있었는데 나중에 바로 주희의 '궐리闕里'로 불리게 된 곳이다.

주희의 6대 조상의 묘는 모두 무원에 있다. 주고료가 죽은 뒤 두씨杜氏와 합장한 묘는 만안향萬安鄕 천추리千秋里에 있으며 지명은 연동連同이다.[11] 그 뒤 몇 대 동안 무원의 장지에는 많은 변천이 있었다. 주삼朱森과 주송朱松에 이르러서는 무원의 만년향萬年鄕 송암리松巖里에 거주하였고, 그들은 죽은 뒤 민 땅에 매장되었으며, 무원에 있는 조상의 묘는 오래되어 이미 황폐해졌다.

---

10 『안휘통지安徽通志』 권45 : "주가항은 부의 서남쪽 황돈篁墩에 있으며 주자의 선대가 거주하던 곳이다. 『현지縣志』에 '주가항은 부약산富篢山에 있으며, 주 문공의 선대 고거故居이다'라고 하였다."

11 주희의 「무원다원주씨세보서婺源茶院朱氏世譜序」에서 말하였다. "다원부군茶院府君은 휘가 괴瓌이며 또 다른 이름은 고료古僚이다. …… 두씨 넷째 따님(四娘)인 두 부인에게 장가들었다. 만안향 천추리에 합장하였으며, 지명은 연동이다." 『신안월담주씨족보新安月潭朱氏族譜』 권1을 참조하라.

주희는 연동連同·관갱官坑·탕촌湯村·왕교王橋·진하鎭下·소항小港 등 여섯 군데 선조의 매장지를 찾아보고 봉지封識를 지었다. 본래 주송은 민에 들어갔을 때 무원에 있는 조상의 전지 100무畝를 저당 잡히고 자금을 마련하였는데, 나중에 무원의 동향 사람 장돈이張敦頤가 그를 대신하여 저당물을 되찾아서 10년간 전조田租를 받아 (자기가 지불한) 값을 충당하였다. 그러다가 소흥 13년(1143)에 이르러 주송이 죽자 장돈이는 전지를 주희에게 돌려주었다. 이때 주희는 조상의 묘에 대해 봉지를 지은 뒤 100무의 전조 수입을 해마다 성묘하고 제사하는 비용으로 충당하였다.[12]

그러나 주희가 선영先塋을 방문한 것도 다만 오래전부터 전해오는 설에 근거하여 이루어진 일이며, 그 스스로도 조상의 묘지가 믿을 만하다고 여기지는 않았다. 순희 6년(1179)에 주희는 신주信州에서 제자 김붕열金朋說에게 다음과 같이 말하였다. "우리 집안 족보가 잔결된 탓에 9대조 다원부군茶院府君 이하부터는 점차 분묘를 잃어버려서 지금은 감히 그 묘지라는 것도 반드시 믿을 수 없다. 또한 오래전부터 전해오는 설일 뿐이다."(김붕열, 「왕계김씨족보서汪溪金氏族譜序」) 무원에 두 번째로 돌아왔을 때 새로 다시 지은 봉지는 그가 편정한 『무원다원주씨세보』에 수록되었다.[13]

---

12 우집虞集의 『복전기復田記』에 보인다. 『안휘통지』 권224 「문원文苑」 : "장돈이는 자가 양정養正이며 무원 사람이다. 소흥 때 진사가 되었고, 남검주南劍州 교수를 지냈으며 주송과 우의가 좋았다. 뒤에 선성宣城의 수령이 되어서 일을 맡아보았다. 저서에 『편년육조사적編年六朝事迹』, 『형양도지衡陽圖志』가 있다."

13 『안휘통지』 권59 : "주 문공 조상의 묘는 여섯 기가 있다. 하나는 연동, 하나는 관갱, 하나는 탕촌, 하나는 왕교, 하나는 진하, 하나는 소항에 있다. 소흥 연간에 주자가 숭안崇安에서 고향으로 돌아와 여러 선영을 찾아보고 봉지를 짓고서 갔다." 그러나 주희의 『무원다원주씨세보』에 근거하면 조상의 선영은 흡계歙溪·노촌蘆村·당촌塘村·정가교丁家橋에 있으며 진하와 소항에는 없으니, 이 봉지는 순희 3년(1176)에 재차 무원에 돌아가 새로 지은 것이다.

조상에 성묘를 하는 일 말고도 주희는 명도방 앞거리 오른쪽에 있는 주씨 가묘家廟에도 참배하고, 주씨 고택에 있는 홍정虹井에 가서 감회에 젖으며(憑弔), 주송이 독서를 했던 곳으로서 성 남쪽으로부터 3리 떨어진 자양산紫陽山을 유람하고, 흡현 망경문望京門 비래산飛來山의 여덟 봉우리 오솔길을 지나 외가인 축씨 집안과 외조부 축확을 배알하였으며, 무원의 친구와 마을 어른들을 두루 방문하였다. 이는 그가 신안新安에서 처음으로 자기의 영향력을 전파한 일이었다.

　　신안의 민간 풍속은 귀신을 믿고 무당을 좋아해서 도처에 사당(淫祠)이 세워져 있고, 독서하는 선비들조차 모두 사당에 참배하고 복을 빌며 향을 태우고 귀신에게 간구하기를 좋아하였다. 주씨 조상의 묘 부근에 멀리까지 소문난 오통묘五通廟가 있었다. 본래는 소씨蕭氏 겨레 조상의 묘였지만 해마다 4월 8일이면 사방에서 선남선녀가 어지러이 찾아와 경배하고 길흉화복을 점쳤다. 주희는 무원에서 마침 오통묘의 성대한 참배 행사와 맞닥뜨렸다. 그는 귀신이란 '두 기의 본질적 기능(二氣之良能)'에 지나지 않는다고 믿었기 때문에 고을의 인민과 선비가 귀신을 숭상하는 어리석은 행위를 비평하고, 겨레붙이가 아무리 강하게 권유해도 오통묘의 귀신에게 참배하려고 하지 않았다.

　　주희는 나중에 이 일을 다음과 같이 언급하였다.

　　　귀신을 숭상하는 풍속으로 인하여 신안新安과 같은 곳에서는 아침저녁으로 마치 귀신의 소굴에 있는 것과 같았다. 내가 한 번은 고향에 돌아갔는데, 이른바 오통묘라는 것이 가장 영험하다고 소문이 났다. 뭇사람들이 받들어 모시면서 화복禍福이 즉시 나타난다고 하였다. 주민들은 문을 나서면 곧 종이쪽지를 지니고 사당에 들어가 복을 빌고서야 길을 나섰다. 지나가는 선비들은 반드시 명함(名紙)에다 '문생門生 아무개가 사당에 참배합니다(謁廟)'하고 써서 들였다. 내가 처음 고향에 갔을 때 집안사람들이 그곳에 갔다 오라고 들볶았으나, 가지 않았다. 이날 밤 겨레붙이가 모여 관사(官司)로 가서 술을 마셨는데, 재가 들어 있는 것을 급히 마셨다가 결국 밤새도록 속이 뒤틀렸다. 다음 날 또 우연히 뱀 한 마리가 층계 옆에 있었다. 뭇사람들이 내가 사당에 참배하지 않았기 때문에 이런 일이 생겼다고 떠들썩하였다. 나는 "속이 뒤틀린 것은 음식을 소화하지 못해서 그런 것인데, 그 일과 무슨 상관이 있는가! 오통에 뒤집어씌우지 마시오."라고 하였다. 그 가운데 학문에 뜻을 둔 사람이 있었는데, 그도 와서 "이 또한 뭇사람들을 따르는 길입니다." 하면서 오통묘에 갔다 오라고 권하였다. 내가 "뭇사람들을 따라서 무엇 하겠소? 그대도 이런 말을 할 줄은 생각지 못하였소! 내가 다행히 이곳에 돌아와서 조상의 묘에 아주 가까이 있소. 만약 오통묘가 화복을 내릴 수 있어서 내가 죽더라도 나를 조상의 묘 곁에 묻어준다면 매우 편하겠소!"라고 하였다.

— 『어류』 권120

이는 바로 어렸을 때부터 형성된 주희의 도학적 성격의 발로로서, 그의 이학적 이성의 정신이 불교와 도교에 출입했다고 해서 없어지지는 않았음을 드러낸다.

그가 이때 무원으로 돌아가서 얻은 주요한 수확은 유정(兪靖)·홍준(洪搏)·장돈이·등수(滕洙)·동기(董琦)·정정(程鼎)·이증(李繒) 등과 같은 흡현 무원 일대의 유명한 유학자 선배 및 시인들과 광범위하게 접촉하고, 시부(詩賦)와 학문을 강론하며, 고향에서 첫 번째 제자들을 받아들였다는 점이다. 시와 문장으로 유명한 이들 '고향 선배(鄕先丈)'의 대다수는 시작(詩作)에서는 강서시파의 길을 걸었고 이학에서는 정호와 정이를 추숭하면서도 불교와 도교의 좋은 점을 즐기는 측면이 있었기 때문에 주희는 정신적으로 그들과 상통하였다.

첫 번째 베푼 연회에 고향의 친척과 벗, 선배들이 모두 와서 흥겹게 모여 옛일을 이야기하며 즐겼다. 얼큰하게 취했을 무렵 좌객들은 하나하나 차례로 돌아가며 시편을 읊조렸는데, 한평생 뜻을 얻지 못한 주희의 외숙부(表叔) 정정程鼎이 흐느끼듯이 노래하였다. 주희가 홀로 낭랑하고 높직이 「이소離騷」의 한 장을 읊자 좌중은 경이롭게 여겼다. 나중에 동기는 다음과 같이 말하였다. "선생이 홀로 「이소경離騷經」의 한 장을 노래했는데 토해내는 소리가 우렁 차고 유창하여서 좌중의 손님들이 두려운 듯이 놀랐다."(『연보』)

정정은 자가 복형復亨이며, 주송에게 배움을 물었고 춘추학에 정통하였다. 동기는 자가 순지順之이며, 정정에게서 춘추학을 배웠고 홀로 호안국의 『춘 추전春秋傳』을 높였다. 그는 풍수지리를 믿어서 일찍이 거주지 5리 밖에 있는 금산金山을 자기의 장지로 골라 두었다. 나중에 주희의 집안 형이 죽은 뒤 장 사 지낼 땅이 없어서 주희가 동기에게 알리고 땅을 구하자, 그가 곧 금산을 떼주었다. 나중에 동기가 죽은 뒤 주희는 그를 위해 묘지명을 지었다. 그의 둘째 아들 동수董銖는 주희에게 사사하였다.

홍준은 자가 절부節夫이며, 주룡산主龍山의 원림에 집을 짓고 제자를 가르 치며 학문을 강론하였다. 저서에 『국파언지록菊坡言志錄』이 있다. 장돈이는 자 가 양정養正이며, 역사학에 정통하였고, 『편년육조사적編年六朝事迹』, 『형양도지 衡陽圖志』가 세상에 전한다. 이중은 자가 참중參仲이며, 무원 종산鐘山에 은거하 고 벼슬하지 않았다. 스스로 호를 종산 선생鐘山先生이라고 하였다. 주희는 그 의 시문에 대해 '필력이 분방하나 법도가 근엄하여서 배우는 사람이 미치기 어렵다'고 평가하였다.

학문에 저마다 장기가 있는 이들 선배는 젊은 주희에게 많건 적건 영향을 미쳤다. 그들은 저마다 제자들을 배양하였다. 주희는 무원에서 소년으로 등 과한 진사라는 명망을 갖고서 신안의 이들 수많은 후생後生 학자들과 시를 말하고 문장을 논하였으며, 학문을 강론하고 도를 논하여서 평생 처음으로 환지皖地(안휘성)에 자기의 영향력을 미쳤다. 그가 평생 즐겨 제자와 학문을 강론한 생활이 이렇게 시작되었던 것이다.

주희는 두 차례 무원으로 돌아가서 앞뒤로 신안의 제자 30여 인을 거두었다. 『자양서원紫陽書院』에서는 "선생에게 수업한 사람이 매우 많았으나 지금 고제자로 정해진 이는 열두 사람이다."라고 하였다. 열두 고제자는 무원의 정순程洵·등린滕璘·등공滕珙·이계李季, 적계績溪의 왕탁汪晫, 흡현의 축목祝穆·오창吳昶, 휴녕休寧의 정선程先·정영기程永奇·왕신汪莘·허문위許文蔚, 기문祁門의 사련謝璉이다. 제자 30여 명 가운데 어떤 이들은 바로 주희가 첫 번째 무원에 갔을 때 예를 갖추고 찾아와서 배움을 물은 사람들이다.

신안군에서 축씨·정씨·왕씨·주씨·오씨·허씨는 명문거족으로서 대대로 인척 관계였다. 이들 유명한 겨레의 자제는 모두 주희와 멀건 가깝건 인척 관계에 있었으며, 소년에 뜻을 얻은 주희를 존경하여 잇달아 와서 배움을 물었다.

주희의 외사촌 아우(表弟) 정순은 자가 윤부允夫이며 정정의 아들로서 시문에 특히 마음을 기울여 전공하였다. 주희는 무원에 처음 와서 정순을 안 뒤로 바로 시문을 가지고 그와 토론을 전개하였으며, 시 세 수를 지어서 그를 칭찬하였다.

외가 인물 가운데 그대가 있네	外家人物有吾子
내 평생 본 적은 없었지만……	我乃平生見未嘗
지금 문자를 보니 매우 볼만하네	文字只今多可喜
뒷날 강호에서도 서로 잊지나 마세	江湖他日莫相忘

고향 집에 돌아오니 나무는 구름을 뚫고 자랐네   故家歸來雲樹長

줄곧 고단한 삶에 고향을 꿈꾸었더니 ……   向來辛苦夢家鄉

행적은 아직 견결하지 못한데   行藏正爾未堅決

봄바람에 준재가 찾아오는 것을 보네   又見春風登俊良

당년의 여러 어르신을 추억하네   我憶當年諸老翁

경륜과 사업이 오래도록 서로 들어맞았던 ……   經綸事業久參同

지금 쓸쓸하게 삼성이 비추는 새벽   只今零落三星曉

누추한 집에 숨어 삶은 싫지 않네   未厭棲遲一畝宮

—— 『신안문헌지新安文獻志』 갑권56 및 『존덕성재집尊德性齋集·보유補遺』

다만 정순의 시문은 미산眉山의 소씨(소식蘇軾)를 배워서 소학蘇學을 추숭하였으며, 소학과 정학程學을 하나로 절충하고 조화하려 했기 때문에 오로지 정학만 높이는 주희의 비평을 받았다.

정순은 나중에 주필대周必大에게 보내는 편지에서 자기는 "홀로 미산 소씨(소식), 하남 정씨(정호와 정이)의 글을 취하여 읽었더니 마음이 열리고 눈이 밝아져서 공경하는 마음이 크게 생겼으며, 황홀하여서 마치 여러 선생님들을 책속에서 대하고 친히 가르침을 듣는 듯하였습니다. 오랜 뒤 지금의 비각 수찬 주 공(주희)이 칠민七閩(복건)에서 돌아왔는데 한번 뵈었더니 나를 가르칠 만하다고 여기고 격려하여서 성취하게 해주었습니다."(『존덕성재집』 권2 「상주익공서上周益公書」)라고 하였다.

젊은 주희의 눈에 소식의 글은 비록 활달하나(肆) 이치가 바르지 못하여서 법도로 삼기에 충분하지 않으며, 소학蘇學은 왕학王學과 마찬가지로 배척해야 할 대상이었다. 그는 정순에게 잇달아 편지 세 통을 보내서, 세 선생의, 『논

어』·『맹자』·「이소」·『시경』을 근본으로 삼고 유종원과 도연명을 입문으로 삼
은 시 교육과 '돌이켜 자기에게서 추구함(反求諸己)'을 중요한 목표(要務)로 삼은
유학을 상세히 알려주었는데, 그 참된 뜻은 바로 정학으로써 소학을 반대하
고, 도연명·위응물의 '담박함(淡)'으로써 소씨 세 부자(소순·소식·소철)의 '활달함
(肆)'을 반대하는 데 있었다.

원우元祐(1086~1094), 정화政和(1111~1118) 이래 소학과 정학은 서로 공격하였
고, 촉당蜀黨과 낙당洛黨은 분열하여서 마치 숯과 얼음이 서로를 받아들이지
못하는 듯한 형세로 배격하였다. 이런 와중에도 소학과 정학을 절충하여 이
름이 한 시대를 뒤흔든 사람들도 있었다.

무원의 '고향 선배(鄉先輩)'인 등수滕洙는 예장豫章의 나중소羅仲素(나종언)와 나
숙공羅叔恭 형제로부터 미산 소씨의 학문을 전수받았고, 또 신숭神崧의 여절부
呂節夫(여화문呂和問)와 여인부呂仁夫(여광문呂廣問) 형제에게서 이락伊洛 정씨의 학문
을 전수받았으며, 문사文詞로 자못 이름을 날렸다. 주희를 따라 배운 그의 두
아들 등린과 등공도 이런 가학家學의 영향을 받았다. 이런 분위기였던지라 정
순의 관점은 매우 대표성을 지니고 있었다. 다만 주희는 이때 소씨와 마찬가
지로 불교와 도교에 푹 빠져 있었기에 소학에 대한 비판도 그다지 격렬하지
는 않았다. 그러나 소학에 대한 그의 질시는 분명히 왕학에 대한 반감과 함
께 어릴 때부터 마음속 깊은 곳에 뿌리를 내리고 있었다. 주희는 나중에 민
에 돌아가 정순과 함께 줄곧 소학, 정학에 대해 서신을 주고받으며 논변을
전개하였고, 정순이 죽기 전에 『소씨기년蘇氏紀年』을 완성하자 또한 「독소씨기
년讀蘇氏紀年」을 써서 혹독하게 비판하였다.

주희는 무원에서도 정학을 이용하여 신안의 학자들을 열어주고 인도하였
다. 그의 또 다른 외사촌 아우 축직청祝直淸은 여러 차례 주희와 대면하고 정
학을 논하여서 주희로부터 신임을 얻었다. 주희는 민에 돌아간 뒤에도 축직

청과 함께 공동으로 '태숙옹大叔翁(정경로鄭耕老)'이 지은『논어훈석論語訓釋』,『맹자훈석孟子訓釋』을 연구하였으며, 그에게『이정어록二程語錄』과 자기가 지은『맹자집해孟子集解』를 보내주었다. 축직청은 나중에 건도乾道 연간(1165~1173)에 향시에서 장원(解元)을 하였다.[14]

또 한 사람 무원의 선비 왕차산汪次山은 주희에게 직접「사우당기四友堂記」를 써달라고 청하였으며, 경전을 읽는 방법을 물었고, 자기 아들에게『주례周禮』를 읽히고 학문에 착수하도록 하는 방법에 관한 의견을 구하였다. 주희는 민으로 돌아와 그에게 답장을 써서 경전을 읽을 때 '이단의 서적(異書)'으로부터 탐구해서는 안 된다고 알려주었다.

"『주례周禮』는 이곳에 없습니다. 아드님은 올해 몇 살입니까? 다른 경전은 어째서 공부하지 않고 반드시『주례』를 공부하려는 까닭은 무엇입니까? 대체로 경전을 공부하는 방법은 먼저 정경正經을 숙독하고 다음으로 주소注疏를 참고하며, 예악禮樂, 제도制度, 명수名數에 이르러서는 주소를 더욱 많이 보아야 하는데, 모르겠습니다만 아드님은 일찍이 이렇게 공부를 하였습니까? 만약 자질이 대단히 놀라워도 모름지기 3년을 공부해야 합니다. 그러면 저절로 정확하고 익숙해지며 환히 꿰뚫어 이해하게 되니 어찌 다른 것을 구하겠습니

---

14 『신안문헌지』 갑권9에 수록된 주희의 「여축직청서與祝直淸書」에 보인다. 축직청에 대해서는 정상관程尙寬의 『신안명족지新安名族志』 상권「축씨祝氏」에서 다음과 같이 말하였다. "무원의 중산中山은 읍 남쪽 50리에 있다. 그의 선조는 약約인데, 당 때 은청광록대부銀青光祿大夫를 지냈고 덕흥德興에 거주하였다. 휘가 승준承俊이라 하는 이에 이르러서 흡歙의 망경문望京門으로 옮겨가 '반주 축씨半洲祝氏'로 불렀다. 송 때 충주 사호忠州司戶를 지낸 길吉이라는 이는 백부인 주희의 외조부 확確의 말을 듣고 주州로 옮겨가서 일을 다스렸는데, 온 집안이 죄를 얻어 비로소 중산으로 옮겨갔다. 두 대를 지나서 직청이라는 이가 있었는데, 무재茂才(수재秀才)로 천거되었고 무석無錫의 지현知縣을 지냈다.……" 축씨의 온 집안이 죄를 얻은 일은 주희의 「외대부축공유사外大父祝公遺事」에 보인다.

까? 저 학문이 성취되어 이름이 드러나는 것이 어찌 반드시 모두 이단의 서적에 있겠습니까!"[15]

학문을 함에는 반드시 먼저 본 경전을 탐구하고 주소를 참조해야 하며, 여러 해 글을 읽고 이치를 탐구하되 순서에 따라 점차 나아가야 한다. 주희가 죽을 때까지 받들어 행한 정주파程朱派의 이 기본적인 독서와 경전 연구 방법은 원래 그가 20세 전후로 열심히 경서를 읽던 가운데 깨달아 얻은 것이다. 그러나 주희는 비록 다른 사람에게는 경서를 읽고 이치를 탐구할 때 '이단의 서적'에서 구해서는 안 된다고 요구하였지만, 그 스스로는 도리어 불경과 도장道藏의 '이단의 서적'에 즐겨 드나드는 가운데 '성인의 도'를 탐구할 수 있음을 인증하였다.

도교와 불교에 드나드는 젊은 주희에게는 두 가지 자아, 곧 이학적 자아(理學自我)와 심학적 자아(心學自我)가 있었는데, 이 두 자아는 대립하면서 통일을 이루었다. 심학적 자아는 그로 하여금 더욱더 선을 추구하여 원유하도록 주재하였다. 그는 여름에 무원을 떠나 민으로 돌아오면서 덕흥德興·귀계貴溪·익양弋陽·연산鉛山의 길로 돌아왔는데, 바로 선사를 찾아 배움을 물으려는 의도에서 그리했던 것이다.

덕흥에서 그는 유명한 시인 동영董穎을 방문하였다. 동영은 자가 중달仲達이며, 가장 일찍이 주희의 시문을 알아본 강서의 고음시인苦吟詩人으로서 노

---

15 이 편지는 『신안문헌지』 갑권9에 실려 있으며 『휘주부지徽州府志』 권11에도 보이는데, 『문집』에는 실려 있지 않다. 『신안문헌지』의 편지 아래에 원元 지정至正 무자년(1348) 10월 병술에 왕택민汪澤民이 쓴 발문이 수록되어 있는데, 거기에서 다음과 같이 말하였다. "우리 겨레는 주자와 대대로 혼인 관계로 얽혀 있다. 이 두 첩帖은(·생각건대, 이 편지와 「사우당기」를 써달라고 청하는 편지를 가리키는데 뒤의 편지는 지금은 사라졌다) 생각하는 뜻이 깊고 두터운 것이 언어 표현에 넘친다. 「사우당기」를 써달라고 한 청은 이미 이루어져서 경전의 뜻을 밝히는 가르침에 얻은 바가 많다."

장을 아주 좋아하였다. 주희의 마음속에서 그는 공에 오르고 허를 밟는(凌空踏虛) 비현실적인 위魏·진晋의 인물이었다. 그는 한평생 가난에 쪼들렸지만 시를 목숨처럼 아꼈다. 남을 대신하여 고심 끝에 진회의 생일시를 아주 뛰어나게 지어 올린 일 때문에 정신착란을 일으켜서 죽었다.

홍매洪邁는 『이견지夷堅志』에서 그를 다음과 같이 말하였다. "평생 시를 짓는 일이 습벽을 이루어서 늘 구상을 할 때면 먹는 것도 자는 것도 모두 폐하고, 시가 완성되면 반드시 남들에게 두루 보였다. 일찍이 경계하는 말에 '골짜기 구름은 천 봉우리의 비를 빚어내고, 네가래는 바람에 늙어 물가에 가을이 왔네(雲壑釀成千嶂雨, 風蘋吹老一汀秋)'라고 하였는데, 한자창韓子蒼(한구韓駒)의 격찬을 받았다. 서사천徐師川(서부徐俯)이 정汀을 천川으로 고쳤더니 왕언장汪彦章(왕조汪藻)이 '이 한 글자에는 크게 이해관계가 있다'고 하였다. 그의 글에 『상결집霜傑集』이라 제목을 붙이고 서문을 지어서 드러냈다. 그러나 찢어지게 가난한 탓에 다른 날 군에 들어갔다가 남을 위해 진 승상(진회)의 생일시를 지었는데, 구상을 너무 많이 한 끝에 마침내 미쳐서 밖으로 달아나 강물에 뛰어들려고 하였다. 어떤 사람이 사람을 보내 아들을 불러왔다. 아들은 배를 사서 그를 태워 돌아갔는데, 돌아가고 나서 며칠 뒤 죽었다."(『이견지』 을지乙志 권16 「동영상결집董頴霜傑集」)

동영은 강서파의 대가인 한구, 서부와 시를 주고받았으나 시는 도잠陶潜(도연명)을 배웠고 위·진의 풍모를 갖추었다. 특히 서시西施의 사적을 서술한 '도궁박미道宮薄媚'라는 사詞 열 수(『악부아사樂府雅詞』 권상)는 연작의 형태로 이루어졌는데, 그 표현이 마치 매미가 허물을 벗듯 곡曲으로 탈바꿈한 흔적을 드러내므로 사곡詞曲 발전사에서 한자리를 차지한다.

그러나 가장 주희의 관심을 끈 점은 역시 시인의 한 사람이면서 불교에서 나와 도가로 들어간 그의 위·진의 풍모였다. 동영과 마음을 기울여서 서로 담론하는 가운데 주희는 그가 스스로 교정한 『상걸집』을 위해 제시題詩 한 수를 지었다.

『상걸집』에 제하다   題霜傑集

선생은 위·진 사이의 인물	先生人物魏晉間
시를 지음에 타고난 재능을 다 기울이려 했네	題詩便欲傾天慳
여태 제 모습 알아주는 곳 없었지만	向來無地識眉宇
오늘에야 하늘이 그 문장을 엿보게 하였네	今日天遣窺波瀾
한평생 도 팽택(도연명)을 벗 삼아	平生尙友陶彭澤
가벼이 허리를 굽히려 하지 않았네	未肯輕爲折腰客
가슴속에서는 어려움 일으키지 않았고	胸中合處不作難
늙은 자태 저절로 기이하네	霜下風姿自奇特
벌열의 하찮은 선비가 금궤에 공적을 쓰려 하니	小儒閥閱金匱書
주남에 머물지 않고 바닷가에 머물렀네	不滯周南滯海隅
느릅나무 무성한 그늘 늦게야 보게 되니	枌榆連陰一見晚
어찌 소매를 당기며 허공에 치솟겠는가?	何當挽袖凌空虛

—『문집』권10[16]

---

16 생각건대, 시의 '느릅나무 무성한 그늘 늦게야 보게 되니'라고 한 구절의 '느릅나무(枌榆)'는 바로 고향을 가리키는데, 한 고조의 고사를 이용한 것이다. 동영은 덕흥 사람이다. 그러므로 이 시는 당연히 주희가 덕흥에서 동영을 보았을 때 지은 작품이다. 또한 『이견지』에 근거하면 동영은 진회를 위해 생일시를 짓고 미쳐서 죽었으며, 진회는 소흥 25년(1155)에 죽었으니 주희가 이 시를 지은 때는 소흥 25년 이전으로서 필시 소흥 20년에 무원에서 돌아왔을 때이지, 순희 3년(1176)에 무원에서 돌아왔을 때가 아님은 의심할 나위가 없다.

'어찌 소매를 당기며 허공에 치솟겠는가?'라는 구는 바로 동영과 함께 '불교'의 공空에 오르고(凌) '도가'의 허虛를 밟으려(蹈) 함을 말하는 것이다. 주희가 집으로 돌아온 뒤에 더욱 선시 짓기를 즐긴 사실은 『상걸집』의 넘실대는 물결(波瀾)과 동영의 '공에 오르고 허를 밟는' 위·진의 풍모를 엿본 것이 그에게 작용을 일으킨 결과임이 분명하다.

귀계에서 주희는 확실히 진정으로 공에 오르고 허를 밟은 위·진의 인물, 곧 명승 지도림支道林을 찾아냈다. 지도림이 있던 곳은 구름 위로 높이 솟은 앙산昻山이 40여 리에 걸쳐 있는데, 동으로는 귀계에 닿아 있고 서로는 매담梅潭으로 통하며, 남으로는 민으로 달려가고 북으로는 상청上淸을 두르고 있어서 바로 구름이 감싸고 안개가 가로막은 도가의 동천복지洞天福地였다. 전해지기로는 동진東晉의 고승 지도림이 이 산중에 거처하였다고 한다. 주희는 향북鄕北의 14도都에서부터 향남鄕南의 70도에 이르기까지 죽 유람을 하면서 지도림의 유적을 찾았다.

흥산사興山寺에서는 '앙산승개昻山勝槪'라는 편액을 제하였고, 옛터에 방문해서는 감회에 젖어 「앙산 지 공의 옛터를 방문하여(訪昻山支公故址)」라는 시 한 수를 지었다.

지 공(지도림)은 기꺼이 세상을 등지고	支公肯與世相違
옛적에 지은 집 취미봉에 있었네	故結高堂在翠微
푸른나물은 질펀하게 물 따라 흘러가고	靑菜漫隨流水去
누런 표범은 때에 맞춰 저녁 구름 속에 돌아오네	黃彪時逐暮雲歸
빽빽한 숲엔 달이 걸려 원숭이 와서 울고	喬林掛月猿來嘯
우거진 풀숲엔 바람이 일어 새가 절로 난다	幽草生風鳥自飛
오묘한 팔 만 법문 헤아릴 수 있으나	八萬妙門能測度

그 가운데 홀로 드러나는 건 조사의 법기　　　　簡中獨露祖師機[17]

지도림은 반야般若 6가家 7종宗 가운데 즉색종即色宗의 대표이며 저서에 『즉색유현론即色游玄論』이 있다. 그는 "색色의 본성은 그 자체 색이 없다. 색은 그 자체로 없기 때문에 비록 색이라 하더라도 공空이다. 그러므로 색이 곧 공이지만, 색은 다시 공과 다르다."(『세설신어世說新語』「문학文學」의 주에 인용한 「묘관장妙觀章」)고 보았다.

원문재元文才는 『조론신소肇論新疏』에서 다음과 같이 말하였다. "동진東晉의 지도림은 『즉색유현론』을 지었다. …… 청靑, 황黃 등과 같은 상相은 색色이 그 자체로 그러한 것이 아니라, 사람이 청, 황 등으로 이름 지은 것이다. 마음에서 만약 따지지 않는다면 청, 황 등은 모두 공空하다. 그래서 불교 경전에서는 색이 곧 공이라(色卽是空) 한다."(『대정신수대장경大正新修大藏經』권45)

이는 청, 황 등의 형상形相은 물질적 현상이 본래 갖추고 있는 실유實有(실제 존재)가 아니라 사람의 '마음(心, 의식)'이 부여한 가명假名에 지나지 않으며,

---

17 『광신부지廣信府志』권1의 2 「지리산천地理山川」의 앙산昻山 조 아래에 보인다. 문집에는 실려 있지 않다. 거기에서 다음과 같이 말하였다. "진晉의 승려 지둔支遁이 이 산에 거처하였다. 주희가 그 유적을 방문하고 '앙산승개昻山勝槪'라고 제하였다." 또 권9의 13 「인물人物」의 주희 조 아래에 일컫기를, "또 향북 14도에서 쉬었는데 그 옛터에 후세 사람이 서까래를 얽었다. …… 향남 70도의 홍산사에 친히 '앙산승개'라고 넉 자로 편액을 하였다. 「상청교기上淸橋記」를 지었는데, 문집에 보인다." 하였다. 생각건대, 주희는 동안에 부임했다가 돌아온 뒤 불교를 버리고 유학을 숭상하였다. 주희가 비록 불교와 아주 인연을 끊지는 못했지만 다시 이처럼 선기禪氣가 완연한 시를 쓰지는 않았다. 그러므로 이는 응당 초년에 지은 시이다. 동안에 부임하기 전 주희가 민을 나간 것은 모두 세 차례인데(*유아 때는 셈하지 않는다) 소흥 18년(1148) 과거에 응시할 때는 귀계를 지나가지 않았고, 소흥 21년 전시廷試 때 비로소 태주台州로 돌아서 왔다.(*뒤의 내용에 보인다) 그러므로 이 시는 당연히 무원으로 돌아가 성묘한 해에 지은 작품이다.

만일 사람의 '마음'이 청, 황 등을 따지고 사려하고 집착하지 않는다면 청, 황 등의 '색色'은 바로 '공空'이라는 본성을 드러낸다는 말이다. 주희는 "푸른나물은 질편하게 물 따라 흘러가고, 누런 표범은 때에 맞춰 저녁 구름 속에 돌아오네"라는 구절로써 '마음에서 만약 따지지 않는다면, 청, 황 등은 모두 공하다'는 색즉시공의 세계관을 천의무봉天衣無縫의 솜씨로 깔끔하게 표현해냈다. 눈앞에서 오가고 변화하는 청, 황은 마음이 집착한 가유假有(인연의 결합에 의한 임시적 존재)일 뿐이다. 색의 본성은 공하여 변함이 없다. 이 선시는 주희 초년 심학의 또 한 가지 근본적인 관점을 형상적으로 개괄하였다.

소흥 20년(1150)의 원유로 주희의 심학은 새로운 인증을 얻고 수준을 높였다. 원유에서 돌아온 뒤 그는 한 해를 온통 유가 경전과 불교 경전, 도교 서적을 탐독하는 데 푹 빠져 보냈다. 그러나 이어진 소흥 21년의 전시銓試는 또다시 그에게 한 차례 원유하면서 선을 추구할 기회를 주었다.

남송은 소흥 3년(1133) 이후 처음 관리로 출사한 사람에게 전시를 보게 하는 법을 복구하여서 모든 임자任子(문음門蔭) 및 동진사 출신자는 모름지기 전선銓選에 나아가야 했다.[18] 주희는 소흥 21년(1151) 봄에 도성에 들어가 3월 상순에 시행하는 전시에 참가하였는데, 경의經義·시부詩賦·시의時議·단안斷案·율의

---

18 『건염이래조야잡기建炎以來朝野雜記』 갑집 권13 「초출관인전시初出官人銓試」 : "전시銓試란 옛날부터 있던 제도이다. 모든 임자와 동진사 출신 사람은 모두 전시에 나아갔다. 건염 때 전란이 일어난 뒤 임시로 정지했다가 소흥 3년에 비로소 복구하였다. 출신이 아닌 사람은 경의經義·시부詩賦·시의時議 혹은 형통의刑統義·단안斷案을 익히도록 허용되었다. 소흥 13년(1143) 9월에 시험 두 마당을 겸하여 보도록 조칙을 내렸는데, 오직 출신인 사람만 그대로 율律을 시험보았다. ……"『송회요집고宋會要輯稿』 13 「선거選擧」, 『문헌통고文獻通考』 권30 「선거고選擧考」, 『송사宋史』 권158 「선거지選擧志」 4를 참조하라. 전시를 실시하는 시기는 『몽량록夢梁錄』 권2 「음보미사관인부전蔭補未仕官人赴銓」에 근거하면 다음과 같다. "매해 3월 상순에 …… 예부 공원貢院에 나아가 시험을 시행하였다."

律義 다섯 마당을 시험 보아서 또 단번에 중등中等으로 급제하여 적공랑迪功郎 천주泉州 동안同安의 주부主簿에 제수되었다.(*9선選 7계階, 제9품의 관품에 있으면서 제7품의 대우를 받았다)

천주의 동안은 망주望州의 중간급 현으로서 주희는 아직 대차待次해야만 하였다. 바로 이 무렵 주희는 임안에서 여산廬山의 도사 허곡자虛谷子 유열劉烈과 사귀었고, 그와 함께 역학易學을 토론하였다. 또한 그에게 금액환단金液還丹을 제조하는 방법에 대해 물었으며, 그가 지은 『환단백편還丹百篇』을 자세히 읽었다.

주희는 한때 이름을 떠들썩하게 드날린 이 도사의 발아래 완전히 무릎을 꿇었다. 그리고 한없이 실의에 찬 시를 한 수 써서 허곡자에게 주었다.

『환단백편』을 자세히 읽으니	細讀還丹一百篇
선생의 자연스러운 필치에 좋은 말도 많네	先生信筆亦多言
원기를 지향하여 경서를 찾으니	元機讀向經書覓
지극한 이치 눈앞에 있네	至理端於目睫存
두 마리 말은 과연 내가 부릴 수 있고	二馬果能爲我馭
다섯 싹은 응당 정원에서 자라리라	五芽應自長家園
내일 아침 학을 타고 산을 오르면	明朝駕鶴登山去
이 이야기 다시 또 누구와 나눌까?	此話更從誰與論

—『역세진선체도통감歷世眞仙體道通鑒』 권51[19]

19 『역세진선체도통감』의 서술에 의거하면 주희가 허곡자를 만난 일은 융흥隆興 원년(1163) 이전의 일이다. 시에서 '내일 아침 학을 타고 산을 오른다'고 하였으니 두 사람이 서로 만난 곳은 여산廬山이 아니다. 허곡자가 여산과 임안을 늘 오간 것을 고려하면, 두 사람이 서로 알게 된 때는 아마도 주희가 임안으로 전시를 보러 갔을 때이리라. 『여산지廬山志』 권11에 이 시를 인

유허곡劉虛谷(유열)은 『역』과 『참동계參同契』에 정통하였고 저서가 여러 종 있으며, 조정의 관료와 널리 사귀었고 명성이 드높아서 조신趙賞(효종)마저도 일찍이 그를 궁중에 불러들여 도를 물었다.

조도일趙道一의 『역세진선체도통감』에는 다음과 같이 서술되어 있다. "도사 유열은 호가 허곡자이다. …… 송 고종 소흥 6년(1136)에 초암草庵을 짓고 편액을 진일眞一이라고 하였다. 날마다 단정하게 『도장道藏』의 경전과 역사서를 꼼꼼히 읽었는데 한번 보면 바로 기억을 하여서 사대부가 교제를 맺고자 하였다. 예컨대 회암 주 문공(주희)이 『역』을 이야기하고 환단還丹의 취지를 논하며 시를 써 주었다. …… 우호于湖 장효상張孝祥이 한번 만나 보고 '복지에 작은 동천이 숨어 있는데 / 동천 깊은 곳에서 신선이 연단을 한다 / 그 가운데 취지를 얻은 이는 오직 허곡 / 화후를 점검하여 맞춰 나감이 저절로 오묘하다(福地中藏小洞天, 洞天幽處煉神仙. 箇中得趣惟虛谷, 火候參同妙自然)'라는 시를 증정하였다. 추밀樞密 나점羅點, 참정參政 왕염王炎, 양부兩府 조훈曹勛, 봉계鳳溪 풍이風頤, 이부吏部 악보岳甫와 같은 여러 명공名公과 서로 오가면서 『역』을 이야기하였고, 시를 읊으며 주고받았다. 효종 융흥 원년(1163)에 이르러 『주역』의 정경正經 및 『육임총괄기요六壬總括機要』를 주해하여 서울에 가서 바치자, 황제가 만나 보고 도를 물은 뒤 잔치를 베풀어주었다. 나중에 10년 동안 산에 은거하였다. 건도 9년(1173) 6월, 40여 일간 먹지 않고 오직 냉수만 마셨다. 7월 14일에 이르러 친히 『등진은결登眞隱訣』 25권과 『상경上經』 9권을 써서 본 도궁道宮에 보내 장서에 넣었다. 중원절中元節에 이르러 친히 시송詩頌을 써서 남겼는

용하고 제목을 「증유허곡贈劉虛谷」이라 하였는데, 일곱째 구에 '내일 아침 술이 깨면 산을 내려간다(明朝酒醒下山去)'라고 한 표현은 잘못이다. 주희가 남강南康에 부임했을 때 허곡자는 이미 죽었다. 이는 후세 사람이 함부로 고친 것이다.

데, 다음과 같이 말하였다. '허곡자는 이제 형체를 남기고(遺形, 시해尸解) 세상을 버려서 인간의 자취를 쓸어버리고 안개와 노을이 감싼 끝없이 넓은 세상으로 달려가 도와 하나가 되려고 한다.(盧谷子玆欲遺形棄世, 掃迹人間, 趨煙霞廣漠之鄉, 與道冥一焉)' 16일 밤에 달 아래 걸어서 여산 청우동靑牛洞 꼭대기에 올라가 단정하게 앉아서 죽었다. 『환단백편』, 잡저와 시문, 『주역해의周易解義』 및 『역대군신괄요도歷代君臣括要圖』가 함께 세상에 전한다."

허곡(유열)은 주희의 평생 첫 번째 진정한 도가의 스승이었다. 주희는 나중에 집을 지어서 보허步虛를 수행하며 장생을 추구하고, 신선이 되려고 환단還丹을 정밀하게 연구하였으며, 『참동계고이參同契考異』를 지었는데, 이런 일에는 모두 역을 말하고 단을 논한 허곡자의 최초 계발의 자취가 스며들어 있다. 남강南康에 부임했을 때 주희는 여산의 무심당無心堂에 올라가 허곡자의 유적을 찾아보고 그의 『주역해의』를 깊이 연구하였다.

이 시기에 허곡자와 알게 된 일이 주희에게는 선을 추구하는 원유의 새로운 분기점이 되었다. 한편 처음으로 벼슬길에 나서서 득의양양해져 마음이 들떠 있던 5월에 주희는 도성을 떠나 북으로 호주湖州를 노닐면서 삽천霅川에 우거하는 셋째 숙부 주고朱槔를 찾아뵈었다. 나중에 그는 "지난날 삽천에 가서 숙부를 뵙고 남쪽으로 돌아온 뒤 다시는 뵙지 못하였습니다."(『문집』 권87 「제숙부승인부군문祭叔父崇仁府君文」)라고 언급하였다. 이는 바로 북쪽 호주로 여행했던 일을 가리킨다.

주희는 오흥吳興 변산卞山으로 가서 윤돈尹焞의 문인 서도徐度를 찾아뵈었다. 서도는 자가 돈립敦立이며 휴양睢陽 사람이다. 벼슬은 이부 시랑에 이르렀다. 전고典故의 학문에 특별히 뛰어났으며, 저서에는 『각소편却掃編』 3권, 『국기國記』 58권이 있다. 주송과 서로 깊이 알고 지냈으며, 스스로 일컫기를 주송과 교제를 맺고 난 뒤 비로소 시를 짓고 글 쓰는 법을 알게 되었다고 하였

다. 주송이 죽은 뒤 『위재집』의 서문을 썼다.(*미완성이다)

그러나 주희가 서도에게 특별히 흥취를 일으킨 까닭은 역시 그가 종고의 신파 선종을 좋아하여 선학에서 주희와 같은 길을 걸었기 때문이다. 종고는 서도와 함께 선을 논하기를 매우 좋아했고, 서도도 종고를 청하여 설법을 듣기를 좋아하였다. 서도는 이학에서는 윤돈의 문하였고, 시문에서는 주송과 도반道伴이었으며, 선학에서는 종고를 숭앙하여 주희가 배움을 묻고 선을 추구하는 데 이상적인 인물이 되었다.

주희는 그에게 윤돈의 학문을 질문한 뒤에 그 자리에서 나눈 담화를 엄숙하고 진지하게 기록하였는데, 그 가운데 「기화정선생오사記和靖先生五事」에는 불선佛禪에 관한 언급이 세 건 있다.

> 선생(윤돈)이 조정의 반열에 있을 때 관료들이 교외에서 천축의 관음觀音을 영접하여서 선생도 함께 갔다. 어떤 사람이 물었다. "무엇 때문에 관음을 영접하십니까?" 선생이 답하였다. "뭇사람들이 다 영접하는데 내가 어찌 감히 뭇사람들을 거스르겠습니까?" 또 물었다. "그렇다면 절을 하십니까?" 말하였다. "물론 절을 할 생각입니다." 묻던 사람이 말하였다. "부득이해서 절을 하겠다는 말입니까? 아니면 성심을 다해 절을 하겠다는 말입니까?" 말하였다. "그도 현자입니다. 현자를 보면 성심과 공경으로 절을 하는 것입니다."

> 선생은 날마다 『금강경』 한 권을 외었는데, '이는 어머니의 훈계이니 감히 어길 수 없다'고 하였다.

> 서 어른(서도)이 소식蘇軾의 '사민전율使民戰栗(인민으로 하여금 두려워 떨게 한

다)'(『논어』「팔일八佾」)에 관한 평론을 언급하고서 묻기를, "어떻습니까?" 하였다. 선생이 발끈해서 말하였다. "경전을 풀이하면서 어느 곳이라도 새롭고 기이하게 풀이하려고 하지 않는 곳이 없다!'

— 『문집』 권71 「기화정선생오사記和靖先生五事」

윤돈은 정이를 20년간 사사하였는데, 정문의 네 선생(程門四子) 가운데 스승의 설을 가장 순수하게 지킨 사람으로 여겨진다. 실제로 윤돈의 신상에는 선의 기미가 더욱 짙어서 호구虎丘에 있을 때는 날마다 아침 일찍 경건하게 예불을 하곤 하였기 때문에, 그의 제자 여본중呂本中과 한무구韓無咎(한원길韓元吉)와 같은 사람들에 이르러서는 모두 부처를 좋아하는 면모를 드러냈다.

천축의 관음이란 바로 상축사上竺寺의 기이한 나무로 조성한 관음보살로서 주희가 일찍이 예불했던 그 우상이다. 주희가 서도에게 윤돈의 유가적 위기지학爲己之學과 함께 윤돈이 날마다 『금강경』을 외며 관음을 영접하고 절한 일에 대해 물은 일은, 그 주지가 바로 심학의 주선율主旋律, 곧 어떻게 유가로 불교를 겸할 것인가(以儒兼佛) 하는 문제임을 뚜렷이 드러낸다.

주희는 호주湖州에 있는 셋째 숙부에게 비교적 오랜 나날을 머물렀는데, 그가 이처럼 선을 추구하고 배움을 물은 배경의 '성지聖地'가 된 곳은 바로 향을 태우는 연기가 감돌고 종소리와 북소리가 은은히 울리는 도량道場이었다. 오흥吳興 서남쪽의 언덕과 고개가 구불구불 이어진 곳에는 높고 웅장한 누각이 즐비하였으며, 도량道場과 하산何山이라는 동과 서의 양대 불원佛院 승지가 있어서 명성이 동남쪽에 드날렸다. 왕조汪藻는 소흥 10년(1140)에 도량의 성대한 법석法席을 다음과 같이 묘사하였다. "하산은 (남조南朝) 송宋 원가元嘉 연간(424~453)에 세워졌고, 도량은 당 말 오계五季 초에 만들어졌다. 도량은 사람의 발걸음이 끊이지 않았고 법석이 대단히 성대하며 종소리와 북소리가 은은하여서 동남쪽에 소문이 났다. 하산은 허물어진 집에 서까래가 드러나고 승려 몇 명만 남아 있어서 바라보면 쓸쓸하여 유람하는 사람들도 돌아보지 않았다. 비록 도량보다 500여 년 앞서 일어났지만 쇠락하고 누추하기가 도리어 훨씬 심하다. …… 도량에 노니는 자는 마치 왕후王侯의 집안에 들어가는 것과 같아서 높고 빼어난 누각이 충분히 주변의 광경을 삼키고 강호를 들여놓을 만하다."(『부계집浮溪集』권18 「하씨서당기何氏書堂記」)

주희는 도량산을 찾아 노닐고 거기에 「걸홍첩乞汞帖」한 수를 남겼는데 그 가운데 '조화의 이치를 보고 싶다(欲觀造化之理)'는 구절을 크게 썼다(『오흥금석기吳興金石記』권12 및 『호주부지湖州府志』권43 「비판비版」). 이는 젊은 주희가 이미 당시 불교를 좋아하는 대다수 사대부와 마찬가지로 불교와 도교의 현리玄理가 세속의 우활迂闊한 유학의 학설을 초월하는 기이한 공효를 갖추고 있다고 믿었음을 분명하게 나타낸다.

이런 의식은 주희의 뇌리에서 끊임없이 증강하여 그가 북쪽에서 노닐다가 남쪽으로 돌아왔을 때는 절정에 달하였다. 도중에 그는 스스로 흡사 선경仙境과 불국佛國에서 노니는 '노오盧敖(노생盧生. 진시황을 위해 장생불사약을 구해준 방사)'가 된 듯한 느낌을 주체하지 못하고 「오산고吳山高」라는 사詞 한 수를 읊었다. "오나라 산을 지나 월나라 산을 넘으니 / 흰 구름 몇 겹으로 덮고 있구나 / 끝없이 드넓은, 서로 기약한 곳을 찾는다면 / 외로운 기러기 날아간 거기에 있다네(行盡吳山過越山, 白雲猶是幾重關. 若尋汗漫相期處, 更在孤鴻滅沒間)"(『문집』권10 「오산고」) 그는 과연 '끝없이 드넓은, 서로 기약한' 천국을 찾아냈던 것이다.

주희는 통상대로 물길을 헤치면서 절강을 따라 곧바로 남하하지 않고 회계會稽·천태天台로 길을 돌려서 무원·구주衢州를 경유하여 신주信州로 들어가 민으로 돌아왔는데, 도중에 특별히 황암黃巖 영석산靈石山에 들러서 약료 거사藥寮居士 사급謝伋을 배알하였다. 사급은 자가 경사景思이며, 상채上蔡 사람이다.

벼슬은 태상소경太常少卿에 이르렀고 저서에 『사륙담주四六談塵』가 있다. 그는 참정 사극가謝克家의 아들이며, 사극가는 일찍이 주송을 천거하였다.

다만 주희가 사급을 배알한 데는 한층 더 깊은 비밀이 있었다. 사급은 상채 사량좌謝良佐의 종손이며, 사량좌는 비록 낙학의 우두머리로 떠받들렸지만 정문의 네 선생 가운데 가장 선기가 두드러진 사람이다. 사급은 가학을 전승하여 부처를 숭배하고 노자를 좋아하는 저명한 학자 겸 시인이 되었는데, 바로 이 때문에 젊은 주희가 마음속으로 숭배한 빛나는 인물이었다. 그는 성 서북쪽 40리에 있는 영석산에 약료藥寮를 짓고, 훤칠한 대나무와 메마른 소나무 아래서 호미로 약초를 심어 가꾸고, 복식服食하며 장생구시長生久視를 추구하면서, 유자이기도 하고 불자이기도 하며 도사이기도 한 은사隱士의 삶을 살았다.[20]

사급은 여산廬山의 혜원慧遠이 백련사白蓮社를 결성한 일을 모방하여 증돈曾悼·홍적洪適·손적孫覿과 같이 선기에 물든 명유名儒와 천태天台 국청사國淸寺의 우곡 선사愚谷禪師, 영암靈巖 적암寂庵의 변재辯才 스님 등과 시를 읊고 선을 담론하였다. '붉은 약초 사이에서 높직이 읊조리는 이는 작은 사씨로서, 백련의 뛰어난 결사가 남은 인민을 얻었던(紅藥高吟須小謝, 白蓮勝社得遺民)'(『천태집天台集』 권2 증돈 「사경사에게 화답하다(和謝景思)」) 것이다. 그리하여 왕지망王之望에 의해 "집에 하나 가득한 지란은 속된 물건이 없고 방에는 꽃나무가 빽빽하여서 스님의 거처답다.(室藹芝蘭無俗物, 房深花木稱僧居)"(『한빈집漢濱集』 권2 「사경사의 약료에 부쳐서 제하다(寄題謝景思藥寮)」)고 일컬어졌다. 그러나 동시에 그는 또 단약을 복용하고 우화등

---

20 『태주부지台州府志』 권94 「고적략古迹略」: "약원藥園은 현 북쪽 40리에 있는 영석산에 있다. 송의 사 소경謝少卿(사급)이 은거한 곳이다." 『태주외서台州外書』 권13 「고적古迹」: "사 소경의 약료, 사급 경사謝似景思는 황암의 삼중오三重岙에 거하였고, 약료는 정원의 이름이다. 주 문공의 시가 있다." 사급의 인물과 행적은 만력萬曆 『황암현지黃巖縣志』 권6 소전小傳을 참조하라.

선하는 선의 꿈을 꾸어서 '쭈그러진 얼굴을 씻고 평범한 뼈대를 바꾸어 모름지기 아홉 번 변화시켜서 평범함을 돌이키고자(欲洗衰顏換凡骨, 應須九轉大還凡)' 하였다(『황암집黃巖集』 권23 「묘정관, 두 수(妙庭觀二首)」).

주희는 불교와 도교를 함께 수련하는 이 명유에게 흠뻑 빠졌다. 그는 가르침을 받은 뒤 「사 소경의 약초밭에 제하다(題謝少卿藥園)」 두 수를 썼다.

사 공이 약을 심은 땅은	謝公種藥地
으슥한 청산의 기슭이라네	窈窕靑山阿
청산은 본디 무리를 짓지 않고	靑山固不群
작약 꽃도 너울거리네	花藥亦婆娑
한 번 따면 조화로운 기운을 부르고	一掇召冲氣
세 번 따면 고질병을 흩어버리네	三掇散沉病
선생은 담담하게 아무 일 없이	先生澹無事
편안히 지내며 조화로운 기운을 음미하네	端居味天和
늙은 나무는 백 년의 자태로	老木百年姿
마주 보고 우뚝 서 있네	對立方嵯峨
아침저녁으로 이를 바치니	持此供日夕
즐겁지 않고서 또 어쩌하랴!	不樂復如何
작은 선비가 스승의 가르침을 더럽히고	小儒忝師訓
미혹되고 그릇되어 방법을 잃어버렸네	迷謬失其方
한 번 지독하게 병이 들어	一屬狂酲病
길을 바라보니 부질없이 아득하기만 하네	望道空茫茫
적잖이 들었다네, 동산의 정원에는	頗聞東山園

지초, 삽주 높은 언덕에 자라서	芝朮綠高岡
벙어리 귀머거리 온갖 불치병이라도	瘖聾百不治
약주머니 한 번 뒤져 효험을 본다는 말을……	效在一探囊
다시 약초밭 노인에게 절을 하네	再拜藥園翁
고질병은 어떻게 낫게 하는지요	何以起膏肓

—『문집』 권10

이 약초밭의 노인인 대유大儒의 면전에서 주희는 결국 스스로 '작은 선비가 스승의 가르침을 더럽히고 잘못을 범하여 방법을 잃어버렸다'며 부끄러워하고 탄식하였다. 그러나 그가 약초밭 노인에게 구한, 벙어리를 치료하고 고질병을 낫게 하는 '지초와 삽주(芝朮)'는 또한 무엇인가?

증돈은 제목이 같은 「사경사 소경의 약료에 제하다(題謝景思少卿藥寮)」 두 수를 지어서 "자금단을 물으니, 도규를 보내주리라(問訊紫金丹, 刀圭宜有贈)", "사람이 저마다 안락하면, 담담하게 마음이 텅 빈다(人人各安樂, 淡然心地空)"(『천태집天台集』 권3) 하고 회답을 하였다. 시 두 수 가운데 첫째 수는 도교를 좋아하는 마음을 묘사한 것이고, 둘째 수는 불교를 좋아하는 마음을 묘사한 것인데, 이 '유마 거사維摩居士'가 약주머니를 뒤져서 주희에게 준, 병 치료에 효과가 큰 약은 원래 유·불·도(老) 합일이라는 금단金丹에 지나지 않았다.

사급을 예방한 뒤 주희의 마음속에는 처음으로 작은 선비가 큰 선비를 만나고, 작은 무당이 큰 무당을 만난 듯 아득함이 용솟음쳐서 자기가 실제로는 아직 '심학'의 삼매를 얻지 못했다고 느끼며 '길을 바라보니 부질없이 아득하기만 하다'는 탄식을 하였다. 이때에 이르러 그는 비로소 자기가 깨달은 도겸의 '소소영령한 선'을 역시 실천에 옮겨야 하고, 심학을 '앎(知)'에서 '행함(行)'으로, '깨달음(悟)'에서 '작용(用)'으로 변화시켜야 한다고 생각하였다. 사급의

'천국의 계시'는 주희가 도겸을 사사하는 길을 밟도록 추동하였던 것이다.

이때의 원유를 끝내고 집으로 돌아온 뒤 주희는 서재의 이름을 '목재牧齋'로 붙이고 문을 닫아걸고서 자기 수양을 하고 잠심하여 '이면裏面에 나아가 체인體認하는' 심학 공부를 하였다. 그는 특별히 「사 소경의 약초밭에 제하다」 두 수를 뽑아서 『목재정고牧齋淨稿』의 머리 편으로 삼았다. 이는 바로 일종의 상징으로서, 그 스스로 사급에게 도를 물은 일을 자기 심학의 길에서 새로운 기점으로 간주하였음을 뚜렷이 드러낸다. 그가 가장 열렬히 도교와 불교에 드나든 목재의 시기가 시작되었던 것이다.

| "겸개선謙開善에게서 공부를 하다" |

주희의 목재牧齋 시기는 또한 그가 도겸을 사사하던 시기와 일치한다. 『목재정고牧齋淨稿』는 소흥 21년(1151)부터 시작하여 그가 도겸을 사사한 시기와 처음부터 끝까지 겹친다. 주희로 하여금 도겸에게 나아가서 사사하도록 촉진한 직접적인 동력은 유자휘가 죽은 뒤, 유자휘가 천동 정각파로부터 터득했던 주정主靜(*묵조선)에 불만을 품고, 경산 종고파의 주오主悟(*간화선)에 마음을 기울인 점이다. 소흥 18년(1148) 이래 원유하여서 선을 추구하고 불교와 도교의 서적을 탐독한 일은 불학에 대한 그의 시야를 개척하였고, 도겸을 사사하는 데 결정적인 한 걸음이었으며, 그가 죽을 때까지 가슴 아프게 뉘우친 실족失足의 한 걸음을 떼도록 추동하였다.

나중에 주희는 젊어서 한때 승려에게 도를 물었던 과거의 일에 대해 말하기를 꺼려 했는데, 이는 그가 도겸을 사사한 일을 천고의 수수께끼가 되도록 하였고, 도겸마저도 역사의 자욱한 안개 속에 겹겹으로 휩싸여버리게 하였다. 그러나 주희는 역시 평소에 시를 읊고 글을 쓰는 가운데 비밀을 누설하고 말았다.

순희 15년(1188)에 주희는 제자 정정사程正思(정단몽程端蒙)에게 보낸 편지에서 자기가 초년에 불교를 배운 것은 선종을 배운 것이라고 명확하게 말하였다. "대체로 예전에 선종을 배웠기 때문에 저 학설(*생각건대, 육구연의 심학을 가리킨다)에 대하여 비록 그름을 알았지만 사사로이 좋아하는 뜻이 있음을 면하지 못

하였습니다."(『문집』 권50 「답정정사答程正思」 서16)

　선종을 배우기 위해 주희는 선사를 스승으로 삼았다. 융흥 2년(1164)에 왕응신汪應辰에게 보낸 편지에서 유교와 불교의 변별에 관해 토론할 때 그는 명확하게 이 일을 언급하였다. "나는 불교의 학설에 대해 그쪽 사람을 스승으로 삼고 그 도를 높이며 또한 지극히 간절하게 추구하였지만 터득하지 못하였습니다. 그 뒤 선생 군자의 가르침(*생각건대, 이통을 따라 배운 일을 가리킨다)으로 선후와 완급의 순서를 바로잡은 뒤, 이에 잠시 그 학설을 놓아두고 우리 학설(吾說. *생각건대, 유학)에 종사하였습니다."(『문집』 권30 「답왕상서答汪尙書」 서2) '그쪽 사람을 스승으로 삼았다'는 말은 분명 불교를 배우면서 선사에게 사사했다는 뜻이다.

　주희가 이통李侗을 따라 배우기 이전에 사사한 저명한 불교 승려에 대해 이통은 「여나박문서與羅博文書」에서 언급하였다.

　　원회元晦(주희)는 매우 힘써서 배움에 나아가고 있습니다. …… 그는 처음
　　에는 겸개선謙開善에게서 공부를 하였습니다. 그러므로 모두 이면裏面에 나
　　아가 체인體認하였습니다. 지금은 이미 문제점을 따지고 유학의 맥락을 파
　　악하여서 불교의 그릇된 점을 지극히 잘 지적하고 있습니다. 나 선생(나박
　　문)으로 보자면 아직 이와 같은 점이 보이지 않습니다.

　　　　　　　　　　　　　　　　　　　 ──『이연평집李延平集』 권1 「여나박문서」

　이통은 주희가 사사한 선사를 '겸개선謙開善'이라고 불렀을 뿐만 아니라 주희가 겸개선을 사사한 것이 주로 '이면에 나아가 체인하는' 주오主悟의 심학을 배웠다고 하였다.

　이 '겸개선'은 바로 개선사開善寺 출신의 도겸으로서 종고宗杲의 의발衣鉢

을 전해 받은 고도高徒였다. 건염 3년(1129)에 종고가 운문암雲門庵에 옮겨가 거처할 때 도겸은 일찍이 복본福本·동림東林·안설소顔雪巢·공범空凡 등 선사 20여 명을 천거하여 종고를 모시고 함께 따라갔으니, 그가 일찍부터 종고에게 사사했음을 알 수 있다.

『속전등록續傳燈錄』에는 도겸이 종고의 경산선을 깨달아가는 과정을 다음과 같이 묘사하였다.

건녕부 개선 도겸開善道謙 선사는 본군 사람이다. 처음에 서울에서 원오圓悟를 스승으로 삼았으나 깨달은 바가 없었다. 뒤에 묘희妙喜(•종고)를 따라 천남泉南의 암자에 거처하였다. 묘희가 경산선을 이끌게 되자 선사도 그를 모시고 갔다.

얼마 안 있어 (묘희가) 선사에게 장사長沙로 가서 자암 거사紫巖居士 장 공(•장준張浚)에게 편지를 전달하게 하였는데, 선사가 스스로 '내가 20년 참선을 했으나 들어갈 곳이 없었다. 더욱이 이번 여행을 하는 것은 결단코 시간 낭비다.'라고 생각하고 가지 않으려 하였다.

벗 종원宗元이 꾸짖으며 말하였다. "옳지 않다! 길에서는 참선할 수 없단 말인가? 가게나. 내가 그대와 함께 가겠네." (선사가) 길에서 울면서 종원에게 말하였다. "나는 한평생 참선을 하였는데 도무지 힘쓸 곳을 얻지 못하였네. 지금 또 길에서 분주히 다닌다면 어떻게 참선을 하기에 적합한 곳을 찾을 수 있겠는가?"

종원이 깨우쳐주며 말하였다. "그대는 참선하는 것도, 깨닫는 것도, 원오圓悟와 묘희가 그대를 위해 설한 것도 모두 이해하려고 하지 않는군. 길을 가는 중에 그대를 위해 내가 대신할 수 있는 일은 모두 해주겠네. 다만 다섯 가지 일은 그대 대신 내가 할 수 없으니 모름지기 그대가 스스로 감당해야 하네." 선사가 말하였다. "다섯 가지 일은 무엇이지? 요점을 듣기를 원하네." 종원이 말하였다. "옷 입고, 밥 먹고, 똥 누고, 오줌 누고, 몸뚱이(死屍)를 지고 길을 가는 것일세." 선사는 말을 듣자마자 크게 깨닫고서 자기도 모르게 손을 휘젓고 발을 굴러 춤을 추었다. 종원이 말하였다. "그대는 이제야 비로소 혼자 편지를 전할 수 있겠군. 마땅히 나아가야 할 것이네. 나는 먼저 돌아가겠네." 종원은 즉시 경산으로 돌아갔다.

선사는 반년 만에야 돌아왔다. 묘희는 보자마자 기뻐서 말하였다. "건주建州의 아들이여. 너는 이제 달라졌구나!" ……

— 『속전등록』 권32 「경산대혜고선사법사徑山大慧杲禪師法嗣」

위에서 말하는 종원은 주희가 세 선생을 모시고 죽원암竹原庵으로 가서 선을 듣고 불법을 논했던 바로 그 종원이니, 주희가 도겸과 알게 되고 사사하게 된 것도 이상한 일이 아니다.

도겸은 소흥 8년(1138)에 장사에 가서 장준을 만나고 장준의 모친 진국부인秦國夫人을 종고의 법문으로 이끌었으며, 설에 따르면 그 스스로도 환골탈태하여 종고 경산선의 사람이 되었다. 종고는 반산정半山亭에서 그를 만나고 돌아와 기뻐서 어쩔 줄 모르며 말하였다. "이 사람은 뼛골까지 다 바뀌었다!"(조영祖詠, 『대혜종고연보大慧宗杲年譜』) 도겸 스스로도 깜짝 놀랐다.

나중에 장준은 「대혜선사탑명大慧禪師塔銘」을 지어서 다음과 같이 말하였다. "승속僧俗으로서 선사(종고)를 따라 철저히 깨달은 자가 수십 인뿐만이 아니었는데, 모두 당시에 명성이 있었다. 정수鼎需·사악思岳·미광彌光·오본悟本·수정守淨·도겸·준박遵璞·조운祖雲·충밀沖密은 선사보다 먼저 죽었다."(『경산지徑山志』 권6) 도겸이 종고의 주오主悟 법문을 깊이 터득했음을 알 수 있다.

도겸은 속성俗姓이 유游이고 숭안 오부리 사람이다. "집안은 대대로 유학을 업으로 삼았다. …… 삭발을 하고 과근果勤과 일고日杲 두 선사를 뵙고 심인心印을 비밀리에 전승하고서 선주산仙洲山에 암자를 엮었다." 원적圓寂의 전시자侍者가 그에게 물었다. "꿈속에서 오고 감이 선사에게는 무엇이 있습니까? 홀로 한 말씀 남기지 않겠습니까?" 그가 웃으면서 대답하였다. "만법萬法이 공空에서 오니 삼세三世가 있지 않도다. 어디에 삶을 안착하여 차마 속태俗態를 놀라게 하랴?"(『오부리지고五夫里志稿』 「석지釋志」)

도겸은 또 시문詩文에 능했으며 사람을 떠나보내는 저명한 시를 한 수 남겼다. "두석 자 쌓인 눈 산길을 덮고 / 한두 송이 매화는 봄을 알리네 / 이를 그대에게 주었으나 가져가지 않았으니 / 그대 거둬들여 빨리 돌아오시라(二三尺雪山藏路, 一兩點花春信梅. 將此贈君持不去, 請君收拾早歸來)"(동상)

그 역시 자기의 전법傳法 제자를 두었다. 『오등회원五燈會元』의 「도겸법사道謙法嗣」에는 오십삼吳十三 도인이라는 사람을 언급하고 있다. "건녕부 선주산의 오십삼 도인은 늘 자기 일로 선사를 방문하였다. 개선開善(도겸)이 돌아오자 그 왼편에 띠집(茆)을 엮고 마침내 가서 시중을 들었다. 소흥 경신년(1140) 3월 8일 밤에 우연히 깨닫고 개선에게 게송을 올렸다. '원래 틈이 없으니, 닿으면 곧 빛이 난다. 이미 천금의 보배이니, 어찌 모름지기 참새를 쏘랴.(元來無縫罅, 觸著便光輝. 旣是千金寶, 何須彈雀兒)' 개선이 답하였다. '땅에 침을 뱉고 때를 잘라버리니 참으로 상쾌하고, 죽음과 삶, 범인과 성인이 모두 가라앉는다. 선주산 아래서 껄껄 웃으며, 지난날 서로 기약한 마음 저버리지 마세나.(唾地折時眞慶快, 死生凡聖盡平沉. 仙洲山下呵呵笑, 不負相期宿昔心)" 도겸은 이처럼 과근과 종고가 비밀리에 전수한 심인을 깊이 터득한 선사로서 참선을 하고 철저히 깨달아 종고의 84대大 사법嗣法의 유명 제자 가운데 한 사람이 되었다(『대혜종고연보』).

도겸은 만법이 공에서 왔다는 사상을 인생의 진제眞諦로 삼고, 또 유교와 불교를 융회관통하여서 자기의 도를 전하는 법사法嗣를 얻었으며, 조정의 재보宰輔와 묵객과 문사로부터 한층 더 숭앙을 받았으니, 주희가 그를 선택하여 불문으로 이끌어줄 지도 스승으로 삼은 일도 전혀 이상하지 않다.

무이武夷의 세 선생은 모두 도겸의 시우詩友이며 선우禪友였다. 소흥 8년 (1138)에 도겸이 '환골탈태하고 철저히 깨달아' 종고와 고별하고 숭안 개선사로 돌아갈 때, 선으로써 시를 잘 이끌어낸(以禪喩詩) 저명한 시인 여본중呂本中은 「건주로 돌아가는 겸 상인을 보내다, 세 수(送謙上人回建州三首)」에서 세 선생을 언급하였는데 둘째 수는 다음과 같다.

평생 굳게 절개를 지킨 호원중(호헌)　　　　平生苦節胡原仲

늙을수록 재주가 많은 유치중(유면지)　　　　老大多才劉致中

나에게 은근히 소식을 물어서　　　　　　　　爲我殷勤問消息

십 년 꼿꼿이 앉았던 높은 풍모를 생각하네　　十年堅坐想高風

— 『동래선생문집東萊先生文集』 권14

주희는 나중에 「유면지묘표劉勉之墓表」를 짓고 여본중의 시를 언급하면서 "'늙을수록 재주가 많으며, 십 년 꼿꼿이 앉았다'는 내용이 있는데, 세상에는 실록實錄으로 전해진다."고 하였다. 그는 결국 자기와 도겸이 초년에 친밀하게 얽혔던 사실까지 언급하게 될까봐 모호하게 말했던 것이다.

도겸은 오부리로 돌아온 뒤 암자를 엮기 전에 먼저 청단정淸湍亭을 지었는데, 유자휘劉子翬·유자익劉子翼·호헌胡憲 등이 모두 시를 지어서 승경을 기념하였고, 여본중은 또한 멀리 도성에서 「겸 상인의 청단정(謙上人淸湍亭)」이라는 시 한 수를 보내왔다. 그 시에서 다음과 같이 읊었다. "도인이 암자를 엮었는데 아직 가보지를 못했으나 / 먼저 작은 정자를 산 가까이에 지었네 // 시냇가 물로 먼지를 씻지는 못하지만 / 맑은 여울로 손님의 장수를 빈다(道人結庵殊

未就, 先起小亭山左右. 不將溪水擢塵埃, 且以淸湍爲客壽)"(동상, 권19)

이어서 도겸은 청단정 부근에 밀암密庵을 엮었다. 주희가 처음으로 도겸에게 '소소영령한 선'을 물은 곳이 바로 밀암이었고 또한 나중에 도겸을 사사하여 선종을 배운 곳도 밀암이었다. 밀암은 오부리 선주산의 첨산尖山과 방산方山이 대치한 운곡雲谷 가운데 자리하였는데,[21] 오부리 진鎭과 7리 떨어져 있다. 개선사 출신의 도겸은 이로부터 밀암의 주승主僧이 되었다.

석효영釋曉瑩은 『나호야록羅湖野錄』에서, 건녕으로 돌아가 암자를 짓고 은거한 도겸을 언급하였다.

요주饒州 천복사薦福寺의 오본 선사悟本禪師는 …… 건양암建陽庵으로 벗 도겸 공을 찾아보았다. 도겸은 마침 보령 선사保寧禪師가 오통 선인五通仙人을 두고 읊은 게송을 거론하면서 말하였다. "무량겁을 일찍이 깨닫지 못하였더니, 움직이지도 않고서 어찌 그 가운데 이르렀는가? 불법이 대단하지 않다고 말하지 말지니, 가장 괴로운 건 부처의 마지막 신통이라.(無量劫來曾未悟, 如何不動到其中, 莫言佛法無多子, 最苦瞿曇那一通)" 도겸이 다시 말하였다. "나는 그가 말한 '움직이지도 않고서 어찌 그 가운데 이르렀는가?' 하는 말을 좋아한다. 아직 움직이지도 않았는데 어찌 이르겠는가? 보라. 그 게송은 옛사람이 터득한 것을 끄집어내서 자연 남들의 가려운 곳을 긁어준다." 오본이 말하였다. "무엇 때문에 '가장 괴로운 건 부처의 마지막 신통이라' 했는가?" 도겸이 말하였다. "네가 태어나기도 전에 나는 이미 곽산霍山의 사당

---

21 『가정건녕부지嘉靖建寧府志』 권3 : "선주산에는 봉우리가 둘 있는데 하나는 첨봉尖峰, 또 하나는 방봉方峰이다. 그 아래 밀암이 있다." "밀암 폭포는 오부리 바깥에 있다." 살피건대, 『오부리지고五夫里志稿』에서 "선주산에 암자를 엮었다." 하고, 『오등회원五燈會元』에서 "개선은 돌아가서 그 왼쪽에 띠집을 엮었다."고 하였는데, 모두 밀암을 가리킨다.

(廟)에서 세 차례나 이를 갈았다." 이에 서로 마주보며 크게 웃었다.

—『나호야록』 상

　'건양암(＊마땅히 건녕암建寧庵이라 해야 한다)'은 바로 밀암을 가리킨다. 주희는 건도 9년(1173)에 자기가 부탁받았지만, 특별히 여조겸呂祖謙에게 '겸로謙老'가 거주했던 밀암을 위한 암방庵榜을 다시 부탁하였다. 여조겸에게 보낸 편지에서 다음과 같이 말하였다. "밀암의 주승 종목從穆이 근래에 죽었고, 그의 제자 법주法舟가 현재 임시로 관리하고 있습니다. 이 암자는 원래 우승右丞의 별장으로 지어졌으므로 그에게 맡겨 지키게 할 수 있을 듯하니 방榜과 첩자帖子를 보내줄 수 있겠습니까? …… 다만 이 암자는 수입이 적고 겸로의 시절을 회복할 것도 아닙니다."(『문집』 권33 「답여백공答呂伯恭」 서17)

　순희 2년(1175), 여조겸은 한천정사寒泉精舍에 와서 주희와 함께 강학할 때 『입민록入閩錄』에, 도겸에 대해 지극히 중요한 서술을 남겼다.

　　4월 초나흘에 오부리에서 7리 떨어진 밀암에서 놀았다. 암자는 바로 승려 도겸이 거주하던 곳인데, (나의) 증조부 유상遺像이 그곳에 있다. 도겸이 죽은 뒤 20년이 지났다. 암자 수십 보 앞에는 청단정이 있고 사방에 고목이 둘러 있어서 천석泉石이 아주 뛰어났다. 감돌아 흐르는 시내에서 백여 보 떨어진 곳에 주한정晝寒亭이 폭포를 향해 있다. 암자도 고즈넉하고 고요하여 저녁에 마침내 암자에서 묵었다.

　장준은 「종고탑명宗杲塔銘」에서 도겸이 종고보다 먼저 죽었다고 두루뭉술하게 말하였다. 여조겸의 서술에 근거하여 순희 2년에서 20년을 거슬러 올라가면 도겸은 응당 소흥 25년(1155) 이전에 죽었다.

『나호야록』은 더욱더 중요한 서술을 하고 있다. "건주 개선사 도겸 선사는 평소 남을 가르치는 데 게으르지 않았으며, 편지(尺素)로 표현할 때는 더욱 곡진하였다. …… 도겸의 말은 무궁무진하고 거침이 없었다. 배우는 사람에게 전수한 것이 근거 없고 과장된 말과 견주어 어찌 하늘과 땅만큼 차이가 있을 뿐이겠는가! 그러나 복이 지혜를 대신하지는 못하여서 출세한 지 얼마 되지 않아 죽었으니, 도겸 자신에게는 비록 한이 없다 하겠으나 아깝다, 법문에는 불행일 따름이다!"(『나호야록』 하) 『나호야록』의 서문은 '소흥 을해년(1155) 10월 망일望日(15일)'에 쓰여졌으니, 이는 여조겸의 기술과 완전히 합치한다. 소흥 7년(1137)에 도겸이 장사長沙로 갔을 때 스스로 '20년 참선했다'고 일컬었으니, 그가 15세 전후에 출가하여서 승려가 된 사실을 근거로 계산하면 대략 대략 숭녕崇寧 4년(1105) 전후에 태어나서 50세를 살았다.

건도 7년(*1171)에 주희는 밀암을 유람하고 쓴 긴 시 한 수에서 도겸에게 사사하여 선을 배운 진실한 정황을 토로하였다.

주한정에서 노닐며 '무·림·수·죽·청·류·격·단'의 글자로 운을 나누어
서 시를 지었는데 '죽' 자를 얻다.

游晝寒以茂林脩竹清流激湍分韻賦詩得竹字

천 길 선주산엔   仙洲幾千仞

구름 자욱한 골짜기 있네   下有雲一谷

도인은 어느 해나 돌아오려나   道人何年來

땅을 빌려 띠집을 엮었네   借地結茅屋

생각건대 응당 속세를 싫어하여   想應厭塵網

그윽하고 고독한 이곳에 몸을 맡겼으리라   寄此媚幽獨

정자를 지어 맑은 여울 굽어보고	架亭俯淸湍
길을 열어 내리쏟는 폭포를 완상하네	開徑玩飛瀑
명승지에서 교제를 하며	交游得名勝
편지를 서로 주고받았네	還往有篇牘
지팡이 짚고 바야흐로 와서	杖屨或鼎來
함께 이 바위 아래 묵었네	共此巖下宿
밤이면 등불 아래 말을 나누고	夜燈照奇語
새벽엔 지팡이 짚고 이리저리 둘러본다	曉策散游目
차를 마시며 기쁨과 슬픔을 함께하니	茗椀共甘寒
난초 언덕에서 맑은 향기를 바치네	蘭皐薦淸馥
이제 벽 사이 글자를	至今壁間字
오는 사람 반드시 세 차례 읽어야 하리	來者必三讀
두 번 절하고 높은 산을 우러러보니	再拜仰高山
두려워 심신이 숙연해지네	懼然心神肅
나는 비록 뒤에 태어났지만	我生雖已後
오래도록 이곳에 묵으며 아침 점심 죽을 먹네	久此寄齋粥
홀로 감흥이 일어 누차 읊조리나니	孤興屢呻吟
뭇사람 좇아 얼마나 노닐었던가	群遊幾追逐
십 년 동안 진토에 떨어졌으나	十年落塵土
다행히 머잖아 돌아왔다네	尙幸不遠復

......

—『문집』권6

이 긴 시를 여본중의 시, 여조겸의 『입민록』과 한번 대조해 본다면 주희가 도겸을 사사한 수수께끼가 곧 천하에 드러날 터이다.

주한정晝寒亭은 바로 밀암 수십 보 앞에 있다. 정자의 이름은 주희가 붙였다. '천 길 선주산엔, 구름 자욱한 골짜기'는 바로 선주산의 방봉方峰과 첨봉尖峰 두 봉우리가 대치하여 솟아 있는 깊은 골짜기를 가리킨다. '띠집'은 밀암을 가리키며, '도인'은 분명 도겸이다. '정자를 지어 맑은 여울 굽어보고'라는 말은 도겸이 청단정을 지은 것을 가리키니, 여본중이 '도인이 암자를 엮었는데 아직 가보지를 못했으나 먼저 작은 정자를 산 가까이에 지었네'라고 한 말과 완전히 합치한다. '명승지에서 교제를 하며, 편지를 주고받았네'라는 말은 도겸이 여본중 및 세 선생과 교제하며 시를 주고받고, 서찰로 선을 담론한 사실을 가리킨다. '나는 비록 뒤에 태어났지만, 오래도록 이곳에 묵으며 아침 점심 죽을 먹네'라고 한 두 구절은 이미 주희가 도겸을 사사하여서 불교를 배우고 선을 수행한 사실을 모두 털어놓은 것이다.

'아침 점심 죽을 먹는다'는 말은 본래 출가한 사람이 아침과 점심을 먹는 것을 말하는데,『석문정통釋門正統』에 "아침(粥)은 손금이 보일 때 먹고 점심(齋)은 정오를 넘겨서는 먹지 않는다."(『석문정통』 권3)는 표현이 있다. 불교에 탐닉한 주희가 비록 삭발하고 출가하여서 아침 점심으로 죽을 먹는 사미沙彌가 되는 데까지 이르지는 않았지만, 이는 스스로 밀암에 기거하면서 도겸에게 선을 배운 사실을 말한다.

'오래도록 이곳에 묵으며 아침 점심 죽을 먹은' 시기에 대해 그는 또 다른 시 「밀암에서 노닐며(遊密庵)」에서 무의식중에 털어놓았다. "어린 나이에 언덕과 골짜기를 동경하여 / 이 산을 여러 차례 유람하였네 / 아침에는 하늘 위에 오르고 / 저녁에는 구름 끝에 떠 있네 / 맑은 안개는 옷깃과 자락을 물들이고 / 물과 돌은 폐와 간을 맑게 씻는다 / 굽어보고 우러러보아도 끝이 없고 / 세월은 나는 새와 같다 / 중년에는 혼탁한 세상에 끌려 / 목을 늘려 헛되이 긴 탄식을 하였네 ……(弱齡慕丘壑, 玆山屢遊盤. 朝隨靑冥外, 暮陟浮雲端. 晴嵐染襟裾, 水石淸肺 肝. 俯仰未云已, 歲月如飛翰. 中年塵霧牽, 引脰空長歎. ……)"(『문집』권6)

약관의 나이(弱齡, *20세) 이후로 중년에 이르기 전에 주희는 줄곧 밀암을 오갔는데, 그 가운데 소흥 21년(1151)에서 소흥 25년까지 도겸을 사사한 시기 를 포함해서 확실히 '또한 지극히 절실하게 추구하여' 선을 배웠던 것이다. '홀로 감흥이 일어 누차 읊조리나니 뭇사람 좇아 얼마나 노닐었던가' 하는 구 절은 도겸을 모시고 산에 올라 유람하고 시를 읊은 일을 말한다. 하지만 이 시는 대체로 도겸과 맺었던 사실관계를 숨기기 위해 손수 『목재정고牧齋淨稿』 를 교정할 때 '깨끗이(淨)' 없앴다.

한원길韓元吉은 『남간갑을고南澗甲乙稿』 권1의 주희의 '처處' 자 운에 화답한 「주원회의 청단정(朱元晦淸湍亭)」이라는 시에서 청단정을 지은 '야승野僧'을 언급 하였는데, 이는 도겸을 가리킨다. 주희의 현존하는 문집에는 '처' 자 운으로 된 「청단정淸湍亭」이라는 시가 없으니, 이는 분명히 그에 의해 '깨끗이' 없어 진, 초년에 도겸을 따라 배울 때 읊조리고 주고받은 작품이다.

'십 년 동안 진토에 떨어졌으나 다행히 머잖아 돌아왔다네'라는 구절에 대해 전대흔錢大昕은 일찍이 이 긴 시의 참모습을 보고서 나중에 '건도 7년 삭 朔 뒤 이틀(乾道七年朔後二日)'이라고 제題하였다(『잠연당문집潛研堂文集』권32 「발주문공 첩跋朱文公帖」). 그러나 전대흔은 주희의 이 긴 시가 도겸을 위해 지어졌다는 사 실을 모르고서 "공이 처음에 감옥묘監獄廟(사록祠祿의 최하위 관직)로서 집에 거처 하다가 효종이 정치를 시작할 때 조서에 응하여 봉사封事를 올렸는데, 이때에 이르러 딱 10년이 된다. 그러므로 '십 년 동안 진토에 떨어졌다' 하였다."고 하였는데, 이는 사실과 부합하지 않는다.

전대흔은 주희가 관직에 있었는지 여부로써 '십 년 동안 진토에 떨어졌 다'고 확정했는데, 사실 주희의 시에서는 분명 시간의 선후에 따라 안배하여 도겸과 교제한 일을 과거 사실로 서술하였다. 그러므로 '십 년 동안 진토에 떨어졌다'고 한 구절도 분명 도겸을 의식하여 표현한 말이다. 곧 도겸이 죽은 뒤 10여 년 동안 자기는 진세塵世의 세속적인 일로 바삐 쏘다니다가 원래 세외고인世外高人과 산림에서 함께 거처하며 수기양성修己養性을 하려던 정취를 잃어버렸기 때문에, 도겸이 열반하여 승천한 것과 대조적으로 주희 본인은 '진토에 떨어졌다'고 느꼈음을 가리킨다. 소흥 25년(1155)에 도겸이 죽은 뒤 건도 7년(1171)에 주희가 이 시를 짓기까지를 바로 '십 년'이라고 말할 수 있다.

주희의 이 긴 시는 그가 도겸을 따라 노닐던 전체 과정을 가장 적절하게 스스로 총결한 것임을 알 수 있다. '두 번 절하고 높은 산을 우러러보니'라는 구절은 불학의 스승에 대한 제자의 공경과 숭앙의 마음을 드러낸 표현이며, '십 년 동안 진토에 떨어졌다'는 말도 세상을 떠난 도겸에 대해 10여 년간의 그리운 정을 표현한 구절이다.

주희가 손수 교정한 첫 번째 시집인 『목재정고』는 그가 도겸을 사사했던 모든 비밀을 포함하고 있다. 원래 서재書齋의 이름인 '목牧'과 선사의 이름인 '겸謙'은 『주역』 「겸괘謙卦」에서 나왔다. 「겸괘」의 〈상象〉에서는 "겸손하고 겸손한(謙謙) 군자이니, 낮추어서 스스로를 기른다.(謙謙君子卑以自牧也)" 하였다. 〈단彖〉에서는 "겸손하여 형통하다 함은 다음과 같다. 하늘의 도는 아래로 내려와 빛나고 땅의 도는 낮으나 위로 운행한다. 하늘의 도는 가득 찬 것을 덜어서 겸손한 사람을 채워주고, 땅의 도는 가득 찬 것을 변화시켜서 겸손한 사람에게 흐르게 하고, 귀신은 가득 찬 것을 해치고 겸손한 사람에게 복을 주고, 사람의 도는 가득 찬 것을 미워하고 겸손한 것을 좋아한다." 하였다.

'목'과 '겸'의 뜻이 서로 같다는 점은 서재의 이름과 도겸을 사사한 일 사이에 일종의 연관이 있음을 분명하게 나타낸다. 곧 주희가 목재牧齋에서 스스로 겸손하게(自謙) 처신한 일은 바로 도겸을 사사한 셈이다. 그가 목재에서 스스로 기르던(自牧) 시기와 도겸을 사사한 시기는 시간상 동시로서 평행한다. 주희는 '약관의 나이'에 밀암에 '묵으며 아침 점심 죽을 먹고' 선을 배우기 시작했는데 『목재정고』도 바로 '약관의 나이'에서 시작한다. 도겸은 소흥 25년에 죽었으며 『목재정고』도 바로 이해까지로 편집이 끝난다. 『목재정고』 한 부는 주희가 도겸을 사사한 일을 시로 기록한 것에 지나지 않으며, 그의 선학 사상이 고조되었다가 퇴조하는 발전의 궤적을 남기고 있다.

주희의 스스로 '겸손하고(謙)' 스스로 '기름(牧)'은 일종의 깨달음을 주로 하는(主悟) 심학 공부이다. 기름에는 수양하고 지조를 지킨다는 뜻이 있으며, 스스로 기르고 스스로 겸손한 것도 바로 스스로 기르고 스스로 지키며(自養自守), 스스로 다스리고 스스로 처하는(自治自處) 일이다.[22]

정이의 『역전易傳』은 다음과 같이 해석하고 있다. "겸손하고 겸손하다는 말은 겸손이 지극한 것이다. 군자가 겸손하고 낮추는 방법으로 스스로 기름(自牧)을 말한다. 스스로 기름은 스스로 처하는(自處) 것이다." 유자휘도 「성전

---

[22] 〈상象〉의 '낮추어서 스스로 기른다는 것이다(卑以自牧也)'에 대한 왕필王弼의 주석 : "목牧은 기르는(養) 것이다." 유월兪樾의 『군경평의群經平議』: 『순자』 「성상편成相篇」의 '청컨대 기틀을 다스려 어진 이를 생각하면(請牧基, 賢者思)'에 대한 양경楊倞의 주에 '목牧은 다스리는(治) 것이다' 하였다. 그렇다면 낮추어서 스스로를 기른다는 것은 낮추어서 스스로를 다스리는 것이다. 『방언方言』에 '목牧은 일을 맡아보는(司) 것이다' 하였고 또 '목牧은 살피는(察) 것이다' 하였으니 일을 맡아보는 것이나 살피는 것이나 모두 다스린다는 뜻과 서로 가깝다." 고형高亨의 『주역대전금주周易大傳今注』: "나는 목牧이 지킨다(守)는 것과 같다고 본다. 비이자목卑以自牧은 겸손하게 낮춰서 스스로를 지키는 것이다. 『설문해자說文解字』에 '목牧은 소를 기르는 사람이다. 복攴을 따르고 우牛를 따른다.' 하였다. 소를 기르는 사람을 목이라 하며 소를 기르는 것도 목이라 한다. 소를 기르는 사람은 반드시 잘 간수해야 한다. 그러므로 목에는 지킨다는 뜻이 있다." 지금 생각건대, 양養·치治·수守·사司는 모두 뜻이 가까워 서로 통용될 수 있다. 대체로 양養의 기본 뜻에서 바뀌어 나온 것이다.

론聖傳論」에서 다음과 같이 말하였다. "마음을 잘 기르는 자는 사려가 아직 싹 트기 전에 다잡는다. …… 이는 군자가 평소 스스로 기르는 것(自牧)으로서, 늘 겸손의 공부를 유지하는 일이다."

주희의 스스로 기르고 스스로 겸손함은 도겸으로부터 배운 초이성적인 내심의 체인體認과 수양 공부이다. 이통이 '그는 처음에 겸개선에게서 공부를 시작하였다. 그러므로 이면에 나아가 체인하였다.'고 말한 것은 바로 주희가 소흥 21년(1151) 이후 목재에서 스스로 '기르는(牧)' 심학 공부를 하였음을 가리킨다. 무엇이나 비슷한 것은 있게 마련이니, 이렇듯 스스로 '기르는' 심학 수련의 공부를 고취하는 것은 바로 선가의 오래된 불이不二의 법문法門이다.

그들은 '소 치는 것(牧牛)'을 사람 다스리는(牧人) 것에 비유한다. 일찍이 『아함경阿含經』에서는 '목우십이법牧牛十二法'을 말하였다. 이 밖에도 비구比丘를 성취하는 '목우십일법牧牛十一法', 마음을 수련하는 '십우도서十牛圖序' 등 온갖 다양하게 스스로 '기르는' 방법이 있는데, 일반의 고승과 유명 선사들은 내세에 다시 잉태되어 커다란 물소가 되기를 몹시 서원하였다. '십우도서'는 전적으로 '마음(心地)의 수련(修治)'을 말한 것으로서 수련의 열 가지 경계를 제시했기 때문에[23] 이학가들이 즐겨 유가의 내심內心 수양과 서로 견주었다.

---

23 정복보丁福保의 『불학대사전佛學大辭典』을 참조하라. "십우도서十牛圖序는 ① 심우서尋牛序(소를 찾음), ② 견적서見迹序(발자국을 발견함), ③ 견우서見牛序(소를 발견함), ④ 득우서得牛序(소를 얻음), ⑤ 목우서牧牛序(소를 길들임), ⑥ 기우귀가서騎牛歸家序(소를 타고 집으로 돌아옴), ⑦ 망우존인서忘牛存人序(소는 잊어버리고 사람만 있음), ⑧ 인우구망서人牛俱忘序(사람도 소도 함께 잊어버림), ⑨ 반본환원서返本還源序(본원으로 돌아감), ⑩ 입전수수서入廛垂手序(저자에 들어가 구원의 손을 드리움)이다. …… 생각건대, 제① 심우는 보리심菩提心을 일으킨 경지이다. 제② 견적에서 제⑥ 기우귀가까지 다섯은 수행의 경지이다. 제⑦ 망우존인과 제⑧ 인우구망은 보리菩提를 이룬 경지인데, 망우존인은 소승의 아공我空(자아가 공함)의 보리를 이룬 것이고, 인우구망은 대승의 아법구공我法俱空(자아와 진리가 함께 공함)의 보리를 이룬 것이다. 제⑨ 반본환원은 열반에 들어간 경지인데, 이는 대승, 소승을 통틀어 말한 것이다. 제⑩ 입전수수는 방편方便과 구경究竟의 경지이다."

불교와 도교에 정통한 초정譙定은 전문적으로 「목우도牧牛圖」를 썼으며, 유면지는 초정에게 배움을 묻고 집으로 돌아간 뒤 특별히 「목우도」에 대해 상세한 주석을 달았다. 건도 7년(1171)에 이르러 주희는 또 이 책의 대지大旨를 칭찬하였다.

> 초정은 「목우도」를 지었는데, 그 서문에서 대략 다음과 같이 말하였다. "배움은 마음을 밝히기 위한 수단이며, 예는 경건하게 행동하기 위한 수단이다. 마음을 밝히면 본성이 이에 드러나고, 경건하게 행동하면 성실함이 이에 이른다." 초당草堂 유치중劉致中(유면지)이 해설을 썼는데, 매우 상세하다.
> ——『어류』 권67

'기름(牧)'은 '마음을 밝히고 본성을 깨닫는(明心見性)' 것임을 알 수 있다. 초정은 불가의 '마음을 밝히고 본성을 깨달음'과 유가의 '마음을 바르게 하고 뜻을 성실하게 함(正心誠意)'을 절묘하게 견주었는데, 이런 사상은 일찍이 유면지를 통해 소년 주희의 마음속에 각인되었다. 주희는 시간이 흐른 뒤에도 이런 관점을 완전히 바꾸지는 않았다.

> 선생이 뭇사람에게 물었다. "석씨釋氏(석가모니, 붓다)가 말하는 '목우牧牛', 노씨老氏(노자)가 말하는 '포일抱一', 맹자가 말하는 '구방심求放心'은 모두 하나인데 어째서 다른가?" 절節(감절甘節)이 나아와 물었다. "이런 이치가 없는 것은 아닙니까?" 말하였다. "이치가 없으면 아주 일을 해친다."
> ——『어류』 권126

이는 비록 유가의 진리가 '실재(實)'이고 불교와 도가의 진리는 '공허(空)'하지만 석씨(불교)의 '기름(牧)', 노씨(도교)의 '비움(虛)', 맹씨孟氏(맹자, 유교)의 '성실함(誠)'은 모두 일종의 수양 공부로서 수양 방법상에서는 한 가지로 상통할 수 있다는 말이다. 이는 바로 주희가 서재의 이름을 '목牧'이라고 하면서 유·불·도의 겸겸자목謙謙自牧(겸손하고 겸손함으로써 스스로 기름)을 이용하게 된 사상적 토대이다.

'마음을 밝히고 본성을 깨달음'이란 바로 '깨달음(悟)'이고 '기름(牧)'이니, 종고 일파가 이런 사상을 발휘하였다. 그런데 그들이 말하는 '기름'은 '깨달음'을 근본으로 삼고 내적 마음의 허적虛寂과 외적 인연의 단절(屛絶)을 요구한다. 그러나 또 특별히 '작용(用)'을 강조하여 '일상생활의 작용에서 화두를 보고', 세상을 벗어났으나 세상을 떠나지는 않는다.

종고는 도겸의 사형 '목암牧庵' 충忠 화상에게 써준 찬贊에서 '목牧' 자의 진정한 의미(眞諦)를 다음과 같이 천명하였다. "속마음은 적정寂靜하고 바깥 인연은 단절되었다. 깨닫는 곳은 명확하고 작용하는 곳은 친절하다(悟處諦當, 用處親切). 한 번 몽둥이질하면 멍이 남고 한 번 후려갈기면 핏발이 선다."(『대혜어록』 하, 『선종집성禪宗集成』본) 이 또한 마찬가지로 주희 목재의 '목牧'에 대한 가장 훌륭한 해설이다.

'기름(牧)'에서 '깨달음(悟)'과 '작용(用)'의 통일은 또한 '불교'와 '유교'의 통일이며, '출세出世'와 '입세入世'의 통일이다. 따라서 주희의 '기름'도 종고 일파와 마찬가지로 유가의 정심성의正心誠意와 불가의 참오체인參悟體認, 도가의 '포허수일抱虛守一'의 혼합이며, 유가의 '겸謙', 도가의 '허虛', 불교의 '회晦'가 삼위일체를 이룬 수양 공부이다. 주희는 「목재기牧齋記」에서 자기가 목재에서 "하루라도 육경六經과 백씨百氏의 책을 취하여 읽지 않은 날이 없었다."(『문집』 권77)고 하였는데, '백씨'에는 석씨와 노씨가 포괄된다.

이와 같이 스스로 기르는 가운데 주희가 도겸을 사사한 내용은 주로 두 방면에서 배운 것이다. 하나는 내심內心의 참오參悟이고, 다른 하나는 유·불·도의 융회관통이다. 종고와 도겸은 모두 현묘한 '화두'와 '기봉機鋒'으로 승도에게 활연돈오豁然頓悟를 계시한 대사이다. 주희가 한번은 도겸에게 아주 공경스럽게 여쭈었다. "개에게 불성이 있다狗子佛性는 화두를 아직 깨닫지 못하였습니다. 원컨대 한 말씀 해주셔서 파악하지 못한 바를 깨우쳐주십시오."("귀원직지집歸元直指集』 권하下) 이는 완전히 경건하고 성실한 불문 제자의 말투이며, 도겸으로부터 간화선(*소소영령한 선)을 배우려는 선학 신도의 면모를 그려낸 말이다.

조주 종심趙州從諗의 '개에게 불성이 있다'는 유명한 화두는 '나무 밑씻개(乾屎橛)', '삼 서 근(麻三斤)'과 함께 도겸이 자기의 '소소영령한 선'을 인증하는, 가장 흥미진진하게 즐겨 말한 삼대 화두이다. 도겸은 선을 논한 편지에서 네 가지 '결코 아니라(決定不是)'는 선오禪悟 공부를 제시하였다.

시간은 쉽게 흘러가니 또한 바짝 공부해야 합니다. 별다른 공부가 없고 다만 내려놓는 것이 곧 공부입니다. 마음과 의식에 있는 모든 것을 단숨에 내려놓는 것이 공부의 진정한 지름길입니다. 만약 또 다른 공부가 있다면 모두 어리석고 미쳐서 바깥으로 돌아치는 것입니다. 나(山僧, 도겸)는 늘 다음과 같이 말합니다. 가고 머무르고 앉고 눕는 것(行住坐臥)이 결코 아니고(決定不是), 견문과 지각(見聞覺知)이 결코 아니고, 사량분별思量分別이 결코 아니고, 언어와 문답(言語問答)이 결코 아닙니다. 시험 삼아 이 네 가지 길을 끊어버리고서 보십시오. 끊어버리지 않으면 결코 깨닫지 못합니다. 이 네 가지 길을 끊어버리면 틀림없이 한 스님이 조주에게 "개에게도 불성이 있습니까, 없습니까?" 하고 물었을 때 조주가 말하기를 "없다." 하고, "어떤 것이 부처입니까?" 하고 물었을 때 운문雲門이 "나무 밑씻개이다." 하고 대답한

화두에 대하여 깔깔대며 크게 웃을 것입니다.　　　　　　　　　—『나호야록』하

　　이 같은 선오禪悟는 일체의 견문지각과 언어·사려를 끊어버리고 일체의
바깥으로 향한 추구를 끊어버리려는 것으로서 순전히 일종의 내적인 체인體
認의 공부이다. 이는 바로 이통이 젊은 주희에 대해 '초년에 겸개선에게서 공
부하였으므로 모두 이면에 나아가 체인하였다'고 한 말에 대한 가장 생동감
있는 주석이다.

　　'나는 늘 말한다'는 구절로 보면 이 네 가지 '결코 아니라'는 말은 도겸이
늘 입에 올리는 구두선口頭禪이었으며, 이 때문에 주희가 가장 처음 들은 '소
소영령한 선'은 바로 이 네 가지 '결코 아닌' 것이었을 가능성이 대단히 크다.
이는 도겸이 '소소영령한 선'에 대해 가장 절묘하게 자기 식으로 해설한(自我
解說) 것이다.

　　주희는 이 밖에 종고의 문도에게 선오善悟를 배운 사실을 언급하고 있다.

　　　　선은 다만 매수법杲守法이다. 예컨대 삼 서 근, 나무 밑씻개와 같은 말은
　　　그러한 도리가 애초에 거기에 있지 않다. 다만 그로 하여금 마음을 마비시
　　　켜서 다만 이 한 길을 사색하게 하되, 그가 오로지 한결같이 오래 쌓으면
　　　홀연 보이는 곳이 있다. 이것이 바로 깨닫는 것이다. 가장 중요한 사실은
　　　다만 마음을 하나로 정하여서 흩어지지 않으면 오랜 뒤 광명이 저절로 발
　　　산한다는 점이다. …… 나는 예전에 참선에 대해 묻기를 좋아하였는데, 그
　　　설은 다만 이와 같았다. 그 가운데 설명을 할 수 있는 자는 도리어 대단히
　　　크게 뽐냈다. 예컨대, 고불일杲佛日(종고 불일)의 제자는 스스로 기백이 크기
　　　에 한 시대를 고동칠 수 있었다.　　　　　　　　　　　　—『어류』권126

이 또한 '소소영령한 선'과 '모두 이면에 나아가 체인하는' 것에 대해 가장 절묘하게 자기 식으로 해부한(自我解剖) 말이다.

동산洞山의 '삼 서 근'과 운문雲門의 '나무 밑씻개'와 같은 화두는 종고가 도겸에게만 비밀리에 전수한 '화두'이며 '기봉'이다. 종고는 한번은 당堂에 올라가 특별히 도겸에게 설법하였다. "동산의 삼 서 근은 눈금 없는 저울(無星秤子)에 달면 매 한 근마다 꼭 열엿 냥 2백 돈쭝으로서 1리釐도 모자라지 않는다. 바로 조주趙州의 것과는 똑같으나 다만 대우大愚가 톱으로 저울추를 잘라버려서 도리어 사람들로 하여금 이해하지 못하게 하였다. 지금 만약 이해하려고 한다면 다만 운문의 나무 밑씻개를 물어야 한다."(『오등회원』 권20 『경산종고선사법사徑山宗杲禪師法嗣·개선도겸선사開善道謙禪師』)

주희는 평생 종고를 만나 보지 못하였으니 '삼 서 근'이나 '나무 밑씻개'와 같은 매수법의 정심참오定心參悟는 도겸이 직접 입으로 그에게 전수한 것이다. 주희가 말한바, 자기가 '예전에 참선에 대해 묻기를 좋아했던' '고불일의 제자'는 분명 도겸이 아니고서는 다른 그 어느 누구도 아니다.

유·불·도의 융회관통에서 종고 일파는 전문적으로 어떻게 '유가의 언어(儒家言語)'로 사람들에게 불설佛說의 본령을 선양할까 하는 문제를 연구하여서 부처를 좋아하는 명유名儒와 사대부들이 어지러이 흉내를 내도록 만들었다. 주희가 도겸에게 배운 것은 바로 이러한 교묘한 본령이었다.

주희가 열독한 대량의 '선경仙經' 가운데는 그에게 아주 크게 영향을 미친 불서佛書 두 종이 있었으니, 바로 종고가 유·불·도를 조화시킨 대표작 『정법안장正法眼藏』과 『대혜어록』이었다. 주희는 나중에 손경보孫敬甫에게 보낸 편지에서 다음과 같이 말하였다. "(●나는〔某〕) 어렸을 때 선학의 글을 읽기를 좋아하였는데 고로杲老(종고)의 「여장시랑서與張侍郞書」를 보니, '그대는 이미 이 칼자루를 손에 넣었으니 곧 모습과 태도를 바꾸어서 유가의 언어로 사대부를 설득하여 끌어들여야 한다'고 하였습니다. 나중에 장 공張公(*장구성張九成)이 풀이한 경전의 글을 보니, 한결같이 이 계책을 썼습니다. ……"(『문집』 권63 「답손경보答孫敬甫」 서4)

또 장구성의 불교 학설을 비판한 「변장무구중용해辨張無垢中庸解」에서 다음과 같이 말하였다. "불교의 선사(*종고)가 말하기를 '그대는 이미 칼자루를 손에 넣었으니 깨우쳐 인도할 때 마땅히 모습과 태도를 바꾸어서 상황에 따라 적절하게 설법을 하여야 한다. 가령 길은 달라도 같은 곳으로 귀결한다면(殊途同歸) 출세간이나 세간이나 양자 모두 남은 한이 없을 터이다. 그러나 이 말도 세속 사람들이 알게 해서는 안 된다. 장차 실제로 무슨 일이 있느냐고 말할 것이기 때문이다.'라고 하였다. 대혜 선사의 「여장시랑서」에는 보이지만 지금 어록 가운데는 보이지 않으니 아마도 그 제자들이 꺼려서 없앴으리라."(『문집』 권71 「변장무구중용해」)

지금 『정법안장』 앞에는 바로 「답장자소시랑서答張子韶侍郎書」가 있다. 『정법안장』은 소흥 11년(1141)에 편찬된 뒤 한때를 풍미하였다. 주희가 젊었을 때 읽은 『정법안장』의 구본은 자연 도겸으로부터 전수받은 판본이다. 도겸이 주희에게 이를 전수한 까닭은 그로 하여금 장무구와 마찬가지로 흔적을 남기지 않고 깔끔하게 유교로 불교를 겸하고, 불교를 원용하여 유교를 이해하도록 하려는 것이었다.

종고의 『대혜어록』은 바로 도겸에 의해 생전에 기록되어 편찬된 책으로서 더욱이 주희가 남보다 빨리 보려고 했던, 배움을 전수하는 교본이었다. 진진손陳振孫의 『직재서록해제直齋書錄解題』 권12에는 『대혜어록』 4권에 대해 "승 종고의 말씀이다. 그의 제자 도겸이 기록하였다. 장위공張魏公이 서문을 썼다."고 하였다. 도겸이 기록한 어록 4권이 당시에 일찍이 단독으로 판각되어 세상에 유행하였음을 알 수 있다. 현존하는 『대혜어록』은 건도 연간

(1165~1173) 이후 도인道印에 의해 도겸·법굉法宏 등이 기록한 어록을 편집하여 완성한 판본이다.

도겸은 또 따로 『대혜보각선사종문무고大慧普覺禪師宗門武庫』를 편찬하였다.(*지금 『대장경』에 보존되어 있다) 이는 모두 주희가 불교를 배우는 입문서가 되었다. 나중에 주희가 제자들과 함께 종횡으로 학문을 논할 때 특히 『대혜어록』을 자유자재로 인용한 사실은 그가 초년에 도겸의 지도 아래 종고의 저작을 읽으면서 자세하고 깊이 공부하였음을 드러낸다.

참오參悟를 배움과 유儒·불佛·도(老)의 융회관통을 배움은 또한 통일된 배움이니, 곧 '깨달음(悟)'으로써 유·불·도의 세 도가 같음을 체인하는 것이다. 유·불·도의 조화를 이룬 명작 『정법안장』은 이름을 돌아보고 뜻을 생각할 때 바로 '깨달음'의 책이다.

설에 따르면 세존이 영취산靈鷲山에서 꽃을 따 대중에게 보였는데(拈花示衆), 가섭迦葉이 홀로 파안하며 미소를 지었다. 이에 세존이 곧 설하기를, "나에게 정법안장, 열반묘심涅槃妙心이 있는데 가섭에게 나눠 준다(分付)."(『석씨계고략釋氏稽古略』) 하였다. '정법안장'은 바로 교외별전敎外別傳의 심인心印으로서 직지본심直指本心, 견성성불見性成佛, 심심상전心心相傳의 돈오이다. 종고는 도겸을 통해 역시 『정법안장』을 주희에게 '나눠 주었던' 것이다.

주희의 스스로 기르는(自牧) 심학 공부는 아주 빨리 '앎(知)'에서 '행함(行)'에 이르고, '깨달음(悟)'에서 '작용(用)'에 들어가 선가의 '깨닫는 곳은 명확하고 작용하는 곳은 친근하고 절실한(悟處諦當, 用處親切)' '진경眞境'을 추구하였다. 그의 노불老佛 출입은 소흥 22년(1152)에 절정에 이르렀다. 이 한 해 동안 『목재정고』 가운데 수록된 시 마흔네 수를 지었는데, 스물두 수는 불교와 도교를 읊었고 그 나머지에도 모두 선과 도의 의미가 은연중에 침투해 있다.

한 해를 온전히 그는 불경과 도교 서적에 빠져 지냈다. 홀연히 서재에 단정히 앉아서 '산을 바라보면서는 승려가 될 생각을 품고, 세수를 하고서는 선경仙經을 열람하였으며(望山懷釋侶, 盥手閱仙經)'(『문집』 권1 「여름날, 두 수(夏日二首)」), 또 홀연히 무이武夷의 묘관당妙觀堂에 가서는 '마음을 재계하여 참된 신비를 열고, 향을 살라 시방에 흩날리며(齋心啓眞秘, 焚香散十方)'(『문집』 권1 「무이산 관묘당에서 묵다, 두 수(宿武夷觀妙堂二首)」), 홀연히 영외嶺外에 올라 앙 스님(仰上人)과 표표히 세상 밖을 노닐었으며, 홀연히 운제각雲際閣에 올라 '애오라지 절집에 의탁하고 싶어서, 세밑에 쑥과 띠로 집을 엮으려(聊欲托僧宇, 歲晏結蓬茅)'(『문집』 권1 「새벽에 운제각에 올라(晨登雲際閣)」) 하였다.

봄에 그가 읊조린 내용은 '이런 무위의 법을 깨달아, 몸과 마음이 편해지며(了此無爲法, 身心同晏如)'(『문집』 권1 「오랫동안 비가 와서 서재에 머물러 불경을 외다(久雨齋居誦經)」), '본마음 길러 편안하고 고요하며, 마음 텅 비워서 경계에 작위가 없는(養素安沖漠, 心空境無作)'(『문집』 권1 「문을 닫아걸고(杜門)」) 선의 깨달음(禪悟)이었다. 여름에 읊조린 내용은 '고질병 앓으며 궁핍한 오두막집을 지키고, 마음을 풀어놓고 그윽한 선으로 나아가는(抱痾守窮廬, 釋志趣幽禪)'(『문집』 권1 「여름날, 두 수(夏日二首)」) 선의 깨달음이었다. 가을에 읊조린 내용은 '돌아가 마땅히 들뜬 마음 삭이고, 아득하게 생멸이 없음을 깨닫는(歸當息華念, 超遙悟無生)'(『문집』 권1 「가을비(秋雨)」) 선의 깨달음이었다. 겨울에 읊조린 내용은 '경계는 비어서 변화를 타고, 진리는 묘하여 눈 닿는 데마다 있는(境空承化往, 理妙觸目存)'(『문집』 권1 「함청정사 청훈당에 제하여 부치다(寄題咸淸精舍淸曛堂)」) 선의 깨달음이었다.

그의 노학老學도 선학에 수반하여 선풍을 일으키며 상승하였다. 이해 여름에 그가 황당령黃塘嶺·계구溪口·순창順昌·도수갱倒水坑 일대를 떠돌며 고인高人을 심방할 때 순창順昌 운당포篔簹鋪에서 절벽에 쓰인 "아름다운 영지 / 한 해에 세 차례 피네 / 나는 홀로 어이하여 / 뜻은 있으나 이루지 못하네(煌煌靈芝, 一年三秀, 予獨何爲, 有志不就)"라는 제시題詩 한 수를 보았다(『문집』 권84 「제원기중소

교참동계후(題袁樞仲所校參同契後)」). 그는 동병상련을 금할 수 없어 「운당포에서 묵으며(宿簹箵鋪)」를 지어서 '다리를 쭉 뻗고 앉아 답답함을 풀어버리니, 아득히 도심이 일어난다(盤礴解煩鬱, 超搖生道心)'(『문집』권1)며 인생의 감개를 표현하였다.

이 무명씨가 절벽에 써 놓은 시 한 수는 결국 그가 40년 뒤 도가의 '단경丹經의 원조'인 『주역참동계』를 잠심 연구하여서 『주역참동계고이周易參同契考異』를 짓도록 자극하는 사상적 계기가 되었다. 돌아온 뒤에는 도교 서적을 읽는 데 열중하면서 단숨에 「도교 서적을 읽고서 짓다(讀道書作)」 여섯 수를 지어 우화등선羽化登仙과 장생구시長生久視에 대한 갈망을 토로하였다. 그는 부지런히 수련하고 배우기 위해 심지어 황관 도사黃冠道士를 모방하여서 집을 짓고는 분향하고 수련을(焚修) 하였다. 그는 「집을 지어서 분향하고 수련하는 곳을 삼고, 보허사를 본떠 짓다(作室爲焚修之所擬步虛辭)」 한 수를 지었다. "귀명(수련하는 장소)에서 북두성과 북극성을 우러러보니 / 요양전에는 옥황상제가 거처한다 / 펄럭이는 깃발 늘어서 있고 / 여덟 가지 색깔 하늘을 나는 수레 / 가없는 빛을 기울여서 / 수레를 돌려 진세를 굽어보려네 / 내 분향의 예를 닦아 / 저 천당에 함께 가고 싶네(歸命仰璇極, 寥陽太帝居. 條條列羽幢, 八景騰飛輿. 願傾無極光, 回駕俯塵區. 受我焚香禮, 同彼浮黎都)"(『문집』권1)

보허사步虛辭란 도사가 재법齋法을 닦을 때 보허성步虛聲으로 읊조리는 말인데, 분향을 하고 송가를 부르며, '향의 연기에 마음을 맡기고(委心香烟)', '도를 행하고 마음을 지극히 하되 향의 연기를 따라 태상太上에 오르기를 바라는 것'이었다(『태극진인영보재계위의제경요결太極眞人靈寶齋戒威儀諸經要訣』). '분수焚修'는 분향을 하고 도를 닦는 것으로서, 주희가 기왕 '집을 짓고(作室)' 분향하고 수련하였다고 했으니, 이 보허사는 결코 일반 문인이 종이 위에 도가의 보허사를 모방하여 지은 것이 아니라 참으로 집에서 마음을 재계하고 분향하고 수련하는 데 쓰기 위한 것임을 알 수 있다.

「도교 서적을 읽고서 짓다」여섯 수와 함께 이 시가 밝히 드러내는 바는 주희가 소싯적에 드나든 도교는 신선이 되는 방술과 장생의 도를 분향하고 수련하려는 것이었지, 유교와 도교는 도가 같다는 전제에서 진지하게 철학적 이치를 탐구하는 것이었다고는 거의 말할 수 없다.

주희는 이런 식으로 3년을 도교와 불교에 드나들었다. 소흥 23년(1153) 5월에 동안同安에 부임하기 이전 그는 「목재기牧齋記」를 썼다. 이는 그가 3년 간 도겸을 사사하고 유·불·도로 겸손하고 겸손하게 스스로 기른 공부에 대한 총결이었으며, 목재를 떠나 벼슬길에 오르기 전에 유·불·도 세 학문의 '위기爲己'의 학문과 겸손하고 겸손하게 스스로 기르는 심학의 수양 공부에 대한 한결같은 기왕의 신념을 드러내는 것이었다.

그러나 주희는 목재에서 사회로 나아갔기에 연평 이통이 목재에서 분향하고 수련하던 그의 '천국'에 난입하였다. 따라서 「목재기」는 도리어 그의 심학의 길이 막다른 길에 이르러 도겸과 갈라져 결별하려는 것을 예시하였다. 바로 이 「목재기」야말로 도교와 불교에 대한 그의 출입이 극에 이르렀다가 쇠퇴하고, 고조되었다가 퇴조하는 표지가 되었다. 소흥 23년 이후 동안에서 불교와 도교에 출입했던 일은 이미 그의 불교와 도교 사상이 완고하게 흩어지지 않고 회광반조回光反照하여서 그의 이학 체계에 종신토록 각인되었음을 나타낸다.

주희가 도겸을 사사한 일은, 그의 불학 사상이 종고의 신파 선종에서 연원하였고, 그가 불교를 배운 맥락이 송에서 당으로, 곧 송 대 종고 신파의 선종에서 말미암아 위로 수·당 각 불교 종파에까지 미쳤음을 나타낸다. 그리고 『정법안장』과 『대혜종고어록』을 불학 입문의 경로로 삼은 점은 그가 정통의 맥락에서 들어가지 못했으며, 정통 종지를 터득하지 못하여서 그의 불교 사상이 거칠고 누추했음을 드러낸다.

도겸이 그에게 준 가르침은 경산선의 내면적 체인의 참오이며, '깨달음'을 바탕으로 유·불·도 삼교가 동일한 것임을 몸으로 증명하는 것이었다. 이 때문에 그가 도겸을 사사한 목재 시기는 실질적으로는 주오主悟의 심학의 시기였다. 그러나 그는 또한 유가의 처지에서 도교와 불교에 드나들려고 하였기 때문에 그의 이학적 자아와 심학적 자아가 처음부터 끝까지 끊임없이 작동하는 모순에 처해 있었다.

　그는 '성인의 도'에서 유·불·도 삼교가 같다는 점을 전심전력으로 탐구하였다. 그러나 유교의 '참된(實)' 진리와 불교, 도교의 '공허한(空)' 진리를 처음부터 끝까지 통일할 방법이 없었다. 그가 유일하게 할 수 있었던 일은 수양 방법에서 유·불·도를 섞어 마음은 공하고 경계는 없는(心空境無), 그리고 부처가 되고 신선을 추구하는(成佛求仙) 방향으로 나아가는 것일 뿐이었다. 그러나 이는 사실상 영원히 도달할 수 없는 환영幻影이었다.

　부처에 귀의하고 불교의 삼매三昧를 잠심하여 연구해도 성인을 버리고 지혜를 끊으며, 칠정七情과 육욕六欲을 단절할 방법이 없었다. 범인의 경지를 초월하고 진세를 벗어나는 '세외법世外法'을 추구하였으나 도리어 명교名敎인 유가 낙토樂土의 '세간법世間法'을 밟아야 했다. 유가의 용세用世 정신은 진세의 인연을 해탈하는 선의 풍모와 부처의 골격을 주조해내지 못하였다. 이렇게 벗어날 수 없는 모순에는 곧 그가 불교의 교설에 의심을 품고서 불교를 버리고 유학을 숭상하는 데로 향한 정신적 위기가 잠복해 있었다. '주오主悟'–'주정主靜'–'주경主敬'의, 선에서 빠져나와 유가로 돌아오는 그의 길고 긴 변천의 역정이 마침내 동안에서 시작되었던 것이다.

朱子評傳

제4장
유가적 심리 상태의 방황과 복귀

고사헌高士軒의 세속 주부主簿

현학縣學을 주관하면서 자아 반성을 하다

천남불국泉南佛國에서 어렴풋한 각성

고사헌高士軒의 세속 주부主簿

소흥 23년(1153) 5월, 주희는 온몸에 도겸의 선기를 띠고 남쪽으로 내려가 동안同安에 부임하였다.[1] 이때의 부임은 그에게는 평생 처음으로 민중閩中(복건)의 대유大儒를 찾아보고, 학문적·사상적 교류를 진행하는 기회가 되었다. 송 대 이래 민 지방에는 명유가 잇달아 나왔는데, 건녕建寧·남검南劍·복주福州·포전莆田·천주泉州는 모두 유학의 기풍이 크게 성하였고, 인재가 모여드는 지역이었다. 주희는 부임하는 경로를 특별히 건계建溪에서부터 남하하여 건녕·남검을 거쳐 동으로 민강閩江을 따라 복주에 이르고, 다시 남하하여 포중莆中·천주를 경유하여 동안에 이르는 길을 택하였는데, 길을 가는 내내 학자를 찾아보고 도를 묻느라 길에서 두 달을 흘려보냈다. 이 두 달 동안 길에서 배움을 물은 일은 나중에 그의 이학과 경학의 발전에 심원한 영향을 미쳐서 일생 사상의 노선을 전면적으로 바꾸어 놓기까지 하였다.

주희의 사상 전환에 결정적인 추동을 일으킨 사건은 바로 남검을 지나갈

---

1 주희가 동안에 부임한 시기를 지금 사람은 혹 6월 말에서 7월 초로 고증하는데, 이럴 경우 주희가 이통을 만난 때도 6, 7월 사이가 되므로 잘못된 고증이다. 주희의 『문집』 권1을 보면 소흥 23년에 동안에서 지은 「자후(황수)를 그리워하다(懷子厚)」에 '한여름에 고향을 떠났는데, 가을이 되도록 수레를 멈추지 못하였네(中夏辭故里, 涉秋未停車)'라고 하였으니 당연히 여름 5월에 부임하였고, 이통을 만난 때도 5월이다.

때 검포劍浦의 성 남쪽 장림樟林에[2] 가서 이통을 상견한 일이다. 이통은 자가 원중應中이며 예장豫章 나종언羅從彦을 사사한, 구산龜山 양시楊時의 재전 제자이다. 일생 벼슬을 하지 않고 물과 대나무와 장림 사이에 띠집을 엮어 산중에서 40년을 숨어 살았다. 그와 주송은 동문의 벗으로서 수십 년간 '매우 깊이 도의道誼를 맺어' 서로 알고 지내며 교제하였다. 주희는 어려서부터 이통을 잘 알고 있었으며, 「제이연평선생문祭李延平先生文」에서 다음과 같이 말하였다. "저도 어린 학생으로 총각의 나이에 나아가 절을 하였습니다. 공손히 생각건대 선친께서는 실로 학문의 원류와 물결을 선생과 함께하셨습니다. 온화하고 즐거우면서도 강직하게 사귀시며 옷깃을 여미고 선생을 앞세우셨습니다."(『문집』 권87) 어려서부터 나아가 절하는 가운데 주희는 이통의 학문과 인품에 대해 자주 듣고 보았으나 무이武夷의 세 선생을 사사한 뒤로는 그에게 직접 오가면서 배움을 구하거나 도를 묻지는 않았다.

그러나 이때 전적으로 만나 뵌 까닭에 대해 주희는 다음과 같이 말하였다. "처음에는 병산屛山(유자휘)과 적계籍溪(호헌)를 스승으로 삼았는데, 적계는 문정文定(호안국)에게서 배웠고 불교와 도교(佛老)를 좋아하였다. 문정의 학문으로 다스림의 도를 논한다면 가능하지만, 도가 지극하지 못하였고 불교와 도교에 대해서도 깨닫지는 못하였다. …… 그 뒤 병산이 먼저 돌아가시고 적계는 계셨는데, 나는 스스로 이 도에서 아직 터득한 바가 없음을 깨닫고 이에 연평을 뵈었다."(『어류』 권104)

그러나 실제로는 그가 근본적으로 '스스로 이 도에서 아직 터득한 바가

---

2 『복건통지福建通志』 권25 「명승지名勝地」: "이통의 집은 성 남쪽 숭인리崇仁里 장림에 있다. 그곳에 화정암和靜庵이라는 별장이 있다. 자손이 뿔뿔이 흩어진 탓에 옛터가 나무꾼과 목동이 드나드는 곳이 되었다."

없음을 깨닫고서' 비로소 이통을 만났던 것은 아니다. 동안에 부임하기 전날 그는 아직 경건하고 정성스럽게 '조용히 상자 속 책을 꺼내, 물 흐르듯 동화 편을 음미하고(靜披笈中素, 流味東華篇)'(『문집』 권1 「경을 외다(誦經)」), 신선(羽流)과 함께 무이산을 노닐며 '하늘 나는 선술을 배우지 않아, 언덕엔 무덤만 빽빽이 많다 (不學飛仙術, 累累丘冢多)'(『문집』 권1 「무이를 지나면서 짓다(過武夷作)」)고 읊었다.

주희가 이때 이통을 만난 것은 주로 그에게 '소소영령昭昭靈靈한' 선학禪學 을 한껏 말하여서 자기가 10년 가까이 도교와 불교(老佛)에 드나들며 거둔 모 든 성과를 비롯하여 느끼고 깨달은 바를 자랑하고, 세 선생과 도겸으로부터 전수한 도교와 불교의 현묘한 설을 송두리째 내놓아 알려주기 위해서였다.

이통은 일찍이 온윤한 기운이 얼굴과 등에 흘러넘치는(睟面盎背) '순수한 유학자(醇儒)'의 기상을 길러서 질박하고 과묵하고 간결하고 중후하였으며, 학 설을 세우지 않은 데다 말을 많이 하려고도 하지 않았다. 그는 '겸개선謙開善 에게서 공부한' 주희를 보자마자 단숨에 당장 꾸짖어 깨우쳐서 돌이키게 할 수 없음을 간파하였다. 그래서 다만 한두 구절로 주희를 불국佛國과 선계仙界 에서 유교의 낙토로 이끌어주었다.

이때 서로 만나 담론한 구체적인 내용을 주희는 나중에 여러 차례 언급하 였다.

> 내가 예전에 이 선생을 만났을 때 수많은 도리를 말하였으며, 또한 일찍 이 그 이전에 선을 배웠습니다. 이 선생이 말씀하셨습니다. "너는 그렇게 공허한 이치는 많이 이해하고 있지만 눈앞의 일은 도리어 이해하지 못하 고 있다. 도는 또한 그윽하고 오묘한 것이 없다. 다만 일상생활(日用間)에서 착실하게 공부하는 곳에서 이해하면 저절로 터득하게 된다."

내가 동안에 부임했을 때 나이 스물네댓 살이었습니다. 처음 이 선생을 뵙고 재삼 질문을 하였습니다. 이 선생은 사람됨이 간결하고 중후하였는데 도리어 그다지 말씀을 하지 않고 다만 성현의 언어를 보라고 가르쳐주셨습니다. 내 의식 속에는 도道와 선禪이 역시 그대로 있었습니다. 또 성인의 책을 읽었는데 날마다 읽고 또 읽으면서 성현의 언어가 점점 맛이 있음을 느꼈습니다.

—『이연평집李延平集』권3

이통이 주희에게 처음 가르친 내용은 다음과 같다. 하나는, '도는 또한 그윽하고 오묘한 것이 없고 다만 일상생활에서 착실하게 공부하는 곳에서 이해할 뿐이라'고 함으로써 주희의 '이면裏面에 나아가 체인體認하는' 선가의 참오參悟를 비평한 것이다. 둘은, '다만 성현의 책을 보라고 가르쳐서' 불교와 도교를 탐독하고 유·불·도 삼교를 동일하게 여기는 주희의 사상을 비평한 것이다. 셋은, '의義와 이利와 공公과 사私로' 유학과 불교를 나누어서, 그가 불교와 도교에 대해 같은 점을 좋아하고 다른 점을 싫어한 것을 비평하였는데, 여기에는 유학과 불교를 명확히 가르는 '이일분수理一分殊' 사상을 포함하고 있다.

이통이 이理의 본체에서 방법론에 이르기까지 모두 주희의 선학禪學을 부정했기 때문에, 주희는 믿어 의심치 않았던, 유·불·도의 도가 같다는 자기 사상에 처음으로 충격을 받았다. 주희는 비록 여전히 '마음에 의심을 품고 승복하지 않는' 태도를 지니고서 이통을 떠나갔지만 불교와 도교에 드나들던 그의 두뇌는 이미 거대한 진동을 일으켜서 그로 하여금 유·불·도 3대 전통문화사상에 대해 새로운 반성을 시작하도록 촉진하였다. 5월에 장림에서 만난 이일은 이통의 처음 가르침이 주희 평생의 벽불闢佛을 위한 기조와 방향을 결정지었다고 할 수 있다.

복주福州는 유명한 유학자들이 모여들고 사찰과 도관이 빽빽한 동남 문화의 명소였다. 호인胡寅은, "복주에는 스님이 많기로 천하에 소문났으며, 검은 승복이 곳곳에 구름처럼 몰려 있다.(福州多僧天下聞, 緇衣在處如雲屯)"(『비연집斐然集』 권1 「능인 조암 소형이 세운 바에 제하다(題能仁照庵紹亨所建)」)고 하였다. 문사文士와 유생이 모두 선과 도교(禪老)에 깊이 빠졌는데, 특히 불교를 좋아한 여본중呂本中의 제자가 복주에서 세력이 가장 왕성하였다.

주희는 복주에서 시학詩學으로 유명한 우재迂齋 이저李樗, 상서학尙書學으로 유명한 졸재拙齋 임지기林之奇, 예학禮學으로 유명한 유조劉藻와 임문천任文薦을 예방하였다. 이저는 송이 남쪽으로 건너온(南渡) 이래 「모서毛序」를 주로 하는 학파의 시경학詩經學의 대가이다. 주덕윤朱德潤은 다음과 같이 말하였다. "『시』의 전승은 이천伊川(정이)·구양歐(구양수)·소소蘇(소식) 등 여러 선생에 이르러 그 취지가 발휘되었으며, 남쪽으로 건너온 이래 이우중李迂仲(이저)·장남헌張南軒(장식)·여동래呂東萊(여조겸)·대민은戴岷隱(대계戴溪)·엄화곡嚴華谷(엄찬嚴粲) 등 여러 선생이 또한 저마다 유명한 학자이다."(『존복재문집存復齋文集』 권4 「정협제시전서鄭夾漈詩傳序」) 이저는 저서에 『모시상해毛詩詳解』 36권이 있다. 주희는 이때 시학에서도 「모서」를 추숭하여, 일찍이 무이의 세 선생으로부터 『시』를 배우는 가운데 이저의 커다란 명성을 알게 되었다. 그가 나중에 『모시집해毛詩集解』를 지은 것은 바로 이저의 『모시상해』에서 분명히 영향을 받았다.

주희는 동안에 도착한 뒤 현재縣宰에게 보낸 편지에서 다음과 같이 말하였다. "이 군 형제의 현명함은 민중閩中에 알려져 있어서 저도 어릴 때 여러 노 선생님들이 그들에 관해 말씀하시는 것을 듣고 마음속으로 깊이 흠모하였습니다. 이곳으로 오게 되어 삼산三山(민현閩縣)을 지나다가 그들 가운데 동생(주희는 '형'으로 잘못 알고 있었다. ─ 역자 주) 우중迂仲(이저)을 알게 되었는데, 순수하고 온화하며, 자기를 뽐내고 남을 이기려는 기색이 전혀 없었습니다."(『문집』

이저와 삼산의 임지기는 외척의 형제였으며 둘 다 여본중의 고족제자였다. 여조겸은 「제임소영문祭林少穎文」 가운데서 다음과 같이 말하였다. "옛날 우리 백부 서원공西垣公(*여본중)이 몸소 중원의 문헌을 전수하여 가지고서 남쪽으로 오셨습니다. 선생은 이씨 두 형제(二李伯仲)와 실로 스승과 문생의 명분을 정하셨습니다." 두 이씨란 이규李葵의 두 아들 이남李楠과 이저를 가리킨다. 그런 관계였으므로 주희는 이저를 방문하면서 동시에 임지기도 방문하려고 하였다.

임지기의 자는 소영少穎이며, 민현 사람이다. 복주에서 강학講學을 하였는데 배우는 사람이 늘 수백 인이었으며, '삼산 선생'으로 일컬어졌다. 그는 여본중이 경전을 풀이하면서 유교와 불교 사이에 드나든 것을 추종하여, 한편으로는 글을 올려 왕씨(왕안석)의 새로운 경전 해설을 사용하는 것에 격렬하게 반대하였고, 또 한편으로는 도리어 자기의 『주례전해周禮全解』에서 왕씨의 설을 조술祖述하였다(『옥해玉海』). 그래서 주희는 그의 예학을 그다지 좋게 여기지 않았다.

그러나 임지기의 상서학은 송이 남쪽으로 건너온 초기에 제일가는 것으로 떠받들렸다. 그가 지은 『상서전해尙書全解』에 대해 주희는 『상서』의 해설에서 이천보다 뛰어난 점이 있다고 여겼다. 비록 그는 경전을 해설할 때 고문 『상서』를 즐겨 이용하였지만 고문 『상서』의 「반경盤庚」, 「고誥」가 복생伏生 등에게서 나왔다고 여겼다. 그 덕분에 나중에 주희가 고문 『상서』의 공안국孔安國의 「서序」, 공안국의 「전傳」을 위작으로 의심하도록 일깨워주었다. 그래서 주희는 특별히 임지기의 『상서전해』를 추중하였다. 주희가 이때 임지기를 예방한 까닭은 주로 『상서』에 관해 묻기 위해서였다. 주희는 나중에 다음과 같이 언급하였다.

물었다. "(『맹자』「진심盡心·하」의) 그러나 없다고 하면 또한 없는 것일 뿐이다(然而無有所爾, 則亦無有乎爾)'라는 말의 뜻을 여쭙습니다." 말하였다. "오직 삼산의 임소영林少穎(임지기)이 나에게 말해준 것이 가장 좋았다. 그는 '우禹·고요皐陶 같은 이는 보아서 알았고, 탕湯 같은 이는 들어서 알았다'고 하였다. 대체로 눈앞에서 보고 안 것이 아니라면 후세 사람이 어떻게 듣고서 알았겠는가, 하는 말이다." ……

—『어류』권61[3]

예학에서 주희가 추중한 이는 복주의 삼대 예학가 선배인 왕보王普·유조·임문천이었다. 그가 처음 유조와 임문천을 알게 된 시기는 바로 이때이다. 나중에 그는 역시 이때의 상견을 언급하였다.

복주에 선배 세 사람이 있었는데 모두 『예』에 밝다고 일컬어졌다. 왕보는 자가 백조伯照이며, 유조는 자가 소신昭信이고, 임문천은 자가 희순希純이다. 내가 왕백조는 보지 못하였다. ……

이때 복주에 예학으로 나란히 명망이 있던 세 사람은 왕백조(왕보)·임희순(임문천)·유소신(유조)이었다. 나는 임희순, 유소신 두 분을 알게 되었다. 임희순은 어리숙하여 사태를 제대로 파악하지 못하고 동문서답하므로 무

---

3 『송사』권433에 임지기의 전기가 있는데, 그는 소흥 21년(1151)에 진사에 급제하였고(『송원학안』권36의 소흥 19년 기사년에 진사에 급제했다는 기록은 잘못이다) 장정위長汀尉에 제수되어 대차侍次했다고 하였다. 『여동래연보呂東萊年譜』에 근거하면, 임지기가 삼산에 있으면서 소흥 26년까지 대차하다 들어가서 비서성 정자가 되었고, 그 뒤 줄곧 조정에서 직책을 맡았으니 주희와 상견할 인연이 없었다. 그러므로 주희가 임지기를 만난 때는 당연히 동안에 부임하면서 삼산을 지날 때이며, 아마도 이저를 만난 시기와 동시일 터이다.

슨 말을 하는지 알 수 없었다. 유소신은 말이 극히 자세하였으며 맥락이 있어서 들을 만하였다. 내가 일찍이 『역』의 설을 물었는데, 그 풀이가 또한 좋은 점이 있었다. 예컨대, "위험을 보고 멈추는 것이 「수需」, 위험을 보고서도 멈추지 않는 것이 「송訟」, 통하여 변하는 것이 「수隨」, 통하여 변하지 못하는 것이 「고蠱」이다."라고 한 것들이다. 생각건대, 책을 썼더라면 근래에 『역』을 풀이하는 자들이 많이 인용했으리라.　　　　　—『어류』권84

유조, 임문천과 상견한 일은 분명히 주희가 왕보의 예학 저작을 연구하도록 추동하였다.

홍화興化에서 주희는 또 포중莆中에 명성을 떨치는 석유碩儒를 예방하였다. 포전莆田에서는 임국균林國鈞이 홍천紅泉의 동정東井에 의재義齋를 세우고 애헌艾軒 임광조林光朝를 초빙하여 강학을 한 이래 유학의 기풍이 떨쳐 일어났고, 낙학洛學이 널리 전해져서 한때 '해빈수사海濱洙泗(바닷가 유학의 본거지)'라고 일컬어졌다(임문林文,「홍천강도서紅泉講道序」『홍화부지興化府志』권31).

저명한 사학자 정초鄭樵는 협제산夾漈山에서 책을 저술하였고, 구산龜山(양시)의 재전 제자 방저方翥는 만권루萬卷樓에서 경전을 읽었는데, 이에 더하여 임광조가 동정에서 도를 강론하니, 세 사람은 교유하면서 학문을 논하고 포중에서 정립鼎立하여 동남쪽을 웅시雄視하였다. 임광조는 자가 겸지謙之이며, 윤돈尹焞의 문인 육자정陸子正을 사사하였고, 또 임정林霆과 시정생施廷生에게 배움을 묻고서 송이 남쪽으로 건너온 뒤 최초로 동남쪽에 이락伊洛의 학문을 창도하고 널리 떨쳤으므로 '남부자南夫子(남쪽의 공자)'라고 존경을 받았다.

방저는 자가 차운次雲이며, 왕빈王蘋의 제자 시정선施廷先을 사사하였고, 아울러 시정선을 통해 왕빈에게 나아가 도를 물었다. 육자정도 일찍이 왕빈을 사사하였기 때문에 애헌(임광조)의 학문은 윤돈보다는 오히려 왕빈에게서 얼은 것이 많았다. 그리고 왕빈은 양시로부터 "스승의 문하에서 나중에 성취할 자는 오직 신백信伯(●왕빈)일 뿐이다."라고 중한 그릇으로 가장 칭찬을 받았다.

왕빈의 학문은 구산 양시의 학문이 '우파右'로 발전한 것으로서 불교의 선기를 가장 많이 갖추고 있었으며, 아래로 육구연陸九淵의 심학心學을 열었다. 임광조, 방저의 학문도 마찬가지로 심학의 색채를 갖추고 있었으므로[4] 바로 이때 젊은 주희의 사상과 박자가 맞았다. 주희는 홍천 동정으로 가서 임광조, 방저의 강학을 들은 뒤 마침내 공자가 '소韶' 음악을 들었던 때와 똑같이 흥분을 멈추지 못하고 마치 도취하여 얼이 빠진 듯하였다. 그는 이때 처음 가르침을 받은 일을 다음과 같이 언급하였다.

내가 소년 시절에 포전을 지나다가 임겸지林謙之(임광조), 방차운方次雲(방저)이 일종의 도리를 말하는 것을 들었는데, 말하는 것이 정확하고 신묘하여서 기뻐 날뛰며 고무되었다. 물러나서 사색을 하느라 자는 것도 먹는 것도 잊었다. 그것을 좋아하여 생각하고 생각하며 잊지 못하였다. 나중에 다시 지나가게 되었는데 두 분은 이미 돌아가서서 그 학문을 계승할 수 있는 이가 한 사람도 없었고, 말을 할 수 있는 이 또한 한 사람도 없었다.

— 『어류』 권132

---

4 『송원학안宋元學案』 권29를 참조하여 보라. "신백은 극히 구산(양시)의 인정을 받았으나 회옹(주희)이 그를 가장 폄하하였다. 그 뒤 양명陽明(왕수인)이 또 가장 그를 칭찬하였다. 내가 신백의 문집을 보니 자못 상산(육구연)의 맹아를 틔웠다. …… 상산의 학문은 …… 나는 겸하여 신백에게서 나왔다고 여긴다." 또 권47에서 다음과 같이 말하였다. "애헌(임광조)의 종지는 화정和靖(윤돈)에게 뿌리를 둔 것이 도리어 적고 신백에게 뿌리를 둔 것이 도리어 많으니, 실로 괴당槐堂(육구연이 강학한 괴당서당)의 세 육씨(三陸, 육구연 세 형제)보다 먼저 일어났던 것이다."

다만 주희가 나중에 애헌을 추중한 것은 결코 그의 '심학' 때문이 아니라 그가 양시·왕빈의 경학을 아주 멀리 돌파했다는 점 때문이었다. 임광조는 협제 정초의 영향을 깊이 받았다. 그는 구산의 손자 양차산楊次山(양운楊雲)에게 보낸 편지에서 다음과 같이 말하였다. "내가 어릴 적에 이태백李太白(이백)과 석만경石曼卿(석연년石延年)의 사람됨을 듣고서 기뻐 날뛰며 그들의 일을 말하였습니다. 또 『진서晉書』를 읽고서 가을 매미처럼 홀로 고결하여 저속한 풍조에 물들지 않은 유사한 인물을 보고 마음으로 매우 즐거웠습니다. 하루는 방차운(방저)과 여섯째 형(六兄, *곧 정초)에게 '옛사람은 이와 같이 끝내 속되지 않았습니다'라고 말하였습니다. 여섯째 형은 '이 몇 사람이 공자의 문하에 오면 하루라도 발을 붙일 데가 없습니다'라고 하였습니다. 내가 이에 공자 문하의 인물됨의 표준을 깨달았습니다. 천고의 인물은 이런 자리에 들어가려고 해야 부끄럽지 않습니다."(『애헌집艾軒集』 권6 「여양차산與楊次山」)

정초는 시학에서 가장 격렬하게 「모서」를 반대한 의고파疑古派로서 『시서변망詩序辨妄』이라는 전문 저작으로 「모서」의 그릇됨을 힘써 공격하였다. 임광조도 「모서」의 설을 반대하여 일찍이 「모서」를 주로 삼는 장식張栻과 논변을 전개하였다. 임희일林希逸은 다음과 같이 말하였다. "「시서詩序」는 자하子夏에게서 나오지 않았으며, 또한 반드시 모공毛公(모형毛亨과 모장毛萇)에게서 나오지도 않았다. 계서溪西(정초)와 애헌(임광조) 두 선생이 아니고서는 이런 안목을 갖춘 자가 있지 않다."(『우재학기慮齋學記』) 주희도 "이런 시는 정어중鄭漁仲(정초)이 열 가운데 일여덟을 이해하였다. 예컨대 「장중자將仲子」는 다만 음분淫奔의 시인데 애헌도 이를 제대로 보았다."(『애헌집』 권10 「유사遺事」) 주희가 나중에 반모서파反毛序派로 전향하게 된 사상적 실마리는 분명 정초와 임광조의 영향을 받은 것이다. 이때 그가 정초도 예방했을 가능성이 있다.

역학易學에서 정이의 『역전易傳』은 의리파義理派의 명작이지만, 애헌은 도리어 『주역』이라는 성경이 복서卜筮의 책에 지나지 않는다고 공언하면서 정씨의 『역전』이 의리를 말하고 상수象數를 언급하지 않은 점을 비평하였다. 이는 당시 이락의 학문 가운데서 거의 경천동지할, 전통적인 경 해석 체계를 벗어난離經叛道 새로운 학설인 까닭에 비록 한때 빈 골짜기의 외로운 메아리 격이었지만 도리어 주희의 상수파 역학의 서막을 열어젖혔고, 주희가 나중에 의리파에서 상수파로 전향하도록 이끌었다. 주희는 이때 상견한 뒤 곧 임광조와 매우 두터운 사적인 교우 관계를 맺었고 끊임없이 편지로 안부를 주고받았으니, 주희가 나중에 경학 사상에서 중대한 비약을 일으킨 데는 모두 얼마간 애헌과 관계가 있다고 할 수 있다.

주희는 7월에 천주泉州에 도착하였다. 이때 연로沿路의 학문 탐방은 주희에게는 민중의 이학과 경학 각 학파의 학술 사상을 한 차례 광범위하게 흡수하는 기회였다. 이를 계기로 그는 비록 도교와 불교의 수렁에서 아직은 스스로 빠져나오지는 못하였지만, 나중에 그의 결정적인 사상의 변천과 발전은 도리어 이때 연로에서 학문 탐방한 일을 기점으로 삼는다. 유가 경세치용經世致用의 전통문화의 정신과 학문이 그의 몸에서 소생하기 시작하였던 것이다.

동안에서 주희는 주부主簿의 공관 서북쪽에 있는 재옥齋屋에 묵으면서 부침이 많은 관료 사회에서 주부의 생애를 시작하였다. 그는 한거하는 서재西齋의 이름을 '고사헌高士軒'으로 바꾸고, 낮에는 낡고 허물어진 공관의 대청에서 강직하게 직무를 담당하는 주부로서 '붉은 먹과 검은 먹으로 장부에 점을 찍고, 범법자를 심문하고, 현縣의 부세를 관장하였으며', 저녁에는 초연히 세속을 벗어난 고사로서 헌軒에 단정하게 앉아 글을 읽고 마음을 거둬들이고 몸을 수양하였다. 세속의 주부와, 벼슬자리에 있으면서도 담박하게 은퇴한 듯한 고사의 결합은 바로 유·불·도가 일치한 자아의 상징이었다.

그러나 남송의 절박한 사회 현실의 문제는 이미 그를 고사로서 현묘한 사색과 명상을 하도록 용납하지 않았다. 굴욕스러운 '소흥의 화의(紹興和議)'이래 남송 조정은 10여 년간 구차한 안정을 누렸지만 뼈를 부러뜨려 골수를 빨아먹은 진회의 착취 아래서 주희가 대면한 것은 탐관오리가 멋대로 농간을 부리고, 부호가 횡행하고, 백성은 곤궁하고, 민생은 피폐해진 동안同安이었고, 도겸의 '소소영령한 선'은 사태를 구제할 수 없었다.

그러나 이런 상황에서도 그는 도리어 송 대 대다수 사대부가 불교와 도교를 좋아한 것과 마찬가지로 불교로 마음을 닦고(以佛修心), 도교로 몸을 수양하고(以老養身), 유교로 나라를 다스리는(以儒治國) 것을 인생의 최고 신념과 준칙으로 삼았기에 그에게서 유·불·도는 서로 어그러지지 않고 병행하면서 저마다 신묘함을 다할 수 있었다. 그러나 동안의 세속 사회에 한번 발을 딛게 되자 그에게서 적극적 경세치국經世治國이라는 유가의 현실적 정신의 한 측면이 고양되어서 그로 하여금 선학은 잠시 놓아두고 '눈앞의 일(面前事)'과 '일상생활(日用間)'에서 착실히 공부하라는 이통의 처음 가르침을 따르게 하였다.

그가 동안에 도착했을 때는 마침 자못 기세가 대단했던 전국의 경계經界(토지 경계 정비) 여파가 쇠퇴하는 상황과 맞물린 시기라서 경계를 바로잡는 일은 곧 그가 우선으로 관심을 갖는 큰일이 되었다. 소흥 연간(1131~1162) 남송의 토지 집중과 빈부의 격차는 보기만 해도 마음이 아플 지경이었다. 대장 장준의 집안은 해마다 수조收租가 60만 곡斛이었고, 양기중楊沂中의 집안은 초주楚州에 있는 전답만 3만 9천여 무畝였다. 회동淮東의 토호 장괴퇴張拐腿가 한 해에 거둬들이는 조미租米는 70만 곡이었고, 금주金州 석천현石泉縣 양광楊廣의 집안에 쌓인 곡식은 30년을 먹고살 수 있을 정도였다.

토지의 집중은 부세賦稅의 불균등을 초래하였다. 강력한 호족 집안은 토지를 숨기고 조세에서 빠져나가며, 영세한 농민은 생산수단이 없어도 세금은 남아 있어서 유전무세有田無稅, 유세무전有稅無田이 전국의 보편적인 현상이 되었고 직접적으로는 조정의 재정 위기를 조성하였다.

소흥 12년(1142)에 양절 전운부사兩浙轉運副使 이춘년李椿年이 맹자의 '인정은 반드시 경계로부터 시작한다(仁政必自經界始)'는 기치를 내걸고 바르지 못한 경계의 10대 위해危害를 상주하여서 이해에 곧 그의 주도 아래 전국에 경계가 시행되었으나 소흥 19년 봄에 그가 파직되면서 그 일은 일단락을 고하였다. 그 뒤 일부 지역에서 계속 진행되다가 소흥 28년(1158)에 이르러서야 전부 끝이 났다. 이때 전국 규모로 진행된 경계 정비는 은닉된 토지와 탈루된 세금, 부세 불균등의 심각한 정황을 어느 정도 전환시켰다.

그러나 경계는 대지주 대관료의 격렬한 반대와 저항을 만났다. 그리하여 태도를 자주 바꾸고 일관성이 없는 조구趙構(고종)가 소흥 20년(1150) 3월 21일에 경계가 '점차 본래 의도를 잃어버렸다'고 비평하는 조서를 내림으로써 전국 범위에서 경계를 진행한 일이 착오였음을 승인하는 꼴이나 다름없게 되었다(『송회요집고』 제163책 「경계잡록經界雜錄」).

동안의 토지 겸병도 더욱 심각해져, 이춘년은 주장奏章에서 다음과 같이 말하였다. "세력 있는 인민과 교활한 아전이 결탁하여 농간을 부리고 온갖 다양한 방법으로 간사한 짓을 자행하면서 강한 자가 약한 자를 집어삼킵니다. 토지를 소유한 자가 반드시 세금을 내는 것은 아니며 세금을 내는 자가 반드시 토지를 소유한 것은 아닌지라 부자는 날로 더욱 토지를 겸병하고 가난한 자는 날로 곤궁하며 약해지고 있습니다. 이런 일은 모두 경계가 바르지 않은 데서 비롯합니다."(동상) 이 같은 현상이 바로 주희가 주부가 되어 천주 동안에서 맞닥뜨린 최대의 난제였다.

이때 전국적으로 경계를 시행하면서 조정에서는 복건의 정주汀州·천주泉州·장주漳州 세 주에서만은 하백기何白旗의 봉기가 있었다고 하여 경계를 시행하지 않았는데, 이는 대지주 관료가 경계를 반대하기 위한 구실에 지나지 않았다. 하백기의 봉기는 소흥 19년(1149)에 일어났으나 사실상 정주·장주·천주 세 주에서는 소흥 20년 여름에 이르러 경계가 이미 열에 여덟아홉은 추진되고 있었다. 다만 관품官品을 가진 형세호形勢戶의 반대 때문에 조정에서는 조구가 3월에 내린 조서에 근거하여 복건로 제형福建路提刑 손여익孫汝翼에게 전적으로 낱낱이 따져서 조치하도록 위임하였다.

원래 이춘년이 제안한 방법은 다음과 같았다. 민로閩路(복건로) 전운사 아래 '조치경계소措置經界所'를 설치하고, 정주·천주·장주 세 주 각 현에서는 도都를 경계 실시의 단위로 삼는다. 관호官戶와 민호民戶가 각각 규식에 따라 침기부砧基簿를 만들어 윗면에는 호주의 성명, 토지 면적, 토지의 경계, 구단丘段, 토지의 내원을 적어 넣고 지형도를 덧붙인다. 도기린보都耆鄰保를 통해 전주田主와 전객佃客을 소집하여 구丘에 따라 무畝의 수를 계산해서 서명을 하고, 보保의 정장正長이 지형도의 사방 경계에 서명한 뒤 경계소에 보고한다. 경계소 차관差官이 지형도에 근거하여 실지 조사하고 사실관계를 점검한다.

그런데 이 모든 일이 이미 기본적으로 궤도에 올랐을 때 손여익은 도리어 시비를 뒤바꾸어서 소흥 20년(1150) 7월에 다음과 같은 주장奏狀을 올렸다. "천주·장주·정주 세 주는 근래 도둑 떼(草寇)가 출몰하는 바람에 백성이 많이 도피하였습니다. 바라건대, 세 주의 모든 현은 아직 세금을 균등하게 매기지 못하였으니 일체 임시로 경계를 멈추었다가 도적이 그치는 날을 기다려 조정의 명령을 청하여서 시행하게 하소서."(『건염이래계년요록建炎以來系年要錄』) 이에 조구는 바로 같은 달에 조칙을 내려서 세 주의 경계를 파하였다.

주희는, 호족의 집안에서 이춘년이 경계를 추진하는 일에 대한 원한을 드러내기 위해 토지를 측량하는 모든 곳의 토봉土封에 모두 '이춘년의 묘'라고 써 놓은 것을 직접 눈으로 보았다. 나중에 그는 세 주에서 경계를 시행하지 못한 진정한 원인이 하백기의 봉기가 아니라 대지주 관료의 반대이며, 하백기의 봉기 때문에 경계를 시행하지 못한 것이 아니라 경계가 시행되지 못했기 때문에 하백기의 봉기가 일어났다고 여러 차례 피력하였다.

주희는 구구한 동안의 주부로서 굽히지 않는 집요한 도학적 성격으로 경계를 정지하고 파하라는 상사上司의 금령에도 아랑곳하지 않고 판적版籍과 전세田稅를 낱낱이 조사하는 일을 혼자 준비하고 계획하였다. 그리하여 현령 진원방陳元滂(진송림陳送霖)에게 시행을 청하여서 얼마간 실효를 거두었다. 이 사건을 그는 나중에 장주의 임지에서 올린 「경계신제사장經界申諸司狀」에서 언급하였다.

저는 소흥 23, 4년 사이에 천주 동안현의 주부에 충원되었는데, 이 당시에 이미 본주에서 경계를 시행하지 않았다는 사실을 알았습니다. 현과 도道에서 세물稅物을 독촉하되 부족하면 고을의 관리(鄕司)는 으레 도망과 절호絶戶로 핑계를 대고, 관사官司에서도 추적하여 찾아낼 수 없다고 말합니다. 천천히 그 실상을 조사해보았더니 인호人戶가 비록 이미 도망했더라도 그들의 전토는 그 자리에 그대로 있었고, 다만 부유한 집안과 권세 있는 집안(富家巨室)에서 벌써 병탄해버리기도 하고, 혹은 인근의 거레붙이(鄰至宗親)가 나중에 와서 점거하고는 몰래 고을의 아전과 결탁하여 숨기고 말하지 않았을 뿐입니다. 본래 일찍이 계획을 세워 현에 청하여서 한때 세금을 균등하게 할당한 곳이 자못 많기는 하였지만, 본원이 바르지 못하여 폐단이 날마다 생겨난 탓에 끝내 장구한 유익으로 삼을 수 없게 되었습니다.

—『문집』권21

본원을 바로잡아 경계를 추진하기 위해 주희는 특별히 혜안현惠安縣 현승 정소숙鄭昭叔을 예방하고 그가 선유仙游에 부임하여 경계를 추진했던 방법을 물어서 상세히 이해하고 기록한 뒤 동안에서 널리 추진할 준비를 하였다. 또 나중에 장주에 부임해서도 조정에 정소숙의 방법을 채택하도록 주청하였다.

주희는 경계법을 세심하게 연구하는 동시에 사람들과 상의하였다. 동안의 사인士人 허연許衍은 장주·정주·천주 세 주의 경계 시행을 위해 구체적인 계획을 열심히 제출하였으므로 주희가 편지를 써서 그를 칭찬하였다. "어진 사람의 마음이 천하의 근심을 잊은 적 없음이 본래 이와 같습니다. 장주·천주·정주 세 주의 경계가 아직 시행되지 않았는데, 이는 허 공이 조목조목 매우 상세히 연구하였으나 감사와 군수가 아직 거행하지 못한 것입니다."(『증정대동집增訂大同集』 권3)[5]

주희는 경계를 바로잡는 일을, 자기가 동안에서 시행하는 인정仁政의 가장 중요한 첫걸음으로 삼는다는 환상을 품었다. 그러나 '도적이 그치는 날을 기다려 조정의 명령을 청하여서 시행하게 하라'는 손여익의 건의는 본래 허울만 그럴 듯한, 경계를 피하려는 구실에 지나지 않았다. 소흥 25년(1155) 이후에는 심지어 전국 각 로에서 추진하던 경계도 이미 '곳곳에서 중단되었기' 때문에 주희가 장주·정주·천주 세 주에서 경계 추진의 회복을 기다리던 희망은 끝내 허사가 되고 말았다.

그러나 판적 정돈과 부세 정돈은 본래 경계 문제의 두 측면이었다. 경계가 혼란하고 행해지지 않는 곳일수록 부세는 더욱 가중되고 균등하지 않았

---

5 허연은 자가 평중平仲이며, 평자平子라고도 한다. 『민서閩書』: "허연은 자가 평자이며, 동안 사람이다. 강개하여 시사를 말하기를 좋아하였다. 융흥 2년(1164)에 태학생으로서 궐 앞에 엎드려 글을 올렸는데, 선비들의 여론이 그것을 옳게 여겼다. 건도 8년(1172)에 상사생上舍生으로서 급제하였다. 일찍이 「본론本論」 20편을 올렸는데, 사민四民의 이해利害 및 상공上供하는 은銀의 남호攬戶에 대한 폐단을 말하였다. 주자가 편지를 써서 '어진 사람의 마음이 일찍이 천하의 근심을 잊은 적이 없다'고 하였다. 정주·장주·천주의 경계를 매우 상세히 연구하였다. 건녕부建寧府 통판通判이 되었으나 부임하지 못하고서 죽었다."

던 것이다. 남송의 부세는 진회의 통치 시기에 전에 없이 급증하였다. 진회는 "은밀히 제로諸路에 유시를 내려서 암암리에 인민의 세금을 7, 8할 올렸다."(『송사』「식화지食貨志」)

1년에 두 차례 납부하는 세금 가운데 추세秋稅에는 모모耗, 화적和糴, 가대량기加大量器가 덧붙었고, 하세夏稅에는 화매和買, 예매預買가 부가되었다. 그뿐 아니라 경총제전經總制錢·월장전月椿錢·판장전版帳錢·승도면정전僧道免丁錢·양천격상전兩川激賞錢·칭제전稱提錢 등등 정세正稅 외에 명분 없는 가혹한 세금이 끝없이 속출하였다. 특히 거액의 경제전經制錢과 총제전總制錢은 백성의 머리에 드리운 두 자루 날카로운 칼이 되었다.

경계를 추진할 희망이 없어진 상황에서 주희는 경총제부터 칼을 들이대어, 한 현에 부과된 과중한 세금과 이로 인해 곤궁을 겪는 인민의 문제를 해결하려고 생각하였다. 경제전은 본래 북송의 경제사經制使 진형백陳亨伯이 방랍方臘의 봉기를 진압한다는 명분으로 증수한 임시세臨時稅이고, 총제전은 소흥 초에 맹유孟庚가 총제사總制使의 명의로 증수한 부가세이다. 두 가지 세는 관부에서 차·소금·술의 전매, 매조賣糟, 전택田宅의 아세牙稅(토지나 주택을 중개하는 업자에게 부과하는 세), 누점무방전樓店務房錢 등의 세금을 거둬들일 때 매 1,000전錢마다 두자전頭子錢(부가세) 56문文씩을 더 거둬들이는 세금이다.

명분이 없는 이 가혹하고 무거운 세금은 결국 남송 소조정小朝廷을 유지하기 위한 한 가닥 경제적 목숨 줄이었다. 소흥 10년(1140)에 각 주에서 통판에게 위임하여 전적으로 책임을 맡겨서 관리한 경총제전의 연간 수입은 이미 1,725만 관貫으로서 북송 초기 전국의 1년간 수입을 초과하였고, 당 대唐代 전 시기 동안 전국에서 거둬들인 세수의 두 배에 상당하였다. 백성은 부담할 힘이 없었고, 각 지역의 주현州縣에서는 거액의 결손을 입었다.

주희는 동안에 도착하고서 오래지 않아 곧 지방의 주현에 경총제의 결손분을 마련하라는 호부戶部의 성화 같은 독촉을 받았으며, 백성의 사활을 돌아보지 않고 쥐어짜는 정경을 직접 목격하였다.

지난날 호부를 담당한 자들은 또 날인한 공문서(符檄)를 변조하여 우편으로 급히 내려보내 제형사提刑司를 책망하면 제형사에서는 주에 내려보내고, 주에서는 현에서 마련하느라 돌아가면서 서로 이어지는 독촉이 성화보다 급합니다. 명을 받들어 행하는 통판과 같은 관리(주에서는 통판, 로에서는 제점형옥)는 자기 상전賞典만 추구하여 뜻밖에 독촉을 하면서 못하는 짓이 없습니다. …… 주에서는 날로 달로 부절符節을 가진 사람을 보내와 벼슬아치를 붙잡아 매달고 때리며 매질을 하여 다스리면서 기필코 그 효과를 얻으려고 합니다. 현의 아전이 그 괴로움을 이기지 못하고 밤낮으로 서로 함께 관청의 우두머리를 움직여서 과목을 만들어(科率) 일을 하게끔 하되, 불행히 이를 시행하면 관에서 하나를 얻을 때 아전은 두셋을 얻습니다. 이렇게 연줄을 만들어서 간사한 일을 하면 무슨 명목인들 있지 않겠습니까?

—『문집』권24「여종호부논휴흠경총제전서與鐘戶部論虧欠經總制錢書」

주희도 주부의 신분인 까닭에 맨 먼저 세금을 독촉해야 하는 괴로움을 겪었다. 소흥 26년(1156) 2월 1일에 그는 호부 시랑 종세명鍾世明에게 각지의 결손이 난 경총제전을 상주하여 면해달라고 청하였다. 종세명과 주희의 아버지 주송은 서로 알던 사이였으며, 주희는 소흥 21년(1151)에 임안으로 전시銓試를 보러 갔을 때 그를 배알한 적이 있었다. 소흥 22년에 사농승司農丞에 임명된 종세명은 민閩에 와서 사찰과 도관의 절산絶産 조치를 취하였는데, 주희도 그와 편지를 주고받으며 서로 안부를 물었다. 소흥 24년에 종세명이 사천四川으로 가서 각 항의 정부正賦와 포부逋負의 세금을 견감하거나 면제한 것이 100

만 민瘼을 헤아렸으나 오직 경총제의 명분 없는 가혹한 부세만은 감히 건드리지 못하였다. 그러나 이미 그는 주희의 관심을 불러일으켰다. 이해(1154) 11월에 종세명은 승진하여 호부 시랑이 되었고, 주희는 곧 그에게 경총제 감면의 희망을 걸었다.

종세명에게 보낸 편지에서 주희는 곧바로 경총제전에 대해 '인민은 납부할 수 없는 것이고 관은 받아서는 안 되는 것이며, 제재할 방법이 없고 취하는 데 명분이 없는' 세稅라고 지적하고서, '공경公卿 이하 모두 주건도 없이' 아무도 감히 경총제의 명분 없는 부세를 비판하지 않는다고 통렬히 배척하였다.

주희는 조정에서 교묘하게 착취하고 힘으로 강탈하는 행태에 대해 강도가 백성을 노략질하고 죽이는 것을 능가한다고 까발리며 앞뒤 돌아보지 않는 아주 격렬한 시각을 드러냈다.

> 이 돈은 이미 정식 세금의 정상 수입이 아님에도 백성은 체납하여서 부담이 되고 관리는 침해하여서 빼앗아가는 것이 되었는데, 한 해에 어쩌다 많이 걷힌 액수를 정액으로 제정해서 책임지우고 갚게 합니다. 호부에서부터 네 단계(호부-제형-주-현)를 거쳐 현에 이르는 것이 마치 천 길 되는 비탈길을 굴러 내려와 바닥에 이르러서는 그 기세가 다하고 마는 것과 같으니, 현에서 어떻게 이 돈을 모으겠습니까? 교묘하게 과목을 정하여 백성에게서 취하는 데 지나지 않을 뿐입니다! …… 아! 이것이 어찌 백성은 응당 납부하고 관에서는 응당 거둬야 하는 항목이란 말입니까? 제재할 방법이 없고 취하는 데 명분이 없기가 아주 심합니다!
>
> ─『문집』 권24 「동상」

조정이 명맥을 의지하고 있는 경총제전은 줄곧 조정을 채운 득실득실한 제공諸公이 두려워서 감히 말할 수 없는 '금지 구역'이었다. 그런데 이러한 경총제를 명분 없는 가혹한 부세라고 외치면서 모두 견감하고 면제하라고 처음으로 주장한 사람은 뜻밖에도 갓 벼슬길에 오른 스물대여섯 살 난 보잘것없는 주부였다. 주희는 남송 사회에 대한 예민한 관찰과 조숙한 사변의 재능을 가지고서 윗사람을 범하며 감히 말하는 도학의 담대한 식견을 드러냈던 것이다. 그러나 종세명은 그가 올린 글에 대해 아무런 반응을 보이지 않았고, 부세 감면을 위한 그의 노력은 너무도 빨리 실패로 돌아갔다.

판적과 부세의 정돈이 아무런 결실을 보지 못한 상황에서 주희는 다만 지방행정(吏治)의 정돈에 정력을 돌렸다. 부세가 가혹하고 무겁게 된 데는 특히 관리의 간사함과 관계가 있다. 주희는 이미 군주에게 충성하려 하였고 또 인민을 사랑하려 하였기에, 미창米倉의 벽에 시 한 수를 써서 그와 관리들의 '좌우명'으로 삼았다.

미창의 벽에 제하다   題米倉壁

사사로움 없는 도량은 본래 지극히 공정한데   度量無私本至公
탐내는 한 치 마음 어찌 끝이 있으랴!   寸心貪得意何窮
노자와 장주더러 보게 한다면   若敎老子莊周見
부질없이 여겨 말을 쪼개고 저울대를 꺾어버리겠네   剖斗除衡付一空
                                                        —『별집』권7

'말을 쪼개고 저울대를 꺾어버림'은 노장老莊의 고상한 선비(高士)들의 초세간적인 이상이었으나, 주희는 필경 고사헌高士軒의 충성스러운 세속의 주부였기에 단지 '사사로움 없는 도량'을 바랐을 뿐 '탐내는 한 치 마음'은 없었다. 군주에 대한 충성과 인민에 대한 그의 사랑도 바로 조세의 징수 문제에서 조정에는 곡식 한 톨이라도 적게 내지 않고 백성에게는 한 톨이라도 많이 징수하지 않는 데 있었다. 그는 지방행정(吏治)의 정돈을 통해 이 두 가지를 통일하였던 것이다.

천주 영춘현永春縣 현령 황우黃瑀(*덕조德藻)는 지방행정(吏治)으로 소문이 났는데, 간사한 아전을 처벌하고 부세의 징수를 독려하는 방법으로써 '아전은 속이지 못하고 인민은 차마 속지 않게끔(吏不能欺, 而民不忍欺)'할 수 있었다. 처음 띠집(茅廬)에서 나온 주희는 몸소 영춘으로 가 그를 예방하고 그의 경험을 물어서 '예의를 돈독하게 하고, 풍속을 도탑게 하고, 아전의 간사함을 그치게 하고, 인민의 고통을 불쌍히 여기는(敦禮義, 厚風俗, 戢吏奸, 恤民隱)'다스림의 방법을 배웠다. 특히 백성이 부세의 납부 기한을 어긴 경우와 아전이 연줄로 간사한 폐단을 저지르는 일에 황우가 대처했던 방법을 본받았다. "백성이 부세를 납부할 때 혹 기한보다 늦으면 아전이 간여하지 못하게끔 하고 홀로 그 성명을 저자에 내걸어 날짜를 알리니, 그것을 들은 자가 서로 먼저 도착하였다. 한 해가 안 되어 유랑하는 사람을 모두 복귀시켜서 부세 수입이 두 배가 되었다."(『문집』 권93 「조산황공묘지명朝散黃公墓誌銘」)

주희는 이를 더욱 변통하여서 자기의 독창적 치리治吏의 새로운 방법으로 만들었다. 그는 나중에 제자들에게 동안에서 장부를 관장하고 세금을 추징한 방법을 언급하였다.

주부의 직책에 큰 일이 있으니 현의 허다한 장부와 문서를 모두 관리해야 하는 일이다. 내가 접때 동안의 주부로 있을 때, 허다한 부세의 출입 장부를 날마다 대조 점검하고 화압畵押을 두어서 아전들이 폐단을 저지르지 못하였다.

예전에 동안에서 주부 일을 할 때 매번 세금을 지정하여 추징할 때면 반드시 먼저 기한을 분명하게 알렸는데, 종이 한 폭을 세 조각으로 잘라서 작은 방榜을 만들어 두루 부쳤다. "본청에서는 아무 날에 어느 고을 분의 세금을 추징하니 인호人戶, 향사鄕司의 주인은 잘 알기 바란다." 단지 이와 같이 하였으나 기한 날짜가 다가오면 납부하는 자들이 어지러이 몰려 왔다. 그러나 이는 다만 (인민에게) 신뢰를 보인 결과일 뿐이다. 혹 기한을 어겨 납부하면 단연코 용서하지 않았기에 사람들이 무서워하였다.

— 『어류』 권106

날마다 화압을 두고 세금을 지정하여서 추징하는 일은, '아전(吏)'이 중간에서 간사한 짓을 하거나 범법 행위를 하는 것을 막기 위해서지만 근본 목적은 오히려 '인민(民)'으로 하여금 기한에 맞춰 수량대로 부세를 납부하게 하여 봉건국가의 매년 수입을 보장하려는 데 있었다.

황제와 조정에 보답하여 힘을 다하려는 충성스러운 마음을 품고 그는 나랏일(王事)에 부지런하였으며, 세금 장부(刀筆)를 잡고서 세금 납부를 독촉하였다. 하루 종일 먼지가 자욱한 장부와 문서에 머리를 파묻고서 세금을 지정하여 추징하고 화압을 두면서 원칙을 지키고 조금도 사정을 두지 않았으며(鐵面無情), 스스로 교묘한 방법을 만들어서 아전과 인민이 모두 두려워 부들부들 떨게 하였다. 온 주현에 가득한 용렬한 관리, 탐욕스러운 아전과는 달리 도학적 정치 재능을 지닌 주희는 주부로서 자기 직책의 범위 안에서 공정하게 일을 처리하여 인정仁政과 애민愛民의 실적을 거두었다.

주희는 현의 관서 가운데 송약수宋若水가 지은 '우현당祐賢堂'을 '목애당牧愛堂'이라 이름을 바꾸고, '시민여상視民如傷(인민을 보기를 다친 사람 보듯이 한다)'이라는 커다란 편액을 내걸었다. 현성縣城의 울타리인 동산同山에 크게 써 놓은 '대동大同'이라는 두 글자는 그가 인애대동仁愛大同의 유가적 이상으로 현의 일을 다스리려고 했음을 나타낸다. 동안현 동쪽은 진안현晉安縣과 접경 지역이라 두 현의 인민은 늘 지역 경계의 문제로 분규를 일으켜서 연장을 들고 싸웠는데, 주희는 곧 소영령小盈嶺에 크게 '동민안同民安'이라는 세 글자를 새겨 두 현의 송사를 화해시켰다. 응성산應城山에 있는 동산묘東山廟 곁에 그는 또 '용맥을 비보하려고(補龍脈)' 큰 제방 하나를 축조하였는데, 이는 스무남은 살 난 이 일개 현의 주부가 동안에서 남긴 중요한 치적이 되었다.[6] (수정난 교수는 원문에서 "보룡맥補龍脈'을 빌려서 큰 제방 하나를 축조하였는데" 했으나, 풍수지리의 맥락상 제방을 쌓아서 용맥을 비보한 것이 맞을 듯하다. 따라서 본문과 주석에서 그렇게 수정한다. — 역자 주)

간사한 아전과 결탁해서 평민(細民)을 침탈하고 능욕하며 겸병하는 부호에게 타격을 입히려고 주희는 현령 진원방陳元滂(진송림)에게 방법을 물었고, 나중에는 그 배운 방법을 다시 진명중陳明仲(진단陳旦)에게 알려주었다.

현승縣丞의 일 가운데 전업田業을 과할過割(전지나 택지를 매매하거나 저당잡히거나 혹은 증여할 때 밟는 수속)하는 조항은 또한 민간의 기쁨과 근심(休戚)에 관계가 있습니다. 이마적에 동안에서 관호官戶와 부잣집, 아전(吏人)과 시호市戶가 전업을 전매典買하는 것을 보았는데, 그들은 전업을 기꺼이 받으려 하지

---

6 『동안현지同安縣志』 권4 : "응성산은 성 북쪽 1리쯤에 있다. 위에 보자원普慈院이 있었는데, 예로부터 전해지기를 보자원의 종소리가 민왕성閩王城의 종소리와 상응하였다고 한다. 지금은 없어졌다. 동산묘東山廟가 거기에 있다. 사당(廟)의 곁에서 수백 무武 떨어진 곳이 문공제文公堤이다. 문필봉文筆峰 위 큰 바위에는 '응성산應城山'이라는 세 글자가 새겨져 있으며, 다시 제하기를 '주자가 동안의 주부로 있을 때 제방을 쌓아서 용맥을 비보하였다(補龍脈)'라고 하였다." 『중수천주부지重修泉州府志』 권8 「동안현산同安縣山」을 참조하여 보라.

않았고, 여유가 있는 사람들을 조종하여, 전업을 다 팔아치워서 가계가 낭패당한 사람들을 곤란에 빠뜨림으로써 사람들로 하여금 아주 한탄과 슬픔에 빠지게 하였습니다. 매 현마다 송부되어온 문서를 정리하는 자가 있어서 반드시 그날 안으로 일을 완료하였습니다. 대체로 이와 같이 하지 않으면 촌락의 백성에게는 숙식과 전업을 폐해야 하는 근심이 있고, 저자의 사람과 부잣집에서는 자기 소유만 지켜서 곤란하게 하므로 (현승이) 감히 곡직을 살펴 일을 깨끗이 처리할 수 없게 될 것입니다. 이는 가장 큰 폐해입니다. 일찍이 친구 진원방을 만났는데, 그가 왕년에 소양邵陽에서 이부吏部의 허 공許公(허자례許子禮) 밑에서 일을 할 때 허 공이 스스로 말하기를 '나에게는 현을 다스리는 여덟 글자 방법이 있다' 하기에 물었더니, '개수인정開收人丁(기록을 살펴서 인정을 수습한다), 추할산세推割産税(생산량에 따라 세금을 할당한다)일 뿐이다'라고 했다 합니다. 이는 정치의 근본을 알았다고 할 만합니다.

—『문집』권43「답진명중答陳明仲」서9

몰락한 세가世家 출신의 주희는 남의 울타리 밑에서 의지하며 성장했기에 어려서부터 농사일에 친숙하였는데, 이는 그에게 부호의 겸병을 아주 혐오하는 도학적 성격을 길러냈다.

동안에는 주희가 백성의 토지 소송을 처리한 일화 하나가 전해 내려온다. "문공이 동안의 주부로 있을 때 백성 가운데 힘을 써서 강제로 남의 좋은 땅을 얻으려는 자가 있었다. 문공이 붓을 찾아 제하기를 '이 땅이 영험하지 않으면 이는 땅의 이치(地理)가 없는 것이고, 이 땅이 영험하다면 이는 하늘의 이치(天理)가 없는 것이다(此地不靈, 是無地理, 此地若靈, 是無天理)' 하였다. 나중에 땅을 얻은 집안은 번창하지 못하였다."(『요산당외기堯山堂外記』)

부잣집이 강제적인 힘으로 남의 전지를 빼앗은 것을 풍수지리를 이용하여 저주한 일은 그 자체 나약하므로 가소로움을 면하지 못하지만, 그는 죽을 때까지 감히 관직을 잃어버리는 것을 아까워하지 않고 윗사람을 거슬러 명에 항거하며, 호강豪强한 세력이 멋대로 발호하는 것을 엄격하게 징계하였다. 이런 점이 이미 동안에서 처음 벼슬하는 가운데 날카로운 칼끝을 처음으로 드러냈던 것이다.

그러나 주희가 정치를 함에는 충군忠君의 원칙이 도리어 늘 그의 애민愛民의 원칙과 충돌을 일으켰다. 인민이 기한에 맞춰 수량대로 납세하지 못하고, 심지어 납세를 도저히 해결할 길이 없는 사람들이 이판사판으로 저항할 경우를 당하면 세속 주부로서 그의 '충군'은 곧 '애민'을 압도하였고, '법으로 인민을 다스림(治民以法)'이 '인仁으로 인민을 사랑함(愛民以仁)'을 대체하였다.

동안의 바닷가는 염법鹽法이 붕괴하면서 소금 상인(鹽販)과 바닷가 인민의 봉기가 끊임없이 잇따르고 자주 현성을 공격해서 점거하였다. 소흥 25년(1155) 여름, 봉기군 한 무리가 동안 현성을 공격하여 들어와서 현승이 아전과 무사를 거느리고 대항하여 지켰는데, 주희와 염세 감당관鹽稅監當官 조항曹沆이 함께 현성 서북쪽을 방어하였다. 두 사람은 진심으로 협력하여 성에 올라가 지휘하였으며, 성 모퉁이의 튀어나온 공터에 활터(射圃)를 만들어서 아전과 무사로 하여금 날마다 활쏘기를 익히게 할 생각을 하였다. 주희는 이때 성을 공격하는 봉기군을 격퇴하는 데 공훈을 세웠으며, 활터에서 활쏘기 연습을 시킨 일도 성을 방어하는 좋은 방법으로 전해 내려온다. 그는 「사포기射圃記」를 써서 그와 조항이 거둔 이 '치적'을 전적으로 기술하였다.

그러나 주희는 결코 어리석은 충성을 바치는 자잘한 벼슬아치는 아니었다. 무이의 세 선생이 그에게 가르쳐준 유가 인정仁政의 유구한 이상과 '애민'에 대한 그의 도학식 집착은 또한 그로 하여금 늘 지고무상한 '충군'의 원칙에 반발을 일으키게 하였고, 그 결과 도학의 고고한 선비와 세속의 주부는 마음속에서 은밀하게 서로 싸웠다.

동안에서 보낸 5년간 그는 나랏일에 충성을 다하여 늘 바람과 먼지를 무릅쓰고 격문을 받들어서 분주히 천주와 장주 및 포전 사이를 오가며 파도치는 바닷가와 황량한 고개를 드나들었다. 그리하여 스스로 '바닷가 고을살이 삼 년에 몸을 돌보지 않고 부지런히 수고하고(海邑三年吏, 勤勞不爲身)'(『별집』 권7 「시험 감독을 하며 느낀 일을 장난 삼아 짓다(考試感事戱作)」), '나랏일 수고로운데 나만 어리석어, 한번 벼슬함에 지금 5년째(王事賢老祇自蚩, 一官今是五年期)'(『문집』 권2 「덕화로 가서 극두포에 묵으면서 밤중에 두견새 소리를 듣다(之德化宿劇頭鋪夜聞杜鵑)」)라고 토로하였다.

마침내 그는 군주의 일에 충성을 하는 이러한 일이 도리어 백성으로 하여금 더욱 심각한 빈궁과 곤고 속으로 빠지게 하는 일임을 알아차렸다. 곧 '왕의 세금 모조리 날아가서 인민의 생계가 미약해지기에(輸盡王租生理微)'(『별집』 권7 「범천 방장의 벽에 제하다(題梵天方丈壁)」) '충군'은 또한 '애민'의 반대편으로 나아갔다. 이러한 고통스러운 모순은 처음 벼슬길에 오른 그에게 곧 관료 사회에 대한 심각한 염증과 권태의 정서를 불러일으켜서 '관리의 업무를 견딜 수 없어 초췌해져 돌아가 쉬고 싶은(不堪從吏役, 憔悴欲歸休)'(『문집』 권1 「저녁에 바라보다(晚望)」) 영혼의 신음을 내지르게 하였다.

그런데 천주의 수령 방자方滋는 도리어 늘 그가 지방행정에 실적이 있음을 크게 알아주어, 소흥 25년(1155)에 이 젊으나 총명하고 노성한 주부를 천거하였다. 하지만 주희는 일찌감치 전원으로 돌아가 살고 싶다는 생각을 품고 있었다. 소흥 23년(1153) 9월에 추수가 끝나자마자 관부에서 또 노역을 일으켜서 인민을 징발하여 교외의 들판으로 나아가게 했을 때, 그는 성루에서 온 마음을 다하여 노역을 감독하면서도 노역하는 인민이 여전히 굶주리고 파리하여 노역을 견딜 수 없음을 목도하였다. 한 현의 우두머리로서 자기가 인민에게 아무런 도움을 주지 못한다는 자괴감을 깊이 느끼고 「성루의 부역을 감독하다(督役城樓)」라는 시 한 수를 읊었다. "성 밖 들판에서 노역을 하자니 / 훈훈한 바람이 옷깃에 불어오네 / 벼슬하는 몸으로 아무런 보탬이 되지 못한데 / 노역을 감독하자니 주리고 파리한 이들에게 부끄럽네 / 고향에서 지내던 일 다시 떠올리고 / 지팡이 짚고 전원으로 돌아갈 생각을 하네(衹役郊原上, 暄風一吹衣. 仕身諒無補, 課督慙飢羸. 還憶故園日, 策杖田中歸)"(『문집』 권1)

'노역을 감독하자니 주리고 파리한 이들에게 부끄러운' 모순을 자책하면서 주희는 관료 사회에서 승진하고 옮겨 다니는 일을 무의미하게 여기고 몸을 깨끗이 하여 스스로 물러나기를 바랐다. 그러나 이와 같이 벼슬길에서 현달하기를 추구하지 않는 것은, 실은 천하를 자기 책임으로 삼은 '성인'이 쇠퇴한 남송 봉건사회가 하루하루 몰락해가는 현실에 대한 두렵고 초조한 마음을 드러낸 것이었다. 그의 포부는 지방의 작은 문제를 해결하는 실무를 보는 관리와는 아예 멀었다. 그래서 동안에서 5년간 관료 생활을 하며 부침하다가 곧 스스로 달갑게 물러나서는 깊은 산속에서 봉사奉祠가 되어 나오지 않았으나, 이면에서는 도리어 청빈하게 제자를 가르치고 학문을 강론하면서 묵묵히 자기의 방대한 이학 체계를 주조하였다. 이는 이학이라는 양방良方으로 천하를 치료하고 쇠퇴한 세상을 힘써 만회하는 '성인'이 되려고 한 자기 포부를 실현하는 길이었다.

현학縣學을 주관하면서 자아 반성을 하다

　　동안同安에서 주희는 점점 불학佛學과 노학老學이 아니라 이학理學이야말로 남송의 쇠퇴한 세상을 구제하는 정신적 역량과 윤리적 지주라는 점을 믿기 시작하였다. 그는 동안의 주부로서 학문에 관한 업무를 주관했기 때문에 현학縣學의 교육을 정비하는 일에 더욱 많은 정력을 쏟았고, 주부의 직책으로서는 해결할 수 없는, '예의를 돈독하게 하고, 풍속을 도탑게 하고, 아전의 간사함을 그치게 하고, 인민의 고통을 불쌍히 여기는(敦禮義, 厚風俗, 戢吏奸, 恤民隱)' 사회문제를 유학 교육의 진흥을 통해 실현하려고 생각하였다.

　　주희가 막 동안에 도착했을 때 현학縣學은, 진회가 정학程學을 엄금한 이래 이미 오래전부터 피폐해지고 파괴되고 영락하였다. 학사學舍는 무너지고 몇 권 남지 않은 장서도 좀이 슬고 너덜너덜해졌다. 학생은 많았지만 읽을 경전이 없었기에 날마다 아침 일찍 학교에 왔지만 점심때가 되기도 전에 흩어지고 종일 게으르게 빈둥거리며 더러운 행실이 물들었다. 그들은 경經과 전傳의 원문을 읽지 않고 다만 근래 과거 시험에 합격한 모범 정문程文을 가져다가 읊조리고 모방하며 세심하게 연마해서, 이를 통해 하루아침에 과거에 우수한 성적으로 급제하여 벼슬길에 오르는 꿈만 꿀 줄 알았지, 과거 외에 따로 유학儒學이 있음을 알지 못하였다.

　　과거는 경의經義와 시부詩賦로 과목이 나뉘었기 때문에 선비들은 또 어지러이 시부사장詩賦詞章의 지름길로 달려가려고 열심이었으며, 유학 경서를 익히는 데는 염증을 내서 비록 신분은 현학의 뛰어난 학생이었음에도 도리어 사서오경四書五經이 무슨 물건인지도 몰랐다.

주희가 처음으로 현학에 가서 제생諸生을 위해 『논어』를 강의했을 때 시를 읊고 부를 지을 줄만 알던 제생은 모두들 예상치 않게 '놀라 눈을 휘둥그렇게 뜨고 어쩔 줄 몰라서' 뭐라 말을 하지 못하였다. 다만 한 사람 대매戴邁라는 이가 조금 신뢰를 보였다. 그러나 그가 나중에 주희의 강의를 베껴 네 편으로 편집해서 주희에게 보내준 일은 '주희의 이름으로(托名) 자기 글의 끝에 주희의 글(淺陋之辭, 발문)을 붙여달라'(『문집』 권39 「답대매答戴邁」)고 청하려는 데 지나지 않는다고 여겨졌다.

이들은 바로 진회가 정학程學을 금하면서 나타난 기형적인 선비들이었다. 불교와 도교의 천국에 빠져서 헤매는 주희마저도 유도儒道가 쇠미해지는 상황에 대해 타는 듯한 근심을 하지 않을 수 없었다. 주희는 현학의 업무를 주관하기 시작한 날부터 「유학자論學者」·「유제생論諸生」·「유제사論諸事」와 같은 공고문을 잇달아 발표하여 현학의 종지宗旨와 대강大綱을 확립하고, 학관學官과 학자學者의 사상을 통일하였다. 그리고 배움은 '위기爲己'에 있고 과거 시험에 있지 않으며, '성현의 영역'에 들어가는 데 있고 과거장의 '거자擧子'가 되는 데 있지 않으며, '성현의 남은 뜻을 말하고 학문의 본원을 궁구하는(語聖賢之餘旨, 究學問之本原)' 데 있을 뿐 녹祿을 추구하고 이익을 따르는 데 있지 않음을 강조하였다. 또한 제생에게, '의리義理'를 좋아하여서 '의리'로 마음을 기르되 과거 공부에서 벗어나 도를 배우고 위기爲己의 뜻을 세우며, 장구章句의 학문에서 벗어나 정심성의正心誠意의 길에 들어서라고 요구하였다.

이러한 이학 교육의 종지에서 출발하여 주희는 또 학교의 법제를 제정하고, 강의하고 토론하는 방법을 덧붙이고 수정하였다. 소흥 24년(1154) 5월에 그는 현학에 강좌를 신설하여서 친히 제생에게 강의하고 감독 시찰을 하였으며, 특별히 「강좌명講座銘」을 지어서 강당에 세웠다. 「책시방유策試榜諭」를 발표하고 책시策試의 문답하는 방법을 다시 정한 뒤 제생에게 '묻고 답하는 사이에 올바른 이론을 깊이 생각하고', '서로 받아들여서 한갓되이 아부하지 않도록' 하였다.

주희는 학풍을 정돈하기 위해서 '행실이 음란하고 더러운' 두 제자 원탁웅員卓雄과 임헌林軒을 제명하고, 동시에 '의론議論이 순수하고 바르며', '품행이 견실하고 삼가는' 본현의 진사 서응중徐應中과 왕빈王賓을 현학의 학빈學賓으로 천거하였다. 그리고 명예와 이익에 담담하고 물러나 도를 지키며 산림에서 부지런히 제자에게 학문을 강론하고 전수하는 것을 낙으로 삼은 50세 된 진사 가한柯翰을 천거하여 현학의 직학直學으로 충원함으로써 '의리의 학문을 일으키며, 분경奔競하고 경박한 나쁜 기풍을 조금이라도 바꾸도록' 생도를 격려하였다.

현학에는 원래 일신日新, 휘정彙征 두 기숙사(齋)가 있었는데, 주희는 '휘정'이라는 이름에 이록利祿으로 사람을 유인한다는 뜻이 있다고 여겨, 다시 네 채로 늘려 짓고서 그 이름을 지도志道·거덕據德·의인依仁·유예游藝로 바꾸었다. 그리고 본위학생本位學生(동안 현학의 학생)을 선발하여서 재장齋長, 재유齋諭로 충당하였다. 또 명륜당明倫堂 왼쪽에 교사당敎思堂을, 대성전大成殿 뒤에 경사각經史閣을 지었다.[7]

---

7 『중수천주부지重修泉州府志』 권15 : "동안의 현학은 현 소재지 동남쪽 구석에 있는데 옛날에는 등룡방登龍坊에 있었다. …… 소흥 10년(1140)에 고을의 선비 진언선陳彦先 등이 지금의 장소로 옮겼다. …… 소흥 23년에 주부 주희가 대성전 뒤에 경사각經史閣을, 명륜당 왼쪽에 교사당敎思堂을 지었다. 또 지도志道·거덕據德·의인依仁·유예游藝라는 기숙사 네 채를 지었다가, 곧 아울러서 정심正心·성의誠意라는 기숙사 둘로 만들었다. 강좌를 개설하고 공공 서적을 모아서 간직하였다. 성 모서리의 빈터에 활터를 열었다."『동안현지同安縣志』 권7 「건축建築」을 참조하여 보라.

동안 현학의 공공 서적(官書)은 송이 남쪽으로 건너온 이래 이미 흩어지고 찢어져서 거의 남은 것이 없었다. 주희는 부서지고 닳은 상자에서 6종 191권을 정리해냈고, 이후 또 민간에서 소장한 책 2종 36권을 수집하였다. 소흥 25년(1155) 봄에는 또 천주의 수령 방자方滋에게 편지를 보내 985권을 청하여서 함께 경사각에 소장하였다. 이리하여 궁벽한 현의 퇴락한 현학이 겨우 대략 규모를 갖추었다.

현학에서 주희는 친히 교과를 가르치고 학문을 강론하여 유학 교육을 널리 폈는데, 이를 통해 그는 동안의 선비들과 광범위하게 접촉하고 교제하였으며, 학문을 강론하고 도를 논하는 가운데 자기의 경학과 이학 사상을 형성하고 발전시킬 수 있었다. 그는 동안의 노유老儒 가한, 서원빙徐元聘 등과 도를 강론하는 벗을 맺었다. 그러나 이들 유학의 스승(儒師)은 대부분 장구章句에 집착하고 낡은 학설에 사로잡혔다. 주희는 이정 이학二程理學의 의리설을 추숭하였으므로 이들 노유와 경사經師가 학업을 전수할 때 제생에게 시무時務에 통달한 학설을 전수해주기를 바랐다. 주희는 서원빙과 함께 주공周公이 동쪽을 정벌한 일을 토론할 때 이런 관점을 다음과 같이 드러냈다. "주공이 동쪽을 정벌한 일에 대해 반드시 권도權道를 사용한 것이라고 말할 필요는 없습니다. 이 사건은 왕실의 지친至親이 제후와 연형連衡하여 배반을 한 것인데, 나라를 책임진 대신大臣(주공)이 어찌 앉아서 보기만 하고 구원하지 않았을 리가 있겠습니까? 군대를 거느리고 정벌한 일은 정당한 의리이며, 함께 권도를 행할 수 있는 자를 기다린 뒤에야 가능한 일은 아닙니다. 마융馬融과 정현鄭玄 같은 사람이 '동쪽으로 옮겨간 까닭은 비방을 피하기 위해서(東行避謗)'라고 보았는데, 이는 비루하고 부패한 유생의 시무에 통달하지 못한 학설임은 변증하지 않더라도 저절로 명백하다 하겠습니다."(『문집』 권39 「답서원빙答徐元聘」 서1)

이들 현학의 제자는 종래 책을 묶어 두고 보지 않았으며 근거 없는 한가한 말이나 늘어놓았고, 다만 시부詩賦와 사장詞章을 과거에 급제하여서 벼슬길에 들어가 관료가 되는 수단으로 삼았다. 주희는 이들과 학문을 강론하고 도를 논하면서 곧 경학과 사장, 문장과 도의 관계 문제에 집중하였다.

시부를 전공한 현학의 제자 양송경楊宋卿이 일찍이 자기의 시를 문집으로 엮어서 주희에게 보내주었는데, 주희는 그것을 본 뒤 답신을 보내 작시作詩에 대한 상세한 관점을 드러냈다. "내가 들으니, '시는 뜻이 지향하는 바를 표현한 글로서, 마음에 있으면 뜻이 되고 말로 표현하면 시가 된다' 하였습니다. 그러니 시에 어찌 다시 잘 지은 것과 못 지은 것이 있겠습니까? 뜻이 지향하는 수준이 높은지 낮은지를 볼 뿐입니다. 이런 까닭에 옛날 군자는 덕이 뜻을 추구하기에 충분할 만큼 반드시 고명하고 순일한 경지에서 나왔기 때문에 본래 배우지 않고도 시를 지을 수 있었습니다. 격률의 정미함과 거칢, 운을 써서 대구를 맞추고 소재에 견주어 표현을 엮어 나가기를 잘하는가, 못하는가 하는 점에 대해서는 지금 위·진 이전 여러 현자의 작품을 가지고 고찰하더라도 대체로 이런 점에 의식한 자들이 없었습니다. 그런데 하물며 옛 시인의 작품은 일러 무엇하겠습니까! 근세에 작자가 비로소 여기에 유의하였으므로 잘 지은 시, 못 지은 시를 논하게 되었고, 화려한 문장 표현이 우세해지면서 뜻을 표현하는 노력이 묻히게 되었습니다."(『문집』 권39 「답양송경答楊宋卿」)

또 임만林巒이라는 현학의 제자는 사장詞章에 온 힘을 기울였는데 자기가 지은 문장 세 편을 주희에게 보내주었다. 주희는 답신에서 작문作文에 대해 역시 상세한 관점을 드러냈다. "배움의 길은 문장(辭)에 급급하는 것이 아닙니다. 반드시 마음에 스스로 터득한 것이 있으면 어쩔 수 없이 문장에 드러나게 됩니다. 이 때문에 옛날에 입언立言(훌륭한 학설을 남기거나 저술을 남김)을 한 사람은 그 말이 순수하고 세속에서 특이하기를 기대하지 않았으나 뒷날 그 글을 읽는 사람이, 탁월하여서 세속의 선비가 아님을 알아주었던 것입니다. 지금 그대의 문장 표현(詞)은 풍요로우며, 주장(主意)과 논설(立說)이 고상하기는 합니다. 그러나 몇몇 선유先儒의 말을 많이 주워 모아서 꾸민 것일 뿐입니다. 그대가 스스로 터득한 점은 어떤 것입니까?"(『문집』 권39 「답임만答林巒」 서1)

이는 도를 중시하고 문장을 경시하며 경술經術을 중시하고 사장詞章을 경시하는 정호와 정이의 사상에 근거해서 주희가 주송과 세 선생으로부터 얻은 시 교육을 극단으로 발휘한 말이다. 그러나 그가 강조한, 시란 뜻을 표현한 것이며 문장은 스스로 터득한 것을 귀하게 여긴다는 사상은 당시 진회의 통치 아래 학풍이 퇴패해진 선비의 보편적인 공통된 문제를 겨냥하여 나온 것으로서, 통증에 따라 독한 약을 쓰고, 굽은 것을 바로잡으려다 한도를 지나치는(矯枉過正) 것도 안타까워하지 않고, 사장을 뒤쫓아 길을 잃고서도 돌아올 줄 모르는 선비들을 경학의 바른 길로 돌아오도록 끌어당기는 것이었다.

그는 나이 겨우 열세 살 난 어린 제자 허승許升으로부터 나이 쉰이 넘은 노유 가한에 이르기까지 함께 게을리하지 않고 마음을 기울여 담론을 하였으니 아랫사람에게 묻는 것을 부끄러워하지 않았다(不恥下問) 하겠으며, 이름 없는 사람에게 길을 알려주었으니 가르침에 차별을 두지 않았다(有教無類) 하겠다. 하층의 서민(小民)에게 즐거이 가르쳤기에 동안의 학자 허승許升·대매戴邁·임만林巒·진제중陳齊仲·왕근사王近思·여신呂侁·양송경楊宋卿 같은 사람들이 그의 입문 제자가 되었다.

동안현의 학문이 장구에 얽매여 지키는 데서 의리를 자세히 연구하는 데로, 사장을 익히는 데서 경학을 중시하는 데로 바뀐 것은 바로 주희가 5년 동안 현학을 주관할 때 그 기풍을 열고 초석을 놓았기 때문이었다. 늘 명을 받들고(奉檄) 천주, 장주와 포전 사이를 분주히 돌아다녔기(行投) 때문에 그는 이런 학문 탐구의 기풍을 그곳에 퍼뜨렸고, 그곳의 명사, 석학과 더욱 광범위하게 교유하며 학문을 강론하는 가운데 자기의 경학과 이학 사상을 빚어냈다.

특히 사람과 문물이 모여들어 번성한 천주에서 주희가 교제를 맺은 선배 시인 부자득傅自得·이진李縝, 대유大儒 진지유陳知柔, 명사 채자蔡茲·여소위呂少衛·진양정陳養正·여량필余良弼, 고상한 선비(高人) 소소성蘇紹成, 동년同年 진광陳光·소승蘇升, 후진의 신예 황숙장黃叔張·채화蔡和가 모두 그의 좋은 스승, 유익한 벗이 되었다. 그는 일찍이 북산北山으로 가서 산인山人 소소성을 찾아가 '염정廉靜'이라는 두 글자를 크게 써서 증정하였다.

진광이 영춘永春의 대산岱山 철봉암鐵峰巖 아래 서거당西居堂에 머물렀는데, 주희는 영춘에 가서 학문을 강론하고 산에 들어가 그를 만나 시를 증정하였다.

대산의 바위 아래 동년 진세덕 광을 찾아가다   岱山巖訪陳世德光同年

돈 한 푼 검 하나 새로운 고을에서 나오니	一錢一劍出新州
도연명은 누구에게 의지하여 술잔을 기울이려나	五柳憑誰添酒籌
대산의 구렁은 소나무와 함께 늙음을 어찌 꺼리리오	岱壑何嫌松共老
푸른 물결은 홀로 계수나무를 불러들인다	碧波偏向桂招游
죽은 뒤 생각 않고 평생 뜻 세우니	不爲身後百年計
저절로 세상에서 제일가는 사람이라	自是人間第一流
내 문 앞에 참새 그물 펼쳐 두고	我欲門前張雀網
먼저 수레로 산머리에 이르네	先將車轍到山頭

— 『영춘주지永春州志』 권14[8]

---

8 진광은 주희와 동년이다. 『소흥십팔년동년소록紹興十八年同年小錄』에 보인다. 『영춘주지永春州志』 권2 「산천지山川志」: "대산은 바위의 형세가 높고 가파른데 그 가운데 철봉鐵峰이라는 바위가 있다. 바위 아래 주수각珠樹閣이 있으며 오른쪽에 서거당西居堂이 있으니 바로 진광이 독서하던 곳이다." 또 말하였다. "문장산文章山은 송의 진광이 이 산에서 독서한 뒤 과거에 급제

주희는 영춘을 떠날 때 다시 '거경居敬' 두 자를 크게 써서 주었다. 천주 안해安海의 석정진石井鎭은 일찍이 주송이 감독관으로 부임했던 아주 좁은 지역인데, 주희도 여러 차례 석정에 와서 주송의 옛 사적을 탐방하였으며, 그 지역의 '아버지뻘 어른과 늙은 선비(父客耆士)'와 함께 경전의 뜻을 강론하고 진鎭 사람들의 배움을 격려하였다. 나중에 주희의 아들 주재朱在는 가정嘉定 4년(1211) 천주 통판으로 부임했을 때 진의 서쪽에 규모가 아주 큰 석정서원石井書院을 건립하여 주희가 안해에서 학문을 강론하고 도를 전한 공적을 표창하였다. 후세에 안해는 '향현鄕賢'에 의해 '민학을 개종(閩學開宗)'한 지역으로 일컬어졌다(「진강안해석정서원유지비문晉江安海石井書院遺址碑文」).

주희는 현학을 주관하면서 '도'를 밝힘과 '예藝'에 노넒을 겸하는 교육 사상을 창도해서 높은 벼슬아치와 귀인, 대단한 학자와 고상한 선비가 천시하는 자질구레한 도, 자질구레한 기예에 대해서도 가리지 않고 전수하였다. 심지어 그는 금석金石의 전각鐫刻, 서판書版의 목각木刻과 같은 기예까지도 천주에 전해주었다.

주희는 어려서부터 금석과 서화書畵를 몹시 좋아하였다. 동안에서 그는 자기가 수집해온 금석의 비첩碑帖을 두루마리(橫軸)로 만들어서 서재의 사방

하여 이런 이름이 붙었다." 또 권2 「고적부古迹附」에서 다음과 같이 말하였다. "송의 진광의 고택은 명소리明蘇里 벽계碧溪에 있다." 권14에는 진광이 지은 「주회옹에게 화답하여 짓다(和朱晦翁作)」가 수록되어 있다. "지난해는 위수 북쪽에서 그대를 자주 보기를 바랐는데 / 오늘은 깊은 산에서 발자취 새롭네 / 주수각은 향기에 젖어 골짜기에 비 내리고 / 연화봉 푸른빛에 온통 봄이어라 / 낚시꾼은 뜻이 있어 묻기를 그만두고 / 나무꾼은 무심하여 친할 수 있네 / 너럭바위에 맴돌면서 세월을 잊고 / 병에는 술이 말라 가난한 벗에게 부끄럽네(去年渭北望卿頻, 今日深山屐齒新. 珠樹香沾千澗雨, 蓮峰翠滴四時春. 漁郞有意休相問, 樵子無心可與親. 石榻盤旋忘歲月, 瓶罍羞罄故人貧)" 이 시에 근거하면 주희가 대산에 가고 시를 증여한 일이 한두 번에 그치지 않았던 듯하다. 진광이 화답한 주희의 원래 시도 지금의 『문집』에는 보이지 않는다.

벽에 걸어두고 날마다 살펴보면서 연구하고 분석하며, 마음으로 따져보고 손으로 베끼면서 앉으나 누우나 눈을 떼지 않았다.

소흥 26년(1156) 8월, 그는 천주에서 자기가 수집해 소장한 금석의 비첩을 편집하여 「가장석각家藏石刻」을 만들었는데, 서문에서 다음과 같이 말하였다.

> 나는 어려서부터 옛 금석문자金石文字를 좋아했는데 …… 천남泉南에 와서 동무東武 조씨趙氏(조명성趙明誠)의 『금석록金石錄』을 얻어 보니 대략 구양자歐陽子(구양수)의 책(『집고록集古錄』)과 같았다. 그러나 배열한 차례가 더욱 조리 있고 고증이 더욱 정밀하고 해박하여 내 마음에는 이를 더욱 좋아하였다. 이에 비로소 주머니를 열어서 고故 선친(先君子)께서 당시 소장하신 것과 내가 뒤에 더 모은 것을 찾았는데, 모두 수십 종이었다. 비록 많지는 않으나 모은 것이 모두 기이하고 예스러워 완상할 만하다. 죄다 표지를 꾸미고 각 석의 크기에 따라 두루마리로 만들어서 벽 사이에 걸어 놓고 앉아서 대하며, 왔다 갔다 하고 눕거나 일어날 때 늘 눈을 떼지 않았다.
>
> ── 『문집』 권75 「가장석각서家藏石刻序」

주희가 천남에 와서 얻은 금석의 비첩 수십 종은 소흥 25년에 천주부의 명을 받들어 동안 경내에서 '선현의 비갈碑碣과 사적의 전승'을 찾아다니며 얻은 것과 늘 천주·장주를 오가면서 얻은 것을 가리킨다. 대략 이때 그의 임기가 찼는데, 천주에 장장 반년간의 시간을 더 머무는 가운데 「가장석각」을 편정하기 전에 또 한 번 천주 일대 금석의 비첩을 찾아서 더하였다. 그리고 금석의 전각과 서판의 목각 기예를 천주 근교 도문涂門 전암촌田庵村의 홍영산洪榮山에게 전수하였다.

오곤吳堃은 『천주의 목판 전각과 서방(泉州的木版鐫刻與書坊)』에서 홍씨 후예에 대한 추억을 언급하였다.

전암 촌락은 홍씨 성의 겨레가 모여서 거주하는 곳이다. 옛일을 기억하는 노인들이 술회하는 바에 근거하면, 그들의 선조는 송 대에 안휘성安徽省에서 천주로 옮겨왔으며 온 겨레가 판각 기술에 종사하였는데, 이는 주희가 천주로 와서 학문을 강론한 일과 관련이 있다고 생각된다.

우리는 전암의 몇몇 늙은 예인藝人을 방문하였는데, 그들은 모두 말하기를, 1세조 홍영산이 주희로부터 금석의 전각을 배워서 처음에는 개인의 인장을 새겼으나 점차 목각에서 서판에 이르기까지 발전했다고 하였다. …… 주희가 소흥 18년(•1148)에 진사에 급제하고 21년(•1151)에 동안 주부로 부임하였음을 고려하면, 그가 천주에 와서 학문을 강론한 일은 동안 주부에 부임하면서부터 시작되었을 것이다.

만일 정강靖康 연간(1126~1127)의 개원사開元寺 대장경의 확실한 계통이 천주의 각공剞工에게서 나온 것이라고 한다면 일찍이 25년 전에 천주에는 이미 판각하는 공인이 있었던 셈이다. 다만 전암의 홍씨는 주희로부터 금석을 새기는 기술을 배워서 판각을 전업으로 하고 있었다. 전암의 옛 풍속에 근거하면, 해마다 음력 2월 보름에는 가가호호에서 반드시 자리를 펴놓고 '조사 주 문공祖師朱文公(•주희)'이라고 새긴 목패木牌를 받들고 차례에 따라 돌아가면서 제사를 드린다. 이 예절은 그들의 판각 예술이 주희에게서 전수된 것임을 충분히 입증한다. ──『천주문사자료泉州文史資料』제7집

홍영산도 아마 전각을 좋아하고 금석을 모아 소장한 사람으로 생각된다. 주희는 천주에서 비문을 찾아다니며 자연스레 늘 이런 사람과 접촉하고 교제했을 것이다.

2월 보름은 석가모니 부처가 사라쌍림娑羅雙林에서 대열반에 든 날이고, 개원사는 바로 불교와 도교에 빠져서 헤매던 주희가 늘 드나들며 경배한 불문의 승지勝地이다. 홍씨네가 해마다 2월 보름에 '조사 주 문공'에게 제사를 드린 일은 주희가 천주에서 이 『대장경』을 판각 인쇄한 것과 관계가 있음을 암시한다. 아마도 소흥 연간에 천주에서 다시 『대장경』을 판각했을 때 주희는 이미 천주에서 일찍이 홍영산 등 각공에게 서판 목각의 기예를 낱낱이 전수했을 것이다.

주희가 어려서부터 생활한 건양建陽, 숭안崇安은 송 대에 제지製紙와 서적 판각 사업이 고도로 발달한 지방이었다. 무이산의 무성한 대숲이 제지에 필요한 원료를 끊임없이 제공해주었던 것이다. 복건의 서적 판각은 건양의 마사진麻沙鎭과 숭화방崇化坊에 집중되어 있었다. 그래서 이 두 곳 '마사와 숭화 두 지역(坊)은 서적을 생산하므로 도서의 부(圖書之府)라고 불린다'는 명예를 누렸으며(『방여승람方輿勝覽』), 마사진에서 20리 떨어진 '서림書林'에서 판각한 '건본建本'은 전국에 유통되었다. 주희는 판각하여 인쇄하는 일에 매우 정통했기에 건주의 선진적인 서판 목각 기술을 천주에 전해주었다.

주희가 현학의 행정을 주관하고 학문을 강론한 유풍流風이 천주에 파급되었으므로 안해 지역을 '민학을 개종한' 곳이라고 하는 말은 비록 과장되어 진실하지 않을 수도 있지만, 그가 경학을 전수하고 학문을 강론함으로 말미암아 천주에서는 아주 빠르게 진역陳易·양지楊至·양이정楊履正·유경劉鏡·장손張巽·이항종李亢宗·허경양許景陽·황겸黃謙·부백성傅伯成·고항高伉·고화高禾·고개高溉와 같은 제자들이 한꺼번에 나타나서 '청원의 별파(淸源別派)'를 형성하였다. 또 북계北溪 진순陳淳, 백석白石 채화蔡和의 문하를 거쳐서 배양된 정사침鄭思忱·사영思永·소사공蘇思恭·왕차王次·부탁종傅卓琮·왕준王雋·황일익黃一翼·강여권江與權·황필창黃必昌과 같은 재전 제자의 무리가 나와서 '자양의 별종(紫陽別宗)'을 성대하게 이루었으므로, 경전을 전공하는 자는 장구에 빠지고 문장을 업으로 삼은 자는 들뜬 기분에 화려한 표현을 다투며, 이치를 분석하는 자는 현묘하고 허황한 경지에 오르던 천주군 선비들의 학풍이 변하였다.

그러나 주희가 동안에서 유학 교육을 진흥한 현실적인 목표는 정학程學으로 왕학王學을 반대하는 것이었지, 유학으로 불학과 노학老學을 반대하는 것은 아니었다. 청년 도학자의 날카로운 기세를 지닌 그는, 진회가 홀로 왕학을 높이고 문자옥文字獄을 크게 일으켜서 자기와 생각이 다른 사람을 주살하는 일에 반대하였다. 현학의 네 기숙사를 위해 지은 「사재명四齋銘」에서 그는 정학의 도학 기치를 내걸고, '도에 뜻을 두고(志道), 덕을 굳게 지키고(據德), 인을 따르고(依仁), 예에 노닌다(游藝)'는 네 가지 교육적 구호를 제시하면서 "그대가 도에 뜻을 두지 않으면 홀로 시름없이 무엇을 할 것인가!"(『문집』 권85 「사재명」)라고 하였다.

주희는 덕을 근본으로 삼고(以德爲本), 인을 목표로 삼고(以仁爲歸), 도를 배움과 예藝를 배움을 통일하는 이학적 교육 사상과 교육 방법을 사용해서 진회가 왕학을 가장하여 배양해낸, 이익을 좋아하고 녹을 추구하는 학자를 정학의 길로 인도하려고 하였다. 얼마 뒤 그는 네 기숙사를 다시 둘로 바꾸어서 정심正心, 성의誠意로 이름을 고쳤다.

천주 지역은 일찍이 지위가 재상에까지 오르고 명성이 혁혁한 채확蔡確·증공량曾公亮·여혜경呂惠卿이라는 왕안석의 당인黨人 세 사람이 있어서 정학을 크게 금하는 상황이었으며, 그곳에서 이들은 천주 선비들이 추모하고 본받는 본보기였다. 그런데 주희가 홀로, 사람들에게 거의 잊힌, 동안 출신의 원우元祐 때 재상인 소송蘇頌을 드러내서 그의 명예와 절개, 도덕을 표창하고, 그를 일컬어 '도학의 연원이며, 순수하고 견고하게 실천하였다', '처음부터 끝까지 한결같은 절개로 다섯 조정에 드나들었다'고 칭송하였다. 소송은 왕안석이 정권을 장악한 것에 대해 반대했지만 원우의 당적에는 들어가지 않았기 때문에, 주희로서는 정학을 엄금하는 상황에서 정학을 창도하고 왕학을 반대하는 데 이용하기에 가장 적합한 도학의 인물이었다.

소흥 25년(1155)에 주희는 교사당 뒤에 소송의 사당을 세우고 학관의 제자에게 해마다 참배하게 하였으며, 특별히 「소승상사기蘇丞相祠記」를 지어서 왕학에 반대하는 깊은 뜻을 명확하게 밝혔다. "희령熙寧 연간(1068~1077)에 외제外制(지제고知制誥)를 담당할 때 왕 승상王丞相(*왕안석)이 정권을 장악하고 있었는데, 그(소송)를 이끌어서 발탁하려고 하였다. 공은 그 사람이 정권을 장악해서는 안 되며 또한 고사故事가 아니라고 여겼으므로 봉사封事를 올리고 이로써 벼슬을 그만두고 귀향하였다. 스스로 물러난 일을 후회하지 않고 더욱 견고하게 지조를 지켰다. 당시 사람들이 그의 절개를 고상하게 여겨서 이재원李才元(이대림李大臨)・송차도宋次道(송민구宋敏求)와 아울러 세 사인(三舍人)이라고 일컬었다. …… 동안은 공의 고향(邑里)이다. 공이 한 일을 현의 사람들에게 물었더니, 비록 집안사람들이라도 말하지 못하였다. 그러나 천泉의 인민은 가는 곳마다 도리어 증선정曾宣靖(증공량曾公亮)・채신주蔡新州(채확)・여태위呂太尉(여혜경)의 일을 기쁘게 말하여서 성대하다고 했는데, 나는 무슨 말을 하는지 알 수 없었다!"(『문집』 권77 「소승상사기」)

진회가 이미 죽고 이듬해 봄에 조정에서 조정趙鼎의 옛 관직을 추복追復했을 때 주희는 또 현학에 조정의 사당을 세웠다.[9] 조정은 전쟁을 주장하고 정

---

9 『중수천주부지』 권15 : "조 충간공忠簡公(조정)의 사당은 유학儒學(현학) 안에 있는데, 송 소흥 연간에 주부 주희가 세워서 고 승상 조정을 제사 지냈다. 나중에 철폐되었다." 『송사』 「고종본기高宗本紀」를 살피건대 "소흥 26년(1156) 봄 정월 …… 갑자에 조정・손근孫近・정강중鄭剛中・왕조汪藻의 옛 관직을 추복하였다."고 하였다. 주희가 조정의 사당을 세운 때는 응당 그 뒤 오래지 않아서이다.

학을 주장했던 반면, 진회는 화친을 주장하고 왕학을 주장하였다. 이로 인해 진회는 조정을 질시하며 원한을 품은 끝에 참소하였고, 결국 조정은 바닷가로 쫓겨났다가 죽었다. 주희가 조정을 위해 사당을 세운 일은 전쟁을 주장하고 화친을 반대하며, 정학을 주장하고 왕학을 반대하는 자기의 태도를 제생에게 분명하게 나타낸 것이다.

주희는 정호와 정이의 이학 교육 사상에 근거하여 현학을 주관하는 가운데 나중에 평생 내세운 지행합일知行合—의 정신을 관철하여서, 학원學員에게 배움은 '위기爲己'를 추구하는 데 있다는 점을 제시하였다. 그뿐만 아니라 배움은 더욱이 '당대의 급무에 통달하도록' 추구하는 데 있다는 점을 제시하여서(『문집』 권74 「책문策問」 26, 28) '이치(理)'를 밝히는 것과 '당대의 일(事)'을 밝히는 것을 일치시켰다. 그가 평소 현학의 제자들에게 시험한 책문은 모두 정학에 근본을 두고 주장을 펼치도록 한 것으로서, 일부분은 경학과 이학의 의리를 독립적으로 연구하고 논술하도록 한 것이고, 일부분은 조정의 시국時局, 경제經濟의 부세賦稅, 과거科擧의 교육 등 절박한 현실의 중요 임무에 대해 의견을 내고 대책을 올리게 한 것이다.

주희가 황량하고 궁벽한 먼 남쪽 나라에서 유학 교육을 진흥한 일은 전체 전통 유학 문화의 현실적 지위와 위기에 대한 일종의 민감한 감각과 깊은 사색을 표현해낸 것이다. 그리고 사대부는 전통문화에 대한 초보적인 역사적 반성 아래 민족의 전체 문화심리의 심층 구조에 곧장 도달해야 한다는 점을 어렴풋이 투시하고 각성한 일이었다. 그는 유가의 인간학(人學)을 중건함으로써 쇠퇴한 봉건사회의 인심을 구제하려고 의식하기 시작했던 것이다. 그래서 그는 현학 교육을 주도하면서 특별히 사서四書 가운데 『논어』와 오경五經 가운데 『예경禮經』(『예기』)을 중시하였다.

공자·맹자의 전통 유학의 인간학은 '인仁'을 중추로 삼아서 '극기복례克己

復禮'와 인예仁禮 통일의 인본적 윤리 체계를 세웠다. 그러나 한漢·당唐의 장구를 위주로 한 경학과 범람하고 횡행한 도교와 불교의 학문은 공자·맹자의 전통 유가가 이 문화적 정신을 상실하고 진멸하게끔 하였다. 주희의 이학적 인간학은 한·당 경학에서 공자·맹자의 인학仁學으로 돌아가는 것으로서, '이理'를 중추로 삼아 심心·성性·정情·인仁·지知를 통일함으로써 격물치지格物致知의 인식론, 정심성의正心誠意의 도덕관, 수제치평修齊治平의 인생관을 삼위일체로 하는 인본윤리人本倫理 체계를 세웠다.

동안 시기의 주희는 바로 이러한 방면에서 아직은 비틀거리며 헤쳐 나가고 있었다. 『논어』는 공자 인학仁學의 인간학을 포함하고 있기에 주희는 특별히 이를 빌려서 이욕利欲에 마음이 물든 한 시대의 배우는 사람들(學子)에게 배움이란 '위기爲己'에 있다는 이학의 설교를 널리 퍼뜨렸다. 그리고 장부와 문서를 처리하느라 엄청나게 바쁜 생활 속에서도 끝내 어떻게든 틈을 내어 현학에 가서 『논어』 20편을 처음부터 끝까지 한 차례 강의하였다.

그러나 주희는, 남송의 인심이 무너지고 세상의 풍조가 날로 하락하는 까닭은 사람들이 공자의 '위기爲己의 인학仁學'을 알지 못함에 있는 것이 아니라 이런 인학의 인간학(人學)에 대해 알면서도 행하지 않고, 외고 익히기만 할 뿐 실천하지 않음에 있다고 생각하였다. 그래서 『예』를 중시함으로써 『논어』를 보충하여 유가가 상실한 실천이성을 널리 떨치고자 제생을 위해 일종의 실천적 유가의 인학을 세웠는데, 이것이 바로 이학적 인간학이다.

그는 가한에게 제생을 위하여 『예기』를 강의해달라고 청했을 때, 곧 「강예기서설講禮記序說」을 지어서 이런 사상을 발휘하였다.

"널리 배우고 자세하게 말하는 것은 장차 돌이켜서 요약한 것을 말하려 함이다."(『맹자』 「이루離婁·하」) 하였는데, 무엇을 요약함이라 하는가? 예禮가 이것이다. 예는 '이履(실행)'이니, 옛사람이 암송하고 말한 것은 이에 이르러 밟아서(踐) 실행할(履) 수 있다는 말이다. 그러므로 부자夫子(공자)가 "군자는 글에서 널리 배우고 예로 요약한다."(『논어』 「옹야雍也」) 하였고, 안자顔子(안회) 는 부자를 칭송하면서 또한 "나를 글로써 넓혀주시고, 나를 예로써 요약하셨다."(『논어』 「자한子罕」) 하였다. 예의 뜻이 위대하지 않은가!

─『문집』 권74

'예'를 '실행(履)'으로 풀이하는 것은 바로 주희의 독특한 예학 사상이다. 예는 다만 인간관계를 조정하는 규범이 아니라, 또한 더욱 스스로 '인'을 실천하는 현실적인 길이다. 예의 도움을 빌려서 앎과 행함은 통일을 이룰 수 있다.

송이 남쪽으로 옮겨온 이래 예학이 몰락하고 폐기된 정도는 다른 경전보다 훨씬 심했는데, 그 가운데서도 『주례周禮』와 『예기』는 찾아서 탐구하는(問津) 사람이 거의 없었다. 조정에서는 할 수 없이 소흥 22년(1152)에 각 주군州郡에 영을 내려서 두 가지 예서(二禮)에 매우 밝은 유학자를 초빙하여 학교에 들여서 강의하게 하였고, 성적이 우수한 학원學員에 대해서는 '우선적으로 이끌어 진출하게' 하였다(『송사』 「선거지選擧志」2).

주희가 현학에서 크게 힘을 쏟아 예학 교육을 추진한 일은 바로 조정의 이런 취지를 받든 것이지만, 사실 주된 목적은 궁벽한 천남泉南 지역 선비들의 기풍과 인민의 기풍을 예학으로 정돈하기 위함이었다. 그는 「신엄혼례장申嚴昏禮狀」을 선포하여서 지방의 '다투어 꾀어내는(奔誘)' 풍습을 엄금하였다. 현학의 석전釋奠 의식이 온전하지 못하였는데, 『정화오례신의政和五禮新儀』에도 현 급級에 대해서는 기재되어 있지 않았으므로, 그는 곧 『주례』·『의례儀禮』·『당개원례唐開元禮』·『소흥사령紹興祀令』을 상호 참고하고 스스로 정정訂定하여

「석전의도釋奠儀圖」를 써서 현에 반포하였다.

정거중鄭居中 등이 '칙령을 받들어' 편찬한 『정화오례신의』는 휘종徽宗 조길趙佶이 친히 서문을 지었다. 그러나 주희는 이 책이 여러 사람의 손을 거쳐 나왔고 전후로 모순된 곳과 소략하여 갖추어지지 않은 곳이 많다고 여겼다. 그리하여 전문적으로 「민신예의民臣禮儀」를 써서 주현에서 예를 행하는 데 '다섯 가지 부합하지 않은 점'이 있다고 지적하고, 주현의 관민이 사용하는 예를 취하고 근래의 제도를 참조하여 따로 『소흥찬차정화민신예략紹興纂次政和民臣禮略』을 편정하여서 전국에 반포하도록 건의하였다. 인심을 정돈하는 예학에 대한 그의 주된 취지는 실제 정황에 근거해서 예의를 인혁因革하고 변통하라고 주장하려는 것이지, 결코 완전히 옛 제도에 얽매이려는 것이 아님을 알 수 있다.

주희가 현학을 주관하면서 제생을 위해 지은 「책문」 서른세 수(『문집』 권74)는 불교와 도교에서 빠져나와 정호와 정이의 이학으로 향하는 그의 탐구의 발자취를 남기고 있는데, 여기서 그가 동안에서 활동한 모든 비밀을 꿰뚫어 볼 수 있다. 그 「책문」 한 조는 제생을 향해 제출한 책문이라기보다는 그가 유가의 인간학으로부터 빚어낸 끊임없는 내심의 자아 반성이라 할 수 있다. 이런 반성은 그가 현학을 주관하고 현의 장부를 주관하던 사환仕宦의 생활 가운데 진행된 일로서, 이는 한 시대 선비의 역사의식과 정서를 대표한다. 우선 사회 현실의 문제와 긴밀하게 연계된 특징을 표현해낸 것이지, 먼지떨이를 휘두르며 청담淸談을 하는 현학玄學의 행태도 아니고, 팔짱을 끼고서 공허한 성명性命을 담론하는 속된 학자(俗儒)의 행태도 아니었다.

한 현의 부세를 관장하는 일은 주희로 하여금 우선 남송 사회의 썩어 문드러진 현실을 심각하고 정확하게 간파하도록 하였다. 그는 제생에게 다음과 같은 책문 한 편(道)을 출제하였다.

묻는다. 천泉이 주州가 된 지는 오래되었다. 속미粟米·포루布縷·역역力役의 세입歲入이 공정한 까닭은 대체로 일정한 계산이 있었기 때문이고, 선비에게 녹을 주고 군인에게 급여를 주는 일은 옛날부터 이 세입을 헤아려서 지출했으므로 부족하다는 말을 듣지 못하였다. 부족했다면 주가 꼴을 이루지 못한 지 오래되었으리라. 그런데 근년 이래 고갈이 특히 심하고 탕장帑藏이 텅 비어서 1개월분의 축적도 없다. 이천석二千石(知州)이 이를 때마다 곳곳의 수레에서 미처 내리기도 전에 오직 이 점을 묻는다. 그러나 문부文符(문서)가 번잡할수록 현의 사정은 더욱 급박하고, 백성이 가난할수록 재부財賦가 더욱 고갈되는데, 그 까닭은 무엇인가?

이는 일개 천주군과 동안현으로 남송 전체 사회를 투시한 것으로서, 이런 생각이 바탕에 깔려 있었기 때문에 그는 10년 동안 투항하여 나라를 팔아먹고 뼈를 부수어 골수를 파먹는 통치를 했던 진회를 원수로 대하는 마음이 가득 찼다. 그리하여 소흥 25년(1155) 10월에 진회가 죽자 진회의 당우黨羽도 어지러이 쫓겨났고, 그 역시 제생에게 책문 두 편을 출제하여 정치와 경제 두 방면에서 남송 사회의 운명에 대해 역사적 반성을 진행하였다.

묻는다. 대간臺諫은 천자의 귀와 눈이 되는 관직이니 천하의 일로서 말할 수 없는 것이란 없다. 10여 년 이래로 사람을 등용하는 일이 재상의 사사로운 뜻에서 나왔기에 당시의 완고하고 둔하며 이익을 좋아하고 염치가 없는 무리를 다 취하여서 충당하고, 당黨을 지어서 관계를 맺어 함께 간특한 짓을 하였다. 지난날에 천자가 그 폐단을 분명히 알고 이미 배척하여 쫓아냈다. 이에 인망人望을 물어서 이 직책을 맡기고, 또 조서(明詔)를 내려서 경계를 폈다. 선비가 배운 것을 품고서 세상에 벼슬하면 이에 이르러 베풀 것을 얻었다고 말할 수 있겠다. 그런데 논의를 높이고 넓혀서 사방에 소문이 들리게 하지 못하는 까닭은 무엇인가? 이제 천하의 일이 많다. 여러분들이 시험 삼아 자기가 제공諸公을 대신하여 그 직책을 맡는다면 마땅히 말해야 할 것 가운데 어떤 일이 중요한가?

묻는다. 근래 천자가 자주 관대한 조서를 내려, 인민과 시장에서 사람 수에 따라 징수하는 세금과 부역에서 도피한 사람들로부터 거두는 베를 느슨하게 해주었다. 또 조서를 내려, 세금을 내는 인민으로부터 자투리로 남은 것(踦贏)을 모아서 숫자를 채우지 못하게 하였다. 또 조서를 내려, 군국郡國에서 선여羨餘(지방관이 인민에게 토색질하여 정기적으로 황제에게 바치는 갖가지 부가세)를 바치는 일로 총애를 구하지 못하게 하였다. 삼가 생각건대, 성천자께서 백성에게 혜택을 더한 것이 지극하지 않음이 없다고 할 수 있다. 이 밖에 또 면제(蠲復)를 의논하여서 성스러운 정치를 만분의 일이라도 도와 넓힐 것이 있겠는가? 여러분과 함께 미리 강구하여 밝혀서, 불러 물을 때 발표할 수 있도록 대비하고자 한다.[10]

---

10 앞의 책문에서 이른바 '또 조서를 내려' 운운한 내용은 『송사』「고종본기」에 보인다. "소흥 25년(1155) 12월 갑술 초하루에 조서를 내려서 '대간은 기강과 법도를 바로잡는 지위인데, 근래 합당한 사람을 쓰지 않고 대신의 당을 써서 대신의 기분에 맞췄으니 임금의 귀와 눈의 역할을 아주 하지 못하였다. 짐은 지금 공정한 선비를 제수하여서 이전의 폐단을 혁파하고자 한다. 이 직책을 잇는 자는 마땅히 온 마음을 다하여 직책에 임하고, 당을 모아 관계를 맺어서 기성의 법을 무너뜨리거나 어지럽히지 말며, 마땅히 조심하고 경계하여서 스스로 허물을 짓지 말라.' 하였다." 직임에서 내쫓긴 사람은 모두 「고종본기」에 보인다. 뒤의 책문에서 이른바 '선여를 바치는 일로 총애를 구하지 못하게 한' 내용도 「고종본기」에 보인다. "12월 임오, 감사監司와 수신守臣에게 조서를 내려서 선여를 금하고, 권섭權攝(임시 대리)을 파하며, 포저苞苴(뇌물)를 그치게 하고, 잔치를 절제하게 하였다." 주희의 두 책문은 소흥 25년 12월 사이에 지은 것임을 알 수 있다.

진회가 줄곧 매국적인 소조정小朝廷을 유지하기 위해 관례로 사용한 방법
은 두 가지였다. 하나는, 기강과 법도를 바로잡는 대간의 지위에 심복과 졸개
를 심어 놓고 언로를 통제하며, 견결한 항금抗金의 주전파와 일체 정치사상적
반대파를 탄핵하여 축출하는 일이었다. 그리하여 진회를 따르는 하주何鑄·하
약何若·왕발汪勃·장복章復·사재史才·정중웅鄭仲熊·동덕원董德元의 무리는 대간에
서 단숨에 재보宰輔에 오르지 않은 사람이 없었다. 다른 하나는, 교묘한 명목
을 세워서 부세를 더하는 방법이었다. 그리하여 겉으로는 징수하고 속으로는
늘려서 샅샅이 찾아내고 착취함에 온갖 수단을 다 부렸다. 조구(고종)는 진회
가 죽은 뒤 이 두 방면의 문제를 경장更張하는 데 나약하고 무력하여서 주희
를 아주 불만스럽게 하였다. 이에 지방행정(吏治)을 정돈하고 부세를 정돈하는
일이 나중에 주희가 일생 집착하여 투쟁하면서 내건 두 가지 도학적 구호가
되게 하였다.

그러나 주희가 보기에 이 두 가지 문제에 대한 해결은 쇠퇴한 봉건사회를
구제하면서 여전히 겉만 치료하는 것이었지 근본을 치료하는 길이 아니었다.
진회의 매국적 통치가 빚어낸 악의 가장 커다란 결과는 근본적으로 봉건사
회의 정신적 위기와 사상적 위기를 조성했다는 점이었다. 곧 경학 이학의 몰
락과 인심 도덕의 타락이었다. 그래서 주희의 자아 반성은 더욱 경학 이학과
인심 도덕을 구제하는 문제에 대한 사고로 나타났으며, 봉건사회 문화 사상
의 심층 구조에까지 깊이 들어갔다. 이는 그의 내면적 자아 반성의 또 한 가
지 특징을 이루었다.

그는 책문 한 수 가운데서 인심 도덕의 타락을 경학 이학의 몰락과 연계
하여 고찰하였다.

묻는다. 경經을 폐하여 강론하지 않은 지 오래되었다. 현명한 선비가 간

혹 경에 뜻을 두지만 힘쓰는 방법은 달라서 같지 않다. 대체로 어떤 사람은 지나치게 해석하지는 않으나 근사近思(일상의 가까운 현실에서 생각함)에 독실하게 뜻을 두기도 하고, 어떤 사람은 고증된 것을 믿으나 지극한 이치에는 어둡기도 하다. 심원한 데 힘쓰는 사람은 방탕하여서 근본이 없고, 이록利祿을 추구하는 사람은 섭렵하지만 근본이 없다. 경에 대한 이 네 가지의 득실은 어느 것이 심한가? 여러분은 말하라.

진회의 통치 시기에 경학은 한번 위축되고 난 뒤 줄곧 떨치지 못하였는데, 특히 소흥 15년(1145)에 과거에서 경經과 부賦를 나눈 뒤로는 배우는 이가 결국 사부詞賦를 익혀 녹을 추구하였기에 성률聲律의 학이 날로 성해지면서 경학은 거의 폐기되어 없어졌다. 소흥 26년(1156)에 이르러 조구는 근심과 두려움을 견디지 못하고 재상 심해沈該에게 다음과 같이 말하였다. "근래 선비된 이가 역사서를 읽지 않아서 마침내 과거에서 시부를 채택하였다. 지금은 경전을 읽지 않으니 몇 년이 못 가서 경학은 폐기될 터이다."(『송사』「선거지」2 및 『건염이래조야잡기』 갑집 권13 「사과四科」)

주희는 책문에서 당시 과거제도에 대해 아주 날카롭게 규탄하였고 경학이학의 중요한 문제에 대해 모두 광범위하게 탐구하였다. 이런 탐구는 끝내 그로 하여금 한 걸음 더 나아가 정호와 정이의 이학만이 쇠퇴한 남송 사회를 치료할 수 있는 정신적인 좋은 처방이라는 점을 확신하게 만들었다. 그는 제생에게 제시한 책문 한 수에서 진회가 정학을 금고禁錮한 일을 전적으로 규탄하였다.

묻는다. 한 대에 전문專門의 학문은 구양歐陽(구양생歐陽生)·대소大小 하후씨夏侯氏(하후승夏侯勝과 하후건夏侯建)·공씨孔氏(공안국孔安國)의 『서경』, 제齊(원고생轅固

生)·노魯(신배申培)·한韓(한영韓嬰)·모毛(모장毛萇)의『시경』, 후씨后氏(후창后蒼)·대씨
戴氏(대덕戴德과 대성戴聖)의『예경』, 동씨董氏(동중서)의『춘추』, 양구梁丘(양구하梁丘
賀)·비씨費氏(비직費直)의『주역』과 같은 것인데, 이제는 모두 없어졌다. 겨우
남아 있는 것은 이미 학관學官에 배열되었으니, 그 또한 전문의 학문에 나
쁘지 않다고 하겠다. 그런데 근세에 의론하는 사람은 이를 깊이 배척하는
데, 한 대의 전문 학문을 배척하는가? 아니면 별도로 말하는 것이 있는가?
이제 백공百工(온갖 기술)과 곡예曲藝(전문적인 기예)는 스승이 없는 분야가 없으
나 배우는 사람에게 이르러서는 들은 것을 존경한다고 하면 '전문'이라고
하여 배척하면서 깊이 미워한다. 전문이 무엇을 말하는 것인지 알지 못하
겠다. 여러분은 진술하라.

이른바 '전문곡학專門曲學'은 바로 정학을 금고한 진회의 통치 시기에 정학
을 특별히 지칭한 말이다. 정호와 정이의 이학에 대한 주희의 견고한 믿음에
는 이미 자기가 10여 년 불교와 도교에 출입한 일에 대한 잠재적인 부정이
은연중에 포함되어 있다. 그래서 그의 전체 내면의 자아 반성은 맨 마지막에
가서는 그로 하여금 불교와 도교를 회의하도록 이끌었으며, 이통의 처음 가
르침과 강렬한 공명을 일으켰다. 그는 동안의 현학에서 제생을 위해 작성한
마지막 책문에서 이 방면에 대한 새로운 사상의 섬광을 드러냈다.

묻는다. 세상에서 장주莊周의 학문은 노씨老氏(노자)에서 나왔기 때문에 그
책은 규모規模와 본래 취지가 대략 서로 비슷하다고 한다. 한자韓子 퇴지退
之(한유)가 비로소 자하子夏의 학문은 그 후계에 전자방田子方이 있고 전자방
의 후계가 흘러서 장주가 되었다고 하였다. 그렇다면 장주란 이는 노담老
聃(노자)을 배운 적이 없다. 그 책에서 자방子方이라고 일컬은 말로 상고하자

면, 전자방이 자하를 배우고 장주가 전자방을 배웠다는 사실은 모두 찾아

볼 수 없다. 한자의 말은 무엇에 근거한 것인가? 또 『예경』(『예기』)은 공자의

말 가운데 노담에게서 얻은 것이 있다고 기록하였는데 지금의 『도덕경道德

經』상하 편은 (공자의 말과) 절대로 서로 비슷하지 않다. 그러나 장생莊生(장

주)의 말은 참으로 그(『도덕경』)와 가까우니 모두 알 수 없다. 감히 여러분에

게 묻는다.

　도가인 장주의 학문은 위로 유가인 자하의 학문에 근본을 두며, 유가의

조사祖師 공자는 도가의 조사 노자에게 배움을 물었다는 설은 바로 유·불·도

세 가르침의 근원이 같으며(三敎同源), 세 도가 합일한다(三道合一)고 고취하고 주

창하는 중요한 근거이다. 그런데 주희의 회의는 이미 불교와 도교에 대한 자

기의 숭배와 믿음이 흔들리기 시작하였음을 분명하게 나타낸다. 주희가 동안

의 현학에서 작성한 전체 책문에 불교와 도교를 정면으로 비평한 문자가 없

다는 점은 아주 자연스럽다.

　이 마지막 책문은 소흥 26년(1156) 5, 6월 사이에 작성되었는데,[11] 이는 그

의 평생 가장 이른, 불교와 도교를 회의하는 문자로서 이때 세상을 떠난 도

---

11 생각건대, 서른둘째 책문은 전적으로 상서로운 감응瑞應의 설을 논하는 내용으로서 대체로 진
회 및 조정에서 상서로운 일로 올리는 상주문을 금한 일을 겨냥하여 나온 것이다. 『속자치통
감續資治通鑑』권131 : "소흥 26년 4월 갑오에 제로諸路의 주군州郡에 조서를 내려서 앞으로는
상서로운 일을 상주하지 못하게 하였다. 황제가 일찍이 말하기를 '…… 근년에 사방에서 상
서로운 일을 상주하였는데, 모두 빈말로 꾸며 한때 기쁨을 삼으려는 짓이다. 예컨대 신주信州
의 임기林機가 진회의 부친 사당에 지초芝草가 났다고 상주하였는데 그 아첨이 매우 심하다.
연꽃의 씨방이 둘 달린 것은 곳곳에 있으니 어찌 또한 상서로움이 되겠는가? 기린과 봉황은
커다란 상서로움이지만, 위에 명군明君이 없고 아래에 현신賢臣이 없는데 기린과 봉황이 나온
들 또한 취할 바가 무엇인가? ……'" 주희는 소흥 26년 7월에 임기가 차서 현의 일에 관여하
지 않았으므로 이 서른셋째 책문은 응당 이해 5월에서 7월 사이에 작성된 것이다.

겸에 대한 회답을 방불케 한다. 그가 선에서 달아나 유가로 돌아온 사상 변화의 역정도 이 책문을 기점으로 한다.

「책문」 서른세 편은 주희가 동안에서 전통 유학 문화에 대해 진행한 탐색과 반성의 정신적 역정을 완전하게 전개한 글이다. 이 마지막 책문에 이어서 소흥 26년 8월에 그는 천주에서 불교를 버리고 유학을 숭상함으로써 어렴풋이 각성하기 시작하였다.

천남불국泉南佛國에서 어렴풋한 각성

자연, 주희는 다만 이런 자아 반성만 하고서 아직 충분히 이성과 용기로 불교를 버리고 유학을 숭상하는 데까지는 이르지 못한 채 불교와 도교의 천국에서 스스로 쾌락과 자기 위안에 빠져 있었는데, 이는 일종의 해가 지기 직전에 잠시 더 빛나는 모습(回光返照)을 방불케 하였다. 그는 반성과 각성을 하기 전에 불교와 도교에 대해 특별히 미련이 남아서 아직은 버리기 아까운 심경을 내보였다. 그의 내심은 반드시 도겸道謙의 선의 가르침과 이통李侗의 유학의 가르침이 오랜 시간 사상투쟁을 거친 뒤에야 비로소 그의 유가 영혼으로 하여금 불교와 도교의 영혼을 초월하고 점차 희미해지며 사라지는 불교와 도교의 흔적을 남겨 두고 도겸에게서 이통으로 향하게 하였다.

처음 동안同安에 도착했을 때 주희는 여전히 「보허사步虛辭」, 「산중의 옛 친구에게(寄山中舊知)」와 같은 불교와 도교의 시를 지었다. 현성 동북쪽 대륜산 大輪山에는 수·당 때 창건된 범천사梵天寺가 있었는데, 이곳은 그의 마음속 불국의 승지를 이루어서 동료와 늘 함께 작은 동아리로 모여 찾아가는 절이었다. 이 범천사에는 암자 일흔두 채가 있으며 높고 웅장한 누각이 뛰어나게 아름다워서 동안에 소문이 났다. 홍선洪選은 다음과 같이 경탄하였다. "전각 (宮殿)은 우뚝우뚝하고 층루는 높이 치솟았으며, 대문(門閣)은 고요하고 깊으며 정원(庭除)은 넓고 우거졌다. 신을 본뜬 신상, 설법하는 법당, 승도의 거처, 집을 에워싼 담, 어느 하나 웅장하고 크고 아름답지 않은 것이 없어서 한 고을

의 경관을 압도한다."(『동안현지』권7)

주희는 법문당法門堂 위에 대련을 제題하였다.

　　정신의 빛이 어둡지 않아 만고에 아름다운 도가 있으니　　神光不昧, 萬古徽猷

　　이 문을 들어서면 앎과 이해는 아무것도 없다　　　　　　入此門來, 莫存知解

원래 이 말은 당唐의 평전 장로平田長老가 지은 게송偈頌인데(*『오등회원五燈會元』권4에 보인다), 종고가 『대혜어록大慧語錄』에서 이 게송을 자기의 간화선看話禪으로 해석하여 '법法'은 견문지각으로 추구할 수 없으며 감관을 초월하는 것이라 반드시 언어, 추리와 의식을 초월한 돈오頓悟를 빌려야만 한다고 인정하였다. 이른바 '이 문을 들어서면 앎과 이해는 아무것도 없다'는 구절은 바로 '깨달음(悟)'의 법문을 가리킨다. 도겸의 초이성적인 '결코 아닌 네 가지(四箇決定不是)'는 바로 이 법문에서 태어난 말이다.

주희가 게偈를 제한 일은 도겸이 일찍이 그를 이 '정신의 빛이 어둡지 않은' 법문으로 끌어들여서 자기 스스로를 의지하여 수행하게 했음을 분명하게 나타낸다. 주희는 전에 하던 대로 동안에서 끊임없이 사방으로 선을 탐방하고 도교(老)를 물었다. 가장 규모가 큰 일은 소흥 25년(1155)에 부府의 명을 받들고 동안 경내의 각 지역에서 지방 명현名賢의 비갈碑碣과 전해지는 사적을 수집했을 때의 일이다. 그는 산사람(山人), 은사, 선승들과 널리 교제하며 동안의 거의 모든 명산승처名山勝處에 친필 글씨(手迹)를 남겼다. 향산사香山寺 뒷산 기슭에는 '진은처眞隱處'라고 크게 석 자를 썼다.

석불령石佛嶺에는 관료 생활에서 은퇴한 곽암은郭巖隱이라는 이가 있었는데 자는 석암石庵이었다. 주희는 산에 들어가 문에 들어서서 그를 예방하였다. 나중에 곽암은이 죽자 주희는 또 친히 그를 숭산암崧山巖 아래 묻고 그 묘

에 '곽암은안락와郭巖隱安樂窩'라고 제하였으며, 또 석불령의 작은 돌탑 곁에
있는 큰 바위에도 '안락와安樂窩'라고 석 자를 새겼다. '안락와'라는 이름은 본
래 소옹邵雍에게서 유래한다. 소옹은 낙양에서 40년 동안 안빈낙도安貧樂道하
며 살았는데 거처를 '안락와'라고 이름 붙이고 스스로 호를 안락 거사安樂居士
라고 하였으니, 곽암은도 소옹과 같이 유학자이면서 불교도이고 도교도인 거
사였음을 알 수 있다.

　홍제산弘濟山 서남쪽에 있는 금방산金榜山은 장로산場老山이라고도 하며 당
대唐代의 문사 진암陳黯이 은거하여 독서하던 곳인데, 주희는 이곳에서 진암의
유적과 후예를 찾아보았다. 진암은 특히 역학에 정통하였고 노자의 학설로
『주역』을 설명하기를 잘하였으며, 또한 현묘한 담론과 신선을 말하기를 좋아
한 은사였다. 금방산 꼭대기에 영선루迎仙樓를 지었다. 서당 곁에는 진암이 글
을 읽고 도를 강론하던 금방석金榜石이 서 있으며, 바다에 면한 곳에는 그가
낚싯대를 드리우고 혼자 즐기던 조기釣磯가 남아 있다. 주희가 금방석 위에
크게 '담현석談玄石'이라고 석 자를 쓰고 또 산꼭대기에 '영선迎仙'이라고 두 자
를 쓴 일은 자기가 한 몸에 유교와 도교(儒仙)를 겸한 이 고사高士를 열렬히 따
르고 흠모했음을 나타낸다.[12]

---

12 『도광하문지道光廈門志』 권2 「분역分域」: "금방산은 홍제산 서남쪽에 있다. 산이 누런색으로 마
치 팻말(榜)을 늘어세운 것 같은 모습이라, 그대로 이름이 되었다. 일명 장로산이라고도 한다
(『현지縣志』). 당의 문사 진암陳黯이 여러 차례 과거에 낙방하고 장로산에 은거하였다(『통지通志』).
진암은 스스로 장로場老라고 호를 붙였는데, 후세 사람이 그가 은거한 산을 장로산이라고 일
컬었다. 산 위에 '영선迎仙'이라는 두 글자가 새겨져 있고 그 위에는 누각이 있는데, 이름이
'영선루迎仙樓'이다. 지금, 대들보를 얹은 기둥을 세웠던 구덩이가 아직도 남아 있다(『민대기閩大
記』). 당시 서당에 신라송新羅松 두 그루가 있었다(『민서閩書』). 서당 곁에 있는 석벽은 높이가 열
여섯 길(丈)인데 이름이 '옥홀玉笏'이다(『현지』). 또 돌에 '담현석談玄石'이라고 석 자가 새겨져 있
는데, 모두 주자의 글씨라고 전해진다. 바다에 면한 곳에 바위가 있는데, 속명은 응단토석鷹搏
兔石이라고 하며 진암이 낚시하던 바위(釣磯)이다."(『부현지府縣志』) 또 『중수천주부지重修泉州府志』

주희는 진암의 후예로부터 집안에서 소장한 진암의 『비정서裨正書』 마흔 아홉 편을 얻어 손수 교정하고 서문을 썼다. 나중에 또 그가 수집한 진암의 묘표에 근거하여 다음과 같이 「금방산기金榜山記」를 썼다.

> 금방산은 가화嘉禾 23도都 북쪽에 있으며, 고개가 있는데 설령薛嶺이라고 한다. 고개 남쪽에는 당의 문사 진암 공이 거처하였고, 고개 북쪽은 설령薛 令의 손자가 이곳으로 이사하여 살았기에, 당시 남진북설南陳北薛(남쪽에 진암, 북쪽에 설령)이라고 불렀다. 진암 공은 열여덟 번 과거를 보았으나 급제하지 못하였다. 그 위에 서당을 세웠다. 사람들이 장로場老라고 일컬었다. 산골 짜기에 바위가 있는데 이름이 조어기釣魚磯이다. 서당 옆에는 열여섯 길 높이의 바위가 있는데 이름이 옥홀玉笏이다. 거처에 흔들바위(動石)가 있는데 모양이 매우 둥글며 미세기가 이를 때마다 저절로 움직였고, 바람이 불려고 하면 바위 아래서 소리가 나므로 호초虎礁라고 불렀다. ……
>
> ──『하문지廈門志』 권9

권64 「우현寓賢」에서 다음과 같이 말하였다. "진암은 자가 희유希儒이며 영천潁川 사람이다. 열 살 때 시를 지을 수 있었다. 진사 시험에 응시하였으나 급제하지 못하였다. 황소黃巢의 난을 피하여 종남산終南山에 은거했다가 나중에 동안 가화서嘉禾嶼의 설령薛嶺으로 이사해서 글을 읽으며 일생을 마쳤다. 호를 장로라고 한다. 당시 사람들이 그가 살던 산을 장로산이라고 일컬었다. 그가 지은 글에는 「변모辨謀」 등의 편이 있고, 또 책 세 권이 있는데 대역大易의 허일수虛─數를 요약한 마흔아홉 편으로서 이름을 『비정裨正』이라고 한다. 주자가 고을의 주부로 있을 때 그의 집에서 책을 얻어, 이를 위해 서문을 썼다." 같은 책 권8 「산천山川」에도 보인다. 생각건대, 주희가 교정한 『비정서裨正書』는 이미 사라졌고, 『전당문全唐文』에 진암의 글 여러 편이 수록되어 있다. 『당서』 「예문지藝文志」에 진암은 남안南安 사람이며 문집 세 권이 있다 하였고, 『통지』 「예문략藝文略」에는 서른 권이라 하였는데, 주희의 서문으로 고찰해보면 마땅히 세 권이다. 또 『천주부지』에 진암의 자를 희유라 하였고 주희의 서문에는 그의 자를 창회昌晦라고 하였으니, 진암은 필시 이름 하나에 자가 둘이다.

이런 일은 모두 주희가 이때 지은 시에서 '몸을 단련하여 하늘 나는 신선을 배우리(鍊形學飛儒)'(『문집』권1 「산중의 옛 친구에게, 일곱 수(寄山中舊知七首)」), '애오라지 사물을 벗어난 흥취에 뜻을 두었으니(聊參物外趣)'(『문집』권1 「석전제를 앞두고 재계하며 지내다(釋奠齋居)」), '아득하게 참된 본성을 얻는다(超搖得眞性)'(『문집』권1 「시험장에서 시를 짓다, 다섯 수(試院雜詩五首)」), '선인 오문자(仙人吳門子)'(『문집』권1 「동년 김정의 장태현 면산정에 지어서 부치다(寄題金元鼎同年長泰面山亭)」), '몸과 넋 단련하면 날개 돋아나리(去鍊形魂生羽翼)'(『문집』권1 「가을밤에 탄식하다(秋夜歎)」)라고 반복하여 읊은 시구와 함께 같은 천국의 곡조를 노래한 것들이며, 또한 그가 동안에서 가장 흠모하고 좋아한 사람이 바로 선과 불교를 잘 겸한 유사儒士였음을 뚜렷이 드러낸다.

그러나 주희의 마음과 영혼이 달려간 더욱 커다란 불국의 승지는 역시 천주에 있었다. 송 대에 천주는 이미 민남閩南의 선풍禪風이 치성한 지역이 되어서 산수가 빼어난 곳에는 사원과 사찰이 빽빽이 들어서고 납승衲僧이나 선사禪師가 드나들었다. 부성府城 서쪽의 구일산九日山에는 석불이 우뚝 서 있고 탑과 당幢이 높이 솟았으며, 한 줄기 종소리와 풍경 소리가 멀리까지 울리고, 향 연기가 주위를 감돌았다. 서른여섯 기이한 경치 가운데 하나인 무등암無等巖 위에는 당 대의 무등 선사無等禪師가 바위에 손수 크게 쓴 '천남불국泉南佛國'이라는 네 글자가 새겨져 있었다. 주희가 천주에 와서 구일산을 노닐며 사원을 찾아다니고 선승과 교제를 맺는 일은 스스로 즐기는 일이 되었다.

천주에서 가장 큰 명찰名刹인 개원사開元寺는 당 수공垂拱 연간(685~688)에 창건되었다. 전각이 웅장하고, 절 앞에 동서로 있는 두 원院에는 각각 칠층 석탑이 서 있는데 층마다 모두 정교하기 짝이 없는 불상이 새겨져 있고, 탑 기저부에도 석가모니불의 사적 마흔 건이 새겨져 있었다. 주희는 이곳에 자주 와서 유람하고 불법을 물었으며, 대련 한 부를 크게 써서 문 입구에 내걸었다.

이곳은 예로부터 불국으로 일컫는 곳   此地古稱佛國

거리에 가득한 사람이 모두 성인이로세   滿街都是聖人

　　이 대련은 주희가 무등 선사의 '천남불국'을 참구하여 깨닫고서 변화시켜
써낸 글귀이다. 몇 백 년 뒤 왕양명王陽明(왕수인王守仁)도 '거리에 가득한 사람이
모두 성인이라'고 외쳤는데, 이는 원래 청년 주희의 뒤를 밟은 것이다.

　　주희는 천남불국을 배회하면서 개원사에는 손수 '정기正氣'라는 편액을,
안해安海 용산사龍山寺에는 '보현전普現殿'이라는 편액을, 초암사草庵寺에는 '용
맹정진勇猛精進'이라는 편액을 남겼다. 천주부 소재지의 자수사資壽寺에서 그
는 이 작은 산이 '용머리의 맥(龍首之脈)'에 해당하는 풍수의 길지라는 점에 마
음을 빼앗겨서 늘 올라가 유람하고 학문을 강론하였으며, 손수 '소산총죽小山
叢竹'이라는 편액을 써서 절의 승려에게 주었다.[13] '총죽'이란 회당晦堂 황룡 조

---

13 『금석고록金石沽錄』: "소산총죽은 천주부 소재지(府治) 자수사 안에 있다. 소흥 연간(1131~1162)
에 주희가 동안의 주부가 되었을 때 이곳에서 학문을 강론했는데, 그로 인해 이 넉 자를 써서
바위에 새겼다." 『복건통지』「명승지名勝地」권13 : "진강현쯥江縣 소산총죽정小山叢竹亭은 부 소
재지 북쪽 자수사 안에 있다. 송 소흥 연간에 주희가 동안의 주부가 되었을 때 이곳에서 학문
을 강론한 적이 있는데, 그로 인해 소산총죽 넉 자를 써서 그 절의 승려에게 주었다. 원元 지
정至正 연간(1341~1367)에 승려 택윤澤潤이 정자를 세우고 글씨를 따서 이름을 삼았다." 또 『복
건통지』「공서지公署地」에 인용한 이광진李光縉의 「모수소墓修疏」에서 말하였다. "자수사에는
소산정小山亭이 있는데 주 문공朱文公(주희)의 화상畵像을 모시고 제사 지낸다. 오른쪽에는 불이
당不二堂이 있는데 구양행주歐陽行周(구양첨歐陽詹) 선생의 소상塑像을 모시고 제사 지낸다. 식견
이 많은 노인들(故老)이 전하기로는, 문공이 동안의 주부로 있으면서 군성郡城에 갈 때마다 반
드시 소산에 올라가 그 산천의 아름다움을 칭찬하며 군 소재지의 용머리 맥이라고 하며 여러
날 노닐고서 돌아갔다. 스스로 '소산총죽小山叢竹'이라고 썼다. 그리고 이른바 불이당이란 문
공이 증수하였다. ……"(*구양사문사歐陽四門祠는 악뢰포鄂輝鋪에 있는데, 가운데가 불이당이다. 당 사문조
교四門助敎 구양첨을 제사 지낸다.) 『진강현지쯥江縣志』권4 「학교學校」를 살피건대, 다음과 같이 말
하였다. "소산총죽서원小山叢竹書院은 부의 성황묘 곁에 있다. 그 지대는 높은 언덕에 있어서
기운이 유독 온화하며 온릉溫陵이라는 이름도 실로 여기에서 비롯하였다. 송의 주 문공이 대

심黃龍祖心 선사가 활연히 깨달은 고사를 이용하여 주희가 자기 스스로에 대해 말한 것(夫子自道)으로서, 자기 경험에 비추어 남을 깨우친(現身說法) 말이다.

『오등회원』에는 다음과 같이 기록되어 있다. "융흥부隆興府 황룡 조심 보각 선사寶覺禪師는 남웅南雄 교씨鄔氏의 아들이다. 운봉雲峰 열 선사悅禪師를 찾아뵈었는데, 3년 동안 얻은 바가 없어서 떠나겠다고 하였다. 열 선사가 말하였다. '반드시 황얼黃蘗 남 선사南禪師에게 가서 의지하라' 그래서 조심 선사祖心禪師는 황얼에게 갔지만 4년이 지나도록 크게 깨우친 바가 없었다. 또 하직하고 다시 운봉에게 가다가 운봉이 세상을 떠난 것을 알고 마침내 석상石霜에서 멈추었다. 이어서 『전등록傳燈錄』을 보다가 '어떤 스님이 다복多福에게 〈어떤 것이 다복의 대나무 한 떨기인가?〉 하고 물었다. 다복이 말하기를 〈한 줄기, 두 줄기가 비스듬하다〉 하였다. 스님이 〈잘 모르겠다〉 하였다. 다복이 말하기를 〈세 줄기, 네 줄기가 휘었다〉' 하였다. 조심 선사가 이에 깨닫고 두 선사가 공부한 곳을 철저히 파악한 뒤 곧바로 황얼에게 돌아갔다. 막 방석을 펴 놓으려는데 황얼이 말하기를 '그대는 이미 내 방에 들어왔도다!' 하였다. ……"(『오등회원』 권17 「황룡남선사법사黃龍南禪師法嗣」)

조심의 호는 '회당晦堂'이니, 주희가 나중에 자기 사생활의 공간을 '회당'이라 이름 붙인 것도 이상할 게 없다. 주희는 일찍이 조심과 마음이 서로 잘 통하였다. 크게 '소산충죽'이라고 쓴 것은 주희가 그곳에서 학문을 강론하면서 이미 불교의 이론에 대해 홀연히 깨달았으며, 또한 조심과 종고, 도겸이 '그대(주희)는 이미 내 방(室)에 들어왔다'고 말하더라도 손색이 없었음을 분명

나무를 심고 정자를 세워 그 가운데서 학문을 강론하였다. 편액은 주자가 손수 쓴 것으로서 돌에 새겨져 있다." 소산충죽정을 원 지정 연간에 승려 택윤이 창건했다거나 '대나무를 심고 정자를 세웠다'는 설 따위는 그르다. 이는 대체로 후세에 갖다 붙인 설이다.

하게 나타낸다.

소흥 23년(1153) 겨울에 주희는 명을 받들어 천주 안계현安溪縣에 업무차 사흘간 가 있었다. 안계 일대는 조물주의 솜씨로 빚어낸 기이한 산과 수려한 봉우리가 주희로 하여금 선을 탐방하는 흥취를 일으켰다. 현 북쪽의 주산인 봉산鳳山은 봉우리 하나가 홀로 서 있는데 마치 황금빛 봉황이 날개를 치며 날아오르려는 듯한 모습이다. 오대五代 때 유을劉乙과 첨돈인詹敦仁 부자가 이 산에 은거하였다. 빽빽한 숲 가운데 어렴풋이 드러나는 동악행궁東嶽行宮·빙허각憑虛閣·통현암通玄庵의 그림 같은 용마루와 날아갈 듯한 추녀는 성대한 불국佛國과 선계仙界의 기상이었다.

주희는 정상에 올라 통현암 벽에 게 한 수를 제하였다.

마음 밖에 법이 없으니 눈에 가득 청산이요 　　　心外無法, 滿目靑山
통현봉 꼭대기는 인간 세상이 아니로다 　　　　通玄峰頂, 不是人間[14]

불가의 '만법유식萬法唯識', '심외무법心外無法'은 주희가 홍진 세간이 아닌 통현봉 정상의 청공淸空한 묘경 가운데서 터득한 무상無上의 인증印證이었다.

이 게시偈詩는 실은 법안 문익法眼文益의 대제자 천태 덕소天台德韶 국사의 걸작을 변형하여 완성한 글귀이다. 덕소는 앞뒤로 열일곱 차례나 용아龍牙(거

---

14 『가정안계현지嘉靖安溪縣志』 권8에 보인다. 권4 「학교學校」에서 말하였다. "주 문공의 사당은 옛날에는 서원이었다. 옛날에 주자가 동안의 주부로 있을 때 일찍이 안계의 사무를 살핀 적이 있는데, 통현봉 봉산암鳳山庵에 제하여 읊은 글이 있다." 생각건대, 주희가 봉산암에 제하고 읊은 글은 금석金石과 지방지地方志 같은 책에 많이 수록되어 있는데, 주희의 『문집』 권1 「안계로 가는 길에(安溪道中)」·「안계에 사흘 머물렀으나 감사를 끝내지 못하다(留安溪三日按事未竟)」·「안계에서 느낌을 쓰다(安溪書事)」 등으로 고찰하면 통현암에 글을 남긴 일은 소흥 23년 (1153) 겨울에 있었다.

둔(居遁)에게 법을 물었으나 하나도 깨닫지 못하였다. 그러나 나중에 통현봉 정상에서 몸을 씻다가 문득 크게 깨달아 "통현봉 꼭대기는 인간 세상이 아니로다. 마음 밖에 법이 없으니 눈에 가득 청산이로다.(通玄峰頂, 不是人間. 心外無法, 滿目靑山)" 하는 게송을 썼다. 법안이 "이 게 하나로 내 종지(吾宗)를 일으킬 수 있겠다."(『오등회원』 권10 「천태덕소국사天台德韶國師」) 하고 찬탄하였다.

법안이 말한 '내 종지'란 바로 법안종法眼宗의 '삼계유심三界唯心, 만법유식萬法唯識'인데, 이는 실제로도 불교 각 종파의 근본 인식을 이룬다. 따라서 덕소 국사의 이 유명한 게도 늘 다른 종파 승려들이 흥미진진하게 토론을 벌였으나 '눈에 가득 청산'이라는 구절을 게의 끝에 배치한 점에 대해서는 충분히 만족하지 못했기 때문에 많이들 마음대로 겉모습을 바꾸었다.

예컨대, 위앙종潙仰宗에서는 이 게시를 이용하여 그들의 '삼생三生' 설을 다음과 같이 해석한다. "통현봉 꼭대기는 사려하는 바의 경지이다. 인간 세상이 아니라는 말은 사려할 수 있는 마음이다. 마음 밖에 법이 없다는 말은 결국 현상(有)을 보지 않는 것이다. 눈에 가득 청산이라는 이 구절만이 이 스님(법안)과 덕소 국사가 서로 간격이 있는 부분이다."(『만송노인평창천동각화상송고종용암록萬松老人評唱天童覺和尙頌古從容庵錄』 권2 제32칙則 「앙산심경仰山心境」) 거간 선사居簡禪師는 아예 "통현봉 꼭대기는 인간 세상이 아니로다. 마음 밖에 법이 없으니 항아리 속에 하늘이 있다(壺中有天)."(『북간거간선사어록北磵居簡禪師語錄』)로 고쳤다.

주희도 납승들을 본받아 게시의 앞뒤 두 구절을 뒤바꾸어서 교묘하게 개조하여 자기의 걸작으로 변모, 완성하였다. 이는 바로 '삼계유심, 만법유식'의 종지를 더욱 두드러지게 드러낸 것인데, 한 자도 더하지 않고서 참으로 풍격을 모두 얻은 점은 그가 이미 덕소 국사와 마찬가지로 법안종의 진제眞諦를 깊이 깨달았음을 분명하게 나타낸다.

법안종은 화엄 사상의 영향을 깊이 받은 선종禪宗의 학파이다. 오대五代 이후 '교외별종敎外別宗'을 표방한 선종은 점점 선종과 교종敎宗을 겸하여 중시하는 방향으로 발전하다가 송 대에 울창하게 풍조를 이루면서 선종과 화엄의 교류를 이끌어냈고, 각 종파를 흡수하면서 임제臨濟의 종고에 이르러 집대성되었다. 주희의 선학은 바로 종고와 도겸이라는 전등傳燈의 법사法嗣에게서 연유하며, 당·오대의 화엄선華嚴禪으로 거슬러 올라간다.

봉산에 제한 게는 주희가 초년에 선종과 화엄을 드나들던 역정 가운데 영원히 소멸하지 않는 사상의 물보라를 남겨 놓았다. 그는 나중에 불교를 버리고 유학을 숭상한 뒤에도 덕소 국사의 이 게송을 죽을 때까지 지극히 귀한 보배처럼 아꼈다. 그의 제자가 직접 눈으로 목격한 사건 하나를 기록하였다. "선생이 술에 취하여 흥이 일자 수창壽昌이 마침내 취묵醉墨을 청하였다. 선생이 큰 글씨로 덕소 국사의 「송頌」 한 수를 썼다."(『어류』 권107)

건도 5년(1169)에 주희가 장식張栻, 표덕미彪德美와 함께 유교와 불교의 다른 점을 논변할 때도 역시 '심외무법心外無法' 사상으로 유가의 '진심지성盡心知性'을 해설하였다. "석씨가 비록 스스로 오직 한마음을 밝힌다고 하였지만 실은 마음의 본체(心體)를 몰랐고, 비록 마음이 모든 법(萬法)을 일으킨다고 하였지만 실은 마음 밖에 따로 법을 두었으니 …… 성인의 문(*유학을 가리킨다)에서 말하는 마음은 천서天序·천질天秩·천명天命·천토天討·측은惻隱·수오羞惡·시비是非·사양辭讓을 갖추지 않음이 없으나 마음을 벗어난 법은 없습니다."(『문집』 권30 「답장흠부答張欽夫」 서10)

천주에서 주희는 심지어 마니교摩尼敎와도 끊을 수 없는 한 가닥 인연을 맺었다. 천주는 민남의 '불국'일 뿐만 아니라 또한 동·서방 종교의 공동 '천국'이기도 하였다. 북송 원우元祐 연간(1086~1094)에 천주에 시박사市舶司를 설치한 이래 천주는 세계에서 제일가는 상업항(商埠)이 되었을 뿐만 아니라 또한 동서 문화가 모여드는 중요한 도시(重鎭)가 되었다. 외국의 상인들이 모여들고, 송의 백성으로서 외국을 드나들며 무역하는 상인도 모두 천주항에서 대양으로 나가거나 상륙하였다. 서양에서 전해진 이슬람교, 기독교, 마니교, 브라만교가 모두 불교와 함께 천주에서 울창하게 일어났다.

마니교는 채식을 하고 마귀를 섬기는(喫菜事魔) 종교로 일컬어졌으며, 송 대에 민간에서 사대부들에 이르기까지 광범위하게 전파되어 기복을 거듭하였는데 특히 민중閩中에서 세력이 더욱 성하였다. 성 북쪽의 노천산老泉山 아래에는 저명한 마니교 법사인 호록呼錄의 무덤이 있었다.

주희는 소흥 23년(1153) 추수 뒤에 천주에 와서 동료들과 함께 북산으로 가 호록 법사의 사묘祠墓를 참배하고, 「여러 동료와 함께 북산의 제전祭奠에 참례하고 백암을 지나다 잠시 쉬다(與諸同寮謁奠北山過白巖小憩)」를 지었다.

수레 잇달아 긴 언덕을 지나고	聯車涉修坂
산천의 풍물을 남김없이 보네	覽物窮山川
성긴 숲엔 아침 기운 떠 있고	疎林汎朝景
푸른 고개는 구름과 안개 머금었네	翠嶺含雲煙
사당은 얼마나 깊고 깊은지	祠殿何沈邃
고목이 울창하네	古木鬱蒼然
신령은 편안하게 깃들어서	明靈自安宅
제물과 술로 경건히 고하니	牲酒告恭虔
향기가 깊이 통하고	肹蠁理潛通
규룡도 꿈틀거린다	神虯亦蜿蜒
농사를 마쳐서 기쁜데	旣欣歲事擧
경물이 고와서 더욱 기쁘네	重喜景物妍
허리띠 끄르고 정려에서 쉬며	解帶憩精廬

술잔 기울이며 오래 머무네	尊酌且留連
거리낌 없는 말은 이름난 자취 남기고	縱談遺名跡
번민에 얽매임을 끊었네	煩慮絶拘牽
빠른 해그림자 잡아 두기 어려워라	迅晷諒難留
돌아가는 수레 어느덧 떠나가네	歸軫忽已騫
어둑어둑 저녁 빛 일어	蒼蒼暮色起
동쪽 성 둑길로 사람들 돌아오네	反斾東城阡

—『문집』 권1

이 시는 종래에는 호록 법사를 참배하고 지은 것이라는 사실이 알려지지
않았다. 오문량吳文良은 『천주종교석각泉州宗教石刻』에서 다음과 같이 말한다.
"천주성 북쪽에 전해오는 말에 호록 법사의 무덤이 노천산 아래 있는데 남송
때 주희가 동료와 함께 북산에 가서 호록 법사의 무덤에 참배하고 시를 지었
다고 한다. 그러나 우리가 노천산 아래를 여러 차례 찾아보았지만 아무런 수
확이 없었고 겨우 커다란 돌에 새긴 노군老君의 좌상 하나와 석송石松 여러 그
루를 보았을 뿐이다."(『천주고마니교석각泉州古摩尼教石刻』)

호록 법사를 참배하고 지은 시는 본래 주희의 문집 가운데 있으며, '북산'
은 천주성 북쪽에 있는 청원산淸源山을 가리킨다. 호록 법사는 당의 회창會昌
법난法難 때 중국으로 와서 처음에는 복주福州 일대에서 전교를 하고 나중에
는 남으로 내려가 천주를 떠돌다가 죽은 뒤 청원산 아래 묻혔다.

하교원何喬遠의 『민서閩書』에는 그를 다음과 같이 언급하였다. "회창
(841~846) 때 불교를 탄압하고 승려를 내쫓았는데, 명교明教(마니교)도 불교와 함
께 탄압을 받았다. 호록 법사라는 자는 복당福唐(복주)으로 들어와 삼산三山에
서 무리(侶)를 얻었고, 천군泉郡을 떠돌다가 군 북쪽 산 아래 묻혔다. 지도至

道 연간(995~997)에 회안懷安의 인사 이정유李廷裕가 서울(京師)의 복사卜肆에서 5만 전으로 불상佛像(마니교의 신상)을 구입하니, 서상瑞像이 드디어 민중閩中에 전해졌다."(『방역지方域志』)

마니교는 송이 남쪽으로 옮겨온 이래 한편으로는 도교에 들러붙고 또 한편으로는 불교에 의탁하였다. 그 신도들이 『금강경』을 즐겨 외었기에 강서江西의 마니교에 이르러서는 '금강선金剛禪'이라고 일컬어졌다. 『이견지夷堅志』에는 다음과 같이 기록되어 있다. "채식을 하고 마귀를 섬기는데 삼산에서 특히 치성하였다. 우두머리 된 자는 보랏빛 관을 쓰고 헐렁한 적삼을 입었고, 부인들은 검은 관을 쓰고 흰옷을 입었으며, (자기들이 믿는 것을 마니교, 곧) 명교회明敎會라고 일컬었다. 그들이 섬기는 부처는 흰옷을 입었다. 인용한 경전에서 이른바 '흰 부처(白佛)가 말하기를, 세존이여!(원래 뜻은 '수보리가 부처님께 말하기를 세존이여'라고 한 것이다)'라고 한 것은 『금강경』에서 말하는 한 부처, 두 부처, 세 부처, 네 부처, 다섯 부처의 다섯째 부처라고 하였다."(『불조통기佛祖統紀』 권48) 마니교 경전은 판각되어서 『도장道藏』에도 수록되었다. 그러므로 주희가 마니교를 좋아한 점은 그 스스로 도교와 불교에 드나든 일에 대한 일종의 보충이었다.

당시 사대부와 명문의 자제들까지도 마니교를 많이 신봉하고 명교재明敎齋를 닦았다. 육유陸游는 『노학암필기老學庵筆記』에서 다음과 같이 말하였다. "민중에 좌도左道를 익히는 자가 있는데 이들을 명교라고 한다. 명교의 경전도 있으며 판각하여 인쇄한 것이 매우 많다. …… 선비의 맏아들(宗子) 같은 사람들도 무리를 이루어서 스스로 '오늘 명교재에 간다'고 하기까지 하였다. 내가 '이는 마교이다. 어찌 그들과 교유하는가?' 하고 따진 적이 있는데, 그들이 대답하기를 '그렇지 않다. 남녀의 분별이 없는 것이 마교이고 남녀가 직접 친하지 않는 것이 명교이다. ……' 하고, 또 명문 사대부 집안을 가리켜 '이

또한 명교(의 신도)이다'라고 하기도 하였다."(『노학암필기』 권10)

호록 대법사의 묘는 자연히 그들이 참배하고 조문하는 성지가 되었다. 천주에서 주희가 불교를 좋아하여 마니교까지 좋아하는 데 이른 것은 마치 그가 노자를 좋아하여 도술道術도 좋아했던 것과 같았다.[15] 마니교는 명암明暗 두 종지를 선양하였는데, 이는 또한 이학가의 천리인욕天理人欲의 설과 서로 나란히 갖다댈 수 있으며, 남녀가 서로 직접 친하지 않는다는 종류의 가르침도 이학가의 윤리 도덕과 어그러지지 않았다.

나중에 경원당금慶元黨禁 때 심계조沈繼祖가 탄핵한 주희의 죄상 가운데 하나는 바로 "장재張載와 정이程頤 이론의 나머지를 표절하고, 채식을 하고 마귀를 섬기는 요술에 붙어서 후진을 현혹하였습니다."(『도명록道明錄』 권7 상)라고 하였는데, 이는 주희가 초년에 한 차례 마니교에 마음을 둔 과거의 일을 가지고 무고한 것이다.

그러나 천남불국에서 도교와 불교에 깊이 빠졌던 것과 동시에 대면한 남송 사회의 현실에 대한 끊임없는 주희의 자아 반성은 그 스스로에게 도교와 불교에 회의하게 만들면서도, 또한 날로 더욱더 발걸음을 같이하게끔 하였다. 동안에서 지낸 5년은 마지막 「책문」을 분기점으로 삼는데, 그가 도교

---

15 『중수천주부지』 권64 「우현寓賢」을 참조하여 보면 다음과 같이 말하였다. "조영가趙永嘉는 진강晉江 금안산金鞍山에 은거하였으며 도술이 있었다. 일찍이 범을 불러 집을 지키게 하였는데, 원주민이 풀 한 통(榷)을 먹었다. 이상한 잎사귀를 소에게 먹였는데 소가 며칠 동안 단잠을 잤다. 다시 풀을 주어서 잠에 깨어나게 하니 비로소 깨어났다. 다시 그 풀을 구하였으나 얻지 못하였다. 바로 상서로운 지초(祥芝)였던 것이다. 지금 상지오祥芝澳(상서로운 지초가 나는 평평한 산자락)가 있는 까닭은 이 때문이다. 조영가는 젊을 때 동안의 주부가 되어서 …… 종사하다가 나중에 산 아래서 동안 사람을 만나 문공文公(주희)에게 관심을 가졌다. 문공이 그를 찾아가 함께 경치 좋은 곳을 유람하였다. 문공이 말하기를 '이곳은 200년 뒤 마땅히 번화한 구역(車馬之區)이 되리라' 하였는데, 지금 영녕위永寧衛가 그곳이다." 『민서閩書』에도 보인다.

와 불교에 드나든 때는 주로 소흥 23년(1153)에서 소흥 25년 사이이다. 소흥 26(1156)년 이후로는 (그 드나듦이) 아주 빠르게 저조해진다. 우연히 거의 동시에 발생한 일련의 원인이 그의 이러한 변화를 촉진하였다. 곧 도겸의 죽음, 진회 통치의 종결, 정학 금지의 해제, 동안에서 임기 만료, 늙은이와 어린이를 집으로 돌려보낸 일 및 이통과 재회한 일 들이다.

소흥 26년 7월에 주희는 일찌감치 명을 받들고 이웃 고을 장주漳州에 다녀왔는데, 동안의 임기가 이미 만료되어서 8월 상순에 천주에 이르러 비서批書를 기다리며 구일산九日山의 구일산방九日山房에 머물렀다. 이 산방은 희령熙寧 연간(1068~1077)에 천주 지사知事 진칭陳偁이 그 아들 진관陳瓘을 위해 지은 독서실이었다.

12월 말에 이르러서야 주희는 비로소 식구를 이끌고 천주를 떠나 북쪽 숭안으로 돌아갔다. 천주에서 그는 꼬박 여섯 달을 기다렸는데, 이때가 바로 스스로 말한 '동안관여同安官餘'의 반성의 시기이다. 이는 현학을 주관하던 때의 자아 반성에 견주어 더 한층 깊은 독경讀經의 반성이었다. 이 여섯 달 동안의 반성에는 그가 어렴풋하게 각성하기 전의 유가적 자아 및 불교와 도교의 자아라는 두 영혼의 마지막 투쟁으로 가득 찼다.

8월 11일, 부자득傅自得이 술을 싣고 주희를 찾아와서 함께 구일산을 유람하였다. 부자득은 본래 불교와 노자의 책을 탐독하는 문사로서 관료 사회에 실의를 느끼고 파직되어서 돌아온 뒤, 천주성 동쪽 불교 사찰 사이에 집을 짓고 불경과 도교 서적에 의지하면서 의욕을 잃고 마음 내키는 대로 하며 스스로 즐겼다. 구일산은 남안현南安縣 서쪽 3리에 있는데, 그 지역 사람들은 매년 중양절(重九)이 되면 모두 이 산에 올랐다.

주희와 부자득은 산에 올라 노니는 흥이 다하지 않아서 저녁 무렵에 또 달빛을 받으며 함께 금계金溪에 배를 띄웠다. 금계의 물은 영춘永春의 도계桃溪

와 안계安溪의 남계藍溪가 교차하는 쌍계구雙溪口에서부터 양객도楊客渡를 경유하여 금계산金鷄山 아래로 흘렀다. 두 사람은 배를 타고 흘러가며 산색과 달빛 가운데 술잔(觥爵)을 마주 들었다. 주희는 노를 두드리며 「초소楚騷」(「이소離騷」)를 노래하고 부자득은 동파東坡(소식)의 「적벽부赤壁賦」를 외며 세상을 벗어나 홀로 서서(遺世獨立) 날개가 돋아 신선이 되어 날아오르는(羽化登仙) 꿈속에 도취하였다. 당년에 주희는 부자득과 함께 동파가 달 밝은 밤 적벽에서 배를 띄웠던 고사를 본받았을 뿐이었다. 따라서 방외객方外客 두 사람이 달밤에 배를 띄운 일에도 마찬가지로 「적벽부」의 맑고 공허하여 세속을 초월한 정취가 스며들어 있다.

주희가 알게 모르게 선불仙佛에 드나든 진면목은 부자득에 의해 아주 생생하게 「금계야범기金溪夜泛記」 가운데 묘사되어 있다.

소흥 병자(1156) 8월 11일, 술과 함께 행장을 꾸려서 구일산으로 주원회朱元晦(주희)를 찾아갔다. 저녁 무렵에 복건幅巾을 쓰고 명아주 지팡이를 짚고 함께 배회하다가 나루터에서 배를 불러 같이 올라타고 물결에 맡겨 흘러갔다.

두꺼비(老蟾, 달)가 서서히 오르고 사방에는 구름 한 점 없었다. 양쪽 기슭에는 고목이 빽빽하게 흔들리는데 용과 뱀처럼 땅에 펼쳐져 있고, 시내의 빛과 산색은 환한 달빛이 비침에 따라 멀고 가깝고 높고 낮은 곳이 서로 반사되어 빛났다.

원회가 "즐겁도다, 이 유람은!" 하고 말하면서 잔을 들어 채우고 노를 두드리며 「초소楚騷」(「이소」)의 9장을 노래하였는데, 노랫소리와 곡조가 웅장하게 울려서 물고기는 놀라 뛰고 깃들었던 새는 일어나 날아가면서 울었다. 나도 동파 선생의 「전후적벽부前後赤壁賦」를 외어서 화답하였다.

마음이 맞을 때마다 번번이 일어나 술을 서로 권하였다. 평소 술을 마실 때면 대부분 석 잔을 넘기지 않아 취했지만 이때는 연거푸 열 잔 남짓 마셨다. 달빛은 더욱 좋았고, 배는 더욱 편안하였으며, 술은 마실수록 더욱 호탕해졌다. 술이 다 떨어져서 배를 기슭에 대고 늙은 병사에게 돈을 주어 술집 점원에게 빨리 술 한 통(榼)을 가져오게 한 뒤 배를 묶었던 밧줄을 끌러 다시 배를 띄웠다. 잔을 씻어 다시 술을 따랐다.

이윽고 북두성이 돌고 삼성參星이 비스듬히 기울 즈음 바람이 불고 물결이 일었다. 내가 "즐거움은 극도에까지 이르러서는 안 됩니다." 하고 노를 저어서 돌아와 동봉도량東峰道場에서 묵었다.

다음 날 원회가 멋진 유람을 기록한 부를 지었기에 내가 차운하여 감사를 표시하였다. 멋진 유람에 걸맞은 걸출한 구절을 짓지 못한 점이 한스러웠다.
— 「금계야범기」 및 『고금도서집성古今圖書集成』

다행히 남아 있는 이 기문記文은 주희가 천남의 불국에서 불교와 도교에 드나들던 생생한 마지막 한 장면을 기록하고 있다. 그는 석불원石佛院 무가선사無可禪師, 동봉도량東峰道場 부공 도인溥公道人, 현암顯庵 익공 도인益公道人, 그리고 부자득과 같은 불교와 도교를 좋아하는 명사들에 둘러싸여 있었지만, 또 다른 일종의 힘이 불교와 도교를 의심하는 길로 그를 끌어당기고 있었다. 천주에서 그는 늘 채자蔡玆, 진지유陳知柔와 함께 학문을 강론하고 도를 논하였다.

9월 9일 중구절의 등고登高 놀이에 주희는 휴재休齋 진지유와 함께 부 소재지(府治) 부근에 있는 북산北山에 오르고 환취정環翠亭에서 더불어 놀았으며, 달밤에는 책상을 마주하여 시를 논하고 도를 강론하였다. 나중에 진지유는 「환취정」이라는 시를 지어서 추억하였다.

당년에 팔짱 끼고 용산에 올랐었지   當年把臂入龍山

만나서 함께 취한 일 아직도 기억하네   猶記相逢醉夢間

그대는 한 조각 구름처럼 걸린 곳이 없었고   君似孤雲了無礙

나는 지친 새처럼 일찌감치 돌아갈 곳을 알았네   我如倦翼早知還

초가집 처마 아래 해가 지니 시간을 가늠하고   茅檐負日眞成算

대나무 책상에서 시를 논하며 즐거워하였네   竹榻論詩整破顔

태평의 참된 기상을 묻고자 하니   欲問太平眞氣象

밤들어 바람에 밀린 달이 송관에 닿았네   夜來風月到松關

—『영춘주지永春州志』 권14[16]

진지유는 비록 은퇴에 소극적이었지만 부자득과도 판연히 다른 사람이었다. 부자득은 진회에게 아첨하려는 뜻을 보이다가 직책을 잃고 돌아갔지만

---

16 생각건대, 이 시의 머리에서 '당년에 팔짱 끼고 용산에 올라었지'라는 구절은 바로 중구절 등고登高의 전고典故를 이용한 것이므로, 이 일은 소홍 26년(1156) 9월 9일에 주희가 천주에 와서 비서批書를 기다릴 때 있었던 일임을 확실히 알 수 있다. 『영춘주지永春州志』 권2: "환취정은 주 소재지(州治) 북쪽에 있다. 송 때 주 문공(주희)이 진지유와 함께 이곳에서 학문을 강론한 적이 있다. 주 사람들이 9월 9일에 등고하는 곳이다. 만수정萬壽亭이라고도 한다." 임경화林景和의 「환취정기環翠亭記」: "주 소재지에서 1리 되는 곳에 산이 깎아지른 듯 우뚝 솟아 있는데, 북산北山이라고 한다. 산은 옥으로 깎은 듯 푸른빛을 내고 빽빽한 나무로 둘러싸였으며, 이내가 엉기고 운무가 흩어지고 첩첩한 봉우리가 즐비하다. …… 듣기에 이곳에 환취정이라는 정자가 있는데 …… 주의 사람들이 서로 전하기를, 소홍 연간에 주자가 동안의 주부로 있을 때 고을의 진신縉紳 선생 채광렬蔡光烈(채자), 진체인陳體仁(진지유) 들과 함께 이곳에서 자주 놀았다고 한다. 그 두 사람은 학식이 높고 우의가 돈독하였는데, 한 사람은 주자를 과거 시험(棘闈)에서 발탁하였고, 다른 한 사람은 주자와 막역한 사이가 되어서 도가 서로 같고 뜻이 서로 합하였다. 그래서 초가집 처마 밑에서 햇볕을 쬐며 대나무 평상에 앉아 시를 논하였고, 끊임없이 서로 오가면서 그리워하는 정을 버리지 못하였다. 그래서 이를 구실로 환취정을 마침내 도불쇠道弗衰라고 일컬었다." 그 밖에 『영춘주지』 권11 「주희朱熹」, 권10 「진지유陳知柔」, 『중수천주부지重修泉州府志』 권41 「진지유」 등에도 보인다.

진지유는 오히려 진회에게 아부하기를 꺼려 하며 관직을 버리고 돌아가 은거하였다. 부자득은 불교와 도교에 탐닉하였지만 진지유는 오히려 불교와 도교를 곧바로 이단이라고 배척하였다. 부자득은 다만 시를 짓고 문장을 아는 문사文士이고 경학에는 아무런 공적을 세운 것이 없지만, 진지유는 시문 외에도 경학에 정통해서 천남에 이름을 떨친 명유名儒였으며 또한 『역본지易本旨』 열여섯 권, 『대전大傳』 두 권, 『역도易圖』 한 권, 『춘추의례春秋義例』 열두 권, 『시성보詩聲譜』 두 권, 『논어후전論語後傳』 열 권, 『시화詩話』 다섯 권 등을 지어서 경학과 시학에서 젊은 주희에게 더욱 커다란 영향을 미쳤다.

왕십붕王十朋은 「진체인에게 드리다(贈陳體仁)」에서 불교와 도교를 물리쳐 배척한 진지유의 경학을 다음과 같이 칭찬하였다. "내 청원淸源에 수령으로 와서 / 두 진씨라는 덕성德星을 알게 되었네 / 큰 진씨는 금과 옥 같아 / 집 안에 티끌 하나 없이 깨끗하였네 …… 가슴속엔 고금을 품고 / 붓에는 참으로 신기神氣가 있었네 / 손쉽게 과거에 급제했을 때는 / 한창 청춘이었다네 / 명성은 천하에 가득 차고 / 글은 관리들을 놀라게 하였네 / 수고롭게 잠시 주현에 벼슬하였고 / 편안한 걸음으로 요직에 나아갔네 …… 강의 자리에서는 학생들을 인도하고 / 책 속에서 옛사람을 꾸짖었네 / 불교와 도교의 이단을 배척하고 / 맹자와 순자처럼 우리 도를 떨쳤네(我來守淸源, 德星識二陳. 大陳如金玉, 一室淸無塵. …… 胸中包古今, 筆下眞有神. 唾手取甲科, 齒髮方靑春. 聲名滿天下, 文字驚縉紳. 勞人暫州縣, 平步當要津. …… 講席延諸生, 黃卷訶古人. 異端斥佛老, 吾道鳴孟荀)"(『매계왕선생문집梅溪王先生文集·후집』권20)

주희는 천주에서 이와 같이 불교와 도교를 좋아하고 불교와 도교를 배척하는 두 가지 이율배반적인 동력으로 인해서 충격을 받았다. 그러나 그로 하여금 끝내 불교와 도교 가운데에서 스스로 빠져나와 각성을 향해 나아가게 한 직접적인 동력은, 바로 천주에서 온전한 반년 동안 경전을 읽으며 반성을 한 일이었다. 그런데 나중에 주희와 관련한 연보는 모두 소흥 26년(1156) 아래에 "가을 7월에 임기가 찼다. 겨울에 명을 받들어 이웃 군으로 갔다."고 잘못 기록함으로써 결국 이 중요한 사실이 완전히 사라져서 알려지지 않게 되었다.

실제로 주희가 지은 「장주교수청벽기漳州敎授廳壁記」에 근거하면, 주희가 명을 받들고 이웃 군인 장주로 간 때는 가을 7월이지 겨울이 아니다. 부자득이 지은 「금계야범기」에 근거하면, 임기가 찬 주희가 천주에 이르러 비서를 기다린 때는 8월 초이다. 그가 천주에서 「일경당기一經堂記」를 지은 때는 윤10월 신축이며(『문집』권77), 「지락재기至樂齋記」(『별집』권7), 「운재기芸齋記」(『문집』권77)를 지은 때가 모두 윤10월 계묘라는 사실은 전부 이때 아직 천주를 떠나지 않았음을 분명하게 나타낸다.

주희가 천주를 떠나 늙은이와 어린아이를 수레에 태우고 북쪽으로 돌아간 때는 소흥 27년(1157) 초이다. 그는 「집으로 돌아와서 느낀 일(還家卽事)」이라는 시에서 "연초에 길을 가서, 가는 봄에 비로소 돌아왔네(獻歲事行役, 徂春始還歸)"(『문집』권2)라고 하였는데, '길을 갔다(行役)'는 말은 늙은이와 어린아이를 수레에 태우고 북쪽으로 돌아간 일을 가리키며, '연초(獻歲)'란 소흥 27년 초에 처음 길을 나선 사실을 가리키고, '가는 봄(徂春)'은 소흥 27년 늦봄에 집에 도착한 일을 가리킨다. 8월 초에서 12월 말 사이에 윤10월이 들어 있으니, 이 반년 동안 그는 비서를 기다리면서 아무 일도 하지 않고 거의 대부분 힘들여 유학 경전을 연구하고 읽는 데 시간을 썼다. 그리고 더욱 고통스러운 내심의 자아 반성을 진행하면서 이통의 초기 가르침으로써 세 선생과 도겸을 따라 지나온, 도교와 불교에 드나든 사상의 발자취를 자세히 살펴보았다.

나중에 주희는 자기 맏손녀사위이며 제자인 조사하趙師夏에게 천남불국에서 경전을 읽고 반성을 한, 어렴풋한 각성을 다음과 같이 말하였다.

내가 처음 배울 때 역시 두루뭉술하고 거창한 말에 힘써서 같은 점을 좋아하고 다른 점을 싫어하며, 큰 것을 기뻐하고 작은 것을 부끄러워하였는데, 연평延平(이통)이 말하기를 "이런 일이 얼마나 많겠는가?" 하여서 속으로 의심하고 승복하지 않았다. 동안에서 관리 생활을 하던 여가에 반복하여 생각하고서 비로소 그 말이 나를 속이지 않았음을 알았다.

— 조사하,「발연평답문跋延平答問」

장부를 관리하는 하급 관료(簿吏)의 번잡한 생활 가운데서도 경전을 읽고 반성을 하는 일을 잊어버리지 않았으며, 관리 생활 중의 여가에 천주에서 더욱 시간을 집중하여 냉정하고 깊이 있게 사색을 진행함으로써 마침내 그는 이통에게로 전향하였다.

이런 최초의 각성은 소흥 26년 봄에 일어났다. 주희는 공무로 덕화德化에 출장을 가서 극두포劇頭鋪의 사원에 머물렀다. 추운 밤 두견의 울음을 들으면서 『논어』를 열심히 읽고 밤이 새도록 자지 않으며 사색을 하다가 홀연 '자하子夏의 문인 가운데 어린 학생들(子夏之門人小子)' 장에 대한 정호程顥의 해설에서 돈오頓悟하였다. 나중에 그는 한두 차례에 그치지 않고 이 심상치 않은 '두견 새 우는 밤의 깨달음(杜鵑夜悟)'을 말하였다.

'자하의 문인 가운데 어린 학생들의 물을 뿌리고 쓸고 사람을 상대하고 대답하고 나아가고 물러남(子夏之門人小子灑掃應對進退)'(『논어』「자장子張」) 장에 관해 물었다. 대답하였다. "내가 젊었을 때는 아무것도 보지 못하고서 본말本末도 대소大小도 없다고 하였다. 비록 이와 같은 내용을 보더라도 또한 스스로는 글의 뜻이 이와 같지는 않으리라고 의심하였다. 나중에 동안에서 주부로 있을 때 잠이 오지 않아 사색을 하다가 홀연히 터득하고 비로소 본

말과 대소가 있음을 알았다. 그러나 명도明道(정호)가 말한, '군자가 남을 가르칠 때 차례가 있다'고 한 네댓 구절은 터득하지 못하였는데, 역시 보아서 알 만한 연고가 없었기 때문이다."　　　　　　　　　　　　　—『어류』권49

'물 뿌리고 쓸고 사람을 상대하고 대답하는(灑掃應對)' 장에 관한 정자程子(정호)의 네 조항을 물었다. 대답하였다. "이는 가장 알기 어렵다. 젊었을 때는 다만 '이치에 크고 작은 것이 없다'는 말이 무슨 뜻인지 이해할 수 없었다. …… 동안에 있을 때 하루는 출장을 가서 산속에 들어가 시찰을 하게 되었는데, 밤중에 홀연 이와 같지 않다고 생각을 하였다. '이치에 크고 작은 것이 없다'고 하였으니 이치는 있지 않은 곳이 없으며, 본말과 정조精粗를 모두 처음부터 추구해 나아가야지 가려내서는 안 된다. 이것이 남을 가르칠 때 차례가 있는 까닭이다."　　　　　　　　　　　—동상

내가 예전에 의리를 사색하다가 투철하게 깨닫지 못하면 곧바로 잠들지 못하였다. 처음 자하의 '먼저라 하여 전하고 나중이라 하여 게을리한다(先傳後倦)'는 장을 보고 사나흘 밤을 날이 밝도록 궁구하였는데, 밤새 두견이 우는 소리가 들렸다.　　　　　　　　　　　　　　—『어류』권104

주희가 깨달은 유가의 '진제眞諦'는 바로 '일에는 크고 작은 것이 있지만 이치에는 도리어 크고 작은 것이 없다'는 사실이었다. 우주의 만사만물이 비록 작고 크고, 정하고 거칠고, 거대하고 미세하여 천차만별이지만, 이것들은 모두 공동의 한 이치(一理)로 관철되어 있다. '물 뿌리고 쓸고 사람을 상대하고 대답하는(灑掃應對)' 일에서부터 '사물의 은미한 뜻을 자세히 연구하여 신묘한 경지에 들어가는(精義入神)' 일에 이르기까지, 사물에서 말하자면 정하고 거친

차이가 있지만 이치에서 말하자면 크고 작은 구분이 없이 만물은 모두 저마다 한 이치를 지니고 있다. 이는 실제로는 바로 이통이 주희에게 말한 이일분수理一分殊로서, '일에는 크고 작은 것이 있다'는 말은 분수分殊를 가리키고, '이치에는 크고 작은 것이 없다'는 말은 이일理一을 가리킨다.

나중에 주희는 바로 동안의 깨달음에서 그를 계발한 정호의 해설 다섯 조항을 『논어집주論語集注』에 인용하면서 다음과 같이 인정하였다. "정자의 첫째 조항은 이 문장의 뜻을 가장 상세하게 설명하였다. 그 뒤 네 조항은 모두 정함과 거칢, 근본과 말단을 밝힌 것으로서 그 나뉨은 비록 다르나 이치는 하나이다. 배우는 사람은 마땅히 차례에 따라 점차 나아가야지 말단을 싫어하고 근본을 추구해서는 안 된다."(『논어집주』「자장子張」)

주희는 이통이 말한, 분수에 나아가서 이일理一을 체인體認하고, 일에 맞닥뜨려서 이치를 탐구하되 순서에 따라 점차 나아간다는 사상을 믿기 시작하였다. 그러면서 이일理一은 인정하나 분수分殊를 인정하지 않는, 선가의 곧바로 초월하여 직각적으로 깨닫는(一超直悟) 방법에 대해서 회의를 하였다. 그 스스로는 이때 깊은 산속에서 밤에 글을 읽다가 깨달은 사건을 평생 불교에 탐닉하던 데서 각성하기 시작한 기점으로 간주하였다. 두견의 울음소리는 그에게 일종의 특수한 의의를 갖는 경험이었기에 흡사 유가적 자아를 맹렬히 일깨우는 경종처럼 그의 마음속에 영원히 아로새겨졌다. 그가 「덕화로 가서 극두포에서 묵다가 밤에 두견새 소리를 듣고(之德化宿劇頭鋪夜聞杜宇)」에서 "나랏일 수고로운데 나만 가소롭게도 / 관직에 오른 뒤 지금 다섯 해 / 어찌하여 홀로 황량한 산에서 이 밤을 묵는가? / 게다가 찬 이불 안고 두견새 소리를 듣다니(王事賢勞祇自嘆, 一官今是五年期. 如何獨宿荒山夜, 更擁寒衾聽子規)"(『문집』권2)라고 읊은 구절은 바로 그 밤에 각성한 일을 기록한 것이다.

그 뒤로 매번 두견새 울음소리를 들을 때면 그는 언제나 곧바로 자기가 천남불국에서 맨 처음 각성했던 일을, 제자에게 다음과 같이 말한 것처럼, 떠올렸다.

하루는 밤에 앉아 있는데 두견새 울음소리가 들렸다. 선생이 말씀하셨다. "예전에 동안의 주부로 있을 때 시골에 가서 절에서 묵었는데, 이불이 얇아서 잠을 이룰 수 없었다. 그때 마침 '자하의 문인 가운데 어린 학생들' 장을 사색하고 있었는데 두견새 소리가 매우 애절하게 들렸다. 이 장을 사색하였으나 이해하지 못하였다. 이렇게 풀이해보고 저렇게 풀이해보아도 더욱 이해하지 못하였는데, 또 두견새 소리가 끊이지 않고 들려왔다. 지금 두견새 소리를 들으니 문득 그때 일이 생각난다."　　　　　—『어류』권49

주희가 동안에서 출제한 마지막 「책문」 한 수는 바로 이때 경전을 읽고 깨달은 뒤 쓴 글이다.

뒤를 이어서 한 걸음 더 나아가 각성한 깨달음은 바로 관리 생활 중의 여가에 천주에서 반년 동안 경전을 읽고 반성을 하면서 일어났다. 그는 『맹자』의 「양기養氣」 장에서 또 한 걸음 나아가 이통의 동일한 사상을 깨달았던 것이다.

내가 전에 동안 주부의 임기가 차서 천주에 이르러 비서批書를 기다리고 있었다. 객사에서 책을 빌리려고 하였으나 다만 『맹자』 한 책만 빌릴 수 있었다. 이 책을 가져다 자세히 읽고서 바야흐로 본래 의미를 찾아 터득할 수 있었다. 보아하니 그(맹자)는 처음에는 이렇게 물으면 또 이렇게 대답하였다. 다시 물으면 또 저렇게 대답하였다. 그 글이 비록 같지 않은 듯하였으나 저절로 의미 맥락이 모두 서로 관통하여서 구구절절의 말뜻이 모두 귀결되었다.

　내가 왕년에 동안에 있을 때 출장을 가서 공무를 자세히 살피게 되었는
데, 밤에 추워 잠을 잘 수 없어서 책을 보다가 자하가 배움을 논한 한 단락
을 분명히 알게 되었다. 나중에 임기가 차서 군에 가 비서를 기다리게 되
었다. 이미 짐을 보낸 터라 볼만한 책이 없었으므로 여관 사람에게 『맹자』
한 책을 빌려서 꼼꼼하게 읽고 비로소 '양기' 장의 말의 맥락을 깨달았다.
당시에는 글을 쓸 겨를이 없어서 다만 단락에 따라 이는 이렇게 말한 것이
라고 표시하고자 종이쪽지로 찌를 붙였다. 찌를 붙이니 곧 더욱 분명하게
알 수 있었다. 나중에 그 사이에 비록 수정한 내용이 있었으나, 그것은 뒤
바꾼 곳에 지나지 않았고 큰 뜻은 당시의 견해를 벗어나지 않았다.

— 『어류』 권104

　주희는 스스로 나중에도 '양기' 장에 대한 인식이 조금도 변하지 않았다
고 인식하였다. 그가 깨달은 새로운 사상이란 바로 '양기란 다만 의를 모으는
한 가지 일(集義)'로 여기며, '의를 모으는 것'이란 '다만 사사건건 마땅함에 합
하게 하려는 것(合宜)'이고 '일마다 모두 도리에 합하게 하려는 것'이며, '의義
란 의宜(마땅함)이다. 일상생활의 모든 행위는 한결같이 마땅함에 합하여야 한
다'는 사실을 이해하는 데 지나지 않는다. 이는 또한 분수分殊(*일에 맞닥뜨림)에
서 이일理一을 체인하는 문제이다.
　'양기'는 바로 정심성의正心誠意의 행함의 공부이며, '지언知言'은 격물치지
格物致知의 앎의 공부이다. 그가 이와 같은 지언과 양기의 통일을 인식하게 된
사실은 함양涵養의 문제에서 역시 이통으로 전향하기 시작하였다는 점, 그리
고 일에서 벗어난 선가의 공허한 깨달음에 대해 회의를 표시하였음을 분명

하게 나타낸다. 이는 천남의 불국에서 그의 두 번째 결정적인 의의가 있는 깨달음이었다. 또한 바로 이 '깨달음'이 연평에 가서 제자의 예로 이통을 다시 만나도록 그를 직접 추동하였다.

주희가 천주에서 경전을 읽은 것은 이통이 그에게 '성현의 언어를 보고', '성현의 경전에 나아가 의리를 추구하라'는 처음 가르침을 실천하는 일이었다. 이로써 그는 『논어』·『맹자』가 자기로 하여금 불교를 버리고 유학을 숭상하도록 변하게 한 직접적인 계기가 되었음을 거듭 새롭게 인식하였다. 그러나 이런 각성은 그가 동안에 꼬박 3, 4년을 부임해 있으면서 광범위하게 사회 현실과 접촉하고 현학을 주관하면서 반성한 일이 토대가 되었으며, 또한 진회가 죽은 뒤 그가 처한 사회 현실의 환경이 촉진한 결과였다.

동안에서 장부를 주관하면서 그는 불교와 도교의 세력 팽창이 국가에 위협이 되고 사회에 위해가 됨을 간파하게 되었다. 민중閩中의 복주福州에만 크고 작은 사원이 무려 1,500여 곳이었고(『순희삼산지淳熙三山志』 권33), 장주의 사원과 부동산은 주 전체 토지 가운데 7분의 6을 점유하고 있었다(『북계집北溪集』 권23). 소흥 22년(1152)에 조정에서는 사농시 승司農寺丞 종세명鍾世明을 민중에 파견하여 사원과 도관의 절산絶産을 어렵사리 청산하고 해마다 징수한 세금의 잉여분(羨錢) 34만 민緡을 좌장고左藏庫에 넣었는데, 그때 주희는 종세명에게 편지를 보내 대단한 놀라움을 표시하였다. 조정에서 불교와 도교를 좋아하고 선양한 것은 세속적인 투기投機와 교역을 일삼는 데 불교와 도교를 이용한 것에 지나지 않는다는 사실을 폭로한다.

조구(고종)는 거듭 부끄러움도 모르고 큰소리로 신하들에게 다음과 같이 밝혔다. "짐이 옛사람을 보니 불교(釋氏)를 싫어하는 자는 그 가르침을 헐뜯고 그 무리를 끊어 없애려 하고, 불교를 좋아하는 자는 그 가르침을 숭상하고 그 무리를 신봉하였다. 둘은 모두 중도를 얻지 못하였다. 짐은 불교에 대해 다만 크게 성하지 않게끔 하려는 것일 뿐이다.", "한 장정(一夫)은 토지 100무를 받고 한 장정은 중이 되어서 100무의 토지를 경작하지 않는다. …… 짐은 또한 그들을 끊으려고 생각하는 것이 아니다. 도첩度牒을 금하는 까닭은 바로 승려의 무리가 많아지면 경작하지 않는 자가 많아질까 염려해서이다."(『송회요집고』 제200책 「도석道釋」 1)

비교적 현실감각을 갖기 시작한 주희의 머릿속에서 불교와 도교는 세상을 구제하고 인민을 건져내며 부처가 되고 신선이 된다는 원래의 신기한 빛을 잃어버렸다. 진회의 통치 시기에 불교의 선적 기질을 지닌 왕학王學으로써 사류士類를 금고禁錮한 일은 선비들이 선으로 달아나 재앙을 피하고 불교와 도교를 즐겨 말하는 보편적인 기풍을 양성하여서 조정과 재야의 위아래에 그 같은 기풍으로 가득 차게 만들었다. 그러나 소흥 25년(1155)에 진회가 죽은 뒤 왕학의 몰락은 때마침 주희가 천주에서 고통스러운 경전 읽기와 반성을 진행하는 데 유력한 자극이 되었다. 정학의 금지가 느슨해지고 조정에서 '선비를 뽑을 때 정이나 왕안석 어느 한 학자의 설에 얽매이지 말라'고 영을 내린 일은 꼭 때맞춰 주희로 하여금 정학을 건실하게 믿고 불교와 도교를 포기하게끔 재촉한 현실적인 중요 추동력이 되었다.

소흥 26년(1156)은 주희가 천남의 불국에서 각성한 해이며, 천주를 떠나 북쪽으로 돌아간 때인데, 그에 대해 말하자면, 이제 남은 일은 다만 도겸과 고별하고 이통을 향해 도를 묻는 일이었다. 소흥 27년 초봄에 숭안의 집으로 돌아온 뒤 그는 두 가지 일에 착수해서 완성하였다. '온 봄을 쓸쓸히 문을 닫고 깊이 들어앉아 있는(一春牢落閉門深)'(『문집』 권2 「소영으로 가는 길에(小盈道中)」) 가운데 목재牧齋에 칩거하여서 『목재정고牧齋淨稿』를 정리하여 편정하였다. 『목재정고』는 도겸이 세상을 떠난 소흥 25년까지로 편집되었는데, 이는 그의 『목재정고』가 목재에서 도교와 불교에 출입하던 시기에 대해 '눈물을 머금고'

고별한 사실을 분명하게 나타내며, 그와 동시에 도겸을 사사한 목재 시기가 마감되고 연평 이통을 따라 배운 시기가 시작되었음을 분명히 보여준다. 그리고 이통과 5년 동안 소식을 주고받지 않고 있다가 주희는 거듭 새롭게 그를 떠올리고서, 이해(1157) 3월에 다시 동안으로 돌아올 때 연평을 경유하여 두 번째 이통을 예방하였다.[17] 이로부터 두 사람이 서로 편지를 주고받으며 배움을 논하는 연평답문延平答問이 시작되었다.

17 생각건대, 『연평답문』 가운데 첫 번째 이통의 편지는 소흥 27년(1157) 6월 26일에 쓴 것인데, 연평과 동안의 거리가 매우 멀다는 점을 고려하면 주희가 처음 이통에게 편지를 쓴 때는 응당 5월이다.(·지금은 잃어버렸다) 그러나 주희는 소흥 23년 이후 이통과 5년 동안 소식이 돈절하였고 왕래하지 않았으니, 자연히 5월 이전에 주희가 먼저 이통에게 연락을 하였고, 서로 행방을 알았기 때문에 두 사람이 바야흐로 통신을 회복할 수 있었다. 그리고 3월에 주희는 연평을 경유하여 동안으로 돌아갈 때 이통과 한번 만났을 것이다. 6월 26일에 이통이 쓴 편지를 주희가 『연평답문』의 머리에 둔 까닭은 대체로 또한 이 편지로써 이통을 따라 배우기 시작한 일을 상징한다는 뜻이 담겨 있다.

제5장

연평을 따라 배우다 : 주오에서 주정으로

외루암外壘庵의 이학 신도

'곤학困學'의 간난한 길을 걷다

공문恐聞에서 빠져나오다

┃ 외루암畏壘庵의 이학 신도 ┃

주희가 소흥 27년(1157) 3월에 다시 한 번 동안으로 돌아온 까닭은 후임의 임무 승계를 기다리기 위함이었다. 이 일은 그에게 동안과 천주에서 1년 가까운 시간을 '성현의 경전에 나아가 의리를 추구하도록' 하였다. 그러나 그가 불교와 도교의 천국에서 각성한 것은 필시 어렴풋한 각성이었고 깨어난 뒤에도 멍한 모습을 띠어서, 한때 길을 알 수 없는 방황과 과거의 자기에 대한 미련이 남았기에 한 걸음에 세 차례나 고개를 돌리듯 끊어버리고 놓아버리기가 어려웠다. 포전莆田을 지나가면서 낭산사囊山寺에 묵을 때 그는 "탑 속의 신선되기를 배우지 않으리니 명성의 길은 정녕 어떤 일인가?(不學塔中仙, 名途定何事)"(『문집』 권2 「낭산사에 제하다(題囊山寺)」) 하면서 저도 모르게 무명의 처량한 신세를 시로 지어 읊조릴 수밖에 없었다.

천주에 도착한 뒤 그는 먼저 구일산九日山으로 가서 무가 선사無可禪師를 배알하였다. 고사봉高士峰 꼭대기 석불암石佛巖 위에는 오대五代 때 진홍진陳洪進이 새긴 거대한 석불 하나가 우뚝 솟아 있어서 종래 선남선녀가 향을 사르고 머리를 조아리며, 시인 묵객이 선의 이치를 깨우치고 도를 깨닫던 성지였다. 무가 선사는 석불에 의지하여 집을 지어서 거처하였으며, 금헌琴軒과 난봉헌亂峰軒을 지었다.

주희는 석불원石佛院을 배회하며 무가 선사를 위해 잇달아 시 네 수를 제하였다.

구일산 석불원 난봉헌에 제하다, 두 수　題九日山石佛院亂峰軒二首

옛 부처에 의지하여	因依古佛居
쓸쓸한 숲가에 집을 지었네	結屋寒林杪
지게문 앞에는 짙푸른 봉우리	當戶碧峰稠
구름과 안개는 절로 일었다 개었다	雲烟自昏曉

바위 굴 늙은 스님	巖中老釋子
허연 머리로 푸른 산을 마주하네	白髮對靑山
산을 볼 마음 일지 않는데	不作看山想
가을 구름 때로 스러졌다 일었다	秋雲時往還

가로가 소장한 서명숙(서긍徐兢)의 그림 두루마리에 제하다, 두 수

題可老所藏徐明叔畫卷二首

서로 이어진 봉우리	群峰相接連
끊어진 곳에선 가을 구름 인다	斷處秋雲起
구름 일어 산 더욱 깊으니	雲起山更深
지척에서 천리를 근심한다네	咫尺愁千里

열구름 빈산을 에워	流雲繞空山
절벽엔 푸른빛 감도네	絶壁上蒼翠
지초 캐는 사람 있어	應有采芝人

안개구름 밖에서 서로를 기다리네   相期烟雲外

                                                      ―『문집』 권2

　납승衲僧과 주고받은 듯한 이 시에는 필시 목재 시기에 거리낌 없이 선을 읊조리던 솔직함은 영영 사라졌고, 다만 담담하고 아련한 선의 취향만 은연 중에 삼투해 있다. 이런 점은 그가 선에서 달아나 유가로 돌아오는 길에 내 딛은 첫걸음이 얼마나 연약하고 무력했는지를 뚜렷이 보여준다.

　동안에 도착한 뒤, 주부主簿의 낡은 해사廨舍는 이미 무너져서 그는 할 수 없이 현의 의원 진량걸陳良傑의 관사館舍를 빌려 잠시 거주하였다. 몸 부쳐 사 는 그 집(寓舍)은 싸늘하고 궁벽한 골목에 위치하여 인적이 드물었기에 주희는 '외루암畏壘庵'이라고 이름을 붙였다. 이 이름은 장자의 황당무계하고 뜬구름 같은 외루산畏壘山 경상(庚桑), 庚桑의 이야기에서 따온 것이니, 노장老莊을 좋아 하는 그의 뿌리 깊고 견고한 본성이 일시에 바뀌기는 어려웠던 것이다. 그러 나 외루암에 거주하는 주희는 끝내 장자가 묘사한 방외方外의 득도한 진인眞 人 경상자庚桑子가 아니라 홍진 세상을 밟고 유가 경전을 미친 듯이 읽는 이학 의 신도였다.

　바로 이 낮고 어둠침침한 외루암에서 주희는 5월에 연평 이통에게 배움 을 묻는 첫 번째 봉서封書를 보냈다. 자기가 『맹자』를 꼼꼼히 읽고 유가 방면 에서 함양하고 힘을 쓰게 되었다는 최신의 수확을 알리는 편지였다.

　6월 26일에 이통은 그를 지도하고 고무 격려하는 회답을 써서 보냈다.

　　함양하는 데 힘쓰고 있다는 편지를 받고서 근래 독실하게 배움을 좋아 　하는 사람이 있음을 볼 수 있게 되어 매우 위안이 됩니다. 늘 그 마음을 지 　녀서 다른 일에 휘둘리지 않게 하면 욕망(欲應)과 사악한 생각이 저절로 일어나지 않게 될 터입니다. 맹자에 '야기夜氣'의 설이 있으니 더욱 익혀 음미한다면 마땅히 함양함에 힘쓸 곳을 알 것입니다. 함양하는 데서 힘을 쏟는 것은 바로 배우는 사람의 요체입니다. 만약 이와 같이 존양存養하지 않으면 끝내 자기 것이 되지 않으니 더욱 힘쓰기 바랍니다.

—『연평답문延平答問』 상

이통의 이 편지는 주희의 몸에 남아 있는 도겸의 선기에 대한 대중요법으로서, 천남불국에서 어렴풋하게 각성한 뒤 방황하며 뒤를 돌아보고 있던 주희가 아직도 미망에 사로잡혀 있음을 지적하는 것이었다. 이른바 '다른 일에 휘둘리지 않게 한다'는 말은 마음을 텅 비우고 하나로 하고 고요하게 하라(虛一而靜)는 말이다. 마음이 텅 비고 고요하지 않으면 '대상사물에 지배당한다(爲物所乘)'는 뜻이다.

주희가 도겸을 따라 배운 '소소영령한 선(昭昭靈靈底禪)'은 주오主悟의 심학心學으로서, 단번에 초월하여 곧바로 깨달음을 추구하는 것이니, 바로 평소에 존양하는 한 단계 공부가 빠져 있다. 이런 주오는 자아가 '모두 내면에 나아가서 체인體認하며', 대상사물에 대응하거나 접하려 하지 않으므로 이일理一은 있지만 분수分殊가 없다. 그래서 이통이 편지에서 그에게 존양 공부로 공허한 이치(空理)를 깨닫는 것을 대체하며, 대상사물을 대응하고 접하는 분수의 체인으로 내면의 체인을 대체하라고 한 것은 예전에 한 말을 다시 거론한 것에 지나지 않는다.

또한 첫 번째 만났을 때 이통은 곧 서슴없이 그를 다음과 같이 비평하였다. "천하는 이일理一이면서도 분수分殊인데, 지금 그대는 어느 곳에서 허공에 올라 커다란 도리를 이해하고서는 더 나아가 분수에서 체인하려고 하지는 않습니까?"(『인산집仁山集』 권5) 이통이 쓴 이 편지의 기본 정신은 바로 주희가 분수에서 이일을 체인하는 존양의 공부를 하게끔 한 것이다. 이통은 편지에서 제기한 '늘 그 마음을 지니고', '함양하는 데서 힘을 쓰는', '배우는 사람의 요체'에 대해 직접적인 설명을 하고 있지는 않지만, 주희는 나중에 도리어 이를 언급하였다.

예전에 연평(이통) 선생의 가르침을 들으니, 학문을 하는 시초란 마땅히 늘 이 마음을 보존하여서 다른 일에 휘둘리지 않게 하는 것이라 하였다. 한 가지 일을 만나면 곧 마땅히 이 일에 나아가 반복하여 따지고 살펴서 그 이치를 궁구한다. 이 한 가지 일을 말끔히 이해하여 후련해진(融釋脫落) 뒤 차례에 따라 조금씩 나아가 다른 한 가지 일을 궁구한다. 이와 같이 오래 해서 많이 쌓이면 가슴속이 저절로 상쾌해지는(灑然) 경지가 있다. 이는 문자와 언어로 언급할 수 있는 것이 아니다.

　　　　—『대학혹문大學或問』 제5장 및 『어류』 권103 「논어」, 〈이원중李應中〉 참조

이통이 주희에게 『맹자』의 '야기夜氣' 장 가운데서 익히 음미하라고 한, '함양하는 데 힘을 쓰는' 것은 바로 이러한, 마음을 텅 비우고 하나로 하고 고요하게 하며(虛一而靜), 일에 나아가 이치를 궁구하며(即事窮理), 차례에 따라 점차 나아가며(循序漸進), 상쾌하게 말끔히 이해하는(灑然融釋) 존양의 공부이다. '야기' 장의 요지는 '잡으면 있고 놓치면 없어진다(操則存, 舍則亡)'는 데 있으니, 불교의 혼자 우두커니 지키고 앉아 선정에 들고(入定) 선을 깨닫는(禪悟) 것과는 다르다. 주희는 나중에 유가와 불교의 이러한 서로 다른 수양 공부를 비교하여서 말하였다.

물었다. "잡으면 있다는 말은 무슨 뜻입니까?" 대답하였다. "마음은 죽은

물건이 아니니 모름지기 살아 있는 물건으로 간주해야 한다. 그렇게 하지 않으면 이는 불교에서 추구하는, 선정에 들고 좌선하는 것이다. 잡으면 있다는 것은 다만 대상사물에 대응하고 접할 때 일마다 이치에 적중하면 곧 있다는 말이다. 만약에 일에 처하여서 온당하지 않으면 곧 마음이 없다는 말이다. 만약에 다만 여기에서 우두커니 지키고 앉아 있기만 하다가는 갑자기 어떤 일이 내 앞에 닥칠 때 잡고 있던 것이 곧 흩어져서 도리어 '놓쳐서 없어진다'."

— 『어류』 권59

이통이 주희에게 특별히 '야기'의 설을 주목하라고 한 까닭은, 유가의 함양함에 힘을 쓸 곳이 바로 '야기' 장 가운데 있다고 여겼기 때문임을 알 수 있다. 곧 주희가 선정에 들어 선을 깨닫는, 불교의 '죽은 마음(死心)'을 버리고 사물에 나아가 이치를 궁구하는, 유가의 '살아 있는 마음(活心)'을 잡아 보존하는 데 힘을 써서 '이일'과 '분수'의 통일을 이루기를 바랐던 것이다. 이는 바로 주희 스스로 '자하의 문인 가운데 어린 학생들' 장을 열심히 읽어 깨달은, '일에는 크고 작음이 있고, 이치에는 크고 작음이 없다(事有小大, 理無小大)'는 사상과 '양기(養氣)' 장을 열심히 읽어서 깨달은, '먼저 말을 알고 나중에 기를 기른다(先知言, 後養氣)', '먼저 이치를 궁구하고 나중에 뜻을 성실하게 한다(先窮理, 後誠意)'는 사상 노선과 닿아 있다.

이통의 이 편지는 나중에 두 사람이 학문을 논한 전체 문답의 총강령이 되었고, 단꿈에서 막 깨어난 주희에게 선에서 달아나 유가로 돌아오는 길을 지시해주었다. 주희가 『연평답문』을 편정하면서 이 편지를 머리 편으로 삼은 것도 이상하지 않다.

이통의 이 같은 지도 아래 주희는 외루암에서 함양함에 힘쓰는 공부를 탐색하고 실천하였다. 소흥 27년(1157) 4월부터 10월까지 주희는 한가하게 후임을 기다리면서 이미 관리의 업무에 관여하지 않았고, 하루 종일 암자에서 경전을 읽으며 저술을 하는 한편 선비들과 배움을 논하였다.

동안의 제생諸生 가운데 어떤 이는 외루암에 묵으면서 그가 경전을 강의하고 도를 논하는 것을 들었다. 주희는 「다시 동안에 이르러 민가를 빌려 거처하면서 여러 생도에게 보이다(再至同安假民舍以居示諸生)」라는 시 한 수로 외루암에서 지낸 7개월 생활을 개괄하였다.

달동네에 거처를 마련하고	端居託窮巷
녹을 받으며 낮은 자리 지킨다	廩食守微官
일이 적어 심사는 편하고	事少心慮怡
아전조차 쉬니 뜨락은 넓다	吏休庭宇寬
새벽에 일어나 읊조린 나머지	晨興吟誦餘
편안히 사물의 흐름을 따르네	體物隨所安
문 닫아걸고 나가지 않으니	杜門不復出
그윽이 참된 기쁨 얻었네	悠然得眞歡
평소 좋은 벗과 도탑게 지내다가	良朋夙所敦
정밀한 뜻 한꺼번에 깨치네	精義時一殫
질그릇 담은 음식 보잘것없으나	壺餐雖牢落
이 또한 문제될 것 아니라	此亦非所難

—『문집』 권2

주희는 7개월 동안 주로 『논어』와 『맹자』 두 책을 정독함으로써 유가 경전의 '정밀한 뜻(精義)'을 깊이 연구하였다. 그는 『논어』의 '일관—貫' 설과 『맹자』의 '야기夜氣' 설 및 '양기養氣' 설 두 갈래의 선상에서 자기의 초기 이학 사상을 확립하고 전개하였다. 이 외루암에서 보낸 7개월은 그의 평생 경학과 이학 저술의 진정한 회임기가 되었다.

주희가 『논어』를 중시한 까닭은 공자가 오로지 '위기爲己'의 학문을 말한 성인의 가르침이라는 점 외에 더욱 『논어』의 '일관' 장이 이 시기 불교를 버리고 유학을 숭상한 그의 사상적 변화와 공명을 일으켰기 때문이다. 그는 이통을 따라 배우기 이전에 편정한, 고금 여러 유학자의 학설을 모아서 편집한 『논어집해論語集解』에 대해 '지엽적인 문제를 지나치게 파고들어서(穿鑿支離)' 취하기에 충분하지 않다고 느낀 뒤 따로 새로이 전문적으로 '정밀한 뜻(精義)'을 밝히는 논어학 저작을 쓰기 시작하였다. 이들 '정의精義', '요의要義'와 같은 저작은 바로 '충서일관忠恕一貫' 장의 '정밀한 뜻'을 깨닫는 문제를 기점으로 삼은 것이다. 그는 범여규范如圭에게 편지를 써서 다음과 같이 말하였다.

> 제가 지난번에 충서忠恕와 일관一貫의 설을 선생님(函丈)께 질의하였는데 …… 근래 깊이 연구해서 마침내 구설舊說에 새로 밝혀낸 내용을 더하였으니 …… 지난해 동안同安에서 홀로 거의 한 해를 지내며 『논어』를 열 편 가까이 보았는데, 그 가운데 의심스러운 곳이 매우 많아 서찰로는 다 적어서 가르침을 구할 수 없었습니다. ── 『문집』권37 「여범직각與范直閣」 서4

주희가 '일관' 장 가운데서 처음 깨달은 '정밀한 뜻'은 바로 '이일분수'였다. 그래서 그는 동안에서 돌아오자마자 곧 호헌胡憲, 범여규 등과 함께 한 걸음 더 나아가 '일관' 장의 '정밀한 뜻'에 관해 토론과 논변을 전개하였다. 그가 외루암에서 쓴 『논어』에 관한 편지 열 통은 실제로는 바로 그가 나중에 오래지 않아 완성할 『논어요의論語要義』의 최초 초고의 저본이었다. 그가 이 책의 이름을 『논어요의』와 『논어정의論語精義』라고 한 사실은 이 책의 최초 사상적 원천이 바로 동안의 외루암에서 『논어』의 '정밀한 뜻'에 대해 탐구한 데서 비롯되었음을 분명하게 나타낸다.

『맹자』의 '정밀한 뜻'에 관한 탐구는 『논어』의 탐구와 걸음을 맞춰 병행하였으니, '양기' 장과 '야기' 장은 모두 조존操存의 함양 공부를 말한다. 주희는 아직 천주에서 비서批書를 기다릴 때 이미 '양기' 장의 맥락을 관통하여 상세한 전주箋注를 지었다. 외루암에서 함양에 힘쓴 결과 터득한 바가 있었는데, 이통이 특별히 그에게 '야기' 장을 숙독하라고 하였기에 그는 자연히 전주를 써내려고 하였던 것이다. 그는 소흥 30년(1160)에 『맹자집해孟子集解』를 완성한 뒤 이어서 이를 근거로 또 『맹자정의孟子精義』(*『맹자요의孟子要義』)를 편찬하였으나 또한 스스로 동안에서 얻은 '양기' 설에 대한 인식이 죽을 때까지 변화하지 않았다고 평가하였다. 이로써 그가 동안에서 지은 전주의 일정 부분이 『맹자집해』와 『맹자요의』에 보존되어 있음을 알 수 있다.

이와 같이 주희는 『논어』와 『맹자』를 읽는 가운데 이일분수理一分殊와 조존함양操存涵養의 두 방면으로부터 선에서 달아나 유가로 돌아오는 역정의 처음 몇 걸음을 내딛었던 것이다. 그는 나중에 다음과 같이 말하였다. "(*이통이) 다만 성현의 언어를 보라고 가르쳤으므로 나는 마침내 선을 잠시 한쪽에 놓아두었으나, 마음속에는 여전히 도교와 선이 그대로 남아 있는 채로 또 성인의 글을 읽었다. 읽고 또 읽으며 하루 또 하루 지나는 사이에 성현의 언어가 점점 맛이 있음을 느끼고서, 다시 머리를 돌려 불교(釋氏)의 설을 보니 점점 파탄破綻이 나고 새는 틈이 곳곳에서 쏟아져 나왔다."(『어류』 권104) 이런 사상의 전환은 주로 외루암에서 일곱 달 동안 경전을 읽고 저술하던 시기에 이루어졌다.

그러나 외루암 시기에는 이통이 직접 그에게 유가의 문 앞길을 지시해주었다기보다는 상채上蔡 사량좌謝良佐가 정신적으로 앞길을 인도해주었다고 할 수 있다. 사량좌의 『상채어록上蔡語錄』과 『논어해論語解』는 주희가 『논어』·『맹자』의 '정밀한 뜻'을 연구하고, 선에서 달아나 유가로 돌아오는 길을 비춰주는 '성경聖經'이 되었다.

주희는 찾아가서 얻은 『상채어록』의 판본 두 종을 잠심하여 자세히 읽고서 주필朱筆로 하나하나 비평하고 주를 달았다. 나중에 그는 여대아余大雅에게 다음과 같이 말하였다. "내가 20년 전에 『상채어록』을 얻어서 보고 처음에는 주필로 부합하는 곳에 점을 찍었다. 다시 보니 부합하지 않아서 분필粉筆을 사용하여 점을 찍었다. 세 번째로 볼 때는 묵필墨筆을 사용하였다. 여러 차례 그렇게 한 뒤에는 원래 보았던 때와 전혀 같지 않았다."(『어류』, 권104) 이는 그가 초년에 선에서 달아나 유가로 돌아오는 길에 사량좌의 계발과 영향을 받은 전 과정을 생동감 있게 개괄한 것이다.

그는 소흥 29년(1159)에 쓴 「사상채어록후서謝上蔡語錄後序」에서 다음과 같이 말하였다. "나는 처음에 친구 괄창括蒼 오임吳任의 사본 한 편을 얻고 나중에 오중吳中의 판본 한 편을 얻었다. 두 사람(二家)의 책은 모두 온릉溫陵의 증염 천은曾恬天隱이 기록한 것이다."(『문집』, 권75) 오임본은 주희가 소흥 25년에 포전莆田에서 얻은 것이고[1] 오중본은 천주에서 얻은 것인데, 외루암에서 그가 주필로 전주한 『상채어록』은 바로 이 두 판본이다.

사량좌의 『논어해』는 호상파湖湘派의 경전으로서 호헌胡憲이 일찍이 주희에게 준칙(圭臬)으로 받들도록 한 책이다. 그런데 이때에 이르러서야 사량좌가 책에서 드러내 보인, '천도天道의 본말本末은 하나로 관통한다'는 '이일분수'의 『논어』 대지大旨가 비로소 불교를 버리고 유학을 숭상하는 주희에게 결정적인 영향을 일으키기 시작하였다. 그는 '일관' 장의 해설에서 '이일분수'를 깨

---

1 『문집』, 권84 「발공군가장당고跋孔君家藏唐誥」를 참조하여 보라.

달았던 것이다.[2]

수양 방법상에서 사량좌는 주정主靜을 제창하였다. 사량좌의 『상채어록』에 기록되어 있는 묵식정좌默識靜坐의 설법은 이통의 가장 근본적인 이학적 주장의 하나이며, 이는 또한 주희가 『상채어록』에 푹 빠졌던 중요 원인이었다. 주희가 스스로 어릴 적에 '(*사량좌) 선생의 말씀에 의지하여(賴) 그 취지를 밝혀냈다'고 평가한 것은 바로 이 두 책의 '이일분수'와 '주정'을 '의지한' 것이다. 동안에서 돌아온 뒤 그는 이통을 따라 배우며 사량좌의 이 두 사상에서 출발함으로써 한 걸음 더 사상적 발전을 이루었다.

그러나 사량좌는 정문의 네 선생(程門四子) 가운데 선기禪氣가 가장 두터운 사람이었다. 이 점 때문에 사량좌의 사상은 결정적으로 다만 주희가 불교에서 유가로 전향하고 도겸을 사사하던 데서 이통을 사사하는 데로 전향하는 정신적 교량의 역할만 할 수 있었다. 외루암의 이학 신도는 아직 선기를 말끔히 벗어나지 못하였던 것이다.

이해 겨울 10월에 후임자가 결국 오지 않았고, 주희는 8년 임기(四考)가 차서 돌아왔다. 그러나 그는 천주에서 12월 중순까지 머물렀다. 이 시기에 만여 거사萬如居士 이진李縝의 집에 묵으면서 불교를 좋아하는 명사와 풍류를 아는 납자衲子와 함께 시를 주고받으며 흥겹게 노느라 돌아갈 줄 몰랐다.

이진은 부처에게 아첨하는 성벽이 있는 참지정사 이병李邴의 아들이고, 이병은 천주의 경로 선사慶老禪師와 함께 종고宗杲의 불문 제자였으므로, 불학 사상으로 보자면 이진은 주희와 같은 줄기에서 나왔다. 이진은 또한 시에서

---

2 『문집』 권37 「답범직각答范直閣」 서2에 보인다. "…… 이 설은 비록 고루한 것이나 바로 두 분 정(二程) 선생님의 구설이며 상채(사량좌) 선생이 또 펴서 밝힌 것입니다." 이 편지는 소흥 28년 (1158) 여름 4월에 쓴 것이니, 주희가 상채의 『논어해』를 읽고 '일관' 장에서 터득한 때는 소흥 27년이었음을 알 수 있다.

는 미산眉山 소식蘇軾을 배웠으며 천성적으로 매화를 좋아하여 동산을 사서 나무를 심고 시승詩僧과 시를 읊어 『매화백영梅花百詠』 한 편을 엮었는데, 이 역시 주희에게 커다란 감화를 주어서 줄곧 소학蘇學을 반대하던 주희가 끝내는 동파東坡(소식)의 시흥詩興을 따르도록 자극하였다.

주희가 이진을 따라 납승과 즐겨 시를 주고받았던 곳은 늙은 매화가 동산에 가득한 현암顯庵이었다. 그곳에는 시를 쓰는 승려인 익공 도인益公道人, 동봉東峰 부공 도인溥公道人, 구일九日 무가 선사無可禪師가 머물렀는데, 이들은 모두 늘 그곳에 오는 선우禪友요, 시객詩客이었다.

섣달그믐 전에 매화 꽃술이 마침내 벌어지자 주희는 이진을 데리고 현암에 가서 납자와 함께 모여 매화를 감상하고 제각각 동파의 운을 써서 매화를 읊는 시를 지었다. 주희는 「이백옥이 동파 시의 운을 써서 읊은 매화 시에 화답하다(和李伯玉用東坡韻賦梅花)」 한 수를 지었다.

북풍은 날마다 강마을에 흙비 뿌리는데	北風日日霾江村
돌아갈 꿈으로 넋만 고달퍼라	歸夢正爾勞營魂
섣달 전 매화 꽃술 벌어졌다는 소식 들었는데	忽聞梅蘂臘前破
굴원은 난초를 늦게 차게 됨을 좋아하지 않았다네	楚客不愛蘭佩昏
그윽한 이 집 오래된 줄 예부터 알았나니	尋幽舊識此堂古
지팡이 끌고 우연히 스님의 동산에 모였네	曳杖偶集僧家園
남기 흐릿하여 봄은 아직 무르익지 않았는데	嵐陰春物未全到
봄기운 닿은 매화 남쪽 가지 따뜻하여라	邂逅只有南枝溫
차가운 달빛은 안계와 색계를 비추고	冷光自照眼色界
고운 구름은 부상에서 해 돋는 것 겁내지 않네	雲艶未怯扶桑暾
운대산 시냇가 길을 아련히 아나니	遙知雲臺溪上路

십 리에 눈을 인 나무 산문을 가렸네   玉樹十里藏山門

속세의 굴레 벗어나지 못함을 스스로 불쌍히 여기고   自憐塵鞲不得去

아름다운 곳 말하기 어려움을 가만히 생각하네   坐想佳處知難言

다만 그대 시 읊어 쓸쓸함을 위로하니   但哦君詩慰岑寂

이미 꽃 앞에 술잔과 함께 쓰러진 듯하네   已似共倒花前樽

—『문집』 권2

소동파가 '돈哦' 자 운으로 혜주惠州의 매화를 읊은 시는 세 수가 있는데, 진부한 말은 빼버렸으며, 의경意境이 그윽하고 기이하여서 오묘하기가 천고의 으뜸이었다. 혜주로 좌천된 동파가 가우사嘉祐寺에 머물면서 선불仙佛에 심취한 사실은 분명 주희의 신상에 신세와 정취에 대한 공명을 일으켰으리라. 그와 더불어 주희의 완고하게 흩어지지 않는 도교와 불교의 영혼을 일깨웠음이 확실하다. '차가운 달빛은 안계와 색계를 비추고'라는 구절은 결국은 역시 진짜배기 선가의 말을 사용한 표현이었다. 선불에 심취한 동파의 시정詩情과 우열을 다투고 아름다움을 견주려는 의도가 있기라도 한 것처럼 주희도 잇달아 화답시 세 수를 지었다.

동안에서 담계潭溪로 돌아온 뒤 주희는 벗들과 다시 모여 매화를 감상하고 또 동파의 운을 써서 매화를 읊는 시 한 수를 지었고, 5년 뒤 온릉溫陵에서 납승과 함께 매화를 읊었던 즐거운 일을 추억하면서 또 한 수를 읊었던 것이다. 주희의 이 화답시 세 수는 비록 동파의 풍격(筆力)과 기운에는 미치지 못하지만 그 자체로 그가 추구했던 '소산충담蕭散沖澹'한 기운을 갖추고 있어서 시부詩賦를 전공하고 사장詞章에 드나들던 초년 시절의 시풍詩風을 대표한다. 그리하여 이 시가 한 번 나오자 재빨리 세상을 풍미하며 전해졌다. 그러나 매화를 빌려 스스로 세속을 초월하고 아름답고 깨끗하게 자기를 지키려는 품격을 읊은 시 세 수에서는 비록 선기가 대대적으로 퇴색하기는 했지만 여전히 도교와 불교의 시혼詩魂이 예전 그대로 고스란히 남아서 박동하고 있었다.

주희가 어렴풋하게 각성한 뒤 처음으로 선에서 달아나 유가로 돌아오는 길을 밟았을 때의 도교와 불교에 대한 태도는 실제로는 이진과 마찬가지로 "흥이 일면 한가한 때 고인高人과 승사勝士를 찾아가 세외법世外法을 이야기하며, 혹 돌아오는 것을 잊기도 하였다. 간간이 조사祖師가 서쪽에서 온 뜻(祖師西來意)을 물어서 그 취지를 겨우 알았으나 깨닫지는 못하였다."(『문집』권92 「이진묘갈명李縝墓碣銘」) 그의 배불排佛은 기껏해야 현암의 선승들 가운데서 말한 "삼생의 터무니없는 설은 끝내 근거가 없고, 만법의 유래는 본래 저절로 한가하다(三生漫說終無據, 萬法由來本自閑)"(『문집』권8 「구일산 동봉 도인 부공이 보낸 시에 화답하다(奉酬九日東峰道人溥公見贈之作)」)는 따위의 말에서 저 '지랑支郞(지도림)'을 분노하게 했을 뿐이다.

몇 년 뒤 주희는 구주衢州에서 또 익공 도인을 만나, 온릉에서 노닐던 옛일을 이야기하였다. 주희는 익공 도인의 운을 따 지은 시에서 다음과 같이 읊었다. "건곤의 극처에는 고금이 없고, 도술은 갈래가 많으나 저절로 장단이 있다(乾坤極處無今古, 道術多岐自短長)"(『문집』권10 「익로의 운을 따다(次益老韻)」) 이는 역시 유·불·도 세 도는 그 근원이 같으며(三道同源), 본체는 같으나 작용이 다르다(體同用異)는 일종의 설법으로서, 그가 온릉에서 은폐했던 진실한 사상을 말한 것이다. 그의 마음속 깊은 곳에는 여전히 모순을 이루고 있었음을 분명히 드러낸다.

그랬기에 그는 온릉에서 한편으로는 진양정陳養正, 여소위呂少衛와 학문을 강론하고 「서재기恕齋記」를 지었으며, 계속하여 '일관충서一貫忠恕' 설을 탐구하였고, 또 한편으로는 익공 도인 같은 사람들과 시를 주고받으며 '조사가 서쪽에서 온 뜻을 묻는' 일(선의 참구)을 억누르지 못하였다. 이런 모순 속에서 '목재牧齋'의 겸손하고 겸손하게 스스로 기르던 자신감을 상실하고, 대신 일종의 '힘들여 배우는(困學)' 탐색의 용기를 일으켰는데, 이런 일들이 그로 하여금 예전에 배운 것을 버리고 더욱 견고하게 이통의 이학의 길로 달려가도록 추동하였다.

소흥 27년(1157) 12월에 집으로 돌아오고 나서 얼마 뒤인 소흥 28년 정월에 주희는 이러한 '힘들여 배우려는' 마음을 품고서 100여 리를 걸어가 연평으로 가서 이통을 만났다. 대략 이때쯤 그는 서재의 이름을 '목재'에서 '곤학困學'으로 바꾸었다. 이통에게 배움을 물은 '곤학'의 시기가 진정 시작되었던 것이다.

‘곤학困學’의 간난한 길을 걷다

주희가 외루암에서 함양하고 경전을 읽은 것은 다만 이통을 따라 배우는 일의 서곡이었고, 유학을 숭상하는 가운데 울리는 불교에 대한 미련의 불협화음이었다. 동안에서 돌아온 뒤 그는 비로소 ‘예전에 배운 가르침을 말끔히 버리고’ 이통을 찾아가 보았다. 그는 소흥 29년(1159)에 교정한 『상채어록』, 소흥 30년에 완성한 『맹자집해』, 융흥 원년(1163) 상반기에 완성한 『논어요의』와 하반기에 도성에 들어가 상주한 일을 이정표로 삼아 이통을 사사하면서, ‘존양存養(타고난 본래 마음을 보존하고 기름)’에서 ‘치지致知(앎을 끝까지 추구함)’, ‘응사應事(현실의 일[사태]에 대응함)’로 이르는 삼부곡三部曲을 전개하였다.[3]

---

3 주희가 언제 정식으로 이통을 사사했는가에 관한 견해는 일치하지 않는다. 주희의 제자 조사하趙師夏의 「발연평답문跋延平答問」은 주희가 소흥 28년(1158)에 이통을 찾아가서 사사하기 시작했다고 하는데, 이 설이 믿을 만하다. 황간黃榦의 「주자행장」에서도 이해에 이통을 찾아가 보았다고 강조하고 있으니, 절대로 근거가 없는 것은 아니다. 대체로 소흥 23년(1153)에야 주희는 겨우 처음으로 이통을 방문하였고, 소흥 27년에 비로소 이통을 따라 배우기 시작하였으며, 소흥 28년에 바야흐로 이통을 사사하기 시작하였다. 왕백전王白田(왕무횡)은 주희가 무인년(1158)에 이통을 찾아가 만났고 경진년(1160)에 이르러 비로소 정식으로 수업했다고 하면서, 이에 대한 증거로 주희가 무인년에 범직각范直閣(범여규)에게 보낸 편지에 이통을 다만 ‘어른(丈)’으로 일컫고 ‘선생’으로 일컫지 않은 것을 내세웠는데, 실은 믿을 수 없다. 주희는 결코 스승을 ‘선생’으로 일컫거나 ‘어른’과 구별해서 일컫지는 않았다. 예컨대 호헌에 대해 ‘선생’으로 일컬을 뿐만 아니라 ‘어른’으로도 많이 일컬었다. 『문집』 권37 「여범직각」 서3에서 ‘또 호 어른(胡丈)이 돌아오셔서’라고 하였고, 서1에서 「호 어른의 편지에서」라고 하였으며, 「여적계호원중선생與籍溪胡原仲先生」의 두 편지에서는 모두 ‘정자正字 어르신(丈丈)’이라고 일컬었으며, 권39

동안에서 돌아온 주희는 집안의 아이와 어른 여섯 식구를 데리고 오랫동안 보직을 기다릴 수 없어서 11월에 장계를 올려 노모를 봉양한다는 구실로 봉사奉祠를 청하였고, 12월에 담주潭州 남악묘南嶽廟 감독으로 차견되었다. 이로부터 궁벽한 산에 깊이 은거하여 절반의 녹봉으로 살아가면서 사도師道가 상실된 풍조 아래 '이립而立'의 나이(서른 살)로 제자의 예를 공손히 갖추고 이통의 문하에 들어갔다.

소흥 28년(1158) 정월에 만나서는 주로 이일분수理一分殊를 토론하였다. 이통의 사상과 학문의 대지는 가장 근본적인 두 가지, 곧 이일분수와 주정主靜으로 개괄할 수 있는데, 정이 학문과 정호 학문의 특징이 잡다하게 섞여 있다. 유가의 이치는 실리實理이며 일상생활의 모든 인간관계(人倫日用)에 관철되어 있으니, 이 때문에 일에 나아가고 대상사물에 맞닥뜨려서 이치가 하나임을(理一) 체인體認해야 한다. 유가의 이치는 천리天理이며 마음(心)은 온갖 이치를 갖추고 있으니, 이 때문에 천리를 체인할 때는 고요함으로써 마음을 거둬들이며 묵묵히 앉아서 맑게 관조해야(黙坐澄觀) 한다. 이러한, 분수分殊에서 이 일理一을 체인함과 고요함 가운데서 도체道體를 체인함의 통일은 이통의 독특한 이학 체계를 구성하였다. 그는 주희에게 이 두 가지 방면에서 '도를 밝히라(明道)'고 하였다.

이통은 특히 앞의 조항을 가지고 유가의 도와 도교 및 불교의 도를 구분하는 지고무상한 근본 표준으로 삼아서 주희를 도교와 불교에서 벗어나도록 이끌었다. 그리고 주희에게 다음과 같이 말하였다. "우리 유가의 학문이 이단과 다른 점은 이일분수입니다. 이치는 하나가 아닐지도 모른다는 점에 대

「답위원리答魏元履」 서1에서는 '호 어른의 『회의會義』(「논어회의論語會義」)'라 한 것 등등이 모두 이러하다.

해서는 근심할 것이 없으나 어려운 것은 분수입니다."(조사하, 「발연평답문」)

소흥 28년 정월, 이통을 찾아가 만나기 전에 주희는 마침 '일관' 설에서 상채(사량좌)의 계발을 받고 호헌胡憲, 범여규范如圭 등과 편지를 주고받으며 논변을 전개하였다. 『논어』 '일관' 장 논쟁의 실질은 바로 이일분수의 문제였다. 주희는 호헌에게 편지를 써서 가르침을 구하였고, 호헌은 하나인 도(一道)가 충서忠恕를 관통하며, 한 이치(一理)에서 보면 충忠과 서恕가 둘이 아니라고 여기고서 다음과 같이 명확히 회답하였다. "만약 이해가 한 단계 향상할 수 있다면 안팎, 위아래, 멀고 가까움, 가장자리와 경계(邊際)가 없어져서 확연하게 사통팔달四通八達할 것입니다." 주희는 "이 말이 제 뜻과 매우 잘 들어맞는다고 생각합니다. 대체로 이미 안팎, 가장자리와 경계가 없다면 어디에 간들 일관一貫하지 않겠습니까!"(『문집』 권37 「여범직각與范直閣」 서1) 하고 인정하였다.

호헌과 주희는 분명히 모두 "성인의 도는 뚜렷하고 은미한 것이 없으며, 안과 밖이 없어서 물을 뿌리고 쓸고 사람을 상대하고 대답하고 나아가고 물러나는 일로부터 위로 천도天道에 이르기까지 근본과 말단이 하나로 관통하였다."라는, 『논어』 해설에 대한 사량좌의 근본 관점에 의거하여 학설을 세웠다. 다만 주희는 자기의 이러한 초보적인 인식에 대해 여전히 자신할 수 없어서 전적으로 이 '곤학困學'의 문제를 가지고 이통을 찾아가 물었다. 이통은 더욱 긍정적으로 대답해주었다. "충서는 바로 증자曾子가 깨달은 것인데, 문인이 질문하자 또 자기가 깨달은 것을 가지고서 그를 깨우쳐주었을 뿐이니, 어찌 두 말이 있겠습니까!"(동상) 이때의 상견에서 이통이 주희에게 이일분수를 상세히 논하여 진술했기 때문에, 주희는 이 가르침을 받고 돌아간 뒤 이일분수 사상의 기본을 확립하고 비교적 전면적인 관점도 형성하였다.

주희는 범여규에게 편지를 써서 말하였다. "저는 지난번 연평에 가서 이원중李愿中(이통) 어른을 뵙고 일관, 충서의 설을 여쭈었습니다. …… 그 말씀이 마침 제 뜻과 약속이나 한 듯이 들어맞았습니다."(동상) 이어서 그는 4월에 범여규에게 보낸 편지 두 통에서, 이일분수에 대한 자기의 인식을 더욱 구체적으로 논하여 서술하면서 일관의 도는 본체이고 충서는 작용이며, 일관의 도는 이일理一이고 충서는 분수分殊라고 명확하게 인정하였다.

주희의 이 사상은 시간이 흐르면서 계속 풍부해지지만 기본적인 관점은 줄곧 변하지 않았다. 만년에 그는 진순陳淳에게 다음과 같이 말하였다. "범직각(범여규)과 충서를 논한 것은 서른 살 때(*생각건대, 실은 스물아홉 살 때이다) 쓴 편지의 내용이 대체로는 옳지만 말한 것이 맞지 않았는데, 지금 보니 또 상당히 차이가 있다."(『어류』 권104)

나중의 『논어집주』의 충서, 일관에 대한 주석이 마지막 결정적인 원고이다. "대체로 지극히 성실하여 쉼이 없는(至誠無息) 것은 도의 본체이니 온갖 다양한 현상(萬殊)의 근본이 하나(一本)인 까닭이다. 만물이 저마다 자기 자리를 얻는(萬物各得其所) 것은 도의 작용이니 한 근본이 온갖 다양한 현상으로 나뉘는 까닭이다. 이로써 관찰하면 하나로 관통하는(一以貫之) 실상을 볼 수 있다."(『논어집주』 권2 「이인里仁」) 이일분수 사상의 확립은 주희로 하여금 어렴풋한 각성에서 자각적인 배불排佛로 전향하게 하였다. 소흥 28년(1158) 이후, 그는 소흥 26년 이래 선에서 달아나 유가로 돌아오는 길에 거듭 흔들리며 되돌아보던 상태를 초보적으로나마 극복하였다.

그러나 또 이통의 이학 사상이 '주정主靜'을 내세운 것은 분수의 체인을 주장하는 것일 뿐 아니라 고요함(靜) 가운데서 체인을 주장하는 것이었다. 이통은 분수의 체인을 '일상생활에서 공부하는' 혹은 '일에 나아가 공부하는' 것으로 일컫고, 고요함 가운데서 체인하는 것을 '고요한 곳에서 공부하는' 것이라고 일컬었다. '고요함'은 바로 마음의 텅 비고 한결같고 고요한(虛一而靜) 것을 가리킨다. 이통은 스스로 다음과 같이 해석하였다. "텅 비고 한결같고 고요함은 다음과 같습니다. 마음이 바야흐로 차면 사물에 영향을 받고 사물에 영향을 받으면 움직입니다. 마음이 바야흐로 움직이면 기가 작용을 하고, 기가 작용을 하면 미혹되며, 미혹되면 한결같지 않게 되니, 희로애락이 모두 중절中節하지 않게 됩니다."(『연평답문』 하)

주정主靜의 공부는 찰식察識과 함양涵養의 통일이며, '지언知言'과 '양기養氣'의 통일이고, 고요함 가운데서 대본大本과 달도達道의 천리를 체인함과 고요함 가운데서 희로애락 미발未發 때의 기상을 체인함의 통일이다. 함양에서 말하면, 고요함은 '야기夜氣'를 배양하고 호연지기浩然之氣를 가득 채워서 사람으로 하여금 온윤한 기운이 얼굴과 등에 흘러넘치게(睟面盎背) 하며, 마음은 드넓고 몸은 편안해지게(心廣體胖) 할 수 있다. 찰식에서 말하면, 고요함은 마음을 거둬들여 하나로 오롯하게 하여 천리를 인식하게 할 수 있다. 이런 순서로 힘을 쓰고 절조를 지키며(持守) 다시 분수를 체인하는 공부를 더하면 '도의 온전한 본체(全體)'를 인식하는, 쇄연융석灑然融釋 경지에 도달할 수 있다.

주희는 「이통행장李侗行狀」에서 이통의 이 사상을 상세히 서술하였다.

…… 강론하고 읊조리는 가운데 여가 때는 하루 종일 끓어앉아 희로애락이 아직 발동하기 이전의 기상이 어떤 것인지를 체험하며 이른바 중中을 추구하였다. 이와 같이 오래하면서 천하의 대본大本이 참으로 여기에 있음을 알게 되었다. 천하의 이치가 이로부터 나오지 않는 것이 없으니, 그 근본을 얻으면 여기에서 나오는 모든 것은 비록 품덕과 절조(品節)가 오만 가지로 다르고(萬殊) 곡절이 수없이 변하지만 모두 통괄하고 관통하여 차례로 말끔히 이해되어서(融釋) 저마다 조리가 있지 않음이 없으니 …… 하나라도 본질(東, •중심[中])을 터득하지 못할 것이 없다. 이로 말미암아 더욱 굳건히 조존操存하고 더욱 익숙하게 함양하여서 정밀하고 밝고 순수하고 한결같이

되면 닿는 곳마다 환히 트여서 두루두루 적용하고 굽이굽이 대응하며, 발하면 반드시 법도에 들어맞을 것이다. ……

학문의 도는 말을 많이 하는 데 있지 않다. 다만 묵묵히 앉아 마음을 맑게 하여서 천리를 체인하되, 비록 털끝만 한 사사로운 욕심이라도 일어나는 것을 보면 또한 물러나 천리를 따르게 된다. 오래도록 여기에 힘쓰면 거의 점차 밝아지고 학문을 강론하는 것도 비로소 힘을 얻는다.

—『문집』 권97

묵묵히 앉아 맑게 관조하는 것은 명도明道(정호) – 구산龜山(양시) – 예장豫章(나종언)의 한 줄기로 서로 전승된 '요결(指訣)'로서, 황이주黃梨洲(황종희黃宗羲)는 "명도 이래 연평에 이르기까지 한 줄기로 이어진 핏줄(血路)이다."라고 하였다. 나종언은 '고요한 곳에서 마음을 관조하니 먼지가 끼지 않는다(靜處觀心塵不染)'(『예장선생문집豫章先生文集』 권10 「글을 읽고 느낌이 있어서(觀書有感)」)라고 주장하여, 이통으로 하여금 '마음의 근원을 고요하게(心源寂靜)' 하도록 이끌어주었다(『예장선생문집』 권13 「다시 운을 써서 연평을 보내다(再用韻送延平)」).

이통은 스승의 가르침에 따라 실천하면서 마치 흙인형처럼 하루 종일 꿇어앉아 있음으로써 말을 달리고 술 마시기를 좋아하는 호걸스러운 사나이로부터 느릿느릿 걸으며 고개를 숙이고 말이 적은(木訥) 순유醇儒로 충실하게 양성되었다. 한번은 이통이 장재張載의 『정몽正蒙』을 읽다가 "하나이므로 신묘하고, 둘이므로 화한다.(一故神, 兩故化)"는 부분에서 의자에 앉아 밤새도록 묵묵하고 고요하게 사색을 하다가 '자기 내면에서 체인'하고서는 마침내 활연히 깨달았다. 주희는 이 사건으로부터 '비로소 그렇게 공부해 나간다는 것을 알게' 되었다.

이통의 이러한 고요히 앉는 것(靜坐)과 묵묵히 앉아서 마음을 맑게 하는(黙坐澄心) 방법은 비록 주희를 단숨에 초월하여 곧바로 들어가는(一超直入) 도겸의 주오主悟에서는 끌어냈으나, 다른 한편 유자휘劉子翬의 주정主靜과 천동 정각天童正覺의 묵조선의 옛길로 끌어당기는 위험이 있었다. 결정적으로, 연평을 따라 배우는 주희는 여전히 선기에서 완전히 벗어날 수 없었다. 소홍 28년(1158) 9월에 그가 제자 허승許升을 위해 「존재기存齋記」를 지어서 '존存'의 뜻을 드러낸 것은 다만 선가 식의 마음으로 마음을 추구함(以心求心)을 말한 것이므로, 진건陳建이 "또한 다만 마음(心) 하나를 말한 것으로서 오로지 마음을 추구하고 마음을 볼 것을 말하였으니, 선과 육상산陸象山(육구연)의 학문과 완전히 부합한다."(『학부통변學蔀通辨』 권1)고 한 것도 이상하지 않다.

그러나 이통은 선가와 필경엔 같지 않았으니 그에게서는 함양과 찰식察識이 긴밀하게 통일되어서 나뉘지 않았으며, 결코 고립적으로 주정만 말하지는 않았다. 이통은 고요함 가운데 체인하는 것을 중시했을 뿐만 아니라 더욱 분수의 체인을 중시하였다. 고요함 가운데 희로애락이 발하지 않았을 때의 이른바 '중中'의 체인을 중시했을 뿐만 아니라 더욱 실제로 '발하여 모두 절도에 들어맞는(中節)' 것을 중시하였다. 고요함으로써 한마음(一心)을 존양存養하는 것을 중시했을 뿐만 아니라 더욱 사물에 나아가 이치를 궁구하는(卽物窮理) 치지致知를 중시하였다.

'분수'를 강조하기 때문에 이통이 주희에게 요구한 '치지'는 바로 사사물물事事物物이 저마다 지닌 특수한 이치를 궁구하여 마지막에는 한 이치에 대한 융회관통融會貫通에 도달하게 하려는 것이었다. 그는 이러한 격물치지의 지극한 경계를 '말끔하게 스스로 터득하여 얼음이 녹아서 풀리듯 이해되는(灑然自得, 冰解凍釋)' 것이라 일컫고, 또 '쇄락灑落(인품이 맑고 깨끗하여 속된 기운이 없음)', '탈연脫然(얽매임 없이 초탈함)', '융석融釋(얼음이 녹아서 풀어져 물과 하나가 되듯 남김없이 말끔히 이해됨)'이라는 말로 일컬었다. 이통의 '융석쇄연融釋灑然(말끔히 이해되어 상쾌함)'은 정이 학맥의 '요결'과 '핏줄'이었으며, '묵좌징심黙坐澄心(묵묵히 앉아서 마음을 맑게 함)'은 정호 학맥의 '요결'과 '핏줄'이었다.

주희가 받아들인 바, 주정을 수신修身의 방법으로, 치지를 진학進學(학문의 진보)의 요령으로 삼는 이러한 학문의 대지는, '함양은 모름지기 고요함으로써 하고, 진학은 치지에 달려 있다(涵養須用靜, 進學則在致知)'는 두 구절로 개괄할 수 있으나, 나중에 그 스스로 확립한 '덕성의 함양은 모름지기 경으로써 하고, 학문의 진보는 치지에 달려 있다(涵養須用敬, 進學則在致知)'는 학문의 대지와 아직은 멀리 떨어져 있었다. 고요함과 앎을 함께 닦는(靜知雙修) 이통의 방법은 정호와 정이가 저마다 서로 전승한 두 '요결'을 하나로 합한 것이고, 경건과 앎을 함께 닦는(敬知雙修) 주희의 나중 방법은 오로지 정이의 주경主敬과 치지를 취한 것이다.

주희가 한번은, '앎에 이르렀으면서 경건에 있지 않은 사람은 없다(未有致知而不在敬者)'는 정호程顥의 말을 꺼냈다가 도리어 이통의 비평을 받았다. 주희의 관점은 이미 '함양은 경건으로써 하고 진학은 치지에 달려 있다'는 사상의 싹을 포함하고 있었다. 그러나 이통은 비록 '경건(敬)'을 반대하지는 않았지만 '치지'와 '경건'을 끌어들여 하나로 꿰어서 한 가지 설로 삼는 문제에는 동의하지 않았다. 이리하여 주희는 '주경主敬'을 따라 자기의 사상을 발전시킬 수 없었고, 다만 이통의 '함양은 모름지기 고요함으로써 하고 진학은 치지에 달려 있다'는 사상을 따라 선에서 달아나 유가로 돌아오는, 굽이굽이 굽은 길을 느릿느릿하게 나아갈 수 있을 뿐이었다.

소흥 29년(1159) 3월에 주희가 『상채어록』을 교정하여 완성한 일은 이미 이통의 이러한 이학 사상의 맥락을 그가 기본적으로 이해하고 받아들였음을 상징한다. 주희가 사량좌의 어록을 가려내 교정한 일은 역시 이통의 가르침에 따른 것이다. 이통은 스스로 자기가 얻은 『상채어록』의 판본(*생각건대, 아마도 오중吳中의 판본과 동일본일 터이다)을 베껴서 주희에게 보내며 다음과 같이 말하였다. "사상채(사량좌)의 말씀은 매우 음미하기에 좋으니 대체로 모두 일상생활에서 공부하는 것입니다. 또 언어가 평이하여 더욱 기운과 맛을 아주 깊이 느낄 수 있습니다."(『연평답문』) 이는 이미 이통과 주희가 『상채어록』에서 가장 중시한 문제가 바로 사량좌의 '일상생활에서 공부하는' 분수의 체인이었음을 분명하게 나타낸다.

주희는 이통의 사본을 오임의 사본 및 호씨 가문의 사본과 상호 참조하여 교정했는데, 교정본의 서문에서 사량좌에 대해 '뜻을 독실하게 하고 힘써 행함은 종유한 여러 학자들 사이에서 가장 뛰어났다'고 극찬을 하였다(『문집』 권75 「사상채어록후서謝上蔡語錄後序」). 이는 역시 사량좌의 이학 방법론(路數)이 이 시기의 주희 및 이통의 사상과 가장 합치하였음을 뜻한다.

사량좌가 이치를 궁구하는 방법을 "일에서가 아니고는 공부를 할 수 없다. 모름지기 일에 나아가 공부해야 한다."(『상채어록』)고 여긴 것은 이통이 분수에 나아가서 실제 이치(實理)를 체인해야 한다고 한 것과 일치한다. 사량좌가 "도에 가까워지는 데는 고요함만 한 것이 없다. 재계齋戒함으로써 그 덕을 신령스럽고 밝게 하는 것이 천하의 지극히 고요한 것이다."(동상)라고 한 사상은 이통의 '묵묵히 앉아서 마음을 맑게 하는 것'과 서로 합치한다. 사량좌가 격물치지에 대해 "반드시 그 큰 것을 궁구하면 이치는 하나(理一)일 뿐이다. 하나에서 이치를 궁구하면 접촉하는 것마다 모두 통한다."(동상)라고 한 말은 역시 이통의 '쇄연융석灑然融釋'과 서로 가깝다. 주희가 이통을 사사한 것과 세 선생을 사사한 것이 바로 사량좌로부터 기묘한 소통을 이루었다.

호헌도 주희에게 호안국胡安國 집안의 필사본을 제공하였다. 주희는 원래 상채의 '충서일관' 설로부터 '이일분수'를 깨닫고, 비로소 나아가 『상채어록』

에 특별한 흥취를 느꼈다. 호헌은 주희가 교정한 이 책을 위해 지은 발문에서 특별히 사량좌의 '본말일관本末一貫'의 이일분수 사상을 화룡점정 격으로 콕 집어내어 『상채어록』을 읽는 근본 요령으로 삼았다. 주희가 교정한 『상채어록』은 그가 이통을 사사한 산물임과 동시에 호헌을 사사한 산물이었다.

그러나 주희는 '선에서 달아나는' 과정에서 비록 『상채어록』 가운데 강민표江民表의 선설禪說 쉰다섯 장을 삭제하는 용단을 내렸지만, '유가로 돌아오는' 과정에서는 도리어 끊임없이 주저하며 걸음을 내딛었다. 도겸의 '소소영령한 선'은 주희의 뿌리 깊은, 곧 내면에 나아가 공리空理를 체인하는 습관을 축적해 놓았기에 일상생활에서 자각적으로 사리事理를 체인하는 유가의 공부를 할 수 없게끔 하였다. 이는 바로 이통이 지적한, '본체는 있으나 작용은 없는(有體無用)', 가장 커다란 사상적 고질이었고, 호상파의 대가 호굉胡宏마저도 이 점을 느끼고 있었다.

소흥 30년(1160) 6월에 호헌이 비서성 정자에 제수되어서 공관에 나아가 직무를 보게 되었는데, 조구趙構(고종)의 조정에 일찌감치 실망을 느꼈던 주희는 조정에 들어가는 그를 떠나보내는 시에서 소극적인 비관의 정서를 드러냈다.

관직館職을 맡아 직무를 보게 된 적계 호 어른을 전송하다, 두 수

送籍溪胡丈赴館供職二首

전송하는 사대부들 길모퉁이에 그득한데　　　　祖餞衣冠滿道周

이번에 가는 까닭 누구와 얘기하랴?　　　　此行誰與話端由

공명을 꾀하지 않음을 알겠거니　　　　心知不作功名計

다만 창생을 위해 감히 쉬지 않으시리라　　　　祇爲蒼生未敢休

원수처럼 잡아 두는 까닭을 내 어찌 알랴만	執我仇仇詎我知
나름대로 이번 일로 하늘 뜻 시험하시리	謾將行止驗天機
어인 일로 원숭이는 슬퍼하고 학은 원망하는지	猿悲鶴怨因何事
다만 선생이 팔짱 끼고 돌아갈까 걱정해서라네	只恐先生袖手歸

—『문집』 권2

이때 유공劉珙도 막 비서승秘書丞에서 감찰어사에 제수되어 호헌과 함께 주희를 도성에 불러들여 그가 훌륭한 일을 할 수 있기를 바랐다. 그러나 주희는 도리어 스스로 은자가 되어서 텅 빈 골짜기에 베개를 높이 베고 눕고 싶다는 회포를 털어놓았다.

적계 호 어른과 유공보에게 부치다, 두 수　　寄籍溪胡丈及劉恭父二首

선생이 운향각에 올라가셔서	先生去上芸香閣
새 치각관을 높이 쓰셨네	閣老新峨豸角冠
남은 은자만 빈 골짜기에 누워	留取幽人臥空谷
골짜기 가득한 바람과 달을 남들더러 보라 하네	一川風月要人看

오지창문* 앞 푸른 산 병풍이 되니	甕牖前頭翠作屏
저물 녘 마주하며 고요히 본받는다	晚來相對靜儀刑
뜬구름은 절로 뭉쳤다 스러지니	浮雲一任閒舒卷
만고청산은 이렇게 푸르네	萬古青山只麽青

—『문집』 권2

• 오지창문 : 옹기로 구워서 만든 창문

어떤 사람이 주희의 이 시 두 수를 형산衡山에 있는 오봉五峰 호굉胡宏에게 전해 주었더니, 호굉이 본 뒤에 제자 장식張栻에게 다음과 같이 말하였다. "내가 이 사람을 알지 못하지만, 이 시를 보니 거의 진보할 수 있음을 알겠다. 다만 그 말에 본체는 있으나 작용이 없으므로 내가 이 시를 위해 잠언으로 경계하려 하니 아마도 듣고서 계발을 받으리라."(『문집』 권81 「발호오봉시跋胡五峰詩」) 그는 잇달아 시 세 수를 지어서 주희에게 본체(사상, 의식)는 있고 작용(실천)은 없음을 잠언으로 경계하였다.

주원회(주희)가 유공보(유공)에게 시를 보냈는데 적계(호헌) 선생을 풍자하는 뜻이 있었다. 시어가 매우 미묘하나 뜻이 원만하지 않아서 절구 세 수를 짓는다.(朱元晦奇詩劉貢父有風籍溪先生之竟詞甚而意未員因作三絶)

구름은 푸른 산에서 저절로 나오고	雲出青山得自由
서쪽 교외에는 짓누르는 근심이 없다네	西郊未能如薫憂
청산의 가장 푸른 곳을 알고자 하니	欲識青山最青處
구름은 만고에 생겨나고 스러짐 없다네	雲物萬古生無休
은자가 청산이 좋다고 편애함은	幽人偏愛青山好
청산은 푸르러 늙지 않기 때문이네	爲是青山青不老
산중에 구름 일어 하늘과 땅에 비 내리니	山中雲出雨乾坤
한바탕 씻어서 산 더욱 좋아라	洗過一番山更好
하늘에 바람 불고 달 떠서 사람을 흩어버리니	天生風月散人間
사람은 좋은 산중에 머물지 않네	人間不止山中好

맑고 깨끗한 달이 온갖 것을 품는다면   若也淸明滿懷抱
도처에서 먼지를 절로 쓸어버리리라   到處氣埃任除掃

——『오봉집五峰集』권1

그들은 모두 푸른 산과 구름과 비를 빌려 도의 본체(道體)와 도의 본체에 대한 체인을 은유하였는데, 나중에 나대경羅大經이 이 시에 대해 아주 좋은 해석을 하였다. "두릉杜陵(두보)의 시에 '비 개어 산은 바뀌지 않았으나, 비 개자 협곡이 새로워진 듯하다(雨晴山不改, 晴罷峽如新)' 하였다. 이는 비가 오거나 비가 개거나 산의 형체(體)는 본래 바뀌지 않으나, 비가 막 개면 산의 인상(精神, 이미지)은 환연하여 마치 새로워진 듯하다는 말이다. …… 문공文公(주희)은 두릉 시 앞 구절의 뜻을 사용하였고, 오봉(호굉)은 뒤 구절을 사용하였다. 두릉은 다만 경물을 그려냈고, 두 사람은 이로써 도를 은유하였다."(『학림옥로鶴林玉露』을편 권6 「우청시雨晴詩」)

호굉이 보기에 주희는 다만 청산(*본체(體))이 좋다는 것만 알고 구름과 비의 변화(*작용(用))가 오히려 청산을 더 좋게 씻어준다는 사실은 알지 못하였다. 그리고 세속을 초월한 산중이 좋다는 것만 알고 현실의 인간이 '좋은 산중에 머물지 않는다'는 점은 알지 못하였다. 이는 또한 말하자면, 이와 같이 '고요히 본받음'은, '도'가 인간에게 있으므로 모름지기 일상생활에서 공부하여 '도처에서 먼지를 그대로 쓸어버려야' 한다는 점을 알지 못한 것이다. 그래서 그는 다만 '본체'는 있고 '작용'은 없으며, '이일理一'은 있고 '분수分殊'는 없으며, '고요함(靜)'은 있고 '움직임(動)'은 없는 것으로 여겨졌던 터이다. 이는 이통의 관점과 미리 꾀하지 않고서도 부합한 점이었다.

주희가 『상채어록』을 교정한 뒤에 이통이 주희에게 가르친 교육의 중점은 특별히 '작용', '분수', '움직임' 방면의 공부를 하게끔 하는 데 있었다. '쇄연융석灑然融釋'은 두 사람이 나눈 문답의 중심이 되었다. 주희는 자기가 수집한 주돈이周敦頤의 유문遺文과 『통서通書』를 이통에게 보내주었고, 그와 함께 장재張載의 「서명西銘」을 연구하기 시작하였다.

『통서』와 「서명」은 정주학파程朱學派의 성경으로서 가장 처음으로 '이일분수' 사상의 이학적 원천을 제시한 것으로 여겨진다. 다만 이통은 결코 유자휘나 유면지처럼 그렇게 일반적으로 두 책의 '이일분수'를 담론하지는 않고 특별히 '분수'·'작용'과 이로 말미암아 도달하는, '일을 만나면 드넓게 탁 트여서(遇事廓然)' 쇄락융석灑落融釋한 경지를 강조하였다. 이통은 회신에서 다음과 같이 인정하였다. "일찍이 황로직黃魯直(황정견黃庭堅)이 지은 「염계시서濂溪詩序」 가운데 '용릉舂陵 주무숙周茂叔(주돈이)의 인품은 매우 고결하고 가슴속이 쇄락하여(胸中灑落)서 마치 맑게 갠 뒤 부는 상쾌한 바람과 환한 달(光風霽月) 같다'고 말한 구절을 좋아하였습니다. 이 구절은 도를 지닌 이의 기상을 가장 아름답게 형용하였습니다. 가슴속이 쇄락하면 모든 것이 다 쇄락하게 됩니다. 배우는 사람이 이 경지에 이르기에는 비록 매우 멀지만, 또한 늘 이 단계(體段)를 가슴속에 보존하지 않으면 안 됩니다. 그리해야 거의 일을 만나면 탁 트여서 도리에 비로소 조금 나아갈 수 있을 것입니다. 원컨대 이와 같이 더욱 존양存養하십시오."(『연평답문』)

이통의 '쇄락灑落', '쇄연灑然', '융석融釋'의 설법說法은 본래 황산곡黃山谷(황정견)이 염계(주돈이)를 찬미한 명구 '흉중쇄락胸中灑落'이라는 말에서 따왔다. 이통의 이 사상은 주희에게 중요한 영향을 미쳤다. 그래서 주희는 나중에 「주자통서후기周子通書後記」에서 다음과 같이 말하였다. "나는 어려서부터 다행히 남은 글(遺編)을 얻어 삼가 읽었는데 처음에는 아득하여서 무슨 말을 하는지 알지 못하였고, 심한 경우에는 입을 떼지도 못하였다. 장년이 되어 연평(이통) 선생의 문하에서 노닐 수 있게 된 뒤에야 비로소 그 설의 한둘을 들을 수 있었다."(『문집』권81「주자통서후기周子通書後記」)

「서명」에 대해서도 이통은 주희에게 '분수分殊'에서 이해하라고 하였다. "모름지기 분수를 이해하여서 털끝만큼이라도 잃지 않아야 비로소 유학자의 기상이 됩니다."(『연평답문』) 여기에는 이미 주희가 나중에 지은『서명해西銘解』 의 기본 사상이 포함되어 있다. 주희는 이때『논어요의』를 써서 이미 제13편 을 완성하였다. 그는 '인仁은 혼연하여서 사물과 함께 한 몸이 된다(본체를 같이 한다, 仁者渾然與物同體)'는 체용합일體用合一 사상을 편지에 써넣었다(『문집』권39「답 허순지答許順之」서1).

이통이 주희에게『맹자』의 '양기' 설을 읽도록 지도했을 때도 관건은 역 시 '다만 작용하는 곳(用處, 일상생활의 실천)에서는 어떠한지를 알지 못하지만 모 름지기 이 점을 긴절하게 이해해야만 한다'고 여겼다(『연평답문』). 또 그에게 여 여숙呂與叔(여대림呂大臨)의『중용해中庸解』를 읽도록 지적했을 때도 명확하게 다 음과 같이 말하였다. "맹자가 말한, '반드시 일삼는 바가 있다'에서 '조장하거 나 김매지 않는다'는 뜻에 이르기까지 모두 도체道體를 말한 듯한데 보내온 편지에서 이를 체인하고 있으니, 배우는 사람은 바로 이와 같이 해야 한다 고 하였습니다. 다만 작용하는 곳(用處)에서는 어떠한지 알지 못하겠으나 혼연 히 딱 들어맞아서 바로 본체와 작용에 틈이 없어야(體用無間) 합니다. …… 다 른 날 익히 논하여봅시다. 모름지기 마음이 넓어지고 몸이 편안해져서 일을 만나 하나하나 쇄락함을 깨달아야만 그것이 바로 도리입니다. 그렇지 않으면 그냥 빈말일 뿐입니다."(동상) 주희는 분명히 이런 사상을 막 기초起草한『맹자 집해』에 써넣었다. 도교와 불교에서 벗어나도록 이끄는 문제에서 주희로 하 여금 '유체무용有體無用(본체는 있으나 작용은 없음)'으로부터 '체용무간體用無間(본체와 작용에 틈이 없음)'으로 향하게 한 이통의 의식은 매우 강렬하였다.

소흥 30년(1160) 겨울에 주희는 연평에 가서 이통과 만났는데, 그들이 토론한 중심 문제는 바로 어떻게 '작용(用·분수, '움직임')'에서 공부하여 체용무간의 쇄연융석한 경지에 도달할 것인가 하는 문제였다. 이들의 만남은 이통이 제안하였다. 이통은 자기가 주희에게 지적한, '지수持守 및 일상생활에서 아직 합치하지 못한 곳이 있거나 혹 더욱 관건이 되는 점이 있다면 아직 융석하지 못한 것이라'고 한 말을 빌려서 주희가 '융석하고 탈락脫落하는 경지'에 잠심하기를 바랐으며, 직접 만나서 이 고요함의 지수 공부와 움직임의 일상생활 공부가 융석하는 문제를 토론하려고 하였다. 주희에 대해 말하자면, 이는 역시 불교와 도교를 포기하는 문제였다. 이통은 이 점을 다음과 같이 지적하였다. "지난번 일찍이 하 어른(夏丈, 능경하凌景夏)과 말을 하는 중에 견해 차이가 별로 없었습니다. 이로 인해 한 차례 이 뜻을 거론하여(*생각건대, '융석'을 가리킨다) 질문하자, 그가 불교(釋氏)의 용어로 이해하였으나(相淘) 끝내 아주 교묘하게 속이려 한 곳이 있었으니 전혀 우리 유가의 기상(氣味)이 아닙니다."(『연평답문』)

10월에 주희는 연평에 가서 서림원西林院 유가 선사惟可禪師의 달관헌達觀軒에 묵으면서 두 달 남짓 직접 스승의 가르침을 받았다. 달관헌은 이통의 맏아들 이우직李友直이 "통달한 사람은 관점이 커서 어떤 사물이라도 불가한 것이 없다.(達人大觀, 物無不可)"고 한 가의賈誼의 말에서 취하여 이름 붙인 헌軒이다. 그러나 이통과 주희는 실제로는 가자賈子(가의)의 말을 빌려서 그들이 말하는, 곧 묵좌징관黙坐澄觀, 쇄연융석灑然融釋을 가리켰다. 이때 서로 만나고 돌아간 뒤 이통은 주희에게 다음과 같이 말하였다. "성인은 드넓게 탁 트여 밝게 통달하여서(廓然明達) 불가한 바가 없습니다. 도가 크고 덕이 큰 자가 아니면 이렇게 할 수 없습니다." 이는 이통 스스로 달관達觀과 대관大觀이란 바로 묵묵히 알고 맑게 관조하며(黙識澄觀), 말끔하게 이해되어서 막힘이 없는(灑然無礙) 것이라고 한 말을 가장 잘 주석한 것이다.

드넓게 탁 트임(廓然)은 상쾌하고(灑然), 맑고 깨끗한(灑落) 것이다. 이때 서로 만나기 전에 두 사람은 바로 드넓게 탁 트여서 달관한(廓然達觀) 경지의 남김없이 말끔히 이해되는(融釋) 문제를 두고 반복해서 문답하였는데,[4] 이통은 거듭 그에게 '마음을 관조해서 드넓게 탁 트이고(觀心廓然)', '일을 만나서 드넓게 탁 트일(遇事廓然)' 것을 요구하였다. 이때의 만남에서는 곧 드넓게 탁 트여서 달관하는 경지를 두고 토론을 전개했기 때문에, 주희도 달관을 빌려 시를 제하면서 이때의 만남이 남긴 사상적 변화의 흔적을 은연중에 털어놓았다.

서림원 절벽에 제하다, 두 수   題西林院壁二首

눈에 닿는 풍광은 쉬 표현할 수 없는데   觸目風光不易裁

이곳은 무우대와 얼마나 비슷한지   此間何似舞雩臺

병든 몸 길이 아무 탈 없다면   病軀若得長無事

해마다 봄옷 갖춰 한 번씩은 오리라   春服成時歲一來

두건과 신발 소탈한 바리때 주머니   巾屨翛然一鉢囊

찬 스님 승방에 잠시 머묾에 무엇이 거리끼랴   何妨且住贊公房

---

4 생각건대, 주희와 이통이 말하는 탁 트여서 밝게 통달한다는 표현은 모두 마음을 관조하고, 일을 만나(觀心遇事) 쇄연융석灑然融釋한 경지를 가리킨다. 이는 이때 두 사람이 만나기 전에 주고받은 문답, 예컨대 "가슴속이 쇄락하면 모든 것이 다 쇄락하게 됩니다. 배우는 사람이 이 경지에 이르기에는 비록 매우 멀지만 또한 늘 이 단계를 가슴속에 보존하지 않으면 안 됩니다. 그리해야 거의 일을 만나면 드넓게 탁 트여서 도리에 비로소 조금 나아갈 수 있을 것입니다."라고 한 말과 또 "나는 일찍이 일을 만나 만약 털끝만큼이라도 막히는 것이 없다면 바로 쇄락한 것이라고 여겼습니다. 곧 이 마음이 드넓게 탁 트여 크게 공변되어서 나와 남이 치우치거나 기우는 것이 없어 거의 도리에 일관하는 것입니다. ……"(『연평답문』)라고 한 말로 고찰할 수 있다. 주희가 나중에 지은 「제이연평선생문祭李延平先生文」에서 '탁 트여 크게 공변되어서 (자연의) 조화와 한 무리가 된다(廓然大公與化爲徒)' 한 말도 이런 뜻이다.

도리어 한가로이 앉아 마음을 관조하는 곳에   却嫌宴坐觀心處

처마 밑 꽃이 시들 때까지 향기로움을 어찌하랴   不奈簷花抵死香

서림원 유가 스님의 달관헌에 제하다   題西林可師達觀軒

그윽이 구름에 싸인 승방 깊고도 깊어   窈窕雲房深復深

층층한 집에 잠시 머물다 얼른 올라가 내려다보네   層軒俄此快登臨

발 걷으니 짙푸른 먼 산이 한눈에 차니   卷簾一目遙山碧

무엇이 고사의 달관한 마음인가?   底是高人達觀心

—『문집』권2

　'한가로이 앉아 마음을 관조함(宴座觀心)'은 마음을 관조함에 탁 트이고 일을 만남에 탁 트이는 달관의 공부를 가리키며, 또한 바로 이통이 유평劉枰에 대하여 말한, "모름지기 고요히 앉아서 몸으로 탐구하면 인륜이 반드시 밝아지고 천리가 반드시 드러나며, 일상생활에서 힘을 쏟으면 실마리를 볼 수 있다."(『이연평집』권1)고 한 사상이며, 이는 정좌의 체인과 분수의 체인 두 방면을 포함한다.

　'처마 밑 꽃이 시들 때까지 향기로움을 어찌하랴'는 주희가 지난날 이면에 나아가 체인하는 선가의 공부(*'소소영령한 선')를 끝내 그 뿌리까지 잘라낼 수 없어서, 그것이 시들 때까지 오히려 향기로웠으며, 그리하여 끝내 체용무간體用無間의 드넓게 탁 트여서 남김없이 말끔히 이해되는(廓然融釋) 경지에는 이를 수 없음을 비유한 표현이다. 마지막에 '발 걷으니 짙푸른 먼 산이 한눈에 차니, 무엇이 고사의 달관한 마음인가?' 하고 실의에 찬 물음을 던진 구절은 몇 달 전에 읊은, '뜬구름은 절로 뭉쳤다 스러지니, 만고청산은 이렇게 푸르네(浮雲—任閒舒卷, 萬古青山只麼靑)'라고 했던 자신감과 선명한 대조를 이룬다.

이통은 또 주희와 함께 계속해서 『맹자』의 '양기' 장을 토론하고 이로부터 주희가 '분수'상에서 격물치지의 공부를 하도록 한 걸음 더 이끌었다. 주희가 연평에 있을 때는 이 장에 대해 아직 '하나로 종합되는 곳을 알지 못하였으나' 돌아온 뒤 홀연 이 한 장의 '긴요하고 절실한 곳'이란 '마음과 기의 합일(心氣合一)'이라고 여겼다. 그런데 실제로는 다만 '양기'만 보고 '지언(知言)'은 보지 못하였다. 이통은 주희의 이러한 관점을 비평하면서 그가 '더욱 체득하고 관찰하도록' 요구하며, '맹자의 이른바 양기라고 한 말은 …… 모름지기 지언(知言)에서부터 길러 나가야 잘못하지 않는다'고 하였다.[5] '지언'은 바로

---

5 주희가 손수 교정한 『연평답문』은 연도에 따라 차례를 매겨 편집한 책인데 유독 소흥 32년 임오년(1162) 7월과 8월 사이에 뜬금없이 소흥 31년 신사년의 편지 다섯 통이 끼워져 있으니, 명백히 착간이 있고 뒤섞였다. 실은 이 다섯 통 가운데 네 통은 신사년에 쓴 편지가 아니다. 이에 특별히 다음과 같이 고증해서 주희가 연평을 따라 배운 경과와 그 사상 발전의 변화 과정을 탐색하여 밝히는 데 편하게 한다. (1) '사상채(사량좌)의 말은 매우 좋다'는 편지. 살피건대, 이 편지에서 "지금 한 판본을 베껴서 삼가 받들어 들이니 아마도 보기에 좋을 것입니다." 하였는데, 주희가 각종 판본을 얻어서 『상채어록』을 교정한 때는 소흥 29년 기묘년 3월이니, 이 답장은 응당 기묘년 3월 이전에(*기묘년 3월 이후에는 이미 베낀 판본을 받들어 들일 필요가 없었다) 썼다. (2) '인(仁)이라는 한 글자'의 편지. 이 편지에 "어제 함부로 인(仁)이라는 한 글자에 대해 말하기를 사람이 사람으로 되고 짐승(禽獸)과 다른 까닭이라 하였는데, 선생께서는 그렇지 않다고 여기시고 ……"라고 하였다. 생각건대, 소흥 32년 6월 11일 이통의 답장이 이 편지와 완전히 부합하니, 이 편지는 소흥 32년 6월 11일 이후에 쓴 것임을 증명할 수 있다. 이해 10월 초하루에 또 이통의 답장에서 "편지를 받으니 근래 인(仁)이라는 한 글자를 본 것에 자못 깨달은 바가 있으니 ……"라고 한 내용은 바로 이 편지와 서로 이어진다. (3) '맹자의 양기 한 장'의 편지. 이 편지는 오로지 '마음과 기의 합일(心與氣合)'을 깨달았음을 말하고 있다. 생각건대, 주희가 '마음과 기의 합일'을 깨달은 일은 소흥 30년 경진년에 있었다. 이해 7월 이후 이통의 답장에 '보내온 편지에 마음과 기의 합일 ……'이라 한 구절로 증명된다. 주희의 이 편지에 '비록 부분 부분에 이르기까지 직접 가르쳐주셨으나'라고 하였으니, 응당 소흥 30년 겨울에

격물치지의 일로서 사사물물事事物物에 나아가 일일이 그 이치를 궁구하려는 것이다. '지언'이 강조하는 것은 역시 분수의 체인이다. 주희는 나중에 '양기' 장의 긴요한 곳은 "완전히 '지언'에 있다."(『어류』권52)고 여겼는데, 이는 바로 이때 이통으로부터 받아들인 사상이다.

이때 상견하고서 집으로 돌아간 뒤 주희는 「곤학困學」 시 한 수를 지었는데, 이는 그가 이통을 따라 3년 동안 힘들여 배우며 탐색한 공부를 스스로 총결한 것으로 간주할 수 있다.

예전엔 마음의 안정을 기뻐하여 힘들여 마음을 찾아	舊喜安心苦覓心
책을 버리고 배움을 끊고서 찾으러 다녔었지	捐書絶學費追尋
곤궁하고 막힌 이날 마음 편한 곳 없으니	困衡此日安無地
비로소 지난날 시간 허비했음을 깨닫네	始覺從前枉寸陰

—『문집』권2[6]

연평에서 상견하고 돌아온 뒤 얼마 지나지 않았을 때 이 편지를 썼다. (4) 『중용』 귀신 장'의 편지. 이 편지는 소흥 30년 경진년 7월 이후 '이어서 보니 반드시 일삼는 바가 있어 미리 기약하지 말고'라고 한 편지에서 『중용』을 말한 설과 서로 같으니, 아마도 동시에 썼을 것이다.

6 주희의 『문집』 가운데 권2의 「곤학, 두 수(困學二首)」는 종래에는 연보에 기록된 「곤학공문困學恐聞」이라는 글을 작성한 해에 근거하여 융흥 2년(1164)에 비정하였다. 생각건대, 「곤학」 시 두 편은 동시에 지은 작품이 아니다. 둘째 수는 내용으로 보아 응당 '공문恐聞'으로 제목을 붙여야 한다. "제목을 잘못 붙였다고 옆에 있는 사람들 웃지 마오.(傍人莫笑標題誤)"라고 한 말은 바로 「곤학공문」이라는 책의 제목을 붙인 일을 가리키니, 융흥 2년에 지은 것임은 의심할 수 없다. 그러나 첫째 수 「곤학」은 '책을 버리고 배움을 끊고' 선을 배웠던 일을 참회하고 있으며, 게다가 융흥 2년은 이미 이통이 죽고 나서 1년 뒤이고 10년 동안 이통에게 도를 묻고서 배움을 완성한 때이니, 단연코 '비로소 깨달았다'고 말할 수 없다. 그러므로 융흥 2년에 짓지 않았음은 분명하다. 권2의 시편들은 본래 연도에 따라 편차하였고, 이 「곤학」은 소흥 30년(1160)에 지은 시 가운데 있으니, 응당 소흥 30년에 지은 시이다. 「곤학공문편서困學恐聞編序」에 근거하면, 주희가 먼저 '힘들여 배울(困學)' 뜻을 품고 그 뒤 나아가 또 '실천하지 않은 상태에서 새로

혜가慧可의 '마음을 편안히 한다(安心)'라는 선가禪家의 고사를 이용한 주희의 표현은 「무림武林」에서 '다만 나는 근심에 젖을 마음이 없으니(只我無心可愁得)'라고 한 표현을 스스로 부정한 것이다. 오랫동안 마음을 쓰고 사려를 다하여 사고를 한 뒤에야 비로소 유가의 실지實地를 밟고 마침내 자기의 '유체무용有體無用'의 고질이 역시 '책을 버리고 배움을 끊은' 선의 뿌리를 완전히 끊어 없애지 못한 데 있었음을 인식하게 되었던 것이다.

소흥 30년(1160)에 연평에서 이통과 만난 일은 주희 사상의 발전에서 또 다른 중요한 의의를 지니고 있다. 그는 글을 짓는 일이 도에 해롭다고 느꼈기 때문에 마침내 원래 시인과 문장가로 생각했던 의식을 버리고, 이로부터 죽을 때까지 '도를 제창하는(唱道)' 일을 자기 임무로 결정하였던 것이다. 아직 연평에 있을 때 그는 동짓날 쓴 시 한 수의 서문에서 '근래 말을 많이 하는 것이 도에 해로워 아예 시를 짓지 않다가'(『문집』 권2 「『대학』 「성의」 장을 읽고 느낌이 있어서(讀大學誠意章有感)」)라고 하여서 자기가 길을 잃고 헤매다 돌아올 줄 알게 된 사실을 표현하였다.

이통을 상견하고 돌아온 뒤 주희는 곧 외사촌 아우 정순程洵에게 보낸 편지에서 더욱 명백하게 말하였다. "왕년에는 잘못 생각해서 글을 지으려고 했는데, 근래에는 자못 힘으로 미칠 바가 아님을 깨닫고서 마침내 그만두고 다시는 그 사이에 마음을 두지 않으니, 생각보다 매우 일을 덜게 되었음을 알았다. 학문을 강론하면서 근래 연평 이 선생을 만나고 비로소 대략이나마 문호門戶를 엿보았으나, 질병이 들어서 끝내 이 일에 종사할 수 있을지 알 수 없

들음이 있을까 두려워하는(恐聞)' 생각을 가졌던 것은 단지 한때의 일이 아니므로 두 시는 역시 동시에 지은 작품이 아니다. 두 시의 내용이 서로 가깝고 연계되어 있기 때문에 문집을 편집한 사람이 마침내 「곤학공문편서」에 근거하여 소흥 30년 아래에 같이 편집했던 것이다.

다. 대개 이 일은 본원本原 함양을 우선으로 삼으며, 경전의 주지를 강론하는 일은 다만 이것을 보완하는 일일 뿐이다. 종전에 이곳저곳 마구 드나들 때는 꼭 좇아야 할 바가 없었으니, 명색이 학문을 한다 하지만 실로 무슨 유익한 것이 있었겠는가? 또한 가소로울 뿐이었다."(『별집』 권3 「답정흠국答程欽國」)

문장을 버리고 도를 숭상하는 이러한 변화에 이어서 주희는 정순과 함께 도학의 선비를 높이고 사장詞章의 선비를 깎아내리며, 정학程學을 높이고 소학蘇學을 깎아내리며, 유학을 높이고 시문詩文을 깎아내리는 격렬한 논변을 전개하였다. 그리하여 소흥 30년(1160)을 자기 평생 '이치를 궁구하고 도를 알게 된(窮理知道)' 시초로 간주하였다. 이같이 '이치를 궁구하고 도를 아는' 표지가 된 것은 바로 그가 이통과 상견하고 돌아온 뒤 '양기' 장을 벼리로 삼아 완성한 『맹자집해』이다. 이 책은, '양기' 설을 배제하여 내버리고 『맹자』를 풀이한 소영빈蘇穎濱의 저작과 날카롭게 대립하며, 소흥 30년에 연평에서 이통으로부터 받은 가르침의 완성이라고 할 수 있다.

그는 이때 이통과 대면하여 받은 가르침에 근거해서 한마음으로 이치를 궁구하고 도를 아는 분수 체인의 공부를 하였으며, 이듬해 곧 흥분해서 이통에게 '종전에 절실하게 마음을 두었으나 말끔하고 깨끗하지(灑落) 않던 곳이 지금은 점차 말끔히 이해된다(融釋)'고 알렸다. 소흥 31년은 그가 '본체는 있고 작용은 없던(有體無用)' 데서 '상쾌하게 말끔히 이해되는(灑然融釋)' 데로 들어간 한 해가 되었다. 이해에 이통은 나종약羅宗約(나박문羅博文)에게 보낸 편지에서 주희가 선에서 달아나 유가로 돌아온 결정적인 돌진에 대해 총결을 하였다.

원회元晦(주희)는 매우 힘써 배움에 나아가며 선을 즐기고 의를 두려워하니(樂善畏義) 우리 유학의 무리(吾黨)에 드문 사람입니다. 늦게야 이 사람을 얻어서 의심스러운 문제를 토론하니 매우 위안이 됩니다.

이 사람은 극히 영특하고 총명하며 힘써 실행하니 두려워할(可畏) 만합니다. 학문을 강론함에 미묘한 곳까지 깊이 나아갔으며 …… 그가 논란論難하는 바는 모두 배운 바를 가지고 가르친 사람을 공격하는 것으로서(操戈入室) 원점에서 체인하는 것이라 말하는 바가 좋습니다. …… 그는 처음 겸개선謙開善에게서 공부를 하였으므로 모두 이면에 나아가 체인하였으나, 지금은 이미 논란을 하여 유자儒者의 맥락을 보았으니 잘못된 곳을 아주 잘 지적합니다. 나 선생도 이런 사람은 보지 못했을 것입니다.

이 사람은 다른 일은 하지 않고 오직 여기에 마음을 쏟고 있습니다. 처음 학문을 강론할 때는 자못 도리에 얽매였으나, 지금은 점차 말끔히 이해되어 일상생활에서 한뜻으로 공부를 하니 만약 여기에서 점차 익숙해지면 본체와 작용이 합일할 것입니다.

— 『이연평집』 권1 「여나박문서與羅博文書」[7]

주희는 마침내 도교와 불교의 천국으로부터 고요한 곳에서는 맑게 관조하고(靜處澄觀), 움직이는 곳에서는 살펴서 인식하는(動處察識) 체용합일의 유교 낙원에 발을 들여놓았다. 그러나 그가 막 힘들여 배워서 터득한 바가 있고 일상생활에서 이치를 궁구하여 익숙해지기 시작했을 때 일종의 새로운 '실천

---

7 이통의 이 편지는 연보에 모두 소흥 30년(1160) 아래에 갖다 붙였는데, 근거가 없다. 『연평답문』을 살펴보면 소흥 31년 신사년에 "보내온 편지를 받으니 근래 배움의 이력이 매우 적절합니다. 종전에 절실하게 마음을 두었으나 말끔하고 깨끗하지(灑落) 않던 곳이 지금은 점차 말끔히 이해되고(融釋) 있습니다. 이는 곧 도리가 진보한 효험이니 매우 좋고도 좋습니다. 사색에 막힘이 있으면 일상생활에서 활동하는(日用動靜) 사이에 거슬리는 곳이 있으나, 곧 여기에 생각을 다하여 그 까닭을 추구하여 오래되면 저절로 이치에 따르게 될 뿐입니다."라고 한 편지가 있는데, 이 편지와 완전히 합치한다. 이 편지는 소흥 31년 6월 사이에 쓰여졌음을 알 수 있다.

하지 않은 상태에서 새로 들음이 있을까 두려워하는(恐聞)' 감정이 또 그를 사로잡았다.

공문恐聞에서 빠져나오다

주희가 '실천하지 않은 상태에서 새로 들음이 있을까 두려워했다(恐聞)'는 것은 실제로는 이통이 말한바, 주희에게 결여된 '일에 응하여서 쇄락한(應事灑落)' 실천(踐履) 공부였으며, '이치를 궁구함'은 있으나 '일에 응함'은 부족하고, '말(言)'은 있으나 아직 '행함(行)'은 없다는 점이었다. 이통은 실천을 매우 중시해서 심지어 '실천을 지식으로 삼으라(以踐履爲聞知)'고 주장하였다(『연평선생어록延平先生語錄』, 『황씨일초黃氏日抄』권412). '작용'에서, '분수'에서, '일상생활'에서 공부할 것을 강조하는 사상으로부터 이통은 자연 한 걸음 더 나아가 '응사쇄연應事灑然(일(사태)에 응하여서 맑고 깨끗하게 처리함)' 사상을 이끌어냈던 것이다.

이전 소흥 30년(1160)에 이통은 주희에게 다음과 같이 요구하였다. "나는 일찍이 일을 만나 만약 털끝만큼이라도 막히는 것이 없다면 바로 맑고 깨끗한(灑落) 것이라고 여겼습니다. 곧 이 마음이 드넓게 탁 트여 크게 공변되어서 나와 남이 치우치거나 기우는 것이 없어 거의 도리에 일관하는 것입니다. 만약 일을 보고 철저하지 않으면 중심에 아직 조금이라도 치우치거나 기우는 것이 있음을 면하지 못하니, 곧 막힌 것이 되어서 모두 옳지 않습니다."(『연평답문』) 이렇게 일에 응하여서 도성에 들어가 진취적으로 용감하게 행동하도록 주희를 격려하였다.

소흥 32년(1162)에 두 사람이 '인仁'에 나아가 이일분수理一分殊에 대해 전개한 새로운 토론은 그들의 이일분수에 대한 인식의 1차 총결이었다. 두 사람은 모두 '본체와 작용을 겸하여 실천해야(體用兼擧)' 한다고 인식하였다. 이통의 마지막 결론은 다음과 같다. "오직 일상생활에서 공부를 해야 합니다. 혹 일에 나아가 공부를 하면 거의 점차 자기 것이 됩니다. 그렇지 않으면 다만 말일 뿐입니다."(동상) 이일분수에 대한 이런 전면적 인식은 곧 그들로 하여금 철학상의 추상적인 이기상즉理氣相卽, 도기상즉道器相卽을 구체적으로 실행할 수 있는 이사상즉理事相卽으로 확장하게 하였으며, 즉사궁리卽事窮理를 강조하는 데서 나아가 즉리응사卽理應事를 강조하도록 하였다. 그래서 융흥 원년(1163)에 이르러 이통은 5월 23일에 보낸 편지 가운데에서 '일에 응하여서 맑고 깨끗하게 대처할(應事灑落)' 것을 그가 주희 사상의 앞길에 마지막으로 지적해주는 스승의 가르침(師訓)으로 삼았다. "근래 함양함에 반드시 일에 응하여 초탈해지는(脫然) 곳을 보았습니까? 모름지기 일에 나아가 본체와 작용을 겸하여 공부하되 오래도록 순수하고 익숙하게 하면 점차 혼연한 기상을 볼 수 있습니다. 힘쓰고 힘쓰십시오!"(동상)

이통이 말한 '일에 응하여서 쇄락하게 하라'는 것은 바로 앎과 행함을 함께 실천하며, 이치를 궁구함(窮理)과 일에 응함(應事)을 병행하도록 요구한 것으로서, 주희로 하여금 도교와 불교의 공리허담空理虛談을 반대하도록 이끌어가려는 의도가 있었다. 주희는 이통의 이러한 사상을 '일에 따라 이치를 관찰하고, 이치에 즉하여 일에 응한다(隨事以觀理, 卽理以應事)'는 두 구절로 개괄하여 융흥 원년(1163)의 주차奏箚에 써넣었는데, 이는 곧바로 불교와 도교에 탐닉한 새 군주 조신趙眘(효종)마저도 성실하게 앞장서서 받들어 행하게끔 하려는 것이었다.

주희가 말하는 '실천하지 않은 상태에서 새로 들음이 있을까 두려워한(恐聞)' 것에서 '두려워한(恐)' 것이란 스스로 앎만 있고 행함은 없으며, 일에 응하여서 맑고 깨끗한 경지에 이르지 못하는 것이었다. 그는 융흥 2년에 지은

「곤학공문편서困學恐聞編序」에서 이 시기의 이러한 공문恐聞의 정서를 다음과 같이 털어놓았다. "잡다하게 기록한 글을 엮어서 『곤학공문困學恐聞』이라 제목을 붙였는데, 대체로 또한 자로子路가 '들은 것이 있고 아직 실천하지 않은 상태에서 오직 새로 들음이 있을까 두려워하였다'는 뜻을 취한다. 힘들여 배우는 사람은 마땅히 이같이 노력해야 한다고 여긴다. 이 글을 읽는 사람이 아래의 인민을 근심하고 들은 것을 행하지 못한 것으로 두려움을 삼는다면, 나는 장차 이를 취하여 내 인仁을 도울 것이다."(『문집』 권75)

이 때문에 이통이 가르친, '일에 응하여서 맑고 깨끗하게 대처함應事灑落'의 현실적 의의는 주희가 선에서 달아나 유가로 돌아오는 길로 한 걸음 더 나아가도록 추동했을 뿐만 아니라, 또한 실천하지 않은 상태에서 새로 들음이 있을까 두려워하는 감정을 품고 힘들여 배우던(困學) 서재에서 빠져나와 남송의 사회 현실로 향하도록 재촉하는 것이었다. 소흥 31년(1161) 이후 주희가 연평을 따라 배운 것은 이미 서재의 책들 속에서 다만 현리玄理의 문답을 진행하는 것이 아니었다.

소흥 31년을 전후로 하여 남송 사회의 모순과 투쟁이 격화하면서 주희는 마침 곤학困學에서 공문恐聞으로, 또한 명예와 이익을 추구하지 않고 깨끗이 물러나 지조를 지키며 몸가짐을 깨끗이 하여 자기를 존중하는 데서 아래의 인민을 근심하고 실천하지 못함을 두려워하는 데로 변화하는 길을 걷고 있었다.

소흥 29년(1159) 4월에 조정에서는 "모든 관사에 명하여 현령으로서 행정의 실적이 있는 자는 함께 천거한 뒤 차례를 따지지 말고 승진시켜서 격려하였다."(『송사』 권31 「고종본기高宗本紀」) 8월에 행정 실적이 적지 않은 작은 현의 관리인 주희는 좋은 벗 비서승 유공이 이끌어주고 재상 진강백陳康伯이 천거하여서 선배 명사 서도徐度·여광문呂廣問·한원길韓元吉과 함께 부름을 받고 행재소로 가게 되었다.[8] 그런데 언로言路에 있는 어떤 사람이 '분경奔競'을 대단히 억누르는 바람에 주희만 홀로 가지 못하였다.

소흥 30년(1160) 6월에 조정에서 다시 지휘하여 주희에게 도성에 들어오도록 재촉하였으나 그는 여전히 가려고 하지 않았기 때문에, 호굉이 그를 가리켜 '본체는 있으나 작용은 없다'고 일컫기까지 하였다. 이통은 그가 일에 응하여 맑고 깨끗하지(應事灑落) 못하다고 지적하면서 '홀쩍 한 번 가기를(脫然一行)' 바랐다. 이통의 계발과 인도에 자극을 받고 주희는 정국과 조정의 일에 관심을 기울이기 시작하였다.

8월에 주희는, 도성에 들어가 정자正字로 있는 호헌에게 보낸 편지에서 남을 능가하는 대담한 식견으로 장강長江에서 송과 금 양군이 대치하는 형세를 분석하고, 호헌이 '대유大儒의 효험을 한번 시험해보기를' 바랐다. 그리하여

---

8 『속자치통감』권133 : "소흥 29년(1159) 8월 갑자에 조칙을 내려서 좌조청랑 양절동로 제점 형옥공사左朝請郎兩浙東路提點刑獄公事 서도, 좌조청랑 양절서로 제점 형옥공사左朝請郎兩浙西路提點刑獄公事 여광문, 좌적공랑左迪功郎 주희를 함께 행재소에 오라고 불렀다. 우통직랑 지건주건안현右通直郎知建州建安縣 한원길에게 임기가 만료되면 행재소에 오도록 명하였으며, 아울러 서도와 여광문에 대해서는 임기 만료를 기다렸다가 내승內升으로 차견하라고 조칙을 내렸다." 백전白田 왕무횡王懋竑은 이때의 일이 진강백의 천거에서 나온 것이라고 하였는데, 옳다. 『도명록道命錄』권5에서는 바로 다음과 같이 말하였다. "…… 진회가 죽고 진노공陳魯公(진강백)이 집정을 하였는데, 선생(주희)의 현능함을 말하고 행재소로 불렀다. 소흥 29년 8월의 일이다. 그런데 언로言路에 선생을 침해하려는 의도로 분경을 억누르기를 청하는 자가 있어서 선생이 사양하고 나가지 않았다." 그러나 진강백은 주희와 직접적인 안면이 없었다. 주희가 이때 부름을 받은 것은 실은 유공의 힘이다.(유공이 조정에 있으면서 진강백에게 주희를 소개하고 천거하였다.) 그때 주희와 유공은 매우 친밀하게 서찰을 주고받았다. 주희의 『문집』권81 「발호오봉시跋胡五峰詩」에 근거하면 "소흥 경진년(1160)에 나는 병으로 산간에 누워 있었는데, 조정에서 벼슬하는 친우가 편지로 불렀다. ……"(*생각건대, 친우란 유공과 호헌을 가리킨다)라고 하였는데, 이는 소흥 30년의 일이니, 소흥 29년에 유공이 조정에서 주희를 천거하여 이끌어준 것은 그 자체 필연적인 일이다. 이른바 언로에서 선생을 침해하려고 의도한 자란 바로 좌사간左司諫 하부何溥이다. 『건염이래계년요록建炎以來繫年要錄』권183에 보인다.

천하의 형세를 "구제할 방법은 오직 그 근본을 구제하는 데 있을 뿐입니다. …… 이른바 그 근본을 구제하는 방법이란 천하의 인망人望이 모이는 사람을 보아서 등용하여 쓰는 데 지나지 않습니다. 가령 그의 행동거지와 일 처리(擧 操用舍)가 반드시 인심에 맞으면 천하의 마음이 합하여 조정에 모일 것이니, 그 기력을 쉽게 고동칠 수 있습니다."(『문집』 권37 「여적계호선생與籍溪胡先生」 서2)라고 인식하였다. 이른바 '천하의 인망이 모이는 사람'이란 바로 좌천된 주전파의 영수인 장준張浚과 유기劉錡를 가리킨다. 오래지 않아 호헌은 과연 주사奏事를 통해 장준과 유기를 기용하라고 맨 먼저 제기함으로써 그 이름을 도성에 떨 쳤다. 하지만 이 일은 실제로는 그의 고제高弟(주희)의 청에서 나온 것으로서, 동안에 부임하였다가 돌아와 은퇴한 지 3년이 된 이 사관祠官이 현실을 직면 하고서 적극적이고 진취적인 유가의 정신을 회복하리라는 사실을 예시하고 있었다.

일상생활의 일에 나아가 공부하라는 이통의 가르침 아래, 소흥 30년(1160) 겨울에 (이통과) 만나고 난 뒤 소흥 31년에 주희는 이미 현실에 주의력을 집중 하였다. 금의 원수 완안량完顔亮의 남침이 일으킨 풍운의 놀라운 변고는 애국 적 주전의 열정을 지닌 이학가들의 세상 구제(濟世)의 마음에 충격을 가하였 다. 완안량은 소흥화의紹興和議를 방패막이로 삼고 일찍이 소흥 30년에 조칙 을 내려서 5년치 부세賦稅를 미리 거둬들여 남침 준비의 경비로 삼았다.

소흥 31년 9월, 100만에 이르는 금의 병사가 세 갈래로 나누어 대거 남하 하여 곧바로 양회兩淮(회남동로淮南東路와 회남서로淮南西路)를 압박하고 들어왔다. 회 서淮西(회남서로) 방어의 책임을 맡은 왕권王權은 죽기를 두려워하여서 살아남 으려고 여주廬州를 버린 뒤 남쪽으로 달아났다. 금의 군사는 순조롭게 회수를 건너 길게 밀려들며 남진해서 성을 공격하고 주州를 함락하였다.

임안성臨安城 안에서는 경황이 없어 문무백관의 권속들은 휴대하기 간편한 금은보화를 싣고 어지러이 달아나 종적을 감추었다. 마지막 남은 진강백과 황중黃中 두 사람의 가솔만 아직 임안에 있었다. 혼비백산한 조구(고종)는 결국 문무백관의 도망을 제지하지 않았고 도리어 후안무치하게 다음과 같이 말하였다. "(그들이) 양주揚州로 가려고 할 때 가라고 영을 내리지 않아서 사람을 많이 망치게 한 일이 후회스럽다." 하였다. 그는 바닷가로 도망가려고 하였으나 진강백이 반대하자 그제야 용기를 내서 '친정親征'을 한다고 조칙을 내렸다.

10월에 유기가 조각림皂角林 전투에서, 이보李寶가 교서膠西 전투에서 승리를 하면서 비로소 금 병사의 남침의 예봉을 조금은 꺾을 수 있었다. 이통과 주희는 이 경천동지할 거대한 변화를 예의 주시하고 있었다. 처음의 몇 차례 승리 소식을 들은 뒤 주희는 「시사에 느낀 점이 있어 열여섯 운으로 회포를 쓰다(感事書懷十六韻)」한 수를 써서 '조서가 한 번 내려가니, 승리의 소식 세 차례나 들려온다(一朝頒細札, 三捷便聞音)', '남은 적의 무리 잿더미가 되고 살아남은 백성은 고통을 벗었다(殘類隨煨燼, 遺黎脫斧砧)'고 환호하였다. '친구가 헌납을 맡았다(故人司獻納)'는 구절로 보아 이 시는 틀림없이 유공에게 써 준 것이다. 유공은 소흥 31년(1161) 6월에 기거 사인起居舍人에 제수되었고, 9월에 권 중서사인權中書舍人을 겸하였으며, 10월에는 권 직학사원權直學士院을 겸하였기 때문에, 주희는 그에게 '조만간 좋은 잠언을 받들겠다(早晩奉良箴)'는 희망을 걸었다(『문집』 권2). 시에서 유기·오린吳璘·이보 들이 거둔 승리를 기려 노래하였다.

10월에 금의 통군統軍 고경산高景山이 보병과 기병 수만 명을 거느리고 양주를 맹공하였다. 유기는 물에 익숙한 병사와 인민을 모집해서 모포로 감싼 금 군사의 양선糧船을 모두 가라앉혔고, 그 자신이 중병으로 인해 피를 토하는 상태에도 불구하고 친히 전선에 나아가 지휘를 하였다. 조각림 전투에서는 소교小校 왕좌王佐가 보졸步卒 400명만 거느리고 숲 속에 매복해 있다가 금

의 병사가 조각림으로 들어오기를 기다려서 일제히 활과 쇠뇌를 쏘아 금의
병사를 대패시키고 고경산을 베어 죽였다.

주희는 이 승리의 소식을 듣고 더욱 흥분을 그칠 수 없어서 잇달아 시 네
수를 읊었다.

'자유의 승전보를 듣다' 시의 운을 따서	次子有聞捷韻
신주가 가시나무 숲 되려 하고	神州荊棘欲成林
서리 이슬 처량하니 임금 마음 알겠네	霜露凄凉感聖心
노인은 지금 몇이나 남았을까?	故老幾人今好在
술병 기울이며 전쟁 소식 듣네	壺漿爭聽鼓鼙音
살벌한 기운 장강 가 숲으로 먼저 돌아가니	殺氣先歸江上林
비휴 같은 백만 군사 한마음이었다	貔貅百萬想同心
다음 날 아침 하늘의 교만한 자식 모조리 멸하여	明朝滅盡天驕子
동서남북 사방에서 모두 좋은 소식뿐이네	南北東西盡好音
외로운 신하 몹쓸 병으로 빈숲에 누웠으나	孤臣殘疾臥空林
시절 근심하는 한 치 마음 어쩔 수 없네	不奈憂時一寸心
누가 사립문으로 첩보를 보내왔나	誰遣捷書來蓽戶
겨울잠 자는 벌레, 우레 소리 들은 듯하네	眞同百蟄聽雷音
잠깐 사이 오랑캐 운명은 숲으로 달아나는 토끼와 같아져	胡命須臾兔走林
다시는 전처럼 교만 방자하지 않겠지	驕豪無復向來心

임금의 군대 수고롭게 궁지에 몰린 오랑캐 쫓지 마오　　莫煩王旅追窮寇

학 울음 바람 소리 모두 좋은 소식이라네　　　　　　　鶴唳風聲盡好音

——『문집』권2

빈숲에 사립문 닫아걸고 쓸쓸히 누운 외로운 신하는 승전보를 듣자 이미 북쪽의 교만한 사람들을 모조리 멸하고 남북통일을 실현할 열망에 타올랐다.

실제 전세의 진정한 전기는 11월이었다. 완안량은 채석采石에서 강을 건너려고 강행하였다. 채석의 호군犒軍 우윤문虞允文은 송의 군사에 통수統帥가 없는 위급한 상황에서 자발적으로 군민軍民을 조직하여 강을 건너 남침하는 금 병사를 격퇴시키는 중한 책임을 맡아 채석대첩采石大捷의 찬란한 승리를 거두었다. 완안량은 강을 건너 남하하려다가 저지를 받고 황하 이북에서도 또 전면적으로 금 세종의 제압을 받아, 앞뒤로 적을 만난 형국이라 나아갈 수도 물러날 수도 없는 곤경에 빠졌다. 결국 완안량은 사흘 안에 일제히 장강을 건너가지 않으면 모든 인마人馬를 죽임에 처한다는 강압적인 명령을 내렸다. 이에 금 병사는 분노를 느끼고 전쟁에 염증을 냈는데, 완안원完顔元은 그러한 병사의 정서를 이용하고 내홍內訌을 틈타 11월 27일 양주 구산사龜山寺에서 완안량을 죽였다. 12월에 이르러 금의 병사는 전부 회수를 건너 북쪽으로 물러갔다.

주희는 완안량이 절에서 피살되었다는 소식을 듣고 또 흥분하여 온갖 생각이 마구 용솟음쳐서 같은 운으로 단숨에 일곱 수를 써 내렸다.

28일에 소식을 듣고 기뻐서 시를 짓다, 일곱 수 聞二十八日之報喜而成詩七首

오랑캐 말 함부로 사방을 휘젓지 못하게　　　　　　　胡馬無端莫四馳

한 왕실 원래 중흥을 기약했네	漢家元有中興期
회산의 절에서 털 갖옷에 피 묻으니	旃裘喋血淮山寺
천명과 인심 부합함을 절로 알겠네	天命人心合自知
북방 오랑캐 멋대로 날뛰더니	天驕得意任驅馳
시기에 응하여 뱀의 해에 쳐내려왔다네	太歲乘蛇已應期
모두성 별빛 한밤중에 땅에 떨어지니	一夜旄頭光殞地
강물 마시는 오랑캐 말 아무것도 모르네	飮江胡馬未全知
담비 갖옷 입고 눈 속에 말을 달리니	雪擁貂裘一馬馳
외로운 군사 충성을 기약하기 어렵네	孤軍左袒事難期
한밤중 명광전에 상주문을 올리는데	奏函夜入明光殿
종들이 무슨 일인지 어찌 알겠는가?	底事廬兒探得知
회수 건넌 장수들 다투어 달리니	渡淮諸將已爭馳
도망치는 토끼를 매가 날아 미처 다 잡지는 못하네	兔脫鷹揚不會期
남은 오랑캐 모두 죽이고 기치를 되돌리니	殺盡殘胡方反旆
고향에는 원래 아는 사람 없었네	里閭元未有人知
찬란한 한의 부절 곧바로 북으로 달려	漢節熒煌直北馳
왕실의 터전 만세를 기약하네	皇家卜世萬年期
광무제의 성대한 덕 고조와 부합하니	東京盛德符高祖
중원의 어르신께 알려드려야지	說與中原父老知

날쌘 수레 날로 내달린단 말 듣고　　　　　追鋒聞說日驅馳

덕망 있는 옛사람 등용을 기대했네　　　　舊德登庸儻有期

임금은 요임금 우임금 같이 총명하니　　　聖王聰明似堯禹

충성과 간사함을 어찌 알기 어려우랴?　　　忠邪如許詎難知

임금 호령 바람처럼 내달리나　　　　　　恭惟大號久風馳

길 쓸고 전하여 불러도 기약할 수 없네　　清蹕傳呼却未期

이날 임금님 발걸음 수고롭게 할 필요 없으니　此日不須勞玉趾

한 치 마음, 모시는 신하가 어찌 알랴?　　　寸心那得侍臣知

　　　　　　　　　　　　　　　　　　　—『문집』 권2[9]

　이 연작시와 함께 앞에 나온 「시사에 느낀 점이 있어 열여섯 운으로 회포를 쓰다」와 「'자유의 승전보를 듣다' 시의 운을 따서」는 주희 일생의 전체 시작詩作 가운데 특수한 위치를 차지한다. 이들 시는 그가 처음으로 중대한 사회 현실의 사건을 시가에 반영하고 언급한 작품이다. 시대와 세상을 근심하

---

9 이 시 한 조는 혹 융흥 원년(1163)의 북벌을 읊은 작품이라고 여겨지기도 하는데, 잘못이다. 시를 보건대 '회산의 절에서 털 갖옷에 피 묻으니'라고 한 구절은 완안량이 구산사에서 죽은 사실을 가리킨다. '시기에 응하여 뱀의 해에 쳐내려왔다네'에서 뱀의 해란 소흥 31년 신사년辛巳年(1161)을 가리킨다. 『중흥소기中興小紀』 권40에 "먼저 술수를 아는(知數) 자가 행부行府(중앙 관서에서 외부에 파견하여 지정한 공무를 대행하게 한 기구)에 나아가 글을 올려 말하기를, '태일太一의 국면으로 살피건대, 금의 완안량은 번거롭게 도끼를 쓰게 하지 않을 것입니다. 동지 전에 내부의 변란(蕭墻之變)이 있을 것입니다.' 하였다. 사람들은 모두 그럴듯하게 여기지 않았으나 이에 이르러 징험되었다." 하였는데, 시는 바로 이를 가리킨다. '덕망 있는 옛사람 등용을 기대했네'라는 구절은 대체로 이때 장준이 판건강判建康으로 있어서 이부二府(중서성과 추밀원)에 들어가지 못했기 때문에 한 말이다. 융흥 원년의 북벌을 할 무렵이라면 장준은 이미 추밀사樞密使에 제수되었다.

고 걱정하는 강개한 시편을 써냈던 것이다. 그가 이 시편들을 쓸 때 하늘을 뒤흔들 듯 소리 높여 '친정親征'을 외친 조구는 아직 어가를 출발하지도 않았다. 주희가 '이날 임금님 발걸음 수고롭게 할 필요 없으니' 하고 읊은 구절은 완곡한 풍자를 은밀히 함축하고 있다.

주희 스스로는 강해江海에 있었지만 조정에 있는 천자(鉅公)에 견주어 도리어 두뇌가 더욱 맑았다. 12월에 남송의 소조정이 이미 뜻밖에도(居然) 자아도 취하여 논공행상을 하면서 요행히 거둔 승리의 개선을 경축하고 있을 때 주희는 동지추밀원사 황조순黃祖舜에게 편지를 보내 조정의 제왕과 대신의 어리석고 무능함을 통렬히 지적하였다.

주희는 이때 완안량의 남침이 남긴 뼈아픈 교훈을 다음과 같이 총결하였다. 멀리는 소흥 8년(1138) 이래 20여 년간 강화를 논의(議和)하면서 '조정의 기강이 떨치지 않고 군사적 대비가 무너졌으며 나라의 세력이 쇠약해져서 안팎이 텅 빈' 상황을 조성하였다. 가까이로는 강화와 전쟁을 두고 도망친 황제 조구의 태도가 일관되지 않았기 때문에 조치가 타당성을 잃었으며, 또한 먼저 당황하여서 도망칠 생각을 했고, 더욱이 놀란 가슴이 조금 안정되자 시기를 헤아리거나 형세를 재지 않고서 갑작스럽게 '친정'의 조칙을 내렸다. 그리고 조칙을 내린 뒤의 상황은 다음과 같았다. "날이 가고 달이 지나는데도 나아간다는 기약은 듣지 못했고, 국정을 맡은 자도 구충민寇忠愍(구준寇準)과 같은 계책을 지닌 사람이 있다는 말을 듣지 못했고, 숙위宿衛를 주관하는 자도 고열무高烈武(고경高瓊)와 같은 청을 하는 사람이 있다는 말을 듣지 못하였습니다. 그리하여 여러 장수는 마음이 해이해지고 6군은 해체되었으며, 오랑캐의 기마병은 멋대로 쳐들어와서 양회 지역에 깊숙이 들어왔습니다. 병력은 적은데 적은 더욱 강하고, 사세는 급한데 양식은 이미 떨어져서, 이에 전쟁 상황이 두 달이 채 못 가 모병과 과차科借(특수한 목적을 위한다는 명목을 내세우면서 인민의 물

품을 빌리는 형식으로 징발함)의 재앙이 인민에게 미쳤습니다."(『문집』 권24 「여황추밀서
與黃樞密書」)

그러나 주희가 황조순에게 편지를 보낸 목적은 완안량의 남침이 실패한
뒤 남송의 현상에 대해 느낀 점을 표현하기 위함이었다. 이전과 다름없이 조
금도 변한 것이 없는 조구는 피어린 교훈을 결코 받아들이지 못하였다. 12월
에 송의 군사는 일거에 양회 지구를 수복한 뒤 또 낙양洛陽·숭주嵩州·장수長
水·영녕永寧·수안壽安 등지를 쳐서 이겼고, 적의 후방에서도 성세가 드높은 경
경耿京 등의 의병이 금의 군사를 격살하며 활약을 펼쳤다. 바야흐로 승리의
기세를 몰아 계속 진격할 수 있는 절호의 시기였다. 그러나 여전히 두려움이
남은 조구는 또다시 투항해서 강화를 구걸하려는 옛꿈을 거듭 꾸었다. 조구
는 전투의 승리를 계기로 강화를 구해서 금의 군주에게 '짐은 이 일이 끝내
강화로 귀결되리라 생각한다'고 낯간지러운 말을 하였고(『건염이래계년요록』 소흥
32년 정월 임진), 주화파도 이에 소란스럽게 부화뇌동하였다.

주희가 조정의 재보宰輔에게 편지를 보낸 것은 바로 강화를 주장하고 구
차한 안정을 추구하는 조정의 이러한 새로운 동향을 비판하려 함이었다. 그
래서 그는 다음과 같이 말하였다. "지금 그들이 잃은 것이라고는 오직 완안
량 한 사람(一夫)일 뿐입니다. 만일 한 달 사이에 다시 그 모든 무리가 군주를
잃었다는 수치심을 느끼고 우리에게 원한을 갚으려 한다면, 모르겠습니다만
조정의 의론은 또 어떤 계책으로 그들을 막으렵니까? 백성을 착취하면 백성
은 피폐해져서 감당할 수 없으며, 병사를 모집한다면 병사는 허약하고 쓸모
가 없습니다. 장차 중원을 점거하고서 저들과 싸우려면 형세가 무르익지 않
았고, 중원을 버리고서 회수와 사수(淮泗)를 지킨다면 회복할 기약이 없습니
다. 모르겠습니다만, 논의하는 자는 무엇으로 이에 대처하겠습니까?"(『문집』 권
24 「여황추밀서」)

금에 항거하고 중원을 회복하는 문제에 대해 주희는 '근본을 견고하게 할 것'과 구차한 안정에 반대하는 주장을 제기하였다. 그 가운데 특별히 "유독 예전의 현명한 이로서 일어났으나 등용되지 못한 사람이 한둘 있으니 …… 조정에서 끝내 등용하지 않는다면 어찌할 수 없을 뿐입니다."(동상)라고 명확하게 지적하였는데, 이는 곧 장준이 의심을 받아 중용되지 못한 사안을 가리킨다.

장준은 진회秦檜 당우黨羽의 논박을 받고 파직된 뒤 10년 동안 폐출되어 한가하게 있었는데, 완안량의 남침 전에 또 한번 주화파 탕사퇴湯思退의 저지를 당하였다. 그러다가 소흥 31년(1161) 11월에야 건강建康 통판通判에 기용되었다. 장준이 장사長沙에서 건강으로 옮겨왔을 때 금의 군사는 이미 깃발을 말아들고 북으로 퇴각하였다. 나중의 사실은 장준을 '조정에서 끝내 등용하지 않으리라'고 한 주희의 말이 참으로 예견임을 증명한다.

완안량 남침 사변의 충격을 겪은 뒤 주희는 거듭 '장강 북쪽을 생각하면서 철마가 어지러이 날뛰는(當念長江北, 鐵馬交紛馳)'(『문집』권2 「유언채의 '눈을 보다' 시 구절을 차운하다(次韻劉彦采觀雪之句)」) 현실에 울분을 느끼는 것 외에 자기가 아직 이통이 말한, '일에 응하여서 맑고 깨끗한(應事灑落)' 경지에 이르지 못했음을 심각하게 느낀 뒤 더욱 강렬한 '공문恐聞'의 정서를 일으켰다.

황조순에게 편지를 보내고 얼마 뒤 소흥 32년 정월에 주희는 건안建安에 가서 이통을 배알한 뒤, 그를 모시고 함께 연평으로 돌아와 서림원西林院에 머물면서 3월 말까지 가르침을 받았다. 이때의 상견은 이통이 소흥 31년 7월에 제안한 일로서, 강론 가운데 중심 문제는 바로 '일에 응하여서 맑고 깨끗함'이었다.

주희는 서림원에 시 세 수를 제하고, 이때의 상견에서 얻은 새로운 사상 진보의 과정을 기록하였다.

서림원 유가 스님의 달관헌에 다시 제하다 　　再題西林可師達觀軒

옛 절 다시 찾으니 감개가 깊은데 　　　　　古寺重來感慨深
작은 집 여전히 그 자리 지키고 있네 　　　　小軒仍是舊窺臨
전에는 오묘하던 곳 지금은 한만 남았으니 　向來妙處今遺恨
만고 장공에 한 조각 마음이여! 　　　　　　萬古長空一片心

서림원 유가 스님께 보이다, 두 수 　　　示西林可師二首

세상도 몸도 다 잊고자 　　　　　　　　　身世年來欲兩忘
한 봄날 마음 내켜 승방에 묵었네 　　　　　一春隨意住僧房
예전 은거하던 곳 찾아 오래 서성거리자니 　行逢舊隱低回久
푸른 나무에선 꾀꼬리 울고 날은 길기만 하네 　綠樹鶯啼淸晝長

은거한 곳 사방은 온통 빈숲 　　　　　　　幽居四畔只空林
우는 새 지는 꽃에 봄은 깊어가네 　　　　　啼鳥落花春意深
절간 다락방에 홀로 잠 못 이루고 　　　　　獨宿塵龕無夢寐
새벽달 찬 이불을 비추네 　　　　　　　　　五更山月照寒衾

　　　　　　　　　　　　　　　　　　　　　—『문집』 권2

주희는 「…… 다시 제하다(再題……)」 시의 서문에서 시의 의미를 분명하게
지적하며 말하였다. "…… 다른 때 다시 이르러 또 여기에서 집을 빌리려고
집의 벽을 올려다보고, 옛 시제가 있기에 지난 세월을 더듬어보았으나 놀랍

게도 스님의 죽음에 관해서는 듣지 못하였다."(『문집』권2)

놀랍게도 스님의 죽음에 관해서 듣지 못하였다는 말은 바로 일종의 강렬한 공문恐聞의 정서로서, 자기의 '일에 응하여서 맑고 깨끗함(應事灑落)'이 결여된 점에 대한 반성이다. '전에는 오묘하던 곳 지금은 한만 남았으니'라는 구절은, 당초에 서림에서 가르침을 받고 스스로 '힘들여 배워서(困學)' 터득한 게 있었지만 지금은 비록 오묘한 곳에서 앎을 이루었음에도 도리어 맑게(灑然) 힘써 행하지 못하고 끝내 '공문恐聞'의 여한을 남기는 형편을 면하지 못했다는 말이다.

'만고 장공에 한 조각 마음'이란, 맹자의 '인은 사람의 마음(仁, 人心也)'이라는 말과 정자의 '인이란 하늘과 땅이 만물을 낳는 마음(仁者, 天地生物之心)'이라는 말로서, '다만 천지는 바로 광대하고 생물은 바로 유행하여 끊임없이 낳고 낳음(生生不窮)'(『어류』권5)을 설명한 구절이다. 이는 일에 나아가 이치를 궁구함(卽事窮理)을 통해 깨달은 바, 영원히 낳고 낳아서 멈추지 않는 경지를 감탄한 표현이다. 그리고 이통이 그에게 "맹자가 '인은 사람의 마음'이라 한 말은 마음의 본체가 유有와 무無에 통하고 어둠과 밝음을 꿰뚫어서 포괄하지 않는 것이 없으니, 사람에게 발하여 작용하는 곳에서 추구하라고 가리켜서 보인 말입니다."(『연평답문』)라고 한 말을 시의 언어로 표현해낸 것이다. 이는 「곤학공문편서」의 결말과 일치한다.

그러나 이 시는 서림의 선사에게 써 준 것으로서, (시의 내용으로 보아) 주희의 선적 의식이 아직 완전히 없어지지는 않았다. '만고 장공萬古長空'은 천주숭혜天柱崇慧 선사의 기봉機鋒을 은밀히 사용한 표현이다. 숭혜 선사는 승려 제자들과 다음과 같은 대화를 하였다. "(*승려가) 물었다. '달마가 이 땅에 오지 않았을 때는 아직 불법佛法이 없었습니까?' 선사가 말하였다. '오지 않은 것은 우선 그만두고 지금 여기 일은 어떻게 생겨났느냐?' 말하였다. '저는 깨닫지 못하겠습니다. 스승님께서 가리켜서 보여주십시오.' 선사가 말하였다. '만고 장공이 하루아침 바람과 달이다(萬古長空, 一朝風月)' 승려가 말이 없었다."(『오등회원』권2)

숭혜 선사는 '만고 장공'으로 불법이 영원히 존재함을 비유하고, '일조 풍월一朝風月'로 인생이 유한함을 비유하여서 제자에게 과거의 어떤 불조佛祖에 얽매이지 말고 응당 눈앞의 자기 분수에서 나아가 '일체를 스스로 보아야(一切自看)' 한다고 하였다. 주희는 선가의 이러한 말을 빌려 만유萬有를 포괄하는 마음으로써 '발하여 작용하는 곳에서 추구하는' 유가의 사상을 표현해냈지만, 실상 그의 마음 깊은 곳에 있는 선의 뿌리는 아직도 잘리지 않았음을 폭로하였다.

이때 상견하고 돌아간 뒤 주희는 과연 조칙에 응해 봉사封事를 올려서 그의 '일에 응하여서 맑고 깨끗함'을 드러내 보였다. 유기가 병으로 죽은 뒤 조정 내 주전파는 모두 장준이 기용되기를 바랐는데, 그가 군사의 일을 주관하여 급류에 튼튼히 버티고 선 바위와 같은 역할을 하기를 열망했기 때문이다. 그러나 조구는 주화파 양존중楊存中을 강회형양로 선무사江淮荊襄路宣撫使로 임명했고, 그 결과 인망을 크게 잃었다. 조구는 퇴위하기 전, 금에 대항하기 위해 설치했던 초토사招討司, 선무사宣撫司를 철폐하였다. 송과 금 쌍방이 강화를 담판하는 사신을 파견하여 서로 분주하게 오가면서 주화의 분위기가 조정을 감쌌다.

6월에 조구가 내선內禪을 하고 조신趙昚(효종)이 즉위하자 조정은 그제야 결정적인 전기를 맞이하였다. 조신은 중원을 회복하고 송 황실을 중흥하려는 의지를 지닌 황제였다. 그는 즉위하자마자 곧 장준을 강회 선무사에 임명하고, 악비岳飛의 관작을 복구해주었으며, 좌천되어 있던 호전胡銓을 기용하였다. 6월에는 안팎의 선비와 서민에게 시정時政의 문제점을 지적하고 진술하라는 조칙을 내렸다.

새 군주가 경장更張에 크게 힘을 쏟고 주전파가 득세하면서, 가슴에 가득 찬, 금에 대항하는 뜨거운 혈기에 자극을 받은 주희는 곧 8월 7일에 조칙에 응하여 장편 봉사封事를 올렸다. 주희가 봉사를 작성할 때 이통이 심혈을 기울여서 지도하였다. 이통은 봉사를 상세하게 비평하고 수정한 뒤 특별히 주희에게 편지를 써서 화의和議를 반대하는 생각을 봉사에 두드러지게 드러내도록 하였다.

> 오늘날 떨쳐 일어나지 못하고 입지立志가 정해지지 않으며 일의 공적이 성사되지 못하는 까닭은 바로 이렇게 화의和議를 명분으로 삼기 때문입니다. 편지에서 논한 내용이 매우 좋습니다. …… 요컨대 단연코 강화를 해서는 안 됩니다. 기강을 정돈하고 대의로 결단하여 천하에 향배를 보여서 국시國是로 삼아야 합니다. 여기서 거듭 이 봉사를 인용해야 하겠습니다. 또 '편의에 따라 일을 하도록 허락한다'는 말은 몇 마디 말로 (그 잘못을) 좀 더 밝히는 것이 어떻겠습니까? ──『연평답문』

호안국의 춘추학에 정통한 이통은 종래 강화를 논의하는 일에 대해 매우 미워하며 통렬히 마음 아파하였다. 그는 평소 늘 주희에게 다음과 같이 말하였다. "오늘날 다만 마땅히 '불공대천不共戴天' 넉 자를 편액에 붙여 두고 다른 일은 알지 못해야 하니, 이것이 첫째가는 의리입니다."(『문집』 권28 「답이성보서答李誠父書」) 그런 이통과 주희가 주도하여 봉사를 올린 데는 한층 더 깊은 이유가 있었다.

'성효聖孝'의 새 황제 조신은 하는 일마다 덕수궁德壽宮에 물러나 앉은 태상황 조구의 견제를 받았다. 그러나 사실 그 스스로도 금에 대한 강화 논의를 통해 강토 회복을 하려는 환상을 품고 있어서, 일종의 '적을 달래는(綏寇)' 정책을 채택하였다. 그리하여 즉위하고 나서 사면을 내리는 글에도 강화 논의의 한 조항을 써넣었으며, 여러 장수의 진격을 엄금하고 금에 사신을 보내 '강화와 우호의 예를 계속하여 유지'하였다. 8월에 그는 또 주화파 사호史浩를 참지정사參知政事에 임명하여 주전파 영수 장준의 손발을 묶어 두었다.

조신은 조구와 마찬가지로 불교와 도교에 아첨하는 성벽이 있었다. 이 세속의 황제는 '세상에 나온 부처님(一佛出世)'이라고 기림을 받는 불국의 황제 종고의 발아래 선뜻 경건하게 절을 하였다. 아직 보안군왕普安郡王으로 있을 때는 종고의 대단한 명성을 앙모하여서 내도감內都監을 경산徑山에 보내 종고를 배알하였다. 건저建邸에 있을 때는 또 내지객內知客을 종고에게 보내서 대중을 위해 설법을 청하였으며, 손수 '묘희암妙喜庵'이라 쓰고 진찬眞贊을 지어서 종고에게 하사하였다. 조신은 즉위하자마자 종고에게 '대혜 선사'라는 호를 하사하고 내부內府의 보왕寶王(불상) 3품을 꺼내 천축관음天竺觀音 도량에 보내서 안치하게 하였으며, 그 뒤에도 「관음대사찬觀音大士贊」 한 수를 지었다. 전조前朝의 조구 때부터 있던, 조신의 수하 원로대신 중에는 부처에 탐닉하고 노자를 좋아하지 않는 이가 거의 한 사람도 없었다.

주희의 봉사封事는 강화를 반대하고 전쟁을 주장하며, 불교를 반대하고 유학을 숭상하는 두 방면에서 전개되었다. 그는 조신이 즉위한 뒤의 현상을 "조종祖宗의 영토(境土)를 아직 회복하지 못하였고, 종묘의 원수와 수치를 씻지 못하였으며, 오랑캐의 간사한 흉계는 범상치 않은 데다 생민의 곤궁과 초췌는 극에 달하였습니다."(『문집』 권11 「임오응조봉사壬午應詔封事」)라고 날카롭게 지적하고서, '천하의 일이 오늘날에 이르러 폐단이 없는 것이 없다'고 보았다. 이 때문에 주희는 조금도 늦출 수 없는, 당장 해야 할 급선무 세 조항을 제출하였다.

하나는, '제왕의 학문은 익숙하게 강론하지 않으면 안 된다'는 것이다. 이는 바로 유학으로써 불교와 도교의 학문을 반대하는 것이었다. 제왕의 한마음은 천하의 대본大本이므로 조신에게 치지격물致知格物, 정심성의正心誠意의 학문에 뜻을 두고, '인심은 위태롭고 도심은 은미하니, 정성스럽고 한결같이 하여서 진실로 그 중심을 잡으라(人心惟危, 道心惟微, 惟精惟一, 允執厥中)'는 열여섯 자 심전心傳을 앞장서서 실천하라고 요구하였다. 이렇게 대본을 바르게 해야 비로소 천하가 다스려진다는 것이다.

주희는 조신이 '대도大道의 요체를 추구하려고 하면서 또한 노자와 불교의 설에 자못 뜻을 두고 있다'고 비평하고, '문장을 기억하고 외며 화려하게 꾸미는 것은 연원을 탐색하여서 치도治道를 내는 방법이 아니며, 허무적멸虛無寂滅은 본말을 꿰어서 위대한 중심(大中)을 세우는 방법이 아니라'고 여겼다. 이와 같이 공공연하게 제왕이 불교와 도교를 좋아한다고 직언으로 비평한 것은 송이 남쪽으로 옮겨온 이래 처음 있는 일이었다.

두 번째는, '안으로 나라를 잘 다스리고 밖으로 적을 막아서 물리치는(修攘) 계책은 빨리 정하지 않으면 안 된다'는 것이다. 주희는 강화에 반대하고 전쟁을 주장하는 가장 격렬한 설을 발표하였다. 그는 이통의 말을 끌어다가 주화主和의 논조를 통렬히 배척하였다. '금은 우리와 불공대천의 원수이니 강화를 할 수 없다는 점은 의리가 분명하다' 하면서 '강화는 백해무익한데 어찌 반드시 힘들여 하려는가?' 하고 인식하였다. 완안량의 남침이 실패한 뒤 남송 조정에서는 도리어 일종의 퇴각을 진격으로 삼고 강화를 하여서 승리를 기다리자는 괴이한 주장이 함부로 나왔다. 주희는, 송이 남쪽으로 옮겨온 이래 40년 동안 금이 강화를 조종하는 술책으로 우리를 제어하고, 우리는 시종 걸화乞和의 미몽에 사로잡혀 그것을 깨닫지 못하고 있다는 사실을 몹시 증오에 차서 다음과 같이 말하였다.

저 도적이 중원을 차지하고서 해마다 금폐金幣를 취하고, 전성기의 세력에 기대 강화와 불화의 저울대를 조절하면서 조금 약해지면 우리에게 강화를 요구하지만 우리는 감히 꼼짝도 못하고, 힘이 충분하면 대거 깊이 침입해도 우리는 버틸 수 없습니다. 저들이 마음대로 강화를 조절하고 있으나 그 조종하는 술수는 언제나 강화의 바깥에서 이루어지고 있습니다. 이 때문에 저들은 이로우면 쳐들어오고 불리하면 움츠러들어 진퇴가 모두 자유로우나, 우리는 지금 그들을 우러러보며 강화와 불화의 명령을 듣고 있습니다. 나라를 위해 꾀한다는 자는 오직 오랑캐의 환심을 잃을까 걱정하면서 구원久遠의 계책을 만들지도 않으니, 나아가서는 중원을 회복할 기회를 잃고 물러서서는 충신과 의로운 선비의 마음을 막고 있습니다. 우리는 급급하게 강화를 바라면서 뜻과 생각이 늘 강화에 빠져 있기 때문에 이러지도 저러지도 못하면서 나아가지도 물러나지도 못하고 있습니다. 선화宣和(1119~1125)·정강靖康(1126~1127) 이래 3, 40년 동안 줄곧 오랑캐가 오로지 이 계책을 잡고 우리 마음속에 들어앉아 있으면서 책략을 결정하고 승리를 제어하고 있으며 종횡으로 나아갔다 물러나는 것이 그들의 뜻대로 되지 않는 일이 없었습니다. 그러나 우리는 그 술책에 빠져서 깨닫지도 못하고 있으니, 나라는 위태롭고 군사를 잃는 일이 잇달아 똑같이 일어나고 있습니다.
　　　　　　　　　　　　　　　　—『문집』 권11 「임오응조봉사壬午應詔封事」

　주희는 남송 소조정이 시종 피동적으로 얻어맞고 군사를 잃고 땅을 잃은 병증의 원인을 찾아내서는 이 때문에 송이 망하는 데 이를 것이라 하였다. '강화(和)'에 대해 주희와 같이 뼈에 새기고 가슴에 사무쳐서 밝게 판단하고 침통하게 분석을 하는 사람이 없었다.

　세 번째는, '본원이 되는 곳(本原之地)은 특별히 주의하지 않아서는 안 된다'

는 것이다. '본원이 되는 곳'이란 중앙 조정을 가리키는데, 주희는 이곳을 천하 백성의 안락과 근심, 이익과 병폐가 직접 관계되는 곳으로 여겼다. 그리하여 현재 천하 인민이 커다란 '병폐(病)'를 견딜 수 없는 까닭은, '본원이 되는 곳'에 현명한 사람이 자리에 있지 않고 조정의 재집宰執에서부터 감사, 군수를 거쳐 현령에 이르기까지 관리들끼리 서로 비호하고 층층이 착취하는 거대한 그물망을 이루고 있기 때문이라고 여겼다.

주희는 조신(효종)에게 물었다. "오늘날 감사 가운데 간사한 뇌물을 마구 갖다 바치고 멋대로 학정을 자행하여 백성을 병들게 하는 자가 누구라고 생각하십니까? 재집과 대간의 친구와 빈객이 아닙니까? 그들 가운데 세력을 잃은 자는 폐하께서 이미 그 사사롭게 얽힌 모양을 살펴서 쫓아내셨으나 아직 세력이 있는 자 가운데 어찌 그런 자들이 없겠습니까? 다만 폐하께서 스스로 알지 못할 뿐입니다."(동상)

주희가 말한 내용은 모두 실제로 가리키는 바가 있었다. 그가 봉사를 올리기 얼마 전 전중시어사殿中侍御使 오불吳芾이 윤2월에 상주하여 참지정사 양춘楊椿을 다음과 같이 논핵하였다. "정부에 함부로 올라서 한 마디 말도 아뢴 바가 없고 한 가지 일도 말끔하게 처리한 일이 없는데도 지역 사람을 차견差遣하려고 도모하고 예전부터 친하게 지낸 사람을 천거하려고 할 뿐입니다. 그래서 도성 사람은 수칙참정收勅參政(조칙을 거두는 참정이라는 뜻으로서, 참정이라는 헛된 이름만 알고 일을 할 줄 모르는 것을 풍자한 말)이라고 지목합니다."(『속자치통감續資治通鑑』 권136) 그래서 주희는 근본을 바르게 할 것을 주장하고 '오로지 조정을 바로잡는 것을 급선무로 삼는다면 그 근심은 며칠이 못 가서 저절로 개혁될 것이라' 하였다. 봉사의 마지막은 개혁(更革)으로 귀결되었다. 조신에게 힘써 권한 새로운 정치는 응당 인습되어온 것을 바탕으로 삼아 상황에 맞게 개혁하는 데 용감하고, 구차하게 수성守成하는 데 안주해서는 안 된다는 것이었다.

학문을 강론하여서 이치를 밝히고, 계획을 정하여서 회복하고, 현자를 임용하여서 정치를 닦으라는 세 가지 조항은 사상·군사·정치 세 방면에서 조신의 집권 초기 남송의 현실 상황을 분석한 것이었다. 주희가 처음으로 올린 이 봉사는 정치상에서 그가 성숙하기 시작하였음을 상징하고 있다.

봉사에서 또 조신에게 다음과 같이 제기하였다. "성스러운 황제, 명철한 왕의 학문은 반드시 격물치지格物致知로 사물의 변화에 대응하였습니다. 가령 앞에 나타나는 사물이 지닌 의리를 극히 미세한 부분까지 모두 비추어 보아 마음속(心目)에 명료하게 하고 털끝만큼도 숨은 것을 용납하지 않았으니, 저절로 뜻이 성실하고 마음이 바르게 되어서 천하의 모든 일에 대응하는 것이 마치 하나 둘 낱낱이 헤아리고 흑과 백을 변별하는 것처럼 되었습니다."(『문집』 권11 「임오응조봉사」) 이는 바로 이통의 궁리쇄연窮理灑然과 응사쇄연應事灑然의 근본 사상을 논술한 것이다.

봉사를 올린 뒤 주희는 『논어요의論語要義』를 써서 완성하고 도성에 들어가 상주함으로써 이통이 그에게 요구한 궁리쇄연과 응사쇄연의 요구를 최종적으로 실천하였다. '일에 따라서 이치를 관조하여 천하의 이치를 관찰함(隨事以觀理, 以察天下之理)'과 '이치에 나아가 일에 응하여서 천하의 일을 밝힘(即理以應事, 以明天下之事)' 이 두 방면은 그가 10년 동안 이통을 따라 배운 가르침을 가장 잘 총결한 사상이다.

이통은 주희가 봉사를 올린 뒤에도 거듭 '일에 나아가 공부하라', '일에 나아가 본체와 작용을 겸하여 공부하라'고 강조함으로써 '일에 나아가 저마다 조리가 있게 함'을 가지고 유학과 선학禪學을 구별하는 근본으로 삼았다. 그리고 경전과 도를 강론함에는 논어학에 집중하였다. 이러한 논어학에 대한 토론은 소흥 32년(1162) 봄의 상견 때 이미 시작되었으나 융흥 원년(1163) 상반기에 가서야 주희는 『논어요의』를 써냈다. 이는 실제로는 이통의 직접 지도

하에 써서 완성한 책이다.

이통은 소흥 32년 6월 11일 편지에서 주희에게 "『논어』 한 부는 문하의 제자에게 인仁을 추구하는 방법을 말한 것일 뿐입니다."라고 하였다. '이치가 하나임(理一)을 아는 것이 인을 행하는 수단이고, 오만 가지로 나뉨(分殊)을 아는 것이 의를 행하는 수단'이라는 양시楊時의 가르침을 체득함으로써 비로소 '오만 가지가 본원에서 털끝만큼 나뉨을 알아서' '본체와 작용을 겸하여 갖추는 데(體用兼擧)' 도달할 수 있다고 여겼던 것이다(『연평답문』). 이 관점은 곧 주희가 지은 『논어요의』의 전체를 관통하는 지도적인 사상과 가장 기본적인 '요의要義'가 되었다.

나중에 주희가 거듭 제자에게 『논어』 한 부는 '다만 인을 추구하는 방법을 말한 것', '다만 인을 말한 것'이라고 한 말은 바로 이통에게서 유래한다. 그는 범념덕范念德, 유평劉玶 등과 '인仁' 한 글자를 둘러싸고 『논어』에 대한 토론을 전개하였다. 이통의 이 가르침은 주희로 하여금 거듭 새롭게 자기의 『논어』 구설을 꼼꼼히 살펴서 지나치게 파고든 곳이나 곁가지로 흘러간 담론을 잘라내고 『논어요의』를 완성하도록 촉진하였다.

옛 저작과 견주어 이 책은 두 가지 특징을 갖고 있다. 하나는, 훈고訓詁에서 의리義理로 들어간 점이고, 둘은, 고원하고 오묘한 데서 평범하고 쉬운 데로 들어간 점이다. 주희는 자기가 잘라낸 장구章句의 훈고를 가지고 따로 『논어훈몽구의論語訓蒙口義』를 편집해서 동몽童蒙의 습독習讀 교재로 제공하였다.

『논어요의』는 전적으로 정호와 정이의 설에 근본을 두고 의리를 밝혀 서술한 책으로서 그의 『논어정의論語精義』와 『논어집주』의 최초의 사상적 원천이 되었다. '중요한 의리(要義)'를 밝혀서 서술하되 고원하고 기이하며 새롭고 오묘한 데서 평범하고 쉬우며 질박하고 실제적인 내용으로 바뀐 것은 역시 이통의 가르침으로부터 나온 결과이다. 그 이전 소흥 32년(1162) 봄에 이통과 상견했을 때 주희는 일찍이 범념덕의 『논어』에 관한 '고원하고 오묘한 (高妙)' 설을 이통에게 보여주고 이통의 비평을 받았다. 주희는 마찬가지로 '고원하고 오묘한' 병폐가 있는 허승許升에게 편지를 써서 다음과 같이 알려주었다. "백숭伯崇(범념덕)이 작년 봄에 편지를 보내 『논어』의 몇 단락을 물어 왔는데, 그 내용이 매우 고원하고 오묘하였기에 이 선생께 보였습니다. 이 선생께서는 옳지 않다고 하시면서 그에게 착실하게 공부하라 하셨습니다. 그런 뒤 곧 전과 달라졌습니다."(『문집』권39 「답허순지答許順之」서4)

주희가 말한 '고원하고 오묘한' 병폐란, 첫째 도교와 불교에 갖다 붙인 허리虛理와 현담玄談을 가리키고, 둘째 '이전 현인'의 설을 발휘하여 추론한 내용이 적당함을 지나쳐서 실상을 잃어버린 점이다. 그 때문에 그는 융흥 원년(1163)에 허승에게 보낸 편지에서 경계의 한마디를 말하였는데, 이 역시 그가 지은 『논어요의』의 지도적인 사상이었다. "또한 두 분(정호와 정이) 선생과 범 공范公(범조우范祖禹), 윤 공尹公(윤돈尹焞)의 설을 표준으로 삼아 반복 음미함으로써 다만 평범하고 쉬우며 진실한 곳에서 지당한 이치를 인식해야 합니다. 지난날 일삼았던 한 가지 고원하고 기이하고 새롭고 오묘한 설은 아울러 없애버리고 쓰지 않되, 오래도록 그렇게 하여서 참된 이치를 보면 저절로 쓸모없게 될 것입니다."(동상) 주희 초년의 경학 사상은 논어학을 근본과 핵심으로 삼았으며, 이통의 가르침도 『논어』 경전에서 두드러지는데, 거기에는 공동의 이유가 있었던 것이다.

오봉五峰 호굉胡宏이 구산龜山 양시楊時에게 학문을 하는 방법을 물었는데, 양시는 다만 "또한 『논어』를 보라."는 한 구절로 대답하였다. 주희도 구산의 말투를 배워서 제자를 열어주었다. "성인이 사람을 가르친 것은 다만 『논어』이다."(『어류』권19) 이통과 주희의 눈에 『논어』는 『맹자』보다 고상하였다. 『맹자』는 '사람을 가르침에 이理와 의義의 대체大體를 많이 말하였고', 『논어』는

'절실한 곳에 나아가 공부하도록 사람을 가르친' 책이었다. '공자는 사람을 가르치면서 일에 나아가 공부를 하도록 하였고, 맹자는 사람을 가르치면서 마음에 나아가 공부하도록 하였기' 때문에 『논어』는 마음을 말하지 않고 다만 실제 일을 말하였다. 『맹자』는 마음을 말하여서 나중에는 결국 마음을 추구하는 병폐가 있었다.'(『어류』권19)

도교와 불교에 10여 년 출입하고, 마음을 추구하는 선가의 병폐를 지닌 주희에 대해 말하자면, '사람을 가르치면서 일에 나아가 공부하라'는 『논어』는 자연 그를 지시하고 이끎에 따라 선에서 달아나 유가로 돌아오게 한 가장 좋은 사상적 양약이었다. 주희는 처음에 바로 『논어』와 상채上蔡(사량좌)의 『논어해論語解』를 읽으면서 불교와 도교의 그릇됨을 깨닫기 시작하였기 때문에, 『논어요의』를 써서 완성한 일은 그가 선에서 달아나 유가로 돌아오는 길에 주오主悟의 심학心學에서 주정主靜의 이학理學으로 완전히 전환하였음을 나타낸다.

'일에 즉하여 이치를 궁구하는(卽事窮理)' 『논어요의』는 주희가 이통을 사사하면서 마지막으로 도달한 곳이 아니며, 더욱이 그가 선에서 달아나 유가로 돌아온 길의 종점도 아니었다. 진정으로 그가 이통을 사사한 섬광이 마지막으로 빛을 발한 것은 이통과 두 차례 상견한 뒤 '이치를 바탕으로 현실에 대응하여(卽理應事)' 도성에 들어가서 상주한 일이었다. 이통의 마지막 유훈은 주희를 융흥의 북벌과 화의의 소용돌이 속으로 밀어 넣었던 것이다.

朱子評傳

제6장
융흥 연간, 북벌과 화의의 소용돌이 가운데서

연평 사사의 마지막 장면

도성에 들어가 '온갖 일을 꾸짖으며(詆訶百事)' 항쟁하다

구차한 안정의 분위기 속에서 자아 분발

┃ 연평 사사의 마지막 장면 ┃

　주화파에 포위된 조신趙昚(효종)은 강화와 전쟁 사이에서 줄곧 머뭇거리며 결정을 내리지 못하고 있었다. 소흥 32년(1162) 8월, 주희가 봉사를 올리고 나서 얼마 뒤 기거 사인起居舍人 홍매洪邁와 지합문사知閤門事 장륜張掄이 금에 사신으로 가서 목숨을 탐하고 죽음을 두려워하여 나라의 명령을 크게 욕보이고 돌아왔다. 참지정사參知政事 사호史浩는 조신에게 섬서陝西 땅을 포기하라고 극력 부추겼다. 이에 천섬 선유사川陝宣諭使 우윤문虞允文이 잇달아 열다섯 차례나 상소하여 불가함을 힘껏 진술하다가 도리어 현모각 직학사顯謨閣直學士에서 파직되어 기주夔州의 지주知州가 되었다. 그러나 오래지 않아 조신은 뜻밖에도 그에게 궁궐로 와서 주사奏事를 올리라고 명하였다.

　강화와 전쟁 사이에서 무상하게 이랬다저랬다 하는 조신에 대해 주희는 위염지魏掞之에게 보낸 편지에서 매우 우려하며 다음과 같이 말하였다. "근래에 홍매를 쫓아내서 여론을 조금 유쾌하게 하였습니다. 유징보劉澂父의 편지를 받으니, '왕양원汪養源(왕연汪涓) 어른을 우연히 만났는데, 익주益州(*우윤문虞允文)가 이미 협곡을 벗어났으니 늦기 전에 옥산玉山에 도착할 것이라' 하였습니다. 상上이 그가 머물러 적을 토벌하는 것을 비로소 깊이 알게 되었으니, 궁궐에 이르러 상견한다면 또한 어떨지 모르겠습니다. 이 일은 (형세의) 소장消長에 달렸으니 사람의 힘이 미칠 바가 아닙니다."(『별집』 권1 「여위원리與魏元履」 서2)

　11월에 이르러 조정에서는 사호의 건의를 받아들여 오린吳璘에게 덕순성

德順城을 버리고 천섬川陝의 최전선에서 군사를 물리라고 명령을 내렸다가 금병사의 요격을 만나 3만 군병이 겨우 7천 명만 남아서 후퇴하였으며, 수복한 진봉秦鳳·희하熙河·영흥永興 등지를 전부 잃어버렸다. 강화하여 강토의 회복을 청하려는 환상을 품고 있던 조신은 그제야 꿈에서 막 깨어난 듯 군사를 내서 북벌하려고 결의를 하였다.

이때 주희는 정사에 대해서 이전에 없던 관심을 나타냈다. 이해 10월에 그의 종표숙從表叔(외숙부) 권 호부 시랑權戶部侍郎 왕응신汪應辰이 복주福州의 지주로 왔는데, 민閩에 들어오자마자 건안建安에서 주희를 만나 그의 시문을 읽은 뒤 원대한 그릇이라고 감탄하였다. 그리고 즉시 주희를 복주로 불러들여서 복건 안무사(帥司)를 경유하여 차견差遣할 준비를 하였다. 주희는 왕응신의 개혁 실시를 적극 찬동하여 돕고, 그를 대신하여 백성을 어지럽히는 가혹한 정사를 폐지하는 일을 구체적으로 기획하였다.

융흥 원년(1163) 여름에 주희는 왕응신에게 보낸 편지에서 그의 위정爲政에 대해 다음과 같이 총괄적 평가를 하였다. "승전僧田 판매를 중지해서 번거롭고 어지러운 일들을 금시에 그치게 하였으니 이익이 헤아릴 수 없습니다. 다시 군관(兵官)을 수습하여 선발하니, 또한 여론이 매우 유쾌하게 여겼습니다. …… 염지揆之가 돌아가는 길에, 상庠으로 가서 시험에 응시하려는 민 사람들을 만났는데 1,000명이나 되었습니다. 이들이 저마다 (왕응신의) 선정을 극력 말하였습니다. 그 까닭을 물었더니 '시랑이 충서忠恕의 마음으로 간이簡易한 정사를 펼쳤는데, 간책簡策에 수록된 사실로서 이 두 가지를 넘는 것이 아무것도 없다'고 하였다 합니다."(『옥산현지玉山縣志』 권9 중中 「왕문정공가승汪文定公家乘」)[1]

---

1 주희의 이 편지는 『문집』에는 실려 있지 않다. 생각건대, 융흥 원년(1163) 봄에 예부에서 시행한 시험이 있었고, 주희의 『문집』 권91 「위원리묘지명魏元履墓誌銘」에 의거하면 이해 위원리魏

왕응신은 민중閩中의 정황을 정확하게 알지 못했기 때문에 구체적인 조치에 관해서는 주희에게 많이 자문하였다. 그러나 염법鹽法 문제를 놓고 주희는 왕응신, 조사漕司(전운사) 진계약陳季若(진미작陳彌作)과 함께 논쟁을 벌였다. 진계약은 수사帥司(경략안무사)의 재용財用과 수입을 보증할 것을 고려하여 인민과 이익을 다툴 것을 주장하였다. 그와 반대로 주희는 인민을 이롭게 하고 인仁을 행하는 문제를 고려하여 염법의 개혁을 주장하였다. 해창海倉과 아래 네 개 주 여러 현에서 소금을 매입(買納)하는 일이 인민을 병들게 하는 양대 폐해라고 보았던 것이다.

그는 진계약에게 보낸 편지에서 염법의 이익과 폐단에 대해 세밀하고 정확하게 분석하여 지방 관부가 백성과 이익을 다투는 문제에 대해 견결하게 반대를 표시하였으나, 왕응신은 그의 의견을 채택하지 않았다. 왕응신은 재상 진강백陳康伯에게 보낸 편지에서 이 일을 다음과 같이 언급하였다. "오직 매염賣鹽 한 가지 일은 근년에 제(承乏)가 수사의 재용이 매우 군색함을 알고서 일찍이 정소가鄭少嘉・주원회朱元晦(주희)・진계약과 논의를 하였더니, 원회만 차라리 지주知州를 곤궁하게 할지언정 인민과 이익을 다퉈서는 안 된다고 하였고, 소가와 계약은 괜찮다고 하였습니다. 그래서 세 사람 가운데 두 사람의 말을 따랐습니다."(『문정집文定集』권16「상진승상上陳丞相」)

이 일로 주희는 조정의 중신 및 '자기를 매우 잘 알아준' 왕응신・한원길韓元吉・예엽芮燁 등에 대해 줄곧 반신반의하는 태도를 품게 되었다. 이들 '제공諸公은 그저 한가한 처지에서는 이러쿵저러쿵 말만 하고 위급한 일에 대해서는 실로 맞서기 어려워한다'고 보아 부름에 가벼이 응해 입조하려고 하지 않았다(『별집』권1「여위원리」서2). 융흥 원년 3월에 조정에서는 또 주희를 행재소로

元履(위염지)가 낙방하였으니 주희의 이 편지는 응당 5, 6월 사이에 쓴 것임을 알 수 있다.

오라고 불렀는데, 애초에 왕응신이 천거하였기 때문이다.

왕응신은 이부 시랑 진준경陳俊卿에게 두 차례 편지를 보내 다음과 같이 말하였다. "주원회를 건안建安에서 만났는데 학문과 재주, 식견이 원대한 그릇이 되기에 충분하므로 이곳으로 오라고 부르고, 이에 수사가 차견할 준비를 하였습니다. …… 원회를 벽차辟差하기를 청함에 능 어르신(凌丈)과 함께 재집宰執을 만나 말씀해주시기를 감히 바랍니다. 만일 확실한 답을 얻는다면 바로 감히 상께 아뢰겠습니다. 재집에게 보낸 편지에서 또한 이부의 두 시랑에게 상세히 부탁하였습니다."(『문정집』권14「여이부진시랑與吏部陳侍郎」)

'재집'이란 진강백을 가리키며, '이부의 두 시랑'이란 진준경과 능경하凌景夏를 가리킨다.[2] 한 사람은 주희가 동안에 부임하면서 포전莆田을 지나가는 길에 알게 되었고, 또 한 사람은 일찍이 주송과 함께 글을 올려 진회秦檜의 강화 논의를 반대하였다. 주희가 이때 부름을 받은 배경은 이들 네 사람이 가운데서 힘을 썼기 때문이다. 주희는 비록 4월 12일에 그대로 「사면소명장辭免召命狀」을 올리기는 하였지만, 송금전쟁宋金戰爭의 풍운이 무서운 기세로 바짝 다그치는 바람에 더 이상은 산속에 깊숙이 숨어 살면서 침묵을 지킬 수 없게 되었다.

---

2 『녹지산릉씨보鹿池山凌氏譜』에 능경하의 전기가 있는데 다음과 같이 말하였다. "능경하는 자가 계문季文이며 여항餘杭 사람이다. 송 소흥 2년(1132)에 대책對策으로 제2등을 하였다. …… 비서성 정자秘書省正字에 발탁되었고, 저작 좌랑著作佐郎으로 옮겼다. 호정胡理·주송朱松·장광張廣·상명常明·범여규范如圭 등 여섯 사람이 함께 봉사封事를 올려서 화의和議는 편리하지 않다고 말하였으므로, 진회가 이에 유감을 품고 배척하여서 그에게 외방 고을을 다스리게 하였다. 나중에 몇 십여 년을 한가하게 거처하며 회계會稽의 산수를 아껴서 녹지산鹿池山에 거주하였다. 진회가 죽은 뒤 기거 사인에 제수되었다. 얼마 안 있어 용도각 직학사龍圖閣直學士, 정주鼎州의 지주가 되었고 …… 조서를 내려 이부에서 처리하고 상서성에서 보고하게 하였다." 아마도 능경하는 일찍이 정주의 지주가 되었을 터이다. 그러므로 왕응신이 편지에서 '전에 정주에서 선비와 백성으로부터 매우 기림을 받았는데, 능 시랑이 말을 할 수 있었기 때문'이라 하였다.

소흥 32년(1162) 겨울에 송과 금 쌍방이 회하淮河 양안에서 대치하고 있던 상황은 이미 시위에 걸려 있는 화살과 같았다. 완안옹完顏翁은 하남河南에 10만 대군을 집결시키고서 공공연하게 남송을 향해 당주唐州·등주鄧州·해주海州·사주泗州·상주商州 등지의 할양을 요구하였다. 송의 군사는 사주泗州·호주濠州·여주廬州 세 주와 우이盱眙의 전선에 주둔해 있었으나, 조정에서는 여전히 강화파와 주전파가 서로 한 치도 물러서지 않고 버티는 침울한 분위기에 쌓여 있었다. 주희가 지은 「시사를 보고 느낌(感事)」은 군주에게 충성하고 나라에 보답하기 위해 애간장이 타고 방황하는 속마음의 정을 토로한 시이다.

들자니 회남로에는	聞說淮南路
오랑캐 누런 먼지 눈에 가득하다 하네	胡塵滿眼黃
몸을 버리자니 나라 선비에 부끄러워	棄軀慙國士
와신상담하며 임금 생각하네	嘗膽念君王
적 물리침은 크고 작은 방패 아니라	却敵非干櫓
위세 떨치고 기강 잡힌 용사를 믿네	信威藉紀綱
일편단심 꺾일까 두려워	丹心危欲折
우두커니 서서 그저 방황하네	佇立但彷徨

—『문집』 권2

융흥 원년(1163) 정월에 조신은 장준張浚을 추밀사樞密使에 임명하여 강회동서로江淮東西路의 군마를 도독하게 하였으며, 3월에는 또 견결한 주전파 신차응辛次膺을 동지추밀원사同知樞密院事에 기용하고 여러 차례 장준을 불러 보았다. 군사를 일으켜 회복을 하려는 그의 확고한 태도가 그제야 분명해졌다. 그러나 남송의 부패한 군대는 장수가 교만하고 병사가 나태해서 80만 전전

군殿前軍과 강회군江淮軍 가운데서 겨우 6만을 뽑아 정예의 인마人馬라 일컫고 장준에게 조발하여 쓰도록 하였다.

이해 봄에 주희는 복주福州로 오라는 왕응신의 초청에 응하여서 북벌의 군사행동에 대해 토론하였다. 마침 바로 이때 장준이 직책을 잃고 복주에 거하던 유보劉寶를 불러 용병을 하게 했는데, 왕응신과 주희가 잔치를 베풀어서 그의 부임을 송별하였다. 잔치 자리에서 한 차례 미묘한 대답이 오갔다. 왕응신이 유보에게 물었다. "지금 태위太尉께서 가시면 어떻게 되겠습니까?" 유보가 대답하였다. "오랑캐와 전쟁을 할 때 제1진은 승리를 결정할 수 있으나 제2진은 알 수 없고, 제3진은 그들을 죽일 수 없을 것입니다! 대체로 이 가운데 정예가 앞에 있으면 적들은 대적하지 못하겠지만, 그들이 완강하게 움직이지 않으면 제3, 4진은 적들에게 곤경을 당할 것입니다." 왕응신이 하릴없이 말하였다. "이렇게 말씀하시니 어찌해야 할까요!" 하였다(『어류』 권110).[3]

막 황제에 즉위한 조신과 막 기용된 장준은 북벌의 군사동원을 급히 서둘

---

3 『어류』 권130 포양包揚의 기록에 "왕 어르신(汪丈)이 복주의 안무사로 있을 때 나도 거기에 있었다. 역적 량(逆亮, 완안량)이 쳐들어왔을 때, 하루는 유보가 용병을 하러 가게 되었으므로 송별했는데, 왕 어르신이 묻기를 ……"라고 하였다. 이에 근거하면 주희가 한 차례 복주에 가서 왕응신과 상견하였음을 알 수 있다. 그러나 왕응신이 복주의 지주로 부임한 때는 소흥 32년(1162) 10월이니, 여기에서 말하는 '역적 량이 쳐들어왔을 때'라는 기록은 불확실하다. 『송사』 「고종본기」에 "소흥 31년 정월 임진에 유보가 절월節鉞(절도사)에서 떨려나 복건로에 거주하였다." 하였고, 또 「효종본기」에 "융흥 원년(1163) 5월 병진에 장준이 유보를 진강 제군 도통제鎭江諸軍都統制로 삼았다."고 하였으니, 유보가 복주를 떠나서 용병을 하러 간 때는 응당 융흥 원년 5월 이전이다. 『문정집文定集』 권14 「여이부진시랑與吏部陳侍郎」에 "또한 그(*주희)를 이곳에 불러서 오게 하였다."고 하였는데, 이 편지는 소흥 32년 말에 썼다. 또 권15 「여주원회與朱元晦」 서2에 "처음에는 가을에 서늘해지면 혹 다시(再) 가르침을 얻을 수 있으리라"고 하였는데, 이 편지는 (왕응신이) 융흥 원년 4월에 쓴 것이고, '다시'라고 하였으니 4월 전에 주희가 복주에 와서 그를 한 차례 만났다. 그러므로 잔치 자리에서 유보를 송별하면서 한 이야기를 들을 수 있었던 것이다.

렀으나 어떻게 충분한 군사적인 준비를 해야 할지 거의 생각하지 못하였다. 그러나 오히려 주희가 가장 우려한 점은 회수의 '크고 작은 방패(干櫓)'가 강하지 못한 것이 아니라 조정의 '기강'이 떨치지 못한다는 사실이었다. 조신은 불교를 좋아하고 도교에 아첨했으며, 주화파는 조정의 중요한 자리를 차지하고, 근습近習 소인은 군주의 총애를 믿고 정사에 간여하였던 것이다.

조신은 정월에 명성이 자자한 주화파의 수령 사호를 우복야右僕射에 제수하였고, 3월에는 용대연龍大淵을 지합문사知閤門事에, 증적曾覿을 동지합문사에 임명하여서 온 조정이 크게 떠들썩하였다. 증적과 용대연은 조신의 잠저潛邸 시절 막료였다는 점을 믿고서 줄곧 권력을 농단하며 선비를 불러들이고 안팎으로 결탁해서 거리낌이 없었다.

이에 따라 먼저 우간의대부 유도劉度가 글을 올려서 간사한 두 사람을 탄핵하였으며, 중서사인 장진張震, 시어사 호기胡沂가 목숨을 걸고 논하여 아뢰었고, 급사중 김안절金安節, 중서사인 주필대周必大가 서황書黃을 하지 않았다.(역자 주─중서사인이 황제의 조칙을 받아서 문하성에 전달할 때 큰일을 '화황畵黃'이라 하고 작은 일을 '서황'이라고 하였다. 서황을 하지 않았다는 말은 황제의 조칙을 받들지 않고 봉해서 돌려보냈다는 뜻) 조신은 결국 수치가 분노로 바뀌어서 손수 조서를 내려 "급사중과 중서사인이 선동하여 의론이 무리지어 일어났다. 태상황 때에는 이런 일은 작은 일이었는데 어찌 감히 이럴 수가 있느냐!" 하였다.

결국 참정 장도張燾는 파면되고, 주필대는 봉사奉祠가 되었다. 추밀원 편수관樞密院編修官 육유陸游도 장도에게 조신과 근습이 지나치게 친근하다는(燕狎) 비밀스러운 이야기를 입에서 나오는 대로 했던 까닭에, 또한 연루되어서 조신으로부터 '육유는 이랬다저랬다 하는 소인'이라며 욕을 먹고 진강부鎭江府 통판에 전임되었다.

왕응신은 주희에게 보낸 편지에서 조정의 정직한 주전파 선비들이 타격을 받은 침울한 분위기를 상세히 알렸다.

간성諫省(어사대)의 두 분이 용대연, 증적을 논하다가 비답을 듣기도 전에 (未報間) 각각 지합문사에 제수되고 옛 직책을 여전히 겸하였다. 김 급사중 (김안절), 주 중서사인(주필대)이 이어서 불가함을 논하였는데, 그 비답하는 말이 매우 준엄하여서 두 사람이 모두 죄를 기다리게 되었다. 하지만 곧 기다릴 만한 죄가 없다는 전지가 내려왔다. 유 간의대부(유도)는 공부 시랑에 제수되었고, 장진보張眞甫(장진)는 대제待制로서 회계會稽의 지주가 되었다. 장진보는 매우 힘껏 뜻을 진술하면서 부한공富韓公(부필), 사마온공司馬溫公(사마광)이 추밀부사樞密副使에서 사직한 일을 인용하였는데, 그 뜻을 펼칠 수 있을지 모르겠다. 낭관 이군박李君樸, 임률林栗은 궁중에서 하급 신하를 점검하여 벼슬을 올리고 내리자는 장계를 올렸지만 두 사람이 천거한 자들은 잡다한 무리여서 힐문하는 비답이 내렸다. 이윽고 저마다 마감磨勘을 하였는데 ······
　　　　　　　　　　　　　　　—『문정집』 권15 「여주원회」 서2

이 일은 주희가 4월에 사면장을 올리고 행재소에 가지 않은 진정한 배경이 되었다. 다만 그가 나중에 도성에 들어가 올린 상주문의 사상은 실제로는 이때 이미 무르익어서 형성되었다.

한편으로는 사호를 우두머리로 하는 주화파가 (주전파를) 저지해서 흉악한 짓을 저지르고, 또 한편으로는 용대연·증적과 같은 근습 소인이 총애를 믿고서 권력을 농단하였다. 북벌은 장준의 손에 맡겨졌다. 곧 조정에서는 주전파가 강경하고 유력하게 영도하지 못하는 정세임에도 군사를 출동시켜서 회수를 건너기 시작하였다. 간절히 전쟁을 추구하는 장준과 냉담 및 열정이 무상한 조신은 모두 똑같이 경솔하였던 것이다.

조신은 백금白金 25만 냥을 들여서 강회 도독부江淮都督府의 군비로 삼고 장준에게 '유악상주帷幄上奏(군중에서 직접 황제에게 상주할 수 있는 권한)'의 특권을 주었기에 세 성(三省)과 추밀원에서조차 북벌의 군사작전(用兵)에 관해 도무지 들을 수 없었다. 20만이라 과장해서 일컫지만 실제로는 6만 대군은 회서 초무사淮西招撫使 이현충李顯忠과 건강 도통제建康都統制 소굉연邵宏淵이 나눠서 통솔하였다. 이현충은 호주濠州에서 영벽靈壁으로 진격하였고, 소굉연은 사주泗州에서 홍현虹縣으로 진격하였다. 5월 4일에 회수를 건너서 처음에는 파죽지세로 나아갔다. 이현충은 5월 7일에 영벽을 수복하고 소굉연은 10일에 홍현을 수복하였으며, 16일에는 또 일거에 숙현宿縣을 공략하였다. 조정에서도 5월 15일에 여덟 가지 죄상을 들어 사호를 우상에서 파직함으로써 북벌 최초의 대첩에 호응하였다.

주희는 산속에서 저보邸報를 읽고 조정의 친구 대신들과 서찰을 주고받으면서 북벌의 진전을 주시하고 있었다. 그러나 경솔하게 출동하고 허장성세를 보이는 군사작전에 대해 주희는 줄곧 기쁨과 우려가 교차하는 심정을 품고서 전쟁의 국면을 조용히 관찰하였다. 완안량完顏亮의 남침을 격퇴했다는 소식을 들었을 때의 호방한 심정과 시흥詩興은 완전히 상실하였다.

그는 위염지에게 보낸 편지에서 북벌 최초의 공성攻城에서 거둔 승리에 도리어 우려를 표시하였다. "변방의 보고가 알려주신 내용과 같다면 우려할 만합니다. 이 전문傳聞은 전혀 그렇지 않아서, 이미 홍현·영벽 두 성을 격파하여 그 괴수를 사로잡고 쌓아 둔 곡식 10여 만 곡斛을 얻었다 하는데 어느 소식이 옳은지 모르겠습니다. 전날 선생(*이통)의 편지를 받았는데, '연산鉛山(이통의 아들 이우직李友直이 연산의 수령이었다 — 역자 주)에서 알려온 소식을 보니, 또한 이 소문과 같다'고 하였습니다. 사史(*사호)는 죽고, 신辛(*신차응辛次膺)·홍洪(*홍준洪遵)은 모두 좌천되어서 …… 간원諫垣(간의원諫議院)과 남탑南榻(어사대御史臺)은 평소 강직하다는 명성이 있었는데 사람의 바람을 크게 위로할 수 있었다는 말은 듣지 못하였으니, 무슨 까닭입니까?"(『별집』 권1 「위원리魏元履」 서3)

이 편지는 바로 그의 일종의 도학가적 예감과 원대한 식견을 드러낸다. 실제로 그가 이 편지를 썼을 때는 우담바라가 한 번 피는 듯한 융흥의 북벌이 이미 5월 24일에 부리符離에서 궤멸하여, 무기와 갑옷을 버리고 허둥지둥 달아나는 가운데 연기처럼 사라지고 구름처럼 흩어졌다.

숙주宿州를 공략하여 점령한 뒤 이현충과 소굉연은 자기주장을 고집하면서 서로 불화가 생겼다. 소굉연은 숙주의 창고를 열어서 군사를 호궤犒饋하자고 했고 이현충도 대군을 성 밖에 주둔시키고 현금으로 군사를 호궤하자고 굳게 주장하였으나, 이현충은 도리어 금과 비단을 전부 훔쳐서 혼자 독차지하고 그것들을 집에 실어 보냈다. 송 군대의 사병은 가슴속에 하나 가득 원망하는 말을 품고서 나아가 싸우려고 하지 않았다.

23일에 패살孛撒이 변주汴州에서 10만 대군을 거느리고 흘석렬지녕紇石烈志寧과 연합하여 숙주로 진공해왔다. 이에 이현충이 군사를 거느리고 고전을 하였으나 소굉연은 무기 하나 병졸 한 사람도 지원하지 않았다. 심지어 여진의 20만 생력군生力軍이 곧 당도한다고 유언비어를 퍼뜨려서 하룻밤 사이에 군심軍心이 어지러워지고 어떤 부대는 성을 나와 달아나기까지 하였다. 이현충은 압박을 견디지 못하고 결국 24일에 짙은 안개가 낀 틈을 타서 군사를 이끌고 부리로 퇴각하였다.

흘석렬지녕은 숙주를 탈취한 뒤 기세를 몰아 추격하여서 송의 병사 8천 명을 격멸하였고 갑옷 3만 벌을 빼앗았으며 군사물자와 기계(軍資器械)를 모두 몰수하였다. 부리에서 궤멸함으로써 비록 북벌은 좌절되었지만 아직 국면은 수습하기 어려운 일패도지의 지경으로까지 악화하지는 않았다. 그러나 장준으로부터 조신에 이르기까지 모두 냉정을 잃고 경황 중에 어쩔 줄 몰라 하였다. 가장 먼저 달아나려고 한 사람은 역시 조신이었다. 그는 장사 500명을 고용하여 전각 아래 세워 두고 매 사람마다 하루에 1,000전씩 지급하면서 언제라도 짐을 꾸려 달아날 준비를 하였다.

6월에 장준은 양주揚州로 물러나 스스로를 탄핵하는 글을 올리고 치사致仕를 청하면서, 뜻밖에도 조정에 사신을 보내 강화 논의를 하라고 하였다. 군사를 동원하여 전쟁을 하려던 조신의 열정도 단숨에 천 길 아래로 떨어졌다. 장준을 강회동로 선무사江淮東路宣撫使로 강직시키고, 주화파인 병부 시랑 주규周葵를 참정에 제수하였다. 7월에는 더러운 이름이 뚜렷이 드러난 탕사퇴湯思退를 다시 우상으로 삼아서 조정에는 강화를 주장하고 수비를 주장하는 소리가 공명을 일으켰다.

주희는 조정에서 북벌의 군사를 내었다가 부리에서 패배하자 신속하게 번복하여 비굴하게 강화를 구하는 것을 보고 패배는 천 리 밖에서 했지만 그 근원은 도리어 묘당에 있다는 사실을 인식하였다. 8월에 위엄지에게 보낸 편지에서 그는 융흥 북벌에 대해 총결을 하였다.

공보共甫(*유공劉珙)가 편지를 써서 자비子飛(송상宋翔)에게 주었는데 다음과 같은 내용이었습니다. 〈이현충李顯忠이 전수殿帥에 제수되었다는 말을 듣고서 점차 병권을 빼앗고 파직하여 축출하는 일이 일어날 것임을 알았다. 윤기尹機라는 사람이 설득하기를, '지금 위공魏公(장준)이 회복의 의지를 다지고 있으나 여러 장수 가운데 감히 앞장서려는 자가 없습니다. 이런 까닭에 짐짓 스스로 천거하면 공이 반드시 기뻐하며 머무르게 할 것입니다. 그러나 그 재정의 역량(財力)을 헤아려보면 일을 거행할 수 없습니다. 이는 내가 헛된 말로 실리를 취하는 것입니다.'라고 하였다. 이현충이 기뻐하며 위공에게 윤기가 지적한 뜻과 같이 말하였다. 공도 과연 그럴듯하게 여기고 다시 그 역량이 크게 거행할 수 없다는 점을 헤아리지 않았다. 군사를 내자고 상소上疏를 하였으나 조정의 논의는 아무도 옳다고 여기지 않았다. 그러나 임금의 뜻이 그리로 향하여서 빼앗을 수 없었다. 조서를 내려서 공에게 즉시 출발하라고 알렸다. 이현충이 소굉연邵宏淵과 병사를 합쳐서 숙주宿州로 들어갔다. 소굉연이 창고를 열어서 장수와 병사에게 나누어 주고 군대를 온전히 지켜서 돌아가고자 하였으나, 이현충이 안 된다고 하면서 소굉연에게 성에서 나가 조치하게 하고 그 금과 비단을 모두 차지하여 말에 싣고 그의 집으로 가져갔다. 얼마 뒤 술자리를 열어서 성대한 연회를 베풀 때 관기官妓에게는 백금白金 한 냥을 주고 사졸에게는 전錢 300을 주니 군사들이 매우 노하였다. 마침 오랑캐의 기병이 성 아래 이르렀는데, 군중이 아무도 기꺼이 싸우려 하지 않고 오랑캐가 대단하여서 감당할 수 없으니 따로 도모해야겠다고 크게 말하였다. 이충현도 끝내 황급히 도망가고 7, 8천 인을 잃었다. 7만 인이 전쟁에 나갔으나 돌아온 사람은 6만여 인이었다. 군사물자와 기계도 모두 빼앗겼다. 다행히 이날 안개가 자욱하게 끼어서 우리 군사가 달아나는 것을 오랑캐가 알지 못하였기 때문에 다른 피해가 없었지, 그렇지 않았다면 아마 위태했으리라. 그러나 오랑캐는 불 같은 더위를 무릅쓰고 달려와서 자기편을 구원하니, 길에 넘어진 우리 쪽 사람과 말이 서로 이어져 있었다.〉 숙주에 들어온 뒤의 일은 관보寬甫의 편지에서 알려왔다.

편지에서 또 말하기를, "임금의 뜻은 아직 위공을 향해 있으나 다만 탕湯(*탕사퇴)을 재상으로 삼고, 양존중楊存中을 파견하고, 왕구령王龜齡을 파직한 까닭은 어떤 의도인지 모르겠다."라고 하였습니다. 평보平甫(유평劉玶)가 말하기를, "집안에서 온 편지에 말하기를, 처음 숙주의 패배를 듣고서 그 이유를 알지 못하였으며, 조정에서는 크게 놀라 두 장군이 항복하고 달아났다며 의심하였다."고 하였습니다. (이현충과 소굉연) 두 장군이 모두 양존중의 옛 마을(部曲) 사람이라 덕수궁德壽宮(•조구趙構)에서 양존중을 파견하여 이들을 소환하게 했기 때문에 (양존중을 파견하라는) 이런 명령이 있었습니다. 후성後省(입내내시성入內內侍省)에서 처음에는 논박하고자 했으나 다른 계책을 위한 것인지 알지 못하여서 마침내 그만두었습니다만, 과연 그러한지 모르겠습니다. ······ 다만 '수守(지킴)'와 '화和(강화)' 두 글자는 서로 비슷하니, 이런 말을 하는 사람이 여기에 대해 다른 점이 있는지 어떤지 모르겠습니다.

저는 생각건대, 오늘의 근심은 변경에 있지 않습니다. 바로 오직 묘당의 의론이 느슨하기도 하고 죄이기도 하며, 내치기도 하고 올려 쓰기도 해야 비로소 절충해서 근본을 제어할 수 있을 것입니다. ······ 여허공呂許公(여이간呂夷簡)이 범 문정공范文正公(범중엄)에게 말하기를, 서쪽을 경략經略하고자 하는 일은 또한 조정에 있는 것만 못하다고 하였습니다. 이 말은 깊은 의미가 있습니다. 노형께서는 어떻게 생각하시는지요?

— 『별집』 권2 「답위원리」 서4

주희의 이 짧은 편지는 융흥 북벌에 관한 가장 가치 있는 실록實錄이라 할 수 있으며, 그 진실성은 후세의 모든 정사와 야사, 필기소설筆記小說의 전체 내용을 넘어선다.

편지 속에서 주희는 융흥 북벌이 실패한 원인을 다음과 같이 제시하였다. 첫째, 조신과 장준은 출사出師와 용병을 함에 충분한 준비를 하지 못했기 때문에 '재정의 역량을 헤아리지' 못하였고 충분한 주비籌備와 계획을 세우지도 못하였다. 둘째, '여러 장수 가운데 감히 앞장서려는 자가 없었으며' 이현충과 소굉연의 갈등과 불화, 고용된 사병의 나태와 부패가 송군의 전투력을 완전히 상실하게 만들었다. 셋째, 묘당의 의론이 금방 전쟁을 하자고 했다가 금방 강화를 하자고 하는 등 무상하게 흔들렸으며, 주전파의 손발을 견제함으로써 주화파가 줄곧 정국의 조종을 좌우하였다.

그는 북벌 실패로부터 오늘날 국가의 근본적인 근심이 '변경'에 있는 것이 아니라 '묘당'에 있으며, '서쪽을 경략하는 일'이 '또한 조정에 있는 것'만 못함을 명료하게 의식하고서, 마침내 단독으로 조정에 들어가 다투기로 결정하였다.

7월 1일 왕응신은 부문각 대제數文閣待制에 제수되었는데, 글을 올려서 주희로 자기를 대신하게 하라고 천거하였다. 장계에서 다음과 같이 말하였다. "엎드려 보건대, 좌적공랑 감 담주 남악묘左迪功郎監潭州南嶽廟 주희는 뜻이 고상하고 원대하며 학식이 순수하고 발라서 장구章句를 고수하지 않고 스스로 터득하는 것을 근본으로 삼습니다. 화려하게 꾸미는 것을 일삼지 않고 몸소 실천하며 충실하게 기르고 두텁게 쌓습니다. 그에게 신을 대신하게 한다면 실로 공의에 흐뭇할 것입니다."(『문정집』 권6 「제부문각대제거주희자대장除文閣待制舉朱熹自代狀」)

대체로 이 천거장 때문에 조정에서는 비로소 주희를 생각해내고 8월에 그에게 도성에 들어오도록 재촉하는 전지를 내렸다. 주희는 5년 동안 거듭 글을 올려서 견결하게 사면하던 태도를 일변하여 서둘러 개연히 도성에 들어오게 되었다. 이는 '서쪽을 경략하는 일'이 '또한 조정에 있는 것'보다 못하다는 생각에 영향을 받은 것으로서, 순조로울 때는 물러나 지키고 역경에 처하여서는 앞으로 나아가는 그의 도학 성격이 표현된 것이다. 그는 8월에 조정에 들어가기로 결정하였다. 바로 이때 조정에서는 주전파가 세력을 잃고서 압박을 당하였고, 송과 금 쌍방은 암암리에 오가면서 강화 논의의 추악한 거래를 하기 시작하였다.

8월 6일에 금 측에서는 강화를 논의하는 글을 보냈고, 8월 30일에는 송 측에서도 노중현盧仲賢을 파견하여 답서를 지참하고 금으로 가게 하였다. 금

측에서는 네 가지 가혹한 강화 논의의 조건을 제시하였다. (1) 송의 황제는 금에 대해 신하로 일컫는다. (2) 당주唐州·등주鄧州·해주海州·사주泗州 네 개 주를 할양한다. (3) 세공歲貢을 바친다. (4) 송에 귀순한 중원 사람(歸正人)을 귀환시킨다.

조신은 대송大宋의 천자로서 금에 굴종하여 신하로 일컫는 일과 네 개 주의 할양을 원하지 않았기 때문에 강화와 전쟁 사이에 처해 있었다. 탕사퇴는 국정을 장악하고서 강화를 청하는 데 급급하였다. 주전파는 북벌 실패로 이미 분열했으므로 장준은 주화파의 모든 눈길이 주시하는 표적이 되었고, 장도張燾·신차응辛次膺·왕십붕王十朋 등은 모두 잇달아 조정을 떠났다. 장천張闡·호전胡銓·왕대보王大寶 등 몇몇 소수의 사람이 견결하게 전쟁을 주장했을 뿐 주전파의 어떤 사람은 수비로 전향하였고, 어떤 사람은 주화로 전향하였으며, 또 어떤 사람은 침묵하면서 말을 하지 않았다.

줄곧 주전에 매우 힘을 썼던 좌복야 진강백陳康伯마저도 주화파의 재보 주규周葵와 홍준洪遵에게 부화하여 사람의 마음을 고혹蠱惑하게 하는 '자치自治'의 계책을 제시하면서 '적의 의도가 강화를 하고자 한다면 우리 군민軍民은 휴식을 얻을 수 있으니, 이를 자치의 계책으로 삼아 중원의 변화를 기다리며 도모하는 것이 만전의 계책이라'고 하였다.

이는 바로 여러 사람들이 재앙을 두려워하여 모두 물러나는 시기였다. 조정은 한 줄기 패배주의의 정조에 휩싸여 있었다. 주희는 북벌 전에 '군사동원(用兵)'을 소리 높이 외치는 상황을 이용해서 널리 힘을 얻어가던 주전의 함성 속에서는 조정에 들어가려 하지 않다가, 부리에서 군사가 무너진 뒤 온 조정에 주화의 떠들썩한 소리가 들리자 장차 기울어져가는 큰 건물을 나무 하나로는 지탱할 수 없음을 분명히 알 만한데도, 도리어 도성에 들어가 조신을 향해 시끄럽게 굴고 대신과 한 차례 다투려고 하였다.

9월에 주희는 먼저 진강백에게 날카로운 어조의 서찰을 올려서 겉으로는 '만전'인 것 같으나 실은 주화인 그의 '자치' 설을 비평하였고, 유평劉玶에게 보낸 편지에서 진강백에게 보낸 이 편지에 대해 언급하였다. "진강백에게 보낸 편지를 늦게나마 베껴서 보내니, 대형大兄(*유공劉珙)께만 드려서 한 번 읽고는 태워버리게 하고 보관하지는 마십시오. 이 말을 한 것에 대해 그(진강백)가 받아들이지 못하리라는 점은 당연합니다. 그러나 만일 가는 일이 성사된다면(*생각건대, 도성에 들어가 상주하는 일을 가리킨다) 반드시 이 편지보다 더 심한 말을 하게 될 터이니, 또한 장차 어떻게 감당하겠습니까?"(『문집』 권24 「답유평보答劉平甫」)

이통李侗은 주희가 도성에 들어가 올릴 상주문의 기조를 몸소 정해주었다. 일생 성급하게 말을 하지 않고 엄격한 안색을 보이지 않았던, 이 온화한 노유老儒는 주희와 함께 융흥 북벌의 희비를 겪은 뒤 결국 국사에 대한 관점이 주희보다 한층 더 격해졌다. 주희는 도성에 들어가기 전에 이통과 두 차례 마지막 상견을 하였는데, 이통은 그의 주사奏事에 대해서 직접 가르침을 주었다.

나중에 주희는 「제이연평선생문祭李延平先生文」에서 특별히 이 두 차례 상견의 시간과 강론한 내용을 언급하였다.

…… 안거安車가 더운 날씨에 행차하여 제 형문衡門을 지나셨으며, 돌아가시게(返旆) 되어 뵈었을 때는 이미 서늘한 가을이었습니다. 제가 이 당시 마침 황제의 부르심을 받아 마땅히 말할 바를 여쭈었더니, 반복하여 가르쳐주셨습니다. 마지막으로 말씀하시기를, "그대는 힘쓸지어다. 무릇 이 여러 이치(衆理)는 그대 스스로 알아내야 할 것들이다. 받들어 주선周旋하고 다행히 실추하지 말아야 할 것이다." 하셨습니다. 돌아온 뒤 의관을 정제하

고 엄숙하게 아침을 기다리는데, 저녁에 부음이 이르렀습니다. ……

— 『문집』 권87

이통의 맏아들 이우직李友直은 이해(1163)에 연산 위鉛山尉에 부임하여 부친
을 모셔 와서 봉양하였다. 이통은 건안 주부建安主簿로 있는 둘째 아들 이신보
李信甫에게 있다가 연산으로 갔는데, 오가는 도중에 매번 무이를 거쳐 갔다.
'안거가 더운 날씨에 행차하여 제 형문을 지나가셨다' 한 구절은 더운 여름 6
월 중순에 건안에서 연산으로 가는 도중 무이를 지나가며 주희와 한 차례 만
난 일을 말한다. '돌아가시게 되어 뵈었을 때는 이미 서늘한 가을이었다' 한
구절은 서늘한 가을 8월 하순에 또 연산에서 연평으로 돌아가면서 다시 무이
를 지나가며 주희와 다시 한 차례 만난 일을 말한다.[4]

이통이 주희에게 '반복하여 가르쳐준 여러 이치'는 주로 반불교·반강화·
반근습의 세 조항이었는데, 주희는 세 차례 올린 차자에 이를 모두 써넣었다.
이통은 6월에 주희를 상견했을 때 선학禪學 비판으로부터 시작하여 유가의
'쇄연융석灑然融釋'을 말하였다. 상견한 뒤 북벌의 군사 출동이 진전을 보이자
두 사람은 주전과 반강화를 중심 문제로 삼아서 토론하였다. 임안성으로부터

---

4 이통과 주희의 첫 번째 상견의 구체적인 시간은 『연평답문』으로 알 수 있다. 융흥 원년(1163)
  이통의 6월 14일자 편지 아래 "나중에 선생을 뵈니 또 이르시기를 ……" 하고 덧붙어 있는 내
  용에 따르면 이통이 연산으로 가면서 무이를 지나가며 만난 때는 6월 14일 이후이다. 두 번
  째 상견의 구체적인 시간은 주희의 『문집』 권24 「여연평선생서與延平先生書」에 따르면 "제가
  선생님을 보내드린 지 어언 한 달 남짓 되었습니다. …… 저는 18일에 슬하를 떠나 길에서 머
  뭇거리다가 24일에야 연산에 이르러 …… 9월 26일, 절하고 올립니다." 하였는데 '선생님을
  보내드렸다'고 한 말은 곧 이통이 연산에서 돌아가는 길에 무이를 지날 때 다시 만난 일을 가
  리킨다. 9월 26일에서 위로 한 달 남짓을 소급하면 8월 하순이니, 곧 왕응신에게 보낸 편지에
  서 이른바 '가을에 건계建溪에서 이별하였다'고 했던 것이다.

는, 선비들이 사통팔달한 큰 길거리에 모여들어서 사호史浩가 강화를 맺어 나라를 그르친 일에 대해 침을 뱉고 욕을 하였으며 어떤 사람은 반대로 분수를 넘어 욕을 한 선비들을 처벌하자고 주장하였다는 소식이 들려왔다.

이통은 주희에게 보낸 편지에서 분연히 말하였다. "아무개가 축출되었는데(＊생각건대, 사호가 파면된 일을 가리킨다) 소식을 전한 사람이 이르기를, 여론을 따르는 선비들이 네거리에서 그를 꾸짖고 욕을 하며, 강화하여 나라를 그르친 죄를 책망해서 시사時事가 마침내 격변하였다고 합니다. 어떤 사람은 이 사람을 축출한 일이 여론에는 참으로 통쾌하지만, 모욕하고 꾸짖은 자도 처벌하지 않으면 아마 사람들로 하여금 상하의 분수를 잃게 할 것이라 하였습니다. 그러나 나는 혼자 그렇지 않다고 생각합니다! 오늘날의 일은 다만 일찍이 본원에서 이해한 적이 없었으니 말단의 흐름이 비록 옳다 하나 무슨 이익이 있겠습니까! 불공대천이 바로 오늘의 첫째가는 의리이니 이를 표방하고 다른 것은 아랑곳하지 않아야 위아래의 도리를 넓히고 기상이 바르게 될 것입니다. 오랑캐(外裔)가 융성한 까닭은 다만 삼강오상의 도가 쇠퇴했기 때문입니다."(『연평답문』)

주희가 세 차례 올린 차자의 기본 사상은 거의 이통의 이 편지에서 유래하였다고 할 수 있다. '삼강오상의 도가 쇠퇴했다'는 말이 여기서 갖는 특정한 현실적 함의는 주화파가 간사한 짓을 하여서 나라를 그르친 일, 근습 소인이 당을 지어서 권력을 농단한 일, 군주와 대신이 불교와 도교를 좋아하고 유학을 배척한 일을 가리킨다.

7월 28일에 이통은 편지에서 이런 사상을 한 걸음 더 나아가 진술하였다.

오늘날은 삼강이 떨치지 않고 의리와 이익이 구분되지 않고 있습니다.
삼강이 떨치지 않기 때문에 사람의 마음이 간사하고 치우쳐서 쓸 수가 없습니다. 이는 위아래의 기운에 틈이 생기게 합니다. 중국의 도가 쇠퇴하고 사방 오랑캐가 성한 것은 모두 이로 말미암아 나온 것입니다. 의리와 이익이 구분되지 않은 것은 왕안석이 집권하면서 사람의 마음을 잃어버리게 하였기 때문인데, 오늘에 이르러서도 스스로 지각하지 못하고 있습니다. …… 이 두 가지 일은 모두 오늘날의 급선무이니, 군주가 이 두 가지 일에 유념하게 하기를 바랍니다.　　　　　　　　　　　　　　　　　　—『연평답문』

　주희는 이 두 조항을 주차奏箚에 써넣었다. 8월 하순의 마지막 만남에서는 주로 이 편지에서 제기한 문제를 가지고 토론하였다. 주희의 주차는 바로 이때 상견한 뒤 써서 마무리한 원고이다. 그러나 이 마지막 상견에서 강론한 '여러 이치(衆理)'는 범위가 매우 넓었으며, 쌍방이 모두 일종의 묵계黙契와 예감을 가지고 있는 듯하였다. 이통은 이때의 상견을 자기 평생 사상의 총결로 간주하였고, 주희 역시 이때의 상견을 자기가 이통을 따라 배운 배움의 총결로 간주하였다. 그리하여 주희는 헤어진 뒤 두 사람이 학문을 강론했던 서찰을 편집하여 『연평답문』을 꾸미겠다고 청하는 편지를 써서 이통의 동의를 얻었다.
　주희는 나중에 이 일을 이통의 또 다른 제자 나종약羅宗約(나박문羅博文)에게 다음과 같이 말하였다.

　선생(*이통)의 여러 편지는 익히 보았으리라 생각합니다. 평소 강론한 내용이 이와 같이 매우 옳으니 기이한 이론은 미칠 바가 아닙니다. 이별한 뒤(*생각건대, 8월 하순에 상견하고 헤어진 뒤를 가리킨다) 비로소 편지를 써서 청하였기 때문에 그 말씀이 여기서 그쳤으나, 그 대강은 알 수 있습니다.
　　　　　　　　　　　　　　　—『속집』 권5 「답나참의答羅參議」 서5

이른 새벽 행장을 깔끔하게 꾸리니	晨裝儼然隊
하늘은 맑고 바람은 쓸쓸하다	天澹風凄凄
구불구불 길 떠나는 사람들	迤邐征人行
무거운 마음으로 이별의 말을 하네	悵惘離言悲
아름다운 덕은 본래 세상에 드높고	令德本高世
진실한 생각은 성인의 가르침을 열었다	誠思開聖微
범과 표범처럼 자질이 기이하여	虎豹文彩異
여러 해 임금이 조서를 내리셨다	幾年丹詔垂
임금의 명을 받들어 떠나니	眷兹皇華寄
어찌 먼 길을 마다하랴	那得淹遲躋
임금이 오래 서서 기다리고 계시니	君王久延佇
가거든 궁궐에서 뜻을 펴시라	去矣翔天墀

— 『송시기사宋詩紀事』 권52 및 『한묵대전翰墨大全』

　주희는 도리어 꿋꿋이 길을 가는 내내 조정의 동향을 세밀하게 주시하고 자기의 주사奏事에 대해 생각하였다. 24일에 연산에 이르러서 이통의 아들 이신보의 관사에 머물렀다가 26일에 이통에게 세 번째 편지를 써서, 이별하고 1개월 남짓 뒤에 주차의 내용을 수정하고 보완한 정황을 상세히 알렸다.

　제가 지난번 가르침을 받은 두 가지 이론 가운데 하나는 순서대로 모양을 이루었으나 오직 의리와 이익(義利)에 관한 말씀은 아직 분명하게 깨닫지 못하고 명쾌하게 말하지 못하겠습니다. 지금은 애오라지 시사時事를 널리 논의하는 것으로 대신하려 하는데, 대략 내용이 며칠 전 올린 편지의 뜻과 같습니다. 궁궐에 들어가 만에 하나 폐하를 뵙는다면(對畢) 기록하여 올리겠습니다. 다만 의리와 이익에 관한 설은 유자儒者의 제1의第一義이니 평소에 어찌 이것을 강론하지 않겠습니까? 그러나 이제 말을 취사선택해서 시사를 판단하려고 하지만 멍하니 어떻게 이론을 세워야 할지 모르는 까닭은 이 몸이 의리와 이익의 한가운데 있으면서도 살피지 못한 때문이 아니겠습니까? 이는 심히 두려운 일입니다. ……

— 『문집』 권24 「여연평이선생서與延平李先生書」

주희는 의리와 이익의 설을 유자의 제1의로 삼아서 주차에 써넣기는 어려우리라 생각했는데, 아마도 이는 그가 이때 실리實理와 공리空理를 제1의로 삼고 의리와 이익을 제2의第二義로 삼는 사상을 배양하고 있었기 때문이리라.

대략 10월 중순, 그는 임안에 도착하자 먼저 경성京城을 감싸고 있는 강렬한 굴욕적 강화 추구의 공기를 들이마셨다. 그가 도성에 들어갔을 때는 마침 노중현盧仲賢이 금에 사신으로 가서 나라를 욕되게 했다는 소식이 전해져서 조정에서는 주전파와 주화파 사이에 부리에서 궤멸한 뒤 가장 격렬한 투쟁이 폭발하였다. 노중현과 이식李栻은 금의 수부帥府에 가서 금 측이 제시한 네 개 조에 대해 협상을 진행하였는데, 오만한 금의 원수 복산충의僕散忠義는 한 뼘 땅도 양보하지 않은 채 해주·사주·당주·등주를 반드시 할양하고 회수를 경계로 삼아야 하며, 세폐歲幣를 진회가 정한 액수와 같이 해야 한다고 요구하였다. 노중현은 금 측의 위협에 굴복하여 허락하고 말았다. 이는 본래 조신(효종)의 '성의聖意'를 결코 위배한 일은 아니었다. 10월 1일에 조신이 분명히 대신들에게 말하기를, "네 개 주의 땅과 세폐는 줄 수 있으나 명분과 송에 귀순한 사람의 귀환은 들어줄 수 없다."(『송사』 「효종본기」)고 하였던 것이다.

그러나 10월 3일에 노중현이 멋대로 네 가지 조건을 허락했다는 소식이 경성에 전해지자, 커다란 파문이 일었다. 탕사퇴가 조신에게 네 개 주를 할양하라고 계속 부추겼다. 이에 우윤문이 잇달아 다섯 차례나 상소하여 힘껏 다퉜으나 땅을 포기하려는 조신의 마음을 돌이킬 수는 없었다. 원래 주전主戰으로 소문난 조정의 관료, 예컨대 급사중 김안절金安節, 중서사인 당문약唐文若, 기거랑 주심대周心大 등도 홍준洪遵을 따라 함께 주의奏議를 올려서 "마땅히 금에 비단(繒)을 전날과 같은 수로 보내야 하며, 혹 탈환한 땅, 예컨대 해주·사주와 같은 지역을 돌려주도록 허락한다면 저들도 이를 구실로 삼아 (강화를) 논의할 것입니다."(『송사』 「홍준전洪遵傳」)라고 하였다.

조정에는 세 파가 형성되었다. 한 파는 탕사퇴를 우두머리로 해서 강화를 주장하는 투항파였는데, 그들과 결탁한 사람들은 역시 근습 세력인 용대연의 무리였다. 또 다른 한 파는 수비를 주장하는 자치파自治派로서, 강화 논의를 너무 성급하게 하지 말고, 강화 논의의 조건은 항쟁을 위한 것이며, 수비를 통해 자치를 하고, 강화를 통해 전쟁 능력을 배양한다는 네 가지 조항을 주장하는 데 지나지 않았다. 이들은 조정에서 절대 우세를 차지하였다. 그리고 마지막 한 파는 전쟁을 주장하는 견결파堅決派였는데, 이 파에는 이미 호전胡銓·장천張闡·주조周操·진량한陳良翰과 같은 소수의 몇 사람만 남아서 불굴의 항쟁을 하고 있었다. 강화와 수비는 주희가 이미 말했던 것처럼 실제로는 구별하기 어려웠기 때문에, 주희와 같이 볼품없는 낮은 사관祠官이 전쟁을 주장하는 견결파의 한 사람으로 도성에 들어왔을 때 주화파와 자치파 연합 세력의 철벽을 마주할 수밖에 없었다.

이뿐만 아니라 주희가 도성에 들어왔을 때는 마침 '불국 황제佛國皇帝' 종고宗杲가 원적圓寂하고 나서 오래지 않은 때라 그는 또 도하에 가득 찬 짙은 선풍禪風을 호흡하였다. 당시 강화 논의와 사신 파견 문제를 둘러싸고 조금도 번거롭게 여기지 않으며 온종일 쉬지 않고 떠들썩하게 논쟁을 벌인 주화主和, 주수主守, 주전主戰 세 파의 조정 관료들은 불교와 선에 탐닉하는 데서는 뜻밖에도 마음이 서로 통하였다.

8월 10일에 종고는 경산徑山 명월당明月堂에서 임종 전에 유서와 게시偈詩를 써서 우상 탕사퇴에게 주어 고별하고, 장준에게도 유서를 써서 고별하였다. 종고가 죽자 총림叢林과 조정에는 구슬픈 울음소리가 들렸고, 조신은 앞장서서 애도를 표하며 탄식하고 슬퍼하면서 몸소 종고를 위해 찬贊을 지었다. "생겨나고 사라지는 것은 없어지지 않고, 늘 머무는 것은 머물지 않네. 원만한 깨달음 텅 비고 밝아, 물건에 따라 곳곳에 드러나네.(生滅不滅, 常住不住, 圓覺空明, 隨物現處)"(『오등회원五燈會元』권19) 그리고 조서를 내려서 명월당을 묘희암妙喜庵으로 개명하고 보각普覺이라는 시호를 내렸으며, 탑에는 보광寶光이라고 이름 붙였다.

조정의 재집宰執 이하 크고 작은 관원이 부모(考妣)의 상처럼 여기지 않는 이가 없었으며, 탕사퇴와 장준이 모두 앞장서서 제사를 지냈다. 장준이 종고를 경모한 까닭은 자기가 진회에 맞서다가 참소를 당하여 영남嶺南에 추방되었을 때, 그리고 북벌을 위한 군사를 출동했을 때 종고가 개선을 빌어주면서 "먼지를 말끔히 씻어내니 험준한 산하가 손바닥 안에 있다. 출세간과 세간이 함께 또렷하니 주인공은 햇빛을 받아 어둡지 않네.(塵氣一掃蕩然空, 百二山河在掌中. 出世世間俱了了, 當陽不昧主人公)"(『명주아육왕산사지明州阿育王山寺志』권8「송대혜보각선사시宋大慧普覺禪師詩」)라고 송가를 불렀기 때문이었다. 이에 반해 탕사퇴 무리가 눈물을 뿌리며 제문을 크게 지은 것은 순수하게 부처에 아첨하려는 경건한 정성에서 나온 일이었다.

주희가 도성에 들어간 뒤로도 경산에는 끊이지 않고 조정의 신하들이 와서 제사를 올렸고, '승상부터 차례로 제사를 올리는 자들이 어지러이 몰려왔다.'(『오등회원』권19) 현존하는 『대혜어록』뒤에 첨부된 '조정 현인(朝賢)'의 제문 몇 십 편은 당시 가장 유명한 재보宰輔와 시종들 거의 전체를 포괄하며, 종고에 대한 이 융숭한 제사의 성세는 조구趙構(고종) 재위 때 세운 육화탑六和塔에 이름을 새긴 조정의 중신 마흔두 사람이 쓴 『사십이장경四十二章經』의 성가를 암연실색하게 하기에 충분하였다. 주희는 반불교와 반도교의 주장奏章을 들고 도성에 들어가 항쟁함으로써 그 자신과 조신 및 세 파 조정 관료 사이에 넘어서기 어려운 사상적 격차를 벌려 놓았다.

　주희는 바로 이런 분위기 아래 주사奏事를 올렸던 것이다. 10월 24일에 인견引見한다는 전지가 있었고 11월 6일에 등대登對하였다.[6] 호화로운 전왕궁錢王宮의 옛터에 새로 조성한, 간결하고 소박하게 설치된 수공전垂拱殿 안에서 조신은 그를 불러 보았다. 주희가 면전에서 세 차례 아뢴 차자의 특징은 바

---

6 주희가 주사를 올린 시기는 홍본洪本(홍거무본) 『연보』에는 "(1163년) 겨울 10월 신사辛巳에 수공전垂拱殿에 입대하였다. 11월 무진에 무학 박사武學博士에 제수되었다." 하였고, 이본李本(이묵본)에는 '무진戊辰'이라는 글자가 없다. 왕무횡王懋竑의 『연보고이年譜考異』에 다음과 같이 말하였다. "「효종본기」를 살펴건대, 융흥 원년(1163) 10월은 무오戊午가 초하루(朔)였고 신사가 24일이었으니 11월에는 무진이 있을 수 없다. 또 신사는 무진과 47일 간격이니 관직을 제수 받은 때가 이처럼 늦었을 리 없다. 『문집』「위원리서」에 의하면 6일에 등대하였고 12일에 무학 박사를 제수 받았으니, 『연보』가 잘못되었음은 의심할 나위가 없다. 지금 추본鄒本(추탁본)에 근거하여 바르게 고친다. 추탁鄒涿은 또 「여이선생서與李先生書」에 근거하여 9월 26일에는 (주희가) 아직 연산에 있었다고 한다. 임안에 도착한 뒤(의 일에 관해서는) 「답여백공서答呂伯恭書」에 '구구하게 이미 살펴보았으니 하루 이틀 사이에 등대할 것이라' 한 말이 있는데, 여정의 시일로 헤아려보면 등대는 응당 11월에 있었고 10월이 아니다." 지금 생각건대, 추탁과 왕무횡의 설은 인견한다는 전지가 내린 것과 등대한 일 두 가지를 하나로 혼동하였다. 『문정집』 권15 「여주원회」 서3에 "인견한다는 전지가 있었다는 말씀은 들었으나 아직 등대의 날짜에 대해서는 듣지 못하였다. …… 이원중李應中(이통) 선생께서 10월 중반에 방문하셨는데 …… 뒷일은 모두 친히 처리하셨으니 아마도 후회가 없을 것이다. 건안의 주부는 이미 호위를 받으며 귀향하였다." 하였는데, 인견과 등대가 같은 날에 있지 않았음을 알 수 있다. 홍본 『연보』에 '10월 신사'라 한 기록은 원래 이과재李果齋(이방자)의 『자양연보紫陽年譜』에 근거를 둔 것으로서, 응당 '인견한다는 전지가 있었던' 날짜를 가리킨다. 왕응신汪應辰의 이 편지는 대략 10월 말에 쓴 것이다. 그러므로 '아직 등대의 날짜에 대해서는 듣지 못하였다'고 하였다.

로 조신이 군주로서 저지른 허물을 곧바로 지적하면서 처음부터 격물치지와 현실에 대응하는(應事) 이통의 이학을 상세히 논술함으로써 조정을 비판하였다는 점이다. 다소 과격한 도학적 분위기의 언설 가운데에는 도리어 중대한 현실 문제에 대한 가장 또렷한 인식이 포함되어 있었다.

세 차례 차자는 모두 현실을 직접 겨냥하는 성격을 지니고 있었다. 첫째 차자는 정심성의, 격물치지의 '성학聖學'을 말한 것으로서, 그 의도는 도교와 불교(老佛)에 반대하는 데 있었다. 그는 한편으로 집권한 대신들이 오로지 '사장기송詞章記誦'만 좋아하고 '노자老子와 석씨釋氏의 사이에' 드나드는 것을 비판하고, 또 한편으로는 조신이 도교와 불교에 깊이 빠져든 점을 지적하였다. 그리고 국가가 다스려지지 않는 까닭은 바로 제왕으로서 조신의 한마음(一心)이 유가 『대학』의 도를 좋아하지 않고 도교와 불교의 허무의 담론을 독실하게 믿기 때문이라고 보았다. 이는 분명 특별히 종고가 죽기 전후의 불교에 아첨하는 풍조를 겨냥하여서 나온 말이다.

둘째 차자는 밖으로 이적夷狄을 물리치는 복수의 의리를 논한 것으로서, 그 의도는 강화 논의를 반대하는 데 있었다. 주희는 조정에 세 파로 나뉜 전쟁, 수비, 화친의 논리를 분석하고, 스승 이통의 가르침을 근거로 삼아 군신·부자의 삼강오상三綱五常에 입각해서 송과 금이 '불공대천'의 원수라는 사실과 금에 대항한 군사동원의 정의로움을 논증하였다. '오늘날 마땅히 해야 할 일은 전쟁이 아니면 복수할 수 없고, 수비하지 않으면 제압하여 이길 수 없으니, 이는 모두 자연스러운 천리天理이며 사사로운 원한의 인욕人欲이 아니라'고 인식하였다.

그는 "중간에 어떤 사람이 갑자기 다시 사악한 의론을 주창하여 폐하를 미혹시켜서 조정의 신하에게 국서를 들려 파견하게 하고 끝내는 오랑캐 장수에게 회답하게 하였으며, 이를 강화의 계책으로 삼게 하는 지경에까지 이르렀습니다." 하고 통렬히 질책하였다. 여기서 '어떤 사람'이란 분명히 탕사퇴를 가리키지만, 실은 조신을 가리켜서 꾸짖은 것이다. 그는 조신이 '속히 강화 논의를 그만두고 출척黜陟을 크게 밝혀 천하에 보임으로써 복수와 설욕의 본뜻이 조금도 쇠퇴하지 않았음을 알리기'를 바랐다.

그는 군사에 관해서도 중원 수복의 방략을 제시하였다. "강江(장강)·회淮(회수)의 군대를 안과 밖으로 삼고, 전쟁과 수비의 계책을 합쳐 하나로 만들어서 수비가 굳건하면 전쟁을 벌이고, 전쟁에 이기면 수비를 하되 임기응변과 정도(奇正)가 서로 상승작용을 하여서 둥근 고리처럼 서로 이어지도록 하여 오랜 세월 유지하며, 반드시 중원을 회복하고 반드시 오랑캐를 멸망시키기를 기약한 뒤 그만두어야 합니다."

셋째 차자는 안으로 정사를 닦는 도리를 말한 것으로서, 그 의도는 조신이 영행佞幸을 총애하여 믿는 것을 비판하는 데 있었다. '기강'이 아직 확립되지 않았다고 한 주희의 말은 '간쟁의 길은 아직도 막혔고, 영행의 세력은 바야흐로 뻗어 나가고 있으며, 관작과 상을 손쉽게 받는 반면 처벌이 시행되지 않고, 인민의 역량은 이미 고갈되었는데 국가의 재정은 절제가 없다'는 네 가지 조항을 가리키는데, 모두 조신을 직접 지적한 내용이다. 그 가운데 '간쟁의 길은 아직도 막혔다'고 한 말은 조신이 오로지 본인의 호오好惡를 근거로 마음대로 대간의 관리인 유도·호전·주필대·왕대보·김안절 등을 파직한 일을 가리킨다. '영행의 세력은 바야흐로 뻗어 나간다'고 한 말은 오로지 근습 소인 용대연龍大淵·증적曾覿·이가李珂·양가梁珂 등의 무리를 총애한 사실을 가리키는데, 이는 조신이 스스로 잘못을 저지르고서도 종신토록 깨닫지 못한 불치의 고질병이었다.

위의 네 가지 조항을 겨냥하여 주희가 제시한, 안으로 정사를 닦는 방책은 '간쟁을 받아들이고, 사특한 아첨을 멀리 내쫓고, 요행의 문을 막아버리고,

나라의 근본을 안정되고 굳게 하는 네 가지를 급선무로 삼아야만' 비로소 '형세가 저절로 강해지고 회복을 바랄 수 있게'(이상 『문집』 권13 「수공주차垂拱奏箚」) 된다는 것이다.

주희가 조신의 면전에서 아뢴 직언(抗論)은 모든 조정 대신이 강화 논의와 불교에 빠져 똑같은 목소리로 합창하는 중에 돌연 울려 퍼진 극히 부조화한 고음이었으며, 강화를 청하고 불교를 신봉하며 영행을 총애하는 데 열중한 조신의 귀에는 특히 날카롭고 뾰족하게 자극적으로 들렸다. 주희가 첫째 차자를 다 읽었을 때 조신은 아직 간언을 받아들이는 넉넉한 도량을 갖추고 있었기에 군신君臣의 대답을 진행할 수 있었다. 그러나 둘째, 셋째 차자를 읽어 내려가자 그는 끝내 노기를 띠며 말을 하지 않았다.

주희는 위염지에게 편지를 써서 이를 알렸다. "내가 6일에 등대하여 처음 치지격물致知格物의 도를 논한 첫째 차자를 읽었더니 임금의 얼굴빛이 온화하고 순수하며 메아리처럼 호응하셨습니다. 다음으로 복수의 의리를 논한 둘째 차자를 읽고, 끝으로 언로가 꽉 막히고 영행의 세력이 들끓는 문제를 논한 셋째 차자를 읽었더니, 다시는 임금의 말이 들려오지 않았습니다."(『문집』 권24 「여위원리」 서1)

심지어 조신은 이름이 알려지지 않은 낮은 사관祠官이 아뢰는 도학의 '흰소리(大話)'에 진지하게 대하기를 달가워하지 않았다. 그리고 11월 12일에 주희에게 차자를 내려서 무학 박사武學博士에 제수한 다음 날, 조신은 투항파 왕지망王之望을 통문사通問使로, 근습 총신 용대연을 부사로 삼아 금으로 보내 강화 논의를 하게 했는데, 이 일은 주희의 주사奏事와 무학 박사 제수에 대한 가장 커다란 풍자였다. 무학 박사는 '병서兵書·궁마弓馬·무예로 학자를 이끌고 가르치는' 직책인데 주희는 분명 이 세 가지 일에 모두 정통하지 못하였으니, 그를 이 직책에 제수한 것은 뭐라고 말할 수 없을 만큼 기묘한 일이었다. 하물며 이 무학 박사는 비록 자궐資闕(자력보궐資歷補闕, 경력에 따라 빈자리를 메움)을 대체한 것이기는 하나 4년이나 보직의 차례를 기다려야 했으니, 다른 측면에서는 주희를 집에 버려두고 쓰지 않는 것과 마찬가지였다.

조신은 제위帝位에 오르자마자 곧 '도학'을 좋아하지 않는 황제임을 드러냈다. 주희는 한 가지 사건을 언급하여 "전에 이 아무개(*생각건대 아마도 이목李沐인 듯하다)가 수황壽王(효종)의 등극 초에 글 하나를 올려서 도학은 아주 나쁜 것이라고 극언을 하였다. 그때 아무개가 요직에 있었기 때문에 이 설로 투서를 하였다. 그래서 곧 상주上州 교관으로 나가게 되었다."(『어류』 권27)고 하였다. 조신이 도학을 좋아하지 않은 점은 바로 그의 심중에 주희를 중용할 생각이 없는 진정한 원인이었다.

주희를 무학 박사에 제수한 까닭은 본래 그에게 조정을 떠나게 함으로써 더 이상 조정의 정사에 간여하지 말도록 하려는 것을 의미했지만, 그는 뜻밖에도 여전히 도하都下에서 나름대로 항쟁을 전개하였다. 왕지망과 용대연은 조신의 굴욕적인 강화와 영행에 대한 총애의 살아 있는 상징이었으며, 그들이 통사通使로 금에 가서 강화를 요구한 사실은 조정에서 강화 논의의 거래가 최고조에 이르렀음을 분명하게 나타낸다.

조정의 신하들 가운데 몸을 던져 반대한 사람은 겨우 중서사인 유공劉珙과 전중 시어사 주조周操뿐이었다. 진강백과 탕사퇴는 함께 상주하여서 "지금 해마다 군사를 주둔시키고 있는 까닭에 나라의 재정이 고갈되었으며, 해마다 모든 군에 지급하는 비용이 억만을 헤아리는데 금의 사람들에게 보내는 빙폐聘幣와 비교하면 겨우 열에 하나일 뿐입니다. …… 지금 그 청(군사 주둔비 등의 비용 요청)에 따라 허락하는 것이 더욱 좋고 편리할 것입니다."(『중흥어모록中興御侮錄』 권하)라고 하였다.

조정 관료의 의견이 어지러운 탓에 결정하기 어려웠던 조신은 대간과 시종들에게 의논을 모으라고 영을 내렸다. 대간과 시종관 열네 명은 모두 비분 강개하여서 하루 종일 논의하여 의견을 모았는데, 주희는 이들 문신이 입술과 혀를 창검처럼 사용하여 다투는 분쟁의 희극에서 어떻게 거래를 하고 있는지 눈으로 보고 귀로 듣고 있었다.

열네 사람은 아래와 같이 여덟 개 파를 형성하였으나, 결국 많은 대가를 지불하고서 강화를 구걸하더라도 또한 대송의 체면을 잃지는 않을 것이라면서 자질구레하게 따지듯이 논쟁을 하지 않는 이가 없었다.

이부 상서 능경하凌景夏, 호부 상서 한중통韓仲通, 권 이부 시랑 여시언餘時言, 형부 시랑 노빈路彬이 의견을 같이하였다. "이미 명분이 없으니 강화를 해야 하며, 사신을 파견해서 세폐歲幣를 주어야 한다. 그러나 네 개 주의 강토는 마땅히 논의하여서 조종祖宗의 능침陵寢 및 흠묘欽廟(흠종)의 재궁梓宮과 서로 바꾸어야 한다."

예부 시랑 황중黃中, 병부 시랑 김안절이 의견을 같이하였다. "예컨대 숙질叔姪이라고 일컫는 두 글자는 온당하지 않다. 국호는 큰 글자를 쓰지 않으며, 재배再拜하지 않는다. 해마다 세폐를 증액해야 한다면 마땅히 흠종의 재궁을 환수해야 한다. 네 개 주는 회수와 양양襄陽의 울타리이니 주어서는 안 된다."

시어사 주조周操, 우정언 진량한陳良翰이 의견을 같이하였다. "명분이 이미 바르므로 질국姪國이니 뭐니 하는 부류도 굳이 깊이 따질 것이 없다. 절대로 강토는 내어줄 수 없으며, 귀정인歸正人(중원에 남아 있거나 적의 휘하에 예속되었다가 본국으로 돌아온 사람)도 보낼 수 없고 변경의 방비도 철회해서는 안 되며, 매년 능침에 제사 지내는 일은 모름지기 미리 약속을 해야 한다."

급사중 전주재錢周材, 기거 사인 마기馬騏가 의견을 같이하였다. "우리는 마땅히 '대송大宋'이라 삼가 일컫되 대료大遼에 대한 예禮와 같이하며, 세폐는 이미 정한 논의가 있다. 네 개 주는 결코 할양해서는 안 된다."

공부 상서 장천張闡이 한 가지 의견을 제시하였다. "강화는 논의를 하지 않을 수 없고 사신은 보내지 않을 수 없으며, 세폐는 따질 필요가 없고 네 개 주는 할양할 수 없다. 지금은 공격해서 승리한 뒤에 강화를 함으로써 은혜와 위엄을 함께 드러내는 것만 못하다."

기거랑 호전胡銓이 한 가지 의견을 제시하였다. "오랑캐는 부리의 전투로 두려워 떨면서 강화를 구하였다. 지금 불공대천의 원수와 신의를 말하고 화목을 닦는다면 삼강오상이 말끔히 쓸려갈 것이다. 하물며 결코 믿을 만할 리가 없음에랴!"

감찰어사 윤색尹穡이 한 가지 의견을 제시하였다. "국가의 힘이 미비하니 마땅히 오랑캐와 강화해야 한다. 오직 세폐를 늘리되 네 개 주는 포기하지 말고, 능침을 청하지 않는다면 화의가 성립할 것이다."

감찰어사 염안중閻安中이 한 가지 의견을 제시하였다. "네 개 주는 우리의 문호이니 결코 포기해서는 안 된다. 마땅히 화친을 임시 수단으로 삼고 용병을 실제 정사로 삼아야 한다."(『건염이래조야잡기建炎以來朝野雜記』 갑집 권20)

주희는 「무오당의서戊午讜議序」에서 자기가 목도한, 울지도 웃지도 못할 강화의 희극에 대해 아주 침통하고 쓰디쓴 총결을 내렸다. "계미년(1163)의 논의는 발언이 대궐에 가득 찼다. 그 가운데 오랑캐는 대대로 원수이므로 강화해서는 안 된다고 말한 이는 여전히 상서 장천 공과 좌사左史 호전 공에 그칠 뿐이었다. 나머지는 대체로 또한 강화해서는 안 된다고 말한 사람이 있으나 정작 말하는 내용은 이익과 손해의 사이에서 벗어나지 않았다. 또 그 나머지 가운데 비록 평소 어진 사대부라고 불리며 개연히 '6천 리 밖에 있으면서 원수에게 부림을 당한다'고 탄식하는 자가 있지만 하루아침에 나아와 묘당廟堂에 서면 도리어 바로 술에 취한 듯, 허깨비에 홀린 듯 멍하니 지난날 했던 말

을 잊어버린다. 누군가 이를 지적하면 '이는 처사處士의 큰소리일 뿐이라'고 한다."(『문집』 권75)

실제로 조정 신료 열네 명이 의견을 모았는데 강화 주장이 반이고, 강화 와 전쟁 사이의 절충이 반이었으며, 전쟁을 주장한 이는 오로지 호전 한 사 람뿐이었다. '어진 사대부'란 주규周葵의 무리를 가리킨다. 15일에 조정 관료 들이 의견을 모음과 동시에 주희는 몸소 참정 주규의 문에 들어가서 직언을 하였다. 주규가 '이는 모두 처사의 큰소리인데 지금 잠시 목전의 계책으로 삼 을 뿐'이라면서 그를 풍자하였다. 주희가 분노하여서 "국가 억만년의 대업을 참정께서는 이에 목전의 계책으로 삼으십니까?"(『문집』 권24 「여위원리서」)라며 반 박하였다.

주화파의 우두머리인 참정 주규가 온종일 생각한 것은 자기의 벼락 같은 출세였다. 그는 아첨하고 비위 맞추는 일만 알았다. 서른한 살의 장식張栻이 도성에 들어와 시사를 아뢰었는데(奏事), 연소한 나이에도 의지를 실행하여서 궁금宮禁을 드나들고 장준과 함께 조신의 두터운 신임을 받았다. 이 모양을 보고 주규는 낯가죽 두껍게도 장식을 가리키면서 대신들에게 "우리의 진퇴 는 모두 이 젊은이(郞)의 손에 달렸다!"(『어류』 권103)고 하였다. 주희는 몹시 개 탄하며 "사람들의 의식이 모두 이 모양이니 어찌 일을 성취할 수 있겠는가!" 하였다.

둔전 원외랑屯田員外郞이며 황자皇子 공왕부恭王府의 직강直講 임률林栗은 봉 사封事를 올려서, 네 가지 일을 대가로 삼아 사신을 파견하여서 강화 논의를 하는 정책에 반대하였으나, 또한 주전과 군사동원에도 반대하였다. 그는 응 당 '사신을 파견하지 말 것', '마땅히 경계를 지키며, 생령生靈(백성, 인민)을 쉬게 하고, 빙사聘使의 왕래로 번거롭게 하지 말며, 저마다 자기 영토를 무사히 지 킬 것'을 당금의 계책으로 인식하였다(『송사』 「임률전林栗傳」). 이는 실제로는 일종의 수비를 주장하는 전형적인 자치의 설이다. 그는 『사기』 가운데 진秦이 초楚를 정벌할 때 왕전王翦과 이신李信이 병사의 수를 논쟁한 이야기를 들어서 주전과 군사동원을 주장하는 사람들을 풍자하기를, "지금 수만 병졸로 중원을 횡행하고자 하면서 어찌 상서롭지 못함을 염려하는가!" 하였다.

주희는 임률의 그 같은 반전, 수비의 주장을 대놓고 비평하였다. "이 일은 바로 그렇지 않습니다! 진이 여섯 나라를 멸하였는데, 그 가운데 초가 가장 죄가 없었습니다. 그러므로 초가 망하자 그 나라 사람이 비통하게 생각하면서 '세 집의 노래(三戶之謠)'를 불렀으니, 당시 진나라 사람의 침공과 초나라 사람의 수비의 형세를 알 수 있습니다. 오늘날의 일은 이와 정반대이니 어찌 비교할 수 있겠습니까?"(『문집』 권24 「답위원리서」)

임률이 말한, '저마다 자기 영토를 무사히 지킬 것'은 타조가 머리를 처박는 식의 자기기만으로서 당시의 정세 아래서는 근본적으로 취할 수 없는 헛소리였다. 전쟁을 하지 않으면 반드시 강화를 해야 했다. 실제로 이때 대간과 시종들뿐만 아니라 거의 모든 조정 신하들이 모두 주전에서 주화로 전향하였다.

11월 16일에 주희는 특별히 위염지에게 편지를 써서 의견을 모은 뒤의 조정의 이런 보편적인 상황에 분격하여서 말하였다.

> 화의가 결정되어서 유언비어가 횡행하니 자질구레한 수단으로는 해결할(一葦可杭) 수 없습니다. …… 대략 의론이 이와 같습니다. 한무구韓無咎(한원길韓元吉)·이덕원李德遠(이호李浩, *생각건대, 원래 모두 주전파이다)조차도 다시 「수초부遂初賦」를 찾지 않습니다. 여러 관료 가운데서는 오직 왕가수王嘉叟(왕거王秬)를 비롯한 몇 사람이 여전히 정론正論을 주장했지만 모두들 한직에 있는 탓에 헛된 말이 될 뿐입니다! 이틀 동안 재상의 집을 다녀왔고, 재상의

관부官府에서 모였는데 논한 바가 어떤지 모르겠습니다. 조금이라도 돕고 싶었으나 번번이 만나지 못했고, 그(진강백)가 있는 곳도 모릅니다. 언로는 오직 소파小坡(•생각건대, 좌사간 진량한陳良翰을 가리킨다)의 견해만 아주 올바릅니다. 다만 그의 발언이 용감하지 않아 다수의 떠들썩한 말을 이기지 못할까 걱정입니다. 왕지망王之望·용대연龍大淵이 이미 정사와 부사로 차견되었는데, 모르겠습니다만 만회挽回할 수 있겠습니까? ……

─『문집』 권24 「여위원리서」

주희는 '만회'의 희망을 장준·장식 부자에게 걸었다. 장준은 멀리 양주揚州에서 강회江淮의 군마를 도독하고 있었으나, 이때 이미 조정에 불려 가 재상이 될 것이라는 소문이 나돌았다. 태상황 조구(고종)도 깊은 관심을 갖고서 사사로이 강화 논의를 위한 후한 예물을 준비하여 금의 왕에게 보냈다는 소식이 들려오자, 장준은 곧 장식을 도성에 들여보내 노중현이 나라를 욕되게 하고 강화를 구걸한 죄를 아뢰도록 하였다.

장식은 대략 11월 18일에 임안에 이르렀다. 주희는 그때 평생 처음으로 그를 만나 서로 알게 되었다.[7] 장식은 자가 흠부欽夫이며 호가 남헌南軒이다.

---

7 장식이 도성에 들어와 주사를 올린 때는 장식과 주희 두 사람이 서로 만나 알게 된 때와 관계 있다. 『장식연보張栻年譜』에서는 장식이 9월에 도성에 들어왔다고 하는데, 이는 잘못이다. 『건염이래조야잡기』 갑집 권20 「계미갑신화전본말癸未甲申和戰本末」을 보면, "또 다음 날(•생각건대, 11월 15일), 상上(효종)이 덕수궁에서 조회하였는데(•15일 임인) 상주로 인해 사신을 파견하여서 서신을 왕래한 일을 알게 되었다. 상황上皇(고종)이 매우 기뻐하며 상에게 스스로 예물을 한 차례 준비하고자 한다고 유시하였다. 위공魏公(장준)이 양주에서 이 말을 듣고 경부敬夫(장식)를 보내 노중현이 나라를 욕되게 한, 말도 안 되는 일을 아뢰게 하였다. 상이 비로소 노하여 노중현을 붙잡아 허락도 없이 마음대로 네 개 군郡을 허락한 사실을 논하고, 대리시大理寺에 내려서 관직을 삭탈한 뒤 위공을 행재소로 불렀다.(•11월 19일 병오)" 하였으니, 장식이 11월 19일에 주사를 올렸음을 알 수 있다. 그가 도하에 도착한 때는 아마도 18일이리라.

소흥 31년(1161) 장사長沙에서 정식으로 오봉五峰 호굉胡宏을 사사하였으며, 홀로 호상파湖湘派의 진수를 전승하였다고 일컬어지는 이학의 신예였다.

주희는 장식과 처음 알게 되면서 자연 호상학파의 사상에 흥취를 느끼고 주목을 하였으나, 다만 이때 가장 관심을 기울인 일은 역시 전쟁을 주장하고 강화를 반대하는 현실의 큰일이었다. 그는 중망을 걸고 있던 장준이 만일 조정에 들어가서 주화파 탕사퇴와 함께 나란히 재상이 된다고 하더라도 필시 아무런 일도 성취하지 못하리라고 예감하였다. 따라서 장식을 만나 반복하여 말하기를, "만약 상공相公께서 참으로 나아가서 일을 하고자 한다면 마땅히 전지傳旨를 청하여 모든 일을 당신께 맡기도록 하고, 영웅과 지모가 있는 선비를 발탁하여서 당신에게 일임하게 한 뒤에야 일을 할 수 있을 것이오. 만약 탕진지湯進之(탕사퇴)와 함께 일을 한다면 결코 일을 성취하지 못할 것이오!"(『어류』 권131)라고 하였다. 또 "탕진지가 떠나지 않으면 (장준이) 일을 할 수 없으며, 그의 일을 떠맡지 않고서는 일은 실패하고 말 것이오."(동상, 권103)라고 하였다.

조신(효종)은 노중현의 관직을 삭탈하고 대리시代理寺에 내린 뒤 11월 19일에 장준을 행재소로 불렀다. 주희는 임안에 머물면서 다시 장준이 도하에 들어오기를 기다려 그에게 진언하기로 마음먹었다. 한편 조정에서는 장준이 도성에 들어오기 전에 강화를 주장하는 재집들이 서둘러 11월 25일에 상주하여, 주전은 '허황한 말로 나라를 그르쳐서 아름다운 이름을 추구하는' 짓이라고 역설하였다. 이에 조신은 결국 그들의 '자치의 계책(自治之計)'을 받아들여서 강화를 논의하기로 결의하였다.

조신은 먼저 12월 3일에 좌상 진강백을 파직하고, 이어서 8일에 소사小使 호방胡昉과 양유의楊由義를 금에 파견하였다. 12월 9일에 장준이 임안에 도착하였으나, 주희가 대면한 것은 조정의 강화 논의가 기정사실이 되었다는 현실이었다. 그가 상황을 돌이키기에는 무력하였다. 그래도 주희는 도리어 장준이 방법을 생각해내서 탕사퇴를 제거하고 전지를 청하여서 홀로 재상을 맡기를 희망하였다.

주희는 특별히 또 장준을 대면하고는 그에게 병력을 나눠서 중원으로 나아가 취하는 원대한 계책을 올렸다.

> 내가 이전에 장위공張魏公(장준)을 뵙고 병력을 나눠서 오랑캐를 치는 형세를 설명하였다. …… 우리를 위한 계책으로는 몇 군을 나눠 관섬關陝(섬서)으로 나아가게 하는 것보다 좋은 것이 없었다. 그러면 그들은 반드시 병사를 관섬에 모을 것이다. 또 몇 군을 나눠서 서경西京으로 향하게 하면 그들은 반드시 서경에 군사를 모을 것이다. 또 몇 군을 나눠서 회북淮北을 바라보게 하면 그들은 반드시 회북에 군사를 모을 것이다. 그 밖에 반드시 비고 약한 곳으로 가고 또 해도海道의 병력으로 해상을 교란하면 그들은 또 군사를 모아서 해상을 막을 것이다.
>
> 우리는 이곳에서 정예 몇 만을 치밀하게 뽑아 (적들의) 세력이 나눠는 형세를 헤아려서 조금 약한 곳을 틈타 들어가면 단숨에 산동山東을 거둬들일 수 있다. 오랑캐는 수미가 상응하지 못하고 다시 조발하여 보충하려면 또한 갑자기 모을 수 없기 때문에 우리는 이미 산동을 점거한 뒤일 것이다. 산동을 점거하기만 하면 중원과 연경燕京(의 회복)은 저절로 대단한 힘을 들이지 않을 수 있으며, 정예를 산동에 모으면 오랑캐의 세력은 이미 두 동강이 날 것이다. 또 먼저 밝은 조칙을 내려서 중원의 호걸들로 하여금 스스로 호응하게 한다. ……   —『어류』 권110

이는 분명 주희가 융흥 때의 경솔한 북벌의 군사동원을 경계로 삼고 제시한, 신중하고 튼실한 군사동원의 원대한 방법으로서 주화의 검은 구름이 드리운 임안 도성에서는 거의 듣기 어려운 탁월한 견해였다. 그러나 장준은 의외로 담담하게 "나는 한 지역만 책임지라는 명을 받았으니 이 일은 아마도 주관할 수 없을 듯하다."고 주희에게 답하였다(동상). 장준도 조신이 오라면 오고 가라면 가는 꼭두각시 통수統帥에 지나지 않았다. 이로써 주희는 장준이 의지는 크나 재주는 엉성한 사람이며, 자기가 품었던 항쟁의 마지막 남은 희망도 사라졌으므로 다시 임안에 남아 있을 필요가 없다고 느꼈다.

마침 이통이 세상을 떠났다는 부음이 전해지자, 12월 12일[8] 장준이 도성에 도착하고 나서 사흘 뒤 주희는 하늘에 가득한 눈보라를 무릅쓰고 죽음의 기운이 음침하게 드리운 임안성을 떠났다. 그를 전송한 사람은, 중귀인中貴人 이가李珂를 상주하여 탄핵했다가 조신에게 죄를 얻고 막 천주泉州의 지주로 나가게 된 유공劉珙이었다.

원회를 보내며   送元晦

훨훨 나는 황학 한 쌍   翩翩雙黃鶴
둥지를 지어서 서로 의지하네   結巢相因依

---

8 주희가 도성을 떠난 시기는 연보의 여러 판본에서 11월이라고 하였는데, 이는 잘못이다. 『어류』권103에 근거하면, "상이 처음 위공(장준)을 불렀는데 먼저 남헌南軒(장식)을 불러서 오라고 하였고 나도 부름을 받아 행재소에 갔다. …… 내가 위공을 기다려서 보았을 때 직접 말씀을 드렸으나 (그가 받아들이지 않아) 머물 수 없음을 알고 하루 이틀 뒤에 떠났다."고 하였다. 『송사』「효종본기」에 근거하면, 장준은 11월 19일에 부름을 받아 행재소에 갔고 12월 9일에 도성에 들어갔으니, 주희가 도성을 떠나 민閩으로 돌아간 때는 12월 12일이다. 『속자치통감』에도 주희가 무진戊辰(=12월 12일)에 의견이 합치하지 않아 돌아갔다고 하였으니, 별도로 확실한 근거가 있는 듯하다.

바람 부는 대로 맡겨서	一爲天風便
서풍을 타고 날개를 치네	矯翩西風飛
세밑에 날은 저물고	歲華及晼晩
서리와 이슬은 행장에 스며드네	霜露侵征衣
이 길도 고달파서	此行亦良苦
천리를 기약하네	千里以爲期
집에는 검은 머리 어머님이 계시니	堂上玄髮親
영예와 녹은 마땅히 어머님께 드려야 하네	榮祿當及玆
사람이 살다보면 고역을 겪느니	人生會有役
다시는 슬픈 눈물 흘리지 마오	不復情凄洏
도성 문 앞길을 배회하며	徘徊都門道
걸음이 더디다 하려네	欲語行且遲
그대 고를 안고서	念子抱孤桐
조용히 옛 노래 타던 걸 생각하네	窈窕弦古詞
청상 곡조가 울려 퍼져서	淸商奮逸響
격렬한 나머지 슬프기도 하다	激烈有餘悲
타는 사람 수고는 괜찮으나	不辭彈者勞
지음이 드물까 두렵네	正恐知音稀
지음이 어찌 귀하랴!	知音何足貴
나 스스로 미치지 못할 뿐인 걸	我顧不可追

—『송시기사宋詩紀事』 권47

또 유명한 시인 남간南澗 한원길韓元吉도 시를 지었다.

원회를 보내며 　　　　　　　　　　　　　　　送元晦

작년엔 그대 오려 하지 않아 한이더니	前年恨君不肯來
올핸 그대 가려 하지 않아 안타깝네	今年惜君不肯往
조정엔 다사다난한 사십 년	朝廷多事四十年
어리석은 이 슬기로운 이 그로 인해 오만 가지 근심	愚智由來各千慮
그대가 온 날은 바로 임금이 의견을 듣던 날	君來正值求言日
곧장 세 가지 계책을 당당히 간하였네	三策直前眞諫疏
온갖 일을 꾸짖음에 성학을 내세우고	詆訶百事推聖學
한번 분노하여 나라의 원수 갚기를 청하였네	請復國讎施一怒
내 그대 간쟁의 재능은 알지만	我知君是諫諍才
총명한 주상이 잘못할 리 없네	主上聰明得無誤
종이 한 장으로 무사를 가르치고	一紙底用教鶡冠
수많은 전쟁에 응당 병거를 내야 하리	白戰應當啓戎輅
천리 강산엔 눈보라가 치고	江山千里正風雪
어수선한 세월은 순식간에 저물려 하네	歲月崢嶸倏將暮
경작할 땅이 있고 지붕을 이었네	有田可耕屋蓋頭
그대 계책은 엉성하지 않으니 나도 가리라	君計未疏吾亦去
그대는 무이군에게 사례하러 돌아가는데	君歸爲謝武夷君
백마에 채찍질하여 어디로 가야 하나	白馬搖鞭定何處

—『남간갑을고南澗甲乙稿』권2

　　'온갖 일을 꾸짖음에 성학을 내세우고, 한번 분노하여 나라의 원수 갚기를 청하였다'는 구절은 주희가 이때 도성에 들어와 두 달 동안 벌인 투쟁을 가장 잘 총결한 말이다.

　나중에 왕응신도 유거중嶼居中에게 보낸 편지에서 다음과 같이 칭찬하였다. "주원회朱元晦(주희)가 다시 소명을 받았으나 제공(諸公)이 핍박하기에 바야흐로 떠나갔다. 윤대해서는 강화 논의를 힘껏 배척하였다. 그것은 다른 모든 사람들이 말하기 어려운 내용이었다."(『문정집』 권16) 그러나 이 '간쟁의 재능(을 지닌 사람, 諫爭之才)'은 끝내 먼 곳까지 통찰하는(天高聽遠) 황제 조신에게는 알려지지 못한 충성스럽고 강직한 비분의 감정을 가슴에 하나 가득 품고서 남쪽으로 돌아가고 말았다.

┃ 구차한 안정의 분위기 속에서 자아 분발 ┃

주희가 도성을 떠나 민閩으로 돌아가는 길에서 줄곧 느낀 심경은 눈보라 치는 차가운 겨울 하늘과 같이 음침하였다. 유일하게 그의 기분을 위안해준 것은 무주婺州를 지날 때 여조겸呂祖謙과 만난 일이었다. 여러 해 단절된 관계가 이로부터 회복되었고, 두 사람은 이학 사상의 중요한 토론과 교류를 시작하였다.

여조겸은 자가 백공伯恭, 호가 동래東萊이고, 금화金華 사람이다. 주희가 여조겸과 처음으로 만나 서로 알게 된 때는 소흥 26년(1156) 12월에 가족을 이끌고 동안에서 북으로 가다가 복주福州를 지날 때이다.[9] 여조겸의 아버지 여대기呂大器는 주송과 서로 아는 사이였고, 주희는 일찍이 '계구契舊(선대의 교제)'로서 여대기를 알고 있었다. 소흥 25년 봄에 여대기가 복주로 와서 복건 제형사 간관福建提刑司幹官으로 부임하였는데, 동안의 주부로 재임 중이던 주희는 그와 여러 차례 만날 수 있었다. 여조겸도 이때 아버지를 따라 복주에 와서

---

9 주희와 여조겸이 처음 만나 알게 된 일에 대해 왕무횡의 『연보고이年譜考異』에서는 "두 사람의 문집에서는 모두 고증할 길이 없다." 하였는데, 그 설은 옳지 않다. 추탁鄒涿은 『연보』에서 두 사람이 서로 만난 때를 소흥 25년(1155) 정월이라 하여, "이때 백공伯恭의 아버지 창부공倉部公이 복주에서 관리로 있었는데, 주자가 격서檄書로 대도독부의 일에 관해 보고하였다. 이로부터 백공과 교제를 시작하였다."라고 하였다.(◦생각건대, 여조겸의 아버지 여대기는 소흥 25년 봄에 복건 제형사 간관提刑司幹官으로 부임하였는데, 주희는 정월에 다만 격서로 도독부에 알렸고 본인은 결코 복주에 직접 오지는 않았다. 추씨의 설도 잘못이다.)

여본중呂本中의 제자인 삼산 선생三山先生 임소영林少穎(임지기)을 사사하였다.

건도 7년(1171)에 여대기가 죽었을 때 주희는 여조겸에게 보낸 편지에서 당초 그들 여대기·여조겸 부자와 복주에서 만난 일을 언급하였다. "저는 천주(泉)와 복주(福) 사이에서 낭중郎中 어른(*생각건대, 여대기이다)을 모시며 가르침을 얻었는데, 계구를 연고로 저를 매우 아껴주셨습니다. 근년 이래 비록 오랫동안 멀리 떨어져 있었지만 서신은 가끔 서로 이어졌습니다. 격려해주시고 삼가도록 경책하신 말씀이 모두 성대한 덕의 말씀이었습니다. 감격하여 마음에 새기고 있으니 어느 날인들 감히 잊을 수 있겠습니까?"(『문집』 권33 「답여백공」 서13) '천주'에 관한 언급은 여대기가 파견되어 천주로 와서 동안의 주부로 재임하던 주희를 만난 일을 가리키며, '복주'에 관한 언급은 주희가 소흥 26년 (1156)에 북으로 돌아갈 때 복주를 경유하면서 서로 만난 일을 가리킨다. 주희는 이때의 상견에서 여조겸과 사귀게 되었다.

나중에 주희는 여조겸에게 보낸 편지에서 그들 두 사람이 이때 처음 알게 된 일을 언급하였다. "삼산三山(*생각건대, 복주이다)에서 헤어지고 한동안 소원하였습니다. 몇 년 동안 외진 산골에 묻혀 있었기에 다시 그대에게 안부를 물을 수 없었습니다. 북쪽에서 오는 친구들마다 그대의 훌륭한 덕성을 말하지 않는 사람이 없으니, 우러르는 마음에 충분히 위안이 됩니다."(동상, 서1) 주희는 이 편지에서 '하루 이틀 사이에 등대할 것'이라 하였는데, 이는 곧 그가 융흥 원년(1163)에 임안으로 가서 주사를 올린 일을 가리킨다. 이해 11월 4일의 일이다.

여대기가 복주에서 관직에 있을 때 여조겸은 소흥 26년(1156) 12월 말 전에 임안에서 복주로 돌아 온 식구가 함께 새해를 맞이하였다. 주희는 이해 12월에 북쪽으로 돌아갔는데 복주를 지나갈 때는 마침 12월 말이었다. 이것이 바로 주희가 말한 삼산에서 만난 일이다. 이듬해 3월 주희는 다시 동안으로 돌아가면서 복주를 지나갔고, 여조겸은 이미 임안으로 가서 춘시春試에 참가하였다. 이해 12월에 주희가 동안에서 임기가 찼으므로 북쪽으로 돌아가는 길에 복주를 경유하였는데, 이때 여조겸은 또 10월에 임기가 만료한 여대기를 따라 무주婺州로 돌아갔다. 이로부터 두 사람은 소식이 불통하였다.

융흥 원년(1163) 11월에 이르러 주희가 임안에 와서 주사를 올렸다. 여조겸의 장인 한원길이 그의 집안 편지(家信)를 주희에게 보여주어서 주희는 비로소 여조겸이 진사과進士科와 박학굉사과博學宏詞科에 높은 성적으로 합격하고 이해 7월에 남외돈종원南外敦宗院 종학 교수宗學敎授에 제수되어 집에서 대차待次하고 있다는 사실을 알았다.

여조겸은 편지에서 주희가 도성에 들어가 주사를 올린 일을 격려하였고, 주희는 회신에서 그와 만나 강론을 하고 싶다는 바람을 표시하였다. 주희가 12월 중순 남쪽으로 돌아가는 길에 무주를 경유하면서 마침 두 사람이 다시 상견할 기회가 생겼다. 두 사람은 마음을 기울여 학문을 강론하면서 여가에는 함께 금화金華의 명산을 유람하였다. 주희는 효성이 지극한 벗(孝友) 두 신군(二申)의 묘를 위해 제자題字를 썼다.[10]

석 달 뒤 주희는 연평으로 가서 이통이 살았던 남검南劍에서 곡하고 제사

---

10 『금화현지金華縣志』 권11 : "주희는 융흥 원년(1163) 10월에 감 담주 남악묘監潭州南嶽廟로 있다가 다시 소명을 받아 입대하였다. 여조겸이 이해에 과거에 급제하여 임안에서 만났다. 11월에 주희는 무학 박사에 제수되었지만 홍괄洪适과 의견이 맞지 않아 돌아갔다. 무주에 이르러 여조겸과 함께 끊이지 않고 강론하고 문답을 하였으며, 남북의 여러 산을 유람하였고, 효성이 지극한 벗인 두 신 군의 묘에 제자題字를 썼다." 생각건대, 『여동래문집呂東萊文集』 권3 「여왕단명성석與汪端明聖錫」 서1에 근거하면 여조겸은 융흥 원년 7월에 종학 교수에 제수되었고, 임안에서 무주로 돌아가 집에 거처하면서 4년간 자리가 나기를 기다렸다. 그러므로 주희와 여조겸이 임안에서 만났다는 말은 잘못이다.(*이는 주희의 「문집」 권33 「답여백공」 서1에서도 볼 수 있다) 그러나 주희와 여조겸이 무주에서 만났다고 한 말은 옳다.

를 지냈다. 그때 두시杜詩를 베껴 여조겸에게 주면서 두 사람이 초년에 서로
만나 알게 된 정의 한 자락을 표현하였다.

입조하는 여섯째 시어를 길 떠나보내며　　　　　　　送路六侍御入朝

어렸을 때 만나 친밀한 정 나눈 지 사십 년　　　　　童稚情親四十年
중간에 서로 아득히 소식이 끊어졌다　　　　　　　中間消息兩茫然
어디서 다시 만날까 하였는데　　　　　　　　　　更屬後會知何地
뜻밖에도 이별의 자리에서 다시 만났네　　　　　忽謾相逢是別筵
복사꽃은 비단보다 더 붉고　　　　　　　　　　不分桃花紅勝錦
버드나무 솜털은 솜보다 더 희다　　　　　　　　生憎柳絮白於綿
검남의 봄빛은 어찌할 수 없어　　　　　　　　　劍南春色還無賴
이를 거스를까 나그네는 술자리에 기웃거리네　　觸忤愁人到酒邊

　　중춘 사흘 뒤 검천劍川에서 묵으며 벗 백공에게 써서 주다. 주 아무개 두
　번 절함(載拜).

　　　　　　──『서파유고西陂類稿』 권28 「발주문공서두시跋朱文公書杜詩」

　　이는 절묘하게 두보(老杜)의 입을 빌려서 스스로를 영탄한 시이다. '어렸을
때 만나 친밀한 정 나눈 지 사십 년'이란 두 사람이 주송과 여대기의 '계구'
관계의 영향으로 어린아이 때 이미 서로 앙모하였음을 말한다. '중간에 서로
아득히 소식이 끊어졌다'는 말은 소흥 26년(1156)에 만난 뒤 7년 동안 소식이
단절된 사실을 말한다. '뜻밖에도 이별의 자리에서 다시 만났네'라는 말은 융
흥 원년(1163) 12월에 두 사람이 무주婺州에서 총총히 만났다가 헤어진 일을

가리킨다.

융흥 원년에 장식과 여조겸을 만난 일은 주희에게는 일종의 특별한 의미를 지닌다. 곧, 이통이 죽은 뒤 주희가 새로이 학문에 힘쓰고(困學) 고민을 할 때에 때맞춰 가장 좋은 이학의 지음知音과 동도同道 두 사람을 얻었다는 점이다. 융흥 원년은 주희·장식·여조겸 세 사람이 학문 사상의 교류와 강론을 진행하기 시작한 해이다. 송 대 이학사理學史에서 주희의 민학閩學과 여조겸의 절학浙學, 장식의 호상학湖湘學이 삼가정립三家鼎立하여 합류한 시기가 이렇게 시작되었다.

주희는 숭안으로 돌아온 뒤 급히 연평으로 가서 이통에게 제사를 지냈다. 이통은 10월 15일에 민의 안무사 왕응신의 초청을 받아 복주로 왔을 때 미수당眉壽堂에서 담론을 하다가 갑자기 중풍으로 쓰러져 죽었다. 그의 영구는 둘째 아들 이우문李友聞이 호위해서 연평으로 돌아왔다.

주희의 마음속에는 스승을 잃은 아픔에다 학문상 갈 길을 몰라 방황하는 고민까지 수반되었다. 그는 왕응신에게 편지를 써서 "연평 선생을 가을에 건계建溪에서 이별하고 돌아왔는데, 끝내 생사를 따로 하게 되었습니다. 질정하고 싶은 문제가 있어도 이제 더불어 논할 대상이 없습니다."(『왕문정공가승汪文定公家乘』, 『옥산현지玉山縣志』 권9) 하였다. 그런데 '질정하고 싶은' 강렬한 바람은 그에게 은연중 또 새로운 자아 반성 가운데 이통을 초월하려는 동력을 포함하고 있었다.

융흥 2년(1164), 그는 먼저 정월에 연평으로 가서 이통에게 제물을 올리고 곡을 하였으며 제문과 행장行狀을 지었다. 이어서 8월에 다시 연평으로 가서 이통의 장례에 참가하고 만시挽詩 세 수를 지어 10년 동안 이통을 따라 배운 정을 다 기울여 토해냈다.

연평 이 선생님을 애도함　　　　　　　　挽延平李先生

하도와 낙서로 성인의 가르침 전해진 뒤　　　　河洛傳心後
털끝만 한 차이 다시 생기기 쉬웠네　　　　　　毫釐復易差
방탕한 말 바야흐로 속세를 어지럽혔는데　　　　淫辭方眩俗
선생께서 홀로 이름 높으셨도다　　　　　　　　夫子獨名家
근본에 바탕을 둠은 애초에 둘이 없었고　　　　本本初無二
마음을 보존하여 절로 사특하지 않으셨다　　　　存存自不邪
누가 알았으랴, 경세제민의 일　　　　　　　　誰知經濟業
묵은 안개와 노을 속으로 사라질 줄을　　　　　零落舊煙霞

도를 들으시어 다른 일을 두지 않고　　　　　　聞道無餘事
가난하게 사시면서 세월 가는 줄 몰랐네　　　　窮居不計年
대그릇 밥과 표주박 물에도 아주 느긋하였고　　簞瓢渾謾與
바람과 달에 저절로 여유로웠네　　　　　　　　風月自悠然
염계를 읊은 구절 쇄락하였고　　　　　　　　　灑落濂溪句
낙양 문인들의 시편을 조용히 음미하셨다　　　　從容洛社篇
평생 즐거이 다니신 곳에　　　　　　　　　　　平生行樂地
오늘은 새로이 난 무덤길뿐　　　　　　　　　　今日但新阡

갈림길에서 갈 길을 헤매는데　　　　　　　　　岐路方南北
스승의 문은 여러 길 높았다　　　　　　　　　　師門數仞高
한마디 말로 잘 이끌어주셔서　　　　　　　　　一言資善誘
십 년 헛수고를 웃었다　　　　　　　　　　　　十載笑徒勞

무덤 흙을 쌓은 뒤에야 이곳에 와서	斬板今來此
경서를 품고 만난 일을 아파하네	懷經痛所遭
의문이 있어도 풀어줄 이 없어	有疑無與析
눈물을 흘리며 머리를 긁적인다	揮淚首頻搔

—『문집』권2

연평에서 주희는 다시 서림원西林院을 유람했는데, 연못과 누대는 여전하였고 제시題詩도 그대로 있었다. 그는 또 옛 운을 따서 시 두 수를 지어 이곳에서 연평을 우러러 사모하고(瓣香) 스승의 가르침을 삼가 받들던 옛꿈을 다시 꾸었다.

| **서림원에서 예전에 지은 시의 운을 따서, 두 수** | 用西林舊韻二首 |

남여 타고 떠나신 뒤 돌아오지 않으니	一自籃輿去不回
옛 산의 연못과 누대는 텅 빈 채 잠겼어라	故山空鎖舊池臺
마음 아파라, 눈에 스치는 곳마다	傷心觸目經行處
선생님 모시고 몇 번이나 왔던 곳인가	幾度親陪杖屨來

상소하고 돌아오니 검은 주머니 비었고	上疏歸來空皂囊
마음대로 승방에 머물러도 거리낌 없어라	未妨隨意宿僧房
시를 짓던 그 세월 어찌 헤아릴 수 있으랴	舊題歲月那堪數
부끄러워 평생 스승님 우러르네	慚愧平生一瓣香

—동상

이들 추도시와 제문, 행장에서 주희는 이통의 이학 사상과 이통에게 사사한 일을 간단하고 요령 있게 서술하고 회고하였다. 그의 새로운 이학 사상의 진전도 여기서부터 걸음을 시작하였다.

그가 융흥 원년에 편집을 완성한 『논어요의論語要義』와 『연평답문延平答問』이 이통을 사사하던 곤학공문困學恐聞 시기의 경건한 정성에 대한 총결이라고 한다면, 융흥 2년에 편집을 완성한 『곤학공문편困學恐聞編』과 『훈몽절구訓蒙絶句』는 이통 사후의 새로운 자아 반성이며, 자아 해부, 자아 초월이다.

『곤학공문편』은 그가 이통을 사사하던 시기에 지은 잡기雜記를 모아서 편집한 글인데, 그 편집 의도는 『연평답문』과 다르다. 『연평답문』은 그가 연평을 따라 배우던 사상 발전의 궤적을 기록한 책이지만, 주된 점은 도리어 불립문자不立文字의 이통을 대신하여서 그 스승의 이학 사상을 세운 기념비이다. 이에 견주어 『곤학공문편』은 총결일 뿐만 아니라 고별로서, 이통 사후에 또다시 생겨난 일종의 새로운 곤학공문의 감정을 분명히 밝힌 글이므로, 주희는 이 책 앞에 공문시恐聞詩 한 수를 제하여서 지난날 지은 곤학시困學詩와 나란히 배열하였다.

힘들여 배우는 공부 어찌 쉽게 이루랴?	困學工夫豈易成
이 이름 헛되이 일컬어질까 두렵네	斯名獨恐是虛稱
곁에 사람들 제목이 잘못되었다 비웃지 마오	傍人莫笑標題誤
떳떳한 말, 떳떳한 행실은 참으로 할 수 없네	庸言庸行實未能

—『문집』 권2 「곤학困學」

그는 자기가 여전히 '떳떳한 말(庸言)'과 '떳떳한 행실(庸行)'을 '할 수 없다(未能)'고 여겼다. 이러한 자아 해부는 그의 특유한 도학적 집착의 끊임없는 탐색과 진취적 성격을 재차 표현한 것이다.

『훈몽절구』 아흔여덟 수는 기본적으로 융흥 2년의 작품으로서 이통이 죽은 뒤 그의 마음속에 새로이 형성된 독립적인 이학 사상의 표현이다. 그는 서문에서 스스로 "병중에 사서四書를 묵송하고 생각나는 대로 절구로 기록했으므로 나중에 5언, 7언으로 읽힘으로써 어린이를 가르치는 데 대신할 수 있다."(『서문혜존고徐文惠存稿』 권3 「황계청주주문공훈몽시발黃季淸注朱文公訓蒙詩跋」)고 평하였다.

이는 모든 중요한 이학의 기본 문제에 대한 그의 관점을 격언 식의 절구로 나타낸 시편이다. 서경손徐經孫은 "위로 천명天命 심성心性의 근원에 이르기까지, 아래로 물 뿌리고 청소하고 걷고 달리는 자질구레한 일에 이르기까지 제왕이 전승한 오묘한 가르침의 핵심과 성현이 학문을 강론한 방법의 본체와 작용을 함께 포괄하고, 표현과 사상 사이에 간격이 없다(顯微無間). 그 항목은 비록 사서四書에서 나오지는 않았으나 선생의 성性과 천도天道에 대한 말을 들을 수 있는 것은 여기에 갖춰 있다."(동상)고 하였다.

이 때문에 이 작은 책은 간단히 말하여 수진본袖珍本 성리전서性理全書라 할 수 있으며, 그의 초년의 객관 유심주의 이학 체계를 담은 어린이와 초학자의 책(童蒙本)이라 하겠다. 그러나 이 책의 이학 사상은 이미 이통의 이학 사상 울타리를 초월하는 빛을 희미하게 드러내기 시작하였다. 한편으로 그가 여전히 '주정主靜', '이일분수理一分殊', 작용하는 곳에서 체인함, '이理는 곧 이 마음이 일(事)에 따라 드러나는 것이고 일은 이理가 비로소 마음에 존재하는 것'이라는 등의 설을 말한 점은 충실하게 스승의 가르침, 곧 이통의 이학을 충실히 따르고 있음을 분명하게 나타낸다. 그러나 다른 한편으로 '거경居敬', 성즉리性卽理, 심통성정心統性情, 인仁이 의義·예禮·지智·신信을 포함한다는 등의 설을 말한 점은 또한 그의 미래의 이학 사상과 평생 학문의 대지大旨가 싹트고 발전하는 방향을 드러낸다.

주사를 올리고 돌아온 뒤『훈몽절구』의 이학적 사고를 기점으로 하여 주희는 '떳떳한 행실'과 '떳떳한 말'의 두 방면으로부터 융흥 강화 논의의 음침한 분위기 속에서 계속하여 자기의 이학의 길로 용감하게 전진하였다. '떳떳한 행실'은 재차 그를 조정의 화전和戰 분쟁에 말려들게 했고, '떳떳한 말'은 그로 하여금 장식과 호상파로 눈길을 돌리게 하였다.

조정에서 강화 논의의 국면은 곡절을 거듭하며 발전함으로써 한 걸음 한 걸음씩 주희의 예견을 입증하고 있었다. 호방胡昉과 양유의楊由義가 금에 사신으로 가서 곤욕을 겪고 돌아오자, 이랬다저랬다 하는 조신은 또다시 주전으로 마음이 기울어서 융흥 원년(1163) 12월에 탕사퇴를 좌상에 제수하고, 장준을 우상에 제수하여 탕사퇴의 바로 아래에 자리하게 하였다. 조신은 장준의 전쟁 준비를 지지했으나 탕사퇴는 태상황 조구의 지지에 기대서 강화를 논의하고 자치를 추구하자는 투항의 설을 고취하였다. 그리하여 조정에는 주희가 말한 '강화와 전쟁이 서로 길을 달리하고 두 궁의 의론이 다르다(和戰殊途, 兩宮異論)'고 한 국면이 형성되었다.

주희는 조신이 태도를 바꿔 장준을 기용하고 다시 강회江淮의 군마를 도독하게 한 일로 또 한 번 희망을 불태우고, 세 차례에 걸쳐 왕응신과 상견하여서 화전 문제를 격렬하게 논쟁하였다. 융흥 2년(1164) 2월 초, 그는 연평으로 가서 이통에게 제사 지낸 뒤 곧바로 복주로 가서 왕응신과 상견하고, 거기에서 1개월을 꼬박 기다렸다. 왕응신은 여숙잠呂叔潛에게 보낸 편지에서 이때의 상견을 언급하였다. "주원회(주희)가 이곳에 와서 한 달을 지내다가 돌아갔습니다. 그는 학문에 정진하고 기르는 바가 더욱 두터우니, 이른바 날로 새로워지고 그치는 것을 본 적이 없다 하겠습니다."(『문정집』 권15 「여여숙잠」)[11] 4월

---

11 생각건대, 이 편지에서 "위공魏公(장준)이 다시 재상이 되었는데 비록 혼자 판단하여 처리할

하순에 주희는 다시 연평에 갔다. 왕응신은 또 특별히 병급兵級 7명을 파견하여서 주희를 복주에 오게 하여 영접하고, 계속 화전 등의 문제를 토론하였다.[12]

그러나 주희가 장준에 대해 품고 있던 주전의 희망은 조신이 주화로 기울면서 빠르게 사라졌다. 주화파는 장준을 향해 잇달아 파상 공세를 퍼부었다. 먼저 왕지망·용대연이 우이旴眙로부터 돌아와서 탕사퇴의 의도를 받들어 회상淮上에 아무런 준비가 되어 있지 않다고 무함하여 아뢰었다. 이어서 주화파인 회동 총령淮東總領 홍괄은 장준이 성을 쌓아서 국력을 소모하고 낭비했다고 논핵하여 아뢰었다. 탕사퇴의 심복 윤색尹穡이 다시 장준의 거취를 구실삼아 장준이 '명을 거역하고 발호한다'고 탄핵하였다. 마지막으로 호부 시랑

수는 있겠지만, 그의 의지를 실행할 수 있을지는 모르겠습니다. …… 두 달 동안, 시행하는 것을 보지 못하였습니다. ……" 하였다. 장준이 다시 재상이 된 때는 융흥 원년 12월 정축丁丑이고, 두 달 뒤는 융흥 2년 2월 말이니, 주희가 복주에 온 때는 2월 초이다.

12 『문정집』 권15 「여주원회」에서 "가만히 듣건대, 원회가 다른 날 반드시 다시 연평에 간다고 하였는데, 이리저리 따지고 생각해봐도 더 이상 큰 다행이 없다." 하였다. 이 편지에서 '위공 (장준)이 다시 회상淮上으로 갔다' 하였고, 「효종본기」에 의거하면, 장준이 다시 회상으로 간 때는 융흥 2년 3월 초하루이므로 이 편지는 대략 3월 중순에 썼음을 알 수 있다. 또 「여주원회」 서5에서 "온다는 허락을 받고 아침저녁으로 바라고 있었는데 하순에 사람을 파견하였다. …… 왕王(왕지망), 전錢(전단례) 두 시랑을 파견하여 위무 효유하고 ……" 하였는데, 「효종본기」에 의거하면 왕지망王之望, 전단례錢端禮를 동서 양회兩淮의 선유사宣諭使로 파견한 때는 3월 25일이니, 이 편지는 대략 4월 상순에 썼음을 알 수 있다. 또 「여주원회」 서6에 "병급은 모두 7인을 삼아 파견하여서 사령使令을 듣게 하였다. 이로부터 며칠 동안 오기를 기다리고 있다. 왕王(왕지망), 용龍(용대연) 두 사신이 또 우이旴眙로부터 돌아와서 회상에 대비가 되어 있지 않음을 힘써 말하였다. …… 홍 총령洪總領(·홍괄)이 입대해서 다시 독부督府(장준)의 실책을 말하였기 때문에, 총령으로 하여금 반년마다 혹 1년마다 입주入奏하게 하였는데, 위공이 필시 죄로 파직될 것 ……"이라 하였다. 생각건대 홍괄은 2월에 입대하였고, 장준은 4월 6일에 소환되고 14일에 도독에서 파직되며 24일에 재상에서 파직되었으니, 이 편지는 대략 4월 중순에 썼음을 알 수 있다. 주희가 다시 복주로 간 때는 응당 4월 하순이다.

전단례錢端禮가 나와서 조신에게 '부리에서 궤멸한 일을 경계로 삼아 빨리 국시國是를 결단하시라'고 재촉하였다. 확고한 주견이 없는 조신은 마침내 강회도독부를 파직한다는 조서를 내렸다. 그리하여 장준은 4월 24일에 재상에서 파직되어 조정을 떠나고 주전파는 결정적인 실패를 만났다. 이것이 바로 주희가 두 번째 복주에 와서 왕응신을 만나게 된 배경이다.

왕응신도 탕사퇴의 강화 논의와 자치의 설에 미혹되었다. 그 때문에 주희는 복주에서 돌아간 뒤 계속하여 왕응신에게 편지를 써서 자치의 잘못된 설을 통렬하게 지적하였다.

> 강화와 주전의 주장에 대하여 근래 직접 뵙고 가르침을 받은 적이 있습니다.(*생각건대, 두 번째 복주에서 만나 논한 일을 가리킨다) …… 지금 강화를 명분으로 삼아 자치의 실속을 닦자고 하는 주장은 아무래도 부자夫子(공자)께서 정명正名을 우선시한 뜻은 아닌 듯합니다. 안팎으로 마음의 자취가 판연히 두 갈래 길로 나누어졌으니, 비록 요행히 성공한다 하더라도 역시 유자는 꺼려야 할 일입니다. 하물며 스스로 먼저 맹약을 배신하고 명을 어기는 지경에 처하면 저들은 정직하다는 명분을 차지하고서 우리에게 책임을 지울 터입니다. 안으로는 위아래의 마음을 의심하고 밖으로는 원수와 적의 형세를 이루는 것은 모두 좋은 계책이 아닙니다.
> ─ 『문집』 권30 「답왕상서答汪尙書」 서2

강화 논의와 자치에 반대하는 주희의 관점은 역시 공부자孔夫子 정명설의 비현실성을 띠고 있었으나, 이러한 무력한 호소나마 조정에서는 들리지 않았던 것이다.

장준이 내건 주전의 깃발이 땅에 떨어진 뒤 그의 막부는 사방으로 흩어졌고 주전파 인사들은 서로 잇달아 논핵을 당하였다. 장준이 회상에서 금에 대항하기 위해 펼친 모든 대책도 전부 무산되었다. 6월에 조신이 우윤문虞允文에게 당주와 등주 두 주를 포기하도록 명령하였다. 탕사퇴는 심지어 손조孫造에게 밀지를 내려서 암암리에 금에 알리고 대규모 병사로 조신을 협박하여서 강화를 맺도록 하였다. 이런 일들이 주희와 왕응신의 세 번째 상견의 배경이 되었다.

왕응신은 5월에 사천 제치사四川制置使, 지 성도부知成都府에 고쳐 제수되어서 조정에 들어와 주사를 올렸고, 7월에는 복주에서 북상하다가 숭안을 지날 때 주희와 또 한 차례 만났는데, 주로 주희에게 입대하는 일의 타당성을 물었다. 두 사람은 전적으로 오랑캐와 중국의 변별(夷夏之辨) 및 정사를 닦고 오랑캐를 물리치는 일에 대해 토론하였다. 주희는 그에게 조정에 들어가 주사를 올리고 강화와 전쟁에 관해 감히 말을 꺼내서 조신에게 '완곡하게 간하여 (조신이) 느끼고 깨닫기를 바라라'고 격려하였다.

상견한 뒤, 왕응신이 도중에 옥산을 지나면서 집에서 기다리고 있을 때 주희는 7월 22일에 또 편지 한 통을 보내 거듭 강화와 전쟁에 대한 관점을 진술하였다. 첫째는, 덕을 닦는 것과 힘을 기르는 것을 겸하여 쓰고 오랑캐를 다스리는 도와 오랑캐를 치는 계책을 병용하라는 내용이었다. 둘째는, 제왕으로 하여금 정심성의正心誠意·성신명선誠身明善에 온 힘을 기울이도록 권하여서 강화를 주장하는 조구와 전쟁을 주장하는 조신, 이 양궁의 불화를 소멸시키라는 내용이었다.[13]

---

13 『문정집文定集』 권15 「여주원회」 서3에 보인다. 이 편지 아래 주석에 '갑신甲申 10월 22일'이라 하였는데, 응당 7월 22일의 잘못이다. 이 편지를 보면 '가을의 방비가 이미 닥쳤다' 하였으니 분명 이때는 초가을 7월이며 단연코 겨울 10월이 아니다. 또 편지에서 '완곡하게 간하여 느끼고 깨닫기를 바라라' 하였으니 주희는 왕응신이 주사를 올려서 조신을 깨우치기를 바랐

그러나 벼슬길에서 한창 득의양양한 왕응신은 두 차례 주대奏對에서 감히 주희의 의견을 채택하지 못하였다. 조정의 주전파는 장준이 쫓겨난 뒤 이미 뭇 용에게 우두머리가 없는(群龍無首) 형세와 같았다. 탕사퇴의 주화 의견만 행해져서 7월 이후 해주와 사주에서 변경의 수비를 철수(撤戌)하였다. 위기魏杞 등은 금국 통문사金國通問使가 되고 왕지망은 참지정사에 제수되었다.

왕응신은 도성에 도착하자 곧 주희에게 조정에서 이미 기정사실이 된 강화 추세의 국면을 알렸다. "원회(주희)가 봉사奉祠를 청한다는 내용을 또한 말씀드렸다. 적이 사신을 파견하여 강화를 청하고, 조정에서도 보답하려고 한다. 듣기에 해주와 사주에서는 이미 변경의 수비를 철수하였다고 한다. 이로부터 애오라지 조금 휴식을 할 수는 있겠으나 어떻게 하는 것이 뒷날을 위한 좋은 대책이 될지 모르겠다."(『문정집』 권15 「여주원회」 서7)

그러나 이때 주전파에 대한 가장 큰 타격으로 말하자면 8월 28일에 장준이 병으로 죽은 일이다. 장준은 일생 두 황제를 위해 전장의 모래밭을 달리고 목숨을 돌보지 않았으며, 늘그막에도 여전히 주화파의 참소와 훼방을 받아 조신으로부터 종이 한 장으로 쫓겨나서 처량하게 허둥지둥 조정을 떠나 장사長沙로 돌아감을 면하지 못하였다. 사실 더욱 적확하게 말하자면, 그는 조구의 견제를 받으면서 강화와 전쟁 사이에서 무상하게 동요하는 조신의 우유부단한 성격의 희생양이었다. 조신이 전쟁을 하려고 했을 때는 장식에게 건강建康으로 이필移蹕하겠다고 간절하게 맹세를 하면서 "짐은 홀로 가고 후비后妃와 궁금宮禁의 무리는 한 사람도 데려가지 않겠다. 임안은 음란하고 사

다. 왕응신이 7월에 길을 떠났고 그가 도성에 이르러 주사를 올린 때가 9월임은 『문정집』 권15 「여주원회」 서7·서8에 보이니 서3은 결코 9월 이후에 쓴 것일 수 없다. 이 서3에서 '제(熹, 주희)가 이번에 여러 날 모시고 가면서 직접 가르침(親炙)을 받았다' 한 것은, 바로 왕응신이 도성에 들어가다가 숭안을 지나면서 주희와 만난 일을 가리킨다.

치가 심한 곳이니 어찌 거처할 수 있겠는가!"(『어류』 권103)라고 하였다. 그러나 강화를 하려고 했을 때는 문득 탕사퇴를 발탁하여 재상의 지위에 올리고 장준의 윗자리에 두어서 하룻밤 사이에 스스로 식언을 하였고, 윤색尹穡의 말을 믿고 진량陳良翰을 쫓아냈다.

장준은 장사로 돌아가는 길에 여간餘干을 지나다가 병이 중해졌는데, 죽기 전에 비분강개하여 스스로를 원망하면서 장식·장진張杓 두 아들에게 말하였다. "내가 일찍이 국가의 재상이 되었으나 중원을 회복하여 조종祖宗의 원수를 모두 씻지 못했으니, 돌아가 선인先人의 묘 왼쪽에 묻히고 싶지는 않다. 곧 죽으면 나를 형산衡山에 장사하면 충분하다."(『문집』 권95 「장준행장」)

주희는 장식과 장진이 장준의 영구를 배에 싣고 호위하여 형산에 돌아가서 장사 지내려 한다는 소식을 들은 뒤, 곧 '일찍이 깊이 받들고 사모하였으나 또한 알아주고 아껴주신 정(知憐)을 그르쳤다'(『문집』 권87 「제장위공묘문祭張魏公墓文」)는 지우知遇의 정을 품고 9월 20일에 천 리 먼 길을 달려서 예장豫章에 이르렀다. 그리고 배 안에서 장준의 망령亡靈에 곡하고 제사 지냈다. 그런 뒤 예장에서 곧바로 영구를 풍성豐城으로 호위하는 동안에 장식과 사흘간 마음껏 담론하였다. 첫 번째 상견에서 두 사람은 담론하지 않은 주제가 없었다.

동시에 주희는 호상학자 오봉五峰(호굉)의 제자인 오익吳翌(회숙晦叔)을 알게 되어서 장식과 함께 『논어』를 토론하였고, 그에게서 후사성侯師聖의 『논어설論語說』을 빌렸으며, 강화와 전쟁, 유교와 불교의 변별(儒釋之辨)에서 그와 관점이 일치한다는 점을 느꼈다. 주희는 장식과 고별하고 민으로 돌아가는 길에 여간을 지날 때 조금도 기다릴 수 없다는 듯 멀리 서촉西蜀 변방(邊陲)에 있는 나종약羅宗約(나박문)에게 편지를 썼다. "9월 20일에 예장에 이르러 위공魏公(장준)의 배에 가서 곡하였는데 …… 예장에서 풍성으로 전송할 때 배 안에서 흠부欽夫(장식)와 사흘간 정답게 지냈습니다. 그는 타고난 자질이 매우 영민하고 학문이 매우 정대하였으니, 만약 기운을 확충하고 본성 기르기를 그만두지 않는다면 그의 장래를 어찌 다 헤아릴 수 있겠습니까?"(『속집』 권5 「답나참의答羅參議」 서2)

주희가 이때 장식을 보러 간 주요 목적은 호상학을 직접 알아보려는 것이었으므로 민에 돌아온 뒤에 곧 머리를 싸매고 호상파의 성경인 오봉(호굉)의 『지언知言』을 연구하기 시작하였다. 11월에 그는 나종약에게 보낸 편지에서 이때의 상견 뒤에 호상학(●형산의 학문[衡山之學])을 알게 된, 새로운 수확을 언급하였다.

> 구산龜山(양시)의 「논어서論語序」는 …… 『장자莊子』와 『열자列子』에서 나왔기에 말이 너무 지나치며, 끝내 본의를 조금 잃게 되어서 도리어 정밀함과 거칢, 근본과 말단이 참으로 두 가지가 있는 듯하였습니다. 그래서 중간에 가만히 이를 의심하였는데, 그 본의를 의심한 것이 아니라 그 말만 의심했던 것입니다. 그 뒤 장흠부(장식)와 오회숙吳晦叔(오익)을 만나 보고서 비로소 문정文定(●호안국) 또한 일찍이 이를 의심했다는 사실을 알았습니다. …… 호인중胡仁仲(호굉)이 지은 『지언』 한 책을 올리겠는데(內呈), 도를 말한 내용이 매우 정밀하고 절실하니 실제 쓰일 곳이 있습니다. …… 제가 왕 어른(汪丈, ●왕응신)께 보낸 편지에서 이미 말씀드렸지만 혹 보고자 하신다면 곧 보내드리겠습니다. 흠부에게서 일찍이 안부 편지를 받았는데 깨우쳐 주는 말이 매우 많았습니다. 대체로 형산의 학문(衡山之學)은 단지 일상생활(日用)에 나아가 조존操存하고 변찰辨察하기 때문에 근본과 말단이 일치하니 더욱 쉽게 결과를 얻습니다. 저는 근래 비로소 이와 같음을 깨달았는데, 직접 만나지 않으면 쉽게 다 말할 수 없겠습니다.
>
> ─ 『속집』 권5 「답나참의答羅參議」 서5

구산의 민학閩學은 『중용』을 도에 들어가는 문으로 삼고 불교와 도교를 즐겨 취하였으며, 호상학은 『논어』를 도에 들어가는 문으로 삼고 불교와 도교를 배척하였다. 논어학論語學상에서 주희와 장식의 상견은 바로 논어학상에서 민학과 호상학의 동이同異에 관해 토론을 전개한 것이며, 불교와 도교를 잡다하게 인용한 구산의 민학에 대한 호안국胡安國·장식·오익 등 호상학자의 비평을 승인한 것이다.

중용학中庸學상에서 주희는 본래 이발已發·미발未發의 중화설中和說을 문제 삼아 장식을 통해 형산학에서 이 문제를 어떻게 인식하고 있는지 이해하였다. 그는 호상학의 '일상생활에 나아가 조존하고 변찰'하는 사상을 긍정하였는데, 이는 분명 이 사상을 이통의 '일상생활에서 체인한다', '일에 나아가서 체인한다'는 말과 상통한다고 느꼈기 때문이었다. 그러나 그는 이통의 '정靜 가운데서 대본大本·미발 때의 기상을 체인한다'는, 구산 문하에서 전승된 '요결(指訣)'에 대해서는 뜻밖에도 회피하고 말하지 않았다. 이는 이때 그 또한 이통의 이학 사상의 범위(雷池)를 감히 초월하려고 하지 않았음을 분명하게 나타낸다.

그러나 그와 장식이 진행한 중화설의 토론은 바로 이때의 상견에서 시작되었다. 주희가 선에서 달아나 유학으로 돌아오는 길고 긴 도상에서 이통의 '주정主靜'으로부터 정호와 정이의 '주경主敬'으로 발전한 길은 바로 여기서 걸음을 떼었다. 이때의 상견에서 장식은 자기가 순서를 정하고 판각한 호굉의 『지언』을 주희에게 보내주었다.[14] 주희의 호상학파 사상에 대한 연구도 이때

---

14 장식이 『지언』의 서문을 정하여 판각한 때를 호종무胡宗楙의 『장식연보張栻年譜』에서는 건도 원년(•1165)으로 비정하는데, 실상 확실치 않다. 지금 생각건대, 장식의 「호자지언서胡子知言序」에 "질환이 조금 나아져서 개정을 할 기회가 있을까 하였으나, 미처 탈고를 하지 못하고 이미 돌아가셨다."고 하였으니 『지언』은 호굉 생전에는 완성되지 못하였고 호굉이 죽은 뒤 장식이

비로소 정식으로 시작되었다.

주희는 두 달 동안 바람과 먼지를 뒤집어써가며 도로를 분주히 달려서 예장으로 갈 때는 아직 국면에 커다란 변화가 일어나고 있음을 알지 못하였다. 조신은 스스로 자기의 역량을 약화하기라도 하듯이 장준을 파면한 악업의 결과를 쌓았다. 그리하여 10월에 80만이라 일컫는 20만 금의 군사가 또다시 회수를 건너 남침을 하여서 초주楚州·호주濠州·저주滁州 등을 신속하게 점령하고 재차 병력을 몰아 장강에 다다랐다. 송의 조정은 또 한번 놀라고 당황하여 어쩔 줄을 몰랐다.

주희는 집으로 돌아온 뒤 금군의 철기鐵騎가 회전淮甸을 짓밟았다는 소식을 들었다. 그는 가한柯翰에게 보낸 편지에서 놀라 부르짖었다. "현재 사정은 결국 오랑캐와 강화함으로써 잘못되고 있습니다. 올해 오랑캐가 대거 쳐들어와 회남淮南을 점거하고서 주둔한 채 떠나지 않고 있습니다. 그런데도 지난일의 실책을 거울 삼아 강을 건너는 데 서두르지 않고 만전의 거조만 도모하려고 하니, 이는 한심한 일입니다. 우리가 적을 대처해온 방법은 안팎(內外), 본말本末이 일체 망가져서 왕년에 제가 함부로 논하던 때보다 더 심합니다. 어찌하면 좋겠습니까, 어찌하면 좋겠습니까?"(『문집』 권39 「답가국재答柯國材」 서2)

회상淮上에 자욱한 봉화 연기를 마주 대하고서도 나라에 보답할 길이 없어서, 그는 스스로 썩어빠진 선비로서 비현실적인 의론만 늘어놓고 서생으로서 공담만 늘어놓는 쓸모없는 자라고 느끼며 비분시悲憤詩 두 수를 읊었다.

서문을 정하여 판각하였음을 알 수 있다. 호굉은 소흥 31년(1161)에 죽었으니, 장식이 서문을 정한 때는 응당 소흥 32년 전후일 터이다. 또 주희의 『속집』 권5 「답나참의」 서4, 서7에 근거하면, 주희가 융흥 2년(1164)에 장식과 상견한 뒤 이미 『지언』을 많이 입수하였고, 또 나박문羅博文에게 보내주었으니 필시 융흥 2년에 『지언』은 이미 판각된 상태였고, 장식은 주희를 상견할 때 여러 권을 증정할 수 있었을 것이다.

강북에서 봉화 소식 전해오더니	江北傳烽火
오랑캐놈들 변경으로 크게 쳐들어오네	胡兒大入邊
이미 여러 장벽 무너졌다는 소식 들려오니	已聞隳列障
둔전만 요란한 것 아니라	不但擾屯田
남의 꾀를 빌림에 인걸을 생각하고	借箸思人傑
예봉을 꺾는 일 젊은이에게 부탁하네	摧鋒屬少年
구차히 안주하여 한가히 녹 먹으니 부끄러운데	偸安慙暇食
백성의 아궁이엔 근심스러운 연기 오르네	萬竈起愁煙

주랑과 사당은 근심과 걱정에 싸여 있고	廊廟憂虞裏
먼지바람 참담하게 변경에 부네	風塵慘淡邊
명마를 번거롭게 부림은 일찌감치 알았는데	早知繁汗馬
둔전이 옳지 않았음을 뉘우치네	悔不是留田
나라 어지럽힌 이, 아! 누구인가?	迷國嗟誰子
오랑캐와 강화하여 지난 세월 그르쳤네	和戎誤往年
썩은 선비 공연히 개탄만 할 뿐	腐儒空感慨
봉홧불 그치게 할 대책은 없네	無策靜狼煙

　　　　—『문집』 권2 「다시 회향사 벽에 씌어 있는 옛 시의 운을 따서

　　　　시사에 대한 느낌을 읊다, 두 수(感事再用回向壁間舊韻二首)」

'나라 어지럽힌 이, 아! 누구인가?'는 바로 탕사퇴·왕지망·윤색·홍괄 '네 간신(四奸)'을 가리킨다. 주희는 그들이 '이토록 나라를 그르쳐 놓고서 입으로 고기를 먹을 수 있단 말인가!' 하였다(『별집』 권 「답위원리答魏元履」 서2).

수백 명 열혈 애국의 태학생은 여러 차례 궐 앞에 엎드려 글을 올려서

'네 간신'을 참하라고 청하였다. 조신은 한편으로 서둘러 탕사퇴를 파직하고 또 한편으로는 이미 중병을 앓고 있는 진강백을 기용하여 나오게 해서 위기의 국면을 수습하게 하였다. 먼저 송의 장수 최천崔泉이 육합六合에서 금군의 선봉을 격퇴했고, 이어서 호전胡銓이 회동淮東에서 이보李寶를 독촉하여 금의 병사를 패퇴시켰다. 그러나 금이 전쟁을 통해 강화하도록 압박하려는 의도를 갖고 있었던 것과 마찬가지로 조신도 전쟁을 통해 강화를 추구하려는 의도를 갖고 있어서 전세는 약간의 전기를 맞이하였다.

조신은 곧 서둘러 윤11월에 왕변王抃에게 강화의 편지를 지니고 금에 가게 함으로써 마침내 그들이 몇 년 동안 꿈에도 그리던 강화가 성사되었다. 금과 송은 군신 관계를 숙질 관계로 바꾸고, 회수에서 대산관大散關까지를 경계로 삼았으며, '세공歲貢'을 '세폐歲幣'로 이름을 바꾸고, 은과 비단 각각 25만 냥과 25만 필을 각각 20만 냥과 20만 필로 줄였다.

조구·조신 부자의 융흥화의隆興和議와 조구·진회의 소흥화의紹興和議는 남송 역사상 가장 굴욕적이고 추악한, 만세에 욕을 먹는 두 사건으로 기록되었다. 주희는 강화가 한번 성립되고 나면 남송이 병사를 동원하여 중원을 회복하는 절호의 형세와 기회를 영원히 잃어버릴 것이라고 여겼다. 나중에 그가 거듭 '실수한 이 일'이라고 지칭한 것은 바로 융흥화의의 실수이다. 그는 가장 명철하고 지혜롭게 예견하였던 것이다.

그러나 슬픈 일은, 조정에서 강화를 구걸하는 일로 분주할 때는 재차 주희를 도성 문 밖으로 내쳤다가 강화 논의의 짓거리가 일단 큰 성공을 거두자 뜻밖에도 그를 불러들여서 조정의 굴욕적인 겉모습을 약간이나마 꾸미려고 했다는 점이다. 건도乾道 원년(1165) 2월, 조신이 강화의 성립을 선포하고 나서 겨우 한 달, 갑자기 또 성차省箚가 내려와서 주희를 임안으로 불러들여 무학박사라는 허울뿐인 직책을 주었다. 이는 흡사 이 도학 쟁신諍臣을 빌려서 건도의 강화 논의(乾道議和)가 바꿔 놓은 승평升平의 기상을 얼마간 더하려는 의도를 갖는 것인 듯하였다.

주희는 본래 4년간 궐석(四年闕)을 기다리려 했는데, 이때 조정에서 넉넉하게 우대하여 시기를 앞당겨준 것은 좌상 진강백과 이부 시랑 진준경陳俊卿이 중간에서 힘을 쓴 덕분이었다.[15] 주희가 융흥 원년(1163)에 조정에 들어간 것은 본래 진준경의 천거에 따른 것인데, 이때 또 진준경이 정월에 조정에 들어가 이부 시랑이 되었으니 주희를 천거한 일은 현인을 천거하고 합당한 사람에게 임무를 맡기는 그의 본래 직책을 다한 것이었다. 진강백은 몸소 주희에게 편지를 써서 불렀다. 왕응신도 주희에게 편지를 써서 나오도록 권유했는데, "원회가 한번 와야 하는 것은 의심할 수 없을 듯하다. 만약 온 뒤에 혹 온당하지 못한 일이 생기면 또한 내가 있다. 요컨대 스스로 처신을 다한 뒤에야 도에 부끄러움이 없을 것이다."(『문정집』 권15 「여주원회」 서15)라고 하였다.

주희는 거듭 책임을 통감하고서 "오늘날 진실로 걱정되는 점은 교활한 여우와 쥐새끼가 임금의 마음을 좀먹는 것입니다. 이것이 근본 재앙입니다. 이것들을 제거하지 않으면 나라의 위세를 떨칠 수 없으며, 변경의 방비를 세울 수 없고, 훌륭한 인재가 등용될 길이 없으며, 임금이 직언을 들을 길이 없습니다."(『별집』 권1 「답위원리」 서1)라고 하였다. 빈곤으로 인하여 재차 봉사奉祠를 청했던 주희는 이런 문제의식 때문에 결국 4월에 도성에 들어가기로 결심하였다. 여기에는 조정에서 참으로 직책에 나아가기 위함이 아니라, 역시 범속한 사람들의 방식과는 반대로 행하기를 좋아하는 그의 도학적 성격이 작용하였다.

과연 그가 도성에 들어가자 새로 재보가 된 주화파 전단례, 홍괄과 충돌

---

15 주희의 『문집』 권24 「여진준경서與陳俊卿書」와 『문정집』 권15 「여주원회」 서11에 보인다.

을 일으켰다.[16] 전단례는 융흥 2년(1164) 12월에 참지정사에 제수되었고, 홍괄은 건도 원년(1165) 4월에 첨서 추밀원사簽書樞密院事에 제수되었으니, 융흥화의에 가장 큰 공적을 세운 '훈신勳臣'이 엄연히 조정을 장악하였던 것이다. 재보 가운데 단지 참정 우윤문이 여전히 견결하게 회복의 군사동원을 주장하고 있었다.

이때 심지어, 한결같이 전쟁을 주장하고 청의淸議의 성망이 있는 조정 신하 이호李浩·유숙劉夙·유삭劉朔 등도 모두 전단례를 뒤따라 융흥화의 뒤의 구차한 안주의 분위기에 스스로 달갑게 빠져 있었다. 그런데 통한으로 속이 쓰린 도학의 하급 관리 주희가 그들의 단꿈을 방해하였다. 정자正字 유삭은 결국 글을 올려서 "신이 오늘날의 통지通知를 보건대 실책이 되지 않습니다."(『수심문집水心文集』 권16 「이류공묘지명二劉公墓誌銘」) 하고 극력 간하였다. 부처에게 아첨하는 성벽이 있는 이호는 일찍부터 탕사퇴에게 매수되었다. 주희는 나중에 이 일을 언급하였다. "이어서 이덕원李德遠(이호)·황세영黃世永이 탕진지湯進之(탕사퇴)에게 매수된 일을 논하여서 말씀하시기를, '그도 전배前輩를 본 적이 없었는데 전배가 모두 이러하지는 않았다. 탕(탕사퇴)이 사람을 볼 때 온 얼굴의 안색과 언어가 모두 남을 매수하는 수단이었다. ……'"(『어류』 권132)

주희는 구차한 안정을 추구하는 그들의 주화主和의 주장을 반박하였다. 그는 이부 원외랑 이호의 집에서 저작 좌랑著作佐郎 유숙을 만나 격렬한 논쟁

---

16 황간黃榦의 「행장」에 "(도성에 들어)갔는데 당시 재상이 바야흐로 화의和議를 주장하므로 남악묘의 감관을 청하여서 돌아갔다." 하였다. 『송사』의 주희 열전에 "(도성에 들어)갔는데 홍괄이 회동 총령이 되어 다시 화의를 주장하였기 때문에, 합치하지 않아서 돌아갔다." 하였다. 왕무횡은 여기서 홍괄을 언급한 것은 오류라고 하였는데, 실은 옳지 않다. 「재보표宰輔表」를 살피건대, 홍괄이 첨서 추밀원사簽書樞密院事가 된 때는 건도 원년(1165) 4월이고, 이때 주희는 마침 조정에 있었다. 연보에 "집정 전단례 등이 바야흐로 화의를 주장하므로 합치하지 않았다."고 하였으니, 홍괄을 포함하고 있음은 의심의 여지가 없다.

을 벌였다가 결국 이호와 유숙 두 사람의 협공을 받았다. 나중에 수심水心 섭적葉適이 이 사건을 기록하였다. "주원회 공도 인주人主의 의리는 복수에 있다고 보았다. 이덕원李德遠 집에서 저작著作(*유숙)을 만나 논쟁을 하게 되었는데, 저작이 그를 옳지 않다고 하였다. 다른 날 주 공이 말하기를 '손님으로 갔는데 덕원이 협공하였다!'고 하였다. 덕원이란 이부 시랑 이호이다."(『수심문집』권16 「이류공묘지명」)

이호와 유씨 형제의 견해는 전단례의 허섭스레기 같은 말을 주워 모은 것에 지나지 않았다. 전단례는 그가 추종하는 탕사퇴를 의지하고 교묘하게 기회를 틈타 권세에 빌붙어서 입신출세하였고, 또 그의 딸이 황태자 등왕鄧王의 부인이라는 중요한 인척 관계를 구실로 조신의 주목을 받아서 분에 넘치게도 일찌감치 오랫동안 공석으로 있는 좌상과 우상의 지위를 엿보고 있었다.

주희는 임안에 들어오자 곧 전단례 일당이 융흥화의를 위해 사실을 왜곡하고 은폐하여 날조한 세 가지 황당한 설을 도처에서 들었다. 하나는, '의화議和'의 설이다. 전단례는 심지어 땅을 할양하고 세폐를 바치는 것이 '보잘것없는 물건(을 할양하고 바치는 것)'이며 (이런 일은) 자질구레한 일'에 지나지 않는다고 공언하였다. 둘은, '독단獨斷'의 설이다. 전단례는 경문經文을 제멋대로 갖다 붙여서 군주와 제왕은 독단과 전제를 할 수 있다고 고취함으로써 조구·조신 부자의 화친 구걸 행위와 전단專斷의 작풍을 변호하였다. 셋은, '국시國是'의 설이다. 이를 고취한 자는 전단례에 빌붙은 공부 시랑 왕불王弗이었는데,[17]

---

17 주희의 『문집』 권96 「진준경행장陳俊卿行狀」에서는 "공부 시랑 왕불이 남몰래 전단례에게 빌붙어 '국시國是'의 설을 세워서 그 세력을 도왔다." 하였고, 또 『송사』 「전단례전錢端禮傳」에서는 "형부 시랑 왕불이 남몰래 전단례에게 빌붙어 '국시'의 설을 세워서 그 세력을 도왔다." 하였다. 이에 근거하면 주희의 「답진시랑서答陳侍郞書」에서 '국시'의 설을 통렬하게 질책한 것은 대체로 왕불과 전단례를 겨냥한 것이다.

그 목적은 전단례가 화친을 구걸하고 나라를 팔아먹고 황제의 인척임을 빌미로 재상의 지위에 오르도록 부추기려 한 것이다.

전단례 일당의 황당한 설에 대해 온 조정의 무위도식하는 고관들은 감히 아무도 이의를 제기하지 않았다. 주희 한 사람의 직언은 소용없었다. 그는 온 조정에 구차한 안정의 독한 기운이 이미 골수에 깊이 스며들어서 약으로도 구할 수 없음을 느꼈다. 그리하여 조정에서 직책에 복무하기를 원하지 않아, 아직 도성에 있을 때 남악묘의 감관(監祠)을 청하였다.

사관祠官을 얻어 도성에서 떠나기 전에 그는 또 진준경에게 편지를 보내 전단례 일당의 세 가지 황당한 설을 하나하나 통렬하게 질책하고, 융흥화의에 대해 극히 분개하여 규탄하였다.

> 국가 회복의 큰 계획을 방해하는 것도 강화의 설이고, 변방 수비의 기강 (常規)을 무너뜨리는 것도 강화의 설입니다. 안으로는 우리 백성의 충의로운 마음을 어기고, 밖으로는 고국에 와서 하소연할 희망을 끊어버리는 것도 강화의 설이고, 눈앞에 닥친 시급한 근심을 구차하게 회피하느라 앞날의 안일과 향락에 빠지는 독을 양성하는 것도 또한 강화의 설입니다.
>
> ──『문집』 권24 「여진시랑서與陳侍郎書」

주희는 마지막으로 이 일체를 조성한 근본 원인이 조구 부자가 군주로서 마음을 바르게 하지 않았음에 있다고 본 뒤 진준경이 조정에서 감히 '군주의 바르지 않은 마음을 바로잡기를' 기대하였다. 5월에 그는 결국 벌컥 분노하여 도성을 떠나 민으로 돌아갔다.

융흥화의가 이미 신성한 '국시'로 기정사실이 된 뒤 이와 같이 전혀 거리낌 없이 공격하기 위해서는 완고한 기질에 가까운, 극도로 담대함이 필요하였다. 그러나 그가 도성에 들어간 일은 융흥의 강화 논의 뒤 '뭇 사악한 것들이 경쟁을 하는(群邪競逐)' 임안의 조정이 구차한 안정에 깊이 잠겨서 침체의 국면에 있었기 때문에 한 조각 작은 물결조차 일으키지 못하였다.

6월, 진준경이 주희의 말을 듣고 전단례와 왕불을 논핵하여 아뢰어서 조신에게 죄를 얻고 건녕建寧의 지주로 나가게 되었을 때, 주희도 집에서 눈물을 흘리며 통곡하면서 위엽지의 『무오당의戊午黨議』를 읽고 「무오당의서戊午黨議序」 한 편을 써서 소흥화의로부터 융흥화의에 이르기까지의 굴욕적인 역사를 가장 침통하고 슬픔에 찬 분노로 총결하였다.

> 소흥紹興 초에 어진 인재가 아울러 등용되고 기강을 다시금 떨쳐서 여러 장수의 병사가 싸움에서 이겼다는 소식이 자주 전해진 덕분에 회복의 형세가 대개 이미 십중팔구 형성되었다. 오랑캐들이 이에 비로소 화친和親의 의견을 드러내고 우리의 계획을 저지하였는데, 재상 진회秦檜가 오랑캐의 뜰에서 돌아와 힘써 그 일(•화의)을 주장하였다. …… 홀로 사대부 가운데 완고하고 어리석으며 이익을 즐기고 부끄러움이 없는 자들 몇 무리가 일어나서 강화를 논의하였다. 청의淸議가 용납하지 않고, 꾸짖고 침 뱉으면서 배척하며 그들의 고기를 먹고 그들의 가죽을 잠자리에 깔고자 한 까닭은 진회에게서 알 수 있을 터이다. 그래서 진회는 이에 홀로 재궁梓宮(흠종)과 장락궁長樂宮(흠종의 모후 위씨韋氏)을 구실로 삼아 대중의 모의를 물리치고 임금의 귀를 현혹시킨 뒤 이른바 화의和議가 갑자기 결정되어서 파괴할 수 없게 되었다.
> 그 뒤로 20여 년 동안 국가는 원수 오랑캐를 잊어버리고서 안일과 향락을 품고, 진회도 이를 바탕으로 외세(外權)를 빙자하여 총애와 이익을 독차지하며 나라의 권력(主柄)을 훔쳐서 간사한 꾀를 이루었다. 지난번 청의를

침범하고 권력에 영합하기를 바라는 사람들은 그것을 연줄로 삼아 신속하게 현달한 지위에 오르지 않은 이가 없었고, 간혹 진회를 따라 일을 하였다. 그리하여 군신과 부자의 큰 윤리, 하늘의 법칙(天經), 땅의 의리(地義), 이른바 백성의 떳떳한 윤리(民彝)는 다시 진신搢紳 사이에서 들리지 않았다. 사대부는 차츰 쇠퇴하는 풍속에 익숙해져서 당시 국가가 무사하고 진회와 그 무리가 죄다 성공을 누리며 후환이 없는 것만 보아서, 일삼아 원수를 잊어버리고 모욕을 참는 것을 당연한 사리로 여겼다. 강화 논의를 주장하는 자는 진회처럼 되려 하고, 쓸모없는 말을 하는 자는 그 무리가 되려고 하니 수놈 한 마리가 부르짖으면 암놈 백 마리가 화답하는 격이었다. 계미년(1163)의 의론은 발언이 뜰에 가득하였는데, 그 가운데 오랑캐가 대대로 원수이므로 강화해서는 안 된다고 한 이는 상서 장천張闡 공과 좌사 호전胡銓 공뿐이었다. ……

아아! 진회의 죄는 위로 하늘에 사무친다. 만 번 죽어도 속죄하기에 부족한 까닭은 바로 그 처음에는 사특한 꾀를 부르짖어서 나라를 그르쳤고, 중간에는 오랑캐의 세력을 끼고 임금을 을러서 인륜이 밝아지지 못하고 인심이 바르지 않게 하였으며, 말류末流에는 임금을 버리고 어버이를 뒤로 하는 폐단이 이와 같이 극도에 이르게 하였기 때문이다. ……

— 『문집』 권75 「무오당의서」

주희는 융흥화의와 소흥화의가 내재적으로 연계되어 있음을 드러냈다. 그러나 그의 진정한 의도는 역사상의 소흥화의를 비판함으로써 현실의 융흥화의를 규탄하려고 한 것이며, 진회를 통렬하게 질책함으로써 탕사퇴와 전단례의 무리를 욕하려는 것이었다. 그러므로 「무오당의서」는 융흥화의를 침통하게 비평한 첫째가는 문장이라 할 수 있다. 그리고 화의의 국면과 대면하여 주희는 '다시 입을 열 것이 없음'을 느끼고서 융흥화의 뒤 안회顔回의 안빈수도安貧守道를 배워 장장 14년에 걸친, 심산에 엎드려서 저술을 하고 학설을 세우며(著書立說), 강학을 하고 제자를 기르는(講學授徒) 생활을 시작하였다. 그러나 이는 또 다른 의미에서 끊임없는 진보였다. 그는 이학의 검을 주조하여서 남송 소조정과 쇠퇴한 세상의 몰락을 구제하는 데 몰두하려고 했던 것이다.

朱子評傳

朱子評傳

제7장
이통에서 정이로

종고宗杲와 무구無垢를 청산하는 불학 논전

중화구설中和舊說의 역정歷程

형악衡岳에서 노닐다

중화신설中和新說 탄생

종고宗杲와 무구無垢를 청산하는 불학 논전

　　주희는 융흥화의隆興和議(1164)에 반대하는 항쟁을 진행함과 동시에 말과 글로 불학佛學을 공격하는 논전을 전개함으로써 이통李侗과 두 차례에 걸친 마지막 상견에서 직접 전수받은, 강화를 반대하고 전쟁을 주장하며, 불교를 반대하고 유학을 높이라는 유훈을 실현하였다. 이통이 죽은 뒤, 강화에 대한 반대가 정치상에서 주희의 주조를 이루었다면, 불교에 대한 반대는 곧 사상상에서 강력한 선언이 되었다. 그의 생애에서 융흥 2년(1164)은 그야말로 유학과 불교 사이의 논전이 벌어진 해라고 할 수 있다.

　　이 불학 논전은 그가 10여 년간 도교와 불교에 드나들었던 일에 대한 자아비판이고, 도겸道謙을 사사한 일에 대한 고통스런 참회이며, 또한 영향력이 가장 큰 종고宗杲의 신파 선종禪宗에 대한 사상적 청산이기도 하다. 이 불학 논전은 마침내 그가 중화설中和說에서 변화 발전하여 이통을 뛰어넘고, 나아가 선禪에서 달아나 유가로 돌아오는 길로 나아가도록 추동하고, 또한 주정主靜에서 주경主敬으로 두 번째 이학理學의 비약을 완성하였다.

　　이통과 종고가 같은 융흥 원년(1163)에 세상을 떠난 일은 주희에게는 상서롭지 않은 우연의 일치였다. 종고가 죽은 뒤 총림叢林과 조야朝野를 통틀어 종고에 대해 성대한 규모의 제전을 거행하면서 불교의 가르침이 사대부들 사이에서 더욱 크게 범람하였다. 그래서 불교로 유교를 겸한 종고와 유교로 불교를 겸한 장구성張九成은 갑자기 사대부들이 가장 마음을 기울여 숭배하는 두 거성巨星이 되었다. 종고의 『정법안장正法眼藏』·『대혜어록大慧語錄』·『종문무고宗門武庫』는 불교와 도교를 섞어서 경經을 풀이한 장구성의 책과 함께 세상을 풍미하였다.

장구성은 자가 자소子韶이고 호가 무구 거사無垢居士이며, 종고의 세속 제자이다. 청년 시절에 서울에서 유학하며 양시楊時를 사사할 때 이미 특히 선학禪學을 좋아했고, 초명 선사楚明禪師, 선권청 선사善權淸禪師, 법인일 선사法印一禪師, 유상 선사惟尙禪師 등에게 법을 물었지만 전혀 이해하지 못하였다. 한번은 경산徑山에 올라 종고를 따라 노닐면서 불일佛日(종고)의 '물격物格'의 심학心學을 철저히 깨달았다. 종고는 특별히 그를 위해 절의 경내에 무구헌無垢軒을 짓고서 그와 선을 담론하고 불법을 이야기하며 막역한 관계를 맺었다. 나중에 두 사람은 진회秦檜를 반대하고 조정을 비난했다고 축출당하였는데, 장구성은 남안南安에서 14년 동안 귀양살이를 했고, 종고도 '장구성의 당黨'이라 하여 형주衡州에서 10년 동안 귀양살이를 하였다.

종고는 스스로 떠벌리기를, "옛사람은 제 발로 실지實地를 밟아서 부처를 의심하지 않고, 공자를 의심하지 않고, 노군老君(노자)을 의심하지 않게 된 뒤에야 노자·공자·부처의 콧구멍을 빌려서 스스로 숨을 쉬려고 하였다."(『대혜어록』 권21)라고 하였다. 그는 불교·유가·도가가 뒤섞인 오묘한 법을 장구성에게 '마음으로 전해(心傳)' 주었다. 그래서 장구성은 『횡포심전橫浦心傳』에서 "내가 종고 화상과 사귄 까닭은 그의 의론이 탁월하여 기뻐할 만했기 때문이다."(권중卷中)라고 찬탄하였다.

소흥 29년(1159)에 장구성이 죽고 나서 종고 – 무구의 선학은 회오리바람이 되어 사림士林을 휩쓸었고, 건도 2년(1166) 홍괄洪适이 회계會稽의 지현知縣으로 있을 때 장구성이 경經을 해설한 책을 전부 간행하면서 전성기에 이르렀다. 진량陳亮은 개탄을 금치 못하여, "근세의 장급사張給事(*장구성)는 불교를 배워서 터득한 바가 있었는데, 만년에 양구산楊龜山(양시)의 학문을 배우고 난 뒤 스스로 평가하기를 (구산 학문의) 잘못을 깨달았다고 하면서, 자기 설을 내세워 천하의 학자를 고무하여 쏠리듯이 따르게 하였습니다. 사람들은 집집마다 그의 책을 두고 그의 법을 익히면서 단단히 얽매었습니다. 비록 세상의 이른바 고명한 학자일지라도 왕왕 그의 설에 빠져서 스스로 벗어날 수 없었습니다. 사람의 마음에 해가 됨이 어찌 전국시대의 양주楊朱와 묵적墨翟에 그치겠습니까!"(『진량집陳亮集』 권15 「여응중실與應仲實」)라고 하였다.

주희는 더욱 이 선의 바람을 홍수나 맹수처럼 여겨, 몹시 두려워하면서 놀라 탄식하였다.

> 장자소張子韶(장구성)가 경을 해설한 책을 홍괄이 모두 모아 회계에서 간행하였다는 말을 들었습니다. 이 재앙이 몹시 심하여 홍수나 이적夷狄이나 맹수에 못지않아 사람으로 하여금 상심하게 합니다.
>
> ──『문집』 권42 「답석자중答石子重」 서5

> 근래, 장자소가 경을 해설한 책을 월주越州의 홍괄이 간행하려 한다는 말을 들었는데, 걱정스럽고 한탄스러워서 마음을 놓을 수 없습니다.
>
> ── 동상, 권39 「답허순지答許順之」 서14

> 근래 무원婺源에서 간행된 장무구張無垢(장구성)의 『일신日新』이라는 책을 보았습니다만, 전혀 근거 없는 엉터리여서 몹시 괴이하였습니다. 그 일을 분명히 알지 못하고 구제할 힘도 없으니, 다만 남몰래 두려워할 뿐입니다.
>
> ── 동상, 권33 「답여백공答呂伯恭」 서2

아직 이통이 살아 있을 때 주희는 장구성의 경 해설에서 별도로 한마음을 세우고(別立一心) 마음으로 마음을 인식하는(以心識心) 선가의 병통이 있음을 발견하였는데, 이통이 "그대(公)가 잘 보았습니다."라며 주희를 칭찬하였다(『어류』권35).

이 같은 선의 바람이 홍수가 범람하듯 거세졌을 때 주희는 더 이상 참지 못하고 '공공연히 꾸짖고', '막으려' 하였다. 그는 "후세에 경을 해설하는 데 세 부류가 있다. 하나는 유학자의 경이다. 또 하나는 문인文人의 경으로, 동파東坡(소식)와 진소남陳少南(진붕비陳鵬飛) 무리의 경이다. 다른 하나는 선가禪家의 경으로, 장자소 무리의 경이다."(『어류』권11)라고 인정하였다.

장구성과 도겸은 모두 종고 선학의 줄기에서 나왔고, 주희 스스로도 그들의 진영에 드나든 적이 있었다. 그러므로 단순히 주희가 스스로 선에서 달아나 유가로 돌아온 사상적 변화 발전에 따라 당년에 다른 길로 잘못 들어갔던 경험으로부터 얻은 교훈을 총결할 필요가 있었다는 점에서 말하자면, 종고에서 무구로 이어지는 선학에 대한 그의 비판과 청산은 역시 필연적 추세의 일환이었다.

불학 논전은 주희가 왕응신汪應辰과 벌인 유학과 불교의 변별에서 시작된다. 왕응신은 초년에 자미紫微 여본중呂本中, 횡포橫浦 장구성을 따라 노닐었다. 장구성이 소주邵州에서 귀양살이를 할 때 아무도 감히 그를 찾아가지 않았지만, 왕응신만은 이따금 편지를 보내 안부를 물었다. 그래서 장구성은 왕응신을 '마음이 같은 벗(同心友)'이라고 불렀다(『횡포시초橫浦詩抄』「계해 초에 영하에 이르러서 왕성석에게 보내다(癸亥初到橫下寄汪聖錫)」).

왕응신은 장구성의 영향을 받아 종고의 선학에도 심취하였다. 주희는 여러 차례 왕응신이 불교를 좋아하는 점을 비평하였다. "장무구는 고로杲老(종고)를 배알했고, 왕옥산汪玉山(왕응신)은 종고에게 이끌려 나중에 역시 불교를 좋아하였다."(『어류』권126) "예컨대 고불일杲佛日(종고 불일)의 무리는 스스로 기백이 커서 한 시대를 진동시킬 수 있었다. 예컨대 장자소, 왕성석汪聖錫(왕응신)의 무리가 모두 그를 임금처럼 섬겼다."(동상)

주희는 또 왕응신이 종고를 섬기면서 불교를 배운 일에 대해서도 다음과 같이 언급하였다. "왕단명汪端明(왕응신)은 어려서 초焦 선생(*초원焦爰)에게 배웠고, 출세했을 때 고로杲老(종고)에게 선을 물었다. 늙은 초원을 가련하게 여겨서, 그로 하여금 선에 나아가게 하고자 경산으로 올라가 종고를 만나 보라고 권하였다. 종고가 '적연부동寂然不動, 감이수통感而遂通(적연하여 움직이지 않으나 감응하여 마침내 통한다)'이라는 구절을 들어서 말하였다. 초원은 '화상께서는 구절을 해체하여 글을 읽어서는 안 됩니다'라고 하였다. 그러고는 마음이 통하지 않아서 돌아갔다."(동상, 권132) 융흥 원년(1163)에 종고가 죽었을 때 왕응신은 멀리 복주福州에 있었는데, 그 스스로도 제문 한 편을 짓고 통곡했다며 거리낌 없이 말하였다.

왕응신이 종고와 장구성에게서 불학을 배운 사실은 주희가 종고 – 무구의 선학을 청산하도록 추동한 최초의 이유가 되었다. 이해(1163) 6월, 주희는 왕응신을 도와 『구산집龜山集』을 간행할 때 양시楊時의 어록과 경 해설서에 도교와 불교의 설이 잡다하게 인용되어 있는 점에 대해 '이단의 학문은 결코 성인의 학문과 같은 차원으로 말할 수 없다'는 견해를 나타냈다. 그리고 양시가 도교와 불교의 설을 인용하기는 했으나 언어적 표현을 빌려 썼을 뿐 유가와 불교의 도道와 이理가 같다고 여기지는 않았다고 인정하였다. 그리하여 두 사람은 곧 유학과 불교의 변별에 대한 토론을 시작하였다.

처음에 왕응신은 자기가 종고·무구·자미(여본중)의 불교 이론에 심취한 사실에 대해서는 줄곧 언급하기를 피했고, 주희의 비평도 대부분 측면공격이었다. 주희가 왕응신과 복주에서 두 차례 상견하고 숭안崇安에서 한 차례 상견하여 토론한 중심 문제 가운데 하나는 '유가와 불교의 옳고 그름에 대한 변별(儒釋邪正之辯)'이었다.

융흥 2년(1164) 5월 복주에서 왕응신을 상견하고 돌아온 뒤 주희는 왕응신에게 보낸 편지에서 자기가 초년에 잘못해서 도교와 불교에 들어갔던 일과 현재 선에서 달아나 유교로 돌아온 사실에 대해 총결을 하고, 이학의 선배들이 도교와 불교의 설을 즐겨 인용한 점에 대해 다음과 같이 설명하였다. "상채上蔡(사량좌)가 말한 지관止觀의 설은 아마도 역시 저들의 수행 조목을 빌려 우리의 배움에 나아가는 일을 밝힌 것인 듯합니다. '저들의 참청參請은 우리가 말하는 치지致知와 같고, 저들의 지관은 우리가 말하는 극기克己와 같다'고 하지만, 그의 『어록』을 살펴보면 지관과 극기를 같은 차원으로 보지 않았음은 분명합니다. …… 호 문정공胡文定公(호안국)이 『능엄경楞嚴經』과 『원각경圓覺經』의 내용을 취한 까닭은 아마도 그 방법론 가운데 취할 만한 점이 있다는 뜻이지, 우리 유가가 그것을 취해서 학문의 바탕으로 삼아야 한다는 뜻은 아닐 것입니다."(『문집』 권30, 서2)라고 하였다. 이는 주로 왕응신을 포함하여 불교를 좋아하는 사대부들의 삼도동원설三道同源說을 비판하는 것이었지만, 실제로는 오히려 불교와 도교를 좋아했던 이들 이학 대사理學大師의 참모습을 덮어서 가리고 보호하려는 것이었다.

여기서 주희가 제시한, 유가와 불교의 같고 다른 점을 변별하는 두 가지 원칙은 다음과 같다. 유학은 불교의 설을 빌려 설명할 수는 있지만 유학과 불교의 도는 다르다는 사실, 그리고 불교의 설 가운데 유학이 취할 만한 성분이 있지만 유학과 불교는 서로를 보완해서 완성해주는 관계가 아니라는 사실이다. 이는 총체적으로 불교와 도가에 반대하는 의의를 갖고 있지만, 또한 평생 불교와 도가를 배척한 그의 태도에 내재된 취약성을 드러낸다. 나중에는 이 두 원칙이 공교롭게도 알게 모르게 도교와 불교의 설을 흡수하여서 자기의 이학 체계 속에 녹여 넣은 정당한 이유가 되었다.

융흥 2년 7월에 주희는 왕응신과 숭안에서 만났을 때 이미 왕응신의 스승인 여본중과 장구성이 불교를 유교에 끌어들인 점에 대해 서슴없이 이름을 지적해가면서 비판하였다. 이어서 여본중이 불교와 도교에 아첨했던 사실을 폭로하는 「변여씨대학해辨呂氏大學解」를 써서 왕응신에게 보냈다. 그는 편지에서 정호와 정이의 격물설格物說을 이용하여 장구성과 여본중의 돈오설頓悟說을 비판하였다.

> 대체로 근세에 도학道學을 말하는 자들은 …… 돌이켜보면, 이단의 설에 미혹되어서 더욱더 어둡고 막막하여 헤아려 알 수 없는 지경에 미루어 놓고는 종일 반듯하게 앉아 의미 없는 말을 음미하면서 환하게 단숨에 깨닫게 되기를 기다립니다. 그들은, 사물의 이치는 반드시 끝까지 탐구한 다음에야 밝아지고 사람의 윤리는 반드시 살핀 다음에야 다하게 된다는 사실을 전혀 모릅니다. 저들은 스스로 환하게 단숨에 깨달았다고 말하지만 이런 사실은 오히려 모르고 있으니, 또한 어찌 깨달았다고 하겠습니까!
>
> —동상, 서3

'저들은 스스로 환하게 단숨에 깨달았다고 말하는' 것이란 분명히 여본중의 『대학해大學解』와 장구성의 『중용해中庸解』를 가리킨다. 주희는 한 걸음 더 나아가 그들의 돈오설과 종고 간화선看話禪의 연원 관계를 지적하였는데, 이는 또한 도겸의 '소소영령한 선(昭昭靈靈底禪)'을 명확하게 부정한 것이다.

왕응신은 이후 사천 제치사四川制置使가 되었는데, 나박문羅博文과 같이 불교를 좋아하는 유학의 선비를 막하幕下에 불러들여서 촉蜀에 부임하였다. 그런데 촉은 바로 세 소씨(三蘇, 소순·소식·소철)가 횡행하는 천하였다. 촉의 선비들은 소식蘇軾의 문장을 따라 배웠고, 또한 대부분 도가를 담론하고 불교를 말하기를 좋아하는 소동파蘇東坡(소식)의 습성에 물들어 있었다.

주희와 왕응신의 불학 논변은 자연스레 소학蘇學의 옳고 그름에 대한 논변으로 확대되었다. 도학자들은 왕안석王安石에 대해서는 공적에 급급하고 이익을 가까이하며 불교에 아첨하고 도교에 빠졌다고 한목소리로 공격했지만, 소식과 소철蘇轍에 대해서는 비방과 칭찬이 일정하지 않았다. 소식은 일세의 영웅이라 일컬어지는 기이한 문장과 호방한 필력에, 도교와 불교의 신비하고 공허한 설을 자유자재로 취하였기 때문에 사대부들의 눈과 정신을 어지럽게 하였다. 장구성과 여본중은 유학으로 불교와 도교를 겸한 점에서 소식·소철과 같은 학문 사상의 길로 달려갔다. 이런 까닭에 왕응신도 소식과 소철이 불교와 도교에 탐닉했던 점을 비호하고, 소학을 왕학과 뒤섞어서 하나로 말할 수는 없다고 여기면서, 소식이 초년에 선학을 힘써 배척한 일과 만년에 불교를 배운 까닭은 '모든 불교의 설을 자기의 지혜와 사려로 판단하고 문자로 해설하기 위함'이었다고 강조하였다. 소철이 『전등록해傳燈錄解』나 『노자해老子解』를 지은 것도 '세 가르침을 조화시켜 하나로 만들기' 위한 의도였으므로, 두 사람이 불교와 도교를 좋아한 점은 기껏해야 '기습氣習의 폐단이며, 가만히 생각건대, 사심은 없는 것'에 지나지 않는다는 것이다(『문정집文定集』 권15 「여주원회與朱元晦」 서9).

주희는 즉시 소철을 비판하는 「변소황문노자해辨蘇黃門老子解」를 지어서 왕응신에게 보냈다. 8월과 11월에 주희는 왕응신에게 연달아 보낸 편지 두 통에서, 왕응신의 논조가 실제로는 소씨 형제에 대해 '불교를 배운 것이 정확하지 않고 지려智慮와 언어 사이에 막힌 것을 문제'로 간주하는 것일 뿐이라고 지적하였다. 주희는 동파의 「대비각기大悲閣記」 등 선학을 비판하는 듯한 글들이 '저들(불교)의 거친 부분을 가져다가 그 정밀한 부분을 찌르고, 저들의 바깥을 근거로 삼아 그 안을 공격하는' 일에 지나지 않으므로 '그른 것으로 그른 것을 공격하는 일'이라고 여겼다.

소씨(소동파)가 불교를 좋아한 까닭은 '도를 모른' 탓이지 '기습의 폐단'은 아니었기에, 마음이 사특하고 도가 바르지 않은 점에서는 소학과 왕학이 길은 달라도 귀결은 같았다. 따라서 주희는 소학과 왕학이 똑같이 '부처와 노자를 성인으로 여겼다'고 단정하고서, 현재 '도술이 밝지 않고 이단이 더욱 치성하는' 근본 원인은 바로 사람들이 '오로지 왕안석은 깎아내리면서도 소식과 소철은 사사로이 너그럽게 봐주려고 하기' 때문이라고 여겼다(「문집」 권30 「답왕응신」 서4, 5). 이는 주희가 평생 가장 격렬하고 사납게 소학을 공격한 일로서 만년에 지은 「학교공거사의學校貢擧私議」와 선명한 대조를 이룬다.

건도 원년(1165) 봄, 왕응신은 답장에서 불교와 도교의 도를 좋아했던 소식을 위해, 소식이 지닌 '문장의 오묘함'을 이용해서 다음과 같이 해명하였다. "오늘날 세상 사람들이 (*소학을) 외고 익히는 까닭은 문장의 오묘함만 취한 것일 뿐, 애초에 거기서 도를 구한 것은 아닙니다. …… 촉은 선비가 매우 많지만 대체로 세 소씨를 스승으로 삼고 있으며, 또한 그 문장을 배우는 단계에서 그칩니다."(「문정집」 권15 「여주원회」 서9)라고 하였다.

이제 논변은 문장과 도의 관계 문제로까지 확대하였다. 건도 2년에 주희는 답장에서 상세하게 논변하였다.

> 학자가 도를 추구하는 것은 본래 소씨蘇氏(소식)가 문장을 짓는 것과는 다릅니다. 그러나 이미 그 문장을 취하였다면, 그 문장에 서술된 내용은 사특한 것과 바른 것, 옳은 것과 그른 것이 있는데 이 또한 모두 도가 있는 곳이니, 애초에 도를 추구하는 자가 강론하지 않을 수 없는 문제입니다. …… 만약 그 문장만 취하고 더 이상 그 이치의 옳고 그름은 논하지 않는

다면, 도는 도이고 문장은 문장으로서 서로 별개가 될 것입니다. 도 밖에 물物이 존재한다면 본래 도라 할 수 없는데, 또 문장이면서 이치가 없다면 어찌 문장이라 할 수 있겠습니까? 도는 어디에나 있기 때문에 문장에 근거하여 도를 강론하면 문장과 도를 둘 다 얻을 수 있고 하나로 꿸 수 있습니다. 그렇지 않으면 또한 둘 다 잃게 될 것입니다.

— 『문집』 권30 「답왕응신」 서6[1]

이는 이기상즉理氣相卽(이와 기는 서로 붙어 있다), 도기상즉道器相卽(도와 기는 서로 붙어 있다)으로부터 유추하여 나온 문도상즉文道相卽(문장과 도는 서로 붙어 있다)의 설이다. 문장에 나아가 도를 강론하고 문장과 도를 함께 획득한다는 이런 사상은 주돈이, 정호와 정이 등 도학가가 도를 중시하고 문장을 경시했던(重道輕文) 것과는 다르다.

주희는 문장과 도의 대립과 통일의 관계에서 문장과 도의 통일이라는 측면을 더욱 중시했으므로, 도이면서 문장이 없으면 도라 하기에 부족하고, 문장이면서 도가 없으면 또한 문장이라 하기에 부족하다고 여겼다. 그는 문장과 도의 통일이라는 측면을 절대적으로 긍정하고, 또 문장과 도는 같다, 문장과 도는 합일한다는 쪽으로 나아갔다. 그는 유교와 불교의 문제에서는 도를 높이고 불교를 배척하며, 문장과 도의 문제에서는 문장에 근거하여 도를 강론하는 것으로써 정학과 소학을 명확하게 구별하였으나, 다만 근본으로 돌아

---

1 생각건대, 이 편지의 제목 아래 주에 '기축(1169, •건도 5년)'이라고 한 것은 잘못이다. 이 편지에 "지난봄에 보내주신 편지에서 소학蘇學에 대해 언급하시면서, 세상 사람들이 소식의 글을 읽을 때 문장의 묘미만 취하고 애초부터 거기에서 도를 구하지는 않는다고 하셨습니다. ……" 라고 하였다. 『문정집』 권15 「여주원회」 서9에 근거하면, 주희의 이 편지는 건도 2년 병술년(1166)에 씌었음을 알 수 있다.(•왕응신이 「이통묘지명李侗墓志銘」을 지은 때는 융흥 2년이다)

가서는 오히려 '도道' 한 글자만 강조하였다.

주희와 왕응신의 유교·불교 논변은 건도 6년(1170) 이후까지 죽 이어졌다. 표면상으로는 소학에 대해서 두 사람 사이에 견해 차이가 있어서 의견이 일치하기 어려운 점이 있기 때문인 듯하였다. 그래서 왕응신은 '도가 다르면 서로 알지 못한다(道不同, 不相知)'(『여동래문집呂東萊文集』 권3 「답주원회答朱元晦」 서3)는 견해를 나타내 보였고, 여조겸呂祖謙도 주희의 논변 태도가 '격렬해진 까닭에 더 분노하게' 되었다고 여기고서 자기 주해서에서 '동파'를 모두 '소식'으로 고쳐서는 안 된다고 하였다. 이에 두 사람의 논변은 더 이상 진행될 길이 없어졌다. 사실상 가장 중요한 원인은 주희가 『잡학변雜學辨』이라는 책을 지어서 왕응신과 여조겸을 몹시 불쾌하게 만든 일이었다.

주희와 왕응신의 논변은 아직은 다만 겉으로 드러난 현상일 뿐, 주희의 진정한 목적은 한때 범람한 종고 – 무구의 선학을 청산하고 비판하려는 것이었다. 따라서 『잡학변』은 바로 이때 종고 – 무구를 청산하는 불학 논전을 통해 거둔 진정한 성과와 비밀이 들어 있는 책이다. 『잡학변』은 소식의 『역해易解』, 소철의 『노자해』, 장구성의 『중용해』, 여본중의 『대학해』 등 네 편에 대한 비판으로 이루어져 있는데, 네 사람의 저작이 모두 도교와 불교의 설을 잡다하게 인용하여 유학을 해설했기 때문에 '잡학'이라 하였다.

이 책은 종래에는 하호何鎬의 발문에 근거하여 건도 2년(1166)에 쓰인 것으로 잘못 알려졌고, 또 비판의 대상인 여본중의 『대학해』를 여대림呂大臨의 『대학해』로 오인한 결과,[2] 이 책이 쓰인 진실한 배경이나 비판의 진정한 대상이

---

2 주희가 비판한 책이 여대림呂大臨의 『대학해』였다는 오해는 주이존朱彝尊의 『경의고經義考』에서 비롯되었다. 주희의 「변장무구중용해辨張無垢中庸解」에는 다음과 같은 말이 있다. "여 사인呂舍人(여본중)의 『대학해』에서 논한 격물格物은 바로 이것과 같다. 나 또한 이미 비판하였다." 또 『문집』 권30 「답왕응신」 서3에서도 다음과 같이 말하였다. "여 사인의 책을 별지에 기록하여

모호해져버렸다. 그러나 실제로 『잡학변』의 문장은 모두 융흥 2년(1164)에 쓰였고,[3] 주희가 건도 2년에 하호와 사귀게 되면서 비로소 문장을 모아 편집하여 한 책으로 만든 다음 그에게 발문을 청한 것이다. 다시 말해 『잡학변』은

올립니다." 이것은 모두 「변여씨대학해」를 가리킨다. 여본중은 관직이 중서사인中書舍人에 이르렀으므로 세상에서 모두 '여 사인'이라고 불렸고, 여대림은 관직이 정자正字에 이르렀으므로 세상에서 '여 정자'(•혹은 여 남전呂藍田)라고 불렸으니 본래 저절로 분명히 구분된다. 또 「변여씨대학해」에서도 분명히 말하기를, "여씨의 선조가 두 정 선생(二程夫子)과 교유하였으므로 그 가학家學은 바른 것에 가장 가깝다."고 하고, 그 아래에서는 또 「여정헌(•여공저呂公著)공신도비呂正獻公神道碑」를 인용하여서 분명히 밝혔다. 생각건대, 여대림은 정씨의 네 제자 가운데 한 사람이므로 그 선인이 두 정 선생과 교유하였다고 하면 온당치 않으며 오직 여본중이라야 이와 같이 말할 수 있다. 또 여대림은 여대방呂大防의 아들이고 그 선조는 원래 급군汲郡 출신이어서 동래 여씨와는 상관이 없으니, 어떻게 여공저 등이 그의 선조가 되고 (그의 학문이) 가학으로 되겠는가! 여본중이라면 곧 여공저의 증손이고, 그 가학의 연원과 전수를 모두 일일이 살필 수 있다. 여본중의 저서에 『대학해』라는 책이 있는데, 역사책에는 언급이 없지만 『어류』 권132에서는 "여거인呂居仁(여본중)의 『대학해』에 대해서 '다른 제공諸公은 무슨 이유로 한 번 지어지면 한 글자도 고치지 않는가? 성인이 아니고서 어찌 이렇게 할 수 있는가? 이런 사람들은 위대한 성인이 아니면 바로 크게 어리석은 자이다!'라고 말하였다." 하였다. 이로써 여본중의 저작에 「대학해」가 있었음은 의심할 수 없다. 『사고제요四庫提要』(『사고전서총목제요』)에서 여희철呂希哲이라고 한 기록은 더더욱 잘못이다.

3 살피건대, 『문집』 권30 「답왕응신」 서4에서 다음과 같이 말하였다. "(•소자유蘇子由[소철]의) 성명性命에 관한 설은 더욱 가소롭습니다. 내가 일찍이 「노자설」의 한 단락을 비판하였는데, 이제 그것을 바칩니다. 여기에서 그 대강을 알 수 있을 것입니다." 이것은 곧 그의 「변소황문노자해辨蘇黃門老子解」를 가리킨다. 주희가 왕응신에게 답한 이 편지는 『문정집』 권15 「여주원회」 서8과 주희의 『문집』 권30 「답왕응신」 서5에 근거하면 융흥 2년(1164) 가을 8월에 쓴 것임을 알 수 있다.(•9월에는 이미 예장豫章에 가 있었다) 또 「변장무구중용해」에서는 "여 사인이 논한 격물은 바로 이것과 같다. 나 또한 이미 비판하였다."라고 하였다. 『문집』 권30 '갑신년 7월 22일'에 쓴 왕응신에게 보낸 편지에서도 "여 사인의 글을 별지에 베껴서 바칩니다."라고 하였다. 이것들은 모두 주희가 「변여씨대학해」를 융흥 2년 갑신년 7월 이전에 지었고, 「변장무구중용해」는 「변여씨대학해」보다 조금 먼저 썼다는 사실을 가리킨다. 또 『문집』 권30 「답왕응신」 서4에서는 소식의 '예컨대 「역설易說」의 성명性命, 음양陰陽과 같은 것'에 대해 비판하였는데, 이는 바로 「변소씨역해辨蘇氏易解」에서 논한 내용과 같다. 그러므로 융흥 2년에 이 글은 이미 완성되었다.

주희가 왕응신과 유교·불교 논변을 진행하는 과정에서 쓴 책이다. 이 책에서는 왕응신의 두 스승과 그가 좋아했던 소학蘇學을 비판하였는데, 그 진정한 목표는 현실에서 종고─무구의 선학으로 대표되는, 도가와 불교를 뒤섞고 불교로 유학을 해설하는 풍조를 비판하기 위함이었다.

주희가 네 사람을 선택하여 하나로 묶어서 비판의 대상으로 삼은 데는 깊은 뜻이 있다. 장구성과 여본중은 종고의 세속 제자이며, 소식과 소철의 학문은 종고와 장구성이 가장 마음을 기울여 숭앙한 것이었다. 『강향지江鄕志』에는 다음과 같은 에피소드가 실려 있다. "불일 대사 종고는 늘 유명한 산에 거주하였는데, 7월에 소문충蘇文忠(소식)의 기일이 돌아오면 반드시 문도를 모아서 공양을 바쳤다. 일찍이 시랑侍郞 장자소(장구성)에게 '노승은 동파의 후신後身이라' 하였다. 장구성이 '스승의 붓끝에 위대한 변재辯才가 있으니, 선생님이 (동파의 후신이) 아니면 그 누구이겠습니까!'라고 하였다. 고을의 승려인 가승可升이 경산에서 시자侍者로 있을 때 직접 이 말을 들었다."(『빈퇴록賓退錄』 권4)

종고─무구의 선학을 좋아하면서 동시에 소학도 좋아하고 종고에게 엎드려 절한 조신趙眘(효종)은 건도 원년(1165)에 「소식집찬蘇軾集贊」이라는 '어제御製' 시 한 수를 지어서 "손으로 은하수를 헤치고, 조화의 기틀을 조종했다(手挟雲漢, 斡造化機)", "높으신 풍모를 공경스럽게 생각하며, 같은 시대에 살지 못한 점을 한스럽게 여긴다(敬想高風, 恨不同時)"(『옥해玉海』 권3 하下1)고 소식을 찬탄하였다. 심지어 소학을 흠모하고 좋아한 여조겸도 종고와 마음을 기울여 사귀면서 종고에게 바치는 계문啓文 한 수를 짓고, 손수 글씨를 쓰고 글자를 새겨서 조영祖詠의 『대혜연보大慧年譜』에 붙여 함께 세상에 전하였다.(『철금동검루장서목록鐵琴銅劍樓藏書目錄』 권18)

소식과 소철의 문장은 위로는 조신 황제가 좋아하므로 '사방의 학자들이 집에서 전하고 사람마다 외었으며'(『문집』 권33 「답여백공答呂伯恭」 서5), 문단과 사림士林에 서려 울부짖는 태풍이 되어서 세상에 범람하는 장무구의 경설經說과 함께 상응하였다. 이에 대해 주희는 불교와 도교의 미친 물결(狂瀾)이라 보고서 더욱 공격하였다. 그 결과 『잡학변』 네 편은 종고-무구의 선학을 비판하는 완벽한 반불교 체계를 구성하였다. 그 전체적인 기조는 네 사람의 경서 주해가 겉으로는 유학이지만 속으로는 불교인 점을 공격하는 것이었다. 그러나 각각에 대한 비판에는 또 저마다 중점이 있었다.

소식의 『역해易解』는 소순蘇洵의 미완성 원고를 바탕으로 하여 이어 써서 완성한 것인데, 오로지 의리義理만 말하고 상수象數는 말하지 않았다. 주희는 「변소씨역해辨蘇氏易解」에서 소식이 네 가지 면에서 불교를 가지고 유학을 설명했다고 비평하였다. 첫째, 성명설性命說에서 '천지가 있기 전에 이미 이 성性이 있었다'고 하는 불교의 설을 유가의 '성명性命'에 갖다 붙인 점이다. 둘째, 음양설에서 불교와 도가의 '허무적멸虛無寂滅' 설을 유가의 '음양'에 갖다 붙인 점이다. 셋째, 인지설仁智說에서 불교의 '망견妄見' 설을 유가의 '인지仁智'에 갖다 붙인 점이다. 넷째, 생사설生死說에서 '앉아서 자기를 잊어버리고 그대로 (자연 또는 절대의 존재로) 화하여서 가든 오든 자재하다(坐忘立化, 去來自在)'는 불가와 도가의 설을 유가의 '삶과 죽음生死'에 갖다 붙인 점이다.

주희는, 도는 텅 비고 아무 것도 없다, 무無에서 유有가 생긴다, 음과 양은 서로 나뉜다, 도와 사물은 서로 분리된다는 소식의 주장에 중점을 두어 비판하면서, 이기상즉理氣相卽, 도기상즉道器相卽에서 출발하여 "하늘과 사람의 도는 둘이 아니고, 죽음과 삶의 이치도 둘이 아니다.(天人無二道, 幽明無二理)", "음 가운데 양이 있고, 양 가운데 음이 있다.(陰中有陽, 陽中有陰)", "도 밖에 물이 없고, 물 밖에 도가 없다.(道外無物, 物外無道)"라고 여겼다. 이는 이통의 반불反佛 사상을 관철한 것이다.

소철의 『노자해老子解』는 유·불·도 세 학문(三家)의 관통이라는 점에서 독특한 설을 내세웠으므로 소식으로부터 '기이하고 특별한(奇特)' 책이라는 칭찬을 받았다. 주희는 「변소황문노자해辨蘇黃門老子解」에서 소철의 도기설道器說을 집중적으로 비판하였다. 소철은 도道와 기器를 갈라놓는 수법으로써 공자와 노자의 도가 다른 점을 다음과 같이 해설하였다. 공자는 인의仁義와 예악禮樂으로 천하를 다스렸고, 노자는 인의와 예악을 버렸다. 두 사람의 차이는, 한 사람은 '사람들에게 기를 보여주었으나 도에 대해서는 어두웠고', 또 한 사람은 '사람들에게 도를 보여주었으나 기에 대해서는 부족했다.' 그러나 실제로는 유학과 도가가 서로 보완할 수 있고 저마다 그 묘리를 다하고 있다. 이런 까닭에 소철은 노자의 '지도至道'를 공자의 '세간의 법(世法)'과 결합시킬 것을 주장하였다.

주희는 도기상즉道器相卽 설로 이런 논조를 다음과 같이 비판하였다. 도가 곧 인의예악이고 세간의 법이 곧 도이다. 세간의 법과 지도至道의 대립, 인의예악과 지도의 대립은 존재하지 않는다. 천도天道는 일관되어 있으므로 '지도와 세간의 법이 다르다고 하면, 두 가지 도가 있는 것'이다. 그는 이로부터 한 걸음 더 나아가 소철이 갖가지 방법으로 유학과 불교를 견강부회했음을 드러냈다. 곧 소철이 『중용』의 '희로애락喜怒哀樂의 미발未發' 설을 혜능慧能의 이른바 '선을 생각하지 않고 악을 생각하지 않는 것(不思善, 不思惡)'으로 간주하고, 『중용』의 '중中'을 불교의 '불성佛性'으로 간주하고, 『중용』의 '화和'를 불교에서 선양하는 '열반의 경지에 이르는 여섯 가지 수행법과 모든 행위(六度萬行)의 총목'으로 간주했다고 비판하였다.

남송의 사대부들은 보편적으로 불교와 도가로 마음과 몸을 닦아 기르고(修心養身), 유학으로 나라와 세상을 다스림을 인생의 최고 원칙으로 삼았기 때문에 『역』과 『중용』을 삼가(三家)의 도를 회통하는 가장 좋은 보편적인 수단으로 여겼다. 소식과 소철에 대한 주희의 비판은 바로 당시의 이런 현실을 겨냉한 것이다. 그러나 소식과 소철은 문사文士이지 이학자理學者는 아니었다. 그래서 주희는 『잡학변』에서 비판의 예봉을 주로 당시에 영향력이 가장 컸던 이학가 장무구張無垢(장구성)에게 겨누었다.

장무구가 선학과 유·불·도를 하나로 녹여서 관통시킨 기량은 종고에게서 배운 것이다. 그의 『횡포전심록橫浦傳心錄』은 아예 "하늘이 명한 것을 성이라 한다(天命之謂性)'는 청정한 법신法身이고, '본성을 따르는 것을 도라 한다(率性之謂道)'는 원만한 보신報身이고, '도를 닦음을 교(문화와 제도)라 한다(修道之謂教)'는 천백억 화신化身이다."라는 종고의 명언을 앞에다 붙였다.

유명한 「묘희천명妙喜泉銘」에서 장무구는 자기가 묘희 종고로부터 얻은 심학을 생생하게 개괄하였다. "마음 밖에는 샘이 없고 샘 밖에는 마음이 없다. 이 마음이 곧 샘이고, 이 샘이 곧 마음이다. 어떤 사람이 이 사실을 의심하고서 거사居士(장구성)에게 물었다. '마음은 묘희에게 있고 샘은 육왕사育王寺에 있는데, 어찌 살펴보지도 않고서 합하여 하나로 하십니까?' 거사가 말하였다. '자! 그대는 들으라. 묘희가 오기 전에 샘은 어디에 있었는가? 묘희가 오자 샘이 곧 솟아났다. 마음이 샘 아닌가? 샘이 마음 아닌가? 나에게 그렇지 않다고 말한다면 묘희를 불러서 판결을 듣자.'"(『엄주사부고弇州四部稿·속집續集』권145)라고 하였다. 장무구는 이런 선가의 심학을 유가의 격물格物·물격物格 설의 개념으로 꾸며내었다.

주희는 「변장무구중용해辨張無垢中庸解」에서 바로 장무구의 그 같은 '물격'의 심학을 비판했는데, 이른바 '물격'은 바로 '심법心法으로 천지를 만들어내기도 하고 없애기도 하는' 선가의 설이며, 또한 종고로부터 '마음으로 전해진(心傳)' 것이라고 하였다. 장무구는 『중용해』에서 물격설로 '지성무식至誠無息'을 해설하면서, '지성至誠'은 천지로 하여금 '저절로 질서를 잡고(天地自章)', '저절로 변하고(天地自變)', '저절로 이루어지게(天地自成)' 하고, '모두 나에게 있게(皆

在於我)' 할 수 있다고 여겼다. 주희는 이에 대하여 '심법이 천지를 만들어내기도 하고 없애기도 한다는 불교의 뜻에 근원을 둔' 데 지나지 않는다고 지적하였다.

격물상에서 장무구는 또 다음과 같이 과장하였다. "격물지지格物知至의 배움은 안으로는 한 생각(一念), 밖으로는 외부의 일(外事)에 대해 그 처음과 끝(終始)을 궁구하지 않음이 없다. …… 하루아침에 환하게 트이면 착한 본성이 매우 밝아져서 의심스러운 것이 없게 된다."라고 하였다. 주희는 이에 대하여 완전히 경산 종고의 돈오 간화선看話禪으로 유가의 격물을 해설한 것으로서 "불교 간화의 방법이지 성현이 남긴 뜻은 아니다."라고 하였다.

성론性論상에서 장무구는 불가의 '견성見性'으로 유가의 '지성知性'과 '진성盡性'을 해설하였다. 주희는 '견성'이란 견성성불見性成佛하여 돈오하는 불교의 공허한 담론이지만 '지성'은 일상생활에서 게을리하지 않고 힘쓰는 유가의 극기수기克己修己의 점진적인 과정이기 때문에 동등할 수 없다고 인식하였다.

'인용仁勇'의 해설상에서 주희는 '인용'을 구경九經에서 갈라 쪼개낸 장무구의 논법을 비판하고, "성인의 도가 이단과 다른 까닭은 그 본本과 말末, 안과 밖이 하나로 꿰어서 정묘한 것과 거친 것의 구분이 없기 때문이다."라고 하였다. 이 또한 이통의 '이일분수理一分殊' 이학 사상을 일관되게 밀고 나간 것이다.

주희는 유·불·도를 뒤섞은 장무구의 수법을 두 가지로 결론지었다. 하나는 '머리와 얼굴을 바꾸어서 속으로는 동의하면서 겉으로는 배제하는' 것이고, 또 하나는 '마음은 불교에 귀의했으면서 뜻은 유학자에게 굽히는' 것이었다. 그는 장무구의 『중용해』가 '불교의 찌꺼기이지 우리 유가의 본지는 아니라'고 결론지었다. 이는 남송 이학사에서 일찍이 한때 떠들썩했던 장무구의 심학에 대해 그의 죽음 뒤에 내려진 결정적 평가가 되었다.

「변장무구중용해」가 심법이 천지를 만들어내기도 하고 없애기도 한다는 종고 – 무구의 심학을 비판하는 데 중점을 둔 글이라면, 「변여씨대학해辨呂氏大學解」는 하나를 들으면 천 가지를 깨치고(一聞千悟) 단번에 곧바로 초월하여서 들어가는(一超直入) 종고 – 무구의 돈오를 비판하는 데 중점을 둔 글이다. 여본중은 깨달음(悟)으로써 시詩를 말하기를 가장 좋아했던 시인이자 깨달음으로써 이치(理)를 말하기를 가장 좋아했던 이학가이기도 한데, 그의 깨달음의 선(悟禪)은 종고와 도겸에게서 왔다. 종고는 그에게 깨달음을 빌려서 곧바로 들어가는 간화선을 알려주었다. "천 가지 만 가지 의심은 다만 한 가지 의심일 뿐이다. 화두에서 의심을 깨뜨리면 천 가지 만 가지 의심이 한꺼번에 깨어진다."(『경산지徑山志』 권12)

종고의 이러한 선의 가르침은 여본중이 『대학』을 풀이함에 지도적인 사상이 되었다. 여본중은 『대학해』에서 돈오의 격물물격格物物格 설을 다음과 같이 제시하였다. "풀과 나무 같은 생물이 다양한 것, 갖가지 그릇의 용도(器用)가 다름은 모두 사물의 이치이다. 풀과 나무가 되고 그릇이 되는 이치를 찾는 것이 격물이다. 풀과 나무, 그릇의 이치가 내 마음에 존재하고 있는데 그것을 홀연히 알게 되는 것이 물격이다."

주희는, '여 사인呂舍人(여본중)이 『대학해』에서 논한 격물'은 바로 장무구가 주장한 것과 마찬가지로 '불교의 간화법'이고, '소리를 듣자마자 도를 깨치고 색(현상)을 보자마자 마음이 밝아진다(聞聲悟道, 見色明心)는 불교의 설'이라고 가차없이 지적하였다. 그러나 여본중은 이런 간화선에 근거하여 심지어 깨달음을 인식의 최고 원칙으로까지 보고서 깨달음을 곧 격물치지라고 하였다.

주희는 이사상즉理事相卽·도기상즉道器相卽과 함께 대상사물에 나아가 앎을 이루고(卽物致知) 일에 응하여서 이치를 궁구한다(應事窮理)는 정이程頤의 사상에 근거하여 이런 공허한 깨달음을 비판하였다.

깨달음을 법칙으로 삼는 것은 불교의 방법이다. 우리 유가에는 그런 방법이 없다. …… 우리 유가의 설로 말미암는다면, 글을 읽어서 득실을 찾고 일에 응하여서 시비를 살피는 것이 곧 치지격물하는 일이다. 대체로 어딜 가든 이 이치가 아닌 것이 없다. 이제 문자를 버리고 오로지 체득하고 탐구하기만 하면서 오히려 잡다한 일로 어지러워져서 하나에 오로지 의식을 집중할(專一) 수 없게 될까 근심한다면 이치와 일은 둘이 되어버린다.

—『문집』 권72 「변여씨대학해」

여기서도 분수分殊에서 체인하고 일상생활에서 공부하며, 일에 응하여서 쇄연함(應事灑然)을 일삼으라는 이통의 사상을 아주 선명하게 관철하고 있다.

『잡학변』은 완전한 반불교 사상의 체계를 이룬 글로서, 주희 스스로 도겸으로부터 선학을 배웠던 일에 대한 자아비판이자 종고−무구로 대표되는 선풍禪風에 대한 전면적 청산을 실현한 글이다. 당시 사대부들이 온통 불교에 아첨하는 분위기에 빠져 있던 상황에서 그가 이와 같이 불교를 배척하는 유가 사상의 체계를 형성하고, 아울러 조류를 거슬러서 감히 소리 높여 비판하고 배격한 것은 전에 없는 일이라 할 수 있다.

주희 이전 남송 이학가의 저작 가운데서는 다만 호인胡寅의 『숭정변崇正辨』을 『잡학변』과 견줄 수 있다. 그러나 호인은 승려들의 순수한 진짜 불가의 설을 직접 비판했는데, 이런 점은 일반적인 유학의 옹호자와 심지어 불가의 설을 좋아하는 사대부도 모두 찬성하고 받아들일 수 있는 것이었다. 반면, 주희가 비판한 내용은 오히려 권력을 장악한 유학자와 유학 옹호자들이 유학으로써 불교를 겸하고, 불교를 유학에 끌어들인 점이었으며, 또한 '유가'의 얼굴을 하고 나타난 불교의 설과 '불교'의 얼굴을 하고 나타난 유가의 설이었다. 그러므로 『잡학변』이 세상에 나오자마자 '유속流俗의 헐뜯는 평가'를 받은 것도 이상한 일이 아니다. 또한 홍괄같이 권력을 장악한 대재상과 공경들에게 죄를 얻고, 심지어 왕응신·여조겸 같은 지기知己의 벗들로부터도 힐난을 들을 수밖에 없었다.

그러나 주희는 이 때문에 결코 논전을 중단하지는 않았다. 그는 『잡학변』으로부터 주위의 현실로 방향을 돌려서 불교를 좋아하는 크고 작은 학자들과 폭넓은 불학 논변을 전개하였다. 융흥 2년(1164)을 전후하여 그와 함께 유가와 불교의 차이를 논변하고 토론한 사람으로는 나박문羅博文·강원적江元適(강영)·이백간李伯諫·오즙吳楫·정순程洵·허승許升·진명중陳明仲·진제중陳齊仲 등이 있는데, 이들과 벌인 논변은 이 시기 불학 논전에서 또 한 차례 '절정'을 이루었다. 이 가운데 특히 그가 이백간(*종사宗思), 오즙(*공제公濟)과 격렬한 논변을 주고받으면서 남긴 일련의 편지는 『잡학변』을 기초로 하여 사대부들 사이에 유행하는 선풍을 또 한 차례 더욱 치밀하게 청산한 글이다.

이백간에게 보낸 편지에서 주희는 유가의 도와 불교의 도를 합쳐 관통시키는 그의 수법을 다음과 같이 평가하였다. "불교를 위주로 하면서 우리 유가의 설 가운데 불교와 가까운 점은 취하였고, 불교와 다른 점에 대해서는 공자와 맹자의 경우에 여기저기서 이유를 갖다 붙여 억지로 (불교와) 합치하게 만들고, 이락伊洛(정호와 정이)의 경우에는 거리낌 없이 직접 틀렸다고 배척하였습니다."(『문집』 권43 「답이백간答李伯諫」) 이백간의 수법은 종고가 무구에게 가르쳐 준, 불교로 유가를 설명하는 교묘한 수법과 한 길에서 나온 것과 같다.

『잡학변』에서 주로 유가와 불교의 차이에 대한 형이상학적인 현리玄理의 사변적 논변을 진행했다고 한다면, 이백간·오즙에게 보낸 편지에서는 사회와 국가에 대하여 유가와 불교의 실제적인 이해利害 문제를 두고 논전을 벌였다. 주희는 부처(佛氏)도 '경으로 안을 바르게 하고 의로 밖을 반듯하게(敬以直內, 義以方外)' 할 수 있다고 인정한 이백간의 논조에 대해 삼강오상三綱五常에 근거해서 '만약 불교가 과연 경으로 안을 바르게 할 수 있다면 곧 의로 밖을 반듯하게 할 수 있을 것이며, 모름지기 아비와 자식이 있고, 임금과 신하가 있을 것인데, 삼강오상 가운데 하나도 빠뜨려서는 안 되었다'고 비판하였다(동상).

주희는 또 효제孝悌와 사친事親에 근거해서 이백간(이종사)이 불가의 정각正覺과 능인能仁을 유가의 인仁에 갖다 붙이고, 불가의 멸도중생滅度衆生을 유가의 천하귀인天下歸仁에 멋대로 갖다 붙였다고 비평하였다. 또한 귀신鬼神은 두기(二氣, 음과 양)의 양능良能(본질적 작용과 기능)이라는 사상에 근거하여, 불교의 '윤회와 인과의 설은 그르다고 할 수 없다'고 인정한 오즙의 논조를 '귀신이 무엇인지 몰라서 윤회와 인과의 설에 빠졌다'고 지적하며 비평하였다(『문집』 권43 「답오공제答吳公濟」). 이런 일들은 모두 불교에 대한 주희의 세속적 비판으로서, 『잡학변』에서 불교의 현리玄理를 비판한 것과 함께 그의 초년의 반불교 사상 체계를 구성한다.

왕응신을 비평하고 소학蘇學을 언급한 데서 시작하여 소식·소철과 여본중·장무구를 비판하고, 『잡학변』 완성을 거쳐 이백간과 오즙을 비평하면서 광범위하게 전개한 논변을 마감하기까지는 곧 주희의 이 시기 불학 논전의 삼부곡三部曲이다. 건도 2년(1166) 10월에 그가 논전한 글 네 편을 『잡학변』으로 편집하고 하호의 발문을 받아서 세상에 내놓은 일은 이 시기 불학 논전이 기본적으로 끝났음을 상징한다.

그가 2년 전에 쓴 글을 이해에 간행한 까닭은 분명 홍괄도 같은 해에 회계에서 무구가 지은 경전 해석서를 대대적으로 간행했기 때문이었다. 두 사람은 남쪽과 북쪽에서 대항하는 형세를 이루었다. 그러나 주희는 이 강대한 선풍 앞에서 패배하였다. 그와 논전을 벌인, 불교를 좋아하는 선비들은 그의 반불교 열정에 대해 대부분 냉담한 반응을 보였다. 주희의 제자 허승은 뜻밖에도 '부처를 비방한다(謗釋氏)'며 그를 매도했고, 오즙은 나중에 끝내 불가의 설에 깊이 빠져 '살아갔으며(討生活)', 이백간은 비록 4년 뒤 한 차례 참회하고 귀의하여서 주희의 이학 제자가 되었지만 오래지 않아 다시 불교를 좋아한 중주中洲의 명사 이주한李周翰의 품으로 뛰어들었다.

주희의 이 시기 불학 논전은 본체론상에서는 유가의 실리實理와 불교의 공리空理를 가지고 두 학문을 판연히 구분함으로써 의리와 이익(義利)을 제1의(第一義)로 삼아 유가와 불교를 구분했던 이통의 사상을 넘어섰다. 방법론상에서는 용어나 개념을 이리저리 굴려 마음대로 갖다 붙이는 방법을 비판하고, 유·불·도 삼가三家의 도가 같다는 설이 방법론상의 오류임을 지적하였다. 그는 이 시기의 불학 논전에서 결국 또 한 차례 자아 초월을 실현하였다. 그의 중화구설中和舊說은 불학 논변 가운데서 한 걸음씩 앞으로 나아갔다.

사람들의 이목을 끄는 점은, 주희가 불학 논전을 진행하는 내내 이통의 묵좌징심黙坐澄心(*주정主靜)에 대해서는 한마디도 언급하지 않았다는 사실과, 동시에 정이程頤의 '경敬' 사상에 대한 인식이 날로 증대하였다는 사실이다. 건도 2년 10월에 『잡학변』을 편집하여 이 불학 논전을 총결했을 때 마침 동시에 허승에게 준 「방당시方塘詩」 가운데서 '경'에 대한 인식론적 비약을 총결함으로써, 그는 중화구설을 돌파하여 중화신설中和新說로 향하는 전환을 미리 보여주고 또 배양하고 있었다. 『잡학변』과 「방당시」는 선에서 달아나 유가로 돌아오는 길에 '주정主靜'의 종결과 '주경主敬'의 기점을 이룬다. 종고 - 무구를 청산하는 불학 논전은 주희의 새로운 사상적 비약을 위한 조건을 마련해주었다.

중화구설中和舊說의 역정歷程

이통이 죽은 뒤 주희는 한편으로는 사나운 목소리와 낯빛으로 불교와 도교를 비난하고, 또 한편으로는 장님이 지팡이로 앞을 더듬으며 어렵게 길을 가듯 허둥댔다. 그는 하호何鎬에게 편지를 보내 "학업을 아직 다 마치지 못했는데 갑자기 산과 들보가 무너지는 슬픔을 당해서, 마치 맹인이 앞을 보지 못해 지팡이로 앞을 더듬으며 길을 찾듯이 실의에 빠져 하루 종일 갈 바를 모르고 있습니다."라고 하였다(『문집』 권40 「답하숙경答何叔京」 서1). 이는 실제로 그가 이발미발已發未發의 중화설中和說에서 막막하여 어쩔 줄 모르는 채, 새로이 이학적理學的 자아 반성을 하는 가운데 묵좌징심黙坐澄心이라는 스승 이통의 근본 가르침에 대해 믿고자 하면서도 의심을 품은 사실을 가리킨다.

불학 논변은 그에게 이통의 주정主靜에 두 가지 병폐가 있음을 의식하게 하였다. 하나는 불가의 선정禪定에 흐른 점이고, 다른 하나는 정靜에 치우친 점이었다. 그는 동정動靜을 아우르고 본말本末을 융회관통하며, 그리하여 불교·도교와 명확하게 경계선을 그을 수 있는, 더욱 높은 이학의 큰 뜻을 추구하였다. 그러므로 이통이 죽은 뒤 주희가 중화설을 6년 동안 열심히 탐구했던 일은 마치 비현실적인 심성에 관해 공허한 담론을 진행한 것처럼 보일지라도 실질적으로는 선에서 달아나 유가로 돌아오는 문제이기도 하였다. 호상학湖湘學은 그가 주정에서 주경으로, 중화구설中和舊說에서 중화신설中和新說로 건너가는 다리가 되었다.

주희는 중화설을 힘들여서 탐색한 과정과 사상의 발전에 관해 건도 8년 (1172)에 지은 「중화구설서中和舊說序」에서 상세히 회고하였다.

나는 일찍이 연평延平 이 선생(이통)을 따라 배웠다. 『중용』 책을 받아서 희로애락의 미발未發의 뜻을 탐구했지만 아직 깨닫지 못하였는데, 선생께서 돌아가셨다. 나는 가만히 불민함을 슬퍼하며 궁지에 몰려서 돌아갈 데 없는 사람 같았다.

장흠부張欽夫(장식)가 형산衡山의 호씨학胡氏學을 배웠다는 말을 듣고, 가서 물어보았다. 흠부는 들은 내용을 나에게 들려주었으나 나는 이것도 깨닫지 못하였다. 물러나서 깊이 생각하느라 거의 자는 것도 잊고 먹는 것도 잊었다.

하루는 한숨을 쉬면서 "사람이 갓난아이로부터 늙어 죽을 때까지 비록 말하고 침묵하고 움직이고 가만히 있는 것은 다 다를지라도 그 대체는 이미 발한 것(已發) 아님이 없다. 다만 아직 발하지 않은 것(未發)은 아직 발한 적이 없는 것일 따름이다." 하고 감탄하였다. 이로부터 더 이상 의심이 없어졌고 『중용』의 뜻이 과연 여기에서 벗어나지 않는다고 여겼다.

나중에 호굉胡宏의 책을 얻었더니 「여증길보與曾吉甫」에 미발未發의 뜻을 논한 내용이 있었는데, 그 논의가 또 마침 내 뜻과 합치했기 때문에 이로써 더욱 자신하게 되었다. 비록 정자程子의 말과 합치하지 않은 부분이 있다 하더라도 또한 다만 정자가 젊은 시절에 지은 글이 잘못 전해졌겠거니 여기며 믿지 않았다. 그러나 간간이 사람들에게 이것을 말해주었지만 깊이 이해하는 사람을 보지 못하였다.

건도 기축년(1169) 봄에 벗 채계통蔡季通(채원정蔡元定)에게 말해주고 논변하다가 문득 스스로 의심이 들었다. …… 다시 정씨程氏(정이)의 책을 가져다

가 마음을 비우고서 평온한 마음으로 천천히 읽어보았는데 몇 줄 읽기도

전에 언 것이 녹고 얼음이 풀리는 듯하여 ······   ─『문집』 권75

　　건도 5년(1169) 이전은 그의 중화구설 시기이다. 다만 이 시기 이발미발己
發未發의 중화 사상에 대한 그의 인식의 변화에는 서문에서 서술한 것보다 복
잡한 곡절이 많다. 서문은 주로 '미발'에 대한 그의 인식의 변화에 치중하여
서 말하고 있는데, 그 가운데 '가서 물었다'는 구절은 주희가 중화구설을 세
운 시기와 그 변화 발전을 이해하는 데 관건이 된다.

　　왕무횡王懋竑은 이 일에 대해, 주희가 장식에게 편지를 보내 물은 사실을
가리키는 것이지 건도 3년(1167)에 담주潭州로 장식을 찾아간 일을 가리키는
것은 아니라고 여겨서 주희가 중화구설을 논한 편지 네 통을 건도 2년에 비
정하였다. 그리하여 주희가 건도 3년 이전에 이미 중화구설을 세웠다고 보았
다. 오늘날 사람들은 모두 '가서 물은' 일은 건도 3년에 담주로 장식을 찾아
간 일을 가리킨다고 여겨서 주희가 중화구설을 논한 편지 네 통을 건도 4년
에 쓴 것으로 비정한다. 그리하여 주희가 건도 3년 이후에야 비로소 중화구
설을 세웠다고 본다.

　　실제로 주희가 서문에서 '가서 물었다'고 한 구절을 '선생께서 돌아가셨
다'는 말 바로 다음에 서술하였으므로, 이는 응당 융흥 2년(1164) 9월에 예장
豫章의 풍성豊城으로 가서 장식을 만난 일을 가리키는 것이 분명하다. 이때의
상견은 장준張浚의 장례에 곡하고 제사하는 일 외에도 형산학衡山學을 묻기 위
한 목적도 있었다. 이때의 상견 이전에 불학 논전이 주희로 하여금 이발미발
의 중화설에 대해 새로운 반성과 탐구를 시작하도록 촉진하였기 때문에, 중
화설에서 맨 처음 도달한 그의 인식 수준은 장식을 만나러 가기 바로 전에
지은 『잡학변』에 반영되어 있다.

성현이 비록 미발을 말했지만 그 선한 것은 원래 존재하였다. 다만 악이 없었을 따름이다.
— 「변소황문노자해辨蘇黃門老子解」

미발 이전에는 천리天理가 혼연渾然하다. 계신공구戒愼恐懼는 이미 발한 상태이다.

미발과 이발의 기미를 초연히 깨닫는 뜻이 『중용』에는 없다. 희로애락은 성性 아님이 없고, 절도에 맞으면(中節) 선하지 않음이 없다. ……

희로애락의 미발은 바로 본연의 중中이고, 발하여서 절도에 맞는 것은 바로 본연의 화和인데, 사람이 시켜서 할 수 있는 것이 아니다.
— 「변장무구중용해辨張無垢中庸解」

'미발 이전에 천리가 혼연하다'는 말은 주희가 '묵묵히 앉아서 마음을 맑게 한다(黙坐澄心)', '천리를 체인한다(體認天理)', '정靜 가운데서 대본大本이 미발할 때의 기상을 체인한다'고 한 이통의 사상을 여전히 매우 성실하게 지키고 있었다는 사실을 분명히 나타낸다. 이는 마음心을 미발로 보는 것과 미발에서 중中을 구하는 것으로서, 사람의 '마음'에는 시간과 공간 속에서 일에 대응하고 사물과 접하지 않은 '미발의 때'가 있으므로 '보는 것(看)'을 버리고, '경험(驗)'을 버리고, '추구(求)'를 버릴 수 있음을 인정한 것이다.

그러나 그는 또 처음부터 끝까지 이 '미발의 때'란 결국 어떤 것인지 말끔히 이해하지 못하였다. 이 점이 곧 그가 '희로애락의 미발未發의 뜻을 탐구했지만 아직 깨닫지 못하였는데, 선생께서 돌아가셨다'고 말한 의미이다. 그러므로 이통이 세상을 떠난 뒤 그를 가장 괴롭힌 문제는 바로 이 '미발'이 어떤 것인지 모른다는 점이었다. 그리고 이 점이 장식에게 달려가 이 문제에 대한 형산학의 관점을 물어보도록 그를 부추긴 직접적인 요인이었다.

미발의 상태에서 중中을 추구한다는 주장을 맨 먼저 제기한 사람은 여대림呂大臨인데, 나종언羅從彦과 이통에 이르러서는 중의 추구를 극단적으로 강조하였다. 그런데 중을 추구하는 설의 사상적 기초는 바로 마음을 미발로 삼는 것이다. 여대림은 다음과 같이 말하였다. "희로애락이 미발한 상태는 곧 갓난아이의 마음이다. 미발한 때에는 이 마음이 지극히 텅 비어서 치우치거나 기우는 바가 없으므로 중이라고 한다.", "갓난아이의 마음을 미발로 삼는다."(『정씨문집程氏文集』 권9)

정이程頤는 중中을 추구하는 여대림의 이런 설에 대해 "희로애락이 미발한 때에 존양存養한다고 하면 옳지만, 희로애락이 발하기 이전에 중을 추구한다고 하면 옳지 않다."고 비평하였다. 그러나 여대림의 사상은 오히려 양시楊時에게 계승되었고, 나종언은 다시 미발한 곳에서 중을 추구하는 것을 '마음을 기르는 요체(養心之要)'로 삼아 이통에게 전해주었다.

희로애락이 발하기 이전에 이른바 중을 추구한다는 이통의 묵좌징심黙坐澄心은 멀리 여대림에게 근본을 두고 있다. 이른바 '징심澄心'이란 바로 여대림이 말하는 '이 마음이 지극히 텅 비었다(此心至虛)'는 것으로서, 마음을 미발로 본 것이다. 이는 '희로애락이 발하기 이전에 중을 추구한다고 하면 옳지 않으며', '무릇 마음이라고 말하는 것은 모두 이발已發을 가리켜 말한 것'이라는 정이의 주장과 분명히 모순을 일으킨다. 그래서 주희로 하여금 끝내 어찌할 바를 모르게 했던 것이다.

융흥 2년(1164) 9월에 주희는 바로 '미발' 문제만을 가지고 장식에게 물으러 갔고, 장식이 그에게 알려준 내용은 이발의 상태에서 찰식察識하는 호상학의 사상이었다. 이는 미발의 상태에서 중을 추구한다는 이통의 사상과는 취지가 크게 달랐으므로, 그는 돌아온 뒤 나박문羅博文에게 편지를 보내 이때의 상견에서 거둔 주요한 수확은 바로 '형산학은 다만 일상생활(日用處)에서 조존操存하고 변찰辨察하니 본말이 일치하여서 결과(功)가 더 쉽게 나타난다'는 점을 인식한 것이라고 하였다(『속집』 권5 「답나참의答羅參議」 서4). '일상생활'이란 바로 '이발'을 가리킨다.

주희의 인식론이 징심의 미발로부터 일상생활의 이발로 바뀌기 시작한 계기는 바로 이때 싹텄다. 다만 그가 아직 '조존'을 '변찰' 앞에 두고 있다는 점은 여전히 이통의 관점에 서 있어서 호상학에 대한 이해에 아직 치우친 부분이 있음을 분명히 나타낸다. 나박문에게 보낸 주희의 이 편지를 왕무횡이 건도 2년(1166)에 잘못 배치해 놓는 바람에 주희가 융흥 2년(1164)에 이미 장식에게 호상학에 대해 묻고 아울러 이발의 상태에서 찰식한다는 호상학의 사상에 주의하기 시작했다는 중요한 사실이 묻혀버렸다.[4] 『잡학변』 완성에서부터 장식을 상견하고 배움을 물음에 이르기까지 주희의 마음속 깊은 곳에서는 미발의 상태에서 중을 추구한다는 이통의 묵좌징심에 대해 동요가 일어나기 시작하였다.

---

4 이해(1164)는 나박문에게 보낸 편지를 쓴 해인데, 주희가 받은 호상파의 영향과 중화 사상의 변화 과정을 탐구하는 데에서는 매우 중요하다. 이 편지를 살펴보면, "왕 어른(汪丈, *왕응신이다. 당시 나박문은 왕응신을 수행하여서 촉으로 들어갔다)의 편지를 보여주어서 연황허緣況虛(*생각건대, '李先生'이라는 세 글자의 모양이 흐릿해서 '연황허'로 오인된 듯하다)의 묘지명을 이미 지은 것을 알고 무척 다행스럽게 생각합니다. 혹 단보端父 형제(이신보李信甫)에게 편지를 덧붙일 터이니 빌려서 한번 보십시오. 단보 형제는 이미 상제祥祭를 마쳤습니다. 선생(이통)의 덕스러운 모습이 날로 멀어져서 더욱 사람의 마음을 아프게 합니다."라고 하였다. 왕응신이 주희의 청에 응하여 이통의 묘지명을 지은 때는 융흥 2년 4월이다. 이단보 형제는 곧 이통의 두 아들이다. 이통은 융흥 원년 10월 15일에 사망했으므로 '상제'로 계산하면 주희의 이 편지는 융흥 2년 11월 사이에 쓰여졌다. 아마도 예장으로 가서 장식을 만나고 집으로 돌아온 지 얼마 되지 않았을 때이리라.

이런 사상 노선을 따라 주희는 (장식을) 만나고 돌아온 뒤 오봉五峰 호굉胡宏의 『지언知言』과 문집에 몰두하여서 정밀하게 읽고 깊이 사색하느라 거의 먹고 자는 것도 잊을 정도였다. 정밀한 독서와 힘든 사색은 그로 하여금 호상학파의 주경설主敬說뿐 아니라 성性을 미발로 보고 마음을 이발로 보는 사상을 한 걸음 더 깊이 인식하게 하여, 이통의 사상과는 정반대쪽에서 '희로애락이 발하기 이전에 중을 추구한다고 하면 옳지 않다', '대체로 마음이라는 것은 모두 이발을 가리켜 말한 것이다'라는 정이의 사상 노선을 받아들이고, 사람 일생의 '대체는 이발이 아닌 것이 없다'고 여기게끔 하였다. 그리하여 이통이 가장 중시한 '미발'을 알 수 없는(不可知) '미발(•다만 아직 발하지 않은 것은 아직 발한 적이 없는 것일 따름이다)'로 간주해서 한쪽에 제쳐 두도록 하였다.

융흥 2년(1164) 윤11월에 주희는 강원적江元適(강영江泳)과 함께 유가와 불교에 대한 논변을 진행할 때 그에게 보낸 편지에서 처음으로 '경敬'의 설을 논하였다. "오봉 호 선생은 이름이 굉宏이고 자가 인중仁仲인데 그분도 '거경居敬은 의리를 정밀하게 하는 것이라' 하셨습니다. 이 말은 더욱 정확하고 절실하며 간단명료하고 의미심장하여서 음미할 만합니다."(『문집』 권38 「답강원적答江元適」 서3)[5] 이는 그가 '경'에 주의하기 시작한 것이 완전히 호상학파의 영향을 받은

---

5 「답강원적答江元適」 편지 세 통은 시간상으로 서로 이어지니 같은 시기에 쓰여졌다. 이 편지들을 백전白田(왕무횡)이 융흥 2년으로 비정한 데 반해, 하흔지夏炘之는 「술주질의述朱質疑」에서 융흥 원년으로 비정하였는데, 하흔지의 설은 실은 잘못이다. 주희가 강원적을 처음 알게 된 일과 강원적이 주희에게 편지를 보낸 시기를 고찰해보면 『문집』 권39 「답가국재答柯國材」 서2에 다음과 같이 언급되어 있다. "근래 구주衢州의 강원적(강영)이 벼슬에 올랐는데, 편지를 보내서 말하기를 '근년에 독학하면서 늘 인仁을 추구할 단서를 엿보아 찾고 있었다'라고 하고, 또 '모름지기 이른바 원元이라는 것을 분명히 알아서 몸 안에 체득하여 의심이 없으면 도가 진보하고 변화하는 것이 여기에 토대를 둘 것이다'라고 하였습니다. …… 강 군과는 서로 알지 못하지만 편지에 좋은 논의가 많았습니다." 이른바 '인을 추구하는 단서'라고 한 구절은 바로 주희가 「답강원적」 서1에서 논한 말이다. 생각건대, 가국재(가한柯翰)에게 답한 편지(서2)는 연말에

것임을 나타낸다.

이어서 대략 건도 원년(1165)에 주희는 또 전문적으로 미발이발을 논한 호굉의 「여증길보서與曾吉甫書」를 열심히 읽고, 호굉의 중화설이 자기의 사상 노선과 합치한다고 전적으로 믿었다. 호굉은 「여증길보서」에서 "미발은 다만 성性이라고 할 수 있고, 이발이라야 마음이라고 할 수 있다. …… 미발 때에는 성인과 보통 사람(衆人)의 성이 같지만, 이미 발한 뒤에 생각도 없고 행위도 없이 적연부동寂然不動(절대적으로 고요해서 움직이지 않음)하나 감응하여서 마침내 천하의 이치에 통하는 것(感而遂通天下之故)은 성인만이 할 수 있다."(『오봉집五峰集』권2)라고 하였다.

호굉은 성본체론性本體論에서 출발하여 양시·윤돈尹焞 이래 마음을 미발로 삼고 미발을 적연부동이라 하는 견해를 비판하였는데, 이는 역시 정靜 가운데서 미발의 기상을 체인한다는 나종언·이통을 부정한 것이었다. 주희는, 성을 미발로 삼고 마음을 이발로 삼으며 먼저 찰식한 뒤 조존한다는 사상과 미발을 적연부동한 것으로 삼는 사상을 받아들였으나 또한 '때(時)'를 기준으로 미발의 때와 이발의 때를 전후로 나누는 호굉의 견해에는 동의하지 않았다. 동시에 그는 정 가운데서 중中을 추구하는 이통의 '미발' 공부는 지양했지만,

---

쓰였고, 이 편지 안에 "3월, 6월, 9월에 편지를 세 통 받았습니다. …… 소식 들은 뒤 한 해가 저물었습니다. …… 무학 박사武學博士의 자리에 나아가지 않은 지 3년이 되었습니다. …… 빠른 시일 안에 완곡하게 사직祠職을 청해야겠습니다."라고 한 말이 있다. 편지의 말미에 '윤달 그믐(閏月晦日)'이라 서명했는데, 융흥 2년에는 바로 윤11월이 있으니 이 내용과 부합하므로 주희가 처음 강원적을 알게 되어서 첫 번째 답장을 보낸 때가 융흥 2년 윤11월 사이라는 사실은 충분히 증명된다. 강원적에게 답하는 첫째 편지에는 "최근에 외람되이 초야草野의 신하를 부르는 은혜를 입었습니다. …… 번번이 사우師友에게 들은 의견을 한두 가지 아뢰었습니다. …… 뜻하지 않게 소문이 퍼져서 다시 어르신(강원적)의 귀를 그르치게 되었습니다. ……" 하였다. 이는 곧 융흥 원년 11월에 올린 주차奏箚가 전해져서 강원적이 보게 된 일을 가리킨다. 따라서 강원적이 주희에게 편지를 쓴 때는 융흥 원년이 아니다.

'미발'을 결국 어떻게 해석해야 할지에 대해서는 여전히 모르고 있었다.

이는 그로 하여금 또 오봉의 사상 노선을 따라 계속 사색해 나아가게 하였다. 그 뒤로 1년 동안 그와 중화설에 대해 토론한 사람으로는 건녕建寧·소무邵武·복주福州 일대의 하호何鎬·임용중林用中·석돈石𡼖·나박문·범념덕范念德, 천주泉州 지역의 허승許升·가한柯翰·왕근사王近思·서원민徐元敏·진여기陳汝器, 호상湖湘의 장식張栻·오익吳翌·진명중陳明仲·호광중胡廣仲(호실胡實) 등이 있다. 장식의 영향을 받아서 주희는 건도 2년(1166)에 미발과 이발을 전후로 나누어 끊는 견해를 선뜻 버리고 미발과 이발을 혼연히 구분하지 않는 중화 사상을 세웠다.

이해에 주희는 장식에게 보낸 중화구설에 관하여 논한 첫 번째 편지에서 처음으로 그의 중화 사상의 발전과 형성 과정을 체계적으로 총결하였다.

> 성현의 말에 '미발의 중의 상태에서 고요히 움직이지 않는다(未發之中, 寂然不動)'는 말이 있는데, 어찌 일상생활의 유행流行하는 것을 이발로 삼고, 잠시 휴식하고 사물과 접하지 않는 때를 미발의 때라고 지적하는 것이겠습니까? 시험 삼아 이 말의 의미를 찾아보자면, 멀거니 지각이 없는(泯然無覺) 가운데 간사함과 어두움에 막히면 마치 사물에 대응하는 텅 비고 밝은(虛明) 본체가 없는 것 같지만 낌새(幾微)가 있을 때 조금의 느낌이라도 있으면 곧 이발이 되므로 고요하다고 할 수 없으니 대체로 본체를 찾으려고 하면 더욱 찾을 수 없습니다. 이에 물러나서 일상생활에서 증험해보면, 느껴서 통하고 만져서 지각하는 것이 모두 혼연한 전체로서 사물에 대응하여도 끝이 없습니다. 이는 곧 천명天命의 유행이고, 낳고 낳아서 그치지 않는(生生不已) 기틀입니다. 비록 하루 동안에 수만 번 일어났다가 사라지더라도 적연寂然한 본체는 고요하지 않았던 적이 없습니다. — 이른바 '미발'이란 이

런 것일 뿐이니 ……　　　　　— 『문집』 권30 「여장흠부與張欽夫」 서3⁶

6 중화구설에 관한 편지 네 통을 쓴 해를 고증하여서 정하는 일은 매우 중요하다. 오늘날 사람들은 대부분 건도 4년(1168)에 비정하지만 사실의 근거가 없다. 지금 생각건대, 주희의 『문집』 가운데 권40에 수록된 「답하숙경」은 모두 서른한 통으로서, 시간의 선후에 따라 차례가 매겨져 있다. 그 가운데 1·2·3·4는 바로 중화구설에 대해 장경부(장식)에게 답한 편지 네 통과 시간상 병행한다. 예컨대, 「답하숙경」 서3에서는 중화설을 논하면서 다음과 같이 말하였다. "과연 견해가 분명하다면 천성天性과 인심, 미발과 이발은 혼연히 일치하여서 다른 별도의 사물이 없습니다. 이로 말미암아 극기克己하고 거경居敬하여서 일을 마치면 일상생활 어디에서나 이 일 아님이 없을 터입니다. 『중용』이라는 책은 마땅히 이것을 주로 해야 합니다. ……" 이는 바로 중화구설에 관한 편지 네 통, 특히 넷째 편지와 완전히 합치한다. 그러므로 하숙경(하호)에게 답한 편지 네 통은 중화구설에 관한 편지 네 통과 동시에 쓴 것임을 확실히 증명할 수 있다. 여기서 하숙경에게 답한 편지 네 통을 쓴 해를 고찰해보면, 이들 편지 네 통은(•참고로 서 5·6·7·8 등을 살펴보면) 모두 주희가 하숙경에게 『맹자집해孟子集解』를 보내고, 하숙경이 주희에게 『유설遺說』을 보내고, 주희가 정호와 정이(二程)의 『어록語錄』을 편집해서 판각하려 하고, 하숙경이 주희를 찾아왔을 때 주희가 『문견록聞見錄』을 준 일 등을 내용으로 하며, 전후로 서로 이어진다. 예컨대, 첫째 편지에서 하숙경이 '가을이 되어서 서늘해지면' 찾아가려 한다고 언급하였는데, 셋째 편지에서는 '은혜롭게도 와주셔서 며칠 동안 가르침을 받을 수 있었습니다'라고 하였으니 첫째 편지는 응당 10월 초에 썼다. 편지에 바로 '추수철에 사람이 없습니다'라는 구절이 있다. 둘째 편지에서 "『어록』은 근래에 여러 학자의 기록을 수습하였습니다. …… 마땅히 모본摹本을 올리겠습니다."라고 하였다. 넷째 편지에서는 "『어록』을 최근에 다시 보았는데 여전히 정돈해야 할 곳이 있었습니다. …… 근래에 또 아직 고치는 작업을 할지 결정하지 못한 데다 바빠서 올릴 겨를이 없었습니다. 모두 다른 날을 기다려주십시오."라고 하였다. 이 넷째 편지에는 또 "함부로 『잡학변』을 지었는데 지나친 품평을 받았습니다."라는 말이 있다. 하호가 『잡학변』을 위해 발문을 지은 때가 '건도 병술년(•2년, 1166) 초겨울(孟冬) 그믐'이었으니 넷째 편지는 건도 2년 겨울 11월에 썼다. 아마도 틀림없이 9월 말에 하호가 찾아왔다가 『잡학변』을 얻어 가지고 돌아가서 발문을 지었으리라. 또 둘째 편지에서는 "『맹자집해』는 본래 (빠뜨리고 잃어버린 내용을) 스스로 갖추고자 했던 책입니다. …… 모두 정정하게 되면 가르침을 구하겠습니다."라고 하였다. 셋째 편지에서는 "『맹자집해』를 모두 살펴보고 잘못된 데가 있으면 사정없이 깎아내시기 바랍니다."라고 하였으니 필시 하호가 먼저 편지로 『맹자집해』를 구했으나 얻지 못하다가 마침내 9월 말에 찾아가서 이 책을 가지고 돌아와 읽었으리라. 그러므로 넷째 편지에서는 이미 "『맹자집해』를 나눠 주시고, 『유설』 한 편으로 가르침을 주셨습니다. ……"라고 하였다. 이로부터 하숙경에게 답한 편지 가운데 첫째 편지는 건도 2년 5월 18일에 썼고, 둘째 편지는 6월에서 7월 사이에 쓴 것임을 알 수 있다.(•"백숭伯崇(범념덕)이 이곳을

지나가다 들러서 강론하느라 달을 넘겼습니다."라고 한 말을 근거로 한다) 또 권39 「답허순지答許順之」 서 10에서 "여름과 가을 사이에 백승이 와서 서로 모여 함께 수십 일 동안 강론하였습니다."라고 한 말에 근거하면 셋째 편지는 10월 중순에 썼고,(●하숙경이 찾아온 뒤이다. 또 편지에 '추수철에 사람이 없다'고 한 구절을 근거로 한다) 넷째 편지는 11월에 썼다.(●편지에 또 '내년 봄에는 동쪽 정화政和로 묘소에 참배하러 가야 한다'고 한 구절이 있다) 중화구설에 관한 편지 네 통도 건도 2년에 쓴 것임은 의심할 여지가 없다. 그 가운데 넷째 편지(●곧 『문집』권32 「답장경부」서4)에서는 '범백승이 소무邵武에서 와서 이 문제를 서로 강론하였다'고 했는데, 하숙경에게 답한 넷째 편지에서는 "백승이 최근에 건양을 지나다가 들러서 만났으며, 이틀을 머물렀습니다."라고 하였다. 또 넷째 편지에서 "『맹자』의 여러 설은 처음부터 앞뒤가 맞지 않은 데가 있습니다."라고 하였으니, 이는 하숙경에게 답한 넷째 편지에서 말한 '『맹자집해』'이다. 중화구설에 관한 넷째 편지는 11월에 썼고, 첫째, 둘째, 셋째 편지는 틀림없이 11월 이전에 쓴 것임을 충분히 알 수 있다. 또 「답하숙경」서8에 "흠부가 '복괘復卦에서 천지의 마음을 볼 수 있다' 함은 야기夜氣로 비유할 수 없다고 극론하였습니다. 나는 야기가 바로 돌아오는(後) 곳이니 애초에 곧바로 천지의 마음이라고 할 수는 없지만 여기에서 천지의 마음을 볼 수 있다고 여깁니다."라는 내용이 있다. 이는 곧 중화구설에 관한 셋째 편지에서 "복괘에서 천지의 마음을 본다는 설을 나는 …… 야기는 애초에 천지의 마음이라 할 수 없으나 이는 바로 기가 돌아오는 곳이므로 실로 그 까닭을 찾아보면 또한 천지의 마음을 볼 수 있다고 생각합니다."라고 한 내용을 가리킨다. 하숙경(하호)에게 답한 서8에서 하호가 증정한 『유설』을 장식에게 보냈다고 언급하였는데, 주희가 처음 『유설』한 편을 얻은 때가 건도 2년 10월이라는 사실은 하숙경에게 답한 서4에 보인다. 또 서8에서 "올해 임동林同 사람이 여기에 와서 제자가 되었는데 이름은 용중用中이고 자는 택지擇 之입니다. 서로 토론해보니 그 사람은 행동이 매우 성실하고 사색이 매우 정밀하여서 크게 유익한 점이 있으니, 나보다 나을 뿐만이 아닙니다."라고 하였다. 임택지林擇之(임용중)가 처음으로 와서 배운 때는 건도 2년이지만, 주희가 하숙경에게 답한 이 서8에서도 '이제는 더워져서 출입하기 어렵다'고 하였으니 바야흐로 여름임을 알 수 있다. 그러므로 하숙경에게 답한 서8은 건도 3년 4월과 5월 사이에 쓴 것임을 확실히 알 수 있다. 이는 또 중화구설에 관한 셋째 편지가 건도 2년 10월에 쓰였다는 확고한 증거이기도 하다. 또한 『문집』권42 「답석자중答石 子重」서5에서는 "저는 지난 가을 장사長沙로 갔습니다. …… 위대한 조화(大和) 속에 저절로 편안한 집(安宅)이 있다는 주장은 원래 문제점이 있지만 당시當時의 의도는 오히려 스스로 주재主宰하는 경지를 알고자 한 것이었습니다. 이른바 위대한 조화란 여기에 나아가서 이해해야 합니다. ……"라고 하였다. 이는 곧 중화구설에 관해 셋째 편지에서 말한, "크고 넓은 위대한 조화 가운데 스스로 편안한 집 한 채를 소유하게 되었으니, 이것이 바로 스스로 몸을 편히 하고 명命을 세워서 지각을 주재하는 곳임을 알게 되었습니다."라고 한 내용을 가리킨다. 석자중(석돈)에게 답한 이 편지에 "저는 갑자기 편마編摩의 명을 받았습니다."라고 하는 말이 있는데, 추

주희는 애초에 '사물과 접하지 않은 것'을 '미발'로 삼고, '멀거니 지각이 없는' 적연한 가운데서 미발의 중을 찾았는데, 사실 이것이 바로 이통이 말한 묵좌징심默坐澄心이다. 주희는 이런 '미발' 공부를 부정하고, '미발'을 더 이상 일종의 '미발'의 공부로 보지 않고 '적연한 본체'로 이해하였다. 이는 분명 미발을 적연부동한 것으로 삼는 호굉의 사상에서 나왔다. 그가 일상생활에서 추구하고 이발의 상태에서 변별하여 살피고 잡아서 보존하는 방향으로 돌아선 것도 먼저 찰식察識하고 나중에 존양存養한다는 호굉의 사상에 근본을 두고 있다. 그러나 그가 '별도로 한 물건이 있어서 한때에 국한되고 한곳에 구애되는' 그와 같은 '미발'은 존재하지 않는다고 인식했을지라도 여전히 정이의 '미발 이전'이라는 논조를 끌어들였기 때문에, 장식은 그가 아직도 미발과 이발을 둘로 나누어서 이전과 이후로 떼어 놓는 병폐에서 벗어나지 못하였다고 여겼다.

주희는 답장에서 장식의 비평을 받아들였는데, 이것이 바로 중화구설에 관한 둘째 편지이다. 주희는 편지에서 방향을 바꿔 정씨程氏(정이)와 구산龜山(양시)을 비판하고, 미발과 이발이 '중간에 끊어지고 단절된 곳이 전혀 없음'을 명확하게 긍정하였다. 편지에서 곧바로 구산의 학맥이 서로 전승한 주정主靜의 '요결(指訣)'을 비판하고, "구산의 『중용』은 의심스런 부분이 있다고 논하셨는데, 저도 요즘 그렇다고 생각하고 있습니다. 또 예컨대, 이른바 '학자가 희로애락이 아직 발하지 않은 때에 마음으로 징험하면 중中의 본체(體)가 저절로 보인다'고 한 말도 완벽하지는 못합니다."(동상, 서4)라고 하였다. 이는 스승 이

밀원 편수관에 제수된 일을 가리킨다. 이로 보아 이 편지는 건도 4년 초, 곧 그가 바로 장사에서 남헌(장식)을 만나고 돌아오던 때 쓴 것임을 알 수 있다. 이른바 '당시'란 대체로 건도 3년에 담주潭州로 가서 장식을 방문하기 전을 가리킨다고 볼 수 있다. 이는 중화구설에 관한 셋째 편지가 건도 2년에 쓰였다는 확고한 증거이기도 하다.

통의 가르침을 직접 비평한 것이나 다름없다.

다만 주희는 이로부터 나아가서 정이의 '미발의 때에 존양한다'는 주장을 비판하고 부정하면서 또 한결같이 정靜에 치우치는 이통의 잘못을 바로잡으려다가 지나친 격으로, 한결같이 동動에 치우치는 데로 방향을 돌렸다. '미발'의 공부를 부정하고 이발의 상태에서 찰식할 것을 강조하면서도 또 어떻게 존양할 것인가에 대해서는 어떻게 손을 써야 할지 몰랐다. 이에 장식은 답장에서 '인을 추구하는(求仁) 일을 급선무로 삼는' 함양 방법을 말해주었다.

호상파가 말하는 '인을 추구하는 방법'은 또한 바로 주경主敬이다. 장식은 '인을 추구하는 방법'을 바로 '지경주일持敬主一'이라고 명확하게 말하였다(『남헌집南軒集』 권36 「주일잠主一箴」). 호굉도 '불인不仁'과 '불경不敬'을 같이 제시하여서 '잠시도 불경함이 없어야' 비로소 '인이라 말할 수 있다'고 하였다(『오봉집五峰集』 권3 「소주학기邵州學記」). 주희의 답장이 곧 중화구설에 관한 셋째 편지이다.[7] 장식의 관점에 동의한 그에게 '경'의 존양 방법은 머릿속에서 한결 더 명확해지기 시작하였다.

이런 점을 가장 잘 증명할 수 있는 사실은 이해 늦가을에 하호가 소무로부터 주희를 찾아와서 두 사람이 중화설을 두고 면담을 진행한 일이다. 주희는 그에게 다음과 같이 명확하게 말하였다. "천성과 인심, 미발과 이발은 혼연히 일치하여서 다른 별도의 사물이 없습니다. 이로 말미암아 극기克己하고 거경居敬하여서 일을 마치면 일상생활 어디에서나 이 일 아님이 없을 터입니

---

7 곧 『문집』 권32 「답장경부」 서3이다. 생각건대, 이 편지에 '이전에 〈바야흐로 가고(方往)〉, 〈바야흐로 온다(方來)〉는 설'을 말한 곳이 있는데, 이는 중화구설에 관해 둘째 편지에서 말한, '다만 한 생각 사이에 이미 이 본체(體)와 작용(用)이 갖추어져 있어서 발한 것은 바야흐로 가고 아직 발하지 않은 것은 바야흐로 온다'고 한 내용을 가리킨다(권30 「답장경부」 서4). 그러므로 이것이 중화구설에 관한 셋째 편지임을 확실히 알 수 있다.

다. 『중용』이라는 책은 마땅히 이것을 주로 해야 합니다."(『문집』 권40 「답하숙경」 서3) 이는 이미 분명하게 '거경'을 존양의 방법으로 삼아서 이통의 '미발' 공부를 대체한 것이다.

11월에 이르러 주희는 장식에게 보낸 중화구설에 관한 넷째 편지에서 아주 자신 있게 자기가 몇 년 동안 탐색하여 확정한 중화설을 정식으로 선포하였다.

> …… 그래서 다시 성현의 책과 근세의 여러 선생들께서 남긴 말씀을 가져다 읽고 증험해보니 또 합치하지 않은 점이 하나도 없었습니다. …… 비로소 천하의 이치가 과연 여기에 있고, 가만히 치지격물致知格物, 거경정의居敬精義의 공부를 이로부터 할 수 있다고 스스로 믿게 되었습니다. …… 대체로 천하를 통틀어 다만 하늘의 기틀(天機)이라는 활물活物 하나만 유행하고 발용發用하여서 한순간도 쉼이 없습니다. 이미 발한 것에 근거해서 아직 발하지 않은 것을 가리키면, 이미 발한 것은 인심이고 아직 발하지 않은 것은 모두 성性이지만, 또한 성을 갖추지 않은 사물은 하나도 없습니다. 어찌 별도로 한 사물이 있어서 한때에 구애되고 한곳에 국한된 것을 성이라고 부르겠습니까? 일상생활에서 혼연한 전체가 마치 냇물이 쉬지 않고 흐르듯이 하늘의 운행은 끝이 없을 따름입니다. …… 보존하는 일은 이것을 보존하는 것이고, 기르는 것은 이것을 기르는 일일 뿐입니다. ……
> ─ 『문집』 권32 「답장경부」 서4

먼저 찰식한 다음 함양하는 문제에서, 주희가 격물을 찰식 공부로 삼은 점은 호상파와 구별되지만, 거경을 함양 공부로 삼은 점은 호상파에서 직접 나왔다. 호안국胡安國·호굉胡宏 부자로부터 장식에 이르는 호상학은 소정小程(정이)의 주경主敬을 학맥 전승의 요결로 삼았다. 이는 양시로부터 이통에 이르는 민학閩學이 대정大程(정호)의 주정主靜을 학맥 전승의 요결로 삼은 것과는 달라서, 그 흐름이 나뉘어 대치된다. 호안국은 "배움은 뜻을 세우는 일을 가장 먼저하고 충신忠信을 근본으로 하며, 치지致知로써 이치를 궁구하는(窮理) 문으로 삼고 주경으로써 마음을 잡아 기르는(持養) 방법으로 삼는다."(「호씨가전록胡氏家傳錄」, 『송원학안宋元學案』 권34)고 하였다.

호굉의 제자 오익吳翌은 "문정공文定公(호안국)은 경敬 자를 이해함에 틀리지 않았다."(「징재문답澄齋問答」, 동상 권42)고 칭송하였다. 호굉은 『지언』에서 이런 사상을 발전시켜서 다음과 같이 말하였다. "사람을 접하는 데는 예가 있음을 알고 교제하는 데는 도가 있음을 알아도 오직 경敬이라야만 예와 도를 지켜서 잃지 않을 수 있다." 그는 임종 직전에 제자 표거정彪居正이 배움을 묻자 "성인 문하의 공부에서 중요한 곳은 다만 경敬 자에 있다."(『송원학안』, 권42)고 답하였다. 주희는 나중에 이를 두고 "오봉(호굉)이 임종 때 표덕미彪德美(표거정)에게 '성인 문하의 공부에서 중요한 곳은 다만 경 자에 있다'고 하였는데, 이는 유명한 주장이다."(동상)라고 더욱 찬탄하였다.

황조순黃祖舜은 『논어강의論語講義』에서 "이의위질以義爲質(군자는 의義를 바탕으로 삼는다)이라는 네 글자는 정치를 확립하는 데 속하는 말인 듯하다. 학자라면 경으로써 안을 바르게 하는 것(敬以直內)이 근본이다."라고 하였다. 호굉은 한 걸음 더 나아가서 "성인의 말은 통하지 않는 바가 없지만 네 가지 일은 실로 경으로써 안을 바르게 하지 않으면 안 된다. 그러므로 오로지 정치를 확립하는 것만 가리킨다고 할 필요는 없다."(동상, 권34)고 하였다.(네 가지 일이란 『논어』 「위령공衛靈公」의 다음 구절을 가리킨다. 子曰, 君子, 義以爲質, 禮以行之, 孫以出之, 信以成之, 君子哉―역자 주)

장식은 다시 「경간당기敬簡堂記」·「주일잠主一箴」·「경재명敬齋銘」·「주일재명

主一齋銘」을 지어서 호상학의 '공부의 요체(大要)'를 밝혔다. 주희는 호굉의 편지를 통해 이런 '경'을 인식했고, 지경주일持敬主一의 인仁 추구를 급선무로 삼도록 한 장식의 깨우침을 바탕으로 하여 '경'을 존양의 근본 공부로 삼았다.

건도 2년(1166) 늦가을, '경'에 대한 주희의 이러한 인식에 한 차례 중요한 사상상의 비약이 일어났다. 그는 매우 흥분하면서 허승許升에게 편지를 써서 다음과 같이 말하였다.

> 가을 들어 모친께서 조금 건강해지셔서 마음도 한가하고 일도 없습니다. 생각을 하나에 집중하여 체험하고 난 뒤 전날과 비교해보니 점차 명쾌해지는 것이 느껴져서 바야흐로 공부에 착수할 수 있게 되었습니다. 예전에는 참으로 애꾸눈이 장님을 이끄는 격이었습니다. 이런 내용은 석 어른(石丈, •석돈)에게 보낸 편지에 있기 때문에 더 길게 말하지 않겠습니다. 그 편지를 가져다 보는 것이 어떻겠습니까? 보시고 한마디 해주십시오. 또 절구 하나를 보냅니다.

반 무 네모난 못은 거울이 되어	半畝方塘一鑑開
하늘빛 구름 그림자 함께 떠돈다	天光雲影共徘徊
어찌하여 이리도 맑은가?	問渠那得淸如許
원천에서 맑은 물이 흘러내리기 때문	爲有源頭活水來

—『문집』 권39 「답허순지答許順之」 서11[8]

---

8 이 편지는 「방당시方塘詩」와 중화구설에 관한 넷째 편지를 쓴 해와 관계있다. 생각건대, 이 편지에서 "여름과 가을 사이에 백숭(범념덕)이 와서 서로 모여 함께 수십 일 동안 강론하였습니다."라고 한 말은 「답하숙경」 서2에서 말한 "백숭이 이곳을 지나가다 들러서 강론하느라 달을 넘겼습니다."라고 한 일이다. 이 일은 건도 2년(1166) 6월과 7월 사이에 있었다. 또 이 편지

주희는 이때 장식·석돈·허승 등 민중閩中(복건)과 상湘(호남)의 학자들과 함께 '경'의 존양 공부를 토론하였는데, '애꾸눈이 장님을 이끈다'는 말은 바로 장식이 '거경구인居敬求仁'으로써 장님을 인도하고 있다는 점을 가리킨다. '원천에서 흘러내리는 맑은 물'이란 바로 '경'을 가리키는데, 이는 허승과 함께 '경' 자가 활성적인 것(活)인지 불활성적인 것(不活)인지를 토론할 때 '경'에 대해 활연하게 깨달은 점을 비유로 들어서 읊은 것이다.

주희는 허승이 지은 「경재기」를 칭찬하면서도 '경' 자를 불활성적인 것이라고 한 그의 주장을 비평하였다. 편지에서 '오직 경이므로 활성의 것이고 불경이면 바로 불활성의 것이라' 하고 또 "전에 논한 바, 경 자가 불활성의 것이라 한 까닭은 무엇입니까? 요즘 이 글자의 긴요한 부분을 보았습니다만 종전에는 그저 또한 이처럼 말했을 뿐입니다."(동상, 서12·13)라고 하였다.

이른바 '경'에 죽은 것과 산 것이 있다는 말을 주희는 나중에 다음과 같이 해석하였다. "경은 죽은 경(死敬)이 있고 산 경(活敬)이 있다. 만약 주일主一의 경만 지키고 있다가 일을 만났을 때, 의로써 그 일을 성취하지 못하고 옳고 그름을 가리지 못하면 산 것이 아니다."(『어류』 권12) 장식은 주일을 경으로 삼았지만, 주희는 경과 의가 함께 쓰이고 서로를 이루며 끝없이 순환해야만 경이

에서 "호남湖南 여행은 …… 나중에 유 수劉帥(유공劉珙)가 사람을 보냈지만, 날이 너무 더워서 결국 취소하였습니다."라고 하였다. 주희의 「유공묘기劉珙墓記」에 근거하면 유공은 건도 원년에 담주의 수사帥司에 제수되었고 건도 3년 정월에 행재소로 불려갔으니, 이 편지와 이 시도 응당 건도 2년 늦가을에 쓴 것임을 알 수 있다. 또 허순지許順之에게 답한 이 편지 서11과 서12·서13은 모두 '경' 자가 활성적인 것인지 불활성적인 것인지 논하는 내용으로서 앞뒤로 서로 이어진다. 서13에는 "올해 택지擇之(임용중)가 이곳에 있었는데, 크게 유익한 점이 있었습니다."라는 말이 있다. 생각건대 임택지가 처음으로 와서 배움을 물은 때는 바로 건도 2년이다. 주희가 지은 「임용중자서林用中字序」(•권75)를 보면 이 편지와 시가 건도 2년에 작성되었음을 더욱 입증한다.

비로소 '산 것(活)'일 수 있다고 보았다.

이는 분명 경敬과 지知를 함께 닦아야 한다(敬知雙修)는 그의 평생 학문의 대지가 확립된 뒤에 나온 명확한 관점이지만, 「방당시方塘詩」는 이런 인식의 최초 원천으로서 중화구설로부터 중화신설로 발전하는 내적 계기를 함축하고 있다. 의미심장한 점은 주희가 「방당시」에서 '경'에 대한 인식을 총결한 것이 스스로 「잡학변」을 편집하여서 유가와 불교에 대한 논전을 총결하고, 장식에게 중화에 관한 넷째 편지를 써서 중화설을 총결한 것과 바로 동시의 일이라는 사실이다. 이는 그의 중화구설이 유가와 불교에 대한 논전의 기초 위에서 최종적으로 호상학의 직접적인 영향을 받은 뒤에 세워졌음을 분명히 나타낸다. 중화설에서 그는 이통을 떠나 장식과 대체로 일치하였다. 이 때문에 주희는 장식의 학문에 대해 충심에서 우러나는 공경으로 가득 차서 스스로 그만 못함을 탄식하였다.

건도 3년 6월에 주희는 담주로 가서 장식을 만나기 전 하호에게 다음과 같은 내용으로 편지를 보냈다. "흠부欽夫(장식)의 학문이 초탈하고 자유로우며 견해가 분명하고 언어의 구절에 얽매이지 않는 까닭은 다만 도道에 정확하게 들어갔기 때문입니다. 오늘날 그가 한 말에 절대로 결점이 없을 수는 없지만 결국 본령이 정당하기 때문에 우리들이 미칠 바가 아닙니다."(『문집』 권40 「답하숙경」 서11) 장경부(장식)와 비교하면서 주희는 자기 학문이 '지리支離'한 탓에 '마음에서 묵묵히 이해하여 근본을 세울' 수 없다고 느꼈다(동상). 이것이 바로 주희가 중화설에서 장식과 기본적으로 일치한다는 것을 인식한 뒤 곧 직접 담주로 가서 그를 만나 학문을 논하려고 서둘렀던 주요한 원인이었다.

형악衡岳에서 노닐다

　건도 3년(1167) 가을, 주희는 마침내 멀리 호상湖湘으로 장식을 방문하러 가기로 결정하였다. 나중에 사람들은 모두 「중화구설서中和舊說序」의 '가서 그를 좇아 놀며(從遊) 물었다'는 한 구절에 잘못 근거하여, 이때 장식을 방문한 일이 중화설中和說에서 서로 합치하지 않기 때문에 오로지 '미발이발未發已發'을 토론하려고 담주潭州로 한 차례 먼 여행을 한 것이라 보았다. 사실은 정반대이다. 상견하기 전 중화에 대한 두 사람의 견해는 기본적으로 점차 일치하는 방향으로 흘렀는데, 바로 이런 일치가 주희로 하여금 천 리 길을 찾아가 만나서 호상학을 한 걸음 더 나아가 이해하고 장식과 전면적으로 학문을 토론하며 교류하도록 재촉하였다. 이는 그가 하호에게 보낸 편지에서 자기와 장식의 학문이 같고 다름을 비교한 사실만으로도 간단히 실증할 수 있지만, 이때 두 사람의 상견이 다만 주로 '미발이발'에 관한 불합치를 토론하기 위한 것이었음을 증명할 수 있는 자료는 아무것도 없다.

　상견하기 이전에 두 사람은 이미 경학과 이학의 허다한 구체적인 문제에서 다방면으로 논변을 진행해왔다. 결코 중화설 문제만 가지고 논변을 한 것은 아니었다. 장식은 건도 3년에 이미 『맹자강의孟子講義』·『논어설論語說』의 초고를 부분적으로 완성했는데, 인설仁說, 야기설夜氣說 등을 논한 여러 방면에서 주희의 『논어』·『맹자』 관련 저작과 관점이 합치하지 않았다. 주희는 일찍이 자기의 『맹자집해孟子集解』 등의 저작과 하호가 그에게 준 『맹자유설孟子遺說』

등을 모두 장식에게 보내주어서 토론을 진행하였다.

『중용』 방면에서 두 사람의 저술은 아직 완성된 원고가 없었지만, 중화설을 포함한 갖가지 문제에 대해 두 사람은 줄곧 의견을 주고받으며 논변을 진행하고 있었다. 장식이 건도 2년(1166)에 완성한 「제갈충무후전諸葛忠武侯傳」과 건도 3년에 완성한 『경세기년經世紀年』에 대해 주희는 편지에서 거듭 다른 의견을 제기하였다.

호상학 상에서는, 주희는 건도 2년에 편집 완성한 『주자태극통서周子太極通書』를 담주의 수사帥司인 유공을 통해 장사長沙에서 판각하였다. 이 장사본長沙本은 호굉이 전한 편장篇章에 근거해서 주희가 용릉본舂陵本·영릉본零陵本·구강본九江本을 참조하여 교정하고 완성한 판본이다. 장식도 호대시胡大時가 편정하고 자기가 서문을 쓴 호자胡子(호굉)의 『지언知言』과 「문정공사기文定公祠記」를 주희에게 보내주었는데, 두 사람의 『지언』에 대한 인식도 일치하지 않았다.

정호와 정이의 저작을 정리하고 편정하는 방면에서는, 장식이 건도 2년에 『이정문집二程文集』을 간행했고, 주희도 건도 원년 이래 끊임없이 어록을 수집하여서 『정씨유서程氏遺書』를 편정하고 건도 3년에 두 사람이 상견하기 얼마 전 『정씨유서』의 서문 두 편을 장식에게 보내서 토론한 뒤 고쳤다.

건도 2년 이래 그들 두 사람이 『이정문집』을 교정하는 과정에서 불쾌한 논쟁이 벌어졌다. 유공과 장식이 간행한 『이정문집』은 호안국의 가전본家傳本 하나만 이용했는데, 이 호본胡本에는 잘못된 데가 많았으므로 주희는 다른 판본 몇 종을 제공하면서 교정하여 간행하기를 건의하고 또 자기가 교정한 글을 보내주기도 하였다. 장식이 이를 처음부터 받아들이지 않았기 때문에 주희는 편지에서 유공·장식과 함께 격렬한 논변을 전개하였다. 결국은 그들이 호상학만 높이기 때문에 '사사로운 뜻을 갖고서 다른 사람을 물리친다'고 의심하면서 장식과 유공이 간행한 책을 거절하기까지 하였다. "전에는 수십 권을 얻어서 벗들에게 두루 나눠 주려고 하였습니다만 이제는 보내주실 필요가 없습니다. 나는 감히 이런 잘못된 책의 글로 벗들을 그르칠 수 없습니다."(『문집』권37 「답유공보答劉共父」서1)

마지막에 가서 장식은 여전히 그대로 부분적으로만 주희의 교정을 채용하였는데, 이는 이미 호씨의 형산학을 어떻게 대응할 것인가 하는 문제와 관련되었다. 주희가 원래 건도 2년(1166) 여름에 호상으로 가서 장식을 방문하려고 생각했으나 끝내 갈 수 없었던 데는 대체로 이 사건과 연관이 있다.

이때 주희가 출발하기 전에 각 방면에서 충분히 준비하였다는 사실은 또한 스스로 호상에 가는 일이 장식과 전면적으로 학문 교류를 진행하기 위한 목적이었음을 분명히 나타낸다. 그는 떠나기 전에 임택지林擇之(임용중)에게 편지를 보내서 다음과 같이 말하였다.

「문정사기文定祠記」(「문정공사기」), 「지언서知言序」와 『유서遺書』(「이정유서」)의 서문 두 편을 함께 써서 보냅니다. 화답하는 글은 편지 안에 그대로 들어 있을 터이므로 다시 써서 보내지는 않겠습니다. 「사기祠記」는 그(＊장식)가 온당치 못한 곳을 보아달라고 하여서 여러 차례 읽었습니다만, 잡다하게 모아 놓아서 정돈하기 어렵게만 보였습니다. 번거롭겠지만 자세히 검토하고 주注와 맞춰본 다음 어떻게 고칠지에 대한 의견을 조사漕司(전운사)의 동청東廳(복주福州에 있는 조사 예엽芮燁의 집무실—역자 주)으로 보내주어서 이곳에 전달되도록 해주십시오. 남헌(장식)이 이것을 아주 속히 보고자 하니, 장 수사張帥司(＊장효상張孝祥)에게 말하여서 조사 예엽의 처소로 고쳐 써서 보내주십시오. 서문 세 편도 아울러 상세히 살펴보고 가르침을 주어서 다시 여러 동지들이 보고 의논할 수 있도록 해주시면 다행이겠습니다. 이왕 먼 길을 떠나게 되었으니 상세히 아는 것을 싫어하지 마십시오. 부디 「문정사기」를

가지고 출발하기 바랍니다.　　　　　　—『별집』권6 「답임택지」서1

　임택지(임용중)가 이때 주희와 함께 담주에 가기 때문에 주희는 그에게 '상세히 아는 것을 싫어하지 말라'고 하였는데, 이로써 직접 논하려는 문제가 매우 광범위했음을 알 수 있다.

　학문을 강론하고 도를 논하는 일 외에도 나랏일을 날로 그르치고 있는 조정에 대한 공동의 우려, 특히 몸소 향촌의 기층민에서 (만연한 관료들의) 갖가지 부패 현상을 목격하고 격발된, '도학이 밝게 드러나지 못한 현실(道學不明)'에 대한 주희의 초조감 또한 호상으로 남헌을 찾아가서 함께 정사를 논하도록 부추긴 직접적인 동력이 되었다. 주전파 도학자인 유공은 건도 3년(1167) 정월에 도성에 들어갔으나 잇달아 근습近習인 용대연龍大淵, 증적曾覿의 공격을 받고 조정에서 쫓겨났다. 정국에 미묘한 변화가 일어날 새로운 조짐은 주희와 장식이 함께 주목하는 초점이 되었다.

　주희가 상湘으로 떠나기 전 건도 3년 7월에 숭안崇安에 큰비가 내려서 홍수가 넘실대며 산을 삼켜 큰 바위를 쓸고 내려오는 바람에 농경지와 집채가 쓸려가버렸다. 전부터 백성이 살든 죽든 돌아보지도 않던 주의 관리(州官)는 무학 박사武學博士로 대차待次하고 있던 주희에게 격문檄文을 전하여서 현의 관리(縣官)와 함께 진휼을 조처하는 데 참여하라고 하였다.

　조정에서 파견한 진휼 사신은 열흘 동안 가는 곳마다 쌀을 풀겠다고 방을 붙이고 떠벌렸지만, 진휼미를 실은 수레는 서둘러 길을 따라 지나가버렸기 때문에 구제미救濟米를 차지한 것은 시정의 무뢰배들이었고, 깊은 산골의 굶주린 백성은 한 톨도 얻지 못하였다. 주희는 험하고 궁벽한 산골짜기에서 열흘 동안 분주히 애를 썼다. 그가 사계寺溪를 따라 삼목杉木을 거쳐 장간長澗으로 들어가 양촌楊村으로 나오면서 본 것은 집채와 농경지가 홍수로 모두 잠겨

버리고 모래와 돌이 개천과 들판을 뒤덮고, 시체와 해골이 사방에 나뒹굴고, 울부짖음이 온 들판에 진동하는 참경뿐이었다. 그가 여러 해 산림에서 조용히 지내는 동안 조금은 초탈하게 되었던 도학의 영혼도 크게 흔들리지 않을 수 없어서 고통스런 슬픈 시를 내뱉었다.

삼목과 장간에서, 네 수　　　　　　　　　　　　杉木長澗四首

삼목으로 가던 길에　　　　　　　　　　　　　　　我行杉木道

장간 동쪽에서 고삐를 늦춘다　　　　　　　　　　　弛轡長澗東

애닯다! 가난한 백성들　　　　　　　　　　　　　傷哉半菽子

다시 이렇게 큰 홍수를 당하다니　　　　　　　　　　復此巨浸攻

모래와 돌은 내와 들판을 반 나마 덮고　　　　　　　沙石半川原

논밭은 흔적도 없는데　　　　　　　　　　　　　　阡陌無遺蹤

겨우 남은 몇 집에는　　　　　　　　　　　　　　室廬或僅存

오래전에 솥이 비었다　　　　　　　　　　　　　　釜甑久已空

깔려 죽고 빠져 죽고 남겨진 홀아비와 고아는　　　壓溺餘鰥孤

슬프게 울부짖으며 통곡한다　　　　　　　　　　　悲號走哀慟

구제하는 일 어찌 힘쓰지 않겠는가만　　　　　　　賙恤豈不動

무엇으로 장사 지내고 먹여 살릴까　　　　　　　　喪養何能供

나는 높은 관리가 아니어서　　　　　　　　　　　我非肉食徒

작은 집에 스스로 문 닫고 들어앉아　　　　　　　自閉一敝宮

하찮은 음식도 즐길 만하니　　　　　　　　　　　簞瓢正可樂

어찌하면 우임금과 직처럼 될 수 있을까　　　　　禹稷安能同

가고 오는 길에 한 번 지나치니　　　　　　　　　竭來一經行

아아, 눈물만 줄줄 흐른다　　　　　　　　　　歔欷涕無從

주제넘은 벼슬살이 부끄러우니　　　　　　　　所慚越尊俎

어찌 내 한 몸 힘든 것을 꺼릴까　　　　　　　　豈憚勞吾躬

무덤 위로 기어오르다 지쳐서　　　　　　　　　攀躋倦冢頂

길게 탄식하다 돌아오니 처량한 바람만 분다　　永嘯回凄風

사해를 붙들어 세우자 생각했으나　　　　　　　眷焉扶四海

뜻을 잃은 탄식은 언제 끝나려나　　　　　　　失志嗟何窮

아침에 장간 들머리를 떠나　　　　　　　　　朝發長澗頭

밤에 장간의 끝에서 묵네　　　　　　　　　　夕宿長澗尾

안타깝다 장간 사람들　　　　　　　　　　　傷哉長澗人

이런 재앙을 만나다니　　　　　　　　　　　禍變乃如此

고을 사또 창고 열어 홀아비와 고아를 살리나　縣官發廩存鰥孤

백성은 소생할 기색이 없네　　　　　　　　　民氣未覺回昭蘇

농사짓는 노인은 날 보며 다시 눈물을 훔친다　老農向我更揮涕

언덕이 무너지고 제방이 끊겨 논의 모가 말라서　陂壞渠絶田苗枯

가로 세로 논밭은 찾을 수 없고　　　　　　　阡陌縱橫不可尋

죽고 상한 자 사방에 널려 슬프게 신음한다　　死傷狼藉正悲吟

갓난아이(백성)가 본래 죄 없음을 안다면　　　若知赤子元無罪

부모와 같은 마음을 지녀야 하리　　　　　　　合有人間父母心

　　　　　　　　　　　　　　　　　　　　―『문집』 권10

그는 실록實錄과 같은 이 시 네 수 가운데 마지막 한 수를 채원정蔡元定에게 적어 보냈고, 임택지(임용중)에게 보낸 편지에서는 조금도 숨김없이 이 참극에 대한 마음속의 솔직한 느낌을 토로하였다.

조정에서 파견한 사신이 막 와서 가는 곳마다 방을 붙이고 열흘 동안 쌀을 나눠 주겠다고 했으나 시정에서 노는 사람들과 가까운 현의 사람들만 쌀을 얻었고, 깊고 궁벽한 산골짜기에는 오히려 굶주린 백성이 있는데도 도리어 은혜가 미치지 않았습니다. 그러나 이른바 열흘 동안이라 한 것도 그저 빈말뿐이었고, 곡식 실은 수레가 그냥 지나간 뒤에는 곧 시행하지 않았습니다. 실제로 나눠 줄 만큼 많은 쌀이 있지 않았습니다. 세도世道가 쇠퇴하고 풍속이 야박해져서 윗사람과 아랫사람이 서로 속이니, 참된 일은 하나도 없습니다. 정말로 탄식할 일입니다.

— 『별집』 권6 「답임택지」 서1

숭안에 물난리가 나는 바람에 제사諸司(여러 관사)의 격문을 받고 나서 저는 현의 관리와 진휼하는 일을 의논하였습니다. 진휼하기 위해 산골짜기를 두루 다니다가 열흘 뒤에 돌아왔습니다. 대체로 오늘날 높은 관리(肉食者)는 백성을 전혀 생각하지 않기 때문에 그야말로 더불어 일을 도모하기가 어렵습니다. 백성을 생각하는 일의 단서가 무엇 때문에 매몰되어서 이렇게 그림자도 보이지 않게 되었는지 모르겠습니다. 이로 인해 이 학문(此學)이 밝게 드러나지 못하면 천하의 일은 결코 해낼 수 없다는 사실을 알았습니다. …… 이 물난리로 피해를 입은 지역은 그다지 넓지 않습니다만 발원한 곳이 모두 높은 산이라 돌이 부서지고 물이 밀려드는 바람에 내고 들판이고 논밭이고 동과 서를 가릴 것 없이 모두 큰 돌에 깔려서 죽고 다

친 사람이 몇 백 명이나 되었습니다. 촌락을 다니다가 떠내려간 길을 보거
나 원망하는 소리를 듣게 되면 더 이상 마음을 가눌 길이 없었습니다.

—『문집』권43 「답임택지」 서1

주희가 보기에 두려워해야 할 일은 결코 도도한 홍수가 아니라 '오늘날
높은 관리'가 '백성을 전혀 생각하지 않는' 점이었다. 그리하여 그는 바로 '이
학문이 밝게 드러나지 못하면 이 세상의 일을 결코 해낼 수 없다'는 현실적
인 초조감을 품고 장식에게 가서 둘이 함께 '이 학문'을 밝게 드러내고자 하
였다. '이 학문'은 도학을 가리킨다.

그는 외사촌 아우(表弟) 축직청祝直淸에게 보낸 편지에서 호상으로 가는 목
적을 다음과 같이 더욱 분명히 말하였다. "최근에 장위공張魏公(장준)의 아들
흠부欽夫(장식)가 지은 글을 조금 얻었는데, 보아 하니 견해가 정당하고 모두
새로운 점이 있었다. 가서 만나 보고 서로 의심스런 점을 강론하여서 해결
하고자 한다. 그런데 천여 년 동안 도학이 밝게 드러나지 못해서 선비가 귀
로 듣고 눈으로 보는 데만 얽매여 있으니 도를 알고 덕으로 들어갈 길이 없
다."(『신안문헌지新安文獻志』 갑권甲卷9 「여축직청서與祝直淸書」)

주희의 형악衡嶽 여행은 먼저 여조겸呂祖謙과 상의하고, 유공劉珙·장효상張
孝祥을 통하여 진행된 일이었다. 장효상은 자가 안국安國이고 호가 우호 거사
于湖居士이며, 역양歷陽 오강烏江 사람이다. 송이 남쪽으로 옮겨온 이래 저명한
호방파豪放派 애국 사인詞人이다. 특히 문장과 글씨에 정통하였다. 그는 장준
을 통해 발탁되었기 때문에 평생 호상학을 추앙하여서 존중했고, 장사로 온
뒤에는 아침저녁으로 장식과 시를 짓고 학문을 논하였다.

장효상은 주희가 장차 형악에 올 것이라는 소식을 알고 먼저 주희에게 편
지를 보내서 간절히 흠모하는 마음을 표하였다. "저는 선생의 명성과 도의에

경복하여서 만나 뵙기를 바란 지 오래되었으나, 감히 진실하지 않은 세속의 말로 뵙기를 청할 수 없었습니다. 유 어른劉丈(＊유공)의 편지를 받고, 또 흠부에게 보내신 편지를 보고서야 형악으로 오시는 줄 알게 되었습니다. 혹시 조용히 모실 수 있게 된다면 어떤 기쁨이 이만하겠습니까? 아침저녁으로 바라는 마음을 이기지 못하겠습니다."(『우호거사문집于湖居士文集』권40 「여주편수與朱編修」서1)

8월 상순에 주희는 새로 받아들인 지 얼마 되지 않은 고전古田의 제자 임용중林用中과 함께 길을 나섰다.[9] 임용중은 처음에 애헌艾軒 임광조林光朝의 문하에 들어갔다가 다시 운곡芸谷 임사로林師魯(임로산林魯山)를 사사했으나, 오래지 않아 과거 공부를 포기하고 담계潭溪로 와서 주희에게 도를 물었고, 주씨 집안의 관사에서 주희의 두 아들 주숙朱塾과 주야朱埜의 훈몽訓蒙 선생 노릇을 하였다.

상湘으로 가는 이 여행은 길에서만 한 달 가까이 보내는 먼 길이었다. 주희는 가는 길에 민閩(복건), 감贛(강서), 상(호남)의 선비들과 강론하면서 접촉하였고, 9월 8일에 장사에 도착해서 성남서원城南書院의 남헌南軒에 머물렀다. 장준張浚이 건강建康에 독부督府(도독부, 사령부)를 열었을 때, 장식은 강동江東의 유명한 사찰인 보령사保寧寺 방장 스님의 작은 집에서 독서하며 스스로 호를 남헌南軒이라 지은 적이 있다. 장사의 상문가湘門街에 자리 잡은 성남서원에도 남헌을 세웠는데, 이곳은 주희와 장식이 아침저녁으로 함께 지내면서 도를 논하는 장소가 되었다. 바로 이 악록산岳麓山 아래서 두 사람은 장장 두 달에 걸쳐 '아침에는 나란히 명승지를 유람하고, 밤에는 책상을 맞대고 오묘한 대화를 나누는(勝游朝挽袂, 妙語夜連床)' 학문 토론과 교류를 시작하였다.

---

9 주희가 장경부(장식)에게 준 이별의 시에서 '집 떠난 때는 한가을 아침이었는데(辭家仲秋旦)'라고 한 것으로 보아 8월 1일인 듯하다.

성남서원은 장식이 자암紫巖 장준을 따라 장사에 거주할 때 묘고봉妙高峰 남쪽 기슭에 지었는데, 장준이 친필을 휘둘러서 크게 '성남서원城南書院'이라고 넉 자를 썼다. 그곳은 물결이 넘실대는 납호納湖와 샘물이 똑똑 떨어지는 종쟁곡琮琤谷이 서로 빛나고, 월사운정月榭雲亭과 우방산당雨舫山堂이 대숲과 꽃나무에 가려 있었다. 삼상三湘(상강 주변의 세 지역)의 선비들이 도를 물으러 가는 곳이기도 하였다.

장식은 장사에 거주하면서 늘 악록서원에 가서 학문을 강론하였다. 그러나 결코 교육을 주관하지(主教)는 않았으며, 주로 성남서원에서 시를 읊고 글을 읽으며 제자들에게 학문을 강론하였다.[10] 주희는 장사에서도 주로 성남서

---

10 지금까지 갖가지 저작에서는 모두 유공이 담주의 수사帥使가 되어서 악록서원을 세우고 장식에게 악록서원의 교육을 주관하도록 명했으며, 주희가 장식을 만나러 왔을 때 주로 악록서원에 모여서 강론하였다고 하는데, 사실은 잘못이다. 생각건대, 유공은 건도 원년(1165)에 담주의 수사로 왔고, 장식은 융흥 2년(1164)에 부친상을 당하고 건도 2년에 복을 벗었다. 유공은 3년 정월에 담주를 떠나 조정으로 들어갔으니, 단연코 장식을 청해 악록서원의 교육을 주관하게 한 일이 없다. 장식은 스스로 「담주중수악록서원기潭州重修岳麓書院記」를 지었지만, 주학 교수州學教授 소영邵潁이 악록서원을 수리하여서 세우는 일을 맡아 이끌었고, 장식 본인은 그저 '여러 선비와 가서 보았다'고만 하였다. 주희가 지은 「유공행장」에서는 유공이 장식에게 '때때로 가서 노닐라고' 부탁했다고만 하였다. 또 「조치악록서원첩措置岳麓書院牒」에서도 '장 공 선생에게 그곳을 왕래하도록' 초청했다고만 하였다. 「유공신도비」에도 "담주 악록서원을 대규모로 수리하고 선비 수십 인을 길렀다. 장경부(장식)에게 그곳에 가서 노닐면서 옛사람의 위기지학爲己之學을 알려주도록 부탁하였다."라고 하였다. 모두 장식이 교육을 주관했다고는 하지 않았다. 유공이 교육을 주관하도록 명하고 산장山長(서원장)으로 삼은 사람은 표거정 덕미彪居正德美이다. 「유공행장」에는 더욱 분명하게 다음과 같이 서술하였다. "담주에는 예로부터 악록서원이 있다. …… 공이 한번 새롭게 바꾸어서 선비 수십 인을 기르고 품행이 깨끗한 선비(修士)를 맞아들여 예우하였으며, 표거정 군을 산장으로 삼고, 벗인 광한廣漢의 장후 식 경부張侯栻敬夫에게 부탁하여 때때로 가서 노닐게 하였다." 오늘날 사람들은 장식이 교육을 주관했다는 점을 증명하기 위해 표거정이 산장을 맡은 때를 건도 5년 이후로 비정하는데, 잘못이다. 유공이 악록서원을 수리할 때 장식은 아직도 상중에 있었으므로 그에게 교육을 주관하도록 명할 수 없었다. 장식은 복을 벗은 뒤 주로 성남서원에서 학문을 강론하고 제자들에게 전수

원에서 장식과 학문을 논하고, 그와 함께 악록서원과 성남서원 사이를 오갔는데 늘 옛 나루(*나중에 '주장도朱張渡[주희와 장식의 나루터]'로 이름을 바꾸었다)를 통해 강을 건너 언덕에 올라 악록서원의 시신재時新齋와 시습재時習齋로 가서 학문을 강론하였다. 그곳의 백천헌百泉軒도 두 사람이 '낮에는 한가히 앉아 있고, 밤에는 들어가서 자며(晝而燕坐, 夜而樓宿)' 서로 모이는 곳이 되었다(오징吳澄, 「중수백천헌기重修百泉軒記」, 『악록문초岳麓文鈔』 권3).

주희와 장식이 두 달 동안 서로 만나 토론한 내용은 처음부터 끝까지 '태극(*무극無極)'의 이치(太極之理)에 대한 공동 탐구였다고 하겠다. 이는 다방면에 걸친 그들의 교류와 토론이 모두 태극의 이치를 둘러싸고 전개되었으며, 아울러 최종적으로는 태극의 이치로 귀결되었고, 그리하여 태극의 이치에 대해 '초연超然'한 인식을 갖게 되었음을 의미한다.

장사로 오기 전에 장식은 성남에서 읊은 시 스무 수를 주희에게 보냈고, 주희도 7월에 화답시 스무 수를 지었다. 그 가운데 「탁청濯淸」이라는 시에서

하였다. 그의 「맹자설서孟子說序」에서는 분명히 "무자년(1168)에 내가 두서너 학자들과 장사의 가숙家塾에서 강송講誦하였다."라고 말하였다. 그가 악록서원에 가서 학문을 강론한 영향이 매우 컸다 하더라도 이 역시 교육을 주관했다고 말할 수는 없다. 건도 9년(1173)에 유공이 다시 담주의 수사로 왔을 때 장식을 악록서원으로 부른 일이 『학산문집鶴山文集』 「장희안묘지명張晞顔墓誌銘」과 장식의 문집 가운데 주희에게 보낸 편지에 보인다. 그러나 그때 장식은 이미 시강侍講에 제수되어서 지위가 높고 명망이 중했으므로, 그때 서원에 초빙되어 후학을 교수한 일을 가지고 '교육을 주관하였다'고 지목할 수는 없다. 『악록지岳麓志』에는 주희와 장식이 학문을 강론할 때 "학생이 천여 명이나 되었다. 그들이 타고 온 수레의 말이 얼마나 많았던지 말이 연못의 물을 마시면 금방 말라버릴 정도였다. 일시에 소상瀟湘의 수사洙泗로 지목되었다."고 하였는데(*권3), 과장되고 꾸며진 말이다. 건도 연간에 주희와 장식이 만났을 때 악록서원은 결코 이렇게 성황을 이루지 않았다. 『사고제요四庫提要』의 「남악창수집南嶽唱酬集」 아래에는 마침내 이들이 주고받은 시의 '장호남張湖南'이라는 글자에 근거하여서 그때 장식이 바야흐로 호남에서 관직을 맡았다고 했는데, 더욱이 매우 잘못되었다. 주희와 장식이 주고받은 시에서 '장호남'이라고 한 말은 모두 호남 수사인 장효상을 가리킨다.

다음과 같이 읊었다.

강 건너 연꽃 따러	涉江采芙蓉
열 번 돌아가도 싫증 나지 않는다	十反心無斁
무극옹을 만나지 못했으니	不遇無極翁
깊은 생각을 결국 누가 알랴	深衷竟誰識

—『문집』 권3

무극옹無極翁이란 곧 태극의 이치이다. 이는 두 사람이 악록에서 만나고자한 참된 의도가 태극의 이치를 함께 연구하는 데 목적을 두었음을 말해준다.

두 사람의 토론은 태극의 이치를 좇아 전개되었다. 우선 '경敬'에 대해서는 서로의 견해를 인정했고 한 걸음 더 나아가 일치하였다. 주희는 장사로오기 전인 건도 3년(1167) 정월에 하호에게 보낸 편지에서 이미 '활성적인(活)' 거경설居敬說에 대해 더욱 깊이 인식하게 되었다고 분명히 드러냈다(『문집』 권40「답하숙경」 서6). 이때 장사로 오면서 그는 호상파의 주경主敬 사상이 사람들의마음에 더욱 깊이 자리 잡고 있음을 느끼게 되었다. 마침 장효상은 부치府治(부의 관아) 뒤쪽에 '경간당敬簡堂'을 짓고 도를 강론하는 장소로 삼으면서 당의양쪽 벽에 『중용』과 『대학』을 크게 쓰고 당 가운데 병풍에는 스스로 '안연문인顔淵問仁(안연이 인을 묻다)' 장章을 전서篆書로 썼다.[11]

---

11 『선성장씨신보전宣城張氏信譜傳』 : "마침내 경부敬夫(장식)와 성명性命의 학을 강론하면서 낮이고 밤이고 그치지 않았다. 경간당을 지어서 도를 논하는 장소로 삼으니 사방의 학자들이 몰려들었다. 공이 스스로 '안연문인顔淵問仁' 장章을 당 가운데 병풍에 전서로 쓰고, 회암晦庵(주희)과 남헌南軒(장식)이 각각 시문을 지어서 기념하였다."라고 하였다. 『호남통지湖南通志』 권32에도 보인다.

장식은 「경간당기」를 써서 호상파의 주경설을 상세하고도 완벽하게 드러내어 밝혔다.

> 사물이 오는 단서는 끝이 없으니 …… 그대는 여기에 대해서도 요령이
> 있을 터인데 그것은 오직 경敬인가! 대체로 마음은 사물을 다스리고 경이
> 란 마음의 도가 생겨나는 길이다. 마음의 도가 생겨나면 모든 이치가 삼
> 연森然하고 일의 벼리가 모두 여기에 포섭된다. …… 경이 아니면 이 마음
> 을 보존하지 못하여 모든 일이 어긋나게 되니 두려워하지 않을 수 있겠는
> 가! 비록 그러하나 어떻게 해야 경을 할 수 있을까? 경을 해치는 원인을 극
> 복하면 경이 확립될 터이다. 경을 해치는 것으로는 인욕人欲보다 심한 것이
> 없다. …… 인욕을 막아서 그치게 하고 이치를 따르고 보존하면 경은 그
> 가운데 있다.
>   —『남헌선생문집』 권10

그러나 주희는 장효상이 몸을 '경'의 당(敬堂)에 두고 있으면서도 마음은
도리어 신선과 부처를 좋아하는 점이 매우 불만스러웠다.

한번은 주희가 장식·장효상과 더불어 경간당에서 학문을 강론하고 도를
논하며 운을 나눠 시를 짓고 있는데 갑자기 청성산靑城山의 늙은 도사 황보탄
皇甫坦이 찾아왔다. 조구趙構(고종)와 조신趙愼(효종)은 바로 이 황보탄을 여러 차
례 궁으로 불러들여서 장생구시長生久視의 도를 묻고, 아울러 그가 점쳐준 운
명을 믿고는 사납고 질투심이 많은 이도李道의 딸 이씨를 간택하여 광종光宗
조돈趙惇의 황후로 삼았다. 그는 황제의 총애를 믿고 궁중에서 안하무인으로
횡포를 부렸으므로 '온 나라가 황보탄을 신선으로 대할' 정도였다(『반주문집盤洲
文集』에 부록된 허급지許及之의 「홍괄행장洪适行狀」).

황보탄이 찾아오자 장효상은 신을 거꾸로 신고 달려 나와 맞이하며 귀빈

으로 모셨고, 그 자리에 있던 사람들도 그의 신비스런 장생설長生說에 경도되었으나, 주희만 홀로 성난 눈으로 차갑게 바라보며 「경간당에서 운을 나눴는데 '월' 자를 얻다(敬簡堂分韻得月字)」라는 시를 지어서 암암리에 풍자하였다.

늙은 신선 어디서 왔는지	老仙來何方
호수와 바다 같은 기운 호방하네	湖海氣硨砑
군주와 제후는 소매를 여미고 일어나	君侯斂袂起
허둥지둥 신과 버선 신겨주누나	顚越承屨襪
앉은 사람 처음 보는 일이라 놀라고	坐人驚創見
끌려가는 사람들 졸졸 따라가네	引去殊卒卒
나는 차마 가지 못하고	伊余不忍逝
머리를 조아리며 여쭙고자 한다	頓首願有謁
사람은 태어나면 모두 똑같이 떳떳한 윤리를 지닌다네	人生均秉彝
하늘의 조화 어찌 멈추거나 쉬겠는가	天造豈停歇
어째서 이익과 해로움 나뉜다 하는가	云何利害判
따져보면 털끝만큼도 용납하지 않네	所較無一髮
이 어찌 일찍 말하지 않았던가	玆焉辨不早
큰 근본 장차 없어지리라고	大本將恐蹶
내 말은 실은 스스로를 경계함이니	吾言實自箴
그대는 듣고서 소홀히 마시라	君聽未宜忽

—『문집』 권5[12]

---

12 이 시에서 '늙은 신선(老仙)'이란 『우호거사문집于湖居士文集』을 살피건대, 응당 황보탄이다. 『우호거사문집』 권32에는 「동선가洞仙歌·청허선생 황보탄의 운에 화답하다(和淸盧先生皇甫坦韻)」가

주희는 나중에 장식의 「경간당기」를 손수 써서 장효상에게 주었고, 장효상은 감사를 표하면서 다음과 같이 자책하였다. "마침내 「경간당기」를 손수 써주서서 참으로 대대로 전할 수 있게 되었습니다. 다만 당중堂中에 있는 저는 경간敬簡의 공부에 조금도 진전이 없으니, 모쪼록 사우師友가 저를 멀리하거나 버리지 말고 때때로 가르쳐주고 채찍질해주시기를 바랄 뿐입니다."(『우호거사문집』 권40 「답주편수」 서5) 주희가 「경간당기」를 높인 것은 장식과 상견하고 직접 토론하면서 '경'에 대한 인식에서 완전히 일치하게 되었음을 분명히 나타낸다.

장사에서 '경'과 밀접한 연관이 있는 중요한 토론의 과제는 '인仁'이었다. 나중에 정가학鄭可學이 이 문제에 대해 "선생께서 예전에 남헌(장식)과 반복하여 인을 논하셨는데, 나중에는 결국 의견이 합치하였습니까?"라고 묻자, 주희는 다음과 같이 답하였다. "역시 한두 군데는 일치하지 않았다. 경부(장식)의 설은 원래 호씨(호굉)로부터 나왔는데, 경부만이 호씨의 설을 이해하였다. 그밖의 문인들은 모두 깨닫지는 못하고 다만 스승의 학설을 지키기만 했다고

있고, 권9에는 「황보탄이 사는 곳皇甫坦所居」이라는 시 한 수가 있다. 『송사宋史』 권462 「황보탄전皇甫坦傳」에 근거하면, "형남荊南의 수사 이도李道가 평소 황보탄을 존경하였다. 황보탄은 해마다 이도를 찾아뵈었다."라고 한다. 황보탄은 자주 호남에 왔기 때문에 장효상과 서로 알고 지냈으리라. 『송사』 「효종본기」에는 "건도 2년(1166) 4월 정유일에 형남 수사 이도가 황제의 인척이라는 신분을 믿고 멋대로 행동하다가 파직되었다."라고 하였다. 그때 황보탄이 부름을 받고 궁궐에 들어갔는데, 청성산으로 돌아갈 때에는 틀림없이 호남을 거쳤을 것이다. 그래서 주희가 장사에서 이 사람을 볼 수 있었다. 또 『역세진선체도통감속편歷世眞仙體道通鑑續編』 권3 「황보탄전」에 근거하면, "건도 3년 상황上皇(고종)의 회갑(元命)이 되는 해에 첨산灊山 및 여부廬阜·청성에서 기도를 드리려고 했는데, 선생의 정성이 신을 감격시킬 만하다고 판단하여서 곧 양궁兩宮이 내린 향을 받들어 올리라고 명하고 어용선(御舟)으로 구강九江까지 세심하게 전송하게 하였다. 그가 수성壽城에 이르러서 분향하고 비로소 축문을 외니 황룡이 나타났다. ……"라고 하였다. 황보탄은 기도하기 위해서 오가던 길에 호남을 방문한 듯하다.

할 수 있다. 전에 장사로 간 까닭은 바로 이 문제를 함께 논변하기 위해서였다."(『어류』 권101)

이때 직접 만나 벌인, 인에 관한 논변은 두 사람의 『논어』·『맹자』 관련 저작을 둘러싸고 진행되었다. 주희는 장사에서 장식의 『논어설』을 진지하게 읽었는데, 장사에 도착하고 반달쯤 지난 뒤 조진숙曹晉叔에게 편지를 써서 다음과 같이 말하였다. "경부의 학문은 갈수록 수준이 높아지고 견해가 탁월해져서 논의가 사람의 의표를 찌릅니다. 최근에 그의 『논어설』을 읽고서 나도 모르게 가슴속이 쇄연灑然해졌으니 참으로 탄복할 만합니다. 악록서원에는 배우는 사람들이 점점 많아지고 있습니다. 그들 가운데는 기질이 순수한 이도 있고 지취志趣가 확실한 이도 있습니다만, 나아갈 방향을 몰라서 가끔 공허한 주장을 펼치거나 실제 이치(實理)에서 멀어지는 이도 있습니다. 경부는 그들에게 경고하고 말해줄 책임을 사양해서는 안 될 것입니다."(『문집』 권24 「여조진숙서與曹晉叔書」)

호상학파의 인설仁說은 성본체론性本體論의 무대설無對說을 따라 '성性은 선악善惡이 없다(*다만 호오好惡가 있다)'고 여겨서 먼저 인仁의 본체를 찰식察識해야 한다고 주장하였다. 주희는 반대로 성은 선하지 않음이 없다고 여겨서 인을 성性으로 삼고 사랑(愛)을 정情으로 삼았다. 장식은 '인이란 혼연히 만물과 한 몸이 된다(仁者渾然與物同體)'는 명도明道(정호)의 사상을 계승함으로써, '사랑은 그 자체 정이고, 인은 그 자체 성(愛自是情, 仁自是性)'이라는 이천伊川(정이)의 사상을 계승한 주희와 서로 대립하였다. 장식의 인학仁學 사상은 이 무렵 아직 호상학의 울타리를 벗어나지 못하고 있었다. 그러나 장식은 성이 사덕四德을 갖추고 있다는 사상을 바탕으로 성선性善을 논했으므로, 인은 천리 가운데 있으며 극기克己하여서 천리를 회복하는 것이 인이라고 생각하는 점에서는 주희와 서로 일치하였다. 두 사람의 인설은 다른 점이 더 많았지만, 이때에는 아직 완전히 정형화하지 않았기에 몇 년 뒤에야 비로소 한바탕 논쟁이 이루어졌다.

장사에서 주희는 '스승의 학설(師說)을 지키기만 했다고 할 수 있는' 호상학자들, 예를 들어 호광중胡廣仲(호실胡實)·호백봉胡伯逢(호대원胡大原)·표덕미彪德美(표거정) 등을 비평하는 일에 더욱 치중하였다. 호상학파의 인설은 구산(양시)을 거쳐서 명도(정호)로 거슬러 올라가기 때문에, 호상의 제자들 가운데 어떤 사람은 '만물과 나는 하나이다(物我爲一)'라는 구산의 사상을 발전시키고, 어떤 사람은 '지각이 인이다(知覺爲仁)'라는 구산의 주장을 받아들였다. 이는 바로 주희가 말한, '공허한 주장을 펼쳐서 실제 이치에서 멀어지는' 병폐 가운데 하나였다.

주희는 장사에서 장식과 마찬가지로 『맹자』의 '도성선道性善(성이 선함을 말하다)' 장章과 '구방심求放心(놓친 마음을 찾다)' 장에 중점을 두고 악록의 학자들을 수준에 맞춰서 지도하였다. 이 일이 바로 『악록지岳麓志』에서 말한, "건도 정해년(1167)에 장사로 장남헌(장식)을 방문하여 성남서원과 악록서원에서 학문을 강론하며, 늘 배우는 사람들에게 『맹자』의 '도성선'과 '구방심' 두 장을 보고 마음을 수렴하여 확고하게 안정시키는 데(收斂凝定) 힘을 씀으로써 극기구인克己求仁(자기를 극복하고 인을 추구함)의 공을 이루라고 하였다."(『악록지』 권3)라고 한 일이다. 이는 두 사람이 『맹자』 가운데 이 두 장의 '인을 추구하는 공부'에 대한 토론에서도 의견이 일치하였음을 분명히 나타낸다.

두 사람은 중용학에 대해서도 중점적으로 토론을 진행하였다. 장사에서 주희를 모신 제자 범념덕은 두 사람이 『중용』의 뜻을 논하면서 사흘 밤낮을 보냈으나 의견을 일치시킬 수 없었던' 광경을 직접 목격하였다(『연보』). 그런데 후세 사람들이 모두 이 일을 미발未發과 이발已發의 중화설에 대해 토론한 것을 가리킨다고 여겼는데, 이는 완전히 잘못이다. 사실은 정반대였다. '미발이발未發已發’의 문제에서 두 사람은 상견하기 전에 이미 대체적인 인식이 서로 합치했으므로 상견했을 때는 결코 이와 같이 격렬하게 논변할 까닭이 없었다. 이는 두 사람이 상견한 뒤 아주 빠르게 「간재명艮齋銘」을 함께 지켜갈 종지로 삼은 사실로도 충분히 증명할 수 있다.

여기서는 분명히 ‘『중용』의 뜻’이라고 말하였지 ‘미발이발’을 가리키지는 않았다. 장사로 오기 전에 주희는 『중용상설中庸詳說』을 완성했고, 장식도 『중용』에 관한 저술을 구상하던 중이었다. 이른바 ‘『중용』의 뜻을 논하였다’는 말은, 곧 그들이 『중용』의 구체적인 풀이와 주석에서 일치할 수 없는 말이 많았음을 가리킨다. 이는 주희가 장사에서 돌아온 뒤 두 사람이 『중용』의 해설을 놓고 논쟁을 전개한 사실로도 충분히 실증할 수 있다. 따라서 주희가 돌아온 뒤 두 사람이 『중용』에 대해 벌인 논변은 역시 대체로 두 사람이 장사에서 사흘 밤낮 토론한 구체적인 내용에 관한 것이었다.

비록 중화설에 대해서는 두 사람이 대체로 의견이 일치했지만, 특별히 ‘찰식察識’의 이해에서는 여전히 견해 차이가 있었다. 다만 이런 새로운 불일치는 상견한 다음에 비로소 생겨났다. 장사에서 상견했을 때 두 사람은 중화구설에 관한 견해가 서로 일치하고 있었는데, 이는 주희의 제자 양방楊方이 기록한 어록 한 조항으로 실증할 수 있다.

전에 호남에서는 (『주역』의) 「건乾」·「곤坤」을 이해했는데 …… 이때에는 편안히 귀결할 곳이 없음을 느끼고 늘 그렇게 초조하였다. 또 동動과 정靜에 대해, 이理는 정靜이고 내 몸에서 나온 것은 곧 동動이라 이해하고서 생각과 사려(念慮)가 아직 발하지 않은 때가 정靜이고 사물에 반응할 때가 동動이며, 정靜할 때라도 이理가 감응하면 또한 동動이 있고, 동動할 때라도 이理가 안정되면 또한 정靜이 있다는 점을 알지 못하였다. 처음 동動과 정靜의 의미를 찾아보고 나서 그 즐거움이 매우 컸다. 그러나 도리어 하루하루가 지난날의 하루하루와 같았다. 당시 명도(정호)의 「답횡거서答橫渠書」를 보았는데 이해되지 않았다.
　　　　　　　　　　　　　　　　　　　　　　　　　　　　—『어류』 권104

　양방의 어록은 건도 6년(1170)에 담계로 와서 가르침을 듣고 기록한 내용이기 때문에 '이때'나 '당시'는 모두 건도 3년 장사에 있을 때를 가리킨다. 이른바 '이理는 정靜이고 내 몸에서 나온 것은 곧 동動'이라고 한 말은 바로 호상파가 주장하는, 미발을 성性이라 하고 이발을 심心이라 하며, 성(=이理)을 정靜이라 하고, 심心을 동動이라 하는 말이다. 이는 중화구설에 관한 편지 네 통이 건도 2년에 쓰인 것이지 건도 4년에 쓰인 것이 아님을 재차 실증할 뿐만 아니라, 장사에서 서로 만났을 때 두 사람이 '미발이발' 설에 대해서는 격렬하게 논쟁할 수 없었음을 실증한다.

　주희는 장사에서 장식과 함께 정호의 「답횡거서」를 연구하였다. 「답횡거서」는 주로 '성性'을 논한 편지이고, 『중용』도 '성'을 말한 책이다. 호상파에서는 더욱이 '성'을 대립자가 없는 본체로 보았기 때문에, 성은 선하지 않음이 없다는 주희의 설과 서로 달랐다. 이로 미루어볼 때, 두 사람이 '『중용』의 뜻'을 토론하면서 사흘 밤낮이 지나도록 합치할 수 없었던 문제의 초점은 성론에 있었지 미발이발설에 있지는 않았다고 단정할 수 있다.

　주희는 장사에 오기 전 정씨程氏(정호와 정이)의 『문집』을 교정하는 과정에서 장식과 논쟁을 벌였는데, 이때 또 그는 『유서遺書』와 『외서外書』를 편집하고 서문 두 편을 가지고 장사로 왔다. 정호와 정이의 저작을 어떻게 편정할 것인가 하는 점도 두 사람이 상의한 중요 문제였다. 주희는 수집한 정호와 정이의 어록을 자료의 출처가 신뢰할 만한 정도에 근거하여서 『유서』와 『외서』로 편집한 다음 장식의 찬동을 받아냈다.

주희는 장사에서 또 정씨程氏『경설經說』의 판본을 찾기 위해, 법첩法帖과 고각古刻을 엄청나게 많이 수집해서 소장하고 있던 호상학자 유예劉芮(*자구子駒)를 장식과 함께 예방하여서 호씨 집안의 개사본改寫本인 정씨『경설』을 빌 렸다. 그는 장사에서 돌아온 뒤 오래지 않아 곧 정식으로 『유서』를 편집하여 서 간행하고, 『경설』을 다시 편집하여서 간행하였다. 나중에 이런 사실은, 두 사람이 정호와 정이의 저작을 전면적으로 수집하고 편정하면서 상의한 일이 정호와 정이의 이학에 대한 그들의 공통된 인식과 사상적 신뢰를 심화해주 었다는 점과 함께, 주희가 정호와 정이의 이학에 근거해서 '덕성의 함양은 모 름지기 경으로써 하고 학문의 진보는 치지에 달려 있다(涵養須用敬, 進學則在致知)' 는 평생의 학문 대지를 확립하고서 자기의 이학 체계를 근본적으로 비약시 키는 데 필수 불가결한 사상적 연결 고리가 되었다는 점을 분명히 나타낸다.

두 사람은 장식의 「무후전武侯傳」(「제갈충무후전」)·『경세기년經世紀年』 등의 저 작에 대해서도 직접 토론을 전개하였다. 장식이 「무후전」을 지은 배경에는 본래 옛일을 빌려서 오늘날을 비유하려는 심오한 뜻이 담겨 있었다. 그는 자 기 아버지 장준을 제갈공명諸葛孔明에 견주고, 동남쪽 반쪽짜리 남송을 서쪽 구석에 웅크리고 있던 촉한蜀漢에 견주려는 의도를 결코 숨기지 않았다. 그리 하여 일생 중원을 회복하기 위해 모래벌판을 치달리며 싸우다가 도리어 억 울한 죄를 뒤집어쓰고 참소를 당하여서 결국 뜻을 이루지 못한 채 죽은 장준 이, 한漢 왕실의 부흥을 위해 죽을 때까지 온 몸과 힘을 다 바쳤던 제갈공명 만큼이나 세상 사람들의 이해를 받지 못했던 사실을 개탄하였다.

주희도 촉한의 제갈공명을 현실의 거울로 삼아, 장사로 오기 전에 송과 금이 대치하는 현실과 연계하여서 「무후전」의 부족한 부분을 비평하고(『문집』 권40 「답하숙경」 서4), 심지어 은연중에 제갈공명으로 자처하였다. 장사에서는 초 서草書를 아주 잘 쓰는 장효상에게 자기를 위해 평소 즐겨 암송하던 「출사표」

를 써달라고 청하였다. 장식의 서실에는 유자구劉子駒(유예) 집안에서 소장한 염립본閻立本의 무후武侯(제갈량) 화상畫像 한 폭이 걸려 있었다. 주희는 특별히 장식에게 찬贊을 지어달라고 청하였다. 장식은 찬을 즉흥으로 읊어서 왕사유 王師愈가 모사한 그림에 제사題辭를 썼다.

오직 충무후(제갈량)는	惟忠武侯
큰 것이 무엇인지 아신 분	識其大者
의리에 의지하고 정의를 실천하여	仗義履正
우뚝 포기하지 않으셨다	卓然不舍
남양에 누웠을 때는	方臥南陽
평생을 지낼 듯하더니	若將終身
세 번 찾아가자 일어나서	三顧而起
나아가고 물러나기를 때맞춰 하셨네	時哉屈伸
평정하기 어려운 것은 그 일이었고	難平者事
어둡지 않은 것은 그 기틀이었네	不昧者機
큰 벼리를 잡으면	大綱旣得
모든 그물코가 딸려 오는 법	萬目方隨
나 하늘을 받들어 토벌하니	我奉天討
떨리지도 두렵지도 않았노라	不震不竦
오직 그 한마음으로	維其一心
때에 따라 움직이셨으니	而以時動
아아, 무후의 이 마음은	噫侯此心
만세토록 사라지지 않으리	萬世不泯
남기신 화상에 위엄이 서려	遺像有嚴

바라보는 이들 공경을 표하네   瞻者起敬

── 『남헌선생문집南軒先生文集』 권7,

『주문공문집朱文公文集』 권83 「발무후상찬敬武侯畵像贊」

공명(제갈량)을 읊었다기보다는 차라리 장준을 읊었다고 할 수 있는 이 화
상찬은 남송의 소조정이 강화를 구걸하고 구차한 안정을 추구하는 데 대한
장식과 주희의 걱정과 분노를 담은 글이다.

「무후전」이 역사적 현실로 메아리친 것이 바로 「장준행장」이다. 10월, 주
희는 장사에서 장식이 제공한 자료에 근거하여 장장 4만여 자나 되는 「장준
행장」을 지었다. 이 행장은 주희와 장식이 정성을 기울이고 상의해서 써낸
걸작인데, 대다수 묘도문자墓道文字에 있기 마련인 과장된 수식과 공허한 미화
의 표현이 많아서 장준에 대한 주희의 전면적인 견해를 대표한다고 보기에
는 부족하다. 그러나 실제로는 오히려, 정강靖康(1126) 이래 금에 투항하여 나
라를 팔아먹고 강화를 구걸하면서 구차하게 안정을 추구해온 남송의 전체
굴욕적 역사에 대한 가장 침통하고 눈물 어린 총결이다.

「장준행장」에는 도망하거나 투항하면서 충신과 간신을 구분하지 못하는
조구(고종)에 대한 무기력한 분노가 들어 있고, 진회秦檜·사호史浩·탕사퇴湯思退
등 간신 재상들이 적에게 아첨하여서 강화를 구걸하고 군주를 속여서 나라
를 그르친 데 대한 분노의 꾸짖음이 있고, 남쪽으로 건너온 이래 기강이 떨
치지 못하고 도학이 밝게 드러나지 못한 데 대한 가슴을 짓누르는 근심이 있
고, 남송의 군사 및 백성의 항금抗金 투쟁이 성공할 듯하다가 패배하여서 나
라를 회복할 가망이 없어진 데 대한 기쁨과 슬픔의 교차가 있다. 이는 그들
이 권력을 장악한 자들에게 바치는, 역사의 득실과 성패를 살펴 보여주는 귀
감이며, 또한 남쪽으로 건너온 뒤 40년 동안의 현실에 대한 그들 공동의 전

면적인 이학적 반성이기도 하다. 그 영향은 장준의 생애와 사적을 비석에 새기고 전기를 써서 칭송하는 행장의 본래 의의를 훨씬 뛰어넘었다.

장사에서 주희와 장식 두 사람이 '무극옹無極翁'을 추모하고 '초연히 태극과 만나는' 현리玄理를 논변한 것은 남송의 현실 문제에 대한 탐구 토론과 긴밀하게 연계된 일로서, 그들은 이를 통해 조정에 대한 견해를 주고받았다. 주희가 장사로 오기 전에 진준경陳俊卿이 근습 용대연과 중적을 공격했을 때 조정 안팎에서 한쪽은 박수를 치며 시원해 했지만, 오히려 주희는 "이제 그 당여黨與가 별처럼 늘어서서 호위하고 있으면서 한 사람도 움직이지 않고, 간사한 소인이 벼슬길에 있어서 또다시 그 길이 막히고 있으니, 또한 어찌 나를 돌이키게 할 가망이 있겠습니까? 화와 복이 순환하는 기미가 어떻게 결정될지 아직은 모르겠습니다."(『문집』 권40 「답하숙경」 서10)라고 예감하였다.

유공劉珙이 조정에 들어가 주희의 건의를 이용해서 맨 먼저 조신의 '독단'적 태도를 논하여 상주하였으나, 조정을 무시하고 바로 명을 내리는(內批) 조신의 독단은 그칠 줄 모르고 늘어만 갔다. 심지어 조신은 '천하에 재물이 없을까 걱정할 필요는 없다'는 왕기王琪 무리의 잘못된 주장을 믿고서 엄청난 비용을 들여 양주성揚州城을 증축하고, 뭇 신하들의 간언이 올라오자 "유생의 견해는 참으로 시대의 변화를 따르지 못한다."고 하면서 하나같이 배척하였다. 주희는 '이것은 크게 근심할 일이며', '변방의 일도 오래 편안할 수 없다'고 여겼다(동상, 서11).

주희가 장사에 있던 11월에 진준경은 참지정사參知政事가 되고, 유공은 동지추밀원사同知樞密院事가 되었다. 주희와 장식은 함께 진준경과 유공의 천거를 받았다. 그러나 그들은 모두 융흥화의隆興和議 이래 구차한 안정을 누리는 분위기에서는 조정에 들어간다 하더라도 일하기가 어렵고 아침저녁으로 국사에 대해 논해도 결국 불안해서 하루도 못 있을 것이라는 점을 심각하게 느겼다. 주희는 나중에 유공에게 다음과 같이 말하였다. "장사에 있을 때 최근에 내린 조칙의 내용을 듣지는 못했지만, 걱정스러운 마음을 이기지 못하여 날마다 흠부欽夫(장식)와 이에 대해 말하면서 거의 눈물을 흘릴 뻔하였습니다."(『별집』 권1 「여유공보」 서2)

주희에 대해 말하자면, 이때 장사로 간 여행의 특별한 의의는 역시 그가 장식을 통해 호상학파를 전면적으로 이해하고 호상학자와 널리 접촉하게 되었다는 점에 있다. 주희는 악록과 형산 아래의 저명한 신진과 원로 학자 표거정·유예·오익·진명중·오렵吳獵, 호씨(호안국과 호굉)의 가학을 계승한 호실胡實·호대원胡大原·호대본胡大本·호대시胡大時, 그리고 호상학의 영향을 깊이 받은 장효상·왕사유 등의 명사들과 함께 학문을 강론하고, 장식을 우두머리로 하는 호상의 선비들과 함께 학문을 강론하고 시를 주고받은 자취를 악록산 아래 네 군데에 남겼다.

악록서원 강당에 있는, 주희가 큰 글씨로 쓴 '충효염절忠孝廉節' 넉 자는 악록서원이 대대로 준행하는 교훈校訓이 되었다. 그가 상중湘中(호남)의 '아홉 군자'(장효상과 왕사유를 제외한 위의 아홉 사람―역자 주)를 위해 써준 '충효의 마음을 갖고, 인의의 일을 행하고, 수신제가의 뜻을 세우고, 성현의 글을 읽는다(存忠孝心, 行仁義事, 立修齊志, 讀聖賢書)'는 내용의 열여섯 글자는 문묘文廟의 극문戟門 밖 돌에 새겨져 있다(『평강현지平江縣志』 권55).

악록산 아래 원오 선사圓悟禪師가 주지로 있던 도림사道林寺 곁에 세워진 도림정사道林精舍에 와서 기거하던 수많은 학자들도 주희와 장식의 학문 강론을 들었다. 악록서원의 공수지貢水池 위 깨끗하고 그윽한 경치 좋은 곳에 세워진 백천헌百泉軒은 주희와 장식이 한가하게 기거하면서 학문을 논하던 장소였다.

주희는 또 장식과 함께 상수湘水에 배를 띄워 학자들을 데리고 혁희대赫羲

臺에 올라가 구절을 이어 엮어가면서 시를 지었다. 그는 악록의 정상을 '혁희赫羲'라 개명하고 산 아래 두 정자에 '극고명정極高明亭'과 '도중용정道中庸亭'이라는 편액을 썼다. 그리고 장식이 악록사岳麓寺 곁 산골짜기에 지은 도향대道鄉臺를 위해서 '도향대道鄉臺'라고 석 자를 써서 돌에 새겼다.

주희는 장식, 장효상과 함께 정왕대定王臺에 올라 유람하며 시를 지어서 감회를 풀어냈다. 장효상은 「원회의 '정왕대에 올라'에 답하여 짓다(酬元晦登定王臺之作)」라는 화답시를 지어서 주희에게 주었다. 주희도 장효상의 「수조가두水調歌斗·개가를 울린 호남 안무 사인 유 공에게 받들어 부치다(凱歌奉寄湖南按撫舍人劉公)」를 글씨로 써서 장효상에게 주었고, 장효상은 그 두루마리 위에다 또 "내 사는 기록하기 부족하나 / 애오라지 취한 그를 깨우려는 것 / 다시 30년 참선하면 / 미치광이와 마주하게 되리(我詞不足錄, 聊以醒渠醉. 更參三十年, 當與風子對)"(『우호거사문집』 권12)라고 시 한 수를 제하였다.

두 달간의 운유雲遊와 강학으로 주희와 장식은 헤어지기도 어렵고 버리기도 어려운 정을 맺었다. 한번은 산에 올라 함께 유람하는데 장식이 감정을 주체하지 못하고서 성남서원의 누대樓臺와 정자亭子, 물과 대나무가 그윽한 곳을 가리키며 주희에게 장사로 이사 와서 함께 살자고 청하였다. 주희는 결국 '고향을 그리는 마음(懷土)' 때문에 대답하지 않았다.

그가 대답하지 않은 데는 아마도 더 심각한 이유가 있었을 터이다. 주희는 호상학자들과 널리 학문을 강론하고 접촉하는 과정에서 호상학의 학풍에 대한 전체적인 관점이 마음속에 형성되었다. 그는 호상학에 대해 은연중에 의외의 실망을 느끼고, 결국 융흥 원년(1163) 이통이 세상을 떠난 이래 마음속에서 줄곧 타오르던 호상학을 추숭하는 열정이 식어가기 시작했던 것이다.

주희는 호상학자에게서 전체적으로 스승의 설을 묵수하고 선禪을 말하는 데로 흘러가고 있다는 인상을 받았다. 장식만은 오봉五峰(호굉)의 진정한 전승을 깊이 터득하여서 자구와 언어에 얽매이거나 속박되지 않을 수 있었지만, 또한 고원하고 공허한 담론을 좋아하는 병폐가 없지는 않았다. 호상학자의 학풍이 어그러진 데는 장식도 어느 정도 책임이 있었다. 주희는 집으로 돌아온 뒤 곧바로 석돈에게 편지를 보내 장식을 포함한 호상학자들에 대해 총평하면서 여러 차례 '염퇴수불拈槌竪拂(몽둥이를 집어 들거나 먼지떨이를 세웠다가 내리침)', '경권수불擎拳竪拂(주먹을 들어 내리치거나 먼지떨이를 세웠다가 내리침)'이라는 말로 호상학자들의 선기를 비평하였다. "상중湘中의 학자 가운데 그(장식)를 종유한 사람들은 결국 하나같이 공허한 담론만 배워서 그 흐름의 폐단은 장차 해가 될 것입니다. 최근에 이런 병폐를 적잖이 느꼈습니다. (남헌은 나와) 이별한 뒤에 응당 그런 폐단을 구제했을 것입니다. 그러나 그를 종유한 선비들도 질박하고 실질의 것에서 이해하기 어려움을 스스로 깨닫고 있으니 이 도를 밝히기 힘듦을 알 수 있습니다. 호씨의 자제 및 그 문인 가운데에도 이 도를 말하는 사람들이 있지만 모두 실제로 터득한 것은 없이 염퇴수불하는 품이 거의 선을 말하는 사람들 같았습니다."(『문집』 권42 「답석자중」 서5)

호상학자들이 '거의 선을 말하는 것과 같다'고 주희가 말한 주요한 까닭은 다음과 같다. 첫째, 인설仁說에서 '지각으로써 인을 말하는(以覺說仁)' 점은 불교(釋氏)가 깨달음으로써 불성을 말하는 것과 같음을 가리킨다. 호실胡實은 "마음에 깨달은 바가 있는 것을 인仁이라고 한다. 이 말은 사謝 선생(사량좌)이 천여 년 동안 빠져서 막혀 있던 병폐를 해결한 것이니 어찌 가볍게 논할 수 있겠는가!"라고 했고, 호대원도 "마음에 지각이 있는 것을 인仁이라고 한다. 이는 상채上蔡(사량좌)가 도道의 단서를 전한 말이다."(『송원학안宋元學案』 권42)라고 긍정하였다.

둘째, 찰식설察識說에서 '마음으로써 마음을 인식하는(以心識心)' 점은 성을 알고 마음을 본다(識性見心)는 불교의 설과 같다. 주희의 중화구설은 호상파의 중화설과 함께 모두 먼저 찰식한 다음 함양할 것을 주장하지만, 호상파가 말하는 찰식은 내부를 향해 내 마음을 정밀하게 살피고 마음을 밝혀서 성을 아는 것을 가리킨다. 이런 본심을 찰식하는 방법은 또한 내부를 향해 인의 본체를 찰식하는 방법이다. 그러나 주희가 말하는 찰식은 도리어 외부를 향해 사물의 이치를 정밀하게 살피는 일을 가리키니, 이는 동적인 관찰이며 일에 응하고 사물에 이르는(應事格物) 것이어서, 일에 응하고 사물에 나아가는 것이 곧 분수分殊 위에서 실리實理를 체인하는 방법이라는 이통 사상의 영향을 여전히 보존하고 있다.

두 가지 찰식은 인식론에서 주관 유심주의와 객관 유심주의의 방법론적 대립을 반영한다. 내 마음을 정밀하게 살피려면 '마음에서 묵묵히 이해해야(黙會諸心)' 하고 '단계(階級)를 거치지 않아도 이해할 수 있어야' 하니 끝내 공허한 이론에 치달리고 공허한 담론으로 흐르는 점을 면하지 못한다. 그래서 주희는 '마음으로써 마음을 아는 것(以心識心)'을 '거의 선을 말하는 것과 같다(幾如說禪)'고 평가하였다.

주희는 본래 자기의 학문이 '지리支離'하다는 것을 느낀 뒤에 '마음에서 묵묵히 이해하는' 장식의 학문을 선망하여 호상으로 와서 장식에게 배우고 도를 물었던 터이지만, 결국 그가 본 것은 도리어 호상학자들이 보편적으로 지니고 있던 '염퇴수불'하는 선禪의 병폐였다. 장사에서 그는 호상학자의 면전에 대고 선학을 비판하는 발언을 적잖이 하였다. 그의 제자 허승은 그가 상중湘中에서 의론한 문장에 대해 묻고서는 뜻밖에도 '불교를 비방하는 사람에게는 모름지기 보낼 필요가 없다'고 말하기까지 하였다(『문집』 권42 「답석자중」 서5, 권39 「답허순지」 서14).

'마음으로써 마음을 말하는(以心說心)' 호상학자의 선의 병폐에 대한 주희의 비판은 이미 뒷날 스스로 호상학파가 평소의 함양 공부를 결여했다고 생각

하게 된 사상의 싹을 포함하고 있었으며, 그에게서 먼저 찰식한 다음 함양한
다는 호상파의 설을 부인하고 곧바로 자기의 중화신설中和新說로 향해서 호상
학을 청산하는 논전을 벌이는 데 필요한 모든 최초의 사상적 토양을 준비해
놓았다.

두 달 동안 악록에서 학문을 강론한 뒤에 주희와 장식 두 사람은 여전히
생각보다 미진함이 있음을 느꼈다. 여전히 계속하여 토론해야 할 문제가 많
았기 때문에 두 사람은 또 함께 남악南嶽으로 여행을 떠났다. 20일 동안 이어
진 형악衡嶽 여행은 그들에게는 실제로 학문을 강론하는 특별한 여행이었다.
가는 내내 산을 유람하고 시를 주고받는 가운데 이학의 문제에 대한 즉흥 토
론이 이어져서 이때에 그들이 장사에서 만난 일의 '제2악장'을 이루었다.

드넓은 남악 형산은 남쪽으로는 회안봉回雁峰을 머리로 하고 북쪽으로는
악록산을 발로 하여서 800리에 걸쳐 구불구불 이어지는데, 기이하게 우뚝우
뚝 솟은 일흔두 봉 봉우리 봉우리가 남쪽 하늘을 떠받치는 기둥처럼 구름 낀
하늘에 높이 솟은 축융봉祝融峰을 감싸서 호위하고 있었다. 천지에 가득한 바
람과 눈보라도 주희와 장식의 유흥遊興을 막을 수는 없었다.

11월 6일, 주희와 장식, 임용중林用中은 누선樓船에 올라 높은 파도가 하늘
까지 치솟는 상강湘江을 따라 형악을 향해 출발하였다. 장효상은 강가에서 잔
치를 베풀어 전송하면서 이별의 사詞를 지었고, 줄곧 가볍게 사를 짓지 않던
주희조차도 한 수를 지었다.

남향자   南鄉子

— 장안국(장효상)의 운을 따서 짓다   次張安國韻

지는 해 누선을 비추는데   落日照樓船

하늘 비낀 맑은 강물 위로 고요히 지나간다   穩過澄江一片天

몸조심 하라고 사또님 나그네 심정 알아주시네   珍重使君留客意

의연하시라   依然

바람과 달도 이제 내 하나로 달라지네   風月從今別一川

이별하는 마음 빠른 현악에 슬퍼지고   離緒悄危弦

긴 밤 찬 서리 털가죽 장막에 스미는데   永夜清霜透幕氈

내일 고개 돌리면 강가의 나무들은 멀어졌으리   明日回頭江樹遠

어진이 그리워   懷賢

맑은 하늘 줄지어 나는 기러기 까마득히 보이지 않네   目斷晴空雁字連

—『문집』 권10

　형산은 상수가에 서린 채 높이 누워 있는데, 높은 축융봉과 깊은 방광사
方廣寺, 빼어난 장경전藏經殿, 기이한 수렴동水簾洞은 남악 사절南嶽四絶이라 일컬
어지고, 복암사福嚴寺·축성사祝聖寺·상봉사上封寺·남태사南台寺·대선사大善寺 등
오대 총림五大叢林을 끼고 있어서 선남신녀善男信女의 남쪽 불국(南天佛國)이 되었
다. 만학천봉萬壑千峯이 차가운 구름과 차디찬 안개에 휩싸인 가운데 맑고 그
윽하고 기이한 색채가 한 겹 덧칠된 듯하였다.
　세 사람이 10일에 석탄石灘에 도착했을 때 갑자기 큰 눈이 어지럽게 내려
서 얼음 같은 산과 옥 같은 골짜기에 절(梵宮)의 아름다운 건물이 봉래蓬萊의
선경仙境처럼 돋보였다. 가는 길 내내 시를 지어 주고받으면서 산에 도착한
뒤, 상담湘潭으로부터 달려와서 만났던 표거정이 매서운 추위를 이기지 못하
고 하직 인사를 하며 돌아가자 주희 일행 세 사람은 눈을 무릅쓰고 산을 오
르기로 결정하였다. 먼저 말을 타고 고삐를 나란히 하여서 흥락강興樂江을 건
넌 뒤 다시 죽여竹輿를 갈아타고 마적교馬迹橋를 건너서 산에 올랐다.

13일에 연화봉蓮花峰 아래 고목이 우거진 깊고 으슥한 방광사에 도착하였다. 이 절은 푸른 연꽃의 꽃판이 벌어진 듯한 깨끗한 여덟 봉우리 가운데에 우뚝 솟아 있는데, 원래는 혜해 선사惠海禪師의 도량이었다. 정전正殿에는 송 휘종 황제가 쓴 '천하명산天下名山'이라는 편액이 걸려 있었다. 성등聖燈(불등)과 낡은 종鐘, 바람 부는 처마와 눈 덮인 용마루는 그들의 시흥을 불러일으켰다. 방광사 일대에서 노닐며 주고받은 시는 남악을 노닐며 주고받은 시의 3분의 2를 차지한다. 그러나 이렇게 주고받은 시에도 장사에서 학문을 강론하고 도를 논했던 여파가 반영되어 있다.

방광사에서 머문 날 밤에 절의 장로長老인 수영守榮이 죽었다(坐化). 장식은 「방광 장로가 죽었다는 말을 듣고 짓다(聞方廣長老化去有作)」라는 시 한 수를 지었고, 주희도 시 한 수로 화답하였다. "염퇴수불은 참된 일이 아니니 / 힘씀에는 단정히 하여서 날로 새로워져야 한다네 / 그저 이처럼 허공에서 곤두박질만 친다면 / 그대는 백 년의 몸 저버릴 것이네(拈槌竪拂事非眞, 用力端須日日新, 只麼虛空打筋頭, 思君辜負百年身)"(『문집』 권5 「밤에 방광사에 묵었는데 장로 수영이 죽었다는 말을 듣고 경부가 느낌을 시로 지어서 그 운에 따라 짓다(夜宿方廣聞長老守榮化去敬夫感而賦詩因次其韻)」)

'염퇴수불은 참된 일이 아니니' 한 말은 불교의 열반설에 대한 부정이자, 또한 주희가 호상학자의 선적 병폐를 비평하는 구두선口頭禪이기도 하다. 그러므로 '힘씀에는 단정히 하여서 날로 새로워져야 한다네'라고 읊은 구절은 유가의 정심성의正心誠意, 격물치지格物致知의 공부를 강조함과 동시에 호상학자에 대한 은근한 풍자를 포함하고 있다.

14일, 그들은 불교 성지인 복암사에 도착하였다. 복암사는 천태天台의 제2조祖인 혜사慧思가 세운 절이다. 규모가 웅장하고 화려해서 후세 사람들이 돌기둥에 "복암사는 남산에서 제일가는 고찰이요, 반야는 노스님의 둘 없는 법문(福嚴爲南山第一古刹, 般若是老祖不二法門)"이라는 대련 한 쌍을 새겨 두었다. 혜사

는 상광봉祥光峰 아래에 수려한 장경전을 지었다. 복암사 부근에는 또 남악
회양南嶽懷讓이 마조 도일馬祖道一을 교화시켜서 단번에 깨달아 귀의하게 만든,
남종南宗에서 전해오는 네모난 마경대磨鏡臺가 있다.

　　주희는 이 불문의 성지에서도 (불교를) 모독하는 소리를 하였지만, 장식은
「'복암사에서 망악시를 돌아보다'라는 택지의 시에 화답하다(和擇之福巖回望嶽
市)」를 지었다. "고개를 돌려 보니 티끌세상은 아득한데 / 산중은 한 줄기 바
람과 연기가 이는 별세계 / 날이 개는 기미를 엿보아 정상에 오르고자 하는
까닭은 / 맑은 서리와 밝은 달을 보고자 함이라(回首盡裏去渺然, 山中別是一風煙. 好乘
晴色上高頂, 要看淸霜明月天)"(『남헌선생문집』 권7) 주희는 그 뜻에 반하는 내용으로 화
답시 한 수를 읊었다. "어젯밤 서로 손잡고 서릿달을 보았는데 / 오늘 아침
차가운 안개 피어날 줄 누가 생각했으랴 / 어찌 알랴? 밝은 해 수천 봉우리
위에서는 / 인간 세상 만 리 하늘이 안 보일 줄을(昨夜相携看霜月, 今朝誰料起寒煙. 安
知明日千峰頂, 不見人間萬里天)"(『문집』 권5 「복암사에서 망악시를 돌아보다(福巖寺回望嶽市)」) 마지
막 한 구절은 당년에 산에 올라 제했던 게偈의 '인간 세상이 아닌(不是人間)' 불
국 낙원의 음악과는 상반된 티끌세상의 소리를 낸 것이다.

　　이날 그들은 남천문南天門을 지나 상봉사를 따라서 축융봉에 올랐다. 망망
하게 뒤집히며 몰려드는 구름바다의 은빛 파도만 보이는 가운데 얼음 덮인
봉우리와 눈 덮인 산굴이 문득 사라졌다 나타났다 하여서 축융봉은 마치 이
구름바다 위에서 하늘을 떠받치는 옥기둥 같았다. 상수는 띠처럼 산을 두르
고 꿈틀꿈틀 다섯 굽이를 돌아 북으로 흘러가서 안개와 물결이 한없이 이는
아득히 넓은 동정호로 녹아들었다.

　　주희는 마침내 여러 해 바라던 소원을 이루었다. 천 길 축융봉 꼭대기에
높이 서서 그는 시 한 수를 읊었다.

상봉사에서 축융봉 꼭대기에 올라 경부의 운을 따서 짓다

自上封登祝融峰絶頂次敬夫韻

형악은 천 길	衡嶽千仞起
축융은 가장 높은 봉우리	祝融一峰高
뭇 산은 우뚝 솟은 축융이 두려워	群山畏突兀
분주히 무리 지어 도망치는 듯하다	奔走如曹逃
나 눈 쌓인 달밤에 와서	我來雪月中
들러보는 것마다 기뻤네	歷覽快所遭
하늘 어루만지니 푸른 벽 매끄럽고	捫天滑靑壁
골짜기 굽어보니 은빛 물결 무너지네	俯壑崩銀濤
한스럽기는 불깐 소 열 마리 없어서	所恨無十犗
자라 여섯 마리 단번에 낚지 못하는 것	一掣了六鼇
빨리 청련궁으로 돌아와	遄歸靑蓮宮
앉아서 부처의 백호를 마주한다네	坐對白玉毫
겹겹 누각을 한번 배회하는데	重閣一徙倚
서릿바람은 칼처럼 날카롭다	霜風利如刀
평소에 산수 그리는 마음	平生山水心
참으로 음식과 재물을 탐내듯 하였다	眞作貨食饕
내일 아침 더욱 맑고 깨끗해지면	明朝更淸激
다시 간들 어찌 힘들다 꺼리겠는가	再往豈憚勞
한밤중에 세상 일 곰곰 생각해보니	中宵撫世故
고슴도치 천 마리 털처럼 많다	劇如千蝟毛
놀며 즐기는 것도 무슨 보탬이 되랴	嬉遊亦何益

세월은 지금도 도도히 흐르는 것을   歲月今滔滔

일어나 동북쪽 구름 바라보며   起望東北雲

멍하니 머리만 괜스레 긁적인다   茫然首空搔

                                              ─『문집』 권5

15일, 주희 일행 세 사람은 그들을 만나러 온 호광중(호실)·범백숭(범념덕)
과 함께 다시 축융봉에 올랐다. 그런 다음 16일에 얼음이 맺힌 돌계단을 밟
고 산을 내려와 악시嶽市의 승업사勝業寺 경절당勁節堂에서 묵었다. 거기서 세
사람은 형악을 유람하며 함께 지은 시 149수를 편집하여 『남악창수집南嶽唱酬
集』을 만들었다.

　남악에서 시를 주고받는 일은 끝났지만 학문 강론은 끝나지 않고 계속되
었다. 19일에 범백숭은 사촌 형제들과 작별한 뒤에 주희와 함께 동쪽으로 돌
아갔다. 조순수趙醇叟(조사맹趙師孟)·호광중·호백봉(호대원)·호계립(호대본胡大本)·감
가대甘可大(장식의 제자)도 술을 싣고 와서 함께 모여 운봉사雲峰寺에서 작별하였
다. 이 일은 주희로서는 호상학자와 마지막으로 학문을 강론한 성대한 모임
이었다.

　19일부터 23일까지 닷새 동안 악궁嶽宮에서 저주樗州에 이르는 180리 길
을 가는 중에도 주희와 장식 두 사람은 아직도 논쟁할 문제가 남아 있었기에
작별 직전의 긴장된 '사색과 토론으로 주장을 마무리하였다.'(『문집』 권77 「남악
유산후기南嶽游山後記」) 두 사람은 배에서도 아침저녁으로 모여 강론하였는데, 배
가 하루에 30~40리의 속도로 천천히 전진했음에도 더 이상 시를 지을 겨를
이 없었다.

　주희와 장식 두 사람이 『중용』의 뜻을 토론하느라 사흘 밤낮을 보냈으나
합치할 수 없었던 광경을 범백숭이 직접 목격했다고 말한 것으로 보아, 그

일은 작별 이전의 이 며칠 동안 일어났을 가능성이 매우 크다. 왜냐하면 범백승은 호상으로 와서 줄곧 형산에 있는 종형제의 집에 머물다가 우연히 장사에 와서 주희와 장식을 만났지만 그들 두 사람이 밤마다 책상을 앞에 두고 고담준론하는 정경을 볼 수는 없었고, 다만 이별하기 전 사나흘 동안 아침저녁으로 같은 배를 타고 주희와 장식을 따라 함께 지내면서 비로소 두 사람이 밤낮으로 토론하고 논쟁하는 모든 정경을 직접 목격할 수 있었기 때문이다. 마지막 사흘간 배 안에서 '사색하고 토론한' 일은 주희와 장식이 장사에서 만난 일의 범상치 않은 에필로그가 되었다.

24일, 주희는 저주樗州에서 장식과 이별하고 형산 여행을 마감하였다. 장장 두 달 반에 걸친, 천 리 먼 길을 찾아가 만나서 학문을 논한 일은 두 사람이 저마다 지은 증별시贈別詩에 그 전모가 무척 잘 나타나 있다.

시를 지어서 주원회 존형을 전송하다	詩送朱元晦尊兄
그대 남쪽 지방에서 일어나	君侯起南服
호방한 기운이 온 세상을 덮었네	豪氣蓋九州
근래 궁궐 계단을 올라가	頃登文石陛
충언으로 황제를 떨게 했고	忠言動宸旒
성색과 이욕의 마당에 앉아 호령하여서	坐令聲利場
목을 움츠리고 부끄럽게 하였는데	縮頸仍包羞
도리어 형문에 와서 누웠으니	却來臥衡門
이로부터 날마다 쉬어도 부끄럽지 않다	無愧自日休
호수와 바다의 기운을 모두 거두어	盡收湖海氣
공맹의 가르침 속에서 노닐기를 바란다	仰希洙泗游

관문과 산으로 막힌 것도 멀다 않고	不遠關山阻
나를 위해 두 달이나 머물며	爲我再月留
성인이 남기신 경 자세히 풀이하고	遺經得紬繹
마음과 일 긴밀하였네	心事兩綢繆
초연히 태극을 만났으니	超然會太極
눈앞에 온전한 소가 없구나	眼底無全牛
오직 마음 맞는 친구와	惟玆斷金友
출처를 어찌 달리 꾀하랴	出處寧殊謀
남산에서 책상을 마주하고 대화한 것은	南山對床語
산속에 살려함이 아니었다	匪爲林壑幽
흰 구름은 바로 바라보이고	白雲政在望
돌아가는 옷소매에 바람이 나부낀다	歸袂風飀飀
아침이 오면 이별의 말을 하겠지만	朝來出別語
벌써 이별 뒤의 외로움과 근심을 품고 있다	已抱離索憂
오묘한 바탕도 힘써 바로잡음이 귀하고	妙質貴强矯
정미한 것도 다시 끝까지 찾아야 한다	精微更窮搜
털끝만큼이라도 살피지 않은 것이 있으면	毫釐有弗察
본체와 작용이 어찌 두루 흐르겠는가	體用豈周流
수레를 몰아가는 만 리 길에	驅車萬里道
도중에 수레를 멈추고 배를 탈 수도 있으니	中途可停輈
싫증 내지 말고 함께 힘써서	勉哉共無斁
이전에 닦던 것을 오래도록 추구하세나	邈矣追前修

—『남헌선생문집』권1

시 두 수로 경부가 준 시에 답하고 이별하다 二首奉酬敬夫贈言幷以爲別

나 이천 리 길을 떠나   我行二千里

남산(형산) 남쪽으로 그대를 찾아왔다   訪子南山陰

바람 찬 것도 걱정하지 않는데   不憂天風寒

상수가 깊다고 꺼리겠는가   況憚湘水深

집 떠난 때는 한가을 아침이었는데   辭家仲秋旦

수레를 멈추기는 9월 초   稅駕九月初

지금이 어느 때인가   問此爲何時

한 해도 저무는 한겨울이다   嚴冬歲云徂

그대 힘들게 귀한 발걸음 하여   勞君步玉趾

남산에 올라 나를 전송하네   送我登南山

남산은 끝없이 높고   南山高不極

눈 쌓인 길은 아득히 멀고   雪深路漫漫

진창길을 또 얼마나 가야 하나   泥行復幾程

오늘 밤에는 저주에서 묵는다   今夕宿櫧洲

내일이면 등 돌려 가야 하니   明當分背去

머물 수 없음을 슬퍼한다   惆悵不得留

그대가 준 시를 외우면서   誦君贈我詩

여러 번 감탄하며 정이 더욱 얽히네   三歎增綢繆

그대의 후의를 감히 잊지 못하여   厚意不敢忘

그대 위해 슬픈 노래를 부른다   爲君商聲謳

지난날 내 모순에 빠졌다가   昔我抱冰炭

그대를 좇아 건곤의 이치 알았다	從君識乾坤
비로소 태극의 깊은 뜻 알았으니	始知太極蘊
오묘함은 말로 하기 어려웠다	要眇難名論
있다 하나 어찌 자취가 있으며	謂有寧有跡
없다 하나 다시 무언가 있으리	謂無復何存
오직 수작하는 곳에서	惟應酬酢處
다만 근본을 보리라	特達見本根
모든 조화는 이로부터 나오고	萬化自此流
모든 성인은 이 근원을 함께 한다	千聖同兹源
너무도 멀어서 막을 수 없지만	曠然遠莫禦
두려워 조심하면 애초에 번잡하지 않네	惕若初不煩
어찌 배움의 힘이 미약하다 하는가	云何學力微
물욕의 어두움 이기지 못했을 뿐	未勝物欲昏
냇물이 졸졸 흘러 바다에 이르려 해도	涓涓始欲達
마침내 흙탕물 속에 삼켜버리니	已被黃流吞
어찌 알랴, 한 치 갖풀이	豈知一寸膠
천 길 흐린 물을 맑게 할 줄을	救此千丈渾
싫증 내지 말고 함께 힘쓰자는	勉哉共無斁
이 말로 서로 돈독해지세	此語期相敦
	―『문집』 권5

　이별의 시는 주희가 장식을 만나러 오기 전날 밤에 지은 「탁청濯淸」과 아득히 서로 호응한다. 이때의 만남은 '무극옹'을 만나기를 바라는 두 사람의 같은 바람에서 시작되어 '처음으로 태극의 깊은 뜻을 알고', '초연히 태극을

만나'서 결말에 이르렀다. 이는 이때 태극(•무극)의 이치에 대한 전면적 탐구와 토론이 성공적으로 이루어졌음을 분명히 나타낸다.

주희는 시를 지어서 읊었다. "돌아와 큰 도를 알았으니 / 미묘하고 은밀한 곳 / 세밀히 헤아리고자 한다(歸來識大方, 惟應微密處, 猶欲細商量)"(『문집』 권5 「남헌 노형을 그리워하며 백숭과 택지에게 올리다(有懷南軒老兄呈伯崇擇之)」) '큰 도를 알았다'는 말은 바로 태극의 이치를 인식한 사실을 가리킨다. 그러나 나중에 백전 왕무횡은 '태극'에 대해 곡해하여서 '태극'은 다만 '미발未發'을 가리킬 뿐이라고 여겼다. 그는 주희와 장식의 이 두 달 반 동안의 만남을 다만 '미발'을 토론하기 위한 상견으로 인식하고 홍거무洪去蕪의 견해를 배척하면서 다음과 같이 말하였다. "시에서 말하는 '태극'은 미발을 가리켜 말한 것이다. 오로지 태극을 말한 것이라고 한다면 그 뜻을 알지 못한 것이다."(『연보고이年譜考異』)

이러한 주장은 잘못으로 가득 차 있다. 갑신년(융흥 2년, 1164) 이래 주희와 장식 두 사람의 왕복 토론은 전면적이면서도 범위가 넓었으며, 근본적으로 '미발의 뜻'만 토론한 것은 아니다. 장사에서 상견했을 때 두 사람은 이미 중화설에 대해 대체로 일치하고 있었기 때문에 '미발의 뜻'도 토론의 근본 내용이 아니었다. 주희가 성性을 미발未發로 삼고 심을 이발己發로 삼은 시기는 건도 원년(1165) 이후이지 '갑신년 중·후반부터'가 아니다. 장식이 시에서 분명히 '성인이 남기신 경 자세히 풀이했다'고 읊은 말은 경학과 이학에 대해 깊이 들어가 광범위하게 탐구하고 토론하여서 마지막으로 태극의 이치에 대한 한층 깊고 전체적인 인식에 도달하였다는 뜻이다. 그러므로 (장식의) 시에서 뒤이어 '초연히 태극을 만났다'고 하였으니 '태극'이 다만 '미발'을 가리키는 것은 결코 아니다.

만약 '태극'이 다만 '미발'을 가리킨다고 하면, '이발'에 대한 두 사람의 탐구와 토론을 부인하는 것이나 다름없다. 그러나 실제로 주희가 이별의 시에

서 강조한 점은 '이발'이지 '미발'이 아니다. 그래서 "오직 수작하는 곳에서
다만 근본을 보리라. 모든 조화는 이로부터 나오고, 모든 성인은 이 근원을
함께 한다."고 했던 것이다. 주희와 장식이 이별의 시에서 말하는 '태극의 깊
은 뜻', '태극을 만났다' 한 말은 '이일분수理一分殊'를 가리키는 것으로, 분명히
'분수' 가운데서 '이일'을 인식하고, '수작하는 곳'에서 '근본'을 보는 것을 강
조한다. 여기에는 '이발'로부터 '미발'을 보는 것이 포함되어 있기는 하나 '이
발'로부터 '미발'을 보는 것과는 전혀 다르다. 더욱이 '태극'이 '미발'만 가리
킨다는 것과도 다르다. 남악에서 주고받은 주희의 시 가운데 「장경부의 춘풍
루에 받들어서 제하다(奉題張敬夫春風樓)」에서 "만사가 모두 어지럽지만 우리 도
는 하나로 꿰뚫었다(萬事盡紛綸, 吾道一以貫)"(『문집』 권5)라고 한 구절은 바로 두 사
람이 이별의 시에서 말하는 '태극'에 대한 가장 좋은 풀이다.

　바로 장사에서 다만 '미발'에 대해서만 탐구 토론한 것이 아니라 이러한
태극의 이치(太極之理)에 대해 전면적으로 탐구 토론하였는데, 이것이 비로소
주희로 하여금 (장사에서) 돌아온 뒤 또 새로 중화신설中和新說이라는 높은 봉우
리를 향해 걸음을 떼어서 달려가도록 하였다.

┃ 중화신설中和新說 탄생 ┃

　　주희는 임용중, 범념덕과 함께 동쪽으로 돌아오는 스무여드레 동안 줄곧 시를 주고받았다. 그는 하루에 서너 수를 짓는 속도로 시를 지었다. 12월 24일 집에 도착했을 때 세 사람의 시 보따리(奚囊)에는 이미 200여 편이 들어 있었다. 주희는 이 시들을 『동귀란고東歸亂稿』로 편성하였다.

　　이 무렵 주희를 추밀원 편수관樞密院編修官에 제수한다는 상서성尙書省의 차자가 전해졌다. 새로 벼슬에 제수된 일은 신임 참지정사 진준경과 동지추밀원사 유공의 천거 덕분이지만, 왕응신도 중간에서 추천하는 데 큰 힘을 썼다. 왕응신은 진준경이 동지추밀원사에 제수된 뒤에 여러 차례 그에게 편지를 써서 다음과 같이 말하였다. "주원회(주희)는 곧고 진실하고 견문이 많으나 이미 무학 박사武學博士에 제수되었습니다. 이제 만약 다시 내직에 차견差遣한다면 그 사람은 반드시 알아준 점에 보답하여서 황제의 성대한 덕을 도울 것입니다."(『문정집文定集』 권15 「여진추밀與陳樞密」 서1) "무학 박사 주희를 대감(鈞慈)께서는 어떻게 처리할지 모르겠습니다. 많은 사람들이 '예, 예' 하는 것은 한 선비가 곧은 말을 하는 것만 못합니다."(동상, 서2)

　　자리가 빈 추밀원 편수관 시원지施元之의 후임에 주희가 잠시 대차하고 나가지 않은 까닭은 본인의 고려와 필요에 의한 것이었다. 그는 동쪽으로 돌아오는 길에 예릉禮陵을 지날 때 진준경과 유공이 집정執政하게 되었다는 소식을 들었다. 그래서 그칠 줄 모르고 계속 늘어만 가는 조신의 독단과 근신 당우韺翔가 중요한 자리에 진을 치고 있다는 사실에 마음이 쓰인 탓에 주희는 급한 나머지 참지 못하고 예장豫章의 상람사上藍寺에서 한밤중에 책상에 엎드려 유공에게 긴 편지를 썼다. 진준경과 유공의 집정을 위해 구체적인 계획을 짰다. 편지에서 다음과 같이 말하였다.

11월 5일에 내린 조서를 삼가 읽었는데 종을 꾸짖듯 대신들을 꾸짖고 여러 관료를 돼지 보듯 하는 것이 너무 심하였습니다. …… 이 조서를 보고 나서 내리 사흘 동안 자는 것도 먹는 것도 편치 않았습니다. 그 곡절은 한마디로 다 말하기가 어렵습니다.

대체로 군주의 마음은 더욱 제멋대로이고 형세는 더욱 고립되었으며, 현인과 군자는 날로 더욱 위축되어서 그의 조정에 서고자 하지 않으며, 남을 참소하고 모함하며 아첨하여서 비위를 맞추고 녹을 지키고 자리만 보전하는 인사가 날로 모여들어서 못하는 짓이 없게 되었습니다. 거듭 이 일을 생각해보면 불쌍하고 한심스러워서 한밤중에 일어나 저도 모르게 탄식하며 꾸짖습니다. …… 오늘날의 상황이 비록 위기가 교대로 닥칠 정도로 위급하지는 않다 해도 큰 근본은 뭇 소인에 의해 8, 9할 이상 손상되어서 날이 가고 달이 갈수록 큰일이 될 것이기에, 생각하면 마음이 몹시 아프고 아픕니다!

형과 진 공(진준경)은 평소 물망이 다른 사람에 견줄 바가 아닌데, 오늘날 비록 재상이 되지는 못했어도 실은 국론을 결단해야 합니다. 만약 보통 사람처럼 시간만 끌고 녹과 지위만 지키고 보전하다가 군주가 싫증 내서 쫓아내기를 기다린다면 사람들의 신망을 크게 잃고 집안의 명성을 무너뜨릴 뿐만이 아닙니다. 또한 어찌 우리가 평소 글을 읽고 배움을 물었던 의도이겠습니까? ……

— 『별집』 권1 「여유공보」 서2

주희는 처음부터 끝까지 조정의 정치에 대해 가장 비관적인 평가를 내린 뒤, 면전에서 직접 강력하게 간하여 군주의 마음을 바로잡는 일을 자기 임무로 삼고자 하였다. 그러나 스스로 청탁(奔競)을 하거나 이익을 좇는다는 혐의를 무릅쓰고 조정에 들어가서 직책을 맡았다가 악인의 함정에 빠지고 싶지는 않았다.

그는 편지에서 먼저 장식을 천거하라는 의견을 제시하였다. 자기는 진준경과 유공의 정치가 성공한 뒤에 다시 나갈 심산이었다. 그는 대차하던 중에 또 산중에서 학문을 강론하고 저술하는 생활을 계속했고 자아를 초월하는 이학의 길로 달려갔다.

장사에서 돌아온 뒤부터 주희는 중화 사상에 대해 표면상으로는 장식과 의견이 일치하고 있었다. 건도 4년(1168) 여름에 장식은 위엽지魏掞之를 위해 「간재명艮齋銘」을 지어서 그와 주희가 함께 지켜갈 학문의 종지로 삼았다.

간재명	艮齋銘
사물이 사람을 감동시키는	物之感人
단서는 끝이 없다	其端無窮
사람이 사물에 이끌리면	人爲物誘
욕심이 마음속에서 움직인다	欲動乎中
자신을 돌이켜 볼 수 없으면	不能反躬
천리가 거의 사라져버린다	殆滅天理
성인의 분명한 가르침은	聖昭厥猷
그칠 바를 아는 데 있다	在知所止
하늘의 마음은 순수하여	天心粹然

도와 의가 모두 온전하다	道義俱全
이것을 지극한 선이라 하니	是曰至善
모든 변화의 근원은	萬化之源
사람이 원래 가지고 있는데	人所固存
어찌 스스로 어기겠는가!	曷自違之
그것을 구하는 데는 방법이 있나니	求之有道
어찌 멀리 있겠는가	夫何遠之
사단이 드러나는 것을	四端之著
내가 살펴야 한다	我則察之
어찌 오직 사려만으로	豈惟思慮
몸소 거기에 도달하겠는가!	躬以達之
공부가 깊어지고 힘이 이르게 되면	工深力到
대체를 밝힐 수 있다	大體可明
밖에서 엄습해오는 것이 아니라	匪有外鑠
봄에 만물이 피어나고 생겨나는 것처럼	如春發生
앎이 지극해지면	知其至矣
반드시 그 앎으로 말미암게 된다	必由其知
아무리 위급한 순간이라도 이것을 생각하여	造次克念
전전긍긍하며 지조를 지키라	戰兢自持
사물은 비록 많지만	事物雖衆
저마다 그 법칙을 따른다	各循其則
그 법칙은 다름이 아니라	其則匪他
내 본성의 덕이다	吾性之德
움직임과 멈춤을 때맞추어 하면	動靜以時

광명하고 독실해진다	光明篤實
간괘에서 그치는 오묘한 뜻을	艮止之妙
여기에서 이해할 수 있다	于斯爲得
짐은 무거운데 길은 멀고	任重道遠
때는 우리를 기다려주지 않는다	時不我留
아아, 동지들이여	嗟我同志
쉬지 말고 힘쓰라	勉哉勿休
부지런한 우리 청년들아	蘁我小子
자기를 이겨서 뜻을 세우지 못함을 두려워하라	懼弗克立
아! 그대 동지들이여	咨爾同志
일으켜주고 북돋워주자	以起以掖

— 『남헌선생문집』 권7

「간재명」은 '그칠 줄 아는 방법(知止之道)', '그칠 줄 아는 것으로부터 시작함(知止爲始)'을 말하는데, 이 또한 찰식察識을 우선으로 한다. 그러므로 이 재명齋銘은 먼저 찰식한 다음 조존操存한다는 '종지宗旨'를 드러내서 밝힌다.

주희는 이해 가을에 정순程洵에게 보낸 편지에서 이를 명확하게 풀이하여서 말하였다. "지난겨울 호상에 가서 강론한 것은 유익함이 많았다. 그러나 이 일은 모름지기 스스로 해야 하는 공부이다. 일상의 가고 머물고 앉고 눕는 것에서 저절로 본 바가 있어야 한다. 그런 다음 이로부터 조존하여서 궁극에 이르면 비로소 자기 것이 된다. 경부敬夫(장식)가 지은 「간재명」은 바로 공부하는 절차인데, 최근에 함께 옛 성인이 전한 학문의 과정(門庭)을 고증하여 이 종지를 세워서 서로 지키기로 하였다."(『문집』 권41 「답정윤부答程允夫」 서5)

그러나 종지를 세워서 함께 지킴과 동시에 주희는 이미 사상적으로 새로운 돌파를 감행하고 있었다. 한편으로는, '염퇴수불하고' 마음으로써 마음을 말하는' 호상학자의 선적禪的 병폐에 대한 비판을 통해, 먼저 찰식한 다음 조존하면 매우 빨리 잃어버리게 되고 평소의 함양 공부가 빠진다고 생각하였다. 또 한편으로는, '경敬', '인仁', '성性', 『맹자』의 '도성선道性善', '구방심求放心'에 대한 탐구와 토론도 더욱 깊어져서 그는 조존에 대한 인식과 함양 공부에 대해 한 걸음 더 나아가 긍정하였다. 그 결과 커다란 테두리 안에 감싸 안게 되었다. 그런 뒤 주희는 '경'의 사상 노선을 따라 또 '나선형'으로 나아가 원래 이통李侗의 '미발' 공부로 되돌아왔다. 이는 부정의 부정을 방불케 한다.

장사에서 「장준행장」을 지을 때 주희는 장준 학문의 요지를 간단히 두 가지로 이끌어냈다. 첫째, '학문은 예를 근본으로 하고 예는 경을 우선으로 한다'는 것이다. 둘째, '학자는 그 마음을 맑고 밝게 하여 성현의 기상을 묵묵히 보존하여서 오래 유지하면 저절로 보는 바가 있게 된다'는 것이었다.

'경을 우선으로 한다'는 앞의 조항은 이천伊川(정이)과 상채上蔡(사량좌)로부터 호상학의 줄기로 전해진 요결(指訣)이고, '그 마음을 맑고 밝게 하여서 성현의 기상을 묵묵히 보존한다'는 뒤의 조항은 명도明道(정호)와 구산龜山(양시)으로부터 이통의 줄기로 전해진 요결이다. 이는 주희가 마음 깊은 곳에서는 처음부터 끝까지 이통의 사상을 완전히 버리지 않았음을 분명히 나타내며, 또한 반대로 '미발' 공부의 편파성을 극복하고 부정하여서 주경主敬·주정主靜 두 이학의 요결을 융합함으로써 평생의 학문 대지를 형성할 생각을 품기 시작했음을 나타낸다.

장사에서 돌아온 뒤 그의 이런 새로운 사상의 돌파는 건도 4년(1168)에 석돈과 장식에게 보낸 편지 두 통에 집중적으로 반영되어 있는데, 바로 자기 사상의 깊은 부분에서는 결코 「간재명」을 성실하게 준수할 생각이 없었음을 내비친 듯하다. 이 편지 두 편이 모두 '염퇴수불拈槌竪拂 하고' '경권수불擎拳竪

拂 하는' 호상학자를 비평하면서 평소의 함양 공부를 강조한 점은 매우 의미가 크다. 석돈에게 보낸 편지에서 그는 다음과 같이 말하였다.

> 경敬 자에 관한 설은 내 생각과 깊이 합치합니다. 다만 『대학』의 차례는, 또한 모름지기 이렇게 보아야만 비로소 이해할 수 있습니다. 격물치지에 전혀 성의정심을 쓰지 않는 것도 아니고, 또 성의정심에 모두 치지격물을 쓰지 않는 것도 아닙니다. 다만 하학처下學處를 모름지기 세밀하게 살펴서 보아낸 것이 있어야만 곧 태연히 행할 수 있습니다. 이것은 처음과 끝의 다름이 있을 따름입니다. 그러나 실은 처음과 끝이 이 경敬 자인데, 경 가운데 몸으로 살피는(體察) 공부가 있어야만 비로소 행할 때 익숙하게 살필 수 있습니다. 그렇지 않으면 단정히 앉아서 경을 유지한다 해도 진보할 곳이 없습니다. 부자夫子(공자)께서는 문인이 인仁을 하는 방법을 물었을 때 저마다 달리 답하셨지만, 중요한 요지는 경을 입문처入門處로 삼는 것이었습니다. 그러므로 일상생활의 순수하고 익숙한 데서부터 알고 이해해야 합니다.
>
> ─ 『문집』 권42 「답석자중」 서5

장식에게 보낸 편지에서도 다음과 같이 말하였다.

> 저는 이런 병폐가 생긴 까닭이 평소 정좌하여서 이치를 밝게 비춰 보지 못하고 함양이 미숙하여서 사물이 올 때 응할 방법이 없었던 탓이라 생각합니다. 만약 사물이 어지럽게 이를 때 이 마음이 일어나는 바를 정밀하게 살펴본다면, 일에 응하는 것 외에 별도로 한 생각이 일어나서 이 마음을 살피는 듯하다는 것입니다. 이 마음으로써 마음을 살피면 더욱더 심하게 마음이 흔들리고, 또 사물이 이르기 전에 힘쓰는 것의 중요함을 보지

못하게 됩니다. 이것이 제가 의심하지 않을 수 없는 까닭입니다. 유자의 학문에서 중요한 핵심은 이치를 궁구하는 것을 우선으로 삼습니다. 한 사물(一物)에는 한 이치(一理)가 있으니, 먼저 이치를 밝힌 다음에야 마음이 발한 것에 경중과 장단이 저마다 준칙이 있게 됩니다. 『상서』에서 말한, '하늘의 차례(天敍)', '하늘의 질서(天秩)', '하늘의 명령(天命)', '하늘의 토벌(天討)'과 『맹자』에서 말한, '사물은 모두 그러하지만 마음은 더욱 그러하다(物皆然, 心爲甚)'는 것은 모두 이것을 말합니다. 만약 여기에서 먼저 그 앎을 (끝까지) 이루지 못하고서, 다만 마음이 되는 까닭이 이와 같음만 보고, 마음이 되는 까닭이 이와 같음만 안 뒤에 범범하여서 준칙으로 삼을 바가 없다면, 보존되고 발하는 것은 또한 어디에서부터 나와서 이치에 적중하겠습니까? …… 만약 항상 마음을 잡아서 보존할 수 있다면, 곧 이른바 경이 순수해질(敬者純) 것입니다. 순수해지면 움직일 때나 고요할 때나 한결같아서 이 마음이 보존되지 않는 때가 없을 것입니다.　—『문집』 권30 「답장흠부」 서1

편지 두 통에서 '하학처下學處를 세밀하게 살피고', '이치를 궁구하는 것을 우선으로 하며', '먼저 그 앎을 (끝까지) 이룬다'고 한 말은 주희가 이때까지도 '먼저 찰식한 다음 조존한다'는 것을 믿고 있었음을 분명하게 나타낸다. 그러나 그가 호상학자들이 찰식과 조존을 전후로 나누어서 두 단계로 본 것에 반대하고 '경'으로 둘을 통섭한 것은 실제로는 '먼저 인의 본체를 인식해야' 비로소 '경을 적용할 데가 있다'고 한 호굉의 말을 부정한 것이었다.

그는 호상학자들이 평소 함양 공부가 부족하여서 마음으로써 마음을 추구하는 데로 달려갔기 때문에 너무 급박하게 추구하는 선의 설로 흐르지 않을 수 없었고, 정靜에 치우친 데서 다시 동動에 치우친 데로 달려갔다고 비판하였다. 이렇게 동으로만 치우친 점을 극복하기 위해서 그는 '사물이 아직 이르지 않았을 때에 힘쓰는 것의 중요성'을 강조하고, 이통의 '미발' 공부의 문제를 거듭 새롭게 제시하였다.

주희는 '찰식' 문제에서 호상학자와 자기의 다른 점을 다음과 같이 명확하게 제시하였다. 첫째, 찰식을 격물궁리로 삼는 점이다. 둘째, 찰식을, 마음으로써 마음을 살피고 마음을 밝혀서 성을 아는 것으로 삼는 점이다. 그의 이런 새로운 견해의 기본 정신은 평소의 존양을 강조하는 것인데, '먼저 찰식하고 그 다음 조존한다'는 설에 대한 회의가 그 가운데 내포되어 있다. 그는 한 걸음씩 「간재명」을 떠났던 것이다.

건도 4년(1168) 가을에 장식·채원정·오익·임택지(임용중) 등과 '관과지인觀過知仁(잘못한 점을 보면 인을 알 수 있다)'에 대한 논변을 거친 뒤 주희는 마침내 한 걸음 더 나아가 호상학파에서 받아들였던 '먼저 찰식하고 그 다음 조존한다'는 설을 부정하였다. 그가 장식과 벌인 '관과지인'에 대한 논변은 나중에 장식과 전개한 인설 논변의 서막이다. 그는 임택지에게 보낸 편지에서 장식의 관과설觀過說을 부정하고, 채원정에게 보낸 편지에서는 구체적으로 자기 견해를 논술하였다.

인에 대해 호상파에서는 먼저 인의 본체를 살핀 다음 경을 위주로 하여서 함양한다고 인식하였다. 이것은 바로 먼저 찰식하고 그 다음 조존하며, 앎을 먼저하고 경敬을 그 다음에 하는 인의 추구 방법이며, '단서(端倪)를 살펴서 아는 것을 착수할 곳으로 삼는' 방법이다. 반면에 주희는 관과지인은 '보는 것(觀)'을 중시하고, 덮어놓고 '아는' 것에 반대하는 것으로서 '보는' 것이란 천리를 보는 것이라고 여겼다. 그리하여 그가 주장하는 '인의 추구 방법'은 '하학처에서 가리켜 보이는 것'이며, '하학下學'은 물 뿌리고 쓸고 대답하고 상대하는 평소의 함양 공부이다.

'먼저 찰식한다'는 견해는 이렇게 하여 주희에 의해 폐기되었다. 그는 일찌감치 11월에 정순에게 보낸 편지에서 자기의 새로운 인식에 대해 처음으로 명확하게 서술하였다.

…… 모름지기 본 것이 있어야 비로소 손을 대고 마음을 쓸 데가 있다고 하지만, 나는 그렇지 않다고 생각한다. 경敬을 유지하고 공부를 적용하는 것에 대해 이천(정이)이 상세하게 말하였다. …… 이것이 곧 손을 대어서 공부할 곳이며, 먼저 본 바가 없어도 할 수 있는 것이다. …… 이천은 또 "덕성의 함양은 모름지기 경으로써 하고, 학문의 진보는 치지에 달려 있다.(涵養須用敬, 進學則在致知)"고 했고, 또 "도에 들어가는 데는 경만 한 것이 없다. 앎을 (끝까지) 이룬 사람 치고 경의 태도를 갖지 않은 자는 없다."고 하였다. 성현의 말로 살펴보면 이런 종류가 또한 많다. 이로써 성인 문하의 학문은 별도의 오묘한 방법이 없고 처음부터 끝까지 철저하게 경 한 글자임을 알 수 있을 뿐이다.   ─『문집』권41 「답정윤부」 서6[13]

'먼저 본 바가 없어도 할 수 있다'고 한 말은 자기와 호상파의 '먼저 찰식한다'는 설을 분명히 부정하는 것이다. 여기에서 주희는 처음으로 정이의 명언인 '함양은 경건으로써 하고 배움에 나아감은 앎을 (끝까지) 이룸에 있다'를

---

13 이 편지는 주희의 중화신설의 형성을 이해하는 데 매우 중요한 관건이다. 「답정윤부答程允夫」 서5에 "지난겨울 호상에 갔다."라 하고, "가을 시험의 결과는 이미 결정되었다."고 언급한 것으로 보아, 건도 3년(1167) 9월에 쓴 것임을 알 수 있다. 그 가운데 "하고자 할 만한 것을 선이라 한다(可欲之謂善)'는 구절을 평소 어떻게 보는지 편지를 보낼 때 말해다오."라고 했는데, 「답정윤부」 서6에서는 "'하고자 할 만하다'는 설은 매우 좋다. 다만 '하고자 할 만한 것을 바라고, 하고자 할 만하지 않은 것을 바라지 않는 것은 선이 아닌가'라는 말은 온당치 않다. ……"라고 하였다. 이로부터 이 편지가 서5와 앞뒤로 이어지며 대략 같은 해 11월 사이에 쓴 것임을 알 수 있다.

인용하여서 '먼저 찰식한 다음 조존한다'는 호상파의 주장을 대체하였다. 그러나 아직까지는 이런 주장을 운용하여 새로운 중화설을 해설하고 구축하려는 의식이 그에게는 없었다. 돈오頓悟의 영감 같은 점은 여전히 부족했지만, 중화신설의 논리 구조는 이미 갖추어졌다.

건도 4년 겨울에는 '먼저 찰식한다'는 설을 부정하는 것과 '경'으로 존양의 요체를 삼는다는 것이 그의 사상의 양대 주조가 되었다. 그는 하호에게 보낸 편지에서 주경主敬을 강조하여, "두 선생(정호와 정이)이 '경'이라는 한 글자를 집어낸 것은 참으로 성학聖學의 강령이자 존양存養의 중요한 방법입니다."라고 하였다. 결국 그는 '두 선생이 '경'에 대해 한 말을 모아서 세밀하게 풀어'내고자 했던 것이다(『문집』 권40 「답하숙경」 서20·22).

또 호실에게 보낸 편지에서는 '먼저 찰식한다'는 호상학자들의 설을 다음과 같이 비평하였다. "근래에 경이라는 한 글자가 참으로 성학의 시작과 끝이 되는 요체임을 깨달았습니다. 전에 '먼저 그 앎을 이룬 다음에 여기에 힘을 씀이 있다'고 논한 것은 온당치 않은 듯합니다."(『문집』 권41 「답호광중」 서1) 여기에 이르러서 『대학』의 '8조목'이 '격물치지'로 시작된다는, 그를 줄곧 난처하게 했던 문제도 설명할 수 있게 되었고, 중화신설을 세우기 위한 모든 조건이 갖춰졌다.

중화설에서 한 걸음씩 진보할 수 있었던 것은, 실은 그가 전력으로 정호와 정이의 모든 저작을 교정하고 열독하고 정밀하게 연구함으로써 촉진되었다. 장사에서 돌아온 뒤 호상학자들에 대해 실망을 느꼈기 때문에 그는 호상학을 뛰어넘어 직접 정호와 정이에게서 구했고, 정호와 정이의 저술에서 스스로 답을 찾기 위해 정호와 정이의 저작 전부를 한 차례 교정하는 수고를 아끼지 않았다.

정호와 정이의 저작인 『유서』·『외서』·『문집』 그리고 『경설』은 '정씨사서

程氏四書'라 불리며, 여기에 정이의 『역전』까지 더하여 나중에는 정주파程朱派 이학의 최고 성경聖經이 되었다. 이 책들은 모두 실제로 주희가 교정하거나 바로잡은 것들이다. 후세 사람들은 주희가 『유서』와 『외서』를 정리하고 교정했다는 사실만 알 뿐이고, 정호와 정이의 저작 전부를 정리하고 교정한 일이 중화신설로 발전하는 데 중요한 작용을 했다는 사실은 알지 못하였다.

주희가 정이의 『역전』을 교정한 때는 건도 4년(1168)으로, 장사에서 돌아온 지 얼마 되지 않은 때였다. 건도 5년(1169) 여름에 여조겸이 그 교정본을 빌리고 싶어 하자, 주희는 『역전』에 대해 "지금 여러 곳에 있는 판본은 매우 정밀하지 못하지만, 이 판본은 수교讎校한 것이 조금 정밀합니다."라는 답장을 보냈다(『문집』 권33 「답여백공」 서2). 여조겸은 「서교본이천선생역전후書校本伊川先生易傳後」에서 "신안의 주희 원회가 교정한 것은 수교가 아주 정밀하다."라고 칭찬하였다. 주희의 교정본은 따로 간행되어서 세상에 전해졌다.

『유서』·『외서』·『문집』·『경설』은 모두 주희의 정리와 교정을 거쳤다. 건도 6년에 복건 제거福建提擧 정백웅鄭伯熊이 정씨의 『유서』·『문집』·『경설』 등을 간행할 때 이용한 판본이 바로 주희의 교정본이었다. 이때 『외서』를 잠정적으로 간행하지 않은 것은 역시 주희의 의견 때문이었다. 나중에 주필대周必大는 다음과 같이 말하였다. "정경망鄭景望(정백웅)이 …… 복건에서 일찍이 정씨의 『유서』·『문집』·『경설』을 분류하여서 작은 판본으로 간행했으나 『역전』만은 제외하였다."(『주익국문충공문집周益國文忠公集·서고書稿』 권1 「여장흠부좌사與張欽夫左司」 서1)

설사륭薛士隆(설계선薛季宣)은 다음과 같이 말하였다. "이락유훈집伊洛遺訓集은 전부터 너무 무질서하고 잡다해서 읽기가 힘들기에 정수精粹를 널리 모아 한 학자의 말로 갈무리하고 싶었지만, 저는 그럴 만한 사람이 아니고 얻은 것도 많지 않아서 이 일을 하려 해도 감당할 수 없었습니다. 이제 간행하신 것을 저에게 주시니 먼저 채찍을 잡은 사람이 있음을 알겠습니다."(『낭어집浪語集』 권

24「여정경망與鄭景望」) 이것은 모두 주희의 교정본을 가리킨다. 주희는 이런 소책자를 간행했기 때문에 다시 장식의 비판을 받았다.

　주희는 장사에서 유자구劉子駒의 호씨 집안 개사본改寫本『경설』을 얻은 뒤, 돌아와서 곧바로 임용중과 함께 여러 판본을 이용하여 거듭 교정하고 편집하였다. 건도 5년에 임용중에게 보낸 편지에서 어떻게 거듭 편집했는지 구체적으로 설명하고 있다. "『경설』은 나중의 편지에서 정한 바에 따르는 것이 매우 좋겠습니다. ……『논어설』 아래에는 '『맹자』 부附'라는 글자를 붙여서 주석할 필요는 없습니다. 또『예기』를 옮겨서 제7권으로 하고, 첫 번째 줄 아래에 '이 선생二先生'이라는 석 자를 붙이고 그 뒤에다 '명도(정호) 선생이 개정한『대학』', '이천(정이) 선생이 개정한『대학』'이라고 제목을 달려고 합니다. 그 소서小序는 그대로 제6권 말미의『논어』·『맹자』의 설 뒤에 붙이겠습니다. 대체로 이 여섯 권이 본서이고, 나중 한 권은 오늘날에 붙인 것이므로 서로 섞이지 않게 하는 것이 좋겠습니다. 그러고서 (이런 사실을) 정 어른(鄭丈, ◦경경망)에게 아뢰는 것이 어떻겠습니까?"(『별집』 권6 「답임택지」 서4) 이는 세상에 전해지는 금본今本『경설』이 원래 주희에 의해 편집되어 나온 것임을 증명한다.

　최초의『문집』교정은 건도 2년(1166)에 이루어졌는데, 장식이 호씨 집안의 사본을 이용해서 간행하고 주희의 교정본을 이용하지 않았기 때문에 나중에 주희가 스스로 또 별도로 교정하고 보충해서 간행하였던 것이다. 건도 5년 4월에 장식은 주희가 수집한 정호程顥의 유문 아홉 편을 얻어서 장사에서 다시 간행하였다. 장식은 「서명도선생유문후書明道先生遺文後」에서 이런 사실을 언급하였다. "위의 것은 명도 선생의 유문 아홉 편이다. 장사의 학관에서 두 선생의 문집을 간행하였고, 3년 뒤에 신안 주희가 다시 이것을 나에게 보내주면서 옥산의 왕응신으로부터 얻었다고 하였다. ……"(『하남정씨문집』 부)

　주희는 채원정에게 보낸 편지에서 자기가『문집』을 교정한 사실에 대해 다음과 같이 언급하였다. "『정집程集』(정호와 정이의 문집)은 최근에 다시 촉본蜀本을 빌려 보았는데 처음에는 고친 데가 있지 않나 싶었지만, 한두 군데를 보니 장사에서 처음 간행할 때의 판본(*장식이 호본에 근거해서 간행한 판본을 가리킨다) 그대로였습니다. 전해지는 과정에 이렇게 잘못 알려져서 유감스럽습니다. 이제 아무거나 골라 시험 삼아 한 번 보다가 다른 부분이 있어서 종이를 풀로 붙여 표시해 두었습니다. 취할 만한 것이 있을지도 모르겠습니다."(『속집續集』 권2 「답채계통答蔡季通」 서8) 정백웅이 건녕建寧에서 간행한 『문집』은 바로 주희가 교정하고 보충한 판본을 이용한 것이었다.

　주희는 소흥 연간부터 정호와 정이의 어록을 끊임없이 찾아내서 건도 2년(1166)에는 초보적으로 편집하여 책을 만들고 간행할 준비를 해 두었으나 미처 간행하지는 못하였다. 이후 또 계속 깎고 다듬고 보충하였다. 그는 건도 2년 겨울에 하호에게 보낸 편지에서 『유서』의 수정에 대해 다음과 같이 말하였다. "(*정호와 정이의) 어록을 최근에 다시 읽어보았습니다. 아직도 정돈해야 할 데가 많아서 대략 고쳤습니다. …… 전에 순서를 편집할 때 만들어 둔 목록도 지금쯤은 고쳐야 하지만 아직 끝내지 못하였습니다. ……"(『문집』 권40 「답하숙경」 서4) 건도 3년 장사로 부임하기 전에 그는 『유서』를 이미 편성하고 서문 두 편을 써 두었다. 그 뒤 장사에서 돌아오고 나서 비로소 건도 4년 4월에 정식으로 서문을 확정하고, 정씨程氏 성을 가진 시박사市舶使에게 주어 천주泉州에서 간행하도록 하였다.

　『외서』의 편집과 확정은 건도 4년에 시작하여 건도 5년에 대략 완성하였지만, 자료 중에 뒤섞인 부분이 있어서 의심스러운 내용이 가끔 있다고 생각했기 때문에 건녕에서 『유서』·『문집』·『경설』을 간행할 때 함께 간행하지 못하였다. 그는 임용중에게 보낸 편지에서 이 일을 다음과 같이 언급하였다. "『외서』는 아직 제대로 갖춰지지 않았으므로 급하게 내놓고 싶지 않습니다.

이 일은 서둘러 할 필요는 없습니다. 지금은 대충 마쳤지만 마음에 들지 않는 부분이 나오게 되면 다시 고칠 수밖에 없습니다. 전하는 사람마다 너무 달라, 천하 후세에 더 이상 믿을 만한 것이 없게 만드는 일은 먼 장래를 위한 계책이 아닙니다. 아울러 정 어른(*정백웅)에게도 (이런 사실을) 아뢰는 것이 어떻겠습니까? ……"(『별집』권6 「답임택지」서4)

　　여기에서 주희가 이정 이학二程理學의 성경 다섯 종을 편집하여 확정하고 서문까지 확정한 것은 바로 건도 3년(1167) 장사에서 돌아와 건도 5년까지 중화신설을 배양하고 형성하여(用是不克) 확립한 시기의 일임을 분명히 알 수 있다. 정호와 정이의 글을 전부 정리하고 교정한 일은 정호와 정이의 저작과 그 사상을 전면적으로 상세히 파악하고 연구할 수 있는 기회가 되고 조건이 되었다. 송이 남쪽으로 건너온 이래로 정호와 정이의 저작은 『역전』을 제외하고는 모두 흩어져 없어져서 온전치 못한 상태였다. 심지어 설사룡薛士隆(설계선) 같은 영가학파永嘉學派의 거벽巨擘조차도 '이 일을 하려 해도 감당할 수 없다'는 탄식을 할 정도였으니, 일반 학자들이 정호와 정이의 전서全書를 볼 기회가 없었음은 두말할 필요도 없다. 후세를 위해 주희는 작업 공정이 매우 힘든 이학의 거대한 기념비를 완성하였고, 동시에 자기의 중화신설이라는 평생 학문의 대지를 그 비에 새겼다.

　　주희는 바로 정순程洵에게 편지를 보내 처음으로 '함양은 모름지기 경으로써 하고 배움에 나아감은 앎을 (끝까지) 이룸에 있다'는 정호의 말을 인용하고 나서, 두 달 만에 다시 한 번 정호와 정이의 저작을 훑어보던 중 결국 중화신설을 세워야 할 필요가 있다는 마지막 돈오와 영감을 얻었다. 건도 5년 (1169) 봄, 그는 채원정과 함께 묻고 논변하다가 문득 중화구설이 원래 '심心과 성性의 명명命名이 타당치 않을 뿐만 아니라', '일상생활의 공부에 대해 전혀 본령이 없었음'을 크게 깨달았다. 그는 즉시 또 '함양은 모름지기 경으로써 하고 배움에 나아감은 앎을 (끝까지) 이룸에 있다'는 사상의 지도를 받아 정호와 정이의 모든 저작을 다시 훑어보았다. 그러다가 서로 모순되고 어긋나는 갖가지 견해가 마침내 조금도 막힘없이 관통된다는 사실을 깨달았다. 이것이 그가 「중화구설서」에서 말한 '기축년(1169, 건도 5년)'의 깨달음이다. 생각의 길은 하나가 통하면 백 가지로 통하게 되어 있는지라 그의 중화신설은 순조롭게 확립되었다.

그는 먼저 자기 신설新說의 체계를 「이발미발설已發未發說」이라는 글로 썼다.[14] 그런 다음에 고쳐서 정밀하고 긴요한 「여호남제공논중화제일서與湖南諸公論中和第一書」를 써서 장식과 호상학자들에게 보냈다. 이 편지에서 그는 자기의 중화신설을 다음과 같이 개괄하였다.

> (정호와 정이의) 『문집』과 『유서』의 여러 설을 보면, 모두 사려思慮가 아직 싹트지 않고 사물이 아직 이르지 않을 때를 희로애락이 아직 발하지 않은 상태라고 합니다. 이때가 고요하여서 움직임이 없는 마음의 본체이며, 하늘이 명한 본성이 본체로서 갖춰진 상태입니다. 그것은 지나침과 미치지 못함, 치우침과 기욺이 없으므로 중中이라고 합니다. 그것이 자극을 받아 움직여서 마침내 천하의 이치에 통하게 되면 희로애락의 본성이 발하기 때문에 마음의 작용을 볼 수 있습니다. 그것이 절도에 맞지 않음이 없고 어그러짐이나 어긋난 바가 없는 것을 화和라고 합니다. 이는 인심의 바

---

14 「이발미발설」과 「여호남제공논중화제일서」를 비교해보면, 두 글은 대체로 내용이 서로 같지만, 「이발미발설」은 정호와 정이의 편지에 나오는 말이 많이 인용되어 있기 때문에 초고로 보아야 한다. 「이발미발설」의 "최근 정자程子의 『문집』과 『유서』를 보았습니다."라는 말을 근거로 「여호남제공논중화제일서」와 비교해보면 '비比(최근)'라는 한 글자가 더 많을 뿐이다. 이로써 「이발미발설」이 일단 주희가 중화신설을 깨친 뒤 곧바로 쓴 글임을 증명할 수 있다.

름이며 정情과 성性의 덕이 그러한 것입니다.

그러나 아직 발하기 전은 찾을 수 없고, 이미 느낀 다음에는 안배를 용납지 않습니다. 다만 평소에 장중하고 경건하게 함양하는 공부가 지극하여서 인욕의 사사로움이 어지럽히지 않으면, 아직 발하지 않은 때에는 밝은 거울이나 고요한 물과 같고, 이미 발한 때에는 절도에 맞지 않음이 없습니다. 이것이 일상생활의 본령 공부입니다. 일에 따라 성찰하고 사물에 나아가 미루어 밝히는 것도 반드시 이것을 근본으로 삼습니다. 그런데 이미 발하는 즈음에 보면, 그 (발한 것이) 아직 발하기 이전에 갖추어진 것임은 말하지 않아도 참으로 알 수 있습니다. 그러므로 정자가 소계명蘇季明(소병 蘇昞)에게 답할 때 매우 상세하고 정밀하게 반복해서 논변했지만, 끝내 경敬으로 말한 것에 지나지 않습니다. 또 '경건함(敬)을 유지하여서 잃어버리지 않는 것이 곧 중이 되는 까닭이다'라고 하고, 또 '사람의 도리는 경건만 한 것이 없다. 앎에 이르렀으면서 경건하지 않은 사람은 없다'라고 하고, 또 '덕성의 함양은 모름지기 경으로써 하고, 학문의 진보는 치지에 달려 있다 (涵養須用敬, 進學則在致知)'라고 한 것은 대체로 이 때문입니다. 전에는 강론하고 사색하면서, 심心을 이발已發로만 보고 일상의 공부 또한 단서를 살펴서 아는 것이 맨 처음 해야 할 것이라고 여겼는데, 이 때문에 평소의 함양 공부라는 단계 하나를 빠뜨렸던 것입니다. ……   —『문집』권64

여기에서 주희는 이통의 '미발'의 함양 공부를 다시 긍정하였다. 그러나 그는 단지 '경敬'으로 '정靜'을 대체했는데, '정'은 지양됨과 동시에 또 '경'에 포함되었다. 이렇게 해서 호상파의 '먼저 찰식하고 그 다음 조존한다'는 사상을 부정하고, 대신 '함양은 모름지기 경건으로써 하고 배움에 나아감은 앎을 (끝까지) 이룸에 있다'는 사상으로 대체하였다. 그럼에도 일에 따라 성찰하는 것은 도리어 보류되었고, '찰식察識'은 지양됨과 동시에 '치지致知'에 포함되었다. 따라서 그의 중화신설은 민학閩學과 호상학, 주정主靜과 주경主敬이라는 명도와 이천 두 학자의 요결을 융합한 이학 사상이다. 그것은 경敬과 지知를 함께 닦는 것을 특징으로 하는데, 지경持敬의 함양涵養과 치지의 찰식을 통일한 것이자 도덕 수양 방법과 인식 방법을 통일한 것이며, 정靜에만 치우쳐서 찰식 공부가 부족했던 이통을 극복하고, 동動에만 치우쳐서 함양 공부를 결여한 호상파도 극복한 것이다.

그는 이런 사상을 정호와 정이 사상의 '요지(大要)'와 자기 평생 학문의 대지로 확정하여서 『유서』의 서문에 집어넣었다. 건도 5년(1169)에 정백웅이 건녕에서 『유서』를 간행하기 전, 주희는 특별히 「유서서遺書序」의 '때에는 선후가 있다' 이하를 다음과 같이 고쳐 썼다. "선생의 학문은 그 요지를 알 수 있습니다. 이 책을 읽는 사람이 참으로 경건을 주로 하여서 근본을 세우고 이치를 궁구하여서 지식을 진보시키면 둘이 서로 끝없이 쓰임이 될 것이니, 일상생활에서도 선생의 마음과 말 없이 일치되어서 신빙성이 의심스런 전승에 대해서는 그 자리에서 판별할 수 있게 될 것입니다."(『속집』 권2 「답채계통」 서9) 이 말도 경과 지를 함께 닦고 함께 쓰는 그의 학문의 대지를 투철하게 개괄한 말이다.

장식과 호상학파 학자들은 중화에 대해 논한 주희의 첫째 편지를 본 뒤 모두 받아들일 수 없다는 뜻을 나타냈다. 오래지 않아 장식은 주희에게로 전향했으나, 일부 호상학자들은 여전히 호씨의 가학을 변함없이 굳게 지켰다. 주희와 호상학은 각기 제 갈 길을 갔다. 주희는 중화설에 대해 호상학자와 계속해서 반복하여 논변을 전개하였다. 건도 8년(1172)에 이르러 그는 중화구설을 편집해서 확정하고, 「중화구설서」를 지어서 이 논변을 총결함과 동시에 중화구설에서 중화신설로 나아간 자기 사상의 역정을 총결하였다.

중화신설의 확립은 주오主悟 – 주정主靜 – 주경主敬의, 곧 선禪에서 달아나 유가로 돌아오는 주희의 파란만장한 사상의 변화 과정이 끝났음을 선언한다. 도겸道謙의 주오로부터 이통의 주정에 이르는 과정은 주희의 반불교 사상이 한 차례 비약한 것이지만, 천리天理를 보존하고 인욕人欲을 없애는 이학가의 주정은 실제로는 의념意念을 모두 끊어버리는 선가禪家의 주정과 구별하기가 매우 어려웠다. 주희는, 정좌는 몸과 마음을 수렴하는 작용을 할 수는 있어도 주정만 가지고는 하나같이 다시 선도禪道로 떨어질 수 있다고 느꼈다. 그리하여 이같이 치우치고 그릇된 주정을 부정하였다.

정이는 '경'으로써 '정'을 대체해야 한다고 주장하면서 "정靜을 말하자마자 곧 불교의 설로 들어가버린다. 정靜 자를 쓰지 말고 경敬 자를 써야 한다."(『이정유서』 권18)고 하였다. 주희는 '함양은 모름지기 경건으로써 하고, 배움에 나아감은 앎을 (끝까지) 이룸에 있다'는 정이의 주장을 끄집어내어 실제 이치를 체인體認하는 유가의 수양 – 인식 방법을 세워서 마음은 고요하고 이치는 텅 빈 불교의 수행 방법과 경계를 그었다. 이는 주희의 반불교 사상의 또 한 차례 비약이다.

그러나 경敬과 지知를 함께 닦는 그의 방법은 실상 불학佛學의 사유 방법에서 영향을 받은 흔적을 남겼다. 불가는 선정禪定과 지혜智慧를 동시에 수양하고(定慧雙修), 마음을 전일하게 하는 것과 사리를 명확히 변별하는 것을 아울러 중시하고(止觀并重), 진리의 본체와 작용을 함께 사용할 것(寂照兼用)을 주장한다. 지의智顗는 "선정과 지혜 두 방법은 수레의 두 바퀴와 같고 새의 두 날개와 같다. 한쪽만 닦는다면 추락할 것이다."(『수습지관좌선요법修習止觀坐禪要法』)라고 하였다. 혜원慧遠은 "선정은 지혜가 아니면 그 고요한(寂) 본체를 궁구할 길이 없고, 지혜는 선정이 아니면 그 관조(照)의 작용을 깊게 할 수 없다.", "관조의 작용은 고요한 본체를 떠나지 않고, 고요한 본체는 관조의 작용을 떠나지 않는다.”(「여산출수행방편선경통서廬山出修行方便禪經統序」)라고 하였다.

그런데 경건(敬)과 앎(知)을 동시에 닦는 주희의 방법은 경건으로써 근본을 세우고 앎으로써 이치를 궁구하며, 경건으로써 마음을 전일하게 안정시키고 앎으로써 사물의 이치를 궁구하는 것이다. 그래서 “함양과 궁색窮索(이치를 궁구하여 찾음), 이 둘은 하나라도 없어서는 안 된다. 마치 수레의 두 바퀴와 같고 새의 두 날개와 같다.”, “이치를 궁구할 수 있으면 거경居敬 공부가 날로 진보하고, 거경할 수 있으면 궁리窮理 공부가 날로 더 세밀해질 것이다. 사람의 두 발에 비유하자면, 왼발이 가면 오른발은 멈추고, 오른발이 가면 왼발은 멈추는 것과 같다.”(「어류」 권9)라고 하였다. 또 경敬과 지知를 동시에 닦는 자기의 방법이 적어도 방법론에서는 선정과 지혜를 동시에 수양하고, 마음을 전일하게 함과 사리를 명확히 변별함을 아울러 중시하고, 선정과 지혜를 함께 사용하는 불교적 방법론의 이학적 번역판임을 은연중에 드러냈다.

그러나 이렇게 경건과 앎을 동시에 닦는 가운데 사물에 나아가 도를 찾고, 일에 나아가 이치를 찾으며, 분수分殊에서 자세히 살펴 인식하는 ‘앎•격물궁리)’은 또한 은연중에 영가 현각永嘉玄覺, 석두 희천石斗希遷, 청원 행사靑原行思 계열의 남종선南宗禪(•조동종曹洞宗·운문종雲門宗·법안종法眼宗)에서 말하는 ‘일에 나아가서 진리를 추구한다(卽事而眞)’는 사상의 흔적을 띠고 있다. 그는 도겸의 ‘영선靈禪’을 뛰어넘고 이통의 ‘주정’도 뛰어넘었으나 결국 통현암通玄庵에서 덕소 국사德韶國師로부터 받았던, ‘일에 나아가서 진리를 추구한다’는 게偈를 뛰어넘을 수는 없었다. — 선종과 화엄종이 ‘화엄선華嚴禪’을 통해 그의 이학 체계에 끼친 영향은 그가 죽을 때까지도 지울 수 없었다.

제8장

한천의 저술 : 이학의 검을 벼리다

초연히 태극太極을 만나다

호상파를 청산하는 논전

『사서집주四書集注』이전의 경학 체계

도통道統과 정통正統

┃ 초연히 태극太極을 만나다 ┃

주희는 평생 학문의 요지를 확립함으로써 20여 년 동안 '공허하고 신비로운 영역으로 치달렸던' 데서 '구두句讀와 문의文義'를 직접 공부하는 유가의 실지實地로 되돌아와 일생 가장 왕성하게 경학經學과 이학理學에 관한 책을 저술하는 시기로 진입하였다. 간난한 정신적 편력 가운데 일어난 이 중요한 전환을 그는 건도 8년(1172)에 설사륭薛士隆(설계선薛季宣)에게 보낸 편지에서 언급하였다.

짧은 몇 년 동안 주희는 비범하고 초인적인 정력과 그칠 줄 모르는 탐구정신을 발휘하여서 이본체 우주관理本體宇宙觀의 구조를 세우고, 유가 도통道統의 원류를 탐색하고, 호상학湖湘學과 벌인 논전을 청산하고, 오경五經과 사서四書의 새로운 장구章句를 짓거나 해석하고, 정통 사학史學을 이학화理學化하는 작업을 동시에 나란히 진행해 나갔다. 그의 평생 가장 중요한 경학·사학·이학 저술이 모두 이 시기에 완성되었거나 초고가 이루어졌다. 주희의 민학閩學은 장식張栻의 호상학, 여조겸呂祖謙의 무학婺學과 전면적인 토론과 교류를 시작하였다.

주희는 본래 진준경陳俊卿과 유공劉珙이 정치적으로 성공한 뒤에 조정에 한번 나아갈 생각을 품고 있었다. 그러나 유공은 일찌감치 건도 4년(1168) 8월에 전전 지휘사殿前指揮使 왕기王琪를 탄핵했다가 조신趙眘(효종)의 비위를 크게 거스른 일로 인해 조정을 떠나 융흥부隆興府의 지부知府로 나갔다. 이부 상서吏部尙書 왕응신汪應辰은 본래 재보宰輔인 참정參政(참지정사)에 들기를 바랐지만 폐정弊政을 대대적으로 개혁하다가 귀인貴人의 모함을 받아 수은水銀을 사사로이 팔았다는 죄를 뒤집어쓰고 평강부平江府의 지부로 나갔다. 근습近習을 배격하는 데 온 힘을 다 쏟은 좌상 진준경은 우상 우윤문虞允文과 정치적 견해가 맞지 않아 조신의 미움을 사서 건도 6년(1170)에 복주福州의 지주知州로 나갔다. 주희의 생애에서 조정에 들어가기 가장 좋은 기회가 너무도 빠르게 물거품이 되어버렸던 것이다.

그래서 건도 5년 5월에 시원지施元之의 근무 성적을 평가하여 간관諫官에 고쳐 제수한 뒤, 상서성에서 차자를 두 차례 내려보내 주희에게 조정에 들어와서 직무를 살피라고 독촉했을 때,[1] 주희는 두 차례 사직서를 올리고 악묘嶽廟에 차견差遣되기를 청하였다. 그의 친구이자, 진준경의 천거를 받고 포의布衣로서 조정에 들어가 태학록太學祿이 된 위염지魏掞之는 여러 차례 항의하는 상소를 올려서 총신寵臣 증적曾覿이 아직 조정에 있다는 사실을 간했다가 '황상(조신)의 뜻(上意)'을 거슬렀다는 이유로 7월에 파직되어 귀향하였다. 자기 한 몸을 돌아보기에도 겨를이 없던 진준경과 왕응신 모두 주희를 도와줄 수 없었다. 스스로 도성에 들어가서 일을 하기도 어렵고 진준경이나 왕응신에게 의지하기도 어렵다는 형편을 알아차린 주희는 유평劉玶에게 보낸 편지에서 "진陳(*진준경)은 원래 볼만한 것이 없고, 왕汪(*왕응신)도 녹록합니다."(『문집』 권24 「답유평보答劉平甫」)라고 하였다.

그는 조정의 명을 거스르고 넉 달이 되도록 부임하지 않았다. 왕응신에

---

1 여러 학자들이 편집한 연보에서는 모두 상서성의 차자가 다시 내려와 재촉한 일을 이해(1169) 가을 7월에 비정하였지만, 이는 잘못이다. 『문집』 권21 「회신최촉공직장回申催促供職狀」을 보면 "저는 지난 5월에 두 차례 상서성에서 보낸 차자를 받았는데, 나아와서 공무를 보라고 독촉하는 것이었습니다."라고 하였다.

게 보낸 편지에서는 은근히 풍자의 형식을 빌려 자기의 도학적인 분노를 털어놓았다. "조정의 명을 어긴 지 벌써 석 달이 되었습니다. 저의 죄를 물으려 한다면 핑계거리가 없을까 걱정하지 않아도 됩니다. 기왕 저의 청을 조속히 들어주지 않을 바에야, 조정의 명을 어기고 오만한 저의 죄를 바로잡기 위해 귀양 보내서 내치는 것만 한 일이 없을 터입니다. 이 또한 나라의 명성을 조금이라도 떨쳐서 천하의 선비로 하여금 도리를 지키고 이치를 따르는 일을 해서는 안 됨을 알게 하기에 족합니다. 그리고 한결같이 아첨하고 나약한 습성으로 지난날의 잘못을 이루게 하는 것도 한 가지 일입니다."(동상, 「답왕상서」)

이런 상황이 9월까지 이어지다가 주희의 70세 노모가 사망했기 때문에 그는 여묘廬墓에서 상喪을 지키려 하였다. 조정에서도 더 이상 그를 도성으로 불러들여 직무를 행하라고 강요할 수 없었다. 주희는 한천寒泉의 산간에서 평생 가장 중요한 강학과 저술 생활을 시작하였다.

건도 6년(1170) 정월, 풍수에 정통한 채원정蔡元定이 땅을 골라주어서 주희는 모친 축씨祝氏를 건양建陽의 숭태리崇泰里 뒷산 천호天湖 북쪽 한천오寒泉塢에 장사 지냈다.[2] 한천오에서 담계潭溪까지는 100여 리인데 오가는 길이 멀고 불편했기 때문에 그는 건양 서북쪽 노산봉蘆山峰 꼭대기 운곡雲谷에 세 칸짜리 초당을 짓고 '회암晦庵'이라 편액을 달아서 쉬어 가는 장소로 삼았다. 이곳도 그가 새로 머물러 지내면서 유람도 하고 저술도 하는 공간이 되었다. 이로부터 그는 '회암'이라는 호를 자기에게 붙이고 평생 산림에 은둔하며 스스로를 숨긴 채(自晦) 늙어갈 준비를 하였다.

---

2 오징吳澄의 『오문정공문집吳文正公文集』 권32 「우발주자묵적又跋朱子墨迹」에서는 "주자가 어머니 영인令人 축씨祝氏를 장사 지낸 곳은 서산西山(채원정)으로부터 얻은 땅이다. 그의 어머니가 장지를 얻으려고 할 때마다 반드시 친구인 서산에게서 얻을 것이라고 했다."라고 하였다. 주희의 이 편지는 지금은 일실되었다.

그러나 이때는 낙성하려면 아직도 먼 운곡은 강학하고 저술하는 주요 장소가 아니었다. 묘 곁에 살아야 했기 때문에 병산屛山의 옛집에 상주하면서 제자를 받아 강학할 수는 없었으므로, 이해에 그는 한천오에 한천정사寒泉精舍를 지어서[3] 찾아오는 선비들을 받아들였다. 그는 채원정에게 보낸 편지에서 한천정사의 규모를 다음과 같이 언급하였다. "작별하고 이틀 만에 책 볼 시간이 조금 생겼습니다. 논하고 싶은 일이 많은데, 만날 날이 머지않아서 다행입니다. 여기는 다만 여덟아홉 칸이지만 아래에 있는 한천은 열한두 칸입니다. 꼭 와서 살펴보아주시기 바랍니다."(『속집』권2 「답채계통」서2)

건도 6년부터 한천정사는 그의 친구들이 와서 강학하고 저술하며 학설을 세우는 중요한 장소가 되었다. 그는 한천·운곡·담계 사이를 오갔으며, 상을 마친 뒤에도 늘 한천정사에서 지냈다. 이때가 그의 생애에서 중요한 한 단계인 한천 저술寒泉著述의 시기이다. 이 시기는 순희 2년(1175) 7월에 운곡의 건물이 전부 완성될 때까지, 즉 주희의 강학 저술의 중심이 한천에서 운곡으로 옮겨갈 때까지 이어졌다. 그는 「복거卜居」라는 시 한 수를 지어서 한천정사의 저술 생활을 다음과 같이 읊었다.

병산 아래 집을 짓고자	卜居屛山下
30년 이리저리 살폈네	俯仰三十秋
끝내 마을 근처지만	終然村墟近
생각만큼 그윽하진 않았네	未愜心期幽

---

3 『가정건양현지嘉靖建陽縣志』 권5에서는 "한천정사는 숭태리에 있다. 송 건도 경인년庚寅(1170)에 주희가 그 어머니 축 부인을 천호의 북쪽에 장사 지내고, 마침내 그 곁에 집을 짓고 한천정사라는 편액을 걸었다."라고 하였다.

요즘 서산의 서쪽   近聞西山西

깊은 골짜기에 너른 밭고랑이 열려 있다는데   深谷開平疇

띠집이 열 몇 채에   茆茨十數家

맑은 시내는 배를 띄울 만하고   清川可行舟

풍속은 자못 순박하여   風俗頗淳朴

빈 땅을 구하기도 어렵지 않다 하네   曠土非難求

맹세컨대, 지방 수령되기는 거절하고   誓捐三逕資

이미 은둔할 계획을 이루었네   往遂一壑謀

남산 꼭대기 나무를 베어다가   伐木南山巓

북산 머리에 띠집을 지었다   結廬北山頭

동쪽 시내 언덕에선 밭을 갈고   耕田東溪岸

서쪽 시냇물엔 발을 씻는다   濯足西溪流

벗이 오면 곧 함께 기뻐하고   朋來卽共歡

손님이 가면 홀로 노닌다   客去成孤游

고요히 산수의 즐거움 있으나   靜有山水樂

몸과 세상 근심은 없다   而无身世憂

글을 지어서 앞으로 올 철인을 기다리고   著書俟來哲

허물을 기워서 옛 현인처럼 되려 하네   補過希前修

여기에서 남은 생애 마칠까 하니   兹焉畢暮景

어찌 굳이 딴 곳에서 은둔처를 찾으랴   何必營菟裘

— 『문집』 권4[4]

---

4 이 시는 『가정건양현지』 권3에는 '서산西山' 조條 밑에 「서산복거시西山卜居詩」라는 제목으로 되어 있다. 시에서 '서산의 서쪽'이라 한 것은 분명히 한천정사를 가리키지, 운곡雲谷의 회암을

채원정은 서산西山 꼭대기 평평하고 너른 곳에 띠집을 짓고 한천과 산을 하나 둔 채 마주하고 살았다. 그는 주희가 한천에서 저술할 때 가장 유력한 조수이자 친밀한 도우道友가 되었다. 채원정은 자가 계통季通이다. 그의 아버지 목당牧堂 채발蔡發은 역易·천문天文·지리地理 세 학문에 뛰어나서 '천문지리의 술에 정통하고, 음양과 성력星曆(점성술과 역법曆法 또는 별자리를 이용하여 만든 역법)의 수리(數)에 정통하다'는 칭송을 받았다. 특히 풍수와 술수를 좋아하였다. 웅대한 문장과 위대한 필적으로 이루어진 『지리발미地理發微』는 음양 풍수학을 뛰어넘어서 철학과 지리학의 명저가 되었다. 주희는 어릴 적에 채발에게서 배웠는데, 자주 촛불을 밝히고 한밤중까지 책상을 마주하고 강론하였다.[5] 이는 주희를 풍수·망기望氣·도맥導脈에 빠져드는 성벽으로 물들였다. 『지리발미』의 현묘한 이론은 주희의 자연관에도 그 자취를 남겼다.

채원정은 가학을 계승하고 더욱 발전시켜서 역학의 도서상수圖書象數와 방가方家(방술가)의 음양술수陰陽術數를 널리 정밀하게 연구하였다. 그는 어릴 적 건양建陽의 서산 정상에 올라가서 열심히 책을 읽고 갈고 닦으며, 쓰디쓴 냉이를 먹으면서 날을 보냈는데 "홀로 『역』을 안고 지낼 때에 지나는 길손도

가리키지는 않는다. 숭태리의 한천오는 서산의 서쪽에 있고, 운곡은 서산의 동쪽에 있기 때문이다. 또 운곡은 복거한 곳이 아니다. 순희 2년(1175)에야 비로소 이 산에 은거하려는 뜻을 가졌으니(「운곡기雲谷記」에 보인다) 이 시와 부합하지 않는다. 주희가 병산屛山에 복거한 때로부터 건도 6년(1170)에 한천정사를 세우기까지는 27년간인데, '삼십추三十秋(30년)'라고 한 표현은 대략의 숫자로 든 말이다.

5 『목당공집牧堂公集』에 부록된 첨체인詹體仁의 「채목당묘표蔡牧堂墓表」에, "주원회(주희)와 책상을 마주하고 한밤중에 이르도록 경전의 심오한 뜻을 토론하였으니 부지런했다고 할 만하다. 선생은 원우元祐 기사년(1089) 1월 18일 인시寅時에 태어나서 소흥紹興 임신년(1152) 6월 20일 자시子時에 세상을 떠났다."라고 했다. 주희의 『문집』 권83 「발채신여절필跋蔡神與絶筆」을 참조하여 보라.

드물었다. 단사표음單食瓢飲을 싫증 내지 않아 쌀독이 자주 비었다.(獨抱緯編過
客稀, 單瓢不厭屢空時)"(『건양현지』 권6)라고 하였다.

건도 원년(1165)에 주희가 불정암佛頂庵으로 거처를 옮기자 채원정이 제자
의 예를 행하고 배우러 왔다. 주희는 그의 학문을 타진해보고서 놀라움을 이
기지 못하여 "이 사람은 나의 벗이다. 제자의 열에 두어서는 안 된다."(『송사』
「채원정전」)라고 하였다. 그는 허승許升에게 보낸 편지에서 두 사람이 처음 알게
된 일을 다음과 같이 언급하였다. "산간에 배우는 사람 한둘이 따르고 있지
만 그 가운데 좋은 자질을 가진 자를 얻기는 매우 어렵습니다. 최근에 한 사
람을 얻었는데 기뻐할 만합니다. 매우 순수하고 두터워서 장래에 가망이 있
습니다."(『문집』 권39 「답허순지答許順之」 서8)[6]

주희가 중화신설을 세우는 과정에서 채원정은 함께 강론하고 그를 계발
해준 중요한 인물이다. 한천정사에서 이루어진 주희의 중요한 일련의 저작은
채원정과 함께 강학하고 토론하는 과정에서 탄생하였다. 채원정은 늘 주희의
저작을 고쳐주고 교정해주고 도와서 써준 사람이었다.

평생 학문의 대지大旨를 확립하기 이전에 주희가 선에서 달아나 유가로
돌아온 것과 불교·도교를 비판한 실제 목적은 수양 방법과 인식 방법을 탐구
하고 토론하는 데 더욱 힘을 쏟기 위해서였다. 경건(敬)과 앎(知)을 동시에 닦
는 수양 – 인식의 방법을 세운 뒤 그가 본체론과 우주관에 대한 탐구와 토론

---

6 주희가 채원정을 알게 된 때는, 관련 기록을 살펴보면 모두 건도 연간에 있었던 일이라 하지
만 정확한 연도는 나와 있지 않다. 유응리劉應李의 「채씨제유언행록서蔡氏諸儒言行錄序」(『남송문
록록南宋文錄錄』 권16)에서는 "소흥 연간에 오부五夫에서 주 문공(주희)을 만나 스승으로 섬겼다.
문공이 제자로 받아들이지 않고 다만 책상을 마주하고서 여러 경전의 오묘한 부분을 토론했
다." 하였다. 이 주장은 믿을 수 없을 듯하다. 여기에서는 주희의 「답허순지答許順之」 서8에 근
거하였다.

으로 방향을 돌린 것은 미래에 거대한 이학 체계를 건립하는 데 견실한 철학적 기초가 되었다. '초연히 태극을 만나는' 시기가 진정으로 시작된 것이다. 그는 이학의 개산開山인 주돈이周敦頤와 이학의 대사大師인 장재張載로부터 사상적 도움을 빌려서 태극 본체론과 우주관의 구조를 완성하였다. 그 지표가 바로 『태극도설해太極圖說解』와 『서명해西銘解』이다.

주희는 『태극통서太極通書』를 편정編定하는 일로 첫걸음을 내딛었다. 주돈이의 「태극도설」과 『통서』는 그의 생전이나 사후 얼마 동안은 간행되지 못했기 때문에 나중에 사람들은 모두 「태극도설」을 『통서』의 뒤에 잘못 배치하여서 마지막 장으로 삼았다. 소흥 4년(1134)에 주진朱震이 「태극도」를 조정에 바쳤고, 소흥 6년에 처음으로 건양 마사麻沙에서 『통서』가 간행되었다. 소흥 14년에 기관祁寬이 정자 문하인 후사성侯師聖(후중량侯仲良)의 판본(후사성본)과 세간에 유통되던 윤돈尹焞의 판본(윤돈본)을 구강九江의 고가故家에 있던 구본舊本(•뒤에 「태극도설」이 수록되어 있지 않다)과 함께 참조하여 교정한 다음 용릉舂陵에서 간행하였다. 그 뒤 영릉零陵에서도 간행되어 유포되었다. 건도 2년(1166)에 구강 태수 임률林栗도 『통서』를 다시 간행하였는데, 이를 구강본九江本이라고 한다. 뒷면에는 포종맹蒲宗孟이 지은 「주돈이갈명周敦頤碣銘」이 붙어 있다.

주희는 소흥 30년(1160)에 주돈이의 유문遺文 몇 편을 수집하는 과정에서 그때까지 간행된 모든 각종 판본에 불만을 품게 되었다. 특히 임률의 구강본에 대해서는 반감을 나타냈다. 임률이 '염濂'자의 편방偏旁을 빌려서 주돈이를 은근히 비난했는데,[7] 나중에 주희와 임률 두 사람의 태극 논변은 이때 이미

---

7 임률林栗의 「염계사당기濂溪祠堂記」는 지금 볼 수가 없고, 주희의 답장도 일실되었다. 참고로 누약樓鑰의 『공괴집攻媿集』 권66 「답조낭중서答趙郎中書」에서는 다음과 같이 말하였다. "염계濂溪의 염濂 자는 자서字書에는 없습니다. 내가 어릴 적에 사랑 임황중林黃中(임률)이 강주江州의 지주로 있을 때 「염계사당기」를 지은 것을 보았습니다. …… 그 가운데 또한 염濂 자에 대

발단되었던 것이다. 주희도 이해에 따로 『통서』를 교정한 뒤 유공을 통해 장사長沙에서 간행하였다. 이는 주로 임률의 구강본을 겨냥한 것으로서 '이 도가 쇠미해지는' 것을 만회하는 데 목적이 있었다.

이 장사본은 호굉胡宏이 정한 장의 차례를 채용하되, 장의 제목을 없애고 '주자 왈周子曰'이라는 글자를 더하고, 자기가 입수한 주돈이의 유문과 반흥사潘興嗣의 「주돈이묘지명周敦頤墓志銘」을 덧붙였는데, 반흥사의 「주돈이묘지명」을 가지고 포종맹의 「주돈이갈명」의 잘못을 바로잡으려 했던 것이다. 주희

해 말한 것은 마치 원차산元次山(원결元結)의 오 오오唐峿浯처럼 개인의 의견에서 나온 것입니다.(『원차산집元次山集』 권10에는 나란히 「오계명浯溪銘」·「오대명峿臺銘」·「오경명唐㕧銘」이 수록되어 있다. 「오계명」의 서문에 따르면, "오계는 상수湘水 남쪽에 있다. 북으로는 상수가 흐르는데, 그 기이한 승경을 좋아하여서 마침내 시냇가에 집을 지었다. 시내는 세상에 이름이 일컬어지지 않았다. 나 스스로 그 시내를 좋아하기 때문에 오계浯溪라고 명명하고, 시내 입구(溪口)에 명문을 새긴다." 하였다. 오대峿臺는 명문에 따르면 오계 동북쪽 20여 길(丈) 떨어진 곳에 있는, 둘레가 300~400보, 높이가 80~90자 되는 괴석을 터전으로 하여서 세운 누대이다. 또한 오경唐㕧은 오계 입구에 있는, 높이 60여 길, 둘레 40여 보쯤 되는 기이한 바위에 세운 정자이다. 이 시내와 누대, 정자의 이름은 저마다 나(吾)라는 글자를 뿌리로 삼는다. 원래 이름이 없던 것을 내가 좋아한다는 뜻에서 원결이 그렇게 붙인 것일 뿐 시내, 누대, 정자의 이름과 실제 의미 사이에는 별다른 근거가 없다. ─ 역자 주) 최근에 조이도晁以道가 편집한 『조씨참기허씨문자晁氏參記許氏文字』라는 책을 보았는데, 말하기를 '염溓 자는 수水와 겸兼을 따른다. 서본徐本에서는 〈얇은 얼음이다. 일설에는 가운데가 끊어진 작은 물이다.〉 하고, 당본唐本에서는 〈얇은 얼음이다. 혹은 가운데가 끊어진 작은 물이다. 또 물에 빠짐이다. 혹은 염廉을 따른다.〉라고 했다. 서본에는 염溓 자가 빠져 있다. 『소문素問』(『황제내경소문黃帝內經素問』)에 따르면 〈여름 석 달의 병은, 낫지 않고서 지음至陰(비장脾臟)에 이르면 열흘을 넘기지 못하고 죽는다. 맥이, 양에 음이 교체하면 죽는 시기는 염수溓水(7월에 물이 고요해질 때)에 있다.〉라고 했다. 양상선楊上善은 〈염溓은 물이 고요한 것이다. 7월은 물이 생겨나는 시기이다.〉 했다. 그러니 겸兼 자를 따른 것은 또한 고문古文이며, 염溓 자는 겸병兼倂의 겸兼 자가 아니다.' 했습니다. 이상은 모두 조이도의 설입니다. …… 내가 살피건대, 『소문』 권24 「음양류陰陽類」의 여름 석 달을 이러저러하게 논한 부분의 '염수溓水에 있다'의 주에 '염수란 7월로서 신申의 방위에 드는 달이다. 물은 신申에서 생기며 음과 양이 거꾸로 된 것이다.'라고 했습니다. 양상선은 '염溓은 염溓과 검儉의 번절反切이다. 물이 고요한 것이다. 7월은 물이 생겨나는 시기이다.'라고 했는데, 당본에서는 이미 '혹은 겸兼을 따른다'고 했으니 염溓 자가 없는 것은 아닙니다."

는 실제로 포종맹의 「주돈이갈명」에 주돈이가 왕안석의 신정新政을 칭송했다고 서술되어 있어서 불만이었는데, 이 점은 은연중 그의 학파적 정서를 드러낸다. 하지만 그는 오래지 않아 이렇게 해도 여전히 주돈이와 정호·정이의 도를 부각시킬 수 없음을 느꼈다. 그가 볼 때 주돈이의 학문은 '그 오묘함이 「태극도太極圖」에 갖춰져 있고, 『통서』의 말은 모두 태극도의 오묘한 이치를 드러낸 것'이었다. 그런데 자기가 교정한 장사본을 포함하여 각종 판본이 모두 「태극도」를 『통서』의 뒤에 붙인 것은 최대의 실수였다.

건도 5년(1169) 6월에 주희는 곧 『통서』를 다시 교정한 다음 건안建安에서 간행하였다. 건안본의 특징은 반홍사의 「주돈이묘지명」에 근거해서 「태극도설」을 책의 앞쪽에 두었기 때문에 책 이름을 『태극통서』라고 고친 점, 호굉이 정한 장의 차례와 '주자 왈周子曰'을 없애고 원래 있던 장의 목차를 복원한 점, 반홍사의 「주돈이묘지명」과 포종맹의 「주돈이갈명」, 그리고 황정견黃庭堅과 공문중孔文仲 등이 기록하고 산정하여서 편성한 「사장事狀」 한 편을 부록으로 붙인 점이었다. 분명히 건안본은 「태극도설」을 위주로 하고 『통서』를 다음으로 하여 주돈이의 태극 본체론을 부각시키고, 반홍사의 「주돈이묘지」를 높인 반면 포종맹의 「주돈이갈명」을 억눌렀으며, 이에 더하여 주돈이를 도통道統을 계승한 성인의 모습으로 완벽하게 만들어냈다.

건도 6년에 주희가 한천정사에서 완성한 『태극도설해』의 초고는[8] 바로

---

8 여러 연보는 모두 『태극도설해』가 건도 9년(1173)에 이루어졌다고 비정하였으나, 실은 그 서문이 확정된 해를 말하는 것이고, 글이 처음 완성된 때는 건도 6년이다. 주희의 『문집』 권31 「답장경부」 서3에서는 "통서발通書跋'은 말이 매우 정밀합니다. …… 『태극도설해』는 나중에 고친 것이 많지 않습니다. 별지로 올리니 해당하는 곳은 더욱 가르쳐주시기 바랍니다."라고 하였다. 장식은 「통서후발通書後跋」을 건도 6년 윤5월에 지었는데, 엄릉嚴陵에서 주희가 정한 『태극통서』(*건안본)를 간행하기 위한 것이었다. 당시 장식은 엄주嚴州의 지주였고 여조겸은 엄주의 교수였다. 또 『여동래문집』 권3 「여주원회」 서2에 "『태극도해太極圖解』를 최근에 비로소

자기가 손수 교정한 건안본에 의거한 것이었다. 주희는 이때 「태극도」의 연원에 대해서 아직 완벽하게 이해하지 못하고 있었다. 장생불사의 신선이 되는 도교의 내단內丹 수련법은 사람의 몸을 연단煉丹하는 솥과 화로(鼎爐)로 삼는다. 사람 몸속의 정기精氣는 약물이 되고, 신神은 운용하는 불(火候)이 되며, 정기와 신을 수련하여서 응결한 것이 내단이다. 도교도들이 볼 때, 내단을 수련하는 이 과정은 바로 우주 만물의 생성 변화 과정과 정반대이다. 삶이 있고 죽음이 있는 것은 자연의 순행하는 '상도常道'이다. 그러나 사람이 만일 '상도'를 거슬러서 연단煉丹을 한다면 생사의 상도를 초월하여서 본래의 허한 상태로 되돌아가(返本還虛) 몸과 도가 하나로 합쳐져서 죽지 않고 오래 살게 된다.

자연에 순행하는 만물의 생성 변화와 역행하는 내단의 수련은 각기 정正과 반反의 반대 방향으로 나아가는 과정이다. 도교도들은 도식圖式을 이용해서 이 두 과정을 묘사하고 서술했는데, 순행하여서 조화를 이루는 그림이 「태극도」이고, 법칙을 역행하여서 단丹을 완성하는 그림이 「무극도無極圖」이다. 같은 한 장에 그려진 도의 그림(道圖)에는 순행과 역행, 정과 반의 두 가지 오묘한 작용이 들어 있다. 그림의 가장 위에 잇는 동그라미는 법칙을 역행하여서 단을 완성하는 과정으로부터 말하면 '무극'(*「노자」의 '무극에 복귀한다(復歸於無極)'에 뿌리를 두고 있다)이다. 그러나 우주 생성 변화의 과정으로부터 말하면 '태극'(*「계사」의 '역에 태극이 있다(易有太極)'에 뿌리를 두고 있다)이기 때문에 '무극이면서 태극이다.(無極而太極)'

주돈이는 이 그림 한 장을 얻어서 한 그림 속에 순행과 역행, 정과 반으

입수하여 읽었습니다." 하였고, 서3에 "『태극도해』에 대한 의문점을 거듭 일일이 가르쳐주시기 바랍니다."라고 하였다. 두 편지는 모두 건도 6년에 쓴 것임이 매우 분명하다. 이에 근거하면, 주희가 『태극도설해』를 처음 지은 때는 건도 6년 초여름이어야 한다.

로 동시에 해설하였다. 따라서 가장 위의 동그라미가 '무극이면서 태극'이라는 점은 매우 분명하다. 나중에 『태극도서太極圖書』라고 이름이 잘못 붙은 그의 이 저작의 정확한 명칭은 실상 반홍사의 「묘지명」에 근거하여 『태극도역설太極圖易說』이라 해야 한다. 이는 태극도를 빌려서 우주는 끊임없이 낳고 낳는다고 하는 그의 변역變易 사상을 해설한 책이다. 곧 그는 태극으로부터 만물이 생성 변화 하는 변역과 만물이 무극으로 복귀하는 변역을 통해 끊임없이 낳고 낳아서 그치지 않는 우주 전체의 영원한 변화와 운동의 과정이 구성된다고 보았다. 그러므로 문장의 마지막은 "위대하다, 역易이여. 이것이(변역) 그 지극함이다.(大哉易也, 斯其至矣)"라고 귀결시키고, 『통서』의 첫머리에서 "위대하다, 역이여. 성명性命의 근원이로다.(大哉易也, 性命之源乎)"라고 한 말과 서로 호응하면서 『태극도역설』에서 말한 '역설易說'의 종지를 지적해냈다.

주돈이는 사람들이 이런 '원시반종原始反終(처음을 궁구하고 그 끝을 미루어 앎)'이라는 정과 반, 순행과 역행의 영원 항구한 변역에 대면하여서 마땅히 '무극'의 한 이치, 곧 천·지·인 삼재(三才)로 돌아가고, '천지와 그 덕을 합하는 성인(聖人與天地合其德)'의 경지에 도달하는 것을 추구해야 한다고 인식했는데, 이것이 바로 유가가 줄곧 고취해온 '천인합일天人合一'이다. 분명히 주돈이는 태극도를 빌려서 정과 반, 순행과 역행으로 해설하는 도교의 사유 방식을 흡수하여 자기의 이학 사상을 해설하였다.

주희는 「태극도」의 이런 원류의 변화와 주돈이의 태극 사상에 대해 아무것도 명료하게 이해하지 못하였다. 「태극도」의 전수 과정에 대해서 그는 주진朱震·호굉胡宏 등의 주장에 근거하여, 주돈이가 목수穆修에게서 얻었고 목수가 진단陳摶에게서 얻은 것이라고 여겼다. 그러나 목수가 명도明道 원년(*1032)에 죽었을 때 주돈이는 겨우 여남은 살이었고, 서로 멀리 떨어진 곳에서 살았기 때문에 근본적으로 목수는 주돈이에게 그림을 전해줄 수 없었다. 여기에는 종래 사람들이 모르고 있던, 전수의 중간 고리가 있다. 곧 진단의 재전제자再傳弟子이자 도교 자양파紫陽派의 조사인 장백단張伯端이다.

주돈이의 장인 육선陸詵은 장백단의 인품을 알아주고 그의 목숨을 구해주는 은혜를 베풀었다. 장백단은 나중에 육선을 따라 성도成都로 들어가서 유해섬劉海蟾이 전수한 금단요결金丹要訣을 얻었다. 주돈이는 당연히 육선을 통해 장백단에게서 「태극도」를 얻었으리라. 장백단이 『참동계參同契』와 함께 금단金丹의 정종正宗으로 떠받드는 『오신편悟眞篇』에서 총결한 사상이 주돈이에게 깊은 영향을 미쳤음이 틀림없다. 『태극도역설』에 그 자취가 분명히 남아 있다. 이렇게 보아야만 비로소 주돈이의 「태극도」 및 그 태극 사상의 연원을 탐구하여 밝힐 수 있다. 그러나 주희는 당시에 볼 수 있었던 자료의 한계 때문에 이런 판단을 내릴 방법이 없었다. 또 한편으로는 억지로 주돈이를 빌려다가 자기의 태극 이본론太極理本論을 세우고자 했기 때문에 오히려 그는 완전히 자기가 이해하고 인식한 것에만 비추어서 「태극도설」을 풀이하였다.

주희가 지은 『태극도설해』의 지도적 사상은 바로 정이가 「역전서易傳序」에서 말한 '체용일원體用一源 현미무간顯微無間(본체와 작용은 근원이 같고, 현상과 본질은 간격이 없다)'이었다. 정이의 이런 사상에 근거해서 그는 「태극도설」의 해설을 통해 자기 이학 체계의 세 가지 원칙을 확립하였다.

첫째, 무극과 태극은 동일하다. 무극은 곧 태극이며 동일한 등가의 본체 범주이다. 둘은 모두 우주의 본체인 '이理'를 가리키는데, 형체가 없기에 볼 수 없다는 측면에서 말하면 '무극'이고, 객관적으로 실재한다는 측면에서 말하면 '태극'이다. 이 때문에 '무극이태극無極而太極'은 형체는 없으나 이理는 있음을 말하는 것이지 무에서 유가 생겨났다고 말하는 것이 아니다. 이렇게 '무극'을 끌어들임으로써 태극의 이(太極之理)의 정신성을 한 걸음 더 나아가 표현할 수 있었다. 주희는 이 원칙을 빌려와서 무극 – 태극의 이 본체론理本體論을 확립하였다.

둘째, 이理와 기氣, 도道와 기器는 서로 분리될 수 없다. 주희는 '태극'은 도이고 '음양'은 기器(*도가 아니다)라고 단정하여 '태극과 음양을 도와 기로 나누어서는 안 된다'는 주장을 논박하고, 태극의 이理는 만물을 낳지만, 또 만물 가운데서 한편으로는 이理가 기氣를 낳고, 도가 기器를 낳으며, 또 한편으로는 이理가 기氣를 떠나지 않고 도가 기器를 떠나지 않기 때문에 '기器는 또한 도이고, 도는 또한 기器'라고 여겼다. 이理와 기氣, 도와 기器의 관계도 일종의 본체(體)와 작용(用), 현상(顯)과 본질(微)의 관계이다. 이와 같이 이理와 기氣, 도와 기器의 상즉설이 강조하는 것은 '즉사즉물卽事卽物'이다. 이는 이理에 대한 기氣의 불가분리성을 강조한 것으로, 그의 이학 체계에서 유물주의를 조화시키려는 이원적 경향을 나타낸다. 나중에 주희가, 기氣의 범주를 중시하지 않으며 음양을 도道로 보고 기器로 보지 않은 육구연陸九淵의 심학을 비판한 것은 사실은 일찍이 『태극도설해』에 이미 그 단초가 나타나 있었다. 그는 이 원칙을 빌려서 이 – 기 – 만물의 우주 화생론과 즉물궁리卽物窮理의 인식론을 세웠다.

셋째, 이일분수理一分殊이다. 본체와 작용, 현상과 본질의 관계는 이일理一과 분수分殊의 관계이기도 하다. 주희는 주돈이의 설을 빌려 다음과 같이 설명하였다. "남자와 여자로 보면 남자와 여자는 저마다 한 성性을 갖지만 남자와 여자는 같이 한 태극을 갖는다. 만물로부터 보면 만물은 저마다 한 성을 갖지만 만물은 같이 한 태극을 갖는다. 합쳐서 말하면, 만물은 통틀어서 한 태극을 몸으로 삼고(統體一太極), 나누어서 말하면, 저마다 태극 하나를 지니고 있다(各具一太極)." , "혼연한 일체는 무극의 신비가 아님이 없으며, 무극의 신비는 또한 저마다 한 사물에 갖춰지지 않은 적이 없다."라고 하였다. 이는 곧 한 이理가 흩어져서 만 가지 이理가 되고, 만 가지 다른 것이 한 이理라는 뿌리로 되돌아간다는 뜻이다. 만물이 저마다 한 태극을 갖춘 것은 모두 '통체일

태극統體一太極'이 나누어진 것이지만, 또 저마다 원만하게 모두 갖추고 있다. 통체일태극과 한 사물의 태극의 관계는 바로 이일理一과 분수分殊의 관계이며, 보편의 도道와 특수의 이理의 관계이다. 이일분수의 확립은 주희 이학 체계의 최고 철학적 원칙이 되었는데, 그는 이 원칙을 빌려서 집대성된 이학 체계를 세웠다.

의심할 바 없이, 주희는 『태극도설해』에서 정호와 정이에 충실했고, 더욱이 주돈이에게도 깊이 충실하였다. 그는 어떤 부분에서는 정이程頤를 이용하여 주돈이를 해설했는데, 가장 분명한 사실은 주돈이에게 주경主敬을 덧붙여서 주정主靜을 대체했다는 점이다. 주돈이는 「태극도설」에서 확실히 '성인은 중정인의中正仁義(행동은 이치에 적중하고, 처신은 올바르고, 감정은 어질고, 일 처리는 의로움)로 온갖 일을 안정시키되 고요함(靜)을 주로 한다', '욕망이 없으므로(無欲) 고요하다'고 했지만, 주희는 오히려 '경敬'을 이용하여서 주돈이의 '정靜'을 다음과 같이 해설하였다. "덕성을 닦기도 하고 어그러뜨리기도 하는 것 역시 경건하게 하느냐 멋대로 하느냐 하는 사이에 있을 뿐이다. 경건하면 욕심이 적어져서 이치가 밝아진다. 욕심이 적어지고 또 적어져서 없는 데에 이르면 마음이 고요할 때에는 텅 비고 움직일 때에는 곧아서 성인을 배울 수 있을 것이다."

나중에는 아예 주돈이가 고요함 쪽으로만 치우쳤다고 비평하면서 다음과 같이 말하였다. "염계濂溪(주돈이)는 고요함(靜)을 주로 할 것을 말하였는데, 이 고요함이라는 글자는 경건(敬)이라고 보아야 한다. 그러므로 또 '욕심이 없으므로 고요하다'고 하였다. 만약 텅 빈 고요함으로 여긴다면 아마도 불가나 도가로 들어간 것이리라."라고 하였다.

주희의 해설은 기본 정신에서 볼 때 주돈이의 이학 사상을 크게 위배하지는 않았다. 가장 중요한 구절인 '무극이태극無極而太極'에 대해 주희는 비록 법칙을 역행하여서 단丹을 완성하는 것과 순행하여서 조화를 이루는 정正과 반

反의 도가의 도식에 입각하여 해설하지는 않았지만, 형체는 없고 이치는 있는 것을 가리킨다고 오해하였다. 그러나 그가 무극과 태극은 '이理'의 동일한 본체 범주를 가리키는 것이지 '무가 유를 낳는다無生有'는 도가의 범주를 가리키지는 않는다고 한 점은 오히려 주돈이의 사상에 부합한다. 주돈이가 말한 '태극'은 성명性命의 이理를 가리키며, 천·지·인 삼재의 이理이고 천리天理이기도 하다. 주희의 해설은 주돈이의 이런 본뜻에 부합하였다. 따라서 『태극도설해』에서 오히려 구체적이면서도 은미하게 송 대 이학이 주돈이로부터 정이에 이르고 다시 주희에 이르는 발전 과정의 역사적 그림자를 꿰뚫어볼 수 있다.

주희는 『태극도설해』의 초고를 다 쓴 다음에 맨 먼저 장식·여조겸·채원정 세 사람에게 보내주고, 이들의 의견에 따라 계속 고쳐 나갔다. 주희·장식·여조겸 세 사람은 「태극도설」에 대한 기본적인 시각, 예를 들어서 무극은 곧 태극이다, 태극은 곧 이理이다, '무극이태극'이란 무에서 유가 생겨난다는 뜻이 아니라는 등의 사상에 대해서는 의견이 일치했지만, 구체적인 해설에 들어가면 의견이 크게 엇갈렸다. 여조겸은 전문적으로 「태극도의질의太極圖義質疑」를 지어서 주희의 해설을 상세히 비판했는데, 그 주요한 점은 다음과 같다. 태극을 도道로 보고 음양을 기器로 보는 주희의 주장은 '형명形名이 지나친 문제가 있는 듯하다', '오행각일성五行各一性(오행이 저마다 본성 하나씩을 지니고 있다)'을 '각구일태극各具一太極(만물이 저마다 태극 하나씩을 지니고 있다)'으로 해석하는 것에 동의하지 않는다, '중정인의中正仁義'에서 '중'과 '인'을 '정靜'으로 해석한 것은 타당하지 않다, 이일분수理一分殊로 무극이오無極二五(무극·음양·오행)를 해석하는 것은 '아마도 타당하지 않은 듯하다'.

장식의 관점은 여조겸과 대체로 일치하였다. 건도 9년(1173)에 이르러 논변이 인설仁說과 「서명西銘」으로까지 확대되었기 때문에 장식과 여조겸이 주희와 의견이 엇갈린 점은 세 방면에 집중되어 나타났다. 첫째, 정이의 '체용일원體用一源 현미무간顯微無間'을 이용한 「태극도설」의 해설은 설득력이 떨어진다. 둘째, '중정인의'를 동動과 정靜으로 나누는 것은 주돈이의 본뜻에 합치하지 않는다. 셋째, 글자 하나하나, 구절 하나하나에 대한 훈고가 그림의 의미를 깎아버리고 지나치게 억지스럽다.

주희는 『태극도설해』를 왕응신汪應辰·호실胡實·임용중林用中·진명중陳明仲 등에게도 보내서 토론하였다. 호실이 그에게 「태극도」의 구본舊本을 보내주었지만, 주희는 주돈이의 도설과 현격하게 합치하지 않는다고 하면서 부정하였다. 왕응신도 대체로 장식·여조겸과 같은 시각을 가지고 있었다. 주희는 여전히 자기 관점을 견지하였다. 이해에 『태극도설해』의 서문을 짓고 나서 책 뒤에다 쓴 「논論」에서 일곱 가지 주장에 대해 일일이 반박했는데, 결국 이는 모두 장식·여조겸·왕응신 세 사람의 관점에 대한 반박이었다. 이는 분명히 이 「논」을 장식·여조겸과 3년여에 걸쳐 이루어진 왕복 토론의 총결로 삼고자 한 것이었다. 장식도 곧 같은 해에 별도로 『태극도설太極圖說』을 지어서 고안高安에서 간행하였다.

주희·장식·여조겸 세 사람의 의견이 엇갈린다는 사실이 공개되지 않도록 하기 위해서, 그리고 동시에 아직은 모두 견해가 성숙되지 않았음을 느끼고 있었기 때문에, 결국 주희는 서문을 확정한 『태극도설해』를 간행하지 않음으로써 공개하지 않기로 결정하였다. 장식도 고안에 있던 『태극도설』의 판목을 회수하였다. 세 이학 대사理學大師가 「태극도설」을 해설하는 관점에서 나뉘었다는 사실은 그들이 도道와 기器, 체體와 용用, 동動과 정靜, 인仁과 의義에 대한 견해에 차이가 있었음을 나타낼 뿐만 아니라, 또한 위로 정호와 정이를 계승한다는 주희의 학파 의식이 장식이나 여조겸보다 더 강렬했음을 분명히 나타낸다. 그러므로 주희의 『태극도설해』는 순희 15년(1188)에 반도학反道學 당에 반격할 필요에 따라 정식으로 공개되어서 세상에 유포되었지만, 그때도 그의 태극 사상은 아무것도 변하지 않았다.

주희가 지은 또 한 책은 건도 6년(1170)에 완성한 『서명해』이다.[9] 그는 이 책과 『태극도설해』로써 태극 이본론太極理本論의 구조를 완성하고, 아울러 태극 이본론을 이일분수理一分殊라는 최고 철학 원칙과 연계해서 성론, 도덕론, 인식론, 사회정치관으로까지 확대하였다. 그리하여 장재를 주돈이와 함께 '성인'으로 세워서 도통 가운데 집어넣었다. 주희는 또한 이전에 편집하고 확정한 『횡거집橫渠集』을 입수하였다. 건도 원년(1165)에 촉蜀(사천四川)에 들어간 왕응신도 세상에 전해지지 않은 장재의 저작을 그에게 보내주었다.

건도 2년 가을에 주희는 장재의 저작을 입수하게 된 정황을 하호何鎬에게 다음과 같이 말하였다. "최근 성도成都(*생각건대, 왕응신을 가리킨다)에서 횡거橫渠(장재)의 책 여러 종을 보내주었는데, 그 가운데 덧붙여 넣을 만한 것이 많아서 주석하여 보완하고 싶습니다."(『문집』 권40 「답하숙경」 서3) 주희는 이때부터

---

9 여러 학자들의 연보는 모두 「서명해후발西銘解後跋」에 근거하여서 『서명해』가 건도 8년(1172)에 이루어졌다고 비정하였으나, 이해가 처음 쓴 해는 아니다. 백전(왕무횡)의 『고이考異』에서는 "조사해보면 『서명해』를 지은 일은 임진년(1172) 이전이어야 한다."고 하였으나 또한 확실한 근거가 있지 않다. 지금 생각건대, 『남헌선생문집』 권22 「답주원회」 서7·8에 주희가 보내준 『서명해』에 대한 언급이 있다. 그 가운데 서8에서는 "공보共父(유공)는 이미 구강九江을 지나다 찾아봤으리라 생각합니다. 그가 집에 도착한 뒤에 사람을 보내 위문할 때 또한 책을 받았습니다. 우환 중에 있을 때 바로 덕에 나아가게 해야 합니다. 이는 형에게 의지하는 바가 있습니다." 하였다. 우환이란 곧 유공이 경국부인慶國夫人(유공의 어머니 탁씨卓氏)의 상을 당한 일을 가리킨다. 주희의 『문집』 권94 「유추밀묘기劉樞密墓記」에 따르면 때는 건도 6년 9월이었다. 주희가 『서명해』를 지어서 장식과 여조겸에게 보낸 때는 대략 같은 해 여름과 가을 사이였다. 건도 6년 5월에 장식은 상서 이부 원외랑尙書吏部員外郞으로 불려 갔고, 여조겸도 조정에 들어가서 태학 박사가 되었다. 그러므로 서8에서는 또 "『유서遺書』는 다시 수정해야 합니다. 최근에 백공伯恭(여조겸)과 함께 이 판본을 가져오고자 합니다. 국자감國子監에서 모두 수정할 수 있을 것입니다."라고 하였다.

「서명」을 주해하려는 생각을 갖고서 다양한 판본에 근거하여 『횡거집』을 교정하고 보충하였다. 나중에 그는 장재가 남긴 글을 끊임없이 수집한 뒤, 여조겸이 사천본을 이용하여 무주婺州에서 간행한 『횡거집』에 불만을 품고서 순희 6년(1179)에 자기가 교정하고 보충한 『횡거집』을 융흥隆興에서 간행하였다.

『서명해』는 주희가 채원정과 함께 상의하고 토론한 뒤에 썼는데, 처음 붓을 들게 된 동기는 아마도 일시적인 영감에 촉발을 받은 듯하다. 그는 나중에 이 책을 짓게 된 과정을 다음과 같이 언급하였다.

> 전에 운곡雲谷에 도착해서 산 아래에서 시작하여 위로 올라가던 길에 큰 비를 만나 온 몸이 흠뻑 젖었다. 산꼭대기에 이르자 곧 '천지를 채우고 있는 것은 내 몸이고, 천지를 이끄는 것은 내 성性이다(天地之塞吾其體, 天地之帥吾其性)'라는 구절을 사색해보았다. 그때 계통(채원정)과 어떤 사람이 함께 그곳에 있었다. 여러 사람들이 이 두 구절을 해석하기에 나도 이 두 구절을 해석하였다. 나중에 보아도 내 설이 타당하게 느껴지므로 이어서 「서명」 등의 해설을 지었다.
>
> ── 『어류』 권5

'천지를 채우고 있는 것은 내 몸이고, 천지를 이끄는 것은 내 성性이다' 하는 말은 바로 「서명」 한 편의 요지이다. 주희는 이 요지를 일찍부터 심사숙고하여 마음속으로 이해하고 있었다. 그래서 제자 도정度正과 나눈 대화에 『서명해』를 지은 동기와 경과를 더욱 진실하게 밝혔다.

> 선생이 일찍이 나에게 말씀하시기를, "건양乾陽과 곤음坤陰은 천지 사이를 가득 채우고 있는 천지의 기氣이고, 사람과 만물이 의지하여 몸으로 삼은 바탕이다. 건乾의 강건함과 곤坤의 유순함은 천지의 뜻이 기氣를 이끌어

가는 것이고, 사람과 만물이 성性으로 삼은 것이다. 나는 처음 「서명」을 읽을 때 곧 이런 뜻을 이해하였다. 그 뒤 보충하고 편집하는 일로 인해 「서명」을 풀이했던 것이다."라고 하셨다.

— 도정, 「서회암소석서명후書晦庵所釋西銘後」, 『남송문범南宋文範』 권61

「서명」이 '이일분수를 밝힌 것'이라고 정이가 권위적인 어조로 단정한 뒤로 「서명」은 정자 문하의 제자들에 의해 이학의 성경으로까지 떠받들렸다. 주희의 『서명해』도 '이일분수'로 「서명」을 해석하였는데, 『태극도설해』와 마찬가지로 정이의 '체용일원體用一源 현미무간顯微無間'의 사상을 이용하여서 「서명」의 정밀한 것과 대략적인 것, 근본적인 것과 말단적인 것을 상세하게 해설한 책이다. 그런데 사실, 이 책은 그가 「서명」을 빌려와 자기 사상을 주해한 것이다.

장재는 원래 '이일분수'를 제시한 적이 없다. 장재의 사상은 오히려 '기일분수氣一分殊'이므로 이일분수는 그의 기일원론氣一元論과 대립한다. 주희는 정호, 정이와 마찬가지로 장재의 기일원론의 불철저성과 성론의 모순을 이용하여 그의 기일분수를, 성일분수性一分殊를 거쳐서 이일분수로 바꿔버린 것이다. 장재의 '천지를 채우고 있는 것은 내 몸이라'고 한 것은 기일분수 사상을 구체적으로 표현한 말이고, '천지를 이끄는 것은 내 성이라'고 한 것은 성일분수 사상을 구체적으로 드러낸 말이다.

장재는 「서명」에서 모든 '사람'의 몸(萬體)은 '하늘'의 한 기(一氣)를 받은 것이고, 모든 '사람'의 성(萬性)은 다 '하늘'에서 얻은 같은 성性임을 이용하여 천인합일을 논증하고, 하늘의 질서와 천부적인 계급(天序天秩)으로서 인간 사회에 엄존하는 계급제도의 천연적 합리성을 논증하였다. 천·지·인 만물이 모두 한 기와 한 성에서 나온 것이라는 점에서 그는 '백성은 내 동포이고 만물은 내 동무(民, 吾同胞, 物, 吾與也)'라고 여겼다. 널리 중생을 사랑하고 만물을 두루 사랑하되 '사랑은 반드시 겸애해야 한다'고 주장하였다. 그러나 천·지·인 만물이 모두 변치 않는 일정한 공동의 천연적 계급과 질서를 가지고 있다는 점에서 그는 또 사람이 상하의 명분과 빈부귀천을 편안히 여길 것과 저마다 봉건적 도덕의 의무를 성실하게 지킬 것을 요구하였다. 그는 군주에게 충성하고 어버이에게 효를 다하고 섬기는 일도 모두 천도天道라고 여겼다. 이는 비교적 정교한 천인합일설이며, 봉건적 삼강오상三綱五常을 박애주의로 덧칠한 것이다. 그러나 그것은 또한 사변적 철학적 논증이 결핍되어 있다.

주희의 『서명해』는 실질적으로는 철학적인 면에서 「서명」을 사변화하였다. 다시 말해, 본체론적 차원에서 「서명」의 사상을 사변적으로 추상하여 '이일분수'로 개괄한 것이다. 『서명해』에서 그는 이일분수에 대해 다음과 같이 해설하였다.

하늘을 아버지로 삼고, 땅을 어머니로 삼는다. 생명이 있는 부류는 어떤 것이든 그렇지 않은 것이 없다. 이것이 이른바 이일理一이다. 사람과 만물이 생겨날 때에 혈맥血脈이 있는 부류는 저마다 자기 어버이를 사랑하고 저마다 자기 자식을 사랑하는데, 그 밖의 것이 또한 어찌 다름이 있겠는가? 하나로 통합되면서도 만 가지로 달라진다면 비록 천하가 한집안이고 온 중국 사람이 모두 한 사람으로 같을지라도 겸애兼愛의 폐단에는 흐르지 않을 것이며, 만 가지로 달라도 하나로 꿰인다면 비록 친하고 소원한 정이 다르고 귀하고 천한 등급이 다를지라도 위아爲我의 사사로움에 얽매이지 않을 것이다. 이것이 「서명」의 큰 뜻이다.

주희는 이렇게 하여 「서명」을 이일분수의 틀 속으로 집어넣었다. 「서명」

은 장재에게는 윤리 도덕설의 의의를 갖지만, 『서명해』는 주희에게서 오히려 철학 본체론의 의의를 가지고 있는 것으로서 이일분수의 구체적인 운용이다. 이런 의미에서 말하자면, 『태극도설해』는 『서명해』가 있어야 비로소 하나로 완벽하게 꿰일 수 있다. 제자가 「태극도설」과 「서명」에 대해 물었을 때, 주희가 이 글 두 편을 매우 높이 받들어서 "맹자 이후 볼만한 글은 이 두 편밖에 없다."(『어류』 권233)고 한 말도 이상하지 않다.

주희는 본체론적 관점에서 두 편을 연관지어 전체적으로 완전한 한 편을 만들었는데, 제자에게 이런 뜻을 언급한 적이 있다. "예컨대, '오행은 한 음양이고 음양은 한 태극이다. 태극은 본래 무극이다. 오행은 생겨날 때 저마다 그 성性을 갖는다. 무극의 참된 근원과 음양오행의 정기가 묘합하여서 응결되어 하늘의 도道는 남성을 이루고 땅의 도는 여성을 이룬다. 두 기氣가 교감하여서 만물을 변화 생성시키니, 만물이 나고 나서 변화가 무궁하다.'고 하였는데, 이것은 '천지를 채우고 있는 것은 내 몸이고, 천지를 이끄는 것은 내 성性이라'는 말일 뿐이다. 말하는 데 상세함과 간략함, 느슨함과 급함의 차이가 있을 뿐이다."(『어류』 권116)

「서명」이 '이일분수를 밝힌 것'이라고 정이가 주장한 이래 양시楊時로부터 이통李侗에 이르기까지 모두 '이일분수'를 주로 윤리 도덕의 원칙으로 여겼지만, 「서명」에 이일理一은 있고 분수分殊는 없는지, 체體는 있고 용用은 없는지, 인仁은 있고 의義는 없는지 등의 문제에 대한 논쟁이 그치지 않았다. 이 때문에 실제로는 체계적인 이론이 형성된 적은 없었다. 이런 가운데 주희가 『태극도설해』와 『서명해』에서 '이일분수'를 철학적 본체론의 원칙이라는 차원으로 끌어올렸다. 『서명해』가 완성된 뒤 곧 이어서 이일분수에 대해 주희·장식과 여조겸·왕응신 양측의 대립이 형성되었다.

장식은 주희의 관점에 동의하고 심지어는 더 나아가 양시가 정호와 정이의 이일분수 사상을 철저하게 받아들이지 못했다고 비판하면서, 양시가 죽을 때까지 「서명」에 체體는 있지만 용用은 없다는 관점을 버리지 않았다고 주장하였다. 주희에게 보낸 편지에서는 한 걸음 더 나아가 주희의 관점을 다음과 같이 보충하였다. "「서명」은 나뉨(分)을 세워서 이치의 근본이 하나(一)임을 밝힌 것이니, 이른바 사사로움이 우세한 쪽으로 흐르지 않도록 저지하는 것이 인仁을 하는 방법입니다. 비록 그 하나를 미루어 가도 그 나뉨이 삼연한 것이 있어서 그 자체 어지럽힐 수 없는 것은 의義가 존재하기 때문입니다."(「남헌선생문집」 권22 「답주원회」 서8) 건도 7년에 그는 특별히 「발서명跋西銘」이라는 글을 지어서 이 편지의 관점을 잘 설명하였다.

반면 여조겸과 왕응신은 양시가 젊은 시절에 제시한 '「서명」은 체는 있지만 용은 없고, 이일은 있어도 분수는 없다'는 관점을 견지하였다. 왕응신은 심지어 「서명」은 반드시 「동명東銘」으로 보충해야만 체와 용의 근원이 같고 체와 용이 겸비된다고 할 수 있다고 보았다. 이런 주장을 주희는 다음과 같이 반박하였다. "만약 「동명」이 있어야 충족된다고 한다면 본체(體)와 작용(用), 현상(顯)과 본질(微)은 판연히 두 가지가 될 것입니다."(「문집」 권30 「답왕상서」 서7)

건도 8년(1172) 10월, 주희는 정식으로 『서명해』를 수정하여 완성하고서 아울러 「서명후기西銘後記」를 썼다. 이 후기는, 실제로는 그가 장식·여조겸·왕응신 등과 이일분수에 대해 토론한 문제를 총결한 글이다. 그는 『구산어록龜山語錄』에 있는 한 단락을 자료로 인용하였다. "「서명」은 이일분수이다. 그 이理가 하나임을 알기 때문에 인仁을 하고, 나뉘어 만 가지로 달라짐을 알기 때문에 의義를 한다. 이른바 분수라는 것은 맹자가 말한바, '어버이를 사랑하여서 백성을 사랑하고, 백성을 사랑하여서 만물을 사랑한다(親親而仁民, 仁民而愛物)'고 한 것과 같다. 그 나뉨이 다르기 때문에 베풂에 차등이 있을 뿐이다. 어떤 사람이 '그렇다면 본체와 작용은 과연 떨어져서 둘이 될 것이다'라고 하였다.

말하기를, '작용은 본체를 떠난 적이 없다. 사람으로 보면 사지四肢와 백해百骸가 한 몸에 갖춰진 것은 본체이다. 그 작용으로 보면 머리에는 신을 신길 수 없고 발에는 관을 씌울 수 없다. 대체로 본체에 나아가서 말해도 나눔은 그 안에 있다.'라고 하였다."(『장자전서張子全書』 권1)

주희는 양시의 이같이 뒤섞인 견해를 이용하여서 「서명」의 이일분수에 대한 정이와 양시의 이해 차이를 미봉하였다. 한편으로는 양시에 대한 장식의 비판과 또 한편으로는 「서명」에 대한 여조겸과 왕응신의 질책도 하나로 통일되었다. '「서명」은 이일분수를 밝힌 것이다'라는 도통 성인 정이의 가르침은 주희의 해설을 거쳐서 최종 결안이 되었다.

이후 주희는 쉬지 않고 계속 정이 문하의 이일분수 사상을 이론적으로 충실하고 완벽하게 하려고 노력하였다. 객관 유심주의 이학 체계의 최고 철학 원칙이 된 이일분수는 네 겹의 논리적 층차와 관계를 내포하고 있다. 도와 이理의 관계 층차에서 보면, 이일분수는 우선 본체의 도(*태극의 이理)와 만물의 이理의 통일 관계, 곧 보편의 도와 특수의 이의 관계를 규정하는 것이니 이일분수는 도일이수道—理殊이기도 하다. 이와 기氣, 도와 기器의 관계 층차에서 보면, 이일분수는 또한 본체의 이와 만물의 기氣의 통일 관계이니 이일분수는 이일기수理—氣殊이기도 하다. 이理와 사事, 이와 물物의 관계 층차에서 보면, 이일분수는 또 본체의 이와 모든 사물의 통일 관계를 규정하는 것이니 이일분수는 이일물수理—物殊이기도 하다. 본체와 작용, 현상과 본질의 관계 층차에서 보면, 이일분수는 또 이일의 본체와 만수萬殊의 작용의 통일 관계를 규정하는 것이니 이일분수는 체일용수體—用殊이기도 하다.

그러나 이 방대한 객관주의 이학 체계의 철학적 논리 구조는 『태극도설해』와 『서명해』에서 이미 기초가 다져졌다. 그러므로 『서명해』도 『태극도설해』와 마찬가지로 '사방에서 비판과 비난이 어지럽게 쏟아졌기에' 순희 15년

(1188)이 되어서야 정식으로 공개 유포되었지만, 주희는 이미 이 두 책을 지표로 삼아 건도 9년(1173)에 그의 태극 이본체론과 이일분수의 철학 원칙을 정식으로 확립하였다고 볼 수 있다. 이러한 확립에 따라 당연히 이학파 사이에서 논전이 복잡하게 얽히게 되었는데, 이는 필연적인 추세였다.

호상파를 청산하는 논전

주희가 평생 학문의 요지와 중화신설을 확립한 뒤 그와 호상파 사이에 견해의 엇갈림은 전면적으로 드러났다. 태극 이본론太極理本論을 확립한 뒤 그는 호상파의 무대성본론無對性本論과 다시 날카롭게 대립하였다. 한 걸음 더 나아가 자기의 전체 이학 체계를 확립하였을 때 자연 그가 비판하는 주요 대상은 호상파가 되었다. 건도 5년(1169) 이후 그는 호상파를 청산하는 논전에서 자기의 이학 체계를 발전시켜서 위로 주돈이 – 장재 – 정호·정이의 도통을 계승하는 학파를 건립하였다.

건도 6년에 시작된 이 논전은 성설性說과 인설仁說·심설心說에 대한 토론으로 절정에 이르렀다가, 순희 원년(1174)에 가서야 여파가 차츰 가라앉아서 조용해졌다. 이 논전의 성과는 바로 「지언의의知言疑義」·「인설」·「관심설觀心說」·「관과설觀過說」·「진심설盡心說」·「교언영색설巧言令色說」, 「논어혹문論語或問」 1과 2, 「논성답고論性答稿」·「명도논성설明道論性說」·「정성설定性說」 등 일련의 저작과 학문을 논한 수많은 왕복 서찰들이다.

이 논쟁에 참가한 사람은 세 부류로 나뉜다. 첫째는 장식·여조겸·채원정이다. 주희는 이들과 주로 평등한 학문적 교류를 진행하였다. 둘째는 호상학자인 표거정彪居正(*덕미德美)·오익吳翌(*회숙晦叔)·호실胡實(*광중廣仲)·호대원胡大原(*백봉伯逢) 등이다. 이들은 호씨의 적전嫡傳으로 입문한 제자와 가학家學을 전수받은 사람들로서 호상학파의 사상을 대표했기 때문에 주희의 논전과 비판에서 주요 대상이 되었다. 셋째는 주희의 도우道友와 제자인 하호何鎬(*숙경叔京)·석돈石㪜(*자중子重)·임용중林用中(*택지擇之)·양방楊方(*자직子直)·오의吳宜(*응지應之)·범념덕范念德(*백숭伯崇)·유청지劉淸之(*자징子澄)·유구언游九言(*성지誠之)·여조검呂祖儉(*자약子約) 등이다. 이들은 주희가 주로 자기의 이학 진영으로 끌어들인 사람들이다.

논전은 호상파를 총결하는 성경인 『지언知言』에 대한 비판으로부터 시작되었다. 건도 6년(1170), 주희는 『태극도설해』와 『서명해』를 지어서 자기의 태극 이본론을 건립함과 동시에 『지언』에 대한 비판과 부정을 자기 사상의 기조로 삼았다. 이해 여름에 장정長汀의 양방이 제자의 예를 행하고 한천정사에서 두 달 동안 기거하였는데, 그에게 『지언』과 호상학을 비판하는 말을 반복하고 또 반복하여서 말하였다.

주희는 양방 등 일반 제생諸生에게 학문을 강론할 때 오봉五峰(호굉)의 『지언』을 여덟 조목으로 귀결시켜서 다음과 같이 비판하였다. "『지언』의 의심스런 부분은 대략 여덟 가지이다. 성性은 선악이 없다 하고(性無善惡), 심心은 이발己發이라 하고(心爲己發), 인은 용用으로 말한 것이라 하고(仁以用言), 심은 용으로 다 표현된다 하고(心以用盡), 함양涵養을 일삼지 않고, 먼저 지식을 얻기 위해 애쓰고, 기상이 너무 좁고, 언론이 지나치게 고원하다는 점이다."(『어류』 권101) 실제로 이 여덟 조목은 주로 호상학파의 세 가지 기본 사상, 곧 '성性은 선악이 없으며, 천리天理와 인욕人欲은 체體가 같고 용用이 다르다', '성性은 미발未發이고 심은 이발己發이며, 성은 체이고 심은 용이다', '찰식을 먼저 하고 함양을 나중에 한다(先察識, 後涵養)'는 명제로 개괄된다.

주희는 여덟 조목을 강綱으로 삼아 같은 해(1170)에 「지언의의知言疑義」를 써서 (이듬해에 완성하였는데) 호상파의 사상을 초보적으로 청산하였다. 그러나 이 「지언의의」는 실상 그가 장식·여조겸과 반복하여 토론하고 교류하는 과정에서 얻은 공동의 산물이다. 장식은 건도 5년(1169) 7월까지는 여전히 찰식을 먼저 하고 함양을 나중에 한다는 것과 미발은 성이고 이발은 심이라는 설이 잘못되었다고 여기지 않았지만, 이해(건도 6년, 1170)에 또한 주희의 관점을 받아들였다. 이는 유일하게 호상학의 참된 전승을 얻은 오봉의 제자도 호상학파의 기본 사상을 버렸음을 의미한다. 그리고 주희로 하여금 장식과 함께 공동의 언어로 『지언』의 시비와 득실을 총결하게 하였다.

『지언』에 대한 여조겸의 견해는 둘 다 옳다는 식으로 비교적 애매하였다. 한번은 '『지언』이 『정몽正蒙』보다 낫다'고 했다가, 다시 '두 단락 정도만 『지언』이 좋고 나머지는 모두 좋지 않다'고 했다가, 또 '모두 좋다'고도 하였다. 사실 그도 자기 무학婺學의 학파적 견지에서 『지언』을 취사선택했던 것이다. 따라서 주희나 장식의 견해와 대동소이했다. 「지언의의」를 쓰면서 주희·장식·여조겸 세 사람은 함께 토론하는 과정에서 같은 점을 추구하고 다른 점은 그대로 보존하는(求同存異) 방식을 택하였다. 그 목적은 스스로 이해하고, 의심스런 부분을 같이 해소하기 위해서였다. 먼저 세 사람은 저마다 『지언』의 의심스런 부분을 글로 써서 왕복하여 토론을 거친 다음, 주희가 건도 7년(1171)에 중복되는 부분을 제거하고 번거로운 부분을 간략하게 줄여서 편정하여 책으로 만들었다.

「지언의의」에서 주희는 호상학의 다섯 가지 주요 사상을 집중적으로 비판하였다. 첫째, 성은 체體이고 심은 용用이며, 심이 성을 이룬다는(心以成性) 설이다. 성을 만물의 본체로 삼는 호굉은 상채上蔡(사량좌)의 성설을 계승하여서 성과 심을 체와 용의 관계라고 보았다. "성인은 그 체를 분명히 지적하여서 성이라고 했고, 그 용을 지적하여서 심이라고 했다." 성의 발동이 곧 심이기 때문에 성은 미발未發이고 심은 이발已發이다. 심은 인식의 주체이다. 그 작용은 천지 만물이라는 객체에 대한 인식을 통해 체현되고 현실성을 갖게 되므로 '심이 성을 이룬다'고 일컬었던 것이다.

주희는 성性(*이理)이 만물의 본체가 된다는 주장에는 반대하지 않았지만, 성과 심이 체와 용의 관계라는 설을 부정하고, 심을 공용功用의 측면에서 설명하는 데 반대하였다. 그는, 미발은 성性이고 이발은 정情이며, 심은 성과 정을 통섭한다고 보았다. 이 때문에 "성을 논할 때는 반드시 성과 정을 겸하여서 논한 다음에야 말의 뜻이 완벽하게 갖춰진다."고 하였다. 그는 『지언』에서 '심이 성을 이룬다(心以成性)'고 한 것을 '심이 성과 정을 통섭한다(心統性情)'로 고쳐야 한다고 주장하였다. 이것은 심설에서 주희와 호상파 사이에 구별이 있음을 분명히 나타낸다. 그는 곧바로 '심이 성과 정을 통섭한다'는 명제를 자기 인설의 내재적 틀로 삼았다. '심이 성을 이룬다'는 명제와 '심이 성과 정을 통섭한다'는 명제의 차이는 또한 인설에 대해서 그와 호상학파 사이에 심각한 견해차가 있음을 반영한다.

둘째, 성에는 선악은 없고 호오好惡만 있다는 설이다. 호굉은 인성이 본래 중中이므로 선악이라는 것은 없다고 여겼다. 성은 만물의 본체이기 때문이다. 곧 만물에는 모두 대립자가 있으나 성은 만물을 생산해내는 본체로서 대립자가 없는 것이다. 만일 성에 선악이 있다고 한다면 성은 곧 대립자가 있는 것이 되므로 본체라 할 수 없게 된다. 다만 성은 비록 선악은 없지만 호오는 있다. 이 때문에 호굉은 '호오가 성이 된다(好惡爲性)', '호오가 곧 성이다(好惡即性)'라고 인식하였다.

주희는 정호·정이와 장재로부터 출발하여서 성性은 곧 이理이기 때문에 선하지 않음이 없다고 여겼다. 그러나 성에는 천명의 성(天命之性)과 기질의 성(氣質之性)이 있다. 천명의 성은 선한 반면 기질의 성은 선도 있고 악도 있다. 그는 또 성에 호오가 있다는 점은 인정하지만, 호오는 결코 성이 아니라고 보았다. "호오는 원래 성에 있는 것이지만 (호오를) 곧바로 성이라고 할 수는 없다."

셋째, 천리와 인욕은 체體가 같고 용用이 다르다는 설이다. 호굉은 "천리와 인욕은 체가 같고 용이 다르며, 같이 행하지만(同行) 내용이 다르다(異情)."라고 하여서, 천리와 인욕을 네 안에 내가 있고 내 안에 네가 있는 동일체로 보았기 때문에 양자는 주요한 것과 부차적인 것, 앞서는 것과 뒤서는 것의 구별이 없다고 여겼다.

대담하고 기발한 이런 주장은 실상 호상파의 이학 체계에서 학설을 원만하게 조화할 수 없는 자체모순을 조성하였다. 그 주장은 먼저 호굉의 성본론性本論과 첨예하게 모순되었다. 호굉의 관점에서는 '성'은 곧 '도'이며 모두 우주의 본체를 가리킨다. '성'은 모든 이치를 갖추며 '도'도 보편의 이치, 곧 '모든 이치의 전체(萬理之全體者)'이다. 그러나 천리 가운데 인욕이 있고 인욕 가운데 천리가 있다고 하면, 이는 인욕도 우주의 본체임을 승인하는 것이나 다름없다. 천리는 천지에 앞서서 존재하지만 인욕은 사람이 태어난 뒤에야 비로소 있다. 시간상으로 말해도 동시에 병행하는 것도 아니고, 체는 같은데 용은 다른 것도 아니다. 다음으로, 그 주장은 천리天理를 보존하고 인욕人欲을 없앤다는 호굉의 설과도 첨예하게 모순된다. 호굉은 천리를 보존하고 인욕을 없애야 한다고 주장하여서 인욕을 자연적 인성으로 보지 않았다. 그러나 천리와 인욕이 원래 한 몸으로 합쳐져 있고 서로 포용한다면, 어떻게 천리를 회복하고 인욕을 제거할 수 있겠는가? 이 밖에도 천리와 인욕이 체는 같은데 용은 다르다는 주장은 호굉의 또 다른 관점, 예를 들어 진심설盡心說이나 인의설仁義說 등과도 모두 서로 용납될 수 없다. 그러므로 주희는 정호와 정이의 관점에 서서, '천리와 인욕을 뒤섞어서 같은 영역으로 삼고', '사람으로 하여금 천리 가운데서 인욕을 가려내고 또 인욕 가운데서 천리를 보게 하고자 했다'고 호굉을 비판하였다.

넷째, 마음은 생사生死가 없다는 설이다. 마음은 생사가 없다고 한 호굉의 말은 애매하고 현허玄虛하다. 호굉은 사람들이 '형체로써 마음을 보지 말고 마음으로써 마음을 보면(以心觀心)' 마음에 생사가 없는 신비를 이해할 수 있다고 하였다.

주희는 '마음에 생사가 없다'는 설을 '거의 불가의 윤회설'이라고 비판하면서 천지의 마음(天地之心)은 '고금을 통하여 있기 때문에 형성되고 붕괴되지 않으나' 사람의 마음(人心)은 '형기形氣를 따르기 때문에 시작과 끝이 있다'고 인정하였다. 이때 이미 그는 '마음으로써 마음을 보는' 중요한 문제를 언급했지만, 「지언의의」에서는 아직 논술을 전개하지 않았다.

다섯째, '찰식을 먼저 하고 함양을 뒤에 한다'는 설이다. 호굉은 인仁을 하려면 먼저 인의 체體를 인식해야 한다는 주장을 제기하면서 먼저 모름지기 찰식을 해야 한다고 여겼다. 그리하여 "하나라도 본 것이 있거든 잡아서 보존하고, 보존하여서 기르고, 길러서 확충해야 한다."고 하였다. 이것은 여전히 찰식을 먼저 하고 함양을 뒤에 할 것인지, 함양을 먼저 하고 찰식을 뒤에 할 것인지 하는 진부한 문제이다.

주희는 먼저 인의 본체를 인식하고 난 다음에 인을 한다는 주장은 평소의 함양 공부가 부족한 문제가 있다고 여겨서, 경과 지를 동시에 닦는다는 자기 학문의 요지에서 출발하여 찰식과 함양은 둘 중에 하나라도 없어서는 안 된다고 여겼다. 다만, "성인 문하의 가르침은 마음을 잡아서 기르는 것에 대해서는 상세하지만 몸으로 살피는(體察) 것에 대해서는 간략하다."라고 하였다.

분명히 「지언의의」는 주희와 호상학파의 사상적 엇갈림이 이미 중화설로부터 전체 이학 체계로까지 확대되었음을 나타내며, 주희가 호상학자들과 논전을 진행하는 총강령이 되었다. 이 논전은 「지언의의」를 기점으로 성설性說·인설仁說·심설心說의 세 노선을 따라 전개되었다.

논전은 애초에는 성설을 둘러싸고 진행되었다. 장식이 어떻게 자기변명을 했건 간에, 사실 그는 호굉 사상의 궤도를 이탈하여서 주희에게로 전향하였다. 이는 호상학자의 눈에는 스승의 학설을 배반하는 길이나 다름없었다. 나이 많고 신망이 두터운 악록서원의 산장(山長 書院長)인 표거정 선생(夫子)이 나서서 스승의 학설을 수호하는 영수가 되었다. 표거정은 건도 8년(1172) 5월에 상서성에 가는 길(赴省)에 특별히 한천을 지나면서 주희와 직접 토론할 때 '대본大本을 보는 것이 밝지 못하여서 남에 의해 전향하게 되었다'며 장식을 나무랐다(『별집』 권6 「답임택지」).

오익·호실·호대원은 모두 '성에는 선악이 없다', '성은 체이고 심은 용이다', '천리와 인욕은 체가 같고 용이 다르다'는 관점을 견고하게 주장하였다. 논전은 건도 8년에 그들과 주희의 성 논쟁에서 고조를 이루었다. 호실은 정靜으로써 성을 말하여 정을 '성의 묘용(性之妙)'이라고 하면서, 이것으로써 성은 선하다고 할 때의 선은 악과 상대가 아니다, 성은 선악이 없다는 사실을 증명하였다. 주희는 단연코 『지언』이 '고자告子·양자揚子(양주)·불가·소씨(소철)의 말과 거의 다름없다'고 여겼다(동상 서3). 그는 성에 선악이 없다는 그들의 주장을 구산 양시가 여산廬山 동림사東林寺의 승려인 상총常總에게서 들은 선설禪說이라고 지적하였다. 양시가 상총에게 "성은 어찌 선악으로 말할 수 있는가?" 하고 묻자, 상총은 "본연의 성은 악과 대립하지 않는다." 하고 답하였다(『어류』 권101). 구산은 이런 학설을 호안국胡安國 부자에게 전해주었다.

주희는 호실에게 보낸 편지에서 이런 사실을 들어 '별도로 대립자가 없는 선이 있다'는 호실의 주장을 부정하였다. 가학家學을 견고하게 지키는 호대원은 논변에서 한 치도 양보하지 않았다.[10] 주희는 쌍방이 고집을 꺾지 않는다

---

10 『상담현지湘潭縣志』 권19 「열전」에서 다음과 같이 말하였다. "장식이 애초에 찰식察識을 먼저 하고 함양涵養을 뒤에 한다는 스승의 학설을 고수하였는데, 그 뒤 주희와 함께 그 설을 고쳐

는 점과 자기가 '남에게 죄를 얻을' 것을 고려하여 건도 8년에 호대원에게 보
낸 마지막 편지에서 저마다 자기 견해를 따르자는 뜻을 나타냈다. 이해 8월
에 그는 성설에 대한 논변 과정에서 문답한 자기 글을 엮어 「논성답고論性答
稿」라는 책을 만들고 아울러 후기를 썼다. 실제로 이 책은 이때 성설 논전의
총결이자, 동시에 또 자기의 성설 사상을 보충하여서 완전한 성설의 체계로
만든 것이다. 「논성답고」가 「중화구설」과 함께 같은 해 같은 달에 편정된 것
은 우연이 아니다.

　그러나 그와 호상학자의 논전은 오랫동안 끝을 맺지 못하였다. 건도 8년
에 「논성답고」를 편정하고 「인설」을 쓴 일을 지표로 삼아 논전의 중심이 성
설에서 인설로 옮겨갔다. 악록에서 주희와 장식이 만났을 때 인설은 토론에
서 중요한 문제였다. 장식은 주희의 중화신설을 받아들이고 특히 「지언의의」
를 함께 논정한 뒤에는 인설에서도 점차 주희에게로 전향하였다. 호상파는
인설에서 지각(覺)이 인仁이라고 한 상채(사량좌)의 말을 기치로 내걸고 먼저 인
의 본체를 인식한 뒤에 인을 행하며, 앎을 먼저 하고 행함을 뒤에 한다고 보
았다. 주희는 건도 8년(1172) 이전까지는 줄곧 인설의 체계를 형성하지 못했
기 때문에 호상파와 대등한 형세를 이룰 수 없었다. 장식과 여조겸은 한때
모두 여전히 '지각(覺)'으로써 인仁을 말하는 새로운 설을 믿고서 '사랑(愛)'으로
써 인을 말하는 전통적인 설을 옳다고 하지 않았다.

서 확정하였다. 주희는 「중화구설」을 모아서 그 설을 자세히 드러내어 뜻을 고친 까닭을 밝
혔다. 오직 표거정만은 장식이 대본大本을 아직 밝게 알지 못했기에 남에 의해 주장을 바꾸게
되었다고 여겼다. 호대원胡大原과 계부季父인 호실胡實, 그리고 오정吳鼎, 오익吳翌 등도 여전히
스승의 설을 매우 굳게 고수했는데, 주희, 장식과 함께 변론한 것이 있다. 그들은 주희의 「지
언의의」를 인정하지 않았다. 호대원은 형제 가운데 맏이였고, 형제 모두가 할아버지 호안국胡
安國을 섬겼다. 숙부들이 양시楊時와 종유했기 때문에 양시의 서론緒論을 익히 들었으며, 나중
에 그 말을 기록한 적이 있다."

건도 7년(1171), 장식은 '인에 대해 말한 공자와 맹자의 글을 종류별로 모았다'고 한 이천(정이)의 말에 근거하여서 『수사언인록洙泗言仁錄』이라는 책을 편성하고,[11] 인에 대한 구체적인 이해와 주석에서 자기와 주희 사이에 엇갈림이 있다는 사실을 드러냈다. 이를 통해 주희로 하여금 인설에 대해 사고하고 체계를 세우도록 부추겼다.

주희는 공자와 맹자의 책에서 '인'을 말한 부분은 인설이고, '인'을 말하지 않은 부분에도 인에 관한 설이 있다고 여겼다. 인 자가 들어 있는 구절만 가려서 책을 편성하는 것은 일종의 좋은 구절만 따오는 방법이다. 그는 장식에게 보낸 편지에서 주로 호상파의 인설을 겨냥하여, 정호와 정이 이전의 학자들은 모두 '사랑'으로 인을 설명했지만, 정호와 정이 이후의 학자들은 '사랑'을 떠나서 인을 설명함으로써 허공에 매달린 것을 가지고 인을 말하고, 조존과 함양의 공부를 소홀히 여기는 나쁜 폐단을 조성했다고 여겼다.

그는 인설의 체계를 건립하고자 하면 인을 아는 것과 인을 행하는 것을

---

11 「장남헌연보張南軒年譜」에서는 장식의 『수사언인록洙泗言仁錄』이라는 책이 건도 6년에 완성되었다고 했는데, 잘못이다. 연보가 근거로 삼은 주희의 『문집』 권25 「답장경부」 서4에서는 "또 강석講席에서는 임금과 무릎을 맞대고 과감하게 직언하는 규정이 있습니다."라고 하고, "경연에서 현재 강하는 것은 어떤 책입니까?"라고 하였다. 장식이 시강侍講에 제수된 때는 건도 6년 12월이고, 경연을 연 때는 건도 7년 2월이므로, 주희가 이 편지를 쓴 때는 건도 7년임이 틀림없다. 『남헌선생문집』 권1 「답호계수答胡季隨」 서3에 근거하면, "돌아와서 지은 「수사언인서洙泗言仁序」와 「주일잠主一箴」을 적어서 보냅니다."라고 했는데, '돌아와서'란 건도 7년 6월에 원주袁州의 지주로 나갔다가 12월에 장사長沙로 돌아온 사실을 가리킨다. 주희가 『수사언인록』을 얻은 때는 건도 8년이다. 『문집』 권42 「답오회숙」 서6에는 "이전의 편지에서 논한 '관과觀過'에 대한 설은 당시 표 어른(彪丈, 표거정)이 속히 가시는 바람에 급하게 대충 썼으므로 소회를 다 말할 수 없었습니다. …… 최근에 남헌이 『수사언인록』을 보내주었기 때문에 또한 다시 편지로 의심스런 바를 논한 적이 있습니다."라고 하였다. 표거정이 상서성에 가는 길에 숭안崇安을 거쳐 가면서 주희를 만난 때는 건도 8년 5월인데, 『별집』 권6 「답임택지」 서10에 보인다.

통일해야 하며, 인을 인식하는 '지知'의 공부와 인을 함양하는 '행行'의 공부를 통일해야 한다고 생각했다. 그래서 '경건과 앎知)을 동시에 닦고', '서로가 서로를 돕는' 원칙을 인설에서도 관철하였다(『문집』 권31 「답장경부」 서6). 그 결과 '사랑'으로써 '인'을 추구해야 한다고 주장하였다.

그는 이런 사상 노선을 따라 자기의 인설을 구축하였다. 건도 7년 겨울에 그는 장인을 장사 지내러 우계尤溪로 가는 도중[12] 주송朱松의 위재韋齋와 자기가 태어난 정씨관鄭氏館에서 제사를 지내고, 지현知縣 석돈에게 「위재기명발韋齋記銘跋」을 글로 써달라고 청해서 그 글을 돌에 새겨 패방牌坊에 걸었다. 그의 인설 체계는 이때 배양되고 성숙하였다. 그래서 석돈과 이별할 때 지은 시 세 수에서 극기복례克己復禮가 인이라고 반복하여 읊었고, 석돈을 위해 지어준 「극재기克齋記」에서는 처음으로 자기의 인설을 다음과 같이 이론적으로 표현하였다. "성정性情의 덕은 갖추어지지 않은 것이 없다. 그러나 그 오묘함을 한마디 말로 충분히 표현할 수 있으니, 인일 뿐이다. 인을 구하는 방법도 대개 여러 가지지만 한마디로 충분히 요약할 수 있으니, 극기복례일 뿐이다. 인이라는 것은 만물을 내는 천지의 마음이며, 사람과 만물이 얻어서 마음으로 삼은 것이다. 오직 만물을 내는 천지의 마음을 마음으로 삼기 때문에 아직 발하기 전에 사덕四德을 갖추고 있으니 바로 인의예지仁義禮智인데, 인이 모두 통섭한다. 이미 발한 때에는 사단四端이 드러나니 측은惻隱·수오羞惡·사양辭讓·시

---

12 『가정우계현지嘉靖尤溪縣志』 권2에는 석돈의 「위재기명발韋齋記銘跋」이 실려 있는데, 다음과 같이 말하였다. "건도 7년(1171), 내가 외람되게도 고을 수령이 되었을 때 공(주송)의 아들 편수 선생編修先生 주희 중회朱熹仲晦 어르신(父)이 마침 일이 있어서 오셨다. 나는 선생(주송)에게 배운 사람이라 고故 위재韋齋(주송)가 얻은 작은 집을 함께 방문하였다. …… 선생(주희)은 또한 눈물을 줄줄 흘리고, 이어서 장 사인張舍人(장식)이 큰 글자로 쓴 두 글자 재방齋榜을 내놓으셨다. 내가 걸기를 청하고, 아울러 기명을 새겼다." 주희는 이해에 장인의 장례를 치르기 위해 우계로 갔다. 『문집』 권33 「답여백공」 서10·12에 보인다.

비是非인데, 측은지심이 모두에 통한다."(『문집』 권77)

　이어서 그가 건도 8년(1172)에 정식으로 「인설」을 쓴 일은 정주파의 사변적 인학 체계의 탄생을 나타낸다.[13] 주희의 인설 체계는 천인합일天人合一을 기초로 하고 심통성정心統性情(마음은 성과 정을 통섭한다)을 구조로 한다. 그리하여 다음과 같이 인식하였다. 마음의 덕은 곧 인이고, 사람의 마음에는 인의예지 네 덕이 있다. 심은 성과 정을 통섭하며 미발은 성이므로, 성은 인의예지 사덕을 갖추고 있고 인이 사덕을 포함한다. 이발은 정이므로 정은 측은·수오·사양·시비의 사단을 갖추며, '남에게 차마 하지 못하는 마음(不忍人之心)'이 사단을 포괄한다. 성의 미발은 인의 본체이고, 정의 이발은 인의 작용이다. 성과 정은 서로 통하며, 사랑의 이치는 인이고, 사랑이 발한 것은 정이므로, '사랑'을 곧 인이라고 하는 것은 잘못이지만 '사랑의 이치(愛之理)'를 인이라고 하면 옳고, 사랑을 떠나서는 인을 말할 수 없다. 인을 구하는 것은 마음을 보존하는 것이고 또한 극기복례이며, 인욕을 없애고 천리를 보존하는 것이다.

　주희는 나중에 제자들을 위해 전적으로 인설도仁說圖(*『어류』에 실려 있다)를 그려서 인에 대해 더욱 세밀하게 해설하였다. 분명히 이것은 유가의 단편적이고 자잘한 말을 이용하여서 현리玄理의 사변적 구조를 거쳐 나온 이학의 인설 체계로서, 이理·심心·성性·정情·인仁·애愛·지知 등을 모두 '인仁'이라는 한 사상 가운데 교묘하게 섞은 것이다. 공자가 제기한 '인'이 주희에 이르러 비로소 진정으로 이론화·사변화·체계화하였다고 할 수 있다.

　주희의 「인설」은 그와 호상학자의 논변을 격화시켰다. 장식은 인설에서

---

13 「인설仁說」을 지은 해는 『별집』 권5 「답임택지」 서11에 보인다. "무주婺州에서 설사룡薛士龍(설계선)이 죽었다는 소식이 왔습니다. …… 본래 지난해 「인설」과 흠부(장식)에게 답하는 편지를 (설사룡에게) 써서 보내고자 했습니다. ……"라고 하였다. 설사룡은 건도 9년(1173)에 죽었다.

도 한 걸음씩 주희에게 접근했고, 여조겸은 비록 줄곧 논전에서 벗어나 있는 태도를 취하며 우발적으로 평론하면서 명확한 견해를 밝히지는 않았으나 실제로는 주희 쪽으로 기울어져 있었다. 장식은 건도 8년에 주희의 의견에 근거하여서 『수사언인록洙泗言仁錄』을 고치고, 아울러 두 사람이 문답을 주고받으며 논변한 내용을 책 뒤에 덧붙였다.

이 시기에 주희와 장식의 논변은 주로 세 가지 문제를 둘러싸고 진행되었다. 첫째, 인仁이 사덕四德을 포괄하는가, 남에게 차마 하지 못하는 마음(不忍人之心)이 사단四端을 포괄하는가의 여부에 관한 문제이다. 장식은, 인仁이 지극히 선한 본체本體를 가리키며 의義·예禮·지智와 상대적이고, 의·예·지는 남에게 차마 하지 못하는 마음과 함께 모두 이발을 가리키므로 인은 사덕을 포함하지 않고, 남에게 차마 하지 못하는 마음도 사단을 포함하지 않는다고 여겼다. 주희는 그의 잘못을 지적하면서, '인이 선이라는 것만 알고 선의 으뜸(長)이라는 사실은 모른다', '이발이 사랑이라는 것만 알고 미발의 사랑이 인이라는 사실은 모른다', '인이 성이라는 것만 알고 의·예·지도 성이라는 사실은 모른다', '인은 체體 아님이 없다는 것만 알고 인이 체 아님이 없는 것이 되는 까닭(所以)은 모른다'고 하였다.

둘째, '사랑(愛)'으로 인仁을 설명할 수 있는가 하는 문제이다. 장식은 정호와 정이의 주장에 근거해서 사랑을 인이라고 부르는 데는 동의하지 않았다. 그리하여 사랑과 인은 아무 상관도 없는 것으로서, 인은 체體이고 성性이며, 사랑은 용用이고 정情이니 만약 사랑을 인이라고 부르면, 이는 '그 용만 가리키고 그 체는 버리며, 그 정만 말하고 그 성은 소홀히 하는 것'이라고 보았다. 주희는 그 스스로 '사랑'을 곧 인이라고 부르지는 않았지만 '사랑의 이치(愛之理)'는 인이라고 불렀다. 이것은 '그 성에 인이 있음으로 인해 그 정이 사랑할 수 있는 것'이니 '성'인 체로써 '정'인 용을 가리킨 것이다.

셋째, '지각知覺'을 인이라고 할 수 있는가 하는 문제이다. 장식은 '지각'을 인이라고 하는 호상파의 사상을 버렸지만, 여전히 '마음에 지각이 있다'는 상채(사량좌)의 견해를 주장해서 마음에 지각이 있다는 것과 지각을 인으로 삼는 것을 하나로 섞어 말하였다. 주희는 인이 사덕을 포괄하므로 지知(*지智)는 인이 겸하여 포괄하는 덕의 하나이며, 지각도 다만 지智의 '발용發用'일 뿐이므로 "인仁한 사람은 마음에 지각을 지니고 있다고 하면 옳지만, 마음에 지각이 있는 것을 인이라고 하면 옳지 않다."(『문집』 권32 「인설」)고 하였다.

장식은 건도 9년(1173) 여름에 주희의 관점을 완전히 받아들였고, 이해 가을에 「인설仁說」을 지어서 주희에게 보냈다. 성을 말하고 정을 말하지 않은 점, 성과 심을 상대적으로 말한 점에서 주희가 말하는 심통성정心統性情과 여전히 거리가 있다는 문제를 제외하면, 두 사람의 인설 사상은 대체로 합치하였다. 그리하여 겨울에 장식은 다시 주희의 의견에 근거하여서 「인설」과 「수사언인록」을 개정했고, 주희도 자기 「인설」의 최종 원고를 수정하여서 두 사람의 인설 논변이 끝났음을 공동으로 선언하였다. 나중에 주희는 자기와 장식의 인설 논변이 결국은 "한두 군데만 합치하지 않았다." 하고 언급하였다. 그러나 이 말은 두 사람이 각기 인설 사상을 구체적으로 표현하는 용어에서나 공자와 맹자의 책에 주를 달 때 인에 대한 세밀한 해설에서는 여전히 차이가 있음을 가리킬 따름이다.

주희와 호상학자의 인설 논변은 서로의 엇갈림을 한층 더 확대시켜서 또다시 심설에 관한 논전을 이끌어내기에 이르렀다. 인설에서 그와 표거정·오익·호실·호대원의 논전은 주로 지각을 인으로 삼는 것과 관과지인觀過知仁이라는 두 조항을 둘러싸고 진행되었다. 호상학자가 지각을 인으로 삼는 근거는 '마음에 지각이 있는 것을 인이라 한다(心有知覺之謂仁)'고 한 상채(사량좌)의 말이다. 그들은 이 구절을 '사謝 선생이 천여 년 동안 빠져 있던 꽉 막힌 고질병의 뿌리를 뽑아서 고친 것'이라고 과대 선전하였다. 주희는 지각을 인으로 삼는 것은 선가禪家의 설이라고 직접 비판하면서 사랑으로 인을 설명하는 유가의 오래된 기치를 견지하였다. 그는 호실과 호대원에게 보낸 편지에서 지각을 인이라고 하는 것은 인과 지知를 구별하지 못하기 때문이라고 하였다. 지각으로 인을 말하는 것과 사랑으로 인을 말하는 것의 상호 모순은 또한 관과지인에 대한 논쟁에서 구체적으로 표현되었던 것이다.

인을 지각으로써 설명하는 것과 사랑으로써 설명하는 것의 상호 모순은 실로 호상파와 정주파의 도덕 수양 방법이 다르다는 점을 반영한다. 호상파에서는 찰식을 먼저 하고 함양을 뒤에 한다고 주장하여서 찰식(*앎(知))에 중점을 두고 있기 때문에, 그들은 인을 지각으로 설명하고, 인의 도덕을 수양함에서 먼저 인의 체를 찰식하고(*인을 앎), 그런 다음 조존操存과 함양涵養을 한다고 하였다. 이는 구체적으로 잘못을 본(觀過) 뒤에 인을 아는(知仁) 것으로 표현된다. '인'에 대해서 곧 잘못으로 인해 보고, 본 것으로 인해 알고, 안 것으로 인해 추구한다. 이 때문에 그들은 앎을 먼저 하고 행함을 뒤에 하며, 먼저 인을 안 다음에 실천한다고 주장하였다. 이것은 찰식을 먼저 하고 함양을 뒤에 한다, 지각을 인이라 한다, 먼저 인의 체를 알고 난 다음에 조존한다, 잘못을 보고 인을 안다, 앎을 먼저 하고 행함을 뒤에 한다는 설을 연결 고리로 삼은, '지知'를 중시하는 인식 수양의 노선이다.

주희의 주장은 이와 상반되게 '행'을 중시하는 노선이다. 함양을 먼저 하고 찰식을 뒤에 한다는 데서 출발하여 그는 경敬을 적용하는 실천 공부를 중시하였다. 이 때문에 사랑으로 인을 말하였는데, 인의 도덕 수양에서 그는 주경主敬과 치지致知가 서로 도와야 하고, 먼저 힘써 행한 뒤에 알며, 먼저 노력하여서 극기복례克己復禮의 인 공부에 종사해야 한다고 하였다. 그런 다음에야 인을 알 수 있다는 것이다. 호상파가 말하는 관과지인은 먼저 인의 본체를 찰식하고 난 뒤 조존한다는 말과 동의어에 지나지 않는다.

주희는 앞서 건도 8년(1172)에 「관과설觀過說」을 지어서 호상파의 이런 주장을 비판했는데, '억지로 인의 본체를 엿보려 하는' 장식으로 하여금 이 문제에서도 자기 쪽으로 전향하게 만들었다. 이해에 표거정이 한천으로 와서 주희와 직접 대면하여 논변한 주요 문제는 관과지인이었다. 이는 '관과지인'이 결국 앎을 먼저 하고 행함을 뒤에 할 것인지, 아니면 행함을 먼저 하고 앎을 뒤에 할 것인지에 관한 논쟁이다. 주희는 한 가지 일에 대한 인식과 수양 과정으로 말하면 앎을 먼저 하고 행함을 뒤에 하는 것이지만, 총체적인 인식과 수양 과정으로 말하면 소학의 물 뿌리고 청소하고 나아가고 물러나는(灑掃進退) 공부로부터 대학의 격물치지格物致知의 공부로 나아가야 하므로 행함을 먼저 하고 앎을 뒤에 하며, 함양과 실천을 먼저 하고 격물치지를 뒤에 하는 것이라고 인식하였다. 주희는 여기에서도 경敬과 지를 동시에 닦는 자기 원칙을 관철하였다.

그는 오익에게 보낸 편지에서 자기와 호상학자의 인설에 대한 엇갈림을 '식인識仁'과 '역행力行'의 대립으로 간주하였다. "대체로 전에 말했던 바는 모두 고심하고 힘을 다하여서 인仁 자를 알고자 한 것이었습니다. …… 성인 문하에서 드리운 가르침은 도리어 사람으로 하여금 몸소 힘써 실천하게 하는 것입니다. …… 그 공을 쓰고 힘을 들이는 것이 사람의 깊고 얕음에 따라 저마다 등차가 있지만, 요컨대 모름지기 힘써 행하여 오래 익어서 실제로 이런 경지에 이르러야 합니다."(『문집』 권42 「답오회숙答吳晦叔」 서7) 잘못을 보는(觀過) 문제는 곧바로 관심觀心·존심存心·양심養心·진심盡心의 문제와 연결되어 있으며, 한 걸음 더 나아가 심설에서 그와 호상학파의 엇갈림을 드러냈다. 건도 9년(1173) 이후 논전의 중심은 이렇듯 인설에서 심설로 바뀌었던 것이다.

심설의 논전은 주로 주희와 장식·오익·여조겸·하호·유구언·석돈·방사요

方士縣·임용중 사이에서 진행되었는데, 순희 원년(1174)에 최고조에 달하였다. 주희는 비판의 예봉을 호굉을 대표로 하는 호상파의 사상에 직접 겨누고서, 호상파의 심설을 자기 마음대로 순수한 불교의 설로 간주하여서 비판하였다. 이 논전은 실질적으로 호상파의 주관 유심주의 심설과 정주파의 객관 유심주의 심설의 대립을 반영한다.

똑같이 마음이 모든 이치를 갖추고 있다고는 했지만 호상파는 '마음으로 마음을 본다(以心觀心)'고 주장하였다. 그러므로 상채(사량좌)는 '이 마음을 알면 인을 안다'고 했고, 호굉은 '놓친 마음으로써 마음을 찾는다', '인의 본체를 찰식한다(察識仁體)', '실마리를 찰식한다(察識端倪)'고 주장하였다. 이는 일종의 내심을 향한 자아 추구, 자아 관조이다. 반면에 주희는 '마음으로써 사물을 본다(以心觀物)'고 하여, '마음으로써 사물을 보면 사물의 이치를 터득할 수 있다'고 하였다. 다시 말해, 외부로 향해 '곧바로 일에 나아가고 사물에 나아가서 이 이치를 궁구하면' 비로소 '그 본심의 확연한 본체를 온전히 할 수 있다'고 보았다. 그는 호상파와 논전하면서 전적으로 「진심설盡心說」을 써서 이런 사상을 드러내 밝혔다.

논전은 세 가지 문제를 둘러싸고 전개되었다. '도심道心'과 '인심人心'은 한 마음을 가리키는가, 아니면 두 마음을 가리키는가? 본심을 조존操存하기 전에 먼저 마음의 본체(心體)를 찰식해야 하는가? 마음으로써 마음을 보는 것인가, 아니면 마음으로써 사물을 보는 것인가? 마음으로써 마음을 본다는 주장은 실제로 마음에 두 마음이 있음을 인정하는 것이며, 천리의 '도심'과 인욕의 '인심'을 대립적인 별개의 물건으로 보는 것이므로 이 마음으로써 저 마음을 본다고 할 수 있다.

주희는 도심과 인심이 실은 같은 마음이라 여기기 때문에 '인심에 나아가 도심을 안다'고 주장하며, 인심이 늘 조존할 수 있기에 '정밀하고 한결같이 하면(惟精惟一, *경건을 주로 함)' 이것이 곧 도심이라고 하였다. 조존하기 전에 저 한마음으로 이 한마음을 찰식하는 일은 결코 존재하지 않는다. 본심을 찰식한다는 논조 가운데서는 여조겸의 주장이 가장 강력한데, 그의 주장은 실제로는 호굉에게서 나온 것이다. 호굉은 순희 원년(1174)에 주희의 주요 비판 대상이 되었다.

주희는 동시에 석돈에게 보낸 편지에서 다음과 같이 지적하였다. "오늘날 사람들은 '찰식'이라는 글자를 곧 깊이 구하여 포착하려는 뜻으로 보지만, 이는 성현이 말한바 조존하고 주재한다는 것과는 의미가 다릅니다. 모름지기 이 털끝만 한 사이를 간파해야 합니다. 그렇지 않으면 불교의 설로 흐르고 말 것입니다. 예컨대 호굉의 책(*『지언』)은 이런 폐단을 벗어나지 못하였습니다."(『문집』 권42 「답석자중」 서4) 그러면서 여조겸에게는 '조존이 미숙한데도 갑자기 찰식하고자 하는 잘못이 있다'고 여겼다(동상, 서3).

주희가 볼 때, 이른바 먼저 인의 본체를 찰식한다, 실마리를 찰식한다, 본심을 찰식한다는 등의 설은 모두 마음으로써 마음을 보는 불교의 설을 표절한 것이다. 그러므로 특별히 호굉의 '마음으로써 마음을 본다'는 설에 대한 비판에 안간힘을 다 쏟았다. 이것이 그의 심설 논전의 주조가 되었다.

건도 8년(1172)에 그는 이미 오익의 관과지인 설에 대하여 "마음에 이미 이런 허물이 있는데 또 이 허물을 버리지 않고 별도의 한마음으로써 그것을 보며, 이미 그것을 보고서 또 별도의 한마음으로써 이것을 보는 것이 인(仁)이 됨을 아는 것이라 한다면, 이는 세 가지 물건(마음)이 교대로 서로 엿보는 것으로 여김과 같습니다."(『문집』 권43 「답오회숙」 서6)라고 하였다.

순희 원년(1174)에 이르러서 그는 여조겸, 하호, 석돈 들과 조존·진심·양심·존심의 문제를 토론할 때, 또 한 걸음 더 나아가 마음으로써 마음을 부리고, 마음으로써 마음을 보존하고, 마음으로써 마음을 다한다는 논조를 부정하고, "보존하는 것은 이 마음을 보존하는 것이고, 잃는 것은 이 마음을 잃는 것입니다. 잡고 놓치고 보존하고 잃는 일 외에 별도로 마음의 본체가 있는 것이 아닙니다."라고 하였다(『문집』 권47 「답여자약」 서9). 이해에 오익은 모친상을 당하여 숭안으로 와서 주희와 만나 더욱 상세하게 토론했으나 여전히 서로 합치할 수 없었다.

주희는 마지막으로 「관심설觀心說」을 써서 심설 논전에서 제기된 문제에 대해 일일이 구체적으로 반박하여 논술했는데, 실제로 이것은 심설 논전에 대한 전면적인 총결이자, 또한 자기 심설 체계를 고도로 사변적으로 개괄한 글이다.

저 마음이란 사람이 몸의 주인으로 삼는 것이다. 하나이지 둘이 아니다. 주인이지 손님이 아니다. 물건에 명을 내리는 것이지 물건의 명을 받는 것이 아니다. 그러므로 마음으로써 사물을 보면 사물의 이치를 터득할 수 있다. 이제 다시 사물이 있어서 그것을 마음에서 돌이켜본다면, 이 마음 외에 다시 한마음이 있어서 이 마음을 볼 수 있다는 말이 된다. …… 저 인심이 위태롭다고 한 말은 인욕의 싹틈을 말하고, 도심이 은미하다고 한 말은 천리가 깊이 숨어 있음을 말한다. 마음은 하나인데 바름과 바르지 않음으로 인해 그 이름을 달리할 뿐이다. 오로지 정밀하고 오로지 한결같이 하면 그 바른 데 자리하므로 그 차이를 살필 수 있고, 그 다름을 버리고 같은 것으로 돌아갈 수 있다. 이렇게 할 수 있으면 참으로 그 중도를 잡게 되어서 지나치거나 모자라는 쪽으로 치우치는 일이 없을 것이다. 도심으로 한마음을 삼고 인심으로 한마음을 삼는 것이 아니며, 또 다른 한마음이 있어서 정밀하게 하고 한결같이 하는 것은 아니다. 잡아서 보존한다는 것은 저것으로써 이것을 잡아서 보존하는 것이 아니고, 놓쳐서 잃는다는 것은 저것으로써 이것을 놓쳐서 잃는다는 것이 아니다. …… 이것이 어찌 마음으로써 마음을 다하고, 마음으로써 마음을 보존하기를 마치 두 물건이 서로 의지하여서 서로 버리지 않는 것과 같겠는가! …… 대체로 성인의 학문은 본심으로써 이치를 궁구하고 이치에 따라서 사물에 응하는 것이고 …… 석씨(불교)의 학문은 마음으로써 마음을 구하고 마음으로써 마음을 부리는 것이다. ─『문집』 권67

이 글은 표면적으로 보면 마음으로써 마음을 보는 불씨佛氏(불교)의 견해를 비판하고 있지만 실제로는 호상파의 심설을 공격한 것이다. 주희가 보기에 호상학자의 주장은 본래 '선학의 설과 거의 같으니' 「관심설」은 '마음으로써 마음을 보는'『지언』과 마음에 대해 물은 표거정의 두 장章을 직접 비판한 것이라 할 수 있다.

주희의 심설은 심통성정心統性情을 바탕으로 '마음이 본다(心觀)'고 주장함으로써 '마음을 본다(觀心)'는 호상파의 주장과 대립하고, '본심이 스스로 잡는다(本心自操)'고 주장함으로써 '마음으로써 마음을 잡는다(以心操心)'는 호상파의 주장과 대립하며, '마음으로써 사물을 본다(以心觀物)'고 주장함으로써 '마음으로써 마음을 본다(以心觀心)'는 호상파의 주장과 대립한다. 그러므로 그는 '본심이 이치를 궁구한다(本心窮理)', '이치에 따라 일(사태)에 응한다(順理應事)'는 설로써 '마음으로써 마음을 구하고(以心求以)' '마음으로써 마음을 부리는(以心使心)' 것에 반대하고, 사물에 (맞닥뜨려) 나아가는(卽物) '실리實理'로써 마음을 보는(觀心) '허리虛理'에 반대하였다.

그는 경과 지를 동시에 닦는다는 원칙에 의거하여 유가의 진심설·양심설·존심설·조존설 들을 하나로 섞어서 융회관통하여 심설의 체계를 완성하였다. 그리고 또 그것을 전적으로 열여섯 글자 심전(十六字心傳)에 통섭시켰다.

이 때문에 이 심설 논전은 그의 저명한 열여섯 글자 심전의 이론적 탄생을 진정으로 선언한 것이라는 점에 근본적인 의의가 있다. 정주파의 열여섯 글자 심전은 이 심설 논전에서 비로소 특정하고 명확한, 이 학파의 사상 내용을 획득하게 되었다. 「관심설」은 주희가 호상학과 벌인 논전을 청산하고 마감했음을 나타낸다.

주희와 호상학자의 논전은 건도 6년(1170)부터 순희 원년(1174)까지 만 4년이나 이어졌다. 「논성답고」는 성설性說의 건립을 나타내고, 「인설」은 인설仁說의 건립을 나타내며, 「관심설」은 심설心說의 건립을 나타내는데, 이들은 이 논전에서 세 이정표가 되었다. 그의 이학 체계는 대체로 이 논전을 거쳐서 전면적으로 확립되었다. 그는 논전에서 얻은 모든 긍정적인 사상적 성과를 경학과 사서학 저서에 전부 집어넣었다. 이 때문에 그의 학파와 학파의 사상도 대체로 이 논전을 거쳐서 형성되었다.

한편 호상파는 이 논전 이전에는 동남의 민학閩學과 함께 정립鼎立하여서 대등하게 맞선 일대 학파였지만, 이 논전 중에 주희로부터 치명적인 타격을 입고 심지어 그들 학파의 영수 장식이 스스로 먼저 반기를 들어 호상학에 반대함으로써 쇠락의 길로 달려갔다. 그래서 나중에 진부량陳傅良이 한번 호상에 들어와 상중湘中의 제자를 모두 싹쓸이하자, 일찍이 한때 세력이 뚜렷했던 이 학파도 아주 빠르게 이학의 무대에서 소리 소문 없이 사라졌다. 순희 원년 이후 호상학은 이미 더 이상 주희의 주요 비판의 대상이 되지 못하였다. '한창 치성한 임천臨川(육구연)의 설'이 주희와 장식의 공동으로 관심을 갖는 목표가 되었던 것이다. 두 사람은 강서江西에서 일어나 심학의 기치를 높이 든 육구연陸九淵 형제에게로 눈을 돌렸다.

『사서집주四書集注』 이전의 경학 체계

　　호상학파와 벌인 논전은 주희에 대해 경학과 사서학 체계의 탄생을 촉진하는 직접적인 작용을 하였다. 이 논전에 수반해서 일련의 오경학과 사서학 저술이 완성되었다. 주희 평생의 경학은 순희 2년(1175)을 경계로 『사서집주四書集注』 이전의 경학 체계와 『사서집주』의 경학 체계라는 두 단계로 나뉜다. 그의 성숙한 경학·사서학 체계는 『사서집주』를 핵심으로 한다. 『사서집주』를 쓰고 서문을 정하기 이전, 건도 6년(1170)부터 순희 2년까지 한천寒泉 저술 시기는 바로 그의 『사서집주』 이전의 경학 체계가 확립된 때이다. 오랜 형성 과정을 거친 『사서집주』 이전의 경학 체계는 나중에 『사서집주』의 경학 체계와 연관성도 있고 구별되는 점도 있다.

　　건도 6년에 주희는 이미 자기만의 격조를 갖춘 시인으로서 조야朝野에 이름을 떨쳤을 뿐만 아니라, 수많은 책을 저술한 위대한 유학자로서 해내海內에 이름이 퍼졌다. 12월에 그는 한때 명성이 높았던 시인인 호전胡銓과 우상 우윤문虞允文의 천거를 동시에 받게 되었다. 일찍부터 조신趙眘(효종)의 명을 받아 시인을 찾고 있던 호전은 이때 다음과 같이 상주하였다. "융흥 초년에 황상께서 시인을 찾아보라고 신에게 명하셨기에 신은 이미 물색하여서 여러 사람을 찾아냈습니다."(『중흥성정中興聖政』 권49) 그는 「천현록薦賢錄」을 올려서 주희를 포함한 시인 열다섯 명을 추천하였다. 조신이 우윤문에게 물었고, 우윤문도 "주희는 정이程頤보다 못하지 않습니다."(『송사宋史』 「우윤문전虞允文傳」) 하고 극구 칭찬하였다.

그러나 주희의 경학과 사서학은 이때만 하더라도 아직 전면적으로 건립되지는 않았고, 정호와 정이의 이락伊洛의 학은 이 시기에도 아직 세상에서 유일한 '전문專門'이 되지는 못하였다(『귀이집龔耳集』 권중卷中). 조신이 좋아하는 것은 궁정에서 문학을 하는 여흥에 필요한 신하(弄臣)이지 도학을 하는 순수 유학자(醇儒)가 아니었다. 그 때문에 주희는 일개 시인으로서 조정에 들어가려 하지 않고, 산림에서 편히 지내며 경학과 사서학 저술에 마음을 기울여서 종사하였다. 건도 6년부터 순희 원년(1174)까지 그는 여덟 차례 조정의 명에 대해 사면을 청하고, 도성에 들어가서 관직을 맡으려고 하지 않았다. 순희 원년 6월에 비로소 기꺼이 명을 받들어 선교랑 봉사宣敎郎奉祠가 되었는데, 이때는 그의 『사서집주』 이전의 경학 저작이 모두 기본적으로 완성되어 있었다.

맹자학으로 말하자면, 주희의 『맹자집주孟子集注』는 『맹자집해孟子集解』를 발전시켜서 나온 책이다. 『맹자집해』는 애초 동안同安에서 재직할 때 쓰기 시작하여 소흥 30년(1160)에 초고를 완성하였다. 주로 '『맹자』에 관한 여러 학자들의 설을 모아 한 책으로 만든 것'인데, 그는 '아직 의심스런 부분이 많음'을 느낀 뒤 특히 '양기養氣'를 토론하고, '성性'을 논한 두 장의 경우에는 '뜻을 밝히기가 더욱 어려워서' 남에게 경솔하게 보이지는 않았다(『문집文集』 권41 「답정윤부答程允夫」 서1).

그 뒤 그는 쉼 없이 개정 작업을 해 나갔다. 건도 2년(1166)에 하호에게 보낸 편지에서는 이 책을, "최근에 읽어보니 구절마다 문제가 있어서 이루 다 집어낼 수가 없습니다."라고 하였다(『문집』 권40 「답하숙경」 서2). 건도 2년과 건도 3년에 그는 『맹자집해』를 전면 수정하고, 장식·하호·위염지魏掞之·가한柯翰·범념덕·임용중·허승許升·진제중陳齊仲·서원빙徐元聘과 함께 상의하고 토론하였다. 주희는 생각을 집중하고 넓히며, 여러 사람의 설을 가리고 택하여서 책에

집어넣었다. 그런 까닭에 『맹자집해』를 장난 삼아 '고금집험방古今集驗方'이라
고 불렀다.

이때 수정하고 고치는 과정에서 하호가 그에게 제공한 『맹자유설孟子遺說』
도 상당 부분 채택되었다. 그는 하호에게 보낸 편지에서 『맹자유설』의 정확
한 부분과 잘못된 부분, 『맹자집해』에서 버리고 취할 점에 대해 서른한 조목
으로 논변하였다. 그러나 장식을 상견하고 돌아온 뒤 그의 사상에 새로운 변
화가 일어났기 때문에 『맹자집해』의 수개본修改本을 여전히 사람들에게 가벼
이 내보이지 않았다.

건도 5년(1169)에 중화신설이 확립된 뒤 주희는 또 『맹자집해』를 전면적으
로 개정하기로 마음먹고 임용중에게 "『맹자집해』를 처음부터 다시 보기 시작
했습니다."라고 말하였다(『문집』 권43 「답임택지」 서8). 이때의 전면적인 수정본은
건도 7년에 완성되었다. 상의하고 결정하는 과정에서 그를 도와준 주요 인물
은 장식·여조겸·채원정, 그리고 새로 받아들인 제자 양방楊方, 불교의 잘못을
깨닫고 주희의 문하에 투신한 이백간李伯諫(이종사李宗思)이었다. 주희는 새로 얻
은 자료를 적잖이 보충하였다. 채원정에게 보낸 편지에서 그가 이때 개정하
고 보충한 내용을 대강 알 수 있다.

> 백간伯諫의 편지에서 당신에게 『맹자집해』의 정리를 부탁했다고 하기에,
> 이제 구본舊本 두 책을 보냅니다. 또 『습유拾遺』·『외서外書』·『기선록記善錄』,
> 구산(양시)과 상채(사량좌)의 『어록語錄』, 『유씨묘지游氏妙旨』·『정문고록庭聞稿
> 錄』·『오신해五臣解』(*범조우范祖禹와 여본중呂本中의 설을 취했다)에서 각각 뽑아내되,
> 단락마다 한 줄을 비우고 거기에 경문을 써넣을 필요는 없습니다. 또 자잘
> 한 책의 인용이 어디에서 어디까지인지 써 두었다가 모으기를 다 마치거
> 든 아래에 붙이고 모아 두었던 것을 잘라버리십시오. 장마다 한 단락으로

만들고 장에 포함된 여러 설은 차례대로 순서만 매겨서 열거하되 경문經文
을 중복해서 보일 필요는 없겠습니다.　　　　　―『속집』 권2 「답채계통」 서93

　　주희는 소흥 연간(1131~1162)에 쓴 『논어집해』를 융흥 원년(1163)에 둘로 나
누어서 『논어요의論語要義』와 『논어훈몽구의論語訓蒙口義』로 만든 뒤 건도 2년에
무양武陽에서 『논어요의』를 간행하였다. 그 뒤 장식·여조겸·채원정 등과 주
고받은 토론의 성과를 받아들여서 건도 7년(1171)에 또 한 차례 전면 수정했
는데, 이때 보충한 여러 학자들의 설도 『맹자집해』에 덧붙였던 책들에서 나
온 것이었다.

　　건도 8년(1172) 정월, 그는 수정한 『맹자집해』와 『논어요의』를 합하여서
한 책으로 만들고 이름을 『논맹정의論孟精義』라 붙인 뒤 건양建陽에서 정식으
로 간행하여 세상에 내놓았다. 이 일은 그의 『사서집주』 이전의 논어학과 맹
자학의 확립을 나타낸다. 『논맹정의』는 정호와 정이의 설을 부각한 경학 체
계인데, 주희는 「논맹정의서論孟精義序」에서 이 저작이 정호와 정이의 설에 대
해, '간간이 일찍부터 수집했던 것들을 분류하여서 원래 장의 차례대로 붙이
고, 선생과 같은 학문을 한 학자들인 횡거橫渠 장공張公(장재)·범씨范氏(범조우)·
두 여씨呂氏(여대림과 여본중)·사씨謝氏(사량좌)·유씨游氏(유작)·양씨楊氏(양시)·후씨侯氏
(후중량侯仲良)·윤씨尹氏(윤돈尹焞) 등 아홉 학자(九家)의 설을 덧붙인 것'이라고 하였
다(『문집』 권75 「어맹집의서語孟集義序」). 이는 자기의 경학 사상이 위로 정호와 정이
를 계승하였음을 나타낸다.

　　그러나 그는 한漢·위魏의 여러 유학자들의 설을 편파적으로 폐기할 수는
없다고 여기고 서문에서 다음과 같이 말하였다. "한과 위의 여러 유학자들은
음두音讀를 바로잡고 훈고를 통하게 하였으며, 제도를 상고하고 명물名物을 변
별하였으니 그 공이 넓다. 학자가 참으로 그 흐름을 먼저 밟지 않으면 또한

무엇으로 여기에 힘을 쓰겠는가!"(동상)

주희가 보기에 한·위 경학의 유가 경전 해설이 비록 '그 뜻(意)은 다 이해하지는 못했지만' 오히려 '그 말(言)은 이해하여서' 장구를 정확하게 떼내고, 명물을 훈고한 공은 없앨 수 없었다. 이런 견해는 그의 경학 사상이 한과 위의 훈고학과 북송과 남송의 의리학義理學의 특징을 겸하여서 취하고 융합하여서 이해했음을 구체적으로 드러낸다. 그의 『논어』·『맹자』에 관한 저작에는 이런 정신이 관철되어 있다.

한학漢學을 경시한 장식은 오히려 한의 유학자들이 '말'조차도 이해하지 못했다고 하면서 한·위의 경학에 대한 주희의 이런 평가에 이의를 제기하고, 서문에서 '그 말은 이해했으나 그 뜻은 이해하지 못했다'는 주장을 빼버리라고 요구하였다. 주희는 '진과 한의 여러 유학자들이 경문의 뜻을 해석한 것은 다 온당치는 않을지라도 터득한 것도 많다'는 생각을 견지하였다(『문집』 권31 「답장경부」 서9 및 『별집』 권6 「답임택지」 서7). 그래서 서문을 고치는 데 동의하지 않았다. 이 점은 두 사람의 경학 사상이 지닌 기본적인 차이를 분명히 나타낸다. 나중에 두 사람이 경학상에서 벌인 일련의 논변도 이로부터 일어났다.

주희에게 『논맹정의』는 도통道統을 건립하고, 도통 가운데서 선대를 계승하고 후대를 이어준 정호와 정이의 지위를 확립한 의의가 있다. 「논맹정의서」에서 그는 도통에 대해 처음으로 다음과 같이 표현하였다.

진·한 이래로 유자 무리는 모두 사도斯道의 전승을 듣기에는 부족한 사람들이었다. …… 송이 일어나고 백 년 만에 하수河水와 낙수洛水 사이에서 두 분 정 선생(二程先生)이 나온 다음에야 사도의 전승이 이어졌다. 그들과 공자·맹씨(맹자)의 마음은, 시대는 달랐지만 정신은 똑같았다(同符). 그러므로 두 책의 설을 밝혀서 설명한 것이 말은 비록 비근해도 탐색하면 무궁하고, 가리키는 바가 비록 고원해도 잡으면 요령이 있어서, 읽는 사람으로 하여금 그 말을 이해할 수 있게 했을 뿐만 아니라 또 그 의미를 이해할 수 있게 했고, 그 의미를 이해할 수 있게 했을 뿐만 아니라 또한 아울러 여기에 나아가야 하는 이유까지도 이해할 수 있게 하였다. …… 『논어』의 말은 포함하지 않은 내용이 없으나 사람들에게 보여준 것은 조존, 함양의 요체가 아님이 없다. 일곱 편(『맹자』)의 주지主旨는 궁구하지 않은 문제가 없으나 사람들에게 보여준 것은 대부분 (사단의 마음을) 몸으로 징험하고 채워서 넓히는 단서이다. 저 성인과 현인의 나뉨은 그 다름이 본래 이와 같지만, 본체와 작용은 근원이 하나이고(體用一源), 현상과 본질은 간격이 없다(顯微無間). 이런 진리는 선생처럼 학문이 지극한 자가 아니면 누가 알 수 있겠는가? 아! 이것이 백세百世 동안 학문이 끊어진 뒤에 분발하여서 천년 동안 전해지지 않던 전승을 홀로 얻은 까닭인가?　　　　―『문집』 권75 「어맹집의서」

정호와 정이가 천년 동안 전해지지 않던 전승을 얻어 맹자의 뒤를 이은 성인이 된 까닭은 바로 그들만이 '체용일원體用一源, 현미무간顯微無間'이라는 '도를 구하는 요체(求道之要)'를 엿보았기 때문이다. 이것은 사실 바로 주희가 『논맹정의』 또는 전체 오경학과 사서학 저작을 쓴 근본 사상인데, 은연중에 자기가 정호와 정이의 뒤를 이어서 도통을 계승했다는 자신감을 포함하고 있다. 『논맹정의』는 정호와 정이의 설을 주축으로 삼고, 또한 정호와 정이의 도통을 관철한 책이다. 그의 도통 사상은 『논맹정의』가 완성됨에 따라 확립되었다. 그는 나중에 또 『논어집주』와 『맹자집주』를 지었지만 줄곧 『논맹정의』를 폐기하지 않았고, 거듭 제자에게 다음과 같이 말하였다. "『집주』는 『집의集義』(*곧 『정의』)의 정수이다.", "모름지기 그것(*『정의』)을 빌려서 계단을 삼아 찾고 구해야만 장래에 도리가 저절로 드러날 것이다."(『어류』 권19)

주희의 중용학中庸學과 대학학大學學에도 마찬가지로 '체용일원體用一源, 현미무간顯微無間'이라는 근본 사상은 관철되어 있다. 일찍이 이통李侗을 사사할 때 그는 이미 『중용집설中庸集說』이라는 책을 쓰기 시작했는데, 그 책은 주로 여러 학자들의 설을 모은 것으로서 선택한 내용이 정밀하지 않고 장구훈고章句訓詁의 학을 벗어나지 못하였다.

건도 2년(1166)에 주희는 하호에게 보낸 편지에서 자기의 중용학 사상의 변화를 다음과 같이 말하였다. "선현이 해석한 한 장章에는 문구와 의의에 저절로 옳고 그른 것과 정밀하고 거친 것이 있습니다. 모쪼록 하나하나 탐구하여서 저마다 귀결하는 곳이 있어야만 사람의 뜻을 만족시킬 수 있을 것입니다. 그러나 또 더 큰 문제가 있습니다. 옛날 스승에게서 들으니, '미발未發과 이발已發의 기미에서 묵묵히 알고 마음으로 합치한 다음에야 글의 뜻(文義)과 일의 이치(事理)가 접촉하는 것마다 통할 수 있고, 이 이치에서 나오지 않은 것이 없게 된다. 구구하게 장구나 훈고 사이에서 구할 필요가 없다'고 했습니다. 전에 이 말을 들었지만 말씀하신 바를 전혀 헤아리지 못했는데, 이제 보니 이 말이 지극히 중요하고 지당한 설임을 알겠습니다. 그러나 결국 또한 단번에 그런 영역에 이를 수는 없습니다."(『문집』 권40 「답하숙경」 서4)

이와 같이 이전 유학자의 설을 정밀하게 가려내고, 의리를 궁구하며, 장구와 훈고를 좀스럽게 따지지 않는다는 것이 곧 그가 자기의 『중용집설』을 개정한 지도적인 사상이 되었다. 그러나 당시에는 그의 중화신설中和新說이 아직 확립되지 않았기 때문에 그는 『중용』이라는 책을 해설하는 근본 요지에 대해 "하늘이 준 본성과 인심, 미발과 이발이 혼연히 일치하여서 더 이상 다른 사물이 없습니다. 이로부터 자기를 이기고 경건을 견지하여서(居敬) 그 일을 마치면 일상생활에서 또한 어딜 가든 이 일이 아님이 없을 것입니다."(동상, 서3)라고 하였다. 여기에서 그의 중용학은 여전히 중화구설中和舊說을 벗어나지 못하고 있었음을 알 수 있다.

건도 5년(1169)에 그가 『중용』 수장首章을 쉬지 않고 반복하여 궁구한 것이 그로 하여금 중화구설로부터 중화신설로 전향하도록 촉진하였다. 건도 6년에 그는 여조겸에게 다음과 같이 말하였다. "최근에 『중용』 수장의 주지를 연구한 것을 계기로 이른바 '덕성의 함양은 모름지기 경으로써 하고, 학문의 진보는 치지에 달려 있다(涵養須用敬, 進學則在致知)'는 두 구절이 비록 간략하지만 실은 덕으로 들어가는 문으로서 이것 외에는 없음을 알았습니다."(『문집』 권33 「답여백공」 서3) 이리하여 경건과 앎을 함께 닦는 것(敬知雙修)이 중용학의 주지로 확립되었다. 바로 이해 봄에 그는 이런 주지에 근거하여서 『중용집설』의 옛 원고를 전면적으로 수정한 뒤 『중용집해中庸集解』(*『중용상설中庸詳說』이라고도 한다) 라고 이름을 정하고서 여조겸에게 보내 상세한 토론을 진행하였다.

여조겸은 「중용집해질의中庸集解質疑」를 써서 이해에 주희와 반복하여 논변하였다.[14] 주희는 "이천伊川(정이) 선생이 말씀하시기를 '대본大本은 그 본체(體)를 말하고 달도達道는 그 작용(用)을 말한다'고 하였습니다. 본체와 작용이 저절로 다른데 어떻게 둘로 삼지 않을 수 있겠습니까? 배우는 사람은 모름지기 미발한 때와 이발한 때에 하나하나 분명히 가려서 알아야 합니다. 그런 다음에야 본체와 작용의 근원이 같은 것에 대해 말할 수 있습니다."라고 하였다 (『문집』 권35 「답여백공문구산중용答呂伯恭問龜山中庸」 서4).

주희가 『중용집해』를 쓴 근본 지도적 사상은 『논맹정의』와 완전히 일치한다. 이 책은 여조겸의 논설과 합치하지 않았기 때문에 곧바로 세상에 내놓

---

14 여조겸의 「중용집해질의」는 『동래여태사별집東萊呂太史別集』 권16에 나온다. 주희의 『문집』 권33 「답여백공」 서4와 권35 「답여백공문구산중용答呂伯恭問龜山中庸」 및 『여동래문집』 권3 「여주원회」 서2·3·6에 근거하면 「중용집해질의」는 건도 6년 여름에 지은 것임을 알 수 있다. 주희가 수정해서 『중용집해』를 완성한 때는 대략 이해 봄이다.

지 못하였다. 그러나 오래지 않아 석돈도 건도 8년(1172)에 『중용집해』를 편성하여서 주돈이·정호·정이·장재·여대림·사량좌·유작·양시·후중량·윤돈 등열 학자(家)의 설을 집록하였는데, 이는 사실상 주희와 공동으로 정정하여서이뤄낸 성과였다. 장식은 「발중용집해跋中庸集解」에서 "자중子重(석돈)이 이 책을편집한 것은 일찍이 우리 친구 주희 원회가 강론하여서 정정한 것에 따랐다. 장을 나누고 버리고 취한 것이 모두 조리와 차례가 있다. 원회가 또 이를 위해 서문을 썼다."(『남헌집』 권33)라고 하였다.

주희는 건도 9년(1173) 9월에 쓴 「중용집해서」에서 공자 – 증자 – 자사 –맹자 – 주돈이 – 이정二程(정호와 정이)으로 이어지는 『중용』의 전수 계통을 허구로 설정하여서 중용학에서도 도통의 건립을 완성해냈다. 주희는 『중용』에 대해 이미 진·한 이래 경사속유經師俗儒의 '장구와 훈고를 일삼을 줄만 알고 다시 성인의 뜻을 구할 줄 몰랐던' 해석 방법에 반대하고, 또 근세의 이학가의 '장구를 빼버리고 훈고를 업신여기며, 앉아서 공허하고 오묘한 담론만 하는' 태도에도 반대하였다. 이런 사고방식에 따라 그는 석돈과 함께 '분량이 너무나 많은' 『중용집해』 외에 별도로 모든 장구의 훈고 및 의리의 은미한 뜻이라는 두 가지 정수를 하나로 모아서 간략하게 풀이하는 책을 썼다. 그리하여건도 8년 가을에 그는 중화구설을 편집하여서 중화 사상의 역정을 총결함과동시에 『중용장구』의 초고를 썼다.

주희는 임용중에게 보낸 편지에서 『중용』에 대한 자기의 새로운 인식을다음과 같이 말하였다. "요즘 『중용』을 보니, 장구와 글의 뜻 사이에서 계승하고 창조하여 전수한 성현의 뜻을 엿볼 수 있었는데, 마치 끈으로 장기 알을 꿰어 놓아 어지럽힐 수 없듯이 극히 조리가 정연하였습니다. 그래서 제뜻으로 여러 학자의 견해를 버리고 취하여서 한 책을 만들었는데 이전의 『대학장구』와 비슷합니다."(『별집』 권6 「답임택지」 서13) 그는 즉시 장식에게 초고를

보내서 토론을 진행하였다. 두 사람은 '중中에 있는 의리(在中之義)'와 '중의 도
(中之道)'라는 중심 문제를 둘러싸고 또 한바탕 중용학의 논변을 전개하였다.
이는 실제로 그들의 중화설 논변의 연장이다.

주희가 『중용장구』에서 『중용』에 대해 장의 차례를 새로 나눈 것은 자기
중용학의 사상 체계를 다시 세우려 의도하고서 시도했음을 나타낸다. 장식은
그의 관점에 찬동하였다. 그러나 주희는 또 나중에 그리했던 것처럼 『중용』
을 경經과 전傳으로 나누지는 않았다. 이 책은 전체적으로 원작인 『중용집해』
에서 자기 뜻에 따라 학자들의 견해를 버리거나 취하여서 이루어졌다. 이런
점은 『중용장구』의 첫 번째 초고에서는 그의 새로운 중용학 사상이 아직은
성숙되지 않은 채 여전히 과도기 상태에 머물렀음을 분명히 나타낸다.

주희의 대학학도 중용학과 대체로 같은 발전 과정을 거쳤다. 그가 아주
일찍이, 대략 소흥 연간(1131~1162)에 편집한 『대학집해』는 일찍부터 베낀 판
본이 유포되었다. 건도 2년(1166)에 그는 이 책을 한 차례 전면적으로 수정하
였다. 허승許升에게 보낸 편지에서 "『대학』의 설은 요즘에 고쳐서 정한 데가
많습니다. 구설은 몹시 고루한 점이 적지 않았습니다."(『문집』 권39 「답허순지」 서
13)라고 하였다. 이 '『대학』의 설'이란 곧 『대학집해』를 가리킨다. 그는 동시
에 임사로林師魯에게 보낸 편지에서도 다음과 같이 말하였다. "『대학집전大學集
傳』은 비록 선현의 옛 설에 의거하였지만, 버리고 취하는 것은 내가 억측으로
결정했습니다. 요즘 다시 생각하고 살펴보니 이치에 맞지 않은 부분이 여전
히 많았습니다."(『별집』 권5 「답임사로」 서1)

『대학집해』는 여러 유학자의 설을 편집해서 많은 내용을 싣고자 한 것이
라 결국 두 책으로 두툼한 분량이 되었다. 나중에 그는 순희 12년(1185)에 다
시 수정하여서 새로운 판본을 만들었다. 『대학집해』의 구본에 대해 임정백林
井伯에게 다음과 같이 언급하였다. "이천伊川(정이) 선생은 배우는 사람들에게

먼저 『대학』을 보라고 많이 권하였습니다. 이 책은 참으로 배우는 사람이 덕으로 들어가는 문호입니다. 나는 예전에 『대학집해』 두 책을 복공福公(*진준경)에게 바친 적이 있습니다. 그 책은 대다수가 여러 선생의 설을 모아 놓은 것입니다만, 또한 이 책을 보는 것만 못합니다. 이 책에는 온당치 않은 부분도 조금 있으므로 나중에 고친 데도 있습니다. 조만간 별도로 써서 보내드려 구본과 바꿔드리겠습니다."(『별집』 권4 「답임정백」 서2)

주희가 『대학집해』를 지은 목적은 역시 학자들의 자료를 수집하여 상세히 설명함으로써 조금이라도 의리를 밝히려는 것이었다. 건도 5년(1169) 이후, 경건과 앎을 동시에 닦는다는 학문의 대지를 확립함에 따라 그는 소학 공부와 대학 공부를 통일해서 한 체계로 만든 뒤, 물 뿌리고, 쓸고, 대답하고, 상대하고, 나아가고 물러가는 것(灑掃應對進退)을 용경用敬으로 삼고, 격물궁리格物窮理를 치지致知로 삼았다. 『대학』 사상에 대한 이런 새로운 인식을 갖고서 그는 『대학집해』를 토대로 삼아 요지를 밝히고 자기의 뜻을 별도로 드러낸 새로운 책을 썼다. 건도 7년(1171)에 여러 학자의 설을 버리고 취하여서 『대학장구』의 초고를 완성했는데, 그의 말에 따르면 『중용장구』와 비슷하였다. 『대학장구』의 첫 번째 원고는 『대학』을 경經과 전傳으로 나누지도 않았고, 나중처럼 자기가 지은 격물설格物說 한 단락을 보충해 넣지도 않았다. 이 또한 이때에는 아직 그의 『대학』 사상 체계가 완전히 성숙되지 않았음을 나타낸다.

주희의 네 가지 『집해』를 핵심으로 하는 『사서집주』 이전의 사서학이 과도기적이고 정형화하지 않은 경학 체계라면, 『사서집주』 이전의 오경학은 더욱 미성숙해서 전혀 독립적인 자기의 경학 체계가 형성되지 않았다. 경학사에서 획기적인 의의를 지닌 그의 많은 경학적 관점이 아직은 모두 확립되지 않았던 것이다.

역학에서, 주희는 내내 정이의 의리파 역학의 신도로서 그의 『역전易傳』을 성경으로 받들었다. 송에는 『역』을 설명하는 학파가 여섯이나 되었다. 도서파圖書派는 유목劉牧·주진朱震을, 상수파象數派는 소옹邵雍·진관陳瓘·주원승朱元升을, 의리파義理派는 호원胡瑗·정이程頤를, 심성파心性派는 육구연陸九淵·양간楊簡·왕종전王宗傳을, 사사파史事派는 이광李光·양만리楊萬里를, 술수파術數派는 장행성張行成·채원정蔡元定·왕식王湜을 대표로 한다.

주희는 젊은 시절부터 즐겨 여러 학자의 역설을 겸하여서 취하였다. 그의 역학은 원래 다차원적으로 얽히고설킨 각 학자와 각 학파의 사상을 겸하여서 받아들이고 함께 축적하여서 발전시키는 과정을 거쳐 결국 하나로 집대성된 체계를 형성하였다. 다만 전체적인 변화의 궤적은 여전히 명료하게 의리역학義理易學(*『역전』을 지표로 삼는다)으로부터 상수역학象數易學(*『역학계몽易學啓蒙』을 지표로 삼는다)으로, 다시 술수역학術數易學(*『참동계고이參同契考異』를 지표로 삼는다)으로 나아가는 세 과정을 거쳤다. 정이·소옹·위백양魏伯陽이 저마다 다른 방면에서 주희의 역학의 지고한 성인이 되었던 것이다.

주희가 젊은 시절에 가장 신봉했던 역학은 정이의 의리역학이었다. 왕필王弼이 노장老莊으로 역을 해설하여 효爻와 상象을 배제하고 오로지 현리玄理만 말하면서, 한漢의 역학은 상수학이 몰락의 길을 걷고 오로지 의리만 말하는 기풍이 크게 성행하였다. 정이가 왕필본에 근거하여 『역전』을 지어서 이치를 말하고 수數를 말하지 않으면서부터 송 대 역학의 의리파가 시작되었다.

주희는 소흥 30년(1160)에 정순程洵과 함께 소학蘇學 및 정학程學에 대해 논변할 때 『역전』이야말로 정학의 정화가 모인 것이라고 보았다. 그가 융흥 2년(1164)에 지은 『잡학변雜學辨』은 정씨의 설에 근거해서, 『소씨역해蘇氏易解』 등 함부로 불교와 노자를 끌어들여 『역』을 해석하는 사람들을 공격한 책이다.

건도 3년(1167)에 주희는 허승에게 보낸 편지에서 더욱 다음과 같이 인식하였다. "『정전程傳』(*정씨역전)을 숙독한 뒤에 별도로 주장을 세울 필요가 없음을 알았습니다."(『문집』 권39 「답허순지」 서18) 이해에 그는 하호와 함께 『역』을 논하고, 또 정이의 제자인 곽충효郭忠孝를 배척하여서 "그의 역서易書는 상수 의 설에 빠졌기에 정자의 문하에서 매우 멀어졌습니다."(『문집』 권40 「답하숙경」 서6)라고 하였다. 이어서 스스로 정이의 『역전』을 손수 교정하여 간행하고, 제 자들에게 정이의 『역전』만 전수하였다.

주희와 장식·여조겸은 모두 엄연히 『정전』을 숭상하는 의리파 역학의 대 사들이었기 때문에 도서상수파의 역설을 정통으로 여기지 않았다. 장식과 여 조겸은 학생들에게 오로지 『정전』만 익히게 했고, 여조겸은 더욱이 "『역전』 은 이치가 닿고 말이 정밀하며, 평이하고 타당해서 주장을 세움에 조금도 유 감이 없다."(『문공역설文公易說』 권18)고 하였다.

(장식과 여조겸) 두 사람은 심지어 정이의 『역전』에 「계사繫辭」의 해석이 없 다는 점을 매우 유감스럽게 여겼다. 그래서 여조겸은 여러 학자의 설을 모아 서 『계사정의繫辭精義』를 지었고, 장식도 『계사설繫辭說』을 지었는데,[15] 모두 위 로 정이를 잇고 『정전』을 보충하려는 의도를 지니고 있었다.

주희도 정이를 모방하여 왕필본에 의거해서 이름이 같은 『역전』을 지었 다. 나중에 진진손陳振孫은 『직재서록해제直齋書錄解題』에서 주희의 『역전』 11

---

15 『사고전서제요』 권3에 『남헌역설南軒易說』 세 권이 실려 있다. 그런데 「계사」에만 주를 단 것 이어서 사람들은 대부분 완결된 책이 아니라고 여겼다. 「간명목록표주簡明目錄標註」에서는 "「계사전」은 '천일지이天一地二' 장章에서 시작하는데, 또한 완본이 아니다. 대개 원元 대 사람 들이 간행한 것이다. 정자의 『역전』에 「계사」가 빠졌다고 하여 장식의 글을 잘라서 더 보충한 것이다. 나중에 또 앞부분 절반을 일실하였다."라고 하였다. 이런 주장은 잘못이다. 『남헌선 생문집』 권30 「답진평보서별지答陳平甫書別紙」에서는 "내가 최근에 이천(정이), 횡거(장재), 양구 산(양시)의 「계사」에 관한 설을 모으다가 마치지 못했는데, 올해 안으로 내 견해를 아래에 기 록하고자 합니다."라고 하였다. 또 권28 「답오회숙答吳晦叔」 서12에서는 "「계사」 설은 이미 다 모았습니다. ……"라고 하였다. 장식의 이 책은 본래 「계사」에만 주를 단 것이다. 그러므로 현존하는 「남헌역설」은 사실 완결된 책이고 제목만 옛것이 아닐 뿐이다.

권이 있다고 기록하면서 "(＊회암은) 애초 『역전』을 지을 때 왕필본을 이용하였다. 다시 여조겸의 『고역전古易傳』을 이용하여서 『본의本義』(『주역본의』)를 지었는데, 그 대지는 대략 같으나 더 상세하다."라고 하였다. 이 책은 한천정사에서 채원정과 토론하여 지었다. 건도 5년(1169) 11월에 그는 초고의 일부를 채원정에게 보내면서 말하였다. "『역설』은 깊이 생각하지 못하면 이치에 맞는지 알지 못합니다."(『속집』 권2 「답채계통」)

주희가 책을 쓴 최초의 동기는 정이가 지은 『역전』의 의리를 드날리기 위함이었다. 이 책은 순희 4년(1177)에 이르러서야 비로소 초고가 나왔는데, 나중에 그의 역학 사상이 변했기 때문에 이 책을 어떻게든 반복하여 개정하지는 않았지만, 줄곧 '의리義理는 『정전』을 넘지 못한다'고 보았다. 마치 이 『역전』과 동시에 쓴 『태극도설해』가 본질적으로 의리학의 저작인 것과 마찬가지이다. 『태극도설해』에서 그가 연구한 문제는 태극의 이치(理)이지 태극의 상象이 아니었다. 상을 빌려서 이치를 말했을 뿐이다. 건도 8년(1172)에 그는 장식에게 보낸 편지에서 주돈이의 태극도가 '상을 세워 뜻을 다 나타낸' 것이며, '부득이하게 지어서' 사람들로 하여금 '말과 뜻 밖에서 묵묵히 알게' 하려는 것이었다고 말하였다. 이는 역학의 의리파인 왕필의 말투와 완전히 똑같다(『문집』 권31 「답장경부」 서10).

대표원戴表元은 「선천도의서先天圖義序」에서 태극도太極圖와 선천도先天圖 두 그림의 차이를 다음과 같이 지적하였다. "근세에 태극도와 선천도라는 두 그림이 있는데, 『역』을 가장 정밀하게 나타낸 그림이다. …… 지금 두 그림이 모두 세상에 나왔음에도 이제 선천을 말하는 자가 태극을 말하는 자보다 오히려 많지 않은 까닭은 무엇인가? 태극도는 이치로 설명하고 선천도는 상수로써 설명하며, 이치는 깨치기 쉽지만 상수는 정통하기 어렵기 때문이다."(『섬원대선생문집剡源戴先生文集』 권7) 가현옹家鉉翁도 다음과 같이 인식하였다. "주자周子

(주돈이)의 태극도는 의리의 종주宗主이고, 소자邵子(소옹)의 선천도는 상수의 근원이다."(『칙당집則堂集』 권2 「송목수지서送穆秀之序」) 태극에 근거해서 이치를 말하는 것과 선천에 근거해서 수數를 말하는 것은 바로 역학의 의리파와 상수파의 차이를 나타낸다.

주희는 『역전』을 지을 때 아직 선천에 근거해서 수를 말하는 길로 가지는 않았지만, 도서와 상수를 좋아했기 때문에 그의 마음속에서는 선천학의 대사인 소옹이 점점 정이와 동등한 위치를 차지하게 되었다. 건도 9년(1173)에 그는 당대 도통의 성인을 확립한다는 의미를 지닌 「육선생화상찬六先生畫像贊」 한 조를 지었는데, 그 가운데 「강절선생찬康節先生贊」이 들어 있다. 소옹이 그의 선천 상수역학象數易學 때문에 비로소 주희에 의해 도통에 편입되었음이 분명하다. 다만 이때도 주희는 여전히 정이의 의리역학을 소옹의 선천학 위에 두고 있었다. 순희 2년(1175)에 이르러서야 그는 역학에서 중요한 문제를 발견하였다. 그는 비로소 근본 입각점을 찾아서 정이로부터 소옹으로, 태극에 근거하여 이치를 말하는 것으로부터 선천에 근거하여 상을 말하는 쪽으로 향하였다.

주희는 시학에서도 역학에서와 마찬가지로 천천히 힘겨운 발걸음을 떼고 있었다. 『모전毛傳』과 『정전鄭箋』이라는 전통 시학의 격식을 벗어나지 못한 채 「모서毛序」를 모범으로 받들고 있었다. 한천정사에서 그는 역시 보수파였지 회의파가 아니었다. 그는 나중에 순희 15, 6년(1188~1189)에 제자에게 평생의 『시』 해석이 세 단계의 곡절을 거쳐서 두 차례 변했다고 술회하였다.

> 나는 예전에 『시해詩解』를 지었다. 처음에 「소서小序」를 이용했는데 해석되지 않는 부분은 곡해해서 설명하기도 하였다. 나중에 타당하지 않음을 느끼고 두 번째로 해설할 때는 「소서」를 그대로 두기는 하였으나 간간이

논파하기도 하였다. 그러나 끝내 시인의 본뜻을 알 수 없었다. 나중에「소서」를 다 없애고서야 저절로 통할 수 있다는 사실을 알게 되었다. 이리하여 옛 설을 모두 버리자 시의 의미가 비로소 살아났다.

—『어류』권80「시전유설詩傳遺說」권2

이는 다음과 같은 두 차례 변화를 말한다. 초년에는「모서」를 가지고 『시』를 해설하면서 곡해하여 설명하다가 나중에는「모서」를 그대로 둔 채 간간이 논파하게 된 것이 첫 번째 변화이다. 이어서「모서」를 그대로 두는 방식에서 방향을 바꾸어「모서」를 전부 없애고 구설을 모두 씻어버린 것이 두 번째 변화이다. 그의 시학 사상은「모서」를 위주로 지은『시집해詩集解』로부터「모서」를 버리고『시집전詩集傳』을 짓는 근본적인 전환을 거쳤다.

당의 공영달孔穎達이『정의正義』(『모시정의毛詩正義』)를 지은 이래『시』는 모장毛萇과 정현鄭玄을 위주로 하고 이들을 단독으로 높이는 쪽으로 논의가 귀결되어서 경사유생經師儒生은 남은 것을 끌어안고 옛것을 지켰다. 그러나 송이 들어선 이래 한편으로는 매요신梅堯臣·주요경周堯卿·소자재蘇子才·유우劉宇·호단胡旦·송함宋咸·주식周栻 등의 대가들이 계속하여 모장과 정현의 시의 가르침을 삼가 지키는 한편, 구양수歐陽修·소철蘇轍·조열지晁說之·왕질王質이 일어나「모서」의 문제점을 공격하면서 전傳을 버리고 경을 해석하며, 옛것을 변화시켜 색다른 것을 표방하는 회의파 사조가 형성되었다. 이에 수백 년 동안 침체 상태에서 진부하게 서로 이어가며 문호를 지키는 일에 깊숙이 빠져 있던 경학의 성지聖地에 강력한 충격이 가해졌다. 남쪽으로 건너온 이래 범처의范處義가「모서」를 가장 크게 높인 반면, 사학史學의 거벽인 정초鄭樵는『시전변망詩傳辨妄』을 지어「모서」를 맹렬히 공격함으로써 모장과 정현의 죄인으로 지목되었다.

주희는 소흥 연간에 「모서」의 설에 근거하여서 『시집해』를 짓기 시작하였다. 소흥 30년(1160)에 그는 정순에게 "『시』를 위해 전傳(해설)을 모으고 있는데, 지금 국풍國風과 소아小雅를 마쳤다. …… 상당히 볼만하니 어쩌면 학자들에게 유익할 것이다."(『별집』 권3 「답정흠국서答程欽國書」)라고 말하였다. 융흥 원년(1163)에 그는 『시집해』의 초고를 완성하였다. 이 『시집해』는 학자 수십 가의 설을 모은 것이다. 나중에 그는 또 "내가 예전에 『시』에 대한 수십 가의 설을 보고 일일이 모두 처음부터 기록했다."(『어류』 권80)고 하였다. 이후 끊임없이 번잡한 것을 간략하게 다듬고 고쳤지만 「모서」에 근본을 두고 해설하는 방식은 줄곧 변함이 없었다.

건도 3년(1167)을 전후해서 그는 『시집해』를 한 차례 전면적으로 수정하였다. 건도 9년에 또 한 차례 대대적으로 『시집해』를 산정刪定하면서 자기와 장식·여조겸이 시학에서 엇갈리는 점을 드러내기 시작하였다. 장식은 건도 9년에 『시설詩說』을 지었고, 여조겸은 순희 원년(1174)에 『여씨가숙독시기呂氏家塾讀詩紀』를 지었다. 세 사람은 비록 「모서」를 주로 한 점에서는 일치하였지만, 장식은 정호·정이·장재·양시 등 이학가의 의리설을 추종하였고, 여조겸은 모장과 정현의 설을 본받았다. 그러나 주희는 오히려 경에 나아가 본뜻을 탐색하기를 좋아하고 스스로 새로이 해석하여서 이전 사람들의 옛 해설에 얽매이지 않았다.

주희는 특히 정호와 정이의 이학을 계승한 여러 학자들이 『시』를 해설하면서 의리를 드러내어 밝히기를 좋아한 나머지 왜곡되게 해설하고 지나치게 깊이 탐구하는 점에 불만을 품었다. 그래서 건도 9년에 이런 이학 선배들의 의리에 의한 왜곡된 설을 대량으로 깎아내 버리고, 평이하고 실질적으로 풀이하려고 힘썼다. 이것은 바로 『시』의 해석에서 실질을 추구하는 그의 한학漢學 정신을 보여준다. 그는 유청지劉淸之에게 보낸 편지에서 대량으로 깎아내버린 이유를 다음과 같이 말하였다. "대체로 성현이 세운 주장은 본래 평이하지만, 평이함 가운데 무궁한 뜻이 있습니다. 이제 반드시 미루어서 높게 하고 천착하여서 깊게 해서는 참으로 높고 깊게 할 수 없으니, 원래 이미 그 본지를 떠났고 그 평이하고 무궁한 맛을 손상하였습니다. …… 밖에서 들어온 것을 집어넣겠다는 뜻이 너무 많아서 본문의 본뜻이 도리어 제대로 전달되지 않았습니다. 이것이 이 『집전』에 여러 선생의 말을 감히 다 싣지 않은 까닭입니다."(『문집』 권35 「답유자징答劉子澄」 서3)

이학의 여러 선생에 대한 이런 커다란 불경不敬은 장식의 불만을 불러일으켰다. 장식은 여조겸에게 보낸 편지에서 다음과 같이 말하였다. "원회(주희)가 지은 『시집해』를 이미 보았을 것입니다. 저는 선배들의 설을 깎아버리는 것은 부당하다고 생각합니다. 그래서 이제 거듭 편집하였습니다."(『남헌선생문집』 권25 「기여백공寄呂伯恭」 서3) 그의 『시설』은 주희와는 반대로 '여러 선생의 설을 모두 편집하여서 넣은' 것이다(동상, 권22 「답주원회」 서13). 그는 오익에게 보낸 편지에서 자기와 주희의 『시』 해석의 다른 점을 다음과 같이 비교하였다. "전에 원회가 편집한 책은 여러 선생의 설을 많이 제거한 것이었습니다. 나는 여러 선생의 설이 비록 다르기는 해도 저마다 의미가 있으므로 학자들이 어떻게 완미하는가에 달려 있다고 생각합니다. 그래서 정자(정호와 정이)·장자(장재)·여씨(여대림)·양씨(양시)의 설을 모두 싣고, 다른 여러 학자의 설도 취할 만한 것은 그대로 두고, 원회의 설도 대부분 취하였습니다. 이 밖에도 내 의견이 있으면 또한 끝에다 붙였습니다."(동상, 권27 「여오회숙與吳晦叔」 서12)

기타 경학과 사서학에 관한 주희의 저작은 모두 이학의 여러 선생의 설을 채택하여서 종류별로 모은 것인데, 『시집해』에서만은 이학의 여러 선생의 설을 많이 취하지 않았다. 장식이 여러 차례 반대했지만 개의치 않았다. 나중에 주희는 또 여조겸에게 다음과 같이 말하였다. "나의 『집해』는 당시에는

(여러 학자의 설이) 매우 상세하게 갖춰져 있었습니다만, 나중에는 내 뜻으로 확정해서 그것만 남겼습니다."(『문집』 권33 「답여백공」 서42) 바로 전傳을 버리고 경經을 취하며, 경에 근거해서 경을 해석하는 이런 새로운 경 해석 방법은 그를 비로소 동시대의 시경학자들보다 훨씬 멀리 높이 초월할 수 있게 하였고, 나중에는 그를 아주 빨리 「모서」에 대한 회의와 부정으로 향해서 자기의 획기적인 시경학 체계를 세우게끔 하였다.

예학에서도 주희는 아직 자기의 예학 사상 체계를 형성하지 못하고 있었다. 다만 일종의 실제적인 태도로 번쇄한 예를 연구하여서 가례家禮를 정돈하고 시행함으로써 쇠퇴한 봉건사회의 기풍을 만회하고자 『제의祭儀』·『가례家禮』·『고금가제례古今家祭禮』 등, 책 세 종을 썼다.

그는 소흥 17년(1147)에 여러 학자의 제의祭儀를 고정考訂하여 『제의』의 초고를 만들고, 그 뒤 끊임없이 보충하고 다듬었다. 건도 5년(1169)에 모친상을 당해 거상居喪하는 동안 『제의』의 옛 원고에 있는 오류를 전면적으로 바로잡을 기회가 생겨서 정식으로 『제의』라는 책을 편성하였다. 그를 도와 토론한 사람은 장식·왕응신·임용중·진명중陳明仲 등이었다. 나중에 이방자李方子는 "건도 5년 9월, 선생이 어머니 영인令人 축씨祝氏의 상을 당해 거상하면서 예를 다하였는데, 고금의 제례를 참작하여 『상장제례喪葬祭禮』를 완성했다."(*『가례』에 붙인 말)고 하였다.

『상장제례』는 곧 『제의』인데, 다만 '고금을 참작'하여서 지었다기보다는 정호와 정이의 설을 존중하고 이용해서 지은 책이다. 장식은 정호와 정이의 설에 근거하여서 주희를 대신해 「제설祭說」 편을 짓고 책머리에 두었다. 주희는 장식에게 보낸 편지에서 이 책이 정호와 정이의 설을 근본으로 했음을 명확히 밝혔다. "「제설」은 변별하여서 바로잡은 것이 정밀하고 자세한데 더욱 조심해서 발간하겠습니다. …… 그 밖에 이와 같이 수정한 데가 매우 많은데,

대부분 정씨에 근본을 두고 여러 학자의 설을 참작했기 때문에 특별히 두 선생의 설을 취하였습니다. 지금 이어서 사용하는 것은 「제설」이 한 편이고, 「제의祭儀」와 「축문祝文」이 또 각각 한 편입니다. 이전의 것에 비하면 좀 더 정밀해졌습니다."(『문집』 권30 「답장경부」 서9)

주희의 가례 사상은 젊은 시절 정호와 정이의 설을 존중하여 이용하던 데서 나중에 사마광司馬光의 설을 존중하여 이용하다가, 만년에는 정호와 정이, 사마광의 설을 겸하여 이용하는 데로 변화 과정을 거쳤다. 이로 인해 그의 『제의』·『가례』·『의례경전통해儀禮經傳通解』 등 3부작은 불일치를 드러내고 있지만, 정작 그는 삼대三代의 고례古禮를 회복할 수 없다고 보아 시대에 따라 예를 제정해야 하며, 실제로 쓰기에 알맞아야 한다고 주장하였다. 예에 대한 이런 기본 관점은 줄곧 변하지 않았다.

건도 9년(1173)에 여조겸도 모친상을 당해 집에서 지내면서 『제례』를 고정考訂하였다. 주희는 여조겸·장식과 함께 토론을 주고받으면서 또 한 차례 자기의 『제의』를 고쳤다. 순희 2년(1175)에 이르러 마지막 한 차례 전면적으로 고친 『제의』의 정본定本은 이미 초고와는 전혀 다른 모습이었다. 이 책은 비록 나중에 사라져서 전해지지 않지만, 진순陳淳은 그가 보았던 이 정본 「제의」의 전모를 언급한 적이 있다. "『제의』는 (내가) 처음에 낭중郞中 왕자정王子正이 전한 것 세 권을 얻었는데, 상권은 정자程子의 제설祭說과 주식主式을 편집한 것이고, 중권은 가묘家廟와 시제時祭로부터 묘제墓祭에 이르기까지 아홉 편이다. 시제 편은 복일卜日·재계齋戒·진설陳設·행사行事 등 네 조항으로 나뉘었다. 문장은 통일되었으나 강綱과 목目으로 구분하지는 않았다. 하권은 여러 축사祝詞를 열거해 놓은 것이었다."(『북계선생문집』 제4문문門文 권9 「대진헌발가례代陳憲跋家禮」) 이는 틀림없이 정호와 정이를 위주로 하는 예학 체계이다.

이와 동시에 주희는 『제의』를 쓰는 과정에서 수집한 『통전通典』·『회요會

要』및 당·송 여러 학자들의 제례를『고금가제례古今家祭禮』라는 책으로 편집
하여 순희 원년(1174)에 서문을 정해서 간행하였다. 이 책은 모두 열여섯 학자
의 학설을 수집해서 편집하였다. 나중에 그는 우무尤袤로부터 세 학자의 설을
더 얻어서 순희 8년(1181)에 다시 보완하고 고친 뒤 정백웅鄭伯熊을 통해 간행
하였다.

「발고금가제례」에서 그는 다음과 같이 말하였다. "옛날과 지금은 편의함
이 다르고 풍속이 같지 않으니 유학을 숭상하고 도를 중시하는 임금과 경을
알고 학문을 좋아하는 선비라도 모두 고례에 따라 삼대의 융성한 예를 회복
할 수는 없다."(『문집』 권81) 따라서 그는 예에 대해 '때에 따라 계승하기도 하
고 창조하기도 하며 일에 따라 토론해야 한다(因時述作, 隨事討論)'고 주장하였다.
그는 꽉 막힌 속된 유학자들의 예학과는 그 취지가 크게 다른 기본적인 예학
사상을 명확하게 선포하였다.

그러나 거의 순희 2년(1175) 8월이 되어서야 주희는 장식과 여조겸에게
『제의』를 보내 토론함과 동시에 새로 더 큰 계획을 세워서『제의』의 내용을
늘리고 보태 관례冠禮·혼례婚禮까지 확장한, 완전한 예서를 만드는 일에 착수
하였다. 그는 바로 이때부터『가례』를 쓰기 시작하였는데 정호와 정이의 설
을 이용하던 데서 사마광의 설을 이용하는 데로 전향하였다.

사람들은 줄곧『가례』가 건도 6년(1170)에 쓰였다고 여겼는데, 이는『제
의』를『가례』와 잘못하여 하나로 섞어서 혼동했기 때문이다. 왕무횡을 비롯
한 많은 사람이 또한『가례』를 위서偽書라 여겼는데, 이는 또한 진순의 문집
을 읽지 않은 탓에 빚어진 상식적인 착오이다. 실제로는『가례』는『제의』에
바로 이어서 쓰기 시작한 책이다. 순희 2년 12월 30일에 주희는 여조겸에게
다음과 같이 알렸다. "저는 …… 또『여씨향약呂氏鄉約』·『향의鄉儀』를 수정하
고, 관례·혼례·상례·제례의 의례를 간략하게 하며, 허물을 기록하고 형벌을

시행하는 일 따위는 삭제하여서 가난한 집안이든 부유한 집안이든 실행할
수 있는 예를 만들려고 합니다. 그런데 안타깝게도 나다닐 일이 매우 많아서
아직 시작하지 못했습니다. 또한 거리가 멀기에 질정을 받을 길이 없어서 한
입니다. 조만간 초고가 정해지면 마땅히 보내드리고 가부간에 의견을 들은
다음 고치겠습니다."(『문집』 권33 「답여백공」 서39)

이 예서의 초고는 아주 빨리 쓰였다. 순희 3년(1176) 2월에 주희는 또 여
조겸에게 다음과 같이 말하였다. "예서는 안타깝게도 일이 많아서 아직 실마
리를 찾지 못하였습니다. 책이 완성되면 마땅히 탈고하기 전에 맨 먼저 보내
드려서 바로잡아달라고 부탁하겠습니다."(동상, 서47) 관혼상제의 의례를 간략
하게 만든 이 예서는 『가례』일 가능성이 있다. 그런데 이 『가례』는 번거롭고
행하기 어려운 사마광의 『서의書儀』에 근거해서 보태고 덜어내어 간략하게
마름질하여서 만들어낸 책이다. 진순은 여러 차례 이 『가례』를 언급하였다.

소희紹熙 경술년(1190)에 임장臨漳의 군재郡齋에서 관례·혼례·상례·제례
에 관해 가르침을 청하자 선생께서 말씀하셨다. "온공溫公(사마광)이 지은
『서의』가 있는데, 일찍이 세상에 나온 것을 보았다. 다만 번거롭고 쓸데없
는 말이 많으며 장편이라 분량이 많아서 읽기가 어렵고, 왕왕 익혀서 행하
기 어렵기에 아예 포기하게 만들 우려가 있었다. 그래서 일찍이 이것을 깊
이 근심하여, 다듬고 바로잡으며 보태고 덜어내 강綱을 내세우고 목目을 펼
쳐서 별도로 한 책을 만들어서 사람들이 쉽게 이해하고 쉽게 행할 수 있도
록 하였다. 전에도 대략 편성해 둔 것이 있었는데, 절에 있을 때 동자승이
훔쳐가는 바람에 결국 원본을 잃어버렸고 더 이상 다시 쓰지 않았다." 이
때 선생의 막내아들 경지敬之(주재朱在)가 전해 받은 『시제의時祭儀』 한 편을
얻었는데, 그 집안에서 해마다 늘 쓰던 것이었다. …… 비록 잃어버린 원

본이 어떤 것인지는 보지 못했지만, 전의 초본과 비교하면 체제가 전혀 다르다. …… 가정嘉定 신미년(1211), 남궁南宮에서 돌아오면서 온릉溫陵을 지날 때 온릉군의 수령으로 있던 경지가 『가례』 편을 내보이며, "이것은 왕년에 절에서 잃어버린 원본입니다. 어떤 사인士人이 기록해 두었다가 마침 선생의 장례 날 가져왔기에 얻은 것입니다." 하기에 즉시 베껴가지고 돌아왔다. 편은 다섯인데, 통례通禮가 첫째이고, 관례·혼례·상례·제례의 네 가지 예가 다음이다. 각 편마다 사항에 따라 장을 나누고, 장에서는 또 각각 강과 목을 나누었다. …… 그 사이에 또 궐문闕文이 있는데, 미처 보충하지 못한 것, 구절이 빠졌는데 미처 채워 넣지 못한 것, 잘못된 글자나 이지러진 글자인데 미처 바로잡지 못한 것이 많이 보였다.

— 『북계선생문집』 제4문문第四門文 권9 「대진헌발가례代陳憲跋家禮」

선생은 …… 따로 이 책을 만들었다. …… 초고가 다 되자마자 동자승이 훔쳐갔다. 선생이 돌아가신 다음 나중에야 유편遺編이 비로소 나왔지만 선생의 수정을 거치지 못해서 그 사이에 정해지지 않은 설이 있다. …… 이른바 「시제時祭」 장은 선생의 집안에서 해마다 늘 사용하는 의례를 가져다 넣은 것이므로 이것만은 정설이 되었는데, 모두 참신參神을 강신降神 앞으로 옮겨 놓았다. 이제 생각건대, 내가 항본杭本을 더 정밀하게 교정하면서, 예컨대 동지와 입춘의 두 의례는 일찍이 선생의 말을 직접 들었기 때문에 체제禘祭나 협제祫祭와 비슷하다고 여겨서 거론하지 않고, 이제 선생의 뜻에 근거하여서 깎아버렸다. ……

— 동상, 「가례발」

이는 주희가 스스로 「발삼가례跋三家禮」에서 한 다음의 말과 완전히 부합한다. "내가 일찍이 사마씨(사마광)의 설을 여러 학자의 설과 대조하여서 다듬어 수정하고, 더하거나 덜어내어 강을 세우고 목을 펼쳐서 그 뒤에 덧붙인 다음, 보는 자로 하여금 그 요령을 얻고, 상세한 데로 이르러 행하기 어려운 것이라도 꺼리지 않게 하고자 하였다. 그리하여 비록 가난하고 천해도 또한 큰 예절을 갖출 수 있도록 번거로운 글은 줄이면서도 본뜻은 잃지 않게 하였다. 그런데 돌아보니 병들고 쇠약해져서 마칠 수가 없다."(『문집』 권82 「발삼가례 범발三家禮範」)

다만 그는 『가례』의 원고를 가지고 삼구三衢로 여조겸을 만나러 가는 도중 사원에서 동자승이 훔쳐 달아나는 바람에 결국 마지막 원고를 확정할 수 없었다. 그가 방향을 바꿔서 사마광의 예설을 추종한 까닭은 사마광의 『서의』가 『의례儀禮』에 가까워서 오늘날의 예를 참고하여 취할 수 있었기 때문이다. 나중에 호숙기胡叔器라는 제자가 네 선생의 예를 물었을 때 주희는 다음과 같이 답하였다. "이정二程(정호와 정이)과 횡거(장재)의 예는 대부분 고례古禮이고, 온공(사마광)의 예는 대체로 『의례』에 뿌리를 두고서 오늘날 행할 수 있는 것을 참조하였다."(『어류』 권84) 주희가 『가례』에서 사마광의 『서의』를 존신한 점은 바로 삼례三禮 가운데서 『의례』를 경經으로 삼는 그의 사상이 초보적으로 형성된 사실을 분명히 나타낸다.

주희는 예에 대해 한 학자를 주로 삼지 않고 여러 설을 동시에 채택하면서 때에 따라 창작함으로써 간단하고 쉬워 오늘날 세상에서 행할 수 있게 하고, 고례와 억지로 합치시키려 하지 않았다. 나중에 왕무횡이 고심하여 『가례후고家禮後考』·『가례고오家禮考誤』를 지으면서 고례를 끌어다 따지고 논란한 것은 『가례』가 위작임을 입증하기 위함이었다. 왕무횡은 주희 예학의 기본 관점, 그리고 젊은 시절과 만년에 예학 사상이 변화하여 달라진 점에 대해서는 거의 아는 바가 없었다.

주희의 전체 예학 저작 가운데서 오랫동안 위작으로 간주되어온 이 『가례』에는 바로 그의 이러한 예학 정신이 집중적으로 체현되어 있다. 그래서 만년에 심혈을 기울여 쓴 『의례경전통해』가 나중에는 생명력이 없는 방대한 저작으로 인식되어서 아무도 묻는 사람이 없게 된 상황도 이상하지 않다. 그런데 사라졌다가 다시 얻은 얇은 이 『가례』는 오히려 봉건사회 후기에 집집마다 간직하고 사람마다 준용하였으며, 심지어 해외에까지 전해졌다. 고려와 조선에서도 오로지 『가례』를 근본으로 하여 '오례의五禮儀'를 제정하는 등의 방법으로 불교적인 시속時俗을 변화시키고, 봉건 윤리 도덕과 종법의 등급제를 강화하였다.

주희의 『사서집주』 이전의 경학은 『사서집해』를 핵심으로 하는 경학 체계이다. 그러므로 또한 『사서집해』의 경학 체계라고 할 수 있다. 그것은 극히 미숙하고 정형화하지 않은 과도기적 성격을 띠고 있다. 나중에 성숙한 『사서집주』 경학 체계와 견주어 보면, 여러 학자의 설을 수집하는 데 중점을 둔 것이었다.(*그러므로 책 이름이 대부분 '집해'이다) 아직 독창적인 새로운 설을 만들어 내지 못하였기 때문에 자료를 수집하고 준비한다는 의의가 더 크다. 불안정성과 단편성을 드러내고 있으며, 또한 일관성이 없고, 탐색의 성질을 더 많이 띠고 있다. 모든 것을 다 수용하고 축적하여 상세함과 온전함을 추구함으로써 여러 가지가 잡스럽게 뒤섞인 듯한 모습을 보이고 있다. 아직은 번다한 것에서 간략한 것으로 나아가고, 범위를 넓히는 데서부터 요약하는 데로 귀결하는 맛이 없으며, 이전의 것을 답습하고 계승하려는 특징을 더 많이 가지고 있다.

그러나 오히려 폐쇄적이지 않은 개방적인 경학 체계이며, 그의 특유한 끊임없는 자아비판과 자아 반성의 정신으로 가득 차 있다. 그에 대해 말하자면, 경학상에서 금문 경학과 고문 경학의 논쟁, 정현과 왕필의 논쟁, 한학과 송학의 논쟁은 이미 그 의의를 상실하였다. 그는 한 학파, 한 문호를 지키지도 않았고 한 성인의 기존 견해를 높이지도 않았다. 이른바 가법家法도 없고 사설師說도 없었다. 이미 고금을 망라해서 종합하고 모든 학자를 융회관통시키려는 기백을 드러냈다. 그는 전통 경학에만 얽매일 수 없는 영혼을 지니고 있었던 것이다. 그 결과 그는 순희 4년(1177) 이후 결정적으로 『사서집해』 경학 체계로부터 『사서집주』 경학 체계로 비약하게 된다.

도통道統과 정통正統

　주희는 한천정사寒泉精舍에서 자기의 사학史學 체계도 완성하였다. 그의 경학은 본래 사학과 통일을 이루었다. 경經으로써 역사(史)를 말하고, 역사로써 경을 증명하며, 경학을 '사학'화하고 사학을 '경학'화하여서 곧바로 사학도 자기의 경학 안으로 집어넣었다. 따라서 경학의 완성이 그로 하여금 도통道統을 세우게 했다면, 사학의 완성은 그로 하여금 정통正統을 세우게 하였다.

　주희가 학파의 도통을 정식으로 확립한 지표가 되는 책은 『이락연원록伊洛淵源錄』이다. 그는 (정호와 정이의) 『유서遺書』와 『외서外書』를 편집하고 확정하는 과정에서 정호와 정이 문인의 행적과 사실에 관한 자료를 적잖이 수집하였는데, 이 일이 그에게 『이락연원록』을 편집할 생각을 불러일으켰다. 건도 9년(1173) 여름에 그는 여조겸에게 편지를 보내 '『연원록』이라는 책을 써서, 주周(주돈이)·정程(정호와 정이) 이래 군자들의 행실과 문자를 다 싣고자 하니' 영가永嘉의 여러 학자(諸子)의 사적事迹을 찾아달라고 부탁하였다(『문집』 권33 「답여백공」 서18). 여조겸은 그에게 '영가의 제공諸公에 관한 일은 설사룡薛士龍(설계선薛季宣)을 찾아가서 부탁하겠다'고 답하였다(『여동래문집』 권3 「답주원회」 서21). 그러나 7월에 설계선이 세상을 떠났기 때문에 여조겸은 다시 진부량陳傅良을 찾아가서 부탁하였다.

　주희는 11월에 이미 『이락연원록』의 초고를 편집해서 『외서』와 함께 여조겸에게 보냈다. 애초 여조겸은 이 책에 서문을 쓰겠다는 뜻을 내비쳤지만 끝내 쓰지는 않았다. 순희 원년(1174) 가을에 여조겸은 도리어 『연원록』에 대한 다른 의견을 상세하게 적어서 『연원록』의 원고와 자기가 수집한 수십 가지 자료를 함께 주희에게 보냈다. 편지에서 다음과 같이 말하였다. "『연원록』에 대해 그동안 자세히 따지고 싶은 생각이 있어서 삼가 가르침을 구합니다. 대체로 이 책은 서둘러 나와서는 안 됩니다. 속히 완성하느라 허술하고 간략한 것은 몇 년 더 기다려서 조금이라도 완비하는 것만 못합니다."(동상, 권4 「답주원회」 서6) 이때 주희는 왕응신으로부터 또 일부 자료를 얻어서 채원정·이백간·유청지와 함께 수정하고 있었다. 그는 여조겸이 자세히 따진 문제에 대해 편지에서 일일이 변론하며 논박했지만, 또한 『연원록』을 잠시 세상에 내놓지 말자는 의견에는 동의하였다.

그 뒤로 두 사람은 『연원록』에 대해 다시 토론을 진행하지 못했고, 이 책은 주희가 죽을 때까지 원고가 수정 완성되지 못하였다. 소희 2년(1191)에 주희는 오인걸吳仁傑에게 보낸 편지에서 이 책을 언급하였다. "정자 문하 여러 학자들의 행적과 사실을 모았는데, 최근 몇 년에 또 작업을 했지만 완성하지 못하였습니다. 지금 소무邵武에서 간행한 이른바 『연원록』이 이것입니다. 당시 편집을 완성하지 못한 상태에서 후생이 전파하여 이렇게 유포되기에 이르렀으니 마음에 매우 한이 됩니다. 이 책을 본 적이 있는지 모르겠습니다. 그러나 이런 일은 또한 해서는 안 됩니다."(『문집』, 권59 「답오두남答吳斗南」 서2)

여조겸이 서문을 쓰지 않고 또한 책을 세상에 전하는 데 동의하지 않았던 이유 가운데 일부는 자료의 취사선택에 대한 두 사람의 의견이 일치하지 않은 데 있었고, 일부는 여씨 선조와 관련된 자료에 대해 실상과 다르다고 여겼기 때문이었다. 이것은 그가 주희의 또 다른 저작인 『팔조명신언행록八朝名臣言行錄』을 대하는 태도와 똑같았다.

주희는 자료를 취사선택할 때 여조겸보다 좀 더 신중하였다. 견해가 다른 자료가 있으면 주를 달아 표시하고, 자료와 행적이나 사실의 참과 거짓, 맞는 것과 틀린 것을 심사숙고한 뒤에 가려서 썼다. 그러나 쌍방의 의견이 다른 점은 도통에 대한 두 사람의 구체적 의식의 차이를 반영하는 것이기도 하다. 전체 책은 주돈이 이후의 학자들과 정호·정이의 문하에서 교유交遊한 제자를 합쳐 모두 44인의 행적이나 사실을 기록하였으며, 각종 행장·연보·묘지명·제문·주장奏狀·유사遺事를 수집하여서 편집하였다.

주희는 전적으로 도통에 대한 자기의 관점에 비추어서 인물을 편집하고 배치하였는데, 주돈이를 개산開山으로 삼고, 명도 정호를 '맹자 이후 성인의 도를 전한 유일한 사람'으로 삼아, 위로 맹자의 도통을 계승한 정씨(정호)의 역사적 지위를 확정하였다. 이런 도통관에는 그의 『사서집주』 이전 경학 시기의 사상적 흔적이 깊이 새겨져 있다.

주돈이에 대해서는 자기가 『태극통서』를 편정하면서 스스로 지은 「사장事狀」과 「유사遺事」를 채용하고, 포종맹蒲宗孟이 지은 「갈명碣銘」은 이용하지 않았는데, 이는 그가 이때 지은 『태극도설해』의 사상과 일치한다. 정이에 대해서는, 정이가 강 한가운데서 전복될 위험이 있는 배 안에서도 오히려 옷깃을 바르게 하고 편히 앉아서 '성실하고 경건한 마음을 유지할' 수 있었다는 『소씨문견록邵氏聞見錄』에 실린 일화 하나를 특별히 선택하였는데, 이는 주희가 이때 막 확립한 주경主敬 사상과 일치한다. 소옹에 대해서는, 선천상수학先天象數學은 언급하지 않고 특별히 사람들의 주목을 끄는 다음의 자료를 선택하였다. "조이도晁以道(조열지)가 일찍이 이천(정이)에게 편지를 보내서 강절康節(소옹)의 수數에 대해 묻자, 이천이 답장에서 다음과 같이 말하였다. '나는 요부堯夫(소옹)와 같은 마을에서 산 지 20여 년이 되었는데, 세간의 일에 대해 묻지 않은 것이 없었다. 그러나 그는 수에 대해서는 한 번도 언급한 적이 없었다.'" 이는 또 이때에 주희가 의리義理를 좋아했던 역학 사상과 일치한다. 이런 태도는 오로지 호체互體와 괘변卦變을 논하기를 좋아하는 유명한 역학가인 곽충효郭忠孝에 대한 태도에서도 마찬가지로 분명히 드러났다.

그러나 엄격히 말해서 『연원록』은 결코 일반적인 도통을 말하려는 것이 아니라, 구체적으로 학파의 도통을 말하려는 것이다. 이 때문에 책의 성격은 도통을 선양한다는 의미를 훌쩍 뛰어넘었고, 이 책은 이학사理學史에서 이학의 학파를 전문적으로 연구한 최초의 저작이 되었다.

남쪽으로 건너온 뒤 성인이 전승한 도통은 흥미진진한 이야깃거리가 되었다. 그러나 유자휘劉子翬가 지은 『성전론聖傳論』은 다만 요·순·우·탕·문왕·무왕·공자·맹자의 도통을 선양했기에 내용이 현허玄虛하고 고묘高妙하였다. 건도 8년(1172)에 이원강李元綱이라는 사람이 지은 『성문사업도聖門事業圖』는 전체를 전도정통傳道正統·대본달도大本達道·진수윤류進修倫類·위학지서爲學之序·존심요법存心要法·구인첩경求仁捷徑·취산상리聚散常理·전심밀지傳心密旨·일기통감一氣通感·솔기량방帥氣良方·심성본체心性本體의 10도圖로 나누었지만,[16] 도통을 허무하고 어렴풋한 천국의 소리로 만들어서 선양한 너절한 글이다. 나중에 그 뒤를 따라 수많은 도통도道統圖·도통론道統論·도학정통도道學正統圖 따위가 출현하였다. 게다가 가짜 도학자들이 도학의 전수 계통을 위조하고 도학을 끌어당겨 거기에 의탁하여서 이름과 작록爵祿을 속이고 취하였다.

주희만이 다른 사람들보다 더욱 진지하고 실제적으로 학술상에서 도통을 연구하여 주돈이, 정호와 정이 이래 이학가를 이학 학파의 집합체로 삼아서 탐구하고, 그리하여 공허하고 비실제적인 도통 문제를 한 학파 전수의 연원

---

16 『사고전서제요四庫全書提要』 권95에 보인다. 전대흔錢大昕의 『십가재양신록十駕齋養新錄』 권18 「도통道統」 : "도통이라는 두 글자는 이원강李元綱의 「성문사업도聖門事業圖」에서 처음 보인다. 그 제1도는 '전도정통傳道正統'이라고 하며, 명도와 이천이 맹자를 계승했다고 한다. 그 책은 건도 임진년(1172)에 이루어졌으니 주 문공(주희)과 동시대이다."

문제로 바꾸었다. 그러므로 『연원록』은 실제로 이락伊洛 이정二程 학파의 자료를 모으고 그 학파적 전수의 연원을 연구한 전문서이다.

『연원록』에서 정학程學을 위주로 하고 왕학王學과 소학蘇學을 배척하는 주희의 학파적 입지는 매우 분명하였다. 심지어 소학을 좋아한 여조겸과 함께 범조우范祖禹가 정씨의 문인인가 아닌가 하는 문제로 벌인 논변에서도 이런 태도가 강렬하게 표현되었다. 주희는 다음과 같이 생각하였다. "범 공(범조우)은 정씨를 순전히 스승으로 삼은 것은 아니지만 실제로는 우러러 존경하고 모범으로 삼았습니다. 그는 동파東坡(소식)에 대해서는 단지 향당鄕黨에서 함께 노니는 정도의 친분을 가지고 평소 서로 친했으며, 조정에서 의론할 때도 취향이 대체로 같았습니다. 그러나 그들의 행실은 물과 불이 서로 받아들이지 않는 것처럼 매우 달랐습니다. …… 대체로 정학과 소학은, 하나는 바르고 하나는 바르지 않아서 양립할 수 없는 형세에 있습니다."(『문집』권35 「답여백공론연원록答呂伯恭論淵源錄」)

그러나 이런 학파적 견지는 주희가 이정 학파에 대해 스스로 일종의 비판적 태도를 취하는 데 결코 방해가 되지는 않았다. 아울러 그는 후세에 도학전道學傳·유림전儒林傳·연원록淵源錄을 편집하고 지은 사람들처럼 학파의 도통적 순결성을 위해 자기의 이정 학파를 정화하지도 않았다. 그리하여 이락의 연원에 포함된 사람들이 불교를 좋아하고 노장에 아첨하며, 학문이 순수하지 못하고, 품행을 지키지 못한 행적과 사실, 예를 들어 유작游酢과 여희철呂希哲이 불교를 배운 것이라든지, 정문程門의 '반도叛徒'인 형서邢恕 등에 대한 기록조차 삭제하거나 꺼리거나 하지 않으면서 모두 빠짐없이 기술하였다. 그는 그들을 한 학파의 전체로 보고서 취급한 것이다. 그러므로 나중에 그는 '이락의 연원'에 포함되는 이런 이학가들에 대해서 대체로 주돈이를 제외하고는 모두 다른 방면에서 비평을 가하였다. 그가 보기에 이렇게 하는 것은 이 학파의 도통에 손상을 입히지는 않았다.

비교적 진실을 추구하여서 곧이곧대로 서술하는 주희의 이런 태도 덕분에 『이락연원록』은 후세에 이정 학파에 관한 원시 자료를 보존할 수 있게 되었으며, 나중에 황종희黃宗羲가 『송원학안宋元學案』을 쓰면서 이로부터 많이 취했을 뿐만 아니라 또한 후세에 한 학파, 한 학술의 연원에 대해 연구하는 기풍을 열어주었다.

이처럼 경학사에서 도통을 세운 일과 대응하여 주희는 사회사社會史에서도 정통을 세웠다. 한천정사 시기에는 아직 상서학尚書學과 춘추학春秋學에 관한 저술을 하지 않았다. 그러나 오히려 이 시기에 그는 독특한 사학 체계를 형성했으므로 상서학과 춘추학을 자기의 역사학 안으로 받아들였다.

순희 2년(1175)에 원추袁樞가 『통감기사본말通鑑紀事本末』이라는 유명한 역사책을 완성했을 때, 주희는 그 책을 위해 쓴 「발통감기사본말跋通鑑紀事本末」에서 경經과 역사(史)는 합일한다는 자기의 기본 역사학 사상을 논술하였다. 그는 고사古史의 사체史體는 『상서』와 『춘추』를 대표로 하는데, 『상서』는 기사본말체紀事本末體이고, 『춘추』는 편년체編年體라고 인식하였다. 그러나 『사기』가 나온 뒤로 역사가들이 모두 기전체紀傳體의 서술법을 높이는 바람에 기사본말체는 『국어國語』 이후 끊어져서 전해지지 않았고, 편년체는 사마광의 『자치통감』이 나오고서야 비로소 찬란하게 밝아졌지만 또한 그 자체에 '문제(病)'가 있다고 여겼다. 원추의 『통감기사본말』은 사건을 서술할 때 『자치통감』의 문제를 바로잡아 『상서』의 기사본말 전통을 회복한 책이고, 주희의 『통감강목』은 의리義理의 문제에서 『자치통감』의 잘못을 바로잡아 선을 장려하고 악을 내치는 『춘추』의 의법義法을 회복한 책이었다.

건도 8년(1172) 4월에 주희는 『자치통감강목』의 초고를 완성하였다. 이 책은 후세에 유명해져서 역대 통치자들이 보물처럼 귀중히 여기는 '통치(治)'의 바탕(資)이 된 저작이다. 그런데 줄곧, 범례만 주희가 정하고 강綱과 목目은 제자인 눌재訥齋 조사연趙師淵이 지었다고 알려져서 나중에는 결국 이로 인해 목目조차도 주희가 직접 짓지 않은 위작이라고 하는 사람까지 나타났다.[17] 사실 이런 견해는 매우 큰 오류이다. 주희가 건도 8년에 『통감강목』의 초고를 완성할 때 조사연은 이제 막 세상에 나왔고,[18] 주희를 실제로 도와서 나누어 편

---

17 『사고전서총목제요』는 『강목』(『자치통감강목』)에 대해 주희가 지은 책이 아니라 조사연이 지은 것이라는 설을 가장 강력하게 주장한다. 전조망全祖望의 『길기정집외편鮚埼亭集外編』 권34 「서주자강목후書朱子綱目後」에서는 "주자와 조사연의 편지를 보니, 이 책은 전부 눌재訥齋(조사연)에게서 나왔다. 주자에 뿌리를 둔 것은 「범례」 한 통에 지나지 않는다. 나머지는 일찍이 가필하거나 삭제한 내용이 없는 점이 바로 증거이다."라고 하였다. 송렴宋濂의 『통감강목부석서략通鑑綱目附釋序略』에서는 "신안의 주자 선생이 …… 친히 『통감제요通鑑提要』를 지어서 제자인 천태天台의 조사연 기도趙師淵幾道에게 주고 그 목目을 짓게 하였다. …… 조사연은 마침내 『제요』에 근거하여 『강목』 59권을 지었다. 주자가 거듭 심사해서 정했으므로 그 가운데 「범례」와 합치하지 않은 것도 상당수 있었다."라고 하였다. 『숙원췌담菽園贅談』 권7에는 더욱이 「주자강목내위서朱子綱目乃僞書」라는 글이 있는데, "대개 『자양강목紫陽綱目』(『자치통감강목』)은 문하생인 조사연이 모방하여 지은 책이다. …… 목目이 위서임은 의심할 바 없다."라고 하였다.

18 눌재 조사연과 원암遠庵 조사하趙師夏는 형제이며 모두 주희를 사사했고, 나이는 서로 몇 살 차이 나지 않는다. 주희의 「주송행장朱松行狀」에 근거하면 "…… 주송의 증손은 남자가 다섯인데 거鉅·균鈞·감鑒·탁鐸·질銍이다. 여자는 아홉인데, 맏이는 문림랑文林郎 조사하에게 시집갔고 나머지는 몇몇 혼인을 허락하였으나 아직 시집가지는 않았다."라고 하였다. 또 왕백王柏의 『노재집魯齋集』 권12 「발주자여눌재첩跋朱子與訥齋帖」에서도 "원암 형제가 서로 이어서 나아가자 도의로써 열어주고 혼인으로써 맺어주었다."라고 하였다. 조사하는 실제로 주희의 장손녀 사위이다. 고증하자면, 주희의 큰아들 주숙朱塾은 순희 2년(*1175)에 혼인했고 둘째 아들은 순희 원년에 혼인했는데, 모두 『문집』 권33 「답여백공」 서38에 나온다. 만일 이듬해(*1176)에 장손녀가 태어났고 15세에 조사하에게 시집갔다고 계산하면, 이는 소희 원년(*1190)이다. 당시 조사연과 조사하는 20세 안팎의 나이에 지나지 않았다. 주희의 『문집』 권54 「답응인중答應仁仲」 서3을 보면 조사하에게 혼인을 부탁했다고 한 일을 서술하였는데, 그 가운데 '재환災患'이라는 말과 '이제 이미 장례를 지냈다'는 등의 말이 있으니, 장자 주숙이 요절하여서 장사 지낸 일을 가리킨다. 때는 소희 3년(*1192)이다. 그 편지에서는 장손녀가 당시 막 12세라고 언급했으니, 그렇다면 조사연과 조사하는 그 당시에 틀림없이 약관 안팎의 나이에 지나지 않았을 터이다. 『만력황암현지萬曆黃岩縣志』 권5에는 조사하의 전기가 실려 있는데, 그가 소희 원년

찬하고 수정한 사람은 채원정蔡元定·이백간李伯諫(이종사)·첨체인詹體仁이었다.

주희가 맨 처음 『자치통감』을 읽고서 『통감강목』을 쓰기 시작한 때는 건도 5년(1169)이다. 12월에 그는 채원정에게 편지를 보내 다음과 같이 말하였다. "나는 다른 일은 없으나 『통감』을 공부하는 과정에 쫓겨서 …… 이미 후한後漢의 장제章帝 부분까지 보았으니 사나흘 지나면 다 읽을 것입니다. 이후 공부할 내용은 오히려 많지 않습니다."(『속집』 권2 「답채계통」 서92)[19]

건도 6년에 이르러 그는 서문을 정한 뒤 『강목』이라는 이름을 짓고 「조례條例」를 만들었다. 그는 채원정에게 편지를 보내 다음과 같이 말하였다. "『통감』의 요약본이므로 『강목』이라고만 이름을 붙였습니다. 벼리(綱) 하나만 들면 모든 그물눈(目)이 펼쳐진다는 뜻을 취한 것입니다. 「조례」도 이미 정했습니다. 삼국三國은 결국 촉한蜀漢을 정통으로 해야 바야흐로 마음에 온당할 것

에 바야흐로 진사시에 급제하였다고 한다. 또 조사연의 전기가 실려 있는데, 다음과 같이 말하였다. "건도 8년(1172)에 진사가 되었다. …… 벼슬은 구주衢州, 남검주南劍州, 영해군寧海軍의 추관推官을 지냈다. 승상 조여우趙汝愚가 조정의 반열에 천거하여서 전지에 의해 직사관職事官이 주어졌다. 공교롭게 조여우가 참소를 당하여서 떠나자 마침내 생각을 바꾸어 동쪽으로 돌아갔다."라고 하였다. 조여우가 참소를 당해 떠난 때는 경원 원년(●1195)이므로 조사연이 건도 8년(●1172)에 이미 진사에 합격하여서 벼슬길에 들어갔다면 20여 년 동안 구주·남검주·영해군 세 군데의 직임만 맡지는 않았으리라. 아마도 건도 8년은 그가 진사에 합격한 해는 아닌 듯하다.

19 이 편지에 "『유문遺文』을 올려 보냅니다."라는 말이 있다. 여기서 '유문'이란 주희가 수집한 정호의 『유문』 아홉 편을 가리킨다. 장식의 「서명도선생유문후書明道先生遺文後」에 근거하면, 주희는 건도 5년(1169)에 이를 얻어서 장식을 통해 장사에서 간행하였다. 이해에 『유서』를 완성했으나, 아직 인쇄하지 않았다. 이 편지에는 또 범백숭(범념덕)이 주희의 『유서』의 수정본手定本을 빌려 읽은 일이 언급되어 있다. 또한 이 편지에 "남헌이 이미 상요上饒를 지나갔습니다."라고 했는데, 건도 5년에 장식이 엄주의 지주가 되어서 12월에 장사를 거쳐 수도로 가는 길에 상요를 지나간 일을 가리킨다.(●건도 7년에 원주袁州의 지주로 나갈 때는 상요를 거치지 않았다. 『장식연보』를 참조하면 이 편지가 그해 12월 사이에 쓰인 것임을 알 수 있다)

입니다."(동상, 서104)²⁰

건도 8년(1172) 여름에 서문을 정한 『통감강목』의 초고는 주희 한 사람이 혼자 힘으로 완성한 원고이다. 그러나 이 초고는 매우 간략했기 때문에 간행되지는 못하였다.²¹ 나중에 그는 그 구본舊本이 너무 간략하여서 글이 이루어지지 못했다고 하였다(『속집』 권2 「답채계통」 서56). 그래서 책의 서문을 쓰고 난 뒤에 전면적으로 다시 고치기 시작했고, 여조겸에게 공동으로 역사를 편집하자고 제안하였다. 여조겸은 처음부터 동의를 표했으므로 주희는 이해 여름과 가을 사이에 그에게 「조례」를 보내주기까지 하였다. 여조겸은 유청지劉淸之에게 보낸 편지에서 이 일을 다음과 같이 언급하였다. "원회가 근래 또 책을 얻어서 함께 역사를 편찬하는 일을 하자고 하였습니다. 최근에 또 「조례」를 보

---

20 이 편지에 "공제公濟(오즙吳檝)와 백간伯諫(이종사李宗思)의 편지를 보았습니까? 저는 돌아오는 길에 백간에게 들러서 공제의 편지를 보았는데, 몹시 조리가 없었습니다."라고 하였다. 이는 곧 『문집』 권4의 「답채계통」 서5의 3에서 "전날 백간의 집을 지나면서 묵었는데 당신의 편지를 보여주었습니다. 그는 당신의 정진에 대해 감탄하였습니다. 그러나 공제(•오즙)는 고립되어 있어서 매우 염려스럽습니다. 돌이킬 힘이 없는 것을 한할 따름입니다."라고 말한 것과 통한다. 이는 대체로 이백간이 불가의 설을 버리고 주희를 따른 사실과 오즙이 불가의 설에 탐닉하여 깨닫지 못한 사실을 가리킨다. 이 편지는 여조겸이 '마음을 잡아 기르고 거두어 갈무리할[持養斂藏]' 것을 극력 주장했다고 언급하고 있다. 『여동래문집』 권3 「답주원회」 서3과 주희의 『문집』 권33 「답여백공」 서5에 근거하면, 확실히 건도 6년(1170) 윤5월에 쓴 것임을 알 수 있다. 또 이 편지는 실제로 『문집』 권44 「답채계통」 서8의 9와 함께 한 편지가 되는데, 그 가운데서 "명도의 『유문』 1권을 보냅니다."라고 한 말은, 곧 장식이 장사에서 간행한 판본을 가리킨다. 이 또한 건도 6년의 일이다.

21 후세의 장서가는 송각본宋刻本 『강목』을 건도 8년본으로 보면서, 이 판본을 가장 이른 선본善本이라고 한다. 예컨대 막우지莫友芝의 『송원구본서경안록宋元舊本書經眼錄』 권1에 『통감강목』 59권을 '건도본乾道本'이라고 하고 '건도 임진년(1172) 4월에 간행한' 것으로 보는데, 이것은 주희의 서문이 확정된 때에 근거하여 잘못 판단한 것이다. 주희는 서문을 정하였다고만 했으며, 상자에 넣어 두고 간행하지 못했다고 하였다. 59권본은 이방자李方子가 가정嘉定 연간(1208~1224)에 처음으로 간행한 판본이다. 건도 8년의 초고는 59권과는 거리가 멀다.

내왔습니다."(『여동래문집』 권4 「여유자징與劉子澄」 서2)[22] 그러나 두 사람은 사학의 관점이 크게 달랐기 때문에 결국 합작할 수 없었다. 주희는 곧 다시 채원정·이백간(이종사)·첨체인에게 각 권을 나누어서 편찬하자고 청하였다.

건도 8년 가을에 이백간이 기주蘄州의 교수로 임명되어서 부임하기 전에 주희는 『강목』을 나누어 짓는 일에 대해 다음과 같이 안배하였다. "『통감강목』의 삼국 이후 초고를 써달라고 부탁하려다가, 길을 떠날 때에는 정작 잊고 말하지 못하였습니다. 이제 길을 떠났으리라 생각되는데, 인편이 있거든 곧 부쳐주시면 다행이겠습니다. 당唐에 관한 일은 마쳤습니다. 그리고 동한東漢 말에 이어서 삼국을 다듬고자 하는데, 아마도 실마리가 있으니 일하기가 쉬울 터입니다. 백기伯起(임희이任希夷)는 아직도 미적거리고 있습니다. 최근에 유성지游誠之(유구언游九言)가 들렀는데 마음이 탁 트이고 시원스러워서 기뻤습니다. 그는 남사南史와 북사北史를 무척 잘 알고 있습니다. 혹 백기보다 뛰어난 점이 있다면 그에게 정리를 부탁할 생각입니다."(『속집』 권8 「답이백간」 서1)

건도 9년(1173) 여름과 가을 사이에 주희는 또 이백간에게 연달아 편지 두 통을 보내서 『강목』을 나누어 쓰는 일의 진도를 언급하였다.

> 『통감』의 문자는 최근에 여가를 얻어서 여러 권을 수정하였습니다. 남
> 북조南北朝는 백기가 맡아주지 않아서 원선元善(첨체인)에게 부탁하였습니다.
> 그가 필시 해내리라 생각합니다.　　　　　　　　　　　　　　—동상, 서2

> 『통감』의 여러 책은 전혀 작업을 하지 못하였습니다. 이전에 진晉의 사

---

22 이 편지에는 진겸 익지陳謙益之가 과거에 합격한 일이 언급되어 있다. 『수심문집水心文集』 권25 「진겸묘명지陳謙墓銘志」에 근거하면 건도 8년(1172)의 일이다.

적을 정리하면서 거칠게나마 「조례」를 정했는데, 사건에 따라 참고하면 상당히 상세하고 정밀할 것입니다. 다만, 진의 사건에 관한 맨 뒷부분의 두세 권은 아직 도착하지 않았습니다. …… 송 이후의 사건은 나누어서 장원선張元善(첨체인)에게 부탁했더니 이미 큰 글자로 된 (강목) 여러 권을 보내왔습니다. 그러나 아직 대조하여서 교감을 하지는 못하고 있습니다. 한 몇 년 정도 출입할 일이 없고 베껴 써줄 사람만 있다면 그다지 어렵지는 않을 것입니다.

— 동상, 서3[23]

이때의 중수重修에서 주희는 진·당을, 이백간은 동한에서 삼국 이후까지를, 첨체인은 송 이후 남북사를, 그 나머지는 대략 채원정이 나누어서 썼음을 알 수 있다. 주희는 담계潭溪와 한천寒泉 사이를 오가며 늘 채원정과 함께 모여서 상의하였다. 이런 사실은 건도 9년(1173)에 그가 채원정에게 보낸 편지를 보면 알 수 있다. "어제 근계芹溪에 도착해서 오늘은 잠시 한천으로 갔다가 저녁에 곧 이곳으로 돌아와 『연원록』·『언행록』 등의 책을 정리하였습니다. 노형이 한번 와서 열흘 정도 모였으면 합니다. 백간의 뜻도 그러합니다. 『강목』의 초책草冊을 모두 가지고 오라 하십시오. 여력이 있으면 착수해서 간행하고자 합니다."(『속집』 권2 「답채계통」 서14) "「강목범례綱目凡例」는 대략 수정했

---

23 이백간에게 답한 편지 세 통은 앞뒤로 서로 이어진다. 첫째 편지에서 '길을 떠나면서'라고 한 것은 이백간이 건도 8년(1172) 가을에 기주蘄州의 교수로 부임한 일을 가리킨다. 주희의 『문집』 권75 「송이백간서送李伯諫序」에 보인다. 둘째 편지에서 "「벽기壁記」는 이미 이전의 편지에 있습니다."라고 한 것은, 곧 『문집』 권17의 「기주교수청기蘄州敎授廳記」를 가리킨다. 이것은 건도 9년 7월에 썼다. 당시 이백간은 기주에서 중주中洲의 명사인 이주한 지한李周翰之翰과 처음으로 종유하여 끝내 다시 불교의 설에 미혹되었다. 그러므로 둘째 편지에서는 "주한의 편지는 내용이 서로 치우침이 매우 심합니다. 직접 만나 알지 못하는 점이 한스러울 따름입니다."라고 하였다. 「청기廳記」와 섭적葉適의 「이씨중주기李氏中洲記」를 참조해 보라.

는데 극히 조리가 있고 의의가 있습니다. 이곳에 도착하거든 다시 상의하겠습니다."(동상, 서50)

이때의 중수는 실제로 순희 2년(1175) 7월에야 일단락이 지어졌다. 주희는 여조겸에게 보낸 편지에서 다음과 같이 말하였다. "『강목』의 초고는 대략 갖추어졌습니다. 필사하고 교정하여서 정본으로 만드는 작업이 끝나기를 기다리느라 몇 달 동안 쉬고 있습니다."(『문집』 권33 「답여백공」 서40) 이와 동시에 장식은 『통감논독通鑑論篤』을 짓고, 여조겸은 『통감절요通鑑節要』·『좌씨박의左氏博議』·『좌전유편左傳類編』·『좌씨전설左氏傳說』을 지었다. 세 사람은 사학에서도 정립鼎立의 형세를 이루었던 것이다.

『통감강목』은 사마광의 『자치통감』·『자치통감목록資治通鑑目錄』·『거요력擧要歷』과 호안국胡安國의 『자치통감거요보유自治通鑑擧要補遺』 네 책에 근거하여서 더하고 덜며 바로잡아서 편성한 책으로, 대체로 '편년에 따라 글을 쓴' 것이다. 사료적 가치는 크지 않지만 새로운 역사 체제를 열었다는 점에서 의의가 있다. 전체 구성은 편년 형식의 사건 서술 방식을 채택했지만 각 사건을 모두 강요綱要와 세목細目의 두 부분으로 나누었다. 강綱은 『춘추』를 모방하여 큰 글자로 총괄적인 제요提要를 간단히 서술하였고, 목目은 『좌전』을 모방하여 나누어서 주를 다는 방식으로 조목마다 상세히 서술하였다.

주희는 스스로 "큰 글씨로 요체를 제시하고, 나누어서 주를 달아 내용을 갖추었다."라고 했는데, 이른바 '나누어서 주를 단다'는 것은 "그 시초를 거슬러 올라간 것이 있고, 그 결말을 따라 말한 것이 있으며, 그 일을 상세하게 진술한 것이 있고, 그 말을 갖추어서 실은 것이 있으며, 처음과 마침을 따라 보인 것이 있고, 벼슬에 제수되거나 파직됨에 따라 보인 것이 있으며, 일의 종류에 따라 보인 것이 있고, 가문의 이력(家世)을 말미암아 보인 것이 있으며, 온공(사마광)이 세운 말과 취한 논의가 있는가 하면, 호씨(호안국)가 수용한 설과 드러낸 비평이 있어서, 두 사람이 남긴 것과 세상을 떠난 위대한 유학자들이 절충한 말이 있다. 이제 또한 상당수를 채택하여서 그 사이에 붙인다."(『자치통감강목資治通鑑綱目』)라고 한 것이다.

　이는 실제로는 편년체·기언체記言體·기전체·기사본말체·사평史評 등의 필법을 융합한 것으로서, 편년체에 대해서는 중요한 발전이다. 후세에 비교적 통속적이고 간략한 역사서는 대체로 이런 체례體例와 방법을 취하여 편집되고 쓰임으로써 일종의 강목체라는 새로운 역사 체제를 형성하였다. 그런데 『통감강목』이 후세에 추중되고, 심지어 '속수涑水(사마광)의 『통감』보다 낫다'고 높임을 받은 까닭은 '『춘추』를 계승하여 지은 책 가운데 이 책만큼 훌륭한 것은 없으면서' 또한 『춘추』의 의례義例와 서술 방법을 집대성하였기 때문이다. 『통감강목』의 의례와 서술 방법은 '장래에 아름다운 모범을 드리우는', '대경대법大經大法'을 개괄한 '만세사필萬世史筆의 모범이자 본보기'였다.

　주희가 처음 『강목』을 지은 직접적인 동기는 '정통'을 수립하기 위한 것이었다. 그는 제자 여대아余大雅에게 다음과 같이 말하였다. "삼국은 마땅히 촉한蜀漢을 정통으로 삼아야 한다. 그런데 온공(사마광)은 아무 해 아무 달에 '제갈량이 들어와서 도적질(寇) 했다'고 썼다. 이는 모자를 발에 신고 신을 머리에 쓰는 격이니 무엇으로 교훈을 보일 수 있겠는가? 이로 인해 마침내 책을 쓰고 싶은 생각이 들었다."(『어류』 권105) 이렇듯 그는 스스로 『강목』의 주지를 일컬어서 '주체는 정통에 있다主在正統'고 하였다(동상). 만일 '도통'이 '도'를 전하는 정통을 가리키는 것이라고 한다면, '정통'은 '권權(정권)'을 전하는 도통을 가리킨다. '도'를 전하는 역사에는 '무도통無道統'이 있고, '권'을 전하는 역사에도 '무정통無正統'이 있다.

　주희는 『춘추』의 대지를 '의리를 바로잡고 이익을 꾀하지 않으며 도를 밝히고 공을 계산하지 않는 것正誼不謀利, 明道不計功), 왕을 높이고 패자를 천하게 여기는 것(尊王, 賤伯), 제하(중국)를 안으로 하고 이적(이민족)을 밖으로 하는 것(內諸夏, 外夷狄)'의 세 조목으로 개괄하였다. 이는 그의 『강목』을 관통하는 근본 사상이며 정통을 확정하는 근거이다. 그가 보기에 '정통'을 판정하는 근본적인 표준은 두 가지이다. 첫째, 천하의 분열이 아니라 천하의 통일이고, 둘째, 반란이 아니라 천하의 마음이 귀결하는 바이다.

유명한 「강목범례綱目凡禮」 19목 가운데서 그는 이런 정통관에 근거하여서 번잡하고 세밀한 의례와 서술 방법을 만들어냈다. 그가 제정한 '만세사필萬世史筆'의 '준승準繩과 규구規矩'는 다음과 같다. 정윤正閏(정통과 비정통)을 변별함으로써 주周·진秦·한漢·진晉·수隋·당唐의 여섯 왕조는 정통이고 그 나머지는 비정통으로서 나라를 참칭한 것이거나 찬탈한 역적이거나 정통이 없음을 확정하려고 하였다. 순리와 역리逆理를 밝힘으로써 정통은 도의를 따르므로 정의로운 것이지만 거짓으로 참칭하고 정권을 찬탈하는 것은 도의를 거스르는 불의한 것임을 밝히려 하였다. 권력을 찬탈하거나 임금을 죽인 자를 엄격하게 주벌하되 역사가의 직필로써 윗사람의 자리를 찬탈하고 죽인 죄를 숨기거나 꺼리지 않고 있는 그대로 크게 써서 난신적자亂臣賊子로 하여금 두려워하게 하였다. 어진 이를 높이고 절개를 지키다 죽은 사람을 포장褒獎하고 대서특필하여서 삼강오상의 윤리 도덕을 표창하려 하였다.

주희의 이런 정통관에는 시대적인 색채가 강하게 침투해 있다. 이는 동남쪽에서 구차하게 안주하고 있던 소조정小朝廷의 신하와 백성의 눈에 의해 굴절되어 나온, 왕조 역사의 현실에 대한 메아리이자 반사광이다. 정통에 대한 인식은 예부터 시대에 따라 달랐다. 서진西晉이 천하를 통일하자 진수陳壽는 『삼국지』를 지으면서 조조를 높이고 유비를 깎아내렸다. 동진東晉에 이르러서 장강의 왼쪽에 치우쳐 있는 상황이 촉한과 비슷해지자 습착치習鑿齒가 나와서 『한진춘추漢晉春秋』를 지어 한을 높이고 위魏를 억눌렀다. 북송에 의해 강산이 다시 통일되자 조광윤趙匡胤이 진교陳橋의 병변兵變을 빌려 후주後周의 정권을 찬탈한 것은 조위曹魏의 경우와 비슷하였다. 사마광이 『자치통감』을 짓고 조위를 정통으로 삼은 것은 북송 관방官方의 관점을 대표한 것이었다. 그러나 민간의 거리와 골목의 백성은 "삼국의 일을 말할 때 유현덕劉玄德(유비)이 패했다는 말을 들으면 눈살을 찌푸리며 눈물을 흘리는 자가 있었지만, 조조가 패했다는 말을 들으면 기뻐하고 통쾌해 하였다."(『동파지림東坡志林』) 그러나 남송에 이르러 동남의 반쪽에서 구차하게 남은 숨을 몰아쉬면서 또 서쪽 구석에 웅크리고 있던 촉한과 처지가 비슷해지자, 한을 높이고 위를 억누르는 정통의 변화가 『통감강목』에서 역사적으로 완성되었다.

　주희의 이런 인식의 근원은 민간에서 나왔다. 그의 정통관은 비관방적非官方的 성질을 지니고 있다. 그의 무통설無統說은 역사상 수많은 봉건 제왕의 통치를 부정한다. 그가 천하 통일을 정통의 표준으로 보는 일면에는 통일을 주장하고 분열에 반대하며, 지방 할거와 이민족의 침입에 반대하는 역사적 태도가 반영되어 있고, 또 금金에 저항하여서 전쟁을 주장하고, 구차하게 안주하기 위한 강화 구걸에 반대하는 현실적 관점이 간접적으로 표현되어 있다. 천하의 마음이 귀결되는 바를 정통의 표준으로 보는 일면에는 폭정을 반대하고 인정仁政을 주장하며, 어리석은 군주와 간사한 신하들의 알력 다툼에 반대하고, 현명한 군주와 유능한 신하가 서로 의기투합할 것을 주장하는 역사적 태도가 반영되어 있고, 또한 남송 통치자들에게 폐정을 개혁하고 민심을 단결하여서 중원을 회복하기를 기약하는 현실적 관점이 간접적으로 표현되어 있다.

　그러나 주희가 『통감강목』을 지은 근본적인 목적은 '역대歷代의 순수하지 못한 점을 흙 빚듯이 빚고 쇠를 녹이듯이 녹여서 순수한 한 이치(一理)로 회귀하도록 하기 위한' 것이었다(이방자李方子, 「자치통감강목후서資治通鑑綱目後序」). '천리天

理'를 전체 '사람(人)'의 역사에 억지로 더하고, 역사책 한 권을 강상綱常과 명교 名敎를 부식扶植하는 봉건 정치의 교과서이자 도덕 수양의 경전으로 바꾸었다. 이로 인해 그의 사학 사상에는 심각한 위기가 내재하게 되었다.

역사서 저술에 대한 그의 기본 관점은 첫째, 의리義理에 근본을 두고, 둘째, 실제 사실實事을 위주로 하는 것이다. 그는 누구보다도 예민하게, 역사를 서술할 때에는 반드시 진실해야 하며, 이전 '사서의 폐단(史弊)' 가운데 가장 큰 문제는 '대체로 사관이 모두 사실대로 기록하지 않고' 곧이곧대로 서술하지 않은 점이라고 인식하였다. 그러나 그가 역사를 지을 때는 도리어 의리로써 역사를 해설하기를 좋아하여서 발뒤꿈치를 깎아 신발에 맞추는 식으로 '역사(史)'를 '이치(理)'에 굴종시켰다. 그 결과 역사적 사실은 왜곡되었다.

이와 같이 의리에 근본을 두는 것과 사실을 위주로 하는 관점의 모순은 『통감강목』 가운데서 구체적으로 의법義法과 사법史法의 모순으로 나타났다. 춘추학에서 이전 사람들을 뛰어넘는 주희의 독특한 관점은, 공자의 『춘추』가 사실대로 기록한 역사서로서 근본적으로 한 글자로 포폄하는 미언대의微言大義는 없으며, 더구나 한 글자로 포폄襃貶하는 미언대의를 제정한 의례나 서술 방법은 없다고 인식한 점이었다.

그는 거듭 제자에게 말하였다. "공자 당시에는 단지 2, 3백 년의 사실만 갖추어야 했기 때문에 역사를 기록한 글을 취해서 썼다. 어찌 어떤 일에는 어떤 법을 사용하고, 어떤 일에는 어떤 예를 적용한다는 것이 있었겠는가." 공자는 단지 '노魯나라의 명분에 근거하여서 사건을 기록한' 데 지나지 않으므로 '아마도 반드시 한 글자나 표현 사이에서 포폄의 소재를 찾지는 않았을 터이다.' 이로 인해 『춘추』는 '선유先儒가 말한바와 같이 반드시 글자마다 의리가 있는 것은 아니었다.' 그는 남들에게 『춘추』를 읽을 때 '역사책을 보는 것처럼만 보라'고 요구하였다. 그리고 근거 없이 파고들거나 억지로 끌어다 붙이는 식의 『춘추』 해설자들을 비평하면서 "오로지 달과 날을 가지고 포폄을 삼아, 때와 달을 기록한 것은 나무라는 것이고 날짜를 기록한 것은 칭찬하는 것이라며 천착하는 방식은 전혀 의미와 이치가 없다!"라고 하였다. 이른바 『춘추』의 '범례凡例'는 후세의 경사經師와 속된 유학자들이 멋대로 지어낸 설에 지나지 않는다면서 "『춘추』에 (나름의) 범례가 있는 것은 원래 그런 것인데, 어찌 공자가 지은 것이 아니겠는가!" "성인이 사건을 기록함에 어찌 수많은 의례義例가 있겠는가!"(모두 『어류』 권83)라고 하였다.

주희는 양한兩漢의 경학과 당의 담조啖助·조광趙匡·육질陸質로부터 호안국의 『춘추전春秋傳』에 이르기까지 서술 방법과 범례와 천착하는 주장을 전부 무너뜨렸다. 그러나 『통감강목』에서는 도리어 전무후무한, 더욱더 방대하고 매우 세세한 범례와 서술 방법을 세웠다. 그는 한편으로는 (『통감강목』의) 「범례」에서 있는 그대로 숨김없이 곧이곧대로 서술하는 역사 서술법을 가지고 한 글자로 포폄하는 의법義法을 대체하려 하면서 다음과 같이 말하였다. "진晉의 동호董狐와 제齊의 태사太史는 조돈趙盾과 최저崔杼가 군주를 시해하였다고 숨김없이 썼다. 이것이 역사가의 정법이다." 그러나 또 한편으로는 열성적으로 신경 써서 자기의 의례義例와 서술 방법을 설계하여 역사 서술법의 정반대편으로 달려갔다.

이런 의법과 역사 서술법의 모순은 한 걸음 더 나아가 그의 정통적 선험적 역사의 구조와 이학 체계의 모순을 초래하였다. 정통설에 따르면 진秦과 수隋의 왕조는 모두 정통이지만, 그의 인정설仁政說에 따르면 진 시황始皇과 수 양제煬帝는 모두 폭군이다. 정통설에 따르면 진·한·진晉·수·당은 모두 정통이지만, 그의 도통설에 비춰 보면 진·한·진·수·당은 오히려 도통을 얻지 못한 패도霸道의, 이욕利欲이 횡행하는 조대朝代이다. 정통설에 따르면 진·한·진·수·당은 정통을 얻어서 이치를 따르고 의로웠기 때문에 천하의 마음이 그리로 돌아갔지만, 그의 천리설天理說에 비춰 보면 진 시황과 수 양제의 무리는 도리어 가장 어질지 못하고 의롭지 못하며, 가장 인심을 얻지 못한 자이다. …… 이렇게 그의 사학은 이학과 서로 용납될 수 없었던 것이다.

무한히 생동하고 풍부한 활력을 지닌 역사는 범례와 정통이라는 경직된 죽은 구조에 한정할 수 없다. 주희 스스로도 자기가 이런 곤경에 빠져서 헤어 나오기 어렵다는 사실을 느낀 뒤 끊임없이 다듬고 고침으로써 이런 모순을 미봉하려고 꾀하였다. 그래서 죽을 때까지 줄곧 『강목』과 그 「범례」를 거의 중단하지 않고 다듬고 고쳤다. 그 가운데 비교적 크게 수정한 것은 두 차례이다.

첫 번째는 순희 4년(1177)에 시작되었다. 이때 그는 주로 치당致堂 호인胡寅의 『독사관견讀史管見』을 취하여서 다듬고 고쳤다. 호인도 사실은 갖춰졌으나 의리가 부족한 『통감』에 불만을 품고 『독사관견』을 지었는데, 그 의도는 진회秦檜 한 사람(一夫)을 비난하여서 풍자하려는 데 있었다. 호인은 지론이 심각하고 엄격하기로 이름이 났으며 의리로 역사를 해설했던 까닭에 예부터 "사람을 논함에는 사람마다 공자·안자·자사·맹자를 기준으로 삼아서 꾸짖고, 일을 논함에는 일마다 우虞·하夏·상商·주周를 준칙으로 삼아서 판단하였다. 천리를 보존하고 인욕을 막으며 왕도를 높이고 패도의 공리(霸功)를 천시한다는 명분을 내세웠으나, 인정人情과 멀어지고 일의 형세를 헤아리지 않았다."(『사고제요』)고 평가받았다. 그리하여 그의 아우인 호굉조차도 『독사관견』을 불태워버렸다.

그러나 오히려 『독사관견』은 『통감강목』에 남본藍本을 제공하는 데 그치지 않았다. 장부張溥는 「송호치당선생독사관견서宋胡致堂先生讀史管見序」에서 다음과 같이 말하였다. "주자는 일찍이 『독사관견』의 의론을 칭송하여서 『당감唐鑑』이 그에 미치지 못한다고 하였다. 『통감강목』이 완성된 다음에 보니, 그 책에서 절충한 기록들은 대부분 호씨의 책에 근거를 두고 있었다. …… 『통감』은 비록 황제의 서문을 받았지만, 학자들은 두려워서 감히 보지 않는다. …… 『독사관견』이라는 책이 나오고부터 주자가 비로소 감히 『통감』을 취하여 써넣고 삭제하여서 『통감강목』으로 압축하였다. 이제 그 책을 보면 제갈량의 위魏 정벌을 범犯했다고 할 수 없고, 진왕晉王의 후량後梁 습격을 도적질(寇)이라 할 수 없다고 하는 등 대의大義를 홀로 판단한 것은 모두 『독사관견』에서 발원한다."(『칠록재집七錄齋集·고문근고古文近稿』 권1)

장식은 『독사관견』이 오로지 진회 때문에 지어졌기에 풍자하는 의론이 적잖다고 여겼지만, 주희는 오히려 『독사관견』의 의론을 매우 추중하였다. 나중에 진진손陳振孫이 말하기를, "회옹(주희)의 『통감강목』은 (『독사관견』을) 많이 취하였다."(『직재서록해제』)라고 했는데, 이는 바로 순희 4년(1177) 이후 주희가 첫 번째 다듬고 고친 일을 가리킨다. 그러나 이때는 다듬고 고치는 일이 끊어졌다 이어졌다 하는 바람에 확정된 원고를 만들 수 없었다. 여조겸이 주희에게 여러 차례 『통감강목』을 보여달라고 요구했지만, 주희는 얼버무리고 변명하였다. 여조겸이 서문을 쓰는 일도 실현되지 못하였다. 순희 6년(1179)에는 그가 남강에 부임하여서 저술할 겨를이 없었기에 이려李呂에게 보내는 편지에서 슬퍼하며 탄식하지 않을 수 없었다. "『통감』이라는 책은 …… 몸이 매우 쇠약하고 눈이 흐려졌는데 초고는 산더미처럼 쌓여서 일을 마치지 못해 평생 한이 될까 크게 두렵습니다."(『문집』 권46 「답이빈로答李濱老」)

순희 9년(1182)에 주희는 절동 제거浙東提擧의 임무를 마치고 돌아온 뒤에 관방의 힘을 한번 빌려서 『통감강목』을 완성하려고 생각하였다. 그는 「사면강동제형주장辭免江東提刑奏狀」에서 조신趙昚(효종)에게 다음과 같이 암시하였다. "만일 성상의 은혜를 입어서 한가한 직임에 나아갈 수 있게 허락해주신다면 즉시 『통감강목』의 첫머리 초본을 잘 베껴 써서 먼저 바치고 삼가 판결을 기다리겠습니다."(『문집』 권23) 그러나 조신은 무심하게 거들떠보지도 않았다. 주희는 그저 채원정·이백간과 함께 다시 옛 원고를 정리하는 수밖에 없었다. 그는 이해에 채원정에게 편지를 보내서 『통감강목』에 '찌를 붙인 것이 매우 정밀하다'고 칭찬하였다(『문집』 권44 「답채계통」 서56). 이때의 수정에 채원정이 많은 힘을 보탰음을 알 수 있다.

여름에 주희는 종산鍾山에 거주하는 이증李繒에게 수정 작업의 상황을 다음과 같이 알려주었다. "편집한 『통감강목』은 10년 전에 처음 시작해서 올여름에 다시 수정하였고 의례를 막 정했는데, 상세함과 간략함을 다 볼 수 있습니다." 아울러 '가을 겨울 사이에 정서할 수 있을 것 같다'고 하였다(『식고당서화회고式古堂書畫滙考·서고書考』 권14). 바로 이해 겨울에 『통감강목』의 수개修改가 가까스로 끝나 일단락 지어졌다.

그러나 여전히 그로서는 『통감강목』의 체계에 내재되어 있는 모순을 극복할 방법이 없었다. 이런 모순으로 인해 겪는 고통을 그는 제자에게 "만약 이룰 수 없다고 생각되면 불태워야 할 것이다."(『어류』 권105)라면서 스스로 극단적인 발언을 했고, 채원정에게 보낸 편지에서는 다음과 같이 고통스럽게 말하였다. 『통감강목』은 결국 정돈할 만한 정신의 힘이 없으니 아마도 우물 파는 일을 포기함같이 될 것입니다!"(『속집』 권2 「답채계통」 서1) 이 말은 뜻밖에도 결국 예언이 되고 말았다.

만년에 주희는 또다시 『통감강목』을 수정하고자 시도하였다. 수개는 소흥 4년(1134)부터 경원당금慶元黨禁에 이르기까지 끊어질 듯하다가 계속 이어졌는데, 그를 도와 수정에 참여한 주요 인물은 역시 채원정이었다. 그런데 주희는 온 마음을 다하여서 자기의 '범례'를 수정하고 보충하면 할수록 더욱 『통감강목』에 손을 대기 어렵다는 사실을 알아챘다. 채원정이 경원 3년(1197)에 멀리 도주道州로 귀양을 가자, 그제야 주희는 비로소 「범례」를 마지막으로 살핀 뒤 확정하고, 『통감강목』의 '목目'을 천태天台의 조사연에게 넘겨주어서 수개하고 정리하도록 하였다. 왕백王柏은 「강목범례후서綱目凡例後語」에서 다음 과 같이 말하였다. "눌재訥齋 조 공(조사연)의 문집에 간간이 고정考亭(주희)과 편 지를 주고받으며 물은 내용이 있는데, 이를 보면 곧 강綱 아래의 목目은 눌재 에게 맡겨서 쓰게 하였음을(屬筆) 알 수 있다."(『어비자치통감강목御批資治通鑒綱目』 권수 상卷首上) 이것은 주희 만년의 일을 가리킨다.[24] 조사연과 주희가 주고받은 편 지 여덟 통을 『통감강목』 앞에 붙인 이는 왕백으로 추정된다.

이른바 '맡겨서 쓰게 했다'는 말은 본래 주희가 조사연에게 정리와 수개 를 부탁한 사실을 가리킨다. 후세 사람들이 『눌재집』은 보지도 않고 또한 『통감강목』 앞의 편지 여덟 통을 진지하게 읽지도 않은 채 『통감강목』이라는 책은 당연히 조사연이 지었다고 생각한 것이다. 하지만 조사연은 경원 2년 (1196)에 파직되었고 개희開禧 3년(1207)에 세상을 떠났다. 실제로 그는 당금 아 래서 『통감강목』의 '목'을 정리하고 수정하는 일도 완성할 수 없었다. 왕백보 다 조금 이른 시기에 살았던 이방자는 가정 3년(1210)에 주재朱在를 통해 『통 감강목』의 미완성 원고를 보았으며, 말하기를, "(주희가) 그 사이에 만년에라도 조금씩 개정하여 상세하고 정밀해지기를 바랐으나 힘이 미칠 겨를이 없었

---

24 원 대元代 서소문徐昭文의 『통감강목고증서략通鑒綱目考證序略』에서도 "주자가 이 책을 지을 때 범례는 이미 정했고 만년에 문인 눌재 조씨에게 부탁하여 이어서 완성하게 했다.(•생각건대, 이 어서 완성한 것은 아니다) 이제 남아 있는 어록(•지금은 이 어록이 없다)에 직접 명한 말이 많이 있고, 직접 글로 고하여서 경계한 것이 매우 자세하고 절실하다."라고 하였다. 유장림喩長霖의 『태 주부지台州府志』 권67 「예문략藝文略」에서는 조사연이 지은 『통감강목분주通鑒綱目分注』 59권이 있다고 기록하였는데, "주자가 정한 강綱에 근본을 두고 『통감』에서 잘라내 조항 아래 연결하 여서 목目을 만든 것이다."라고 하였다. 이 설은 더욱 잘못이다. 주희의 『문집』에는 채계통·여 조겸 등과 작은 글자로 나누어서 주를 다는 문제에 대한 논급이 매우 많은데, 어떻게 조사연 이 지었다고 할 수 있겠는가?

다."(「자치통감강목후서」)라고 하였다. 이방자와 주재·진덕수眞德秀는 모두 이것이 조사연의 수개를 거친 정본이라고 말한 적이 없으니, 『통감강목』은 처음부터 끝까지 미완성의 초고였음을 알 수 있다.

주희는 30여 년의 심혈과 정성을 기울였지만 끝내 자기가 구조를 만든 '범례'의 모델에 비추어서 원만한 『통감강목』을 완성할 방법이 없었다. 이는 봉건 역사가이자 이학자 한 사람의 심각한 역사적 비극이다. 그러나 더욱 슬픈 일은, 이 『통감강목』이 그의 생전에는 관방의 인가와 포양襃揚을 받지 못한 민간의 역사서였을 뿐이고, 그의 사후에는 이미 '우물 파는 일을 포기한' 오류의 초고가 되었다가 결국에는 '흠정欽定'의 만세사법, 역사가의 표준이 되는 '인경麟經(춘추)'으로 숭배되었다는 점이다.

주희의 『통감강목』은 한 봉건 역사가의 강렬한 주체 의식을 표현한 것이다. 이는 종합을 중시하고 분석을 중시하지 않으며, 주관의 개입을 중시하고 객관적 서술을 중시하지 않으며, 전체적 파악을 중시하고 이성적 사변을 중시하지 않은 특징을 지닌 전형적인 아시아적 사유 방식이다. 그리하여 역사를 윤리 도덕적 가치의 심미적 비판으로 변화시켜서, 곧 주관적인 선악·시비·사정邪正의 윤리 도덕적 포폄을 역사라는 객체에 억지로 부과함으로써 역사가의 가장 큰 금기를 범하였다.

진정으로 사실을 추구하는 그의 역사가적 정신을 체현하고 이학적 의리에 의해 왜곡되지 않은 저작은 오히려 건도 8년(1172)에 편성된 『팔조명신언행록八朝名臣言行錄』이다. 이 책은 전집 열 권에 쉰다섯 사람을, 후집 열네 권에 마흔두 사람을 수록하였다. 그는 스스로 이 책을 편성한 목적이 송 대 명신의 언행 가운데 요점을 따오고 취하여서 '세상의 교화에 도움을 주려는' 것이라고 일컬었다. 전체 구성은 이전 사람들의 저술에서 자료를 편집하는 방식을 이용하여 주를 달아 출처를 밝혔으며, 광범위하게 대표성을 지닌 내용을 채집하였기에 대체로 한 시대 정치 활동가들의 언론과 행위의 전모를 알 수 있다.

비록 자료의 취사선택에서 그는 왕왕 자기의 정학적程學的 견지에 영향을 받았으나 44개조의 왕안석 관련 자료는 대부분 왕안석의 잘못을 드러냈을 뿐 칭찬하는 말은 극히 적었으며, 적잖은 평론을 정문程門 이학가의 저작인 『정씨유서』·『상채어록』·『구산어록』에서 취하였고, 지론持論이 극히 엄격하였다. 심지어 전경심錢景諶이 공격하고 비난하는 내용으로 연수兗守(연의 수령) 조탁지趙度支에게 보낸 답장까지 뽑아서 기록하였다.

그러나 전체적으로 보면, 결코 주관적인 호오의 태도를 가지고 역사적 사실을 대하지는 않았다. 역사적 인물의 행적과 사실에 대해 미덕과 과실을 모두 채택하고, 견해가 다른 자료도 함께 기록하여서 보여주었다. 소식蘇軾에 대해서는, 소식이 소금과 소목蘇木(다목, 소방목)을 사사롭게 팔았다고 사경온謝景溫이 무함한 자료를 채록했고, 또 사마광이 신종神宗에게 한 말을 채록하였다. "사람에게 책임을 지울 때에는 마땅히 그 사정을 살펴보아야 합니다. 소식이 (소금을) 판매한 이익이 어찌 (부의금으로) 증여된 은銀에 미칠 수가 있겠습니까?(소식이 부모상을 당하여서 한기韓琦가 은 300냥을 부의금으로 주었는데, 이를 받지 않고 사사로이 소금·소목·독을 팔아서 촉蜀으로 들어간 일이 있었다. — 역자 주) 왕안석이 평소 소식을 미워했는데, 폐하께서는 어찌하여 그가 인척인 사경온을 매나 개처럼 부려서 (소식을) 공격하게 한 사실을 모르십니까?"(『속자치통감장편續資治通鑑長編』 권214 및 『홍경거사집鴻慶居士集』 권10 「상황제서上皇帝書」 3)

여이간呂夷簡이 인종仁宗에게 황후 곽씨郭氏를 폐하라고 권한 일 등에 대해서도 주희는 모두 여실하게 채록하였다. 이 일은 여씨의 선조와 가학을 수호하려는 여조겸의 불만을 샀다. 건도 9년(1173)에 여조겸은 주희에게 편지를 보내서 다음과 같이 말하였다. "최근에 마사麻沙에서 책 하나가 간행되었는데

『오조명신언행록五朝名臣言行錄』입니다. 모양이나 판본이 『정의精義』와 자못 비슷합니다. 선생(吾丈)께서 편정했다고 하는데, 과연 그렇습니까? 그 사이에 고증하여서 고치고 상의해야 할 부분이 적잖이 있었습니다. 만약 정말로 그렇다면, 곧 가서 가르침을 받겠습니다. 혹 다른 사람이 지은 책이라면 잡다하게 기록한 내용이 세상에 돌아다니는 것이라 할 수 있겠으니, 참으로 다 따질 겨를이 없습니다."(『여동래문집』 권4 「답주원회」 서3) 여조겸·여조검 형제가 함께 일어나서 주희와 논변했다는 『속수기문涑水紀聞』의 내용은 거짓으로 생각된다.

주희는 깎아내지 않는다는 태도를 견지했으나, 또 신중하게 원문 밑에 주석을 더해서 여본중呂本中의 다른 주장을 기록하였다. 나중에 그는 제자에게 이 일을 다음과 같이 언급하였다. "여씨 집안 자제들은 『속수기문』을 사마온공(사마광)의 책이 아니라고 힘써 변론하였는데, 대개 그 가운데는 여 문정공(여이간呂夷簡)과 관련한 몇 가지 일, 예컨대 황후 곽씨를 살해한 일들이 기록되어 있기 때문이다. 내가 일찍이 범태사范太史(범조우范祖禹)의 손자 아무개를 만났을 때 그에게서 온공이 직접 쓴 원고본을 수집하였다는 말을 들었는데, 어찌 온공의 글이 아니라고 할 수 있겠는가? 내가 『팔조명신언행록』을 편집하자 여백공(여조겸) 형제가 다시 와서 변론하였다. 자손이 된 자로서 조금이라도 수치를 씻고자 한 일이겠지만, 천하 사람들이 반드시 자기를 따르기를 바라서는 안 된다."(『어류』 권130) 실제에 근거하여서 편찬하는 주희의 이런 태도 때문에 그의 『팔조명신언행록』은 북송 시대의 정치를 이해하는 데 중요한 참고서가 되며, 그가 고심하여서 지은 『통감강목』보다 학술적 가치의 생명력이 더 길었다.

태극 본체론의 구조를 세운 일로부터 도통과 정통의 확립에 이르기까지 주희는 한천정사에서 체계와 규모를 대략 갖춘 이학과 경학의 굉대한 집을 전체적으로 완성하였다. 산간에서 저술하며 보낸 비교적 오랜 이 시기는 그의 일생 역정에서 지워 없앨 수 없는 사상적 자취를 남겼다. 그는 나중에 자기의 인식과 저작이 모두 50세 이전에 형성되고 완성되었으며 50세 이후에는 크게 진보하지 않았다고 말하였는데, 50세 이전이라 함은 주로 한천에서 저술한 이 시기를 가리킨다. 한 차례 간난신고의 탐색과 저술의 시기를 거친 뒤 그는 총결이 필요함을 느꼈다. 이는 자기를 위한 것일 뿐만 아니라, 또한 한 학파를 위한 것이었다. 순희 2년(1175)에 여조겸과 공동으로 교정한 『근사록』은 한천 시기 주희의 사상적 탐색과 저술의 가장 좋은 총결이 되었다.

朱子評傳

제9장

세 거인의 만남 : 주희, 여조겸, 육구연의 세 차례 회합

한천寒泉의 회합
아호鵝湖의 회합
삼구三衢의 회합

| 한천寒泉의 회합 |

추위가 가고 더위가 올 때까지 깊은 산속의 차가운 언덕에 있는 한천에서 책을 쓰고 강학하는 동안 주희의 마음속에는 말로 다 하기 어려운 모순이 교차하고 있었다. 그는 시골에 물러나 숨어서 머리가 하얘질 때까지 경을 연구하는 일을 결코 달가워하지 않았다. 그는 욕심 없이 스스로 만족하면서 "도의는 싫증 나지 않고 / 문장은 저절로 참된 바가 있다 / 다른 해에 마땅히 함께 말하리라 / 이날은 자유로운 몸이었다고(道義之無斁, 文章自有眞. 他年應共說, 此日自由身)"하고 읊었지만(『문집』 권6 「밀암에서 자다 시에 차운하다(次韻宿密庵)」), 이는 이미 인간 세상의 부침과 우환을 거쳐 세속에 대하여 분노하고 싫어하게 된 영혼의 한 측면일 뿐이었다. 그에게는 아직 임금과 나라와 백성을 걱정하고 한번은 세상을 구제하는 '경제經濟(경세제민)'의 사업을 하겠다는 또 다른 측면이 있었다.

건도 9년(1173) 말에 그는 「감회感懷」라는 시에서 이런 숨은 마음을 드러냈다. "경제는 일찌감치 숭상했던 바이고 / 숨어서 가라앉음은 평소 기약하지 않았다네 / 돌아가신 부모를 그리는 몇 년 동안 / 백발이 홀연 이미 드리워졌다 / 북쪽 산에 샘을 파고 / 남쪽 물가에서 밭을 간다 / 천지는 극히 넓은데 / 한 해도 저물었으니 장차 어디로 가야 할까(經濟夙所尙, 隱淪非素期. 幾年霜露感, 白髮忽已垂. 鑿井北山阯, 耕田南澗湄. 乾坤極浩蕩, 歲晚將何之)"(『문집』 권4) 그래서 경을 연구하며 책을 쓰고 성리性理를 강론하는 동시에, 또 조정과 지방의 정사에 깊은 관심을 가졌다.

건도 6년(1170)에 주희는 조정에 들어가는 장식張栻을 위해 꾀를 짜내어서, '정심성의正心誠意'로써 황제의 심술心術이라는 '천하의 대본'을 세우는 문제에 대해 진언하고, 정치의 대법大法에 관해 진언하라고 충고하면서 다음과 같이 말하였다. "어진 재상을 등용하고 사사로운 문벌을 막는 일이 정치를 세우는 요체이고, 좋은 관리를 택하고 부역을 가볍게 하는 일이 백성을 기르는 요체이고, 장수를 공정하게 선발하고 근습近習을 따르지 않는 일이 군정軍政을 다스리는 요체이고, 경계하는 말을 즐겨 받아들이고 아첨을 기쁘게 여기지 않는 일이 말을 듣고 사람을 쓰는 요체입니다."(『문집』 권25 「답장경부」 서3)

건도 7년에 그는 또 '백성의 산업을 제정한다(制民之産)'는 맹자의 인정仁政 사상에서 출발하여 장식에게 구체적으로 '백성을 기르는 정책(養民之政)'의 두 가지 근본 방법을 진술하였다. 첫째는, '세입을 헤아려 지출(量入以爲出)'함으로써 '비용을 미리 계산하여 백성에게 거둬들이는' 마구잡이 식의 포악한 징수를 폐지하는 방법이다. 이렇게 할 때 비로소 '주현州縣의 빈부 차가 현격해지지 않게 할 수 있고, 백성의 비참함도 서로 크게 차이 나지 않게' 할 수 있다. 둘째는, '변방을 둔전으로 채워서(屯田實邊)' 군병을 양성하는 데 드는 막대한 비용을 해결하는 방법이다. 이것은 '백성의 역량을 펴주는 가장 중요한 방법'이다(동상, 서4).

이해에 주희는 또 옛 법을 확대 적용하여서 숭안의 개요향開耀鄕에 사창社倉을 설립하고 흉년에 먹지 못해서 굶주리는 근심을 해결하였다. 순희 원년(1174)에 산간에서 재해를 당했을 때 그는 또 건녕建寧의 수령 부자득傅自得에게 절실하게 행할 수 있는 진제賑濟의 방법을 상세히 진언하여서 공을 세웠다. 하지만 관에서 주는 상은 받지 않았다.

이런 일들은 모두 그가 정확하고 명철하게 일을 처리하며, 원대한 안목을 가진 정치의 인재임을 나타내는데, 여기서 '일찍이 숭상했던' '경제經濟'의 포부를 볼 수 있다. 다만, 그는 도리어 '숨어서 가라앉아(隱淪)' 있을 뿐 산을 나와 관직에 들어가려 하지는 않았다. 몇 년 동안 한천에서 경을 연구하고 힘들여 독서하고 저술하는 생활로 인해 흰머리가 일찍 났고, 늙기도 전에 벌써 몸이 쇠약해졌다.

건도 9년(1173)에 지은 「사조명寫照銘」이라는 시는 주희가 한천 저술 시기의 도학적 형상을 스스로 비춰 본 글이다.

너의 몸을 단정히 하고	端爾躬
너의 용모를 엄숙히 하라	肅爾容
밖을 단속하고	檢于外
속을 한결같이 하라	一其中
시작에 힘써서	力于始
끝까지 완수하라	遂其終
잡는 데는 요령이 있고	操有要
보존하는 데는 끝이 없나니	保無窮

—『문집』권85

이는 사실 주희가 몸소 '덕성의 함양은 모름지기 경으로써 하고, 학문의 진보는 치지에 달려 있다(涵養須用敬, 進學則在致知)'는 말을 실천하는 모습이 잘 묘사된 글이다. 그는 부단히 탐색하는 가운데 끊임없이 자아를 총결해 나아갔다.

건도 8년(1172)에 쓴 「재계하며 거함에 느낌이 일다(齋居感興)」 스무 수는 한천 시기의 저술과 사상에 대한 시의詩意를 한 차례 초보적으로 총결한 시편이다.[1] 그가 진자앙陳子昻의 「우연히 느끼다(感遇)」의 문체를 본떠서 감회와 이치를 읊은 까닭은 '시의 말뜻이 심원하고 음절이 호탕한 것을 사랑했으나', 또한 '이치에 대해 정밀하게 알지 못하고서 스스로 도교와 불교(仙佛)에 의탁하는 것을 고상하다고 여겼던 일을 한탄하며' 진자앙과 자못 시로써 승부를 가리고 싶었기 때문이다. 이는 '이치로써 시를 짓는' 주희의 현언시玄言詩(*철리시哲理詩)를 대표하는 유명한 시편이 되었다.

시가 완성된 뒤 이를 흉내 낸 작품이 잇달아 나타났다. 반병潘柄·양용성楊庸成·채모蔡模·진덕수眞德秀·첨경진詹景辰·서기徐幾·황백양黃伯暘·여백부余伯符·호승胡升·호차염胡次焱 등 학자 열 사람이 주를 달아서 갈수록 말이 가물가물해지는 바람에, 도리어 이 일련의 시편이 본래는 주희의 한천 저술을 즉흥적으로 총결한 시라는 사실과 한천 저술 시기의 사상을 기록한 '실록實錄'이었다는 사실을 알 수 없게 되어버렸다. 주희가 시의 서문에서 먼저 '열 몇 편을 지은' 뒤 나중에 '스무 편을 얻었다'고 한 것으로 보아, 결코 동시에 이 시편을 짓지 않았으며, 오히려 오경학과 사서학에 대한 책을 저술하는 과정에서 받은 감상과 인식을 시의 형식으로 수시로 기록해 두었다가 나중에 거두어 하나로 묶었기 때문에 엄밀한 논리 체계를 갖추었다고 하기는 매우 어렵다.

---

1 「재계하며 거함에 느낌이 일다」를 주희가 만년에 지었다고 하는 설이 있다. 악가岳珂의 『정사桯史』 권13 「회암감흥시晦庵感興詩」에서는 "만년에 건안建安에 살면서 「재계하며 거함에 느낌이 일다」 스무 편을 지었다. …… 내가 우리 고을의 채원사蔡元思가 외워주는 것을 따라 얻었다."라고 하였다. 이 말은 크게 잘못되었다. 대체로 악가가 채원사에게서 얻었다는 말은 대부분 믿을 수 없다. 살피건대, (왕백王柏의) 『노재집魯齋集』 권13 「발북산화제자시송위헌跋北山畵諸子詩送韋軒」을 살펴보면, "「재계하며 거함에 느낌이 일다」 스무 수와 「분수령分水嶺」 절구는 건도 임진년(1172)에 지었다."라고 하였다. 또 권5 「주자시선발朱子詩選跋」에서는 "「재계하며 거함에 느낌이 일다」 스무 편은 임진년과 계사년(1173) 사이에 지었을 것이다."라고 하였다. 지금 주희의 『문집』 권3과 권4는 시로 편집되어 있는데, 「감흥시」는 건도 임진년의 시에 들어 있다. 권27 「답첨수答詹帥」 서2로 참조해보면, 왕백의 설이 옳다.

채침蔡沈의 아들 채모는 이 시 스무 수에는 '모두 다섯 가지 단서가 있다'고 하여, 1~4수는 '조화의 근원을 탐구한 것', 5~7수는 '치화治化의 근원을 탐구한 것', 8~13수는 '음양과 숙특淑慝(선과 악)의 근원을 탐구한 것', 14~17수는 '음양과 성명性命의 근원을 탐구한 것', 18~20수는 '학문과 공부의 근원을 탐구한 것'이라고 하였다(「문공주선생감흥시文公朱先生感興詩」). 그러나 이 해설은 지나치게 견강부회하므로 가물가물하고 공허하다.

사실 이 시편은 다섯 부분으로 나뉘는데, 이어지는 흔적이 명확히 드러나며, 모두 한천에서 지은 저서와 밀접한 관계가 있다. 1~4수가 첫째 부분으로서, 태극의 본체를 논한다. 첫째 수에서는 '무극옹無極翁'(태극의 이치太極之理)이 우주를 가득 채우며 주재하고 있음을 설명하였다. 둘째 수는 음양의 위대한 조화를 논했고, 셋째 수와 넷째 수는 인심人心의 미묘함을 논하여서 그의 『태극도설해』와 『서명해』 두 책의 기본 사상을 개괄하였다.

5~7수는 둘째 부분인데, 역사를 논한 시편으로서, '정통正統'만을 말하여 흡사 『통감강목』의 전체 내용을 개괄한 듯하다. '범례는 누가 용납하겠는가?'라고 한 표현은 자기의 「강목범례」를 가리키는 데 지나지 않는다.

8~13수는 셋째 부분으로서, 또한 '도통道統'을 말한 데 지나지 않는다. 요·순·우·탕·문·무·주공의 열여섯 자 '심전心傳'으로부터 공맹孔孟의 도통을 계승한 용문龍門의 정씨程氏(정이)에 이르기까지 죽 이어서 서술하였다. 이는 바로 그의 『논맹정의論孟精義』·『이락연원록伊洛淵源錄』에 내재하는 정신이다.

14~16수는 넷째 부분으로서, 유·불·도의 삼도三道를 분별하여서 논하고 '모든 조화의 근원을 깊이 탐구한', '산림에서 지낸 선생(林居子)' 주돈이周敦頤의 유도儒道를 내세워서 불교와 도교의 두 도를 반대하였다. 이는 바로 그의 유불논변儒佛論辯, 호상파湖湘派 청산, 오경학과 사서학의 저서를 관통하는 기본 정조이다.

17~20수는 다섯째 부분인데, 주경主敬의 조존함양操存涵養 공부를 논하고, 건도 5년(1169) 이래 형성된, 경건과 앎을 동시에 닦는 그의 사상을 밝혀서 서술한 시편이다.

분명히 「재계하며 거함에 느낌이 일다」는 재계하며 거처하면서 경서를 읽고 저술하는 과정에 느낀 감상을 적은 수상록隨想錄이다. 주희가 이것들을 하나로 묶은 까닭은 자기의 저술과 사상을 전면적으로 총결하려는 목적이 있었기 때문이다. 그것들은 '감흥'의 형식으로 자기의 이학과 사학의 정수를 개괄한 시편이며, 그가 「훈몽절구訓蒙絶句」에서 (시편을 통해) 정리한 첫 번째 총결을 뛰어넘는다.

그러나 이 시기의 주희에 대해 말하자면, 학파의 사상 체계를 총결하는 일이 더욱더 필요하였다. 이는 이성적이고 논리적인 방식으로 이론 체계를 개괄해 나아가는 일이지, 더 이상 감성적이고 즉흥적으로 읊조리는 일이 아니었다. 한 학파가 호소력과 생명력을 가지려면 반드시 계통적이면서도 간단 명료하게 자기 학파의 사상 체계를 천명하는 저작을 기치로 삼아야 한다. 호상학파는 이런 저작이 없었기에 결국 제자들이 나중에 저마다 제 주장을 하고 따를 것이 없어져서 쇠락하고 소멸하였다. 바로 이런 학파 의식에 자극을 받았기 때문에 주희는 여조겸과 함께 만나서 『근사록近思錄』을 공동으로 편찬해내게 되었던 것이다.

건도 9년부터 주희는 맏아들 주숙朱塾을 금화金華로 보내 여조겸에게 배우게 하였다. 주숙이 반경헌潘景憲의 관사館舍에서 지내면서 반경유潘景愈 등 무중婺中의 후배 선비들과 동창이 됨으로써 주희와 여조겸의 학술 교류도 더욱 밀접해지기 시작하였다. 주희와 여조겸 두 사람은 저마다 경학과 사학에 관한 저술을 각기 진행했는데, 둘 사이에 존재하는 엇갈림과 토론해야 할 문제는 이미 서찰을 주고받아서 해결할 수 있는 수준이 아니었다. 그들이 서로 만나 공동으로 책을 쓰게 된 데는 더욱 심각한 원인과 목적이 있었다.

장식張栻의 영향은 주로 호상湖湘이라는 한 지역에만 치우쳐 있었지만, 그는 스승의 설을 주로 하지 않았고 또 벼슬하여 출세하느라 바쁜 탓에 사우師友나 제자들과 서로 모여서 학문을 논할 겨를이 없었다. 그러므로 그의 학파의 사상적 기치는 결코 선명하지 않았다.

여조겸의 무학婺學은 경을 말미암아 역사로 들어가고, 경사치용經史致用의 학파적 사상을 표방하였다. 그가 거주한 금화 지역은 강서와 복건, 양절(절동과 절서)의 요충에 있었는데, 명초산明招山이 병풍처럼 둘러싼 가운데 북두성처럼 자리하고 있어서 배움을 묻는 제자들이 구름 같이 많았으므로 절浙(절강)·민閩(복건)·감贛(강서) 세 지역에서 군건하고 튼실한 학파로 영향력을 지니고 있었다.

건도 이래 절동에서 일어난 영가학永嘉學과 강서에서 일어난 금계학金溪學이 점차 호상학을 압도하는 추세였는데, 여조겸은 그들 모두와 밀접한 관계를 유지하고 있었다. 그러나 그와 주희는 이들 학파를 대하는 태도가 전혀 달랐다. 여조겸은 같은 점을 찾아내서 하나로 돌아가게 하고자 했고, 주희는 도리어 다른 점을 구별하여서 자기에게 동화시키려고 하였다.

주희가 설계선薛季宣, 진량陳亮, 육구연陸九淵 형제들과 알게 된 것은 모두 여조겸을 통해서였다. 주희는 영가학과 금계학에 대해서는 처음부터 비판하고 부정하는 태도를 취했으며, 그들을 겸하여서 취하려는 여조겸의 포용적 태도에 불만을 품고 있었다.

영가학은 부지浮沚 주행기周行己로부터 '인의에 근본을 두지 않은 가르침이 없고 교화에 관련되지 않은 말이 없는' 정백웅鄭伯熊에 이르는 정통의 맥이 모두 이정二程 낙학의 울타리에서 벗어나지 않았다. 그러나 원도결袁道潔로부터 간재艮齋 설계선에 이르는 별파의 한 맥이 비로소 낙학을 초월하여서 사공학

事功學을 건립하였다. 이후 진부량陳傅良과 섭적葉適은 정백웅과 설계선 두 학자를 융합하여 취하여서 영가永嘉의 사공학파를 세웠고, 진량은 직접 설계선을 계승하고 크게 발전시켜서 별도로 영강학파永康學派를 세웠다.

진량은 20세 때 여조겸과 알게 되었고 조대漕臺에서 함께 시험을 치렀으며, 주규周葵에게서 『중용』과 『대학』을 배우고 경학에 대한 깊은 가르침을 받았다. 건도 4년(1168)을 전후로 정백웅·설계선과 알게 되어서 영가학파의 사상을 받아들였다. 그러나 연거푸 과거 시험에 낙방했기 때문에 건도 6년에 태학에서 여조겸의 영향을 받고 정호와 정이의 낙학으로 첫 번째 전향을 하였다. 건도 8년에 여조겸은 주희에게 보낸 편지에서 진량의 이러한 사상적 변화를 다음과 같이 언급하였다. "진동보陳同甫(진량)는 최근 1, 2년 사이에 이전의 모든 잘못을 번연히 깨닫고서 학문을 하는 데 뜻을 두었습니다. 그는 마음이 매우 겸허한 사람으로서, 문하門下(주희)를 더욱 절실하게 사모하고 있습니다."(『여동래문집』권4 「여주원회」서2) 건도 6년부터 건도 9년까지 진량은 정호와 정이의 학문에 잠심하여 연구한 끝에 『맹자제요孟子提要』·『경서발제經書發題』·『이락정원서伊洛正源書』·『이락예서보망伊洛禮書補亡』·『삼선생논사록三先生論事錄』을 지었고, 『정씨역전程氏易傳』·『양씨중용해楊氏中庸解』 등을 간행하였다.

진량의 사상에서 두 번째 전환은 다음과 같다. 건도 9년(1173)에 설계선이 세상을 떠난 뒤 진량은 이듬해 봄에 영가에 가서 곡을 하고 조문을 한 뒤 영가의 유명한 학자인 정백영鄭伯英·진부량陳傅良·섭적葉適·대계戴溪·진겸陳謙·서원덕徐元德·채유학蔡幼學·서의徐誼와 함께 모여서 학문을 논하였다. 이때 영가의 모임은 설계선의 학문에 대해 토론하는 성대한 모임이었다. 진량은 이 성대한 모임을 계기로 「유차문중자서인類次文中子序引」에서 사공事功의 기치를 내걸고 영강학파의 길을 열었다.

주희는 정백웅과 사상적으로 비교적 박자가 맞았으나, 건도 9년에 설계선과 알게 되어 몇 차례 편지를 주고받는 과정에서 그가 의리를 중시하지 않는다고 생각하였다. "한의 유학자들은 고루하기 때문에 이른바 장구章句를 해석하는 학자들의 방법론이라는 것이 있습니다."(『낭어집浪語集』 권23 「여주편수與朱編修」 서2)라고 편지에서 설계선이 한 말에 대해 주희는 그가 장구의 학을 천시한다고 여겼다. 이는 아마도 일종의 오해였는데, 나중에 여조겸이 이 오해를 풀어주었다. 그러나 주희가 영가학파永嘉學派의 공리설에 대해 처음부터 반감을 품고 있었음을 알 수 있다.

진량에 대해 여조겸은 '세상에서 쓸 수 없는 인재가 아니다!'라고 경탄하였다(섭적, 「용천집서龍川集序」). 그러나 주희는 진량이 낙학에 '귀의皈依'한 일을 매우 칭찬하고, 여조겸을 통해 그가 간행한 『삼선생논사록』과 임훈林勛의 『본정서本政書』 등을 보내줄 것을 요구하였다. 그럼에도 그가 왕통王通의 속경續經(왕통이 육경을 이어서 편찬한 유학 저술. 『속시續詩』·『속서續書』·『예론禮論』·『악경樂經』·『역찬易贊』·『원경元經』. 왕씨육경王氏六經이라고도 한다)을 앞장서서 내세우고 『문중자文中子』(「문중자중설文中子中說」)를 공리설功利說의 성경으로 받든 점에 대해서는 비판하였다.

나중에 영가학의 대가가 된 진부량과 섭적이 모두 이때에는 아직 명성을 크게 날리지 않았기 때문에 영가학파는 아직은 잠재적인 역량에 지나지 않았고, 도리어 강서에서 새로 일어난 육구연 형제의 심학心學이 아주 오랜 전통을 지닌 영가학파의 영향을 덮어 가리면서 무구無垢 선학의 뒤를 이어 또 한 줄기 광풍처럼 사림士林을 휩쓸었다. 그래서 주희·장식·여조겸은 정도는 달라도 모두 이를 우려하였다.

육구령陸九齡은 자가 자수子壽이고 호가 복재復齋이며, 육구연陸九淵은 자가 자정子靜이다. 무주撫州 금계金溪 사람이다. 자가 자미子美인 사산梭山 육구소陸九韶를 더하여서 이들 형제 셋을 '삼륙三陸'이라 부른다. 일찍부터 문장으로 이름난 육구연은 건도 7년(1171) 겨울에 도성에 들어가서 과거에 응시할 때 시험관인 여조겸을 배알했고,[2] 이듬해 남궁南宮에서 치른 춘시春試에서는 『역』의 시권試券과 「천지지성인위귀론天地之性人爲貴論」으로 시험관 여조겸의 아낌없는 절찬과 탄복을 받으며 단번에 진사에 합격하였다. 나중에 육구연이 찾아뵙고 인사하자 여조겸은 입에 침이 마르도록 칭찬하면서 "족하足下의 말씀을 들어 본 적은 없지만 쓰신 글을 한번 보니 마음이 열리고 눈이 밝아지기에 강서江西의 육자정陸子靜인 줄 알았습니다."(『육구연연보陸九淵年譜』)라고 하였다.

육구연은 도성에서 단숨에 이름을 크게 떨치고 금계로 돌아온 뒤 스스로 호를 '존재存齋'라 하고, 괴당서옥槐堂書屋에서 사방의 학생들을 불러들여 강학하였다. 진강陳剛·부몽천傅夢泉·등문범鄧文范·주제도朱濟道·주형도朱亨道·주백웅周伯熊·안자견顏子堅·서서미舒西美 등이 모두 몰려와 배우면서 '괴당의 여러 유학자들(槐堂諸儒)'이라는, 육학陸學의 최초 중견이 형성되었다. 육구연의 심학은 매우 빠르게 강서에서 양절兩浙로 확대되어, 심지어 영가의 서의와 채유학도 와서 배웠으며, 양간楊簡·석숭소石崇昭·제갈성지諸葛誠之(제갈천능諸葛千能)·호공胡拱·고종상高宗商·손응시孫應時 등 절중浙中의 선비들 또한 모두 그의 경건하고 성실한 제자가 되었다.

순희 원년(1174)에 이르러 강서와 양절 일대에서 육학의 영향은 이미 충분히 사람들의 주목을 끌었다. 이런 일들은 모두 주희가 저서와 강학을 통해 자기의 학파를 건립하던 시기에 일어났다. 주희와 여조겸은 강서와 양절에 새로 출현한 이런 학파에 어떻게 대처해야 하는가 하는 첨예한 문제와 직면하였다.

---

2 『육구연집』 권26 「제여백공문祭呂伯恭文」을 살펴보면, "신묘년 겨울(•건도 7년), 도성에 가서 만났는데 한 번 오갔을 뿐, 곧 읍양하고 물러 나왔습니다."라고 하였다. 육구연이 춘시 전에 고관 여조겸을 한 번 알현한 일이 연보에 실려 있지 않은 까닭은 아마도 말하기를 꺼려 했기 때문이리라.

주희로 말하자면, 자기 학파를 세워서 다른 학파와 경쟁하기 위해서는 정호와 정이의 이학 체계를 명석하게 해석할 필요가 있었다. 한편으로는 정호와 정이의 이학 체계를 개괄하는 저서를 만들어서 정호와 정이의 이학을 학습하는 간편한 도구로 삼으면서 선비들을 흡수하여 '자기의 세력 범위 안에 들게' 할 필요가 있었고, 다른 한편으로는 각 학파의 영수들과 직접 만나 허심탄회하고 솔직하게 담론하면서 사상을 교류하고 통일할 필요가 있었다. 여조겸은 이런 생각 외에도 여러 학자를 거듭 절충하고 여러 다양한 설을 하나로 회귀시킬 심산까지 가지고 있었다.

그런데 이런 모든 일은 또한 모름지기 주희와 여조겸 두 이학理學의 대사大師가 먼저 사상을 통일하고 인식을 일치시켜야 한다는 점을 전제로 한다. 한천의 회합과 아호鵝湖의 회합은 두 사람의 이런 생각에서 이루어진 일이다. 순희 2년(1175) 3월 21일, 여조겸은 반경유를 데리고 무주를 출발하여 4월 1일에 오부五夫에 도착하여서 주희와 상견하였다.

처음 닷새 동안 서로 만난 정황은 여조겸의 잔존하는 『입민록入閩錄』에 기술되어 있다.

> 초하루, 3리쯤 가서 산모퉁이를 돌아 오부로 가는 길로 들어섰다. …… 2리를 더 가서 개선사開善寺에 이르고, 7리를 가서 오부에 이르러 주원회(주희)를 찾아가 서실書室에서 묵었다. 이날은 맑았다.
>
> 초이틀, 감묘監廟인 유충 충보劉玧充甫, 무속撫屬의 유평 평보劉玶平甫, 범중선 선范仲宣瑄, 서주빈 대로徐周賓大老, 위사작 각魏思作恪을 만났다. 이날은 맑았다.
>
> 초사흘, 유씨游氏의 정원을 구경하였다. 앞에는 침계枕溪가 있다. 뒤는 병산屛山인데 높고 낮은 정자(亭榭)가 10여 채 있다. 그 가운데 유연당悠然堂이

가장 아름다웠다. 마침내 보본암報本庵으로 갔다. 암자 곁 양쪽 절벽 사이에는 좁은 시내가 협곡처럼 드리워져 있었다. 같이 유람한 사람은 주원회, 두 유씨, 범선范瑄과 반경유였다. 이날은 맑았다.

초나흘, 밀암密庵을 구경하였다. 오부에서 7리 거리에 있다. 암자는 바로 승려 도겸道謙이 기거하던 곳으로, 우리 증조부(여호문呂好問)의 유상遺像이 있다. …… 저녁 때 암자에서 묵었다. 같이 유람한 사람은 주원회, 두 유씨와 범선范瑄·반경유潘景愈·서대로徐大老이다. 두 유씨와 범선, 서대로는 먼저 돌아갔다. 이날은 맑았다.

초닷새, 밀암에서 오부로 돌아왔다. 왕광조 춘경王光朝春卿을 만났다. 이날은 아침에는 맑았지만 저녁에 비가 내렸다.

—『동래여태사문집東萊呂太史文集』권15

이후 열흘 남짓 동안 주회와 여조겸 두 사람은 한천정사에서 함께 주자周子(주돈이)·정자程子(정호와 정이)·장자張子(장재)의 저작을 읽고, 이 네 선생의 저서 열네 종 가운데 622조條를 추출하여서 열네 종류로 분류하고, 5월 5일에『근사록』을 편성하였다.『근사록』을 함께 편집하는 일이 이때 한천에서 서로 만난 주요한 목적과 성과였는데, 두 사람의 인식을 통일하겠다는 목표도 대체로 이루어졌다. 주회는 서문에서 이 책은 '대체大體에 관계되면서도 일상생활에 절실한 내용을 뽑아 만든 책으로서', '배우는 사람들이 단서를 찾고(求端), 힘써 공부하고(用力), 스스로 처신하고(處己), 남을 다스리는(治人) 요체, 이단을 변별하고(辨異端), 성현을 관찰하는(觀聖賢) 대략大略에 대해 모두 거칠게나마 대강을 보인 책'이라고 하였다.

전체는 열네 권인데, 첫째 도체道體, 둘째 위학대요爲學大要, 셋째 격물궁리格物窮理, 넷째 존양存養, 다섯째 개과천선극기복례改過遷善克己復禮, 여섯째 제가

지도齊家之道, 일곱째 출처진퇴사수지의出處進退辭受之義, 여덟째 치국천하지도治國天下之道, 아홉째 제도制度, 열째 군자처사지방君子處事之方, 열한째 교학지도教學之道, 열두째 개과급인심자병改過及人心疵病, 열셋째 이단지학異端之學, 열넷째 성현기상聖賢氣象으로서 완전한 이학 체계를 구성한다.

　나중에 주희는 진순陳淳에게 다음과 같이 말하였다. "네 선생(주돈이·정호·정이·장재)은 육경六經의 사다리이고, 『근사록』은 네 선생의 사다리이다."(『어류』권105) 사실 『근사록』은 응당 이정二程 이학의 사다리이자 입문서이며, 또한 주희 스스로의 이학 사상의 사다리이자 입문서였다. 주희는 명확하게 "『근사록』은 본래 여러 선생의 책을 두루 볼 수 없는, 배우는 사람들을 위한 책입니다. 이에 따라 그 중요하고 절실한 내용을 뽑아 점차 도道로 들어갈 수 있게 하였습니다."(『답혹인答或人』)라고 하고, "참으로 이를 얻어서 마음을 쏟으면 또한 충분히 그 문에 들어갈 수 있다."(『서근사록후書近思錄後』)고 하였다.

　책 전체는 총 다섯 부분으로 나뉜다. 제1권은 태극의 이치를 논한 본체론本體論과 성론性論이며, 2~4권은 경건과 앎을 동시에 닦는 인식론과 수양론이고, 5~8권은 대학의 도를 논한 부분이며, 9~14권은 유가의 배움을 잡다하게 논한 부분으로서 네 선생의 정치관, 인생관, 교육 사상, 도가와 불교에 대한 반이단 사상 등을 개괄한다. 이 책은 구체적이면서도 미묘하게 실용적 윤리와 인생철학을 핵심으로 하는 정호와 정이의 이학 체계를 만들어낸 책이다. 후세에 '성리학의 조祖'로, '공자·증자·자사·맹자 이후 볼 수 없던 책'으로, 『논어』·『맹자』·『대학』·『중용』에 버금가는 책'(강영江永, 「근사록집주서近思錄集注序」)으로 떠받들린 것도 이상할 게 없다. 『훈몽절구訓蒙絶句』와 마찬가지로 『근사록』은 수진판袖珍版 이정의 이학 체계이며, 수진판 『성리군서性理群書』이다.

　주희가 이 책을 편정한 데는 뚜렷한 학파적 목적이 있었다. 그는 자기의 이학적 안목을 가지고서 네 선생을 이해하고 아울러 이 책을 편집하였다. 제

1권은 태극도체太極道體를 논하였는데, 그의 『태극도설해』·『서명해』의 사상에 비추어서 편집하고 안배하였다. 제2권에서 제4권까지는 격물궁리格物窮理와 조존함양操存涵養을 논하였는데, 경건과 앎을 함께 닦는다는 그의 학문의 대지에 비추어서 조직하였다. 그는 나중에 이항종李元宗에게 다음과 같이 말하였다. "정 선생이 '함양은 모름지기 경건으로써 하고 배움에 나아감은 앎을 (끝까지) 이룸에 달려 있다'고 말했는데 …… 『근사록』의 전반부 서너 권은 오로지 이 문제를 설명하였습니다."(『문집』 권58 「답이자능答李子能」)라고 하였다.

『근사록』은 한천 시기 주희의 저술 및 사상에 대한 특별한 총결이라 할 수 있다. 그는 주돈이·정호·정이·장재의 말을 빌려서 자기의 간명하고 정교한 이학 체계를 세웠다. 이로 인해 『근사록』은 그의 학파 및 사상의 확립을 나타내는 지표라 할 수 있다. 이 작은 책은 나중에 그가 통속적으로 정호·정이와 자기 학파의 사상을 선전하고, 자기 학파에 제자를 끌어들이며, 자기 학파의 도통을 잇는 데 중요한 작용을 하였다. 여조겸은 비록 경학과 사학에서는 주희와 구체적인 엇갈림이 있었지만 이학에서는 또한 정호와 정이를 신봉하였고, 게다가 여러 학자를 절충하는 태도 덕분에 같은 점을 추구하고 다른 점을 인정하는 선에서 충분히 주희와 함께 『근사록』을 편집할 수 있었다.

분명히 『근사록』의 편정은 주희가 주도한 일이다. 여조겸의 도움은 『근사록』이 전형적인 정주학파의 대표작이 되는 데 아무런 문제가 없었다. 이 책이 순희 3년(1176)에 무주婺州와 건양建陽에서 간행되었을 때 주희는 비교적 크게 수개하고 보충한 뒤 특별히 여조겸에게 청하기를, 후서를 지어서 『근사록』을 읽을 때는 순서에 따라 점차 나아가서 가까운 데로부터 먼 데로 주돈이와 정호·정이의 이학의 문으로 들어간다는 심오한 뜻을 드러내 밝히라고 하였다. 순희 5년(1178)에 장식이 장사長沙에서, 소희紹熙 원년(1190)에 주희가 장주漳州에서 간행한 책은 모두 주희가 보충한 『근사록』이었다.

한천의 회합에서 이정二程 이학의 영향을 확대하려는 주희의 강렬한 학파적 정서가 표출된 책으로는, 여조겸과 함께 상의하여 정씨의 『유서』에서 쓸데 없는 구절을 삭제하고 알맞게 줄여서 정밀하고 핵심적인 내용만 요약 편성한 『정자격언程子格言』이 있다. 이 책은 분명히 학생(學子)들이 정호와 정이의 이학 사상을 신속하게 학습하고 파악하는 데 편리하게 하려는 목적에서 편집된 책이었다. 이 책은 두 사람이 한천에서 산정하고 책 이름을 정해 둔 것을 주희가 돌아온 뒤 가을 동안에 써낸 것이다. 주희는 편지를 보내 여조겸에게 상세하게 알렸다. "『유서』의 축약본은 이미 베껴 썼습니다. 제 생각에는 삭제하거나 뺀 것도 모름지기 초지草紙에다 적어서 단락마다 삭제한 뜻을 간략히 주로 달아주는 방식을 취함으로써 대충하지 않았다는 점을 보여야 합니다. 만약 아무도 모르게 삭제해버리면 오랜 시간이 지난 뒤에는 오히려 사람들을 미혹시킬 수 있습니다. …… 접때 상의할 때는 『정자격언』이라는 이름을 붙이려고 했지만 『미언微言』이라고 하는 것만 못할 듯한데, 어떻습니까?"(『문집』 권33 「답여백공」 서41) 이 『정자미언』은 끝내 간행되지 못하였다. 그러나 나중에 전해지는, 양시楊時가 정정訂定하고 장식이 편집하여서 차례를 정한 『정씨수언程氏粹言』은 이 책을 발전시킨 것일 가능성이 있다.[3]

---

3 『정씨수언』을 『사고제요』에서는 이미 장식이 편집한 책이 아니라고 판정하였다. 주희와 장식의 왕복 편지에는 『정씨수언』을 편집했다는 언급이 없다. 주희가 정씨의 『유서』와 『외서』를 편집하면서 여러 해 샅샅이 수집한 끝에 당시 볼 수 있는 어록은 모두 모았으나 『수언』은 없었다. 만일 장식이 이 책을 편집하였다면 주희가 어찌 『유서』나 『외서』에 집어넣지 않았을 리가 있겠는가? 지금의 『수언』은 후세 사람이 정씨의 문집에 편집해 넣은 것이다. 전에 장식이 건도 2년(1166)에 서문을 쓰고 주희가 손수 『남헌선생문집』을 편집하였으나 이 서문을 수록하지 않았다는 점을 생각하면 (장식이 편집했다는 설은) 거짓임을 알 수 있다. 『송사』 「예문지」는 『유서』 외에 정씨의 『어록』 2권이 있다고 하지만, 권의 수와 『수언』을 합쳐서 『수언』이라 이름을 붙이지 않은 점을 고려하면 이 책을 『수언』이라 이름을 붙인 시기는 대체로 원 대 이후이다. 아마도 주희가 『미언』을 완성한 뒤 혹 『근사록』과 함께 장식에게 부탁해서 간행하려 했

『근사록』과 『정자미언』은 주희와 여조겸 두 사람이 한천의 회합에서 성공적으로 사상 교류를 했음을 나타낸다. 이 밖에도 그들은 저마다 자기 경학과 사학의 저술에 대해서 직접 토론했으나 완전히 일치할 수는 없었다. 다만 두 지역 이학 대사의 상견은 무학婺學의 선비들과 민학閩學의 선비들에게는 한 차례 도를 강론하는 아주 좋은 회합이었다.

여조겸은 민중閩中에서도 주숙朱塾, 유약劉爚과 유병劉炳 형제, 왕우王遇, 진공석陳孔碩 등의 제자가 있었다. 이때에는 숭안과 건양의 선비 채원정蔡元定·서송신徐宋臣·유충劉琉·유평劉玶·범중선范仲宣(범선)·서주빈徐周賓(서대로)·위각魏恪·유약·유병 외에도 소무邵武의 하호·범념덕·연숭連崧, 건안의 왕광조王光朝, 포성浦城의 첨체인詹體仁 들도 모두 와서 서로 모여 학문을 강론하였다. 병산·밀암·운곡雲谷·백장산百丈山·노봉蘆峰은 그들이 유람하면서 시를 주고받고 학문을 토론하는 장소였다.

노산 봉우리 정상의 운곡에는 주희가 은거하는 새 거처가 있었는데, 주희는 여조겸과 함께 제자들을 데리고 산을 유람하며 읊은 자취를 시 두 수에 남겼다.

함께 운곡을 유람하기로 약속한 사람들에게 將游雲谷約同行者

험한 데 올라 숨어 살 곳 찾아 制險擇幽棲
넝쿨을 거둬내고 띠집을 지었네 搴蘿結茅屋
삐죽한 바위 아래 샘을 치고 疏泉下石濞

으나, 결국 이루지 못한 상태에서 후세로 갈수록 거짓이 보태지는 바람에 장식이 편집한 책으로 여기게 되었을 터이다.

안개 자욱한 골짜기에 나무 심었네   種樹滿煙谷

때때로 노산蘆山 꼭대기에 올라   時登北原上

한눈에 천 리를 바라보네   一騁千里目

구름은 아래로 구불구불 이어지고   雲物下逶迤

첩첩한 산등성은 멀리 뻗어 있네   岡巒遠重複

잠시 떠난 뒤 홀연 허송세월하다   暫辭忽曠歲

다시 가서 속세에 연루되니 한스럽네   再往恨牽俗

어제 유람하던 친구를 슬퍼함은   因悲昨游侶

혹은 이미 귀신의 명부에 있기 때문   或已在鬼錄

따뜻한 바람에 초봄을 느끼고   暄風悟新陽

한바탕 봄비에 모든 생물들 기뻐하네   一雨欣衆緣

날이 밝으면 출발하려니 그대 늦지 마시게!   明發君莫遲

그윽한 기약 내 점쳐 보리니   幽期我當卜

'노봉에서 노닐다' 시의 운을 나누었는데 '진' 자를 얻다

游蘆峰分韻得盡字

노산은 어쩌나 높은지   蘆山一何高

오르고 올라도 끝이 없네   上上不可盡

피곤함도 잊고 오름은   我行獨忘疲

샘과 바위가 부르고 이끌었기 때문   泉石有招引

잠시 빽빽한 초목을 나와   須臾出蒙密

머리 들고 끝 간 데 없이 바라보네   矯首眺無畛

대단히 높고 험하다 말했지만	已謂極崢嶸
우러러보니 가파르게 우뚝 솟은 듯하네	仰視猶隱嶙
새집에서 잠시 쉬고	新齋小休憩
남은 힘으로 다시 힘써 오르네	餘力更勉黽
동쪽 봉우리는 하늘을 뚫고 서서	東峰切霄漢
초여름인데도 쌀쌀하고 세차네	首夏正淒緊
지팡이 짚고 기어올라	杖策同攀躋
눈길 닿는 데까지 바라보니 울적한 번민이 사라지네	極目散幽窘
만 리를 두른 풍광을 굽어보고	萬里俯連環
외로운 송골매처럼 첩첩한 봉우리를 내려다보네	千重瞰孤隼
평생 그리워할 것 알기에	因知平生懷
속된 생각 없애버리지 못하네	未與塵慮泯
돌아오는 길에 고비와 고사리 뜯고	歸塗采薇蕨
저녁에는 푸성귀와 죽순을 먹네	晚餉雜蔬筍
웃으며 일행에게 말하기를	笑謂同來人
이 소원 하늘이 허락한 것이라 하네	此願天所允
홀로 가서 오래 머물 수 있다면	獨往會淹留
찬 데 묵어도 이끼를 달가워하랴	寒棲甘菌蠢
산이여! 그대가 나를 좋아한다면	山阿子慕予
속된 선비 수레 되돌림을 근심하지 말라	無憂勒回軫

노봉과 마주하고 서 있는 백장산도 주희와 여조겸이 제자와 친구들을 이끌고 가서 유람한 승경이었다. 주희는 이들과 주고받은 시 한 수를 지어서 읊었다.

백장산에서 노닐면서 '사徙·의倚·농弄·운雲·천泉'으로 운을 나누어 시를 지었는데 '운' 자를 얻다 游百丈山以徙倚弄雲泉分韻賦詩得雲字

뜨거운 것 쥐다가 움찔하듯이	執熱倦煩踾
한밤중에 일어나 수레 탔네	駕言起宵分
내 따라 새벽달을 밟으며	隨川踏曉月
재 넘으며 아침구름 헤치네	度嶺披朝雲
흰 돌계단을 기어오르며	攀緣白石梯
푸른 이끼 자국 털어내네	拂拭蒼蘚紋
솟구치고 출렁이는 세찬 물 보며 놀라고	噴薄驚快靚
졸졸 물소리 먼저 듣고 기뻐하네	琮琤喜先聞
기이하여라! 이 정결한 집은	奇哉此精廬
아득히 티끌세상에서 떨어졌으니	眇然隔塵氛
여러분들 기꺼이 함께 오니	諸公肯同來
정녕 세속 사람 아닐세	定非俗子群
종일 맑은 나무 그늘에 앉아	永日坐清樾
짧은 글에 기이한 공훈을 적네	短章策奇勳
슬프다 지난 일을 생각하니	慨然念疇昔
손잡고 놀던 친구 무덤에 묻혔네	聯裾已荒墳
중도에서 허리 굽혀 절하는 것 잊고	中路忘磬折
한 치 마음은 부질없이 산란하네	寸心謾絲棼
오직 자연에 묻히려는 바람에 응하여	惟應泉石願
삼생에 길이 향기로웠으면	三生有餘薰
이곳을 다시 찾아 놀며	茲游獲重尋

마음에 오래도록 짙은 향기 새기리라   十載心氤氳

다른 날 옛 자취 다시 찾을 때   他年訪舊躅

산신령은 거절하는 글 돌리지 마오   山靈莫移文

—『문집』권6[4]

    세속과 멀리 떨어진 한천정사에서 주희와 여조겸이 '짧은 글에 기이한 공훈을 적으며' 토론한 문제에는 심오한 성리설性理說뿐만 아니라 경세제민의 방략도 있었다. 당시는 바로 사창社倉을 열어서 인호人戶에 양식을 빌려주는 계절이었다. 주희는 여조겸을 데리고 숭안의 개요향開耀鄕으로 가서 사창과 진대賑貸를 참관하였다. 여조겸은 찬탄을 금하지 못하고서 다음과 같이 말하였다. "이는 『주관周官』 위적委積의 법이고 수·당 의름義廩의 제도입니다. 그런데 그대는 곡식을 유사有司에게서 취했으니 그 같은 현명함은 쉽게 만날 수 없는 일입니다. 나도 돌아가서 고을 사람들과 사우士友들에게 맡겨서 서로 힘을 합하여 사창을 경영하고 여리閭里에 진휼을 위한 곡식을 저축해 둔다면 관가에 한 홉도 비축해 두지 않은 것보다는 더 낫지 않겠습니까?"(『문집』권79 「무주금화현사창기婺州金華縣社倉記」)라고 하였다.

    숭안의 사창은 주희가 위염지魏掞之의 장탄창長灘倉을 모방하여서 세웠다. 또 건도 4년(1168) 봄과 여름에 건녕에서 매우 심한 기근을 당했을 때 건녕부는 상평미常平米 600석을 내고 주희와 유여우劉如愚를 파견하여서 기민饑民에

---

4 위의 시 세 수는 모두 초여름에 지었다. '혹은 이미 귀신의 명부에 있기 때문', '손잡고 놀던 친구 무덤에 묻혔네'라는 구절은 위원리魏元履(위염지)의 죽음을 가리키며, '정결한 집'이란 한천정사를 가리킨다. 시의 주에는 "재작년(前年)에 원리와 함께 유람했었다."고 하였는데, 위원리는 건도 9년(1173)에 죽었으니, 이 시 세 수는 응당 순희 2년(1175) 여름에 지었다. 순희 원년에 주희가 노봉蘆峰에 오른 때는 봄이다.

게 진휼곡으로 빌려주게 하였다. 이 미곡은 겨울에 회수한 뒤 향리의 민가에 나누어서 저축해 두었던 것이다. 주희는, 우선 산골짜기에서 해마다 묵은 곡식이 다 떨어지고 햇곡식이 아직 수확되지 않아 양식이 모자랄(靑黃不接) 시기에 백성은 두 배의 이자를 물고서라도 부호富豪의 미곡을 빌릴 수밖에 없는 형편인데도 관에 비축해 둔 미곡은 창고에서 썩어 나가든 말든 아무도 신경 쓰지 않는다는 사실을 알아차렸다. 그래서 그는 다시 건녕부에 이런 미곡을 '해마다 한 번씩 나눠 주고 거둬들이면 백성의 급한 사정을 해결해줄 수 있고, 또 새 곡식을 쉽게 얻어서 저장할 수 있다'고 의견을 제시하였다.

해마다 20%의 이자를 받고 가난한 백성에게 빌려주던 것을, 약간이라도 기근이 들면 이자의 반을 감해주고 좀 더 크게 기근이 들면 전부 감해줌으로써 부유하고 세력 있는 사람들이 높은 이자로 착취하지 못하도록 억제하였다. 나중에 또 이런 미곡을 민가에 저장하면 관리하기가 불편해지리라 생각하고 곧 사창을 건립하여서 저장할 것을 건녕부에 제안하였다. 그리하여 건도 7년(1171) 8월에 개요향에 세 칸짜리 사창을 지었다. 주희의 말에 근거하면, '한 고을 40~50리 사이에서 흉년을 당해도 밥을 굶는 사람은 없었다'고 하였다(『문집』 권13 「신축연화주차辛丑延和奏箚」 4).

사창을 통해 미곡을 거둬들였다가 기근이 들 때 풀어서 진대賑貸하는 이런 주희의 방법은 관에나 민간에나 이익이 되었다. 이는 백성의 조세 부담(民力, 백성의 생산 역량)을 느슨하게 해주고, 백성의 곤궁함을 풀어주는 일종의 인정仁政인 셈이었다. 이런 실제적인 방법으로 백성의 생계 문제를 해결하는 일은, 재해를 구제하는 데는 무능하고 탐욕스럽게 거두기 위해서는 온갖 방법을 동원하며, 그럴 만한 지위에 있어도 정치를 제대로 하려 들지 않는 어리석고 용렬한 관리들로서는 결코 감히 상상할 수도 없고 말할 수도 없는 일이었다. 그러니 여조겸이 돌아가서 당장 본받아 널리 펼쳐보겠다는 뜻을 충심으로 표시한 것도 이상하지 않다.

　보름에 걸친 한천의 회합은 주희와 여조겸 두 사람이 평생에 가장 오래 만났던 회합이다. 토론한 문제는 범위가 매우 넓었고 여러 방면에서 일치하였는데, 이 일은 나중에 각자 이학과 경학의 발전에 모두 직접적인 영향을 미쳤다. 주희에 대해서 말하면, 한천의 회합은 한천 저술 시기의 종결을 나타내는 지표이기도 하다. 두 사람이 이미 서로 만나기로 정한 계획에 비춰 보면, 이어서 해결해야 할 두 번째 목표는 바로 그들과 육구연 형제 사이에 전개될 학파적 사상의 문제였다.

| 아호鵝湖의 회합 |

한천 회합은 아호鵝湖 회합의 전주곡이었다. 순희 2년(1175) 5월 16일, 여조겸·반경유와 주희·채원정·하호·첨체인·범념덕·연숭·서송신 등 스승, 친구, 제자 일행은 건양의 한천을 출발하여 연산鉛山의 아호로 가서 육구연·육구령 형제를 만났다. 숭안을 지날 때 그들은 무이산武夷山의 기이한 절경을 며칠간 마음껏 유람하고, 5월 21일 오곡五曲(무이 구곡의 다섯째 골짜기)의 향석암響石巖에 이를 기념하는 글자를 새겼다.

하숙경何叔京(하호)·주중회朱仲晦(주희)·연숭경連嵩卿(연숭)·채계통蔡季通(채원정)·서송신徐宋臣·여백공呂伯恭(여조겸)·반숙창潘叔昌(반경유)·범백숭范伯崇(범념덕)·장원선張元善(첨체인). 순희 을미(1175년) 5월 21일 회옹晦翁.

— 『민중금석지閩中金石志』권9, 「숭안현지崇安縣志」권10 참조

천년 가까이 닳아 없어지지 않은, 돌에 새긴 이 글자 한 줄은 아호 회합의 시기 및 주희와 여조겸 쪽에서 참여한 사람들을 분명하게 말해준다.[5] 대략 5

---

5 주희·육구연·여조겸 세 학자의 연보에는 모두 아호의 회합을 4월로 비정하였고, 주희·육구연·여조겸에 관한 각종 전문 저작이 모두 이 설을 따르고 있는데, 실은 잘못이다. 『여동래문집』권4 「여형방용與邢邦用」서1을 고찰하면 "내(여조겸)가 봄부터 건녕建寧으로 가서 원회(주희)와 40여 일 동안 함께 했습니다. 다시 함께 아호로 나아갔는데, 육구연 형제 및 유자징劉子

월 28, 29일에 그들은 연산의 아호에 도착하였다. 육구연과 육구령도 주부朱榑·주태경朱泰卿·추빈鄒斌·부일비傅一飛 등의 제자를 데리고 왔다. 임천臨川의 수령인 조경명趙景明은 유청지劉淸之·조경소趙景昭와 함께 와서 만나기로 약속하였다.

연산현鉛山縣 동북쪽 15리에 있는 아호는 세 봉우리가 빼어나게 아름답고 산속의 푸른 호수는 온통 연잎으로 가득 차 있었다. 전설에 따르면 동진東晉 시대에 거위 두 마리가 하늘에서 내려와 새끼 거위 수백 마리를 길러서 날아갔다고 하여 아호鵝湖라 불렀다고 한다. 산기슭에 있는, 당의 승려 대의大義가 주석主錫했던 아호사鵝湖寺는 주희와 육구연, 여조겸이 만나서 학문을 강론한 장소가 되었다.

아호 회합의 직접적인 동기는 여조겸이 "대체로 주희와 육구연 사이에 여전히 이견이 있기에 이를 염려하여 하나로 귀결시켜서 적절하게 따를 만한 견해를 정하고자 한 것이다."(『육구연연보』) 이 생각은 주희와 장식의 견해를

澄 등 여러 선생들이 모두 모였습니다."라고 하였다. 여조겸의 「입민록入閩錄」에 근거하면, 여조겸은 4월 초하루에야 오부리五夫里에 도착해서 주희를 만났고, 40여 일 동안 함께 있었으니, 민閩을 떠나 아호로 간 때는 응당 5월 중순이다. 또 『여동래문집』 권5 「답반숙도答潘叔度」 서15에 근거하면, "저는 5월 중순 이후 주 어른(朱丈, 주희)과 함께 민을 나와서 하순에 아호에 이르렀는데, 제공諸公이 모두 모였습니다. 강론이 매우 유익하였습니다. 다시 사나흘 뒤 저마다 헤어질 것입니다."라고 하였다.(*생각건대, 이 편지는 아호의 회합 동안에 쓴 것이므로 '다시 사나흘'이라고 하였다) 이를 통해 주희와 여조겸이 한천을 떠난 때는 5월 중반 이후, 곧 5월 16일이며 아호에 도착한 때는 5월 말임을 알 수 있다. 한천에서 아호까지 가는 길에 무이武夷를 지났는데, 향석암에 5월 21일이라 제한 사실과 꼭 들어맞는다. 여조겸이 '하순'이라고 한 때는 아호에 이른 시점이다. 주희의 『문집』 권49 「답왕자합答王子合」 서1을 살펴보면, "지난달 말에 백공伯恭(여조겸)을 배웅하러 아호에 이르니 육자수陸子壽(육구령) 형제가 와서 모였습니다. 강론하는 사이에 유익함을 깊이 깨달았습니다. 이달 8일에야 이별하고 돌아왔습니다."라고 하였다. 이로부터 주희와 여조겸이 아호에 도착한 때는 응당 5월 29~30일 사이이고, 이들은 6월 8일에 이별했으니 곧 육구연의 『연보』에서 말한 '열흘 동안 머물렀다'는 말에 해당함을 알 수 있다.

대표하는 것이기도 하다. 다만 육구연이 문자로 표현하는 것을 좋아하지 않았기 때문에 사람들에게는 그의 심학이 안개 속에서 꽃을 보듯이 한 겹 차단되어 있었다. 그래서 장식은 어쩔 수 없이 제자 증준曾摶(*절부節夫)을 육구연 형제에게 보내 그들의 의론과 견해를 듣고 돌아와서 보고하게 하기까지 하였다. 그러므로 엄격하게 말하면 이때에 주희·여조겸·장식은 육구연의 사상에 대해 아직도 전면적으로 깊이 이해하지 못하고 있었기에 '하나로 귀결'시키려는 비현실적인 생각을 하고 있었다.

실제로 육구연의 이학 사상은 처음부터 주희의 이학 사상과 대립적인 체계를 세우려는 자각에서 나왔다. 나중에 사람들은 통상 아호의 회합을 단순히 두 사람의 방법론 논쟁이라고 보지만, 이는 아호 회합에서 두 사람이 보인 모순과 엇갈림을 과소평가한 생각이다. 주희와 육구연의 방법론의 모순은 본체론·인식론으로부터 나온 모순이다. 서로 만나기 전부터 두 사람 사이에는 본체론·인식론으로부터 방법론에 이르기까지 이미 초보적인 대립이 형성되어 있었는데, 그 초점은 '심心'에 있었다.

주희는 심心과 이理를 둘로 여겨서 이理는 본체이고 심은 인식의 주체라고 하였다. 이에 반해 육구연은 심과 이를 하나로 여겨서 심이 주체와 객체를 통틀어서 관통하고 있다고 여겼다. 주희는 이理가 만물을 낳고, 심은 모든 이치를 갖추고 만물에 응하는 것이라고 보았으므로 '일과 사물에 나아가서 이치를 궁구해야 한다(卽事物窮理)'고 주장하였다. 반면 육구연은 심이 만물을 포함하고, 심이 곧 모든 이치이며 우주를 생성한다고 보았으므로 일을 떠나서 스스로 깨쳐야 한다고 주장하였다.

주희는 이理가 사물(物, *기氣) 가운데 있고, 한 이(一理)가 흩어져서 만 가지로 달라지며(萬殊), 모든 사물은 저마다 그 이치를 갖추고 있다고 여겼다. 그러므로 주희는 일과 사물에 하나하나 나아가서 일일이 실제적인 이치를 궁구해야 한다고 주장하고, 학문을 강론하고 글을 읽으며 널리 보고 많이 보는 방법을 중시하였다. 육구연은 이理가 내 마음(吾心)에 있으며, 내 마음이 곧 이理이고(吾心卽理), 내 마음이 곧 우주이며, 양지良知와 양심良心은 사람이 본래 가지고 있다고 여겼다. 그러므로 육구연은 본심을 밝혀내고, 자기에게 돌이켜서 구하는 '양심養心'을 중시하고, 한결같이 학문을 강론하고 글만 읽는 것에 반대하면서 강학은 외부를 향해 치달려서 본심을 해치고 지리支離한 데로 흘러간다고 보았다. 그리하여 존심存心과 양심養心의 내심의 자각이 있어야만 심을 보고 이치를 밝혀서 이간易簡(쉽고도 간단함)의 경지에 도달할 수 있다고 여겼다. 육구연은 스스로 이것은 증자曾子가 전하지 않은 학문을 얻은 것이라고 자부하였다.

건도 8년(1172)에 육구연이 막 진사시에 급제하고 돌아가던 길에 부양富陽을 지날 때, 뒷날의 '용상甬上의 네 선생'(양간楊簡, 심환沈煥, 서린舒璘, 원섭袁燮) 가운데 한 사람인 부양의 주부主簿 양간楊簡이 그에게 "어떤 것이 본심本心입니까?" 하고 물었다. 육구연이 다음과 같이 답하였다. "측은惻隱은 인仁의 단서이고, 수오羞惡는 의義의 단서이고, 사양辭讓은 예禮의 단서이고, 시비是非는 지智의 단서입니다. 이것이 곧 본심입니다." 양간은 곤혹스러워하며 이해하지 못하고 거듭 무엇이 '본심'인지 물었지만, 여전히 깨달을 수 없었다. 바로 그때 마침 부채 장수가 관사로 들어왔다. 육구연은 곧 그 자리에서 다음과 같이 말하였다. "마침 부채 장수가 송사를 하러 온다고 합니다. 옳은 자는 자기가 옳다는 것을 알고 있고, 그른 자는 자기가 그르다는 것을 알고 있습니다. 이것이 곧 경중敬仲(양간)의 본심입니다."라고 하였다. 양간은 문득 깨달음을 얻고서 즉시 북쪽을 향해 제자의 예를 행하였다(『육구연연보』).

이해에 육구연은 서서미舒西美에게 보낸 편지에서 본심을 밝히는 그의 심학에 대해 처음으로 상세히 설명하였는데, 그 가운데 '지리한 문호(支離門戶)'

이니 '어렵고 지리하다(艱難支離)'느니 하면서 거듭 공격한 말은 분명 은연중에 주희 일파를 가리킨다. 주희 이학의 '지리支離'함을 겨냥하여 육구연은 고응조高應朝에게 보낸 편지에서 자기의 심학은 '쉽고 간단하다(易簡)'고 주장하였다. "『역』에서는 건곤乾坤의 단순하고 쉬움을 찬양하여서 '알기 쉽고 따르기 쉬우며(易知易從), 친절함이 있고 공이 있으니(有親有功), 오래갈 수 있고 위대해질 수 있다(可久可大)'라고 하였습니다. 그런즉 학문에는 두 가지 일이 없고 두 가지 도가 없습니다. 근본이 실로 확립되면 보존하고 기르는 것이 바뀌지 않고 저절로 날로 새로워집니다. 이른바 오래 갈 수 있고 위대해질 수 있다는 것은 간단하고 쉬운 데서 벗어나지 않을 뿐입니다."(동상)

순희 원년(1174)에 그는 다시 서자의徐子宜(서의徐誼)에게 보낸 편지에서 이름은 지적하지 않았지만 강학과 독서를 중시하는 주희 학파를 다음과 같이 비평하여서 말하였다. "가장 해로운 일은 강학한다고 하면서 실은 물욕物欲이 큰 것입니다. 이른바 그릇된 설로 백성을 기만하며 인과 의를 막아버리는 것입니다. 바탕이 아름다운 자는 이로 인해 마음이 괴롭고 힘이 지치며, 소인은 이로 인해 악을 이루고 사사로이 행동합니다."(동상) 육구연은 처음부터 비평의 칼끝을 주희의 이학에 겨누었던 것이다.

육구연의 심학에 대한 주희·장식·여조겸의 태도는 결코 똑같지 않았다. 장식은 직접 육구연의 심학이 불가의 설과 같은 사악한 설이라고 간주하였다. 공개적으로 유교와 불교를 뒤섞은 이주한李周翰과 이백간李伯諫(이종사)의 천박하고 고루한 설과는 달리 비교적 정교하고 치밀하게 은폐된 유불혼합설儒佛混合說이라는 것이다. 순희 원년에 주희에게 보낸 편지에서 처음으로 이런 견해를 명확하게 드러냈다. "기주蘄州의 설(*생각건대, 이주한의 불교 이론을 가리킨다)은 천박하고 고루하여서 사람들에게 영향을 미치기에 부족하니 백간의 타고난 자질이 떨어지기 때문에 그런 것입니다. 임천臨川(육구연)의 설은 한창 치성하고 있으니 두려워할 만합니다."(『남헌선생문집』 권21 「답주원회」 서17)라고 하였다.

여조겸은 비교적 절충적인 태도를 취하였다. 여조겸도 일찍이 무구無垢(장구성)에게 배움을 물었기 때문에 육구연 형제와 정신적으로 공명하는 부분이 있었다. 건도 9년(1173) 가을에 육구령이 무주로 여조겸을 찾아왔을 때 받은 인상을 여조겸은 주희에게 다음과 같이 말하였다. "무주의 선비 육구령 자수陸九齡子壽는 효성과 우애가 독실하여서 형제가 모두 이룬 것이 있으나 예전에 배운 학문이 조금 치우칩니다. 근래에 이곳을 지나다 들렀기에 만나서 여러 날 지냈는데, 사방으로 도를 묻고자 하는 뜻이 또한 매우 깊었습니다. 매양 학자들이 편견을 따라서 작은 성취에 안주하는 것은 모두 공부가 부실한 탓이라 여겼습니다. ……"(『여동래문집』 권3 「답주원회」 서24) 동시에 진량에게도 다음과 같이 말하였다. "얼마 전에 육자수(육구령)가 며칠 있다 갔는데, 실제에 극히 힘을 써서 공부를 하니 존경할 만합니다."(동상, 권5 「답진동보」 서12)

순희 원년(1174) 6월에 육구연은 또 무주로 여조겸을 찾아갔다. 여조겸은 왕응신에게 보낸 편지에서 육구연을 다음과 같이 칭찬하였다. "육 군陸君과 대엿새 만났는데, 순수하고 독실하며 곧아서 우리 유학의 무리 가운데 그와 비교할 자가 적습니다. 그를 받아들여야만 할 듯하니 가르쳐서 성취시켜주시기를 바랍니다."(동상, 권3 「여왕응신」 서14) 또 진량에게 보낸 편지에서는 "이달 초하루에 삼구三衢에서 돌아왔더니 육자정(육구연)이 여러 날 기다리고 있었습니다. 일여드레 머물다 어제야 떠났습니다. 독실하고 순수하며 곧아서 벗들(朋友) 사이에서 좀체 얻기 어려운 사람입니다."(동상, 권5 「답진동보」 서20)라고 하였다.[6] 여조겸은 육구연 형제의 학문을 전혀 이단 사설로 보지 않고 오히려

---

6 『육구연연보』에서 여조겸의 이 편지만을 취하여, "5월 26일에 삼구로 가서 백공을 방문하였다."고 한 기록은 잘못이다. 이 편지에 근거하면, 여조겸은 삼구에서 무주로 돌아온 뒤에 육구

'무실務實', '독실篤實'하다고 거듭 칭찬하며, 단지 '수습收拾'과 '성취'만이 부족하다고 여겼음을 알 수 있다.

주희의 견해는 비교적 장식에게 접근하였다. 맨 처음 건도 9년(1173)에 그는 여조겸의 말을 겨냥하여서 다음과 같이 답하였다. "육자수(육구령)의 명성은 들은 지 매우 오래되었는데, 아직 만나지 못한 것이 한스럽습니다. 유자징劉子澄의 말로는 그의 의론이 자못 무구無垢(장구성)를 따른다고 하던데, 지금은 어떤지 모르겠습니다."(『문집』 권33 「답여백공」 서26)

순희 원년(1174)에 이르러서 육구연 형제에 대한 주희의 견해는 명확해졌다. 주희는 장식과 여조겸呂祖儉에게 심설을 논하여 보낸 편지에서 두 차례 육구연에 관해 언급하며, 곧바로 육구연의 심학을 선학禪學이라고 하였다.

> 육자정(육구연)이 현명하다는 소문은 들은 지 오래되었습니다. 그러나 문자를 벗어나 곧바로 근본으로 나아가는 뜻이 있다고 들었습니다.
>
> ─ 『문집』 권47 「답여자약」 서14

> 근래 육자정의 논의와 의도를 한두 가지 들었는데 완전히 선학이고 그 이름만 바뀐 것뿐입니다.　　　　　　　　　　　─ 동상, 서16

의심할 바 없이 아호의 회합 이전에 육구연은 주학朱學을 지리하다 하고,

연과 만났지, 삼구에서 만나지는 않았다. 이때 육구연은 무주에서 이미 여러 날 기다리고 있었던 것이다. 또 육구연의 문집 권26의 「제여백공문祭呂伯恭文」에서도 "갑오년(1174) 여름, 공이 아직 향리에 있을 때 내가 전당강錢塘江을 거슬러 올라가서 찾아갔습니다. 그런데 공이 삼구에 가 있었기 때문에 열흘(浹日) 동안 기다려서 한 번 만났습니다." 하였다. 또한 여조겸이 열흘 뒤 (여조겸의) 향리(•무주)에 돌아와서야 마침내 한 번 만났다고 분명히 말하였다.

주희는 육학陸學을 선학이라고 하면서 서로 대립하고 있었던 것이다. 주희와 장식은 육학이 선학과 관계가 있다고 본 반면, 여조겸은 육학과 선학이 서로 통함을 비호하였다. 거기에는 모두 까닭이 있었다.

유청지劉淸之는 임강臨江 사람인데 육구연 형제에게서 배웠다. 그는 육구령이 무구 장구성張九成을 종지로 삼은 점이 적잖다고 하였는데, 확실히 믿을 만하다. 장구성은 진회에게 반대했기 때문에 소양邵陽에 유배되었고, 이후 남안南安에서 다시 14년 동안 유배 생활을 하였다. 불교와 유교가 혼합된 그의 이학理學은 강서江西에서 깊이 뿌리를 내리고 단단해져서 널리 퍼졌다. 그런데 육구령은 젊은 시절에 소양에서 유학했고, 이후 또 강서 지역의 네 군데에서 배움을 묻고 도를 강론했으므로 자연스럽게 장구성과 교제를 맺고 그에게 선을 물었을 가능성이 있다. 여조겸이 육구령에 대해 '예전에 배운 학문이 조금 치우쳤다'고 한 말은 응당 젊은 시절에 장무구에게 불교를 배운 사실을 가리킨다.

육구연의 선학 사상은 깨달음을 주로 하는 종고宗杲 - 무구無垢 계열의 신파 선종에서 나왔다. 초창草窗 주밀周密은 『제동야어齊東野語』에서 다음과 같이 말하였다. "횡포橫浦의 장자소(장구성)와 상산象山의 육자정(육구연)이 또한 모두 그 학문을 전수하였다. 장자소는 일찍이 종고의 선에 참배하였고, 육자정은 종고의 제자인 덕광德光에게 참배하였다. 그러므로 그 학문이 왕왕 이단으로 흘렀으나 스스로는 알지 못하였다."(권11 「도학道學」)라고 하였다.

나중에 북계北溪 진순陳淳은 「조계인서趙季仁書」에서 "상산(육구연)은 본래 광로光老(*곧, 불조 덕광佛照德光이다)에게서 배웠다."라고 하였다. 육구연은 「정장 스님에게 주다(與僧淨璋)」라는 시에서 다음과 같이 읊었다. "흰 구름 사이에서 서로 만난 뒤 / 이별은 많았고 서로 만나기는 어려웠네 / 두 차례 여수에서 만나본 뒤 / 여러 해 조산은 격조하구나 / 손님이 와서 발을 씻으니 곁에 있던 승려는 놀라고 / 병들어서 차를 끓이지 않으니 시중드는 아이는 한가하구나 / 벗이 옛 은거를 찾아주지 않으니 / 그저 종일 선관을 닫아야 하리(自從相見白雲間, 離別當多會聚難. 兩度逢迎當汝水, 數年隔闊是曹山. 客來濯足傍僧怪, 病不烹茶侍者閑. 不是故人尋舊隱, 只應終日閉禪關)"(『영규율수瀛奎律髓』 권47). 이는 육구연이 젊은 시절 유학하면서 선승을 찾아다녔음을 알려준다. 육구연 형제도 주희와 마찬가지로 젊은 시절 한때 불교와 도교에 드나든 이력이 있었음을 알 수 있다.

무구 장구성의 이학은 사량좌謝良佐의 이학에서 육구연의 심학으로 건너가는 중간 단계의 연결 고리이다. 이로부터 사승師承 연원의 노선을 찾을 수 있다. 이에 주희는 "상채上蔡(사량좌)의 설이 한번 변해서 장자소(장구성)가 되고, 장자소가 한번 변해서 육자정(육구연)이 되었다."(『송원학안』 권23 「상채학안」)라고 하였다.

여조겸이 육구연 형제의 선학을 비호한 배경은 바로 그 스스로도 무구 장구성의 제자였기 때문일 터이다. 이 사실은 비밀처럼 지금까지 사람들에게 알려지지 않았다. 다만 진부량이 「발진구인소장장무구첩跋陳求仁所藏張無垢帖」에서 이 사실을 언급하였다. "일찍이 여백공(여조겸) 어른에게 들으니, '내(여조겸)가 장무구로부터 가장 오래 배웠고, 인정과 귐을 받은 것도 가장 깊었다. 이제 돌아가셔서 안 계신다. 보답할 길이 없음을 생각하여, 홀로 때때로 배우는 사람들에게 경계하기를, 그저 세상에 전하는 『논어해論語解』만 외워서 장무구의 학문이 모두 거기에 있다고만 여기지 말라고 한다.'라고 하였다. ……"(『지재집止齋集』 권42) 여조겸이 장무구로부터 배운 기간은 소흥 25년(1155) 장무구가 남안南安에서 돌아온 뒤의 얼마 동안이다. 이 무렵 여조겸은 종고와도 관계를 유지하고 있었으니, 나중에 주희가 장무구의 경설經說이 범람하는 것이 홍수나 맹수가 범람하던 때에 못지않다고 큰소리로 꾸짖었을 때 여조겸의 마음속에서 아무런 동요가 일지 않은 것도 전혀 이상하지 않다.

아호의 회합은 주희·여조겸과 육구연·육구령 네 사람의 이런 미묘하게 교직된 사상의 모순 관계에서 시작되었다. 눈여겨볼 점은, 주희와 여조겸 두 사람이 한천정사에서 사상의 통일을 시도하고 있을 때, 육구연 형제 두 사람도 회합에 앞서서 먼저 사상을 통일하는 작업을 하고 있었다는 사실이다. 육구연 형제도 본래 사상이 완전히 일치하지는 않았던 것이다. 주희와 여조겸이 아호에 도착하기 하루 전에 육구연은 육구령에게 다음과 같이 말하였다. "백공(여조겸)이 원회(주희)와 약속하고서 이렇게 모이는 까닭은 바로 학술의 같고 다름 때문입니다. 우리 형제가 먼저 견해가 같지 않으면 어떻게 아호에서 견해가 같아지기를 바랄 수 있겠습니까?" 그래서 하루 동안 논변을 거친 뒤 결국 육구령은 완전히 육구연 쪽으로 기울어지고 '자정의 설이 매우 옳다'는 견해를 나타냈다.

하룻밤의 사색을 통해 육구령은 두 사람의 기본적인 관점을 정리하고 다듬어서 시 한 수로 빚어내 다음 날 아침 아우 육구연에게 읊어주었다.

어려서는 사랑할 줄 알고 커서는 공경할 줄 안다	孩提知愛長知欽
옛 성인이 서로 전한 것은 다만 이 마음	古聖相傳只此心
기초가 있어야 집을 짓는 법	大抵有基方築室
토대도 없이 갑자기 봉우리 이루었다는 말 듣지 못했네	未聞無址忽成岑
마음을 주석에 두면 도리어 무성해지고 막히니	留情傳注翻蓁塞
정미함에 뜻을 둘수록 도리어 가라앉는다	着意精微轉陸沈
진귀하고 소중한 벗들과 함께 갈고 닦아서	珍重友朋相切琢
모름지기 지극한 즐거움이 지금에 있다는 걸 알지니	須知至樂在于今

—『육구연집』권34

회견하기 전에 육구령이 육구연의 사상에 근접한 것은 바로 여조겸이 주희의 사상에 가까워진 것과 같았다. 그런데 육구연은 육구령의 시 둘째 구절이 매우 불만이었다. 그는 길을 가는 동안 화답시 한 수를 생각해냈다.

아호사에 이르러 주희·여조겸과 상견이 이루어지자, 논변은 여조겸이 먼저 육구령에게 이별한 뒤로 학문에 새로운 성과가 있었는지를 묻는 물음으로 시작되었다. 육구령은 자기가 지은 이 시를 읽어주었는데, 넷째 구절에 이르자 주희가 여조겸에게 "자수는 이미 자정의 배를 탔군!" 하고 말하였다. 이어서 주희가 육구령과 논변을 전개하자, 육구연이 끼어들어 "내가 도중에 가형家兄의 이 시에 화답시를 지었습니다." 하였다.

육구연은 곧 자기가 지은 화답시를 읽어주었다.

무덤은 슬픔을 일으키고 종묘는 공경심을 일으키니	墟廟興哀宗廟欽
사람은 천고에 마음이 닳지 않는다	斯人千古不磨心
작은 냇물이 흘러 푸른 바다에 이르고	涓流積至滄溟水
돌이 쌓여 태산과 화산 봉우리가 된다	拳石崇成泰華岑
쉽고 단순한 공부는 끝내 오래가고 크지만	易簡工夫終久大
지리한 사업은 결국 떴다가 가라앉는다	支離事業竟浮沈
아래로부터 높은 곳으로 올라가는 방법을 알고자 한다면	欲知自下升高處
참과 거짓을 지금 먼저 변별해야 하네	眞僞先須辨只今

　　　　　　　　　　　　　　　　　　　　　　　　　　　　　　—동상

'지리한 사업은 결국 떴다가 가라앉는다'는 구절을 읽자 주희의 낯빛이 삽시간에 변하였다. 시를 다 읽고 나자 주희는 분명 기분이 몹시 상하였다. 이에 이르러 첫날의 논변을 잠시 쉬었다.

첫째 날에 주희와 육구연의 모순이 전부 드러나버렸다. 육구연 형제의 시는 모두 도가 내 마음에 있다는 관점에서 출발하여 간단하고 쉬운 본심발명本心發明을 주장하고, 주희의 격물치지格物致知 독서궁리讀書窮理에 반대하였다.

'어려서는 사랑할 줄 알고 커서는 공경할 줄 안다'고 한 육구령의 말은 본래 『맹자』의 "사람이 배우지 않고도 할 수 있는 것은 양능良能(타고난 능력)이고, 생각하지 않고도 아는 것은 양지良知(타고난 앎)이다. 어린아이라도 그 어버이를 사랑할 줄 모르는 아이가 없고, 자라서는 그 어른을 공경할 줄 모르는 이가 없다."고 한 말에서 나왔다. 이는 맹자의 양지와 양능을 빌려서 육구연의 심즉리心卽理와 본심이 그 자체로 선함을 논술한 말인데, 육구연이 "어린아이라도 그 어버이를 사랑할 줄 모르는 아이가 없고, 자라서는 그 형을 공경할 줄 모르는 이가 없다. 선왕 때 상서庠序에서 가르치던 것은 또한 이런 뜻을 펼쳐서 그 앎을 철저하게 하여 그 본심을 잃지 않게 하려는 것일 뿐이다. 요순의 도는 이런 것에 지나지 않는다."(『육구연집』 권19 「귀계중수현학기貴溪重修縣學記」)라고 한 말과 똑같은 내용이다.

그래서 육구령은 시의 둘째 구절에서 '옛 성인이 서로 전한 것은 다만 이 마음'이라고 귀결시켰는데, 육구연이 이 구절에 대해 '조금 온당치 않은 점이 있다'고 여긴 까닭은 사람마다 모두 이 본심을 가지고 있지, '옛 성인'만 가지고 있는 것은 아니라고 여겼기 때문이다. 육구연은 이에 '사람은 천고에 마음이 닳지 않는다' 하고 육구령의 견해를 바로잡았다. 본심의 발명과 상반되는 방법은 책을 읽고 경에 주석을 다는 주희의 방법이다. 육구령은 '마음을 주석에 두면 무성해지고 막힌다'고 하여서 경에 주석을 다는 방법을 좋아하는 것이 오히려 본심을 덮고 막는다고 은근히 풍자하였다. 그리고 '정미하게 하는데 뜻을 둘수록 도리어 가라앉는다'고 하여서 본심을 발명한 요·순·공자·맹자의 정미한 학學이 천년 이래 가라앉아 매몰되어 사람들에게 알려지지 않은 사실을 개탄함으로써 은연중에 육구연이 위로 요·순·공자·맹자의 심학의 도통을 잇고자 하는 뜻이 있음을 밝혔다.

그러나 그의 시에는 어떻게 본심을 발명할 것인가는 전혀 언급되지 않았다. 육구연의 '작은 냇물이 흘러 푸른 바다에 이르고, 돌이 쌓여 태산과 화산 봉우리가 된다'는 구절은 본심을 밝혀내는 방법을 말한다. 그는 이 본심을 보존하기 위해서는 모름지기 '밤낮으로 보호해서 기르고 물을 주어서 가지가 무성하게 자라도록 해야 하며'(「여서서미與舒西美」), '근본이 진실로 서고 보양保養이 바뀌지 않으면 저절로 날로 새로워지니 이른바 오래가고 커질 수 있는 것이 간단하고 쉬운 데서 벗어나지 않는다'(「여고응조與高應朝」)고 인식하였다.

이 시 두 구절은 본래 『중용』에서 나온 것으로, 원래는 『중용』에서 (이런 사상으로) 천지의 도가 넓고 두터움(博厚), 높고 밝음(高明), 유구悠久함을 논한 비유이다. 육구연은 이 (비유를) 빌려서 본심을 밝히려면 반드시 성실(誠)해야 하며, 성실로써 보양하고, 지극히 성실하고 쉬지 않으면 오래갈 수 있고 커질 수 있으며, 자기를 이루고 남을 이루어줄 수 있다는 점을 설명하였다. 이것은 바로 『역』「계사繫辭」에서 말하는, "건乾은 위대한 시작을 주장하고 곤坤은 사물을 완성한다. 건은 쉽게 주장하고 곤은 간단히 그렇게 할 수 있다. 쉬우면 알기 쉽고 간단하면 따르기 쉽다. 알기 쉬우면 친함이 있고 따르기 쉬우면 공이 있다. 친함이 있으면 오래갈 수 있고 공이 있으면 커질 수 있다. 오래갈 수 있는 것은 현인의 덕이고 커질 수 있는 것은 현인의 사업이다. 쉽고 간단하므로 천하의 이치를 얻을 수 있다."는 사상에 저절로 이어진다. 그러므로 그는 자기의 본심을 밝히는 일을 넓고 크고 유구한, 쉽고 간단한 공부로 여기고, 주희의 독서궁리에 대해서는 결국 가라앉는 지리한 사업이라 하였다. 주희의 '안색이 변한' 것도 그럴 법하다.

육구연 형제의 시 두 수에는 주희와 육구연의 이학·심학의 두 기본 모순이 이미 또렷이 드러났다. 심은 곧 이이다(心卽理), 내 마음은 천고에 닳지 않는다(吾心千古不磨)는 사상과 성은 곧 이이다(性卽理), 이는 하나지만 만 가지로 달라진다(理一分殊)는 사상의 모순, 그리고 본심을 밝히는 방법(發明本心)과 사물에 나아가 이치를 궁구하는(卽物窮理) 방법의 모순이다.

둘째 날 이후 두 사람은 주로 시에서 제시된 모순을 두고 논변을 전개하였다. 아호의 회합에 참가한 육학의 제자 주태경朱泰卿의 말에 근거하면 논변은 다음과 같이 전개되었다. "아호의 회합에서 사람을 가르치는 문제를 논급하였다. 원회(주희)의 뜻은 사람들로 하여금 널리 본 다음에 집약하게 하려는 것이고, 육 선생(육구연) 형제의 뜻은 먼저 사람의 본심을 밝히고 나서 널리 보게 하려는 것이었다. 주 선생은 육 선생이 사람을 가르치는 방법이 너무 간단하다고 했고, 육 선생은 주 선생이 사람을 가르치는 방법이 지리하다고 하여서 자못 합치하지 않았다. 육 선생은 다시 원회와 논변하려고 요순 이전에는 무슨 읽을 만한 책이 있었겠느냐고 물었으나 복재復齋(육구령)가 제지하였다. 조경명과 유청지 들은 팔짱을 끼고 듣기만 할 뿐이었다. 선생이 밝혀내는 말은 심하게 속이는 것이라 할 수 없는데도 원회가 두 시를 보고 불평한데는 아집이 없다고 할 수 없겠다."(『육구연연보』)

육구연은 나중에 다음과 같이 회상하였다. "다음 날 두 사람(二公, *주희와 여조겸)이 수십 차례 상의하고 의논했는데, 내가 그들의 설을 논파하지 않은 것이 하나도 없었다. 날을 이어 변론하는 과정에서 그(주희)의 주장은 마침내 궁지에 몰렸다. 백공(여조겸)은 마음을 비우고 들으려는 뜻이 꽤 있었으나 결국 원회(주희)에게 근접하였다."(『육구연집』 권34) '두 사람이 서로 상의했다'는 말로 보아 아호의 회합은 실제로 주희와 여조겸이 한편이 되고 육구연 형제가 다른 한편이 된 논변이었음을 알 수 있다.

육구연은 불립문자不立文字의 본심인 돈오頓悟를 주장했으므로 전부터 '널리 (책을) 보는 것(博覽)'을 언급한 적이 없었다. 이른바 '그런 다음 사람으로 하여금 널리 보게 한다'는 말은 육학의 제자가 나중에 자기의 스승을 두둔하기 위해 덧칠하여서 꾸며낸 말에 지나지 않는다. 이는 육구연이 당당하게 '요순 이전에는 무슨 읽을 만한 책이 있었겠는가?' 하고 반문한 말로도 충분히 증명된다.

주희가 육구연을 두고 '사람을 가르치는 방법이 너무 간단하다'고 한 말은 사실에 부합하지만 표현이 지나치게 가볍고, 반면 육구연이 주희를 두고 '사람을 가르치는 방법이 지리하다'고 한 말은 사실에 부합하지도 않으며 지나치게 무거운 표현이다. 육구연이 스스로 '그의 설을 논파하지 않은 것이 하나도 없었다', '그의 주장이 마침내 궁지에 몰렸다'고 언급한 말도 스승이 제자들 앞에서 자기 자랑을 하는 과장된 말에 지나지 않는다. 이는 단지 '결국 원회에게 근접했다'고 한 구절만으로도 충분히 증명될 수 있다. 육구연은 천성적으로 오만하며 눈에 뵈는 것이 하나도 없었다. 그러나 주희 역시도 잘난 체하며 변론하기를 좋아하였다. 겸손하고 온화한 여조겸과 장식이 모두 주희에게 양보하도록 하였으나, 주희는 자기와 똑같이 심기가 오만한 육구연 같은 적수를 만나서 겨루게 되었으니, 물과 불처럼 서로 용납하기가 어려웠던 것이다.

아호의 회합에서 주희와 육구연 두 사람은 이학의 기본 문제에 대해서만 논쟁하였는데, 주희와 육구연이 그치지 않고 서로 공박한 데다 나중에 육구연의 제자들이 이를 과장했기 때문에, 사람들은 아호의 회합을 말다툼만 하고 의견이 합치하지 않았던 모임이라 착각하게 되었다. 실제로 육구연 본인의 회상에 따르면, 아호의 회합에서 주로 앞의 사흘은 '사람을 가르치는' 문제로 논쟁하였고, 나중의 대엿새 동안은 학문을 갈고닦으며 논하는 가운데 경학과 이학의 구체적인 문제에 대해 상당히 많은 의견의 일치를 보았다.

회합에 참여했던 육학의 제자 추빈鄒斌은 한 가지 사건을 언급하였다.

주 선생과 여 선생 두 분(二公)의 대화가 아홉 괘의 순서에 미쳤다. 선생
(육구연)이 참으로 진지하게 말씀하셨는데 대략 다음과 같았다. "복괘復卦는
본심이 돌아오는 것을 뜻하는데 어째서 세 번째 괘에 두고 이괘履卦와 겸
괘謙卦를 그 앞에 두었을까요? 이괘의 모습은 위가 하늘이고 아래가 못(澤)
입니다. 사람이 이 세상에 태어나서 모름지기 먼저 하늘을 우러르고 땅을
굽어서 이 한 몸이 있음을 변별해야 실천할(履) 바에 통달하게 됩니다. 그
실천할 바의 득실은 또한 겸손(謙)과 겸손하지 않음의 구분에 달려 있습니
다. 겸손하면 정신이 모두 안으로 수렴되지만 겸손하지 않으면 정신이 밖
으로 흘러가 흩어져버립니다. 오직 내 한 몸이 하늘과 땅 사이에 있으면서
행동하고 동작하는 까닭을 변별하고, 그 정신을 거둬서 갈무리하여 안에
있고 밖에 있지 않게 한다면 이 마음을 얻어서 회복할 수 있을 것입니다.
그 다음은 항상 견고하게 하는 것이고, 또 다음은 손괘損卦와 익괘益卦이며,
그 다음은 곤괘困卦입니다. 대개 본심을 이미 얻었으면 처음을 삼가고 끝을
맺어서 조금도 폐하지 않아야 상도常道를 얻을 수 있고 견고함에 이르게
됩니다. 사욕이 날로 사라지고 닳아 없어지는 것이 손괘이고, 천리天理가
날로 맑아지고 밝아지는 것이 익괘입니다. 비록 위험하고 험한 곤경을 무
릅쓰고 곤란한 일을 많이 만나더라도 이 마음이 우뚝하여서 흔들리지 않
은 다음에야 도에서 얻은 것이 있으며 어느 쪽으로 행하든 근원과 닿게 되
고, 우물을 파서 샘을 얻듯이 모든 곳에서 다 족하게 됩니다. ……" 두 분
이 크게 감복하였다.　　　　　　　　　　　　　　　　　　　　　—『육구연연보』

이는 전형적인 심학의 역학 체계이다. 육구연이 심心으로 『역』을 해설하

고, 본심으로 복귀함을 가지고 복괘를 해석함으로써 그의 본심을 밝히는 심학으로 팔괘의 체계를 받아들인 점은 주희의 역학과 서로 어긋난다. 그러나 그가 천리와 인욕으로 『역』을 해설하되 사욕을 소멸시켜서 줄어들게 하고 천리를 맑게 하여서 늘리는 극기복례의 설로 복괘를 풀이함으로써 팔괘의 체계를 전통적인 공맹 유학의 수양 학설과 연계시킨 점은 주희의 역학과 서로 합치한다. 따라서 이같이 육구연의 남달리 특이하고 기발한 『역』의 설에 대해서는 주희와 여조겸도 찬동하였다.

이는 주희와 육구연의 사상이 본래 같은 점 가운데 다른 점이 있고 다른 점 가운데 같은 점이 있어서 아호의 회합에서 토론한 내용에도 합치되는 점이 있는가 하면 배치되는 점도 있었음을 나타낸다. 그래서 육구연 형제가 임천臨川의 수령 조경명趙景明을 초청했다면, 주희와 여조겸 편에서도 신주信州의 수령 첨의지詹儀之가 함께해서 '주희와 여조겸이 아호에서 학문을 논할 때 (첨의지가) 오가며 묻고 따지느라 쉬는 날이 없었다'(『만성통보萬姓統譜』). 그러다가 넷째 날 이후에는 분위기가 누그러지고 융합하는 추세였고, 심지어 쌍방이 서로 문하의 제자들을 소개하여서 회합에 참여한 제자들도 스승의 제지를 받지 않고 서로 묻고 배웠다.

주희는 「조립지묘표曹立之墓表」에서 육구연 형제 두 사람이 아호의 회합 때 그에게 제자 조립지를 소개한 일을 다음과 같이 언급하였다. "조립지는 그대(주희)가 지은 책을 많이 가지고 있고 그대와 장경부(장식)를 한번 만나 보기를 매우 바라고 있습니다."(『문집』 권90) 육구연의 연산鉛山 제자인 부일비傅一飛도 주희에게로 달려와서 가르침을 받았다. 『연산현지鉛山縣志』에는 그를 다음과 같이 언급하였다. "부일비는 자가 백제伯濟이며 부 장자傅長者의 손자이다. 고학古學을 좋아했고 상산 육씨의 문하에서 배웠다. 일찍이 주자·여동래(여조겸) 등 여러 선생을 아호의 절에서 만나 뵈었다. 애석하게도 수壽를 얻지 못하였기에 뜻을 이루지 못한 채 죽었다. 후사인 아들 부걸傳傑은 현의 주부인데, 순창順昌으로 가던 길에 건양으로 가서 주자를 배알하였다. 주자가 어디서 왔느냐 묻고 기뻐하며 '백제에게 아들이 있었구나' 하였다. 이별할 때는 관리의 일에 힘쓰라고 격려하였다."(권15 및 『광신부지廣信府志』 권9의 3) 의황宜黃의 선비 유우劉迂도 아호의 회합에서 주희와 육구연 사이를 오가며 시작법詩作法을 묻느라 분주하였다.

이때 더욱 재미있는 삽입곡 같은 일화는 주희와 여조겸, 육구연 형제가 다 함께 상요上饒의 호담湖潭에 은거하는 유명한 유학자 왕시민王時敏(*덕수德修)을 방문한 일이다. 왕시민은 윤돈尹焞의 고제자이며 『화정어록和靖語錄』이 바로 그가 기록한 책이다. 건도 연간(1165~1173)에 그의 명성을 사모하던 동양곽씨東陽郭氏(곽강郭江)의 특별한 초청을 받아 무주婺州에 와서 가르쳤기 때문에 여조겸과는 아는 사이였다. 건도 8년(1172)에 육구연이 과거에 합격하고 돌아왔을 때 왕시민은 또한 곽씨에게 육구연을 추천하여서 그로 하여금 가르치게 하였다. 육구연은 그가 "그곳에서 창도하여, 선한 사람들이 서로 응하여서 곧 자상하고 화락하고 화협하는 기풍이 부자, 형제, 종족, 향당 간에 환하게 빛나도록 하였다."(『육구연집』 권4 「여왕덕수與王德修」) 하고 칭찬하였다.

주희는 아호의 회합에서 여조겸과 육구연을 통해 왕시민을 알게 되었다. 20년 뒤 왕시민이 세상을 떠났을 때 주희는 만시에서 호담을 방문하여 그와 처음 알게 된 일을 언급하였다.

왕덕수(왕시민)를 애도하다   挽王德修

호담에 못 간 지 스무 해   不到湖潭二十年
호담의 산천은 예전 그대로인데   湖潭依舊故山川

푸른 풀 덮인 무덤에 술잔 올리며　　　　　　聊將杯酒奠青草

비바람 스산한 날에 옛 현인을 추억하네　　　　風雨蕭蕭憶昔賢

──『상요현지上饒縣志』 권19

　　아호의 논변과 강학이 비교적 느긋하게 풀어진 분위기 속에서 6월 8일
까지 진행된 뒤 주희와 여조겸, 그리고 육구연 형제는 비로소 이별하고 돌아
갔다. 열흘간의 아호 회합은 '하나로 귀결시키려고' 기약한 목적을 달성하기
는커녕 도리어 주희 이학과 육구연 심학 사이에 본체론에서 방법론에 이르
기까지 봉합할 수 없는 거대한 구렁이 가로놓여 있다는 사실을 드러냈고, 두
사람의 관계에 잠재적인 균열의 흔적을 남겨 놓았다. 그렇지만 당시 시점에
서 아호의 모임은 한편으로 그들이 저마다 스스로 상대방의 사상과 그 차이
에 대해 조금 더 인식하게 했으며, 또 한편으로는 자기 사상의 진보와 자아
반성을 촉구하였다.

　　아호에서 회합한 뒤 주희와 육구연은 모두 상대방의 관점을 고려하여 자
기의 치우친 의견을 극복하고자 하는 뜻을 나타냈다. 여조겸은 무주로 돌아
온 뒤에 형방용邢邦用과 진량에게 보낸 편지에서 이 아호 회합의 논쟁에 대해
다음과 같이 전체적으로 평가하였다.

　　　나는 늦은 봄에 건녕으로 가서 주원회와 만나 40여 일 동안 있었고, 다
　　시 함께 아호로 갔습니다. 육구연 형제와 유자징 등 여러 형들이 모두 모
　　여서 강론하는 자리를 통해 유익한 것을 무척 많이 배웠습니다. …… 강론
　　을 통해 일관성을 확보하고, 읽으면서 사색하는 것은 모든 시대의 학문하
　　는 보편적 방법입니다. 배우는 사람들이 이로 인해 곁가지로 벗어나고 중
　　도에서 지나치는 것은 그 자체 사람의 문제이지 방법의 문제가 아닙니다.

이런 문제점이 있다고 해서 아예 모두 없애려고 하는 것은 목이 막힌다고 밥을 먹지 않는 것과 같습니다. 그러나 배우는 사람들이 실로 그 그른 점만 말하고 스스로 자기를 돌이켜서 실제에 나아가지 못한 채 그치지 않고 그럭저럭 헛되이 나날을 보낸다면, 또한 저쪽에게 자신감을 심어주기에 딱 알맞을 뿐입니다. ─『여동래문집』 권4 「여형방용與邢邦用」 서1

나는 건녕에 두 달 남짓 머물고 다시 주원회와 함께 아호로 갔습니다. 육구연 형제 및 유자징 등 여러 사람들과 만나서 학문을 갈고닦았는데 유익한 점이 매우 많았습니다. 원회는 뛰어나게 똑똑하고, 굳세고 분명하며, 실제에 대한 공부를 세밀히 하였기 때문에 더더욱 헤아릴 길이 없었습니다. 자정도 건실하고 힘이 있었지만 탁 트인 맛이 부족하였습니다. ─동상, 권5 「여진동보與陳同甫」 서11

여조겸이 강학과 독서를 모든 시대의 학문하는 보편적 방법이라고 여긴 점은 육구연에 대한 부정이자 주희에 대한 긍정이다. 주희 일파는 고작해야 '사람'이 문제이지 '방법'은 문제가 없었으나, 육구연 일파는 '방법'과 '사람'이 다 문제였다. 주희에 대해 여조겸은 장식에게 보낸 편지에서 '성질이 급하여서 참을 줄 모른다'고 하였다(『남헌선생문집』 권22 「답주원회答朱元晦」 서 12). 그러나 이것은 주희가 다른 학문에 대해 지나치게 용납할 줄 모르는 점과 매우 급하게 항변한 점을 지적한 말에 지나지 않는다. 그런데 장식은 여조겸과 반대로 "나는 도리어 백공(여조겸)이 지나치게 용납하는 점이 있지는 않은가 싶습니다."(동상)라고 하였다. 주희는 자기가 "성질이 급해서 용납하지 못하는 병이 있으며, 실로 또한 그런 점을 알고 있어서 매우 괴롭게 여기지만 아직 고치지 못했습니다."(『문집』 권31 「답장경부」 서18)라고 하였다.

아호의 회합 이후 아주 빠르게 자아 반성을 많이 한 사람은 주희이지 육구연이 아니었다. 주희는 집에 돌아오자마자 왕우王遇에게 보낸 편지에서 '강론하는 사이에 유익함이 있음을 깊이 깨달았다'고 하였다(동상, 권49 「답왕자합答王子合」 서1). 그는 자기가 먼저 육구연에게 편지를 보내 진심을 토로하였다. "저는 도학의 아름다움을 듣지 못하였는데, 이렇게 다행히도 남은 논의를 하게 되었습니다. 총총히 이별한 뒤로 피차 그리는 마음을 모두 이루지 못한 것이 한스럽습니다. 그러나 경계하신 절실한 가르침(警切之誨)을 가슴에 새겨서 감히 잊지 않겠습니다. 집에 돌아온 뒤 인편이 없는 탓에 저의 견해를 써서 보내지 못하였습니다."(『육구연연보』)라고 하였다.

'경계하신 절실한 가르침'이란 분명히 육구연이 질책한 주희의 '지리支離한' 문제를 가리킨다. 10월에 장식이 주희에게 편지를 보내 아호 회합의 정황을 물었을 때, 주희는 답장에서 처음으로 돌이켜서 반성하고 자기를 책망해보니 확실히 지붕 위에 지붕을 더 얹은 듯한 '지리한' 문제가 있었다고 하였다. "글에 또한 이전부터 문제점이 적지 않다는 사실을 깨달았습니다. 평소 경을 해석할 때 장구를 그대로 지키는 것을 가장 중시했지만, 또한 글의 의미를 추론하고 연역하여서 스스로 한 편의 문자를 만든 것도 많으니 집 아래 또 집을 짓는 격일 뿐만이 아닙니다. 말의 의미도 깊이가 없고 또한 보는 사람으로 하여금 주석과 경문을 두 항목으로 삼아서 공부하게 했기에, 점점 곁가지로 흘러서 마침내 본래 의미와 전혀 서로 맞지 않게 된 것입니다. 이로써 비로소 한 대 유학자들이 경을 잘 해설한 사람들임을 알았습니다."(『문집』 권31 「답장경부」 서12)라고 하였다.

이는 방법론상에서 '마음을 주석에 두면 도리어 무성해지고 막히며', '지리한 사업은 결국 떴다가 가라앉는다'고 한 육구연 형제의 비판을 주희가 얼마간 인정한 바나 다름없다. 당연히 이는 본심을 밝히는 육구연의 심학에 그가 찬동했다는 것은 결코 아니지만, 그의 경학 사상에서 또 한 차례 중대한 비약이 일어났음을 나타낸다. 그는 이 편지로써『사서집해』의 경학 시기가 끝났음을 스스로 선언하였다. 바로 아호의 회합 이후 이 편지를 씀과 동시에, 그는 자기의 경학 저작을 전면적으로 새로 개정하고, 수정하고, 정리하기 시작하였다.

아호의 회합은 반대 측면에서 보면 주희의 경학 사상에 새로운 변화와 발전을 촉진하는 동력이 되었다. 이는 그가 순희 4년(1177)에 이르러서 처음으로 자기 평생의 경학과 사서학 관련 저작에 대해 전면적으로 서문을 확정하고 총결하도록 이끌었다. 육학陸學이 선학禪學인가 아닌가 하는 문제에 대해 주희는 아호의 회합 이후에도 유보적인 태도를 취하고 있었다. 그는 한 편지에서 육구연 형제에 대해 칭찬하기도 하고 나무라기도 하는 평가를 내렸다.

> 자수(육구령) 형제는 기상이 매우 훌륭하지만 강학을 전혀 하지 않고 실천에만 힘쓰는 문제가 있습니다. 또한 실천하는 가운데 도리어 사람들로 하여금 성찰하도록 하고 본심을 깨달아 얻기를 요구하는데, 이것은 커다란 문제입니다. 요컨대 그 행동(操持)이 삼가고 질박하며 안팎으로 한결같은 점은 참으로 남보다 뛰어난 면이 있습니다.　　　　　──동상, 서12

강학을 전혀 하지 않고 곧바로 본심을 깨달으려 하는 점은 육학의 문제이지만, 함양을 주로 하고 본심을 수렴하려는 점은 육학의 장점이다. 아호의 회합 이후 형성된 이런 견해는 그로 하여금 비교적 오랜 기간 동안 줄곧 육학과 자기 학문의 장점을 겸하여서 취하려는 태도를 갖게 하였다.

육구연 형제의 반성과 자기 성찰은 애매하고 모호하며 조금 늦은 감이 있었다. 그들은 처음에는 자기의 학설을 지키면서 주희와 편지도 하지 않았다.

그러다가 이해 12월에 육구연은 정신을 집중하여서 「경재기敬齋記」를 지었는데, 이는 본심을 밝히는 자기의 심학에 대해 평생 가장 상세하게 설명한 걸작으로서 아호 회합의 총결이자 주희에 대한 간접적인 회답이나 마찬가지이다. 그러나 대체로 반대파들이 육학을 선학이라 지적하는 곤경에서 벗어나기 위해 쓴 글이다. 육구연은 순희 3년(1176)에도 불교에 아첨하는 왕순백王順伯과 함께 유교와 불교에 대한 논변을 벌였는데, 공사公私와 의리義利로써 유교와 불교의 근본적 차이를 판가름하였다. 이 일로 그는 자기의 학설이 다소 치우쳤음을 느끼고 순희 5년(1178) 봄과 여름 사이에 육구령과 함께 갑자기 주희에게 편지 두 통을 잇달아 보내서, 아호의 회합에서 기세 좋게 남을 깔보던 편파적이고 과격한 태도에 대해 조금 '참회한다(懺悔)'는 뜻을 표하였다. 주희는 여조겸에게 보낸 편지에서 육구연 형제의 이런 태도 변화를 언급하였다. "두 차례 육자수 형제의 편지를 받았습니다. 전날 편견의 주장을 자책하고 있었습니다. 과연 진심이 무엇인지는 모르겠습니다."(『문집』 권34 「답여백공答呂伯恭」 서7) 이는 곧 나중에 주희가 「제육자수교수문祭陸子壽敎授文」에서 말한, "이별하고 얼마 뒤 형(육자수)이 편지를 보내와서 이전의 설은 확정된 것이 못되고 그대의 말이 받아들일 만하다고 하였습니다."라고 한 것이다.

순희 6년(1179) 여름에 육구령은 연산에 와서 주희와 만난 뒤 주희에게 전향하였으나, 육구연은 시종 마음과 말이 한결같지 않았고 주희와는 같은 듯도 하고 다른 듯도 한 관계를 유지하고 있었으며, 아호의 회합에서 취했던 견지를 버리려 하지 않았다.

삼구三衢의 회합

그러나 아호의 회합 뒤 주희가 가장 급히 해야 할 일은 결코 육구연과 시비를 가리는 일이 아니라 여조겸·장식과 경학상에서 교류와 토론을 계속 전개하여서 자기의 경학과 사서학의 저술을 총결하는 일이었다. 건도 (1165~1173), 순희(1174~1189) 이래로 주희·여조겸·장식 세 사람은 모두 저마다 서로 이어서 경학 저작을 지어냄으로써 자기들의 경학 체계를 대체로 완성하였다. 장식이 광서廣西의 안무사가 되어서 계림桂林에 부임한 뒤 주희는 더욱더 여조겸과 함께 교류하고 토론하였다. 그런데 한천의 회합이나 아호의 회합에서는 경학상의 구체적인 문제를 가지고 아직은 많은 의견을 교환하지는 못하였다. 주희의 불안정한 경학 사상은 아호에서 돌아온 뒤 다시 끊임없는 자아 반성의 과정에서 새로운 변동과 비약을 일으켰다. 그리하여 여조겸과 다시 한 번 직접 만나서 토론할 필요를 느끼게 되었다.

아호의 회합 때 주희는 여조겸과 함께 가을에 천태산天台山으로 유람 가서 다음에 다시 모여 학문을 강론하자고 약속하였다. 아호에서 돌아온 뒤 그는 산간에서 계속 저술에 몰두하였고, 7월에 채원정蔡元定의 힘을 빌려 경영하여서 노봉蘆峰 운곡雲谷에 새로운 거처인 회암晦庵을 낙성하였다. 흰 구름이 감돌다가 흩어지는 운곡의 세 칸 초당인 회암은 두 봉우리가 절벽처럼 마주보고 있고, 바위 사이로 못이 내려다보인다. 암자 앞 좁은 땅에는 참죽나무(椿)·계수나무·난초·혜초蕙草 등을 심었고, 암자 뒤에는 띠로 얽은 초가가 있었다.

사방은 그저 산, 계곡의 물, 구름, 바위 사이의 석대石臺가 점점이 이어져 있을 뿐이나, 간소하고 누추한 산사山舍의 서옥書屋은 오히려 그윽하고 예스러우며 소박한 자연의 정취를 자아냈다. 바로 이곳이 주희가 산림을 배회하며 저술하고 도를 강론하는 새로운 장소가 되었다. 그는 스스로 생각하기를, "이후로는 10년 안에 자식들 시집 장가보내는 일도 대충 끝내면 집안일을 끝내고 이 산에 은거하려 하였다. 그때쯤 되면 산의 숲은 더욱 깊어지고 무성하고, 수석水石은 더욱 그윽하고 아름다우며, 관우館宇는 더욱 완전하고 아름다워질 터이다. 산밭을 갈고 시내에서 낚시하며, 본성을 기르고 독서하며, 고(琴)를 타고 부(缶)를 두드리며 선왕의 기풍을 노래하면 또한 즐거워서 죽음도 잊을 것이다."(『문집』 권78 「운곡기」) 하였다.

회암의 새집이 낙성된 뒤에 주희는 늘 정다운 친구나 제자들과 산을 유람하고, 산중의 도사들과 자유롭게 토론하고, 시골의 노인이나 들의 농부와 농사 얘기를 나누었다. 회암은 또한 배우는 사람들이 도를 묻는 '성지聖地'가 되었다.

이해 가을에 주희는 운곡 암자에서 독서하고 저술하는 생활을 묘사한, 열두 수로 이루어진 운곡시雲谷詩를 지었다. 그 가운데 「도를 강론하다(講道)」와 「책을 짓다(修書)」 두 수는 도道를 읊은 것이다.

도를 강론하다   講道

높은 데 사니 잡다한 세상 멀고   高居遠塵雜
고상한 담론으로 심오한 도를 탐구하네   崇論探杳冥
천체는 부지런히 빠르게 운행하고   矗矗玄運駃
수많은 뭇 생명 삶을 다투네   林林群動爭

천도가 실로 이러하니 　　　　　　　　　　　天道固如此

내 삶 어찌 편안함을 얻을까 　　　　　　　　吾生安得寧

책을 짓다 　　　　　　　　　　　　　　　修書

책을 엮고 있자니 속세가 싫어 　　　　　　　紬書厭塵累

글 쪽을 들고 구름 사이에 몸을 두었다 　　　執簡投雲關

신령한 열쇠로 신비한 비밀을 열고 　　　　靈鑰啓玄秘

시퍼런 도끼로 숨은 간사함을 벤다 　　　　蕭斧鋤幽奸

책이 완성되면 아무에게도 보이지 말고 　　書成莫示人

이 산간에 그대로 두리라 　　　　　　　　留置此山間

　　　　　　　　　　　　　　　　　—『문집』 권6

　　주희는 천도天道가 영원히 쉬지 않고 운동을 하며, 모든 생물은 편안함을 얻을 수 없다는 점, 대천大千 세계가 오묘하게 끝없이 흘러서 운행하고 만물이 경쟁한다는 것을 믿었다. 그의 운명도 한평생 쉬지 않고 도를 강론하고 저술하며 날을 보내도록 정해져 있었다. '신령한 열쇠로 신비한 비밀을 열고, 시퍼런 도끼로 숨은 간사함을 벤다'는 구절은 그가 회암에서 세상일을 잊고 몰두하여서 쓴 이학과 사학 저작의 대지를 개괄한 표현이다. 회암의 이 저술 시기는 순희 6년(1179) 남강南康에 부임하면서 일단락을 고할 때까지 줄곧 계속되었다. 이는 그의 전반생 경학·사서학 저술 시기에 대한 총결이라 할 수 있는데, 삼구三衢의 회합은 곧 그의 이 시기 경학 사상의 발전에 전환점이 되었다.

주희는 원래 여조겸과 천태天台에서 회합(*단구丹丘로 여행)하기로 약속하였으나 순희 2년(1175) 7월 여조겸의 어린 동생이 병으로 요절하는 바람에 취소되었다. 12월 19일에는 왕응신이 삼구에서 세상을 떠났다.[7] 주희는 북쪽으로 고향 무원에 가서 성묘하고 돌아오는 길에 삼구에 들러 왕응신을 위해 곡할 때 여조겸에게 남쪽 삼구로 내려오라고 불러서 만날 생각이었다.

아호에서 만나고 돌아와 삼구에서 회합하기까지 반년 동안 주희는 어지럽고 번거로운 집안일의 소용돌이 속에서 놀라운 정력과 의지력으로 힘써 책을 읽고 부지런히 글을 썼다. 『통감강목』을 정리하고, 『근사록』을 수정 보완했으며, 『정자미언』을 편집하고, 관혼상제의 의례를 집약한 『가례』를 완성했으며, 『여씨향약呂氏鄕約』을 확정하고, 『주역』·『주례』·『대학』 및 여조겸과 장식이 보내준 저작들과 원추袁樞의 『통감기사본말通鑑紀事本末』 등을 연구하고, 또 수많은 기문記文·제발題跋·제사祭詞·매명埋銘·비문碑文과 학문을 토론하는 편지를 썼다. 경학 사상에서 그의 새로운 인식은 이렇듯 꽉 짜인 독서와 도를 강론하는 저술 과정에서 배양된 것인데, 이는 삼구의 회합을 위한 갖가지 준비가 되었다.

이때의 만남은 비밀리에 추진되었다. 두 사람은 만나는 장소를 남들이 알

---

7 왕응신이 순희 2년 12월 19일에 사망한 사실은 『여동래연보』에 보인다. 주희의 『문집』 권33 「답여백공」 서44와 『옥산현지玉山縣志』에 실려 있는 「왕문정공가전汪文定公家傳」에는 12월 12일로 되어 있다. 『송사』 「왕응신전汪應辰傳」에 보이는 순희 3년 2월에 옥산玉山의 집에서 죽었다고 한 기록은 아주 잘못이다. 순희 3년 2월 초사흘에 조정에서 왕응신을 중봉대부中奉大夫에 제수하고 치사致仕하였는데(*칙령은 『옥산현지』 권1에 보인다), 이는 그의 사후에 이루어진 일이다. 『송사』에서는 이 기록 때문에 잘못을 범했으리라. 또 왕응신이 만년에 삼구에서 살다가 죽은 사실은 여조겸의 『입민록』으로도 증명된다. 왕응신이 삼구에서 죽었으므로 여조겸과 주희가 삼구로 가서 곡하고 제사하였다. 『상산현지常山縣志』 권10 상에는 서열徐烈의 「왕상서몰어상산고汪尙書歿於常山考」가 있는데, 왕응신이 상산의 구천球川 소덕암紹德庵에서 죽었다고 하였다.

고서 간섭하지 못하게 하려고 하였다. 순희 3년(1176) 2월에 주희는 여조겸에게 보낸 편지에서 다음과 같이 상의하였다. "단번에 삼구에 도착해야 합니다. 여러 군현郡縣을 거치지 않기 위함입니다. 포성浦城을 지나고부터는 밤에 성안의 절에 들어가서 자고 이튿날 즉시 출발해야 합니다. 상산常山과 개화開化로부터 무원婺源을 지나면 사람들이 알아보게 되므로 후회하게 될 염려가 있습니다. 이제 그대의 말대로 야외에서 만나는 것은 참으로 바라던 바입니다. 다만 모름지기 매우 깊고 궁벽한 곳을 찾아서 2, 3일간 엎드려 지내면 좋을 듯합니다. 금화金華에서 삼구로 들어가지 않고 지름길로 상산으로 향하는 길이면 더 좋겠습니다. 석암사石巖寺는 어디에 있는지 모르겠지만 만약 삼구와 무원 사이의 대로변에 있다면 불안하고 불편할 것입니다."(『문집』 권33 「답여백공」 서45) 마지막 '야외에서 만나는' 장소는 개화현開化縣의 궁벽하고 조용한 곳으로 정해졌다.

삼월 중순, 주희는 왕응신의 묘소에 참배하기 위해 무원으로 길을 떠났는데, 마침 형의 상을 당해 절중浙中으로 가는 채원정도 동행하였다. 대략 25일 전후에 그들은 구주衢州에 도착하여 그날 밤 성으로 들어가 왕응신을 위해 곡하고 초화사超化寺에서 묵었다.[8] 그런 다음 곧바로 상산으로 갔다. 여조겸도 금화를 떠나 약속에 맞춰 도착하여 3월 28일에 주희와 개화현 북쪽에 있는 왕관국汪觀國·왕기汪杞 형제의 청우헌聽雨軒에서 만났다. 두 사람은 7, 8일 동안

---

8 『절강통지浙江通志』 권48 '이안재怡顏齋' 조항 아래에 호한胡翰의 「이재명서怡齋銘序」가 있는데, 다음과 같이 말하였다. "구주의 초화사超化寺는 예전에 주자(주희)와 여자呂子(여조겸)가 묵은 적이 있다. 절에는 원래 운산각雲山閣·이안정怡顏亭이 있었지만, 없어졌다. 나는 오직 주자가 쓴 정자亭子의 편액을 석각한 글을 축중문祝仲文의 집에서 보았다."라고 하였다. 여조겸이 순희 2년에 왕씨汪氏를 만난 일은 또한 초화사에 묵을 때였다. 『입민록』에 보인다. 그러므로 주희가 말한 '밤에 성안의 절에 들어간다'는 말도 당연히 초화사에서 묵은 일을 가리킨다.

강론하였다.[9] 왕관국의 아들 왕굉汪浤은 여조겸의 제자였다. 개화현의 북쪽에 있는 청우헌은 구주성에서 멀리 벗어나 무원과 통하는 길에 있으므로 서로 만나기에는 이상적인 장소였다.

주희는 「왕단재의 청우헌(汪端齋聽雨軒)」이라는 시에서 이 비밀스런 삼구 회합의 행적과 자취를 다음과 같이 적었다.

못가의 봄풀에 꿈을 물어보네	試問池塘春草夢
어떤가, 비바람에 침상 마주하고 시를 짓는 것이	何如風雨對床詩
세 번 향 사르고 세 번 목욕하며 이 말 따르는데	三薰三沐事斯語
이 한때에 형과 아우 구별하기 어렵네	難弟難兄此一時
어머니 위해 조용히 고를 몇 곡 타고	爲母靜彈琴幾曲
회포를 실어 보내며 함께 천 잔 술을 드네	遣懷同擧酒千巵
소공은 벼슬살이에 감회가 많으니	蘇公感寓多遊宦
어찌 바람 불면 그대 생각 않겠는가	豈不臨風尙爾思

— 『개화현지』 권10[10]

---

9 삼구에서 만난 시간은 『여동래연보』에서 "3월 28일, 삼구로 가서 주편수朱編修를 만났다."는 기록에 나온다. 주희는 『문집』 권33 「답여백공」 서48에서 "지난번 멀리 찾아오셔서 여러 날 묵으며 가르쳐주고 논하면서 깨우쳐준 내용이 참으로 많았습니다. 이별하고 어언 대엿새 …… 저는 12일에 일찌감치 무원에 도착했습니다. 도착하자마자 할 일이 번잡하고 어지러워서 ……" 하였다. 이 편지는 무원에 막 도착하고서 쓴 것인데, 4월 12일로부터 엿새를 거슬러 올라가면 주희와 여조겸이 헤어진 날짜는 대략 4월 6일이다.

10 삼구의 회합은 주희의 연보에는 실려 있지 않다. 서로 만난 곳 역시 지금까지 알려진 바가 없다. 주희의 이 일시佚詩는 삼구의 회합이 청우헌聽雨軒에서 있었음을 증명한다. 『개화현지』 권6 : "주회옹(주희) 선생은 신안新安 사람이다. 일찍이 개화의 담구潭口에 이르러 강기江淇를 방문하고, 또 「청우헌」 시를 지어서 왕관국·왕기 형제에게 주었다." 『절강통지』 권48에도 주희의 이 일시가 실려 있고, 아울러 『홍치구주부지弘治衢州府志』의 다음과 같은 말이 인용되어 있

삼구의 회합에서 주희와 여조겸은 시경학詩經學을 주제로 첫 번째 논쟁을 벌였다. 건도 9년(1173)에 수정한 주희의 『시집해』는 여전히 모씨毛氏(모형毛亨과 모장毛萇)와 정현鄭玄을 위주로 하였으며, 주희는 「모서」를 독실하게 믿어서 의심하지 않았다. 그러나 순희 2년(1175)에 아호의 모임에서 돌아온 뒤에는 「모서」에 대한 회의가 싹터서 건도구년본乾道九年本 『시집해』를 구설舊說로 보고 버릴 생각을 하였다.

여조겸은 송이 남쪽으로 건너온 이래 오로지 모씨와 정현을 주로 한 시경학의 대가로서 순희 원년에 『여씨가숙독시기呂氏家塾讀詩紀』를 짓기 시작하였다. 그 책에서 참고하고 인용한 중요한 책은 바로 주희가 건도 9년에 산정한 『시집해』였다. 순희 2년 겨울에 그는 『시경』을 전부 읽은 다음 주희에게 편지를 써서 『시집해』의 일부 구체적인 주해에 대해서 다른 견해를 표시하기도 했지만, 여전히 『시집해』에서 취한 것도 많았다.

주희는 답장에서 다음과 같이 말하였다. "제가 모아서 해설한 것은 당시에는 매우 상세하게 갖춰져 있었지만 나중에 의미에 따라 확정하면서 남은 것은 겨우 이뿐입니다. 그러나 구설舊說에 견제를 받아 불만스러운 데가 매우 많아서 최근 수정하고자 하는데 별도로 끌어다 쓸 만한 전거가 없으니, 이

다. "청우헌은 개화현 북쪽에 있다. 왕관국은 자가 정원延元이다. 사는 곳에 소요당逍遙堂을 짓고 헌軒으로 둘렀는데 편액을 '청우聽雨'라고 하였다. 그 아우 단재端齋와 함께 편안히 쉬면서 만년을 보냈다. 그 아들 왕굉을 동래東萊(여조겸)의 문하에 보내서 공부하게 하였다. 회암이 건안建安에서 찾아와 이곳에 들렀다. 장남헌(장식)·육상산(육구연)·여조겸이 저마다 청우헌을 두고 시를 지어서 찬미하였다." 『개화현지』 권10에는 여조겸·장식·여조겸·육구령(육상산이 아니다) 및 강부江溥·사악謝諤 등이 지은 청우헌 시가 실려 있다. 다만 여조겸의 시는 같은 운으로 된 화답시여서, 이 시가 주희와 개화에서 만났을 때 지은 것임을 증명한다. 다른 시는 모두 이때에 지은 것이 아니다. 『상산현지』 권10 상에 「주문공여성공강학상산고朱文公呂成公講學常山考」라는 짧은 글이 있는데 참고할 수는 있겠지만, 잘못된 내용이 있다.

일은 결국 남에게 누를 끼치게 될 것입니다. 가르쳐주시려는 내용이 무엇인지는 모르겠습니다만, 속히 듣고 싶습니다."(『문집』 권33 「답여백공」 서42) '구설에 견제를 받았다'는 말은 「모서」의 구설에 얽매였다는 사실을 가리킨다.

여조겸은 다시 답장에서 처음으로 자기가 이미 『여씨가숙독시기』를 쓰고 있다고 알렸다. 주희는 그에게 '『시외전詩外傳』 등을 차례로 보내주면 매우 다행이겠다'고 하였다(동상, 서39). 『시외전』은 바로 『여씨가숙독시기』의 처음 이름이다. 그런데 『여씨가숙독시기』에서 주희의 『시집해』를 대량으로 인용하고 있을 무렵에 여조겸은 아직 주희가 「모서」에 대한 회의로 인하여 『시집해』의 구설을 이미 수정하기 시작했다는 사실을 모르고 있었다.

「모서」의 설에 대한 주희의 회의는 직접적으로 정초鄭樵의 『시전변망詩傳辨妄』의 계발을 받은 것이다. 그는 나중에 자기 시학 사상의 최초 변화를 다음과 같이 언급하였다. "「시서詩序」는 사실 믿기에 부족합니다. 전에 정어중鄭漁仲(정초)의 『시전변망』이 「시서」를 힘써 배척하는 것을 보았는데, 그 안에 표현된 언어가 매우 심하여서 모두 시골의 망령 든 노인이 지은 것이라고 여겼습니다. 그래서 처음에는 의심하였으나 나중에 자세히 한두 편을 보고 나서 『사기』·『국어國語』와 대조한 뒤에야 「시서」가 과연 믿을 만하지 못함을 알았습니다."(『어류』 권80)

송 대에 『모시』와 「모서」에 대한 회의는 당초 구양수歐陽修가 『모시본의毛詩本義』를 지어서 처음으로 모씨와 정현의 잘못을 비판하면서 비롯되었다. 이어 소철蘇轍이 『시집전詩集傳』을 지어서 「모서」를 믿을 수 없다고 하여 첫 구절만 남기고 나머지는 깎아버렸다. 이에 「시서」는 성인이 지은 것이 아니라는 갖가지 설이 어지럽게 일어났는데, 정초가 『시전변망』을 지어서 모씨와 정현을 전면적으로 공격하고 「소서小序」를 크게 비판하자 비로소 시경학에서 한 대 유학자의 경설經說을 고수하던 국면이 타파되었다.

주희가 20세 전후에 읽은 『시전변망』은 깊은 인상을 남겼다. 이 깊은 인상은 30년 뒤에 그를 정초가 갔던 길로 이끌었다. 그는 나중에 다음과 같이 회고하였다.

> 나는 스무 살 때 『시』(『시경』)를 읽고 나서 곧 「소서」가 의미가 없다는 사실을 깨달았다. 「소서」를 제거하고 시의 내용만 음미하자 오히려 도리가 관철됨을 알 수 있었다. 당초에 고을의 선생들에게 물었으나 모두 「서」(「모서」, 「소서」)는 없앨 수 없다고 하였다. 그래서 나의 의심을 끝내 풀 수 없었다. 나중에 서른 살에 이르러(*생각건대, '30년 뒤'라고 해야 한다. '이르러(到)'라는 글자가 더 붙었다. 들은 이가 잘못 기록하였다) 단연코 「소서」는 한 대 유학자가 지은 것으로서 그 잘못된 점을 이루 다 말할 수 없다는 사실을 알았다.
>
> ─ 『어류』 권80

「소서」가 잘못되었음을 주희가 안 때는 단연코 순희 2~3년(1175~1176) 사이이다.

삼구의 회합에서 주희와 여조겸 두 사람은 자연스럽게 「모서」를 초점으로 삼아 열렬하게 논쟁하였다.

> 동래의 『여씨가숙독시기』는 자세하게 편집되어 있기는 하지만 이미 커다란 근본을 상실했으니, 다시 무슨 말을 하겠는가! 전에 함께 이것을 논하면서 「청인淸人」·「재치載馳」 등과 같은 한두 편 시는 믿을 만하다고 하였는데, 그는 도리어 "어찌 많은 말로 증명할 수 있겠습니까?" 하였다. 그래서 나는 "증거가 없으므로 의심할 만한 것은 마땅히 빼야 합니다. 「서序」에 근거하여 증명해서는 안 됩니다."라고 하였다. 그가 또 "이 「서」가 바로 증거

입니다.”라고 하였다. 나는 “오늘날 사람들은 『시』로 『시』를 해석하지 않고 도리어 「서」로 『시』를 해석합니다. 이 때문에 왜곡되게 끌어다 합치시켜서 「서」의 뜻과 같게 하고자 하면서 도리어 시인의 본래 뜻을 잃어버려도 안 타까워하지 않습니다. 이것이 「서」의 크게 해로운 점입니다.”라고 하였다.

―『어류』 권80

　　예컨대 「장중자將仲子」는 음분淫奔을 표현한 시일 뿐이다. 애헌艾軒(임광조林光朝)도 제대로 보았다. 내가 일찍이 백공(여조겸)과 이것을 논하여, “예를 들어 「상중桑中」 등의 시를 풍자라고 합니다만, 이는 사람의 은밀하고 사사로운 감정을 들춰내서 시로 표현한 것인데, 현인이 어찌 이렇게 하였겠습니까?” 하였더니, 백공은 “직설直說일 뿐입니다.”라고 하였다. 내가 “백공은 만약에 사람들에게 이런 일이 있는 것을 보면 기꺼이 시를 지어서 직설로 말하겠습니까? 백공이 평소 시를 지을 때는 역시 그렇지 않을 것입니다.”라고 하였다. 그러자 백공은 “성인이 ‘정성鄭聲을 내치고’ 또 도리어 취하다니 어떻게 된 일입니까?”라고 하였다. 내가 “내친다는 것은 그 향락을 내치는 것이며, 취한다는 것은 그 시를 취해서 경계로 삼는 것입니다. 이제 이른바 정鄭나라와 위魏나라의 음악은 바로 시에 실려 있습니다.”라고 하였다. 백공은 “이것은 모두 「아雅」의 음악입니다.”라고 하였다. 내가 “「아」는 「대아大雅」와 「소아小雅」이고, 「풍風」은 「국풍國風」입니다. 뒤섞어서 어지럽혀서는 안 됩니다. 이 점은 말하는 사이에 또한 저절로 알 수 있습니다. 또 예컨대 「청묘淸廟」 등의 시는 힘이 있습니다! 그러나 「정풍鄭風」과 「위풍衛風」은 오늘날의 가곡과 같은데 이런 시를 어찌 조정과 종묘에서 연주할 수 있겠습니까?”라고 하였다. 이는 모두 사마천의 잘못에서 비롯되었는데 백공은 대체로 이것을 인용하여서 변론하였다. 그래서 내가 일찍이 “사마천이 어찌 충분히 증거가 될 수 있겠는가!'라고 한 적이 있다. ……

이런 말은 주희 본인의 기억에서 나온 것이니 백전 왕무횡 이래 유행하는, 주희가 순희 9년(1182)에야 비로소「모서」가 옳지 않음을 깨달았다고 한 견해는 완전히 잘못되었음을 충분히 증명할 수 있다.[11] 그와 같은 견해는 삼구의 회합이 주희 경학 사상의 발전에서 갖는 특수한 의의를 은폐한다. 삼구의 회합 이후 주희와 여조겸 두 사람은 시경학에서 각기 자기 길로 달려가기 시작하였다. 다만「모서」에 대한 주희의 이런 초보적인 회의는 아직「모서」로『시』를 해석하던 예전의 경학 체계를 꺾어버릴 만큼 충분한 역량을 갖지는 못하였다.

상서학(尙書學)에서도 주희와 여조겸의 엇갈림이 처음으로 단서를 드러냈다. 여조겸은 아호의 회합에서 맨 처음 주희에게『상서해(尙書解)』를 지으려 한다는 뜻을 비쳤지만, 당시에는 아직 이에 대해 전문적인 토론을 전개하기 어려웠다. 여조겸은 아호에서 돌아온 뒤 반년 남짓 동안『서설(書說)』을 짓는 데 온 힘을 기울였다. 그는 순희 2년(1175) 12월에 주희에게『서설』을 짓는 작업에 상당한 진전이 있다고 알렸다. 주희는 즉시 답장을 보내 그가 지은『서설』을 한번 보게 해달라고 요구하였다. 이렇듯 상서학도 삼구의 회합에서 두 사람이 토론한 주요 내용 가운데 하나가 되었다.

---

11 살피건대, 삼구의 회합은 주희와 여조겸의 일생에서 마지막 만남이었다. 그러므로 두 사람이 직접 만나「시서(詩序)」를 논했다는『어류』의 기록은 틀림없이 순희 3년(1176) 삼구의 회합을 가리킨다. 대체로 여조겸이 순희 원년에『독시기』(「여씨가숙독시기」)를 짓기 시작한 사실은『여동래연보』에 보인다. 순희 2년 겨울에 이르러서야 주희에게『독시기』를 짓고 있다고 알렸다. 이전에 두 사람은「시서」에 대해 논한 일이 없다.

여조겸은 삼산三山의 졸재拙齋 임지기林之奇(＊소영少穎)의 문인이다. 임지기는 상서학의 대가였고, 『상서집해尙書集解』라는 책으로 세상에 이름을 날렸다. 왕약허王若虛는 심지어 그를 가리켜서 "『상서』를 해설한 송 대 사람 가운데 오직 임소영(임지기)의 안목이 가장 높다. 선유들처럼 막히지도 않았고 또 근대의 사람들처럼 천착하지도 않았으니, 고금에 제일이다."(『호남유로집滹南遺老集』 권30 「저술변혹著述辨惑」)라고 하였다. 그러나 실상 『상서』에 대한 임지기의 해설은 특이한 설을 세우려는 문제점이 많았다. 임지기는 「공안국전서孔安國傳序」를 높이 평가한 까닭에 『상서공안국전尙書孔安國傳』을 위작이라 여기지 않았다. 그는 『고문상서古文尙書』의 설을 믿고 따랐다.

여조겸은 『상서』 해설상에서 스승 임지기의 해설 노선을 계승하여 세상에 전해지는 『고문상서』와 『상서공안국전』을 위작으로 보지 않았고, 또한 그것을 완전하게 하려고 교묘하게 설명하고 억지로 해석하는 병통이 많았다. 임지기의 『상서집해』는 본래 다만 「낙고洛誥」를 해설하는 데 그쳤는데, 여조겸이 『서설』에서 「낙고」 이후부터 시작하여 「진서秦誓」까지 해설한 것은 분명히 스승의 설을 이어서 책을 완성하고자 한 것이다.[12]

주희는 여조겸이 『상서』 해설에서 첫째, 교묘한 설명을 좋아하고, 둘째,

---

12 『송사宋史』 「예문지」의 "임소영林少穎의 『상서집해尙書集解』 58권이 있는데, 「낙고」 이하는 그 손자 임경林耕이 얻은 것이며, 임소영이 모두 해설하였다."고 한 기록은 잘못이다. 주희는 "임소영의 『상서』 해설은 모두 좋은 부분이 있지만 「낙고」 이후는 그가 해설한 것이 아니다."라고 하면서, "여백공의 『상서』 해설은 「낙고」로부터 시작한다."(『어류』 권78)라고 하였다. 그러니 「낙고」 이하는 실로 여조겸이 이어서 쓴 것이다. 『옥해玉海』에서는 "임소영의 『서설書說』은 「낙고」에서 끝나고, 여 성공呂成公(여조겸)의 『서설』은 「낙고」에서 시작한다. 대체로 임지기는 여거인呂居仁(여본중)에게 수학했고, 여조겸은 또 임지기에게 수학했기 때문에 본래 처음부터 끝까지 그 스승의 설을 지켜서 한 학파의 학문으로 삼았다." 하였다. 『직재서록해제直齋書錄解題』에서는 여조겸의 『서설』에 대해 "오늘날 세상에 전하는 별도의 전서본全書本은 그 문인이 이어서 완성한 것이지 동래의 본래 책은 아니다." 하였다.

억지로 전체적으로 해석하는 점에 불만이었다. 이 점은 여조겸과 직접 만나서 주고받은 주요 관점이 되었다.

대체로 『상서』에는 해설할 필요가 없는 기록이 있고, 반드시 신경 써서 해설해야 할 기록이 있다. 해설할 필요가 없는 기록은 예컨대 「중훼지고仲虺之誥」·「태갑太甲」 등의 편이다. 익숙하게 읽기만 하면 의리가 저절로 분명해지는데 무슨 해설이 필요하겠는가? 예컨대 「홍범」은 신경 써서 해설해야 한다. 「전典」·「모謨」 등과 같은 편은 표현이 조금 전아하고 오묘하기 때문에 또한 대략 해석해야 한다. 「반경盤庚」 같은 여러 편은 해설하기 어렵다. 그리고 「강고康誥」 등은 해설할 수가 없다. 지난날 백공(여조겸)과 만났을 때 이런 말을 하였다. 그가 "뺄 만한 것은 없습니다."라고 하기에, 나는 "그렇다면 익숙하게 읽지 않은 것입니다."라고 하였다. 2년 뒤에 만났을 때에 백공은 "참으로 말씀하신 바와 같습니다."라고 하였다.

—『어류』 권78

내가 왕년에 백공 어른을 아호로 전송할 때 그에게 이 책(＊『서설』)이 있다는 사실은 알았지만 보지는 못하였다. 그래서 "그간에 또한 궐문闕文이나 뜻이 의심스러운 부분은 없었습니까?" 하고 물었더니, 백공 어른은 "없습니다."라고 답하였다. 나는 속으로 참 이상하게 여겼다. 몇 년 뒤 다시 구주衢州에서 만났을 때 백공 어른이 비로소 나에게 말하기를, "『서』의 글은 참으로 이해할 수 없는 내용이 있습니다. 그래서 전날에 빼버릴 만큼 의심스러운 부분은 없었다고 한 말이 매우 후회스러웠습니다."라고 하였다.

—『문집』 권83 「발여백공서설跋呂伯恭書說」

여백공의 『서』 해설은 「낙고」에서부터 시작된다. 내가 "해설하지 못할 부분은 없었습니까?" 하고 물었더니 "없습니다."라고 답하였다. 며칠 뒤에 나에게 말하기를, "『서』는 또한 설명하기 어려운 부분이 있습니다. 지금은 단지 억지로 해설해 나아갈 뿐입니다."라고 하였다. 요컨대 백공에게는 오히려 교묘하다는 문제가 있다.　　　　　　　　　　　　　　　　—『어류』 권78

주희가 『상서』에 대한 교묘한 해설(巧說)과 전체적인 해설(全解)에 반대한 것은 이전 유학자의 설에 대해 회의하는 정신과 경서 자체에 대해 실제를 추구하는 정신을 나타낸다. 모르는 것은 모르는 것이니 차라리 죽을 때까지 붓을 놓더라도 자기 생각을 옳다고 여기고서 주를 달지는 않겠다는 정신이다.

「낙고」에 대해 여조겸과 직접 만나서 논할 때 두 사람은 이런 대화를 나누었다. "옛날 백공(여조겸)이 『서』를 해설한 것으로 인하여 내가 '『상서』에 이해하지 못한 부분이 있었습니까?' 하고 물었더니, '없었습니다' 하고 답하였다. 그래서 「낙고」를 들어서 묻기를, '성왕成王이 주공周公을 시켜 낙읍洛邑을 경영하게 했기 때문에 주공이 사람을 보내 설계도와 날짜를 잡아서 보내온 사실에 근거하면 성왕은 하루도 낙읍에 산 적이 없었는데, 뒷부분에 어떻게 주공과 그렇게 많은 대화를 할 수 있었겠습니까?' 하고, 또 '왕은 새 도읍에 있다'고 한 기록을 어떻게 해석해야 할 것인가 하고 물었다. 백공은 끝내 답하지 못하였다. 나중에 편지를 받았는데, '참으로 이해하지 못한 부분이 있었습니다'라고 하였다."(동상)

이는 곧 경을 주석할 때 주희가 한학의 정신을 높이는 여조겸이나 장식보다 차원이 높았음을 보여준다. 다만 그가 『상서』 전체의 해설을 반대한 까닭은 『상서』에 위편僞篇이 포함되어 있었기 때문이다. 『고문상서』를 위작으로 보고, 공안국의 『전』과 「서」를 위작으로 보는 그의 회의는 『상서』를 교묘하게 해설하고 전체적으로 해설하는 데 반대하는 태도에 이미 포함되어 있었다.

나중에 주희는 여대아余大雅와 대화를 나누면서 더욱 명확하게 다음과 같이 말하였다. "(여대아가) 묻기를, '임소영은 「반경盤庚」·「대고大誥」 등을 모두 복생伏生이 지었다고 하는데, 어떻습니까?' 하였다. 내가 말하기를, '이 또한 의심스럽다. 『서』에는 고문古文과 금문今文이 있는데, 금문은 복생伏生이 입으로 전한 것이고 고문은 벽 속에서 나온 책이다. 「대우모大禹謨」·「열명說命」·「고종융일高宗肜日」·「서백감려西伯戡黎」·「태서泰誓」 등 읽기 쉬운 편은 모두 고문이다. 게다가 이것은 과두문자蝌蚪文字로 쓰였기 때문에 복생의 『서』의 글자와 글로 고증해보아야 비로소 읽을 수 있는데, 어찌 수백 년 벽 속에 있던 물건이 한 글자도 손상되지 않을 수 있었겠는가?(과두문자로 기록된 고문이 읽기 쉽다는 점에서 도리어 위작일 것이라는 뜻이다 — 역자 주) 또 도리어 복생이 기록한 글(금문)은 읽기가 어려우니, 이것은 더욱 의심스럽다. 오늘날 사람들은 책을 전체로 해설하지만 필시 옳지 않다.'고 하였다."(『어류』 권78) 이는 바로 주희가 계속 미루며 『상서』에 주를 달고자 하지 않았던 근본 이유이다. 오역吳棫의 뒤를 이어서 『고문상서』, 공안국의 『전』, 공안국의 「서」를 위작으로 보는 주희의 의경疑經 사상은 삼구의 회합에서 처음 시작되었다고 해야 할 것이다.

역학易學에서도 주희는 여조겸과 대립하기 시작하였다. 아호의 회합에서 돌아온 뒤 주희는 『역경』이 원래는 복서卜筮의 책이었음을 발견하였다. 이 발견은 그가 역학의 의리파로부터 나아가 상수파로 전향하는 신호탄이 되었다. 순희 3년(1176) 2월에 삼구로 가기 전, 그는 스스로 전통적인 경학의 해석 체계를 벗어난(離經叛道) 역학의 새로운 발견에 대해 여조겸에게 상세히 알렸다.

『역』을 읽는 방법에 관해 제 생각을 말씀드립니다. 괘효의 사詞는 본래
점치는 사람을 위해 길흉을 판단하여서 훈계하는 말입니다. 「단전彖傳」·

「상전象傳」·「문언전文言傳」을 지은 뒤 비로소 길흉을 판단하고 훈계한다는 뜻으로 인하여 그 의리를 확대하여서 밝혔습니다. …… 그러므로 지금 한 괘卦, 한 효爻를 읽고자 한다면, 시초蓍草로 점을 쳐서 괘와 효를 얻는 것처럼 마음을 비우고, 그 점사의 뜻이 가리키는 바를 찾아내서 길흉과 가부可否를 결단해야 합니다. 그런 뒤 그 상象이 이미 그러한 까닭을 고찰하고, 그이치가 그러한 까닭을 탐구합니다. 그리고 나서 일에 적용하면 위로는 왕공으로부터 아래로는 서민에 이르기까지 몸을 닦고 마음을 다스리는 데 모두 이용할 수 있습니다. 저는 이렇게 추구해야만 세 성인(복희, 문왕, 공자)이 남긴 뜻을 얻을 수 있다고 생각합니다.

—『문집』권33 「답여백공」 서47

이 글은 간단명료하게 말하면 주희 상수역학象數易學의 대강이라 할 수 있다. 그는 처음으로 상수학의 깃발을 내걸어서 정이를 포함한 역학의 의리파에 대해 총체적으로 비평하고 부정하였다. 이로 인해 여전히 의리역학義理易學을 견고하게 지키던 여조겸과 모순을 일으켰고, 그 결과 삼구에서 만났을 때 두 사람은 토론을 전개하지 않을 수 없었다. 그런데 삼구의 회합 뒤 두 사람의 편지에서 역학에 대한 문제가 갑자기 한 글자도 언급되지 않았다. 이로 미루어보건대, 그들은 서로 만나 토론하는 과정에서 견해가 일치하지 못했음이 분명하다. 물론 이때 주희는 시학에서와 마찬가지로 역학에서도 새로운 것을 발견했지만, 아직은 충분히 자기 『역전』의 옛 역학 해석 체계를 용기 있게 돌파하지 못하고 있었다. 다만 소옹邵雍의 선천상수학先天象數學이 그를 향해 유혹하는 미소를 보내고 있었다. 그는 자기 역학의 길로 달려가기 시작하였다.

주희와 여조겸이 삼구의 회합에서 가장 열띠게 논쟁한 분야는 춘추학春秋

學과 사학史學이었다. 건도, 순희 연간 이래 무원에서 일어난 학파 가운데 동래 여조겸은 성명학性命學을, 용천龍川 진량陳亮은 사공학事功學을, 열재悅齋 당중우唐仲友는 경제학經制學을 하였는데, 세 학자 중 한 사람은 '성명性命으로 도통을 잇고', 한 사람은 '황皇·왕王·제帝·패霸의 제도로 사공事功을 지향하고', 또 한 사람은 '경세經世로 통치술을 확립'하였다(양유정楊維楨, 「송문헌공집서宋文憲公集序」). 다만 여조겸의 무학婺學은 사공학과 경제학의 특징을 모두 포함하고 있었다. 주희는 그의 이러한 점에 특별히 불만을 품고서 "백공의 학은 진군거陳君擧(진부량陳傅良)와 진동보陳同甫(진량) 두 사람의 학문을 종합하여서 하나로 만든 것이다. 영가의 학은 제도를 잘 알고 있기에 그 작은 것만을 치우치게 고찰한다. …… 진동보는 고금을 담론하며 왕도王道와 패도霸道를 말한다."(『송원학안』 권51)라고 하였다.

경제經制(정치제도)를 고증하여서 논하고 사공事功을 숭상하고 왕패王霸를 담론하려면 반드시 역사의 도움을 받아야 한다. 따라서 이 방면에서 주희와 여조겸의 모순은 구체적으로 춘추학과 사학을 통해 표현되었다. 주희는 역사란 의리를 말해야지 사공을 말해서는 안 되고, 경은 역사보다 차원이 높으며, 성인은 육경六經으로써 가르침을 드리웠지 역사로써 도를 전하지는 않았다고 여겼다. 이 때문에 그는 공자의 『춘추』를 높여서 『춘추』는 '도를 밝히고 의리를 바로잡는(明道正義)' 책이지만, 『좌전』과 『사기』는 오로지 권모술수와 이해를 말하는 것만 좋아하는 책이므로 법으로 삼기에는 부족하다고 여겼다.

이에 반해 여조겸은 『좌전』과 『사기』를 추숭하고, 사공치용事功致用이 역사를 연구하는 목적이라고 보았다. 그의 명작 『대사기大事記』는 바로 태사공太史公(사마천)의 필법을 이용한 책이다. 과재果齋 이방자李方子는 주희와 여조겸의 사학의 다른 점을 비교하여서 다음과 같이 말하였다. "동래 선생의 『대사기』는 사마천의 방법을 적용한 책이므로 기린을 잡은 기록에서부터 이어 써도 문제가 없다. 주자의 『강목』은 『춘추』의 취지에 뿌리를 둔 책이므로 기린을 잡은 기록에서부터 이어 쓰는 것은 옳지 않다."(채모蔡模, 「문공주선생감흥시文公朱先生感興詩」에서 인용) 주희는 심지어 "백공은 걸핏하면 사람들에게 좌씨의 『좌전』과 사마천의 『사기』를 보라고 권하고, 자약子約(여조겸) 등 여러 사람에게 사마천의 장단점을 알지 못한 채 사마천을 공자에 견주어서 거의 흡사하다고 한다."(『어류』 권122)라고 비평하였다.

삼구의 회합에서 춘추학과 사학에 대한 두 사람의 논변은 바로 이러한 기본적인 엇갈림을 둘러싸고 전개되었다.

> 내가 예전에 여백공(여조겸)이 학자들과 『좌전』을 즐겨 말하는 것을 보고서 경계하여 말하기를, "『논어』·『맹자』, 육경의 허다한 도리를 말하지 않고서 이것에만 한정하여 말하는 듯하니, 비록 거기에 자잘한 도리가 있다고 해도 무슨 일을 이룰 수 있겠습니까?" 하였으나, 백공은 믿지 않았다.
>
> ─『어류』 권121

> 여백공이 사람들에게 『좌전』을 보라고 가르치기에 내가 말하기를, "사람들에게 『논어』와 『맹자』를 보라고 가르치는 것만 못합니다."라고 하였다. 백공은 말하기를, "사람들이 외면으로 달려갈까봐 그런 것입니다." 하였다. 그래서 내가 말하기를, "『논어』와 『맹자』를 보면 세 걸음도 갈 수 없지만, 『좌전』을 본 사람은 이미 열 걸음 백 걸음을 달려간 셈입니다. 사람이 만약 『좌전』을 익숙하게 읽으면 곧바로 이익을 좇고 해를 피할 것입니다. 그러나 세간의 이해를 어떻게 사람이 좇아가거나 피하겠습니까! 군자는 다만 도리가 어떤가를 보아서 갈 만하면 가고 갈 만하지 않으면 그칩니다. …… 동중서董仲舒가 말하기를 '인仁한 사람은 그 마땅함을 바르게 하고

그 이익을 도모하지 않으며, 그 도를 밝히고 그 공을 헤아리지 않는다(正其誼不謀其利, 明其道不計其功)'하였습니다. 『좌전』에는 이런 구절이 하나도 없습니다. 만약 사람마다 이익과 손해를 가린 뒤에는 절개를 지키기 위해서 죽어야 할 일이 닥쳤을 때 다시 누가 그렇게 하겠습니까? ……"라고 하였다.

— 동상, 권83

백공과 자약(여조겸)이 태사공太史公(사마천)의 학을 종지로 삼고서 한 대 유학자는 그에게 미칠 바가 아니라고 하기에, 내가 그들과 통렬하게 논변한 적이 있었다. 자유子由(소철蘇轍)의 『고사古史』에는 사마천에 대해 언급하기를, "천박하고 고루하며 배운 것이 없고, (사건에 대한 이해가) 엉성하고 건성이면서 경솔하게 믿는다."라고 하였다. 이 두 구절은 사마천의 잘못을 가장 잘 맞힌 것임에도 백공은 그를 매우 미워하였다. 「고사서古史序」에서 '옛 제왕은 반드시 선을 행하되 불이 반드시 뜨겁고 물이 반드시 차가운 것처럼 하였다. 불선을 하지 않되 추우騶虞가 살아 있는 생물을 죽이지 않고 절지竊脂가 곡식을 쪼아 먹지 않듯이 하였다.'라고 하였는데, 이 말이 가장 좋다. 내가 일찍이 백공에게 묻기를, "이것이 어찌 사마천이 미칠 수 있는 바이겠습니까?"라고 하였다.

— 동상, 권122

주희와 여조겸이 사학에 대해 통렬하게 논변한 내용은 두 사람이 주고받은 편지에는 보이지 않는다. 주희가 '통렬하게 논변한 적이 있었다'고 한 말은 틀림없이 삼구의 회합에서 직접 만나 논변한 일을 가리킬 터이다. 왜냐하면 여조겸이 처음으로 주희에게 사학의 문제를 제기한 때는 순희 3년(1176) 2월에 삼구로 만나러 가기 전이고, 주희는 이에 답장을 보내서 의견이 다름을 나타냈기 때문이다. "보내온 편지에서 배우는 사람들에게 경과 역사를 겸하여 보게 한다는 말씀은 매우 좋습니다. …… 그러나 아마도 또한 경서에 나아가 거기에 뜻을 두게 하는 편이 더 좋을 듯합니다. 대체로 역사서는 요란하고 열렬하며 경서는 차고 담박합니다. 후생은 심지가 아직 안정되지 않았기 때문에 치우쳐서 밖으로 향하지 않는 사람이 적으니 이 또한 미리 막아야 할 일입니다. 어떻게 생각하시는지요?"(『문집』 권33 「답여백공」 서47) 이 편지에서 주희와 여조겸이 이제 막 경과 역사에 관계된 문제를 제기하기 시작했다는 사실을 알 수 있다. 바로 이 편지에서 제기한 문제가 삼구의 회합에서 얼굴을 맞대고 통렬한 논변을 벌이게 했던 것이다.

두 사람은 삼구의 회합에서 예학 방면에 대해서도 토론하였다. 건도 연간에 두 사람이 저마다 『제의祭儀』를 지은 뒤로 이미 예학도 두 사람의 강론에 중요한 내용을 차지하였다. 주희는 여조겸과 대면하여 예학을 논하기 위한 준비를 충분히 하였다. 아호의 회합에서 돌아온 뒤 곧 『증손여씨향약增損呂氏鄉約』을 짓고, 『여계女誠』·『제자직弟子職』·『사마씨서의司馬氏書儀』를 간행하였으며, 『제의』에서 간추려 취하고 내용을 더하여 『가례家禮』를 만든 뒤 『고씨송종례高氏送終禮』·『사마씨서의』 등과 함께 삼구로 가지고 가서 토론하였다. 그러나 여행 도중 그의 『가례』를 절에서 동자승에게 도둑맞는 바람에 주희는 여조겸과 충분히 토론을 전개할 수 없었다. 이후 『가례』에 대한 그의 흥취는 다른 데로 옮겨갔다.

경학에 관한 이런 전면적인 토론과 상응하여서 두 사람이 또 직접 마주하고 유교와 불교의 변별에 대해 논변을 진행한 일은 매우 의미가 크다. 주희는 삼구의 회합에 가기 전에 선불교적인 분위기가 가득한 정이 제자의 어록 잡서雜書 한 권을 얻었다. 사제 간의 문답을 기록한 이 잡서는 완전히 불문佛門의 선사禪師가 현묘하고 비밀스러운 '기봉機鋒'과 '화두話頭'를 가지고 소리쳐서 깨닫게 하는 승려들의 말투를 방불케 하였는데, 유교와 불교가 혼합된 이

학자理學者의 전형적인 저작이었다.

주희는 3월 10일, 전문적으로 「잡서기의雜書記疑」를 지어서 비판을 가하였다. 그러면서도 이 잡서 저자의 대단한 이름은 은연중에 감추려는 의도를 가지고 있었다. 사실 책에 기록된 내용에 근거하면, 여기서 답하는 정이의 제자는 양시楊時와 아는 사람이다. 뒷부분에 문제를 제기하는 학생을 '요군饒君'이라 했는데, 분명히 요절饒節을 가리킨다. 그가 질문을 던지는 정이의 제자는 여희철呂希哲이 틀림없다. 『잡서』는 응당 요절이 기록한 여희철의 어록이다.

요절은 나중에 머리를 깎고 승려가 되어서 공문空門(불문)으로 숨어들었으며, "심지어 여거인呂居仁(여본중)에게 준 시에서는 호상胡床에 결가부좌를 틀고 앉아 오로지 도를 배우는 데 뜻을 두라고 권유하기도 하였다."(『송원학안』권 23) 주희는 이 일 때문에 거리낌 없이 곧바로 여씨의 자제들을 비평하였다. "유독 요절이라는 자가 하루아침에 머리를 깎고 살갗을 훼손하며 천륜을 모두 끊어버렸는데, 제공諸公이 둘러서서 보면서도 어느 한 사람 그를 제지하여 건져주는 자가 없었고, 심지어 어떤 사람은 그를 좇아 따르며 감탄하고서 이 사람은 따라갈 수 없다고 여겼다."(『문집』권83 「발어사인청계유고跋呂舍人靑溪類稿」)

「잡서기의」에서 주희가 여희철과 요절의 이름을 직접적으로 지적하지 않은 까닭은 여조겸의 체면을 고려했기 때문이었다. 동래 여씨東萊呂氏 큰 겨레는 대대로 유명한 재상과 위대한 유학자를 배출했으나, 또한 불교에 우호적인 전통을 지닌 명망 있는 겨레이다. 여조겸은 여씨 선조들이 불교를 좋아했던 사실을 깊이 감추고서 누설하지 않았다. 게다가 그는 소학蘇學을 매우 좋아했기 때문에 불교와 노자를 배척하거나 공격해야 한다고 주장하지도 않았다. 주희는 그에 대해 '사람들이 이단과 속학俗學의 그름을 이야기하면 두려워하고, 소씨를 더욱 힘써 옹호하였다'고 하였다(『문집』권39 「답범백숭」서11).

가학家學의 연원을 언급할 때마다 주희와 여조겸 사이의 이런 사상적 모순은 불교를 좋아한 여조겸의 고조高祖 여희철을 대할 때면 언제나 미묘하게 드러났다. 주희는 여희철에 대해 다음과 같이 총평을 내렸다. "불학을 논한 점은 더욱 놀랍고 탄식할 만하다. 정자 문하의 모든 천만 마디 말은 단지 유가와 불교의 다른 부분을 보라고 한 것인데, 여 공은 정씨에게 배워서 곧바로 성인이 되려고 평생 힘을 다했으면서도 부처와 성인을 합하여 보았으니, 이 어찌 스승을 심하게 저버린 일이 아니겠는가?"(『송원학안』 권23) 여조겸이 『팔조명신언행록』과 『이락연원록』에 대해 이의를 제기한 것도 무엇보다 여희철로 인해 야기된 일이다.

「잡서기의」를 쓴 뒤 주희는 틀림없이 그것을 삼구로 가지고 갔을 터이며, 이 책은 두 사람이 얼굴을 맞대고 유가와 불교에 관한 논변을 하도록 이끌었을 것이다. 그렇기에 주희는 무원에서 돌아온 뒤 조금도 지체할 수 없다는 듯 6월에 여조겸에게 보낸 첫 번째 편지에서 귀찮은 것도 개의치 않고 우선 유가와 불교의 변별에 대해 다음과 같이 언급하였다.

전에 보니 형(吾兄)께서 유가와 불교의 변별에 대해 그리 심하게 말하지 않았는데, 본래는 심후한 일입니다. 그러나 모르는 사람들은 그대(高明)가 속으로 불교를 주장하려는 의도가 있다고 하니 그 이해利害가 작지 않습니다. 근래에 배우는 사람들이 만약 이런 부분에 대해서 견해가 불분명하면 …… 함께 진실한 정성을 기울여서 이 폐단을 힘써 구제하는 일이 바로 우리 무리의 책임입니다. ──『문집』 권25 「답여백공」 서1

이어서 두 번째 편지에서도 유가와 불교의 변별을 소리 높여 제기하였다.

유가와 불교의 변별은 참으로 가르쳐주신 말씀과 같습니다. 대개 정말로 마땅히 끝까지 논하고 분명히 변별해야 할 부분에서 조금이라도 망설인다면 음으로 그들을 돕는 뜻이 있는 것이니, 사람들로 하여금 의심하지 않을 수 없게 합니다. 따라서 모르는 사람들은 결국 방향을 어디로 잡을지 헷갈릴 터이니 작은 문제가 아닙니다. 지금부터라도 이 점에 신경을 써주시기를 간절히 바랍니다. 어찌 물러나서 실제로 도를 담당해야 할 책임을 폐하고, 불교가 쇠퇴하는 것만을 다행으로 여기면서, 은미한 데서부터 지켜야 한다는 경계를 소홀히 할 수 있겠습니까!

—『문집』 권33 「답여백공」 서49

주희의 이런 말은 물론 모두 가리키는 바가 있으니, 곧 두 사람이 삼구에서 유가와 불교를 변별하는 논변 과정에 전혀 의견의 일치를 보지 못했음을 나타낸다. 여조겸은 불교를 배척하는 데 여전히 소극적인 편이었다. 그런데 주희가 쓴 「잡서기의」는 여씨의 가학을 비판하는 의의를 훨씬 넘어서 육씨의 심학을 비판하려는 현실적인 의도가 담겨 있었다.

잡서에 대한 주희의 비판은 다음과 같다. 첫째, 같은 마음(同心)과 같은 이치(同理)를 마음으로 전했다는(心傳) 설을 비판한다. "앞의 성인과 뒤의 성인이 부절符節을 합친 것처럼 똑같은 것은 성인의 도를 전한 것이 아니라 성인의 마음을 전하고, 성인의 마음을 전한 것이 아니라 자기의 마음을 전했기 때문이다. 자기의 마음은 성인의 마음과 다름이 없으니, 끝없이 넓고 커서 모든 선이 다 갖춰져 있다. 성인의 도를 전하고자 한다면 이 마음을 확충하기만 하면 된다." 잡서의 이런 주장은 육구연이 말하는, "우주가 곧 내 마음이고 내 마음이 곧 우주이다. 동해에 성인이 나와도 이 마음은 같고 이 이치는 같으며, 서해에 성인이 나와도 이 마음은 같고 이 이치는 같다. 남해, 북해에 성인이 나와도 이 마음은 같고 이 이치는 같다. 천백세千百世 위에서 천백세

아래에 이르도록 성인이 나온다면 이 마음과 이 이치는 또한 같지 않은 것이 하나도 없다."라고 한 것과 한 길에서 나온 듯이 똑같다.

둘째, 선불교 식의 정신적 깨달음을 비판한다. "황홀하게 정신의 깨달음에 이르는 것은 지혜와 힘(智力)으로 구하는 도리가 아니니 배우는 사람들이 어찌 힘을 쓰지 않을 수 있겠는가?", "내(여희철)가 '만물이 모두 나에게 갖춰져 있는 것이란 어떤 것입니까?' 하고 묻자, 선생(정이)은 정색하고 말씀하시기를 '만물이 모두 나에게 갖춰져 있다'라고 하였다. 나는 말씀 한마디에 바로 깨달았다." 이런 것은 본심을 스스로 깨닫는 육구연의 쉽고 간단한 공부와 표현은 달라도 내용은 같다.

셋째, 심이 곧 성(心卽性)이라고 한 설을 비판한다. "심은 성이고 성은 천天이며, 천은 성이고 성은 심이다."라고 한 말은 또한 육구연의 '심이 곧 이(心卽理)'라고 한 것과 부절을 합친 듯이 똑같다.

넷째, 유가와 불교의 도가 같다는 설을 비판한다. "누군가가 유교와 불교의 같고 다름에 대해서 물었다. 선생은 '그대의 본래 모습은 유교인가 불교인가?' 하고 물었다." 주희는 특별한 의도가 있는 듯이, 이는 "본래 없는 것을 가지고 유교와 불교를 혼합하여 하나로 만든 것으로서, 선학禪學의 말류가 진실에서 벗어나고 이치에 막혀서 둘러대면서(遑遑) 늘 하는 말이므로 세속 학자들이 바람에 쏠리듯 하는 것도 이상하지 않다."(『문집』 권70 「기의記疑」)고 여겼다.

「잡서기의」는 여희철을 비판하려기보다는 차라리 곁에서 북을 쳐 육구연을 비판하려는 것이다. 그런데 여씨의 가학과 육씨의 심학에 대한 주희의 비판은 다른 한편으로 육학을 비호하고 절충하는 여조겸에 대해 완곡하게 비평하는 것이기도 하다. 삼구의 회합에서 전개된 유가와 불교의 변별에 대한 논변은 아호의 회합에서 있었던 주희와 육구연의 논변이 일으킨 소용돌이의 여파이다. 아호의 회합 이후 육구연의 심학에 대한 주희의 비판은 「잡서기의」가 기점이 되었다고 할 수 있다.

삼구의 회합은 주희의 경학과 이학 사상의 발전에서 또 하나 중요한 이정
표였다. 한천의 회합이 주희와 여조겸 두 사람의 이학 사상의 일치를 분명히
나타내는 것이라고 한다면, 삼구의 회합은 반대로 주희와 여조겸 두 사람의
경학 사상의 대립을 분명히 나타내는 것이었다. 한천의 회합이 『근사록』으로
주희가 주돈이·장재·정호·정이의 이학에 대해 역사적으로 개괄하고 총결한
것이었다면, 삼구의 회합은 주희가 「잡서기의」로써 여조겸·장구성(*장무구)·육
구연 형제의 심학에 대해 현실적으로 비판하고 청산한 것이었다.

삼구의 회합 이후 주희는 비로소 한편으로는 무학婺學(*곧바로 영가학·영강학
永康學에 이르기까지)의 공리적功利的 역사학을 비판하고, 또 한편으로는 선불교적
깨달음을 강조하는 육구연의 심학心學을 비판하면서 초보적으로나마 자기 학
문의 '지리함'을 극복하고 자기 평생의 학문과 저술에 대해 널리 배우던 데서
요약하는 데로 돌아가는(由博返約) 총결을 내렸다.

朱子評傳

제10장

정유년(1177) : 평생 학문의 제1차 총결

단숨에 진보한 공부

『사서집주』 경학 체계의 탄생

오경학五經學 사상의 비약

┃ 단숨에 진보한 공부 ┃

　한천寒泉의 회합에서 아호鵝湖의 회합을 거쳐 삼구三衢의 회합까지 주희 내심의 자아는 『사서집해四書集解』 경학 시기로부터 『사서집주四書集注』 경학 시기로 급격히 변화하는 과도기적 사상의 역정을 펼쳐 보인다. 세 차례 회합은 마침내 『사서집주』의 탄생을 촉진하였다. 아호의 회합이 그로 하여금 자기 학문의 '지리함'을 깊이 깨닫고 전반생 학문 저술의 길을 명확하게 총결했다면, 삼구의 회합은 그의 사상을 '비약적으로 진보頓進'시켜서 '도문학道問學'과 '존덕성尊德性' 두 방면에 모두 문제가 있었다는 사실을 의식하게끔 하였다.

　순희 3년(1176) 4월 6일에 주희는 여조겸과 작별한 뒤 채원정과 함께 무원婺源으로 가는 길에 『근사록』을 반복적으로 깊이 연구하였다. 머릿속에서는 끊임없이 자기 평생의 학문 사상에 대한 새로운 자아 반성이 들끓고 있었다. 4월 21일에 무원에 도착하자 곧바로 여조겸에게 편지를 써서 알렸다. "오는 동안에 계통季通(채원정)과 강론하였습니다. 그 결과, 종래 함양涵養 공부는 완전히 부족하고 강설講說은 또한 많았으며, 근거를 억지로 찾아내서 반드시 취하려 하고, 유행을 따르고 말단을 좇아가는 폐단으로 흘러갔으며, 유추하여서 추구하는 등 여러 문제(衆病)가 한둘이 아닌데, 그 근원이 모두 여기에 있음을 깨달았습니다. 그리하여 황홀하게 자기를 잃어버린 채 단숨에 공부가 진보한(頓進之功) 듯합니다. 만약 이런 것을 보존하고 유지하여 게을리하지 않는다면 장래를 기대할 수 있을 것입니다. 그렇다고 해서 요즘의 제현諸賢이

말하는 돈오頓悟의 기틀과 같은 것은 아닙니다."(『문집文集』 권33 「답어백공答呂伯恭」 서48)

'요즘의 제현'이란 우선 금계金溪의 육구연과 육구령을 가리킨다. 주희가 말하는 '단숨에 진보한 공부'란 한편으로는 '존덕성存德性' 방면에서 자기의 '함양 공부가 완전히 부족했음을' 인식한 것이고, 또 한편으로는 '도문학道問學' 방면에서 자기의 '강설이 또한 많았음'을 인식한 것이다. 그는 나중에 자기와 육구연의 학문에서 각기 부족한 점을 다음과 같이 총결하여서 말하였다. "대체로 자사子思 이래 사람을 가르치는 방법은 오직 존덕성과 도문학 두 가지 일을 공부에 힘쓰는 요체로 삼습니다. 지금 자정子靜(육구연)이 말한 것은 오로지 존덕성의 일이고, 제가 평소 논한 것은 도리어 도문학 부분이 많았습니다."(『문집』 권54 「답항평보答項平甫」 서2)

사실 그는 삼구의 회합 이후 이미 날카롭게 깨닫고 있었다. 그가 추구하려 한 것은 존덕성과 도문학의 통일, 곧 경건(敬)과 앎(知)을 동시에 닦는 방법으로서, 또한 황종희黃宗羲가 말하는, '경건과 의를 동시에 유지하고, 명철함과 성실함을 나란히 진보시키는(敬義夾持, 明誠兩進)' 방법이다. 이는 '존덕성'을 근본으로 하며, '도문학'에서는 널리 배움(博)에서 요약함(約)으로 돌아가고, 잡스런 데서 정밀한 데로 들어가 평생 학문 저술에 대해 '강설이 또한 많은 것, 근거를 억지로 찾아내서 반드시 취하려 하는 것, 흐름을 따라 말단을 좇는 것, 유추하여서 추구하는 것' 등의 병폐를 단번에 쓸어버리고 총괄적으로 정리한 것이다. ― 이것이 바로 순희 4년 정유년(1177)에 평생의 경학 저술을 전면적으로 수정할 때의 지도적인 사상이다.

이런 자아의 총결은 '존덕성' 방면에서든 '도문학' 방면에서든 모두 '요즘의 제현'이 말하는 갖가지 돈오의 선설禪說을 부정하는 방향으로 통하였다. 그러므로 아호의 회합과 삼구의 회합에서 진행한 유가와 불교의 변별이라는

사상 노선을 따라 그의 배불排佛 의식은 평생 학문 저술의 수정과 총결에 수
반하여 거듭 새롭게 고조되기 시작하였다.

무원에서 조상의 묘소를 참배하고 있을 때 주희는 자기의 이런 '단숨에
진보한 공부'를 드러내 보였다. 두 달 동안 그는 산간으로 돌아다니며 조상의
묘와 고향의 땅을 심방하는 일 외에도 무원 주씨의 시조인 주괴朱瓌의 연동
連同에 있는 무덤을 찾아보았다. 지방 관사官司의 힘을 빌려서 시조의 묘역을
수리하고 복원하는 일 외에[1] 그는 모든 시간과 정력을 '존덕성·도문학'을 둘
러싼 학문 강론에 바쳤다.

무원현의 수령인 장한張漢은 현의 학생들을 거느리고 와서 그에게 강학을
청하였다. 주희는 스스로 챙겨 온 이정二程의 『유서遺書』·『외서外書』·『문집』·
『경설經說』과 『사마씨서의司馬氏書儀』·『고씨송종례高氏送終禮』·『여씨향의향약呂
氏鄉儀鄉約』 등의 서적을 현학縣學에 기증하고, 그들을 위해 「휘주무원현학장서
각기徽州婺源縣學藏書閣記」를 지어서 특별히 다음과 같이 강조하였다. "진·한 이
래 선비들이 책에서 구하는 것은 대부분 기억하고 외우며 표절하여서 취하
는 것을 공으로 삼는 식이고, 궁리窮理와 수신修身의 요체에는 이르지 못하였
다. 그래서 지나친 자는 마침내 배움을 끊고 책을 던져버리면서 서로 허황하

---

1 『신안월담주씨족보新安月潭朱氏族譜』 권1 : "일세一世인 다원부군茶院府君 괴瓌는 …… 두 부인杜
夫人 사랑四娘에게 장가들었고, 죽은 뒤 만안향萬安鄉 천추리千秋里에 합장되었다. 지명은 연동
連同이다. …… 『조영지祖塋志』의 기록을 살피건대, 동서남북이 모두 주씨 스물여덟 분의 묘원
(園地)이다. 순희 3년 병신년(1176) 2월에 문공이 민閩(복건)에서 무원으로 돌아와 종족을 찾아
보고, 조상의 묘에 참배하고, 시조의 묘역을 심방하였다. 그때 연동의 무덤을 찾아내 유사有司
에게 고하니, 관부에서 공에게 증명서를 내주었는데, 연동 묘소의 사방 거리는 각각 6척 5촌
이었다. 나중에 자손이 찾아가서 제사하고 참배하였다. 가정嘉定 8년 을해년(1215) 12월 22일,
주 시정朱寺正은 주사원朱思淵이 팔아버린 스물여덟 분 조상의 분묘 주변 지역 땅을 사들였는
데, 다원茶院의 무덤 한가운데서 북쪽으로부터 주사원의 집 본채(正屋) 바깥에 있는 별채(小屋)
의 적수滴水까지 헤아려서 3장丈 5척이고, 또 동북쪽으로는 5장이고, 서북쪽으로는 10장이다."

고 들뜨고 허탄한 영역으로 치달려갔다. 대체로 두 가지의 폐단은 다르지만 모두 옛사람의 뜻을 잃게 될 것이다."(『문집』 권78) 이는 선가의 이단을 비판하는 말이자, 나아가 불립문자不立文字의 육구연 심학을 비판한 말이다.

종산鐘山의 이증李繪·이계찰李季札 부자와 아침저녁으로 시를 논하고 도를 강론하는 가운데 주희가 흥미진진하게 이야기한 내용은 역시 선설禪說을 물리치고 육학陸學을 배척하는 것이었다. 한번은 종산서원鐘山書院에서 노는 중에 그가 무심코 손을 뻗어 시렁 위에 있던 불서佛書를 뒤적였다. 이증이 "그 안에서 뭔가 얻은 것이 있습니까?" 하고 물었다. 그는 단호하게 "다행히 얻은 것이 없습니다. 우리 유학은 넓고 크고 자세하고 은미하여서 근본과 말단이 다 갖춰 있기 때문에 다른 데서 구할 필요가 없습니다."(『신안문헌지新安文獻志』 권33)라고 답하였다.

두 번째로 고향 무원을 방문했을 때 그는 이미 당대의 유명한 거유巨儒가 되어 있었다. 원래 제자였던 정순程洵 외에도 신안과 파양鄱陽의 선비인 등린騰璘·등공騰珙 형제, 정선程先·정영기程永奇 부자, 오창吳昶·이계찰·정단몽程端蒙·동수董銖·동경방董景房(동위량董爲良)·왕청경汪淸卿·장진경張珍卿·정공程珙 등이 와서 제자의 예를 행하였다. 나중에 왕우汪佑는 「자양서원건천원류기紫陽書院建遷源流記」에서 다음과 같이 말하였다. "순희 병신년(1176)에 (주희가) 두 번째로 왔을 때 서산西山의 채민蔡民이 종유하였다. 그 당시 고향의 집으로 돌아올 생각으로 여러 달 머물면서 가르침을 베풀었기 때문에, 학자들이 영향을 받아 군郡에서 따르며 제자의 예를 행한 이가 30인이었다."(『흡현금석지歙縣金石志』 권7)

무원에서 주희는 이학理學의 대사大師로서 자기의 존덕성·도문학의 '단숨에 진보한 새로운 공부(頓進新功)'를 가지고 새로 받아들인 이들 제자를 빚어냈다. 두 달 동안 그가 정성껏 이계찰에게 전수한 가르침은, 한편으로는 거경함양居敬涵養의 존덕성을 강조하여서 '한마음(一心)'이 모든 이치(萬理)를 갖추고 있

으니 마음을 보존할 수 있은 뒤에야 이치를 궁구할 수 있다'는 점과 또 한편
으로는 독서궁리讀書窮理의 도문학을 강조하여서 '독서할 때 신경을 써서 완
미해야 비로소 문자를 통해 의리를 찾아낼 수 있다'는 것이었다(『신안문헌지』 권
33).

　휴녕休寧의 늙은 선비인 동은東隱 정선이 아들 정영기를 데리고 분주히 달
려와서 배움을 물었다. 주희는 그들에게 거경궁리居敬窮理와 경의협지敬義夾持
의 '성학聖學의 대요'를 알려주었다. 나중에 정영기는 다시 주희를 따라 함께
숭안으로 돌아가서 1년 동안 수학하였다. 이별할 때 주희는 그에게 몇 백 글
자로 된 '지경명의持敬明義의 설'을 지어 주었다. 그는 집으로 돌아가서 곧 서
재 이름을 경의당敬義堂이라고 하였다.[2]

　스스로 존덕성 방면에서 부족하다고 느꼈기 때문에 주희는 신안의 제자
들에게 특별히 존덕성의 거경함양 공부를 강조하였다. 외사촌 아우(表弟) 정순
程洵은 자기의 도문학재道問學齋를 위해 명銘을 지어달라고 부탁하였다. 주희
는 도문학재라는 이름을 존덕성재尊德性齋로 고치고, 「존덕성재명尊德性齋銘」을

---

2 『남송문록록南宋文錄錄』 권24 섭계발葉季發의 「정영기묘지명程永奇墓誌銘」 : "군君은 이름이 영기
　이고 자가 차경次卿이다. 아버지는 선先이다 …… 문공 선생이 무원에 성묘하러 왔을 때 이정
　공履正公(•정선)이 군을 데리고 찾아가서 절하고 가르침을 받기를 청했다. 그리고 군으로 하여
　금 문공을 모시고 건안으로 돌아가게 하였다. 그는 어려운 점을 끊임없이 묻고 끝까지 연구
　하여서 조예가 더욱 깊어졌다. 1년이 지나서 돌아올 때 문공이 손수 지경명持敬明義에 대한
　설 100여 글자를 지어주어서 권면하였다. 군은 돌아와서 마침내 그 당堂의 이름을 경의敬義라
　고 지었다. ……" 『신안학계록新安學系錄』 권16 : "정동은程東隱은 이름이 선先이고 자가 부지傳
　之이다. 휴녕休寧 배곽陪郭 사람이다. 묘표에는 다음과 같이 말하고 있다. 그가 무원에 돌아온
　회암 주 부자를 분주히 달려가서 찾아뵈었더니 주 부자가 성학聖學의 대요를 가르쳐주었다.
　그 당시 나이가 70여 세이므로 따라갈 수 없어서 아들 영기를 보내 (주희를) 모시고 민閩으로
　들어가게 하였다. ……" 또 『황돈집篁墩集』 권37 「서주자소여선세이서후書朱子所與先世二書後」에
　도 보인다.

지어서 주었다. 주희는 또 왕청경의 경재敬齋에 가서 마을의 자제들을 위하여 학문을 강론한 뒤 왕청경의 서재에 애일재愛日齋라는 이름을 붙여주고, 특히 자기가 건도 8년(1172)에 지은 「경재잠敬齋箴」을 손수 써서 그에게 주었다.[3]

---

3 정상관程尙寬의 『신안명족지新安名族志』 전권前卷 「왕씨汪氏」: "흡歙의 집현방集賢坊은 읍의 모퉁이에 있다. 당唐 월공越公(왕화汪華)의 13세손은 도안道安인데, 아전 병마사 도우후衙前兵馬使都虞侯에 보임補任되어서 무원에 주둔하다가 마침내 그곳에서 가문을 이루었다. …… 27세손은 정우庭祐인데, 호가 잠암潛庵이다. 공원貢元이며, 학문에 노력하였다. 청경淸卿은 호가 복암復庵이다. 천성이 지극히 효성스러웠다. 회옹晦翁(주희)이 고정考亭에서 돌아오면 늘 그에게 갔으며, 그 서재의 편액을 애일愛日이라 하고 또 「경재잠敬齋箴」을 지어 주었다. 당시에 일족이 학문으로 서로 이름이 있었다." 또 홍거무洪去蕪의 『연보』에는 "선생이 왕씨의 경재敬齋에서 고을 사람의 자제에게 강학하였다." 하고, 아울러 「경재잠」을 덧붙였다. 백전 왕무횡은 이것을 건강 부회한 것으로 여겨서 마침내 자기가 빼버렸다고 한 뒤 다음과 같이 말하였다. "「경재잠」의 전제前題를 보건대, '남헌南軒의 「주일잠主一箴」을 읽고 그 남은 뜻을 이어서 「경재잠」을 지은 뒤 스스로 경계한다'고 하였다. 남헌은 경자년(•순희 7년, 1180)에 죽었으니 (「경재잠」은) 응당 경자년 이후의 작품이다." 그러나 왕무횡의 이 말은 매우 잘못되었다. 이른바 '남은 뜻'이란 장식이 죽은 뒤 남긴 뜻을 가리키는 것이 아니라 바로 「주일잠」에서 다 말하지 못한 뜻을 명백히 가리키며, (「경재잠」을 지은 까닭은) 그 미비한 뜻을 드러내고자 한 것이다. 「주일잠」은 남헌이 건도 7년(1171)에 지었는데, 『장식연보張栻年譜』에 보인다. 『남헌선생문집南軒先生文集』 권20 「답주원회答朱元晦」 서13의 "「경재잠」은 모두 좌우에 써 두겠습니다."라고 한 내용에 근거하면, 주희의 「경재잠」은 장식이 죽은 뒤에 지은 것이 아님을 알 수 있다. 주희에게 답한 장식의 이 편지에서 주희가 「극재기克齋記」를 지었다고 언급한 점을 고려하면, 이는 건도 8년의 일이다. 또 유공 공보劉珙共甫가 담주潭州의 지주知州로 올 것이라 언급하고 있는데, 주희의 「유공묘기劉珙墓記」에 근거하면 유공이 담주 지주가 된 때는 건도 8년이다. 그뿐 아니라 이 편지에서 장안국張安國(장효상張孝祥)이 보낸 편지를 언급하고 있는데, 장효상은 건도 7년에 죽었으며, 주희가 장효상의 편지를 받은 때는 건도 8년이었다. 게다가 이 편지에는 위원리魏元履(위염지)가 아파서 여러 차례 편지도 보내고 문병도 했다고 언급되어 있는데, 위원리는 실은 건도 9년 봄에 죽었다. 이로 볼 때 주희가 보낸 「경재잠」을 장식이 받은 때는 건도 9년 초이고, 주희가 「경재잠」을 지은 때는 대략 건도 8년 겨울 사이였음을 확실히 알 수 있다. 순희 3년(1176)에 무원으로 돌아가 왕씨의 경재에서 강학할 때는 응당 손수 「경재잠」을 써서 주었다는 말이지 「경재잠」을 순희 3년에 지었다는 말이 아니다. 주택운朱澤澐의 『주자성학고략朱子聖學考略』은 홍거무의 『연보』에서 「경재잠」을 순희 3년에 지었다고 비정한 것에 근거하여 "『연보』에서 차례를 정한 것이므로 믿을 만하다."고 했으나, 역시 사실이 아니다.

그러나 주희는 그들에게 독서하고 저술하는 도문학의 공부에 대해서도
마찬가지로 더욱 이끌어주었다. 『서』와 『역』을 정밀하게 연구하여서 『서설書
說』 40권과 『역론易論』 40권을 지은 흡현歙縣의 선비 우당友堂 오창吳彔이 『서
설』을 가지고 와서 제자의 예로 주희를 찾아뵈었는데, 주희는 이를 가상히
여겨 인정하고 지적하면서 가르쳐주었다. 오창의 증손 오룡한吳龍翰은 나중에
거듭 이 일을 언급하였다.

> 순희 병신년(1176) 2월, 회옹(주희)이 무원으로 돌아왔을 때 증조부(오창)께
> 서 짚신을 신고 지팡이를 끌고 찾아가서 마침내 제자의 반열에 이름을 올
> 렸다. 그리고 지으신 『서설』을 가지고 가서 질정을 구하여, 회옹의 인정을
> 받았다. 또 회옹에게 편지를 보내 『역』을 매우 상세히 논하였다. ……
>
> ——『고매유고古梅遺稿』 권2

> 증조부께서 문공 주자의 문하에 종유從遊하실 때 직접 가르침을 받았다.
> 문공(주희)이 성묘하러 무원에 왔을 때 증조부께서 『서설』을 바쳤는데, 문공
> 이 매우 칭찬하셨다.　　　　　——동상, 권6 「상유후촌서上劉後村書」

주희가 무원으로 가기 전에 등린·등공 형제는 부친의 명을 받들어 편지
를 닦아서 그에게 배움을 물었다. 주희는 등씨 형제에게 학문하는 요체는 정
호와 정이의 책을 읽는 데 지나지 않는다는 점, 『논어』를 따라 입문할 것, '과
거 공부가 사람의 뜻을 빼앗는다는 사실 및 불교와 도교는 유교와 귀추가 다
르다는 점'을 인식해야 한다고 알려주었다(『문집』 권49 「답등덕수答滕德粹」 서1).
주희가 무원에서 지내던 두 달간 등씨 형제는 날마다 『대학』·『중용』 등의
문제를 가지고 와서 그에게 '질의하고 문난問難하며' 스승의 설을 기록하였

다. 나중에 등린의 손자는 무원에서 있었던 주희의 일화 하나를 소개하였다.

> 순희 3년(1176), 주 문공이 고향에 돌아오셨다. 주당朱塘을 유람할 때 산
> 이 깊고 물이 고요하며 연꽃이 그 사이에 피어 있는 모습을 보고 감동하여
> 서 말씀하셨다. "이곳은 내가 꿈에 노닐던 곳이다. 누구의 땅인가?" 그러자
> 조부께서 공손히 나아가 "선조의 기업基業입니다. 선조의 무덤이 이곳에 있
> 습니다."라고 하셨다. 문공이 말씀하시기를, "여기는 정자를 세워서 산수를
> 거느리도록 하기에 마땅하네. 자네가 종이를 가져오면 내가 편지를 쓸 테
> 니 뜻을 같이하는 자들에게 알려서 함께 정자를 세우도록 하세."라고 하셨
> 다. 조부께서는 평소 신중한 분이고 당시에는 나이도 어린 데다 사방을 둘
> 러봐도 종이와 붓이 없어서 그만두셨다. 나중에 연鉛과 균鈞에게 한이 된다
> 고 말씀하셨다.
>
> ── 허월경許月卿, 『선천집先天集』 권3 「주당시에 차운하다(次韻朱塘)」[4]

분명히 주희가 온 힘을 다해 '존덕성'과 '도문학' 사이에서 평형을 추구한
목적은 불교의 설과 육학의 공허한 깨달음에 반대하고, '요즘의 제현'인 육구
연·육구령 형제 등의 공격을 받지 않기 위함이었다. 이런 배불排佛 의식은 일
종의 학파 의식이기도 하다. 주희의 이 무원 여행은 진정으로 주학의 바람을
환남皖南(안휘성 남쪽)에 불어넣었다. 이리하여 환皖에 신안新安의 제자를 핵심으

---

4 '주당朱塘'은 '비당緋塘'이라고도 한다. 『안휘통지安徽通志』 권27을 참조하면, "주당은 무원현 동
쪽에 있다. 주자가 무원에 돌아왔을 때 문인 등린과 노닐면서 그 산수가 그윽하고 고요한 것
을 보고 지난날 꿈에 본 정경과 같다고 하면서 그곳이 어떤 곳인지를 물었다. 등린이 '주비당
은 저의 세업世業입니다'라고 대답하자 주자는 '전부터 그대와 정신의 교유가 있었던 것 같다'
하고, 이어서 정자를 지으라 명하고 '초당草堂'이라는 두 글자를 써서 주었다."라고 하였다.

로 하는 주학朱學 학파의 지맥支脈이 형성되었다.

6월 상순, 주희는 무원의 취병산翠屛山 아래에 병산서옥屛山書屋을 세워서 이때의 고향 방문을 기념한 다음,[5] 무원을 떠나 민으로 돌아와서 다시 긴장된 저작 생활을 시작하였다. 자기의 '단숨에 진보한 공부'를 유지하면서 평생의 경학 저술을 전면적으로 수정하고 총결하는 일을 마무리하기 위해, 그는 또 한 차례 조정에 들어가 관리가 되는 것을 기꺼워하지 않았다.

6월 21일에 주희를 비서성 비서랑秘書省 秘書郎에 제수한다는 상서성의 차자와 고명告命 한 통이 내려왔다. 이는 공무량龔茂良과 한원길韓元吉이 크게 힘을 써서 천거한 결과였다. 공무량은 순희 원년(1174)에 참지정사參知政事에 제수된 뒤 당대의 대유학자인 주희를 불러내서 자기를 도와달라고 청할 마음을 먹고 있었다. 또한 순희 3년 정월에 건녕建寧의 수령 한원길은 이부 상서로 부름을 받고 도성으로 가던 길에 숭안을 지날 때 주희를 특별히 한번 만나서 조정에 천거하겠다는 뜻을 나타냈다.

바로 이때에 조신趙昚(효종)이 '염퇴廉退한 선비를 장려하여서 등용하라'는 조칙을 내렸기 때문에 공무량은 이 기회를 틈타 직접 아뢰었다. "주희라는 자가 있는데, 행실이 깨끗하여서 여러 차례 불렀으나 나오지 않았습니다. 마땅히 녹용錄用하는 은전을 받아야 합니다." 조신이 "어떤 관직을 지냈는가?" 하고 물었다. 또 다른 참지정사 이언영李彦穎이 곁에서 말하였다. "듣건대, 일찍이 주현의 관리를 한 번 지냈으며, 이후로는 추밀원 편수관樞密院 編修官과 무학 박사武學博士로 불렀으나 모두 나오지 않았다고 합니다. 최근에는 폐하께서 특별히 관직을 고쳐주라고 하셔서 지금은 궁관宮官을 맡고 있습니다."

---

5 『안휘통지』 권27 : "병산서옥屛山書屋은 무원현 취병산에 있다. 주자가 조상의 묘에 성묘하러 왔을 때 세운 것이다. 10세손 주온朱穩이 이곳에 다시 집을 짓고 독서하였다."

조신이 곧 말하기를, "그 사람이 여러 차례 관직을 사양했던 기억이 난다. 이 또한 사람들이 다 아는 일이다. 이제 관직에 제수할 만하다."(『중흥성정中興聖政』 권54)라고 하였다.

주희는 7월 8일과 8월 말에 잇달아 사면장辭免狀 두 통을 올렸고, 심지어 한원길을 괴이하다고 꾸짖기까지 하면서 전보다 더 단호한 태도를 취하였다. 이는 실로 그의 천성이 고집 세고 절개가 굳어서(狷介) 세속을 따라 적당하게 처신할 수 없다는 사실을 스스로 알고 있었고, 관리 생활의 부침을 간파한 데다, 더욱이 '세상이 쇠퇴하고 도가 은미해져서 사대부가 진실을 가장한 채 거짓을 팔면서 공을 빙자하여 사사로움을 추구하는 것'과 '근세 이래 풍속이 퇴폐하여서 세력 있는 자에게 의탁하고 또 기만하여서 작위를 취하는 사대부가 이루 셀 수 없이 많은' 것을 통한으로 여겼기 때문이다(『문집』 권25 「답한상서서答韓尙書書」). 그는 한원길에게 보낸 편지에서 스스로를 정확하게 파악하여 자기의 도학적 영혼을 다음과 같이 해부하였다. "저는 고집 세고 굳은 성질을 온갖 방법으로 부드럽게 고치려 하였으나 끝내 돌이킬 수 없었으며, 실정에 어둡고 엉성한 학문이지만 이미 깊이 힘을 기울여서 스스로 더욱 독실하게 믿고 있습니다. 이 때문에 결코 시속時俗과 더불어 적당히 처신하며 공명을 취할 수 없음을 알기에 20년 동안 스스로 물러나 숨어 사는 것을 달게 여기면서 저의 뜻을 추구하였습니다."(동상)

그러나 그가 산에서 나와 도성으로 들어가려 하지 않은 까닭은 조정의 정치 분위기를 손바닥을 가리키듯 더욱 훤히 알고 있었기 때문이었다. 그는 공무량에게 보낸 편지에서 권행權倖의 소인들이 권력을 농단하는 현실에 관해 언급하면서 자기가 조정에 들어가는 일을 '가만히 헤아리건대, 한때의 권행이 즐겨 들으려 하지 않을 뿐만이 아니라'고 단정하였다(동상, 여공참정與龔參政 서 1). 또 한원길에게 보낸 편지에서는 자기가 조정에 들어가면 '다스리는 데에는 유익함이 없고, 뭇 소인의 조롱거리가 되기에나 딱 알맞을 것'이라고 예상하였다(동상, 「답한상서서」).

과연, 공무량에게 보낸 이 편지가 도성에 도착하기도 전에 조정에서는 권력을 농단하는 행신倖臣이 이미 사방에서 주희를 헐뜯기 시작하였다. 주희가 말한 '권행'이란 근습近習인 증적曾覿·왕변王抃·감변甘昪 및 그들과 한통속이 되어서 결탁한 조정 관리인 호부 원외랑戶部員外郞 사확연謝廓然, 태부 소경太府少卿 전량신錢良臣의 무리였다.

조신이 총애하고 믿는 근습과 행신의 묵은 습속은 고치기 어려웠다. 용대연龍大淵이 죽은 뒤, 증적은 개부 의동삼사開府儀同三司에 제수되고, 왕변은 지합문知閤門으로서 추밀원 도승지를 겸하였으며, 감변은 내압반內押班으로 들어갔다. 세 간신 재상이 결탁하자 염치를 모르는 무리들이 서로 다투어서 빌붙었다. 주희는 일찍이 융흥주사隆興奏事에서 거침없이 증적과 용대연을 공격하여 근습의 소인들로 하여금 속마음에 아직까지 남은 공포를 갖게 했을 뿐만아니라, 조신에게는 멀리서 바라보고도 두려워하는 마음을 갖게 하였다. 그들은 주희가 도성에 들어오면 근습 소인에 반대하는 도학의 청의淸議가 또다시 치열하게 펼쳐질지도 모른다고 두려워하였다. 결국 권력을 가진 권행의 소인들이 주희에 대해 참소하는 말을 한번 하자, 청렴하게 물러나 있는 선비를 등용하려던 조신의 열의도 단번에 싸늘히 식어버리고, 급기야 공무량의 손에 맡긴다며 아무렇게나 내비內批(규정에 따라 중서성 등의 의정議定을 거치지 않고 황제가 궁중 안에서 직접 내리는 조령)를 멋대로 내리면서 "헛된 이름만 가진 선비는 조정을 파괴할 것이다."(「송사」, 「공무량전」)라고 하였다.[6]

---

6 『건염이래조야잡기建炎以來朝野雜記』 을집乙集 권8 「회암선생비색은晦庵先生非素隱」, 『속자치통감續資治通鑑』, 「도명록道命錄」 등을 참조하라.

주희는 여조겸에게 보낸 편지에서 조신 황제의 모호한 태도에 원망을 금치 못하고 다음과 같이 말하였다. "오늘날 군주와 재상이 충언을 즐겨 듣고자 하는 마음이 절실하지 않다고 할 수는 없으나, 다만 음험하고 사특한 사람들이 가린 탓에 결연히 믿고 쓰지 못합니다. 어떤 사람들은 바로 저들의 술수를 시행하려 하기도 합니다."(『문집』 권34 「답여백공」 서3)

9월에 주희는 전처럼 무이산武夷山 충우관沖祐觀의 관리직으로 차견되었으나 11월에 부인 유씨劉氏가 죽는 바람에 더욱더 산을 나갈 수 없었다. 그는 여조겸에게 보낸 편지에서 조금은 스스로를 조롱하는 기분으로 다음과 같이 말하였다. "공형恭兄(*여백공, 곧 여조겸)의 편지에서 말한 썩어빠진 선비의 효과가 이러하니, 어찌 감히 다시 도를 전하고 가르침을 주려는 뜻을 갖겠습니까? 다만 문을 닫고 허물을 생각하며 여생을 마치고자 합니다."(『금화황선생문집金華黃先生文集』 권22 「주문공서대우첩朱文公書大愚帖」)

그는 공무량에게도 실망을 느꼈다. 「소나무(松)」라는 시 한 수에서 그는 공무량을 다음과 같이 은근히 풍자하였다. "반드시 한미한 선비를 다 덮어줄 수도 없으니, 여기 머물며 맑은 바람을 간직하느니만 못하다(未必眞能庇寒士, 不如留此貯淸風)"(『양오재집養吾齋集』 권26) 이때 근습과 사확연의 무리가 주희를 조정에 들어오지 못하도록 막는 데 성공한 일은 상서롭지 못한 신호였다. 소흥 25년(1155)에 진회秦檜가 죽은 뒤로 줄곧 깊숙이 가라앉아 숨어서 엎드려 있던 반도학(*반정학反程學)의 먹구름이 다시 일어나기 시작하였던 것이다.

무원에서 돌아온 뒤 1년 남짓 기간 동안 주희는 산속 깊은 곳에 살면서 거의 나오지 않았고, 회암晦庵의 초려草廬 및 한천정사寒泉精舍와 담계潭溪의 자양루紫陽樓에서 그의 '단숨에 진보한 공부'를 가지고서 평생의 경학과 사서학 저술을 수정하고 총결하였다. 그의 마음은 느닷없이 아호의 회합, 금계金溪의 육학陸學, 기주蘄州의 선설禪說이 일으킨 현실적인 자극과 충격을 받았다. 이로 인해 불교와 도가에 대해 다시 새롭게 반성하고 비판하였다. 순희 3년(1176)은 그가 융흥 원년(1163) 이후 또다시 불교를 물리치고 도가를 배척하는 해가 되었다.

무원에서 돌아온 지 얼마 지나지 않은 8월에 그는 또 소무邵武로 가서 노유老儒인 황중黃中을 찾아뵙고 10여 일 동안 강론하고 돌아왔다. 이때 주희는 두 번째 사면장을 아직 올리지 않고 있었다. 그가 황중을 찾아간 주된 까닭은 진퇴의 큰 절개에 대해 묻고 조정의 상황을 탐지하기 위함이었다. 이 이전에 황중도 상주上奏하였는데, "조정의 과오가 많으나 그 가운데 가장 큰 실수는 군자가 초야에 있고 소인이 관직에 있으며, 정치가 여러 경로에서 나오고 언로가 막혔으며, 염치의 도가 손상되어서 뇌물이 공공연히 행해지는 행태입니다. 천하의 이해利害가 많으나 그 가운데 더욱 백성을 해치는 것은 관리가 탐욕스럽고, 세금이 너무 많고 무거우며, 재용財用이 고갈되고, 도적이 많으며, 옥송이 다스려지지 않고, 정치가 뇌물에 의해 좌지우지되는 것입니다."(『문집』권91「단명전학사황공묘지명端明殿學士黃公墓誌銘」)라고 하였다.

조정에 대한 주희의 기본적인 관점은 모두 직접적으로 유작游酢의 제자인 황중으로부터 나온 것이었다. 이때 서로 만나 의견을 타진한 것도 주희가 글을 올려서 사직하고 조정에 들어가지 않겠다는 결심을 하도록 부추겼다. 소무에서 주희는 불교와 도가의 이단을 배격하는 문제로 황중과 대화를 나누었으며, 나중에 황중의 일화 하나를 언급하였다. "육화탑六和塔이 완성되자 재상이 고위 관료들에게 부처의 『사십이장경四十二章經』가운데 한 부분씩을 써서 벽에 새기라고 명하였다. 공(황중)이 할 수 없다고 거부하였다. 여러 차례 청했으나 그는 끝내 허락하지 않았다. 그가 이단에 미혹되지 않은 것이 또한 이와 같았다."(동상) 이 일화는 그들이 만났을 때 황중 본인에게서 들은 이야기였다.

소무에서 돌아온 뒤 원추袁樞와 만나 학문을 논한 것도 불교와 도교를 배격하는 기조를 띠고 있었다. 무이산은 본래 천 갈래 만 갈래 뒤얽히고 현란한 도가의 동천복지洞天福地이고, 충우관은 구곡계九曲溪 북쪽 대왕봉大王峰에 자리 잡고 있어서 '단대와 자부와 천중천(丹臺紫府天中天, 단대와 자부는 신선이 거주하는 처소와 궁전이고, 천중천은 부처님의 존호이며 최상의 하늘이라는 뜻)'보다 낫다는 신선의 세계였다.

벼슬에서 물러나 집에서 지내던 역사학자 원추는 주희가 무이산 충우관의 관리직에 차견되었다는 소식을 듣고 선기仙氣가 가득 어린 축하시 한 수를 보내왔다.

산속에서 단사를 달이는 주회옹에게 부치다 　　　　　寄朱晦翁山中丹砂

구전 단사는 세상에 전하지 않는데	丹砂九轉世莫傳
날개옷 입고 너울너울 상제님 뵈러 가네	羽衣婀娜飛朝天
싸늘한 바람과 이슬은 티끌세상을 씻고	凄然風露洗塵世
북두성은 하늘을 따라 돈다	星斗一天隨轉旋
단약 달이던 텅 빈 솥은 바위 가에 있는데	空餘丹鼎在岩際
밤이면 밤마다 규룡이 빛을 내며 연기를 걷어 올라간다	夜夜虬光騰霽烟
하늘이 자양에게 붉은 인끈을 보냈으니	天遣紫陽弭絳節
모름지기 공은 돌을 옥으로 만드는 기술을 배워야 하리	點石成玉公須專
아침에 와서 금 열쇠로 동부를 열어	朝來金鎖開洞府
단약 달이다 꺼진 불을 다시 지펴야 하리	丹火已滅當復然
불과 물, 용과 범 현묘하고도 현묘하니	離龍坎虎玄又玄
인간 세상에 유배 온 신선은 물을 필요 없다	不須人間詢謫仙

누런 곰은 날뛰며 포효하고 푸른 물소는 춤춘다	黃熊跑號靑兕舞
다투어 단약을 핥으려 했다간 매운 채찍을 맞으리라	爭欲舔鼎嚴笞鞭
바위 위에 부는 바람은 옷소매를 말아 올리는데	巖頭風高卷衣袂
옥룡의 울음은 끊어지고 구름만 하늘에 가득하다	嘶斷玉龍雲滿川
태연히 못에 올라가 옥 물로 양치하고	怡然上池漱琼液
노를 저어 내려가 시냇가 샘에서 단약을 씻으리	鼓枻下濯丹溪泉
구름 사이 쌍학은 아직 내려오지 않으니	雲間雙鶴儻未下
은자를 불러 나를 위해 장편을 노래하게 하라	招隱爲我歌長篇

—『무이산지武夷山志』 권22

'하늘이 자양에게 붉은 인끈을 보냈으니'라는 구는 주희가 충우관의 관리 직에 차견된 일을 가리키는데, 주희를 자양 진인紫陽眞人 장백단張伯端에 비유 하려는 뜻이 적잖이 담겨 있다.

원추는『참동계參同契』를 깊이 연구하여서 금단대도金丹大道의 수련법에 빠 져 있었다. 그는 건녕建寧의 수령 부자득傅自得의 맏아들 부백수傅伯壽와 함께 주희가 영주선瀛洲仙'이라 부른 인물이다. 이해 가을에 주희는 원추·부백수· 양문숙梁文叔·오무실吳茂實(오영吳英)을 청하여서 무이산을 함께 유람하고 구곡九 曲의 벽계碧溪에 배를 띄웠는데, 이 일은 실제로 학문을 강론하기 위한 모임이 었다. 원추와 더불어 경학과 역사학에 대해 교류하고 토론하는 과정에서 주 희는 도교와 불교를 좋아하는 그를 완곡하게 비판하였다.

「경인 노형이 준 이별시에 받들어 답하다(奉答景仁老兄贈別之句)」라는 주희의 화답시는 곧 도교와 불교를 좋아하는 원추와 부백수를 겨냥한 시이고, 또 불 교와 도교를 배격하는 주희 스스로의 사상적 역정을 총결한 시이다. 시에서 주희는 스스로에 대해 다음과 같이 읊었다.

밤중에는 절간 문을 손으로 뚝뚝 두드리고	禪關夜扣手剝啄
낮에는 단경을 외며 마음을 정하게 가다듬었네	丹經晝誦心精專
10년간 불교와 도교에서 이리저리 찾다가	十年齊楚得失裏
술 깨고 꿈 깨니 이제야 초연하네	醉醒夢覺今超然
마음 어지럽히고 성품 어둡게 하는 불교를 비웃고	迷心昧性哂竺學
삶 탐내고 죽음 안타까워하는 도교를 슬퍼하네	貪生惜死悲方仙
어찌하여 게을러서 행하는 데 힘쓰지 않는가	如何懶惰行不力
해와 달 가는데 희화가 채찍질하네	日月逝矣羲和鞭
다만 지금 이미 하늘의 운수 멀어졌는데	祇今已往遠玄象
그대 바야흐로 시냇가로 온 듯하니, 부럽네	羨子正似方來川
어째서 공명과 사업을 걱정하는가	何憂功名與事業
다만 덕성이 두루 넓고 고요하고 깊어야 할 뿐	但要溥博而淵泉

—『문집』권4[7]

젊은 시절 10여 년 동안에 밤중에는 절간의 문을 두드리고 낮에는 단경
丹經을 외우다가 하루아침에 꿈에서 깨어나 지금도 여전히 스스로 '게을러서
행하는 데 힘쓰지 않고' 있음을 느낀 뒤, 반드시 '두루 넓고 고요하고 깊은'

---

7 생각건대, 원추의 「산속에서 단사를 달이는 주회옹에게 부치다(寄朱晦翁山中丹砂)」와 주희의 『문
집』 권4에 수록된, 원추·부백수에게 화답한 시 다섯 수는 모두 같은 운으로 주고받았으므로
당연히 같은 시기에 지은 시편이다. 시에서(이 시 바로 앞의 시 제목에서 '기중機仲(원추) 종정宗正과
……'라고 하였다) 원추를 '종정宗正'이라 일컬었지만, 그 무렵 원추는 벼슬에서 물러나 집에 있
었다. 『원추연보』에 근거하면, 원추는 순희 3년(1176) 2월에 엄주嚴州의 교수에서 물러나 집으
로 돌아가 대기 중이었고, 나중에 공무량의 천거로 대종정부大宗正簿가 되었는데, 이해 겨울에
황제에게 불려가서 주대奏對하였다. 그러므로 주희에게 와서 무이산에 함께 놀러간 때는 순희
3년 가을임을 알 수 있다.

데 도달하고자 노력한다는 내용은 바로 그가 말하는, 널리 배우는 데서 요약하는 데로 돌아가려는, '단숨에 진보한 공부'이다.

주희는 여전히 스스로 '공허하게 하늘을 논하는(空談天)' 병폐가 있음을 느끼고서 계속하여 문을 닫아걸고 부지런히 글을 읽어 학문을 총결하려고 결심하였다. 이런 다짐을 원추와 이별하고 돌아온 뒤에 지은 또 다른 화답시 한 수에서 토로한 적이 있다.

기중(원추)과 경인(부백수)이 이별한 뒤에 보내온 시를 읽고, 그 시에서 『시전』과 『자치통감강목』을 언급했기에 다시 앞서 지은 시의 운을 써서 짓다　　讀機仲景仁別後詩語因及詩傳綱目復用前韻

도는 묵묵히 알 수는 있으나 말로 전할 수는 없나니	道有默識無言傳
여태껏 그릇되게 헛되이 하늘을 논하였네	向來誤矣空談天
다만 지금 끊어진 죽간에서 좀먹은 것을 보니	只今斷簡窺盡蝕
마치 종 끈에서 좀을 본 것 같네	似向追蠡看蟲旋
비로소 옛사람에게 오묘한 곳 있음을 알았으니	始知古人有妙處
느닷없이 진나라 골짜기에서 연기 따라 날려가진 않았네	未遽秦谷隨飛烟
끝내 세속의 번거로운 일 지독히 방해하니	終然世累苦妨奪
문 닫고 들어앉아 발분하나 어찌 전념할 수 있으랴	下帷發憤那容專

……

공명은 마치 내 몸 밖의 일인 듯하니	功名況乃身外事
말조차 우뚝이 돌아오는 채찍을 달게 받네	我馬碎兀甘回鞭
『시전』은 과연 우물의 맑은 물을 얻은 듯하고	解頤果値得水井
『강목』은 또한 시내의 조종이 될 수 있네	鑑古亦會朝宗川

두 분은 나를 알아 허물하지 않으리니	兩公知我不罪我
문득 집을 짓고 숲과 내를 나누어 가질 만하네	便可築室分林泉
등잔 아래 십 년 공부 하룻밤에 얘기하며	十年燈下一夜語
한가한 날 함께 원대한 글 지어보세	閑日共賦春容篇

— 동상

주희가 이때에 무이에서 원추와 함께 불교와 도교에 대해 논변한 데는 더욱 커다란 배경이 있었다. 중주中洲에 은거하던, 불교를 좋아한 기주蘄州의 명사 이주한李周翰이 거칠고 속되게 불교로 유학을 해석하여서 세상 사람들을 선동하며 적잖은 영향력을 형성하였고, 금계의 육학과 함께 동쪽과 서쪽에서 서로 긴밀하게 호응하였으며, 나중에는 섭적葉適까지도 그들을 따라 불교 서적을 탐독하기에 이르렀던 것이다.

주희가 가장 아끼던 제자 이백간李伯諫(이종사李宗思)은 기주에서 결국 빠르게 창끝을 다시 돌려세워 스승을 배반하고 이주한의 문하에 몸을 맡겨서 순희 3년(1176)에 공개적으로 정호·정이의 낙학洛學을 공격하는 불교의 기치를 올렸다. 이해 봄에 장식은 주희에게 다음과 같이 알려주었다. "최근에 계극季克(여승기呂勝己)이 기주의 선비 이주한에게 보낸 글 하나를 보았는데, 매우 두서가 없었습니다. 그 사람이 편히 여기는 것은 본래 불교입니다. 이백간이 그의 영향으로 전향했다고 하는데, 몹시 걱정스럽고 걱정스럽습니다!"(『남헌선생문집』권23 「답주원회」 서1)

여조겸도 가을에 직접 들은 일을 주희에게 말해주었다. "내가 최근에 회계會稽에 갔을 때 이백간과 여러 차례 만나 대화를 나누었습니다. 그는 이주한의 설을 조술祖述하면서 감히 다시 돌아오지 않았습니다. 그가 공격하여서 배척하는 이락伊洛의 여러 설은 또한 모두 애초부터 의심할 만한 점이 없었

으니, 이는 본래 그가 상세히 살피지 않았기 때문일 뿐입니다."(『여동래문집』 권3 「답주원회」 서30)

이와 같은 선설禪說의 새로운 기풍을 공격하기 위해 주희는 여름에 잘 아는 승도들을 찾아가서 전문적으로 담론한 다음, 불교의 설을 말끔히 이해하고 나서 논박하는 글을 지었다. 그는 장식에게 편지를 보내, 다음과 같이 알렸다.

> 기주(이주한)의 글도 본 적이 있습니다. …… 그 사이에는 크게 숨겨진 문제가 있으므로 마침내 수백 마디 말로 밝혀서 백간(이종사)이 돌아오거든 보여주려고 하며, 아직은 그 글을 널리 퍼뜨리지 않으려고 합니다. 근년에 선비들이 조금씩 배우고 물을 줄 알게 되었으나 괴이하고 망령된 설이 또 다시 벌 떼처럼 일어난 탓에 뜻을 높이 세우지 않고 이치를 철저히 이해하지 못한 자들이 모두 끌려 들어가고 있으니, 매우 염려스럽습니다. 간간이 불자들과 말해보고 그들의 설을 기록하여서 여러 편을 지었습니다. 뒷날 인편에 함께 부쳐 드리겠습니다.　　―『문집』 권31 「답장경부집대성설」

주희는 선에서 달아나 유학으로 돌아온 뒤 다시는 불교나 도교에 빠지지 않았지만 여러 도교도(羽客)와 승려(緇徒)들과 여전히 서로 왕래하는 관계를 유지하고 있었다. 그 가운데 그가 새로 알게 된 유명한 승려 세 사람이 있다. 한 사람은 개선사開善寺의 원오圓悟로, 호가 긍암肯庵이다. 학문은 유교와 불교를 관통했으며, 시도 잘 짓고 그림도 잘 그렸다. 한번은 주희의 매화시梅花詩에 화답하는 시를 지었는데, "모든 나무가 다 시들어 떨어진 뒤에, 참담한 풍상 가운데 우뚝 서 있네(獨怜萬木凋零後, 屹立風霜慘淡中)"라고 하였다. 이때부터 주희는 그와 알게 되었다(『시인옥설詩人玉屑』 권20).

원오는 특히 주희를 위해서 화상畵像을 찬미하는 시 한 수를 지었다. "높기는 태산이 우뚝 솟은 듯 / 넓기는 바다의 파도가 잔잔한 듯 / 늠름하기는 가을 서리가 맑고 엄숙한듯 / 따뜻하기는 봄의 입김이 만물을 소생시키듯 / 천지의 큰 근본을 세우고 / 만물의 성정을 끝까지 탐구하였다 / 이전 성인의 마음 자취를 전하여서 후세 사람의 전형이 되셨네(岩岩泰山之聳, 浩浩海波之平, 凜乎秋霜澄肅, 溫其春口發生. 立天地之大本, 極萬物之性情. 傳先聖之心印, 爲後人之典型)"(『가경숭안현지嘉慶崇安縣志』 권10)

또 한 사람은 운거원雲居院의 사공 화상嗣公和尙인데, 본래 호안국胡安國의 제자였으나 나중에 유교를 버리고 출가했으며, 역시 유교와 불교에 모두 통달하였다.

나머지 다른 한 사람은 옥사산玉笥山의 미치광이 도인(癲道人) 부득일傳得一이다.[8] 그는 당시의 수많은 유명한 대신이나 귀족들과 교제했는데, 그에게 놀란 조신이 그를 궁중에 불러들여서 도를 물었다. 건도 9년(1173)에 주희는 그를 위해 '운암雲庵'이라는 편액 두 글자를 써 주었다. 부득일은 순희 원년(1174)에 복주福州로 와서 사호史浩를 찾아뵐 때 주희와 한번 본 적이 있다. 주

---

8 부득일은 당시에 유명했던 사람이라, 재상 사호史浩가 일찍이 그의 묘지명을 지었다. 『역세진선체도통감속편歷世眞仙體道通鑑續編』 권4 : "부득일은 자가 영도寧道, 또 다른 자가 제현齊賢이며, 청강淸江 신금新淦 사람이다. …… 송 휘종 정화政和 5년 을미년(1115) 9월 16일에 (●태어났다) …… 장위공張魏公(●장준)이 건강建康의 유수留守로 있을 때 선생을 불러서 대화를 나누고 즉시 특별히 우대하였다. 승상 사호 공이 일찍이 시를 지어서 선생에게 주었다. …… 석호石湖 범대삼范大參, 추밀사 장 공張公 등 제현들이 제사題辭를 지어 준 것이 이루 다 기록할 수 없이 많다. 순희 원년 갑오년(1174)에 사월왕史越王(사호)이 민閩의 안무사(帥)가 되었는데 …… 어느 날 선생이 갑자기 제자 섭영수葉永壽에게 말하기를, '내가 복주福州로 가서 승상을 뵙겠다' 하고 다음 날 일찍 갔다. …… 이해 4월에 성지를 받들어 선생이 불려 갔다. …… 오래지 않아 사직하고 돌아왔다. 연진延眞에서 20년 동안 살았다. …… 순희 15년 무신년(1188) 12월 22일에 문인들을 불러서 뒷일을 부탁하고 …… 붓을 던지고 죽었다. 향년 74세였다. ……"

희는 그에게 절구絶句 한 수를 지어 주었다. "가는 곳마다 만나는 사람이 미친 도인을 말하더니 / 어찌 생전에 만나 알게 되다니 / 바로 북두로 은하수를 기울이듯이 / 용궁으로 가서 둘째 신선이 되시구려(到處逢人說傳癲, 相看知是幾生前, 直携北斗傾天漢, 去作龍宮第二仙)"(『역세진선체도통감속편歷世眞仙體道通鑒續編』권4, 『정통도장正統道藏』, 대만, 제9책)

　주희는 불교와 도가를 배척하기 위해 그들의 진영과 보루로 들어가서 그들이 치켜든 깃발을 꺾는 방법을 썼다. 직접 그들 가운데로 들어가서는 도가와 불가의 현설玄說을 탐구하여 밝힌 다음 타파하여서 깨끗이 쓸어버렸다. 그가 가끔씩 대화를 나눈 불자들은 주로 원오의 무리를 가리키며, '그들의 설을 기록하여서 여러 편을 지었다'고 한 말은 주로 「석씨론釋氏論」상편과 하편을 일컫는다.[9]

　「석씨론」은 정면으로 불교를 공격한 전문적인 벽불闢佛의 글이지만 진짜 의도는 기주 이주한의 학문과 금계의 육학陸學을 비판하는 것이었다. 상편에서 그는 전문적으로 불가의 '식심견성識心見性' 설을 비판하였다. 고루한 유학자들과 승려들은 '마음을 다하여서 본성을 알고, 마음을 보존하여서 본성을 기른다(盡心知性 存心養性)'는 맹자의 주장을 불가의 '식심견성'에 갖다 붙여서 유가와 불가의 도道가 같다고 증명하기를 좋아하였다.

　하지만 주희는 유가와 불교의 도가 서로 다르다면서, 한쪽은 진심지성盡心知性·존심양성存心養性을 말하지만 다른 쪽은 식심견성을 말하는 데 있다고 여겼다. 그는 자기의 심통성정心統性情의 학설에 근거하여 성론性論·심론心論·방

9　주희가 스스로 말한바 "그 사이에 일찍이 불자들과 대화를 나누고, 그들의 말을 기록하여서 여러 편을 만들었다."고 한 것으로 보아, 불자들의 말에 대해 변론하고 따진 내용을 기록했을 터이다. 「석씨론」은 바로 문답 형식을 채용하여서 쓴 글이고, 물은 내용이 사실은 '불자의 말'이므로, 이른바 '여러 편을 이루었다'고 언급한 데서 여러 편이란 「석씨론」임을 알 수 있다.

법론方法論 세 방면에서 유가의 진심지성·존심양성과 불가의 식심견성이 다름을 논술하였다.

성性에 대해서 주희는 다음과 같이 이해한다. 성性은 천리天理를 얻은 것으로서 사람에게는 인의예지仁義禮智가 되고, 발하여서 측은惻隱·수오羞惡·공경恭敬·사양辭讓의 정情으로 드러난다. 이 때문에 이른바 '진심지성盡心知性'은 바로 '그 이치를 궁구하여서 마음에 있는 것을 끝까지 다하는 것'이며, 또한 '백성의 충심(民之衷)'을 보아야 하고, 또 '사물의 법칙(物之則)'을 궁구해야 한다. 그러나 불가의 '견성見性'은 도리어 성性을 공空으로 삼으며, 백성의 충심도 보지 않고 사물의 법칙도 탐구하지 않는다. 따라서 유가는 천리를 보존하고 인욕을 없앨 것을 주장하지만 정情을 끊지는 않으며, 다만 정이 발하여서 중절中節하기를 요구한다. 그러나 불가는 이理도 욕欲도 정情도 없애라고 주장하는데, 이는 '하늘이 내린 떳떳한 이치를 거스르는 것이며, 사람의 이치를 모두 없애버리는 것이다.'

심心에 대해서는, 마음은 주主가 되며 객客이 되지 않는다고 보아서, 이치를 미처 다 탐구하지 못하여 사물(物)에 가리지 않게 하려면 마음은 응당 바깥을 향해 '이치를 궁구하여서 그 헤아림이 포괄하는 바를 극대화하고, 사사로움을 이겨서 몸에 해가 되는 것을 제거해야' 한다고 하였다. 이것이 곧 '진심盡心'이고 '존심存心'이다. 그러나 불가의 '식심識心'은 안을 향해 스스로 그 마음을 인식하는 것이므로 보는 것을 거둬들이고 듣는 것을 거꾸로 돌이켜야 한다. 그래서 '눈으로 눈을 보고 입으로 입을 씹는' 듯한 점이 있다. 이 때문에 유가는 마음으로 사물에 명령을 하고 마음으로써 이치를 궁구하지만, 불가는 별도로 한마음을 세워서 마음으로써 마음을 안다. 이 때문에 불가는 한마음을 둘로 나눈다.

방법론에서는, 유가는 개방적으로 바깥을 향해 격물궁리를 하므로 순서를 따라 점차 나아가기를 요구하며 달려갈 수 있는 지름길이 없다. 그러나 불가는 폐쇄적으로 내부를 향해 마음을 인식하므로 '밖과 교섭하지 않는다.'(不交於外) 따라서 돈오頓悟의 법문을 추구하여서 '간화看話의 방법', 곧 간화선看話禪을 간이직절簡易直截한 지름길로 삼는다.

주희가 특별히 불가의 '식심견성'을 선택하여 비판을 가한 데는 분명히 현실적인 목적이 있었다. 즉 이 비판은 바로 육구연의 '발명본심發明本心'을 비판한 것이나 다름없다. 사실 이주한의 학문은 육학과 비슷했다. 장식은 "기주의 이 군(이주한)은 바로 부동심不動心을 주장한 고자告子와 비슷한 부류입니다."(『남헌선생문집』 권26 「답왕거지答王居之」)라고 하였다. 이는 주희 또한 육구연을 고자에 비교했던 것과 일치한다.

독서궁리를 반대하고 돈오의 지름길을 추구하는 것 또한 이주한 – 이백간(이종사) – 오즙吳檝으로 이어지는, 유가와 불가를 뒤섞은 천박한 설의 공통적인 병폐였다. 그들은 심지어 독서궁리를 좋아하는 주희에게 냉담한 연민의 태도를 보였다. 오즙은 주희에게 시를 지어 주고는 '교외敎外의 즐거움을 구하기에 힘써서' 유가의 독경궁리讀經窮理의 고해苦海에서 뛰쳐나오라고 하였다. 주희는 시 두 수를 지어서 회답하였다.

공제(오즙)의 화답시에 (내가) 책을 탐독함을 안타깝게 여겨서 가르침 바깥의 즐거움을 얻기에 힘쓰라고 한 내용이 있음을 보고서 시를 지어 묻다, 두 수   公濟和詩見耽書勉以敎外之樂以詩請問二首

지극한 이치는 말이 없으나 분별을 끊나니   至理無言絶淺深
사물 하나하나에 깃들면서 서로 침범하지 않는다네   塵塵刹刹不相侵
가르침 바깥에서 진리를 전한다면   如云敎外傳眞的

오히려 석가의 마음도 둘인 것을	却是瞿曇有兩心
석가의 마음이 반드시 둘이 아니라면	未必瞿曇有兩心
이 뜻으로 유림을 어지럽히지 말라	莫將此意攪儒林
누추한 골목 근심스러울 때의 즐거움 알고자 한다면	欲知陋巷憂時樂
다만 가죽끈이 끊어진 곳에서 찾아야 하리	只向韋編絶處尋

— 『문집』 권6

「석씨론」에서 주희는 이론적인 차원에서 불문의 돈오의 지름길을 추구하는 그들의 잘못을 비판하였다. 「석씨론」 하편에서 그는 간화선의 지름길을 비판하는 데서 한 걸음 더 나아가 불교의 설에서 말하는 정화精華는 모두 장주莊周와 열자列子의 설을 표절한 것이며, 불학은 원래 도가에서 나왔다고 주장하였다. 주희의 이런 비판은 보편적인 성격을 갖는다.

송 대에 삼교三教의 근원이 같음을 주장한 사대부들은 불가 설의 현허玄虛하고 고묘高妙함과 사변의 치밀하고 근엄함에 현혹되어서 불교가 유학이나 도교보다 높다고 간주하였으며, 불교의 진리로 '마음'을 다스리고자 하였다. 이주한과 이백간 등은 공개적으로 불가의 설이 유가의 도덕성명道德性命 담론보다 고상하므로 요·순·주공·공자가 미칠 바가 아니라고 선양하였다. 주희가 불학에 대해 노장을 표절한 것이라고 비판한 목적은 불교의 진리를 평가 절하하기 위한 것이었지만, 또한 주로 기주 이주한의 불교적 학설과 금계 육구연의 심학을 겨냥하여서 논하려 했음이 분명하다. 그는 '선가의 말은 애초에 진晉·송宋(남조 송)의 청담淸談을 논의하던 버릇의 나머지에서 나온 것으로, 점점 자기에게 돌이켜 고요히 길러서 묵묵히 징험하는 데 힘쓰는 것'이라고 하였다. 이 말에 담긴 다른 뜻은, 본심을 돌이켜서 구하고 공소空疏하여서 배움을 일삼지 않는 육학을 위魏·진晉 청담의 남은 버릇으로 본다는 말이다.

「석씨론」은 순희 2년(1175) 아호의 회합 이래 불교와 도교에 대한 주희의 비판의 총결이다. 그때 이룬 불교와 도교에 대한 비판의 적극적 성과는 바로 그가 인식론에서 나름대로 완전한 '격물궁리'의 체계를 세우고, 육구연의 '발명본심'의 체계에 대항하여서 정유년(순희 4년, 1177)의 학문과 저술의 총결을 위한 사상적 준비를 갖추게끔 했다는 점이다.

순희 3년에 주희는 강묵江默(*덕공德功)과 함께 진행한 유가와 불교의 변별에서 전적으로 자기의 격물궁리설 형성의 역정을 총결하였다. 강묵에게 보낸 편지에서 그는 불교를 좋아하는 유학자들이 어떻게 유가의 격물치지를 선가의 식심견성으로 변화시켰는지를 정밀하게 분석하였다. "대체로 요즘 세상의 배우는 사람들이 불교의 학문에 빠져서 …… 비슷한 말을 근거로 억지스럽게 갖다 붙여서 설명하여 합치시켰습니다. 그들은 우리 유가의 '사물(物)'을 말한 것은 '자기(己)'에 끌어다 붙이고, '몸(身)'을 말한 것은 '마음(心)'에 끌어넣었습니다. 구차하게도 (자기들이 추구하는 것이 불교와) 다르지 않은 점을 다행으로 여기고, 편리한 대로 둘 다 옳다고 하는 사사로운 생각(兩是之私)에 들락날락합니다. …… 이런 점이 요즘 세상에 잡학을 하는 선비들 마음 씀씀이의 은미한 큰 병통입니다. 이는 다만 다르고 같은 점에 대해 말하는 것만이 아닙니다."(『문집』 권44 「답강덕공」 서2)

'요즘 세상에 잡학을 하는 선비'에는 이주한과 육구연이 포함된다. 육구연의 심학은 바로 '사물'을 '자기'로 바꾸고, '몸'을 '마음'으로 바꾸며, 객관을 주관으로 바꾸고, 객관 유심주의적 격물궁리를 주관 유심주의적 발명본심으로 바꾸었다. 주희는 이런 두 가지 다른 인식론을 '취사궁리就事窮理(일에 나아가 이치를 궁구함)' 방법론과 '이심회리以心會理(마음으로 이치를 이해함)' 방법론의 대립으로 개괄하였다.

주희는 자기의 격물치지설과 자기가 격물치지설을 형성하게 된 과정을
다음과 같이 총결하였다.

> 대체로 15, 6세 때부터 이 책(『대학』)을 읽을 줄은 알았으나 격물의 뜻은
> 깨닫지 못하여서 마음속으로 이리저리 생각한 지 30년이 되었습니다. 근
> 래에 실제로 공부하는 데 나아가 구하고 다른 경과 주석의 기록을 참조하
> 여서 안과 밖, 근본과 말단을 반복하여 증험하고서야 곧 이 설이 타당함을
> 알았습니다. 아마도 하루아침에 학설을 세워서 쉽게 깨뜨릴 수는 없을 것
> 입니다. …… 사람이 태어난 이상 본래 이 사물(物)은 없을 수 없습니다. 그
> 러나 그 사물의 이치를 밝히지 못하면 성명性命의 바른 이치를 따라 사물
> 에 온당하게 대처할 수 없습니다. 그러므로 반드시 이 사물에 나아가 구해
> 야 합니다. 그 이치를 구할 줄 알면서도 그 사물의 극한까지 이르지 못하
> 면 사물의 이치를 끝까지 궁구하지 못한 것이 있게 되므로 나의 앎도 완
> 벽하지 않게 됩니다. 따라서 반드시 그 극한에 이른 뒤에 그만두어야 합니
> 다. 이것이 이른바 '사물의 이치를 궁구하여서 사물에 이르면 사물의 이치
> 가 다 밝혀진다'는 것입니다.
> —동상

강묵에게 보낸 이 편지는 주희의 격물치지설과 그 형성의 비밀을 푸는 열
쇠이다. 곧 주희의 격물치지설은 불가의 식심견성설을 비판하는 과정에서 완
성되었음을 알려준다. 또한 그의 격물치지 인식론의 두 가지 관점은 모두 육
구연의 심학 인식론을 겨냥하였음을 알 수 있다. 첫째, 객관의 사물에 접촉하
는 즉물구리卽物求理를 주장하고, 사물에서 벗어난 육구연의 발명본심에 반대
한다. 둘째, 앎을 끝까지 추구하여서 사물의 이치를 하나하나 궁구하여 탁 트
이고 꿰뚫어 이해하는 경지에 도달해야 한다고 주장하고, 육구연의 초연히

공허한 깨달음을 얻는 쉽고 단순한 지름길에 반대한다.

주희는 강묵의 접물설接物說을 비판할 때 이러한 점을 더욱 분명히 지적하면서 '격물'을 '접물接物'로 해석할 수 없다고 보았다. 그 까닭은 다음과 같았다. "격물을 접물로 새긴다면 끝까지 궁구하는 공부에 밝지 못한 점이 있게 됩니다. 사람은 사물과 접촉하지 않음이 없는데, 단지 그저 접촉만 하고 그 이치를 구하지 않거나, 혹 거칠게 구하고 끝까지 궁구하지 않습니다. 이 때문에 사물과 접촉하면서도 그 이치의 소이연所以然(필연)과 소당연所當然(당위)을 알 수 없는 것입니다. 이제 한 번 사물에 접촉하여서 이치를 궁구하지 않음이 없다고 한다면 너무 경솔하고 쉽게 말하는 것입니다. 대체로 이는 다만 '말씀을 듣고 도를 깨치며(聲聞悟道)', '현상을 본 뒤에 마음을 밝힌다(見色明心)'는 (불교의) 주장의 나머지에서 나온 것이지, 우리가 말하는 이른바 궁리는 아닙니다."(동상)

주희의 이런 격물치지설은 『대학장구大學章句』에서 이론적으로 완성되었다. 순희 3년(1176)의 불교와 도교 비판은 곧 또한 『사서집주四書集注』 경학 시기로 건너가는 전주前奏가 되었다.

『사서집주』 경학 체계의 탄생

주희의 『사서집해』 경학 시기로부터 『사서집주』 경학 시기로 넘어가는 과도기는 한천의 회합과 아호의 회합 전후에 시작되었는데, 순희 4년(1177)에 서문을 정함으로써 『사서집주』가 완성되었다. 『사서집주』의 서문을 처음으로 확정한 일은 끊임없이 스스로 반성하고 탐색하는 사상의 노정에서 그의 전 반과 후반의 학문을 가르는 이학의 거대한 기념비로 우뚝 솟았다.

주희가 건도 8년(1172)에 초고를 완성한 『대학장구大學章句』와 『중용장구中庸章句』는 모두 『대학집해大學集解』나 『중용집해中庸集解』와 다른 해석 체계를 형 성한 것은 아니다. 다만 순희 원년(1174)에 그는 거듭 새롭게 『대학』의 판본과 『중용』의 판본을 정하고서 『사서집주』 경학 체계를 향하여 매진하기 시작하 였다. 그는 이해에 새로 판본을 정한 『대학』과 『중용』을 간행하여서 모두 장 식과 여조겸에게 보냈다.

『대학』의 정본定本은 경經 1편과 전傳 10장으로 나뉘는데, 그의 「기대학후記大學後」에 근거하면 다음과 같다.

> 전傳의 제1장은 명명덕明明德을, 제2장은 신민新民을, 제3장은 지어지선止 於至善을 풀이하였다. 이상은 모두 정본程本을 따르되 『『시』에서 말하기를 '저 기수의 물 굽이를 보니(瞻彼淇澳)' ······ " 이하를 더하였다. 제4장은 본말本末을, 제5장은 치지致 知를 풀이하였다. 모두 지금 정한 것이다. 제6장은 성의誠意를 풀이하였다(정본

을 따랐다). 제7장은 정심수신正心修身을, 제8장은 수신제가修身齊家를, 제9장은 제가치국평천하齊家治國平天下를 풀이하였다. 모두 구본舊本을 따랐다. …… 선현이 바로잡은, 군더더기 글자나 잘못 쓴 글자는 모두 그 본문에 남겨 두되 그 위에 둘러 두었으며, 고친 것은 방주旁注를 달았다. 또 지금도 의심스러운 것은 모두 석음釋音으로 보였다. —『문집』권81[10]

이 정본의 특징은 『대학』의 문구와 장章의 차례를 새로 바꾸고 고쳐서 자기의 이해에 비추어 전문全文을 경經과 전傳으로 나누고, 격물치지格物致知 한장을 보충하여서 써넣고, 석음을 덧붙인 판본이다. 그리하여 그의 이학 사상 체계를 발휘하기에 가장 적합한 『대학』 판본으로 만든 것이다. 『중용』의 신정본新定本은 책 전체를 33장으로 나누었는데 주희는 「서중용후書中庸後」에서 다음과 같이 말하였다.

『중용』 한 편은 서른 석 장이다. 수장首章은 자사子思가 선성先聖이 전한

---

10 주희가 『대학』, 『중용』의 판본을 거듭 확정한 시기는, 「기대학후記大學後」와 「서중용후書中庸後」 두 글이 실린 『문집』 권81의 발문이 연도에 따라 편차된 것임을 근거로 고찰하면, 순희 3년 (1176)인 듯하다. 그러나 권33 「답여백공」 서33에는 "『대학』, 『중용』의 묵각본墨刻本 2책씩과 숭어(子魚, 치어鯔魚) 50마리를 편지와 함께 보냅니다."라고 하였고, 편지에서 아들을 돌아오게 해달라고 언급하였는데, 답서 34·35·36으로 고찰하면 이때는 순희 원년(1174) 여름임을 알수 있다. 그가 여조겸에게 보낸 묵각본은 당연히 새로 확정한 판본일 것이다. 또 여백공에게 보낸 답서 32에 『중용』 제20장을 『가어家語』(『공자가어』)에 근거해서 장을 확정했다고 언급하였는데, 바로 「서중용후」에서 말한 내용과 완전히 일치한다.(주희의 『문집』 권31 「답장경부」 서11, 장식의 『남헌선생문집』 권20 「답주원회」 서7·13 및 여조겸의 『여동래문집』 권3 「답주원회」 서28을 참조하라) 이 편지에서 지었다고 언급한 「우계현학기尤溪縣學記」는 건도 9년(1173) 겨울 10월에 기록하였으니, 여조겸에게 준 이 답장은 이해 연말에 썼음을 알 수 있다. 다음 해 마침내 여조겸에게 『대학』과 『중용』을 주었다. 이런 사실은 주희가 『대학』과 『중용』을 개정하여서 완성한 때가 순희 원년 초임이 의심할 바 없다는 점을 충분히 입증한다.

뜻을 근본으로 미루어서 입언立言한 것이니 대체로 한 편의 요체이다. 그
아래 열 장은 선성이 일찍이 하신 말씀을 인용하여서 밝힌 것이다. 제12장
까지는 자사의 말이며, 그 아래 여덟 장은 다시 선성의 말로써 밝힌 것이
다. 제21장 이하 마지막 장까지는 또 모두 자사가 반복하여 미루어서 설명
한 것인데, (장과 장이) 상호 호환하여 밝힘으로써 전한 뜻을 다한 것이다.

—『문집』 권81

주희가 수장首章을 부각하여 '한 편의 요체'로 삼은 데서 이 책이 경전적
의의를 갖추었음을 알 수 있다. 새로운 『중용』 판본의 장章의 차례를 거듭 정
하면서 그는 건도 9년(1173)에 장식, 여조겸과 함께 토론을 진행하였는데, 이
논쟁의 초점은 제20장에 담겨 있다. 주희는 『공자가어孔子家語』에 근거하여서
이전 사람들이 여섯 장으로 나누어 만든 큰 단락 하나를 합쳐 한 장으로 삼
고, '공왈公曰' 이하 몇 구절을 보충하였다. 장식은 이에 반대했지만 여조겸은
찬동하였다. 주희가 이 장을 중시한 까닭은 '이른바 성誠이라는 것은 실로 이
편의 추뉴樞紐(근본, 중심)'라고 여겼기 때문이다(『중용장구』). 이는 그가 특별히 격
물치지 장을 중시하여 『대학』에 보충해서 써넣은 것과 마찬가지로 자기의 이
학을 적용하여서 경을 해석할 필요가 있었기 때문이었다.

새로 확정한 판본은 새로운 경 해석을 위한 준비에 지나지 않았다. 그는
『대학』과 『중용』을 개정하여서 간행하고, 동시에 신정본을 가지고 『대학장
구』와 『중용장구』를 새로 고쳐 썼다. 순희 원년(1174) 9월에 그는 곧 새로 수
정한 『대학장구』와 『중용장구』를 여조겸과 장식에게 보냈다. 그는 여조겸에
게 보낸 편지에서 다음과 같이 말하였다. "『중용장구』 한 책을 올립니다. (이
책은 초본草本이니 다른 사람에게는 보여주지 마시기를 바랍니다.) 또 『상설詳說』 한 책(*생각
건대, 응당 『중용집해中庸集解』이다)이 있으나 글자가 많고 (베껴 쓸) 겨를이 없기에 기

다렸다가 다음 인편이 있으면 보내드리겠습니다. 온당치 않은 점이 있으면 일일이 조목조목 가르쳐주시기 바랍니다. 『대학장구』도 함께 보냅니다. 이 또한 『상설』(*생각건대, 응당 『대학집해大學集解』이다)이 있지만 나중 인편에 보내겠습니다."(『문집』 권33 「답여백공」 서36)

주희는 이때 『대학장구』와 『중용장구』를 수개修改하면서 동시에 『대학집해』와 『중용집해』도 수정하였는데, 아마도 이름을 『상설』로 고치려고 했던 듯하다. 그런데 그때까지 아직 『혹문或問』은 짓지 않았다. 여조겸에게 보낸 같은 편지에서 주희는 특별히 자기가 보충하여 써넣은 『대학』의 격물치지 장을 언급하였다. "'이것이 앎(知)의 지극함이 된다(此爲知之至也)'고 하는 구절은 제5장에서 궐문闕文의 나머지임이 틀림없습니다. 다시 묻고 상세하게 밝혀서 경문 밑에 붙였는데, 다시 말할 것이 없습니다." 신정본에 근거하여서 쓴 『대학장구』와 『중용장구』는 분명히 구본의 초고와 비교한다면 이미 큰 차이가 있다.

『중용장구』에 대해서는 주로 장식과 토론하였다. 장식은 각 장을 모두 상세하게 비판했지만 초점은 여전히 제20장에 있었다. 장식은 이 『중용장구』에 대해 총체적으로 다음과 같이 평가하였다.

대체로 확정한 장구는 참으로 명석하고 정확하며 합당한 점이 많았습니다. 다만 그 사이에 또한 끌어다 붙인 부분도 없지 않았습니다. 아마도 자사子思가 당시에 말을 세운 뜻은 꼭 이와 같지는 않았을지도 모릅니다. 대체로 이 장부터(*생각건대, 제11장) 이하 제20장까지 원회(주희)가 결론지어서 말한 내용은 모두 견강부회이며, 그다지 썩 의미가 있지는 않은 듯합니다. …… 장구는 참으로 합당하게 이해하였지만, 만약 장구에 얽매인다면 이 또한 옳지 않습니다. 제21장 이하는 맥락이 저절로 관통하므로 분석하신

대로 해도 크게 논란이 될 만한 것은 없습니다.

— 『남헌선생문집』 권30 「답문答問」

의리義理로 경을 해석하기를 좋아하는 송 대 유학자의 기풍을 더욱 많이 지녔던 장식은 주희의 장구와 훈고에 대해 전혀 옳다고 여기지 않았다. 주희는 답신에서 한편으로는 이 두 책에 자잘하고 쓸모없는 내용이 여전히 많은 문제가 있기 때문에 '내 논의는 번잡하고 자질구레하며 기상이 좁은 듯한 점이 있음을 깨달았다'고 인정하고, '근년에 지은 책들이 대부분 이런 것이었다'고 여겼다. 또 한편으로는 자기의 경 해석 노선을 여전히 견지하여서, '장구를 내버리고 현묘한 내용을 담론하는', 그 같은 유행하는 기풍에 반대하기 위한 것이라고 인식하였다. 그는 거듭, 새로이 '잘 통하고 간단하고 쉬운 말로 해석하겠다'고 결심하였다(『문집』 권31 「답장경부론중용장구答張敬夫論中庸章句」).

이리하여 순희 2년(1175)에 아호의 회합에서 돌아온 뒤 주희는 더욱 크고 결정적인 의의가 있는 전면적인 수정을 하였다. 평생의 학문에 '지리'한 문제가 있음을 의식하였기 때문에 자기의 전체 경학 저작에 대해 한 차례 대수술을 시작한 것이다. 아호에서 돌아온 뒤 반년 동안 그는 온 힘을 다해 『대학장구』와 『중용장구』와 『논맹정의』를 깎아내고 고쳐서 12월에 『대학장구』와 『중용장구』에 대한 수정을 완료한 다음, 장식에게 그 책을 보냈다.

주희는 편지에서, 자기가 이번에 깎아내고 고치면서 『대학장구』와 『중용장구』를 새로이 쓴 의의를 장식에게 분명히 알리려고 하였다. 그는 종래의 경 해석 방법, 곧 '글의 뜻을 추론하고 연역하여서 스스로 글 한 편을 짓는 것은 집 아래 다시 집을 짓는 것과 같을 뿐만 아니라 말하는 의미가 엷어지며, 또한 보는 사람으로 하여금 장차 주석과 경을 두 가지 항목의 공부로 삼게 하고, 점점 지리하게 보여서 본뜻을 온전히 서로 비춰주지 못한다'고 하여, 이 같은 방식을 포기하고 훈고로써 경을 해석하는 한 대漢代 유학자의 방식을 채용하였다. 그리하여 다음과 같이 말하였다.

> 한 대의 유학자들이 경을 잘 해석했다고 할 수 있는 점은 훈고로 설명함으로써 사람들로 하여금 이 훈고로만 경문의 의미를 찾게 한 데 지나지 않습니다. 훈고와 경문을 서로 분리하지 않고 한길로 보게 하였는데, 결국은 의미심장합니다. 『중용장구』와 『대학장구』는 이 방법에 따라 대충 한 번 수정한 것입니다. …… 『논어』도 이와 같이 판본을 대충 정하였으나 아직 탈고할 겨를이 없습니다. 『맹자』는 바야흐로 작업을 하려고 하나, 시간과 힘이 미치지 못하고 있습니다. ——『문집』 권31 「답장경부」 서18

글의 뜻을 추론하고 연역하는 경 해석 방식에서 경에 나아가 훈고하는 한 대 유학자들의 경 해석 방식으로 전환한 것은 그로 하여금 전傳으로써 경經을 해석하던 데서 경에 나아가 경을 해석하는 방식으로 전환하게 하였다. 자기의 학문 저술에 대해 널리 배움에서 돌이켜 요약함(由博返約)을 한 차례 심화한 것이다.

이런 노선을 따라가면서 이어서 또 한 차례 더욱 커다란 총결의 의미를 갖는 전면적인 수정을 하였다. 이것은 순희 3년(1176) 삼구의 회합 이후 그 스스로 일종의 '단숨에 진보한 공부'라 믿었던 자기 저작에 대해 또한 심각하게 불만을 느꼈기 때문이었다. 이때 수정의 지도적인 사상은 '함양 공부는 완전히 부족하고, 강설講說은 또한 많았으며, 근거를 억지로 찾아내서 반드시 취하려 하고, 말단을 좇아가는 폐단으로 흘렀으며, 유추하여서 추구하는' 등의 '여러 문제(衆病)'를 말끔히 제거한다는 것이었다.

이와 같이 한 차례 전면적인 수정을 거쳐서 그는 처음으로 전에는 미처 느끼지 못했던 기꺼운 위안과 만족을 맛보았다. 이렇게 해서 순희 4년(1177)에 『대학장구』와 『중용장구』의 서문이 확정되었다. 그의 『대학장구』와 『중용장구』에 대해 계속 가혹하게 비판하면서 인정하지 않던 장식도 이때에는 서문이 확정된 『대학장구』와 『중용장구』를 읽은 뒤 마침내 평소와 달리 기쁜 마음으로 주희에게 '『중용장구』와 『대학장구』는 극히 함축적인 의미가 있다' 하면서 '새 책의 체제(新書體制)'라고 칭송하였다(『남헌선생문집』 권23 「답주원회」 서4). 이로써 『대학장구』와 『중용장구』는 이때 깎아내고 고치고 수정하는 과정을 거쳐서 완전히 모습을 새롭게 한 책임을 알 수 있다.

그런데 이상한 것은 주희가 이때 사서(四書) 저술의 서문을 확정했다는 사실이 여태껏 사람들에게 알려지지 않았다는 점이다. 각종 연보에는 단지 주희가 순희 4년 6월에 『논맹집주혹문』을 썼다고 기록되어 있기 때문에 후세 사람들은 모두 『대학장구』와 『중용장구』의 두 서문에 근거하여서 주희가 순희 16년(1189)에 가서야 『대학장구』와 『중용장구』의 서문을 확정했다고 여기고 있다. 이는 주희가 순희 4년 정유년에 전면적으로 자기 평생의 저술을 총결하고 서문을 확정하였다는 중요한 사실을 은폐한 것이다.

『대학장구』와 『중용장구』의 두 서문은 원래 순희 4년에 지어졌다. 장식은 이해에 주희에게 답한 편지에서 두 서문에 대해 다음과 같이 언급하였다. "「장구서」는 문리가 확 트이고 통달하여서 여러 번 거듭 읽었습니다. 새 책의 체제를 아직 보지 못하여 한스럽습니다."(『남헌선생문집』 권24 「답주원회」 서1) 순희 13년(1186)에 주희가 첨의지(詹儀之)에게 보낸 편지에서도 역시 「중용장구서」를 언급한 점은 주희가 확실히 순희 4년에 일찌감치 『대학장구』와 『중용장구』의 서문을 확정했다는 사실을 증명한다.

순희 16년에 지은 것으로 서명되어 있는 『대학장구』와 『중용장구』의 두 서문은 순희 4년에 『대학장구』와 『중용장구』에서 썼던 서문을 수정한 글이다. 이때 서문을 정한, 이른바 '새 책의 체제'란 바로 수정한 『중용장구』 외에 별도로 지은 『중용혹문中庸或問』과 『집략輯略』, 그리고 『대학장구』 외에 별도로 지은 『대학혹문』이다. 후세 사람들이 모두 『중용혹문』과 『집략』·『대학혹문』을 순희 16년에 지었다고 여기지만, 이것도 잘못이다.

순희 6년(1179)에 주희는 황보빈皇甫斌에게 보낸 편지에서 이미 『대학혹문』을 언급하였다. "『대학혹문』을 지금 부쳐 드립니다. 보고 나서 말씀해주시면 고맙겠습니다."(『별집』 권5 「답황보문중答皇甫文仲」 서4)[11] 『대학혹문』은 마땅히 순희 4년에 쓰고 서문을 정한 것임을 알 수 있다. 순희 7년에 주희가 여조겸에게 보낸 편지에도 『중용혹문』이 언급되어 있다. "18일에 이미 (*백록동) 서원에 들어가 개강했고, 낙성하였습니다. 강의는 「중용수장혹문」의 내용으로만 했으므로 더 써서 보내지는 않겠습니다."(『문집』 권34 「답여백공」 서33) 주희는 순희 6년에 남강으로 부임한 뒤에는 책을 쓸 겨를이 없었다. 그러므로 『중용혹문』은 틀림없이 순희 4년에 쓰고 서문을 정했으리라.

「중용장구서」에서 다음과 같이 말하였다. "여러 설을 모아서 절충하고 『장구』 한 편을 지어서 뒷날의 군자를 기다린다. 그런데 한두 동지들이 다시 석씨石氏(석돈)의 책에서 취하여 복잡하고 어지러운 것은 깎아낸 뒤 『집략』이라 하고, 또한 일찍이 논변할 때 취하고 버렸던 뜻을 기록하여 별도로 『혹문』이라 하고 그 뒤에 붙였다." 이는 서문이 순희 4년에 확정되었음을 가리

---

11 이 편지에서 "「역전발어易傳跋語」는 감히 쉽게 쓸 일이 아니니, 다시 추측하여서 정하도록 허락하신다면 계속하여 써서 받들어 올리겠습니다. 형주荊州로 가는 여행은 과연 어느 날 떠나십니까? ……" 하고 언급하였는데, 「역전발」은 곧 주희의 『문집』 권81의 「서이천선생역전판본후書伊川先生易傳板本後」를 가리키며 순희 6년(1179)에 지은 글이다. '형주로 가는 여행'이란 황보씨가 이해에 관리가 되어서 형주로 떠난 일을 말한다. 이때 장식은 호북湖北의 안무사로 있었는데, 황보씨의 막료와 주고받은 시가 있다. 시는 장식의 문집에 나온다. 별도로 주희의 「답황보문중答皇甫文仲」 서5와 『남헌선생문집』 권24의 「답주원회」 서15를 보라.

킨다.

『장구』는 『집해』의 정확하고 순수한 내용을 취해서 완성한 것이고, 『혹문』은 문답을 설정하여 논변하면서 취하고 버린 뜻을 담은 것이니, 『장구』와 『혹문』은 상호 보완하고 인증하는 관계이다. 이렇게 새로운 경 해석의 체계 하나가 완성되었다.

주희의 논어학과 맹자학도 유사한 발전 과정을 거쳐서 정유년(1177, 순희 4년)에 이르러 똑같이 총결되었다. 그의 『논맹정의』는 나중에 『요의要義』와 『집의集義』로 개명되었으며, 건도 8년(1172)에 처음으로 건양建陽에서 간행되었고, 순희 원년(1174)에 다시 무주婺州에서 간행되었고, 순희 7년(1180)에 예장豫章에서 세 번째로 간행될 때는 주돈이·장재·정호·정이의 설을 증보하였다. 그러나 주희는 그 책을 주로 여러 설을 수집하고 상세하게 갖춘 자료적인 저작으로 간주했으므로 '끝내 도체道體의 절실한 부분을 보여주지는 못한 것'이라 여겼다.

그가 『논맹정의』의 정수精髓를 취하여 널리 배우던 데서 요약하는 데로 돌이킨 『논어집주』와 『맹자집주』를 짓고자 결정한 것도 아호의 회합 이후의 일이다. 12월에 이르러 그는 장식에게 다음과 같이 말하였다. "『중용장구』와 『대학장구』는 이에 따라 대충 한 번 수정하였습니다. …… 『논어』도 이와 같이 판본을 대충 정하였으나 아직 탈고할 겨를이 없습니다. 『맹자』는 바야흐로 작업을 하려고 하나, 시간과 힘이 미치지 못하고 있습니다."(『문집』 권31 「답장경부」 서18) 사실 이때 그는 이미 『논어집주』의 초고를 완성하여서 여조겸에게 먼저 보냈다. 그가 같은 시기에 여조겸에게 보낸 편지에서 "『논어설』을 틈을 내어 서둘러 다듬고 정해서 보여주시기 바랍니다."(『문집』 권33 답여백공 서42)라고 한 말은 바로 막 보내준 『논어집주』의 초고를 가리킨다.

『맹자집주』를 쓴 것은 주로 순희 3년(1176)의 일이다. 삼구의 회합은 그에게 이해에 『논어집주』를 수개하고, 『맹자집주』를 쓰게끔 직접적인 영향을 미쳤다. 그가 이해에 장식과 토론한 중점은 바로 『맹자』였다. 장식은 그에게 「집대성설集大成說」이라는 글을 보내주었고, 그도 자기의 「맹자설孟子說」을 장식에게 보내주었다. 「답경부맹자설의의答敬夫孟子說疑義」에서 주희는 실제로 자기가 『장구』와 『집주』를 쓸 때 따랐던 지도적인 사상과 방법의 원칙을 상세히 말하였다. 고자告子가 본성을 논한 장을 논급할 때 주희는 다음과 같이 말하였다.

> 이 해석의 체제는 장구를 해석한 것이 아닙니다. 기상은 고원하나 전혀 글의 뜻을 간략하게 설명하지 않고 자기의 뜻으로 주장을 세웠으며, 또 혹 별도로 논외의 글자를 써서 갖다 붙이는 바람에 맥락이 이어지지 않아서 모르는 사람은 갈수록 헷갈리고 조금 아는 사람은 줄곧 지리하다고 여길 것입니다. …… 또한 『역전易傳』이 이미 너무 상세하다고 하나, 반드시 글자의 뜻을 먼저 해석하고 다음으로 글의 뜻을 해석한 뒤 근본을 추론하여서 말을 찾아내야 합니다. 그 얕고 깊음, 가깝고 멂, 상세하고 세밀함이 차례가 있으니, 이것(『맹자』 고자 편의 해석)과 같이 성급하고 번잡하지는 않습니다. 대체로 경을 해석할 때는 다만 글의 뜻과 명물名物만 간단히 해석하고, 배우는 사람들이 스스로 구하게 해야 유익함이 있을 것입니다.
>
> ─『문집』 권31

주희는 당시에 유행하던 다음과 같은 두 가지 경전 해석 방법에 반대하였다. 하나는, 장구를 배제하고 현묘한 담설을 늘어놓으며, 문구의 뜻을 설명하지 않고 자기 뜻으로 입론하는 방법이다. 또 하나는, 장구를 지리하고 번쇄하게 해석하고, 번거로운 증명과 해박한 인용을 좋아해서 해석문을 경문보다 더 고상하게 하는 방법이다. 이러한 두 가지 방법은 모두 사람으로 하여금 전傳만 보고 경經은 보지 못하게 하며, 경과 전 사이에 미혹과 분리의 두터운 담장을 쌓은 것과 같다.

주희는 경을 해석할 때는 장구와 의리를 겸하여서 고려해야 하며, 먼저 글자의 뜻을 해석하고 다음에 글의 뜻을 해석하고 난 뒤 경의 뜻을 근본까지 추론하되, 다만 모름지기 경에 나아가 간략하게 글의 뜻과 명물을 해석함으로써 배우는 사람들이 스스로 그 뜻을 구하도록 인도해야 한다고 주장하였다. 그의 『사서집주』는 바로 '글의 뜻과 명물을 간략하게 해석함으로써 배우는 사람으로 하여금 스스로 구하게 한' 명저이다. 여기에서 그의 후반생 『사서집주』 경학 체계의 방법론적 원칙이 수립되었다. 그가 『논맹요의』의 정수를 취하여서 『논어집주』와 『맹자집주』, 『혹문』을 나누어 쓴 것은 바로 이런 방법론의 원칙을 구체적으로 표현한 것이다.

순희 4년(1177) 상반기까지 주희는 계속하여 『논어집주』를 수개하였고, 장식도 자기의 「계사논어설癸巳論語說」 열 장을 주희에게 보내고 서로 토론하였다. 주희는 한편으로는 장식과 함께 경 해석 방법을 구체적으로 연구하고, 또 한편으로는 「계사논어설」의 일부 견해를 취하여 『논어집주』에 써넣었다. 6월에 그는 『대학장구혹문』과 『중용장구혹문』의 서문을 정하는 동시에, 또한 『논어집주혹문』과 『맹자집주혹문』의 원고를 확정하여 새로운 체제의 『사서집주』 경학 체계를 구성하였다. 주희는 분명히 자기의 사서학을 총결하고자 하는 뚜렷한 목적을 가지고 있었다.

정유년(1177) 이후에 그가 어떤 식으로 쉬지 않고 죽도록 심혈을 기울여서 『사서집주』를 수개했든지 간에, 또한 그가 끊임없이 계속하여 새로운 경학 저작을 써냈든지 간에, 『사서집주』의 경학 사상 체계는 정식으로 탄생하였다.

『장구』・『집주』를 『혹문』과 비교하면, 하나는 간략하고 다른 하나는 상세하여서 서로 보충이 된다. 이런 경학 체계에 대해 장식은 "『논어장구』는 정확하고 간략하며 엄밀하여서 충분히 후학을 이끌어줄 수 있습니다. 『혹문』은 대체로 본래 바꿀 수 없는 논의입니다. 다만 제 생각에는 이 책은 오히려 모름지기 출간하지 않아야 한다고 봅니다. 힘을 다해 변설한다고 하더라도 또한 다할 수 없습니다."(『남헌선생문집』 권24 「여주원회」 서7)라고 하였다. 주희는 곧 장식의 의견에 근거하여서 이해에 『논어집주』와 『맹자집주』만 간행하였다. 그런데 『논어혹문』과 『맹자혹문』은 건양의 서사書肆에 의해 몰래 간행되었으니, 이것이 곧 나중에 유행한 정유본丁酉本이다.

『대학장구혹문』과 『중용장구혹문』에 대해 주희는 원래 더욱 정밀하게 연구할 필요가 있다고 여겨서 간행하지 않았다. 그러나 아마도 그가 조정에 반도학反道學의 기풍이 가득 차기 시작했다는 소문을 듣고, 이미 장절章節을 옮기고 바꾸어서 개편한 자기의 『대학』과 『중용』 저작이 마침 그때에 뭇사람이 공격하는 표적이 될 것을 두려워하여 『태극도설해』・『서명해』와 마찬가지로 잠시 세상에 공개하여서 전해지게 하지 않으려는 방법을 취했을 수도 있다.

주희의 『사서집주』는 정호와 정이 이래 시대의 추세에 따라 일어난 사서학에 대한 역사적 총결이다. 사서 가운데 원래 『소대례기小戴禮記』에 실려 있던 『대학』과 『중용』은 일찌감치 '경經'이 되었다. 당 문종唐文宗 시기 12경을 간행할 때 『논어』가 '경'으로 승격되었고, 북송에서 13경을 간행할 때 『맹자』도 '경'으로 승격되었다. 그리고 정호와 정이에 이르러서 이 사서를 두드러지게 제창하였다.

정호와 정이 이전에 비록 『논어』와 『맹자』의 경우, 한 문제漢文帝 때에 이미 박사가 설치되었고, 『한서漢書』 「예문지藝文志」에 『중용설中庸說』이, 『수서隋書』 「경적지經籍志」에 대옹戴顒의 『중용전中庸傳』과 양 무제梁武帝의 『중용강소中

庸講疏』가 있었으며, 당의 한유韓愈와 이고李翺가 특별히 『대학』과 『중용』을 중시하여서 자기 사상을 세웠고, 더욱이 사마광은 『대학광의大學廣義』와 『중용광의中庸廣義』를 지었지만, 그들은 모두 사서를 경학의 독립적인 전문 분야로 높이지는 못하였다. 사서에 대한 연구는 정호와 정이가 창도한 뒤로 정문程門의 뛰어난 수많은 제자들과 다른 이학가들의 동조를 거쳐 비로소 세상을 떠들썩하게 한 사서학을 형성함으로써 점차 오경학을 능가하는 추세를 보였다.

주희 스스로 『사서집해』로부터 『사서집주』로 비약한 것은 한편으로는 유가 문화의 역사적 거울처럼 경학의 역사적 변화 과정을 반영한다. 『사서집주』에서 그는 한·위·수·당 주석가들의 설은 극히 적게 인용하고, 정호와 정이 이래 이학가들의 설을 대량으로 인용하면서, 이들의 설을 세 등급으로 나누었다. 곧 정호와 정이의 설을 인용할 때는 정자程子라 일컫고, 정문 제자들의 설을 인용할 때는 아무개 씨氏라 일컬었으며, 정문 제자가 아닌 사람들의 설이나 후배 이학가들의 설을 인용할 때는 성과 이름을 함께 일컬었다. 이렇게 정호와 정이 이후 사서학의 연구 성과를 널리 흡수하고, 융합하고 관통함으로써 정주학파程朱學派의 사서학 체계를 형성하였다.

이 사서학 체계의 내재적 논리 구조 및 오경학에 대한 관계를 주희는 다음과 같이 규정하였다.

나는 사람들에게, 먼저 『대학』을 읽어서 그 규모를 정하고, 『논어』를 읽어서 그 근본을 세우며, 다음으로 『맹자』를 읽어서 그 발산한 점을 보고, 그 다음으로 『중용』을 읽어서 옛사람의 미묘한 뜻을 구하도록 말한다. 『대학』 한 편은 등급과 차례가 있는데 전체를 하나로 하여서 쉽게 이해할 수 있기 때문에 먼저 보아야 한다. 『논어』는 실제 이치를 담고 있지만 말이 흩어져 있으므로 처음 보기에는 역시 어렵다. 『맹자』는 사람의 마음을 감

동시켜서 분발하게 한다. 『중용』도 읽기가 어려우므로 세 책을 본 다음에
보아야 한다.　　　　　　　　　　　　　　　　　　　　　　　—『어류』권14

　　사자四子(사서)는 육경으로 올라가는 사다리(階梯)이다.　　　—『어류』권105

　　『대학』의 규모는 삼강령三綱令과 팔조목八條目이고, 『논어』의 근본은 '내 도
는 하나로 꿰뚫었다(吾道一以貫之)'는 사상이며, 『맹자』가 퍼뜨리는 주제는 '존
심存心', '양심養心', '진심盡心 — 지성知性 — 지천知天'이고, 『중용』의 미묘한 뜻은
'성誠'이다. 주희의 사서학은 바로 이 전통 유가 문화의 네 갈래 정신의 혈맥
으로 방대한 이학 체계를 세운 것으로서, 사서를 오경으로 올라가는 사다리
로 삼았다. 사서학과 오경학은 이로써 완벽하게 연관되었다.

　　사서의 병행과 정주程朱 사서학 체계의 완성이 유가의 전통문화사에서 차
지하는 의의는, 동중서가 한 무제漢武帝에게 홀로 유술을 높이고(獨存儒術) 백가
를 파출하라고(罷黜百家) 건의했던 것과 같은 차원으로 거론할 만하다. 동중서
가 육예六藝를 표창하여서 공학孔學을 경학화하고 육경에 통치 사상의 지위를
얻게끔 했다고 한다면, 정호와 정이, 주희가 사서를 표창한 것은 경학을 이학
화하여서 사서가 육경의 독점적 지위를 빼앗게끔 하였다.

　　그러나 주희의 『사서집주』는 자기 이학 사상의 발전을 스스로 총결한 것
이기도 하다. 융흥·건도 이래 갖가지 논전, 논변, 토론과 강학을 통해서 얻은
적극적인 사상적 성과가 모두 『사서집주』에 포괄되었기 때문에 『사서집주』
는 학파의 강렬한 현실적 감각으로 가득 차 있다.

　　그의 『대학장구』는 『대학』의 삼강령과 팔조목의 도움을 받아 '이치를 궁
구하여서 마음을 바르게 하고, 자기를 닦아서 남을 다스린다(窮理正心, 修己治人)'
는 이념을 세운 것으로, 자아를 수양하고 한마음을 확충하여서 국가가 크게

다스려지게 하고 천하가 태평한 데 이르게 하는 지주계급의 인본주의 체계이다. 그러나 그는 또 이 책에서 격물치지의 인식론을 두드러지게 제시하였다. 그가 고심하여 보충해서 써넣은 격물치지 장은 다음과 같다.

위(右)는 전(傳)의 5장이다. 격물치지의 뜻을 해석한 부분인데, 지금은 없어졌다. 최근에 정자(程子)의 뜻을 내 나름대로 취하여서 다음과 같이 보충하였다. "이른바 '앎을 (끝까지) 이룸은 사물의 이치를 궁구하는 데 있다(致知在格物)'는 말은 내 앎을 이루고자 하면 사물에 나아가 사물의 이치를 궁구해야 함을 말한다. 사람의 마음은 신령하기에 지각 능력을 갖지 않은 이가 없고, 천하의 사물은 이치를 갖지 않은 것이 없다. 오직 이치에 대하여 궁구하지 않은 것이 있기 때문에 그 앎이 철저하지 못함이 있다. 이 때문에 대학에서 처음 가르칠 때 반드시 배우는 사람으로 하여금 천하의 사물에 나아가서 이미 알고 있는 이치를 근거로 더욱 궁구하여서 그 극도에 이르기를 구하도록 한다. 그리하여 오래 힘써서 하루아침에 환하게 통하여 깨닫게 되면(豁然貫通) 모든 사물의 안과 밖, 정교함과 거칢이 이르지 않음이 없을 것이며, 내 마음의 온전한 본체(全體)와 위대한 작용(大用)이 밝지 않음이 없을 것이니, 이것을 '사물이 이른다(物格)'라고 하고, 이것을 '앎이 극도에 이른다(知至)' 한다."

— 『대학장구』

여기에는 분명히 분수分殊에 나아가 실리實理를 체인하고, 일상생활에서 공부를 한다는 이통李侗의 사상이 포함되어 있다. 그러나 주희는 그것을 사변적이고 이론적인 차원으로 높였다. 그는, 천하 만물은 이치(理)를 가지지 않은 것이 없으므로 인식 주체는 반드시 객관의 외부 사물과 접촉하여서 사사물물事事物物의 내부로 깊이 들어가 그 이치를 궁구해야 하며, 사물의 이치는 끝이 없고 마음의 지각 능력도 다함이 없지만 지각 능력을 극도에까지 미루어 넓혀서 구체적인 사물의 이치를 끊임없이 궁구하여 쌓아가야만 보편의 이치를 환하게 통하여서 깨닫는 경지에 도달할 수 있다고 보았다. 이는 유심주의 이학이라는 껍데기 안에 들어 있는 섬광과 같은 사상의 핵심이다. 이것이 또한 그가 이전 사람들이나 동시대 사람들을 뛰어넘는 점이다.

만일 이 한 장을, 그가 강묵과 함께 격물을 토론하면서 보낸 편지와 연계하여 살피고, 아울러 아호의 회합 이래의 그의 사상적 태도를 고려해보면, 격물 장을 보충하여 써넣은 데는 학파의 현실적 목적이 있었음을 발견할 수 있다. 곧 그 목적이란 바로 격물치지를 가지고서 '사물이 마음에 이른다(物格心)'고 하는 장구성張九成의 설과 '본심을 밝힌다(發明本心)'는 육구연의 설에 반대한 것이다.

『사서집주』 전체에는 이러한 당대의 여러 학파에 대한 비판 의식이 관철되어 있다. 절동학파浙東學派, 호상파湖湘派, 강서江西의 육학陸學, 그리고 한때 범람했던 이단 사상인 불교와 도교에 이르기까지 혹은 음으로 혹은 양으로 그의 책에서 모두 비판의 대상이 되었다.

『중용장구』에서 수장首章을 『중용』의 제요提要로 삼고, 자기의 심통성정설心統性情說과 중화설中和說을 밝혀서 서술한 것은 호상파에 대한 비판이다. 「대학장구서」에서 '권모술수와 일체의 공명功名을 얻기 위한 설'이라고 공격한 것, 『맹자집주』에서 맹자가 위나라 혜왕(梁惠王)을 만나 의리義利에 대해 논하는 한 절節을 주석하면서 특히 태사공太史公(사마천)의 설을 인용한 것, 제나라 선왕(齊宣王)이 맹자에게 제나라 환공(齊桓公)과 진나라 문공(晉文公)이 패자霸者인지 묻는 한 구절을 주석하면서 특히 동중서의 설을 인용한 것은 여조겸의 사학과 절동파의 사공설事功說을 지적하여 꾸짖은 것이다. 『논어집주』에서 '인仁이란 사랑의 이치'라고 설교한 것은 선禪의 기미가 있는 호상파의 인설仁說을 버린 것이다. 『맹자집주』에서 양심養心·존심存心·지성知性에 대해 해설한 것은 호상파와 불교의 관심설觀心說에 대한 부정이다.

이런 비판은 최후에는 모두 '도통道統'으로 귀결된다. 그러나 주희가 말하는 '도통'은 사실 이정二程 학파의 대명사에 지나지 않는다. 「대학장구서」에서 그는 하남의 두 정씨(정호와 정이)가 『대학』의 도통을 계승했다고 선언하였다. 또 『중용장구』에서는 『중용』을 '공자 문하에서 전해준 심법心法'으로 받들었다. 이 '심법'은 바로 「대우모大禹謨」에 나오는 열여섯 글자 심전心傳으로서, 또한 '정 선생님(程夫子) 형제가 나와서 고찰하여 얻은 바가 있었기에, (그것으로서) 천년 동안 전해지지 않던 실마리를 이은' 것이다.

『맹자집주』에서 그가 더욱이 다음과 같은 대단한 내용으로 책 전체를 마친 것은 매우 의미심장하다. "송 원풍元豊 8년(1085), 하남의 정호 백순程顥伯淳이 죽었다. …… 그 아우 정이 정숙程頤正叔이 서문을 썼다. '주공周公이 죽자 성인의 도가 행해지지 않고 맹가孟軻가 죽자 성인의 학문이 전해지지 않았다. 도가 행해지지 않으니 백세百世에 선한 정치가 없었고, 학문이 전승되지 않아 천년 동안 참된 유학자(眞儒)가 없었다. …… 참된 유학자가 없으면 천하가 어두워서 어디로 가야 할지 모르고, 인욕이 멋대로 펼쳐지고 천리가 없어질 것이다. 선생은 1400년 뒤에 태어나 남은 경전에서 전해지지 않던 학문을 얻은 뒤 사문斯文을 일으키는 일을 자기 임무로 삼았다. 이단을 변별하고 사설邪說을 물리쳐서 성인의 도가 다시 세상에 환하게 밝아지도록 하였다. 대체로 맹자 뒤로 한 사람일 뿐이다.'"(『맹자집주』「진심盡心·하」)

이것은 정호와 정이가 천년 동안 이어지지 않던 도통을 계승한 성인임을 인정하는 말일 뿐만 아니라, 또한 은연중에 주희 스스로가 위로 정호와 정이의 도통을 이었다고 자부하는 의도도 있다. 그가 도통을 중심으로 열렬하게 선양했던 진정한 비밀은 결국 역사에서 서로 끊임없이 전승한 공맹孔孟의 도통이 참으로 있었느냐의 문제에 있지 않고 정주학파를 위한 역사적 기반을 쟁취하여서 정주파가 유가의 정통이라는 현실적 지위를 확립하는 데 있었다.

유가의 도통道統은 불교와 도가의 이통異統에 대한 부정이다. 주희의 『사서집주』는 그 스스로가 선에서 달아나 유학으로 돌아온 이래 끊임없이 진행했던 불교와 도가 비판의 총결이기도 하다. 『사서집주』는 당시의 역사적 조건에서 도달할 수 있는 가장 높은 수준의 배불排佛 사상 체계를 포함하고 있다. 그러나 후세 사람들은 언제나 이런 중요한 사실을 무시하고, 도리어 더욱 아무런 근거도 없이 글자만 가지고 주희의 저작 가운데 불교와 도가를 표절한 부분만 찾아내서 주희의 이학을 불설과 비슷하면서도 다르다고 견강부회하였다.

주희는 적극적으로 세간으로 들어가는 유가와 소극적으로 세간에서 나오는 불교의 차이를 분명하게 인식하고 있었다. 그는, "불학은 우리 유학과 대략 비슷한 데가 있기는 하지만, 바로 이른바 모양은 같으나 속은 다르며(貌同心異), 옳은 듯하면서도 그른 것이니(似是而非), 살피지 않을 수 없습니다."(『문집』권59 「답오두남答吳斗南」)라고 하였다. 주희는, 흡사 후세 사람들이 이같이 '모양은 같으나 속은 다르며, 옳은 듯하면서도 그른' 점을 가지고서 그가 불교를 원용하여 유교에 끌어들였다고 즐겨 증명하리라고 예견이라도 한 듯이, 도리어 '모양은 같으나 속은 다르며, 옳은 듯하면서도 그른' 점으로써 유교를 높이고 불교에 반대하는 자기의 견지를 분명히 드러냈다.

사실, 주희의 배불 사상 체계에는 세 가지 층차가 내재되어 있다. 첫째, 불교를 일종의 종교적 미신으로 삼아 어리석고 망령된 것으로 간주하여서 철저히 부정하였다. 불교가 세속의 종교 미신으로서 선양하는 모든 것, 예를 들어 인과응보, 생사윤회生死輪迴, 극락세계, 소식蔬食하고 재계하며 예불하는 것, 경을 외어서 부처가 되고자 하는 것 등을 모두 일률적으로 배척하였다.

둘째, 불교를 일종의 문화 형태로 간주하고서 이단으로 삼아 총체적으로 배척하였다. 곧 그의 말로 하자면 '대본大本이 다른 것'이다. 그러나 개별적인 관점에서 유가의 설과 서로 합치되거나 부분적으로 서로 합치되는 점은 개조하여 흡수하였다. 예를 들어 주경主敬은 정좌靜坐에서, 멸인욕滅人欲은 금욕禁欲에서, 논심論心은 논성論性에서, 논의論意는 논심論心에서 개조하여 흡수한 것이다.

셋째, 불교를 일종의 종교철학으로 삼은 것이다. 그는 불교의 세밀한 사변적 방법을 흡수하여서 유가의 명제, 관점, 사상을 표현하고 논증하는 것을 중시하였다. 후세 사람들은 주희가 불교의 설을 표절했다는 증거를 대량으로 찾아냈다. 예컨대, 이기상즉理氣相卽은 화엄華嚴의 이사무애理事無礙에서, 이일분수理一分殊는 화엄의 무량일無量一과 일무량一無量에서, 성선설性善說은 불교의 불성설佛性說에서 따온 것으로, 모두 주로 사변적 방법에서 흡수하였지만, 사상에서는 확실히 '모양은 같으나 속은 다르고, 옳은 듯하지만 달랐다.'

전통 유학은 간편한 지름길을 따라 직각체인直覺體認하는 방법을 채용하여 사상을 표현하기 때문에 그 소박한 이론 체계는 엄청나게 광대한 불학 체계 앞에서 부족한 모습을 드러냈다. 주희는 특별히 불설佛說의 사변적 방법을 흡수하여서 유학을 불학과 충분히 맞먹을 수 있는 이론 형태로 갖추게 하는 데 주력하였다. 『사서집주』에는 바로 그의 이런 세 가지 내재적 층차로 구성된 배불 체계가 포함되어 있는데, 그는 이일분수理一分殊를, 유교와 불교를 구분하고 불교를 배척하는 최고의 철학 원칙으로 삼았으므로, 『사서집주』는 곧 이일분수의 반불교 체계라고 이름 붙일 수 있다.

사상의 연원으로 보면, 주희의 이일분수는 불교의 화엄종에서 나온 것이 아니라 원래 유가의 「역대전易大傳」(「계사전繫辭傳」)에서 나왔다. 「역대전」 체계의 기본 사상은 괘卦를 뽑아 상象을 관찰하여서 천도天道(*태극太極)를 밝히는 것이다. '도道'는 모든 '상'에 깃들어 있고, 64괘에는 천지 만물(의 이치)이 감추어져 있으며, 괘와 효爻의 상은 자연의 상을 상징하고, 괘와 효의 변화는 천지의 도의 변화를 대표한다. 도와 기器, 태극과 상의 관계는 바로 본체(體)와 작용(用)의 관계이다. 한 근본(一本, *태극)이 만물을 화생化生하고, 한 도(一道)가 변하여서 만 가지로 달라지는(萬殊) 변화는 태극 하나가 나뉘어서 둘이 되는 논리적 층차를 따라 무한히 전개된다. "이런 까닭에 역易에 태극이 있고 이 태극이 양의兩儀(음양)를 낳는다. 양의는 사상四象을 낳고 사상은 팔괘八卦를 낳는다. ……"(『주역』, 「계사·상」), "태극은 흩어져서 만물이 되고, 만물은 저마다 태극을 갖춘다."고 한 주희의 말은 여기서 발전하여 나온 것이다.

「역대전」은 한 도가 만 가지로 달라지는 사상을 초보적으로 제시하였을 뿐만 아니라, 한 걸음 더 나아가 하나가 나뉘어 둘이 된다는 논리로써 한 도가 만 가지로 달라지는 운동의 형성 과정을 해석하였다. 주희의 이일분수는 바로 「역대전」의 이러한 '도'는 본체이고 '상'은 작용이라는(道體象用) 사상을 가장 충분히 발휘한 사상이다.

놀라운 것은 맨 먼저 이일분수를 선양한 정이程頤도 바로 「역대전」의 도체상용道體象用의 사상에 계발되어서 비로소 '본체와 작용은 근원이 같고, 현상과 본질은 간격이 없다(體用一源, 顯微無間)'고 하는 이일분수 사상을 제출하였다는 점이다. 그리고 이통李侗이 불교의 설에 깊이 빠져 있던 젊은 주희를 개도開導하여서 이일분수의 근본을 인식하도록 했을 때도 『역』의 64괘 384효에서부터 착수하게끔 하였다.

주희는, 유가의 진리는 실實하고 불가의 진리는 공空하며, 유가는 이일理一과 분수分殊, 체體와 용用을 겸비했지만, 불가는 이일만 있고 분수는 없으므로 유가의 진리와 불가의 진리는 별개라고 여겼다. 법장法藏은 다음과 같이 선언하였다. "법성法性은 공허하고 끝없이 넓어서 감각을 초월하며, 지혜의 큰 바

다는 끝없이 깊어서 사유로는 미칠 수가 없다. 아득하고 아득한 현묘한 도(玄
黊)는 아무리 이름을 붙이고 말로 표현해봐야 그 단서를 찾기가 어렵고, 망망
하며 소박한 법도(素范)는 서로 보아도 그 근원을 찾을 수 없다. 다만 기감機感
(부처와 중생의 관계에서 부처의 교화, 응현應現을 발동시키는 중생의 기근機根(수용력, 구성력)을 '기
機'라 하고, 이 기가 부처를 움직이는 것을 '감感'이라 한다. 부처와 중생의 상호작용, 중생이 부처의
가르침을 감수함, 또는 부처가 중생의 존재에 대응함)은 만 가지로 다른데, 말로 표현하
여서 법계法界를 채운다. 마음의 경지가 한결같이 주체(能)와 객체(所)를 소멸시
켜서 고요함으로 돌아간다. 본체와 작용은 방위가 없이 원만하게 융합되므로
헤아릴 수 없다(叵測)."(『화엄경탐현기華嚴經探玄記』)

　이렇듯 고요함으로 돌아가는 '법성'은 정호·정이와 주희의 '이理'와 전혀
공통되는 점이 없다. 화엄종은 세계를 이법계理法界와 사법계事法界로 나누는
데, '이사무애理事無礙'에는 두 가지 의미가 포함되어 있다. 첫째, "일체의 법교
法教가 진여眞如의 모습을 드러내되 현상계의 모든 양상이 서로 뚜렷이 차별
되는 데 장애가 되지 않는다." 둘째, "진여가 모습을 드러내어서 일체의 법이
되니 한결같이 담연湛然한 평등에 장애가 되지 않는다."(『화엄경탐현기』 권1) 이런
사상은 또 화엄의 일一과 다多의 설을 철학적 기초로 삼는다. 일과 다의 관계
는 "일이 곧 다이나 장애가 없고, 다가 곧 일이나 원만하게 통한다.(一卽多而無
礙, 多卽一而圓通)"라고 하여서 구체적으로 다음과 같은 네 가지 방면으로 표현
된다. 곧 일一은 일 가운데에 있다, 일은 일체一切 가운데에 있다, 일체는 일
가운데에 있다, 일체는 일체 가운데에 있다(동상).

　분명히 주희의 이일분수는 특히 화엄종의 이런 사상의 특정한 구체적 내
용을 떨쳐버리고 다만 엄밀한 사변적 방법을 개조하여서 흡수했을 뿐이다.
화엄종이 인드라망, 거울과 등불, 물과 달, 한낱 티끌 속의 세계(微塵刹海)를 비
유로 삼아 일一과 다多를 논하는 것에 대해서 주희가 높이 평가한 까닭은 단

지 그들의 생동하는 사변적 비유가 유가에 쓸모 있었기 때문이지, 그것들이 비유하는 진여법성眞如法性의 불설이 유가에 채택될 수 있었기 때문은 아니었다. 송 대 유학이 고전 경학에서 이학으로 변한 것은 유학의 사변화라는 역사적 진행 과정이었고, 주희가 『사서집주』에서 이미 불학의 사상을 비판하면서도 또한 불학의 사변을 흡수하는 배불 체계를 건립한 것은 유학 사변화의 역사적 진행 과정이 완성되었음을 나타낸다.

그러나 순희 4년(1177)에 서문을 정한 『사서집주』는 주희의 처지에서 말하자면 또한 그의 경학 사상이 앞을 향해 발전해가는 새로운 기점이었다. 순희 4년에 그는 여전히 사서를 합쳐 간행하지 않고 있다가, 순희 9년(1182)에 절동 제거浙東提擧로 부임했을 때 하나로 묶어 무주婺州에서 간행하였다. 경학사에서 '사서四書'라는 이름이 처음으로 출현한 것이다. 그러나 막 정밀하게 조각하고 세밀하게 쪼아낸 사서학四書學의 사변 체계는, 당시 사람들에게 봉헌되었을 때 곧바로 조정으로부터 불어닥친 한 줄기 반도학의 문화적 역풍을 정면으로 맞닥뜨렸다. 주희가 고심한 문제는 애당초 식견이 좁은 당대의 봉건 권귀權貴들로서는 이해할 수 없었다. 이 또한 역사가 빚어낸 그의 개인적 비극일 터이다.

오경학五經學 사상의 비약

서문을 정한 『사서집주』는 역시 주희가 평생의 학문 저술을 정유년(1177)에 전면적으로 총결한 것 가운데 한 방면일 뿐이다. 이해에 그는 또 『근사록』을 무주에서 간행하고, 정씨의 『유서』와 『외서』를 엄주嚴州에서 간행하였으며, 「강목조례綱目條例」를 수정하고, 「강주중건렴계선생서당기江州重建濂溪先生書堂記」와 「정강부학기靜江府學記」를 짓고, 자기의 오경학 저작인 『시집해詩集解』와 『역전易傳』의 서문을 확정하였다. 이리하여 한 차례 전면적인 자아의 총결을 완성하였다.

다만 그의 오경학 저술과 사상의 발전은 사서학 저술과 사상의 발전에 비해 상대적으로 뒤떨어져 있었기 때문에 결과적으로 정유년 자아의 총결로 일종의 기이한 현상이 나타났다. 그의 사서학의 총결은 새로운 경학 사상 체계에 대한 전망과 출발이었지만, 오경학의 총결은 반대로 낡은 경학 사상 체계에 대한 고별과 종결이었다. 이는 그의 전체 경학 사상이 낡은것과 새것이 교체하는 돌파와 탐색의 가운데에 처해 있었음을 뚜렷이 나타낸다.

정유년에 주희의 상수역학象數易學 사상은 이미 두각을 드러냈다. 아호의 회합에서 돌아온 뒤 『역』이 점치는(卜筮) 책에 지나지 않음을 발견한 그는 상수역학을 향해 결정적으로 전환하기 시작하였다. 그러나 그의 이 '새로운 발견(新發現)'은 뜻밖에도 여조겸과 장식의 비난에 부딪혔다. 『역』은 본래 길흉을 점치기 위해 만들어졌으며, 진 대秦代에는 의약과 복서(醫卜)의 책으로 귀결되었다가 한 대漢代부터 신성한 유가 경전으로 떠받들렸다. 그 뒤로 이 책은 신비한 안개에 겹겹이 가려진 탓에 이런 단순한 사실은 잊히고 더 이상 말하는 사람이 없게 되었다. 양한兩漢에서는 참위讖緯로 『역』을 설명했기에 전주傳注에서 혼란이 일어났고, 위魏와 진晉에서는 명리名理로 『역』을 설명했기에 허무에 빠졌고, 송에 들어선 뒤로는 상수로 『역』을 설명함으로써 지리함에 가리거나, 의리義理로 역을 설명함으로써 천착에 빠졌다.

주희는 유가의 성경 가운데 하나인 『역』이 단지 점치는 데 불과한, 자질구레한 책(卜筮小書)일 뿐이라고 여겼다. 이러한 반박귀진返樸歸眞(본래의 소박하고 참된 상태로 돌아감)과 같은 발견은 전통적인 경전의 해석 체계를 벗어나는 설일 뿐만은 아니었다. 겹겹이 가려진 역사의 안개를 뚫고 『역』의 진실한 본래 면목을 인식하였다는 데 더욱 중요한 의의가 있다.

주희의 이 발견은 건도 연간(1165~1173)에 애헌艾軒 임광조林光朝와 남헌 장식의 역학 논쟁으로부터 계발을 받은 것이었다. 그는 나중에 거듭 두 사람의 논변을 언급하였다.

> 『역』은 본래 복서卜筮의 책이다. …… 애헌과 남헌의 논쟁을 살펴보니 남헌은 애헌의 설이 옳지 않다고 하였다. 남헌도 이해하지 못했던 것이다.
>
> —『어류』 권66

임애헌(임광조)이 행재소行在所에 있을 때 어느 날 남헌을 방문하여서 "정선생의 『어록』을 내가 보았는데 『역전』은 보지 못하였습니다."라고 하였다. 남헌은 "무슨 까닭입니까?" 하고 물었다. 임애헌이 말하였다. "『역』에는 상수象數가 있는데, 이천伊川(정이)은 아무 말도 하지 않았습니다. 무슨 까닭입니까?" 남헌이 말하였다. "공자가 말한 『역』 설은 그렇지 않습니다.

『역』에서는 '공公이 높은 담장 위에서 새매(隼)를 쏘아서 잡으니 이롭지 않음이 없다'고 했는데, 만일 상象의 말대로라면 공은 무엇이고 쏘는 것은 무엇이며, 새매는 무엇이고 높은 담장은 무엇입니까? ……" ──『어류』 권103

정씨『역전』의 의리학을 추숭하는 장식은 역학에 대한 주희의 발견을 부정하였다. 그는 답신에서 다음과 같이 답하였다. "『역』의 설에는 의심스러운 점이 있음을 면할 수 없습니다. 『역』에는 성인의 도가 네 가지 있는데, 아마도 복서卜筮를 위해서만 이 책을 쓰지는 않은 듯합니다."(『남헌선생문집』 권23 「답주원회」 서1) 「계사」에서 『역』에 성인의 도가 네 가지 있다고 한 말은, "(역을) 말하는 자는 그 점사(辭)를 숭상하고, 행동하는 자는 그 변화를 숭상하고, 도구(器)를 제작하는 자는 그 상象을 숭상하고, 복서를 하는 자는 그 점占을 숭상한다."(『주역』, 「계사·상」 10장)고 한 것이다.

그러나 회의하고 탐색하는 주희의 정신은 결코 옛 주석(傳)에만 얽매이지는 않았다. 순희 3년(1176)에 그는 답장에서 이런 견해를 견지하였다. "『역』의 설은 참으로 합당하지 않은 줄 알지만 또한 말씀드렸으니, 잠시 두고서 천천히 살펴보시기 바랍니다. …… 마음을 비우고 조금씩 오래 완미하면 환하게 풀릴 터입니다. 만약 조금이라도 의도를 가지고 주장하면서 찾으려 한다면 곧 낡은 학설에 가려질 것입니다."(『문집』 권31 「답장경부」 서21) 이후 여조겸과 장식은 주희와 함께 『역』에 대해 논변하기를 회피했기 때문에 세 사람은 역학에서 줄곧 서로 합치할 수 없었다.

주희는 『역』을 복서의 책으로 보았는데, 이런 관점은 그로 하여금 공허한 의리를 말하는 정이의 현묘한 역학의 허공에 매달려 있던 데서 복서라는, 곧 경인 『역』의 본래 뜻(本義)을 탐색하는 현실로 이끌어냈다. 또한 이는 그로 하여금 역학 자체의 역사적 발전에 주목하게 만들었다. 그 뒤 그는 얼마간의 시간을 두고서 점차 '세 성인의 역(三聖易)'이라는 자기 역학의 기본 사상을 형성하였다. 복희에게는 복희의 『역』이 있고, 문왕에게는 문왕의 『역』이 있으며, 공자에게는 공자의 『역』이 있는데, 주희가 탐구하려 한 것은 복희 『역』의 원시原始의 '본래 뜻(本義)'이며, 다양한 차원에서 『역』의 역사를 연구하려는 것이다.

그가 보기에 성인이 『역』을 지은 까닭은 백성에게 점서占筮를 가르치기 위한 것이었다. 복희는 괘만 그리고 문자로 서술하지는 않았다. 문왕이 괘를 중첩하여 「괘사」를 짓고, 주공이 「효사爻辭」를 지은 것은 단지 점서를 위해 배푼 것일 따름이다. 공자가 「십익十翼」을 짓고서 비로소 의리를 말하였다. 정이에게는 정이의 『역』이 있고, 소옹邵雍에게는 소옹의 『역』이 있다. 정이는 『역』의 이치를 터득한 것이 많고, 소옹은 『역』의 수數를 터득한 것이 많았다. 이렇게 『역』을 다른 역사적 층차의 역학 사상 체계로 구분하여 연구하는 방법은 곧 『역』의 경經을 '역사(史)'로 만드는 일이다. 설령 이런 구분이 합리적인지, 그리고 사실과 부합하는지 하는 문제는 별개다.

복희 시대에 백성에게 점서를 가르친 '역'에는 그림과 획은 있지만 문자는 없었다는 사실은 이미 현대의 고고학적 발굴로 증명되었다. 주희는 천여 년 이래 '학자들이 『역』은 본래 점서를 위해 쓰였다고 말하기를 꺼려 하는' 분위기에서 이학가의 용기를 가지고 이 간단한 사실을 말했으며, 심지어 『역』의 경이 '그저 영기과靈棋課(영기점괘靈棋占卦, 고대의 '영기경靈棋經'에서 유래한 일종의 점복 방법이다. 바둑돌 열두 알을 이용하여 125괘를 뽑아서 점을 친다)와 같은' 것임을 직시하였다. 그리하여 자연스레 유학 경전의 호교론자들로부터 어지러이 공격을 받게 되었다. 그는 나중에 북받친 감정을 드러내며 다음과 같이 말하였다. "예컨대, 『역』에 대해, 나는 곧 성인이 다만 복서를 위해 지은 것이기 때문에 수많은 설들이 있는 까닭을 이해할 수 없다고 말하였다. 그러나 나의 이 설은 사람들에게 설명하기 어렵기 때문에 사람들이 기꺼이 믿지 않는다. 종래 여러 사람들이 나와 함께 힘써 변론하였는데, 나는 안간힘을 다해서 그들에게 분석해주었다. 그러나 지금 생각해보면 말하지 않는 편이 나을 뻔했다."(『어류』권66)

주희는 바로 이런 환경과 사상적 분위기에서 정유년(1177)에 자기의 『역전』을 수개하고 서문을 확정하였다. 나중에 각 학자들이 쓴 연보에서 모두 이해에 주희가 『주역본의周易本義』를 완성했다고 한 것은 잘못이다. 왜냐하면 여조겸이 『고역古易』 12편을 확정한 때는 순희 8년(1181) 5월이며, 순희 9년 6월에 이르러 비로소 주희가 여조겸이 정한 『고역』을 본 뒤 무주에서 발문을 지어 간행하였기 때문이다. 그러므로 그가 여조겸의 『고역』본에 근거하여서 『주역본의』를 짓기 시작한 때는 아무리 일러도 순희 8년 5월 이후이다. 순희 4년(1177)에 그가 완성한 역학 저작은 아마도 왕필王弼의 『역』에 근거하여서 쓴 『역전易傳』이리라.

이 『역전』의 전체 체계는 원래 정이의 의리역학에서 비롯되었지만 순희 2년(1175) 이후 주희가 『역』을 복서의 책으로 인정하고, 또 나아가 복서로써 『역』을 해석하는 새로운 내용을 더하였기 때문에 어떤 부분에서는 의리 역설을 초월하였다. 그러나 『역』을 복서의 책으로 여김으로써 많은 사람들의 공격을 받은 탓에 그는 한때 자기 주장을 마음대로 내놓을 수 없었다. 그래서 역학에서 새로운 발견을 했음에도 불구하고 곧바로 상수로써 『역』을 해석하는 새로운 체계를 형성하지는 못하였다. 따라서 그가 서문을 정했던 『역전』은, 체계로 말하자면 여전히 원래의 의리역을 돌파하지 못하고 있었다. 정유년 정본定本 『역전』은 과도적 성질을 띠고 있으며, 주로 자기의 옛 의리역학 사상에 대한 총결이자 고별이었다.

그러나 주희가 『역』을 복서의 책으로 파악한 것은 비록 역학상의 일대 귀중한 발견이었을지는 몰라도, 역사는 그가 이 발견으로 말미암아 복희 『역』
의 진정한 비밀을 드러내지는 못하였으며, 도리어 그 스스로 상점象占을 즐기
는 데서부터 도서圖書에 탐닉하고, 상수象數에서 곧바로 술수術數에 이르고, 진
희이陳希夷와 소옹邵雍의 선천상수학先天象數學의 발아래 참배하였다고 단정 지
었다. 그가 이런 역학 방면의 동향을 보인 글은 순희 3년(1176)에 지은 「서장
씨소각잠허도후書張氏所刻潛虛圖後」인데, 이로써 그가 이미 점법에 대해 자세히
연구한 끝에 뜻밖에도 점법상에서 가짜 『잠허潛虛』를 판정해낼 수 있었음을
알 수 있다.

순희 4년(1177) 2월에 주희는 「강주중건렴계서당기江州重建濂溪書堂記」에서,
"하도河圖가 나오자 (복희 씨가) 8괘를 그렸고, 낙서洛書가 나타나자 (우임금이) 구
주九疇를 서술하였다. 그런데 공자는 사문斯文의 홍망에 대해서는 또한 하늘
에 미루지 않은 적이 없었다."라고 하였다. 이것은 그가 처음으로 명확하게
하도와 낙서를 언급한 말이다.

이해에 그는 또 『마의심역麻衣心易』을 정밀하게 연구하였다. 비록 『마의심
역』을 단연코 위서僞書라고 단정하기는 했지만, 도리어 상수학을 부정한 것
은 아니었다. 이와는 반대로 그는 「서마의심역후書麻衣心易後」에서 다음과 같
이 말하였다. "근년에 술수를 하는 말류가 아무렇게나 하는 근거 없는 말을
듣고서 도교·불교·의학·복서卜筮의 여러 설 가운데 천박한 것을 주워 모아서
이 책을 만들었다. 그런데 이 사람(*마의)의 이름을 가탁한 것은 근세에 상수
를 말하는 자들이 반드시 소씨邵氏(소옹)를 마루(宗)로 삼는 것과 마찬가지이다.
소씨의 학은 진희이에게서 나왔다. 이에 진희이가 공경하던 사람을 찾아서
이른바 마의라는 자를 얻어 가탁한 것이다. 이렇게 하면 소씨의 흐름에서 나
온 자들이 아무도 감히 이의를 제기하지 못하리라고 여겼던 것이다. 그러나
이들은 스스로 그 설이 비루하므로 진희이와 소씨 사이에 갖다 붙이기에 부

족함을 알지 못하였다."(『문집』 권81)

주희가 진희이와 소옹의 상수학을 추숭하고 또한 도교·불교·의학·복서의 여러 설 가운데 천박한 것을 주워 모아서 진희이와 소옹의 학에 갖다 붙이는 기풍에 매우 깊은 불만을 느꼈으며, 이런 사실이 비로소 그로 하여금 상수로부터 착수하여서 복희 『역』의 본래 뜻을 탐구하겠다는 결심을 하도록 부추겼음을 알 수 있다. 그에 대해 말하자면, 주희의 상수역학 체계는 다만 아직 구조를 배양할 시간이 부족하였다. 그래서 남강南康에 부임하자마자 그는 정형程迥·곽충회郭沖晦(곽옹郭雍)·정대창程大昌 등 역학의 명가들과 더불어 상수와 설시揲蓍에 관한 논전을 거쳐서 엄연한 상수역학가로서 면목을 빠르게 드러냈다.

경학의 전통적인 해석 체계를 벗어난 주희의 시학도 역학과 같은 보조를 맞춰서 변화와 발전을 거쳤다. 삼구三衢의 회합 뒤 그는 비로소 「모서毛序」의 설을 의심하고서 『소서小序』는 남기되 간간이 설파하는 방식의 『시』 해석 단계로 전향하여 순희 4년(1177)에 두 번째로 『시집해』를 수정하였다. 순희 5년 여름에 여조겸에게 보낸 편지에서 그는 이때의 수정을 다음과 같이 언급하였다. "대체로 『소서』는 모두 후세 사람의 억측에서 나왔습니다. 이런 기존의 틀에서 벗어나지 못하면 끝내 정당한 해석을 얻을 길이 없습니다. 작년에 옛 설을 약간 수정하고 정정도 많이 했지만 모두 다 제거하지 못하여서 득실이 반반이라, 완전한 책이 되지 못한 점이 한스러울 따름입니다."(『문집』 권34 「답여백공」 서7)

이때의 수정은 여전히 옛 설을 약간 수정한 것일 뿐 「모서」의 기존 틀을 벗어나지 못하였고, 그저 일부 시를 해석하는 데서만 「모서」를 돌파하였다. 이해 10월에 그는 정식으로 수개를 마친 『시집해』의 서문을 확정하였다. 정유년에 서문을 확정한 『시집해』는 기본적으로는 여전히 「모서」의 경 해석 체계에 속한다. 금본 『시집전』 앞에는 순희 4년 10월에 지은 서문이 붙어 있는데, 실제로는 정유본丁酉本 『시집해』의 옛 서문으로서 주희의 손자 주감朱鑒이 『시전유설詩傳遺說』에서 "『시전』의 옛 서문은 바로 선생이 정유년에 『소서』를 이용하여서 경을 해석하실 때 지은 글이다. 나중에는 『소서』를 모두 버렸다."(『시전유설』 권2)라고 한 것이다.

이 서문은 본래 『시집해』에 있었지만, 주희가 만년에 빼버린 것을 후세 사람들이 『시집전』에 집어넣었다. 그러므로 정유년에 서문을 확정한 『시집해』도 과도기적인 성질을 띠고 있다. 그것은 주희가 「모서」를 주로 하여 『시집해』를 지은 데서 전향하여 「모서」를 버리고 『시집전』을 지은 과도기의 저작이며, 이미 『소서』를 이용했으면서도 또한 『소서』를 타파하였으므로 그 득실이 반반이었다. 이때 서문을 확정한 뒤 그는 『시집해』를 쓰기 시작하였던 것이다.

주희는 정유년에 서문을 확정한 『시집해』를 여조겸에게 보내주지 않았다. 그러나 이듬해 여름에 다시 여조겸에게 『시집해』를 '조만간 또한 간행하려 한다'고 알렸다. 이때의 간행은 그 주요 취지가 『소서』의 억측을 모두 타파해버리고 『소서』의 기존 낡은 설의 틀에서 벗어나 『시』 해석 체계를 근본적으로 한 차례 변화시키려 한 것이다. 이는 그가 「모서」를 버리고 『시집전』을 지은 첫 원고였다.

순희 6년(1179) 겨울에 그는 완성된 『시집전』의 초고를 여조겸에게 보냈다. 「모서」를 폐기할 것인가 아니면 여전히 「모서」를 주로 할 것인가 하는 문제가 주희와 여조겸의 시학 논쟁에서 초점이 되었다. 여조겸이 주희의 『시집전』을 받은 때는 순희 7년 봄이었고, 그의 『여씨가숙독시기呂氏家塾讀詩紀』는 순희 6년에 초고가 이미 완성되었다. 그러므로 여조겸이 『여씨가숙독시기』에서 인용한 주희의 『시』 설은 모두 건도 9년(1173)의 수정본 『시집해』에서 채택한 것이며, 『시집전』의 새로운 해석은 인용하려고 하지 않았다.

여조겸의 이런 태도는 주희로 하여금 「모서」를 타파하는 데 '감히 완전히 손을 놓지는 못하게끔' 하였다. 그의 『시집전』은 천년 이래 성인이 다하지 못한 뜻을 전승한 것으로 간주되어온 「모서」의 시설詩說을 모독한 것이었기 때문에 초고가 나오자마자 모든 비난 화살의 표적이 되었다. 심지어 복재復齋 육자수陸子壽(육구령)조차 조경명趙景明에게 보낸 편지에서 다음과 같이 말하였다. "원회(주희)가 『논어집해』를 이미 탈고하였는데, 이 책은 반드시 세상에 전해질 것입니다. 『시집전』이나 『중용장구』, 『대학장구』는 매우 온당치 않은 데가 있으니 아마도 끝내 먼 훗날까지 전해질 수는 없을 터입니다."(『육복재집陸復齋集』, 『황씨일초黃氏日抄』에서 재인용)

그러나 주희는 여전히 자기의 새로운 시학의 길로 달려갔다. 순희 7년(1180)에 그는 또 한 걸음 나아가 아雅(『시경』의 「대아大雅」·「소아小雅」)와 정鄭(『시경』의 정풍鄭風)이 변별됨을 깨닫고서 재차 『시집전』을 수정하기 시작하였다. 3월에 그는 여조겸에게 보낸 편지에서 다음과 같이 말하였다. "아雅와 정鄭 두 글자에서 아는 아마도 「대아」·「소아」이고 정은 정풍鄭風인 듯하니 응당 풍風을 아라고 해서는 안 되며, 또 정풍 밖에서 별도로 정성鄭聲을 구해서도 안 됩니다. 성인이 깎아내고 기록한 것은 그 선한 것을 취하여서 법을 삼고 그 악한 것을 남겨 두어서 경계로 삼은 것이니 가르침 아닌 것이 없는데, 어찌 반드시 그 전적을 없앨 필요가 있었겠습니까? 성인의 이런 뜻을 보건대, 깊이 통달하여서 막힘과 얽매임이 없음을 느끼며 기상도 저절로 공평정대公平正大하여서 억지로 비호하거나 힘을 낭비하는 곳이 없습니다. 고명高明께서는, 모르겠습니다만, 결국 어떻게 생각하십니까?"(『문집』 권34 「답여백공」 서33)

「모서」에서 『시』를 해석하는 기본 시의 설은 미자설美刺說이다. 『시』 300편은 모두 찬미와 풍자(美刺)의 깊은 뜻이 들어 있으며, 심지어 남녀 사이의 개인적인 감정을 서술한 「정풍」조차도 정치적 풍자시라는 것이다. 후세 사람들은 더욱이 「정풍」은 '음성淫聲'이라 불리는 정성鄭聲과 별개이므로 응당 『시』 300편 밖에서 별도로 정성을 찾아야 한다고 여겼다. 이를 빌려서 '생각에 간사함이 없는 것(思无邪)'이라는, 천년 동안 이어진 공자의 『시』에 대한 가르침을 옹호하고자 하였다.

주희는 『시』의 「정풍」이 곧 정성이고, 뜻을 말한 유가의 성경인 『시』 300편에도 남녀의 사사로운 만남과 음란을 노래한 시작詩作이 있으며, 천년 동안 경사속유經師俗儒들이 해설해온, 생명력을 상실한 미자설은 공격하지 않아도 곧 저절로 무너지리라는 사실을 발견하였다.

아雅와 정鄭, 사邪와 정正이 변별됨을 스스로 깨달은 것은 주희가 새로운 시학의 경 해석 체계를 건립하는 데 결정적인 의의를 갖는다. 이전에 그에게는 다만 파괴할 용기는 있었지만 세울 방법이 없었다. 이후에 비로소 「모서」를 반대하는 자기의 시학에 관한 인식을 이론적 차원으로 높이고, 전통적인 시 해석의 미자설을 버렸으며, 경과 전을 서로 분리하고, 경에 나아가 경을 해석하는 자기의 경 해석 원칙을 확립하였다. 그래서 매우 신속하게 7월에 그는 또 여조겸에게 보낸 편지에서 자기의 『시집전』에 대해 '여전히 진흙탕 속에서 흙덩이를 씻어낸 것처럼 필경엔 마음에 온당하고 깔끔하다는 느낌이 들지 않는다'고 비평하였다(동상, 서34).

이는 「모서」의 보루를 신중하게 지키는 여조겸으로 하여금 더 이상 침묵할 수 없게 만들었다. 그는 답을 하는 편지에서 주희를 전에 없이 격렬하게 비판하였다.

제 소박한 의견으로는 다만 '생각에 사특함이 없다(思無邪)', '정나라 노래를 내친다(放鄭聲)'는 두 구절을 지킬 뿐입니다. 가령 다른 설이 있을지라도

감히 따르지 않겠습니다. …… 송옥宋玉은 「등도자부登徒子賦」에서 「준대로
遵大路」의 표현을 이용했고, 『좌전左傳』에서 한기韓起는 「건상褰裳」의 뜻을 풀
이하였습니다. 이런 것은 모두 다른 책에서 『시』를 인용한 것이며 시의 본
래 표현은 아닙니다. 이제 『집주』(『시집전』)에서 한편으로는 채택하고 한편
으로는 장章을 끊어 버린 것은 오히려 같은 점과 다른 점을 기준으로 취하
거나 버린 것이 아닙니까! 이는 도리어 깊이 생각하고 살펴야 할 점입니
다. 만약 이것을 일에 적용하여서 이와 같이 한다면 일을 심하게 해치게
될 것입니다. 혹 지금 한창 어중漁仲(정초)의 설을 대단히 좋아하고 있다면,
이 책(『시집전』)은 우선 두었다가 몇 년 뒤에 시험 삼아 한번 취해서 보면 혹
채택할 만한 것이 있을지도 모르겠습니다.

— 『여동래태사별집呂東萊太史別集』 권16 「시설변의詩說辨疑」

여조겸의 비판은 전혀 설득력이 없었다. 마침내 주희는 더욱 『시집전』에
대한 자신감으로 가득 차서 전면적으로 수개해 나아갔다. 다만 남강과 절동
浙東의 임직 때문에 들었다 놓았다를 반복하며 수개하여서 순희 11년(1184)에
이르러서야 원고를 확정하였다. 그는 유청지에게 '여러 책을 올해 다 한 차례
수정하였는데, 전보다 더 간단하고 쉬우며 의미가 잘 통함을 깨달았다'고 하
였다(『문집』 권35 「답유자징答劉子澄」 서12). 이해 봄에 그가 쓴 「독여씨시기상중편讀
呂氏詩紀桑中篇」은 『시집전』을 수정하여 완성하기 위해 쓴 글로서, 삼구의 회합
이래 새로운 시학 사상의 발전을 이론적으로 총결한 것이며, 또한 「모서」로
『시』를 풀이하는 전통적 해석과 결별한 것이기도 하다.

그는 세 방면에서 자기의 시학 사상을 밝혀 서술하였다. 첫째, 공자의 '사
무사思無邪' 사상에 대한 것이다. 「모서」를 주로 삼는 사람들은 『시』 300편이
편마다 모두 '생각에 사특함이 없으며' 시를 지은 사람이 생각한 바에는 모

두 사특함이 없다고 인식하였다. 가령 남녀 간의 사사로운 감정을 표현한 시라도 '사특함이 없는 생각으로 음란한 일을 포장한 것'이라고 보았던 것이다. 주희는, 『시』에 수록된 남녀의 음란을 표현한 사특한 시는 숨김없이 사실대로 말한 것이지만, 다만 '지은이가 비록 사특한 생각으로 지은 시라도 내가 사특함이 없는 생각으로 읽으면' 이것이 바로 '생각에 사특함이 없는' 것이라고 보았다.

둘째, 아雅와 정鄭의 변별에 대한 것이다. 「모서」를 주로 삼는 자들은 『시』 300편이 모두 아악이며, 「대아」·「소아」만 아雅인 것은 아니라고 여긴다. 「정풍鄭風」도 음란하고 사특한 정성鄭聲이 아니고, 「위풍魏風」도 음란하고 사특한 위성魏聲이 아니며, 「상중桑中」도 상간桑間의 망국의 음악이 아니라는 것이다. 주희는 단연코 『시』의 「정풍」과 「위풍」이 바로 정성과 위성이고, 「상중」은 망국의 음악이며, 단지 「대아」·「소아」만이 아악이라고 하였다. 그는 이렇게 비웃었다. "이제 반드시 300편이 모두 제사祭祀와 조빙朝聘에 쓰인 것이라면 「상중」·「진유溱洧」 등은 어떤 귀신에게 바치는 것이며 어떤 빈객을 맞는 데 쓰인 것인지 모르겠다."(『문집』 권70 「독여씨시기상중편讀呂氏詩記桑中篇」 서33)

셋째, 시의 찬미와 풍자(美刺)에 대한 것이다. 「모서」를 주로 삼는 자들은 『시』 300편이 편마다 모두 찬미와 풍자가 있다고 한다. 곧 「상중」·「진유」 등의 시도 '권면은 많고 풍자는 적어서 예의에 머물게 하는 데 가깝다'는 것이다. 주희는 옛날에 태사太師가 시를 임금에게 아뢰어서 백성의 풍속을 관찰하게 하고 마을과 골목(里巷)의 가요를 채집한 것은, '그 좋고 나쁨을 불문하고 모두 임금에게 아뢰어서 관찰하게 한 것'이며 '어지럽게 뒤섞는다는 혐의를 받지는 않았다'고 여겼다. 이런 민간의 풍토에는 본래 어떠한 찬미나 풍자도 없는 것이다. 분명히 주희의 이런 사상이 귀결하는 점은 결코 찬미와 풍자의 뜻이 전혀 없는, 『시』에 존재하는 음시淫詩나 음성淫聲으로 「모서」의 전체 경 해석 체계를 뒤집은 것이다. 이 때문에 순희 11년(1184)의 개정본 『시집전』은 바로 「모서」를 반대하는 시경학 사상 체계의 진정한 탄생을 나타낸다.

오경학에 대한 주희의 정유년 총결은 주로 서문을 정한 『역전』과 『시집해』를 통해 완성되었다. 비록 그 밖의 몇몇 경에 대해서는 아직 저술하지 않았지만 세속을 놀라게 한 그의 사상은 모두 한 걸음 더 나아가 배양되고 있었다.

또한 비록 『가례家禮』를 도둑맞아서 가례家禮에 대한 연구가 중단되기는 했지만, 예학에서도 그는 정유년에 장식과 함께 한 차례 총결을 시작하였다. 순희 3년(1176) 6월, 주희가 『가례』를 유실했던 바로 그 무렵과 거의 동시에 장식도 자기가 편집한 『삼가혼상제례三家昏喪祭禮』를 계림桂林에서 간행하였다. 이 책은 사마광司馬光·정이程頤·장재張載 세 학자의 설을 채집한 것인데, 혼례·상례·제례만 있고 관례冠禮는 없어서 주희의 비판을 받았다. 장식은 답신에서 다음과 같이 해명하였다. "예서禮書 가운데 관례를 제거해서는 안 된다는 가르침은 매우 온당합니다. …… 보고 이미 고쳐서 바로잡았습니다. 관례는 제가 오래전부터 강의하고자 한 것이어서 당시에는 이 단락을 그대로 둔 채 상의하여 정하려고 기다렸을 뿐입니다."(『남헌선생문집』 권24 「답주원회」 서4, 서2 를 참조하여 보라)

실제로 장식이 이 편지를 썼을 때 그의 『삼가혼상제례』는 일찍이 계림에서 간행되었다. 주희는 곧 이 책을 저본으로 하여서 관례를 더 보태고 여씨 일가의 설을 더하여서 『사가례범四家禮範』이라 이름을 붙이고 순희 4년(1177)에 유공을 통해 건강建康에서 간행하였다. 진진손陳振孫은 『직재서록해제直齋書錄解題』에서 이 책을 다음과 같이 언급하였다. "『사가례범』 다섯 권은 장식과 주희가 사마광·정이·장재·여조겸 등 여러 학자의 설을 모아서 건안建安의 유공을 통해 금릉金陵에서 간행하였다." 그러므로 이 책은 사실 『가례』를 대체하여 주희의 가례 사상을 한 차례 총결한 것이다.

주희의 춘추학은 『통감강목』을 수정하는 가운데 끊임없이 승화하였다. 그의 상서학은 『공서孔序』와 『공전孔傳』, 『고문상서古文尚書』를 위서僞書로 여기는 회의가 날로 늘어갔다. 그의 효경학孝敬學은 형산衡山 호인胡寅의 영향을 깊이 받아서 『효경』을 공자의 저작이 아니라고 의심하고, 경과 전을 분리하여서 경문을 깎고 고치려는 견해의 실마리를 일찍부터 드러냈다. 그는 나중에 『효경간오孝經刊誤』에서 "예전에 형산 호 시랑胡侍郞(호인)의 『논어설』을 보았더니 『효경』에서 『시』를 인용한 부분은 경의 본문이 아니라고 의심하였다. 처음에는 매우 놀랐으나 천천히 살펴보고서 비로소 호 공의 말이 믿을 만한 것임을 알았고, 『효경』의 의심스러운 점은 이것만이 아님을 깨달았다."(『문집』 권 66)라고 하였다.

『효경』에 대한 그의 회의는 융흥(1163~1164) 이래 이미 싹텄다. 이 때문에 정유년 오경학에 대한 총결은 그의 사서학에 견주어 비록 옛 설을 종결하고 결별하는 성질을 더 많이 띠고는 있었지만, 여전히 옛것을 변화시키려는 회의의 정신이 충만한 경학 체계였다. 이는 그의 오경학이 사서학보다 이학 선배들의 설에 의존하는 점이 더 적고, 자기의 독창적인 견해를 더욱 많이 드러냈으며, 전통문화에 대한 광활한 시야를 갖고서 고금의 여러 학자의 설을 널리 채택한 특징을 많이 지니고 있음을 뚜렷이 나타낸다.

주희의 오경학과 사서학은 다 같이 변고회의파變古懷疑派의 경학 체계를 집대성하였다. 평생 학문 저술에 대한 정유년의 총결은 그로 하여금 일관된 자아 반성의 회의적인 탐색 정신을 한 걸음 더 발전시켜서 순희 13년(1186)에서 16년(1189)에 이르는 제2차 학문 저술의 총결 과정에서 최종적으로 변고회의의 전체 경학 체계를 완성하도록 촉진하였다. 정유년 이후 그는 명석한 이성적 회의와 비판 정신으로 이학가들의 경설을 자세히 살펴보기 시작하였다. 심지어 도통의 성인인 정이와 그 문하의 대현大賢 제자들에 대해서도 완곡하게 비평하였다.

순희 5년(1178)에 쓴 「기사상채논어의의記謝上蔡論語疑義」에는 이런 사상적 동향이 나타나 있다.[12] 이 글에서 주희는 사량좌謝良佐의 『논어』설을 거의 전부 부정하고 사량좌가 불교와 도가를 뒤섞은 점을 공공연히 비판하였다. 또 '학이시습지學而時習之'를 논하는 부분에서는 사량좌가 노자老子를 원용한 것을 지적하였다. 인仁을 논할 때는 또 사량좌가 말한 인의 용用과 인의 체體는 한계가 분명치 않다고 비판하였는데, 실제로는 불교적 기미가 있는 각覺으로 인을 말한 것을 가리킨다. 문장의 마지막에서 그는 사량좌의 『논어』설에 대해 다음과 같이 총평가를 내렸다. "상채의 『논어해』에는 이런 종류가 매우 많습니다. 여기서는 제 견해에 근거를 두고 매우 심한 것만 논했을 뿐입니다. 뒤편에서도 보이는 대로 뽑아내면 거의 매 단락마다 의심스러운 데가 있겠지만 ……."

융흥·건도 연간에 편정編定한 『상채어록上蔡語錄』과 비교해보면, 사량좌에 대한 주희의 관점은 이미 확연히 달라졌다. 한 곳에서는 전면적으로 칭찬하고 존숭했다면, 다른 한 곳에서는 기본적으로 부정하였다. 하나는 불교와 도

---

12 글은 『문집』 권70에 보이는데, 지은 해는 언급되어 있지 않다. 『남헌선생문집』 권24 「답주원회」 서9의 "상채(사량좌)의 『논어해』는 치우친 데가 매우 많고 일에 크게 해를 끼치는 곳이 있으니 도를 구하는 것이 어려움을 더욱 알겠습니다."라고 한 말로 유추해보건대, 이 글은 순희 5년(1178) 7월에 쓰였다. 장식의 이 말은 당연히 주희가 「기사상채논어의의」를 보내주었기에 한 말이다. 주희는 이 글 가운데서 "상채의 『논어해』에서 …… 뒤편에서도 보이는 대로 뽑아내면 거의 매 단락마다 의심스러운 데가 있겠지만 다 베껴 보내드리지는 않겠습니다."라고 하였다. 이른바 '다 베껴 보내드리지는 않겠다'고 하였으니, 이 글은 본래 함께 토론하기 위해 장식에게 써서 보낸 것이며, 장식의 『계사논어설』을 읽은 것을 계기로 지은 글임을 알 수 있다. 대체로 순희 4년 이후 주희가 장식에게 보낸 서찰은 대부분 없어졌기 때문에 두 사람의 학문 교류의 상세한 정황은 대부분 후세 사람들에게 알려져 있지 않다.

교적 성향을 비호한 것이라면, 다른 하나는 불교와 도교적 성향을 드러낸 것
이다. 사량좌에 대한 주희의 비판은 곧바로 정자 문하 전체와 다른 이학가에
대한 부정으로까지 미쳤다. 자기 학파 사람들의 오류에 대해 더 이상 에둘러
말하거나 꺼리거나 하지 않은 것이다. 여러 학자의 견해를 융회관통하고 흡
수하여서 『사서집주』의 경학 체계를 건립한 뒤, 거꾸로 그는 집대성한 이학
의 견지에서 여러 학자들을 비판했던 것이다.

순희 2년(1175)에서 순희 5년까지 간난신고의 탐색과 저술은 주희에게는
『사서집해』의 경학 사상 체계로부터 『사서집주』의 경학 사상 체계로 향하는
과도기였다. 이 시기는 또한 운곡雲谷의 저술 시기라고도 할 수 있다. 의미심
장하게도 주희의 이런 사상적 과도기는 정확하게 반도학의 목소리가 아래로
가라앉아 잠복해 있다가 위로 떠올라서 매우 시끄럽던 시기였다. 담박하게
유유자적하며 독서하고 저술하는 가운데서도, 세속에 대해 분노하고 질시하
며, 불공평한 일에 분개하는 그의 도학적 영혼은 결코 아래로 가라앉아 있지
않았다.

순희 5년(1178)에 오즙吳檝에게 화답한 시 한 수는 아마도 더욱 진실하게
그의 운곡 저술 시기의 복잡한 내면의 세계를 토로한 것인 듯하다.

운곡에서 오공제(오즙)의 운을 따서 짓다　　　　　　　　雲谷次吳公濟韻

옛날 이 그윽한 보금자리를 지어　　　　　　　　　　　昔營此幽棲

세상과 멀리 끊고 살면서　　　　　　　　　　　　　　逖與世相絶

백 년 사는 몸으로　　　　　　　　　　　　　　　　　誓將百年身

곤궁한 절개를 굳게 지키리라 맹서했네　　　　　　　　來守固窮節

마음의 기약을 아직 이루지 못했는데　　　　　　　　　心期苦未遂

세월은 하나같이 어긋나는가	歲月一何闊
끝내 필부의 뜻은	終然匹夫志
갑자기 몰락함을 달가워하랴	肯遽甘沒沒
이 새벽에 다시 올라 바라보니	玆晨復登瞰
눈길 다하는 곳에 구름 걸렸네	目盡雲一抹
세차게 휘파람 길게 불고서	激烈永嘯餘
밝고도 쓸쓸하게 고상한 시를 짓네	朗寥高韻發
그대는 내면의 덕을 갖추고	夫君內德備
발뒤꿈치 잘린 왕태를 배우지 말라	不學王駘兀
마음을 관찰하면 충실함과 경건함이 보이나니	觀心見參倚
세상에 나가서 절로 영웅호걸이 되었네	出世自英傑
어찌 나를 돌아보고	朅來肯顧我
함께 구름과 달을 희롱하지 않는가	同去弄雲月
미미한 말에서 깊은 깨우침을 얻었고	微言得深扣
위대한 구절은 또한 홀로 빼어나니	大句亦孤拔
엉성하고 게으름을 경계함에 대단히 감사한지라	多謝警踈慵
감히 무궁무진한 도를 탄식하지 못하네	未敢嘆瞻忽
다시 묻노니, 털끝 같은 사이에서	更問毫釐間
같은 것인가, 다른 것인가?	是同端是別
	—『문집』 권6

줄곧 충담소산沖澹蕭散하고 화평한 시정詩情 가운데 끝내 몇 마디 세차게 휘파람을 길게 부르는 높은 운이 튀어나왔던 것이다. 곤궁한 절개를 굳게 지키려고 생각했으나 또한 필부의 뜻이 매몰되는 것을 달가워하지 않고, 세상

에 두드러진 오즙의 영웅호걸의 기개를 찬탄하지만 도가와 불교의 교외敎外
의 즐거움에 대한 그의 경계와 권면을 받아들이기를 원치 않았다. 주희는 슬
프게도 자기가 '쓸모없는 몸이 된 지 오래되어서 전대에 받은 은혜는 갚을
길이 없고 어쩌다 늙은 몸이 되었다(久矣身無用, 前恩嘆莫償. 豈期今老大)'고 느끼기
시작하였다(동상, 「유추밀을 애도하다, 세 수(挽劉樞密三首)」).

주희는 정유년에 은재隱齋 장진張杓에게 보낸 시에서 장진을 다음과 같이
고무하고 격려하였다. "그대는 대상과 자아 사이에 있다고 보지만 / 현상과
본질이 어찌 다르겠는가? / 백성을 진작시키는 일로 돌이키고 / 더욱더 근본
에 힘쓰도록 하오(君看物我間, 隱顯豈殊致, 願反振民功, 更懋根本計)"(동상, 「의춘의 수령 정수
장 형의 은재에 제하여 부치다(寄題宜春使君定叟張兄隱齋)」) 사실 그 스스로도 일찍이 '백성
을 진작시키는 일로 돌이키려고' 하지 않았던가?

동안同安에서 돌아온 뒤 그는 이미 벼슬길을 떠났으니 융홍 원년(1163)에
상주上奏하고 돌아온 뒤로부터 치더라도 궁벽한 산속에서 독서한 지 꼬박 15
년이 되었다. 10년 동안 검 하나를 벼렸으니, 이 끝없는 저술 생활을 마감하
고 현실에서 한번 이학理學의 칼날을 시험해보아야만 했을 터이다. 마침 정유
년에 자기의 평생 학문과 저술을 총결한 뒤 조정에서 일어난 근습의 권력 농
단과 반도학 세력의 홍기는 그로 하여금 현실로 눈을 돌리게 했고, 재집들로
부터 산을 나오라고 분분하게 강요를 당하고 있었다. 그의 운곡 저술의 시기
는 끝을 맺었다.

제11장
광려의 유종

유학자의 효용을 보이다

봉사封事와 진황賑荒

관음사 회합에서 백록동 회합까지

강서江西에 부는 주학朱學의 회오리바람

유학자의 효용을 보이다

　순희淳熙 5년(1178)에 주희가 묵묵히 깊은 산속에서 이제 막 우뚝한 이학理學 성전聖殿의 윤곽을 조성하고 있을 때, 그리고 조정의 재보宰輔들이 또 그를 억지로 조정에 끌어들여서 관직에 봉사하도록 하려고 생각하고 있을 때, 주희에게는 불행하게도 조정에서는 마침 근습近習과 반도학反道學의 무리가 서로 결탁하여서 세력을 형성하고 있었다. 반도학이 순희 연간(1174~1189)에 일어난 까닭은 도학의 청의淸議가 군주를 미혹하고 권력을 농단하는 근습을 배격했기 때문이다. 이는 소흥紹興 연간(1131~1162)에 정학程學을 금한 원인이 화의和議를 요구하며 나라를 팔아먹는 진회秦檜에 반대한 도학의 청의 때문이었던 상황과는 달랐다.

　순희 이래 조신趙音(효종)의 비호와 신임 아래 증적曾覿·왕변王抃·감변甘昪 세 거두의 근습과 권행權倖 집단이 출현하면서 대간臺諫 등의 요직을 모두 그들 반도학의 측근 패거리가 차지하였다. 참지정사參知政事 공무량龔茂良은 잇달아 상주하여서 양가梁珂·이가李珂·증적·용대연龍大淵의 무리를 논핵했다가 조신의 미움을 샀다. 그리하여 순희 2년(1175) 이래 조신은 일부러 좌상과 우상의 자리를 비워 두고 있었다. 세상사에 노련한 관료 세계의 정치꾼들(宦海老手)은 모두 신중하고 은밀하게 재상의 지위를 엿보면서 증적 등 근습과 영신佞臣 무리에게 모든 희망을 걸었다. 그리하여 증적의 무리에 들러붙어서 아부하며 조신의 환심을 산 사람은 하루아침에 재보로 올라갈 수 있었고, 증적의 무리를 배격하여서 조신의 미움을 받은 사람은 하룻밤 사이에 쫓겨났다.

도학의 청의가 근습을 배격한 일은, 순희 3년(1176)에 공무량이 태부 소경太傅少卿이자 회동 총령淮東總領인 전량신錢良臣이 대군大軍의 전량錢糧 수십만을 훔친 일을 상주하고 그 죄를 논죄하면서 시작되었다. 이 일이 뇌물을 받은 근습에게 연루되면서 공무량은 근습의 질시와 원한을 샀다. 순희 4년에 공무량은 또 중적이 '문관직(文資)'을 그 자손에게 준 일'을 상주하여서 논핵하였다. 하루는 공무량이 의사당議事堂으로 가는 도중, 중적의 사주를 받은 가광조賈光祖가 길을 막고 말을 제지하며 트집을 잡으면서 "언제까지 참지정사를 할 수 있겠는가!" 하고 공무량을 협박하였다. 공무량은 조신의 뜻을 받들어 가광조를 임안부臨安府로 보내서 지도 편달을 하려다가 도리어 조신으로부터 죄를 얻었다.

조신은 결국 내비內批를 이용하여 중적의 당우黨羽인 사확연謝廓然을 전중시어사殿中侍御使에 제수하였다. 그러나 중서사인中書舍人 임광조는 이에 대해 서황書黃을 하려고 하지 않았기에 무주婺州의 지주知州로 쫓겨났다. 그의 행동은 당시 도학의 '사론士論'을 대표했기 때문에 여조겸은 '이 일은 강을 건너온 뒤로 처음 있는 일'이라고 찬탄하였다(『여동래문집』 권5 「여반숙도與潘叔度」).

이는 이미 성질이 서로 모순되는 도학과 반도학의 투쟁이었다. 사확연은 일단 어사대御史臺에 들어가자 곧 중적의 사주 아래 세 차례나 공무량을 무함하는 상주를 올렸다. 공무량이 영주英州에 안치되고 아들과 함께 유배지에서 죽자, 조정의 관료들은 서로 눈치를 살피면서 조심스럽게 행동하였다.

순희 5년에 중적의 근습 세력은 조정 공론의 주요 공격 목표가 되었다. 영강永康의 진량陳亮은 도성 궁궐에 나아가서 강개하게 강토 회복을 주장하는 글을 올렸는데, 중적과 만나는 것을 수치스럽게 여긴 나머지 마침내 담을 넘어 달아나서 관직을 거부하고 남쪽으로 돌아갔다. 진준경陳俊卿은 강동 안무사江東按撫使에 제수되어서 도성에 들어가 상주하고자 포전莆田을 출발하여 숭안崇安을 지나갈 때 주희를 만났다. 이 만남에서 그들은, 권력을 장악하고 뇌물을 먹으며 장수들과 결탁하는 증적과 왕변의 죄악에 대해 상주하는 문제를 놓고 함께 토론하였다. 도성에 도착한 진준경은 조신을 직접 만나서 증적과 왕변 등 권행들을 매우 격렬하게 공격하였다. 주희는 우무尤袤에게 보낸 편지에서 다음과 같이 걱정스럽게 말하였다. "진 공(진준경)이 틀림없이 궐에 도착했을 텐데 거취가 어떤지 모르겠습니다. 이 일은 하늘의 뜻에 달렸으니 어찌 사람의 힘이 미칠 수 있는 바이겠습니까?"(『속집』 권5 「답우상서答尤尙書」 서5)

조정에서도 원추袁樞·정감鄭鑑 등 강개한 열혈 하급 관리들이 상주하여서 근습을 공격했지만, 주희는 오히려 그들이 근습만 공격하고 감히 군주의 과실을 곧바로 지적하지 못한다는 사실을 깨달았다. 주희는 진준경의 사위인 정감의 상주문(奏章)을 읽은 뒤 다음과 같은 답장을 보내서 자기 생각을 밝혔다. "전날의 글은 참으로 사리에 맞는 말이었습니다만, 시사를 논한 내용은 많고 이치를 논한 내용은 적었습니다. 수많은 소인들의 간사함과 기만은 상세하게 나열했지만, 군주가 근원을 반듯하게 하고 근원을 맑게 하며 덕을 닦아서 정치를 확립하는 까닭에 대한 내용은 미비한 점이 있었습니다. …… 오늘날의 병통 가운데 다만 이 병이 가장 큽니다. 약을 써도 효과가 없다면 그 밖의 소소한 증상에 두루 탕제를 투약하여 약의 효력만 느슨하게 할 필요는 없습니다. 이 병을 다스리려면 군주는 한 첩, 신하는 두 첩, 보좌관은 세 첩, 관리는 다섯 첩 등, 모름지기 다소와 완급의 차례를 분명히 해야 쉽게 효과를 볼 것입니다."(『문집』 권25 「답정자명서答鄭自明書」)

근습이 권력을 농단하는 세상에서 가장 큰 병의 근원은 바로 황제 조신의 한마음(一心)이 바르지 않은 데 있으며, 천하를 바로잡으려면 모름지기 먼저 군주의 과실부터 바로잡아야 한다고 인식하였던 것이다. 이는 전형적인 도학의 청의이다. 적수인 도학의 낌새를 탐지한 중적과 사확연 무리는 자연 곧바로 반도학의 면모를 드러냈다.

순희 5년(1178) 정월, 사확연은 다음과 같이 상주하였다. "근래에 문형文衡을 맡은 자들 가운데 왕안석王安石의 설을 주로 하는 자들은 오로지 천착만 숭상하고, 정이程頤의 설을 주로 하는 자들은 허탄한 것에만 힘씁니다. 허탄한 설이 유행하면 날로 험악하고 괴이한 데로 들어가며, 천착하는 설이 일어나면 날로 깨지고 부서지는 데로 치달릴 것입니다. 유사有司에게 조칙을 내려 공정한 마음으로 고찰하고 따져서, 사사로움을 좇아 오로지 왕안석이나 정이를 숭상하는 말단의 습속이 일어나지 못하게 하소서."(『속자치통감續自治通鑑』 권146)

사확연의 이 상주는 나중에 확대 발전하여서 위학당금僞學黨禁이라는 대대적인 문화적 전제專制, 곧 반도학의 개막을 알리는 징 소리가 되었다. 장식張栻은 곧바로 주희에게 다음과 같이 말하였다. "근래 대간의 신하가 정학程學을 논하는 말을 보았습니다. 백공伯恭(여조겸) 같은 사람은 그곳에서 더욱 무관심해서는 안 될 것입니다."(『남헌선생문집』 권24 「답주원회答朱元晦」 서6) 그들은 모두 권력을 장악한 자들이 반정학反程學이라는 예전의 기예를 다시 연기하려 한다는 사실을 예감하고 있었다.

조정에서 반정학의 먹구름이 일어날 때 주마등처럼 무대를 오르락내리락 하는 재보들은 주희를 강제로 산에서 끌어내어 관리로 만들려는 슬픈 코미디를 연출하였다. 공무량이 주희를 조정에 끌어들이는 데 실패한 뒤 사호史浩가 나타났다. 사호는 조신이 재상 자리를 비워둔 지 3년 만에 재상에 임명된, 총애를 받는 중신이었다. 순희 5년 3월에 그는 우상右相에 제수된 뒤 즉시 여조겸·장식·신기질辛棄疾·왕희려王希呂·주희 등의 명류名流를 천거하였다. 진량陳亮은 여조겸에게 보낸 편지에서 이와 관련된 정황을 물었다. "신유안

辛幼安(신기질)과 왕중형王仲衡(왕희려)이 모두 부름을 받았는데, 장정강張靜江(장식)은 별도로 명을 받은 것이 없습니까? 또한 원회元晦(주희)는 올 리가 있겠습니까?"(『용천집龍川集』 권19)

사호의 주요 목표는 바로 주희를 산에서 끌어내어 관리로 만들고자 했던 역대 재보들의 숙원을 실현하는 것이었다. 그는 일단 조정에 들어오자 곧 여조겸과 석천민石天民에게 다음과 같이 말하였다. "나는 늙었소. 억지로 다시 나왔으나 일에 미진한 점이 있소. 첫째로 하고 싶은 일은 주원회를 나오게 하는 일이고, 다음으로는 여러 현인을 천거하는 일이오." 그리고는 여조겸과 석천민에게 자기의 이런 뜻을 주희에게 전해달라고 하였다(『진서산문집眞西山文集』 권41 「유약신도비劉爚神道碑」).

그러나 그는 또 한편 주희가 도성에 들어와 조정을 비판하고 황제 앞에서 직간하여 문제를 일으킬까 두려웠다. 그러자 참지정사 조웅趙雄이 그에게 쌍방에 모두 좋은 방법을 제시하였다. "우선 지방의 군郡에 두고 지성으로 대우한다면 저 사람도 스스로 말이 없을 것입니다. 그러나 그가 나오면 반드시 말이 많을 터이니 우선 편히 대하는 것이 좋겠습니다."(『건염이래조야잡기建炎以來朝野雜記』을집乙集 권8 「회암선생비색은晦庵先生非素隱」) 그들은 모두 주희를 가까이 두고 뜻대로 좌지우지하면서 겉치레의 꼭두각시 명사를 만들 참이었다.

8월 17일에 상서성에서 차자箚子를 내려 주희를 남강군南康軍의 지군知軍에 제수하고 마침 비어 있던 자리(現闕)에 채워 넣었다. '목마르게 현인을 구하던 (求賢若渴)' 사호는 주희에게 직접 편지를 써서 권하고 타일렀다. 주희는 이때, 동창생이자 생사를 함께한 친구인 유공劉珙이 세상을 떠나 비통해 하던 중 차자가 내려온 지 이틀째 날에 북산北山의 자계紫溪를 떠나 익양弋陽으로 가서 유공의 영구 앞에 곡하고 만시挽詩 세 수를 지었다. 그 가운데 한 수에서 그는 통곡하며 다음과 같이 읊었다. "오랑캐를 평정할 계책을 담소하고 / 늠름한 공을 떨치려고 초조하게 애썼네 / 복수하려는 숙원 어그러지자 / 죽음을 견디며 남은 충성을 다하였네 / 사람들은 백 사람의 몸으로 대신하고자 하고 / 하늘은 귀감이 하나 없어짐을 슬퍼하였네 / 구원에서는 끝내 일어나는 사람이 없으나 / 천년 동안 저절로 영웅의 풍모가 있도다(談笑平蠻策, 焦勞振廩功. 復讎乖宿志, 忍死罄餘忠. 人嘆百身贖, 天悲一鑒空. 九原終莫起, 千載自英風)"(『문집』 권6 「유추밀을 애도하다, 세 수(挽劉樞密三首)」)

　　주희는 같은 달 사면장을 올렸으나 윤허를 받지 못하였다. 10월에는 또 주희에게 속히 남강에 부임하라는 명이 내렸는데, 임안臨安에 와서 상주하는 일은 허락하지 않았다. 주희는 원래 도성에 들어가 직접 상주하여서 시사時事를 극렬하게 논할 작정이었으나 허사가 되고 말았다. 그래서 곧 봉사奉祠 자리를 청하는 차자를 올렸다. 그러나 재보들은 분분히 편지를 보내 위로하고 권유하였다.

　　여조겸은 주희가 한 시대 유종儒宗으로서 '세상에 조금이라도 유학자의 효용(儒者之效)을 보여야' 할 때라 여기고, 주희를 위해 편지를 보내서 형세의 이로움과 폐단을 다음과 같이 분석하였다.

> 가만히 생각건대, 중니仲尼(공자)라면 너무 심하게 하지 않고 아마도 한번은 일어나 황제의 뜻을 받들려고 힘썼을 것입니다. 더구나 지금 진 상陳相(*진준경)이 수사帥使가 되고, 정자장丁子章, 반덕부潘德夫(반치潘時)가 모두 평소 당신이 쓰이기를 원하며, 왕제현王齊賢(왕사유王師愈)과 안로자顔魯子도 선비들(士類) 부류입니다. 군郡에 도착하면 별달리 어긋날 일은 없을 것입니다. 분수를 따라 조금이라도 지친 백성을 소생시켜서 세상에 유자의 효용을 보인다면 사문斯文에 도움이 적지 않을 듯합니다.
> ──『여동래문집呂東萊文集』 권3 「답주서答朱書」 44

이미 주희로서도 더 이상 어쩔 도리가 없었다. 그도 나가려는 뜻이 전혀 없지는 않았다. 그러나 사호가 스스로 신중하게 처신하면서 힘을 다해 명유名儒를 기용하였으나, 애석하게도 그 스스로는 단지 7개월 동안만 우상 자리에 있다가 곧 조신이 총애하던 추밀 도승지樞密都承旨 왕변에게 죄를 얻고 무대에서 굴러떨어졌다. 이 희극의 주연은 조신이었다.

이에 앞서 왕변은 병사 6,000명을 모집하여서 전전사殿前司와 보사步司의 군병을 충원하라고 건의하였다. 이들 전전사의 군사가 거리에 돌아다니며 방坊과 시市에서 소요를 일으키고, 백성의 재물을 약탈하고, 사람을 함부로 잡아다가 마구 죽이고, 무고한 백성의 손가락을 자르고 하는 바람에 병사와 백성들 사이에 다툼이 일어났는데, 조신은 도리어 왕변을 권 전전사 공사權殿前司公事로 발탁하였다.

사호는 체포된 백성을 풀어주고 일을 만든 병사와 백성을 옥에 보내라고 주청하였다. 황제 앞에서 진섭陳涉의 말을 인용하여 다음과 같이 말하였다. "백성이 평등한 대우를 받지 못하면 그들이 하는 말도 두려워할 만합니다. '죽기는 마찬가지인데 나라를 위해 죽어서야 되겠는가?' 하는 말이 어찌 군인이 할 말이겠습니까?" 독단과 전횡을 일삼던 조신은 마침내 크게 노하여 말하였다. "이는 짐을 진秦의 2세에 비유하는 말이로다." 그 자리에 있던 집정執政은 모두 놀라서 낯빛이 하얘지고 식은땀을 흘렸다. 사호가 대답하였다. "예로부터 백성이 윗사람을 원망하는 경우가 많았습니다. '이 해는 언제나 없어질까, 내 너와 함께 망했으면!(時日曷喪, 予及汝偕亡)' 한 것이 어찌 2세의 일이겠습니까?"[1] 사호는 곧바로 파면되었다. 11월에 조웅을 우상에 제수하고, 왕회

---

1 『공괴집攻媿集』 권93 「사호신도비史浩神道碑」, 그리고 『건염이래조야잡기建炎以來朝野雜記』 을집 권7 「사문혜이직간거위史文惠以直諫去位」 등에 보인다.

王淮를 추밀사로 삼았다.

주희는 이런 상황에서 잇달아 세 차례나 재보들에게 차자를 올려서 봉사 자리를 청했고, 또 시승寺丞 원추에게도 도성에 들어가 여러 재보들에게 직접 간절히 말해달라고 부탁하였다. 이때에 또다시 조웅이 주희를 산에서 끌어내려고 하였다. 증적과 원조 관계를 맺은 덕에 그의 주선으로 황제를 뵙고 무난히 우상의 보좌寶座에 오른 조웅은 한편으로는 근습들과 결탁하여서 재상의 지위를 공고히 하고 조신의 총애를 얻으려고 하였으나, 다른 한편으로는 또 주희의 도움을 받아서 도학의 청의에도 죄를 짓지 않으려고 하였다.

12월에 상서성에서 다시 차자를 내려서 주희에게 부임을 재촉한 것은 바로 신임 재상 조웅이 돌봐주었기 때문이다. 주희는 조정의 명을 반년이나 어기고 사면을 청했으나 계속 허락을 받지 못하였다. 할 수 없이 그는 순희 6년(1179) 정월에 다시 궁관宮觀 자리를 구하는 글을 올리는 한편, 25일에 출발하여 먼저 신주信州의 연산鉛山 숭수사崇壽寺에 도착한 뒤 명을 기다렸다. 계속 기다리다가 3월에 상서성의 차자가 내려와서 다시 독촉하는 바람에 비로소 길을 떠나서 3월 30일 남강에 도착하였다.

당대의 대유학자가 산을 나와서 관리로 부임하는 일은 온 세상의 주목거리가 되었다. 시인 왕질王質은 족손族孫 황중黃中에게 주는 시 한 수에서 주희에 대한 사대부들의 보편적인 정서를 드러냈다.

황 군에게 주다   贈黃君

그대는 설산이 회암에 대해 말하는 것을 들어보라   君見雪山談晦庵

회암은 남북으로 산천에 막혀 있다네   晦庵南北隔山川

명이 있으면 돌아가기를 두 노인*처럼 하고   有命歸來如二老

그렇지 않으면 은거하여 스스로 삼현**이 된다	不然隱居自三賢
회암은 올해 쉰이 되었는데	晦庵今年登五十
회암은 급하지 않아도 창생은 급하다	晦庵不急蒼生急
오와 초 사이에서 배회한 지 이미 오래	徘徊吳楚已多矣
살쩍은 아직 희끗희끗하지 않고 눈빛도 힘이 있다네	鬢華未改目光力
수레를 타고 의관을 갖추며 거리를 다니는 그대는	君行車馬衣冠衢
또한 회암과 비슷한 데가 있는가?	亦有晦庵相似無
군주와 신하의 축하 모임에서 첫째 목표는	君臣慶會第一格
회암을 언제 어느 때에 쓸까 하는 것	晦庵何日何時須
횡거(장재)는 비록 죽었어도 오히려 일으킬 수 있으리니	橫渠雖沒尚可作
평소 이런 일을 생각하기 좋아하였거늘	平生此事喜商略
횡거에게 무릎 끓고 물어봐야겠네	思當長跪問橫渠
벼슬살이에 대한 가르침을 자세히 가르쳐달라고	子細平章句教錯
큰 강 위로 북풍이 불어 파도는 거세고	大江朔風多涌波
강을 따라 올라가든 내려가든 또한 사바 세상인데	上江下江且婆娑
옛날에도 어진 선비가 한때 있었지만	古時賢士一時有
이런 시대엔 어찌할까?	奈此庚辛甲乙何

―『설산집雪山集』권12

• 두 노인 : 백이와 숙제 / •• 삼현 : 상商 말기의 세 현인인 미자微子, 기자箕子, 비간比干

사대부들은 주희가 위대한 유학자의 비범한 정치적 실적을 올리며, '유자儒者의 효용을 보이고', '백성을 진작시키는 공을 떨치기를 바라는(願反振民功)' 그의 웅대한 포부가 치열하게 타오르기를 기대하였다. 남강군은 여산廬山의 운봉雲峰을 등지고 앞에는 망망한 팽려彭蠡에 걸터앉아 있어서 천하에 으뜸가는 청산녹수의 고장인데, 송이 남쪽으로 건너온 이래 토지는 척박하고 백성은 가난해져서 황량하고 조락한 지역이 되었다. 주희는 남강에 부임하자마자 첫 번째 방문榜文에서 백성의 역량을 펴주고(寬民力), 풍속을 도탑게 하고(敦風俗), 선비의 기풍을 진작한다(祗士風)는 시정施政의 3대 강령을 선언하였다.

백성의 역량을 펴주는 것이란, '백성을 아끼고 기르는' 인정仁政에서 출발하여 '부역이 많고 세금이 무거운' 가혹한 정사를 없애고, '백성의 역량(民力, 백성의 생산력)이 날로 지쳐서 제 살던 곳에서 편히 살려는 마음이 더 이상 없는' 현상을 해결함으로써 '호구는 해마다 증가하고, 집안은 풍족하고 인구는 많게' 하는 일이다.

풍속을 도탑게 하는 것이란, 삼강오상三綱五常으로 각박한 세상의 풍속과 땅에 떨어진 인륜을 바로잡아 백성으로 하여금 '모두 효제충신孝悌忠信의 행위를 알도록 만들어서, 들어가서는 그 부형父兄을 섬기고 나가서는 그 윗사람을 섬기며, 친족들과 도탑게 지내고 이웃과 화목하며, 가진 것을 서로 바꿔 쓰고 어려울 때는 서로 구휼하게 하는' 일이다.

선비의 기풍을 진작하는 것이란, 충의의 기절氣節을 제창하는 일로서, 도를 강론하고 몸을 닦는 '성학聖學'으로 선비의 기풍을 진작시키고, 선비들이 염치를 돌아보지 않고 경쟁적으로 이익을 추구하는 데로 달려가는 풍조를 크게 억누르며, 학교를 일으켜서 '경經의 취지를 강설하고, 여러 방면에서 인도하고 부축하여 뛰어난 인재와 우수한 백성이 때에 맞게 나오게끔' 하는 일이다(『문집』 권99 「지남강방문知南康榜文」).

이는 쇠미해가는 봉건사회를 만회하고자 한 주희의 사회 개혁 방안이었다. 반평생 산속에 깊이 틀어박혀서 경을 연구하고 책을 읽으며 살던 그는 결국 너무도 순진했기 때문에 자기가 사회 개혁 방안에 착수하여 문제를 해결하려고 할 때마다 번번이 저지당하리라고는 전혀 예상하지 못하였다.

주희는 백성의 풍속이 파괴되어 무너지고 선비의 기풍이 위축된 근본 원인은 가혹한 정사로 인해 백성의 역량이 곤궁해진 데 있다고 여겼다. 그래서 백성의 역량을 펴주는 일부터 시작하여서 백성의 풍속과 선비의 기풍을 진작시키기 위해 온 힘을 다해 쇠털처럼 많은 불법적이고 명분 없는 부세賦稅를 감면하였다.

그는 먼저 성자현星子縣의 세금을 감면하는 일에서 백성을 진작시키는 공을 드러내 보이려고 생각하였다. 남강에 소속된 성자·도창都昌·신창新昌 3개 현 가운데 성자현은 인구가 가장 적고 토지가 척박하였다. 순희 6년(1179) 6월 22일에 그는 「걸견감성자현세전장乞蠲減星子縣稅錢狀」을 올려서 성자현의 화매和賣 350필匹을 감면해주기를 청하였다. 그러나 이런 미미한 감면조차도 결국 위로는 조정의 의신議臣과 아래로는 조사漕司(전운사)의 반대에 부딪혔다. 순희 7년(1180) 2월에 그는 다시 두 번째 장계를 올려서 조정의 터무니없는 논의를 반박하면서 성자현의 주견紬絹 1,050여 필과 돈 2,900여 관貫을 감면해주기를 청하였다. 그러나 그가 올린 장계는 큰 바다에 돌 하나가 가라앉은 격이었다. 그 뒤로 남강의 임직을 떠나 순희 8년(1181) 11월에 도성으로 들어가서 상주할 때까지 잇달아 죽 여섯 차례 성자현의 세금 감면의 일로 직언을 올렸으나, 조정에서는 시종 거들떠보지도 않고 흐지부지해버렸다.

주희는 도창현의 목탄木炭으로 목표를 바꾸었다. 도창현의 민호民戶는 1년 내내 산중에서 숯을 구웠는데, 숯 한 근 값은 돈 5~6문文에 지나지 않았다. 그들이 상납하는 목탄은 원래 하세夏稅인 명주絹匹를 대신한 것으로, 그만큼 환산하여서 납부하고 있었다. 먼저 관부에서는 민호에 견세絹稅를 대신하여 목탄으로 대납하게 하고, 그 다음에는 또 목탄전木炭錢으로 환산하여서 본색本色인 목탄 대신 납부하게 하였다. 명주 대신 대납하는 목탄을 돈으로 환산하면 그 액수는 6관貫에서 13관으로 늘어난다. 그런데 다시 목탄 대신 대납하는 목탄전은 돈으로 환산하는 과정에서 액수가 5~6문에서 20문으로 증가한다. 민호에서 (목탄) 매 칭秤마다 (돈으로 환산해서) 납부하는 절납목탄전折納木炭錢이 많게는 260문에 달하므로 '백성의 역량이 몹시 곤궁하고 대부분 흠적欠籍에 올라가 있어서 내쫓기고 독촉을 당하여 거의 살아갈 수 없는' 지경이 되었다(『문집』 권20 「논목탄전이해차자論木炭錢利害箚子」 1). 이렇게 계속 돌려가면서 물건을 돈으로 바꾸고, 돈을 물건으로 바꾸는 식으로 환산하는 단계마다 층층이 세액을 증가시키는 폐단은 바로 간사한 아전들이 대량으로 수탈하는 교묘한 수법이었다.

주희는 부임하자마자 먼저 제점갱야사提點坑冶司(제점갱야주전사提點坑冶鑄錢司)에 상주하여서 재감裁減을 청하고, 이어서 또 조정에 목탄전의 이해利害에 대한 차자를 올려 논하면서 예전대로 본색의 목탄으로 납부하게 하고, 돈이나 비단으로 바꾸지 말게 해달라고 주청하였다. 그러나 천사泉司(제점갱야주전사)에서는 그 일을 미루며 해결해주지 않았다. 주희가 다시 두 번째 차자를 올리고서야 천사에서는 비로소 순희 7년 4월에 남강 3개 현의 한 해 목탄전에서 2,000민緡을 감면하는 데 동의하였다.

그러나 강동 조사江東漕司가 중간에 나서서 훼방을 놓았다. 11월에 주희는 여조겸에게 보낸 편지에서 누를 길 없는 분노를 표현하였다. "근자에 주청하여, 천사에서 3개 현 인호人戶의 목탄전 2,000민을 감해주었는데, 애초에 바라던 바에는 턱없이 못 미칩니다. 그런데도 조사에서는 무엇이 좋고 나쁜지도 모르고, 심지어 마땅히 주어야 할 것을 오히려 빼앗기도 하여서 전날 편지를 보내 크게 꾸짖어주었습니다. '우선 잠시 참고서 다만 자세히 조목별로 사리를 분석하면 ……'이라는 노형의 말을 다시 생각해보았습니다."(『문집』 권34 「답여백공答呂伯恭」 서40)

주희는 순희 6년(1179)의 추묘秋苗(추세秋稅)를 줄이는 문제에 대해서도 노력하였다. 지방에서 매년 징수하는 추세는 모두 상등上等의 부호들에 의해 좌지우지되었다. 그들은 현의 서리들과 결탁하고 사사로운 이익을 도모하여서 온갖 폐단과 농간을 부렸으며, 공리公吏들은 공공연하고 대담하게 세금을 착복하고 함부로 손실분을 늘렸다. 그래서 늘어난 가모加耗(손실분으로 미리 더 거둬들이는 부가세), 고량高量(되질할 때 더 거둬들이는 부가세), 곡면斛面(정해진 수량 외에 더 거두는 부가세) 등이 모두 하호세민下戶細民들에게 곱절로 전가되었다.

남강군의 추묘는 정미正米 1섬(石)당 고공雇舡(운반선 임대료), 수각水脚(수로 운송비), 기강두자起綱頭子(화물을 싣고 내릴 때 주는 수수료), 전두시례전專斗市例錢 등의 명목으로 670문을 거두었으므로, 쌀 1섬당 생모省耗와 가모까지 합하면 결국에는 모두 1섬 7말 6되(勝)를 납부해야만 하였다. 그래서 '백성은 갈수록 심한 곤경을 당하였다.' 주희는 부임한 뒤 먼저 백성을 찾아가서 민정을 살폈다. 추묘 1섬당 가모를 반으로 줄여주기 위해서였다. 그러나 추묘의 가모는 관량官糧·군량軍糧의 문제와 연계되어 있으므로 손을 대기가 매우 어려웠다.

남강군 추묘의 연간 정액은 4만 6,000여 섬인데, 상공上供이 4만 섬이고 잉여분 6,000여 섬은 조사漕司의 승인을 거쳐서 남강군에 보관해 두었다. 이 6,000여 섬분은, 갑자기 닥친 가뭄이나 장마로 민호가 도망하거나 이주하고 혹은 사망해서 해마다 세를 징수할 호구가 없어지는 바람에 온전히 징수(收發)하지 못하여 해마다 축나고 있었다. 일부 거둬들인 징수분도 남강군에서는 한 톨도 마음대로 쓸 권한이 없었기에 쌓아 두고 썩도록 내버려 둘 수밖에 없었다. 그런데 종래에는 남강군의 관리와 군병이 한 해에 먹는 양식 2만 7,000여 섬을 변통할 방법이 없어서 전적으로 민호가 실어다 납부하는 묘미畝米 가운데 가모, 고량, 곡면 등을 더 거둬들여서 해결해왔다. 이것이 바로 남강군의 부세가 무겁고 가혹해진 중요한 원인이었다.

주희는 조사에게 주청하여서 앞으로는 6,000여 섬을 떼어내 본군에 귀속시켜 군량으로 때우게 하고, 동시에 '순희 3년, 4년, 5년에 걷지 못하여서 남아 있는 수효를 모두 감면해달라'고 하였다(『문집』 권26 「여왕조차자與王漕箚子」). 이렇게 해야 간사한 아전이 추묘 가운데에서 교묘하게 명목을 만들어 정액 외의 가모를 거두는 것을 방지하고, 민호의 부담도 비로소 줄여줄 수 있다고 여겼다. 그러나 조사는 겉으로는 그에게 건성으로 대답하고는 실제로는 한 톨도 감면해주지 않았으며, 도리어 거두지 못한 액수는 다시 수효를 대조하여서 전부 거둬들이게 하였다.

주희는 속수무책이었다. 여조겸에게 보낸 편지에서 장탄식을 금하지 못하였다. "평생 글을 읽은 까닭은 어떻게 하면 백성에게 이롭게 할까 하는 것이었는데, 지금 이에 이르러서는 이런 일을 할 수 없게 되었습니다. 한밤중이 되도록 생각하느라 실로 편히 있을 겨를이 없습니다."(『문집』 권34 「답여백공」 서 20) 그는 다만 "몸에 병이 많아 전리로 돌아갈 생각이다. 길에는 떠돌아다니는 사람들이 많은데 녹을 받는 것이 부끄럽다.(身多疾病思田里, 道有流亡愧俸錢)"고 한 위 소주葦蘇州(위응물葦應物)의 유명한 구절로 자기를 비웃을 수밖에 없었다.

부역의 면제에 대해서도 주희는 무언가를 해보려고 하였다. 남쪽으로 건너온 이래 명목도 없는 귀찮은 부역이 끝없이 이중삼중으로 부과되었다. 주희가 남강에 오기 전에 추밀원에서는 맹목적으로 각 주군州郡에 병갑兵甲을 제조하라고 명을 내려서 지방에서는 억지로 장인을 파견하였다. 남강군에서도 명을 받들어 보인步人과 궁전수弓箭手의 철갑鐵甲을 제조하였는데, 겨우 150벌쯤 만들었을 때 추밀원에서는 또 느닷없이 철갑을 본군에 '거두어서 보관해 두고' 쓰지 말라고 하는 바람에 창고에서 그냥 녹이 슬도록 내버려 둘 수밖에 없었다. 전후로 '물량을 계산하니 가죽 장인과 철물 장인이 1만 8,000명 투입되었고, 돈이 5,200여 관이나 들었다. 장인들은 대부분 먼 고을의 농민들인지라 모집하여 일을 시키는 과정에서 소란이 따랐고, 집을 떠나고 생업을

잃게 되어서 근심하고 탄식하지 않는 사람이 없었다.'

이 밖에도 추밀원에서는 또 남강군에 금군禁軍 1,000명을 모집하라는 영을 내렸다가 나중에는 이를 줄여서 본군에 이미 있는 200명 금군 외에 다시 300명만 모집하라고 하였다. 그러나 무거운 세금 때문에 백성의 생활 형편이 빈곤해지고 호구가 도망쳐 흩어지는 바람에 실제로는 응모할 사람이 없었다. 작디작은 남강군은 단순히 이 300명 금군에게 공급할 '군량미 5,400섬, 요전料錢(관리에게 녹봉을 제외하고 별도로 지급하는 식료비) 864관문貫文 남짓(省), 봄옷과 겨울옷을 지을 명주 1,350필, 주단紬緞 150필, 솜(綿) 4,500냥, 옷을 짓는 데 드는 돈 765관'조차 지출할 방법이 없었다.

도창현은 아주 작은 고을에 지나지 않고 이미 영채營寨가 다섯 군데나 세워져 있음에도, 제형사提刑司에서는 영채를 한 군데 더 세우라는 영을 내려서 공연히 군병들을 더 모집하여 기르는 상황이 벌어졌다. 원주袁州의 조씨晁氏 성을 가진 한 관원이 별안간 기발한 생각을 떠올리고는 남강군의 군치軍治(군 소재지)를 호구현湖口縣으로 옮기자고 주청하였다. 곧 호구현·팽택현彭澤縣·도창현으로 이루어진 새로운 남강군을 만들고, 성자현·건창현建昌縣은 떼어서 강주江州에 귀속시키자는 것이었다. 뜻밖에도 조정에서는 백성을 힘들게 하고 재물만 소비하며 실제로 절실하지도 않은, 군치를 옮기는 이런 막대한 계획에 동의하였다.

주희는 「신면이군치장申免移軍治狀」에서 분노를 금하지 못하고 다음과 같이 지적하였다. "한 군軍의 성벽·관사·창고·영채를 옮기는 데 드는 비용은 막대해서 반드시 필요한 비용만도 수만 민緡을 헤아리며, 한 현의 백성이 사는 거처와 집을 다른 데로 이주시키고 그 토지를 점거하여 빼앗아서 이리저리 흩어져 떠돌며 생업에 안주할 수 없게 하는 일은 더구나 작은 일이 아닙니다. 그런데 의론하는 자들은 그저 어린아이들이 장난하듯이 경솔하게 말합니다.

오늘날 백성의 역량이 쇠잔하고 주현州縣이 고갈되어 있는 때에 어떻게 위에서 말한 돈과 물자를 계획하고 마련하여서 이런 지출에 공급할 수 있겠습니까? 그런데 백성을 수고롭게 하고 군중을 동원하여서 이런 백해무익한 일을 하려는 것입니까?"(『문집』 권20)

조정에서는 주희의 이런 주청을 거들떠보지도 않았고, 하급 지방 현의 관원들은 여전히 함부로 백성을 부역에 차출하여 보내고 공적인 일을 빙자하여 사사로운 일을 시키면서 농사철에 농사를 방해함으로써 민호에 큰 피해를 입혔다. 주희는 「약속과차부역約束科差夫役」이라는 규칙을 반포하여서 법을 매우 엄격하고 가혹하게 확립했지만, 실상 형식적인 문서 쪼가리 한 장에 지나지 않았다. 주희는 하급 관원에 대해서도 역량이 미치지 못했던 것이다.

주희가 시도한 감세와 면역免役은 우선 세력 있는 집안과 탐관오리의 이익을 침해하는 일이었다. 그는 백성의 역량을 펴줌과 동시에 엄격하고 준엄하게 형벌을 집행하고 법을 준수함으로써 못된 짓을 저지르는, 세력 있는 간사한 관원들을 공격하였다. 결과적으로 부역을 감면하는 방면에서는 조금도 실적을 거두지는 못하고, 도리어 '뼈를 녹이는 비방'이 사방에서 일어났다. 그는 강씨江氏 성을 가진 관원의 친척에게 겨우 선세(舡稅)를 징수한 일로 하마터면 상부의 논핵을 당할 뻔하였다.

사방에서 그가 '재정을 다스리는 일이 너무 급하고, 형벌 집행이 지나치게 준엄하다'는 유언비어가 나돌았다. 이른바 '형벌 집행이 지나치게 준엄한' 사실은 그가 동료들의 충고를 돌아보지 않고, '종실宗室'과 강주江州의 관리와 함께 결탁하여서 나쁜 짓을 한, '걸핏하면 송사를 벌이는 가짜 유학자' 학하初學夏楚를 편관編管하고 곤장을 쳐서 따끔하게 가르친 일에 지나지 않았다.

초루譙樓(성문 위의 망루) 아래서 말을 날뛰게 하여 민가의 어린아이를 밟아 죽인 세가世家의 자제에게 주희가 장杖을 치라고 직접 명한 일이 있었는데, 그는 나중에 이 사건을 다음과 같이 언급하였다. "내가 남강에서 교외로 나가는데 어떤 사람이 시장에서 말을 함부로 몰아 어린아이 하나를 밟았고 그 아이는 죽을 지경에 이르렀다. 그때 마침 내가 군학軍學에 있었으므로 그 사람을 군원軍院으로 보내게 했다. 다음 날 지록知錄에게 넘겼다. 저녁에 해사廨舍를 지나가는데 지록이 말하기를, '아침에 이르신 대로 이미 법대로 고문하여서 처리하였습니다' 하였다. 나는 곧 의심하지 않을 수 없었기에 걸음을 돌이켜서 군원에 가 보니 정작 그 사람은 관을 쓰고 신도 신은 채 엄연히 있었다. 애당초 고문을 당한 적이 없었던 것이다. 마침내 아전과 범인을 심문하였다. 다음 날 아전에게 곤장을 치고 파직하였다. 우연히 아는 사람을 만났더니, 그가 말하기를, '그 사람도 남의 집 자제이거늘 어찌 고통스럽게 욕보이는가?' 하였다. 내가 말하기를, '사람의 목숨이 달린 일을 어찌 느긋하게 처리하겠는가? 자제가 말을 날뛰게 하여서 사람을 밟았다면 장차 이보다 더한 일도 있을 것이다! 게다가 주군州郡은 조정의 법을 집행하는 곳이며 선량한 사람을 보호해야 할 뿐 아니라 함부로 날뛰는 호족을 억제하고 꺾는 일이 그 직책이다. 내버려 두고 불문에 부쳐서야 되겠는가?' 하였다."(『어류』 권106)

어느 '종실'의 가복家僕이 아량阿梁과 사통私通하여서 둘이 같이 아량의 남편을 죽인 사건이 있었다. 가복은 체포되어 옥중에서 병사하였다. '종실'은 자기들의 세력에 의지하여서 관리를 끼고 (연루된) 10인을 잡아다 옥에 가두고 옥사를 그만두려 하지 않았기 때문에 관사官司에서는 1년을 끌었다. 주희는 마지막에 그들을 풀어줄 때 분을 못 이겨서 불평하는 말을 했다.

또 도창의 호족인 유방규劉邦逵가 '재물을 끼고 힘을 믿고서' 향민을 사사로이 규합하여 '징을 치고 몽둥이를 들고, 도都(도시)를 지나고, 보保(호구의 편제)를 넘어서' 원수에게 보복하였다. 주희는 그를 유배 보내고 그곳에 편관하는 판결을 내렸다.

주희가 남강에서 타격을 입히고 엄격히 징계한, 함부로 위세를 부리는 세가世家, 종실과 간사한 관리는 대부분 조정과 감사監司라는 든든한 뒷배가 있었다. 마음씨 좋은 지역 인사들은 하나같이 주희에게 너무 진지하게 하지 말라고 권했지만, 도학자의 오연한 기개를 지닌 주희는 도리어 다음과 같이 답하였다. "반드시 나로 하여금 범과 이리를 먹여 살리고 뱀과 전갈을 보호하고 길러서 그들이 두려워하고 꺼리는 바 없이 간사하고 교활한 짓을 멋대로 하도록 내버려 두어서 (그들이 나를) 칭송하는 노랫소리가 멀리까지 퍼지도록 하기를 바라신다면, 이는 또한 평소 본래 생각지도 않은 일입니다."(『별집』권6 「답황상백」서23)

'재정을 다스리는 일이 너무 급하다'는 것도 건창에서 추묘 납부와 가을 가뭄으로 재해를 조사하여 진휼하지 못한 사건을 유력 가문의 호족과 불법을 저지르는 간사한 아전들이 이용하여서 주희에게 덮어씌운 죄명이었다. 남강은 상납할 화물을 2년이나 질질 끌면서 운송하지 못했는데, 주로 불법적인 행위를 하는 부호들과 포악한 아전이 결탁하여서 저지시킨 탓이었다. 주희는 모씨毛氏(모대년毛大年)라는 아전을 건창에 파견하여 세금을 독촉하였다. 그러자 건창의 부호와 세력가들은, 가을 가뭄이 들었는데도 재해를 조사하여 진휼하지 않았기 때문에 '마침내 인호人戶가 떠돌고 이주하여서 원망과 비방이 벌떼처럼 일어난다'는 구실로 사람들을 부추겨 소란을 일으켰다. 이 일로 주희는 순희 6년(1179) 10월과 12월에 장계 두 통을 올려서 스스로 인책할 수밖에 없었다.

주희의 세금 독촉은 '다른 사람들보다 관대했지만', 이와 같은 모순과 애로에 봉착하게 된 까닭은 폭력으로 약자를 능멸하는 건창의 호족과 악독한 관리에게 타격을 입히고 징계하는 과정에, 아래에서 상인들과 이익을 다투던 염치없는 사대부들이 포함되어 있었기 때문이었다. 대체로 강주의 관원인 이

역李峰이라는 자가 앞장서서 비방하는 말을 만들어 위에 알리고, '유력한 호족을 위해 유세하려고' 주희가 '강한 자를 억누르려는' 뜻을 갖고 있다는 말을 퍼뜨렸던 것이다(동상, 서9·서14). 결국 주희는 입이 있어도 변명하기가 어렵게 되었다.

여조겸조차도 유력한 호족에게 타격을 입힐 때에는 신중하게 하기를 권하였다. 주희는 회신에서 "토호에게 타격을 입힐 때 신중하라고 경계하셨는데, 참으로 이와 같이 해야 함을 알고는 있습니다. 그러나 저는 천성이 악을 미워하기에 끝내 지나친 데가 없을 수 없었습니다. 아전 모씨가 건창에 가게 된 일도 바로 이와 관련이 있지만, 도가 지나친 점이 있습니다."(『문집』 권34 「답여백공」 서29)라고 하였다.

또한 부호와 호족 출신의 적잖은 제자들도 자연 그의 이런 방법에 반대하였다. 진극기陳克己는 편지를 보내서 그의 '잦은 형벌과 지나친 징수'의 죄상을 조목조목 열거하였고, 유청지劉淸之는 어린아이를 말로 밟아 죽게 만든 세가의 자제에게 형벌을 주어야만 하는가 하는 문제로 그와 논변하였으며, 채원정蔡元定과 양방楊方도 남강으로 달려와서 그의 가혹한 정사를 직접 공격하였다. 한꺼번에 '사방 선비와 벗들이 보낸 견책의 편지가 책상과 시렁(几閣)에 쌓여서 얼마나 되는지 모를' 정도였다(『문집』 권26 「여왕추사차자與王樞使箚子」).

당시에 그래도 주희를 이해하였던 사람은 대체로 육구연陸九淵 한 사람밖에 없었다. 그는 조사漕使 우무尤袤에게 보낸 편지에서 주희를 위해 다음과 같이 변호하였다. "주원회(주희)가 남강에서 이미 너무 엄격하다는 평판을 얻었습니다. 원회의 정사는 또한 참으로 문제가 있습니다. 그러나 아마도 흔히 말하는 그런 엄격한 문제로 여길 수는 없습니다. 가령 벌은 죄에 맞게 내려야 하는데, 형을 고의로 적게 내리지 않는다고 해서 대뜸 엄격하다고 비난할 수 있겠습니까! 저는 이치의 옳고 그름이나 일의 합당함 여부는 논한 적이 없습니다만, 두루뭉술하게 관대한 정사와 엄격한 정사라 하는 것은 후세에 학술과 의론이 근거가 없게 되는 폐단입니다. 도가 밝지 않고 정사가 다스려지지 않는 까닭은 여기에서 말미암습니다."(『육구연연보九淵年譜』)

주희는 쉬 머리를 숙이거나 굴복하려 하지 않았다. 그는 끝내 자기의 죄상을 열거한 진극기의 편지를 추밀사 왕회王淮에게 보내서 자기의 파면을 요구하고, '다만 벼슬을 벗어나서 가버리는 것이 최상이니 더 이상 이 일의 시비와 허실은 논하지 않으려' 하였다.

세금 감면과 부역 면제의 문제에서 주희는 백성의 역량을 펴주고 도와주려고 생각했지만, 조정과 지방의 관부에서는 도리어 남김없이 착취하여서 국가의 세수를 확보할 생각만 하였다. 위로 조정의 권신에서부터 아래로 감사의 요원要員, 현아縣衙의 간사한 아전과 향리의 토호에 이르기까지 모두 그가 직면한 반대 세력이었다. 지나치게 세상 물정에 어두운 진지한 도학자 지군知軍은 그들과 전혀 다른 방식으로 항쟁을 하였다. 그는 마침내 결론을 내렸다. "오늘날 벼슬하는 사람은 백성을 구휼하는 데 힘쓰지 않고 대부분 아전의 죄를 고의로 눈감아주며, 권세 있는 호족을 두려워하고 꺼려 합니다. 모든 공사公事를 대략 점검해보면 이 두 가지 문제에 연루되지 않은 자가 없습니다."(『문집』 권34 「답여백공」 서20) 군주와 백성을 위해 아전과 권세 있는 호족에게 타격을 입히고 '두 가지 병폐'를 고치고자 한 그의 노력은 실패로 돌아갔다.

주희는 백성의 역량을 펴주는 일에서 위아래 사람 모두로부터 음으로 양으로 온갖 방해를 받았지만, 다만 백성의 풍속과 선비의 기풍을 돈독하게 하고 고무하는 일에서는 도리어 한 군의 우두머리로서 남강에서 우레처럼 매섭고 바람처럼 대담하게 나섰다. 시정施政의 3대 강령을 담은 남강방문南康榜文을 반포함과 동시에, 또 '백성의 역량을 넉넉하게 구휼하며, 풍속을 도탑게 하고 격려하는(寬恤民力, 敦勵風俗)' 첩문牒文을 반포하였다. 양 교수楊敎授와 모 사호毛司戸에게 책임을 맡겨서 추진한, 인륜을 아름답게 하고 교화를 돈독하게 하는 구체적인 사항은 다음과 같다.

제실帝室에 충성을 맹세한 진晉의 태위太尉 도간陶侃의 유적을 찾고, 무공이 탁월했던 진의 태부太傅 사안謝安과 고고한 풍모와 절개를 지녔던 징사徵士 도잠陶潛(도연명)을 위해 사당을 세우고, 백록동서원白鹿洞書院을 중건하고, 여러 대에 걸쳐서 과부로 수절한 의로운 가문 홍씨洪氏네에게 정려旌閭를 세워 표창하고, 만년에 여산廬山에 거주하면서 강학한 도학의 개산開山 주돈이周敦頤를 위해 사당을 세우고, 효행으로 세상에 소문난 사마호司馬暠·사마연의司馬延義·웅인섬熊仁贍의 묘지와 여문閭門을 복원하고, 세상을 피해 고상하게 은거하였으며 견문이 넓고 절개가 굳셌던 서간西澗의 유환劉渙·유서劉恕 부자의 택묘宅墓를 다시 세우고, 청렴 강직했던 진료옹陳了翁의 유적을 찾아보았다.

주희는 남강 일대에서 전대의 유명한 충신·효자·의부義夫·절부節婦를 거의 모두 동원하여 이 쇠퇴한 세상의 퇴폐적인 풍조를 만회하고 유가를 크게 드날리고 빛내는 데 힘썼다. 이런 충효절의의 낡은 설교는, 구차한 안정을 추구하고 화친을 구걸하며, 기상과 절개가 손상되고, 도교와 불교가 범람하는 현 상황에 반대한다는 뚜렷한 현실적 목적을 갖고 있었다.

짧은 몇 달 동안 그는 학궁의 강당 동쪽에 주렴계周濂溪(주돈이)의 사당을 세우고 정호程顥와 정이程頤를 배향하고서, 장식에게 사기祠記를 지어달라고 청하였다. 강당 서쪽에는 도잠·유환·유서·이공택李公擇(이상李常)·진관陳瓘 등 다섯 현인의 사당을 세우고, 시인이자 강동 제거인 우무에게 사기를 지어달라고 청하였다.

그 밖에도 성의 서문 밖 우거진 풀숲에 있던 유환의 묘를 복구하고 그 곁에 장절정壯節亭을 세웠으며, 서현栖賢의 서간에 있는 유환의 옛 은거지에 '청정퇴암淸淨退庵'을 지었다. 강 가운데 있는 '연명취석淵明醉石' 위에는 '귀거래

관귀거래관歸去來館'이라는 작은 정자를 지었다. 또 사람을 보내서 당唐의 효자 웅인섬의 묘에 제사를 지냈다. 도간의 작위와 봉호를 올려주고 사당의 편액을 '황제의 친필로 써서 하사해달라고(御賜)' 조정에 주청하였다. 군학軍學을 수리하고 '사수후泗水侯' 공리孔鯉(공자의 아들)를 학궁의 제사를 받는 지위에 배열해달라고 청하였다.

이런 모든 일은 그의 세금 감면, 부역 면제의 조처와 배합하여서 버려졌던 온갖 일들이 한꺼번에 일어난 기상이었다. 풍속을 도탑게 하고 격려하는 일에서 주희는 맨 먼저 『효경孝經』을 이용하여서 이상한 풍속을 교화하고 이단을 배척하였다. 남강군은 백성이 가난하고 땅이 황폐하며 불교와 도교의 영향이 민간에 널리 퍼져 있어서 집집마다 불경을 읽고 염불하였다. 가난한 집안에서는 자식이 부모를 버리고 출가하여 불문으로 도망쳐 들어갔다. 이런 일들은 주희가 볼 때 삼강오상의 파괴이자 인륜과 효도의 멸절이었다. 그래서 특별히 『효경』 「서인장庶人章」을 통속적으로 해설하고 간행한 뒤 반포하여서 집집마다 외고 읽게 하였다.

그는 「시속문示俗文」에서 다음과 같이 권하고 타일렀다.

> 위의 『효경』 「서인장」 정문正文 다섯 구절은 선성先聖인 지성문선왕至聖文宣王(공자)께서 하신 말씀이다. 민간에서 날마다 가지고 다니며 외기를 삼가 권한다. 이 경의 해설에 의지하여 아침부터 저녁까지 사유하면서 늘 절실하게 준수하라. 모쪼록 다시는 부처의 이름을 부르고 불경을 염송念誦하지 말라. 몸에 무익하고 힘만 낭비하는 일이다. ─『문집』 권99[2]

---

2 「서인장庶人章」 간행에 대해서는 『요주부지饒州府志』 권25에 보인다. "주굉朱宏은 자가 원례元禮인데 …… 주희가 남강의 수령으로 있을 때 『효경』 「서인장」을 해설하였다. …… 주굉이 발문

효도로써 불교의 도에 반대하고, 『효경』을 외게 함으로써 불경 염송을 저지함과 동시에, 주희는 또 '예禮'를 이용하여서 흩어져버린 삼강오상을 정돈하고 유지하며, 예와 형刑을 아울러 실시함으로써 가정의 인륜과 사회의 인간관계를 조정하는 일을 특별히 중시하였다.

한편으로는 법으로 규제하였다. 간부奸婦와 정부情夫가 모의하여서 친부親夫를 살해한 아량 사건, 판목板木을 사사로이 매매하고 서로 말다툼하면서 구타를 한 마신馬辛 사건 등을 엄한 형벌로 판결하였으며, 일을 만들어서 소송을 일으키는 악질적이고 위세를 부리는 토호를 제거하였다. 또 한편으로는 예로 이끌었다. 『예경禮經』에 근거하여서 순희 6년(1179) 8월에 「효유형제쟁재산사曉喩兄弟爭財産事」·「엄별적이산지령嚴別嫡異籍異産之令」 등을 반포하고, 웅 효자(웅인섬), 의로운 홍씨 가문처럼 사람들에게 효제충신을 공손하게 행하라고 권유하였다.

그는 여조겸에게 보낸 편지에서 이런 예와 형벌, 은혜와 위엄을 아울러 쓰는 효과에 대해 다음과 같이 언급하였다. "군의 일은 요즘에는 또한 아주 간단하고 조용합니다. 가을 동안에 두 현의 기강이 무너져서 잠시 사람을 바꾸지 않을 수 없었는데, 그날로 사송詞訟이 열에 일고여덟은 감소하였습니다. 이제는 간혹 하루 종일 소송이 없는 날도 있게 되었는데, 그 까닭은 대체로 정사를 어지럽히고 소송을 만들어내는 자 한둘을 제거한 데서 연유합니다.

을 붙여서 간행하였다. 또 『회란집回瀾集』을 지어서 불교를 배척하였다. ……" 『부량현지浮梁縣志』 권8에서는 "주굉이 …… 주회암 희朱晦庵熹와 서로 번갈아 왕래하면서 강마講磨하고 변난辨難하여 의견이 일치하였다. 주희가 일찍이 '식견이 고상하고 행위가 독실하여, 견줄 자가 드물다'고 칭찬하면서, 그 서재에 '극기克己'라는 이름을 지어 주었다. 그래서 배우는 사람들이 극기 선생이라 불렀다. …… 주희가 남강의 수령으로 있을 때 『효경』「서인장」을 해설하였다. …… 주굉이 발문을 붙여서 간행하였다. 또 옛 관혼상장冠婚喪葬의 의례를 서술하여서 『예편禮編』이라 이름을 붙였다."라고 하였다.

경계하도록 영을 내리고 권유하여서 이끌면 민간에서도 기꺼이 믿습니다. 예
컨대, 중간에 호적을 별도로 하고 재산을 따로 분할한 자들에 대한 영을 거
행하였더니 부자간에 다시 합친 집도 여럿 있었습니다."(『문집』 권34 「답여백공」
서27)

봉건 강상으로 유지되는 가정은 봉건사회라는 유기체의 세포이다. 주희는
예 가운데서 특히 관혼상제의 가례家禮를 중시하였다. 순희 7년 3월에 그는
상서성尙書省의 예부禮部에 「걸반강예서장乞頒降禮書狀」을 올려서 『정화오례신의
政和五禮新儀』를 내려달라고 주청하였다. 주희는 이 『정화오례신의』를 '백성을
교화하고 풍속을 착하게 하는 책'으로 여기고서 인쇄하여 나누어 준 뒤 집집
마다 관혼상제의 가례를 통일적으로 적용하도록 하였다. 나중에 주희는 『정
화오례신의』에 여전히 미비한 점이 있음을 느끼고 다시 「걸증수예서장乞增修
禮書狀」을 올려서 스스로 보충하고 정정하였다.

주희는 더욱 고심하고 힘을 다하여서 선비의 기풍(士風)을 고무하고 격려
하였다. 선비의 기풍이 무너진 까닭은 학문하는 풍조가 떨치지 못했기 때문
이다. 그는 온 힘을 다하여서 학교와 교육제도를 정비하고 선비들에게 주돈
이와 정이의 이학 사상을 주입하였다. 복성문福星門 안에 있는 군학을 정비하
고, 주렴계의 사당에 주돈이의 화상을 걸어 놓았으며, 『태극통서太極通書』(*남강
본)를 새로 교정한 뒤 간행하여서 제생諸生들에게 지급하였다.

또 임강군臨江軍 신감현新淦縣의 현위縣尉를 초청하여 군학軍學의 전도당傳道
堂에서 문사文社의 회맹을 주관하게 하였다. 군학은 다음과 같이 운영하였다.
"교수가 교육 조례를 총괄하여서 다스리되 매일 경서를 강론하고 다음 날 복
습하며, 3일과 8일에는 과제를 내주고, 4일과 9일에는 과제를 제출하게 한
다. 정근精勤한 자를 뽑아 경서의 내용으로 시험하여서 권장하는 뜻을 보인
다. 학적이 없는 자에게는 먹을 것을 주고 학적이 있는 자는 차례로 능력에

따라 직사職事를 돕게 한다. 가르침을 따르지 않는 자에 대해서는, 규정에 따라 현명한 부로父老를 청하여 그 자제를 권면하고서 힘써 학문에 종사하게 한다."(『별집』 권9 「초학자입군학방招學者入郡學榜」)

학교에서는 배움에 뜻을 둔 향당鄕黨의 자제를 추천하여서 입학시키고, 재덕을 겸비한 명류를 선발하여서 학교의 직책을 맡겼으며, 경전의 뜻에 천착하고 장구를 끊어서 출제하기를 좋아하는 교관들은 군학에서 내쫓았다. 주희는 그 스스로 늘 학관學官들과 함께 경전의 취지를 강론했으며, 매 4, 5일 간격으로 학궁學宮에 가서 직접 『대학장구』와 『논어집주』를 강설하고 전수하였다. 당시 전국에 널리 퍼져 있던, 사장詞章을 멋대로 짓고 정문程文을 모방하는 썩어빠진 과거 시험의 풍조로 가득 찬 군학 가운데서 남강의 군학은 남다른 면모를 드러냈다.

사풍士風과 학풍의 정돈에서 주희가 거둔 가장 큰 업적은 유교를 진흥한 당대의 문옹文翁으로서 백록동서원白鹿洞書院을 복구한 일이다. 백록동은 여산廬山 오로봉五老峰 남쪽 20여 리에, 소란한 시정市井으로부터 멀리 떨어져서 수려한 봉우리들에 감싸여 있는데, 북쪽에는 후병산後屛山이, 서쪽에는 좌익산左翼山이, 동쪽에는 탁이산卓爾山이, 무리 지어 거하면서 학문을 강론하고 은둔하며 저술하는 그윽한 장소를 둘러싸며 호위하고 있었다.

당 말기에 이발李渤이 전쟁의 혼란을 피해 오로봉 아래 와서 은거하며 글을 읽었는데, 흰 사슴(白鹿)을 기르면서 동무 삼아 스스로 즐겼다. 남당南唐 승원昪元 연간(937~943)에 이곳에 학관을 세워서 여산국학廬山國學이라 부르고, 국자감國子監 구경 교수九經敎授 이선도李善道를 백록동 동주洞主로 임명하였다. 여산국학은 북송 때 백록동서원으로 개칭되었다가 대중상부大中祥符 연간(1008~1016)에 학관을 증설하면서 생원生員이 늘 수십, 수백 명에 이르렀다. 등봉登封의 숭양서원嵩陽書院, 장사長沙의 악록서원岳麓書院, 상구商邱의 응천서원應

天書院과 함께 송 대 4대 서원으로 일컬어진다. 그러나 남쪽으로 건너온 이래 전란을 겪으면서 서원의 건물은 불타 남은 것이 없고, 터는 가시밭과 우거진 풀숲에 덮여버렸다.

주희는 부임하자마자 곧 사방으로 수소문하였다. 순희 6년(1179) 10월 15일 하원절下元節에 그는 피당陂塘을 순시할 때 나무꾼의 지적에 따라 비로소 이가산李家山에서 백록동서원의 옛터를 발견하였다. 그는 장부 정리를 도와주던 제자 유청지劉淸之와 양방楊方의 도움을 받으며, 교수 양대법楊大法과 성자현 현령 왕중걸王仲傑에게 책임을 맡겨서 순희 7년(1180) 3월에 백록동서원을 아주 빨리 복구하였다. 학사學舍는 모두 20여 칸이고, 우선 불러들인 생원이 20인이었다. 건창 동원東源에 장전莊田을 설치하여 학전學田으로 삼아 학원學員을 부양하고, 주희 스스로 동주가 되었다. 9월에는 또 학록學錄 양일신楊日新을 서원의 당장堂長으로 임명하였다.

주희는 특별히 여조겸에게 서원을 중건한 주요 취지를 밝힌 「백록동서원기白鹿洞書院記」를 지어달라고 청하여서 돌에 새긴 뒤 비를 세웠다. 그러고서 서원의 이륜당彝倫堂에 손수 대련對聯 한 폭을 썼다.

사슴과 멧돼지와 함께 노닐며 대상사물과 나를 서로 잊은 곳
샘과 봉우리가 함께 비추듯 지혜와 인을 홀로 터득하는 곳
鹿豕與游物我相忘之地, 泉峰交映智仁獨得之天

주희가 서원을 세운 목적은 당연히 진짜로 사슴이나 멧돼지와 더불어 노닐면서 대상사물과 나를 함께 잊으려는 것이 아니라, 선비의 기풍을 진작시켜 유학으로써 불학에 반대하고, 정학程學으로써 왕학王學에 반대하려는 데 있었다.

여산은 본래 천하에 이름이 알려진 불교의 명승지로서, 대대로 시인과 문사(騷人雅士)들이 '여산 언덕에는 초제招提(절)가 300군데(廬阜招提三百所)', '절집 500채 여산 봉우리에 있다(僧屋五百住廬峯)'는 유명한 구절을 읊조리는 곳이었다. 그리하여 남쪽으로 건너오고 전쟁을 겪은 뒤에도 파괴되어서 스산하던 도교 사원과 불교 사찰에 건도乾道 이래 새로 향불이 자욱하게 타오르고 종소리가 귀에 가득하였다. 그런데 이 서원만은 학사가 무너지고, 유학을 가르치며 연마하는(洙泗弦歌) 소리가 들리지 않았다.

주희는 백록동서원의 폐허를 발견했을 때 곧 동료에게 비분강개하면서 다음과 같이 말하였다. "중흥을 이룬 지 50년 만에 불교와 도교는 오랑캐에 의해 무너진 사원을 짓느라 도끼 소리가 서로 들리며 저마다 처음 모습을 회복하였다. 그런데 이곳만은 우거진 숲에 묻혀서 지나가는 자들이 탄식하니, 어찌 우리의 수치가 아니겠는가! 고을이 비록 가난하지만 오히려 기둥 몇 개로 건물을 세워 위로는 본조本朝에서 인문人文을 높이 세우려는 큰 뜻을 선포하고, 아래로는 장래에 선현의 풍성風聲을 이을 수 없겠는가!"(여조겸, 『동래집』 권6 「백록동서원기」)

나중에 그는 첩장牒狀에서 거듭 분개하며 불평하였다. "여산 일대는 도교와 불교의 거처가 몇 십, 몇 백 군데나 되는데, 무너졌던 것들이 다시 세워지지 않은 것이 없다. 유생들이 지내던 옛 건물은 이곳뿐인데 …… 우리 도道가 쇠미한 것이 두려워할 만하다."(『문집』 권99 「백록동첩白鹿洞牒」) "경내의 도관과 절에서 종소리와 북소리가 서로 들리는데, 인륜을 모두 버리고 공허하면서 거짓된 설을 말하여 끝없이 신도를 끌어모았습니다. 그러나 선왕의 예의를 가르치던 집은 화민성속化民成俗의 근본이 되건만 쓸쓸하고 드문드문하여 군軍과 현을 다 합쳐도 겨우 세 군데 있을 뿐입니다."(『문집』 권16 「격남강임만합주품사건장繳納南康任滿合奏稟事件狀」) 백록동서원을 세운 까닭은 바로 유도儒道를 밝게 드러내어서 불도佛道에 대항하려는 것이었다.

　왕안석의 학문은 희령 변법熙寧變法 이래 관학官學이 되어 한 시대를 풍미했지만 정학程學은 냉대를 받았다. 건염建炎(1127~1130) 전후로 정학과 왕학은 서로 널뛰듯이 오르락내리락하다가 융흥隆興(1163~1164) 이후에는 정학이 점차 왕학을 압도하였다. 그러나 왕학은, 여전히 고상하고 심원한 것을 추구하며 공리를 구하기에 급급한 후진 선비들에게서 상당한 세력을 가지고 있었다. 그들은 주자周子(주돈이)와 정자程子(정호와 정이)의 학문이 어떤 것인지도 몰랐다. 여조겸은 「백록동서원기」에서 주희를 대신하여 이런 우려를 표현하였다. "건염의 재조再造로 인해 전형典刑(법도)과 문헌文憲이 점차 예전의 장관壯觀을 회복하여서, 폐기되고 잘려 나가 사라지고 남은 관학關學(장재의 학문)과 낙학洛學(정호·정이의 학문)의 실마리가 조금씩 나타나기 시작하였다. 늦게 학문에 나아간 어린 학생들이 갑자기 그 말을 듣고 스승과 벗을 가까이하여서는 강구하고 힘을 쓰는 방법을 몰라 절차를 무시하고 단계를 뛰어넘으며, 가까운 것을 소홀히 하고 원대한 것을 사모하는 바람에 정자程子와 장자張子(장재)의 문정門庭을 엿볼 수가 없었다. 그리고 앞서는 왕씨(왕안석)가 스스로를 성현으로 높인 병폐가 있었으니 이 동洞에서도 도를 전하고 익히는 자가 드물었던 것이다. 그러니 서원의 복구를 어찌 실로 말할 수 있었겠는가!" 주희가 백록동서원을 세운 까닭은 학교 교육을 통해 후진 선비들을 왕학으로부터 정학으로 이끌기 위함이었다.

　서원이 건설된 뒤 그는 또 두 가지 큰일을 벌였다. 하나는, 태종 때 강주의 지주 주술周述이 국자감의 구경九經을 백록동서원에 내려달라고 주청했던 일을 본받아서, 순희 8년(1181) 봄에 조정에 백록동서원의 동액洞額과 함께 고종 조구趙構가 직접 쓴 석경石經, 그리고 인쇄본 『구경소九經疏』, 『논어』, 『맹자』 등의 서적을 내려달라고 주청하여서 백록동서원의 재건에 당금 황제(효종)로부터 '흠정欽定'을 얻어낸 일이다.

둘은, 서원을 위해서 각지에 널리 장서藏書를 구한 일이다. '강서의 여러 고을에서 소장한 서적을 널리 구하는' 편지를 보냈을 뿐만 아니라(『연보』), 금릉金陵으로 사람을 보내서 강동 수사 진준경陳俊卿으로부터 책을 구하였다. 저명한 대시인인 강서 제거江西提擧 육유陸游도 백록동서원의 장서를 모으는 데 힘을 다해 도와주었다. 주희는 융흥부隆興府 부학府學의 교수인 황호黃灝에게 보낸 편지에서 다음과 같이 말하였다. "백록동서원이 완성되었으나 아직 장서가 없습니다. 두 조사漕使에게 강서의 여러 고을에 있는 서적을 달라고 이미 차자를 보내서 간청하였습니다. 그 이전에 이미 육 창陸倉(*육유)에게도 부탁하였습니다. 여러분들께서 반드시 허락하리라 여깁니다. …… 머잖아 금릉에도 사람을 보낼 텐데 본 로路의 여러 사신使臣들에게도 널리 구해야 합니다."(『별집』 권6 「답황상백」 서20)

육유는 공무량龔茂良·주필대周必大·유공劉珙·한원길韓元吉 등과 아주 잘 아는 사이였다. 순희 5년(1178) 겨울에 육유는 건안建安에 와서 복주 제거福州提擧를 맡았는데, 주희의 제자 방사요方士繇(*백모伯謨)와 함께 지내며 매우 친숙해졌다. 제거사提擧司는 건녕부建寧府 부치府治(부 소재지)의 종화방從化坊에 있었는데, 주희는 이때 사관祠官을 청하는 등의 일로 늘 성을 오가는 길에 육유와 처음으로 만나 교제를 맺었다.

육유는 학술상으로는 주돈이와 정이를 높이 받들었고, 정치상으로는 금에 대항하는 전쟁을 주장하였으며, 시가 창작에서는 강서파江西派의 울타리를 뛰어넘었기 때문에, 주희와 한번 만나자 뜻이 맞고 도가 합쳐졌다. 순희 6년 가을에 육유는 강서 제거에 고쳐 제수되어서 주희와 함께 진휼하고 재이를 구제하는 일로 많은 편지를 주고받았다. 그 과정에서 주희는 염계사당과 백록동서원을 세워서 주돈이와 정이의 학문을 전파하는 일에 관심을 표하였다.

순희 7년(1180)에 명주明州의 대매로大梅老 법양法楊이 육유에게 주돈이의 아들 주수周壽(*원옹元翁)의 수첩手帖 두루마리를 내보이면서 주희의 발문을 받아달라고 청하였다. 육유는 주희에게 편지를 보내서 다음과 같이 말하였다. "법양이라는 자는 늙도록 책 읽기를 그치지 않는 사람으로서 지론이 매우 바릅니다. …… 산에 살면서 집을 짓지 않았고, 그 무리를 탁발하러 보내지 않고서 '내가 차마 백성을 좀먹는 일에는 돕지 못하겠다' 하였습니다. 권귀權貴한 사람이 요구하는 것이 있으면 털끝만큼도 들어주지 않았으나 흉년에는 죽을 쑤어서 굶주린 사람들을 많이 살렸으니, 어찌 쉽게 얻을 수 있는 사람이겠습니까! 공이 이런 내용도 함께 써줄 수 있는지요?' 그리고 또 '법양이 죽고 나면 이 두루마리를 둘 데가 없으니, 다 쓰거든 염계사당에 보내서 소장하게 하라'고 하였다. 주희 또한 "무관務觀(육유)의 별지는 필찰筆札이 정묘하고 뜻은 고원하였다."(『문집』권 82 「발주원옹첩跋周元翁帖」) 하면서 매우 칭찬하였다. 육유가 이 편지를 쓴 때는 대략 주희가 그에게 서원의 장서를 구한 무렵과 같은 시기이다. 이로부터 이학의 태두와 시단의 거장은 평생 지성스러운 친구를 맺었다.

3월 18일에 백록동서원이 정식으로 개강하던 날, 주희는 제생諸生에게 자기의 「중용장구수장혹문中庸章句首章或問」을 직접 강하였다. 그 뒤 휴가 때마다 그는 백록동서원의 제생과 함께 연구하고 토론하고 논변하고자 하였다. 그는 백록동서원을 주관하면서 주돈이와 정이 '진전眞傳'의 이학 종지를 전파하려는 목적의식을 아주 뚜렷하게 드러냈다. 그리하여 직접 생원들에게 책문策問을 내면서 그들의 도통道統 의식을 강화하였다.

왕학에 반대하고 또 정학에 반대하는 조정 당권자들의 반도학의 소란을 겨냥하여서 주희는 심혈을 기울여 「백록서당책문白鹿書堂策問」을 출제하고, 한 편으로는 맹자가 어떻게 성인의 전승을 계승했는가 하는 문제에 대해 생원들에게 답을 요구하였다.

　공자가 죽고 70 제자들이 죽자, 양주楊朱와 묵적墨翟의 무리가 나왔다. 맹자는 공자의 도를 밝혀서 바로잡았으나 그 뒤 그의 주장이 펴지지 못한 지 천여 년이 되었다. 제생諸生은 모두 공자의 말을 외우고 말할 것이다. 그런데 유독 순경荀卿·양웅揚雄·왕통王通·한유韓愈는 도를 부르짖은 자들로서 이름났지만 맹자에 대해서 혹은 비난하고, 혹은 자기를 그에 견주고, 혹은 일컫지도 않고, 혹은 그 공을 높여서 우임금에 못지않다고 하였다. 그 귀추가 이와 같이 다르다. 이들 여러 학자는 나중 사람으로서 이전 사람을 논하되 어떤 이는 (맹자가 공자에 견주어서) 대문(門)은 같으나 지게문(戶)이 다르다 여기고, 어떤 이는 평가하지 않았고, 어떤 이는 크게는 순수하지만 조금 흠이 있으므로 이 도의 전승에 참여할 수 없다고 한다. 양주와 묵적에 대해서 그들 가운데 어떤 이는 그 잘못을 은미하게 논하기도 하였고, 어떤 이는 평가하지 않았고, 어떤 이는 그들을 취하여서 공자에게 짝지우기도 하였으니, 그 인정하는 바가 또 이처럼 다르다. 이 역시 반드시 할 말이 있을 터이다.

　또, 생원들에게 다른 한편으로는 정씨가 어떻게 도통을 계승했는가 하는 문제에 대해 답을 요구하였다.

　본조는 유학이 가장 융성한지라 구양씨歐陽氏(구양수)·왕씨王氏(왕안석)·소씨蘇氏(소식)가 모두 자기 학문으로 조정에서 행하였다. 그런데 호씨胡氏(호안국)와 정씨程氏(정호와 정이) 또한 자기 학문을 학자들에게 전하였다. 왕씨와 소씨는 본래 구양씨에게서 나왔지만 끝에 가서는 크게 다른 점이 있었다. 호씨와 손씨孫氏(손복孫復)도 당시에는 서로 용납되지 않았으며, 정씨는 더군다나 왕씨·소씨와 합치하지 않았다. 공자의 도를 누가 얻고 누가 잃었는가하는 문제에 대해 어찌 또한 논할 만한 점이 없겠는가? …… 후세에 또 불교와 도가의 설을 말하는 자가 있는데, 그것은 양주·묵적의 설과 같은가, 다른가? ……

— 『문집』 권74

이는 제생에게 이단과 이학異學을 배격하는 도통론으로 정학의 견지에서 공자 이래 천년 유가 문화에 대해 총결하라고 요구한 것이나 마찬가지이다.

주희는 이미 스스로 답을 하였다. 서원이 낙성된 뒤에 그는 시정詩情이 넘치는 필치로 「백록동부白鹿洞賦」 한 수를 지었는데, 그 가운데 백록동서원을 크게 세운 근본 종지를 다음과 같이 말하였다.

장보관 높이 쓰고	偉章甫之峨峨
남은 경전 안고 와서 모였네	抱遺經而來集
어찌 산수를 즐기는 것만으로	豈顒眺聽之爲娛
성인의 집안에 들어가기를 바라겠는가!	實覬宮牆之可入
내 변변찮은 수양이 부끄러우니	愧余修之不敏
어찌 그대의 바람에 부응하랴!	何子望之能給
하물며 도체의 무궁함을	矧道體之亡窮
또 어찌 한마디로 표현할 수 있을까?	又豈一言而可緝
잠시 예전에 들은 것을 읊어	請姑誦其昔聞
때로 익힘에 도움이 되었으면 하네	庶有開於時習
밝힘과 성실함을 나란히 나아가게 하고	曰明誠其兩進
또한 경건과 의를 함께 세우라	抑敬義其偕立

유신들의 이윤이 지닌 포부를 미덥게 하고   允莘摯之所懷

달동네 안연의 지조를 지키라   謹巷顔之攸執

......

— 『문집』 권1

'밝힘과 성실함을 나란히 나아가게 하고 경건과 의를 함께 세움'이란 바로 경건과 앎을 동시에 닦는(敬知雙修) 일이다. 그는 동료와 친한 벗들, 마흔째 숙부(四十叔, 일가 숙항의 마흔째 숙부)와 함께 백록동에서 주고받은 시에서 거듭 '백록동 안에 참된 전승을 부친다(洞里付眞傳)'(『문집』 권7 「다시 앞의 운을 써서 함께 유람하는 사람에게 보이다(再用前韻示諸同遊)」), '그 가운데 인륜의 가르침 즐길 자 얼마이랴? 헛된 이치 논하지 말고 신선을 구하지 말라(多少箇中名敎樂, 莫談空諦莫求仙)'(『문집』 권7 「마흔째 숙부의 백록이라는 작품에 차운하다(次韻四十叔父白鹿之作)」)고 소리 높이 읊었는데, 이는 모두 경지쌍수敬知雙修를 가리킨다. 그는 자기의 이러한 이학 교육 사상을 유명한 「백록동서원학규白鹿洞書院學規」로 응축하였다.

부모와 자식 사이에는 친함이 있고, 군주와 신하 사이에는 의리가 있고, 남편과 아내 사이에는 분별이 있고, 어른과 어린이 사이에는 질서가 있고, 벗과 벗 사이에는 믿음이 있다.(父子有親, 君臣有義, 夫婦有別, 長幼有序, 朋友有信)
── 위는 다섯 가르침(五敎, 오륜)의 조목이다. 요堯와 순舜이 설契을 사도司徒로 삼아서 경건하게 펼친 다섯 가지 가르침이 곧 이것이다. 배움이란 이것을 배우는 일일 뿐이다. 그 배우는 차례에 또한 다섯 가지가 있다. 그 구별은 다음과 같다.

널리 배우고, 깊이 묻고, 신중하게 생각하고, 밝게 변별하고, 독실하게

행한다.(博學之, 審問之, 愼思之, 明辨之, 篤行之)

— 위는 배우는 순서이다. 배우고, 묻고, 생각하고, 변별하는(學問思辨) 네 가지는 이치를 궁구하는(窮理) 방법이다. 저 독실하게 행하는 일은 몸을 닦는(修身) 것으로부터 일에 대처하고 사물을 접하는(處事接物) 데 이르기까지 또한 저마다 요령이 있다. 그 구별은 다음과 같다.

말은 진실하고 믿음이 있으며, 행동은 독실하고 경건하며, 분노를 징계하고 욕심을 막으며, 선으로 옮겨가고 허물을 고친다.(言忠信, 行篤敬, 懲忿窒欲, 遷善改過)

— 위는 몸을 닦는 요령이다.

그 의리를 바르게 하고 이익을 꾀하지 않으며, 도를 밝히고 공을 헤아리지 않는다.(正其義不謀其利, 明其道不計其功)

— 위는 일에 대처하는 요령이다.

자기가 하고 싶지 않은 일을 남에게 시키지 않으며, 행하고서 결과가 없으면 돌이켜 자기에게서 원인을 찾는다.(己所不欲, 勿施於人, 行有不得, 反求諸己)

— 위는 사물을 접하는 요체이다.

주희가 제정한 서원의 학규는 과거科擧의 노예가 된 당시 관학의 교육제도를 반대하는 내용이었다. 그가 보기에 과거는 이미 유해무익한 '법폐法弊'가 되어 있었다. 이런 부패한 과거제도 아래서 학교는 글을 배워서 녹을 구하는, 이익을 좋아하는 무리를 배양할 뿐이었다. 교관이 가르치는 것과 학생이 익히는 것이 모두 근본을 망각하고 말단을 좇으며, 이익을 생각하고 의를 버리는 것이라서 '도덕과 정치의 실제와는 상관이 없었다.' 그는, '학문은 인류을 밝히는 것을 근본으로 하며', '덕행을 우선으로 한다'고 주장하였는데, 「학규」의 '다섯 가르침(五敎)'은 사회에 대하여서 윤리 도덕을 본위로 하는 개인의 기본 교육 사상을 체현한 것이다.

이런 교육 사상 아래 그는 경지쌍수敬知雙修의 원칙으로 대학大學과 소학小學, 덕육德育과 지육智育, 치지致知와 역행力行을 융회관통하고 통일하였다. 이것이 구체적으로 '배우고, 묻고, 생각하고, 변별하고, 행하는' 위학爲學의 차례로 표현되었는데, 여기에는 '학문을 하는 것은 이치를 궁구하여서 앎을 철저히 이루고 몸으로 돌이켜서 그 앎을 실천하는 것'이며, '글을 읽으면 그 이치를 실제로 탐구하고, 행위를 하면 그 자취를 실제로 밟아야'(『성리정의性理精義』) 한다는 지행통일知行統一의 정신이 관철되어 있다. 이렇듯 그의 「백록동서원학규」는 관학의 학제에 견주어 전통 유가 문화의 정수精髓를 더욱 잘 체현했기 때문에 나중에 중국 봉건사회 후기에 보편적으로 시행된, 교육적 성격을 띤 준칙과 법규가 되었다.

주희는 남강군에서 서원의 최고 권위자이자 지군知軍 티가 나지 않는, 남을 가르치는 일에 싫증을 내지 않는(誨人不倦) 스승이었다. 황간黃榦은 주희가 '제생에게 질의하고 문난問難하며 가르치고 이끌되 싫증을 내지 않았다. 물러나서는 서로 더불어 천석泉石 사이를 거닐다 날이 저물어서야 돌아왔다.'고 하였다(「행장」). 임직에서 물러나 남강을 떠난 뒤에도 주희는 후임 지군인 전문시錢聞詩에게 30만 전을 주어서 백록동서원에 예성전禮聖殿을 세우게 하였다. 예성전은 '지성선사至聖先師' 공자를 예로써 공경하는 대전大殿이니, 바로 불교 사찰의 대웅보전과 같은 공간이며 백록동서원의 중심 건축물이다. 전문시는 제 맘대로 예성전에 공자의 좌상坐像을 만들어 놓고 사람들에게 예로써 공경하고 제사하도록 하였다. 그러나 주희는 제사를 지낼 때는 공자의 위패를 모셔야 한다고 주장하였다. 공자의 소상塑像은 고인의 앉는 규정에 부합하지 않다고 여겼던 것이다.

그는 문헌을 조사한 뒤 「궤좌배설跪坐拜說」이라는 전문적인 글을 한 편 지어서 백록동서원의 생원들에게 보내며 다음과 같이 지적하였다. 옛사람의 '좌坐'는 두 무릎을 땅에 대고 엉덩이를 발뒤꿈치에 대는 것이다. '궤跪'는 두 무릎을 땅에 대고 넓적다리는 곧게 세우는 것이다. '배拜'는 두 무릎을 가지런히 굽히는 것이다. 먼저 한쪽 무릎을 굽히는 것을 '아배雅拜'라 하고, 두 손을 맞잡고 땅에 대는 것을 '숙배肅拜'라 하며, 숙배할 때 머리를 손등에 조아리는 것을 '돈수頓首'라 하고, 손을 풀고 머리를 땅에 대는 것을 '계수稽首'라 한다. 예성전에 있는 공자의 소상은 그 앉아 있는 방법이 '천고의 잘못'이었기에, 그는 이 「궤좌배설」을 '묘문廟門 왼쪽에 걸라'고 요구하였다.

백록동서원에 대해 주희가 이처럼 자질구레한 데 이르기까지 세심한 관심을 쏟았으니, 예성전이 완공된 뒤 그의 제자들이 주희의 생사당生祠堂을 지으려 한 것도 이상하지 않다. 그러나 주희는 그들에게 생사당을 종유사宗儒司로 고쳐 짓게 하였다.

백성의 역량을 펴주고, 백성의 기풍을 도탑게 하며, 선비의 기풍을 진작시키는 이런 폐정 개혁을 해 나가는 과정에서 주희가 백록동서원을 건립한 일은 어쩌면 '유자의 효용을 보인', 그의 빛나는 업적을 뚜렷이 드러낸 일일 터이다. 그러나 백성을 어육 내고 윗사람에게 아첨하여 영달을 구하는 것만 능사로 삼는 크고 작은 관료들의 눈에 주희는 한낱 어리석기 짝이 없는 도학의 책벌레(書呆子)일 뿐이었다. 그래서 주희가 백록동서원을 중건한다는 말을 듣자마자 조정과 재야의 사대부들은 비난을 쏟아냈고, 괴상한 일로 여겨서 소문을 퍼뜨렸다. '조정과 재야에서 시끄럽게 전하고 서로 비웃으면서 괴상한 일로 여겼기'에 주희는 어쩔 수 없이 조신의 어액御額과 조구의 어서御書를 빌려서 뭇사람의 입을 틀어막지 않을 수 없었던 것이다.

주희는 순희 8년(1181)에 연화전延和殿에서 상주할 때 다시 조신에게 분연히 다음과 같이 말하였다. "비웃는 자들의 말은 주현州縣에 이미 학교가 있으니 더 이상 번거롭게 낭비할 필요가 없다는 뜻일 것입니다. …… 지금 도교와 불교의 사원이 세상에 가득 차서 큰 군은 1,000군데가 넘고 작은 군이라도 수십 군데 이하로 내려가지 않는데도, 관에서나 개인이 더 늘리고 지어서 그치지 않을 기세입니다. 그런데 학교는 한 군이나 한 현에 겨우 하나를 두었고, 부곽현附郭縣의 경우에는 아예 없는 곳도 있습니다. 그 성쇠와 숫자가 이렇게 서로 현격히 차이가 나면, 올바르고 그르며, 이롭고 해로운 관계 또한 명백해집니다. 이제 유사有司가 저들에 대해서는 바로잡지도 못할 뿐만 아니라 도리어 이쪽에서도 신의 청을 의심하니, 신은 그들이 무슨 말을 하는지 모르겠습니다!"(『문집』 권13 「신축연화주차辛丑延和奏箚」) 7) 그러나 결국 그에게 돌아온 회답은 반도학의 한바탕 소란이었다.

봉사封事와 진황賑荒

　주희가 남강군에서 '유자儒者의 효용을 보이기' 위해 안간힘을 다하고 있을 때, 조정에서는 반도학 세력이 재보 자리를 향해서 진군하고 있었다. 순희 7년(1180)에 이르러 탐관 전량신錢良臣은 보잘것없는 급사중給事中의 자리에서 참지정사로 높이 뛰어올랐고, 사확연謝廓然도 형부 상서刑部尚書에서 영예롭게 발탁되어 첨추밀원사簽樞密院事가 되었다.

　이해 6월에 비서랑 조언중趙彦中은 반도학의 주장奏章 한 통을 올렸다. "선비들 기풍의 성쇠는 풍속의 기틀과 결부되어 있습니다. 과거科擧의 글로 말하자면, 유종儒宗과 문사文師들이 만들어 둔 격식과 규례가 갖추어져 있음에도 성리설性理說을 떠받들면서 들뜬 말과 허튼 글을 서로 높이고 있습니다. 선비가 도를 믿고 자기를 지키려면 육경과 성현을 스승으로 삼으면 됩니다. 그런데 이제 별도로 낙학洛學을 만들어 괴이한 것을 꾸며내서 어리석은 자들을 놀라게 하고, 겉으로는 성경誠敬이라는 이름을 빌리지만 안으로는 허위의 실상을 이루어냅니다. 선비의 기풍이 날로 파괴되고 인재는 날로 경박해지고 있습니다. 바라건대, 집사執事에게 조서를 내려서 성상의 조정에서 좋아하고 싫어하는 점이 무엇인지 분명히 알게 함으로써 선비의 기풍을 변화시키십시오."(『송사기사본말宋史紀事本末』권8) 권행權倖들은 이러한 반도학의 풍조 아래 숨어서 더욱 거리낌 없이 무리를 결성하고 권력을 농단하였다.

　주희는 남강으로 부임하기 전에 도성에 들어가 상주할 수 없어서 줄곧 목에 가시가 걸린 것처럼 마음이 답답하였다. 직접 한 차례 남강에서 벼슬살이의 부침을 겪은 뒤 그는 자기의 미미한 폐정 개혁의 노력이 '물 한 잔으로 한 수레 가득한 섶에 붙은 불길을 끄려는' 짓에 지나지 않음을 더욱 절실히 느꼈다. 지방행정에 실패한 까닭은 위로 조신(효종)을 대표로 하는 부패한 조정이 있었기 때문이었다. 그는 황제를 꾸짖지 않을 수 없었다.

마침 순희 7년(1180) 3월 19일에 위선적이고 강퍅한 조신은 일부러 잘난 체하기라도 하듯이 지방의 감사와 군수에게 민간의 병폐를 조목조목 갖추어서 보고하라고 영을 내렸다. 이 일은 주희에게 천년에 한 번 만나기 어려운 기회를 제공하였다. 그는 4월 21일에 봉사封事 한 통을 올렸다. 이는 그가 융흥주사隆興奏事 이래 18년 동안 인간 세상의 우환을 겪고 난 뒤 또 한 차례 올린 글이었다. 이 18년 동안에 그는 이미 도를 주창하여서 세상을 구제하는 일을 자기 임무로 삼은 한 시대의 이학 대사理學大師가 되어 있었다. 그러나 이 18년 동안에 조신도 도학의 청의淸議와 정심성의正心誠意의 설을 아주 싫어하는 황제로 변해 있었다. 조신은, 주희처럼 감히 바른말로 직간하고 도덕을 고취하는 기개와 절조를 지닌 사람을 '헛된 명성만 있는 선비(虛名之士)'라고 배척하였다. 왜냐하면 그들이 항상 확고한 신념을 높이 내걸고 천하의 모든 죄악을 황제인 자기에게 전부 뒤집어씌움으로써, 스스로 편안하게 불자나 도사들과 선禪을 말하고 도를 논하며, 백차자白箚子와 내비內批로 조정을 다스리는 독단적인 황제로 있을 수 없게 했기 때문이다.

주희는 다만 '민간의 이익과 병폐를 조목조목 갖춘' 글을 올리도록 허락받은 기회에 일부러 '그만둘 수 없어서 극단의 말을 해버렸지만 철두철미 이것이 병의 뿌리'라고(『문집』 권34 「답여백공」 서34) 써서 조신에게로 비판의 화살을 돌렸다. 그는 아예 자기의 정심성의의 설로 대놓고 거리낌 없이 직언함으로써 조신의 벼락 같은 분노를 초래하기로 작정하고, 봉사를 올리기 전에 짐을 다 꾸려 놓은 뒤 '엄한 견책(嚴譴)'을 받을 준비를 해 두었다. 그는 여조겸에게 편지를 써서 다음과 같이 알렸다. "이미 몸을 바쳐서 군주를 섬길 뿐이니, 생사와 화복은 오로지 군주가 하기에 달린 일이지 내가 할 수 있는 일이 아닙니다. 여기에는 그저 짐꾼 서너 댓 사람과 생질 아이 한둘뿐이어서 가든 머물든 또한 힘들 것이 없습니다. 다만 숨을 죽이고 벼락 같은 위엄이 내리기를 기다릴 뿐입니다."(동상)

주희의 사회·정치 사상의 참된 정신은 백성을 편안하게 하는 일(安民), 관리를 다스리는 일(治官), 군주를 바로잡는 일(正君)을 세 연결 고리로 하여서 구성된 폐정弊政 개혁의 체계이다. 인정을 베풀어서 백성의 역량을 펴주며, 탐관과 근습에게 타격을 입히고, 제왕의 정심성의를 바라는 것이 도학 청의의 삼대 정치적 주장이다. 백성을 편안하게 하는 일, 관리를 다스리는 일, 군주를 바로잡는 일 가운데서 특히 군주의 마음을 바르게 하는 일이 가장 근본이 되는데, 그의 정치적 이학은 바로 맨 먼저 제왕을 위한 정심성의의 학에서 표현된다.

남강의 현실적 모순의 소용돌이 한가운데에서 빠져나온 주희는 봉사에서 유례없이 긴박하고 날카로운 현실 인식을 표현해냈다. 제일 먼저 남송의 전체 사회에 대해 기본적인 견해를 제시하였다. "천하 국가의 가장 중요한 임무는 백성을 구휼하는 일보다 큰 것이 없습니다. 그리고 백성을 구휼하는 방법은 실로 부세를 줄이는 데 있고, 부세를 줄이는 방법은 실로 군軍을 다스리는 데 있습니다. 군을 다스리고 부세를 줄여서 백성을 구휼하는 근본은 또한 군주가 마음을 바로잡아서 기강을 확립하는 데 있을 뿐입니다." 이렇게 백성을 구휼하고, 부세를 줄이고, 군을 다스리는 일로부터 곧바로 군주의 마음을 바로잡는 일로 근본을 미루어 나아갔다.

그는, 통치자들이 백성을 구휼할 줄 모르고 가렴주구를 일삼기 때문에 천하 백성이 이미 '초췌하고 곤궁해져서' '원기가 날로 소모되고 근본이 날로 손상되는' 지경에 이르렀는데, 만일 이들을 불쌍히 여겨 구휼하지 않는다면 '껍데기를 벗기고 골수를 뽑는 재앙'이 갈수록 더욱 심해질 터이므로 약으로도 살릴 수 없게 될 것이라고 지적하였다.

백성을 구휼하려면 부세를 줄여주는 한 가지 방법밖에 없었다. 백성의 부세가 무거운 주요 원인은 군비가 쓸데없이 너무 많기 때문이었다. 그래서 지나치게 많은 군비를 겨냥하여서 주희는 '장수를 잘 선발하고 병적兵籍을 분명하게 관리하면 군비를 절약할 수 있다. 둔전을 넓히면 군수물자를 저축할 수 있다. 병민兵民을 훈련시키면 변방의 수비에 보탬이 될 수 있다.' 하면서 세 가지 해결 방안을 제시하였다.

그는 나라와 백성을 재앙에 빠뜨리는 장수들의 탐욕과 병사들의 나태함을 더욱 심하게 미워하고 통렬히 원망하였다. 봉사 가운데서, 그는 거의 소설가와 같은 섬세한 필치로 군대의 썩어빠진 모습(軍隊糜爛圖)을 그려냈다.

오늘날 장수로 선발된 자들은 대부분 부잣집의 어리석은 자식이 아니면 허드렛일이나 할 어중이떠중이들인지라 한갓 쏘다니며 웅대하는 것만 잘하고, 뇌물을 주고 결탁하는 것만 일삼으므로 평소 신망이 두텁지 못한 탓에 군사들이 복종하지 않습니다. 그리고 이런 사람들이 이 자리에 차견되기 위해 쓴 비용이 적지 않습니다. 그 때문에 군軍에 도착한 날부터 오로지 백성을 들볶아서 각박하게 긁어모으고, 군수물자를 팔고 사는 일만 경영하면서 온갖 방법으로 자기들이 진 부채를 상환합니다. 부채를 상환하고 나면 또 그 밖의 것을 바라면서 갈수록 멋대로 가렴주구를 합니다. 위로는 권귀들을 받들어서 승진과 발탁을 추구하고, 아래로는 자녀를 치장하고 자기의 사사로움을 채우는 수단이 모두 여기서 취한 것들입니다. 군사를 불러 모으고 검열하고 훈련시키고 다독이는 등, 군중의 급한 일은 구석구석 신경을 쓸 겨를이 없습니다. 군사들은 이미 착취에 시달리고 역사役事로 고통을 받고 있으며, 게다가 유능한 자는 제대로 대우를 받지 못하고, 거꾸로 무능한 자는 총애를 받기도 하여서 원망과 분노가 쌓여도 하소연할 데가 없습니다. 이미 평소에도 모두 복종하지 않는 마음을 서슴없이 드러내는데, 하루아침에 위급한 일이 발생하면 어떻게 이들을 믿을 수 있겠습니까? 남강군의 자제들 가운데 평소 활쏘기나 말타기를 익히고 병법을 외며 통달한 이들은 으레 모두 본군本軍의 모병에 응하려 하지 않습니다. 그런데도 조정에서는 도리어 주군州郡에 모병의 책임을 나누어 지우면서 헛되이 돈과 물자만 낭비하며, 재주도 없고 서툴고 쓸모없는 사람을 끌어다 군액軍額을 보충합니다. 이런 몇 가지 일은, 근본과 말단, 큰일과 작은 일이 어긋나고 뒤섞이지 않은 것이 없습니다. 이른바 장수라는 자가 사사로운 욕심을 가득 채우고 잇속을 차리려고 고안한 일들이 효험을 발휘하면 또 행장을 꾸려서 다른 곳으로 옮겨갈 길을 찾으며, 다른 군軍에 쌓인 재물을 자기 재물로 삼기를 바랍니다. 그러므로 근래에는 군을 관할하는 신료가 아주 빨리 교체되어서 심지어 한 해에 두 차례나 바뀌기도 합니다. ……

장수가 이렇게 탐욕을 부리고 발호하는 까닭은 권행이 안에서 결탁하여 응원하고, 탐관이 패거리를 이루어서 간사한 술수를 부리기 때문이었다. 주희는 당당한 참지정사 전량신의 추악한 일을 직접 폭로하였다. "군량 수송 임무를 총괄하는 자 또한 모두 뒷배경에 의지하여서 뇌물을 주고받는데, 동남 수십 주州 백성의 피땀 어린 소출로 바치는 세금을 감독하고 독촉하여서 명목으로는 군에 공급한다고 한 뒤 실제로는 수레에 실어다가 권행의 문전에 갖다 바치는 사례가 이루 헤아릴 수 없습니다."

봉사는 마지막으로 전체 사회의 백성이 곤궁하고, 부세가 무겁고, 군대가 약한 근본 원인을 제왕의 한마음(一心)이 바르지 않은 데로 귀결시켰다. 주희는 조신을 날카롭게 비판하였다. "백성을 구휼하고자 하면 민생은 날로 쪼들리고, 재정을 다스리고자 하면 재용財用은 날로 바닥나고, 군을 다스리고자 하면 군정軍政은 날로 문란해지고 있습니다. 옛 강토(土宇)를 회복하고자 해도 북쪽을 향해 중원의 한 자 한 치의 땅도 취할 수가 없고, 원수를 갚고 치욕을 씻고자 해도 선우單于의 목을 매달고 월지月氏의 두개골에 술을 마시지도 못합니다." 그리고 이런 근본 원인은 '재상·대성臺省·사부師傅·빈우賓友와 간쟁하는 신하들이 모두 직분을 제대로 수행하지 않고, 폐하가 친밀하게 대하는 자나 또는 더불어 국정을 도모하고 논의하는 자들이 한두 명 근습 신하에 지나지 않기 때문'이라고 비판하였다.

그는 또 힘찬 필치로 조신 황제가 권행을 총애하고 믿는 실상(寵信權倖圖)을 그려냈다.

이 한두 소인들은 위로는 폐하의 마음과 뜻을 좀먹고 미혹시켜서 폐하로 하여금 선왕先王의 대도大道를 믿지 않고 공리功利의 비루한 설을 기뻐하게 하며, 반듯한 선비의 곧은 말을 기쁘게 여기지 않고 사사로이 친한 사람의 비열한 짓을 편안히 여기도록 합니다. 아래로는 천하 사대부 가운데서 이익을 좋아하고 염치가 없는 자들을 불러 모아 문반文班과 무반武班으로 나누어서 저마다 자기 문에 들어오게 합니다. 마음에 드는 자는 음으로 이끌어주고 당겨주어서 청현직淸顯職에 발탁하여 두고, 미워하는 자는 남몰래 헐뜯고 비방하며 공공연히 배척합니다. 이들이 서로 주고받는 뇌물은 모두 폐하의 재물을 훔친 것이며, 이들이 재상을 임명하고 장수를 배치하는 것은 모두 폐하의 권력을 훔치는 것입니다. 비록 폐하의 이른바 재상·

사보師保·빈우, 간쟁하는 신하라는 자들까지도 혹은 도리어 그들의 문에 드나들면서 그들의 비위를 맞추기를 바라고 있습니다. 다행히 자립할 수 있는 자도 이를 악물고 자기를 지키는 데 지나지 않고, 감히 한마디 말로도 배척한 적이 없습니다. 공론을 매우 두려워하는 자는 대략 그 도당 가운데 한둘을 내쫓을 수는 있어도 깊은 손상을 입힐 수는 없기에, 또한 끝내 감히 명료한 말로 그들 패거리의 소굴을 짓이기지도 못합니다. 세력과 위세가 이미 형성되어 있으므로 서울이든 지방이든 그들을 향해 쏠리기 때문에 폐하의 호령과 출척黜陟이 더 이상 조정에서 나오지 못하고, 이 한두 사람의 문에서 나옵니다. 명색이 폐하가 혼자 결단한 일(獨斷)이라지만 실은 이 한두 사람이 음으로 정권을 잡고 있는 것입니다. ……

— 『문집』 권11 「경자응조봉사庚子應詔封事」

중적, 왕변, 감변 등 권행의 세 거두가 황제의 총애를 받고 있어서, 그들 집 앞은 그들에게 빌붙으려는 문신과 무장이 모두 어지러이 몰려와 그야말로 문전성시를 이루었다. 섭형葉衡은 중적이 끌어준 덕분에 10년 만에 낮은 벼슬에서 재상까지 올랐다. 서본중徐本中은 중적의 내천內薦으로 역시 아주 빠르게 낮은 사신使臣에서 추밀 도승지에 올랐다. 심지어 주희와 사사로운 친분이 있던 조웅趙雄과 주필대周必大도 모두 중적과 타협하고 공존하고서야 단숨에 재보의 높은 지위에 오를 수 있었다.

순희 5년(1178) 10월에 도성을 떠난 지 9년 만에 다시 임안에 들어온 진준경은 변화하기는 여전하나 일은 이미 글렀다는 느낌을 크게 받았다. 그는 수공전垂拱殿에서 상주하면서 조신과 한 차례 미묘한 대화를 나누었다. 진준경은 감개하여 말하였다. "신이 나라를 떠났다가 9년 만에 다시 도성 문을 들어와 보니 도성에 곡식은 많고 물가는 안정되어서 인정이 편안한 것을 보았으나, 오직 사대부들의 풍속은 크게 변하였습니다." 조신이 선비의 기풍이 어떻게 변했느냐고 묻자, 진준경은 "전에는 사대부로서 중적과 왕변의 문으로 달려가는 자들이 열에 한둘이었지만 그마저도 남이 알까 두려워하였습니다. 지금은 공공연히 달려가 빌붙는 자가 열에 일고여덟인데, 그들은 더 이상 돌아보거나 거리낌이 없습니다." 하고 답하였다.

주희는 제왕에게 타이르고 권하면서 정심성의를 말하여 군권君權의 무한 팽창을 통제하려는 환상을 품었다. 그래서 소인을 쳐서 몰아내고 군주의 마음을 바로잡는 일을 이번 봉사의 주요 목표로 삼았다. 봉사를 올리기 전에 그는 재상·대간들의 역량과 연계하여 일제히 상주함으로써 반권행反權倖의 성세를 조성하려고 생각하였다. 특히 막 시어사侍御使에 제수된 황흡黃洽에게 편지를 보내, 대간들과 연합하여 함께 일어나서 근습의 내시들을 논핵하라고 요구하였다.

봉사를 올린 뒤에 그는 또 편지를 보내, '두 내시'는 '천하의 고질병'으로서 "(그들은) 날마다 편안하고 한가하게 모시면서 뜻을 맞춰주고 아첨합니다. 군주의 마음을 무절제한 안일에 젖어들게 하여서 정작 법도를 지키는 대신과 보필하는 어진 선비들(法家拂士)의 말이 전달되지 못하고 있으며, 비루하고 천근한 데 익숙하게 하여서 (군주가) 공명정대하고 장구한 계책을 들을 수 없게 합니다. 뇌물이 공공연히 행해지며, 간사한 자들이 앞을 가로막고 있습니다. ……"(『문집』 권26 「여대단서與臺端書」)라고 지적하였다. 그러면서도 대간의 관리들이 나서서 권행 앞에서 기선을 제압하고, '사방의 충성스럽고 의로운 선비들이 반드시 풍문을 듣고 흥기할 자가 있을 것'이라 기대하였다.

동시에 그는 조정에 있는 여조겸에게도 편지를 보내서 새로 참지정사가 된 주필대가 더 이상 '모르는 체(暗黙)'하지 못하도록 힘써 권하라고 했다. 그는 걱정으로 타들어가는 심정을 가지고 다음과 같이 말하였다. "근래 신참

新參(신임 참지정사, •주필대)을 방문한 적이 있습니까? 대승기탕大承氣湯을 써야 할 증세에 도리어 사군자탕四君子湯을 쓰면 어떻게 병이 낫겠습니까? 그러나 다행히 아직 병이 나지 않았습니다. 노형은 그와 정의뿐 아니라 친분도 두터우니 모쪼록 따끔하게 깨우쳐야 합니다. 우리 무리와 백만 생령의 목숨이 모두 이 물 새는 배에 달려 있으니, 만약 뱃사공의 조수라도 불러서 깊이 빠져들게만 하지 않는다면 위급한 상황에 그나마 믿을 수 있을 것입니다."(『문집』권34 「답여백공」서35)

그러나 주희가 봉사를 올리기도 전에 이미 교서랑校書郎 정감鄭鑒, 종정승宗正丞 원추袁樞, 저작랑著作郎 호진신胡晉臣 등의 조신들이 권력에 의지한 근습을 논박했다가 잇달아 조정을 떠나는 바람에 대간의 간관들은 이미 가을매미처럼 입을 다물어버렸다. 담이 작은 주필대는 권행을 범처럼 두려워하였고, 타고난 성품이 나약한 여조겸은 도성에서 결국은 근습에게 잘 보이려는 마음을 먹게 되었다.

나중에 장단의張端義는 『귀이집貴耳集』에서 한 사건을 언급하였다. "(•순희 6년) 동래(여조겸)가 『문감文鑑』(『황조문감皇朝文鑑』)의 편수를 마치고 홀로 한 본을 황제에게 바쳤다. 조정에 가득한 신하들은 아직 아무도 보지 못하였는데, 오직 대당大璫(권력을 장악한 환관) 감변이 그것을 갖고 있어서 공론이 자못 (여조겸을) 인정하지 않았다. (여조겸이) 성지를 얻어서 직비각直秘閣에 제수되었으나 중서中書 진규陳騤의 논박을 받은 일이 진규의 「행장」에 실려 있다."(『귀이집』권상上) 거침없이 흐르는 물을 홀로 막을 수 없듯이 주희의 글은 역시 실패하고 말았다.

주희의 「경자봉사庚子封事」는 조신이 즉위하고 근 20년 이래 첫 번째로 받은 가장 격렬하고 대담하며 아주 거리낌 없는 비판으로서, 침범할 수 없는 제왕의 존엄과 겉으로는 노래하고 춤추는 남송의 태평성대 분위기에 상서롭지 못한 어두운 그림자를 드리웠다. 조신은 이 하잘것없는 관리가 이렇게까

지 자존망대自尊妄大하고 안하무인인 데는 차마 견딜 수가 없어서 결국 재보
들에게 몹시 화를 내며 "이는 짐을 노망난 자로 여기는 것이로다!"(『송사』 권429
「주희전朱熹傳」) 하였다.

주희는 본래 조웅의 천거로 나온 사람이었다. 이 노련한 우상右相은 조신
이 좋아할 법한 궤변으로 해명하였다. "세상을 속이고 이름을 훔치는 자는
폐하께서 미워하면 그만입니다. 그러나 위에서 너무 심하게 싫어하면 아래에
서는 칭송하는 자가 더욱 많아지는 법입니다. 천자의 귀하신 몸으로 도리어
쩨쩨하게 함께 다투시다가 혹시라도 이기지 못한다면 그를 높여주는 꼴이
되지 않겠습니까? 이는 그의 장점을 따라 쓰는 일만 같지 못합니다. 그가 일
을 맡게 되면 차츰 유능한지 무능한지 저절로 드러나고, 잘못과 거짓이 저절
로 불거져서 헛된 명성이 무너질 터인데, 하필 성상의 심려를 힘들고 수고롭
게 하십니까? 만약 이를 물리치고 쓰지 않는다면 한갓 때를 만나지 못했다는
구실로 삼게 할 뿐입니다."(『건염이래조야잡기建炎以來朝野雜記』 을집8 「회암선생비색은晦庵
先生非素隱」)[3]

---

3 『건염이래조야잡기』에서는 다음과 같이 일컬었다. "처음에 상이 평소 헛된 명성만 있는 선
비들을 미워하고 청류니 탁류니 하면서 말하는 것을 싫어한 까닭은 원래 선생 때문이 아니
다.(※생각건대, 이런 주장은 옳지 않다) 그런데 소인들이 이로 인해 참소하여서 상이 대신과 말할
때마다 번번이 안색을 바꾸었다. 승상이 이 때문에 조용히 상에게 말하니 …… 상이 옳다고
여겼다." 그 밖의 자료에 실린 내용은 이것과 조금 다르다. 『송사』 「조웅전趙雄傳」: "주희가 시
사를 극렬하게 논하자 상이 노하여서 조웅에게 내용을 따져 해명하라고 유시하였다. 조웅이
아뢰기를, '주희는 오만한 사람이라 말이 궁하고 논리가 부족합니다. 죄를 주어봤자 그 명성
만 이뤄주기에 알맞을 뿐입니다. 하늘과 땅이 만물을 품어주고 길러주듯이, 그대로 두고 불문
에 부치는 것이 좋겠습니다.' 하였다." 『송사기사본말宋史記事本末』 권78 : "…… 조웅에게 내용
을 따져 해명하라고 유시하였다. 조웅이 황제에게 말하기를, '명성을 좋아하는 선비를 폐하가
더욱 심하게 미워하시면 칭송하는 사람들이 더욱 많아질 것입니다. 이는 곧 그를 높여주는
꼴이 되지 않겠습니까? 그의 장점을 따라 쓰는 일만 같지 못합니다. 그가 일을 맡게 되면 차
츰 유능한지 무능한지 저절로 드러날 것입니다.' 하였다. 황제가 옳다고 여겼다."

사실 재보들도 주희가 자기들을 매도했기 때문에 몹시 분노하고 있었다. 참지정사 주필대가 여조겸의 간절한 부탁을 거듭 받고서야 나서서 주희를 구원했고, 이부 시랑 조여우趙汝愚도 조신의 면전에서 재삼 사정을 말했기 때문에[4] 조신도 마침내 억지로 화를 눌렀다. 주희의 지군知軍 자리는 보전되었지만, 조신과 재보들은 주희에 대해 짐짓 받아들이는 척하면서 실은 거들떠보지도 않았다. 주희는 할 수 없이 주필대에게 보낸 차자에서 원망은 하지만 분노는 하지 않는 태도로 다음과 같이 말하였다. "함부로 망령되이 아뢴 말씀을 성상께서 너그럽게 받아들이는 뜻이 있음을 …… 그러나 앞의 일은 시행하였다는 말을 못 들었고 나중 일은 다시 힐문을 당해서 도리어 지체한 죄를 묻겠다는 듯한 면이 있었습니다. 성주聖主가 마음을 비우고 말을 받아들이는 아름다움이 실제 행사에서는 보이지 않으니 안타깝습니다."(『문집』 권26 「여주참정차자與周參政箚子」1)

조신은 주희를 파면하지 않았다. 아직 '쓸모(用)'가 있었기 때문이었다. 그를 자기와 재상들의 손아귀에 두고 무해한 도학의 꼭두각시로 만들고자 한 것이다. 그들은 심지어 주희가 '유능한지 무능한지 저절로 드러나고 잘못과 거짓이 저절로 불거져서 헛된 명성이 무너질' 날을 기다리면서 일종의 쾌감

---

4 왕매王邁의 『구헌집臞軒集』 권10 「발진군보철장조충정공첩跋陳君保詰藏趙忠定公帖」: "온숙溫叔(•조웅)이 나아가서 지휘하려 하자 도당都堂에 따져서 해명하라는 영이 내렸다. 온숙이 나아가서 또 아뢰기를, '아마도 오만한 사람은 갈수록 멋대로 하고 괴팍하게 할 것입니다. 만약 죄를 주면 그 이름을 이루어주기에 알맞습니다. 그러니 하늘과 바다 같은 마음으로 덮어주고 품어주어서 불문에 부치는 것만 못합니다.'라고 했다. 상이 그렇겠다고 여겨, 문공(주희)이 죄를 면할 수 있었다. 누군가가 온숙에게 (주희에게 죄주는 일을) 간하여서 저지하라고 하였지만, 충정忠定(•조여우)이 조용히 힘쓴 것이 많았다. 두 공公이 한마음으로 협력하여서 군주에게 어려운 일을 하도록 책한 것이 두 조정을 섬기는 동안 한결같았다." 주필대가 주희를 도운 일은 『송사』 「조웅전」의 "마침 주필대도 힘써 말하여서 저지하였다."라고 한 것과 『여동래문집』 가운데 주필대에게 답한 편지들에서 보인다.

을 느꼈다.

주희는 곧 끊임없이 글을 올려서 봉사직奉祠職을 내려주어 돌아가게 해달라고 청하였다. 그는 남강에 부임하여 겨우 1개월이 지났을 때부터 이미 잇달아 순희 6년(1179) 5월과 6월에 봉사직을 청하였고, 그 뒤 또다시 거듭 글을 올려서 스스로를 탄핵하고 돌아가게 해주기를 빌었다. 봉사를 올리기 전후로 그는 순희 7년 정월, 3월, 4월에 다시 여러 차례 장계를 올려서 봉사직을 청하였다. 그는 자기가 남강에 온 일은 '잘못 속세에 떨어져서 이전에 숭상하던 것과는 괴리된(誤落塵中乖夙尚)'(『문집』 권 7 「다시 앞의 운을 써서 함께 유람하는 사람에게 보이다(再用前韻示諸同遊)」) 것임을 느끼고, 시비와 번뇌의 세속 그물에서 벗어나기를 간절히 바랐다. 그러나 봉사를 올린 뒤 남강군에 엄청난 가뭄이 닥치는 바람에 세상을 걱정하는 측면과 초탈하려는 측면이 이중적으로 도학자의 마음속에서 교전을 하였다.

가을에 지은 시 「가을날 병으로 휴직하여 재계하고 있으면서 황자후(황수黃銖), 유평보(유평劉玶) 및 산간의 여러 벗들을 그리워하다(秋日告病齋居奉懷黃子厚劉平父及山間諸兄友)」에는 재해에 직면한 그의 이런 모순된 감정이 드러나 있다.

산을 나온 지 얼마런가	出山今幾時
총총히 세월은 흘러 다시 가을	恩恩歲再秋
강호가 어찌 영원하지 않으랴만	江湖豈不永
나의 흥은 끝내 아득하구나	我興終悠悠
다시 가뭄을 당해서	況復逢旱魃
밭에는 거둘 것이 하나도 남지 않았다	農畝无餘收
백성이 무슨 죄가 있는가	赤子亦何辜
황제는 깊은 근심으로 괴롭다	黃屋勞深憂

나는 조정의 위임을 맡아	而我忝朝寄
흉년에 백성 보살핌에 허물만 쌓네	政荒積怒尤
병을 안고 빈집에 누우니	懷疴臥空閣
처참한 마음 마구 얽혀든다	惻愴增綢繆
동남쪽 고향을 바라보니	東南望故山
검은 노을만 떠 있네	上有玄烟浮
평소 지초 캐던 은자의 짝이었는데	平生采芝侶
적막하게 이제는 누구와 짝할까	寂寞今焉儔
아침엔 구름 낀 산봉우리에서 노닐고	朝游雲峰巓
저녁엔 차가운 바위 으슥한 곳에서 잔다	夕宿寒巖幽
나를 위해서 요슬을 타고	爲我泛瑤瑟
차갑게 맑은 노래를 부르는구나	冷然發清謳
종이를 잘라 편지를 써서 새벽바람에 부치고	裂箋寄晨風
무엇을 구하는지 나에게 묻네	問我君何求
큰 파도가 그대의 키를 부러뜨리고	洪濤挾君柁
좁은 돌길이 그대의 끌채를 부수는데	狹硤摧君輈
그대 돌아옴이 아직도 이르지 않다면	君還若不早
결국 좋은 계책이 없는 셈 아닌가	无乃非良謀
두 번 절하며 친구와 이별하고	再拜謝故人
서성거리니 다시 부끄럽기만 하다	低回更包羞
계수나무 꽃은 다행히 아직 지지 않았으니	桂花幸未歇
가서 그대 따라 노니리라	去矣從君游

—『문집』권7

'백성(赤子)'에 대한 주희의 근심과 염려는 돌아가서 '지초를 캐려던' 생각을 압도하였고, 그리하여 남강에서 한 차례 기근의 구제를 벌인 일이 필경에는 '유자의 효용을 보임으로써' 그에게 큰 명성을 얻게 하였다.

남강의 가뭄은 갈수록 혹심해져서 5월부터 7월까지 군내에 비 한 방울 내리지 않았고, 그로 인하여 땅은 거북 등처럼 갈라지고 벼는 마르고 타버려서 향민의 인심이 흉흉하였다. 주희는 황간黃榦에게 보낸 편지에서 이때의 재해 상황을 다음과 같이 묘사하였다. "이곳은 올해 가뭄이 무서울 지경이다. 수십 리에 걸쳐서 이삭을 하나도 거두지 못할 전망이다. 악정惡政이 초래되었음은 두말할 나위도 없지만, 마음을 다해 조처하지 않을 수 없다."(『속집』권1 「답황직경」 서3)

남송 조정은 재해로 인해 착취 대상의 생존이 위급해지고 나서야 비로소 황정荒政을 베풀어서 재난을 구제하는 조치를 취하였다. 주희는 바로 이런 흉흉한 재해 상황을 기화로 조정이 저지하고 허락하지 않았던 원래의 감세 조치와 면세 조치를 실시하였다. 그는 봉사에서 말했던 바, 부세를 줄이고, 군을 다스리고, 인민을 구휼하는 일을 진황賑荒 가운데 관철함으로써 감세와 진제賑濟라는 두 방면에서 재해 구제를 전개하였다.

감세와 관련해 주희는 모든 문제를 하나하나 확실하게 해치웠다. 초가을에 가뭄 상황이 막 드러나자마자 먼저 「걸방조세급발전미충군량진제장乞放租稅及撥錢米充軍糧賑濟狀」을 올려서 조정이 남강의 검방묘미檢放苗米 80% 이상 합계 3만 7,000여 섬을 면제하는 데 동의를 얻어냈다. 이어서 또 장계를 올려, 순희 3년(1176) 이전 주현에 적체된 포흠 관물官物 3만 4,000여 관貫·섬石·필匹을 전면 견감해달라고 주청하였다. 그리고 순희 7년(1180)에 3등 이하 인호에서 우수리를 포흠한 하세夏稅를 권행들이 납부 기한을 연기시키고(依閣) 다음 해 누에와 보리가 나올 때 다시 새로운 세금과 함께 한꺼번에 납부하도록 했던 것을 주희는 순희 8년에 이임하기 전 다시 주청하여서 그렇게 연기시킨 하세를 실제로 모두 감면하였다. 그런 다음에 또 검방묘미 및 납부를 연기시킨 우수리 하세의 경총제전經總制錢 920여 관을 면제해달라고 주청하였다. 그리하여 순희 7년 9월에서 12월에 걸쳐 거둬들이고 난 뒤 부족한 월장전月樁錢 620여 관이 감면되었다.

진제와 관련하여 주희는 갖가지 경로를 통해 진휼곡으로 나눠줄 미량米糧을 모았다. 그는 지군의 신분으로서 수중에 구제할 수 있는 양식을 한 톨도 갖고 있지 못했다. 그가 진휼 양곡을 얻어낸 방법은 다음과 같다. 첫째, 「걸절류미강충군량진적진급장乞截留米綱充軍糧賑糴賑給狀」을 올려서, 순희 6년(1179)에 올려 보내지 않은 쌀 5,000섬과 순희 7년의 분량을 합쳐 9,000여 섬을 남겨 두었다가 본군의 군량과 진휼곡으로 보충해 사용하였다. 둘째, 상주하여서 윤허를 받은 뒤 상납할 관전 2만 4,000여 관을 유용하여 쌀값이 뛰기 전에 다른 군의 아직 수확하지 않은 곳에서 쌀 1만 1,000여 섬을 사들이고, 이를 기민飢民에게 나눠줄 진휼곡 용도로 준비하였다. 셋째, 주청을 통하여 전운사와 상평사 두 관사 소관의 상평의창미常平義倉米도 가져다가 군량으로 지급하였다. 넷째, 쌀을 비축해 둔 상등 부호에게 보상하는 조건으로 권유하여서 진휼미곡을 내게 한 다음, 낸 곡식의 다소에 따라 등급을 나누어서 관직을 주는 방법으로 모두 쌀 1만 9,000섬을 얻었다. 다섯째, 풍년이 든 주군의 미곡상(客販) 배가 남강에 와서 편하게 쌀을 팔 수 있도록 다방면으로 유치하였다.

주희의 재난 구제 조치는 매우 엄밀했지만, 남송의 위아래 통치자들은 백성이 재해를 당하여 거의 죽을 지경이 되었을 때야 어쩔 수 없이 베푸는 진제賑濟조차도 매우 인색하고 냉담하였다. 남강은 본래 건도 6년(1170)에 큰 가뭄이 들었을 때 높은 값으로 사들인 상평미가 있었지만, 조정에서는 반드시 원가대로 쌀을 내도록 규정했기 때문에 주희는 그것을 진제에 이용할 수가 없었다. 그는 세를 감면해주고 양식을 요청하는 문제에서도 어쩔 수 없이 크고 작은 관원들과 함께 거듭 값을 흥정하고 주선하느라 재보·감사·군수 사이를 드나들었다. 그는 주로 조정의 참지정사 주필대, 강동 수사 진준경, 강동 제거 안로자顔魯子와 우무尤袤, 전운 판관 왕사유王師愈 등의 개인적인 관계에 의존하였다. 그는 자기가 옳다고 여기는 일을 독단적으로 행하고서야 비로소 위아래 관계 기관을 납득시키고, 일부 정세正稅와 명목 없는 가혹한 부세를 감면 받음으로써 남강군의 20여만 명이나 되는 기민에게 반달치 구제 양곡을 공급할 수 있었다.

주희는, 본군에 쟁여 둔 쌀 7,000섬을 처리하는 과정에서 상하 관원들이 서로 떠넘기며 백성의 고통에 냉담했던 상황을 다음과 같이 말하였다.

> 상납하는 것 외에 남은 쌀이 7,000섬인데, 주군州郡에서도 쓸 수 없었다. 전운사轉運使는 해마다 공문을 내려보내 관리하고 본주에 저장해 두라고만 단속하였기 때문에 한 톨도 손댈 수가 없었다. 그러니 어떻게 해마다 손을 대는 일이 있겠는가?(*매번 감사가 아전을 내려보내 검시하고, 주군에서는 또 후하게 뇌물을 주어서 가져가게 하였다) 그런데 전혀 한 톨도 없으니 몹시 이상하다. ……그때 안로자와 왕제현王齊賢(왕사유)이 여러 차례 나에게 공문을 보내 가만히 있으라고 하였다. 내가 다음과 같이 보고하였다. "여러 차례 세정稅政을 행하였으나 지금 한 톨도 남은 것이 없습니다. 비록 상급 관사에서는 분명히 관리한다 하더라도 한 해의 비용을 어떻게 지탱할 수 있겠습니까? 이제 상급 관사에 구하기보다는 그 숫자를 면제하는 것이 낫습니다. 이런 유명무실한 것을 지키느라 한낱 서리배들이 뇌물을 주고받는 바탕으로 만들고 있습니다. 하물며 주군에서는 해마다 이 쌀에 의지해서 보내니, 결코 관리

하는 대로는 할 수 없습니다. 폐기하는 것이 어떻겠습니까?" 그러나 그들은 더 이상 내 말을 들어주지 않고 갈수록 급하게 독촉하였다. 안로자는 왕제현에게 미루고, 왕제현은 다시 안로자에게 떠넘겼다. 왕제현이 떠나자 안로자가 그대로 단속하면서 내가 관장할 수 없게 하고, 지급한 것만을 사용하게 하였다.

— 『어류』 권108

주희는 재해를 틈타 교활한 서리, 토착 호족, 간사한 상인 들이 무리지어 일어나서 한몫 챙기려는 상황과 다시 대면하였다. 부호들은 빈민에게 부채의 상환을 독촉하고 고리대를 놓았다. 간사한 아전은 관물官物을 착복하기도 하고 명목을 교묘하게 만들어서 진휼미의 무게를 줄이기도 하였다. 다른 군에서 미곡상이 팔 쌀을 실은 배들이 들어올 때는 결국 거간꾼이 저지해서 대부분 중개 수수료를 물리고, 상세商稅 징수처와 결탁하여서 역승전力勝錢을 거두었다. 부호의 집안에서는 쌀을 싹쓸이함으로써 곤궁한 백성이 쌀을 사지 못하게 하고, 심지어 전량全量을 사들여서 쟁여 둔 채 값이 오르기를 기다렸다가 이듬해 곡식 가격이 크게 오를 때 팔아서 폭리를 취할 준비를 하였다. 쌀을 사러 오는 미곡선도 상류의 주군에 방해를 받아 사지 못하고 그쪽 관내에서 벗어나지 못하였다. 각지의 관원도 길을 막고 저지하면서 세전稅錢을 더 거두고, 상인이 남강으로 쌀을 팔러 가지 못하게 하였다.

주희는 법을 엄하게 적용하여 이런 백성의 좀벌레들에게 타격을 입히고, 법령을 거듭 반포하여 성내에서 세전稅錢 3푼을 면제해주는 혜택을 베풀어 쌀을 파는 상인들의 미곡선을 남강으로 끌어들였다. 상을 주고 법을 정해서 거간꾼들의 수탈을 금하고 부호들이 쌀을 사들이지 못하도록 엄히 금하였다. 또한 참지정사 주필대와 강서 수사 장자안張子顔을 통해 상류의 알적遏糴과 폐적閉糴(미곡을 사들이는 것을 막거나 금하는 일)을 제지하였다. 이 밖에도 정식으로 진

흉장을 설치하여서 진휼을 베풀기 전에 돈과 곡식을 방출하여 백성을 모집하고 강가에 돌 제방을 쌓게 해달라고 주청하였다. 그리하여 옛 제방을 석자 정도 높이고, 강바닥에 쌓인 진흙을 준설하고, 갑문 안에 못을 파서 샘물을 끌어들였다. 이렇게 해서 배가 정박할 수 있었고, 또한 가뭄도 막을 수 있었다.

그러나 주희의 주요 목적은 재해를 당한 굶주린 백성에게 부역을 시켜서 그들의 모자라는 식량과 금전 문제를 해결하는 데 있었다. 여조겸에게 보낸 편지에서 다음과 같이 말하였다. "진제는 새해 첫날부터 거행해야 하지만, 새해가 되기 전에 굶는 사람도 있기 때문에 조금씩 진휼을 벌여 구제하였습니다. 다만 돈이 모자라 상당히 힘들다고 들었는데, 이는 어쩔 수 없습니다. 강의 제방을 수리하기 위해 공인을 고용하고 나무를 사들이는 일도 민간에 돈을 뿌리는 좋은 방법이지만, 액수가 많지 않을 뿐입니다."(『문집』 권34 「답여백공」 서41) 나중에 이 돌 제방은 자양제紫陽堤라고 불렸다. 여조겸은 재해를 구제하고 진휼한 주희의 업적을 상징하는 이 돌 제방을 위해 비기碑記를 지었다.[5]

---

5 『강서통지江西通志』 권16 「남강부南康府」: "자양제紫陽堤는 일명 남강 성만석제南康星灣石堤인데 부성府城의 서남쪽 1리에 있다. 송 원우元祐 연간(1086~1094)에 지군知軍 오심례吳審禮가 처음 목책으로 가로막을 만들었고, 숭녕崇寧 연간(1102~1106)에 지군 손교년孫喬年이 돌로 바꾸었으나, 세월이 흐르면서 차츰 무너졌다. 순희淳熙 7년(1180)에 주 문공 회朱文公熹가 지군으로 와서 전량錢糧을 지급해주기를 청하는 차자를 황제에게 올린 뒤 돌로 제방을 쌓았다. 성자 현령星子縣令 왕문령王文令과 사호司戶 모민毛敏에게 일을 맡겨서 5개월 만에 완공하였다. 옛 제방을 석자 높이고, 또 만 두 곳의 진흙을 준설하고 나무로 가로막아 그 바깥을 보호하였다. 상세한 내용은 여 성공 조겸呂成公祖謙의 비기碑記에 보인다." 『남강부지』 권7 「고적古迹」: "돌 제방은 …… 숭녕 연간에 군수 손교년이 청을 올려서 돌로 쌓았는데, 길이가 150장, 너비가 3장이고, 안으로 두 군데 만을 준설하여 소형 선박 1,000척이 정박할 수 있었다. 순희 연간(1174~1189)에 주 문공이 준염사準鹽司에게 청하여, 관의 전량을 풀어서 백성을 모집하여 중축하고, 갑문 안에 못을 파서 샘물을 끌어들여 가뭄에 대비하였다."

순희 7년(1180) 연말에 이르러 주희는 인심을 안정시키고, 곡식을 쌓아 진
제할 준비를 마친 뒤, 순희 8년 정월에 진휼장을 성자현에 7개소, 도창현에
11개소, 건창현에 17개소를 설치하고 설날부터 장을 열어서 진휼 곡식을 방
출하기 시작하였다. 그의 방법은 이러했다.

이에 앞서 미리 세 현에 경계하여, 읍邑·시市·향鄕·촌村에 40리마다 1개
소를 설치하여서 진휼곡의 방출을 기다리게 했는데, 모두 35개소입니다.
현임現任·기거耆居(기거관. 원래 조정 관료였다가 향리에 돌아와서 거주하는 관리)·지사
指使(장령이나 주현의 관속 아래에 파견하는 하급 관리)·첨차添差(관원 임용 종류의 하나. 정
액, 재액 외에 관원을 추가로 파견하여서 어떤 업무를 처리하거나 주관하는 것을 첨차라 한
다. 또는 정식 관직에 임명한뒤 녹봉은 관리에 준하여 지급하지만 실제 사무는 담당하지 않는
관리)·감압監押(죄수를 감독 압송하거나 지방의 병무를 보조하는 하급 관리)·주세酒稅(감
주세관. 주세를 감독하는 관리)·감묘監廟(성현의 사당을 감독하는 관리) 등 대소 사신使
臣 35원員을 선발하여서 각기 한 군데의 진휼장을 감독하며 진휼곡을 나눠
주게 하고, 위관委官을 나누어 보내 순찰하게 하여서 감극減剋(아전이 구휼미를
착복하는 일), 걸멱乞覓(아전이 진휼 받는 인민에게 대가를 요구하는 일. 또는 세금 독촉)의
폐단을 막게 하였습니다. 그러자 인호人戶들이 진휼장에 와서 진휼곡을 받
아 갔습니다. 그 가운데 홀아비·과부·고아·독신자는 법령에 의거하여 상
평미를 통해 구휼하였습니다. 또 농사가 곧 시작되는데 민간에 돈이 모자
랄 것을 고려하여, 쌀을 사서 주어야 할 자에게는 모두 반달치만큼 구제하
였습니다. 어른은 한 말 닷 되, 아이는 일곱 되 다섯 홉씩 모두 한꺼번에
주었습니다. 도창에는 쌀이 없기 때문에 군郡에서 실어 왔습니다. 천 리 안
에 두루 미치지 않은 곳이 없게 하였습니다. 윤3월 보름에 밀과 보리가 무
성해지고 새 곡식을 먹을 날이 머지않은 때에 이르러서야 진휼곡을 방출

하는 일을 마감하였습니다. 굶주린 백성을 살린 수가 어른 12만 7,607인, 어린이 9만 276인이었습니다.

— 「연보」와 『문집』 권16 「격납남강임만합주품사건장繳納南康任滿合奏稟事件狀」 2

진제賑濟는 정월 초하루에 개장하고 윤3월 15일에 파장하였다. 기민이 연말과 춘궁기를 넘기고 밀과 보리와 올벼를 수확할 가망이 보일 때쯤에야 기근 구제(賑荒)의 일도 끝을 맺었다. 짧은 몇 달 동안에 주희는 초인적인 정력으로 기근을 구제하기 위해 주장奏狀·차자·방문榜文·포고布告를 100통 가까이나 쓰고, 일련의 주도면밀한 구황 조치 법령을 제정하였다. 그가 신속하고 엄격하게 집행하고 독자적으로 판단하여서 시행했기 때문에 위로는 재보들로부터 아래로는 현의 아전들에 이르기까지 거의 모두 그것을 차마 받아들이기 어려웠다. 그는 도학자의 굳세고 용맹하며 흔들림 없는 풍격에 의지하여 남강 한 군이 이때의 가뭄을 무사히 넘길 수 있도록 하였다. 당시 천하 주현에 널려 있던, 구차하게 안일을 탐하고 용렬하고 나태한 크고 작은 관리들 가운데서 그와 같이 전력으로 백성을 위해 실제로 좋은 일을 한, 정확하고 명석하며 구차하지 않은 주관州官은 극히 드물었다. 사실 그에 관해서는, 소소한 진황의 행정 실적에 비해 갑자기 분수 밖의 이름이 나는 바람에 모든 사람의 입에 오르내리게 되었다.

강서의 저명한 시인인 장천章泉 조번趙蕃은 주희의 진제 행정을 찬미하는 시 네 수에서 주희를 용렬한 관리 및 간사한 아전들과 대비하였다.

봄눈, 네 수   春雪四首

가뭄이 세 계절이나 이어지고   旱歷三時久

굶주림이 해마다 이어지는데	荒成比歲連
우리 고을만 그런가 했더니	只疑吾邑爾
여러 고을이 모두 그러하더라	復還數州然
굶어 죽어 구렁에 떨어질까 두려워하고	懍懍洵虞墜
솥이 텅 비어 괴로움에 슬피 울부짖는다	嗷嗷釜苦懸
현관은 매우 불쌍히 여겨 보살펴주어도	縣官深惻恤
아전은 그 뜻을 두루 펴지 않는다	長吏闕流宣
진휼하는 쌀은 헛되이 위로만 가니	賑米多虛上
조세를 어찌 다 덜어줄 것인가	蠲租豈盡損
마음가짐은 참으로 자기를 속이고	處心誠昧己
상을 받은 것은 더욱 하늘을 속이는 짓이다	受賞更欺天
감히 모두 이렇다 해도	敢謂皆如此
그 사이에 현인도 있어서	其間蓋有賢
큰 강 좌우에서	大江分左右
모두들 주씨와 전씨를 말한다	萬口說朱錢

(*남강의 주회 원회 사군(수령)과 강서의 전전 중경錢佃耕 운사運使를 말한다.)

파직된 악주鄂州의 수령 조선괄趙善括은 남강을 거쳐 융흥隆興으로 돌아갈 때 잔치 자리에서 사詞 한 수를 지어서 남강의 강산을 변모시킨 주희의 행정 실적을 칭송하였다.

만강홍 滿江紅

— 앉은자리에서 운을 써서 지어서 주 수령에게 드리다　　坐間用韻贈朱守

우거진 꽃 흩날려　　　　　　　　　　　　　　　　騰茂飛英

근심과 소원을 가르네　　　　　　　　　　　　　　分憂願

자연 바람의 힘으로　　　　　　　　　　　　　　　自然風力

천리는 고요하고　　　　　　　　　　　　　　　　千里靜

강산은 변모하며　　　　　　　　　　　　　　　　江山改觀

깃발은 더욱 선명하다　　　　　　　　　　　　　　羽旄增色

산속은 바람이 맑고 공사가 적으며　　　　　　　　林下風淸公事少

붓끝에서 우레가 치니 간사한 호족이 날뛰지 못한다　筆端雷動奸豪息

흥겨운 잔치 자리　　　　　　　　　　　　　　　　聽宴香

깊숙한 곳에 웃음소리 이어지네　　　　　　　　　　深處笑聲長

문장을 하는 손님들 가득히　　　　　　　　　　　　文章客

황제의 조서가　　　　　　　　　　　　　　　　　丹詔自

궁궐에서 내려오니　　　　　　　　　　　　　　　天邊得

궁전에 계시는　　　　　　　　　　　　　　　　　宣室對

임금의 마음 생각하네　　　　　　　　　　　　　　君心憶

좋은 시절 고상한 만남에　　　　　　　　　　　　趁良辰高會

신발은 호화롭고 비녀는 푸르네　　　　　　　　　　履珠簪碧

화기가 모여 다시 봄이 온 것은 흥도와 영향의 징표　和氣回春徵醞釀

행정을 가장 잘했다는 명성은 오직 청렴결백 덕분　政聲報最惟淸白

휘호를 보니　　　　　　　　　　　　　　　　　看揮毫

수많은 글자 구름과 연기 흩으니   萬字掃雲烟

편지지가 젖었네   吳箋濕

—『응재잡저應齋雜著』

　주희가 '오직 청렴결백한 덕분에 행정을 가장 잘했다는 명성'을 얻을 수 있었던 까닭은 '붓끝에서 우레가 쳐서 간사한 호족이 날뛰지 못하도록' 했기 때문이었다. 강동 제거 우무는 주희의 진황 방법을 다른 각 군에 확대 적용하였다.[6] 주희의 이 같은 일련의 황정荒政은 "시행 과정을 사람들이 다투어 전하고 기록하여서 모범으로 삼았다."(「연보」) 심지어 줄곧 주희를 '헛된 명성만 지닌 선비'로 보던 조신조차도 주희의 진황 행정 실적을 내세우며 호탕한 '성정聖政'을 베푼 황제의 은혜를 드러내는 깃발로 삼아 휘두르면서 자기 위신을 드러내고, 또 조서를 내려서 주희에게 상을 주고 승진시켜주려고 하였다. 그러나 주희는 필경 현실을 변화시킬 정도로 '고을을 다스릴 방법은 없고, 홀로 세상을 근심하는 마음만 가진(理郡更無術, 獨有憂世心)'(『문집』 권7 「밤에 앉아 있으니 이는 감회(夜坐有感)」) 도학의 양심을 지니고 있었기 때문에 이 진황을 일종의 승리로 간주하지 않았다.

6　『송사』, 「우무전尤袤傳」: "주희가 남강의 지군이 된 뒤 황정을 잘 강구하여서 아래 5등 가호의 조세를 닷 말 이하로 모두 감면해주었다. 우무가 이것을 여러 군에 확대 적용하여서 백성이 떠돌며 굶어 죽는 일이 없었다." 주희의 『문집』 권13 「신축연화주차辛丑延和奏箚」 4 : "신이 작년에 남강에서 직임을 맡고 있을 때 마침 가뭄을 만났는데, 재해 실태를 조사하여서 진휼하는 일이 자칫 하호下戶를 소요시킬까 매우 염려하였습니다. 우연히 한 선비가 닷 말 이하의 묘미苗米를 내는 인호人戶에 대해서는 실태 조사를 하지 않고 전면 면제해주기를 건의하였습니다. 당시에 즉시 시행해보니 사람들이 편하게 여겼습니다. 본로本路의 제거 상평提舉常平 우무가 드디어 이 방법을 여러 군에 시행하였더니, 그 이익이 매우 넓었습니다. 근래 신주信州를 경유할 때, 옥산현玉山縣에서도 조사하는 관원을 두어서 이같이 조처했다는 말을 들었습니다."

주희는 여러 차례 상주하여서 성자현의 세전稅錢을 감해줄 것을 청했지만 권세를 지닌 조정 신하들의 반대로 실패하였고, 그 밖의 세금 감면과 부역 면제를 위해 올린 적지 않은 상주도 모두 저지당하여서 행해지지 못하였다. 그러고는 곧바로 직책을 떠났기 때문에 조정과 상급 관사에서 구두로 승낙 받은 조치들도 전혀 실현되지 않았다. 간사한 아전과 교활한 서리, 거족과 호족을 단속하려 했던 수많은 방문과 첩문牒文도 모두 공허한 문서 한 장에 지나지 않았다. 굶주리며 어려움을 겪던 촌민들이 이제 막 재해를 넘기고 원기가 채 회복되기도 전에 조정과 감사監司는 또 예전의 가렴주구로 돌아가고자 모의하여서 '여러 해 쌓인 포흠이나 부채'와 '작년에 유예했던 관물'을 납부하라고 독촉하였다. 남강군에서 금군禁軍 500명을 불러 모으고, 제15료料의 갑옷 제작용 쇠가죽을 사들이고, 도창현에 다시 영채를 세우고 군사 100명을 증원하라는 지휘가 바로 순희 8년(1181) 봄 아직 진황을 실시하고 있던 중에 내려왔다.

　　진황의 표면적인 성공은 남송의 더욱 큰 사회적 위기와 조정의 부패를 은폐하고 있었다. 주희의 일관된 도학 사상에 비춰 보면, 이번 재해의 근본적인 원인은 군주의 마음이 바르지 않은 것과 연관되어 있었다. 임안에서 조정 신하들이 쉬지 않고 떠들어대면서 기근을 구제하여 백성을 아낀 조신의 '황은皇恩'을 한목소리로 칭송하는 가운데, 주희는 연화전延和殿에 올라가 조신을 마주하고 진황에 대한 군주의 과실을 반성하라며 직접 지적하였다.

　　가만히 이전의 일을 미루어서 (원인을) 깊이 찾아본 적이 있습니다. 생각건대, 높은 덕이 하늘에 이르지 못함이 있었습니까? 넓은 공업功業이 땅에 미치지 못함이 있었습니까? 정치에 중요한 문제를 거행하지 못하고 하찮은 일에 얽매임이 있었습니까? 형벌을 시행함에 관계가 먼 사람을 부당하게 처벌하고, 가까운 사람을 요행히 면해준 일이 있었습니까? 군자를 등용하지 못하고 소인을 물리치지 못한 일이 있었습니까? 대신이 그 직분을 제대로 수행하지 못하고, 천한 자가 그 권력을 절취한 일이 있었습니까? 곧고 바른 말은 드물고 모함하는 자나 아첨하는 자가 많았습니까? 덕과 의리의 기풍이 드러나지 못하고, 더럽고 천한 자들이 초빙되었습니까? 뇌물이 위에서 만연하여 은택이 아래에까지 내려가지 못했습니까? 남을 책하는 일은 자세히 하고 스스로 반성하는 일은 철저하지 못함이 있었습니까?

— 『문집』 권13 「신축연화주차」 1

이것이 곧 사람들이 '도학'으로 일컬은 주희의 성격과 사상이다. 그는 송가를 부르기는커녕 오로지 장송곡을 불러댔던 것이다.

관음사 회합에서 백록동 회합까지

주희의 진황賑荒이 마무리 단계에 접어들 무렵인 순희 8년(1181) 2월, 육구연陸九淵이 남강으로 와서 주희와 만났는데, 이는, 민閩(복건)·절浙(절강)·감贛(강서) 선비들의 이목을 끄는 대단한 일이었다. 백록동 회합에는 매우 미묘한 배경이 있었다. 그것은 주희와 육구연이 아호鵝湖의 회합 이래 저마다 자기의 이학 사상을 새로이 반성한 결과물이었다.

아호의 회합 이후 주희와 육구연 사이에는 한동안 불쾌한 침묵과 간접적인 공격이 유지되다가 쌍방이 또다시 접근하기 시작하였다. 순희 4년(1177)에 육구령陸九齡이 주희에게 편지를 보내서 예제禮制에 대해 묻고부터 순희 5년 여름에 육구연 형제가 주희에게 또다시 두 차례 편지를 보내 '전날의 편견에 가득 찬 주장을 자책하면서' 이들은 서로 다시 왕래하게 되었다.

최초로 화해의 분위기를 퍼뜨린 사람은 육구연 형제의 고제高弟인 유순수劉淳叟(유요부劉堯夫)였다. 그는 처음 관직에 오르고 귀향하던 길에 여조겸의 소개를 받아 순희 5년(1178) 가을 7월에 숭안의 병산으로 주희를 찾아가서 며칠 동안 강론하였다. 이는 육구연 형제의 제자 가운데 처음으로 주희에게 와서 배움을 물은 일이다.

주희는 채원정蔡元定·강덕공江德功(강묵)·요자회廖子晦(요덕명)·방백휴方伯休(방사요方士繇)·유언집劉彦集(유자상劉子翔) 등의 제자와 도우道友들과 함께 유순수를 데리고 천호天湖에 오르고, 운곡雲谷을 구경하며, 무이武夷에 노닐었다. 오묘한 말로 상찬賞讚을 하며 생각을 다 털어내어서 담론하고, 산수를 유람하면서 시를 주고받는 동안 이들은 평소와 달리 아주 잘 융합하였다. 주희는 여조겸에게 '며칠 동안 강론이 매우 적절하였다'고 알려주었다(『문집』 권34 「답여백공」 서8). 육구령과 주희의 만남에 앞서 좋은 분위기가 마련되었던 것이다. 이에 순희 6년(1179) 2월 주희가 남강으로 부임하는 길에 신주信州의 연산鉛山 숭수사崇壽寺 승방에서 묵을 때 육구령이 다시 유순수와 함께 3월에 무주撫州로부터 찾아와 연산의 관음사觀音寺에서 회견하고 사흘 동안 담론하였다.[7]

관음사의 회합에서 두 사람은 저마다 자아 비평을 하였다. 이때 주요한 대목은 육구령이 분명 주희의 영향을 받았고, 상견 뒤에는 기본적으로 주희 쪽으로 기울어졌다는 점이다. 주희는 나중에 「제육자수교수문祭陸子壽教授文」에서 육구령이 아호의 회합에서부터 관음사의 회합 전후에 완전히 바뀐 사실을 언급하였다.

생각건대, 옛날 아호에서 만남이 실로 처음 알게 된 일이라 하겠습니다.

형은 수레에 멍에를 매고서 바야흐로 오실 때 계씨季氏(육구연)를 태우고 함

---

7 각 학자들의 연보에는 모두 육구령이 2월에 방문하였다고 비정하지만, 실은 잘못이다. 『육구연연보』를 살펴보면, 순희 2년(1175) 조에 한 조항을 인용한 것이 있다. "복재復齋(◉육구령)가 장흠부(장식)에게 편지를 보내 말하기를, '내가 늦봄에 연산에서 원회를 만나 사흘 동안 대화를 나누었으나 모두 의심이 없을 수는 없었다'라고 하였다." 이 조항의 자료는 매우 귀중하다고 할 수 있다. 그러나 연보는 도리어 이 기록이 순희 2년 아호의 회합을 가리킨다고 했으니, 매우 잘못이다. 고찰하건대, 육구령과 주희는 평생 두 번 만났다. 한 번은 순희 2년 아호의 회합 때이고, 또 한 번은 순희 6년 관음사의 회합 때인데, 주희의 「제육자수교수문」에 보인다. 순희 2년 아호의 회합은 5~6월에 있었으며 결코 사흘간이 아니다. 이해 늦은 봄에 주희는 바야흐로 한천寒泉에서 여조겸과 공동으로 『근사록』을 수정하고 있었다. 그러므로 연산에서 사흘 동안 이루어진 회합은 의심할 바 없이 순희 6년 관음사의 회합을 가리킨다. 그 무렵 주희는 2월에서 3월까지 바로 연산에 머물면서 조정의 명을 기다리고 있었다.

께 오셨지요. 새로 지은 글을 저에게 보여주셨는데 뜻이 지성스럽고 은근하기 그지없었습니다. 세속 학문의 지리支離함을 싫어하여서 이간易簡한 규모를 새로 만드셨습니다. 제 견문의 천박하고 누추함을 돌아보던 가운데 홀로 의심스러워 온당치 않게 여겼습니다. 비로소 마음속에 의혹이 생겼으며 끝내는 말끝이 어지러이 뒤얽히기도 하였습니다. 차츰 형을 대뜸 변론해서는 설득할 수 없다고 판단하였고, 또 형이 장차 반드시 돌이켜서 깊이 관조하리라고 알았습니다. 마침내 머뭇거리며 돌아와서 의심하여 결정하지 못함을 슬퍼하며 서성였습니다.

이별하고 얼마 지나지 않아 형이 이전의 확정되지 않은 설을 살펴보고 편지를 보내와서 '그대의 말을 받아들일 수 있다'고 하셨습니다. 제가 벼슬을 사직하려다 허락을 못 받고 길가의 승재僧齋에서 잠시 머물 때 형이 수레를 몰고 와서 가르쳐주셨는데, 서로 극론하면서도 시기함이 없었습니다. 이로부터 도가 합치하고 뜻이 같았습니다(道合志同). …… 마음을 내려놓고서 선을 따름에(降心以從善) 또 어찌 털끝만큼이라도 교만하거나 인색한 사사로움이 있었겠습니까! ……   — 『문집』 권87

'도가 합치하고 뜻이 같다', '마음을 내려놓고서 선을 따른다'고 한 말은 결단코 빈말이 아니었다. 육구령은 아호의 회합 이후 4년 동안 자기의 학문이 점점 공허하고 엉성해서 실상이 없음을 느낀 뒤, 독서와 강학을 하지 않는 것이 일종의 '편견'임을 인정하였다. 그랬기 때문에 관음사에서 회합을 하자마자 곧 '서로 극론하면서도 시기함이 없었고', 주희 역시 회합 도중 4년 전 아호의 회합에서 육구연 형제가 읊었던 시에 기꺼이 화답시를 지을 수 있었다.

아호사에서 육자수(육구령)에게 화답하다　　　　　　　鵝湖寺和陸子壽

덕의와 풍류는 일찍부터 흠모하던 바여서　　　　　德義風流夙所欽

이별한 뒤 삼 년 동안 더욱 마음 끌렸네　　　　　別離三載更關心

우연히 지팡이 짚고 찬 골짜기 나오니　　　　　偶扶藜杖出寒谷

다시금 남여 타고 먼 산봉우리 넘어 오셨네　　　　又枉籃輿度遠岑

옛 학문 토론은 더욱 정교하고 엄밀해졌고　　　　舊學商量加邃密

새 지식은 배양함에 더욱 깊어졌네　　　　　　新知培養轉深沈

걱정스러워라, 말 없는 경지까진 말했지만　　　　却愁說到無言處

인간 세상 예와 이제 있음 믿지 않으니　　　　　不信人間有古今

　　　　　　　　　　　　　　　　　　　　　　　　— 『문집』 권4

　　예전의 학문이 더욱 정교하고 엄밀해졌으며, 새 지식이 더욱 깊어졌다는 말은 모두 분명히 육구령의 사상이 변화했음을 뜻한다. 독서와 강학을 반대하던 '공허하고 엉성한(空疏)' 데서부터 정교하고 엄밀하며 깊은, '실제에 나아가는(就實)' 쪽으로 바뀌었던 것이다. 주희는 바로 육구령의 이런 변화를 알고서 화답시를 지었다.

　　마주하고 토론하는 가운데 두 사람이 맨 먼저 일치를 본 점은 학문에서 '고상한 것을 좋아하는(好高)' 폐단을 극복하고 '실제에 나아가는' 쪽으로 전향하자고 공동으로 주장한 것이었다. 연산의 선비 여대아余大雅는 주희에게 제자의 예를 행하고서 묻고 배웠는데, 주희와 육구령이 관음사에서 '극론하면서도 시기함이 없었던' 장면을 눈으로 직접 지켜보았다.

　　육자수(육구령)가 무주에서부터 신주로 와서 연산 관음사로 선생을 찾아왔다. 육자수는 담론할 때마다 반드시 『논어』를 근거로 삼았다. 예를 들어, "성인이 사람을 가르친 것은 '거처할 때에 공손하고 일을 할 때에 경건히 한다'는 것입니다. 또 말하기를, '선생님께서 평소 말씀하신 것은, 『시』·『서』·집례執禮가 모두 평소 하신 말씀이다', '제자가 들어가서는 효도하고, 나가서는 공경하며, 삼가면서도 미덥게 하고, 널리 사람을 사랑하되 어진 사람을 친하게 대한다'고 하였습니다. 이런 것들은 모두 사람들에게 실제 행위를 가르친 것이니, 어찌 고원高遠함이 있었겠습니까?"라고 하였다. 선생이 말하기를, "내가 이전에 견지했던 주장도 매우 고원하였습니다. 근래에는 점점 가깝고 낮은 데로 옮겨가고 점점 실함을 느끼게 되었습니다. 예컨대 맹자는 도리어 근본에서부터 사람을 가르쳤습니다. 예를 들어, '마음을 보존하여서 본성을 기르고, 본성을 알아서 하늘을 안다存心養性, 知性知天'고 하였는데, 이런 말은 그가 스스로 터득한 말입니다. 나머지 사람들은 그의 경지에 도달하지 못하였는데 어떻게 그가 느낀 맛을 알 수 있었겠습니까? 끝내 그리로 가고자 해도 또한 들어갈 곳이 없습니다. 『논어』는 도리어 성인이 사람들에게 가르친, 마음을 보존하여서 본성을 기르고, 본성을 알아서 하늘을 아는 것은 실제로 함양함을 가리키니, 곧 보고 곧 행할 수 있는 것입니다."라고 하였다.

육자수는 선생이 『중용』의 '은미한 것보다 드러난 것은 없다莫顯乎微'를 '기미幾微와 미세한 일細事이다'라고 풀이한 것을 보고서 그 설이 좋다고 찬탄하며 말하였다. "앞뒤로 설명한 자들은 '은미한 것보다 드러난 것은 없다'는 것조차 하나로 뭉뚱그려 말하여서 더욱이 절실한切體 곳을 보지 못하였습니다. 이제 이렇게 분별하면, 도리어 사람으로 하여금 점검하는 곳이 있게 할 것입니다. 저는 힘이 약함을 스스로 느끼고 평소 예가 아닌 일을 할까봐 염려하여서 참으로 항상 경책하였기 때문에 마음에서 싹 트지 않게 할 수 있었습니다. 그러나 의지와 실천하는 힘은 끝내 태만한 때가 있음을 면하지 못합니다. 이것이 이른바 기미에서 점검해야 한다는 것입니다." 선생이 "참으로 그렇습니다."라고 하였다.　　　　　　—『어류』권124

육자수가 말하였다. "옛날에 어린 자제를 가르칠 때는, 혼자 말하고 먹을 수 있게 되면 바로 가르쳐서 물 뿌리고 쓸고 대답하고 상대하는 것(灑掃應對)까지 모두 익혔습니다. 그러므로 크게 자라면 쉽게 말하였습니다. 오늘날 사람들은 어릴 적부터 바로 상대하는 것을 가르치고 조금 크면 허탄한 글을 짓는 법을 가르치는데, 이는 모두 그 타고난 성품을 망치는 일입니다. 제가 일찍이 소학小學의 학규學規를 하나 지어서 사람들로 하여금 어릴 적부터 가르치는 데 편리한 방법으로 삼게 하려고 하였습니다. 이런 것도 상당히 유익할 터입니다." 선생이 "다만 선원禪院의 청규淸規처럼 해도 좋을 것입니다."라고 하였다.　　　　　　—『어류』권7

육자수가 말하였다. "공자가 여러 제자들의 질문에 답할 때 그 재질에 따라 답해주고 행할 수 없는 말은 들려주지 않았기 때문에 성취한 바가 많았습니다. 예컨대, '극기복례克己復禮가 인仁이다'와 같은 가르침은 오직 안자顔子에게 분부한 것이어서 나머지 제자들은 들을 수 없었습니다. 이제 배우는 사람들에게 가르쳐서 말하는 바는 곧 극기복례하여서 거의 안자처럼 되기를 바라는 것입니다. 불교도들은 사람을 접할 때 오히려 상·중·하 세 근기根基로 나누어서 말하기를, '우리는 근기에 따라 접한다'고 합니다. 우리에게는 오히려 이런 것이 없습니다." 선생이 말하였다. "이 말이 실로 옳습니다. 예컨대 극기설은 많은 사람들이 이런 (수준이 다른) 문제가 있기 때문에 말한 것입니다. 모름지기 극기해야만 나아갈 수 있으며, 기꺼이 서로 따른다 해도 도리어 잘못된 다른 길로 가지 않습니다. 만약 불교도들이 와서 묻는다고 할 때 우리가 극기복례하라고 한다면 그들이 따르겠습니까?" 육자수가 말하기를, "그들은 따르지 않을 것입니다."라고 하였다. 선생이 말하였다. "그렇다면 저들이 말하는 바 근기로 사람을 접한다는 것이 옳게 본 것인지 그르게 본 것인지 또 어떻게 알겠습니까? 만나고 보니 잘못이었다 해도 그런 줄도 모를 것입니다."　　　　　　　　—『어류』권124[8]

위 첫 번째 글은 육구령이 '착실하고(著實)' '실제에 나아가는(就實)' 공부를 깨달아 이해하고서 고상하고 원대한 것을 추구하기를 좋아했던, 공허하고 엉성함을 버린 것이다. 두 번째 글은 주희가 『중용』의 한 구절을 '절실한 곳(切體)'으로 주해한 것에 대해 탄미한 것이며, 그뿐 아니라 '마음을 전주(傳注)에 남겨 두어서 무성하게 막혀 있던 사고를 뒤집었던' 것에 대한 자아 부정이다. 세 번째 글은 어릴 적부터 순서에 따른 점진적 학습과 교육을 강조한 것으로서, 본심을 밝히는 돈오의 지름길과는 크게 다른 길이다. 네 번째 글은 극기복례에서 유교와 불교를 변별한 것인데, 유학과 선학이 모습은 비슷하지만 내용이 다름을 인정한 것이다. 육구령은 이미 자기도 모르는 사이에 주희의 발꿈치를 따라 가며 돌아섰던 것이다.

육구령의 고족高足 유순수(유요부)는 두 사람이 극론하면서도 시기함이 없는 점에 불만을 품고 결국 한쪽에서 선가禪家처럼 눈을 감고 정좌해 있었다.

8　『어류』권113에도 "대아大雅가 연산의 관음사로 선생을 찾아뵈었다."는 내용이 있다. 지금 『어류』에 있는 여대아의 기록은 순희 5년 무술년(1178) 이후에 들은 것이므로, 여대아가 최초로 와서 주희를 따라 배운 때가 순희 5년임을 알 수 있다. 주희와 육구령의 이 대화 기록은 틀림없이 순희 6년 3월 육구령이 두 번째로 주희를 찾아갔을 때 본 내용이리라.

여대아도 마찬가지로 이 기이한 장면을 다음과 같이 기록하였다.

> 선생이 유순수(유요부)가 눈을 감고 앉아 있는 것을 보고 말하였다. "순수
> 는 대상사물(物)을 남겨 두려 하는 모양이지만 대상사물은 본래 남겨 둘 수
> 가 없다."
>
> ——『어류』권120 여대아록余大雅錄

> "내(주희)가 예전에 강서를 지날 때 육자수와 대화를 나누었다. 그런데 유
> 순수 요부劉淳叟堯夫가 홀로 뒤쪽 구석으로 가서 앉아 아무것도 상관하지
> 않고 도가의 타좌打坐를 흉내 내고 있었다. 그러다가 나로부터 꾸지람을 받
> 았다. '나와 육 선생(陸丈)의 말이 듣기에 족하지 않다는 것인가? 또한 몇 살
> 먹었기에 어찌 그렇게 괴이한 짓을 하는가?'라고."
>
> ——동상, 황의강록黃義剛錄

육학의 제자들은 본심을 밝히는 자아의 깨달음을 믿고서 묵좌징관默坐澄觀
하는 괴이한 성벽을 양성하였으므로 이런 타좌와 독서를 대립시켰다. 그 때
문에 나중에 진순陳淳은 '상산象山(육구연)의 학은 글을 읽지 않고 이치를 궁구
하지 않으며, 오로지 타좌 공부만 한다'고 말하기까지 하였다(『북계문집』권1 「답
진사하答陳師夏」서1).

순희 5년(1178) 가을에 유순수가 무이산으로 주희를 찾아왔을 때 이 같은
문제를 제기하였다. "바야흐로 독서하고 있을 때에는 정靜의 공부를 할 수 없
음을 깨달았습니다. 모름지기 독서할 때가 있어야 하고, 허정虛靜할 때가 있
어야 합니다." 주희는 독서를 배격하는 그의 이러한 정좌설을 다음과 같이
비평하였다. "나는 예전에 이 선생(이통李侗)께서 일찍이 정좌를 가르치신 줄
알았는데, 나중에 보니 그렇지 않았습니다. '경敬' 자 하나면 충분합니다. 바

야흐로 일이 없을 때는 자기 몸을 유지하는 데 경건하고, 일에 응할 때는 일에 응하는 데 경건하며, 독서할 때는 독서하는 데 경건해야 합니다. 그러면 곧 저절로 동정動靜을 관통하여서 마음이 없는 때가 없을 것입니다."(『어류』 권 120 요덕명록廖德明錄)[9] 그러나 유순수(유요부)는 여전히 그대로였다. 관음사에서 육구령의 강학과 독서는 유순수의 참선·타좌와 선명한 대비를 이루었다.

주희도 자기가 가까운 것을 버리고 먼 것을 추구했음과 고원한 것을 좋아하여서 지리한 문제가 있었음을 인정하고, 육구령이 말하는 간이簡易 공부에 찬동하였다. 이는 관음사에서 여대아에게 이별할 때 준 말에서도 찾아볼 수 있다.

> 내(여대아)가 선생을 연산의 관음사에서 찾아뵈었다. …… 이별할 때 가르침을 청하여서 가슴에 새기고자 하였다. 말씀하시기를, "노형은 이미 스스로 힘써서 단련하고 있습니다. 그러나 지금은 또한 모름지기 쓸데없는 일은 덜어버리고 간약簡約함에 나아가 공부하십시오. ……" 하셨다.
>
> ──『어류』 권113

---

9 요덕명 자회廖德明子晦와 유순수(유요부)가 함께 무이로 주희를 찾아뵌 때는 순희 5년(1178) 가을 7월이다. 주희의 『문집』 가운데 권6에 수록된 「가을날 요자회(요덕명)·유순수(유요부)·방백휴(방사요)·유언집(유자상)과 함께 천호에 올랐다가 내려와서 천석헌에서 술을 마시며 '산수함청휘山水含淸暉'의 글자로 운을 나누어 시를 지었는데, '청淸' 자를 얻다(秋日同寮子晦劉淳叟方伯休劉彦集登天湖下飲泉石軒以山水含淸暉分韻賦詩得淸字)」와 「순희 무술년 7월 29일에 자회·순수·백휴와 함께 병산의 서쪽에서 출발하여 운곡에 올랐다가 저녁이 지나서 도착하였는데, 계통과 덕공도 또한 산의 북쪽으로부터 와서 모였기에 시를 지어서 일을 기록하였다. '운와의상랭雲臥衣裳冷'으로 운을 나누어서 시를 지었는데, '냉冷' 자를 얻다(淳熙戊戌七月二十九日與子晦淳叟伯休同發屛山西登雲谷越夕乃至而季通德功亦自山北來會詩記事以雲臥衣裳冷分韻賦詩得冷字)」 등의 시가 증거가 된다. 『민중금석지閩中金石志』 권9에는 무이의 「향석암에 제하다(題響石嚴)」를 다음과 같이 수록하였다. "순희 무술(1178) 8월 을미일, 유언집劉彦集·악경岳卿·유순수·요자회·주중회朱仲晦가 왔다." 요덕명이 기록한 유순수의 일은 바로 순희 5년 가을의 일임을 알 수 있다. 또 주희와 여조겸 두 사람이 주고받은 서찰에도 보인다.

'간약함에 나아가 공부하는 것'은 또한 주희가 자기 스스로를 두고 한 말이기도 하였다. 한쪽은 '실제에 나아가는' 것에 동의하고, 또 한쪽은 '간약함'에 동의한 것은 바로 그들 주희와 육구령 두 사람이 대립으로부터 일치에 이르는 토대가 되었다.

자연, 육구령이 아호의 회합에서 견지했던 자기의 옛 학설이 잘못임을 인정하고 주희에게로 전향했다고 해서 구체적인 문제를 보는 관점에 여전히 엇갈림이 있고 합치하지 않는다는 사실을 결코 배제하지는 않는다. 주희를 상견하고 난 뒤에 육구령은 장식에게 보낸 편지에서 다음과 같이 말하였다. "내가 늦은 봄에 연산에서 원회를 만나 사흘 동안 대화했지만 모든 의심이 가셨다고 할 수는 없었습니다."(『육구연연보』) 이는 주로 경학과 이학의 일부 구체적인 문제에서 일치하지 않았던 사실을 가리킨다. 동시에 그가 조경명趙景明에게 보낸 편지에서 주희의 "『시집전詩集傳』과 『중용장구』, 『대학장구』는 더구나 타당치 않은 데가 있어서 아마 오래 전해질 수 없을 것입니다."라고 한 말과 같은 의미이다. 그러므로 가령 아호의 회합에서 육구령이 '자정子靜(육구연)의 배를 탔다'고 한다면, 관음사의 회합에서는 '원회(주희)의 배를 탔던' 것이다.

주희가 그를 육구연과 구별하고 대치시키고자 화답시에서 '근심스러워라, 말 없는 경지만 말하고 인간 세상 예와 이제 있음을 믿지 않으리'라고 읊은 구절은 바로 육구연이 여전히 천지와 고금이 다만 이 한마음에 있다는 심학을 끌어안은 채 놓지 않은 점을 염려한 말로서, 이는 '옛 학문 토론은 더욱 정교하고 엄밀해졌고, 새 지식은 배양함에 더욱 깊어졌네'라고 육구령을 칭찬한 말과는 확연히 다르다. 관음사의 회합 뒤 주희는 육구연에 대해서는 줄곧 비평을 많이 하였지만 육구령에 대해서만은 한마디도 나쁘게 평가하지 않았다.

상견하고 이별한 뒤 육구령은 이미 주희에게로 전향하는 태도를 분명히 하였다. 9월에 그는 또 여조겸에게 가서 20여 일 동안 함께 강론했는데, 여조겸은 주희에게 다음과 같이 말하였다. "육자수(육구령)가 전날 지나다가 여기에서 20여 일 머물렀습니다. 태도를 바꾸어서 지난번 아호에서 지녔던 견해가 그르다고 하며 착실하게 책을 보고 강론하려고 하였습니다. 마음을 안정시키고 심기를 가라앉히는 이런 일은 서로 알게 된 뒤로 매우 보기 어려운 일이었습니다."(『여동래문집』 권4 「답주원회」 서9) '착실하게 책을 보고 강론하는' 것은 바로 육구령이 관음사의 회합에서 주장한 '새 지식'이며, 그가 주희에게로 전향한 점은 육구연의 제자들이 어떻게 논하든 간에 덮어버리기 어려운 사실이었다.

관음사 회합 뒤 육구연은 분명 육구령의 영향을 받아서 스스로를 검토하는 태도를 취했고 독서와 강학을 폐기할 수 없다는 점을 인정했으며, 나아가 그것을 방법론의 하나로 삼아서 자기의 심학 체계 안으로 흡수하였다. 육구령이 무주로 돌아오고 나서 오래지 않은 9월에 주희는 여조겸에게 보낸 편지에서 다음과 같이 말하였다. "자정(육구연)에게서 최근에 편지를 받았습니다. 그의 제자 조립지曹立之(조건曹建)라는 자가 찾아왔는데, 기상이 매우 아름답고 또한 그 스승의 설이 그르다는 사실을 아는 듯하였습니다. 그는 자정이 최근에 자기에게 답한 편지와 유순수에게 답한 편지를 가지고 왔는데, 그 편지에서 도리어 '사람은 모름지기 독서하고 강론해야 한다'고 하였습니다. 그렇다면 그가 이전의 학설이 잘못임을 스스로 깨달은 셈입니다. 다만 태도를 확 바꾸어서 지금이 옳고 예전이 틀렸다는 뜻을 설파하려 하지 않은 채 여전히 앞뒤를 덮거나 가리고 교묘하게 말을 만드는데, 이런 기상은 아름답지 못할 따름입니다."(『문집』 권34 「답여백공」 서28) 순희 7년(1180)에 이르러 육구연 스스로도 유거幽居의 남쪽으로부터 5리에 있는 자란滋蘭에서 잠심하고 독서하기 시작하였다.

3월에 주희는 여조겸에게 보낸 편지에서 다음과 같이 말하였다. "육자수(육구령)의 학생으로서 홍국興國의 만인걸萬人傑이라는 자가 있는데, 자는 정순正純입니다. 그도 매우 훌륭합니다. 여기 와서 서로 만났는데, 육자정(육구연)이 사람들에게 독서와 강학을 하도록 가르친다고 하였습니다. 강서에 있는 벗들의 편지에도 그렇다고 하였습니다. 이 또한 모두 한 가지 일을 해결한 것입니다."(동상, 서32) 그런데 여조겸도 6월에 같은 소식을 주희에게 알려주었다. "육자정이 근래에 조금 돌이켰다는 소식을 들었습니다. …… 그들 형제는 오늘날 선비들 가운데서 쉽게 얻을 수 없는 사람입니다. 두루 바르게 정돈하는 일은 작은 일이 아닙니다."(『여동래문집』권3 「답주원회」서8)

같은 달에 육구연은 가을 동안 남강南康에서 서로 모여 여산廬山을 함께 유람하자고 주희에게 먼저 요청하였다. 주희는 6월 6일 편지에서 여조겸에게 다음과 같이 알려주었다. "육자수 형제의 편지를 받았는데, 가을에 서늘해지면 자정이 여산 언덕으로 놀러 온다고 약속하였습니다. …… 그들 형제는 오늘날 어찌 쉽게 얻을 수 있는 사람이겠습니까? 다만 자정은 종전의 사고를 조금 지니고 있는 듯합니다. 그 문인의 말을 들으니, 자수가 '비록 이미 발길은 돌렸어도(轉步) 아직 몸은 옮기지 못하였다. 그러나 그 추세가 오래가면 또한 반드시 스스로 돌릴 것이다'라고 말했다 합니다. 아호에서 강론하던 때를 돌이켜 생각하면 그것이 어떤 기세였습니까? 이제는 어찌 열에 일곱, 여덟을 제거하는 데만 그치겠습니까?"(『문집』권34 「답여백공」서34)

여기서 육구령이 일찌감치 주희 쪽으로 돌아서서 말을 하고 있으며, 육구연을 움직이고 있을 뿐만 아니라, 육구연도 육구령의 뒤를 따라 '발길을 돌리려' 하고 있음을 알 수 있다. 비록 아직 절반은 밀어내고 절반만 나아가고 있었지만 말이다. 그런데 주희 역시 더욱 분명하게 자기 학파의 결함을 의식하고 있었다. 두 사람은 모두 자아 반성을 하는 가운데 상대방의 장점과 자기의 단점을 보았다. 존덕성尊德性과 도문학道問學, 지경持敬과 치지致知, 실천과 강학 가운데서 주희는 더욱더 존덕성, 지경, 실천에 주의했고, 육구연은 도문학, 치지, 강학에 주의하였다.

주희는 쌍방이 저마다 장점을 취하고 단점을 제거하기를 바랐다. 9월에 그가 같은 때 임택지林擇之(임용중)와 오무실吳茂實(오영吳英)에게 보낸 편지에서는 모두 이런 관점을 구체적으로 논술하였다.

> 육자수 형제가 근래에 의론한 내용은 강학에 대하여 기꺼이 이해하고자 하는 것이었습니다. 그 문인 가운데 나를 찾아온 사람들도 기상이 모두 좋았습니다. 다만 그들에게도 역시 예전의 문제는 그대로 있었습니다. 이곳의 배우는 사람들은 그들과는 상반됩니다. 애초에는 이렇게 강학하고 함양하여서 점차 저절로 덕에 들어갈 수 있다고 여겼는데, 말류의 폐단이 다만 말만 할 뿐 인륜과 일상생활의 가장 가깝고 절실한 곳에 이르러서는 도무지 털끝만큼도 힘을 쓰지 못하리라고는 생각지 못하였습니다. 이는 깊이 징계하고 따끔하게 경계하지 않을 수 없습니다.
>
> ─『문집』 권43 「답임택지」 서26

> 근래에, 예전에 공부하면서 다만 문장의 뜻을 강론하는 것이 의리를 쌓는 방법이며, 오래되면 마땅히 저절로 힘을 얻을 것이라 여기고서 도리어 일상의 공부는 전혀 점검하지 않았다는 사실을 깨달았습니다. 여러 벗들도 왕왕 이와 같이 공부하기 때문에 대부분 힘을 얻지 못합니다. 이제야 바야흐로 깊이 성찰하고 따끔하게 징계하면서 …… 육자수 형제는 근래 의론이 이전과 크게 달라져서 도리어 이해하고 강학하려고 합니다. ……

그 단점을 버리고 장점을 모으면 저절로 덕으로 들어가는 문에 해롭지 않
을 것입니다.　　　　　　　　　　　　　—『문집』권44「답오무실答吳茂實」서1

　　주희와 육구연의 백록동 회합은 바로 이와 같이 쌍방이 모두 반성하고 서
로에게 근접하면서, 육구령이 '몸을 돌리고(轉身)' 육구연이 '발길을 돌리는' 미
묘한 배경에서 일어난 일이다.

　　나중에 용감하게 스승의 도를 방어하던 육씨(육구연)의 제자들은, 순희 7년
(1180) 9월 육구령이 임종하면서 "근래에 보니 자정의 학문이 매우 분명해졌
다. 서로 함께 절차탁마하여 이 도가 크게 밝아지는 것을 더 이상 보지 못하
는 점이 한이다."(『육구연연보』)라고 한 말을 무턱대고 인용하여서 육학의 기치
를 크게 떨치고 육구연 형제를 찬미할 줄만 알았지, '자정의 학문이 매우 분
명해졌다'고 한 육구령의 말이 바로 그 무렵 육구연의 사상이 주희를 향하여
'발길을 돌린' 새로운 변화를 특별히 가리킨다는 사실은 조금도 몰랐다. 이미
주희를 향해서 '몸을 돌린' 육구령의 눈에는 '그(육구연)의 학문이 매우 분명해
졌고', 따라서 육구연 본인의 처지에서 보면 의심할 바 없이 일종의 위기였
다.[10]

　　관음사의 회합으로부터 백록동의 회합에 이르기까지 주희와 육구연의 관
계는 우담바라 꽃처럼 어쩌다 피었다가 덧없이 사라진 '밀월'의 시기와 같았

---

10 이불李紱의 『육자학보陸子學譜』권5「가학家學」에서도 "주자가 육 문달공陸文達公(육구령)의 제문
에서 '뜻이 같고 도가 합치한다(志同道合)' 하였고, 또 앞서 '이전의 설이 정해지지 않았고' '내
말을 품을 만하다'고 하였으니, 문달이 만년에 주자의 설을 따른 듯하다. 그러나 엄송嚴松은
육구연의 말을 다음과 같이 기록하였다. '선형先兄 복재復齋(육구령)가 임종할 때 〈근래에 보니
자정의 학문이 매우 분명해졌다. 서로 함께 절차탁마하여 이 도가 크게 밝아지는 것을 더 이
상 보지 못하는 점이 한이다.〉라고 하였다.' 이렇게 문달, 문안文安(육구연)의 학문은 시종 다름
이 없었다."라고 하였다. 이 설도 근거가 없다.

다. 왜냐하면 육구령이 순희 7년(1180) 9월 29일 갑작스럽게 병들어 죽음으로써 육구연이 끝내 '발길을 돌리는' 데서 나아가 '몸을 돌릴' 수 없었기 때문이다. 육구연은 주희와 여산에서 만나기로 한 날짜를 미루었다.

이후의 기간에 육구연은 「육구령행장」을 지어서 육구령이 뜻을 같이한 자라고 크게 찬양하였다. 여조겸은 육구연의 청을 받아들여서 「묘지명」을 지었는데, 육구령이 도를 추구하는 일에 용감했음을 드러나지 않게 함축적으로 칭찬하였다. 주희는 「제육자수교수문」을 지어서 육구령이 마지막에 사상적 전향을 한 사실에 대해 전반적으로 긍정하였다. 육구연 형제의 제자들은 속속 주희에게 배움을 물었고, 또한 '밀월'의 융합 분위기 속으로 깊이 젖어들었다. 심지어 육구연의 대제자인 진강陳剛(*정기正己)도 순희 7년 겨울에 오부五夫로 주희를 찾아뵐 준비를 하였다. 육구연의 괴당槐堂(괴당서당) 제자 가운데 중견인 부몽천傅夢泉도 장식의 소개로 주희와 서로 아는 사이가 되었다.

장식은 거듭 주희에게 편지를 써서 말하였다. "근래에 풍주 교수澧州敎授 부몽천이 와서 만났습니다. 육자정(육구연)의 뛰어난 제자로서, 강직하고 굳게 절개를 지키며 주관이 있습니다. 다만 학문을 담론할 때 성급하게 감정을 드러내려는(揚眉瞬目) 기미가 많이 있습니다. 자정은 이런 병통을 갈아 없애지 않았는지요? 또한 더욱 신중해야 할 것입니다."(『남헌선생문집』 권24 「답주원회」 서13) "풍주 교수 부몽천이라는 자는 타고난 자질이 강직하고 굳게 절개를 지키며, 또한 남다른 의지를 지니고 있습니다. 다만 오랫동안 육자정을 따른 탓에 매우 힘껏 스승의 학설을 지키고 있습니다. 이 사람이 만약 즐겨 남의 말을 듣고, 공평하고 정직하게 밝혀 나간다면 다른 날 아마도 가망이 있을 것입니다."(동상, 서14)

남강에 있던 주희와 자란滋蘭에서 독서하던 육구연에게 또 다른 의미심장한 오해의 계기가 생겼다. 이에 앞서 주희는 조건曹建(조립지)에게 편지를 보내, 육구연의 제자 포현도包顯道(포양)를 다음과 같이 비평하였다. "포현도의 무리는 여전히 선입견에 사로잡혀서 아직도 독서와 강학이 인의仁義를 막는 화근이라 여기고 있습니다. 이 말은 양자직楊子直(양방)이 남풍南豐에서 직접 들었다고 합니다. 그런데 남헌(장식)이 최근에 또한 부몽천이라는 자에 대해 '성급하게 감정을 드러낸다'고 운운하였습니다. …… 조만간 임천臨川으로 가는 사람이 있을 텐데 마땅히 편지를 써서 다시 육형(육구연)에게 타진해야 하겠습니다."(『문집』 권51 「답조립지」 서1)

조건은 이 편지를 육구연에게 전하여 보여주었고, 주희도 육구연에게 편지를 보내서 '포현도가 아직도 처음의 설을 보지하는 것은 깊이 깨닫지 못한 까닭'이라고 하였다. 육구연은 즉시 회신을 보내서 다음과 같이 해명하였다. "이 사람(*포현도)은 평소에 헛된 주장을 세우기를 좋아합니다. 모름지기 서로 모일 때에 조금씩 그런 성향을 줄여주어야 합니다. 근래에는 편지를 주고받지 않았기에 최근에는 어떤지 모르겠습니다." 포현도는 육구연에게 편지를 보내서 다음과 같이 변명하였다. "양 승楊丞(*자직子直)이 배운 바를 건드려보니 다만 몸소 행하여서 실천하고 성현의 책을 읽는 것일 뿐이었습니다!"

이에 육구연은 분노를 금하지 못하고 다음과 같이 말하였다. "이미 몸소 행하여서 실천하고 성현의 책을 읽을 줄 안다면, 또 무슨 안 될 것이 있겠는가? 현도의 학은 기괴하다고 할 수 있다."(『육구연집』 권6 「여포현도與包顯道」 서2) 제자가 독서와 강학을 하지 않는다고 이렇게 날카롭게 꾸짖은 사실은, 그가 아호의 회합에서 기세등등하게 '요순 이전에는 무슨 읽을 만한 책이 있었겠나' 하고 주자에게 반문했던 것과는 천양지차이다.

순희 8년(1181) 2월, 육구연은 주극가朱克家·육인지陸麟之·주청수周淸叟·웅감熊鑑·노겸형路謙亨·서훈실胥訓實 등의 제자들을 데리고 금계金溪를 떠나 남강으로 주자를 방문하였다. 상견의 분위기는 분명히 전에 없이 화기애애하고 유쾌하였다. 육구연은 주희에게 「육구령묘지명」을 써달라고 부탁했으며, 두 사람은 제자들을 데리고 낙성호落星湖에서 배를 타고 여산의 명승지를 유람하였다. 주희는 마침내 지기知己를 얻은 듯 도취되어서 다음과 같이 찬탄하였다. "우주가 생긴 이래 이미 이 시내와 산이 있었으나 이보다 더 아름다운 손님이 있었겠는가?"(『육구연연보』)

2월 10일, 주희는 육구연에게 백록동서원에 가서 당堂에 올라가 강석에 앉아 동료와 벗들, 제생을 위해 '한마디로 말로써 배우는 사람들을 일깨워달라'고 강의를 청하였다. 육구연은 감개하고 격앙하여서 '군자는 의리에 밝고 소인은 이익에 밝다(君子喩於義, 小人喩於利)'는 『논어』의 한 장을 강설하면서 의리와 이익의 변별을 흥미진진하게 말하였다.

> 의義에 뜻을 두면 익히는 것이 반드시 의에 있습니다. 익히는 것이 의에 있는 것은 곧 의리義理에 밝은 것입니다. 이익에 뜻을 두면 익히는 것이 반드시 이익에 있습니다. 익히는 것이 이익에 있는 것은 곧 이익에 밝은 것입니다. ……
>
> 과거로 선비를 취한 지 오래되었습니다. 유명한 학자와 높은 관료가 모두 이로부터 나왔습니다. 오늘날 선비 된 자가 실로 이를 면할 수는 없습니다. 그러나 과거 시험의 성패는, 돌아보건대 문장 솜씨와 시험관(有司)이 무엇을 선호하는가에 달려 있을 뿐 그것으로 군자와 소인을 변별하는 것은 아닙니다. 그런데 오늘날 세상에서 이것을 서로 숭상하며 여기에 골몰하여서 스스로 벗어나지 못하게 하니, 비록 종일 일삼는 바가 성현의 책을 읽는 것이라 하더라도 그 뜻이 향하는 바를 살펴보면 성현과 배치되는 쪽으로 달려갑니다. …… 참으로 이 몸을 깊이 생각하여서 소인으로 돌아가게 해서는 안 됩니다. 이욕의 습관에 대해서 근심하여 몹시 마음 아파하고

오로지 의에 뜻을 두어서 날마다 힘쓰되 널리 배우고, 깊이 묻고, 신중하게 생각하고, 명쾌하게 변별하고, 독실하게 행해야 합니다. 이로 말미암아 과거 시험에 나아가면, 그 글이 반드시 모두 평소 배운 것과 가슴에 쌓인 진리를 말하는 것이고 성인을 속이지 않게 될 것입니다. ……

— 『육구연집』 권23 「백록동서원논어강의白鹿洞書院論語講義」

　　과거의 폐단을 의리와 이익, 군자와 소인에 대한 엄격한 변별로 연계한 육구연의 강의는 강물을 쏟아부은 듯 도도한 웅변의 말재주와 어울려서 제생이 식은땀을 흘리고 눈물을 흘리며 듣게끔 하였다. 육구연 스스로도 자못 득의만면하여서 다음과 같이 말하였다. "당시에 통쾌하게 말하여서 눈물을 흘리는 자도 있었다. 원회가 깊이 감동하여 날씨가 조금 찬 데도 땀을 흘리며 부채를 부쳤다."(『육구연연보』) 주희는 곧바로 자리에서 일어나 "제가 마땅히 제생과 함께 육 선생의 가르침을 잊지 않고 지키겠습니다."라고 하였다. 또 거듭 이런 뜻을 표하였다. "제가 여기에서 일찍이 이런 부분에 대해서는 말하지 못했으니, 부끄러워 무슨 말을 하겠습니까!"

　　나중에 주희는 다시 이 일을 언급하였다. "자정(육구연)이 남강으로 왔을 때, 내가 글을 읽는 것에 대해 말해달라고 청하자 뜻밖에도 의리와 이익이 분명하다는 내용을 말했는데 매우 훌륭하였다. 예컨대, '오늘날 사람들이 다만 독서하는 것은 곧 이익을 위해서이다. 만일 글을 이해했다면 그 뒤에는 또 관직을 얻으려 하고 관직을 얻은 뒤에는 다시 다른 관직을 얻으려 한다. 젊은이나 노인이나, 머리부터 발끝까지 이익을 위하지 않음이 없다.'고 한 말은 통쾌하기에 눈물을 흘리는 자도 있었다."(『어류』 권119)

　　그는 곧 육구연에게 이 「강의」를 써달라고 청하여 백록동서원에 비석으로 새겨서 세우고, 또 친히 이 「강의」에 발문을 지어서 "그가 밝혀내고 펼쳐서 발휘한 것이 또한 간절하고 명백하기까지 하였으며, 모두 배우는 사람의 은미하고 깊은 고질의 병을 정확하게 맞추었기에, 듣고서 두려워하며 감동하지 않는 자가 없었다. …… "(『문집』 권81 「백록서당강의후白鹿書堂講義後」)라고 칭찬하였다.

이것이 바로 육구연의 제자들이 나중에 대대적으로 과장한, 육구연이 백록동서원에서 대성공을 거두었다는 내용이다. 이는 마치 그들이 아호의 회합을 육구연의 대승리라고 대대적으로 과장한 것과도 같다. 그러나 실상 그들은 「백록동서원논어강의」를 읽고서 제대로 이해하지도 못했고, 육구연과 주희의 고심에 대해서도 알지 못하였다.

육구연은 주희의 「백록동서원학규」를 근거로 의리와 이익의 설을 발표하였으나, 실질적으로는 의리의 설을 빌려서 존덕성尊德性·도문학道問學의 사상을 밝혀 서술하였다. 곧 '널리 배우고, 깊이 묻고, 신중하게 생각하고, 명쾌하게 변별하고, 독실하게 행하라'는 말은 이미 말하지 않아도 저절로 독서와 강학을 폐할 수 없음을 인정한 것과 같다. 따라서 의리로써 뜻을 세우고 의리로써 익혀 배우고, 묻고, 생각하고, 변별하고, 행하며, '평소 배운 것을 말하는' 데 도달하는 것도 역시 존덕성과 도문학의 통일을 강조한 말이다. 이것이 육구연이 말하고자 한 진짜 의도이자 주희가 이 「강의」를 크게 상찬한 진정한 까닭이다. 그러므로 「강의」는 육구연의 거대한 성공을 드러낸 것이라기보다는 오히려 그가 바로 사상의 '발길을 돌린' 사실을 실증한 것이라고 할 수 있다.

관음사의 회합 이래 육구연이 사상을 '조금 돌이킨' 점은 다만 심학의 방법론에서 전환이 있었음을 가리키지만, 심학의 세계관에서 그는 여전히 자기 사상을 고집하였다. 이는 바로 육구령이 말한 대로, 그가 '발길은 돌렸지만' 아직 '몸은 돌리지' 않은 것이었다. 게다가 이런 방법론에서는 '발길을 돌리는' 것도 매우 한계가 있었다. 그것은 바로 독서와 강학을 폐할 수 없다는 점만 겨우 인정했을 뿐 본심을 밝히는 방법론의 기본 사상은 오히려 조금도 바뀌지 않았음을 뜻한다. 백록동의 회합은 결국 두 사람의 이런 내재적 엇갈림을 조화시키고 합치시킬 방법이 없음을 드러냈다. 서원의 강석에서 두 사람은 같은 마음으로 감동하고 찬탄하고 칭찬함으로써 제생이 떨면서 눈물을 흘리게 했지만, 돌연 서원의 강석에서 두 사람은 또 서로 양보하지 않는 불쾌한 논쟁을 벌였다.

육구연이 아직 남강을 떠나지 않았을 때 주희는 곧 여조겸에게 편지를 써서 알렸다. "근래 자정의 강론은 예전과 달라졌지만, 끝내 다 합치할 수 없는 부분이 있습니다."(『문집』권34 「답여백공」 서44) '다 합치할 수 없는 부분'의 논쟁을 주희는 4월에 여조겸에게 보낸 편지에서 털어놓았다.

자정은 끝내 예전의 규모를 가지고 학문의 병통에 대해 논하면서 대부분 이런 것은 '의견意見'이고, 이런 것은 '의론議論'이고, 이런 것은 '정본定本'이라는 식이었습니다. 그래서 내가 말하기를, "이미 사색하면 의견이 없을 수 없고, 강학하면 의론이 없을 수 없으며, 학문의 규모를 통틀어서 논하면 또한 어찌 정본이 없을 수 있겠습니까? 바로 사람의 재능과 자질, 병통에 따라 약을 주어서 구한다면 정본이 있어서는 안 될 따름입니다."라고 하였습니다. 그는 도리어 말하기를, "바로 잘못된(邪) 의견이 많고, 쓸데없는(閒) 의론이 많기 때문에 배우는 사람의 병이 됩니다."라고 하였습니다. 내가 말하기를, "그렇다면 그대가 스스로 꾸짖고 배척하는 것이 또한 지나칩니다. 모름지기 잘못되었다, 쓸데없다는 글자가 붙어야 비로소 의미가 분명해져서 사람들로 하여금 선불교로 알도록 하지 않을 것입니다. 또 사람을 가르칠 때에는 아마도 모름지기 먼저 정본을 설정하고서 그 위에 나아가 정돈해야만 비로소 정본이 없는 도리를 말할 수 있습니다. 이제 만일 하나로 뭉뚱그려서 내치고 배척한다면 선학禪學이 되지 않는 일이 거의 드물 것입니다."라고 하였습니다. 그는 비록 예, 예! 하고 대답했지만 끝내 궁지에 몰리지는 않았습니다. …… 자정의 병통은, 아마도 필시 사람은 보고 이치는 보지 않는 것이 아니라 바로 그가 원래 선의 의사를 약간 지니고 있다는 점입니다.

— 동상 「답여백공」 서45

나중에 주희는 제자 감절甘節에게도 육구연과 대면하여서 논변한 내용에 대해 언급하였다.

"내가 전에 자정과 대화를 나누었는데, 자정은 '의견'이라고 하였다. 내가 '사사로운 의견은 있어서는 안 되지만 바른 의견은 없어서는 안 됩니다'라고 하였다. 자정이 '이것은 쓸데없는 의론입니다'라고 하였다. 내가 '쓸데없는 의론은 의론해서는 안 됩니다. 합당한 의론이라면 의론하지 않을 수 없습니다.'라고 하였다." 선생(주희)이 또 말하기를, "『대학』에서는 일찍이 '뜻을 없앤다(無意)'고 하지 않고 '뜻을 성실하게 한다(誠意)'고 하였습니다. 만약 의견이 없다면 장차 무엇을 가지고 중용을 택하겠으며, 장차 무엇으로 가까운 말(邇言)을 살피겠습니까? 『논어』에서 '뜻이 없다(無意)'고 한 것은 다만 사사로운 뜻이 없었다는 말입니다. 만약 올바른 뜻이라면 없어서는 안 됩니다."라고 하였다. 선생이 또 말하기를, "그가 의견을 없앤다고 한 것은 이理를 이해하지 못한 것이며, 다만 아무렇게나 한번 해본 말이다. 의견이 없다면 여기에서 어떤 사람이 되겠는가!"라고 하였다.

— 『어류』 권124

여기에는 이미 방법론에서부터 세계관에 이르기까지 두 사람의 대립이 포함되어 있다.

육구연의 관점에서 보면, 심心은 곧 이理이니 '사람은 모두 이 마음을 가지고 있으며, 마음은 모두 이 이理를 지니고 있다.'(『육구연집』 권11 「여이재與李宰」 서1) 한마음이 온갖 이치를 갖추고 있다면, 사람은 다만 이 '본심本心'을 보존하고 '본심'을 밝히기만 하면 된다. 독서와 강학은 비록 버릴 수는 없다 하더라도 결국 불가피하게 '의견意見'이나 '잘못된 견해(邪見)'를 낳으므로 본심을 도리어 '가리는데(蒙蔽)', 이것이 바로 '배움의 병(爲學)'이다.

이에 따라 육구연은 『논어』의 '사사로운 뜻이 없고(無意), 기필하는 마음이 없고(無必), 나를 내세움이 없었다(無我)'고 한 말을 근거로 '뜻을 없애라(無意)'고 주장함으로써 곧 마음을 가리는 모든 '의견(뜻)'을 없애라고 주장하였다. 여기서 그가 자기주장을 원만하게 조화하지 못하여 방법론상에서 독서와 강학을 인정했을지라도 이런 독서와 강학이 도리어 본심을 밝히는 이간易簡의 공부와 눈에 띄게 모순을 일으켰기 때문에, 할 수 없이 그는 '의견' 설을 이용하여서 자기의 이런 방법론상의 모순을 해명하였으며, 결과적으로는 육학의 선적인 성향만 더욱 짙게 하고 말았다는 사실을 알 수 있다.

육구연의 이런 '의견' 설은 단지 '심心'이 본래 원만하고 구족함을 인정한 점에 지나지 않는다. 이 때문에 일체의 의견과 의론을 모두 배척해야 하고, 또한 인심을 외부의 객관과 완전히 분리시켜야 했다. 어떠한 외래적 요소도 '심'을 간섭하거나 가려서는 안 되며, 또한 '심'은 어떠한 감각과 의식도 가져서는 안 된다(·'의견이 없음[無意見]'). 이렇게 본심을 밝히는 것은 마음을 적멸寂滅 – 열반涅槃에 이르게 하는 것이나 다름없다.

불교는 본성이 원만하고 구족함을 선양宣揚하여서 "본성이 원만하기 때문에 그 안에 보살이 있다."(『원각경圓覺經』 권상)고 한다. 또한 '마음의 혼미함(心迷)'

을 제거해야 한다고 선양하여서 "보리반야菩提般若의 지혜는 세상 사람들이 본래 자체로 지니고 있다. 다만 마음이 혼미하여서 스스로 깨달을 수 없을 뿐이다. 모름지기 위대한 선지식善知識을 빌려서 본성을 보도록 열어주고 이끌어야 한다."(『육조단경六祖壇經』「반야품般若品·제2」)고 하였다. 또한 '의식이 없음(無意)'과 '억념憶念이 없음(無念)'을 선양하여, 『삼혜경三慧經』에서는 "의식이 없고 억념이 없으면 만사가 저절로 끝난다. 의식에 백 가지 억념이 있으면 만사가 모두 실패한다."고 하였다. 의식이 없고 억념을 제거해야만 비로소 대상세계(境)를 잊을 수 있다. 『전심법요傳心法要』에서는 다음과 같이 선전하였다. "한 생각(一念)이 일어나지 않으면 곧 18계界가 공하다. 이 몸이 곧 보리의 꽃과 열매요, 이 마음이 곧 신령한 지혜이다." "한 생각이 일어나면 그것이 곧 대상세계(境)이고 만약 한 생각이 없으면 곧 대상세계를 잊어버리고 마음이 저절로 소멸한다."

선가는 이런 종류의, 곧 의식도 없고 억념도 없는(•잘못된 생각이 없음[無邪念]) 상태를 '돈오문頓悟門'이라고 부르는데, 『돈오입도요문론頓悟入道要門論』에서 분명하게 말하였다. "물음 : 이 돈오문은 무엇을 종宗으로 삼고 무엇을 지旨로 삼으며, 무엇을 체體로 삼고 무엇을 용用으로 삼는가? / 답 : 무념이 종宗이고 망심妄心이 일어나지 않는 것이 지旨이며, 청정淸淨을 체體로 삼고 지혜를 용用으로 삼는다. / 물음 : 이미 무념이 종宗이라고 했는데, 무념이란 어떤 억념이 없다는 것인지 모르겠다. / 답 : 무념이란 사념邪念이 없는 것이다." 분명히, 주희가 육구연의 '무의無意' 설에 대해 '선의 의사를 약간 지니고 있다'고 한 것은 근거 없는 날조가 아니다. 그러므로 그는 명확하게 육구연을 가리켜서 "이미 의론을 숭상하지도 않으니 묵묵하게 말이 없을 뿐이다. 이미 의견을 귀하게 여기지 않으니 적연하여서 생각이 없을 뿐이다."라고 하였다. 이는 유가의 '성인 문하의 학문(聖門學問)'이 아니었다(『어류』 권124).

'무의' 설의 급소는 '육 선생이 이천의 격물설格物說을 취하지 않았다'는 점이다(동상, 권18). 그리하여 결국 '의견을 없앤다(除意見)'고 한 육구연의 말에 대해 "이 세 글자는 천하의 배우는 사람들을 그르칠 것이다! 요순이 서로 전한 것으로부터 역대 성현의 서책에 이르기까지 결코 이 세 글자가 없었다."(동상 권124)고 인식하였다. 독서, 강학과 함께 서로 배치되는 육구연의 이런 '무의' 설은 백록동 회합을 전후한 시기에는 아직 그의 심학 체계가 성숙하지 못했음을 분명히 나타낸다. 나중에 육구연은 자체모순적인 이런 주장을 슬그머니 수정하여 사우師友와 강학하고 연마하며 넉넉하게 독서를 함으로써 '의견'의 폐단을 벗겨낼(剗落) 수 있다고 제시하였다. 그리하여 주희가 백록동 회합에서 그에 대해 반대 측면에서 자극한 것으로 소급해 올라가지 않을 수 없었다.

그런데 두 사람의 엇갈림은 여기에만 있지는 않았다. 실상 의리(義)와 이익(利)의 변별에서도 주희는 육구연과 오래전부터 대립하고 있었다. 육구연은 줄곧 의리와 이익, 공과 사로 유교와 불교를 변별하였다. 그는 순희 3년(1176)에 왕순백王順伯(왕후지王厚之)과 함께 유교와 불교의 변별을 논할 때 다음과 같이 말하였다. "내가 일찍이 의義(의리)와 이利(이익) 두 글자로 유교와 불교를 변별하였습니다. 또 공과 사라고 하는 것은 사실은 곧 의리와 이익입니다.", "오직 의롭고 오직 공정하기 때문에 세상을 경륜할(經世) 수 있으며, 오직 이익을 추구하고 오직 사사로움을 추구하기 때문에 세상을 벗어날(出世) 수 있습니다."(『육구연집』 권2 「여왕순백與王順伯」 서1)라고 하였다.

이런 논법은 주희의 비난을 받았다. 주희는 의리와 이익으로 유교와 불교를 변별하는 것은 다만 '제2의第二義'일 뿐, '제1의第一義'는 당연히 도道(•이理)를 가지고서 유교와 불교를 변별하는 것이라고 보았다. 곧 유가의 도는 실리實理이고 불가의 도는 공리空理이며, "우리 유가는 모든 이치가 다 실하고 불교는 모든 이치가 다 공허하다."(『어류』 권124)고 생각했던 것이다. 이것은 세계관의 최고 층차에서 유교와 불교의 근본적인 차이를 갈라 나눈 것이다. 그러므로 그는 육구연을 질책하면서 다음과 같이 말하였다. "예전에 육자정(육구연)과 왕순백(왕후지)이 유교와 불교를 논한 것을 보고 나는 가만히 웃었다. 유교와 불교의 변별은 단지 허虛와 실實의 다툼일 뿐이다."(동상)

이전에 순희 6년(1179) 3월에 주희가 육구령과 관음사에서 만났을 때 육구령이 주희에게 육구연의 편지 한 통을 가져다 주었는데, 그 편지에서도 의리와 이익의 도덕적 표준을 가지고 유교와 불교를 갈라 나누어서 강하게 말하였다. 주희는 회신에서 반박하였다. 나중에 이 일을 주희는 다음과 같이 언급하였다.

> 예전에 연산鉛山에서 그(◦육구연)의 편지를 받았는데, "불교가 유교와 다른 점을 보면 그들은 다만 이익을 추구하고, 우리 유가는 다만 의리를 추구하는 것입니다."라고 하였다. 나는 그에게 "그대도 '제2의第二義'만 보았습니다." 하고 답하였다. …… 보아 하니, 이런 잘못은 다만 기품氣稟의 성性이 있음을 모른 탓일 뿐이다.　　　　　　　　　　　　　　　　— 동상, 권124

육구연은 '의견'을 말하고, 주희는 '기품'을 말했기 때문에 두 사람의 엇갈림은 이미 인성론의 문제로까지 발전하였다.

육구연이 백록동서원에서 특히 의리와 이익의 변별을 택하여 강학한 것은 결코 우연이 아니었으며, 주희가 '의견' 설을 부정한 데도 육구연이 의리와 이익으로 유교와 불교를 변별하는 것에 대해 비평하는 의미가 포함되어 있었다. 모순의 초점은 여전히 본심을 밝히는 것과 독서하고 강학하는 것에 있었다.

육구연은 '이 마음만 믿고서(只信此心)' 마음속에서 흘러나오는 것이 모두 저절로 천리라고 보았으므로 기질의 성이라고 하는 것이 있음을 부정하였다. 그러나 주희는 본심을 밝히는 육구연 심학의 가장 근본적인 착오가 바로 여기에 있다고 보아, "육자정 학문의 모든 문제는 보아 하니 다만 기품이 섞인 것이 있음을 모르는 데 있다."(동상)라고 하였다.

주희는 기질의 성이 있음을 인정하기 때문에 독서와 강학으로 기질을 변화시켜야 한다고 주장하였다. 반면 육구연은 기질의 성을 부정하고 심의 천연天然이 모두 이理이므로 독서하고 강학하는 외적인 추구는 도리어 본심을 가린다고 여겼다. 두 사람이 서로 만났을 때 '인은 안에 있고 의는 밖에 있다(仁內義外)'고 한 고자告子의 말과 '말에서 얻지 못하면 마음에서 구하지 말라(不得於言, 勿求於心)'는 장章에 대한 주희의 해설을 둘러싸고 이 방면에 관한 논변을 전개하였는데, 양쪽은 모두 상대방이 '고자'라고 질책하였다.

나중에 두 사람은 모두 이 방면의 논변을 언급하였다.

일찍이 금계金溪(육구연)와 '의외義外'의 설을 논변하였는데, 내가 "일이 이와 같이 합당한 것은 비록 그 일이 밖에 있는 것이라 하더라도 내 마음에 이런 것이 합당하다고 여겨서 행한 것이니, 곧 안에 있는 것입니다. 또 성질이 노둔한 사람이 혹 한때 보아도 보지 못하다가 다른 사람이 말해주면 그것이 옳음을 알고 그것을 따라 행할 수 있습니다. 그러니 또한 안에 있는 것입니다."라고 하였다. 금계는 "이것은 곧 고자의 견해입니다. 모름지기 곧바로 자기에게서 스스로 터득해야만 옳습니다. 만약 다른 사람의 말을 의롭다고 여겨서 행한다면, 이는 밖에서 구하는 것입니다. 그러면 마침내 마땅히 이렇게 되어야 할 일도 이렇게 되지 않을 것입니다."라고 하였다. 그는 이것이 곧 고자의 견해임을 몰랐던 것이다. ──동상 예전에 남강에서 '말에서 얻지 못하면 마음에서 구하지 말라'고 고자가 말한 장에 관한 형의 말이 부당함을 논하였더니, 형은 나에게 평심平心으로 보라고 하였습니다. 내가 답하기를, "갑과 을이 변론하는데 바야흐로 저마다 자기 설이 옳다고 하여, 갑은 을에게 평심을 원하고 을도 갑에게 평심을 원합니다. 평심의 설은 아마도 명백하기 어려운 듯하니, 차라리 일에 근거하여서 이치를 논하는 것이 옳습니다."라고 하였습니다.

— 『육구연집』 권2 「답주원회」 서1

주희는 『맹자』 「고자」 첫머리 넉 장의 해설에서 바로 '천명의 성(天命之性)'과 '기질의 성(氣質之性)'의 사상을 이용하여 고자를 비판하였다. 고자의 성설性說을 곧바로 '근세에 불교도들이 말하는, 작용이 곧 성(作用是性)이라고 하는 것'과 유사하다고 하면서 배척했던 것이다(『맹자집주』). 여기에는 이미 안을 향하고 밖을 향하지 않는 육구연의 심학에 대한 날카로운 비판이 포함되어 있다. 주희는 "육씨는 다만 자기 마음속에서 본 것만을 안이라고 하면서, 다른 사람이 말한 것은 한 구절도 옳지 않다고 한다. 다른 사람이 한 말이면 곧 '의외義外'의 설이라고 한다. 이와 같은 것은 바로 고자의 설이다."(『어류』 권124)라고 하였다.

'자기 마음속에서 본 것'이란 곧 본심을 밝혀야 한다고 주장하는 것이고, '다른 사람이 말한 것'이란 곧 독서와 강학에 반대하는 것이다. 이는 아호의 회합 이래 이 두 가지 방면이 육구연에게서 줄곧 대립 관계에 있었으며, 결국에는 주희와 육구연이 백록동 회합에서 벌인 논전의 주조가 되었음을 드러낸다.

백록동 회합은 육구연의 주관 유심주의 심학과 주희의 객관 유심주의 이학 간에 조화하기 어려운 모순이 존재함을 분명히 나타낸다. 아호의 회합과 비교해보면, 분명 두 사람이 논변의 태도에서만 조금 온화하고 양보하는 모습을 보였던 것에 지나지 않았다. 백록동 회합 뒤 육구연은 '발길을 돌리기'를 그쳤고, 육구연에 대한 주희의 기대와 희망도 식기 시작하여서 '밀월'도 끝났다. 두 사람은 표면적으로는 여전히 우호적인 관계를 유지하고 있었지만, 갈수록 사상적 원심력이 크게 자라나고 있었다. 물론 주희는 여전히 양쪽의 장점을 겸하여서 취하려는 생각을 버리지 않았지만 육학을 선학으로 보는 견해는 이미 고정불변이었다. 육구연은 이로부터 뒤도 돌아보지 않고 자기 심학의 길을 따라 달려갔다.

육구연이 무엇보다 먼저 하고자 한 일은 자기의 설을 그럴 듯하게 꾸며서 백록동 회합에서 드러난 자기 '무의無意' 설의 약점을 메워 방법론을 완벽하게 하고, 또한 기품설氣稟說을 흡수하여서 이간易簡 공부 – 벗겨냄(剝落) – 독서와 강학이라는 삼위일체의 수양 방법을 확립한 뒤 독서와 강학으로 '의견'과 '잘못된 견해(邪見)'를 제거할 수 있다는 새로운 논조를 제창한 일이다.

> (•마음이) 가려서 빼앗겨 옮겨가거나 빠지는 바가 있으면 이 마음이 신령하지 않게 되고, 이 이理가 밝지 않게 됩니다. 이것을 일러 올바름을 얻지 못했다(不得其正)고 합니다. 그 견해는 바로 잘못된 견해(邪見)이고, 그 설은 잘못된 설(邪說)입니다. 하나같이 여기에 빠져서 강학을 말미암지 않으니 스스로 회복할 길이 없습니다.　　　　　—『육구연집』 권11 「여이재與李宰」 서2

> 밝은 스승과 좋은 벗을 얻어서 가르고 쪼개내지 않으면(•생각건대, 강학과 독서를 가리킨다) 어떻게 허위를 제거하고 진실로 돌아갈 수 있겠는가? 또 어떻게 스스로 반성하고, 자각하고, 스스로 벗겨낼(剝落) 수 있겠는가?　　　　　—『육구연집』 권35 「어록」

육구연의 심학 방법론은 갈지자 모양으로 세 단계의 곡절을 거쳤다. 아호의 회합 이전에 그는 이간易簡 공부를 주장하고 독서와 강학을 격렬하게 반대하였다. 아호의 회합 이후 관음사의 회합을 거쳐서 백록동의 회합에 이르기까지 그는 한 걸음 나아가 독서와 강학을 인정하였지만, 또한 그것들이 쉽사리 잘못된 의견과 쓸데없는 의론을 생산하기 때문에 본심을 가린다고 여겼다. 백록동 회합 이후 전향한 그는 독서와 강학이 의견을 제거하고 마음의 가림을 제거하여서 본심을 밝히는 이간 공부와 안팎으로 잘 어울려서 완벽하게 될 수 있다고 인정하였다.

그가 한 걸음 내딛을 때마다 늘상 반대 측면에서 제기하는 주희의 비판이 그를 추동하였고, 또한 그때마다 주희에게서 더욱 멀어졌다. 순희 10년(1183) 이후 두 사람의 모순은 결국 불가피하게 격화하였다. 그리하여 제자들까지 가세하여서 주희 측에서는 육구연을 선학이라 공격하고, 육구연 측에서는 주희를 노학老學(도가)이라 공격하는 논전이 시작되었다. 이것이 곧 과재果齋 이방자李方子가 말한, "그 뒤 자수(육구령)는 그 잘못을 자못 후회했으나 자정(육구연)은 종신토록 자기의 설을 변함없이 지켰다."[11]고 한 사실이다. 백록동 회합 이후 두 사람은 더 이상 만나지 않았다.[12]

---

11 이는 이방자의 「자양연보紫陽年譜」에 나오는 말이다. 『학부통변學蔀通辨』에서는 "주자의 연보에서 '그 뒤 자수는 그 잘못을 자못 후회했으나 자정은 종신토록 자기의 설을 변함없이 지켰다'고 했는데, 지금 연보에는 이런 말이 없으니 이는 틀림없이 이방자가 지은 연보에서는 삭제되었고, 홍거무洪去蕪의 연보에서도 시정하지 못한 것이다."라고 고증하였다. 백전白田(왕무횡)의 『주자연보朱子年譜』는 곧 『학부통변』의 설에 근거하여 보충해 넣었다.

12 『금계현지金溪縣志』 권31 「우현寓賢」에서 일컫기를, "주희가 일찍이 육구연과 함께 백록동서원에서 한 것처럼 금계의 숭정서원崇正書院에서도 강학하고 반복하여서 논변하였다. 이별한 뒤에 저마다 시를 지어서 자기 뜻을 말하였다. 오늘날까지 서원에는 아직 유상遺像이 남아 있다(『신미지辛未志』). 살피건대, 유상은 오래되어 없어졌고, 숭정서원도 오래되어서 폐허가 되었다.

그런데 주자의 유적 가운데 금계에 있는 것은 손수 써서 육자陸子에게 준 '일가형제학一家兄弟學, 천고성현심 千古聖賢心(한집안 형제의 학문이요, 천고 성현의 마음)' 열 글자인데, 지금도 육씨의 사당에 걸려 있다. '육상산보선교공공묘陸象山父宣敎公墓'라는 여덟 글자는 더욱 묵적墨迹이 찬연하므로 천년이 지나도 새롭다."라고 하였다. 생각건대, 주희와 육구연 두 사람의 편지 및 행적으로 고찰하면 백록동의 회합 이후 별도로 금계에서 회합한 일은 결단코 없었다. 또 '천고성현심'이라고 운운하지만, 주희가 그를 여지없이 공박했는데 어떻게 이 대련對聯을 써서 줄 수 있었겠는가? 이는 모두 후대 사람들이 억지로 갖다 붙인 것이다.

강서江西에 부는 주학朱學의 회오리바람

광려匡廬(여산)에서 주희는 정사를 돌보느라 바쁜 중에도 결코 이학 탐구를 중단하지 않았다. 민閩(복건)을 나와 관리가 된 뒤 삼교구류三敎九流의 인물과 널리 교유하면서 학문을 논하고서야 비로소 진정으로 민 밖의 사회와 세상을 보게 되었고, 우물 속의 세계에서 뛰쳐나온 개구리 같은 느낌을 갖게 되었다. 이는 그의 시가詩歌 창작에서 새로운 높은 봉우리가 우뚝 생겨나게 하였을 뿐만 아니라, 강서江西에서 육학陸學과 겨룰 수 있는 자기 학파의 견실한 기초를 다지게 하였다. 그는 한 줄기 주학朱學의 회오리바람을 일으켰다. 그의 제자를 핵심으로 한 강서의 주학 학파가 바로 주희가 남강으로 온 뒤에 형성되었던 것이다.

강서는 강서시파江西詩派의 왕국이자 선풍禪風이 성행한 세상이었다. 불교와 선학의 범람은 한편에서는 선의 깨달음으로써 시를 해설하는 강서파 시가의 이론과 창작을 잉태하여서 낳았고, 또 한편에서는 장구성張九成으로부터 육구연에 이르는, 본심을 스스로 깨닫는 심학心學을 잉태하여서 낳았다. 주희는 남강에서 강서의 시가와 학풍에 대해 안간힘을 다해 공격하였다. 나중에 그는 다음과 같이 말하였다. "지금 강서 학자들은 두 종류가 있다. 임천臨川에서 온 자들은 점차 육자정(육구연)의 학學에 물들었고, 또 양楊·사謝(*생각건대, 양만리楊萬里와 사악謝諤을 가리킨다)에서 나온 자들 역시 좋지 않다. 자정의 문에는 오히려 이른바 학문이란 것이 있으나, 오랜 세월 시라는 것을 짓더라도 어디에 쓰는 것인지 모르겠다. 강서의 시는 산곡山谷(황정견)에게서 한 번 변하고 양정수楊廷秀(양만리)에 이르러 다시 변하여서 마침내 이에 이르렀다."(『어류』 권140)

강서시파는 송이 남쪽으로 건너온 이래 변하면 변할수록 거칠어져서(粗獷) 섬세함과 윤택함이(細潤) 부족하고, 딱딱하여서(生硬) 원숙한(圓熟) 맛이 적으며, 메마르고 깔깔해서(枯澀) 풍요롭고 매끄러움이(豐腴) 모자랐다.

주희는 명도明道(정호)에서 출발하여 '평담자연平淡自然'을 가장 근본적인 시가 미학의 표준으로 제시하면서 강서파의 기이하게 깎고 아로새기는 것에 반대하여 다음과 같이 생각하였다. "옛사람의 시가 어찌 본래 평담함에 뜻을 두었겠습니까? 다만 오늘날의 미친 듯하고 괴이하며 깎고 아로새겨서 귀신의 머리나 얼굴처럼 만드는 것에 비하면 평이함을 볼 수 있고, 오늘날의 비대하고 느끼하고 비리고 누린내 나고 시고 짜고 쓰고 떫은 것에 비하면 담박함을 볼 수 있을 따름입니다. 시가 처음 생기고 나서 위魏·진晉에 이르기까지 작자가 한두 사람이 아니었지만, 그 수준 높은 작품은 여기서 나오지 않은 것이 없습니다."(『문집』 권64 「답공중지答鞏仲至」 서5)

이 같은 시가 미학에 대한 구호는 주희로 하여금 필연적으로 위·진 이전의 고시古詩를 시가의 규준으로 받들고, '청담淸淡의 종주'인 도연명陶淵明과 『문선文選』 시의 바른 체제(正體)를 깊이 터득하고, 또한 스스로 규모를 만들어 내고 스스로 법도를 변화시킨 두보杜甫를 양대 시성詩聖으로 받들게 하였다. 그러므로 고시를 논할 때도 그는 위·진을 중시하고 제齊와 양梁을 가볍게 여겼으며, 도연명의 시를 '평담함이 저절로 나와서' 담박하면서도 참맛이 있다고 하였다. 고체시古體詩와 금체시今體詩를 논할 때는 고체시를 무겁게 논하고 율시律詩를 박하게 논하였다. 또한 "시를 지을 때 먼저 이백李白과 두보를 활용해 보는 것은 마치 선비가 경전(本經)을 연구하는 것과 같다."고 하였다(『어류』 권140). 그 스스로도 고시 짓기를 좋아했지만, 그렇다고 율시 짓는 것을 가볍게 여기지는 않았다. 시를 배우는 길은, 고시에서는 도연명으로부터 위로 악부樂府·『시경』·「이소離騷」에 근본을 두고, 율시에서는 두보로부터 아래로 위 소주韋蘇州(위응물)와 진간재陳簡齋(진여의陳與義)에 이르렀다.

이 때문에 그는 술에 취하여서 시를 읊기를 아주 좋아한 도연명이나 두소릉杜少陵(두보) 같은 시인의 시작詩作 습관을 길러냈다. 제자 오수창吳壽昌은 이 이학 시인을 다음과 같이 기술하였다.

선생은 물 하나 돌 하나, 풀 하나 나무 하나를 관찰할 때면 날씨가 조금 흐려도 매번 하루 종일 눈을 깜박이지 않았다. 술은 두세 순배를 넘기지 않고 또 다른 곳으로 옮겨갔다. 몹시 취하면 책상다리를 하고 팔짱을 끼고 앉았다. 경사자집經史子集 외에 기록이나 잡기雜記까지도 모두 번번이 외었다. 조금 취기가 오르면 고문을 읊었는데 기조氣調가 맑고도 장엄하였다. 내가 듣고 본 바로는, 선생은 항상 굴원의 「초소楚騷」「이소離騷」, 제갈공명의 「출사표出師表」, 도연명의 「귀거래사歸去來辭」와 시, 그리고 두자미杜子美(두보)의 시 몇 수를 애송하였다. ──『어류』 권107

나중에 주희는 자료를 수집하여 『두시고이杜詩考異』를 편찬하려고 생각하였다. 그러나 순희 이전 그의 시가에는 아직 자기만의 면모가 부족하였다. 순희 이후 「재계하며 거함에 느낌이 일다(齋居感興)」에서 열어 놓은 길을 따라 남강에 부임한 뒤, 광려匡廬의 기이하고 빼어난 장관을 이룬 강산천석江山泉石의 도움을 받아 위·진을 규모로 삼고 도연명과 두보를 향해 달려가는 그의 시가의 풍모가 완전히 형성되었다.

여산廬山은 종래 소인묵객騷人墨客들이 은둔하여서 와유臥遊하고, 선을 담론하며 불법을 논하던 선가仙家의 명승이었다. 거대한 한양봉漢陽峰이 하늘을 찌르며 구름 속에 들고, 오로봉五老峰은 안개 속에서 머리를 들고 서로를 바라보았으며, 아홉 겹 비단 병풍 같은 산 그림자가 대호黛湖에 떨어졌다. 석문간石門澗·삼첩천三疊泉·옥렴천玉簾泉·곡렴천谷簾泉·마미수馬尾水, 가닥가닥 공중으로 솟구치는 흰 용과 같은 왕가파王家坡의 쌍폭포는 천하의 기이한 장관을 이루었다.

가장 기이한 장관은 여산의 운무雲霧인데, 비가 지나간 뒤 안개가 위로 표표히 흩어지고(雨往上飄), 구름에 부딪혀 소리를 내고(雲擊有聲), 또 구름이 폭포에 말려 올라가는(瀑布雲翻卷) 삼대 절경을 이루었다. 운무가 삼켰다가 토해내는 기이한 봉우리와 절벽들, 수려한 구렁과 깊은 골짜기, 떨어지는 폭포와 흐르는 샘물 가운데 그림자를 드리운 서림사西林寺·동림사東林寺·대림사大林寺의 유명한 삼대 사찰이 자리해 있고, 귀종사歸宗寺·서현사栖賢寺·개선사開先寺·원통사圓通寺의 사대 총림叢林이 자리 잡고 있다.

서성書聖 왕희지王羲之가 옥렴천 아래 지은 별장은 나중에 '산남山南(여산 산남)의 여러 사찰 가운데 장려하기가 으뜸인' 귀종사가 되었다. 명승 혜원慧遠은 바로 향로봉香爐峰을 마주한 곳에 동림사를 지었고, 도교의 일대 종사 육수정陸修靜은 금계봉金鷄峰 아래 간적관簡寂觀을 지어서 도적道籍과 부도符圖를 수집하였다. 급료 다섯 말 때문에 허리를 굽힐 수 없었던 도연명은 여산 남쪽 기슭의 옥경산玉京山으로 돌아와 은거하면서 전원의 즐거움을 읊었으며, '호계삼소虎溪三笑'라는 미담을 남겼다. 시선詩仙 이백은 병풍첩屛風疊에 태백초당太白草堂을 짓고 푸른 소나무, 흰 구름과 이웃하며 '은하수가 하늘에서 떨어지는 듯하다(疑是銀河落九天)'는 유명한 구절을 읊었다. 백낙천白樂天도 동림사 부근에 백공초당白公草堂을 짓고는 수석水石을 완상하고 연단鍊丹하면서 신선이 되고자 하였다.

주희는 이런 '신선의 오두막(神仙之廬)' 속에서 시를 읊고 주고받으며, 위·

진 고시古詩의 고아한 품격과 흐르는 듯한 운치를 흡수하였다. 또한 전원으로 돌아가 은거한 도연명의 자취를 추모하고, 오유봉五乳峰 아래 와룡 유씨臥龍劉氏가 숨어 살면서 벽곡僻穀하던 그윽하고 험한 곳을 보고 마음에 들어 하였다. 그곳은 푸른 절벽이 사방에 솟아 있으며, 노한 폭포가 사납게 쏟아져 내리고, 흰 물결이 구불구불 솟구치며 흘러가는 모양이 마치 용이 누워 있는 것 같았다. 주희는 봉급으로 받은 돈 10만을 들여 서원암西原庵의 은사隱士 최가언崔嘉彦을 시켜서 와룡암臥龍庵을 짓게 하였다. 초당에는 제갈공명의 초상을 걸어 두었고, 고을 수령의 임무를 마친 뒤 떠나게 되면 바로 이사하여 은거하면서 스스로 즐길 준비를 하였다.

주희는 고을 업무의 여가를 전부 산에 오르고 시를 주고받는 데 썼다. 2년 동안 그는 여산의 거의 모든 명승지를 두루 편력하였고, 시편 100여 수를 지었다. 그는 당대의 유종儒宗이라는 위망威望과 지군知軍이라는 신분을 빌려 엄연히 시단의 맹주로서 선비들을 이끌었으며, 돌이키기 어려울 정도로 문제가 쌓여 있던 강서의 시풍을 변화시키고자 하였다.

소무邵武의 선비 이려李呂(*빈로濱老)는 구산龜山(양시)의 제자인 서산西山 이욱李郁의 조카인데, 순희 6년(1179) 겨울에 남강으로 와서 주희를 모시고 옥간玉澗을 유람하며 시 한 수를 썼다. "밤에 고 소리는 빈산을 울리고 / 물가의 물은 이제 끊어지려 하네 / 노선은 어디에서 오는고 / 함께 맑은 절경을 흔쾌히 감상한다 / 노동의 집을 모르는데 / 더 이상 무슨 풍월이 있을까(夜琴響空山, 臨流水方折. 老仙何處來, 欣賞共清絶. 不知廬仝家, 還有許風月)"(『담헌집澹軒集』권1「회옹을 모시고 옥간에 노닐다(陪晦翁游玉澗)」) 이 시는 옥간에 은거하던 무착 거사無着居士 최한崔閈을 읊은 시이다. 소동파가 이곳에 와서 밤중에 맑고 낭랑한 고 소리를 듣고 「취옹조醉翁操」한 수를 지은 적이 있다.

위·진 시대 작품의 신묘한 운치가 깊이 표현된 이려의 이 시는 뜻밖에도 주희의 커다란 상찬을 받았다. 주희는 직접 붓을 들어서 멀리 형주荊州에 있는 장식에게 이 시를 써서 보내주었고, 화답시 한 수도 읊었다.

이빈로의 「옥간시」를 읽고 우연히 짓다 　　　　　　　讀李濱老玉澗詩偶成

홀로 요금을 안고 옥계를 지나네 　　　　　　　獨抱瑤琴過玉溪

옥같이 맑은 밤 달 밝은 때 　　　　　　　琅然淸夜月明時

다만 지금 무심한 지 오래 　　　　　　　祇今已是無心久

앞산 삼태기 짊어진 은자가 알까 저어하네 　　　　却怕山前荷蕢知

　　　　　　　　　　　　　　　　　　　　　　—『문집』권7

주희는 위·진 고풍의 신묘한 운치를 율시나 절구에 녹여서 주조하였고, 제자와 배우는 사람들에게도 그의 이러한 시작詩作을 본받아 연마하라고 요구하였다.

순희 6년(1179) 12월 연말에 주희는 손님을 위해 잔치를 베풀었는데, 무령 승武寧丞 양자직楊子直(양방), 첨판僉判 양자미楊子美(양왕휴楊王休)와 이려 등 시객들이 막부幕府의 경로정敬老亭에 모였다. 주희는 마침 이 기회에 대은병大隱屏을 읊은 시 한 수를 손수 써서 손님의 좌석에 보내고 추첨을 하는 방식으로 보내주었다. 이려가 이 묵보墨寶를 얻고서 절구를 읊었다. "회옹의 시문은 세상에서 신묘하여 / 원래 티끌 한 점 없음을 알 수 있다 / 구슬을 다투어 얻은 자가 누군가 묻기에 / 도로 뛰어가 정병을 든 이 앞에 거꾸러진다(晦翁詞翰妙天下, 可見元無一點塵, 爲問爭珠誰得者, 須還趯倒淨瓶人)"[13] 이들 선비의 눈에는 주희가 마

---

13 『영락대전永樂大典』권909 '시詩' 자 운韻에서 인용한 『이담헌집李澹軒集』가운데 「발회옹화옥간

치 손에 감로수 정병을 들고 시풍을 이끄는 시국詩國의 관음보살처럼 보였던 것이다.

순희 7년(1180) 2월에 주희의 친구인 장동張棟(*언보彦輔)이 구강九江에서 찾아왔는데, 주희가 그와 함께 산을 유람하면서 주고받은 시는 두보의 시를 배우는 또 다른 풍모를 뚜렷이 보여준다. 장동은 바다나 호수처럼 호방한 기질을 지닌 문사로서 두보의 시를 배운 사람인데, 주희도 그와 함께 두보의 기운이 배어 있는 시를 주고받았다. 강서파는 두보를 배워서 그 '요拗(평측의 상격을 따르지 않음)'를 취했지만, 주희는 두보를 배워서 그 '담박함(淡)'을 취하였다. 그리하여 주희는 위·진의 고풍과 일맥상통할 수 있었고, 나아가 또 『문선』시의 바른 체제(正體)를 깊이 터득한 두보와 『문선』시의 변형된 체제(變體)를 깊이 터득한 이백을 통일할 수 있었다.

주희는 평소와 달리, 기세가 유창하고 신묘한 운치가 나는 듯한 필치로 장동에게 화답하는 긴 시를 지었다.

비각 장 어른(장동)이 우리 고을을 아껴서 돌보아주고 아울러 긴 시편을 주심을 입고서 감탄한 나머지, 억지로 운을 이어서 짓고 우러러 첨삭해주기를 바라되 분수에 넘는 일이라 황공하다.(伏蒙秘閣張丈寵顧下邑, 幷以長篇爲貺.

降嘆之餘, 牽勉繼韻, 仰求斤削, 僭率惶恐)

전에 동산의 동쪽에서 자취를 감추고는   向來滅迹東山東

시跋晦翁和玉澗詩」, 「발회옹유대은병시跋晦翁游大隱屛詩」에 보이는데, 지금 『담헌집』에는 누락되어 있다. '대은병시'는 곧 주희의 『문집』 권4의 「무이에서 노닐며 '상기습요초相期拾瑤草'라는 구절로 운을 나누어 시를 지었는데 '요'자를 얻다(游武夷以相期拾瑤草分韻賦詩得瑤字)」이다.

문을 닫고 까마귀의 암수를 묻지 않았네 　　　閉門不問烏雌雄

문 앞에 길이 있어 티끌세상을 향하나 　　　門前有路向塵土

두 발을 들기도 전에 마음이 먼저 게을러지네 　　　雨足未擧心先慵

당시엔 수레와 말 탄 손님 있었으나 　　　當時亦有車馬客

이 뜻을 말하려 한들 누가 함께 하려나? 　　　此意欲說嗟誰同

궁하에 살며 애오라지 다시 장 중위를 따르니 　　　窮居聊復追仲蔚

독실하게 논함에 어찌 반드시 유공을 기다리랴 　　　篤論何必須劉龔

평소 친구 장 선생은 　　　平生故人子張子

서로 생각한들 어찌 길이 상종할 수 있으랴 　　　相思安得長相從

매양 편지로 생사를 물을 때마다 　　　每勞書疏問生死

앉아서 생각함에 별자리가 마음에 벌려 있네 　　　坐想星宿羅心胸

한수 가에서 몇 년 동안 부절을 지녔던가 　　　幾年持節漢水上

목우류마에 깃발이 붉네 　　　木牛流馬旌旗紅

군왕은 음식을 거두고 염파와 이목을 생각하니 　　　君王輟饋思頗牧

외직이 장차 끝나면 천자께 조회하리라 　　　外庸且託來朝宗

궁궐에서 나를 방문하였기에 　　　因能過我紫霄下

뒤 수레에는 주렴과 창을 달았네 　　　後來載得珠簾櫳

젊은이 늙은이 나를 비웃을 것이니 　　　蒼顔白髮應笑我

어찌 배불리 먹고 도연명의 창가에 누워 바람 쐬지 않으랴 　　　曷不飽臥陶窓風

아지에서 술병을 따니 물은 맑고 세차며 　　　開樽鵝池水清激

초단석에서 말을 내리니 노을이 흐릿하네 　　　下馬醮石烟空濛

잠시 길을 돌아서니 산이 더욱 좋아 　　　須臾路轉山更好

하늘을 찌르는 칼날처럼 쌍봉이 나란히 있네 　　　摩天巨刃排雙峰

잠시 은하수를 보니 거꾸로 걸려 있어 　　　少看銀河忽倒掛

곧바로 맑고 서늘한 가운데로 뛰어내리려 하네　　　　　直欲跳下清泠中

남쪽 못가에서 함께 손가락으로 가리키니　　　　　　　南臨匯澤共指點

아득한 자패紫貝 대궐 화려한 명주 궁전이로다　　　　　縹緲貝闕浮珠宮

공은 평소에 높이 올라 구경하기를 좋아한다 하였으니　公言平日愛登覽

이곳에 이르러 뭇 빈산을 씻어내시기를　　　　　　　到此一洗羣山空

앉은 자리에서 나를 위해 기이한 시구를 뽑으시니　　坐間爲我出奇句

멀리 남쪽으로 날아가는 기러기에게 부칠 필요 없다네　不用遠寄南飛鴻

위로는 운천을 말하니 기이한 감상거리가 되고　　　　上言雲泉足奇賞

아래로는 서로 떨어져 있음을 탄식하니 상봉을 기뻐하네　下歎契闊歡相逢

내가 발을 헛디뎌 세상에 떨어졌으나　　　　　　　　紛吾失脚墮世網

이런 모임 있으니 어찌 하늘이 궁하게 하랴　　　　　乃有此會寧天窮

흐르는 빛이 눈을 스쳐 가니 어젯밤 꿈에 놀라고　　　流光過眼驚昨夢

옛 약속에 머리 돌리니 세속에 용납됨이 부끄럽네　　舊約回首羞塵容

이튿날 도리어 안갯속 작은 배를 타고 떠나가면　　　明朝却上煙艇去

만경창파에 부침하며 물오리를 따라가리　　　　　　滅沒萬頃追鳧翁

　　　　　　　　　　　　　　　　　　　　　　　　　—『문집』권7

　이것은 사실 이백과 두보의 악부樂府, 가행歌行의 풍모를 지닌 장시長詩로
서, '평담'한 가운데 기묘한 분위기를 보이고 있다. 주희는 위魏와 진晉, 이백
과 두보를 한 용광로에서 녹인 시체詩體를 극력 추구하였다. 비록 이렇게 추
구함으로써 완벽하고 아름답게 녹아 완성되는 경지에 도달하고, 그가 말하듯
이 법도를 따르는 가운데 또한 법도에 구속받지 않는 이백의 자연스러운 경
지(化境)에 들어갔다고 하기에는 아직 멀었다고 할지라도, 강서시파와 만당체
晩唐體가 범람하던 그 당시 남송의 시단에서 한편으로는 독특한 시가의 기치

를 세움으로써 사장詞章을 좋아하던 도학의 선비들을 이 기치 아래로 빨아들였다.

주희가 남강에서 이 시대 사단詞壇의 패주霸主인 신기질辛棄疾과 시계詩界의 영수인 육유陸游 및 우무尤袤와 교류한 것도 그의 시풍이 성숙하도록 촉진하였다. 양만리는 거듭 우양계尤梁溪(우무)를 육방옹陸放翁(육유)·범석호范石湖(범성대范成大)·소천암蕭千巖(소덕조蕭德藻)과 병칭하여 '근대 시단의 네 장수(近代風騷四詩將)'라 일컬었다(『성재집誠齋集』권39 「사장공보송근시집謝張功父送近詩集」).

우무는 주희와 동년同年의 우의를 가지고 있고, 시풍이 평담하며 학식의 연원이 넓고 도학을 주장한 점에서 주희와 공통되는 시어詩語가 더욱 많았다. 주희는 광려에 있을 때 강동 제거江東提擧 우무와 주고받은 시를 모아서 「우연지 제거와 함께 받들어 읊은 여산잡영(奉同尤延之提擧廬山雜詠)」 열네 편을 엮었다. 이는 그의 남강 시가의 대표작이다.

이 일련의 시는 여산의 가장 유명한 유교·불교·도교의 명승과 인물을 읊은 작품으로서, 주희가 남강에서 세상 구제와 세간 초월, 백성 구제와 은거, 유가의 사업과 선에서 도피라는 고통스럽고 견책하기 어려운 자아의 모순을 토로해 놓았다. 그리고 내심의 유가·불교·도교 세 겹 영혼에 대한 자아의 피력이자 자아의 초월이며, 마지막에는 또한 '선에서 달아나기를 급히 하지 마오, 또한 구구한 세상 인연 끝내야 하리라(逃禪公勿遽 且畢區中緣)'는 유가적 현세 집착으로 돌아간 것이다.

눈앞의 정경으로 역사를 읊는 이 영혼의 곡조는 진짜배기 위·진의 풍운을 갖추었다. 맑고 담박하고 한가롭고 심원한 필치로 세속에 분노하고 속세를 벗어나는 감정을 노래하였다. 글귀를 배치하고 표현을 다듬은 것이 모두 도 팽택陶彭澤(도연명)을 방불케 한다. 「도공취석귀거래관陶公醉石歸去來館」이라는 시는 이러한 영혼의 곡조를 연주하는 교향악의 주제 선율이었다.

천년 뒤에 태어나	予生千載後
천년 전 옛사람과 벗하네	尚友千載前
『고사전』을 찾을 때마다	每尋高士傳
오직 도연명의 어짊을 감탄하였네	獨歎淵明賢
이곳에 이르러 취석을 만나니	及此逢醉石
그대가 잠자던 곳이라 하네	謂言公所眠
하물며 바위와 골짜기는 더욱 오래되어	況復巖壑古
아득히 바람과 놀 간직하고 있네	縹緲藏風煙
고개 들어 높은 나무 그늘을 보고	仰看喬木陰
숙여서 흩날리는 폭포수 소리를 듣네	俯聽橫飛泉
경물은 저절로 맑고 빼어나니	景物自淸絶
한가히 노닐며 나이를 잊을레라	優遊可忘年
푸른 산비탈에 의지하여 초가집 짓고	結廬依蒼峭
술잔 들어 흐르는 물에 제사 지내네	擧觴酹潺湲
바람결에 길게 휘파람 불며	臨風一長嘯
「귀거래사」로 마무리하네	亂以歸來篇

—『문집』 권7

　　주희의 시도 바로 이 같은 위·진의 풍모를 갖추었기에 우무의 추중과 칭찬을 받았다. 순희 8년(1181) 봄에 우무는 특별히 주희를 위해 주고朱槔의 『옥란집玉瀾集』을 간행했는데, 발문跋文에서 한편으로는 주고를 칭찬하여 '곧바로 천년을 건너뛰어서 도연명과 벗하려는 듯하다'고 했고, 한편으로는 주송朱松을 추숭하여 "그 시는 기세가 드높고 세차며, 고상하고 예스러워서 건안칠자建安七子의 기풍이 있다."라고 하였다. 그리고 이러한 건안, 위·진의 고풍에서

법을 취한 것을 곧바로 주희 시작詩作의 가학 연원으로 간주하여 다음과 같이 말하였다. "위재韋齋(주송)의 아들인 남강의 사군使君은 이제 또 도학을 창도했는데, 그 시의 근원이 멀고도 유장하니 믿을 만하다."(『양계유고梁溪遺稿』 권2 「주봉년시집서朱逢年詩集序」)

우무가 주희와 서로 가깝게 된 계기는 서로 정치적 견해와 사상이 일치했을 뿐만 아니라 시의 취향에서도 같은 길을 갔기 때문이다. 주희가 남강을 떠나 남쪽으로 돌아갈 때 우무는 송별시를 지어서 그를 높이 찬양하였다.

남쪽으로 가는 주회암을 보내며　　　　　　　　　　送朱晦庵南歸

2년 동안 백성의 상처를 어루만진 덕　　　　　　　二年摩手撫瘡痍

생각하면 여산 오로봉처럼 높다　　　　　　　　　思與廬山五老齊

옥황상제의 향안 곁에서 모셔야 하나　　　　　　合侍玉皇香案側

도리어 화려한 부절을 지니고 강서로 가서　　　却持華節大江西

백록동 제생을 새롭게 하고　　　　　　　　　　鼎新白鹿諸生學

장강에 만 길 제방을 쌓았네　　　　　　　　　　築就長江萬丈堤

먹여주기를 바라던 굶주린 백성 그 덕을 연모하여　待哺饑民偏戀德

노인조차 아이처럼 울었다　　　　　　　　　　　老翁猶作小兒啼

　　　　　　　　　　　　　　　　　　　　　　—동상, 권1

강서 안무사에 임명된 신기질도 같은 시기에 주희와 남다른 우의를 맺었다. 주희와 신기질이 처음 알게 된 때는 순희 5년(1178)이다. 이해 8월에 주희가 유공劉珙의 영구를 맞아 곡하기 위해 익양弋陽에 갔는데, 바로 그때 신기질도 7월에 조정에서 나와서 호북 전운부사湖北轉運副使로 가게 되어 상요上饒로 돌아가던 중에 먼저 유공의 영구를 맞으러 나갈 작정이었다. 그리하여 두 사람이 처음으로 만나게 되었다.[14]

당시 주희는 막 남강군 지군에 제수되었는데, 오랫동안 민중閩中의 산간에 칩거했던 까닭에 강서와 절강의 정황에 대해 거의 아무것도 모르고 있었다. 그래서 신기질에게 민閩 바깥 세계의 현실 상황을 상세히 물었다. 나중에 그는 이때 신기질을 만나고서 들은 괴이한 소문 하나를 언급하였다.

> 복건은 부세를 마련하기가 쉽지만 절중浙中은 아무 근거 없이 마구잡이로 징수하는 일이 수도 없이 많아서 백성이 제대로 살 수가 없었다. 정전丁錢(인두세)이 3,500이나 되는 자도 있었다. 사람들은 이로 말미암아 중사中使(궁중에서 파견한 환관)를 통해 궁중의 이름을 빌려서 세금을 면제 받으려고 많이들 꾀했다. 전에 신유안辛幼安(신기질)을 만났는데, '분뇨를 실은 배(糞船)에

---

14 주희의 『문집』 권25 「답여백공서」에서 "저는 내일 자계紫溪를 나가서 유 추밀劉中樞(추밀사 유공)의 영구를 맞아 곡을 하러 갑니다."라고 하였다. 이 편지는 순희 5년(1178) 8월 17일에 썼다. 또 『속집』 권5 「답우상서答尤尚書」에서 "저는 어제 유공의 영구가 돌아온다는 소식을 듣고 즉시 자계로 달려갔습니다. 영구가 무거워서 운구하기 어렵다는 말을 들었는데, 평보平父(유평)가 도중에 상의할 사람이 적을까 염려하여서 마침내 익양으로 가서 기다린 듯합니다."라고 하였다. 신기질이 호북 전운부사로 부임한 것은 장식의 직임을 대신한 것이다. 장식이 호북 전운부사에 제수된 때는 순희 5년 7월이다. 그리고 같은 달 호북 안무사에 고쳐 제수되었으며, 8월에 임지에 도착하였다.(•「장선공연보張宣公年譜」를 참고해 보라) 그렇다면 신기질이 호북 전운부사에 제수된 때도 7월이니, 8월에는 당연히 상요에 있었다. 또 『어류』 권111에서는 "…… 전에 신유안辛幼安(신기질)을 만났는데, '분뇨를 실은 배에도 덕수궁의 깃발을 꽂는다'고 하였다. 나는 처음에는 믿지 않았지만, 나중에 절동 제거가 되어서 직접 이런 일을 보았다."라고 하였다. 주희가 절동 제거가 된 때는 순희 8년(1181)이다. 이전에 신기질은 순희 7년 연말에 강서 안무사가 되었고, 순희 8년 윤3월에 주희는 남강의 임소를 떠나 돌아갔다. 이 3개월 동안 주희와 신기질이 서로 만났을 가능성은 없다. 그러므로 두 사람이 서로 만나서 분뇨를 실은 배에 덕수궁 기를 꽂은 일에 대해 직접 언급한 일은 필시 순희 5년 8월에 있었으리라.

도 덕수궁德壽宮의 깃발을 꽂는다'고 하였다. 나는 처음에는 믿지 않았지만 나중에 절동 제거가 되어서 직접 이런 일을 보았다.　　　　　　—『어류』 권111

그 뒤 신기질은 상요를 떠나 호북湖北으로 가서 부임하였다. 그는 강릉江陵에서 중양절重陽節에 교외로 나가 용산龍山에 올라갔다가 주희에게 축수하는 시 한 수를 보냈는데, 뜻밖에도 마음을 다하여서 주희를 당요唐堯 이후의 유가 성인으로 추앙하였다.

주희옹을 축수하며　　　　　　　　　　　　　　　　　　壽朱晦翁

서풍은 먼지를 말아 올려 서리 맞은 죽순을 보호하고	西風卷盡護霜筠
벽옥 같은 둥근 하늘에 달빛이 새롭다	碧玉壺天月色新
봉새가 5백 년이 지나 다시 태어난 날	鳳歷半千開誕日
용산엔 중양절 좋은 날이 다가왔다	龍山重九逼嘉辰
먼저 마음을 좌선하여 귀신도 복종하게 했고	先心坐使鬼神伏
한 번 웃음으로 우주에 봄이 돌아오게 할 수 있다	一笑能回宇宙春
요임금 이래 천년 뒤	歷數唐堯千載下
공 같은 이 기껏해야 두셋뿐	如公僅有兩三人

—『신가헌시문초존辛稼軒詩文抄存』

주희는 순희 7년(1180) 말부터 순희 8년 윤3월까지 남강에 근무한 3, 4개월 동안 강서 안무사로 있는 신기질과 함께 재해 구제와 진황에 관해 서로 협조하였다. 주희는 먼저는 장자안張子顏을 통해, 뒤에는 신기질을 통해 상류에서 쌀의 반입을 저지하지 못하도록 막았다. 그들은 또 서로 간에 진휼과 구제의 방법을 차용하였다. 주희는 신기질이 호남 안무사 시절에 시행했던, '겁화자참劫禾者斬, 폐조자배閉糶者配(벼를 겁탈하는 자는 참수하고, 곡식의 반출을 막는 자는 도배徙配한다)'라는 여덟 자 황정荒政의 법에서 계발을 받아 세밀한 진제 방법을 제정하였다. 한편 신기질도 강서에서 주희의 방법을 확대 적용하여 '폐적자배閉糴者配, 강적자참强糴者斬(양식 반입을 막는 자는 도배하고, 억지로 반입한 자는 참수한다)'이라는 여덟 자 황정의 법을 제정하였다(『송사』「신기질전」). 허급지許及之는 신기질이 "이웃 고을로 곡식을 유통시키는 일을 금하고, 월장전月椿錢의 비용을 줄였다."라고 말했는데(『섭재집涉齋集』 권13 「상신안무이십운上辛按撫二十韻」), 이 방법은 주희의 방법과 대동소이하였다. 두 사람은 모두 황정을 잘 다스리고 같은 시기에 다른 관직으로 전임하였다.

　　주희는 또 쇠가죽을 사사로이 판매하는 일로 신기질과 편지를 주고받았는데, 그 사정을 융흥 교수隆興敎授 황호黃灝에게 다음과 같이 말하였다.

> 신 수辛帥(신기질)의 객선客船이 쇠가죽을 팔러 가면서 이곳을 지나갔습니다. 새 강서 안무사의 점패占牌(게시판)를 걸고, 장막을 쳐서 배의 창문을 촘촘히 가렸고, 지키는 병졸은 겨우 셋 정도였는데, 처음에는 검색을 거부하다가 결국 물건을 찾아내자 수사를 핑계로 대면서 '회동淮東의 총소總所에서 나온 것입니다'라고 하였습니다. 일을 가볍게 처리할 수 없기에, 몰수하여서 관에 넣게 하였습니다. 어제 신 수의 편지를 받았는데, 도리어 '군軍(행정단위의 군)에서 수매한 것입니다'라고 하였습니다. 너무 심하게 할 수 없는 형편이라 도로 돌려주어야 합니다만, 또한 매우 마음이 편치 않습니다.
> ──『별집』 권6 「여황상백與黃商伯」

　　신기질은 건도 6년(1170)에 도성에서 같은 골목(巷)에 살던 장식, 여조겸과 종유했고, 순희 5년(1178)에는 호북에서 또 장식과 같이 벼슬을 살았다. 그러나 그는 주희·장식·여조겸 세 이학 대사 가운데 역시 주희를 가장 추중하였다. 순희 8년에 그는 「제여동래선생문祭呂東萊先生文」에서 다음과 같이 말하였다. "이제 위로는 이락伊洛(정호와 정이)을 계승하고 멀리 수사洙泗(공자)까지 거슬러 올라갔기에 모두들 주(주희)·장(장식)·동래(여조겸)가 한 시대 솥발처럼 셋이 우뚝 섰다고 합니다. 배우는 사람은 종주宗周가 있고, 성인의 전승은 추락하지 않았습니다."(『오백가파방대전문수五百家播芳大全文粹』 권92) 그가 주희와 평생지기의 친교를 맺은 것은 이런 이학 사상에 대한 공동 신념을 기반으로 하였다.

주희와 육유의 관계도 그와 우무, 신기질의 관계와 마찬가지였다. 육유는 창사倉司를 주관하고 있었는데, 구체적으로는 빚을 놓고 거둬들여서 진황하는 종류의 업무를 맡고 있었다. 그는 새 현령 고남수高南壽에게 시를 보내 권면하였다. "추위를 재촉하는 찬비에 객은 외투를 입고 / 풀밭을 가며 노숙하더라도 감히 수고를 사양하리오 / 기근에 백성은 술지게미도 모자란데 / 아전은 게을러서 관의 창고엔 쥐와 참새가 들끓는다 / 여염에는 관대하게 대하여 채찍질하지 말고 / 변방의 보루에서는 무섭게 활과 칼로 엄격하게 하지 말라 / 궁궐에서 거듭 간곡하게 조칙을 내리셨으니 / 우리는 이 책임을 쉽게 벗어나지 못한다네(小雨促寒著客袍, 草行露宿敢謝勞. 歲飢民食糟糠窄, 吏惰官倉鼠雀豪. 只要閭閻寬箠楚, 不須亭障肅弓刀. 九重樓下丁寧詔, 此責吾曹未易逃)"(『검남시고劍南詩稿』 권12)

고남수는 온 마음을 다해서 창고를 열어 양곡을 내려고 애썼고, 큰 가뭄에는 성황신에게 "제 목숨을 3년 줄이고 열흘만 비를 내려주소서."라고 기도하면서 비를 빌었다. 주희는 이 말을 듣고 매우 감동하여서 다음과 같이 말하였다. "우리 관속이 모두 고 영윤高令尹처럼 된다면 내가 무슨 걱정이 있겠는가?"(『강서통지江西通志』 권128 「환적록宦績錄」)

육유는 시를 공부하면서 먼저는 강서파의 딱딱하고 거칠며 호방한 폐단을 경계하고, 돌이켜서 만당晚唐의 온윤溫潤하고 기교가 빼어난 점을 배웠다. 계속하여 또 표현은 정교하지만 문풍이 바르지 않고 지나치게 새로운 만당파의 잘못을 경계하고, 나아가 위·진, 이백, 두보의 청담함과 수려한 아름다움을 본받아 마침내 스스로 우뚝하게 대가가 되어서 '소태백小太白'이라는 미칭을 얻었다. 위로는 도연명에 뿌리를 두고 중간으로는 이백과 두보를 본받고 가까이로는 완릉宛陵(매요신梅堯臣)에게서 취한 그의 시의 길은 주희가 걸어간 길과 일치하였다. 그래서 주희는 육유의 시문에 매우 진심으로 탄복하여서 '근대에 오직 이 사람만이 시인의 풍치를 갖고 있다', '방옹方翁(육유)은 늙을수록 붓이 더욱 강건하여서 이제는 제일류가 되었다'고 인정하였다.

순희 7년(1180) 4월에 주송의 『위재집韋齋集』을 주희의 제자인 융흥 교수 황호가 강서에서 간행하였다. 주희는 부자득傅自得의 서문의 권위를 빌려 자기의 시학이 도연명과 위응물의 청담함과 자연스러움을 선양한 것이라고 주장하였다. 11월에는 또 황호가 주희의 『어맹요의語孟要義』를 융흥에서 간행했는데,[15] 육유는 제거의 직에 있으면서 학교의 사무와 서적 간행을 관장하는 와중에 자기의 『육씨속집험방陸氏續集驗方』을 강서 창사倉司의 민위심재民爲心齋에서 간행하였다. 그러므로 주희가 황호를 통해 육유에게 백록동서원의 장

---

15 오늘날 사람들은 대부분 주희가 이해에 『어맹정의』를 남강에서 간행했다고 여기고 이것을 남강본이라고 하는데, 사실은 잘못이다.(처음 제호는 『어맹정의』였지만, 나중에 『어맹요의』, 『어맹집의』로 각각 제호를 바꾸었다. ─ 역자 주) 「서어맹요의서書語孟要義序後」를 살펴보면, "예장군豫章郡의 문학文學인 남강의 황상백黃商伯(황호)이 보고서 기뻐하여 그의 학교에서 간행하였다. ……"라고 하였다. 황호는 당시 융흥 부학府學의 교수를 맡고 있었고, 이미 '그 학교에서 간행하였다'고 했으니, 마땅히 강서 융흥의 군학郡學에서 간행된 것이다. 대체로 황호가 남강 사람이라는 것이지, 황호가 남강에서 책을 간행했다는 말이 아님은 매우 분명하다. 주희는 남강에서 자기 책을 간행하는 일이 화를 불러올까 두려웠기 때문에 대부분 강서에서 간행했고, 이로써 비방하는 논의를 피하였다.

서를 구하였고, 황호가 강서에서 주송과 주희의 저작을 간행한 일은 응당 육유의 찬동과 허가를 받은 것이었다. 두 사람이 오래지 않아 절중에서 만났을 때 관계가 더욱 친밀해진 것도 이상하지 않다.

그러나 시부사장詩賦詞章은 주희에게 결국은 소도小道요, 여가의 일이었다. 남강에서 주희가 더욱 열렬하게 탐구하고 토론하며 선전한 것은 자기의 이학이었다. 당대의 이학, 경학의 대가들과 함께 더욱 숱하게 학술적 교류를 시작하였던 것이다. 경학 사상의 진일보한 발전 가운데서 그는 역학에 더욱 많은 관심을 집중하였다. 『역』을 복서의 책으로 보는, 전통적인 경학 해석의 체계에서 벗어난 새로운 발견에 자극을 받아 상수설象數設著를 강렬하게 애호했기 때문에 그는 온갖 학파와 유파의 역설易說을 모두 찾아 탐구하고 어느 하나라도 버리려 하지는 않았다.

그는 남강에서 네 학자의 『역』을 연구하고 나서 스스로 다음과 같이 말하였다.

> 예전에 남강에서 네 학자의 『역』을 보았다. 예컨대, 유 거사劉居士의 변괘는 매 괘가 예순 넷으로 변했는데, 도리어 옛것에 근거하고 있다. 주 삼교周三敎 및 유 허곡劉虛谷(유열)은 모두 도를 어지럽혔다. 그 밖에 또 대 주부戴主簿(대사유戴師愈)가 있는데, 『마의역麻衣易』을 전승하였으나 그것은 바로 대 공戴公이 거짓으로 만들어낸 것이다.　　　　　——『어류』 권67

허곡자虛谷子 유열劉烈은 소년 시절의 주희에게 역학을 가르쳐준 스승이다. 주희는 여산 태평흥국궁太平興國宮 뒤에 있는 무심당無心堂으로 허곡자의 유적을 찾아가서 그의 『역해易解』를 볼 수 있었다. 허곡자의 『역해』는 술수術數로 『역』을 해설한 도교도의 저작이다. 전해지는 말에 따르면 『정역심법正易

心法』은 오대五代에 마의麻衣라는 도사가 지은 것이라 하며, 희이希夷 진단陳摶에게 전해졌다가, 이후 또 허견許堅을 거쳐서 여산의 은자 이잠李潛이 그것을 얻었다고 한다. 주희는 이 책이 상음湘陰의 주부主簿 대사유戴師愈라는 노유老儒가 거짓으로 가탁하여서 지은 것임을 발견하였다. 순희 6년(1179)에 주희가 남강에 도착했을 때 옥계자玉溪子 대사유가 『마의심역麻衣心易』을 가지고 그를 예방하였다.

주희는 나중에 이 책이 위서僞書임을 발견하게 된 경위를 상세히 서술하였다.

잠시 남강의 수령이 되어서 처음 이르렀을 때 전前 상음 주부湘陰主簿 대사유戴師愈라는 자가 찾아왔다. 늙고 절름발이였는데 그 사위의 부축을 받으면서 앞으로 나왔다. 앉아서 대화한 지 오래지 않아 곧 『마의역설麻衣易說』을 언급하였다. 그 말이 어둡고 난삽하며 전혀 조리가 없었다. 전해준 스승이 누구인지를 묻자, '은자에게서 얻었다'고 하였다. 그 은자가 누구인지를 묻자, '그는 세상 사람에게 성명을 알리고자 하지 않아서 감히 말하지 못한다'고 하였다. 다시 동네 사람들에게 물었더니 모두 말하기를, '책은 오직 대씨에게서 나왔으며, 그것이 어디에서 유래했는지는 아무도 모른다'고 하였다. …… 나중에 그의 집에 가서 다시 물었더니 '『역』을 배우되 이것을 모르면 괘획의 오묘함에 밝지 못하고 그 적용도 잘못될 것'이라 하였다. 내가 잘못이란 무엇을 말하는 것인지 묻자, '감坎과 태兌는 모두 물이지만 괘획이 다르다. 만약 약을 달이는 자가 살피지 않고서 잘못 쓰면 그 약성을 잃을 것'이라 하였다. 내가 이미 그의 망령됨을 알고서 더 이상 묻지 않았다. 그런데 그의 책상에서 그가 지은 것으로 보이는 잡스러운 책 한 편이 있기에 가져다 읽어보니 그 용어와 기상이 완연히 『마의역』이었다. 그 안에서 잡다하게 논하는 세세한 일이 또한 대부분 말이 되지 않았다. 공이 남에게 갖다 붙여서 사람들을 속인 것이었다. …… 돌아온 뒤 빨리 가져다 보니, 맨 마지막 발어는 본래 그가 지은 것이었고, 한 책에 네 사람의 글을 실었지만 체제나 규모가 한 사람의 손에서 나온 것이었다. 그런 다음에 비로소 의심한 것이 근거 없지 않음을 더욱 깊이 믿게 되었다. 그러나 이때 대씨는 이미 병들어서 정신이 혼미했고 오래지 않아 죽어서 마침내 더 이상 추궁할 수 없었다. 그의 『역도易圖』몇 권을 얻어서 열람했더니 또한 모두 비루하고 자질구레하며 근거 없는 천착이라 마치 어린아이의 장난 같았다. ……　　　　　　　—『문집』 권81 「재발마의역설후再跋麻衣易說後」

이 『마의역』은 도리어 원근의 상수역학가들을 놀라게 하였다. 사수沙隨의 정형程逈은 이 책을 간행하여서 세상에 전하자고 주장하였고, 이춘李椿은 주희더러 대사유를 태평太平까지 전송하게 하여 만나서 물어보았으며, 심지어 태평에서 직접 『마의역』을 간행하였고, 이어서 주자중周子中도 서주舒州에서 이 책을 간행하였다. 주희는 이 책이 '깔끔하지 않은 선禪이고, 깔끔하지 않은 수양법이며, 깔끔하지 않은 일시법日時法'이라고 하였다(『어류』 권67).

그러나 주희는 대사유를 방문한 뒤 오히려 대사유의 시에 화답하는 시를 지어서 마음의 자취를 토로하였다.

대 주부의 운에 화답하다　　　　　　　　　　　和戴主簿韻

평소 본디 스스로 은거하기를 좋아하였으니　　　　　平生本自好樓

하물며 고인을 길고 긴 한낮의 여가에 만났음에랴?　　況接高人永晝餘

함께 강산 즐기며 술자리를 하여　　　　　　　　　共喜江山入尊俎

막부에서 가르침 받으며 문서를 빠뜨렸네   從教幕府省文書

그대 새 시구를 보내주어 감격하고   感君肯出新詩句

내 끝내 옛 초가집 생각하니 한스럽네   恨我終思舊草廬

『마의역설』에 의지하여 하도낙서를 교정하며   擬借韋編訂龍馬

납갑으로 달을 말하는 것 면한다네   免推納甲話蟾蜍

—『문집』 권7

　상수역학가들이 이 책을 좋아하게 된 까닭은 '학자는 마땅히 희황義皇(복희씨)의 마음을 가지고 달려가야지, 주공과 공자의 발밑에서 머뭇거려서는 안된다'는 대담한 두 구절의 말 때문이었다. 이것은 실제로 복희역伏羲易의 본의本義를 탐구하려 한 주희의 역학 사상과 상통한다. 그래서 그는 처음에는 『마의역설』에 의지하여서 하도낙서河圖洛書를 교정하려고' 생각했던 것이다.

　주희는 남강에서 정형과 곽옹郭雍·정대창程大昌 등 상수역학의 명실상부한 대사 세 사람의 저작을 연구했는데, 이는 술수가 잡스럽게 섞인 네 학자의 『역』보다 그에게 더 직접적이고 심원한 영향을 끼쳤다. 정형은 자가 가구可久이며 호는 사수沙隨이다. 곤산昆山의 옥보玉葆, 가화嘉禾의 문인무덕聞人茂德, 엄릉嚴陵의 유저喩樗에게서 경학을 배웠다. 저서로 『고역고古易考』·『고역장구古易章句』·『고점법古占法』·『주역외편周易外編』 등이 있다. 그는 비록 『역』을 복서의 책으로 인정하지는 않았지만, 오히려 상수 점법의 연구에 특별히 치중하였다. 소옹邵雍의 가일배법加一倍法에 근본을 둔 그의 『역』 이론은 나중에 주희에게 대부분 채용되었다.

　정형은 당시 현령을 맡고 있었다. 순희 7년(1180)에 그는 주희에게 자기의 『고점법』·『주역외편』·『도의圖義』·『전제설田制說』 등의 책을 보내주고 광범위한 토론을 전개하였다. 주희는 전제에 대해서는 「개천맥변開阡陌辨」이라는 전

문적인 글을 써서 상세히 고찰하고 논변하였다. 『역』 이론에 대해서도 주희
는 비교적 신중한 태도를 취하였다.

나중에 노재魯齋 왕백王柏은 두 사람이 최초로 벌인 역학 논변을 다음과
같이 언급하였다. "문공 주 선생은 『역본의易本義』를 지어서 『역』이 본래 복서
의 책이라고 했는데, 당시 학자들이 모두 의심하였다. 오직 사수 정 선생만
복서로 『역』을 설명하기를 좋아하여서 『잡편雜編』이라는 책 하나를 갖고 있
었는데, 아마도 직접 지은 듯하다. 그 문인이 얻어서 문공에게 바쳤는데, 문
공은 나중에 지은 책이 아닌가 의심하고 '돌아와서(*생각건대, 남강의 임소에서 돌아
온 것을 가리킨다) 이 설을 가지고 사수 선생에게 어떻게 생각하는지 모르겠다고
질의하였다'고 하였다. 선생이 선배를 대한 예가 이처럼 공손했음을 알 수 있
다."(『노재집魯齋集』 권11 「발사수역잡기증사문跋沙隨易雜記贈師文」) 주희는 남강에서 돌아온
뒤에 곧 정형과 역학 논전을 펼쳤다.

곽옹은 자가 자화子和이다. 협주峽州 장양산長楊山 골짜기에 은거하면서 스
스로 백운 선생白雲先生이라 하였다. 여러 차례 부름을 받았으나 나아가지 않
자 조정에서는 충회 처사沖晦處士라는 호를 내리고 나중에 다시 이정 선생頤
正先生으로 봉하였다. 곽옹의 아버지 곽충효郭忠孝(*입지立之)는 정이의 제자이며
호가 겸산 선생兼山先生이다. 그는 비록 가장 오랫동안 정이를 종유했지만 유
독 상수역학을 좋아하고 정이의 의리 『역』 이론을 좋아하지 않았다. 스스로
하양河陽의 진안민陳安民(*자혜子惠)으로부터 이정지李挺之의 선천괘변론先天卦變論
의 비전秘傳을 홀로 얻었다고 말하였다.

주희는 "겸산의 역서易書는 상수학에 빠졌다."라고 했지만, 건도 연간에
『이락연원록伊洛淵源錄』을 쓸 때는 "곽충효가 지은 역서는 오로지 호체互體와
괘변卦變을 논하여서 (*정씨의) 『역전』과 매우 다르다."라고 하였다. 그런데 겸
산이 『역』을 복서의 책으로 단정하고 선천역학先天易學을 좋아하여 곧바로 자

기의 상수학이 이정지로부터 나왔다고 선포한 것은 도서상수圖書象數로 전향하여서 심취했던 주희의 눈과 정신을 번쩍 뜨이게 하였다. 『역』이 복서의 책이라는 주희의 새로운 발견은 의심할 바 없이 겸산의 계시를 받은 것이다.

곽옹은 겸산의 가학을 계승하여서 소흥 연간에 『가전역설家傳易說』 11권을 지었다. 순희 초에 방문일方聞一이 정호·정이·장재·유작游酢·양시楊時, 곽충효와 곽옹 부자 등 7가家의 역설을 모아서 『대역수언大易粹言』이라는 책을 만들었는데, 곧 세상에 널리 성행하였으며, 더욱이 주희에게 곽옹의 역학에 대한 주목을 불러일으켰다. 곽옹은, 복희가 획을 그리고 문왕이 글을 지었으며 공자가 전傳을 지었다는 삼성역三聖易의 사상을 인정하였다. 복서설시卜筮揲蓍에 중점을 두어서 『시괘변의蓍卦辨疑』를 짓고, 소옹·장재·정이·곽충효 네 학자의 설시법에 변증을 더하였다. 역의 도道와 역의 사辭가 모두 상象에서 나왔다고 보아, "상을 잊어버리고서 『역』을 아는 자는 없다."라고 하였고, 또 '역의 상을 깊이 연구하여' 역의 도를 안다고 주장하였다(『대역수언』). 이런 점은 모두 주희의 상수역학 사상과 일치한다.

순희 7년(1180)에 곽옹은 자발적으로 주희에게 편지를 보내서 그의 경설經說에 대해 다른 견해를 제시하였다. 주희는 자기의 『역』 이론이 아직 성숙하지 않았음을 느끼고 남강의 임기를 마친 뒤에 돌아가면 구체적으로 연구하려고 생각하였다. 그는 곧 남강에서 간행한 글을 곽옹에게 보내주었다. 주희와 곽옹의 역학 논전은 바로 주희가 남강을 떠나 민으로 돌아온 뒤 정형과 진행한 역학 논전과 함께 시작되었다.

정대창은 자가 태지泰之이고, 『역』·『상서尙書』와 명물고고名物考古의 학에 정통했으며, 저서에 『우공론禹貢論』·『역원易原』·『역로통언易老通言』·『고고편考古編』·『연번로演繁露』 등의 서적이 있다. 순희 4년(1177)에 그는 조정에 『우공론』을 진상하였다. 주희는 순희 5년에 우무를 통해 정대창과 처음 알게 되었고,

그로부터 『우공론』을 얻었다. 이 책을 통해 주희는 『상서』에 대한 연구를 한 걸음 진전시켰다. 주희는 남강에 부임하여서 여산과 팽려호彭蠡湖에 대한 현장 조사를 한 뒤 나중에 유명한 「구강팽려변九江彭蠡辨」이라는 글을 썼다.

정대창은 역학과 노자를 뒤섞은 상수역학의 대가이다. 그의 『역로통언』은 역학과 노자를 융합 관통한 책인데 노자로 『역』을 해설했기 때문에, 주희는 그 책을 비루하고 천박하다고 여겨서 취하지 않았다. 그러나 정대창의 『역원』은 전문적으로 하도河圖와 낙서洛書, 상수설시를 탐구한 책이면서[16] 또한 주희와는 발걸음은 달라도 같은 방향으로 향하고 있었다. 순희 8년(1181)에 주희가 그의 『역로통언』을 읽게 된 것은 곧 정대창과 역학 논전을 벌이는 도화선이 되었다.

주희는 타고난 본성이 지기 싫어하고 변론을 좋아하는 성격이었다. 그러나 이런 성격은 바로 이학가로서 그의 쉼 없는 자아 반성과 탐색의 정신을 보여준다. 이런 점들은 모두 그가 남강에 있을 때 머릿속에서 이미 상수역학 사상을 양성하고 있었음을 분명하게 드러낸다. 그가 네 학자의 역학과 (정형·곽옹·정대창의) 삼대 상수역학을 탐구한 일은 상수역학의 중대한 논전이 도래하고 있음을 예시한다.

남강에서 주희가 끊임없이 시가를 짓고 이학 사상을 탐구하고, 삼교구류三敎九流의 인물과 교유하는 동안에, 승려 한 사람과 도사 한 사람이 그에게 중요한 영향을 끼쳤다. 도사 최가언崔嘉彦은 그의 방외方外의 도우道友였고, 납승 지남志南은 그의 방외의 시우詩友였다. 최가언은 자가 희범希範이며, 호가

---

16 『직재서록해제直齋書錄解題』를 참조하라. "『역원易原』 10권은 맨 먼저 천지天地의 수 55를 논하고, 하도河圖, 낙서洛書와 대연지수大衍之數의 차이점을 참고하여서, 이것으로 역의 근원을 삼았다. 그리고 괘변卦變과 설법揲法에 대해서는 모두 도圖와 논변論辨이 있는데, 때때로 자기의 견해로 단정해서 선유의 견해를 벗어났다."

자허 진인紫虛眞人이다. 신농神農의 의술과 도가의 연단법에 정통했고, 학문은
유가와 도교를 관통하였다. 젊은 시절부터 강개하고 기이한 선비로 알려졌
다. 나중에 파동巴東의 삼협三峽에 은거하다가 한번은 동쪽 오월吳越로 내려와
당시의 재상 조정趙鼎을 찾아가서 '경전耕戰의 대책'을 제시했는데, 조정이 파
직당하는 바람에 쓰이지 못하였다. 그로부터 그는 여산의 와룡폭臥龍瀑 동쪽
서원암西原庵에 집을 짓고 은거하면서 밭을 갈고 약초를 심어 자급자족하며
'낮에는 부지런히 밭을 갈고 밤에는 토납吐納하는' 은사의 생활을 하였다.

주희가 광려에서 평소 즐긴 일 가운데 하나는 서원암에 가서 최가언과 함
께 연단과 의술에 대해 담론하고, 돌아오는 것조차 잊고 시를 읊는 것이었다.
그리하여 최가언으로부터 진맥과 치료, 토납과 연단의 지식을 꽤 많이 배웠
다. 주희는 장동張棟에게 화답한 시에서 이 서원암의 자허 진인을 다음과 같
이 묘사하였다. "몸을 의지할 데 없어 / 빈산에 서까래 하나를 올렸네 / 걸린
문으로는 절벽을 엿보고 / 굽은 산길로는 층층의 산꼭대기 오르네 / 난간은
넓어 물결을 삼키고 / 창문은 텅 비어 계곡 물소리가 울리네 / 단경(도교 경전)
을 홀로 한가히 읽지만 / 신선을 배우려 함은 아니네(無處堪投迹, 空山寄一椽. 懸門
窺絶壁, 繚徑上層巓. 檻闊呑江浪, 窓虛響谷泉. 丹經閑自讀, 不爲學神仙)"(『문집』 권7 「장언보의 서원
암에 차운하여 짓다(次張彦輔西原之作)」)

순희 7년(1180)에 주희는 봉급으로 받은 10만 전을 아낌없이 써서 최가언
에게 와룡폭 부근에 와룡암臥龍庵을 짓게 하였다. 실은 관직을 그만두고 난
뒤 최가언과 이웃해 살면서 도교의 경전과 유학의 경전을 함께 읽고 세상을
피해 살려는 계산을 하고 있었기 때문이다. 그는 시 한 수로 마음의 자취를
토로하였다. "서원에 늙은이 / 만 혁에 창과 방패 숨겼다네 / 학문은 세속 선
비를 부르는 듯하고 / 이에 성인 공자를 맞으려 하네 / 선생은 또한 그러지
않아 / 한 달만 머무르려 하네 / 내 결심하고 계획하기를 기다려 / 뒷날 좇아

노닐 곳을 점친다네(西原有老翁, 卷舌藏戈矛. 似學辟世士, 乃欲邀聖丘. 先生且無然, 但作一月留. 俟我有決計, 它時卜從游)"(『별집』 권7 「10월 상휴일에 와룡과 옥연, 삼협에서 놀면서 황산곡의 '경록요수야초鷲鹿要須野草, 명구본원추강鳴鷗本願秋江'이라는 시구를 가지고 운을 나누어 시를 지었는데 '구鷗'자를 얻다(十月上休日遊臥龍玉淵三峽用山谷鷲鹿要須野草鳴鷗本願秋江分韻得鷗字)」)

　　10년 뒤 최가언이 세상을 떠나자 주희는 만시 두 수를 지어서 애도하였다.

관중과 섭서 사이에 숨어 사는 노인은　　　　　關陝遺耆老

타고난 자품이 용감하여　　　　　　　　　　天資得勇多

두 눈동자는 햇빛을 쏘아보는 듯하고　　　　雙瞳光射日

변설은 강물을 쏟아붓듯 하였다　　　　　　寸舌辯傾河

세 강이 내려다보이는 곳에 살며　　　　　　居俯三江近

다섯 늙은이를 이웃하여 지냈다　　　　　　隣從五老過

초가집은 텅 비고 사람도 없는데　　　　　　廬空人不見

원숭이와 학은 어찌 그리 슬프게 우는가　　猿鶴奈愁何

숲 속에서 서로 따른 지　　　　　　　　　　林下相從舊

돌아보니 10년　　　　　　　　　　　　　　回頭一十年

그대는 금정결을 논하고　　　　　　　　　　君論金鼎訣

나는 백운편을 읊었다　　　　　　　　　　　我賦白雲篇

산수는 한가한 뜻이 없고　　　　　　　　　泉石無閑意

단사는 세상의 인연을 맺어준다　　　　　　丹砂結世緣

강산에 뼈 묻은 곳이 텅 비었으니　　　　　康山空葬骨

이미 동굴 속의 신선이 되셨으리라　　　　已作洞中仙

　　　　　　　　　　　　　　　　──『강주도경지江州圖經志』

최자허崔紫虛(최가언)와 함께 금정단결金鼎丹訣을 논한 일은 나중에 주희가 『참동계고이參同契考異』를 짓는 데 기초를 준비해준 셈이다. 최자허는 도가의 명의요 고수이기도 해서 『맥경脈經』에 더욱 정통했고, 『맥결脈訣』이라는 저명한 저서 한 권이 후세에 전해진다.[17]

의약에 관한 주희의 지식은 대부분 변설이 강물을 쏟아 놓은 듯한 이 자허 진인에게서 얻은 것이다. 주희는 경원 원년(1195)에 곽충회郭沖晦(곽옹) 거사의 『의서醫書』한 편을 얻었는데 그 가운데 들어 있는 맥법脈法을 다음과 같이 비판하였다.

옛사람이 맥을 살피는 방법은 본래 한 가지만이 아니다. 그러나 오늘날 세상에 통용되는 방법은 오직 촌寸·관關·척尺의 진맥을 가장 중요시한다. 그 설은 『난경難經』의 첫 편에 갖추어져 있으니, 또한 항간의 저속한 설이 아니다. …… 일찍이 『난경』에서 척·촌을 나누는 방법을 보니 모두 관에서 부터 앞뒤로 하여 어제魚際·척택尺澤과 사이를 띄운다. 이른바 관이라는 것은 반드시 일정한 장소가 있고, 또한 어제·척택은 겉으로 보아서 먼저 아는 곳이다. …… 유독 세속에서 전하는 『맥결脈訣』은 5, 7언言의 운으로 되어 있는데, 말이 아주 비속하고 천하여서 본래 숙화叔和(서진 때 의사, 『맥결』의 저자로 알려져 있다)의 책이 아님이 매우 분명하다. 여기서는(곽충회의 의서) 고 골高骨(솟은 뼈)을 곧바로 관關이라 하고 앞과 뒤를 나누어서 촌척과 음양의

---

17 『사고전서제요四庫全書提要』권105 : "『최진인맥결崔眞人脈訣』1권. 구본은 자허 진인紫虛眞人이 짓고 동원 노인東垣老人 이고李杲가 교정하고 평석한 것으로 되어 있다. 고증하건대, 자허 진인은 송의 도사 최가언崔嘉彦이다. …… 송 이래 여러 학자들의 서목書目에는 기록되지 않다가 초횡焦竑의 『국사경적지國史經籍志』에 비로소 실렸다. 『동원십서東垣十書』는 그것을 취하여서 맨 앞에다 두었다. 이시진李時珍이 『빈호맥학瀕湖脈學』에 부록하였다."

자리로 삼았으니, 『난경』의 본지를 얻은 듯하다.

— 『문집』 권83 「발곽장양의서跋郭長陽醫書」

주희가 남강에서 최가언과 시를 짓고 연단을 논할 때 최가언도 마침 사언四言으로 된 『맥결』을 지었다. 도종의陶宗儀가 『남촌철경록南村輟耕錄』에서 "송 순희 연간에 남강의 자허 은군紫虛隱君 최가언이 『난경』에서 육난六難은 오로지 부침浮沈을 말하고 구난九難은 오로지 지삭遲數을 말한다고 하면서, 그것을 종宗으로 삼아 7표表 8리裏를 통섭하여서 만병을 총망라하였다."라고 한 말은 곧 사언으로 된 『맥결』을 가리킨다. 사언 『맥결』은 바로 고골高骨을 관關으로 삼는다. "처음에 맥을 잡을 때 손바닥이 위로 향하게 한다. 손바닥 뒤의 고골을 관상關上이라고 한다. 관전關前은 양이고 관후關後는 음이다. 양은 촌寸이고 음은 척尺이니, 앞뒤로 유추하여서 찾는다."(이시진李時珍, 『빈호맥학瀕湖脈學』) 맥을 관찰하는 주희의 방법은 분명 최가언으로부터 들은 것이다. 주희는 학식이 깊고 넓은 도교도와 교유하는 가운데 자연과학 지식을 풍부하게 얻었다.

남강에서, 지남 상인志南上人은 산을 유람하며 시를 주고받던 주희의 수많은 도학 제자들 가운데 섞여 있었지만 두드러진 몸가짐을 하여서 특별한 주목을 끌었다. 그는 이때 건덕建德 매산사梅山寺에 주석拄錫하고 있으면서[18] 명성을 상당히 드날린 시승詩僧으로서 도연명과 위응물의 청담한산淸淡閑散한 기풍

---

18 『안휘통지安徽通志』 권27 : "매산梅山은 건덕현建德縣 서남쪽 10리에 있는데, 바위와 골짜기가 상당히 아름답다. 송 대에 승려 지남志南이 거처하였다. 주자가 산중에 방문하여 함께 시를 주고받았으며, '보문普門'이라는 두 글자를 바위 벽에 새겼는데 이로 인해 보문령普門嶺이라 불렸다." 또 권57 : "매산사梅山寺는 현의 서남쪽 10리 매산에 있는데, 송의 지남 선사가 주석하던 곳이다. 주 문공이 방문하여 '보문령'이라는 세 글자를 바위에다 크게 새겼다." 주희가 매산으로 가서 지남을 방문한 때는 어쩌면 남강으로 부임하러 가던 때일 수도 있다.

을 깊이 체득하고 있었기 때문에 특별히 주희의 중한 인정을 받았다. 주희는 지남의 "옷이 살구꽃비로 젖으려 하나, 얼굴에 버들 바람 불어 춥지 않네(沾衣欲濕杏花雨, 吹面不寒楊柳風)"라는 명구를 칭찬하면서 "맑고 고우며 여유가 있고, 격조가 한가하여서 풋내(蔬筍氣)가 전혀 없다."(『문집』 권81 「발검남상인시跋劍南上人詩」)라고 하였다.

순희 8년(1181) 주희가 남강의 임소를 떠나기 전에 지남은 자기의 시 한 권을 주희에게 증정하였다. 주희는 시권詩卷에 발문을 지은 뒤 의도적으로 자기가 젊은 시절에 지은 「멀리 노닐다(遠遊)」와 「밤에 탄식하다(夜嘆)」라는 장편 시를 주었다.

「밤에 탄식하다」는 우화등선羽化登仙 할 수 없음을 읊은 시이다.

형기를 단련하여 신선이 된다는 말은 빗댄 말이니	煉形羽化眞寓言
세간에 어찌 신선이 있겠는가?	世間那得有神仙
힘써 농사를 지어야만 풍년을 맞는 법	要須力穡乃逢年
그림 속 쟁기로는 10년 밭을 갈아도 솥은 텅 빈다네	畫犁十載甑空懸
그대는 보지 못했는가? 황학루 앞 금빛 물고기	君不見黃鶴樓前金色鮮
어떻게 흰 자갈 위에서 굽히고 말았는지	何如歸煮白石員

— 『정명수집程洺水集』 권9 「이춘 사경도가 소장한 주회암의 장편 '밤에 탄식하다'의

뒤에 쓰다(書犁春謝耕道所藏朱晦庵夜嘆長篇後)」

이는 도교의 신선장생神仙長生이 허황하여서 이룰 수 없다고 함으로써 불교의 성불成佛과 열반도 아득하여 찾을 수 없음을 암시한다. 주희는 주로 시로써 지남과 사귀었다.

주희는 본래 맑고 담박하고 심원하며 참된 맛을 깊이 터득한 시 작품에

대해서는 설령 불문 선사의 손에서 나왔다고 하더라도 귀중한 보물처럼 아꼈다. 주희는 결국 승려 나가(廬可)가 지은 "무현금을 타는 경지에 이르면 들을 줄 아는 자가 드물어서 / 고금에 오직 종자기 한 사람뿐 / 몇 차례 양춘곡을 타려는 양 / 달빛 가득한 빈 당에서 손가락을 천천히 내린다(琴到無絃聽者希, 古 今唯有一鍾期. 几回擬鼓陽春曲, 月滿虛堂下指遲)"라는 시를 집에 있는 돌에 손수 새겼다(『유계근록柳溪近錄』 및 『시인옥설詩人玉屑』 권20).

시승 가운데 주희가 가장 깊이 추중한 이는 한산자寒山子였다. 심지어 제자가 한산자의 "성안의 예쁜 여자는 / 패옥을 잘랑거리네 / 꽃 사이에 노니는 앵무새처럼 춤을 추고 / 달 아래 비파를 탄다 / 긴 노래는 사흘이나 울리고 / 짧은 춤은 모든 사람들이 바라본다 / 반드시 이렇게 길 필요는 없지 / 연꽃은 추위를 견디지 못하나니(城中蛾眉女, 珠佩何珊珊. 鸚鵡花間弄, 琵琶月下彈. 長歌三日響, 短舞 萬人看. 未必長如此, 芙蓉不耐寒)"라는 시를 음송하자 "이런 시는 매우 좋은 데가 있다. 시인이 이런 경지에 도달하기는 쉽지 않다."(『어류』 권140) 하고 추어올리기까지 하였다.

그런데 지남 상인도 바로 한산자의 시를 배워서 시경詩境이 그윽하고 상쾌하며, 날카롭고 엄격하며, 담박하면서도 속되지 않았다. 몇 년 뒤 그는 천태天台 국청사國淸寺에 주석하였는데, 주희는 다시 그에게 『한산자시寒山子詩』를 교수校讎하여 간행해달라고 청하였다.[19] 주희가 이렇게 일개 시승을 강서시파

---

19 『한산사지寒山寺志』 권3에는 주희의 「여명로첩與明老帖」이 있다. "『한산자시』의 좋은 판본이 거기에 있습니까? 없으면 교수하여서 간행하는 것이 좋겠습니다. 글자를 조금 크게 하여서 보기에 편하게 하면 또한 좋겠습니다."라고 하였다. 또 "『한산시』를 간행하여서 빨리 보내주시면 다행이겠습니다."라고 하였다. 지금 주희의 『문집』에도 이 편지가 있으나 온전치는 않다. 시마다 칸島田翰이 간행한 송본宋本 『한산시집』의 서문에서, 송본에 이 「회옹여남로첩晦翁與南 老帖」이 있는데 권말에 "순희 기유년(1189) 사문沙門 지남 『삼은집기三隱集記』"라고 되어 있다고 하였으니, 곧 주희가 남로南老(지남)에게 청하여서 교수하고 간행한 판본이다.

의 시풍을 뒤쫓는 제자들 무리 가운데 드나들도록 청한 것은 매우 깊은 의미가 있다.

주희의 이와 같은 시풍의 추구와 이학의 탐색은 학문 강론, 교유, 시를 주고받음을 통해서 진행되었다. 남강에서 불기 시작한 강력한 주학의 회오리바람은 강서의 사림 사이를 휩쓸고 지나갔다. 민(복건)·절(절강)·감(강서)·환皖(안휘)의 학자들은 성인을 뵙듯(朝聖) 분주히 책 상자를 짊어지고 우산을 챙겨 들고서 남강으로 갔다.

주희의 민중閩中 고제자인 건양建陽의 채원정蔡元定(*계통季通), 장락長樂의 황간黃榦(*직경直卿), 고전古田의 임용중林用中(*택지擇之), 온릉溫陵의 허자춘許子春(*경양景陽), 장정長汀의 양방楊方(*자직子直), 그리고 건안의 왕광조王光朝(*춘경春卿)와 이덕지李德之(*병문秉文), 장락의 등도鄧緒(*방로邦老)와 등경鄧絅(*위로衛老), 소무邵武의 이려李呂(*빈로濱老), 장락의 여우余隅(*점지占之)와 진사직陳士直(*언충彦忠), 고전의 임기손林夔孫(*자무子武), 온릉의 오겸선吳兼善(*중달仲達), 숭안崇安의 정요丁堯(*복지復之) 들까지도 모두 남강으로 달려와 그를 따랐다.

절중浙中에는 영가永嘉의 장양경張揚卿(*청수淸叟)·설홍薛洪(*지지持之)·포정包定(*정지定之), 진운縉雲의 왕중걸王仲傑(*지재之才), 회계會稽의 진조영陳祖永(*경장慶長), 금화金華의 왕한王瀚(*백해伯海)이 있었고, 환皖 지역에는 숙송宿松의 엄경嚴敬(*장인莊人)·학걸郝傑(*원영元英), 신안新安의 호신胡莘(*윤중尹仲)·김붕열金朋說(*희부希傅), 무원婺源의 왕청경汪淸卿(*담중湛仲)이 있었는데, 이들은 모두 이 무렵에 와서 주희에게 제자의 예를 행하였다.

더욱이 강서江西의 학자들도 끊임없이 잇달아 남강으로 와서 스승으로 따르며 배움을 물었다.[20] 육구연의 제자인 조건曹建(*입지立之)·포양包揚(*현도顯道)·

---

20 주희의 『문집』과 지방지, 금석, 서원의 글 등을 참고해 보면, 주희가 남강에 있을 때 강서에서

포약包約(＊상도詳道)·만인걸萬人傑(＊정순正淳)·유요부劉堯夫(＊순수淳叟) 들마저도 모두 전향하여서 주희의 문하에 몸을 맡겼다. 주희가 가는 곳마다 강학하고 산을 유람하며 시를 읊고 주고받을 때마다 그들은 모두 뭇 별이 달을 향하듯이 앞 뒤에서 그를 옹위하여 아주 커다란 학파의 성세를 이루었다.

주희는 돌에 글자를 새기고 정자와 누대를 지어서 도처에서 자기의 영향력을 확대하였다. 백록동서원 부근 돌에 글귀를 새긴 늑석勒石만 해도 '관도교貫道橋'·'조대釣臺'·'수석漱石'·'청천聽泉'·'관덕觀德'·'녹명처鹿鳴處'·'유배지流杯池'·'은처隱處'·'녹동鹿洞'·'침류枕流'·'칙백록동서원勅白鹿洞書院'·'문행충신文行忠信' 등이 있다. 산을 유람하며 쓴 글씨는 여산의 명승지 곳곳에 널리 분포되어 있다.

그는 군학郡學의 동쪽 안가산顏家山을 향한 곳에 '백록계관白鹿憩館'을 지어서 제생이 성에 들어왔을 때 '숙식을 하는 장소(入城館榖之所)'로 삼게 했고, 이만권李萬卷이 서적을 교감한 서원 동쪽의 유지遺址에 감서대勘書臺를 세우고,

---

종유하고 문에 들어와 배운 제자는 고찰할 수 있는 사람만 들어도 다음과 같다. 풍성豐城의 성수盛璲(＊온여溫呂)·우혁于革(＊거비去非), 임강臨江의 유청지劉淸之(＊자징子澄), 덕안德安의 왕완王阮(＊남경南卿)·채념성蔡念成(＊원사元思), 의춘宜春의 팽려彭蠡(＊사범師範)·팽심彭尋(＊사역師繹), 도창都昌의 팽방彭方(＊계정季正), 성자星子의 진비陳秠(＊수성秀成)·진거陳秬(＊화성和成)·진극기陳克己(＊승사勝私)·양백기楊伯起(양일신楊日新)·섭영경葉永卿·오당경吳唐卿·주득지周得之, 남강의 황호黃灝(＊상백商伯)·조언약曹彥約(＊간보簡甫)·웅조熊兆(＊세경世卿), 건창建昌의 주모周謨(＊순필舜弼)·여종걸余宗傑(＊백수伯秀)·이휘李輝(＊회숙晦叔), 남창南昌의 유소지劉焯之, 청강淸江의 유맹용劉孟容(＊공도公度), 옥산玉山의 유윤적劉允迪(＊덕화德華), 연산鉛山의 여대아余大雅(＊정숙正叔), 구강九江의 기직경祁直卿(＊사충師忠)·주정경周正卿·주언경周彥卿·주도周燾·주이周頤(＊구보璆父), 여릉廬陵의 곽식郭植(＊정식廷植), 여간餘干의 조건曹建(＊입지立之), 남성南城의 포양包揚(＊현도顯道)·포약包約(＊상도詳道), 홍국興國의 만인걸萬人傑(＊정순正淳), 금계金溪의 유요부劉堯夫(＊순수淳叟), 파양鄱陽의 정단몽程端蒙(＊정사正思) 등이다. 그 밖에 개봉開封의 조자명趙子明, 한단邯鄲의 단중형段仲衡, 임회臨淮의 장언선張彥先(＊치원致遠), 낙양洛陽의 조희한趙希漢(＊남기南紀) 및 정극丁克·유결기兪潔己(＊계청季淸)·유자수兪子壽·이숙문李叔文 들이 또한 모두 이때 주희를 따라 배웠다.

삼급천三級泉 아래에는 식진정識眞亭을 세우고, 부치府治(부 소재지) 남쪽에 장금정張錦亭을 세우고, 와룡암臥龍庵 앞에는 수백정修白亭을 세우고, 귀종사歸宗寺 일적천一滴泉 뒤에는 위림정爲霖亭을 세우고, 부치 뒤 채마밭에는 정렴당靜廉堂을 세웠으며, 못가의 관사를 위해 '애련당愛蓮堂'이라는 편액을 썼고, 진준陳準이 사림령師林嶺에 세운 서당에는 '석실서당石室書堂'이라는 편액을 썼다. …… 이렇게 글씨를 제하여서 새기고 정자를 지어서 편액을 쓴 일은 하나같이 모두 주학의 영향력을 상징한다.

강서의 학자들은 육학과 선풍禪風에 물들어서 보편적으로 지름길을 추구하기를 좋아하는 선기禪氣를 지니고 있었다. 순희 7년(1180)에 주희는 부몽천傳夢泉을 비평하는 편지에서 실제로는 강서 선비들에 대한 일반적인 견해를 표명하였다. "대체로 어진 자는 도에 나아가는 데 용감하지만 자기를 믿는 데 과감하여서 성현이나 사우師友의 말에 대해 마음을 비우고 듣지 않으며, 한결같이 자기 억견대로 결정하기 때문에 기상과 언어가 선가처럼 장황하고, 다투거나 노하는 듯하며, 너그럽고 고르며 바르고 크며 깊고 짙은 맛이 전혀 없습니다. 형주荊州(*장식)가 '몽둥이를 들었다가 내리치고 먼지떨이를 들었다가 내리치는(拈槌竪拂)' 뜻이 있다고 한 말은 한마디로 잘 표현했다고 하겠습니다."(『문집』 권54 「답부자연答傳子淵」 서1)

이 때문에 주희가 자기의 이학으로 빚어내서 강서 선비들의 배움으로 삼게 한 사상적 무기는 곧 독서와 강학, 고원한 데서 돌이켜서 가까운 데로 나아가는 것, 불교를 버리고 유학을 높이는 것, 주돈이와 정이에 근본을 두는 것 등 네 가지 조목이었다. ── 이것이 바로 육학과 선학에 반대하는 주학의 회오리바람이다. 의춘의 팽려·팽심 형제가 맨 처음에 와서 배움을 물었을 때 몸소 실천하는 공부를 즐겨 말했지만, 주희는 오히려 독서와 강학을 강조하면서 다음과 같이 말하였다. "몸소 행하는 것도 그 자체로 좋지만, 또한 모름지기 강학해야 한다. 강학을 하지 않으면 일을 만날 때 곧 불안해져서 스스로 편치 않음이 있게 된다. 강학하여서 밝아지면 탄탄한 길을 가게 될 것이다."(『어류』권120)

여대아가 연산의 관음사에 와서 만나 뵈었을 때 주희는 곧바로 강서 학자들이 가까운 것을 버리고 먼 데서 구하며, 고상하고 오묘한 지름길의 담론을 좋아하는 점을 비판하면서 "오늘날 학자들은 지름길을 구하려다가 결국 산을 뚫고 물로 들어가기에 이른다."라고 하였다. 이별할 때 여대아가 종신토록 행할 말씀 한마디를 해달라고 청하자, 주희는 "간단하고 요약된(簡約) 데 나아가서 공부하라."라고 하였다.

그 다음 해에 여대아가 다시 와서 뵈었을 때 주학에 귀의한 이 제자는 시 한 수를 지어서 주희에게 바쳤다. "세 번 선생을 뵈었는데 도는 더욱 높아지고 / 말씀은 절실하여서 비로소 편안해졌네 / 이제 결단코 본근의 설을 깨뜨려서 / 전처럼 생각하지 않으리라 / 사물에 있는 떳떳한 법칙을 모름지기 스스로 다해야 하지만 / 윤리에 맞고 사려에 맞는 것이 도리어 어려움을 깨달았네 / 극기 공부를 익숙히 하여서 / 일을 주선할 때에 우러러 연구하겠다 말씀드리고 싶네(三見先生道愈尊, 言提切切始能安. 如今決破本根說, 不作從前料想看. 有物有常須自盡, 中倫中慮覺猶難. 願言克己工夫熟, 要得周旋事仰鑽)"(『어류』권113) 스승으로서 주희의 이런 가르침은 남강에서 선학을 비판한 그의 수많은 언론과 함께 주로 육학과 강서 학풍의 폐단을 겨냥하여서 한 발언이다.

강서의 학자들은 시부사장詩賦詞章에 열중하여서 과거 시험을 통해 벼슬에 오르기를 추구하였다. 또한 주학州學, 현학縣學의 제생은 오경五經 외에는 거의 다른 책을 읽지 않았고, 주돈이의 「태극도설」에는 흥미를 느끼지 않았다. 「태극도설」은 육학의 제자들 눈에는 심지어 이단의 설이었다. 순희 7년 국자정國子正 유순수(유요부)가 임안에 부임하기 전에 남강으로 와서 주희를 만났는데, 주희의 『태극도설해』 강의를 읽은 그는 주희와 격렬하게 무극태극無極太極 논변을 전개하였다. 유순수(유요부)는 심지어 돌에 글자를 새겨서 이 비상한 태극 논변을 기록하여 후세의 공론을 기다렸다. 주학州學과 서원의 생원, 원래의 육학 제자들은 주희가 강의한 『태극도설해』에 대해 모두 논쟁을 벌였는데, 그 초점도 태극과 무극에 있었다. 주희는 순희 8년에 조건에게 보낸 편지에서 다음과 같이 말하지 않을 수 없었다. "그대가 의심하는 태극설은 매우 타당합니다. 이는 아마도 말로는 논쟁하기가 쉽지 않을 것입니다."(『문집』권51 「답조립지」서2)

나중에 창곡昌谷의 조언약曹彦約은 주학의 생원들이 대부분 주돈이의 저작을 읽지 않은 점을 다음과 같이 언급하였다.

> 기해년(1179), 경자년(1180)에 회암 주희 공이 남강의 수령이 되어서 학교에 들어가 강설하였다. 『중용장구』와 『대학장구』외에 또 『태극강의太極講義』라는 책을 펴내서 배우는 사람들에게 제시하였다. 배우는 사람들은 『중용장구』와 『대학장구』를 이해할 겨를이 없어서 『태극강의』는 논하지 못하였다. 선생(•팽려)이 한 번 본 뒤 석연히 이해하고서 어려움 없이 심사하여 정정訂正하였다. 다음 날 의심스러운 문제를 뽑아내서 서로 묻고 답하였다. 회암이 매우 오래도록 칭찬하였다. ……
> ──『창곡집』권20 「매파선생팽공묘지명梅坡先生彭公墓誌銘」

아직 정식으로 세상에 전해지지 않은 주희의 『태극도설해』는 강서에서도 모든 비판의 표적이 되었다. 순희 7년(1180)에 유순수가 남강에 와서 주희와 태극논변을 벌인 일은 4년 뒤 육구소陸九昭에 의해 도발된 주희와 육구연의 태극 논전의 전주가 되었다. 이는 주희와 육구연 두 사람이 백록동서원에서 강학하며 정의가 매우 가까웠을 때 실은 이미 더욱 심각한 학파의 사상적 모순이 잠복해 있었음을 분명히 나타낸다. 다만 주희는 끝내 견인불발의 도학적 노력으로 강서에서 매우 대대적으로 주돈이의 사상을 전파하였다. 염계의 사당을 건립하고, 『태극통서』를 인쇄하고, 『태극도설해』를 강의하고, 「애련설愛蓮說」과 「졸부拙賦」의 유문遺文을 판각함으로써 주돈이의 학문을 빌려 자기의 주학朱學을 강서에서 크게 빛내고 발전시킬 수 있었다.

순희 8년(1181) 윤3월에 그는 남강의 임지를 떠나 제자들을 거느리고 북쪽으로 산을 유람하고 남쪽 광려로 돌아왔다. 이는 진정한 주학의 회오리바람이었으며, 주학의 신도들이 굉장한 성세로 주돈이를 참배하며 '성인을 뵙는(朝聖)' 활동이었다. 여산 북쪽 기슭의 연화봉蓮花峰 아래에는 주돈이가 거주하면서 강학했던 염계서당濂溪書堂이 있는데, 맑고 깨끗한 염계수濂溪水가 흘러내린다. 순희 3년(1176)에 강주江州의 태수 반자명潘慈明이 염계서당을 수복하고 확장한 뒤로 그곳은 주희가 꿈에도 그리며 '이 물에서 발과 갓끈을 씻고 그 고상한 덕행을 이루고자 생각한' 참배의 성지였다.

순희 8년 3월에 그는 진황에 공을 세운 점이 인정되어서 강남서로 상평다염공사 제거江南西路常平茶鹽公事提舉에 제수되었고 그에 따라 집에 돌아가 대차待次하게 되었는데, 이는 그에게 자기의 이 숙원을 실현할 기회를 주었다. 염계서당의 '성인을 뵙기' 위해 출발한 때는 윤3월 28일이었다. 동료들과 백록동서원에서 전별하였는데, 연석에서 그는 「서명西銘」의 '백성은 내 동포이고 만물은 내 동무이다(民吾同胞, 物吾與也)'라는 한 단락을 강의하면서 관리가 된 자는 백성을 위해 '선량한 자를 보호하고 함부로 권세를 부리는 자를 억눌러야' 한다고 강개하며 말하였다.

이어서 제자와 제생이 에워싼 가운데 산을 따라 남쪽으로 내려가 황운관黃雲觀에 오르고, 삼협三峽을 건너고, 옥연玉淵을 엿보고, 서간西澗에서 쉬고, 서원西原에서 술을 마시고, 와룡臥龍에서 자고, 개선사開善寺를 지나고, 귀종사歸宗寺를 유람하고, 탕천湯泉에서 목욕하고, 강왕곡康王谷의 물발(水簾)를 구경하였다. 그런 다음 산 북쪽을 향해 출발하였다. 동행한 사람은 유청지·장양경·왕완王阮·주이周頤·임용중·조희한·진조영·기진경祁眞卿·오겸선·허자춘·호신·왕광조·여우·진사직·황간·장언선, 그리고 승려 지남과 제생이었다. 이 광경은 자못 장관을 이룬 성인 참배 대열이었는데, 가는 길에 또 끊임없이 신도들이 가입하였다. 태평흥국궁太平興國宮에 이르렀을 때는 강주江州 교수 옹명경翁名卿이 술과 안주를 싣고, 유응화游應和와 구경문歐景文 및 제생 20여 명과 함께 와서 맞이하였다.

4월 6일에 염계서당에 도착한 주희는 시를 지어, 성인을 참배하는 교주로서 도통의 성인에 대한 무한한 숭배를 토로하였다.

북으로 석당교를 건너	北渡石塘橋
서로 염계의 집을 방문하였네	西訪濂溪宅
교목은 그루터기마저 남아 있지 않고	喬木無遺株
텅 빈 집은 네 벽만 있을 뿐	虛堂唯四壁
우뚝 서서 윤택한 덕망과 용모를 보고	竦瞻德容眸
꿇어앉아 푸르른 차가운 물을 올리네	跪薦寒流碧
다행히 이 사람이 있어	幸矣有斯人
혼돈에서 다시 개벽하였네	渾淪再開闢
평소 우러렀더니	平生勞仰止
오늘에야 이 당에 오르네	今日登此堂
도상의 뜻을	願以圖象義

곁에서 질정하기를 원하였는데	質之巾几傍
선생은 고요히 말이 없으니	先生寂無言
천한 제자는 눈물 줄줄 흘리네	賤子涕泗滂
신성한 가르침 남김없이 들음에	神聽儻不遺
나에게 베푼 은혜 끝이 없다네	惠我思無疆

—『문집』권7 「북산기행北山紀行」

이날 주희는 제자들을 데리고 염계서당의 유상遺像에 공손하게 참배하였다. 주돈이의 증손인 주정경周正卿과 주언경周彦卿, 현손인 주도周燾가 광풍제월정光風霽月亭에서 음식을 대접해주었고, 주희는 염계서당에서 감개하며 주돈이의 「태극도설」을 강의하고 성인을 뵙는 의식을 마쳤다. 「북산기행北山紀行」 열두 수는 주학의 회오리바람이 강서를 휩쓴 것을 상징하는 '성인 참배'의 장관을 주희가 즉흥적으로 기록한 시이다.

이별할 때 그의 제자 왕완이 읊은 송별시 열 수는 아마도 그가 2년 동안 광려에 있을 때 주학이 강서에 불어닥친 역사의 한 막에 대한 가장 좋은 총결이리라.

회옹을 보내며   送晦翁

정미함은 원래 하수와 분수에 있지 않았고	精微元不在河汾
「원도」의 웅변도 천박한 견해	原道辭雄亦淺聞
스스로 정심성의의 이론을 터득하여서	自得正心誠意論
하늘이 이 문화 버리지 않았음을 비로소 알겠네	始知天未喪斯文

깊고 넓어서 하늘처럼 크고　　　　　　淵泉溥博與天大

그 나머지로 애오라지 백성을 깨우친다　　土苴緒餘聊覺民

천고에 염계는 풍월을 좋아하여　　　　　千古濂溪好風月

한 번 끄집어내면 한 번 새로워진다　　　一回拈出一回新

무이산 아래 고고한 절개와　　　　　　　武夷山下孤高節

오로정에서 백성을 어루만진 마음은　　　五老亭中撫字心

출처가 본래 두 갈래 아니니　　　　　　出處本來無二致

어찌 관리와 산림을 나누겠는가　　　　詎分鐘鼎與山林

마음은 커다랗고 둥근 거울과도 같아서　靈臺一似大圓鏡

예쁘고 미운 것 스스로 나뉘지만 저는 모른다　妍醜自分吾不知

가을에 죽이고 봄에 살림은 하늘의 도일 뿐　秋殺春生天道爾

선생의 기쁨과 성냄에 무슨 사사로움이 있으랴　先生喜怒一何私

작년에 백성이 온통 재해를 당했는데　去年民食十分災

선생은 힘을 다해 구휼하여 소생시켰다　一力先生盡救回

오늘 손으로 수레바퀴를 어루만지는 자는　今日手攀轅下者

저마다 모두 굶주렸던 그 사람들일세　人人都是翳桑來

모내기 철에 때맞춰 며칠 동안 비 내리고　移苗時節雨連天

흰 물결 푸른 모가 논에 그득하다　白水青苗滿大田

하늘은 선생이 돌아간 뒤에　　　　　天欲先生歸去後

백성에 대한 남은 사랑 풍년에다 두려는가　故留遺愛在豐年

선생을 꺼리던 말 한 해 사이에 접차 사라지고　　　　忌口年來積漸除

군왕은 이제야 참된 유학자임을 믿어서　　　　君王方信是眞儒

한 고을을 전부 살린 그의 손을 옮겨　　　　稍移全活一州手

강서의 열 고을을 소생시키라 하네　　　　再使江西十郡蘇

백록당에서 제자를 공들여 양성하니　　　　白鹿堂中巧鑄顔

하늘은 한 줄기를 여산에 남겨 두었다.　　　　天留一派在廬山

뒷날 기수의 봄바람 속에　　　　它時沂水春風里

그 가운데 내가 홀로 완고했다고 속으로 웃으시리　　　　笑我于中獨自頑

찌꺼기를 구하느라 종래 공연히 바빴으나　　　　糟粕從來空自忙

이제 다행히 스승을 얻어 통발을 잊게 되었네　　　　筌蹄今幸得師忘

내년에 다시 한유의 문을 두드려　　　　明年重叩韓門去

품속에서 향을 꺼내리라　　　　拈出胸中一瓣香

평소 스스로 이 마음 굳세다 하고　　　　平生自謂此心剛

술통을 따는 것이 간장을 끊을 수 있다고는 믿지 않았네　　　　不信離樽可斷腸

오늘 강가에서 두 줄기 눈물 흘리며　　　　今日江邊兩行淚

감회를 억누를 길 없어 수양버들 가지를 꺾는다　　　　更無情緒折垂柳

　　　　　　　　　　　　　　　　　——『의풍집義豐集』

朱子評傳

제12장

절동 제거 : 도학 인격의 풍채

'와룡臥龍'의 재기
여섯 차례 당중우唐仲友를 탄핵한 '인간희극'
절동 세 학파의 각축

| '와룡臥龍'의 재기 |

　주희는 순희 8년(1181) 4월 19일에 일단 집으로 돌아가서 곧 여러 해 중
단했던 저술 생활을 다시 시작하여 『사서집주四書集註』와 『통감강목通鑑綱目』의
옛 원고를 수정修訂하고 정리하느라 바빴다. 반년도 안 되는 기간에 『중용장
구』·『맹자집주』·『고금가제례古今家祭禮』를 다시 수정했으며, 유청지劉淸之와 함
께 『근사속록近思續錄』도 상의하여서 확정하였다. 그러나 지기이자 도우道友인
남헌南軒 장식張栻과 동래東萊 여조겸呂祖謙, 두 사람을 잇달아 잃는 바람에 그
는 우리 도(吾道)가 외롭고 궁해져서 세상에 함께 도를 논할 사람이 없어졌다
는 일종의 근심과 두려움을 느꼈다. 장식과 여조겸이 죽은 뒤 강서江西와 절
동浙東의 학파에 출현한 새로운 동향 때문에 주희는 자나 깨나 편치 않았다.
　장식은 순희 7년(1180) 2월 2일에 강릉江陵의 부사府舍에서 세상을 떠났다.
주희는 남강에서 흉한 기별을 듣고 애도하는 시 두 수를 지어 곡하면서 장식
과 20년 가까이 왕래하며 도를 논한 깊고 두터운 정의를 호소하였다. 6월에
는 제문 한 편을 지어서 20년 가까이 함께 교유한 일과 두 사람의 학술의 같
고 다름을 다음과 같이 개괄하였다. "생각건대, 나는 형하고 뜻이 하나로 딱
맞고 마음이 맞았지만 마주 대하고 강론할 때는 간혹 끝까지 궁구하지 못한
점이 있어서 그냥 두지 않고 편지로 전하기도 하였습니다. 대체로 내가 옳다
고 하는 것을 형은 그르다 하고, 또한 형이 그렇다고 하는 것을 나는 의논해
야 할 문제가 있다고 여긴 적도 있습니다. 또 처음에는 같은 곳을 향하다가

도 끝내는 치우쳤음을 깨닫기도 하고, 또한 일찍이 서로 배척했어도 나중에는 그 의미를 이해한 것도 있었습니다. 대체로 격렬하고 어지럽게 의견을 주고받은 것이 거의 10여 년에 이르렀으나 끝내는 같은 데로 돌아가고 일치하였습니다."(『문집』 권87 「우제장경부전찬문又祭張敬夫殿撰文」)

이학理學의 기본 사상에서 주희와 장식은 대체로 같은 데로 돌아가 하나로 일치되었다. 그래서 주희의 마음속에서는 장식이 여조겸보다 더욱 중요한 위치를 차지하고 있었다. 그는, 한편으로는 장준張浚의 아들이자 호상학湖湘學의 영수라는 장식의 이중적 명망을 빌려서 조정에서 반도학反道學의 세력에 저항하는 도학의 지주砥柱를 형성할 수 있었고, 다른 한편으로는 장식이 이학 사상에서 자기와 일치한다는 점을 빌려서 영향력 있는 학파를 이룬 뒤 같은 길을 가는 사람들과 함께 절동의 사공학事功學과 강서의 육구연 심학心學이 들고일어나는 것을 진압할 수 있었다. 그런데 여조겸은 이 두 방면에서 아무것도 할 수 없었다. 그래서 그는 여조겸에게 보낸 편지에서 장식의 죽음을 '우리 도가 쇠미해지는 것뿐만 아니라 이 시대에도 또한 크나큰 손실'이라고 하였다(『문집』 권34 「답여백공」 서34). 바로 이런 까닭으로 그는 장식이 남긴 글의 편정을 특별히 중요하게 여겼다.

장식의 아우 장진張杓이 맨 처음으로 장식이 남긴 글을 편집하고 간행하여서 유포하였는데, 주희는 이 문집의 판본이 매우 불만스러웠다. 수록된 글의 대부분이 만년의 확정되지 않은 논의라고 보았기 때문이다. "근세 이래 경經과 일에 대해 담론한 내용은 도의 요체를 밝힌 정밀한 말인데도 도리어 여기에는 포함되지 않았다."(『문집』 권76 「장남헌문집서張南軒文集序」) 그 문집에서는 주희와 함께 '끝내는 같은 데로 돌아가 일치한' 장식 사상의 발전 노선을 볼 수 없었던 것이다. 주희는 곧 장식이 남긴 글을 따로 더 많이 모아서 순희 11년(1184)에 40권본 장식의 문집을 편성했는데, '경부敬夫의 만년의 뜻으로 판단한' 특징이 있다. 따라서 『장남헌문집張南軒文集』도 그가 평소 장식과 교유하고 학문을 논한 내용을 가장 잘 총결한 것이다.

장식이 세상을 떠난 뒤에 주희는 남강의 임지에서 집으로 돌아왔다. 그러나 다시 여조겸과 학술 토론을 시작하기도 전에 여조겸 역시 순희 8년(1181) 7월 29일 병으로 세상을 떠났다. 영가학의 대가 정백웅鄭伯熊도 같은 해에 세상을 떠났다. 주희는 유청지에게 보낸 편지에서 슬픈 탄식을 금하지 못하였다. "작년에는 바야흐로 경부를 위해 곡하였는데 지금 백공伯恭(여조겸)이 또 이렇게 되다니, 우리 도의 쇠미함이 하나같이 여기에 이르렀습니다! 하늘의 뜻이 무엇인지 모르겠습니다. 우리는 스스로 힘써서 아직 죽기 전에 힘을 합쳐 버텨야 할 것입니다."(『별집』권3 「답유자징答劉子澄」 서2)

반도학 세력이 다시 조정에 집결하여서 행동을 시작하고 아울러 문화를 전제專制하는 집권 상당相黨(재상을 중심으로 형성된 당)의 모습으로 출현한 상황에서 장식과 여조겸의 때 이른 죽음은 어쩌면 역사의 불행이며, 송 대 이학사에서 주희·장식·여조겸 세 학자가 정립鼎立하여서 논변하고 강학하던 휘황찬란한 시기가 일찌감치 마감되었음을 뜻한다. 주희는 반도학의 문화적 역풍에 맞서는 큰 임무를 홀로 떠맡아서 더욱 광범위하게 여러 학파를 비판하고 논전을 벌이지 않을 수 없었다.

여조겸이 죽기 전 각 학파의 대립과 분화는 사실 주희·장식·여조겸 세 학자의 강학과 논도論道에 가려서 아직 명확하게 드러나지 않았다. 절동 각 학파의 학자들은 모두 여조겸의 기치 아래 모여 있었기 때문에 독자적인 면모가 부족했고, 강서의 육구연 형제도 학술적으로는 여조겸을 동도同道로 보았다. 더욱이 주희는 장식과 여조겸을 '우리 도(吾道)'의 사람으로 간주하였다. 그런데 여조겸이 죽어버리자 이런 학파적 국면이 무너져버렸다. 여조겸이라는 인물로 정신적 유대감을 갖고 있던 각 학파 간의 표면적 응집력이 그의 죽음으로 인해 단번에 사라져버렸던 것이다. 그리하여 주희가 놀라 탄식한 것처럼 '여러 현인(*장식·여조겸)이 죽은 뒤에 의론이 벌 떼처럼 일어나는' 정세가 나타나서 그간 잠복해 있던 학파의 분화가 공개적으로 드러날 수밖에 없었고, 각 학파 진영 사이의 대립적 추세도 명확해졌다.

그들은 모두 여조겸에 대한 추념을 빌려서 그를 자기 학파의 기치로 삼고, 또한 여조겸의 학술 사상 가운데서 한 측면을 포착하여 자기 학파를 내세우는 수단으로 삼았다. 육구연은 친히 금화金華로 달려가 여조겸을 위해 곡하고 제사를 지냈는데, 제문에서 자기와 여조겸이 '도가 같고 뜻이 합치하는 점에서 오직 공은 둘도 없는 사람(道同志合, 惟公不二)'이라고 하였다.

영가학파의 진부량陳傅良은 경經과 사史를 하나로 꿰뚫은 여조겸의 학문을 내세워 제문 가운데서 성대하게 칭송하였다. "공자 문하의 제자들이 사라지면서 경술經術도 남지 않게 되었고, 사마천 이후 사법史法이 어지러워졌습니다. 은미한 말을 하는 자는 결국 불교와 도교로 떨어지고, 아는 것이 많은 자는 경전을 주석하는 데서 벗어나지 않았습니다. 오직 공만은 끊긴 학문의 남은 계통을 잇고 하나로 관통시키는 일에 오랫동안 전념하여서 육예六藝로 건너가는 중요한 나루터를 세우고, 구류九流를 섭렵하여서 배반하지 않았습니다."(『지재집止齋集』 권45) 주희·장식·여조겸 세 학자에게 드나든 신기질辛棄疾은 제문에서 주희·장식·여조겸 세 학자를 함께 들어서 '위로는 이락(정호와 정이)을 잇고 멀리 수사(공자)로 거슬러 올라가는(上承伊洛, 遠泝洙泗)' '도학'이라고 칭송하였다(『가헌시문초존稼軒詩文抄存』).

그런데 스스로 '사해에서 서로 알아주는 사람은 백공(여조겸) 한 사람뿐'이라고 평가했던 영강永康의 진량陳亮은 도리어 제문에서 여조겸을 빌려서 인의仁義를 지키는 세속의 유학자와 지적인 변론을 즐기는 호걸 선비들을 비판했는데, 거기에는 주희와 장식, 심지어 여조겸 등 당대의 대유학자에 대한 비판이 은연중에 내포되어 있었다.

주희는 이 제문을 한번 읽은 뒤 곧 무중蔘中의 학자들에게 편지를 보내서 매우 불만스러워 하며 "여러 군자가 머리와 이마를 맞대고 이해한 내용이 어떤 일이었기에 이런 괴이한 주장을 하기에 이르렀을까요?"(『정사慳史』 권12 「여동래제문呂東萊祭文」)라고 하였다.[1]

'여러 군자'란 바로 여조겸의 무학蔘學을 따르는 여조검呂祖儉·반경헌潘景憲·반경유潘景愈 및 영강학의 진량 등 절동浙東의 학자들을 가리킨다. 주희가 가장 우려한 문제는 여조겸이 죽은 뒤에 그들이 여조겸의 학을 공리功利와 권모權謀의 학으로 변질시킬지도 모른다는 점이었다. 사실상 그들 금화학金華學과 영강학의 학자들은 벌써 '머리와 이마를 맞대고' 공리설을 대대적으로 담론하였다. 주희는 반경유에게 보낸 편지에서, 반숙창潘叔昌(반경유)의 청을 받고 가숙家塾의 빈관賓館에 들어와 있던, 진량의 중한 인정을 받은 금화의 '오고五高(두여의 다섯 형제가 모두 사詞를 지어서 이름이 났는데, 그들의 자에 모두 '고'자가 들어 있으므로 당시 두씨오고杜氏五高로 불렀다)' 가운데 한 사람인 두여杜旟(*백고伯高)를 비평하면서 다음과 같이 말하였다. "이제 (*두여가) '성인은 인의충신仁義忠信을 드러내 가르침을 삼고, 신령한 지혜(神智)로 기미를 삼았다'고 했다는데, 무엇에 근거한 말인지 모르겠습니다. 과연 그렇다면 이 인의충신은 쓰임이 없는 통나무이며, 지혜는 곧 인의충신의 적이 될 터입니다. …… 듣자 하니 그가 빈관에 묵으면 반드시 함께 강학한다고 하는데, 그를 경계하여서 동래(여조겸)의 종지

---

1 글 가운데에서 진량이 지은 「제여동래문」을 '주회옹이 본 뒤 매우 마음이 맞지 않았다'고 일컬었으며, 주희가 무주蔘州 사람에게 남긴 편지를 진량이 보았는데 또한 '듣고서 기뻐하지 않았다'고 하였다. 주희와 진량 두 사람이 갑진년(1184)에 주고받은 편지를 참조하면 믿을 만하다. 그러나 글 가운데 '다른 날 (*진량이) 효종孝宗에게 글을 올렸다'고 운운한 말은 잘못이다. 대체로 진량이 이 글을 올린 때는 순희 5년(1178)이지, 여조겸이 죽은 뒤가 아니다.

宗旨가 권모술수의 학으로 변하지 않게 한다면 다행이겠습니다."(『문집』권46 「답반숙창答潘叔昌」 서7)

　　나중에 주희는 진량과 의리義利, 왕패王覇 논쟁을 할 때도 이 일을 언급하였다. "전에 「제백공문祭伯恭文」을 보고서 두 분(진량과 여조겸)이 무엇 때문에 머리를 맞대고 모여 이런 논의를 했는지 의아하였습니다. 최근에 반숙창(반경유)과 여자약(여조겸)의 편지 내용을 보고서야 전에 이런 말을 했다는 사실을 알았습니다. 또한 반숙창과 여자약에게 답장을 보내면서 그 설을 힘써 변론하였지만 그들의 설이 명쾌하지 않았기 때문에 나의 주장도 이 편지에서처럼 끝까지 밀고 나갈 수 없었을 뿐입니다."(『문집』권36 「갑진답진동보서甲辰答陳同甫書」)

　　진량 스스로도 "접때 「제여동래문」은 여백공과 함께 지냈던 실상을 말하고, 살아서도 죽어서도 다하지 못한 뜻을 애도한 글일 뿐입니다. 후생 소자後生小子들이 마침내 내가 여백공을 빌려서 스스로 높은 체한다고 하니, 어리석은 사람의 면전에서는 참으로 꿈 이야기도 해서는 안 되는 듯합니다."(『용천집』권20 「우갑진답주서又甲辰答朱書」)라고 인정하였다.

　　진량이 지은 「제여동래문」은 주희와 진량이 벌일 의리, 왕패 논변의 직접적인 도화선이 되었다. 주희가 남강에 재직하기 전에는 주로 강서의 육학을 비판하는 데 집중하였다면, 남강에 재직하는 동안에는 강서에 주학을 침투시키는 계기가 되었고, 남강에서 퇴임하고 여조겸이 세상을 떠난 뒤에는 절동의 학파를 비판하는 데 주의를 집중하기 시작하였다.

　　순희 8년(1181) 6월, 사호史浩는 설숙사薛叔似·양간楊簡·진겸陳謙·섭적葉適·원섭袁燮·조선예趙善譽·육구연陸九淵 등 열여섯 사람을 한꺼번에 천거했는데, 거의 모두 절동의 명사였다. 이는 절동학파가 순희 이래 승승장구하여 한때 조야朝野에서 주목을 받았다는 점을 분명히 나타낸다. 주희는 유청지에게 보낸 편지에서도 이 사실을 언급하였다. "사로史老(*사호)가 천거한 사람들은 모두 절동에서 이름이 알려진 선비들인데, 그렇게 하는 것도 쉽지 않습니다. 다만 육자정陸子靜(육구연)도 이 보사保社에 들었는데, 과연 이미 갔는지는 모르겠습니다."(『별집』 권3 「답유자징答劉子澄」 서2)

장식과 여조겸이 죽은 뒤에 금화학은 전향하여서 영가학·영강학과 하나가 되었고, 호상학은 거꾸로 영가학의 품으로 들어갔다. 영가학은 강서로 스며들어가서 육학의 한 흐름과 합류하였다. 이리하여 점차 학파가 대립하고 분화하는 가운데 주목을 끄는 3대 학파가 형성되었다. 이들은 공리가 도덕을 능가하는 문화적 지향을 형성하여서 민중閩中의 주학朱學에 직접적인 충격을 주었다. 주희가 방향을 돌려서 온 힘을 다하여 절학浙學을 비판한 것도 필연적인 추세였다.

그러나 주희는 남강의 임지에서 돌아올 때까지 절동의 각 학파에 대한 구체적인 이해가 부족했는데, 마침 절동 제거에 고쳐 제수된 일은 절동의 학자들을 접촉하여서 절학浙學을 깊이 이해할 수 있는 절호의 기회가 되었다. 이에 앞서 순희 8년 7월, 조정에서는 주희가 황정荒政을 잘 시행함으로써 떠돌거나 굶어 죽는 백성이 없게 한 공을 세웠다며 그를 직비각直祕閣에 제수하였다. 그러나 주희는 곡식을 내어 남강의 진휼을 도운 사람들에 대해 조정에서 지금까지도 상을 주지 않았기 때문에 말을 해도 신뢰가 없다면서 세 차례 사면장辭免狀을 올렸다. 9월에 곡식을 납부한 사람들에게 상이 내려지자 그는 비로소 직명職名을 받았다. 그리고 9월에 조정에서는 주희를 제거 절동 다염공사提擧浙東茶鹽公事에 고쳐 제수하였다. 주희는 원래 강서 제거에 제수되어서 2년 동안 대차하려고 하였다. 그러나 이때 고쳐 제수된 까닭은 절중浙中에 극심한 수재와 가뭄이 일어났기에 신임 우상 왕회王淮가 주희를 눈여겨보고 천거하여, 그로 하여금 절동의 진황을 맡게 하였기 때문이다.

주희는 직접 눈으로 본 소흥부紹興府의 유례없이 참담한 재황災荒의 광경을 다음과 같이 묘사하였다. "가을부터는 전답과 집을 팔았습니다. 뽕나무와 산뽕나무를 베고, 처자를 팔고, 밭 가는 소도 파는 등 온갖 짓을 다하는데, 아무리 헐값이라도 따지지 않고 팔리기만 하면 다행이라 여깁니다. 저당을 잡히려고 해도 고호庫戶 역시 돈이 없고, 재화를 거출하자니 상호上戶에게는 힘이 없으며, 기예를 지닌 자는 기예를 쓸 곳이 없고, 장사를 하는 자는 물건을 팔 곳이 없습니다. 물고기·새우·조개는 오래전에 이미 씨가 말라버렸고, 채소나 풀뿌리는 모두 캐버려서 남은 것이 없습니다. 백만 백성은 기근으로 피골이 상접하여서 아침에 일어나면 저녁에 어찌 될지 생각할 수 없습니다. 더욱 심한 경우, 옷으로 몸을 가리지 못하고 얼굴에는 사람의 기색이라고는 없는 이들이 노인을 부축하고 어린아이를 끌고 호소하며 나뒹굴고 곳곳마다 무리를 이루고 있기에 보는 사람은 마음이 시리고 아려서 측은하여 견딜 수 없습니다." 심지어 '선비'나 '환족宦族(벼슬하는 관료 집안)', '3등 민호'조차 '스스로 곡식을 구걸하는 대열에 끼어들고자' 하였다. 이런 상황에 비하면 순희 7년(1180)에 남강에서 겪은 재해는 차라리 '풍년'이라 할 만하였다(『문집』 권16 「주구황사의장奏救荒事宜狀」).

주희는 남강에서 돌아오자마자 여조겸에게 보낸 편지에서 근심으로 인해 탄식하였다. "절중에 큰물이 지고 역병이 돌아서 죽은 자가 매우 많다고 하니 듣는 사람은 콧날이 시큰해집니다. 그런데도 제공諸公은 끝내 손을 놓아버렸다니 한탄스럽습니다."(『문집』 권34 「답여백공」 서45)

제거라는 허울 좋은 자리에 차임되는 것은 재물을 아끼는 용렬한 관리들에게는 흉하고 험난한 길로 간주되어서 피하기에 급급하였다. 그런데 주희는 제수되자마자 오히려 '위로는 황제의 염려(上軫宸慮)'와 백성을 재난에서 구하려는 초조한 마음을 품고서 홀로 부임길에 올랐다. 그러나 그는 조정을 향해서는 조신과 재보 대신들이 가장 골머리를 앓을 요구를 하였다. 곧 부임하기 전에 도성에 들어가서 상주하겠다고 한 것이다.

그는 본래 천하가 다스려지지 않는 근본 원인은 황제의 한마음이 바르지 않은 데 있고, 지방이 재해로 황폐한 원인은 조정이 부패한 데 있다고 하는 자기의 도학 사상에 따라 이렇게 요구하였지만, 이런 요구를 한 데는 더 구체적인 이유가 있었다. 첫째, 순희 7년(1180)에 올린 봉사封事는 큰 바다에 돌멩이 하나를 던진 격이어서 조신朝臣(효종)은 여전히 꿈쩍도 하지 않았다. 둘째, 조정에서는 원래 주희에게 남강의 임기가 만료되면 도성에 들어와서 상주하라고 허락했는데, 조정에서 스스로 그 말을 어겼다. 셋째, 남강의 임지에서 수없이 주청한 일들이 지금까지 공허한 문서로만 남아 있었기에 황제에게 직접 아뢰어서 해결하고자 하였다. 넷째, 남강의 경험을 근거로 그는 절동에서도 진황에 온갖 어려움과 훼방을 받을 것을 예상하고서 조신에게 직접 간청하여 구황책에 대해 상세히 논하고 '상방보검上方寶劍'을 빌려서 자기가 옳다고 여기는 일을 하기 위해서였다. 조정은 10월 28일이 되어서야 겨우 도성에 들어와 상주하겠다는 주희의 요구에 동의하였다.

11월 2일, 주희는 나중에 사위가 된 제자 황간黃榦을 데리고 길을 떠나서 도성으로 들어갔다. 그의 영가의 제자 진방약陳邦鑰이 가행歌行 한 수를 지어서 전송하였다.

여윈 말을 타고 남은 달빛을 밟으며	贏馬踏殘月
채찍을 잡고 반궁에 올라가	荷策登泮宮
문에 들어가 선생을 뵈니	入門見先生
선생은 어쩌면 조용하게	先生何從容
순순히 잘 이끌어 열어주셨네	循循善誘能啓下
푸른 쑥대는 긴 소나무에 붙어 자랐는데	青蒿因得附長松

짧은 등불 마주하기를 삼백 예순 날　　　　短檠相對三百六十度

고담웅변에 가슴속이 시원했네　　　　　　高談雄辯磊落沃胸中

우리 왕이 학자를 구하는 것이 이다지도 급하여　吾王求士若恩恩

선생이 오래 와룡으로 계시기를 허락지 않는구나　未許先生久臥龍

청총마에 올라 곧바로 천태로 가는 길에 오르니　乘驄直上天台路

이번에 가시면 어디로 좇아 따를지　　　只緣此去何由從

아아!　　　　　　　　　　　　　　　鳴唏吁

작은 서재는 오늘부터 물처럼 차갑고　　小齋從此冷如水

아침저녁 보잘것없는 음식이 서글퍼　　薑鹽朝暮怏怏爾

공연히 붉은 휘장 친 방에 남아 외로운 등불 비춰 보니　空留絳帳照孤燈

창밖의 서풍이 차갑게 갈대 위로 부는구나　窓外西風寒起葦

——『송시기사보유宋詩紀事補遺』권61

　　장천章泉 조번趙蕃도 장도에 오르는 주희에게 시를 보내서 그를 창생을 위해 일어난 사안謝安에 비유하였다.

회암에게 보내다, 두 수　　　　　　寄晦庵二首

위대한 도를 누가 함께 할 수 있는가　　道大誰能與

인재 얻기 어려움은 성인도 탄식한 바　才難聖所嘆

뜬구름이 비록 잠시 가릴지라도　　　　浮雲雖暫掩

보배로운 기운은 끝내 감춰지지 않는다　寶氣不終蟠

주졸은 사마라 부르고　　　　　　　　走卒稱司馬

백성은 사안이 다시 살아났다고 한다　蒼生起謝安

직접 축하하며 전송하지 않아도	縱無臨賀送
한림에서 볼 날이 있으리라	當有翰林觀
장담하던 말은 어찌 그리도 장한지	張膽言何壯
하늘을 떠받치던 뜻은 아직 꺾이지 않았다	擎天志未摧
참으로 재주 있는 사람 하나면 족한데	眞成一夔足
어찌하여 모든 친구 돌아서는가	何有萬友回
흥은 일어도 시를 지을 수 없으니	感興能無句
시대를 걱정하는 마음 술잔에 가득하다	憂時漫擧杯
아! 강호의 번거로운 일 때문에	江湖磋屢役
두건 쓰고 신 신고 가서 자주 배알하지 못하네	巾屨阻頻陪

—『순희고淳熙稿』 권9

제자들은 모두 주희가 다시 나갔으니 청총마를 타고 단숨에 높은 자리에 오르리라는, 앞길에 대한 환상을 품고 있었다. 그러나 또한 '우리 왕(吾王)'께서 이 고집 센 도학의 '와룡臥龍'에 대해 등용하면서도 시종 의심을 보이실 줄 어찌 알았으랴. 주희조차도 끝내 남강의 임소에서 했던 진황의 경험을 믿고 앞길이 험난하리라는 사실은 미처 예측하지 못하였다. 제거에 제수되자마자 주희는 각 군郡에 편지를 보내서 세금을 감면하는 혜택을 주고 미상米商이 쌀을 배에 싣고 절동에 들어와서 팔 수 있도록 조처하였다. 도성에 들어가면서 구주衢州·무주婺州·소흥紹興을 지날 때 또 각 군의 재해 상황을 상세하게 묻고 진황에 대해 이미 마음속에서 계획을 세워 두었다. 11월 27일, 새로 지은 연화전延和殿에서 주희는 조신에게 직접 차자 일곱 통을 올렸다.

차자 일곱 통은 모두 세 부분으로 나뉜다. 첫째와 둘째 차자는 군주 조신의 마음이 바르지 않음을 논하였고, 셋째, 넷째, 다섯째 차자는 절동의 진황과 재해 구제의 사무를 논하였으며, 여섯째와 일곱째 차자는 남강군에 부임한 뒤 할 일을 논하였다. 주사奏事의 중점은 첫째와 둘째 차자에 있었다. 주희는 내용이 새 나가는 것을 막기 위해 손수 자필로 차자 두 통을 썼다. 그는 '마음을 바르게 하고 뜻을 성실하게 하라(正心誠意)'고 간쟁하는 자기의 설교를 조신이 채택하지 않으리라는 점도 잘 알고 있었다. 그래서 일부러 작년에 남강에서 올린 봉사封事를 다시 새롭게 엮어 만든 책자를 합문閤門을 통해 궐내로 들였다.

첫째 차자에서 그는 먼저, 독단과 전횡을 일삼으면서 간쟁을 거부하고 참소를 받아들이며, 자기 잘못을 꾸미고 호도하는 조신의 일관된 악습을 비판하였다. 그런 다음 해마다 드는 기근으로 하늘이 보여준 견책을 빌려서 조신이 '재이災異로 인해 직언을 구하고', '스스로 돌이켜서 허물을 인책한 뒤 스스로 새로워지려고 도모하기를(反窮引咎, 以圖自新)' 바랐다.

둘째 차자에서 그는 더욱 조신이 천리를 보존하고 인욕을 없애지를(存天理, 滅人欲) 못하였으며, 한결같이 권행과 근습을 총애하여 신뢰한다고 질책하였다. 그는 조신이 즉위하고서 20년 동안의 통치는 '폐하의 덕업德業이 날로 무너지고 기강이 날로 파괴되었으며, 간사하고 아첨하는 자들이 통로를 막고, 뇌물을 공공연히 주고받으며, 병사와 백성이 원망하고 근심하며, 도적이 간간이 일어나고 재이가 자주 나타나서 기근이 거듭 드는' 상황을 조성하였다고 보았다. 그리고 그 원인은 바로 근습 소인이 군주를 기만하고 권력을 농단한 데 있지만, 그 근본은 역시 군주 조신의 한마음이 바르지 않은 데 있다고 여겼다.

주희의 이런 도학의 설교는 모두 현실을 겨냥하여서 한 말이다. 순희 8년(1181) 초, 내시인 진원陳源은 황제의 총애를 더욱 많이 받아서 절서 부총관

浙西副總管으로 승진하고 일로一路의 군정軍政에 참여하였다. 그 밖의 내시들도 대부분 병관兵官을 겸하면서 권력을 농단하고 뇌물을 챙겼다. 진원의 당우黨羽는 모두 권력이 한 시대를 억누르는 거대한 좀벌레 같은 존재였다. 이들 중에는 진원 집안의 집사로 충당되었다가 일약 출세한 무략 대부武略大夫 서언달徐彦達 부자 네 사람, 진원의 하인에서 무 교위武校尉에 오른 견사창甄士昌, 진원에게 아첨하고 알랑거려서 고관에 보임된 임안부臨安府의 도리都吏(독우督郵) 이경李庚 등 교활한 소인들이 포함되어 있었다.

조신의 총애를 한 몸에 받은 또 다른 총신인 왕변王抃이 추밀 도승지樞密都承旨에 올라 정사에 간여하고 농간을 부린 것은 주희가 상주할 때와 거의 같은 시기의 일인데, 조신은 또 그에게 유지를 받들고 가서 금金의 사신과 교섭하라고 명하였다. 순희 9년(1182) 정월에 왕변은 조여우趙汝愚의 공박을 받아 파직되었지만, 조여우도 이로 인해 조정을 떠나서 복건 안무사로 나갔다.

주희는 둘째 차자에서 조신이 독단적으로 정책을 결정하고 근습을 총애하며 신임한다고 지적하면서 질책하였는데, 이는 바로 봉건적 군권에 필연적으로 수반되는, 군주전제 체제에 딸려 나오는 두 가지 '황제의 병폐(帝病)'였다. 조신은 연화전에 앉아 주희가 둘째 차자를 비분강개한 심정으로 읽는 것을 명하니 듣고서 끝내 한마디도 답하지 않았다. 주희가 별의 변고(星變)에 대해 언급하자, 그제야 겨우 얼마간 두려움을 느끼고서 "짐이 재해를 보고 놀랍고 두려워서 하루에 세 번 내 몸을 반성하지(三省吾身) 않은 적이 없다."고 자기변명을 하였을 뿐이다.

주희가 절동의 진황을 논한 셋째 차자를 읽자 조신은 비로소 어려운 시절을 슬퍼하고 인민의 고통을 불쌍히 여기는 태도로 긴장을 늦추지 않으면서, 자기 면전에서 간구하는 주희에게 엉거주춤하게 윤허하였다. 실질적인 문제는 셋째 차자에 있었다. 주희가 서둘러 검방檢放을 하고 실정에 따라 세금을 감면해주라고 주청하자 조신은 모호하게 답하였다. "해마다 잇달아 기근이 들어서 짐은 매우 걱정스럽다. 주현의 검방은 대부분 현실성이 없다."고 하였다. 쌀을 바쳐 진휼을 도운 자들에게 상을 내리라고 주희가 또 주청하자 조신은 그저 "이 지경에 이르니, 도리어 벼슬 내리기(名器)를 아까워해서는 안 된다."라고 답하였다. 주희가 또 미곡을 많이 풀어서 백성을 구제하라고 주청하자 조신은 "짐은 결코 쌀을 아까워하지 않는다."라고 한마디로 답하였다. 주희가 또 내년에 신정전身丁錢을 미리 풀기를 주청하자 조신은 역시 "짐은 바야흐로 이렇게 너그럽게 구휼하려고 한다."고 다만 한마디로 답하였다(『속자치통감續自治通鑑』 권148).

넷째 차자에서는 앞으로 3푼分 이상 수재水災와 한재旱災를 입은 제5등 인호人戶에 대해서는 재해 실태를 조사할 것 없이 세금을 전부 면제해주고, 5푼이상 입은 제4등 인호 또한 재해 실태를 조사할 것 없이 세금을 전부 면제해달라고 주청하였다. 다섯째 차자에서는 절동로浙東路의 화매和買(관이 민간에서 천을 구매하여 상비군의 군장으로 공급하던 제도. 봄에 국고금을 대부하고 여름과 가을에 비단으로 대신 납부하게 하던 제도)를 면제하라고 주청하고, 여섯째 차자에서는 성자현星子縣의 세전稅錢을 감면해주라고 청하였다. 조신은 모두 한마디도 하지 않았다.

사실 조신이 이렇게 구두로 내린 '황은皇恩'은 다 빈말이었다. 주희는 다시 조정의 호부戶部에 탄원하고, 감사監司나 군수郡守와 온 힘을 다해 다투면서 모든 탐관오리들과 싸워야만 했다. 주희가 세운 가장 좋은 계획에 따르면, 절동에서 이재민을 진휼하고 구제하는데 최소 200만 민緡이 필요하였다. 그러나 조정에서는 12월 1일에 겨우 남고南庫의 돈 30만 민을 진휼곡 마련에 쓰라고 내주었다. 이는 한 수레 가득한 섶에 붙은 불을 물 한 바가지로 끄라는 격이나 다름없었다.

주희는 넷째 차자에서 사창법社倉法의 확대 시행을 주청하였다. 이것은 멀리 내다보고 고려한 비황備荒의 조처였다. 조신은 12월 22일에 주희의 사창법을 전국 각 로路에 확대 시행하라는 조서를 내렸다. 나중에 정통 역사가는 이 조서의 내용을 기정사실로 보고서 역사책에 대서특필했지만, 사실 이 조서는 형식적인 글(具文)에 지나지 않았다. 주희는 경원慶元 2년(1196)에 「건창군남성현오씨사창기建昌軍南城縣吳氏社倉記」에서 사창법은 "아전들이 게으름을 피우고 따르지 않았기 때문에, 받들어 천하에 공포할 수 없었다. 그 결과 지금까지 거의 20년 동안 강서와 절강 인근 군의 농사짓는 백성은 그것을 모르는 자도 있었고, 사모하여 따르는 자는 겨우 한두 사람뿐이었다."(『문집』 권80)라면서 강개하여 말하였다.

그러나 신축년(순희 8년, 1181)에 연화전에서 상주한 일은 주희에게는 결국 실패가 아니라 성공적인 일이었다. 그것은 바로 그가 마침내 구중궁궐의 황제 조신을 직접 상대하여서 진황에 관한 구체적인 방안을 아뢰고, 조신이 직접 내려준 '은혜로운 허락(恩准)'에 의지하여 절동에서 마음 놓고 대담하게 자기가 옳다고 여기는 일을 행할 수 있었으며, 아울러 조신의 '상방보검'을 빌려서 요괴를 퇴치할 수 있었던 것이다.

주희로 말하자면, 이 주사의 가장 현실적인 의의와 진실한 의도는 셋째 차자에서 주청한, 총괄적인 진황의 구상에 있었다.

구황의 정사는 …… 온전히 관리가 받들어서 확대하여 시행한 뒤에야 백성이 실제 혜택을 입을 수 있습니다. …… 바라건대, 성상께서 특별히 지휘를 내려서 본로本路의 수령 이하 관리를 경계하고, 신칙하여서 마음을 다해 받들어 행하고, 뜻을 다해 널리 확대할 수 있도록 해주소서. 고의로 어기고 태만히 하며 정성을 다하지 않는 자는 신으로 하여금 한두 사람을 주핵奏劾할 수 있도록 하고 중죄로 다스려서 다른 사람들을 경계하게 하소서. 늙고 병들고 어둡고 어리석어서 정책의 시행을 감당하지 못하는 자가 있으면 또한 모두 이름을 밝혀서 상주하게 한 뒤 다른 자리에 차견하도록 허락하소서. 그리고 본로의 관리로서 불쌍히 여기는 마음으로 백성을 아끼고 재능과 역량이 믿을 만한 자를 선발하여서 특별히 법에 구애를 받지 않고 때때로 임시로 직임을 주도록 하소서. 이어서 부필富弼·조변趙抃의 예에 따라, 체직되었거나 자리가 나기를 기다리고(待闕) 있거나 궁묘를 맡고 있거나 상중인 관원도 선발하고 차임하여서 임시로 일을 주관하게 하소서. 일을 마친 다음에는 모두 이름을 적어서 신청하여 업적을 헤아린 뒤에 포상하소서. ……

재해 진휼(賑災) 문제에서 주희는 황정荒政의 '방법(法)'을 중시했을 뿐만 아니라, 또한 더욱 황정을 시행할 수 있는 '인재(人)'를 중시하였다. 직접 대면하여서 상주한 이 조항은 그가 황제에게 청하여 얻은 가장 중요한 '상방보검'이었다. 그가 절동의 임지에서 실시한 모든 진황賑荒 활동은 이 주청에 근거하였다. 그러나 나중에 조신은 바로 면전에서 윤허한 주청을 어겼다. 그 때문에 '흠차대신欽差大臣'의 신분으로 주희가 진황을 시행할라치면 곳곳에서 장애물을 만나거나 참담하게 실패하고, 낭패를 당하여 돌아올 수밖에 없었다.

12월 6일, 주희는 서흥西興으로 시찰을 나가서 백성을 찾아가 고충을 묻는 일로 정식 임무를 시작하였다. 이때 주희는 황제 조신과 재상 왕회의 눈에는 아직 남강의 기근을 구제했다는 허황한 승리의 후광에 감싸여 있었고, 모든 사람의 기대를 받고 있었다.

순희 8년(1181)에 탄핵을 받아 산음山陰의 경호鏡湖로 돌아가 있던 육유陸游도 성급함을 참지 못하고서 다음과 같은 시를 주희에게 보내, 빨리 와서 진휼해주기를 바랐다.

주원회 제거에게   寄朱元晦提擧

시장에 모인 사람들은 모두 흩어지고   市聚蕭條極

마을은 비어서 굶어 죽는 사람들이 많다   村虛凍餒裯

나누기를 권해도 쌓아 둔 곡식이 없고   勸分無積粟

양식을 사들이려도 아직 유통되지 않는다   告糴未通流

백성은 주리고 목말라서 바라고 있는데   民望甚飢渴

공의 행차는 어찌 지체되는가   公行胡滯留

징수와 과세를 너그럽게 할 수 있을까?   微科得寬否

보릿가을 되려면 아직도 멀었는데   尙及麥禾秋

―『검남시고劍南詩稿』권14

　육유가 사는 소흥紹興은 재해가 가장 심해서 8개 읍 가운데 여요餘姚와 상우上虞는 5푼의 재해를 입었고, 신창新昌·산음山陰·회계會稽는 8푼, 승현嵊縣은 9푼을 입었으며, 소산蕭山과 제기諸曁에서는 거의 한 톨도 거둘 것이 없었다.

　조정의 재보로부터 지방 관리에 이르기까지 해마다 흔히 있는 재해에 형식적으로만 대응하고 표면적으로만 진휼하면서 건성으로 일 처리를 해왔기 때문에 위아래가 모두 서로 이해해주는 냉혹한 묵계默契가 형성되어 있었다. 이런 상황에서 주희가 도리어 굳이 극도로 진지하고 강인하게 마음을 다하고 힘을 다하여 진황을 하고 재해를 구제함으로써 '백성이 실제 혜택을 입게' 하려고 힘썼으니, 여기에는 이미 필연적으로 실패할 수밖에 없는 도학적 비극이 잠복해 있었다. 왜냐하면 어떤 진황 조치이든지 간에 그가 참으로 진지하고 철저하게 확대 시행해 나아가는 것 그 자체가 모든 관리들은 물론이고 심지어 재상과 황제의 머리에 타격을 가할 수 있기 때문이었다.

그는 남고의 돈 30만 민을 가지고 부임하기는 했지만, '빈손으로 강을 건 넌다(空手過江)'는 느낌마저 들었다. 그는 할 수 없이 「주구황사의장奏救荒事宜狀」을 올려서 깊은 궁궐에서 한가하게 지내던 조신에게 다음과 같이 상세한 계산서를 들이밀 수밖에 없었다. 소흥의 6개 현은 전답이 200만 무畝인데, 풍년에는 1무당 쌀 2섬을 거두므로 1년에 거두는 양이 모두 400만 섬이고, 재해가 든 해에는 10분의 1만 거두므로 곧 40만 섬이 된다. 그런데 6개 현의 재해를 당한 빈민은 130만 명이며, 상상호上上戶 가운데 재해를 입은 백성을 더하면 모두 140만 명이다. 주희의 수중에 있는 진제전賑濟錢은 쌀로 바꾸면 8만여 섬 정도가 되는데, 가령 조정에서 한 톨도 징수하지 않는다고 해도 6개 현의 빈민에게 매일 평균 1, 2홉의 양식밖에 돌아가지 않았다. 게다가 지방 관리는 조정의 엄격한 명령하에 여전히 흉악한 귀신이 해코지를 하듯이 부세賦稅를 납부하라고 교대로 독촉하였다.

주희는 이런 재황災荒이 실상 절반은 하늘 탓이고 절반은 사람이 부른 재앙임을 분명히 알았다. 수재水災와 한재旱災는 결코 온 들판을 굶주려 죽은 시체로 덮지 못한다. 조정이야말로 '진제賑濟'라는 달콤한 꿀을 발라 놓고 가혹하게 세금을 독촉하고 소요를 불러일으킴으로써 굶주린 백성이 뿔뿔이 흩어져 떠돌거나 도망치게 하고, 죽어서 구덩이나 골짜기에 나뒹굴게 하였다. 찔끔찔끔 던져주듯 하는 진조賑糶와 진제賑濟는 흉악한 부세의 독촉에 견주자면 말할 거리도 못 되었다. 그래서 그는 「걸진조진제합행오사장乞賑糶賑濟合行五事狀」에서 진황의 3대 급선무를 명확하게 제시하였다. "올해 소흥부의 기근은 매우 중대합니다. …… 오직 조세를 감면해주고 가혹한 독촉을 금지하며, 상호上戶를 격려하고 권면하는 것이 가장 급한 일입니다. 불속에 갇힌 자와 물에 빠진 자를 구하듯이 급하게 해야지, 지체하거나 느긋하게 해서는 안 됩니다."(『문집』 권21) 그는 한편으로는 조신에게 끊임없이 주청하여 돈과 양식을 요구하고, 또 한편으로는 조세 감면과 독촉 중지(住催)를 계속 청하여서 일로—
路 7개 주州에 진조와 진제를 전개하였다.

수차에 걸쳐서 거듭된 조세 감면과 가혹한 독촉의 금지를 청하는 주희의
주청은 조신과 조정이 더 이상 참아낼 수 없는 지경에 이르렀다. 주청의 주
요 내용은 다음과 같았다. 순희 8년(1181)에 제4등 하호下戶와 제5등 하호의
여름과 가을에 못 내고 남은 세금의 독촉을 일률적으로 중지할 것, 소흥부의
산음·회계·승현·제기·소산 등 5개 현의 제4등 하호와 제5등 하호의 하세夏稅
와 추묘秋苗, 정전丁錢의 징수를 일률적으로 중지하고, 그 밖의 각 주현마다 모
두 검방檢放을 하되, 한재가 5푼 이상에 달하는 현의 제5등 민호는 독촉을 중
지하고, 7푼 이상인 현은 제4등 민호까지 일률적으로 독촉을 중지할 것, 재
해를 당한 주현의 여러 해 쌓인 포흠은 독촉을 중지하고, 가을과 겨울에 모
두 수확을 한 뒤 다시 헤아려서 납부하게 할 것, 순희 8년 인호人戶에 대해 감
면했어야 하지만 기한에 앞서 잘못 납부한 하세는 순희 9년의 새로운 세금으
로 돌려서 감면해줄 것, 태주台州 5개 현의 제5등 하호는 순희 9년의 정견丁絹
을 전부 면제해줄 것, 재해를 입은 현의 인호에 대한 묘미苗米는 닷 말 이하면
현지 조사 없이 먼저 감면 대상에 포함시켜서 하호와 세민細民이 독촉이나 가
혹하게 징수당하는 고통을 면하게 할 것, 주현의 관리가 화물貨物을 판매하고
미곡을 팔러 오는 상선을 가로막은 채 세금을 부과하며 검문소를 설치해서
이득을 챙기는 일을 엄금하고 위반하는 자는 용서 없이 엄벌에 처할 것, 본
로에서 순희 9년에 재해를 입은 현의 인호에 대한 하세는 임시로 징수를 중
지하고 추수한 뒤 하세를 추묘에 비춰 수를 나누어서 감면해줄 것, 소흥부의
수많은 항목의 화매和買를 감면해줄 것 …… 등이었다.

그런데 사실 주희의 이런 주청은, 재해를 입고 굶주려서 겨우 가냘픈 숨
을 이어가고 있는 백성의 목에 칭칭 감긴 줄을 잠시 한번 느슨하게 해달라고

조정에 요구한 것에 지나지 않았다. 세금을 강제로 징수하고 재물을 착취하는 행위가 그치지 않았을 뿐만 아니라, 창고에서 뜬 쌀(霉米)을 내다 팔고(出糶) 죽을 쑤어서 이재민을 구제하는 일은 어린애 장난에 지나지 않았다. 죽음의 위협에 직면한 기민이 무슨 돈이 있어서 진조賑糶의 양곡을 사서 먹겠는가? 그리고 먹여주는 약간의 구호 죽도 납부할 길이 없는 번다한 명목의 부세에 해당하였다.

주희의 이런 가련한 주청조차 조정에서는 거의 한 조항도 '은혜롭게 허락'하려 들지 않았다. 주현의 지방 관리들은 위의 뜻을 받들어 따르고 조정의 명령을 듣는 것만 알아서 인민에게 채찍질하고 독촉하는 일만 능사로 삼았다. 그리하여 이들은 주희가 순희 8년에 제4등 하호와 제5등 하호의 체납된 관물官物에 대한 독촉 중지를 주청했다가 비준을 받지 못했다는 소식을 듣자마자 곧바로 '독촉을 중지했던 것은 (추미를) 모두 다시 추급하여서 독촉하고, 독촉을 늦춰주지 않았던 것은 더욱 심하고 엄하게 독촉하였다.'(『문집』 권17 「걸급강관회등사잉장산음등현하호하세추묘정전병행주최장乞給降官會等事仍將山陰等縣下戶夏稅秋苗丁錢并

行住催狀」)

주희는 납부 기한이 5월 15일인 하세夏稅와 면견綿絹을 두 달 연기해달라고 주청하였으나 주현의 관리들은 도리어 예전대로 집 앞에서 이름을 불러대며 독촉하기를 그치지 않았다. 주희는 「걸주최피재주현적년구흠장乞住催被災州縣積年久欠狀」에서 천재天災 중의 인재人災를 다음과 같이 묘사하였다. "본로의 재해를 입은 주현에서 지주(知)·통판(通)·현령(令)·주부(佐) 등이 누에고치와 보리를 조금이라도 수확하면 곧 백성의 역량이 소생했다고 하면서 갑자기 여러 해 묵은 세금을 처리하려고 다그치며 위아래가 서로 번갈아가며 잇달아 서로 독촉합니다. 굶어 죽어 구렁텅이에 뒹굴 걱정에서 이제 막 벗어난 이 백성들에게 하루아침에 집 앞에서 이름을 불러대며 독촉하고 몽둥이로 두드리고 잡아 가두는 고통을 당하게 하니, 매우 애통합니다. 더군다나 지금 역병이 심하게 돌아서 열에 아홉 집이 병들어 신음하고 통곡하는 소리를 차마 들을 수 없는 형편인데, 관리가 더욱 잔인하게 독촉하는 것을 어찌 견디겠습니까?"(『문집』 권17)

특히 순희 8년(1181)에 기한에 앞서 잘못 수납한 하세를 순희 9년의 새로운 세로 돌려서 감면하는 문제에 대해 조신은 결국 동의를 하였지만, 호부에서는 남몰래 그 시행을 방해하였다. 주희는 「진구황획일사건장奏救荒劃一事件狀」에서 애통하는 마음으로 다음과 같이 말하였다. "호부에서 교묘하게 저지하고 훼방을 놓기에 본부(本府)에 공문을 보내 더욱 준엄하게 독촉하였습니다. 지금은 이미 다시 재해를 입은 상황인데 어찌 집 앞에서 이름을 불러대며 몽둥이질을 하고 부세를 독촉할 때란 말입니까?" 겨우 이 '백성의 역량을 펴주라'는 주청이었건만, 주희는 결국 모든 관리로부터 손가락질을 당하였으며, 조정의 위아래 신료와 주관州官의 비방과 공격을 받았다. 그리하여 그는 "거듭 생각건대, 신이 스스로 논한 이 일은 위로는 성부省部에서 질시하고 아래로는 주군州郡에서 원수처럼 여겨, 어딜 가든 도처에서 짓밟아버리는 형국입니다."(『문집』 권17)라고 하였다.

화매和買는 조정에서 교묘하게 수탈하는 명목 없는 부세로서, 애초에 현금으로 미리 지급해주고 나중에 주견紬絹으로 납부하게 하는 조세였다. 그런데 나중에는 관사官司에서 고의로 (주견의) 값을 낮추거나 다른 물건의 시가를 올리고 거기에 맞춰 환산해서 징수하였고, 마지막에는 아예 현금을 지급하지 않아 공공연히 민호의 주견을 강제로 빼앗아가는 것이나 다름없었다. 절동 7개 주에서 온주溫州를 제외한 6개 주의 화매가 도합 28만여 필이고, 소흥 1개 주만 해도 14만여 필을 수납해야 했다. 그래서 '소흥의 화매에 대한 근심은 백성이 감당하지 못할 정도이고, 교묘하게 속이는 무리들이 온갖 간사한 폐단을 만들어내는' 지경에까지 이르렀다. 회계현은 원래 부과된 것이 1필이었는데 그 당시 2필 반으로 늘었다.

해마다 조정의 대소 관원들이 아주 그럴듯하게 화매의 폐단을 없앨 방도를 연구해냈으나 사실은 모두 문제의 해결과는 아무런 관련도 없이 사람을 속이는 공담을 발표한 것이었다. 주희는 「주균감소흥부화매장奏均減紹興府和買狀」에서 문제의 증상을 한마디로 설파하였다. "화매에 관한 논의로 몇 년 동안 시끄러웠으나 정작 화매의 해로움은 털끝만큼도 줄어들지 않고 있습니다. 그러나 그 문제의 원인을 깊이 찾아보면 다른 것이 아니라 곧 원래 부과한 수효가 너무 많았기 때문입니다!"(『문집』 권18) 주희는 남송에서 처음으로 가혹하고 과중한 화매를 감면하라고 용기 있게 소리친 사람이다. 그러니 교묘하게 명목을 내세워서 부세를 늘리는 재보의 대신과 호부의 주요 관원들이 모두 그를 험상궂은 얼굴로 노려본 것도 이상하지 않다.

태주의 정견丁絹도 소흥의 화매와 마찬가지로 본래 인호당 매년 1정丁이 본색견本色絹 3척 5촌 외에 돈 71문文을 더하여서 납부하도록 규정되어 있었다. 그런데 태주의 관부에서는 오히려 71문의 돈도 본색견 3척 5촌으로 환산하고는 인호로 하여금 강제로 갑절을 수납하게 하였다. 이것이 바로 남송 소조정이 줄곧 관례적으로 이용해온 착취의 기술이었다. 주희는 먼저 처리하고 나중에 상주하는(先斬後奏) 방법을 택하여, 건염 3년(1129)에 내린 조정의 지휘를 엄호로 삼아 먼저 태주 각 현에 영을 내려서 납부할 견 3척 5촌을 다시 돈 71문으로 납부하도록 고쳤다. 그런 다음 조정에 상주하였다. 이 일로 인하여 그는 조정과 주현의 관리들과 또다시 깊고 깊은 원한을 맺었다.

진조와 진제에서 주희는 한 걸음도 나아가기가 어려웠다. 제거에서 퇴임할 때까지 그는 계속 조신에게 200만 관緡을 내어달라고 고집스럽게 주청하였다. 그러나 조신은 국고의 돈 1천만 관을 덕수궁德壽宮의 조구趙構(고종)에게 효도와 공경을 담아 내줄 수는 있어도 무명관고無名官告(이름을 쓰지 않은 관리임명장, 공명첩), 도첩度牒, 관회官會를 이용하여 30만 관을 끌어모아서 주회에게 내주고 일을 마무리하는 데는 인색하였다.

주회는 여전히 그 돈을 양식으로 바꾸어서 진조와 진제에 쓰려고 생각하였다. 그의 방법은, 첫째, 사람과 배를 고용하여 풍년이 든 주군州軍에 가서 미곡을 사 실어 오고, 미곡 상선을 유치하여 절동에 와서 곡식을 팔게 하는 것이었다. 둘째, 현상금을 걸고 부호들을 격려하여 그들로 하여금 쌀을 내어서 진휼을 돕게 하고, 상호上戶에게 죽을 쑤도록 권해서 이재민을 구제하게 하는 것이었다. 전답의 경계가 아스라이 이어지고 창고가 가득 차 있으며 하인들이 무리를 이룬 부호들에 대해서는 한편으로 엄격한 법 적용을 통해 그들이 남의 위급한 상황을 이용해서 쌀 투기로 막대한 이득을 챙기지 못하도록 단속하고, 또 한편으로 관직을 팔고 상을 주어서 그들이 쌀을 바쳐 구제를 돕도록 격려하면서 거듭 조정에 값을 반으로 따져서 상을 내려주라고 주청하였다.

조신은 증적·왕변 등 자기에게 붙어 있는 가노家奴들에게는 높은 관직과 후한 녹을 아낌없이 주었지만, 쌀을 헌납하여 진휼을 도운 사람들에게는 거듭 신임을 잃었다. 비록 나중에는 값을 반으로 따져서 상을 주는 데는 동의했지만 정작 내린 지휘 가운데에는 '앞으로는 실지 조사하여서 재해로 인한 피해가 가장 심한(最重) 곳으로 판정이 나야만 보고해서 성지를 얻을 수 있다'는 몇 구절을 집어넣었다. 이는 앞으로 조정에서는 마음대로 재해 상황이 '가장 심하지 않다'는 평계를 대서, 쌀을 헌납하여 진휼을 도운 부호들에게 파는 관작을 모두 없애버릴 수 있다는 말이나 마찬가지였다. 결국 부호들은 주회에게 원망과 분노를 털어놓을 수밖에 없었다.

주회의 이 두 가지 방법은 탐관오리와 권귀權貴의 부호들에게 죄를 얻는 것과 같았다. 주현의 관리들은 자기 자리를 보존하기 위하여 오로지 조정의 명령만 따르고, 재해의 위급한 상황을 이용하여서 자기 주머니를 채울 생각만 하였다. 그러니 주희가 시행한 황정의 방법이 무슨 효력이 있었겠는가? 어떤 사람은 공공연히 주희의 명을 거부하면서 시행하지 않았고, 어떤 사람은 어지러이 위에다 상소하여 봉사직을 청하고 떠나버림으로써 일부러 주희를 곤란하게 만들었다. 그런데 주희가 진휼미를 내게 하여 재난을 구제하도록 타격하기도 하고 권하기도 한 부호들의 경우에, 어떤 사람은 한 지역을 좌우할 만한 거부로서 재상 집안이었고, 어떤 사람은 바로 조신의 총애와 신임을 받는 조정 권귀의 인척이었다. 또 어떤 사람은 주현의 관리와 결탁하여서 백성을 속이고 능멸하는 토착 건달들이었다. 주희가 황정荒政을 확대 시행하는 일은 맨 먼저 직간접적으로 그들의 이익에 손해를 끼치는 일이었다. 결과적으로 그는 절동 제거로 부임한 뒤 석 달이 되지 않아 이미 그들의 온갖 공격의 한가운데 포위되고 말았다.

분명, 주희가 절동에서 행한 진황賑荒의 여러 행위는 이미 조정의 바람과 목적에서 갈수록 멀어졌기 때문에 조정에서도 용납하지 않았다. 조정에서는 본래 그가 다만 조정을 대표하여 내려가서 진황을 통해 얼마간의 업적을 냄으로써 조신 황제의 깊은 인덕과 후한 은택을 드러내주기를 바랐을 뿐인데, 주희가 참으로 하려는 일은 도리어 반드시 '백성에게 실제적인 혜택(實惠)'을 주려는 것이었다. 조정에서는 본래 그가 다만 이재민을 진휼하기만을 바랐을 뿐인데, 그는 도리어 한 걸음 더 나아가 백성을 위해 부세를 감면하려고 하였다. 조정에서는 본래 이 재황災荒을 천재로 간주하였는데, 그는 오히려 한 걸음 더 나아가서 인재로 간주하였다. 조정에서는 본래 이 재황의 책임이 지방에 있다고 인식하였는데, 그는 오히려 한 걸음 더 나아가서 책임의 근원이 조정에, 심지어 조신에게 있다고 여겼다. 조정에서는 본래 그가 진황에 관한

'일(事)'만 조처하기를 바랐는데, 그는 오히려 한 걸음 더 나아가서 진황에 관련된 '사람(人)'을 징벌하려고 하였다. ……

그의 이러한 황정의 지도적 사상이 가장 잘 반영된 자료는 순희 9년(1182) 6월에 재변을 빌려서 올린 「걸수덕정이미천변장乞修德政以弭天變狀」(『문집』 권17)이다. 조정에서는 이 재황을 한 차례 단순한 지방의 재난 구제 활동으로 간주하여서 '이재민 구제(濟災民)'에만 목표를 두었지만, 주희는 이 재황을 쇠미해지는 사회 전체를 만회하고 구제하기 위한 투쟁으로 간주하여서 '백성의 곤경을 펴주는(紓民困)' 데 목표를 두었다. 주장奏狀에서 그는 명확하게 '폐단을 혁파하고 인민을 구제하는' 사회적 방안을 제시하고 변통과 경법更法을 주장하여 구차한 안주와 수구를 반대하였다.

그는 '법'에서 '사람'으로 눈을 돌려 정치에서부터 경제에까지 깊이 들어갔으며, 진제와 진조 및 부세 감면으로부터 인민을 해치는 갖가지 사회적 폐단을 혁파하고 제거하는 문제로까지 발전시켰다. 그는 잇달아 장계를 올려서 조정에서 확대 시행하는 주과酒課·염과鹽課·의역義役·차역差役 등 중대한 사회 문제를 비판하였다. 주과와 염과는 '백성을 야위게 만들어서 아전을 살찌우고, 농민을 곤궁하게 하여서 빈둥빈둥 노는 자들을 돕는' 것에 지나지 않으므로 '날이 가고 달이 가면서 백성은 더욱 살 가망이 없으니, 변통하지 않으면 큰 근심이 될 것'이라고 지적하였다. 차역과 의역은 '양민을 오래도록 곤궁하게 만들고 개혁하기 어려운 묵은 폐단'에 지나지 않는다고 통렬히 배척하였다. 그리고 조정에서 '상황에 따라 알맞게 제도를 만들어(因事制宜) 민정民情이 근심으로 여기는 문제를 속히 제거하라고' 요구하였다.

주희의 이런 주청은 모두 경제적 '금지 구역(禁區)'을 건드리는 문제라 이미 절동의 진황이라는 직책의 범위를 벗어났다. 이는 곧 그를 더욱더 조정의 대신, 주현의 관리 및 호족들과 전면적으로 대립하는 처지에 서게 하였다. 특히 '상방보검'을 이용하여 그가 탐관오리와 악한 권세가를 하나하나 징계하면서 이런 모순은 점차 격화하였다. 끝내는 당중우唐仲友를 여섯 차례 탄핵한 사건에서 회오리바람이 일듯 폭발함으로써 그가 고심하여 얻은 '상방보검'이 결국 자기를 겨냥하고 말았다.

여섯 차례 당중우唐仲友를 탄핵한 '인간희극'

황제 조신과 재상 왕회의 눈에 주희가 당대의 유종儒宗이며 진황에 유능한 관리의 면모를 점차 잃게 된 까닭은 절동 각 주의 재해를 살피기 위해 떠난 두 차례 순력 때문이었다. 본래 남송 조정이 시행해온 진황의 관례에 비추어 보자면, 주희는 회계會稽의 제거사提擧司 자리에 높이 앉아서 호령만 내리고 구제금과 구호미를 각 주에 나눠 주기만 하면 되었다. 주의 관리와 현의 아전들이 어떻게 중간에서 착복하고 배를 불리든, 이재민이 실제로 혜택을 받든 말든, 모두 보여도 보지 말고 들려도 들을 필요가 없었다. 그러나 주희는 한사코 착실하게 '상방보검'을 들고 각 주와 각 현에 내려가서 현장을 순력하고, 진재賑災의 정황을 상세히 시찰하였다. 그는 자기의 진황 조처가 거의 한 가지도 순조롭게 시행되지 않고 있음을 발견하였다. 그리하여 그가 진황을 방해하고 허물어버리는 탐관과 간사한 부호들에게 타격을 입히려고 손을 썼을 때, 조신과 왕회는 그에 대한 분노로 이를 갈았다.

첫 번째 순력은 순희 9년(1182) 1월과 2월에 있었다. 그는 소흥부의 승현嵊縣·제기諸暨에서부터 순력을 시작하여 무주婺州의 포강浦江·의오義烏·금화金華·무의武義·난계蘭溪에 이르고, 다시 구주衢州의 용유龍游·서안西安·상산常山·개화開化·강산江山으로 방향을 바꾸었다. 가는 길에 돈과 곡식을 풀어서 나눠 주고 구제를 위한 미장米場을 검사했으며, 길에서 환자와 기민을 수습하였다. 돈과 양식을 아무리 끊임없이 풀어도 고을에서는 여전히 도처에 굶어 죽는 자가 계속 이어져서 온 마을에 연기가 아예 나지 않는 곳도 있었고, 온 집안에 먹을 양식이 없는 경우도 있었다. 그는 이 모든 형편이 탐관오리가 빌미를 만들고 흉악한 토호(惡霸豪右)가 영을 어겼기 때문임을 분명히 보았다. 주희에 대해 말하자면, 이때의 순력이 가는 길 내내 탐관오리와 악질 토호를 타격하여서 징벌하는 일이 되지 않을 수 없었다.

순희 8년(1181) 12월 부임하던 당초에 그는 곧바로 상주하여서 기민에 대해 실상과 달리 보고한 소흥의 병마도감 가우賈佑를 탄핵하였다. 지방의 용렬한 관리들은 재황 중에도 여전히 사람의 목숨을 초개같이 여기고 기민의 숫자를 누락시켜서 사실대로 작성하여 보고하지 않았다. 회계와 산음 두 현에서 주희는 보고에 누락된 기민 25만여 명을 단숨에 조사해냈다. 아래에서 이 재민들 대부분이 구호미를 받지 못한 채 불쌍하게 길에서 굶어 죽고, 버려진 아이들의 울음소리가 들에 가득한 것도 전혀 이상한 일이 아니었다.

이때의 순력에서 주희는 일단 승현에 도착한 다음 우선 관의 미곡을 훔친 소흥의 지사指使 밀극근密克勤을 상주하여서 탄핵하였다. 밀극근은 상우·신창·승현에 공급할 진제미賑濟米를 대량으로 착복한 뒤, 겨와 흙을 섞고 작은 말(斗)과 휘(斛)로 쌀을 되어서 이재민에게 나누어 주었다. 주희가 직접 표본을 뽑아 검사해보니 쌀 한 섬에서는 아홉 되가 모자랐고, 한 말에서는 체로 쳐서 나온 흙이 한 되 두 홉이고, 겨가 한 되 한 홉이었다. 진제 양곡 1만 3,000섬에서 모두 4,160섬이 모자랐던 것이다.

무주婺州 금화현에서 주희는 또 진조賑糶를 하지 않으려는 부호 주희적朱熙績을 상주하여서 탄핵하였다. 주희의 진제 방법은 상호上戶에 쌀을 헌납하도록 권유하고, 조정에서 발급한 양식을 더해 성향城鄉 각처에 미장米場을 설치하여서 진조와 진제를 하며, 날마다 죽을 쑤어서 먹을 것이 없는 이재민을 구제하는 식이었다. 주희적은 금화의 극상등호로서, 고대광실 300여 칸에 전답과 재산이 한 고을에 제일이라 일컬었다. 주희는 그에게 제12도都에 있는 주씨 21개 집안에 미장米場을 설치하여 진조와 진제를 하라고 명했지만, 그는 끝내 몸을 숨기고 따르지 않았으며 쌀을 한 톨도 내지 않았다. 주희가 순력하면서 금화에 이르렀을 때 그는 이미 제14도에 미장을 설치하여 쌀을 내다 풀었다고 거짓말을 하였다. 실제로는 뜬 현미를 풀어 놓고 작은 말로 근량을 줄여서 매 일곱 되가 넉 되로 되게 만들었다. 그리고 죽을 쑤어서 구제한 일도 결국은 쌀을 조금 가지고 흙탕물로 미음을 끓인 멀건 죽을 굶주린 백성에게 먹여서 구토하게 만들었다. 주희는 금화의 현위縣尉에게 명해 주희적을 불러오게 하였다. 그는 공공연히 거부하면서 오지 않았다. 주희는 그에 대하여 어찌할 수가 없었다.

구주에서 주희는 또 황정荒政을 부지런히 하지 않고 백성의 고통을 구휼하지 않은 구주의 수령 이역李嶧, 한재의 검방을 부실하게 한 감 호부 섬군주고監戶部贍軍酒庫 장대성張大聲과 용유현龍游縣의 현승縣丞 손자孫孜를 상주하여 탄핵하였다.

구주는 재해의 검방이 가장 부실한 주였다. 그런데도 특히 큰 수재를 겪은 뒤 이역은 자기 공을 자랑하기를 좋아하여서 '백성은 궐식闕食하는 자가 없고, 떠도는 데 이르지 않았다'는 황당한 보고를 하였다. 상산현은 재해를 8푼이나 입었지만 그는 도리어 1푼 6리釐로 감방減放하였으며, 기아에 허덕이고 얼어 죽은 이재민이 들에 널려 있는데도 한결같이 사람을 관할 현에 내려보내 조세를 성화같이 독촉하였다. 게다가 주희가 구주에 발급해준 구제미 6만 섬을 그는 한 톨도 관할 현에 나눠 주지 않았다.

장대성과 손자는 모두 이역의 의중이나 안색만 살펴 일 처리를 할 뿐 이재민의 사활은 돌아보지 않았다. 심지어 개화현은 재해를 8푼이나 입었는데 고작 1리로 감방했기 때문에 주희는 "재해를 입은 인호가 조세를 실어다가 납부하고, 집 앞에서는 이름이 불려지며 독촉을 당하고, 감독에 얽매이고 처벌을 받는 고통을 겪어서 사방으로 떠돌며 걸식하고 있습니다. 가난한 백성은 음식을 얻을 곳이 없고 세전歲前에 찬비가 내려서 사망한 자가 매우 많습니다."(『문집』 권17 「주장대성손자검방한상부실장奏張大聲孫孜檢放旱傷不實狀」)라고 하였다.

주희가 이와 같이 순력하는 가운데 상주하여 탄핵하였으나 단 한 사람도 거꾸러뜨릴 수 없었을 뿐만 아니라, 도리어 스스로 예측하지 못한 화를 불러들였다. 부패한 봉건 통치는 종래 인척, 친척, 친구, 제자, 전직 관리들의 유대에 의지하여서 상하 사방으로 서로 얽힌 관리들이 끼리끼리 서로 보호해주는 통치의 그물을 형성하고 있었기 때문에 머리칼 한 오라기만 잡아당기면 몸 전체가 딸려 오는 형국이었다. 주희가 상주하여서 탄핵한 이들 간신과 토호들은 조정에 모두 든든한 후원자가 있었다. 그가 아무리 상주하여서 탄핵을 한들 너무도 치밀하여 바람도 뚫지 못하는 관료의 관계망 앞에서는 분명 아무런 소용도 없었다. 결국, 그가 조신에게 청하여서 얻은 '상방보검'은 빛 좋은 개살구에 지나지 않았다.

그는 이때의 순력에서 아마도 산음山陰의 삼산三山을 지나면서 육유를 방문했을 터이다. 육유는 정월 16일에 중체曾逮에게 보낸 편지에서 다음과 같이 말하였다. "동쪽 사람들 중에는 떠돌거나 굶어 죽은 자가 들판에 가득한데, 보릿가을이 되려면 아직도 100일이나 남았으니 어찌한단 말입니까! …… 주원회는 구주와 무주에서 아직 돌아오지 않았습니다. 그분은 자나 깨나 직무만 돌보고 있는데, 아마도 유생이 평소 강구하던 것은 아닌 듯합니다. 또한 돈과 곡식은 한계가 있고 일할 전권은 지니고 있지 않으니(事柄不事), 역시 그에게 이 사람들을 살리는 책임을 지울 수는 없습니다."(예도倪濤, 『육예지일록六藝之一錄』 권395 「배위언시첩拜違言侍帖」)

'일할 전권을 지니고 있지 않다'는 말은 바로 직책은 있으나 권한이 없는 주희의 곤란한 처지를 의미한다. 주희가 조신에게 청해서 얻은 것은 아무 짝에도 쓸모없는, 상주하여서 탄핵하는 권한뿐이었고, 징계하여서 처벌할 수 있는 진정한 권한은 조정의 수중에 있었다. 조정이 승낙하려 하지 않았기에 주희의 상주 탄핵은 곧 탐관오리와 간사한 토호의 털끝 하나도 건드릴 수 없었고, 반대로 그들은 조정의 친·인척 관계를 이용하여서 주희에게 반격할 수 있었다. '재물이 많아서 그 힘으로 귀신도 부릴 수 있는' 주희적이 기염을 토할 수 있었던 배경은 바로 조정의 권귀權貴가 뒷받침해주었기 때문이었다. 주희는 그런 그에 대하여 '전답과 재산이 한 군郡에서 제일가고, 권귀와 결탁하여 주현을 능멸하고, 멋대로 방자하여 못하는 짓이 없다'(『문집』 권16 「주상호주희적불복진적장奏上戶朱熙績不服賑糶狀」)고 하였다. 여기서 '권귀'란 바로 좌우춘방左右春坊의 사무를 주관하는 합문 선찬사인閣門宣贊舍人 진구년陳龜年이었다. 주희적은 그의 사위였던 것이다.[2] 그리고 또한 주희적과 같은 지역 사람인 재상 왕회를 가리킨다고 할 수도 있다.

1월 16일에 주희는 전적으로 이 일 때문에 왕회에게 차자를 보냈다. "저는 어제 길에서 이미 황제에게 아뢰는 차자를 준비한 다음 무주에 도착하였습니다. 우연히 호민豪民(*생각건대, 주희적을 가리킨다)으로서 지시를 따르지 않는 자가 있기에 상주문을 갖추어서 거듭 아뢰지 않을 수 없었습니다. 듣건대, 그 사람은 평소 간사하고 교활하다고 하는데, 승상과 같은 지역(里社) 사람이라 오래전부터 이미 그의 사람됨을 잘 아시리라 생각합니다. 특별히 황제께 아

---

2 진량의 『용천집龍川集』 권28 「진춘방묘비명陳春坊墓碑銘」에서는 춘방 진구년의 둘째 딸이 "종사랑從事郎이며 융흥부隆興府 진현현進賢縣의 현위縣尉인 주희속朱熙續에게 시집갔다." 하였는데, 주희속의 '속續' 자는 응당 '적績'을 잘못 쓴 것이다. 또 『여동래문집』 권7 「탕교수모반부인묘지명湯教授母潘夫人墓誌銘」에서는 금화 탕씨湯氏의 딸이 주희적에게 시집갔다고 했으니, 주희적은 아내를 여럿 두었을 것이다.

뢰어서 무겁게 견책하신다면 천만다행이겠습니다."(『식고당서화회고式古堂書畫匯考·
서고書考』권14「여시재차與時宰箚」)

주희적은 금화현 효순향孝順鄕 사람이고, 왕회는 금화현 대운향大雲鄕 사람
이었다. 두 집안은 모두 한 군의 토호 가문이며 인척 관계로 얽혀 있었던 것
으로 보인다. 그래서 주희는 특별히 왕회에게 차자를 보내서 처결해주기를
간절히 아뢰었다. 하지만 왕회는 도리어 주희적을 비호하였다.

구주의 수령 이역이 믿는 바가 있어 두려울 것이 없었던 까닭도 반도학의
참지정사參知政事 전량신錢良臣이 그의 매부였기 때문이다. 주희가 탄핵 상소에
서 '그 친척이 지금 정계에 있으면서 부당한 방법으로 그를 돕는다'(『문집』권17
「주구주수신이역불류의황정장奏衢州守臣李嶧不留意荒政狀」)고 한 말은 바로 전량신의 도움
을 가리킨다. 이역은 조정에 뿌리를 서려 두고 줄기가 얽혀 있는 인척의 무
리였다. 주희의 상주 탄핵은 그를 거꾸러뜨릴 수 없었으며, 오히려 2월에 이
역이 보기 좋게 승진하여서 거만하게 구주를 떠나는 꼴을 두 눈 멀쩡히 뜨고
지켜볼 수밖에 없었다.

주희는 이때의 순력에서 탐관오리와 간사한 토호들로부터 저주하고 욕하
는 소리를 듣는 가운데 진휼장을 철수하였다. 그가 아직 소흥부의 제거사로
돌아가지도 못하였는데, 그의 탄핵을 받은 탐관과 간사한 토호의 중상모략이
이미 어지럽게 임안臨安의 조정으로 날아갔다. 이는 그로 하여금 십면매복十面
埋伏 가운데 빠져 있는 외로움과 위태로움을 느끼게 하였다. 그는 상백원向伯
元에게 편지를 보내서 다음과 같이 말하였다. 이번에 "경솔하게 나가서 일을
한 것이 현관縣官에게는 아무 도움도 되지 않고, 귀신貴臣들에게 거슬리고 저
촉되는 일만 하여서 거의 불측한 일을 저지를 뻔했습니다."(『별집』권4) 그들 탐
관과 간사한 토호가 저마다 모두 조정에 의지할 뒷배를 가지고 있었다 한다
면, 조정에 벼슬하는 친척 하나 없는 주희는 바로 필마단창匹馬單槍으로 그들

에게 항거하여 싸웠던 것이다.

부에 돌아온 뒤 주희는 분개하여 「걸사준삭장乞賜鐫削狀」을 올렸다. "신이 어제 직무에 관련된 일로 중상을 받았습니다. …… 전날의 죄가 이미 용서받기 어려운 지경인데, 이에 더하여서 종적이 고단하고 위태롭고 위엄을 잃었습니다. …… 다만 성상의 자비로 신의 현재 관직을 우선 삭직하시고, 구황을 마치는 날을 기다려서 별도로 찬배하고 견책하여서 공의公議에 부응하시기 바랍니다."(『문집』 권17)

위선적인 조신은 뜻밖에도 이때 각 로路의 수신帥臣과 감사監司에게 영을 내려서 관내 수신守臣의 잘잘못을 논한 뒤 이를 보고하라고 하였다. 주희는 3월 3일 「논장부소부수신장論臧否所部守臣狀」을 올려서 풍자와 분노의 기미가 느껴지는 말투로 말하였다. "최근에 구주의 수신 이역을 조사한 뒤 탄핵하였으나 조정에서 시행하라는 윤허를 받지 못하였습니다. 저는 확실히 재주가 적고 덕이 엷어서 신임을 얻기에 부족한데 어찌 다시 감히 남의 잘잘못을 가리겠습니까? 엎드려 바라건대, 잘 살펴서 고과를 보고하는 일을 면하게 해주소서."(『문집』 권21)

주희는 이미 조정에서 전적으로 대권을 쥐고 흔드는 재상 왕회가 방해하고 있음을 의식하기 시작하였다. 그는 곧 6월 8일에 왕회에게 격렬한 어조로 긴 서찰 한 통을 올렸다. 이 서찰은 실은 남송의 부패한 통치를 폭로한 절묘하고 기이한 글이다. 그는 걱정으로 가득 차서 서산에 해가 떨어지듯이 지고 있는 남송의 소조정을 다음과 같이 묘사하였다. "지금 조종祖宗의 원수를 아직 갚지 못했고, 문왕과 무왕의 영토(중원)를 수복하지 못하였으며 …… 백성은 빈곤하고 병사들은 원망하고 있으며, 중앙과 외방의 재정이 텅 비고, 기강은 무너지고 풍속은 파괴되었습니다. 가령 바람이 고르고 비가 때맞춰 내려서 시절이 태평하고 농사가 풍년이 들어도 오히려 무사하다고 할 수 없을 터인데, 하물며 기근으로 낭패를 당한 것이 이런 지경에 이른 형편이겠습니까! 대신이 된 자가 분음分陰을 아껴서 모든 일에 부지런히 힘쓰기를 주공周公이 앉아서 아침을 기다리고 무후武侯(제갈량)가 세상의 모든 일을 처리하듯이 함으로써 성상이 하시고자 하는 뜻을 이루어주지는 않고, 세상사 흘러가는 대로 마냥 부침하면서 헛되이 세월만 보내고 요행히 당장에 무사하기만 바랍니다. 이와 같이 하기를 그만두지 않는다면 재앙의 뿌리가 날로 깊어진다는 사실을 도무지 알지 못하고 있습니다."(『문집』권26 「상재상서上宰相書」)

주희는 현재 당면한 천하의 가장 시급한 일은 황정이고, 또한 황정에서 시급한 일 중에도 더욱 시급한 두 가지 일이 있다고 보았다. 하나는 '돈꿰미를 내려주어서 널리 미곡을 사들이게 하는 일'이고, 또 하나는 '속히 상을 주어서 부자들을 격려하는 일'이었다. 그는 황정의 시급한 일에서 출발하여 조정에서 왕회가 행한 짓을 신랄하게 비판하고 공격하였다.

국가의 경비는 용도가 지극히 넓지만 병사를 기르는 데 소모되는 것이 열에 여덟, 아홉입니다. 장수가 된 신하는 군적에 있는 허수로 침해하고 속이는 간사한 짓을 부리고, 군량을 담당하는 신하는 장부를 조작하여 도둑질할 계책을 세웁니다. 뇌물을 얼마나 많이 교묘하게 실을 수 있는지 다투면서, 권행權倖의 문으로 들여가는 것이 1년에 몇 만이 되는지 알 수 없습니다. 명공明公께서는 이런 일은 바로잡지 않은 채, 다만 기민의 입으로 들어갈 털끝만큼 되는 적은 양을 자질구레하게 계산하면서 재용을 아껴 쓰는 계책으로 삼고 있으니, 저는 그것이 어찌된 영문인지 모르겠습니다! 국가의 관작은 천하에 가득하며 …… 이제 위로는 집정執政으로부터 아래로는 일반 관료(庶僚)에 이르기까지, 안으로는 시종의 높은 지위로부터 밖으로는 목수牧守의 중요한 직분까지 모두 서로 결탁하고 빌붙어야 얻을 수 있습니다. 북쪽에서 귀화한 자와 근습, 외척의 무리로서 크게는 깃발을 잡고 부절을 지니며(荷旄仗節) 작게는 정임正任으로 횡행橫行하는 자가 또 몇 사람이나 되는지 모릅니다! 그런데 명공께서는 이런 자리를 아깝게 여기지 않으면서, 다만 적공迪功·문학文學·승신承信·교위校尉와 같은, 열 몇 사람에게 해당하는 자리를 아끼는 것으로써 벼슬(名器)을 신중히 내리는 계책으로 삼으시니, 저는 또한 그것이 어찌된 영문인지 모르겠습니다! …… 대체로 백성을 아끼는 조정의 마음이 재물을 아끼는 마음만큼 깊지 않기 때문에 백성을 구하는 일에 힘을 끝까지 다하려 하지 않는 것입니다. 나라를 걱정하는 명공의 마음이 몸을 아끼는 마음만큼 절실하지 않기 때문에 아첨하고 지시를 따르는 계책에만 힘쓰는 것입니다.　　　　　　　　 ─동상

　　당당한 재상을 주희가 이렇게 통쾌무비하게 꾸짖은 일은 책에 기록할 만한 일이었다. 그는 곧바로 왕회에게 "전날 지체하고 태만했던 잘못을 스스로 명주明主 앞에서 열거하고, 군주와 신하가 서로 맹서하여서 전날의 규범을 모두 변화시키고 급한 시무時務를 함께 추진하며, 제가 아뢴 황정의 한두 가지 일에 조금이라도 신경을 쓰십시오."라고 하였다.

　　일인지하, 만인지상의 왕회는 결코 윤허하지 않았다. 그리고 천거해준 깊은 은혜를 입은 하찮은 제거가 자기에 대해 이렇게 멋대로 비난하고 욕하는 것을 참을 수 없었다. 당중우唐仲友를 여섯 차례 논핵하기 전에 주희는 이미 검을 뽑아들고 활을 겨누면서 왕회와 팽팽하게 대립한 상황에 있었다. 설령 나중에 여섯 차례 당중우를 탄핵하는 일이 없었다 하더라도 주희는 조만간 왕회에 의해 단번에 걷어차이도록 되어 있었다.

　　당연히 주희는 왕회에게 올린 편지로 인해 그의 두 번째 순력이 실패할 수밖에 없다는 사실은 미처 생각지 못하였다. 그러므로 주희가 첫 번째 순력

중에 탐관오리와 횡포를 부리는 토호를 상주하여서 탄핵한 일은 조정의 용납을 받을 수 있었지만, 두 번째 순력 중에 당중우를 상주하여서 탄핵한 일은 왕회의 참소를 받았다. 그 까닭은 그가 두 번째로 순력하는 동안 올린 탄핵 상주가 관리들끼리 서로서로 보호해주는 더욱 단단하고 더욱 강하고 더욱 큰 철망에 맞부딪혀서 재상의 머리를 직접 가격했기 때문이었다.

그가 왕회에게 편지를 올리기 전후로 절동의 각 주에서는 또 드물게도 잇달아 한재·황재蝗災·역질 등이 발생하여 만연하였다. 진량은 5월에 주희에게 보낸 편지에서 한재와 역질이 처음 나타났을 당시의 흉하고 맹렬한 기세를 다음과 같이 말하였다. "무주는 또다시 큰 역질이 돌았습니다. 구주는 쌀값이 갑자기 뛰어서 한 섬에 4,700문이나 합니다. 재앙이 장차 무주를 집어삼킬 것입니다. …… 역병이 유행하여서 식구들이 잇달아 죽고 어린아이 한둘만 남아서 이 아이들을 거둬 기를 사람조차 없는 집도 있습니다. 들으니, 조수령(趙倅)이 주에서 이미 5, 60명을 거두어서 조처했다고 합니다. ……"(『용천집』권20 「우임인하서又壬寅夏書」)

7월에 주희는 배를 타고 성을 나와서 직접 회계현 광효향廣孝鄉의 들판으로 나가 시찰을 하였는데, 보이는 것이라고는 누리가 떼 지어 날아들어서 벼의 어린 싹을 갉아먹는 모습이었고, 눈에 가득 들어오는 것은 온통 누렇고 벌건 세상이었다. 하호下戶의 세민細民은 이미 논의 피를 훑어서 굶주림을 채웠다. 주희는 한편으로는 방문榜文을 작성하여 멀리 광동·광서와 복건에까지 보내서 미선米船이 절동으로 들어오도록 유도하고 풍년이 든 지역에서 널리 미곡을 사들였으며, 또 한편으로는 조정에 끊임없이 상주하여 각종 가혹한 부세의 독촉을 중지하고 감면해달라고 청하였다.

그러나 아래에 있는 주현의 관리들은 부세를 갈수록 더 빡빡하게 독촉하면서 근본적으로 황정을 행하지 않았다. 그래서 주희는 두 번째로 절강의 각

주를 순력할 계획을 세웠다. 첫 번째 순력에서 돌아온 그에게 친척과 친구들은 모두 앞으로는 소흥의 성안에서 기다리고 다시는 지방에 내려가 화를 자초하지 말라고 권하였다. 주희는 3월에 다시 승현의 산간으로 가서 조사할 생각이었는데, 친구들은 그를 막았다. 그러나 주희는 결국 또 한 차례 더욱 큰 규모로 순력을 하기로 결정하였다.

7월 6일에 주희는 가뭄 피해를 구제하지 않고 그냥 보고만 있던 강산현의 지현 왕집중王執中을 상주하여서 탄핵하였다. 이것이 그의 두 번째 순력의 신호탄이었다. 7월 16일, 주희는 소흥부 백탑원白塔院을 출발하여 회계·상우·승현을 거쳐서 신창까지 순력하였다. 26일에는 태주台州의 천태天台·영해寧海로 들어갔다. 가는 길 내내 진황을 재촉하고, 부세를 감면해달라고 상주하고, 재해를 틈타 백성을 침해하고 자기를 살찌우는 탐관오리를 전처럼 허장성세로 '상방보검'을 빌려서 상주 탄핵하여 타격을 입혔다.

가뭄 피해가 극심한 상우를 순행하던 어느 날, 백성 700명이 앞뒤에서 길을 막고 투서를 하며 통곡하면서 호소하였다. 현리縣吏가 부세를 독촉하고 극심하게 횡포와 탐욕을 부려서 끝내 민호에 강제로 100문의 효경소전孝敬小錢을 내게 하고, 내지 않으면 곧바로 차인差人을 향리에 내려보내서 백성을 잡아다 고문을 하였다는 것이다. 주희는 이들 탐욕스럽고 가혹한 서리를 엄하게 징계하고 처벌하였다. 영해에서 그는 또 황정을 펼치지 않고 이재민을 떠돌게 하거나 도망하도록 내버려 둔 지현 왕벽강王辟綱을 상주 탄핵하였다.

23일에 태주에 도착했을 때 그는 재상 왕회의 비호 아래 있는 지주知州 당중우唐仲友가 느긋하게 횡행하는 탐오貪汚의 왕국을 만났다. 이 왕국에서는 가뭄 피해로 인해 근심의 구름과 처참한 안개가 덮인 가운데서도 끝내 진황과 재해를 구제한 흔적이 하나도 보이지 않았다. 주희는 부득불 한편으로는 장계를 올려서 태주의 정견丁絹 납부를 면제해줄 것과 돈을 풀어 태주와 황암

黃巖에 수리 사업을 일으키도록 해달라고 주청하고, 하세夏稅의 우수리 흠축을 독촉하지 말 것과 추묘秋苗를 검방하여 수를 나누어서 일률적으로 면제해달라고 주청하였으며, 다른 한편으로는 이 탐오 왕국의 최대 탐관인 당중우를 향해 칼을 빼들었다.

당중우는 자가 여정與政이고 호는 열재悅齋이다. 경제經制의 학을 제창하여서 금화학·영가학·영강학과 함께 절동을 떠들썩하게 하였다. 그러나 바로 절동 사공학事功學의 기풍에 깊이 물들었기 때문에 지주와 진신縉紳의 적나라한 공리功利적 용모를 띄게 되었다. 그리하여 이런 기풍이 잉태하여서 길러낸 이 재자才子는 떠돌이 백성(流民)에다 기루妓樓의 압객押客(유객) 겸 탐관貪官까지 더해진 괴이한 모습을 갖게 되었다. 간사하고 교활한 재상 왕회가 말하기를, 당중우는 소학蘇學을 주로 하고 주희는 정학程學을 주로 한다고 하였다. 그러나 그 말은 군주를 기만하고 세상을 미혹시키는 허튼 소리에 지나지 않았다. 당중우가 『주례』를 강綱으로 삼아 지어낸 「제왕경세도보帝王經世圖譜」를 한 번만 읽어보면 곧 그의 제왕학帝王學이 소학과는 전혀 다른 것임을 알 수 있다.

사람들은 이따금 그를 견결한 주전파主戰派로 입이 마르도록 찬양하였지만, 실제로 그는 대담하게 다음과 같은 글을 올렸다. "이제 화의와 전쟁은 모두 때에 따라 적에 대응하는 방법이지 우리의 지극한 계책은 아닙니다. 중요한 일은 종사宗社의 원수를 잊지 않으며 먼저 국가를 지탱하는 근본을 정해서 게을리하지 않고 힘써 행하는 데 있습니다. ……" 이것은 바로 융흥화의隆興和議를 대표하는, 사람을 가장 미혹시키는 기회주의적 투항조의 언변으로서 일찍이 젊은 주희가 도성에 들어가 항쟁할 때 통렬히 배척했던 주장이었다.

주우朱右는 「제송렴소작중우보전題宋濂所作仲友補傳」에서 당중우가 "태주에서 곡식을 내어서 진휼하여 구제하고, 간사한 자를 억누르고 약한 자를 붙들어주었으며, 부교浮橋를 창안하여서 사람들로 하여금 험한 물을 건널 수 있게 해주었으므로 백성이 그에 힘입어 이득을 얻었다."(『백운고白雲稿』) 하고 추켜세웠다. 이것은 더욱 최소한의 사실도 전혀 고려하지 않고 졸렬하게 반대로 진술한 글이다.

중진교中津橋를 건설한 일을 두고 당중우가 태주에서 올린 가장 뛰어난 정치적 업적이라고 사람들이 추켜세우는 바람에, 당중우는 대간에 있는 같은 당의 천거로 강서 제형江西提刑이 되었다. 그러나 그들은, 다섯 현의 백성에게 민폐를 끼쳐가면서 이 다리를 건설한 뒤 그가 도리어 다리 곁에 초소를 설치하여서 세를 거두고, 왕래하는 선박을 붙들어 놓고 사흘에 한 번 보내주는 짓을 하면서 '온갖 방법으로 가로막고 수색을 하며, 사안을 만들어낸 것이 이루 헤아릴 수 없었다'는 사실은 몰랐다(『문집』 권18 「안당중우제삼장按唐仲友第三狀」).

순희 8년(1181)에 재해를 만났을 때 그가 비록 상평 의창미를 풀어서 조금 진제하겠다고 주청한 사실은 알고 있었지만, 겉으로는 진제를 한다고 내세우고 본래보다 더욱 심하게 새로운 세금을 더하여서 백성을 짓밟고 멋대로 공금을 착복했다는 사실은 몰랐다.

7월 16일에 다시 길을 떠난 주희는 가는 동안 내내 태주의 이재민들이 노인을 부축하고 아이를 데리고 떠돌며 걸식하는 참경을 보았으며, 유신儒臣의 겉옷을 입은 '청렴하고 명망 있는 관원(淸望官)' 당중우의 탐욕스럽고 음란하고 사악한 행위에 대한 많은 사실을 들을 수 있었다. 19일에 그는 태주의 경내에 들어가기 전에 먼저 당중우를 탄핵하는 첫 번째 장계를 썼다. "태주 지주 당중우가 확실히 매우 급하게 조세를 독촉하여 …… 성화보다 급하여서 백성이 살 수가 없습니다. 또 들건대, 본관本官(당중우)이 재임하는 동안 부정과 불법을 저지른 사건이 너무도 많아서 백성이 시끄럽게 떠들어대는 바람에 보고 듣는 사람들은 매우 놀랐습니다." 이 장계는 시작부터 당중우의 죄상 두 가지를 명확하게 지적하였다. 첫째는 재황 가운데서도 여전히 조세를 각박하게 독촉한 일이고, 둘째는 재임 중에 부정과 불법을 많이 저지른 일이었다. 이후 주희의 상주 탄핵은 이 두 가지 방면을 둘러싸고 전개되었다고 할 수 있다.

23일에 태주에 도착하자마자 주희는 또 당중우를 탄핵하는 둘째 장계를 써서 전적으로 당중우의 첫째 죄상을 폭로하였다. 조정에서는 원래 민호의 하세 납부 기한을 8월 30일까지로 규정하였는데, 호부에서 멋대로 7월에 전량을 창고에 들이는 것으로 고쳤다. 당중우는 더욱이 재황災荒을 고려하지 않고 각 현에 6월 말까지 전량을 수효대로 똑같이 거둬들이라고 강요하면서, 혹독한 아전과 재간이 있는 관원들로 하여금 사방의 각 현에 주재하며 독촉하게 하였다. 예컨대, 천태현天台縣에서는 6월 하순에 이미 하세와 견絹의 2분의 1, 전錢의 3분의 2 이상을 납부하였지만, 당중우는 하던 대로 사람을 파견하여서 천태현의 지현 조공식趙公植을 주州에 잡아다가 인질로 삼고, 민호에 강제로 10일 안에 하세를 모두 납부하게 하고서야 풀어주어서 돌아가게 하였다.

27일에 주희는 더 나아가 당중우를 탄핵하는 셋째 장계를 올려서 그의 죄상을 전면적으로 상세하게 폭로하였다. 탄핵 장계의 내용은 모두 24개 조목으로 이루어져 있지만 실제로는 당중우가 백성을 짓밟고(殘民), 공금을 착복하고(貪汚), 파당을 결성하고(結黨), 음란한 악행(淫惡)을 저지른 것 등 네 가지 방면의 죄상을 상주 탄핵하는 것이었다.

당중우는 백성을 짓밟는 일에 모든 수단을 동원하였다. 순희 8년(1181)에 민호에서 상납한 추묘의 현미(糙米)는 본래 10월 15일 이후에 개장開場하여 징수하도록 되어 있었지만, 당중우는 수량을 두 배로 늘려서 거두고 모조耗條를 추가하는 수법을 써서 보름도 안 되어 현미를 수효대로 채워서 거두었다. 그런 다음에 미납 현미는 높은 값의 돈으로 환산하여서 민호로 하여금 강제로 납부하게 하였다. 그래서 민호에서는 싼값에 쌀을 내다 팔고 높은 값의 돈으로 계산하여서 관에 납부하지 않을 수 없었다.

하세인 화매견和買絹에 대해서도 당중우는 이 역시 높은 값의 돈으로 환산하여서 민호에게 납부하게 했는데, 납부할 돈이 없는 빈민에게는 정세丁稅를 더 물려서 '(조세의 명목이) 없는 것을 있는 것으로 삼아 주 전체에 끝없는 피해를 주었다.' 그리하여 재해가 든 해임에도 불구하고 5개 현의 정견丁絹이 평년보다 도리어 몇 천 필이나 늘어났다.

당중우는 또 자기 마음대로 공사고公使庫에서 술을 팔고, 관부에서 이익을 독점하여 그 수익을 모두 자기 허리춤에 집어넣었다. 민간의 백성이 술을 빚고 지게미를 내다 파는 일은 절대 허락하지 않고, 이를 어기는 자는 경중을 가리지 않고 재산을 몰수하고 감옥에 처넣는 바람에 2년 동안 결국 민호 2,000여 가가 파산하고 100여 명이 옥중에서 죽었다. 당중우가 공금을 착복하는 데 부린 재간은 감탄해마지않을 지경이었다. 그는 심복이자 손발처럼 부리는 조선덕趙善德에게 공고公庫와 적본고糴本庫를 관장하게 한 뒤 마음대로 창고의 돈을 훔쳐다 썼다. 처음에는 물자를 수매한다는 명목으로 공고에서 2만 관貫을 지출하고, 또 그 다음에는 '다른 창고로 옮긴다'는 명목으로 적본고에서 10여 만 관을 지출하였는데, 전부 당중우가 착복하였다.

전임 지주가 저축해 둔 공사고의 돈 10여 만 관도 그의 착복 목표가 되었다. 많은 심복들과 비밀히 모의한 뒤 창고의 돈을 대통에 넣어서 사택에 몰래 실어다 둔 다음, 다시 금화에 있는 고향집으로 실어다 날랐다. 앞뒤로 몇 만 관을 이런 식으로 훔쳤다. 그가 강서 제형으로 영전하여서 금의환향할 때 짐바리만 수백 덩어리였다. 참으로 한번 지부知府에 임명되자 눈같이 흰 은자銀子 백만 냥을 챙긴다는(一任淸知府, 百萬雪花銀) 격이었다. 남강에서 퇴임할 때 주희의 짐은 대여섯 덩어리를 넘지 않았으니, 당중우의 그것과 비교하면 참으로 도학자의 가난하고 고달픈 모습이었다.

관고는 당중우의 개인 금고가 되었다. 그는 백성의 피눈물이나 마찬가지인 돈으로 자기를 살찌우는, 관료와 지주와 상인이 삼위일체가 된 고아한 선비(雅士)였다. 주희는 탄핵 장계에서 그가 무주에 있는 자기 집에 채백포綵帛鋪·어상포魚鯗鋪(건어물점)·서방書坊 등을 열었다고 언급했는데, 이는 모두 훔치고 착취한 관고의 돈을 밑천으로 삼아서 벌인 사업이었다. 주희는 그가 어찌나 탐욕스럽던지 심지어 관고의 돈을 이용하여서 활시위에 쓰는 생사生絲를 사사로이 마련한 다음 '모두 자기 집의 채백포로 보내 비단을 짜서 팔기'까지 했다고 하였다.

당중우는 관고의 돈을 이용하여서 사사로이 서적을 간행할 때도 '(공금을 유용하여 재료를 마련하고 서적을 간행하는) 이 기세를 틈타 꽃문양을 조각한 판과 염색한 무늬를 입힌 판을 수십 조각이나 만들고, 그것을 본가의 채백포로 보내서 비단을 물들이는 데 쓰는' 것도 잊지 않았다. 공사고의 돈을 훔쳐내어 자기 채백포에서 암화라暗花羅를 높은 값으로 구해 와 총애하는 기생에게 줄 때도 나머지 '물들인 진홍색 비단과 보라색 비단을 모두 무주의 본가 채백포에 보내서 파는' 것도 잊지 않았다. 자기 집에서 책을 인쇄하여 팔 때도 먼저 태주에서 공탕公帑(공금)으로 각자刻字 장인을 모집하여서 조판하고 판각을 완성한 뒤에는 무주의 서방으로 운반했고, '모든 재료, 급식, 종이와 먹 따위를 아울러 관전官錢으로 지출하였다.' 심지어 어상포를 연 뒤 훔치는 짓 외에도 전매까지 해서 다른 사람이 손대지 못하게 하였다.

당중우가 파당을 결성하여서 탐욕스럽게 도적질을 하고 백성을 학대하는데 사용한 수단은 촘촘하게 조직해 놓은 척당戚黨과 사조직의 그물망이었다. 당중우의 제수인 왕씨는 재상 왕회의 누이인지라 왕회는 조정에서 그를 보호하는 가장 큰 우산이 되었다. 당중우는 특별히 왕씨를 태주에 청해서 앉혀

두었다. 당중우의 세 아들, 사위, 조카, 사촌 아우 등은 모두 태주부의 관아에 드나들면서 정사에 관여하고 뇌물을 챙겼으며, 백성에 대한 생살여탈의 대권을 쥐고 있었다.

당중우의 처 하씨何氏의 친오빠로는 하 지현何知縣, 하 교수何敎授, 하 선교랑何宣敎郞 삼형제가 있었다. 당중우의 큰아들 당사준唐士俊의 처 조씨曹氏의 아버지 조 선교랑曹宣敎郞은 임해현臨海縣 현승 조격曹格의 사촌 형이고, 조격의 처는 임해현의 조관漕官인 범삼范杉과 인척 관계에 있었다. 조정에서 떠들썩하게 당중우를 천거한 시종 대신들, 그리고 대간臺諫의 요직은 모두 이런 사람들과 멀고 가까운 친척 관계에 있었다. 이러한 척당과 결탁하고 친한 사람들끼리 서로 보호하는 것은 설령 관직의 상피相避가 극히 엄격한 송 대라 하더라도 정말로 놀라운 일이었다.

당중우가 심어 기른 사조직은 더욱 뿌리와 가지를 뻗어 나가서 주현의 관리가 거의 전부 그의 심복이나 수하들로서 능력과 재간이 있는 사람들이었다. 예컨대, 향을 파는 아인牙人(거간꾼, 중매상) 응세영應世榮은 집안이 꽤 부유했는데, 당중우가 그를 발탁하여서 시호市戶로 삼았다. 응세영은 당중우를 위해 생사당生祠堂을 세워주기까지 하였다. 사호司戶 조선덕趙善德, 사신使臣 요순경姚舜卿, 향리 정진鄭臻·마징馬澄·육간陸侃·진충陳忠·양남楊楠·왕자순王子純·유실兪實·장공보張公輔·오윤중吳允中 등이 모두 당중우와 함께 공금을 착복하고 횡령한 공범이었다. 당중우는 안팎에서 이들과 결탁하고서야 '돈과 물건을 물 쓰듯 멋대로 펑펑 쓸 수 있었던' 것이다.

음란한 악행에 관해서라면 당중우는 염치를 모두 상실한, 기생을 데리고 논 색마라 할 만하였다. 천태의 영기嬰妓는 당씨 부자 네 사람의 전리품이 되었다. 그들은 몰래 기적妓籍에서 누락시키는 방법으로 기생들을 빼내 자기 소유로 삼고, 막전과 막후에서 그들을 정사에 간여하도록 허용하였으며, 웃음속에 칼을 숨긴(笑裏藏刀) 특수한 요원으로 충당하였다. 그리고 착복하거나 횡령한 공금과 관물官物은 가장 총애하는 기생 엄예嚴蕊·심방沈芳·왕정王靜·심옥沈玉·장선張嬋·주묘朱妙에게 주었다. 이들 영기들도 완전히 어떤 모욕을 받거나 손해를 보는 부녀자가 아니었다. 이들은 문에 기대고 서서 웃음을 팔고, 범이나 귀신처럼 으르고 유혹하며, 사사로움을 따르고 뇌물을 받고 청탁을 주고받으면서 위아래를 연결해주었다. 심지어 총애를 믿고서 백성들을 짓밟았다. 하인들은 주인을 믿고 한 등급 더 낮은 하인들을 속이고 압박했다. 다른 사람은 할 수 없는, 천리天理를 해치는 못된 짓을 일삼았던 것이다.

주희는 거듭 그들의 추악한 모습을 폭로하였다. "근래 (*당중우가) 심방·왕정·심옥·장선·주묘 등과 번갈아 택당宅堂에 묵었는데, 이들이 함께 당중우의 세수와 목욕을 거들었습니다. 공사를 판단할 때 대부분 심방이 먼저 들어가서 사사롭게 상의하여 정하였습니다. 심방이 직접 당중우의 어린 딸을 안고 청사廳事에 나와서 죄인을 풀어주기를 권하면, 당중우는 짐짓 그의 말을 따르는 모양을 취하면서 즉시 관대하게 풀어주었습니다. 예컨대, 응당 드러내야 할 간악한 죄도 아울러 임시에 이런 작태를 가장하였습니다."(『문집』 권18 「안당중우제삼장按唐仲友第三狀」) 그들이 이미 당중우의 척당이나 사조직으로까지 '올라갔음'을 알 수 있는 대목이다. 이들은 천년의 부패한 관료 제도에서 패배한 적 없는 고운 꽃이었으며, 또한 천년의 부패한 사회에서 가장 값싸고 품질좋은 달콤한 첨가물이었다.

주희가 당중우를 상주하여서 탄핵한 까닭은 본래 그가 재황 중에서도 여전히 민호에 조세를 독촉하고 탐욕을 부리며, 공금을 훔쳐서 백성을 짓밟고, 사조직을 결성하고 음란한 악행을 저지르는 등 부정과 불법을 일삼았기 때문이었다. 이는 간단히 넘어갈 수 없는 문제였다. 그러나 재색을 겸비하고 학문이 고금을 꿰뚫고 있다고 알려졌으며, 당중우와 함께 음탕한 짓을 한 영기 엄예와 관련되었기 때문에 모든 것이 곧바로 뒤바뀌어버렸다. 주희는 한 손에 채찍을 들고 억울한 기생을 사정없이 때려서 사사로운 분노를 푸는 가혹한 관리로 변했고, 반대로 당중우는 나라와 백성을 사랑하는 마음을 지녔고 영기와 육체적인 음행을 함께 함으로써 압박 받는 부녀자에게 깊은 동정을 표시한 진보적인 인사가 되었던 것이다.

당시 조정에서 거의 모든 부류의 사람들이 주희를 공격하고 무함한 것은 말할 나위도 없었다. 곧 나중에는 더러워서 차마 들을 수 없는 당중우와 엄예의 음탕한 행위가 무료한 문인들의 허구와 수식을 거쳐서 도학의 박해를 받는 재자才子와 가인佳人의 슬픔과 기쁨이 교차하는 애틋한 사랑 이야기로 미화하였던 것이다.

천년의 문화 전통이 봉건 사대부 관료들의 몸에서 기층으로 이루어진 심리로써 엮어내고 빚어낸 특수한 정신 상태 가운데 하나는 바로 재자가 기생을 끼고 놀며, 가인이 웃음을 판 염정艶情의 일에 대해 침을 질질 흘리며 부러워한 것이었다. 그리하여 '인욕을 없앤(滅人欲)' 이야기를 듣자마자 잠시도 마음을 진정시키지 못하였다. 그들은 소설가들이 말하는 아주 자극적이고 황당한 허구를 믿을지언정 의심할 여지없는 진실을 담은 수많은 자료에는 눈길조차 주지 않았다. 이에 사람들은 탐욕을 부리며 백성을 학대하고 짓밟은 당중우와 그 권문에 의지한 색기 엄예에 대해서는 동정의 눈물을 흘렸지만 그들이 탐학하고 음란한 악행을 일삼으며 백성의 고혈을 짜내서 풍족하게 누리는 것과 동시에 수천 수만 명 이재민이 떠돌거나 도망한 사실에 대해서는 냉정하게 아무런 감정도 품지 않았다. 반대로 이재민을 대신하여 싸운 주희는 도리어 생김새가 흉악한 도학의 악귀가 되어버렸다.

주희에 대해 그다지 연구하지 않은 현대의 일부 학자들은 더욱 두 사람의 투쟁을 무의미한 '감정적인 일 처리'라고 하여서 당중우를 위해 문장을 번안하고, 그를 위해 찬가를 크게 불렀다. 그러나 그들은, 한 점 인간성이 사라지지 않았으며 어진 정사를 펼치고 백성을 사랑하는 마음이 남아 있었던 이는 주희이지 당중우와 엄예가 아님은 도무지 알지 못하였다. 당중우를 탄핵하는 첫째 장계를 올리면서부터 주희의 머리 위에 액운이 떨어진 것도 이상하지 않다.

사실의 진상 위에 잘못 전해진 소문이 층층이 겹치면서 마지막에는 주희가 당중우를 탄핵하고자 했던 원인에 관해 네 가지 기이한 설이 만들어졌다.

첫째는, 당중우가 여조겸과 학술상에서 대립하고 합치하지 않아 원한을 맺게 되었는데, 주희가 여조겸 편을 들어서 당중우를 상주하여 탄핵했다고 보는 설이다. 『취검록吹劍錄』에서는 여조겸과 당중우의 묵은 원한을 다음과 같이 언급한다.

> 동래(여조겸)가 당열재唐說齋(당중우)와 함께 굉사과宏詞科를 치르게 되었는데, 당열재에게 노고路鼓(옛날 종묘 제향 때 쓰던 사면고四面鼓)가 침문寢門 안에 있는지 침문 밖에 있는지 물었다. 당열재가 "문 안에 있다."고 답하였다. 동래는 시험을 치르고 나와서 조사해보고 난 뒤에야 비로소 자기가 속았음을 알았다. 이윽고 열재가 선발되자 동래는 그에게 "노고 하나 때문에 그대에게 문 안에서 농락당했다."고 말하였다. ──「사록四錄」

또 주밀周密은 『제동야어齊東野語』에서 "주회암(주희)이 당중우를 조사한 일을 놓고 어떤 사람은 말하기를, 여백공(여조겸)이 일찍이 당중우와 서회書會에서 틈이 생겼는데 주회암이 여백공을 지지하였으므로 당중우를 억압하였다고 한다."(권17 「주당교주본말朱唐交奏本末」)라고 하였다.

여조겸이 당중우와 사이가 벌어져서 불화했다는 말은 사실이지만, 주희가 여조겸과 친했기 때문에 당중우를 여섯 차례 탄핵했다고 말하는 것은 어떠한 근거도 없다. 주희가 여섯 차례 상주 탄핵하면서 언급한 내용은 여조겸과 당중우의 갈등과는 전혀 상관이 없다. 그러므로 항간에 떠도는 이야기(齊東野語)를 가장 잘 모았다는 주밀周密조차도 전혀 믿지 않았다.

둘째는, 당중우와 진량이 서로 모순되고 불화했기 때문이라고 보는 설이다. 당중우는 진량의 학문이 거칠고 엉성하다고 비웃었는데, 두 사람이 색기色妓를 두고 다투다가 진량이 애정 싸움에서 패배하여 주희에게 당중우를 헐뜯는 말을 했고, 이에 주희가 여섯 차례 당중우를 탄핵하였다는 것이다. 『제동야어』에는 다음과 같이 기록되어 있다.

> 당중우는 자기 재능을 믿고 평소에 회암을 깔보았다. 그런데 진동보陳同父(진량)가 자못 주회암을 위해 나서서 매번 당중우에게 양보하지 않았다. 동보가 태주에 놀러 갔을 때 기적妓籍에 올라 있는 기생을 사랑해서 당중우에게 그를 기적에서 빼내달라고 부탁하여 허락을 받았다. 우연히 군郡에 모였을 때 당중우가 기생에게 말하였다. "너는 과연 진 관인陳官人을 따르고자 하느냐?" 기생이 이에 변명을 하자 당중우가 말하였다. "너는 모름지기 배고픔을 참고 추위를 참아야 할 것이다." 기생이 듣고 크게 화를 냈다. 이로부터 진동보는 기생의 집에 가도 이전 같은 대접을 받지 못하였다. 진동보는 당중우가 속인 것을 알고 얼른 주회암에게 가서 만났다. 주회암이 물었다. "요즘 소인 당중우(小唐)가 뭐라고 하던가?" 진동보는 "당중우는 공이 아직도 글자를 모르는데 어떻게 감사가 되었느냐고 하였다."고 대답하였다. 주회암이 입을 다물었다. 마침 태주 부에 억울한 옥사가 일어나자 주회암은 다시 순시하여 조사하겠다고 청하였다. 태주에 이르렀을 때 당중우가 마중을 조금 늦게 나오자 주회암은 더욱 진량의 말을 믿고서 즉시

군인郡印을 묶어 차관次官에게 넘기면서, 당중우의 죄상을 수집하여 상주하였다. 그러자 당중우도 상주문을 지어서 급히 올렸다. 이때 당중우와 같은 고을 사람인 재상 왕회가 요직에 있었는데, 그의 상주문을 바쳤다. 상이 왕회에게 묻자 왕회가 "이것은 수재들이 공연한 분노로 다투는 일일 뿐입니다."라고 아뢰었다. 마침내 둘 다 조용해졌다.　　　　　 ─ 동상

　여기에는 분명히 잘못된 점이 있다. 주희는 7월 23일에야 태주에 도착하였다. 그런데 7월 19일부터 23일 당일에 이미 당중우를 탄핵하는 장계 두 통을 올렸으므로 이른바 당중우가 '마중을 조금 늦게 나왔기 때문에' 주희가 '당중우의 죄상을 수집하여 상주하였다'는 설은 곳곳에서 파탄을 드러낸다.
　주밀의 설과는 다르지만 더 구체적인 내용은 『임하우담林下偶談』에 나온다.

　　금화의 당중우는 …… 진동보陳同甫(진량)와 이웃하여 살았다. 진동보는 비록 글을 잘 짓고 변설에 능하고 협기俠氣가 있다고 자부했지만 도수度數는 잘하지 못하였다. 그래서 당중우는 그를 무시하면서도 그가 이름이 나는 것을 꺼렸다. 하루는 태학의 공시관公試官이 되어 『예기禮記』의 도수를 시험 문제로 내서 그를 곤란하게 하였다. 진동보는 재주가 궁하여서 쫓겨났다. 방이 내걸린 뒤에 당중우가 동보의 시권試卷을 가져다 고관考官들에게 보여주자 모두 그의 공허하고 엉성한 점을 비웃었다. 진동보는 깊은 원한을 품었다. 당중우는 태주 지주가 되어서 학교를 크게 수리하고, 공원貢院도 수리했으며, 중진교中津橋를 놓아서 행정이 자못 유명해졌다. 그런데 관기와 사사로이 지내고, 그 아들도 또 상당히 뇌물을 받았다. 진동보가 태주로 당중우를 방문해서 그 사실을 알고 이것을 모두 회옹晦翁(주희)에게 알렸다. 당시 고병여高炳如(고문호高文虎)가 태주의 수령이 되었는데 재주

가 당중우만 못해서 당중우도 자못 그를 깔보았다. 회옹이 도착하여 먼저 주인州印을 찾아내고 아전을 체포하느라 이리저리 다니며 한밤중까지 그치지 않았기 때문에 주의 사람들이 적잖이 놀랐다. 당중우는 당시의 재상 왕계해王季海(왕회)와 같은 고을 사람이었으므로 먼저 비밀리에 자기에게 혐의가 있으니 회옹을 피하게 해달라고 청하는 글을 조정에(왕회에게) 올렸다. 나중에 왕계해가 당중우를 강서의 헌憲(제점형옥공사)으로 고쳐 임명하자 회옹은 힘써 파직하라고 청하였다. 당중우는 비록 재능은 있었지만 몇 차례 요직을 맡으면서 단정한 선비의 모습을 보이지 않았다. 어떤 사람이 회옹에 대해, 주에 이르렀으면 안건을 처리하고 떠나면 족할 텐데 하필 이렇게 소란스럽게 하는가 하였다. 진동보가 태주에 이르자 선비들이 분주히 만나 보려고 하였다. 황암黃巖의 사희맹謝希孟은 진동보와 친분이 있는 자였는데, 하루 전에 누대방樓大防(누약) 등 여러 사람과 산 위에서 술을 마시며 기다리고 있었다. 시를 지어서 '발을 사이에 두고 잠시 나지막이 말해도, 말을 다 하고 주먹을 들면 몹쓸 주먹이다(須臾細語夾簾言, 說盡尊拳幷毒拳)'라고 했는데, 말이 이미 괴상하였다. 이윽고 진동보가 이르렀다. 사희맹은 군郡의 기생과 악공을 빌려와 동호東湖에서 잔치를 베풀었다. 진동보는 자리에서 관기와 말하느라 술이 자기 앞에 와도 즉시 마시지 않았다. 이에 사희맹이 노하여서 힐책하고 끝내 서로 욕하고 공격하자 놀란 기생과 악공들이 모두 흩어졌다. 다음 날 어떤 경박한 자가 우스개 소리 끝에 '어느 때라야 한 통 술을 마시고 더불어 찬찬히 글을 논할까(何時一樽酒, 重與細論文)'라고 하였다. 온 주에 전해져서 웃음거리로 삼았다.

— 권3 「회옹안당여정晦翁按唐與正」

『임하우담』의 작자 오자량吳子良은 태주 임해臨海 사람으로서 영가永嘉의 수심水心 섭적葉適의 제자이며, 또한 주희가 당중우를 탄핵하던 때와 시간상으로 가장 가까이 있었으니 그가 기록한 사실 역시 가장 믿을 만하다.

진량은 기생을 끼고 방탕하던 봉건 사대부의 악습에서 결코 벗어나지 못하였다. 순희 5년(1178)에 그는 과거에 낙방한 뒤 실의에 빠져서 더욱 기생을 가까이하고 향락을 찾다가 취중에 부잣집의 멍청한 자제인 노씨盧氏와 장난삼아 군신君臣의 예를 차린 일로 인해 한바탕 큰 재앙을 빚기도 하였다. 그러므로 진량이 태주에 가서 기생을 가까이한 사실은 기이할 것이 없다. 당중우는 확실히 건도 7년(1171)에 태학의 공시관公試官을 지냈으며, 진량은 이해에 태학에 있었으니,[3] 두 사람이 최초로 서로에게 원한을 맺은 것은 바로 이때이다. 순희 9년(1182)에 고문호高文虎가 태주의 수령이 된 사실은 당중우를 탄핵한 주희의 장계로도 증명된다. 이해 여름에 누약樓鑰도 확실히 소흥으로 주희를 뵈러 왔고, 그 뒤 무주와 태주 사이를 오가다가 부친상을 당해 사명四明으로 돌아갔다.[4]

이런 사실은 모두 사대부들이 문인을 서로 무시하고 기생을 가까이하며 향락을 즐기면서, 취중에 서로 욕했다고 기록한 『임하우담』의 내용과 합치한다. 그러나 이런 사실은 기껏해야 그들이 자기 쪽에서 주희에게 영향을 미치려 했다는 점만 증명할 뿐, 주희가 그들의 청탁을 받아서 당중우를 탄핵했다

---

3 『송회요집고宋會要輯稿』 제115책 「선거選擧」 20 : "건도 7년(1171) 8월 25일 전시詮試에서 …… 비서성 정자秘書省正字 정시발丁時發과 당중우에게 명하여 …… 시권試券을 조사하고 점검하게 하였다. …… 건도 8년 정월 9일 …… 정자 여조겸과 당중우에게 명하여서 …… 첩시牒試(관원의 자제, 친척, 문객을 별도의 장소에서 따로 시험 보게 한 제도)에서 친·인척을 제외시키는 일(避親)을 주관하게 하였다." 진량은 건도 4년(1168)에 성균관 제자원弟子員에 충원되었고, 건도 7년을 전후하여 태학에 있었다. 설계선薛季宣의 「답진동보서答陳同甫書」도 참조하라.

4 『공괴집攻媿集』 권66 「답주회암서」, 『혈재집絜齋集』 권11 「누약행장」 등에 보인다.

는 사실은 증명할 수 없다. 더욱이 주희의 당중우 탄핵이, 주로 당중우가 재황災荒에 세금을 독촉하면서 탐욕을 부리고 공금을 훔치고 백성을 짓밟았으며 사조직을 심고 음란한 악행을 저질렀기 때문이 아니라, 오히려 진량 등이 참소했기 때문이라는 점은 증명할 수 없다.

사실 진량은 당중우와 미묘한 인척 관계에 있기까지 하였다. 진량은 「하무굉묘지명何茂宏墓誌銘」에서 말하기를, 하무굉에게 아들 셋과 딸 여섯이 있었는데, "딸 여섯은 당중의唐仲義·진량·종해宗楷·진대동陳大同·유무兪袤에게 시집 갔다. …… 당중의는 하무공何茂恭과 동년同年의 진사로서 소무邵武의 광택 승光澤丞에서 전조銓曹로 승진하였다(關陞)."라고 하였다. 당중의는 바로 당중우의 형이다. 『송원학안』에서는 그를 '열재(당중우)의 학려學侶'라고 하여, "당중온唐中溫과 당중의는 금화 사람으로서 모두 열재의 형이다. 그 아비 시어侍御 당요봉唐堯封으로부터 열재에 이르기까지 모두 소흥의 유명한 진사이다. 집안에서 서로 학문을 가르치고 전수하였다. 당중온은 요주饒州의 교수이고, 당중의는 낙평樂平의 주부注簿이다."(권60)라고 하였다. 이로써 진량이 당중우의 형 당중의와 동서(連襟) 사이였음을 알 수 있다. 그런데 당중우의 처도 하씨인 것으로 보아, 당중우는 하무굉의 아우인 하무공의 사위임을 알 수 있으니 진량은 당씨 집안 및 하씨 집안과 이중의 인척이었다.

그러므로 주희가 당중우를 탄핵했을 때 당씨 집안과 하씨 집안은 틀림없이 진량에게 직접 나서서 중간에서 사정하여 변통을 할 수 있게 부탁했을 것이다. 그러나 진량은 당중우와 원래 응어리가 있는 데다, 공론에 막혀서 '서로 권하기만 하고 돕지는 않았으며, 사람을 다스리는 것은 비서秘書(*주희)가 스스로 결정할 일이다'라는 태도를 취하면서 하씨 집안과 당씨 집안을 위해 주희를 설득하지는 않았다. 그는 주희에게 정황만 그대로 설명했을 뿐 헐뜯는 말까지는 하지 않았다.

이것을 당중우는 크게 불만으로 여겼다. 진량 스스로는 주희에게 보낸 편지에서 다음과 같이 말하였다. "저는 평소 남의 잘잘못을 말한 적이 없습니다만, 당여정(당중우)은 곧 의심을 보이고 헐뜯는 말을 하면서 참으로 전광田光이 죽어야 만족할 것입니다."(『용천집』 권20 「계묘추서癸卯秋書」) (전광은 전국시대 연燕나라의 의협 처사다. 연나라 태자 단太子丹이 진秦나라 왕을 암살하려고 주변 사람들을 모았을 때, 전광이 자기는 이미 노쇠하여 도움이 되지 못할 것이라고 하면서 대신 형가荊軻를 소개하였다. 태자가 전광을 배웅하면서 이 사실을 절대 누설하지 말라고 하자, 전광은 태자가 자기를 믿지 못하고 있다고 생각했다. 결국 전광은 형가를 만나 태자를 도와주라고 전하고, 자기는 비밀을 지키기 위해 스스로 목숨을 끊었다. 여기서는 이 고사에 빗대어서 당중우가 자기의 비밀을 진량이 누설했으리라 의심한다는 뜻이다. ―역자 주) 그래서 주희는 편지를 보내, 그가 친척의 사사로운 감정을 돌아보지 않고 의리가 사욕을 이긴 점을 칭찬하였다. "경계하라고 부탁하신 말씀을 감히 공경스럽게 받들지 않겠습니까! …… 대체로 노형이 위로는 아직 감정이 없는 데 미치지 못하고, 아래로는 결코 감정을 언급하지 않는 데에도 이르지 못했다는 뜻입니다. 이 때문에 아직 여기에서 벗어나지 못했다고 의심하였던 것입니다. 이제 보내주신 편지를 보고서 비로소 노형이 마침내 이와 같이 의리로써 사욕을 이겼다는 사실을 알았으니, 참으로 일세의 호걸이 되기에 족합니다."(『문집』 권36 「답진동보」 서3)

셋째는, 고문호가 이간질을 하려고 기회를 틈타 헐뜯는 말을 하였고, 주희가 그에게 미혹되어서 당중우를 탄핵했다는 설이다. 『임하우담』에서는 고문호를 언급하지만, 『금화징헌략金華徵獻略』에서는 당중우의 "행정에 대한 명성이 떠들썩해지자 동관同官인 고문호가 시기하여 제거 형옥提擧刑獄(?)인 주희에게 참소하여서 탄핵하여 파직시켰다."(권4 「유림儒林」)라고 근거도 없이 말하였다.

이런 설은 나중에 고문호가 전향하여 반도학에 투신하면서 조금도 지조를 지키지 않았기 때문에 널리 유포되었다. 사실 주희가 당중우를 상주 탄핵한 사안에 관련된 많은 자료는 당사자의 입에서 나온 공초와 조사 과정에서 나왔으며, 편지와 장부 등의 증거물도 있다. 자료 중 극히 일부만 태주 통판台州通判 조선급趙善伋과 고문호가 함께 제공하였다. 하물며 주희는 태주에 도착해서 고문호를 알기 전에 이미 당중우를 탄핵하는 장계를 두 차례나 올렸다. 고문호는 나중에 경원당금慶元黨禁 중에 반도학의 재간꾼으로서 한탁주韓侂冑에게 의탁하기는 했지만, 태주에서 주희에게 제공한 자료들은 무고나 날조가 아니었다. 주희도 그가 제공한 자료에만 근거하여서 안건을 판결하거나 그것을 바탕으로 상주 탄핵하지는 않았다. 실제로 주희가 자료를 수집하고 안건을 판결하는 데 큰 도움을 준 사람은 고문호가 아니라 소흥부 통판 오진吳津과 제거 상평사提擧常平司 간판공사幹辦公事 오홍吳洪 형제였다. 이로 인해 그들도 곧 반도학 왕회 당의 주요 공격 목표 가운데 하나가 되었다.

순희 10년(1183)에 육구연은 반도학의 대간臺諫들이 불러일으킨, 당중우를 대신하여 한 줄기 원망을 호소한 번안의 풍설을 겨냥하여서 다음과 같이 말하였다. "처음 대간의 평을 듣고서 이미 해괴하다고 여겼습니다. 그러나 그 나머지 두세 사람은 또 자못 인심에 합당하였기 때문에 속히 전문全文을 보고서 그 뜻을 알고 싶었습니다. 그런데 얻어 보고 나서는 참으로 가소로웠습니다. 예컨대, 오홍과 왕서王恕로 논할 것 같으면 사람들이 또한 누구를 그르다고 하겠습니까? 그러나 오홍의 글 가운데에는 바로 당중우를 위해 굴욕을 씻어주려다가 주원회에게 파급된 것이 있었으니, 그리하여 '오홍으로 인해 빚어진 뒤 필경 큰 옥사가 이루어졌고, 당중우를 애매하게 제거했기 때문에 의논하는 자들이 원망한다'고 합니다. 이는 더욱 가소롭습니다."(『육구연집』권7「여구희재與勾熙載」)라고 하였다.

오홍 한 사람의 손에서 큰 옥사가 빚어졌다는 말은 자연 가소롭기 그지없다. 그러나 오히려 그가 주희를 도와 당중우를 상주 탄핵하는 과정에서 중요한 역할을 했다는 점은 알 수 있다. 오진과 오홍은 모두 오불吳芾의 아들이다. 주희는 순력하는 도중에 선거현仙居縣으로 길을 돌려서 호산湖山에 은거하던 오불을 찾아간 적이 있다.[5] 오씨 부자가 그에게 제공한 적지 않은 소문과 목도한 자료는 결코 없는 사실을 만들어낸 것이 아니었다. 왜냐하면 주희가 결국은 모두 공초(口供), 증인(人證), 물증 등을 취해서 사실을 입증했기 때문이다.

넷째는, 당중우는 소학蘇學을 주로 하고 주희는 정학程學을 주로 했기 때문에 당중우를 상주 탄핵했다고 보는 설이다. 『사조문견록四朝聞見錄』에는 다음과 같이 기록되어 있다.

> 순희 연간에 고정考亭(주희)이 지역을 순행(行部)하면서 태주의 수령 당중우를 탄핵하였다. 상이 당중우를 처리하려고 하였다. 왕회는 당중우와 인척 관계인지라 당중우가 자기를 변호하는 상소와 고정의 글을 함께 따져보았는데, 어느 것이 옳은지 알 수 없었다. 왕회가 그저 미소만 짓고 있으니 상이 굳이 물었다. 이에 왕회가 주희는 정학程學을 배우고 당중우는 소학蘇學을 배웠다고 답하였다. 상이 웃으면서 당중우의 죄를 용서해주었다. 당시에 상은 소학을 높이고 장려하던 터라 정씨(정이)를 표창할 겨를이 없었다. 그러므로 왕회가 상의 뜻을 탐지하여서 해명했던 것이다.
>
> ─ 을집乙集 「낙학洛學」

---

5 『문집』 권88 「오불신도비吳芾神道碑」 : "전에 공무로 공의 이문里門을 지나갔는데, 공은 내가 온다는 말을 듣고 농사꾼의 옷을 입은 채 편여便輿를 타고 나타나서 나를 호숫가로 초청하여 자리를 함께하고 술을 마셨다. 평생의 일을 논하다가 하늘과 땅을 우러러보고 내려다보며 감개하여서 마침내 죽은 뒤에 전기를 써달라고 부탁하였다." 이 외에 권8 「만오급사挽吳給事」 세 수首도 같이 보라.

조신(효종)은 불교와 도교의 현묘하고 공허한 설을 좋아하여서 부처가 되고 싶어 하고 신선을 추구했기 때문에 유독 소학을 숭상하였다. 또 정심성의 正心誠意를 주장하는 도학의 청의淸議를 싫어했으므로 정학을 깎아내리고 억눌렀다. 간사한 왕회가 주희는 정학을 하고 당중우는 소학을 한다고 조신에게 답한 까닭은 바로 군주가 좋아하는 점을 가지고 군주에게 아부하여서 속이고, 당중우에 대해 해명해주어서 구하려는 못된 생각을 품고 있었기 때문이다. 눈 밝은 사람이라면 한번 보고 곧 알 일이다.

주희가 당중우를 상주 탄핵한 일은 소학을 주로 하는가 정학을 주로 하는가 하는 사실과는 아무런 상관이 없다. 하물며 사실상 당중우는 소학을 하지도 않았고, 주희의 도학적 성격은 자기가 소학을 반대한다고 해서 어떤 개인에게 사사로운 분노를 풀 정도로 비열하지도 않았다. 주희는 비록 소학을 비판했지만, 소식蘇軾의 상서학尙書學·시경학詩經學·사서학四書學 및 시문 등에 대해서는 매우 높이 평가하였다. 그는 마치 어떤 사람이 이런 문제로 자기를 공격하고 모함할 것을 미리 예감이라도 한 듯, 절동 제거로 부임하자마자 먼저 소식의 「여임자중첩與林子中帖」을 소흥 상평사常平司의 서재西齋에 돌로 새겨서 관리들을 신칙하였다. 아울러 조신에게 보낸 「주구황획일사건장奏救荒畫一事件狀」에서 특별히 말하기를, "신은 일찍이 소식이 임희林希에게 보낸 편지에 '희령熙寧 연간(1068~1077) 황정의 폐단이 비용은 많이 들었지만 효과가 적었던 까닭은 구제가 늦어졌기 때문이다'라고 한 내용을 모사하였습니다. 그 말이 매우 절실하므로 나중에 귀감으로 삼을 만합니다."(『문집』 권17) 하였으며, 또 조신에게 '대신에게 조서를 내려서 이런 뜻을 항상 체현하게 하라'고 요구하였다. 이 한 가지만으로도 주희와 당중우가 교대로 상주한 일에 대해 '수재秀才들이 공연한 분노로 다투는 일'로 만든 왕회의 험악한 심술을 충분히 꿰뚫어 볼 수 있다.

주희가 당중우를 상주 탄핵한 일이 위로는 재상과 시종, 아래로는 횡포를 부리는 현리縣吏들 통치 집단의 신경 회로를 잡아당긴 것은 조금도 이상하지 않다. 그리하여 각양각색의 인물들이 모두 함께 무대에 올라와 연기를 펼쳤다. 그들 대다수는 왕회와 당중우를 추종하여서 떠들썩한 어릿광대짓을 연출했지만, 또한 간사하고 교활한 적잖은 소인들이 주희라는 커다란 나무에 매달려서 평소 자기가 원한을 품고 있던 개인적 원수를 쓰러뜨리고자 하였다. 이것이 바로 진량이 거듭 말한 '청탁附托'이다.

진량은 정곡을 찌르듯이 이 사건을 논평하였다.

비서(주희)는 만 길 절벽처럼 서 있어서 설령 수많은 간사한 사람들 중에 있더라도 응당 끌려가지 않을 것입니다. 사람들이 나에게 가하는 일은 항상 미처 생각지 못한 데서 나오니, 비록 성인이라 하더라도 제대로 살피지 않을 수 없습니다. 간사하고 교활한 소인이 비록 그 수족의 힘을 빌려도 오히려 청탁하는 자들이 있을까 두려워하는데, 하물며 더욱 친하게 여기고 쓴단 말입니까! 여론은 모두 평소 시골 마을에서 원한을 한꺼번에 다 갚으려 한 것이라 여긴다 하더라도, 비서가 어찌 이들 무리에 휘둘리겠습니까! 음으로 서로 청탁한 것을 모르고 있을 뿐입니다. …… 또한 동양東陽의 일이라면 이것을 어찌 그대로 넘길 수 있겠습니까! 다만 당시에 어떤 사람이 청탁하려고 했으나 제가 이미 남의 객이 되었으므로 응당 서로 권하기만 하고 돕지는 않았던 것입니다. 사람을 다스리는 것은 비서가 스스로 결정할 일입니다. 집에 머무는 사람 하나로 인하여 그를 다스린다면, 이는 사리로 보아 더욱 옳지 않으니, 또한 차라리 당시에 남의 청탁을 받는 바가 나았을 뿐입니다. 저의 본래 생각은, 대체로 비서가 행동을 깨끗이 하여서 아는 자와 모르는 자로 하여금 모두 그의 마음에 대하여 불만을 갖지 않게 하는 일입니다. 어찌 감히 남을 위해 설득하겠습니까! 이는 참으로 기대하는 바가 얕지만, 이 사람(此人)이 비록 다행히 면한다 하더라도 끝내 하늘에 의해 죽임을 당할 것입니다. 오늘날 하늘을 귀찮게 하는 자가 많습니다.

—『용천집』권20「우계묘추서又癸卯秋書」

이는 주희가 당중우를 탄핵한 것에 대해 당시 간교한 소인의 청탁을 받고 이용당했다는 설과 청탁을 받고 이용당한 것이 아니라는 두 가지 설이 유행하였음을 말한다. 진량은 소인이 음으로 청탁한 것이라 여겼지만, 주희는 결코 이런 소인들에게 이용당하지 않았다. 이와 같아야 비로소 공평한 논의가 된다. 주희는 단연코 자기가 소인들의 청탁을 받고 이용당했다는 점을 부정하였다.

주희가 당중우를 상주 탄핵하는 과정에서 필경은 평소 당중우와 사적인 원한이 쌓인 사람들이 와서 기회를 틈타 복수하고자 했고, 당중우에게 기만과 모욕을 당하고 해를 입은 사람들도 사사로운 원한을 털어놓음으로써 기회를 틈타 당중우에게 위해를 가하고자(投井下石) 했던 것이다. 이는 불가피한 일이었다. 그러나 그렇다고 하여 결코 주희가 그들의 청탁을 받고 이용당했다고 볼 수는 없다. 주희가 여섯 차례 탄핵 상소를 올린 것도 결코 그에게 청탁하고 그를 이용하려고 한 사람들의 사사로운 은혜나 원망을 반영하지는 않았다. 진량이 말한 '동양의 일' 가운데서 '이 사람'은 틀림없이 진량과 친척이나 친구 관계에 있는 사람일 터이다.[6] 그러나 진량도 '이 사람'을 위해서

---

6 생각건대, 동양東陽의 하씨何氏와 곽씨郭氏 두 집안은 엄청난 부자에다 인척 관계에 있었다. 또 동양에서는 오문병吳文炳이 학교를 일으켜서 당중우를 여러 차례 초빙하여 학문을 강론하게 하였다가 섭적葉適의 비난을 받았다. 또한 곽씨도 서원을 일으켜서 여동래(여조겸), 진량 등을 여러 차례 초청해서 학문을 강론하게 하였다. 두 집안의 학술상의 대립과 상호 경쟁에는 원

주희에게 청탁하고 설득하지는 않았다. 그래서 주희의 커다란 칭찬을 받았던 것이다.

주희가 당중우를 탄핵하는 과정에서 간교한 소인의 갖가지 비밀스런 청탁을 거절하여서 스스로 고립에 빠졌다면, 그를 반대하는 왕회의 무리는 모든 역량을 아낌없이 동원하여서 '청탁'을 하여 당중우를 보호하였다. 주희가 세 차례 올린, 당중우를 탄핵하는 주장奏狀도 모두 왕회가 압류하고 숨겨서 보고되지 않았다.

조정에서 왕회의 당은 도리어 당중우를 천거하는 떠들썩한 소극笑劇을 연출함으로써 주희가 당중우를 상주 탄핵한 일에 대항하는 독창을 불렀다. 그들 가운데 주요 인물로 이부 상서吏部尙書 정병鄭丙이 있었다. 그는 당중우와 뜻이 맞고 같은 길을 가는 친밀한 벗이었다. 나중에 왕회는 바로 그를 이용하여서 반도학의 막을 열고 징을 크게 울렸다. 주희가 상주하여서 징계하고 처벌하라고 탄핵한 사람 가운데는 시어사侍御史 장대경張大經의 자제와 친척도 있었다.(*아마도 장대성張大聲인 듯하다) 그 밖에 우정언右正言 장계주蔣繼周, 급사중給事中 왕신王信의 무리도 있었다. 주희는 나중에 당중우를 탄핵하는 다섯째 장계에서 다음과 같이 폭로하였다. "당중우가 근래에 이부 상서와 시어사의 천거를 받았는데, 그 지당支黨은 모두 탐학한 사람들입니다. 또 모두 대성臺省의 요직에 있는 자들의 자제이자 친척입니다."(『문집』 권19)

주희는 10여 일 이상 기다렸으나 아무런 동정도 보이지 않았다. 8월 8일에 그는 또다시 당중우를 탄핵하는 넷째 장계를 올려서 조정 대신이 비호하

한이 있었던 것으로 보인다. 진량이 말한 '이 사람'이란 혹시 오문병이 아닐까? 섭적의 「오경양묘지명吳景陽墓誌銘」·「곽백산묘지명郭伯山墓誌銘」, 진량의 「동양곽덕린애사東陽郭德麟哀辭」 등을 참조하라.

고 저지한 것에 대해 처음부터 곧바로 다음과 같이 지적하였다. "신이 가만히 보니 당중우는 본관이 무주婺州이고, 최근에 시어사가 그를 의논하여서 추천하였으며, 또 그와 교제하는 무리 가운데는 근신인 친척이 있습니다. 신은 주장奏狀을 세 차례 올렸지만 20여 일이 지나도록 아직 채택에 관한 처분을 받들지 못하였습니다."(『문집』 권19)라고 하였다.

넷째 장계는 당중우에 대한 상주 탄핵의 절정이지만 셋째 장계와 마찬가지로 새로운 사실을 대량으로 드러냈다. 한 걸음 더 나아가, 조세를 독촉하고 힘없는 백성을 탐학하고 파당을 만들어서 음란한 악행을 저지른 당중우의 죄상을 폭로했기 때문에, 사람들은 더욱 눈만 크게 뜨고 말을 못하였다.

탐오의 죄를 저지른 흔적을 없애기 위해 당중우는 이미 태주 공고公庫의 역대 장부를 전부 숨기고 훼손하였다. 그러나 주희는 장부 초고의 일부를 조사해냈는데, 그 가운데 당중우가 순희 8년(1181) 2월부터 9년 4월까지 훔쳐낸 3만 관에 달하는 돈과 상당한 액수를 인척 무리에게 준 사실이 일일이 적혀 있었다. 당중우는 관고의 돈을 훔치는 것만으로는 만족하지 못하고 끝없는 욕심을 부렸다. 결국 관회官會(송 대에 발행한 지폐) 위조범인 장휘蔣輝를 집에 숨겨 두고 협박하여서 자기를 위해 관회를 위조하도록 만들었다. 심지어 병사들에게 지급할 겨울옷을 나누어 주는 일에서도 당중우는 먼저 품질 좋은 하세夏稅의 면견綿絹을 꾸려서 고향집에 차린 채백포로 보낸 뒤 거친 면과 견으로 바꾸어서 군복을 만들어 주었다. 그 때문에 사병들이 길을 가득 메우고 원성을 내질렀다.

그 밖에도 백성에게 지나치게 벌주고 학대한 일, 세금 납부 기한을 촉박하게 정하여서 독촉한 일, 기민饑民을 구휼하지 않은 일, 기생을 가까이하여 음란하고 방탕한 일, 영기營妓가 뇌물을 받고 악행을 저지른 일, 인척끼리 패거리를 이루어서 멋대로 횡포를 부린 일, 공금을 훔쳐서 쓴 일, 형벌을 남용하고 법을 잘못 적용한 일 등등 별의별 일이 다 있었다. 법에 따르면 당중우의 장죄贓罪는 이미 죽음을 당했어도 의심할 수 없는 죄였다.

주희의 넷째 장계와 셋째 장계는 조정의 위아래를 맹렬히 진동시켜서 주희와 당중우가 교대로 상주한 일이 멀고 가까운 곳까지 다 전해졌다. 그제야 왕회는 비로소 종이로는 불을 쌀 수 없음을 깨달았다. 그러나 교활하고 노련한 그는 전처럼 당중우의 갖가지 죄상을 주희가 명료하게 조목조목 진술한 둘째, 셋째, 넷째 장계는 덮어 두고 다만 200~300자밖에 안 되는 첫째 장계와 당중우의 변명하는 장계를 함께 조신에게 보여준 뒤, '당중우는 소학을 배웠고 주희는 정학을 배웠으며', '수재들이 공연한 분노(忿氣)로 다툰다'는 가상假象을 만들어냈다. 그렇게 해서 당중우의 죽음을 면하게 해주었다.

동시에 왕회는 분위기를 바꾸기 위해, 별도로 절서 제형浙西提刑을 파견하여서 이 사안을 전담하여 조사하도록 시키고, 주희에게는 태주를 떠나라고 재촉하였다. 이는 실제로 주희의 손발을 묶어 놓음으로써 당중우 사안에 대한 재조사를 허락하지 않겠다는 뜻이었다. 그러므로 엄격하게 말해서 주희는 넷째 장계를 올린 뒤 이미 이 중요한 사안에 대해 더 이상 조사할 권한이 없었다. 그가 이 중요한 사안을 처리하도록 인준을 받은 기간은 20일도 채 되지 않았다.

이미 절망적이었던 당중우는 앞을 다투어 왕회로부터 조정의 내부 소식을 듣고서 아무도 자기를 넘볼 수 없다는 듯이 또다시 교만하게 횡행하였다. 이졸吏卒을 파견하여서 주사州司의 이원理院(형옥을 맡아보는 관아)에 돌입하여 대판 싸움을 벌이는가 하면, 심지어는 후안무치하게도 재상 왕회의 병들어 다 죽어가는 누이 왕씨를 내세워서 남을 압박하였다. 그는 자기를 변호하는 장계에서 주희가 '가마까지 잡아두고 수색하는 바람에 제수 왕씨가 크게 놀라 가슴의 질환이 매우 위태해졌다'고 하였다.

주희는 세찬 흐름에 홀로 항거하여 기어코 8월 10일에 또다시 당중우를 탄핵하는 다섯째 장계를 올렸다. 이 장계에서 그는 당중우가 기염을 토하고 떠들어대는 배경이 '남몰래 돕는 자가 있어서 소식을 은밀히 알려주기 때문이라'고 하였다. 재상·시종·대간으로부터 '대성臺省의 요직에 있는 태주의 자제 친척'이 위아래로 서로 연결되어 있음을 폭로하였던 것이다. 그리하여 단도직입으로 당중우를 '빨리 파직시켜 전옥典獄에 넘겨서 뿌리부터 조사하고 견책하여서 태주의 백성들에게 사죄하든가', 아니면 '신의 죄를 논하여서 법대로 엄히 처벌하고 당중우의 무리에게 사죄한다면 신으로서는 더 이상 다행한 일이 없겠다'고 제기함으로써 상주 탄핵에 불퇴전의 결심을 했음을 드러냈다.

9월 13일은 조정에서 명당明堂의 대향大享을 베푸는 전례의 날인데, 이날 천하에 대사령을 내리고 자제에게는 부형의 공에 따라 은전을 베풀었다. 그 이전 주희는 8월 14일에 다시 「걸파출장乞罷黜狀」을 올려서, 이른바 별도로 절서 제형을 보내어 사실을 조사하게 한 것은 음모로서 그 진의는 '다만 시간을 질질 끌다가 사은赦恩을 기다리려는 것이며, 또한 자제를 천거하게 한 다음 계속하여 가벼운 것부터 결말을 지으려는 속셈'이라고 날카롭게 지적하였다(『문집』 권19).

그러나 주희는 왕회 무리의 음험하고 간사함을 지나치게 과소평가하였다. 왕회는 당중우를 위해서 일찌감치 빠져나갈 구멍을 만들어 두었던(狡兔三窟) 것이다. 그는 우선 8월 14일에 조정에서 정식으로 당중우의 사안에 대해 직접 조사(體究)를 절서 제형에게 맡긴다고 포고한 것을 이용하여 주희에게 태주를 떠나 순력을 계속해 나가라고 명령하고, 이어서 17일에는 당중우를 새로 임명했던 강서 제형의 자리에서 파직시켰다. 이는 한편으로는 여론의 압박에 밀려 처리한 일이지만, 또 다른 한편으로는 용서할 수 없는 죄를 지은 당중우를 보호하려고 관대하게 처분한 것이다. 그런 다음 또 18일에는 주희를 강서 제형에 고쳐 제수함으로써 절동 태주의 사건에 관여하지 못하도록 철저히 차단하였다. 동시에 사건의 진상을 분명히 알지 못하는 세상 사람들에게 주희가 당중우를 탄핵한 까닭은 그의 신임 강서 제형 자리를 빼앗기 위함이었다는 가상을 만들어냈다. 이는 참으로 발본색원하는 연속적인 절묘한 초식招式이었다. 이에 이르자 주희는 이미 당중우 탄핵이라는 1인극을 더 이상 연기할 수 없게 되었다.

이와 같은 조정의 명이 아직 태주에 있는 주희에게 전해지지 않았을 때, 그는 실정을 전혀 모른 채 반신반의하면서 절서 제형이 공정하게 사안을 심리해주기를 기대하였다. 그는 곧 검정좌우사檢正左右司의 지시에 근거하여 8월 18일에 태주를 떠나서 순력을 계속했지만, 바로 이날 이미 순력을 할 수 있는 권리를 박탈당했다는 사실을 아직 몰랐다. 순력을 계속하여 8월 22일에 그는 처주處州 진운현縉雲縣의 경내에 들어가서 또 한번 「우걸파출장又乞罷黜狀」한 통을 올렸지만, 아직 다소간은 홀가분하고 자득한 시정詩情을 품은 채로 연금계煉金溪 서쪽 언덕의 독봉산獨峰山 기슭을 서성이며 조정의 소식을 기다렸다.

구불구불 300리에 이르는 도가의 동천복지洞天福地 선도산仙都山은 주희의 고향인 무이산武夷山처럼 교묘하게 하늘의 솜씨를 훔쳐서 만든 듯한 기이함을 뽐냈다. 그는 흥이 나서 시 한 수를 지어 서응徐凝의 시에 화답하였다.

서씨의 산거 시 운에 뒤따라 화답하다　　　　　　　追和徐氏山居韻

동굴에서 외로운 구름이 나오니 뜻은 저절로 한가하고　　出岫孤雲意自閒
나랏일에 방해 받지 않으니 만화경 같구나　　　　　　不妨王事似連環

안장을 풀고 배회하며 돌아갈 줄 모르니　　　　　　　　解鞍盤礴忘歸去

맑은 시냇가 훤칠한 대는 고향 산천과 같네　　　　　　碧間修筠似故山

　　　　　　　　　　　　　　　　　　　　　　　　　　　　　—『선도지仙都志』권상[7]

　　대체로 바로 이 무렵 그는 영가永嘉의 주학州學에 그때까지도 진회秦檜의 사당이 세워져 있으며 이 매국노의 소상塑像이 모셔져 있다는 사실을 알고서 곧 영가에 공문(移文)을 보내 진회의 사당을 허물었다.

　　8월 말에 순력하여서 처주에 도착한 뒤에도 그는 여전히 처주의 실정에 근거하여「주염주과급차역이해장奏鹽酒課及差役利害狀」·「주의역이해장奏義役利害狀」·「논차역이해장論差役利害狀」을 잇달아 올리며 아직 스스로를 엄연한 '흠정欽定'의 절동 제거로 여겼다. 계속 이어진 순력으로 9월 4일에 처주 수창현遂昌縣에 도착하고서야 그는 비로소 풍문을 통해 자기가 이미 강서 제형에 고쳐서 제수되고 절동 제거의 자리를 박탈당한 지 반달이 지났다는 사실을 알았다. 그제야 그는 꿈에서 막 깨어난듯, 이것이 한바탕 철저한 사기극이었음을

---

7 이 시는『진운현지縉雲縣志』권8「예문藝文」에도 보이는데,『문집』에는 실려 있지 않다.『선도지』권상: "독봉서원獨峰書院은 연금계 서쪽에 있으며 독봉獨峰과 정면으로 마주하고 있다. 송 순희 임인년(1182)에 회암 주 선생이 상평常平의 지절持節을 갖고 상소하여 태주의 수령을 탄핵했는데, 답을 받지 못하자 이 산에 노닐면서 조정의 성지를 기다리며 '여기에서 장수藏修(마음을 오롯이 하여 학문을 익힘)하면 좋겠다'고 하였다."『진운현지』권2에서도 "독봉서원은 현의 동쪽 30리에 있다. 주 문공이 상평의 지절을 갖고 이곳에 이르러서 그 산수가 무이와 비슷함을 사랑하였다. 가정嘉定 연간(1208~1224)에 군郡의 사람 섭사葉嗣가 창건하였다. 함순咸淳 7년(1271)에 읍邑의 사람 잠열우潘說友가 옛터에 넓혀서 새로 지었다."라고 하였다. 권6에 따르면, "주희가 태주의 제거가 되어서 탄핵했다가 위의 뜻을 거스르고 일찍이 선도仙都 서응徐凝의 고택故宅에 머물렀다."라고 하였다. 시에서 뒤따라 '서씨'의 시에 화답한다고 했는데, 여기서 서씨는 서응임을 알 수 있다. 또『용천집龍川集』가운데「우계묘추서又癸卯秋書」의 "서자재徐子才가 '서둘러 진운縉雲에 가서 상종해야 한다'고 하였습니다."라고 한 것을 참조해 볼 수 있다.

깨달았다.

그를 더욱 두렵게 한 일은 마침 바로 이날 조정에서 명이 내려와 진황의 노고와 공을 칭찬하고, '관직을 2등 승진시켜서' 직휘유각直徽猷閣에 제수한 것이었다. 이것은 너무나도 때맞추어 입을 틀어막는 '사탕' 한 덩어리였다. 강경책과 온건책을 아울러 시행한 왕회는 확실히 강약을 조절하는 비범한 수완을 보였다. 만일 주희가 진짜로 이익을 좋아하고 명성을 탐하는 무리였다면, 그는 곧바로 이 청귀淸貴한 현직顯職을 받아들이고 이후로는 입을 다물고 아무 말도 하지 않으며, 당중우와 손을 잡고 환담을 하였을 터이다. 그리고 지역의 사나운 호랑이 당중우로 하여금 권토중래捲土重來하여 불쌍하고 고할 데 없는 태주의 백성들에게 보복하고 해치게끔 했을 것이다.

그러나 왕회는 유가 문화의 정신이 주조해낸 주희의 고집스럽고 오연한 도학적 성격을 너무 과소평가하였다. 주희는 즉시 직책에 나아가는 것을 면하게 해달라는 장계를 올렸을 뿐만 아니라, 강서 제형에 고쳐 제수한 조정의 명이 정식으로 내려오기 전에 서둘러 당중우를 탄핵하는 여섯 번째 장계를 올려서, 직권을 이용하여 탐오하고 부정하게 재물을 훔치고 관회를 위조한 당중우의 두 가지 죄를 집중적으로 폭로하였다. 그는 사실주의 소설의 대가처럼 세밀한 필치로 봉건 관료 사회의 가장 썩어 문드러진 한 모서리를 묘사하였다. 그 가운데 당중우가 장휘를 협박하여서 강제로 관회를 위조하게 만든 한 단락은 다음과 같이 다채롭게 서술되어 있다.

당중우는 서른여섯째 선교랑(三六宣敎)을 시켜서 장휘에게 도구를 수습하여 자기 집 후당(後堂)인 청속당淸屬堂에 들어가 편히 쉬고 먹고 자게 하라고 하였습니다. 김 노파(金婆婆)가 먹을 것을 가져다주었습니다. 사흘 동안 먹인 뒤에 당중우가 들어와서 장휘에게 말하였습니다. "내가 너를 구해내서 여기에 데려다 둔 까닭은 물을 일이 있기 때문이다. 기꺼이 내 말대로 하겠는가?" 그러자 장회가 즉시 당중우에게 보고하기를, "모르겠습니다만, 무슨 일입니까?" 하였습니다. 당중우가 그에게 말하였습니다. "나는 회자䯏子를 만들려고 한다." 장회가 이에 말하였습니다. "나중에 낭패를 당하면 보기에 좋지 않을 것입니다." 당중우가 말하였습니다. "너는 내 일에 상관 마라. 네가 만약 내 말대로 하지 않으면 곧 너를 옥에 가두었다가 죄수로 죽이거나 군에 배치해도 문제될 것이 없다." 장회가 태부台府의 위엄에 두려워서 따랐습니다. 다음 날 김 노파가 밥을 가지고 들어오자 장회가 곧 김 노파에게 물었습니다. "종이는 어떻게 얻을 것이오?" 노파가 말하였습니다. "당신은 상관할 것 없어. 당중우가 직접 우리 아이 김대金大에게 주어서 무주婺州 본향에 두었다가 암두庵頭로 하여금 숨겨 가지고 오게 할 것이니까." 다음 날 김 노파가 1관문성貫文省 회자의 모양을 본떠 그린 것을 가지고 들어왔는데, 묘사된 인물은 접리 선생接履先生(장량張良의 고사와 관련된 인물)의 모습이었습니다. 장회가 곧 김 노파에게 묻자, 말하기를, 이전에 대영大瀛에 거주하던 하선賀選이 서원書院에서 그린 것이라고 하였습니다. 하선은 글자를 똑같이 베껴 쓸 수 있는 사람인데, 당중우와 선교랑의 이목耳目(정보원, 심부름꾼)이었습니다. 즉서 배나무 목판 하나를 장회에게 주었습니다. 10일 동안 조각하여서 완성되자 김 노파가 그것을 등나무 상자에 집어넣어 숨겼다가 집에 가져가서 간직하였습니다. 또 이틀 뒤 김 노파가 서른여섯째 선교랑과 함께 들어와서 배나무 목판 10쪽을 가져왔는데, 양면으로 되어 있으며「후전려부後典麗賦」의 목판 모양과 같았는데, 제1권 20장이었습니다. 그 서른여섯째 선교랑이 말하였습니다. "네가 한가한 모양이니 또 부賦의 판을 새기고, 종이를 만들어 올 때까지 기다려라." 그러고 다시 말하였습니다. "네가 만약 당중우와 함께 회자를 만들 생각이 있다면,

임기가 찬 뒤 당중우가 너를 무주로 데려갈 것이며, 너를 어렵지 않게 돌봐줄 것이다." 장휘는 다시 한 달 동안 부의 판을 새겼습니다. 12월 중순에 김 노파가 등나무 상자에 회자를 찍을 종이 200장과 아울러 새겨 둔 회자판 및 토주土朱, 전청靛靑, 종묵樓墨 등의 물건을 담아 가지고 와서 장휘에게 건네주었습니다. 회자 200장을 인쇄하고 주인朱印은 찍지 않은 채 다시 상자에 담아 김 노파에게 건네주자, 김 노파는 집으로 가져갔습니다. 그 다음 날 김 노파가 전서篆書로 쓰인 1관문성을 가지고 왔는데, 모두 전전관專典官 세 글자를 화압畵押하고 또 청화靑花 위에 자호字號라고 두 글자까지 쓰여 있었습니다. 장휘는 이에 실제로 주인 세 과顆를 사용하였습니다. 장휘가 곧 김 노파에게 물었습니다. "서른여섯째 선교랑이 가져온 1관문의 전서와 관官의 화압은 누가 쓴 것이오?" 김 노파가 말하였습니다. "하선이 쓴 것이네." 12월 말까지 또 150장을 인쇄하였습니다. 금년 정월부터 6월 말까지 약 20차례 모두 2,600여 장을 찍었습니다. 매 차례마다 100장이나 150장, 또는 200장을 찍었습니다. 7월에 이르러서는 찍지 않았습니다. 7월 26일에 김 씨네 노파가 급히 와서 알렸습니다. "너는 급히 나가라! 제거가 모든 창고를 봉쇄하였으니 아마도 너를 찾을 것이다." 장휘는 급히 사다리를 뒷담에 걸쳐 놓고 넘어가서 달아나 집 뒤의 정자에 이르렀다가 조 감압趙監押의 병사들에게 붙잡혀서 소흥부에 압송되어 수감되었습니다.

— 『문집』 권19 「안당중우제육장按唐仲友第六狀」

이 절묘한 세속의 풍정風情을 그린 그림 한 폭은 그야말로 『수호전』의 '뚜쟁이(馬泊六)' 왕파王婆가 염정을 부추겨서 서문경西門慶과 반금련潘金蓮의 간통에 다리를 놓아준 풍류고사에 필적할 만하다. 요컨대 후세의 연의소설演義小說·언정소설言情小說·견책소설譴責小說에서나 이런 수준의 필치를 발견할 수 있으리라. 아마도 당중우를 탄핵하는 주희의 여섯째 상소는 오히려 진정으로 사람들에게 구체적이면서도 은미하게 봉건시대의 '인간희극'을 보여주었다고 할 수 있으며, 주희가 경제학가經濟學家로 이학의 저술에서 제공한 전체 내용에 견주어 더욱 생생하고 풍부하고 심각한 내용을 제공했다고 하겠다.

그러나 여섯째 장계도 휴지 조각에 지나지 않았다. 당중우는 죄악이 다시 커졌지만 조신과 왕회가 모두 그를 보호해주었으므로 건재하였다. 주희는 다만 관직을 버리고 돌아가 은거하는 것으로써 마지막 항의를 표시하였다. 그가 순력하여서 9월 12일에 구주衢州 상산현常山縣의 경계에 이르렀을 때 강서 제형에 고쳐 제수한다는 조정의 명령이 마침 도착하였다. 현재의 빈자리(現闕)를 채우는 좋은 자리이니, 도성에 들어와 아뢸 필요 없이 곧바로 부임하라는 것이었다.

주희는 상산에서 강서로 부임하는 일은 헛걸음만 하는 꼴이라 여겨 그날로 사직소를 올려서 "당중우의 빈자리를 채우는 일은 남의 소가 밭을 짓밟았다고 해서 그 소를 빼앗는 일과 마찬가지로 비난 받을 일이기 때문에 삼척동자라도 그래서는 안 된다는 점을 압니다."(『문집』 권22 「사면강서제형주장辭免江西提刑奏狀」)라고 하였다. 그는 자기를 파면해주거나 봉사직을 주기를 청하고, 이날 곧바로 표연히 남쪽으로 돌아갔다. 그는 삼산三山의 방옹放翁 육유陸游에게 잇달아 편지를 보내서 다음과 같이 알렸다. "죄 많은 먼 여행을 마치고 구불구불 길을 따라 남쪽으로 돌아갑니다." 그리고 이제부터 "문을 닫아걸고 책을 읽으면서 이 몇 년 동안의 관리 생활을 마치는 것이 상책입니다. 나머지는 참으로 한번 크게 웃고 말 일입니다."라고 하였다.[8]

---

8 주희가 육유에게 보낸 편지 몇 통은 『문집』에는 모두 실려 있지 않다. 명 오관吳寬의 『포옹가장집匏翁家藏集』 권55 「발주문공삼첩跋朱文公三帖」을 보면 "주 문공 선생이 순희 초에 절동의 제

이는 바로 조신과 왕회가 원했으나 얻을 수 없던 일이었다. 주희라는 도학의 살별(掃帚星)이 두 다리로 단숨에 절동으로 넘어가버리자 그들은 곧 절서 제형을 차견하여 당중우의 사안에 대해 '직접 조사할' 필요가 없어졌고, 장휘 등 일체 국법을 어긴 범인들은 전부 무죄 석방한다고 선포하였다.

풍류 탐관 당중우는 마지막 승리를 거둔 기쁨에 가득 차서 패거리들이 그를 위해 베푼 축하 잔치 자리에서 요염한 총희寵姬에게 나긋나긋하고 옥 같은 목소리로 「대성악大聖樂」 한 곡을 부르게 하였다. 노래가 마지막 몇 구절 "미간을 찌푸리지 마라. 아름다운 용모(朱顔, 주희의 얼굴이라는 뜻도 있음) 가버렸는데 다시 올는지?"에 이르자, 이 죄악의 세계에 대한 정의 빚(情債)을 끊기 어려운 전임 태수는 마침내 도취해서 일어나 엉덩이를 흔들며 춤을 추었다(「헌거후록軒渠後錄·대성악大聖樂」, 『역대사화歷代詞話』 권8).

주희는 절동 제거로 부임하여 반년 동안, 진황과 재난 구제에서 말하자면 성공했다고 할 수 있다. 황정荒政에 관한 그의 조치는 필경 부분적으로나마 실시되었고, 한 로路의 이재민을 구제하여서 살려냈다. 그가 돈을 풀어 각 주

거로서 태주의 수령 당중우가 제대로 직책을 수행하지 못한 죄를 힘써 논하였다. 조정에서는 비록 그의 말을 따랐지만 사실 음으로 당중우를 비호하던 당시 재상의 뜻을 거슬렀다. …… 이 세 첩은 모두 월중越中(소흥)의 육방옹에게 보낸 편지이다. 처음 편지는 관직에 있을 때 보냈고, 두 번째 편지는 이미 돌아온 뒤에 보냈다."고 하였다. 또 팽소승彭紹升의 『이림거집二林居集』 권8 「주자여육방옹수첩발朱子與陸放翁手帖跋」에서는, "이 두루마리는 예전에 주자가 육방옹에게 보낸 서찰에 제사題辭를 붙인 것이다. 주자는 절동의 제거로서 순희 8년 12월에 부임하였다. 이듬해 7월에 태주를 시찰하러 나갔다. 첫째 첩에서 말한바 '힘써서 빨리 남쪽으로 갔다'고 한 것이 이것이다. 9월에 당중우와 다툰 일로 강서 제형에 고쳐 제수되었으나 즉시 관직을 버리고 돌아갔다. 둘째 첩에서 말한바 '죄를 지어 멀리 구불구불 길을 따라 남쪽으로 돌아갔다'고 한 것이 이것이다. 10월에 다시 강동 제형에 임명되었지만 힘써 사양하고 또 봉사를 청하였다. 셋째 첩에서 말한바 '다시 사직했으나 아직 처분이 없다'고 한 것이 이것이다." 라고 하였다.

현에서 일으킨 수리 사업도 후세 사람에게 복을 짓는 일이었다.[9] 그러나 당중우를 상주 탄핵한 일로 말하자면 도리어 실패하였다. 그의 실패는, 결코 죄악이 극에 달한 당중우를 그물 속의 물고기로 만들지 못하고 법망 밖에서 소요하게 한 사실에 있는 것이 아니라, 종법적 혈연으로 이루어진 척당戚黨과 관료적 특권으로 이루어진 정당政黨이라는 두 역량을 날줄 씨줄로 하여서 직조된, 관리끼리 서로서로 보호하는 봉건의 거대한 그물망에 대적하지 못한 데 있다.

그는 「사면강동제형주장삼辭免江東提刑奏狀三」에서 이런 가공할 거대 그물망을 다음과 같이 묘사하였다. "신이 탄핵한 탐관오리는 당여黨與가 매우 많아서 바둑돌이 펼쳐지고 별이 흩어져 있는(棋布星羅) 것 같으며 아울러 요직을 맡고 있습니다. 그 일이 발각된 뒤로부터 크게는 위에서 제재하며 알선하고 작게는 아래에서 치달리며 경영하여 …… 신에게 해를 가하고 남은 힘조차 남겨 두지 않으려 한다면 멀리는 스승과 벗들이 연원하는 곳(*생각건대, '소학을 주로 한다, 정학을 주로 한다'고 한 것을 가리킨다)에 이르기까지 또한 다시 까닭 없이 함부로 난폭하게 배척을 당할 것입니다. 만약 폐하께서 밝으신 판단으로 철저

---

9 주희는 진황에서 수리 시설을 일으키는 일을 더욱 중시하였다. 직접 현지에 가서 조사를 한 사실은 그가 올린 「주구황사의획일장奏救荒事宜畫一狀」・「주순력지태주봉행사건장奏巡歷至台州奉行事件狀」 등으로 알 수 있다. 『황암하갑지黃巖河閘志』 뇌횡雷鋐의 서문에서는 "송 순희 연간에 주자가 십여 개 갑문을 건설했다."고 하였다. 『태주부지』 권48 「수리략水利略」에서는 "장포갑長浦閘・포보갑鮑步閘은 모두 35도都에 있는데, 송의 주 문공이 건의하여서 건설된 것이다. 교룡갑蛟龍閘은 (*황암) 현의 동쪽 13리 5푼에 있는데 송의 주 문공이 건의하여서 건설된 것이다. 두문갑陡門閘은 현의 동쪽 5리 갑문의 머리에 있는데, 주 문공이 건의하여서 건설된 것이다. 금청갑金淸閘도 주자가 갑문을 건의하여서 건설되었다."라고 하였다. 『가정태평부지嘉靖太平府志』 권8 「문공유묵文公遺墨」에서는 "주 문공이 상평의 사자使者가 되어서 박사 채호蔡鎬, 태주부 통판 임내林鼐와 함께 여섯 갑문을 계획하여서 건설하였다."라고 하였다. 현지縣志 권1 왕거안王居安의 「황암준하기黃巖浚河記」 아래에 있는 의견(按語)을 참조하라.

하게 통찰하시고 힘써 지지해주시지 않았다면 불초한 몸은 벌써 어육魚肉이 되었을 뿐만 아니라 옳고 그름을 어지럽게 하고 성조聖朝를 그르침 또한 이루 말할 수 없이 많았을 것입니다."(『문집』권22)

이 한바탕 '인간희극' 가운데 창을 메고 홀로 항거한 주희는 단지 실패자의 역할을 맡을 수 있었을 뿐이다. 그러나 그는 공론이 동정해주는 실패자였다. 육구연은 진 수령(陳倅)에게 보낸 편지에서 주희를 다음과 같이 칭찬하였다. "주원회는 절동에서 대단한 절조가 특히 위대하였는데, 당여정唐與正(당중우)을 탄핵한 일이 더욱 사람들의 마음을 시원하게 하였습니다. 백성은 그가 가는 것을 매우 안타까워하였고, 비록 사대부들 사이에서 의론이 어지러웠던 점은 면할 수 없지만 이제는 그 시비가 점차 명백해지고 있습니다."(『육구연집』권7,「여진쉬與陳倅」) 소민小民 백성의 공론은 바로 '여론은 모두 그들이 평소에 시골구석에서 품었던 원한을 단번에 모두 갚아주었다고 여겼다'고 한 진량의 말과 같았다.

순희 10년(1183)에 진량은 주희에게 보낸 편지에서 '진동震動'이라는 두 글자로 여섯 차례 당중우를 탄핵한 일이 끼친 막대한 영향을 개괄하였다.

　　태주의 일은 옳은 것과 그른 것, 칭찬과 비방이 이따금 반반이지만, 그것이 진동시킨 바는 하나입니다. 세속이 날로 천박해져서 소소한 거조擧措가 이미 한 시대를 진동시키기에 족하여서 비서(주희)로 하여금 그 행위를 펼칠 수 있게 했으며, 오늘날 단연코 바람이 불면 풀이 눕듯(風行草偃) 하게 할 수 있었습니다. …… 작년의 일은 진震괘 9·4효九四爻의 상象입니다.(9·4는 우레가 마침내 [진흙에] 빠져 있다. 진흙에 빠져 있음은 빛나지 못하는 것이다(九四, 震遂泥象曰, 震遂泥. 未光也). 양을 상징하는 우레가 음을 상징하는 진흙에 빠져 있어서 자기 역할을 제대로 못한다는 뜻—역자 주) ──『용천집』권20「우계묘추서又癸卯秋書」

구차하게 안주하는 부패한 남송의 소조정에는 확실히 '진동'이 필요하였다. 적현신주赤縣神州(중국)라는, 부패하여 악취가 나는 오래된 이 종법宗法의 토양에서 피어난 권력의 꽃은 분수에 넘치는 농염한 향기를 내뿜었다. 종법의 '예禮'에 근거한 등급으로 배열된 크고 작은 가부장적 관료들도 타성에 젖고, 탐욕스럽고, 음험하고 잔인하였다. 지존의 황제는 허위와 가식적인 태도로, 바랄 수는 있어도 미칠 수는 없는(可望不可及) 구름 꼭대기에 높이 있으면서 소민 백성으로 하여금 일종의 '청렴한 관리(淸官)'가 상방보검을 가지고 와서 그들을 구해주기를 바라는 보편적인 심리 상태를 배양하게 하였다.

주희가 상주 탄핵한 당중우는 바로 그와 같은 일개 관료의 전형이었다. 태주에서 당씨 집안 부자는 한 지역을 제패한 네 마리 몹쓸 호랑이었고, 그의 외사촌 아우(表弟)와 생질은 모두 취생몽사하는 난봉꾼의 우두머리로서 주현의 관리들을 종 부리듯이 몰아서 백성에게 해독을 끼쳤다. 주희는 정사를 행하면서 줄곧 감히 권문세가에 죄를 짓는다는 것을 신조로 삼고 있었다. 그 때문에 태주의 소민 백성은 거꾸로 매달려 있던 자신들의 상태를 풀어주는 '청렴한 관리'로서 주희를 환영했던 것이다. 그가 당중우를 상주 탄핵하는 가운데 드러낸 도학의 경골硬骨 또한 민간 전설의 '포청천包靑天'에 못지않았다. 그러므로 그가 일단 상주 탄핵하여서 옷을 걸치고 관을 쓴 이런 크고 작은 짐승들을 체포했을 때, 곧 한 주 전체의 소민 백성이 '천리의 온 경내가 환호하며 북 치고 춤추는(闔境千里歡呼鼓舞)' 광경이 나타났던 것이다. 그가 태주를 떠날 때 백성은 수레를 잡아당기고 길을 막고서 떠나지 못하게 하였고, 그가 관직을 버리고 민閩으로 돌아간 뒤에도 절동의 백성은 끝내 노래를 지어서 전하며 그를 칭송하였다.

그러나 주희는 결국 '구세주'가 아니었고, 그의 이러한 영향도 고인 물 표면의 잔잔한 물결처럼 순식간에 사라져버렸다. 남은 것은 오히려 또 다른 종류의 영향, 곧 그가 당중우를 상주 탄핵한 일이 도화선이 되어서 좌상 왕회의 손에 의해 연출된 대규모 반도학이 일어났다. 13년이 지난 뒤 왕회의 당우黨羽이자 문학을 농하던 신하인 홍매洪邁라는 자가 당금黨禁 중에 엄예가 「복산자卜算子」를 지어서 원한 어린 감정을 호소했다는 풍류의 치정 사건을 황당하게 허구로 조작함으로써 주희의 얼굴에 어릿광대의 분칠을 하고, 주희가 여섯 차례 당중우를 상주 탄핵한 사건에 대해서는 근거 없이 사람을 미혹시키는 화관(花環)을 덧씌워서 끝을 맺었던 것이다.

┃ 절동 세 학파의 각축 ┃

　주희는 진황과 재난 구제에서 성공한 반면 여섯 차례 당중우를 탄핵한 일
은 실패했는데, 오히려 이 일로 인해 그의 주학朱學은 절동에서 명성을 얻게
되었다. 제거로 재임한 반년 동안 그의 주학의 회오리바람도 절동으로 불어
닥쳤다. 마치 남강에 재임할 때 그의 주학이 강서에 회오리바람을 일으킨 것
과 같았다. 절동 각 학파의 후진과 새로운 수재들은 순희 8년(1181)에 여조겸
과 정백웅鄭伯熊 두 선배가 사망한 뒤 모두 일시에 두각을 나타내서 그 형세
를 감당할 수 없는 조류를 형성하였다. 그들은 주로 금화의 여조검呂祖儉, 사
명四明의 양간楊簡·심환沈煥·서린舒璘·원섭袁燮 등 네 선생, 영강永康의 진량陳亮,
영가永嘉의 진부량陳傅良·설숙사薛叔似·섭적葉適 등이었다. 주희는 절동에서 그
들 모두와 널리 접촉하고 직접 만나 토론함으로써 절학浙學과 그 현실적인 문
제점을 전면적으로 이해하게 되었다. 이것은 은연중에 이미 절학과 함께 벌
이게 될 대규모 논전이라는 비바람이 장차 불어닥칠 것을 예시하였다.
　문화 정신에서 주학과 절학의 기본적인 대립은 도덕으로써 세상을 구제
하느냐, 사공事功으로써 세상에 쓰이느냐 하는 차이로 귀결된다. 주희가 한평
생 절동학파와 대립하고 논전을 벌인 것은 모두 이 중심축을 둘러싸고 전개
되었다. 다만 주희가 절동에 있을 때에는 이런 대립이 아직은 그와 절동 학
자들 간 초기의 우의友誼, 진황과 재난 구제, 당중우에 대한 상주 탄핵이라는
공통 관심사에 가려서 잠복한 채 배양되는 중에 있었다.

주희는 영강학파의 진량과 초보적인 논쟁을 벌였다. 그는 순희 9년(1182) 1월에 첫 번째 순력에서 금화에 도착했을 때, 17일에 무의武義 명초산明招山으로 가서 여조겸의 무덤에 곡한 다음 어씨의 자제와 반숙도潘叔度(반경헌)·반숙창潘叔昌(반경유) 및 반씨 가숙의 빈관(塾館)에 초빙되어 있던 절동 학자들과 강론을 하였으며, 또 여조겸이 교정한 『주역고경周易古經』 등의 책을 간행하는 일을 상의하였다. 진량은 바로 이때 영강의 용굴龍窟에서 무의의 명초로 찾아와서 주희와 만나고 서로 알게 되었다. 그 뒤 두 사람은 남여藍輿를 타고 가는 길에 내내 강론을 하였다. 진량은 주희의 순력에 줄곧 모시고 다니다가 영강 용굴의 자기 집에서 또 며칠 동안 함께 담론하였다. 그러고 나서 주희는 비로소 영강을 떠나 배를 타고 곧바로 난계蘭溪를 향해 순력을 계속하였다.

이때의 첫 만남에서 두 사람은 서로 너무 늦게 만난 것을 한스러워 했고, 이별한 뒤에 주희는 진량과 진부량을 함께 소흥부로 초청하여 다시 모였다. 아울러 『전국책戰國策』과 『논형論衡』, 자기가 직접 주를 단 『전설田說』을 진량에게 보내주었다. 진량도 답신에서 다음과 같이 말하였다. "산간에서 모시고 들은 오묘한 이론은 이따금 제가 아직 듣지 못했던 것이 많았습니다. 세상의 길(世途)이 날로 좁아져서 사람의 뜻을 강하게 함에 믿을 만한 사람은 오직 비서(주희) 한 사람뿐입니다."(『용천집』 권20 「임인답주원회비서壬寅答朱元晦秘書」) 그리고 또 자기가 종류별로 편차한 『문중자文中子』와 『경서발제經書發題』, 문답 10편으로 이루어진 『잡론雜論』, 책문策問 두 편을 주희에게 보내주었다.

그러나 이렇게 서로 마음을 기울여서 애타게 사모하던 중에 두 사람은 의리義利, 왕패王霸 논쟁의 서막을 올렸다. 무의의 명초당明招堂과 영강 용굴 진량의 집은 그들이 논변을 벌인 주요 장소이다. 직접 대면하여서 논전을 벌이는 가운데 두 사람은 시정時政과 황정荒政에 대한 견해에서 일치하였다. 진량은 나중에 또 주희에게 제안하기를, 무주의 통판通判 조선견趙善堅으로 하여금 그대로 머무른 채 무주의 수령 전전錢佃을 도와서 진제賑濟를 조치할 수 있도록 상주하여 청하라고 하였다.

경학에서도 두 사람은 서로 합치할 수 있었다. 주희는 『고문상서』와 공안국의 「서문」을 위작으로 의심하였는데, 뜻밖에도 진량이라는 지음知音을 얻었다. 진량의 『경서발제』 또한 틀림없는 진짜 도학자의 입으로 경의 뜻을 발휘한 것이었다. 그래서 주희는 그를 칭찬하여, "「서의파제書義破題」는 참으로 장산인張山人(송 대 설원화說諢話 예인. 이름은 장수張壽)이 말한바, '착상하여 시를 짓는다(著相題詩)'라는 것으로서 구절의 뜻이 모두 드러나니, 탄복을 금치 못하겠습니다."(『문집』 권36 「여진동보與陳同甫」 서2)라고 하였다.

그러나 사회와 역사에 대한 기본적인 견해에서 두 사람은 심각한 차이를 드러냈다. 명초당의 논변에 대해 주희는 순희 11년(1184)에 여조검에게 보낸 편지에서 다음과 같이 털어놓았다. "이른바 진秦과 한漢이 천하를 소유하게 된 데는 지혜와 힘(智力)에 의한 것이 아닌 듯한 측면이 있다고 한 말은 바로 명초당에서 진동보(진량)가 한 말입니다."(『문집』 권47 「답여자약答呂子約」 서22) 그는 진량에게 보낸 편지에서 "「책문」의 전편은 내 생각으로는 명초당 시절의 설을 지키는 것과 같습니다."(『문집』 권36 「답진동보答陳同甫」 서3)라고 하였다. 이 또한 이때 명초당에서 처음 만나 직접 토론한 일을 가리킨다. 이것은 바로 그들이 나중에 벌인 의리義利, 왕패王霸 논변의 중요한 논점 가운데 하나이다.

헤어진 뒤 두 사람의 논변은 한동안 조금 전개되었다. 진량은 주희가 주를 단 『전설』을 읽은 뒤 답장에서 날카롭게 비판하였다. 진량은 '공리를 말하기를 부끄럽게 여기는(羞道功利)' 썩은 유학자를 비루하게 여겨서 '논설論說'은 '실행實行'과 같지 않으며, 천하의 커다란 공을 이루는 것은 모름지기 자기 힘에 의존해야 한다고 보았다. 또한 편안히 앉아서 자극에 반응하고(安坐感動) 팔짱을 끼고 공담을 하는 것에 반대하였으며, 문장을 나열하여 표현하는 번쇄한 저술에도 반대함으로써 이미 그의 사공학의 기본 관점을 밝히 드러냈다.

주희는 진량이 앞서 내놓은 다섯 가지 논의를 읽고 나서 은미하게 풍자의 기미를 드러낸 채 경탄하며 말하였다. "새로운 논의는 매우 기이하고 대단하여서 참으로 독창의 견해였습니다. 놀란 정신이 아직도 안정되지 않아 감히 대뜸 말할 수 없습니다. 나머지 편을 얻을 때까지 잠시 기다리려 하니 감히 더 보내주시기를 청합니다."(『문집』 권36 「여진동보」 서2) 그는 '의리쌍행義利雙行, 왕패병용王覇並用'으로 진량 사공학의 정신을 개괄하였지만, 평소 예법에 얽매이지 않고 멋대로 행동하는 진량의 행동에 대한 의혹이 풀리지 않았다.

두 사람의 의리, 왕패 논전은 이미 화살이 시위에 메겨진 상태와 같았지만, 주희가 당중우를 탄핵하다가 일찌감치 축출되는 바람에 이 논전도 잠시 중단되었다. 나중에 주희는 이에 대한 유감을 품고 진량에게 보낸 편지에서 이 점을 언급하였다. "노형은 평소 스스로 법도 밖에 있으면서 유생儒生의 예법에 대한 논의를 즐겨 듣지 않으려고 하였습니다. …… 평소 몹시 방자하고 오만했던 점에 대해 나는 매우 깊이 의심스러웠습니다. 노형을 아끼는 사람이라면, (노형이) 이와 같이 해서는 안 될 것 같기에 바야흐로 나중에 만나면 조용히 다 말을 해야겠다고 생각했습니다만, 뜻밖에도 이렇게 급히 쫓겨나서(*생각건대, 절동 제거에서 파직되어 돌아온 일을 가리킨다) 이런 생각을 전부 말씀드리지 못하게 되었습니다."(『문집』 권36 「여진동보」 서2) 그러나 사실 이때 두 사람은 상대방의 관점에 대해 아직 전면적으로 정확하게 이해하고 있는 것도 아니었다. 왜냐하면 주희는 결코 그렇게 팔짱 끼고 공허하게 성명性命을 담론하는 썩은 유학자도, 미사여구만 늘어놓는 꽁생원도 아니었고, 진량의 사공학 또한 결코 의리쌍행, 왕패병용과 같은 것이 아니었기 때문이다.

주희는 절동에서 이런 공리적 학술 분위기의 소용돌이 가운데 처해 있었기에 영강의 공리학이 거대하고 세찬 흐름이 되어서 막을 수 없는 무서운 기세로 범람하고 만연해가는 추세를 강렬하게 느끼고 있었다. 여씨의 제자들은 전향하여서 속속 진량의 문하에 투신하였다. 여조겸은 생전에 주희와 마찬가지로 진량에 대해서 비판했었다. 여조겸의 금화학은 진량의 영강학과 방향이 전혀 달랐지만, 줄곧 여조겸을 추종했던 저명한 학자 여조검·반숙창(반경유) 등은 여조겸이 죽은 뒤에는 도리어 그의 경세치용적 경사학經史學을 교량으로 삼아서 먼저 영강의 공리의 길을 밟았다. 이는 바로 주희가 진량에게 보낸 편지에서 "근래에 반숙창과 여자약(여조겸)의 편지 내용을 보고서 이미 이런 말을 했음을 알겠습니다."(『문집』권36 「답진동보」서5) 하고 탄식했던 것이다.

여조검은 장식과 여조겸이 살아 있을 때는 한편으로는 가형家兄(여조겸)에게서 『사기史記』를 높이고 사공에 힘쓰는 것을 배웠으며, 또 한편으로는 주희에게서 경經의 뜻을 추구하고 장구를 탐색하는 것을 배웠기 때문에 이미 육구연의 뒤를 따르려고 하지는 않았다. 진부량은 정자제丁子齊에게 보낸 편지에서 다음과 같이 말하였다. "듣건대, 여자약이 육자정(육구연) 어른을 만났으나 폄하 받지 않았으며 또한 의기意氣가 사라지지 않았다고 합니다. 여자약이 막힌 곳은 육 어른이 아니고서는 분석하여서 끊어낼 수 없을 것입니다."(『지재집止齋集』권36 「답정자제삼答丁子齊三」) 여조겸이 죽은 뒤 여조검은 육학과는 더욱 멀어지고 영강학과는 더욱 가까워졌다. 절동의 절대 다수 학자들이 모두 그처럼 사공의 기치 아래 모였다.

태주에서 주희의 비판을 받았던 제갈성지諸葛誠之(제갈천능)는 바로 이런 절중의 학자 가운데 대표적인 인물이다. 주희는 석천민石天民에게 보낸 편지에서 절학에 대해 자기가 내린 기본적인 평가를 빌려 다음과 같이 말하였다.

절중浙中에 도착하고 나서 벗들 사이에 별도로 일종의 의론이 있어, 이와
서로 다름을 깨닫고 속으로 매우 이상하게 여겼습니다. 어제 단구丹丘(*태주)

에서 제갈성지를 만났는데, 그는 의리義理와 이해利害가 다만 한 가지 일이

므로 분별할 수 없다고 하였습니다. 이는 매우 놀라운 일입니다! …… 나

는 가만히 생각건대, 오늘날의 병폐로 오직 이것이 큰 문제이며(今日之病, 唯

此爲大) 그 나머지 세속의 한 등급 낮은 식견은 나의 근심거리가 되기에 족

하지 않습니다.　　　　　　　　　　　　　　─『문집』권53「답석천민答石天民」

　　나중에 절동에서 강서로 들이닥친, 동중서董仲舒의 뒤를 밟고 관중管仲과
왕맹王猛의 공리주의를 받드는 미친 회오리바람의 역사적 근원은 여기에서
찾을 수 있다.

　　주희의 관점에서 보면, 부패가 극에 이른 남송 사회는 이미 인욕人欲이 멋
대로 흐르는 쇠미한 세상이고, 도덕이 땅에 떨어져서 거의 다 사라져버렸기
때문에 전통 유가 도덕을 새롭게 세우고 인생 윤리의 가치를 새롭게 앙양해
야만 하였다. 절동에서는 반도덕적 지주 계층의 공리 사조가 공교롭게도 이
시기에 일어나 범람했으므로 그가 보기에는 '오늘날의 병폐로 오직 이것을
큰 문제'로 여기지 않을 수 없었다. 이것이 바로 그가 나중에 진량과 한바탕
날카로운 의리, 왕패 논쟁을 벌인 까닭이며, 비도덕주의적인 절동의 사공학
을 준도덕주의적인 강서의 육학보다 더 위험하다고 여긴 근본적인 원인이다.

　　그러나 절학浙學은 결코 획일적인 학파 공동체가 아니었다. 육구연이 절
동에서 영향력을 증대함으로 말미암아 주희가 절동에 왔을 때는 주학과 육
학·절학이 착종하고 복잡하게 서로 얽히면서 삼투하는 현상이 나타났고, 절
학은 학파의 집합체가 되면서 새롭게 분화하기 시작하였다.

　　육학과 절학의 상호 영향은 다른 문화적 가치를 지향하는 두 학파가 쌍방
간에 교류하는 과정이었다. 한편으로, 공리학은 강서를 향해 진군하여 육학
과 합류하고, 진강陳剛·유요부劉堯夫 같은 인물로 대표되는 사조를 낳았다. 그

들의 특징은 육학의 묵좌징관默坐澄觀, 발명본심發明本心을 사공과 공리를 지극히 추존하는 절학의 사상에 결합시킨 것이다. 또 한편으로, 육학은 절동을 향해 진군하여 사명四明에서 양간楊簡·심환沈煥·서린舒璘·원섭袁燮 등 '용상의 네 선생(甬上四先生)'을 우두머리로 하는 분파가 출현했는데, 괴당槐堂(육구연이 강학한 괴당서당)의 제자들보다 더욱 철저하게 심학을 극단적으로 발휘하였다. 이뿐만 아니라 동시에 절동에서도 전적으로 사공을 표방하고 육학의 묵좌징관, 발명본심을 독실하게 믿는 특수한 학자들이 나타나서 육학과 절학의 이중적 면모를 갖추었다.

다만 이 복잡한 과정은 이제 막 시작되었고, 주희가 절동에 도착했을 때 육구연의 심학도 이제 막 절강 지역으로 스며들고 있는 중이었다는 점만은 소홀히 할 수 없었다. 순희 10년(1183)에 주희는 육구연에게 보낸 편지에서 '절중의 선비들 가운데 어진 자들이 모두 당신에게로(席下) 돌아갔다'고 하였다(『육구연연보』). 그들은 사명의 '네 선생'을 가리킬 뿐만 아니라, 영가의 서의徐誼·대계戴溪·설숙사·채유학蔡幼學, 임안의 제갈성지(제갈천능諸葛千能) 형제, 소흥의 손응시孫應時·왕후지王厚之·석두문石斗文 등을 가리킨다.

원적지가 괄창括蒼이며 호상학자 겸 시인인 평암平庵 항안세項安世는 순희 9년에 양친을 모시고 절강에 들어와서, 소흥의 주희·육구연, 사명의 '용상의 네 선생' 및 기타 육학의 고족高足들을 예방한 뒤 마지막에는 육구연의 문하에 투신하였다. 그는 육구연에게 다음과 같은 편지를 보냈다. "1, 2년 사이에 몇몇 높은 분들이 차례로 돌아가셨으니, 이 일을 맡을 사람은 선생과 주 선생뿐입니다."(동상) 그는 육학과 주학이 절동의 공리학에 대항하는 일종의 '결맹結盟'을 할 수 있는 관계로 보았던 듯하다.

주희는 육학이 절동에 깊이 들어온 것에 대해서는 불만이었지만, 여전히 현실에서 출발하여 그것을 도덕으로써 공리에 대항하는 일종의 문화적 평형력으로 간주했으므로 절동에서 용상의 네 선생 및 육학의 기타 제자들과 밀접한 교류 관계를 유지하였다. 그는 자기의 영향력을 이용하여서 그들을 빼앗아 오려고 생각하였다.

엄격히 말하면, 용상의 네 선생은 저마다 자기 나름의 면모를 지니고 있었기 때문에 어떤 방면에서는 이미 육구연 심학의 궤도를 벗어나 있었다. 양간이 적나라한 불교 선의 얼굴을 더 많이 갖추고 있었다면, 원섭은 이미 절동의 사공학이 뒤섞인 경향을 뚜렷이 드러냈고, 심환과 서린도 제각기 주희와 육구연을 절충하고 여러 학자의 색채를 겸하여 취해서 갖추고 있었다. 다만 주희가 절동에 도착했을 때 그들은 모두 아직 사상적으로 성숙하지 않았고 명성도 드러나지 않은 후학의 젊은이들이었다.

양간은 이때 소흥부의 사리司理를 맡고 있었는데, 주희에게 중용되었다. 주희는 양간에게 관사官司의 소송 사건 처리를 자주 맡겼다. 양간의 일가 집안도 일찍이 주희가 자계慈溪에서 진휼을 베풀고 재난을 구제할 때 협조하였다. 순희 8년(1181) 겨울에 양간의 형 양전楊篆이 주희를 찾아왔다. 주희는 나중에 그에게 편지를 보내, (그가) 자계의 '서리들(胥輩)'이 백성의 부세를 엄하게 독촉하지 못하도록 엄금한 사실을 언급하였다(『자계현지慈溪縣志』 권15 「여양순중공사간與楊淳仲貢士柬」). 주희는 신속하게 양간을 천거하였는데, 추천서에서 그를 '학문은 자기를 다스릴 만하고, 재능은 남에게 미칠 만하다(學能治己, 材可及人)'고 칭찬하였다(전시錢時, 「자계선생행장慈溪先生行狀」에서 인용). 다만 양간은 육구연을 공자(洙泗)처럼 받들고 있었기 때문에 끝내 주희의 문하에 투신하려 하지는 않았다. 나중에 『양씨역전楊氏易傳』을 써서 선禪의 기미가 충만한 심학을 선양하다가 주희로부터 엄격한 비판을 받았다.

또 한 사람 용상 선생인 서린은 주희의 제자라고 일컬을 수 있는 인물이다. 그는 젊은 시절에 장식과 육구연 사이를 전전하면서 배움을 물었다. 융흥 원년(1163)에 주희가 무주에 와서 여조겸과 강학할 때 그는 또 무주까지 걸어가서 배웠고, 집에 보낸 편지에다가는 스승을 따라 도를 배운 일에 대해 '무너진 침상과 허술한 자리는 결국은 아름다운 취향이고, 바람에 머리 빗고 비로 목욕하는 것은 도리어 아름다운 경지(敝床疏席, 總是佳趣, 櫛風沐雨, 反爲美景)'라고 하였다(『송사』「서린전舒璘傳」).

순희 8년(1181) 겨울에 서린은 또 아우 서기舒璂와 함께 소흥에 가서 옷자락을 들어 올리고 경건하게 주희를 배알하였다. 서린은 스스로 말하기를, 이때 만났을 때 주희가 자기를 "차근차근 순서에 따라 이끌어주셨는데, 안색이 따뜻하고 기운이 조화로웠으며, 정이 친근하고 예가 두터웠습니다. 먹여주시고 가르쳐주셨는데, 부형이 자제들을 가르쳐주는 듯이 했을 뿐만이 아니었습니다."(『서문정유고舒文靖遺稿』권1「답주회옹서答朱晦翁書」)라고 하였다. 이듬해 3월에 그는 또 주희에게 편지를 보내서 제자와 같은 말투로 주희를 추숭하였다.

> ······ 사우師友의 도가 끊어진 지 오래되었습니다. 해마다 철인哲人이 세상을 떠났기에, 말하자니 슬프고 처량합니다. 생각건대, 이제 사문斯文의 막중한 임무를 맡을 사람은 모두들 집사執事(주희)가 첫째라고 합니다. ······ 집사만이 강대하고 순전한 기운과 널리 꿰뚫고 통달한 감각을 지니고 함양하여서 성취하셨는데, 또한 하루에 쌓은 것이 아닙니다. 편안히 하면 이에 오고 움직이면 이에 조화하는데, 이는 어리석은 자와 지혜로운 자, 어진 자와 불초한 자가 모두 함께 우러러 사모하는 바로서 본래 빠뜨릴 수 없는 것입니다. 어리석은 자라도 생각하면 알 수 있는 바입니다. 그러나 삼가고 부지런히 힘씀은 요순도 감히 스스로 그만두지 않았습니다. 바라건대, 집사께서 더욱 이 도를 진보시켜서 사해四海의 바람을 저버리지 말고 어리석은 저의 간절한 마음을 채워주십시오.
> ─ 동상

이로써 주희가 절동에서 서린에게 미친 영향의 깊이를 알 수 있다. 나중에 양간조차도 어쩔 수 없이 서린이 "회옹(주희)·동래(여조겸)·남헌(장식) 및 우리 상산象山(육구연)의 학을 스스로 연마하여서 하나로 꿰뚫었다."(『자호유서보편慈湖遺書補編』「서원질묘지명舒元質墓誌銘」)라고 하였다.

가장 분명한 사실은, 바로 육구연은 주희의 '지경持敬'에 반대하여 이를 후세 사람이 '두찬杜撰한' 것이라고 했지만, 서린은 도리어 '지경'을 지지했다는 점이다. 서린은 섭양원葉養源을 비판하면서 다음과 같이 말하였다. "'지경'의 설을 그대가 평소 취하지 않아서 내 마음이 편치 않습니다. 억지로 스스로 체인體認하고 억지로 스스로 속박하여서 마치 대껍질로 통을 두른 것과도 같고, 등나무로 섶을 묶은 것과도 같아, 어느 순간에 끊어지면 산산이 흩어져서 수습할 수 없게 될 것은 당연한 이치입니다."(『서문정유고』권1「재답섭양원再答葉養源」) 이는 그가 육구연의 돈오頓悟를 통한 본심本心의 수양을 주장하지 않고 각고의 노력으로 스스로 도덕을 연마할 것을 주장한 사상과 일치한다. 그랬기 때문에 그는 나중에 주희와 육구연의 논쟁에서도 주희를 옹호하는 측면이 있었다. "회옹은 당세 인걸의 경지에 올랐으므로 우리들이 미칠 바가 아닙니다. 합치하지 않는 점이 있으면 잠시 그대로 두어야 합니다."(동상,「답손자방答孫子方」)라고 말하였다.

그 밖에 두 용상 선생은 심환과 원섭이다. 주희는 절동에서 비록 그들을 만난 적이 없지만[10] 학술적으로는 오히려 우호적으로 교류하는 관계를 유지

---

10 장무건張懋建의 『은강인물론鄞江人物論』에서는 "단헌 선생端憲先生(•심환)은 주자가 절동 전운사로 왔을 때 방문을 받고 서로 도리를 천명하여서 발휘하였으며, (주자가 그에게) '정렴靜廉' 두 글자를 써서 주었다."라고 하였다. 이 설에는 오류가 있다. 주희는 절동 제거로 있으면서 사명에 간 적이 한 번도 없다. 『주문공문집』권49「답등덕수答滕德粹」서11에서는 "사명에는 어진 선비들이 많은데 …… 내가 아는 사람(所識)은 양경중楊敬仲(양간)·여자약呂子約(여조겸)이고,

하고 있었다. 주희는 부모상을 당해 집에 있던 심환과 향리에서 대차待次하고
있던 원섭을 특히 중히 여겼다. 심환은 학술적으로는 다른 세 용상 선생보다
훨씬 많이 주희와 강론하고 교류하였다. 비록 두 사람이 마지막에 가서는 서
로 합치하지 못했다 하더라도 심환은 여전히 주희를 가장 추중하여서, "회옹
은 벼슬에 나아가고 물러나는 것과 쓰고 버리는 것이 시대의 경중과 관련된
사람이므로, 또한 이 노인이 무고하기를 바란다."(『정천유고定川遺稿』 권2 「훈어訓語」)
라고 하였고, 심지어 주희에게 자기의 묘지명을 부탁하기도 하였다. 주희도
일찍이 '정렴靜廉'이라는 두 글자를 크게 써서 그에게 증정했으며, 그가 죽은
뒤에는 제문을 지었다.

원섭은 용상의 네 선생 가운데 비교적 사공학을 많이 받아들인 까닭에 주
희와 비교적 관계가 소원했지만, 그럼에도 주희는 그를 매우 인정하였다. 원
섭은 나중에 「제회옹첩題晦翁帖」에서 다음과 같이 회상하였다. "순희 신축년
(1181, *생각건대, 원래 '기축'이라고 한 것은 잘못이다)에 사명에서 큰 기근이 들었는데,
나는 대차하던 중이었다. 회옹이 사鄮 군수에게 편지를 보내 말하기를, 구황
의 대책을 아무개 공(원섭)과 함께 강구하라고 하였다. 나는 비록 마음으로 회
옹을 공경했지만 알지는 못하였다. 얼마 뒤 여자약(여조검)이 미창의 관리(倉官)
가 되었을 때 회옹은 여러 차례 편지를 보냈는데, 불초한 나를 신경 써주지
않은 적이 없었다. 왜 그렇게 했는지 스스로 생각해보면, 나에 관해 잘못 듣
고 가르칠 만하다고 여긴 것일까? ……"(『혈재집絜齋集』 권8)
절동을 석권한 공리의 학술 조류가 세차게 일어나는 가운데 용상의 네 선

이름을 들은 사람(所聞)은 심국정沈國正(*심환)·원화숙袁和叔(*원섭)입니다."라고 했다. '아는 사람'
이란 직접 만나서 서로 알게 된 사람을 말하고, '이름을 들은 사람'이란 한 번도 본 적이 없는
사람을 가리킨다.

생은 오히려 고요하고 깊은 도덕의 잔물결이 일듯이 주희를 향해 유혹의 미소를 보냈다. 그래서 주희는 절동을 떠나 민으로 돌아와서도 그들을 늘 잊지 못하고 제자 등린騰璘에게 다음과 같이 말하였다. "사명에는 어진 선비가 많아 종유할 만합니다. 의심스러운 것을 물어서 결정할 수 있을 뿐만 아니라 학문과 수신에 이르기까지 모두 유익한 것을 취할 수 있습니다. 내가 아는 사람은 양경중楊敬仲(*양간), 여자약呂子約(여조검, *미창 감독관[監米倉])이고, 이름을 들은 사람은 심국정沈國正(*심환), 원화숙袁和叔(*원섭)입니다. 저들까지는 모두 종유할 만합니다."(『문집』 권49 「답등덕수答滕德粹」 서11)

절동이라는 이 깊고 두텁고 드넓은 학술의 토양에 주학의 회오리바람이 '끼어듦[切入]'으로써 절학과 육학, 주학 사이에는 미묘한 삼각관계가 출현하였고, 그리하여 세 학파가 서로 제자들을 쟁탈함과 동시에 세 학파의 제자들도 서로 전향하면서 사문師門에 투신하는 기이한 경관이 직조되었다. 이는 공리파·도덕파·덕지파德知派의 교전으로서 세 학파 모두 자기 나름의 승리를 거두었다.

주학의 승리는 주희가 촉호燭湖의 손응시와 평암의 항안세를 자기 문하로 끌어들인 데서 그 상징을 찾을 수 있을 듯하다. 손응시는 맨 처음에는 육구연을 사사했고, 육학의 용상 네 선생과 영강학의 석두문石斗文, 여조겸과 육구연 두 학자에게서 배운 석종소石宗昭와 밀접한 관계를 맺었으나, 육학과 사공학의 이중적 면모를 지닌 전형적인 절동 학자이다. 그러나 주희가 절동 제거로 부임했을 때 황암黃巖 현위로 있던 손응시는 주희의 인정을 받아 빠르게 주학으로 전향하였다. 주희는 특별히 그를 천거했고, 그를 주학의 면모를 지닌 제자로 빚어냈다. 이듬해 주희는 그를 다음과 같이 극찬하였다. "대체로 오로지 잡아서 지키는 것(持守)만 힘쓰는 학자는 대부분 이理를 명확하게 보지 못하고, 강학에만 힘쓰는 학자는 근본으로 삼을 바탕을 갖고 있지 않습니다.

현자(손용시)처럼 온갖 선을 겸하여 모아서 한쪽으로 치우치지 않을 수 있는 사람은 드뭅니다."(『별집』 권3 「답손계화答孫季和」 서3)

이는 손용시가 육구연 심학의 병폐를 극복했음을 말하는 것으로서, 곧 육구연 문파의 사설師說을 배반했다는 사실을 의미한다. 그런데 육구연의 눈에는 그가 곧 나날이 '어리석어지는(茅塞)' 것으로 보였다. 육구연은 세상을 떠나기 전인 소희紹熙 3년(1192)에, 촉蜀으로 가서 구종경丘宗卿(구숭)의 막하에 들어간 손용시가 점차 육학을 배반하고 주학으로 전향하는 점에 대해 어쩔 수 없다고 결론을 내렸다. "예전에 석응지石應之(석종소)가 빠르게 성취하여서 일어났다가 다시 다른 학설에 미혹되고 지금은 어리석어졌으니, 늘 이 때문에 슬퍼하고 한탄합니다! …… 손계화孫季和(손용시)가 전에 터득한 바는 아직 석응지에 미치지 못합니다. 임안에서 다시 모였을 때는(*생각건대, 육구연이 순희 9년에 도성에 들어가서 국자 승國子丞이 되었을 때를 가리키는 듯하다) 이미 처음 모였을 때와 같은 기상은 없었습니다. 이 뒤로 편지로 묻거나 전해 들은 말과 행위가 모두 사람의 뜻을 만족시킬 수 없었으니, 어리석어졌다고 하는 말도 지나치지 않습니다."(『육구연집』 권15 「여손계화與孫季和」)

항안세는 절동에 들어와서 처음에는 매우 자신 있게 육구연의 문하에 귀의하였지만 오래지 않아 점차 주희에게로 발길을 돌렸다. 주희는 마찬가지로 그를 천거하였고, 유약劉爚에게 다음과 같이 말하였다. "장헌張憲(*장조張詔)은 도착했습니까? 전에 절동에서 근무할 때 동료였는데 매우 좋은 선비입니다. 내가 천거한 양경중(양간)·손계화(손용시)·항평보項平父(항안세)를 그 사람도 모두 천거하였습니다"(『속집』 권4 「답유회백答劉晦伯」 서5) 주희가 절동에서 이 세 사람만 천거했다는 사실은 상당히 상징적이다. 양간은 육학의 표준적인 제자를 대표하고, 손용시는 육학과 절학의 이중적 면모를 지닌 학자를 대표하며, 항안세는 육학과 주학 사이에서 배운 문사를 대표한다.

주희가 항안세를 끌어들여서 주학의 문호를 밝게 한 중요한 비결은 그의 경의협지經義夾持, 성명양진誠明兩進, 경지쌍수敬知雙修라는 이학의 대지大旨였다. 항안세는 나중에 주로 주희에게 배움을 물었고, 주희도 그를 빌려서 육학의 제자들에게 주학의 존덕성尊德性과 도문학道問學이 하나라도 없어서는 안 된다는 점을 선양하였다. 항안세가 만년에 써낸 『주역완사周易玩辭』는 이미 의리와 상수를 모두 중시하는 진짜 주학의 경 해석 방식을 따른 책이었다.[11]

세 학파가 절동에서 각축을 벌인 일은 학파 간에 순전히 제자를 쟁탈하는 문호 사이의 자존심 싸움만은 아니었다. 주희는 온갖 학파(百家)를 망라하고 모든 선을 겸하여서 취할 만한 넓고 큰 기백으로 각 학자와 학파를 대하였고, 심지어 실제 정사政事에서는 자기의 논적과 반대파의 학자들을 중용하는 데도 기민하였다. 이것은 곧 세 학파가 절동에서 각축을 벌이면서도 일종의 더욱 넓고 큰 문화사적 심층의 배경을 지니게 하였다. 주희가 절동에서 거둔 성공과 노력 또한 주학의 새로운 문화 형태가 절동에서 전파되고 발을 딛고 서기 시작한 역사적인 한순간을 이루었다.

그가 소흥에서 삼교구류의 인물과 교제했기 때문에 소흥은 사방의 학자들이 와서 배알하는 성지가 되었다. 무원현 현학의 수십 명 제자들은 연명으

---

11 왕무횡의 『백전초당존고白田草堂存稿』 권8 「서항씨완사후書項氏玩辭後」에서 주희가 항씨(항안세)에 대해 '배척하느라 여력이 없었다' 하고, 『주역완사』를 일컬어 '견강부회하고, 『정전程傳』에서 자잘한 내용을 천착한 것'이라 하였다고 한 말은 편파적이고 과격하며, 부실한 주장이다. 『역』에 관한 항씨의 설이 비록 주희의 설과 다를 수 있을지는 모르지만, 그 역학의 방법과 절차는 전적으로 주학의 면모에 속한다. 그의 「완사자서玩辭自序」에서는 "그 상象을 모르고서 어떻게 그 변화를 알겠으며, 그 사辭에 통하지 못하고서 어떻게 그 점占을 결단하겠는가?"라고 하였다. 그러므로 진진손陳振孫의 『직재서록해제』에서는 "대체로 정씨(정이)는 하나같이 이치를 말하고 상수를 모두 생략했지만, 이 책은 어느 한쪽도 폐기하지 않았다. 정씨는 소상小象에 대해서는 밝혀낸 점이 상당히 부족하지만, 이 책은 효爻와 상象에 더욱 관통하였다." 하고 평가하였다. 이 책은 의리와 상수를 겸하여서 취한 주희의 역학과 실은 같은 파에 속한다.

로 그에게 편지를 보내서 현학에 있는 주돈이·정호·정이 세 선생의 사당을 위한 기문을 지어달라고 청하였다. 사명의 명사인 공괴攻媿 누약樓鑰은 소흥에 와서 주희에게 배움을 물었고, '모시고 박문약례에 대한 가르침을 받았으며(獲侍博約之誨)' 12년 뒤에는 제자의 반열에 들지 못한 것을 한스러워 하였다 (『공괴집』 권66 「답주회암서」).

주희의 속료屬僚로 중용된 주현의 관리는 여학呂學·육학·영강학·영가학 등 각 학파의 제자를 거의 포괄하고 있다. 태주의 사호참군司戶參軍 사우謝雩는 영가학자로서 장순張淳·정백웅·설계선·진부량과 교유하고 학문을 강론하였다. 주희는 "그대를 한번 보니 마치 옛 친구 같아서 머물게 하고 대화를 나누느라 때로는 날이 저물기도 하였습니다. 황정荒政과 적체된 송사를 처리해주기를 부탁하였습니다."(동상, 권109 「사군묘지명謝君墓誌銘」)라고 하였다.

심지어 무구無垢(장구성)의 학을 사모하고 좋아했던 승현嵊縣의 지현 계광필季光弼도 주희로부터 곱절의 칭찬을 받고 중용되었다. 누약은 나중에 다음과 같이 묘사하였다. "비서승 주희 공이 한 도의 황정을 힘써 다스릴 때 월越(절동)에서 더욱 세밀하게 하였습니다. 그대(계광필)는 여러 관사에 애걸하여서 쌀 4만 휘(斛)를 얻었습니다. 현에는 27개 향鄕이 있었는데 진조장賑糶場, 진제장賑濟場, 양제방養濟坊이 30여 군데라 별을 보고 나갔다가 별을 보고 들어오면서 이를 독려하였습니다. 그리하여 몇 달 뒤에는 수염과 머리카락이 하얗게 새어버렸습니다. 주 공이 늘 편지를 보내 위로하고 권면하기를, '형벌을 줄이고 부세를 늦춰주어서 하늘의 뜻이 돌아오게 함은 나라를 내 몸같이 여기고 백성을 사랑하는 절실한 마음이 아니고서는 미치지 못한다' 하였습니다."(동상, 권100 「계군묘지명季君墓誌銘」)

주학은 무엇보다 먼저 소흥부에 견실한 영향을 끼쳤다. 산음山陰에는 주희와 시를 논하고 『역』을 말한 시단詩壇의 맹주 육유陸游가 있었다. 여요餘姚의 손웅시는 주희를 용상의 네 선생 및 영강학자와 이어주는 교량이 되었다. 상우上虞에는 손방인孫邦仁·반우단潘友端·반우공潘友恭 등 주희의 제자가 있었는데, 주희는 상우나 여요로 가서 황정을 조처할 때 그들을 모두 방문하였다. 그들과 함께 주희가 학문을 강론하던 곳에는 나중에 월림서원月林書院·영택서원泳澤書院이 건립되었다.[12]

신창현新昌縣은 세 학파의 명사들이 모인 곳이었다. 그곳에는 주학의 가르침을 따르는 석돈石𡼊이 있고, 영강학을 추종하는 석두문과 임씨任氏 형제가 있었으며, 여학과 육학을 절충한 석종소와 섭공근葉公謹도 있어서 세 학파 사이에 소소한 충돌과 삼투가 일어났다. 주희와 정의가 매우 두터웠던 무주 통판 석두문은 권세가 한 시대를 뒤흔든 거물 환관 감변甘昪이 땅을 탈취하여서 서호에 별장을 지은 일에 대해 감히 대항해서 논했던 문사인데, 주희가 황정

---

12 『상우현지上虞縣志』 권7 「인물人物」: "손방인孫邦仁은 자가 육백育伯이다. …… 손방인과 그 조카 선교랑 손웅시가 건창군建昌軍을 주관主管할 때 함께 이학理學에 마음을 두었다. 좌우의 산 꼭대기에 정자를 짓고 부춘정富春亭이라 하였다. 순희 연간에 주 문공이 시령始寧에서 노닐 때 방문한 적이 있었다. 서로 뜻이 합치하여서 마침내 그 집에서 묵으며 책을 주석하고 고증을 하였으며, 정자에서 강학하였다. 문공이 지은 『대학장구혹문大學章句或問』, 『중용장구혹문中庸章句或問』의 교정에 참여하였다." 또 같은 권의 '반우단潘友端,' '반우공潘友恭' 조에도 보인다. 권 30 「서원書院」: "월림서원은 오부시五夫市 청풍협淸風峽에 있으며 송의 경략經略 반치潘時가 지었다. 주 문공이 도를 강론한 곳이다." 명明의 반부潘府의 「월림서원흥폐시말月林書院興廢始末」에서는 다음과 같이 일컬었다. "대정심戴正心의 「발주자여반공숙서跋朱子與潘恭叔序」를 살피건대, 회옹이 일찍이 오부五夫로 가서 이장간李莊簡(이광李光)을 방문하고 월림서원에서 묵었음을 알 수 있다. 경략 공(반치)이 이로 인해 아들 반우단의 무리를 수학하게 하였다. 내 생각에는 주자가 마지막으로 절동 제거가 되었을 때 틀림없이 이곳에 또 왕래하였으며, 사방 학자들이 모여들어서 마침내 도를 강론하는 곳이 되었으리라. 송 이종理宗이 손수 내린 조서에 '주희가 주를 단 『사서四書』의 원본이 경卿의 집에 있다'고 하였으니, 참으로 거짓이 아니다." 또 "영택서원은 원元 초에 서계호西溪湖 동쪽에 처음 창건되었다. 지정至正 연간(1341~1367)에 방 추밀方樞密이 다시 금뢰산金磊山 동쪽에 설치하였다. 주 문공이 잠시 이곳에 머문 인연이 있기에 사당을 세워서 제사를 지낸다." 하였다.

을 시행할 때 무주에서 힘을 보태 협조하였다.

주희는 순희 9년(1182) 정월에 승현과 신창 일대를 순력할 때 신창의 이런 학자들과 함께 강론하였고, 수많은 산이 우뚝우뚝 솟은 위에 은빛 폭포가 날아 쏟아지는 수렴동을 유람하였다. 그러고서 석돈의 수렴동 시에 화답하는 시 한 수를 지었다. "수렴의 그윽한 골짜기에 와서 노니네 / 쏟아지는 물이 얼굴을 때리며 눈을 상쾌하게 한다 / 한 줄기 수렴은 동구를 가렸는데 / 누가 그 발을 말아 올리고 낚시질할까(水簾幽谷我來游, 拂面飛泉最醒眸, 一片水簾遮洞口, 何人卷得上簾鉤)"(『만력신창현지萬曆新昌縣志』권3)

그는 또 즉흥으로 「임씨 벽에 제하다(題任氏壁)」 한 수를 큰 글씨로 썼다.

배여! 자유(왕휘지)가 섭계를 건넜네	舟兮子猷剡溪也
나막신이여! 사안이 동산에서 신고 다녔네	屐兮謝安東山也
배도 없고 나막신도 없는 곳이	不舟不屐
수렴인가?	其水簾乎
수렴이 사람인가	水簾其人乎
사람이 수렴인가?	人其水簾乎
임 공은 도를 이루어 이곳에서 노닐고	任公成道游於斯
이곳에서 시를 읊네	詠於斯
아침에 갔다가	朝而往
저녁에 돌아오니	暮而歸
그 즐거움 어찌 끝이 있으랴!	其樂豈有涯哉
	—동상

초사풍의 이 기이한 자작 제사題辭는 아마도 임씨 형제에게 써준 것일 텐

데, 담박하고 깊은 도학의 정신적 태도를 드러내는 한편, 도학 심리가 다른 문화적 방향을 향해 투사된 그의 '수용적 시야(接手視野)'를 뚜렷이 보여준다. 그러므로 그는 제기諸暨에 도착하자마자 도도屠道·유경兪涇 등 일반 유사儒士들과 학문을 강론하는 일 외에도 더욱 흥취 진진하게 풍교楓橋의 은자 양문수楊文修를 현아縣衙로 초대하여서 명리名理와 의복醫卜·천문天文·술수術數의 학을 대대적으로 담론하였다. 양문수는 호가 '불자佛子'이며, 저서에 『의연醫衍』·『편지리발사도編地理撥沙圖』가 있다. 그는 자허 진인紫虛眞人 최가언崔嘉彦과 같은 기이한 선비였다. 나중에 그들 두 사람이 명리를 강론하던 곳에 자양정사紫陽精舍가 건립되었다.[13] 주학과 육학·절학 세 학파 가운데 주희는 다른 어떤 사람과도 비할 데 없이 넓게 트이고 굉대한 문화적 시야를 지니고 있었다.

주학은 금화에서도 자기 지위를 확립하였다. 무주는 본래 절동의 수많은 학파들의 모순이 소용돌이치는 중심이자 문화 사조가 합류하는 곳이었다. 여조겸과 당중우가 모두 금화에 살았고 제자에게 강학하면서 서로 겨루었으며, 진량이 영강에 있었으니, 자연스레 여학과 영가학의 소통이 일어났다. 여조겸의 이택서원麗澤書院과 명초당明招堂에서는 수많은 여학의 제자를 길러냈다.

---

13 『제기현지諸暨縣志』 권27 「인물」 : "양문수楊文修는 자가 중리中理이며, 6세조는 도지병마사都知兵馬使 양양楊洋이다. 절원浙院에서 풍교楓橋의 양소원楊蔬園으로 이사한 뒤 마침내 제기 사람이 되었다. …… 고을 사람들은 그를 이름으로 부르지 않고 불자佛子라고 하였다. …… 회암 주자가 일찍이 상평의 사자使者로 풍교에 왔을 때 불자의 명성을 듣고 만나서 함께 명리名理와 의학, 천문, 지리의 책을 가지고 며칠 동안 담론하고 갔다. 만년에 『의연醫衍』 20권과 『편지리발사도編地理撥沙圖』를 지어서 집에 소장하였다. 나이 99세에 병들어서 죽었다." 권9 「산수山水」 '풍교楓橋' 조 : "다리 왼쪽은 풍교의 동시東市이고, 다리를 지나 몇 길(丈) 쯤이 점포이다. 앞의 가로街路 북쪽은 송 의안현義安縣의 옛 현치縣治(현청 소재지)인데, 안에 희우당喜雨堂이 있고 곁에 자양정사가 있으니, 곧 주자가 양문수와 명리를 담론하던 곳이다." 또 권42 「방택坊宅」 : "자양정사는 일명 의안정사義安精舍라고도 하며, 옛 현의 관서(縣署) 곁에 있다. 송의 주자가 상평의 사자가 되었을 때 양문수를 불러서 함께 명리를 담론하고, 묵었던 곳이다."

그러나 또한 종래 육학·영강학·영가학의 학자들이 어지럽게 찾아와서 배알하던 성지였으므로 각 학파 제자들의 진영과 한계가 결코 명확하지 않았다. 금화학자 시소장時少章은 「서왕목숙비감문집후書王木叔秘監文集後」에서 여조겸이 살아 있을 당시의 여학과 영강학·영가학이 각 학파끼리 서로 두루뭉술하게 얽혀 진영 의식이 모호하고 학술 사상이 뒤섞였던 상황을 매우 생동감 있고 다채롭게 서술하였다.

예전에 동래(여조겸) 선생이 금화에서 도를 강론할 적에 우리 종인宗人과 존로尊老들이 한꺼번에 그를 따랐다. 숙조叔祖(종조부) 시주 수경時鑄壽卿과 시창 장경時錄長卿이 실로 그들의 영수였는데, 수경은 선생과 함께 계미년 (1163)에 진사가 되었다. 선생은 수경을 형으로 보고 장경을 동생으로 보았다. 백부伯父 시운 자운時澐子雲, 시경 중연時涇仲淵 및 우리 선인(*생각건대, 시란 자란時瀾子瀾이다)은 날마다 강석하는 자리에 있었는데, 과시課試를 치르면 언제나 제생 가운데 최우등이었다. 이 무렵 사방에서 배우러 온 사람들이 늘 1천여 인이었다. 특히 영가에서 온 사람이 많았는데, 학행이 또한 여러 고을에서 뛰어나므로 더욱 우리 종인이 후대하였다. 자운이 집을 짓고 '학고學古'라 편액을 달았으며, 앞에는 붉은 계수나무(丹桂)를 심고 뒤에는 푸른 회백나무(蒼柏)를 심었는데, (그 나무 그늘이) 모두 소를 가릴 정도로 컸다. 매번 휴일이 돌아오면 멀리 영가에서 와서 □□하였다. 섭정칙葉正則(섭적) 공이 처음 진동보陳同甫(진량) 공을 소개한 이래, 얼마 뒤에 대초망戴肖望(대계戴溪) 공, 전錢□□□□, 서거후徐居厚(서원덕徐元德) 공이 맨 마지막에 왔다. 유무실劉茂實 공, 장행가蔣行可 공, 진순강陳順剛 공은 그 사이에 오갔다. 설사륭薛士隆(설계선) 공이 선생을 방문하여 몇 달 묵었는데, 선생이 함께 '학고'로 놀러 와서 조용히 하루 종일 있다가 막상 가려 할 때면 오히려 돌아보면서 차마 떠나지 못하였다. 우리 종인은 이즈음 모두 재물이 풍족하고 일찍부터 세상의 □을(를) 경계하였기에 여러 공들이 오기를 기다려서 다투어 먼저 맞아들였고, 날로 달로 점차로 물들어서 스스로 그 고향 말을 잊어버리고 서로 만나 온주溫州의 말로 대화를 나누었고, 날마다 먹는 것이 거의 대부분 온주의 산물이었다. 비서 소감秘書少監 왕王 공이 건도乾道 연간 (1165~1173)에 진사가 되고 …… 처음 벼슬하여서 의오義烏의 위尉가 되었는데, 수경이 선생의 자리 위에 있는 것을 알았다. 선인은 당시 아직 급제하지 못한 상태였다. 그 뒤 임안의 교수로 있을 때 비로소 공을 알게 되어서 한번 보고 마침내 옛 친구 같은 사이가 되었다. 그리하여 날마다 왕원후王元後·장백광張伯廣(장해張垓)과 함께 직사直舍에 나아가 담소를 나누었는데, 낮부터 밤까지 이르도록 조금도 지치지 않았다. 섭정칙·대초망·전·서거후 등을 만나면서 또 친해졌다. 선인은 종인 가운데 유독 나중에 돌아가셨는데, 천부天富의 염관鹽官이 되어서 벗 삼은 영가의 선비가 거의 100여 인이었으며, 책상 위에는 영가에서 온 편지가 열에 여덟, 아홉이었다. 선인 또한 스스로 말씀하시기를, 남이 온주의 말을 하는 것을 들으면 곧 기뻐서 나아가 오래 인연을 맺은 사람처럼 여겼다고 하셨다. ……

—『경향록敬鄕錄』 권11

이 절묘하고 다채로운 문화적 풍속화 한 폭에서 세 절학 학파가 분리하고 결합하면서 변화한 역사의 흔적을 살펴볼 수 있다. 일단 여조겸이 죽은 뒤 그의 제자들이 저마다 사문師門과 학파에 투신하여서 새로운 조직에 결합한 것은 필연적인 추세였다. 사공事功을 절동 각 학파가 모두 받아들일 수 있는 총체적인 학술의 기치로 삼고서 진량과 진부량, 섭적은 서로 잇달아 일어난 세 개의 큰 별이 되었다.

주희는 여조겸과 지기知己의 정을 맺은 데다 큰아들 주숙朱塾이 여조겸·진량·반경헌에게 배웠기 때문에 금화의 여학 학파와 일종의 특수한 우호를 유지하고 있었으며, 학파의 모순이 아직 충분히 전개되지 않았다. 그러나 주학은 이미 금화의 학자들에게 매우 깊은 영향을 미쳤다. 여조겸 사후에 금화학자들 사이에서 사공의 학이 전파되고 유행하자, 주희는 금화의 저명한 선유先儒인 향계香溪 범준范浚의 심학을 가지고서 그 치우친 폐단을 해결하는 좋은 약으로 삼았다. 그리하여 의도적으로 「범준소전范浚小傳」을 지어서 그들을 완곡하게 비판하였다.

> …… 근세에 절학을 말하는 자들은 대부분 사공을 숭상하는데, 범준은 홀로 성현의 심학에 뜻을 두고 있어서 조금도 외면을 사모하지 않았다. 여러 차례 조정의 부름을 사양하고 벼슬에 나아가지 않았다. 저술한 글은 대부분 경經에 바탕을 두고 제자諸子와 사서史書를 참조하였으며, 『역』·『서』·『춘추』를 상고하여서 모두 전주傳注를 지었는데 이전의 유학자들이 말하지 못한 내용을 말하였다. …… 내가 일찍이 여러 차례 그 문하에 나아갔으나 만나지 못하였다. ──『광서난계현지光緒蘭溪縣志』 권5

분명히 이는 절학, 특히 금화학자와 여학의 제자를 겨냥한 발언으로, 우선 그들이 공리로 치닫는 점을 비판하였고, 다음으로 그들이 역사를 중시하고 경을 경시하는 점을 비판하였다. 이는 그의 주학과 절동 사공학의 학파적 경계를 긋는 기본 표준이자, 나중에 절학과 전개한 논전의 강령이라 하겠다.

그러나 절동에서 그는 주로 자기의 영향력에 의존하여 여학과 영강학의 학자들을 쟁취하였다. 『맹자집주』에서 특히 그가 금화 난계蘭溪의 범준이 쓴 「심명心銘」을 선택하여서 이용한 것이 금화학자에게는 더욱 큰 호소력을 발휘하였다. 그러므로 금화학의 대표 인물인 여조검이나 반숙창(반경유)조차 비록 주희와 학문을 논하는 데서는 끝내 합치할 수 없었지만, 그럼에도 주학의 영향을 받았기에 이미 표준적인 순수한 절동의 사공파 학자는 아니었다. 주희가 순희 8년(1181)에 상주하기 위해 도성으로 들어갈 때 반숙창은 엄릉嚴陵의 조대釣臺까지 그를 전송하였다. 여조검은 더욱 종신토록 끊임없이 주희에게 배움을 물었다. 무의에서 주희는 상채上蔡 사량좌謝良佐의 말을 바꾸어 처세의 격언으로 만들고 왕신王표의 대청 벽에 대서특필하였다.

> 평범하고 천박한 것에서 벗어나 고명한 데서 노닐어라. 어린아이처럼 굴지 말고 대인다운 뜻을 가져라. 평생의 계책을 일삼지 말고 세상에 대한 뜻을 가져라. 남이 알아주기를 구하지 말고 하늘이 알아주기를 구하라. 풍속과 같아지기를 구하지 말고 이치(理)와 같아지기를 구하라.
>
> ─ 『금화잡록金華雜錄』, 『양절금석지兩浙金石志』 권13

주희는 분명히 금화학자들에게 보여주려는 의도에서 이 글을 썼는데, 생동감 있게 자기의 '그 마땅함을 바르게 하고 그 이익을 도모하지 않으며, 그 도를 밝히고 그 공을 헤아리지 않는다(正其誼不謀其利, 明其道不計其功)'는 반공리적 관점을 표현해냈다.

이렇게 적잖은 금화학자들을 흡수한 주희는 심지어 영강학자들의 눈에도 뭇별이 우러르는 북두성과 같은 점이 있었다. 영강의 서목徐木(＊자재子才)은 진량을 추종하는 저명한 문사인데, 주희가 진량과 함께 영강에 갔을 때 그를 방문하고 대청 벽에 그를 위해 특별히 가인家人 괘의 괘사를 손수 썼다.[14] 서

---

[14] 『금화선민전金華先民傳』 권6에 보인다.

목도 주희가 황정을 시행할 때 중요한 모사謀士가 되었다. 주희는 나중에 그가 한 차례 계책을 올린 일을 언급하였다.

> 전에 절동에서 먼저 조처할 때 호구의 고하高下를 나누어서 쌀을 내주었
> 는데, 쌀이 있는 집과 없는 집의 차이를 알 수 없었다. 서목이라는 자가 모
> 름지기 고을마다 일일이 쌀을 가지고 있는 자를 배제하자고 대책을 제시
> 하였다. 당시에는 일이 급했으므로 시행하지 못하였다. 지금 만약 한 현에
> 서 시행한다면 매우 쉬울 것이다.   ─『어류』 권106

이것이 곧 진량이 주희에게 말한, '서자재徐子才(서목)는 쓸 만한 재목일 뿐
아니라 배우려는 뜻이 바야흐로 매우 두텁다'고 한 것이다(『용천집』 권20 「여주원
회비서與朱元晦秘書」). 그래서 주희가 당중우 탄핵에 실패하고 태주를 떠나서 민으
로 돌아갈 때 서목은 결국 '모름지기 진운縉雲까지 따라가야 한다'고 외치고,
마치 신하가 임금을 알현하는 것과 같은 충정衷情으로 숭앙하고 귀의하였다
(『용천집』 권20 「우계묘추서又癸卯秋書」).

또한 진량과 섭적에게 앞뒤로 배움을 물었던 영강학자 운계雲溪 여호呂皓
는 쌀을 바쳐 진휼을 도운 일로 주희의 천거를 받아서 관직을 얻었다. 나중
에 그는 주희와 진량 두 사람의 의리, 왕패 논변의 서찰을 모아서 편집하고,
조목별로 분류하고 해설한 1만 글자의 소해疏解를 만들어서 두 학자를 절충
하는 태도를 취하였다.

주학의 흐름은 절동에서 이름난 동양東陽의 곽덕의郭德誼(곽흠지郭欽止)가 세
운 석동서원石洞書院에까지 미쳤다. 주희는 순희 9년(1182) 2월 순력에서 돌아
오는 길에 동양에 들러서 황정의 사무를 처리하고, 특별히 석동서원에 가서
학문을 강론하였으며, 『대학장구』와 『중용장구』를 보내주었다. 그리고 서원

을 위해 '동문洞門', '월협月峽', '유상流觴'이라는 글자를 동구와 흐르는 샘에 큰 글자로 새겼다.[15] 여조겸과 섭적 및 나중에 위료옹魏了翁이 모두 석동서원에 와서 학문을 강론했기 때문에 이곳도 여학·영강학·영가학의 소소한 교차점이 되었는데, 주희는 여기서도 한자리를 차지하였다.

그래서 주희는 나중에 석동서원을 건립한 곽덕의를 매우 칭찬하였다. "재주는 많은 사람(百夫) 가운데 특출했으나 몸은 가장 낮은 관직(一命)에도 오르지 못했다. 뜻은 사방 멀리에 두었으면서도 행위는 한 고을을 넘지 않았다. 그러나 자제들은 스승(師儒)의 가르침에 복종하였고 주려州閭에서는 효도와 공경의 도리를 알았다. 확연히 호협豪俠의 소굴을 변화시켜서 환하게 예의의 고장을 열었다."(『문집』 권92 「곽덕의묘명郭德誼墓銘」)

주학이 진정으로 절동을 휩쓴 회오리바람이 된 것은 오히려 주희가 태주

---

15 곽흠지郭欽止(•덕의德誼) 및 그의 석동서원石洞書院에 관해서는 곽부郭鈇의 『석동이방집石洞貽芳集』을 참조하라. 주희의 『문집』 권92 「곽덕의묘명」에서 주희와 곽흠지의 두터운 교분을 느낄 수 있다. (•또 『위남문집渭南文集』 권27 「곽덕의묘지명郭德誼墓誌銘」과 『수심문집水心文集』 권9 「석동서원기石洞書院記」를 참조하라) 『창곡집昌谷集』 권17 「발동양곽씨석동서원기跋東陽郭氏石洞書院記」에서는 "이(「동양곽씨석동서원기」)는 섭수심葉水心(섭적)이 짓고, 누공괴樓攻媿(누약)가 글씨를 쓰고, 주회옹이 제사를 쓴 것이니, 당대의 삼절三絶이다."라고 하였다. 그러나 『석동이방집』에서는 주희가 석동에 가서 강학한 적이 있다 하면서, "송 순희 무신년(1188)에 부자夫子(주희)가 위학僞學이라고 비방을 당하자 이곳으로 도피한 뒤 감히 게을리하지 않고 유리羑里에서 연역演易한 뜻을 모방하여 『대학』·『중용』 두 책을 집주하였다. 탈고하고 나서 서원에 두었는데, 선은군先隱君 덕의德誼 공이 귀중하게 소장했고 대대로 전하여서 지켰다."라고 하기까지 했는데, 이는 잘못이다. 주희의 평생 행적을 고찰하건대, 석동서원에 두 차례나 갔을 가능성은 없다. 주희의 『문집』 권16 「주순력무구구황사건장奏巡歷婺衢救荒事件狀」에는 "무주의 여러 고을 가운데 재해가 심한 데도 아직 순력하지 못한 곳이 있습니다. 돌아가는 길에 마땅히 일일이 점검해서 별도로 갖추어 아뢰겠습니다."라고 한 기록이 있으니, 응당 순희 9년(1182) 2월에 순력에서 돌아갈 때 동양을 지나면서 석동서원에 들렀을 것이다. 진량의 「우계묘추서又癸卯秋書」에도 '또 예컨대 동양의 일 같은 것은 어찌 지나칠 수 있겠는가' 운운한 말이 있는데, 이는 주희가 동양에 갔었다는 확고한 증거이다. 『대학장구』, 『중용장구』는 이때 준 듯하다.

에서 여섯 차례 당중우를 탄핵한 거대한 진동이 불러일으킨 일이었다. 그의 두 차례 순력이 당중우를 탄핵하는 일에서는 실패했다고 한다면, 태주台州·처주處州·구주衢州를 향해서 주학을 죽 확산해간 점에서는 도리어 성공적이라 볼 수 있다. 선거仙居의 호산 거사湖山居士 오불吳芾은 평민의 옷을 입고 주희와 함께 희백당希白堂에서 시와 도를 강론하면서 매우 의기투합하였다. 오불은 주희에게 묘명까지 부탁하였다.

주희가 그에게서 받은 가르침은 '관의 물건을 제 물건처럼 여기고, 공사를 자기 일처럼 여기며, 어쩔 수 없을 경우 백성에게 죄를 짓기보다는 차라리 상관에게 죄를 짓겠다'(『문집』 권88 「용도각직학사오공신도비龍圖閣直學士吳公神道碑」)는 관리의 신조였고, 이것이 여섯 차례 당중우를 탄핵하는 과정에서 철저히 관철되었다. 주희는 진용陳庸 등 오불의 수많은 제자들과 선거의 명사인 방작方斫(*자목子木)의 무리와 사귀었고, 방작을 위해 손수 '정산당鼎山堂'의 편액을 써 주었다.

주희가 민으로 돌아갔을 때 백낙천白樂天(백거이)과 도연명을 추앙하는 이 호산의 시인 오불은 시 한 수를 보내서 그를 찬송하였다.

나는 주부자를 아끼네	我愛朱夫子
처세에 슬퍼하지도 기뻐하지도 않으니	處世無戚欣
도연명은 볼 수 없어도	淵明不可見
이 사람이 있어서 다행일세	幸哉有斯人
어찌 할까, 구차하게 영합하지 않으니	奈何不苟合
등용되어도 의지할 데 없어 어렵네	進用苦無因
선생님은 이 도에서	夫子于此道
이미 묘처에 이르렀는데	妙處固已臻

오히려 후학에게 전하여	尚欲傳後學
들어보지 못한 도를 들려주려 한다	使聞所不聞
내가 사모한 지 오래	顧我景慕久
뵈려는 마음도 은근하였다	願見亦良勤
다만 천 리나 떨어져 있어	第恨隔千里
이웃하여 살길이 없으니 한스러워	無由能卜隣
어찌 하면 축지 지팡이를 얻어	安得縮地杖
단번에 건계 가에 이를까	一到建溪濱

——『호산집湖山集』 권1「도연명이 주속지, 조기, 사경이에게 보여준 시의 운에

맞춰 지어서 주원회에게 부치다(和陶示周續之祖企謝景夷韻寄朱元晦)」

이미 도학의 묘처가 모인 '선생님(夫子)'이자 또한 세속과 구차하게 화합하지 않은 도연명, 이것이 바로 선거의 학자들의 눈에 비친 주희였다.

천태의 선비들도 이 당대의 '선생님'에게 엎드려서 절하였다. 일찍이 명주明州 정해定海의 주부主簿가 된 천태의 명사 황의黃宜는 부모상을 당해 집에 있다가 주희가 황정을 맡기는 바람에 뛰어난 조수가 되었다. 분명 주희는 특히 천태산 숲 속의 기이한 선비나 숨은 호걸과 사귀기를 좋아했던 것 같다. 격률에 따라 사詞를 잘 지은 은사 서일徐逸(*무경無兢)은 호가 포독자抱獨子이며, 자칭 '여양汝陽의 피갈공被褐公'이라고 했는데, 주희는 그를 방문하여 밤새도록 담론하고서야 헤어졌다. 나중에는 또 그에게 부탁하여 사은표謝恩表를 대신 짓게 하면서 말하기를, "글 짓는 수준을 조금 낮추어서 사람들이 당신 손을 빌릴 명분을 없애는 것이 좋겠습니다."(『패사稗史』)라고 하였다.

주희는 동횡산東橫山에 은일한 선비인 죽계竹溪 서대수徐大受(*계가季可)가 학사學舍를 세워서 학도에게 전수하고 학문을 강론하고, 육경과 불교, 도교를

연구하면서 벼슬할 생각을 별로 갖고 있지 않다는 말을 듣고 그를 찾아갔다. 두 사람의 교유는 나중에 재미있는 일화를 남겼다.

전해오는 말에 따르면, 주희가 산길에서 서대수와 맞닥뜨리자 즉흥으로 시 한 수를 읊었다. "길에서 노인을 만났네 / 등에는 나무 한 묶음을 진 / 검은 두건 허리춤에 꽂고 / 뒷짐 진 손에는 누런 송아지를 끌고 / 어디에 사는지 물으니 / 무너져가는 초가집을 가리키네 / 대낮에 닭은 낮은 울타리 안에서 울고 / 보리밥이 한창 익고 있었네(路逢箇老翁, 自負柴一束. 烏巾揷在腰, 背手牽黃犢. 借問何處居, 指點破茅屋. 午鷄啼短牆, 麥飯方炊熟)"

서대수도 즉각 시를 지어서 화답하였다. "굽은 길로 산을 따라가면 / 연기 나는 마을에 네댓 집 있다오 / 길 양쪽에는 실버들 늘어서 있고 / 박태기나무 한 그루 있지요 / 벽에는 석 자 고(琴)가 걸려 있고 / 집 안에는 다섯 수레 책이 있다네 / 문 앞에 대나무 빽빽한 곳 / 바로 이 늙은이 집이라오(曲徑沿山去, 煙村四五家. 兩行金線柳, 一樹紫荊花. 壁上琴三尺, 堂中書五車, 當門一叢竹, 便是老父家)"(『태주부지台州府志』 권137 「주자방우朱子訪友」)[16]

---

16 서대수의 평생 사적은 『태주부지』 권104 「유림儒林」에 상세히 보인다. 진기경陳耆卿의 『적성지赤城志』 권34 「특과特科」를 살피건대, "순희 11년(1184), 천태天台 사람이며 자가 계가季可인 서대수가 행재 초료장行在草料場의 감독으로 생을 마감하였다. 호는 죽계 선생竹溪先生이다. 『문집文集』·『경해經解』가 집에 소장되어 있다. 그의 사적은 주 문공이 남긴 첩帖 및 정정丁叮이 지은 행장에 나온다."라고 했다. 진기경은 섭적의 제자이며 주희와 시기상으로 멀지 않으므로, 주희가 죽계에게 남겨준 수첩手帖 등을 보았을 터이다. 따라서 지방지에 실려 있는, 주희와 죽계의 왕래에 관한 자료는 마땅히 믿을 만한 자료에 속한다. 주희는 악부민가樂府民歌를 좋아했기 때문에 속체俗體, 배해체俳諧體 시를 많이 지었다. 예컨대, 『문집』 가운데 「비를 괴로워하여 배해체로 짓다(苦雨用俳諧體)」·「서공에게 주다(贈書工)」·「십이진 시권을 읽고 그 나머지를 주워모아 이 시를 지어서 애오라지 한바탕 웃음을 삼는다(讀十二辰詩卷撥其餘作此聊奉一笑)」·「회문시(回文)」와 같은 종류가 그것이다. 주희가 죽계를 만나 즉흥으로 읊은 시는 바로 이런 종류의 시와 같으니, 여기서 또한 주희의 성격 가운데 해학적인 말로 심각한 내용을 담아서 표현하는 또 다른 측면을 볼 수 있다.

학사에서 서대수는 배우는 사람들에게 '석 달 동안 인을 어기지 않았다(三月不違仁)'를 강해하면서 거침없이 말하였다. "이것은 곧 두시杜詩에 이른바 '한 송이 꽃이 날리면 그만큼 봄이 줄어든다(一片花飛減却春)'는 것일 따름이다." 주희는 이를 듣고 무릎을 치면서 찬탄하였다(『태학원류台學源流』).

서대수는 젊은 시절에 일찍이 20년 가까이 불교와 도교를 두루 넘나들고, 나중에 다시 10여 년 동안 글을 읽고 탐구하고 사색을 거쳐서 비로소 마지막으로 유가의 문에 귀의했는데, 주희와 사귄 것이 그의 이러한 사상적 전환을 촉진하였다. 그래서 나중에 그는 주희에게 보낸 편지에서 다음과 같이 말하였다. "세상사에 담담하고 벼슬하려는 생각이 별로 없었으며, 나이 열두서너 살에 도를 구하는 데 뜻을 두었습니다. 육경을 연구하고 불교와 도교에 드나들기를 거의 20년, 아직도 도를 얻지 못하여서 가만히 스스로 편치 않았습니다. 마음을 재계하고 복기服氣하면서 밤낮으로 사색하기 10여 년 만에 비로소 우리 문호(吾門, 유학)를 말끔히 믿게 되었습니다. 그리하여 평탄한 길을 높이 보며 활보하게 되었습니다. 돌아서서 발자국을 보면 전에 걸었던 길은 모두 좁고 굽은 길이며, 황무荒蕪하고 가시가 우거진 길이어서 발을 댈 수 없는 곳이었습니다."(『천태지天台志』「예문藝文」)

태주는 불교의 기풍이 성행하던 곳이라 심지어 오불과 같이 유명한 유신儒臣조차도 거의 경건한 불문의 거사였다. 서대수가 불교를 버리고 유교로 귀의한 일은 주학이 태주에서 학자들을 인도하여 불교와 도교로부터 벗어나게 한 역사적 그림자를 비춰준다. 다만 태주는 영가학의 문화적 전통에 물들어 있던 지역이었으므로 주희가 임해臨海에서 특별히 유명한 동구東甌의 '두 서 선생(二徐先生)'인 서중행徐中行과 서정균徐庭筠의 묘에 제사를 지낸 일은 매우 깊은 의미가 있다.

주희는 손수 묘표墓表를 세우고, 큰 글씨로 '유송고사이서선생지묘有宋高士

二徐先生之墓'라고 쓴 뒤,「두 서 선생의 묘에 배알하다(謁二徐先生墓)」라는 시 한
수를 지었다.

도학이 천고에 전해져서	道學傳千古
동구에서는 두 분 서 선생을 말하네	東甌說二徐
문호는 한 병 물처럼 맑고	門清一壺水
집 안에는 다섯 수레 책이 있다	家富五車書
푸른 보료만 있으면 좋아하니	但喜青氈在
초라한 집에 사는 것 무슨 걱정이랴	何憂白屋居
나는 이미 멀어진 이를 그리워하여	我懷人已遠
눈물을 뿌리며 무덤에 예를 표하네	揮淚表丘墟

——『천태속집天台續集·별집別集』권4

서정균이 순희 7년(1180)에 죽자 손응시가 행장을 짓고 석돈이 묘명을 지
었다. 주희는 그들로부터 동구의 두 서 선생의 위대한 명성을 들어서 앙모하
고 있었다. (서정균의 아버지) 서중행은 안정安定 호원胡瑗의 고족인 유이劉彝에게
서 호씨학胡氏學을 배웠고, 진관陳瓘과 교유하였다.

서정균은 가학을 계승하여서 경을 연구하고 제자에게 전수하였다. 황암
黃巖의 현위로 부임한 영가학의 대가 정백웅이 일찍이 그에게 배움을 물었다.
정백웅이 황암의 직임을 떠날 때 서정균은 그에게 경계의 말을 해주었다.
"부귀는 얻기 쉽고 명절名節은 지키기 어렵습니다. 원컨대, 때를 편하게 여기
고 순조롭게 대처하여서 세상의 도를 부지하기 바랍니다."(『송사宋史』「서중행전徐
中行傳」)

그러므로 두 서 선생은 위로는 안정 호원을 계승하고, 가운데로는 영가의

정백웅을 계발해주었으며, 아래로는 태주의 두범杜范과 같은 도학의 인물을 열어주어서 영가의 학문과 태주의 학문을 소통시킨 것으로 인정된다. 그리하여 두 서 선생의 학은 '실로 영가학의 근원'으로 여겨진다(『이서사묘록二徐祠墓錄』 가운데 손의언孫衣言의 「태주신건이서선생사당비台州新建二徐先生祠堂碑」).

그런데 이 두 서 선생의 학문은 '성경誠敬을 위주로' 한 점에서는 정학程學·주학朱學과 일치하지만, 반대로 영가의 공리학과는 서로 어긋난다. 주희가 두 서 선생을 도통의 전승자로 추존하여, '도학이 천고에 전해져서, 동구에서는 두 분 서 선생을 말하네' 하며 칭찬한 것은 바로 두 서 선생의 학을 긍정하고 영가학을 부정하며, 영가학 가운데서 정맥인 정백웅의 정학程學을 긍정하고 별파인 설사룡薛士龍(설계선)의 사공을 부정하려는 의도를 내포한 것으로서, 주학을 이용하여 태주와 영가의 학자들에게 학문의 나루터(學津)를 지적해 보여주기 위함이다. 황암 선비들의 한 무리가 바로 이렇게 주희의 문하에 투신했던 것이다.

임내林鼐·임자林鷲 형제는 앞뒤로 섭적과 육구연에게 투신했지만 주장이 서로 합치할 수 없어서 좇을 바를 알지 못하고 있던 차에 주희를 한 번 만나자 달갑게 제자의 예를 행하고 따랐다. 이들은 무학 박사武學博士 채호蔡鎬와 함께 주희의 두터운 신임을 받아, 황암의 수갑水閘을 복구할 때 주지관主持官이 되었다.

두엽杜燁·두지인杜知仁 형제도 극재克齋 석돈의 소개로 주희를 따라 배웠다. 두지인은 당대 이학理學 선생들의 경학과 사서학의 저술을 두루 읽었으나 가슴에 새긴 바가 없었는데, 주희의 책을 읽자마자 결국 두 손을 맞잡고 다음과 같이 말하였다. "도가 여기에 있도다! 이치를 궁구하고 인을 구함에 내가 목표를 알겠다."(『절강통지浙江通志』 권176) 이 밖에도 조사연趙師淵·조사하趙師夏 형제 역시 모두 주희의 입실제자入室弟子가 되었으며, 동시에 인척이 되었다.

주희는 또한 영가학의 영향을 깊이 받은 시인 정희량丁希亮,[17] 정목丁木 등과도 시를 주고받으며 학문을 강론하였다. 숲과 골짜기가 기이하고 험한 송산松山에는 정소첨丁小詹(정희량)·정목 부자가 지은, 70군데 이상 흩어져 있는 연못, 누각, 누대, 정자 등의 경관이 빼어난 정원丁園이 있었다. 정목이 청양현령靑陽縣令으로 부임할 때 주희는 그의 동서서방東嶼書房을 위해 제시題詩 한 수를 지었다.

책방은 동쪽 섬에 있는데	書房在東嶼
편간을 찾느라 어지럽다	編簡亂抽尋
새벽빛은 온 산을 비추고	曙色千山曉
차가운 등불에 밤은 깊다	寒燈午夜深
강호에서는 자주 만나다가	江湖勤會面
이제는 비스듬히 누워 홀로 이 마음을 본다	坐臥獨觀心
추포에서의 임기가 다 되어가는데	秋浦瓜期近
언제나 이 시를 부치게 될까	何當寄此吟

—『가정태평부지嘉靖太平府志』 권8 「정원丁園」[18]

주학의 회오리바람은 이와 같이 주희의 순력을 따라 소흥 일대로부터 태

---

17 정희량은 자가 소첨小詹이고 호가 매암梅巖이다. 『황암집黃巖集』 권23에 그가 지은 「주회암 선생이 보내주신 무이정사 잡영에 차운하다(次朱晦庵先生見寄武夷精舍雜詠)」가 있다. 그가 주희와 알게 된 때는 주희가 절동 제거로 재직할 때였다. 정희량과 섭적의 교유는 『수심문집水心文集』에 보인다.

18 이 시는 척학천戚鶴泉의 『태주외서台州外書』 권13 「고적古跡」에도 보인다. 『적성집赤城集』 권15 주단조周端朝의 「동서서방기東嶼書房記」와 진기경의 「송산임학기松山林壑記」를 참조하라.

주까지 불어닥쳤다. 기묘한 점은 그가 당중우를 탄핵하였다가 실패하고 태주를 떠나 처주·구주의 길을 따라 올라가던 도중에 이 주학의 회오리바람이 도리어 탄핵의 실패 때문에 더욱 강렬하게 일어났으며, 일로一路의 모든 학자들이 그로 인해 그의 이름을 사모하고 배알하였다는 사실이다. 괄창括蒼의 복안사福安寺에서 왕광조王光祖가 제자의 예를 행하여 주희를 뵈었을 때 이런 기이하고 특별한 일이 일어났다.

> 주 문공이 제거로 있을 때 (*왕광조 문계王光祖文季를) 읍(*송양松陽)의 복안사에서 만났다. 문계가 공손하게 서서 손바닥을 태극 모양으로 맞잡았다. 공이 이상하게 여기고서 말하였다. "왕 선생의 가슴속에 저절로 태극이 있습니다." 조금 있다가 전주傳注를 가지고 질문하자 문계가 말하였다. "공의 『중용』 주에서 '은미한 가운데서 자라나지 못하게 한다(不使滋長於隱微之中)' 하였는데, 제 생각에는 '잠암潛暗(잠기고 어두움)' 두 글자를 더하는 것이 마땅할 듯합니다." 하였다. 공이 매우 그럴듯하다고 여겼다. 나중에 손촉호孫燭湖(*응시應時)에게 편지를 보내, "내가 괄창에 도착해서 사우士友로 왕문계 한 사람을 얻었을 뿐입니다."라고 하였다.
>
> ──「괄창회기括蒼滙紀」, 『절강통지』 권177에서 재인용

나중에 왕광조가 주희에게 보낸 시 한 수에서 주희가 처주에 남겨 놓은 영향을 볼 수 있다.

주원회에게 답하다   答朱元晦

편지에 써서 보내주신 가르침 깊은데   尺紙書來訓誨深

공자 문하의 가르침을 누가 알아듣겠는가   孔門希瑟孰知音

한번 품평을 거치면 곧 훌륭한 선비이니   一經品題便佳士

영광으로 느껴 이 마음을 새겨 두네   萬有感榮銘此心

선과 이익은 엄격하게 갈라야 하나니   善利幾當嚴界限

세월을 아껴 날로 새로워지는 공부를 하라   日新功在惜光明

그 가운데 받아들여 쓰면 참된 것이 되나니   簡中受用爲眞實

공부를 감히 밖에서 찾겠는가   敢把工夫向外尋

—『건륭송양현지乾隆松陽縣志』 권11 「예문지藝文志」

　　그러나 절동의 (세 학파 간) 각축에서 진정으로 주학의 승리를 상징하는 사건은 주희가 절동을 떠나기 전날 밤에 각 학파의 학자들이 구주衢州에서 한 차례 모여 성대한 강학을 한 일이었다. 진황의 성공과 당중우 탄핵의 쾌거는 주희로 하여금 절동의 학자들 가운데 학파를 초월하여서 비범한 위망을 수립하게 했으며, 절동의 어느 학파 학자들에 관계없이 모두 어지러이 그를 찾아와서 경배하고 전송하는 공경과 숭앙의 심리를 불러일으켰다.

　　수창遂昌에 이르러서 강서 제형에 고쳐 임명된 사실을 알게 된 다음 날인 9월 4일에 그는 금화에 있던 큰아들 주숙에게 편지 한 통을 써서, 절동 각 학파 학자들과 옥산玉山에서 만날 수 있도록 약속을 정해달라고 하였다. 편지에서 언급한 사람은 대다수가 금화의 여학 제자들이었다. 옥산의 왕규汪逵(*계로季路)가 강서 학자인 점을 제외하면 여조검과 반숙창(반경유)은 여학의 학자이면서 또한 영강학을 좋아하였다. 반숙도(반경헌)는 여조겸의 제자였지만 불학을 익혔다. 섭적은 영가학의 샛별이지만 이때는 막 상기를 마친 지 얼마 되지 않았다. 그는 순희 5년(1178)에 진사시에 급제한 뒤 곧바로 부모상을 당하여 집에 있다가, 순희 8년 6월에 민閩으로 들어가 정백웅을 위해 곡할 때 건녕으로 와서 주희를 배알하였는데, 이때가 바로 주희에게 경건하게 배움을 물은 시기였다.[19] 그러므로 주희가 절동의 학자들과 상당히 성대한 이 회합을 연 실제적인 시간과 장소는 9월 10일 전후 구주의 상산常山이다.[20] 회합에

---

19 『용천집』 권20 「을사춘답주원회乙巳春答朱元晦」 서1에서 "정칙正則(섭적)은 학식이 날로 뛰어나서 더 이상 전에 건녕에서 만났을 때의 정칙이 아닙니다."라고 하였다. 이 편지는 순희 12년 (1185)에 썼다. 이해 이전에 섭적은 건도 연간부터 순희 4년(1177)까지 10년 동안 수주秀州에 왕래하였으나, 민閩에는 발을 들여놓지 않았다. 순희 5년에 진사에 급제하고 곧바로 모친상을 당하여서 돌아갔다가 순희 7년에 이르러 복을 벗었으며, 이듬해 7월에 다시 무창武昌의 절도 판관節度判官, 절서 제형사 간판공사幹辦公事에 제수되었으니, 또한 민에 들어가기가 어려웠다. 그 사이에 주희는 순희 5년 8월에 남강군의 지군知軍에 차임되었으므로 건녕에 있지 않았다. 순희 8년(1181) 4월에 이르러서야 비로소 민으로 돌아갔으며, 7월에는 즉시 또 절동 제거에 제수되었다. 그러므로 섭적이 건녕으로 주희를 방문한 때는 대략 순희 8년 5월에서 7월 사이이다. 정백웅은 이해 6월 건녕의 임지에서 졸하였다(*『여동래문집』 권4 「답주원회」 서19에 보인다). 섭적의 애도시가 있다. 그는 아마도 정백웅이 졸하여서 건녕으로 온 김에 주희를 한번 만나 볼 수 있었을 것이다.

20 생각건대, 주희의 『문집』 권76에 수록된 「여씨가숙독시기후서呂氏家塾讀詩紀后序」는 순희 9년 (1182) 9월 11일에 지은 글인데, 그 가운데 "백공보伯恭父(여조겸)의 아우 자약子約(여조검)이 이미 그 책을 형의 벗 구후 종경丘侯宗卿(구숭丘崈)에게 주었고, 구종경이 판본을 만들어서 영구히 전하려고 하면서 또 나에게 편지로 서문을 써달라고 부탁했다."라고 하였다. 그러니 여조검이 구숭의 편지를 가지고 직접 와서 주희에게 서문을 써달라고 청한 때는 응당 이때의 모임임이 틀림없다. 여조검은 순희 8년에 명주明州의 창감倉監에 임명되었고, 순희 9년 겨울에야 비로소 명주에 부임하였다. 그가 쓴 「후도산기候濤山記」의 다음과 같은 내용으로 증명할 수 있다. "임인년(1182) 겨울에 녹을 좇아서 용동甬東으로 갔다."(*『심환연보沈渙年譜』 및 『공괴집』 권74 「발종자심소장서화跋從子深所藏書畫」를 참조하라) 그러므로 9월에 와서 주희와 서로 만날 수 있었다. 주희는 원래 9월 중구重九 뒤에 옥산玉山에서 모일 예정이었지만, 실제로는 9월 10일 전후로 구주의 상산에 도착했고, 12일에 남쪽으로 돌아갔다. 따라서 모임은 틀림없이 구주 상산에서 있었을 것이다. 호한胡翰의 「주문공서우제묘악가발朱文公書虞帝廟樂歌跋」에서 "문공이 상산을 지날 때 여자약에게 써서 주었다." 한 것이 확실한 증거가 될 수 있다. 왕백시汪伯時·왕계로汪季路 형제는 옥산 사람이며, 왕응신汪應辰의 아들이다. 그러나 왕응신은 만년에 삼구三衢에서 살았고, 여조겸은 왕응신을 방문하러, 주희는 왕응신에게 곡하러 모두 삼구에 왔다. 서열徐烈의 「왕상서몰어상산고汪尚書歿於常山考」에서는 "오구吾球에는 예부터 소덕암紹德庵이 있었는데, 주자와 여조겸이 말한바, 승려의 절(僧廬蕭寺)이라는 것이 실은 여기에 있다. 암자 곁의 왕묘汪墓

서는 자연히 당중우를 탄핵한 사건과 황정荒政, 조정의 정치에 대해서도 논했지만 학술적인 교류도 전개하였다.

주학과 절학의 기본적인 엇갈림에 관한 토론은 주희가 자기의 「우 임금 사당의 신을 맞이하고 보내는 음악 노랫말(虞帝廟迎送神樂歌詞)」을 써서 여조겸에게 주었다는 점에서 얼마간 정보가 드러난다. 나중에 호한胡翰은 「주문공우제묘악가발朱文公書虞帝廟樂歌跋」에서 이 중요한 사실을 언급하였다.

> 계림桂林에 우제묘虞帝廟가 있다. …… 송 순희(1174~1189) 초에 장 선공張宣公(장식)이 군郡을 다스릴 때 새롭게 꾸몄다. 주 문공이 돌에 기록한 「악가」 두 장은 거기에 붙인 가사이다. 순희 9년(1182)에 문공이 상산을 지날 때 여자약(여조겸)에게 써서 주었다. 자약은 성공成公(여조겸)의 아우로서, 당시 구주에서 정사를 보좌하고 있었다.(•생각건대, 이 설은 잘못이다. 구주에서 정사를 보좌한 것이 아니라 응당 구주의 회합에 온 것이다.) 그러므로 사람들이 처음 만났음에도 술이 거나하게 취할 정도로 뜻이 맞았던 것이 글씨 사이에 또렷하게 나타난다. ……
> ─『호중자집胡仲子集』 권8

주희가 마침 예전에 지은 악가를 베껴서 여조겸에게 준 것은 물론 "아득히 먼 기주는 어디에 있나? / 이 땅을 돌보아 오래 머무셨네 / 임금님 인자하심은 곁에 계신 듯하여 / 우리 백성을 자식으로 사랑하여서 끝이 없네 / 황택에 시원스레 비 내려 넘쳐흐르니 / 신령의 위력을 끝없이 펼치시네(渺冀州兮何有, 眷玆土兮淹留. 皇之仁兮如在, 子我民兮不窮. 以愛沛皇澤兮橫流, 暢威靈兮無外)"(『문집』 권1 「우임

는 왕응신의 어머니 노씨魯氏를 묻은 곳이다." 하였다(『상산현지常山縣志』 권10 상). 아마도 이때는 상산의 왕씨 집에서 모였기 때문에 왕씨 형제도 참석한 듯싶다.

금 사당의 신을 맞이하고 ……」라고 한 악가의 내용 때문이었다.

이는 바로 그가 스스로 절동에서, 특별히 태주에서 행한 일을 상징한다. 그러나 더 중요한 것은 그가 요순의 시대를 천리天理가 성행한 세계로 간주하여서 한漢·당唐 이래의 인욕人欲이 횡류하는 세계와 대비하였기 때문이다. 악가 가운데 「우제묘비虞帝廟碑」에서 말한바, 그는 "하늘이 생민을 내서서 떳떳한 본성을 갖게 하였으니 인의예지가 이에 부자와 군신과 형제와 부부와 붕우에 미친다. 이것이 하늘의 질서(天叙)이며 백성이 인륜(秉彝)으로 삼는 바이다. …… 오직 임금께서는 몸소 성인이 되서서 성명誠明이 저절로 그러하셨다. 집에서는 효성스럽고 자애로우며, 나라에서는 어질고 경건하셨다. 아우에게는 우애롭고 아내에게는 모범이 되었으며, 남에게서 취하여 함께 선을 하셨다."(『문집』 권88 「정강부우제묘비靜江府虞帝廟碑」)라고 한 인륜의 최고 준칙을 형상화하여서 표현하였다. 이는 바로 역사학에서 주학과 절동 사공학의 모순의 초점을 반영한다. 주희는 악가를 빌려서 (자기의) 기본 관점을 분명하게 드러냈다.

회합에서 여조겸은 구숭의 편지 한 통을 가지고 와서 주희에게 그들 두 사람이 강서 융홍에서 간행한 『여씨가숙독시기呂氏家塾讀詩記』의 서문을 지어 달라고 부탁하였다. 주희는 마침 이 서문을 짓는 기회를 이용하여 정식으로 「모서毛序」에 반대하는 자기의 시학 사상을 발표하였다.

「후서後序」에서 그는 완곡하게 자기와 여조겸의 시학상의 대립을 다음과 같이 말하였다. "이 책에서 말한바, '주씨(의 설이)'란 실은 젊은 시절 나의 천박하고 고루한 견해인데, 백공보伯恭父(여조겸)가 잘못 취한 부분이 있었다. 그 뒤 오랜 시간이 흘러, 나 스스로 그 설에 온당치 못한 점이 있음을 알았다. 예컨대, 아雅는 바른 음악이고 정풍鄭風은 사특한 음악이라 운운한 것과 같이 혹 고쳐서 확정해야 할 부분이 있음을 면치 못하니 백공보가 도리어 그 사이에 의심하지 않을 수 없었으리라. 나는 가만히 의문을 가졌다. 그리하여 장차 그 설에 대해 서로 반복 논의하여서 참으로 올바른 결론을 내고자 했으나 백공은 이미 세상을 떠나버렸다."(『문집』 권76 「여씨가숙독시기후서」)

「모서」를 주로 하는 여조겸의 『어씨가숙독시기』에 대해 우무尤袤도 동시에 후발後跋을 써서 "여러 학자들의 설을 취하고 좋은 것을 가려 모아 한 책을 만든 것인데, 간혹 자기의 의견으로 단정하였다. 이에 배우는 사람들이 비로소 하나로 귀결할 바를 알게 되었다. 지금 동주東州의 선비들이 그 책을 가보로 삼는다."(「여씨가숙독시기후발呂氏家塾讀詩記後跋」) 하며 성대하게 칭찬하였다.

그러나 주희는 「후서」에서 일부러 반대되는 주장을 펼쳐서 처음으로 자기와 여조겸의 시학상의 엇갈림과 「모서」를 축출한 본인의 시학 사상을 공개하였다. 그러므로 주학이 절동에서 승리를 거둔 것을 상징하는 이 삼구의 회합은 또한 주희가 절학과 벌일 이학과 경학에 대한 전면적인 논전이 도래하였음을 예시한다.

삼구의 대규모 회합 뒤에 주희가 절동에서 진행한 세 학파 간 각축의 마지막 여파가 된 것은 옥산과 상요上饒에서 강서의 학자들과 가진 두 차례 회합이다. 주희가 절동에서 당중우를 탄핵하고, 홀로 조정의 권귀들에 대항한 사건의 소식은 일찌감치 강서로 날아들어서 강서의 학자들도 마침내 경모하는 마음으로 그를 어지러이 찾아와 배알하였다.

그가 제자들의 옹위를 받으며 옥산에 도착해서 왕응신의 유적을 참배하고 회옥산懷玉山의 산수 간에 떠날 줄 모르고 머물러 있을 때 서사원徐斯遠·서언장徐彦章·단원형段元衡·조성보趙成父 등 강서 학자들과 시인들이 모두 지팡이를 짚고 신을 신고 함께하였다. 멀리 장사長沙의 저명한 시인 장천章泉 조번趙蕃은 시를 써서 보내고, 제자로서 남산南山의 회합에 따라가지 못한 깊은 유감을 토로하였다.

성보成父가 편지를 통해 선생이 옥산을 지나다가 남산에서 하루 묵을 것이며, 또 제명題名을 하는 일도 있을 것이라고 알려주었다. 나는 지팡이를 끌고 신을 신고 따라가지 못한 것이 한스러워, 곧 보잘것없는 시를 지어서 사원과 언장에게 부치고 또 성보에게 보여준다.

주 선생님께서	聞道朱夫子
남산에서 하루 종일 머무신다는데	南山盡日留
경행하느라 또 뵙지 못하여	經行還阻見
만나 뵙기 참으로 어렵다	會合信難謀
담들과 함께 하지 못하니	湛輩我無與
그대 안의 무리 잘 적어 와서	顔徒君好修
제명 몇 글자를	題名凡幾字
그윽한 곳 돌에다 새길 수 있게 해준다면	好爲刻石幽

—『순희고淳熙稿』권10

단원형이 9일에 회옹과 자소봉紫霄峰에 올라서 지은 시와 수첩手帖 및 가십팔형賈十八兄의 시를 꺼내 보여주었다. 공경스러운 마음으로 읽고 난 뒤 절구 셋을 지었다.

중양절에 자소봉에 올라	紫霄峰上登高節
손님과 주인이 만나 서로 담소한 일 생각한다	想見笑談賓主間
나 또한 지금까지 남은 한이 있다네	我亦於今有遺恨
건을 쓰고 신을 신고 남산에 따라 오르지 못한 일	不隨巾履上南山

회옹이 최근 절동에서 돌아오는 길에 옥산을 지나면서 여러 날 묵었다.

문장 값 매김은 금옥 값 매김과 같아	文章定價如金玉
손에 넣어봐야 값을 알 수 있다	入手可知高與低
당대 유학의 스승 회암 노인은	今代師儒晦庵老
그대 선배님들 강서에 모이게 하셨네	許君先達幷江西

회옹이 단원형에게 준 첩을 보았는데 이런 좋은 구절이 있었다. "정말로 설령 강서의 여러 선배(先達)들이 있었다 한들 이 정도에 지나지 않았을 것이다."

— 동상, 권19

이 사람들은 대대수가 육학의 훈도를 깊이 받고 강서시파를 배운 학자와 시인들이다. 조번은 서사원을 일컬어서 "문장은 남간南澗(한원길韓元吉)에게서 상을 받을 만하고, 경은 회옹을 따라 전승하였으며, 맛은 육 선생과 같은 점이 있다.(文得南澗賞, 經從晦翁傳, 味有陸子同)"(『순희고』 권3 「사원생일斯遠生日」)고 하였다.

주희의 '과화過化(성인이 지나가는 곳에는 저절로 감화가 일어남)'로 말미암아 강서에서 순수한 주학의 면모를 지닌 제자들 한 무리가 출현한 것 외에도, 이학에서는 육구연을 숭봉하면서도 경학에서는 주희의 법을 전승한, 주학이기도 하고 육학이기도 한 유형의 학자와 선비들이 많이 생겨났다. 주희가 민으로 돌아온 뒤, 연산鉛山의 극재克齋 진문위陳文蔚를 대표이자 영수로 받드는 강서의 선비들이 끊임없이 무이정사武夷精舍로 밀려들었다.

역사적 상징성을 더욱 풍부하게 띤 사건은 상요에서 네 노인과 아름다운 만남을 가진 일이었다. 주희는 옥산에서 상요에 이르러 먼저 남간南澗에 가거居하는 저명한 시인 한원길을 예방하였다. 두 사람은 또 시인 겸 사인詞人인

서안국徐安國을 초대하여서 다 함께 명성이 먼 곳까지 퍼진 남암南巖의 기이한
경치를 유람하였다. 신기질辛棄疾도 술을 가지고 선뜻 이르렀다. 시옹詩翁 네
사람은 담소하고 시를 읊조렸다. 주희의 제자 여대아余大雅, 서암西巖의 명사
인 탕검湯鈐과 그 밖의 후학 선비들도 그들을 옹위하며 따라갔다.

백 길 높이 솟은 남암은 일적천一滴泉의 물소리가 동쪽에서 나고 오급봉五
級峰이 서쪽에서 삼연하며, 북쪽에는 영산靈山이 구불구불 이어지고 남쪽에는
아호鵝湖가 넘실대는 곳인데, 한 줄기 푸르게 우거진 숲이 골짜기로 이어지고
들판으로 돌아들었다. 남암 아래 둥근 천장이 덮인 듯하며 그윽하고 으슥한
곳에는 천연적으로 세상 밖의 동천(世外洞天)을 이루었는데, 당唐의 초의 선사草
衣禪師가 세운 남암의 유명한 사찰이 자리하고 있다.

주희는 구름 궁전 속으로 발길을 옮겨서 봉우리 위에 우두커니 서서 시
한 수를 읊었다.

남암을 읊다   詠南巖

남암의 도솔경은   南巖兜率境

하늘이 만든 명승지   形勝自天成

절벽에서 내리는 비는 기둥 앞에 떨어지고   崖雨楹前下

산의 구름은 전각 뒤에서 일어난다   山雲殿後生

샘물로는 병든 눈을 말갛게 씻고   泉堪清病目

우물물로는 속세에 찌든 갓끈을 씻는다.   井可濯塵纓

오급봉 꼭대기에 섰으니   五級峰斗立

언제나 옥경을 밟을꼬?   何須步玉京

——『동치상요현지同治上饒縣志』 권5

일적천을 유람한 뒤에 그는 또 시 한 수를 읊었다.

일적천을 읊다   詠一滴泉

멀리 남암의 백 척 산봉우리를 바라본다   遙望南巖百尺崗

청산은 첩첩하고 나무는 울창한데   青山疊疊樹蒼蒼

절벽 위 구름이 이는 바위에 시를 쓰고   題詩壁上雲生石

바위 앞 석실에서 선정에 든다   入定巖前石作房

신령스럽게 통하는 지맥 구멍이 하나 있으니   一竅有靈通地脈

비도 오지 않는 공중에서 신선의 물이 떨어지네   半空無雨滴天漿

아호로 가는 길은 여러 길이 없으니   鵝湖此去無多路

기꺼이 이 산간에 초당을 짓는다   肯此山間結草堂

— 『광신부지廣信府志』 권21[21]

---

21 주희의 남암을 읊은 시 두 수는 『문집』에는 실려 있지 않다. 『상요현지』에서는 주희가 "읍치
邑治(읍 소재지) 남암의 빼어난 산수를 사랑하여 늘 그곳에 머물며 강학하였는데, 제영題詠한 것
이 많이 보인다." 하고 일컬었다. 『광신부지』에서도 "상요 남암의 빼어난 산수를 사랑하여 그
곳에 노닐며, 머물면서 제영한 것이 매우 많다." 하고 일컬었다. 주희가 남암에서 제영한 것
과 후세에 그것에 화답한 시가 매우 많아, 그것들을 모아 만든 책도 있을 정도이다. 명 대 모
등毛騰의 「남암시문서南巖詩文序」에서는 "송의 진유眞儒 회옹 주 선생이 친구 신유안辛幼安(신기
질)·서형중徐衡仲(서안국)·한무구韓無咎(한원길) 등 여러 공들과 이곳에서 도를 강론하였다. 이로
부터 이름이 더욱 알려지고 산의 영험함이 더 높이 드러났다. …… 우리 국조(명)에 이르러 군
수 요당姚堂이 회암의 일시逸詩를 찾아내서 석벽石壁에 기록하였다. 수령 담강談綱은 회옹의 유
상遺像을 그리고, 사당을 세워서 모셨다. …… 승려 원상圓祥이 평소 문묵文墨을 좋아했는데,
세대가 멀어져서 인멸되고 고인의 행적이 드러나지 않게 될 것을 염려하여, 어진 사대부들의
시문 가운데 뛰어난 것 약 수천 언을 기록하여서 책으로 펴냈다."라고 하였다. 명 강위江偉의
「주문공사기朱文公祠記」에서도 "남암은 군치郡治(군 소재지) 절계絶溪로부터 남쪽 14리 지점에 있
다. 공이 일찍이 이곳에 이르렀다. 경태景泰 계유년(1453), 사명四明의 수령 요당姚堂이 절 승려

이 시 두 수는 모두 주희가 고찰의 법당 벽 위에 크게 쓴 작품이다. 암혈의 벽에 네 사람이 글자를 제하였다. 이로부터 18년 뒤 주희가 세상을 떠났을 때 한남간韓南澗(한원길)의 아들 간천澗泉 한표韓淲가 황량한 남암에 와서 네 노인을 추모하고 제자題字를 어루만지며 그들이 시를 짓고 술을 마시고 담소하던 성대한 일을 추억하였다.

남암 일적천을 찾다	訪南巖一滴泉
승려는 달아나고 절간은 무너져서	僧逃寺已摧
남은 것은 옛 당과 전각뿐	唯餘舊堂殿
도리어 흙과 나무만	顚倒但土木
예전에 보던 것과 비슷하구나	彷佛昔所見
산은 볕이 덜 들어차고	山寒少陽焰
절벽은 모두 고드름이라 싸늘한데	崖冷盡氷線
없어진 지 대여섯 해 만에	曾無五六年
갑자기 황량하게 변했네	驟覺荒凉變

들의 입을 통해 공(주희)의 오언율시 한 수를 알게 되었고, 또 공이 일적천을 읊은 시 한 연聯을 군학郡學의 훈도訓導 이학동李學僮에게서 얻었다. 두 시는 예전에 법당의 벽에 씌어 있었는데 벽이 허물어지고 시도 사라져서 존재하지 않게 되었으니, 요 수령의 훌륭한 일이 아니었다면 진작 없어졌으리라. ……" 하였다. 정진鄭眞의 『형양외사집滎陽外史集』 권91 「유남암시游南巖詩」에서는 "남암을 지나면서 …… 송 원풍元豐(1078~1085)에서 경덕景德(1004~1007)·함순咸淳(1265~1274) 및 원元의 대덕大德(1297~1307)·지치至治(1321~1323) 사이에 신가헌辛稼軒(신기질)·주고정朱考亭(주희)·한무구(한원길)와 같은 제공諸公이 …… 바위에 이름을 많이 새겼다." 하고 일컬었다.('경덕'은 북송 진종眞宗의 연호로서 1004~1007년에 해당한다. 착오가 있는 듯하다. ─ 역자 주) 이상의 기록은 한표韓淲의 『간천집澗泉集』 가운데 「남암 일적천을 찾다」라는 시를 참조하면, 믿을 만한 것에 속한다.

옛터는 아직 오를 수 있고 　　　　　　　　　　遺基尚可登

일적천은 저절로 쏟아져 내린다 　　　　　　　一滴泉自濺

예전 순희 어느 가을에 　　　　　　　　　　　憶昔淳熙秋

노인들이 한가하게 노닐던 일 회상하니 　　諸老所閑燕

회암이 부절을 가지고 돌아갈 때 　　　　　晦庵持節歸

보따리를 싸서 기전에서 오셨네 　　　　　　行李自畿甸

우리 노친 초가를 방문하러 오신다기에 　來訪吾翁廬

노친은 나가서 술값을 마련했네 　　　　　翁出成飲錢

서형중(서안국)과 약속하고 　　　　　　　　因約徐衡仲

서풍이 산들산들 불 때 　　　　　　　　　　西風過游衍

신 사또(신기질)가 홀연 　　　　　　　　　　辛帥倏然至

술에 안주를 갖춰 이르렀네 　　　　　　　　載酒具肴饍

네 사람이 얘기하고 웃던 곳 　　　　　　　四人語笑處

식자들은 감탄하며 부러워한다 　　　　　　識者知嘆羨

남아 있는 글자를 어루만지니 　　　　　　　摩挲題字在

문득 두루 낀 이끼가 만져지네 　　　　　　苔蘚忽侵遍

　　　　　　　　　　　　　　　　　　　　——『간천집澗泉集』 권2

　　옥산·상요·연산 일대 지역은 민閩(복건)·절浙(절강)·감贛(강서)의 교차점에 위
치해 있어서 주학과 육학·절학도 여기에서 한 줄기 문화와 학술의 소용돌이
를 일으켰다.

　　신기질은 장식·여조겸·주희·육구연·진량과 모두 밀접한 관계를 맺고 있
었고, 주학과 절학의 영향을 더욱 많이 받았다. 순희 8년(1181)에 주희가 도성
에 들어가서 상주하려고 상요를 거쳐 갈 때 신기질과 만나서 직접 토론한 적

이 있다. 대호帶湖에 신기질이 새로 지은 거처를 유람하고서는, 하늘의 남쪽에서 바다의 북쪽까지 두루 다닌 주희도 마침내 대호 원림의 굉려한 기상에는 놀라움을 금치 못하였다. 나중에 진량은 신기질에게 다음과 같이 말하였다. "처음에 집을 매우 굉려하게 지었다는 말을 들었는데, 「상량문」을 보고서 상상만으로도 알 만하였습니다. 가만히 들어가서 보니 일찍이 보고 들은 적이 없는 것이었다고 한 원회(주희)의 말을 보면, 이 노인의 말이 필시 망령된 말은 아닐 터입니다."(『용천집龍川集』 권21 「여신유안전찬與辛幼安殿撰」)

서안국은 자가 형중衡仲이며 호가 서창西窗이다. 홀로 남헌(장식)과 회암(주희)의 학을 높인 사가詞家이다. 건도 9년(1173) 그가 고량古梁에 일락당一樂堂을 세우자, 장식은 곧 그를 위해 기문記文을 지어서 주었고 주희는 편액에 글을 써서 주었다. 한편 한원길은 여조겸의 장인이며 절학을 경모했지만 또 육학의 풍기에 물들었고, 불학에 대해서도 일종의 특수한 기호를 지니고 있었다. 강서파의 울타리를 조금 벗어난 그의 청담한 시풍은 주희의 추중을 받았다. 나중에 한원길의 시집이 간행되자 주희는 그의 평생에 걸친 시 작품을 밤을 새워서 단번에 다 읽었다.

남암에서 네 시옹詩翁의 멋진 만남은 문화 사상계의 주학·육학·절학 세 학파의 역사적 각축이 곡절 많은 시단에 울려 퍼진 메아리이며, 동시대에 저마다 시가(風騷)를 영도하면서 한 세상의 영웅이라 일컬어지는, 시가의 대사와 이학의 대사들이 사상에서도 서로 교전하고 교류한 일이다. 남암에서 멋진 만남 뒤 신기질·서안국·한원길은 모두 주학에 더욱 큰 관심을 나타냈고, 주학은 강서의 문사와 시인들에게도 영향력을 확대하였다.

나중에 주희에게 배움을 물은 옥산의 학자 유윤적劉允迪이 서안국에 대해 언급한 편지에도 남암의 멋진 만남이 남긴 이러한 역사적 자취를 뚜렷이 볼 수 있다.

학문이란 하루라도 강론하지 않아서는 안 됩니다. 강학을 해야만 갈고 닦는 공부가 있습니다.(*생각건대, 강학은 바로 주학이 육학을 반대할 때 내거는 구호이다) 내가 주회옹·장남헌(장식)·서서창徐西窗(서안국)과 날로 우의가 깊어졌는데, 서창은 독실하고 순수하여서 만날 때마다 소중한 것을 간직하고(懷玉) 있었으며, 도덕을 상고하고 논했으니 참으로 마음에 부끄러움이 없는 사람입니다. 당시에 회옹과 남헌이 가상하게 여기고, 내가 사모하였는데, 하늘이 몇 년 더 그를 살게 했더라면 또한 가득 채움이 있었을 것이라 생각합니다.

— 『동치옥산현지同治玉山縣志』 권9에 인용된 『습취록拾翠錄』

(*원제목을 「여서안국서與徐安國書」라고 하였는데, 이는 잘못이다)

　주희가 절동에서 벌인 세 학파 간의 각축은 네 노인의 멋진 남암 모임 가운데 흐릿한 장막을 드리웠다. 주희는 절동 제거로 있던 반년가량 동안 당대 '선생님(夫子)'의 모습으로 절동에서 종횡으로 치달리며, 공자가 석 달 동안 재상의 직책을 대행할 때 소정묘少正卯를 죽인 것과 같은 용기로 남송의 부패한 관료 제도를 향해서 칼을 빼들었다. 성공하든 실패하든 상관하지 않고 그는 현실에서 인심을 구제하고 세도世道를 만회하는 자기 이학의 역량을 한번 시험해보았다. 그의 말을 빌리자면, 바로 "사람은 마땅히 스스로 시험해보아서 자기 역량을 관찰해야 한다. 오늘이야말로 참으로 한번 시험해볼 때이다."(『별집』 권1 「여장아서與長兒書」)라고 한 것이다.
　복건을 나와 절강으로 들어감으로써, 물정에 어두운 도학자 선생이던 그는 비로소 사회에 눈을 떴다. 두 가지 문제가 그의 마음속에서 더욱 명확해졌고, 뿌리를 내렸다. 하나는, 백약이 무효인 남송 사회의 부패와 위기를 더욱 깊고 절실하게 인식했다는 점이다. 절중에서 돌아온 뒤 그는 거듭 제자들에게 다음과 같이 말하였다. "선배들의 말을 들어보니 민중(복건)은 참으로 천국이라 하였다. 내가 처음에는 다만 산간에 있어서 바깥일을 모르다가 절동에 도착해서야 우리 고을이 과연 낙토임을 알았다." "복건의 부세는 오히려 마련하기가 쉽다. 절중은 전혀 아무런 근거도 없는 세금을 멋대로 끝없이 징수하기 때문에 백성이 도저히 살 수 없다. 정전丁錢이 3,500문에 이르는 경우도 있다. …… 그러므로 절중은 복건만 못하고, 절서는 또 절동만 못하며, 강동은 또 강서만 못하다. 도성에 가까울수록 더욱 좋지 않다."(『어류』 권111)

주희는 이런 부패와 위기를 두 가지 조항으로 귀결하였다. "지금 세상에는 두 가지 폐단이 있다. 법의 폐단(法弊)과 시대의 폐단(時弊)이다. 법의 폐단은 오히려 일체 바꾸거나 고치기가 매우 쉽다. 시대의 폐단은 사람에게 달려 있는데, 사람들이 모두 사사로운 마음을 위하고 있는(人皆以私心爲之) 상황에서 어떻게 변할 수 있겠는가!"(동상, 권108)

둘은, 사공학事功學에 대한 철저한 부정이다. 주희는 절동에 범람하던 공리功利 사조를 장무구의 선설禪說과 마찬가지로 홍수나 맹수처럼 두려워해야 할 것으로 보았다. 경직지耿直之에게 보낸 편지에서 그는 다음과 같이 지적하였다. "근래 절중에 들어가서 사대부들과 종유하였습니다. 몇 달 사이에 들은 것이 모두 지조를 조금 굽혀서 큰 이익을 추구하며, 구차하게 남의 비위를 맞추고 의기투합한다는 말들이라 속으로 몹시 놀랐습니다."(『문집』 권38 「답경직지答耿直之」) 유청지劉淸之에게 보낸 편지에서는 심지어 이런 공리 사조가 일어난 근본 원인을 여조겸에게 돌렸다. "무주에는 백공(여조겸)이 죽은 뒤 온갖 괴이한 것들이 다 나왔습니다. 자약(여조검)과 같은 사람은 별도로 온통 어긋나고 다른 말을 하는데, 전혀 공자나 맹자의 규모規模가 아니라 관자管子와 상앙商鞅의 식견이라 사람을 놀라 탄식하게 합니다! 그러나 또한 백공이 스스로 이들을 뒤섞어버린 점이 있기 때문에 이렇게 된 것이라서, 뒤늦게 한탄하게

만듭니다!"(『문집』 권35 「답유자징答劉子澄」 서11)

　주회가 말한 '시대의 폐단'이란 곧 사람의 폐단(人弊)을 가리킨다. 법의 폐
단은 사람의 폐단에 근원을 두고, 사람의 폐단은 바로 공리가 사람의 마음을
물들인 결과이다. 그는 여섯 차례 당중우를 탄핵하는 가운데 '사람들이 모두
사사로운 마음을 위하는' 가공할 만한 사람의 폐단을 보았다. 절동의 사공학
은 이런 인심의 폐단을 조장할 뿐이었다.

　이 때문에 절동으로 간 일은 주회에게 한 가지 의의가 있었다. 그것은 바
로 유가의 전통적 도덕 문화의 정신을 더욱 크게 드높여서 주학의 큰 깃발
위에 큰 글자 두 줄을 분명하게 써넣었다는 점이다.

　　공리는 사람의 마음을 무너뜨리며　　　　　　　　功利敗壞人心
　　오직 도덕만이 세상을 구제할 수 있다!　　　　　惟有道德才能拯世

　바로 이런 신념을 갖고서 주회는 절동의 사공학을 강서의 육학보다 더 위
험한 문화 사상으로 간주하였던 것이다. 이것이 그로 하여금 거듭 새롭게 정
사精舍의 서재로 돌아가서 인심의 폐단을 구제하는 이학의 검을 다시 주조하
여 절학과 논전하도록 부추겼다. ― 그가 6년 동안 무이정사에서 학문을 강
론하고 저술을 한, 평정平靜하지 않은 생활이 또다시 시작되었다.

제13장
무이산 속에 엎드리다

무이정사武夷精舍의 도학 선생님
반도학反道學 문화의 역풍 속에서

┃ 무이정사武夷精舍의 도학 선생님 ┃

　주희가 절동에서 막 담계로 돌아왔을 때 이미 조정에서부터 일어난 반도학의 풍파가 뒤를 이어 불어닥쳤다. 그는 진준경陳俊卿에게 보낸 편지에서 다음과 같이 말하였다. "제수하는 글이 아침에 내리면 탄핵하는 글이 저녁에 들려왔습니다."(『후촌대전집後村大全集』권101 「주문공여진승상서朱文公與陳丞相書」) 표면상으로는 조정에서 여전히 그에게 부임하도록 재촉하였고 심지어 그에게 제수한 강서 제형江西提刑의 자리를 강동 제형의 자리와 바꾸도록 허락하기까지 하였지만, 조정의 상하 관료들 사이에서 일어나는 반도학의 아우성에 그는 무시무시한 공포를 느꼈다.

　주희의 여섯 차례 당중우唐仲友 탄핵은, 청의淸議를 질시하고 독단적으로 자기만 옳다고 고집하는 조신趙眘(효종)의 제왕적 심리 상태에 '복건자福建子(주희)'에 대한 일종의 기형적 증오를 남겨 놓았다. 복건 사람 주희가 상주하여서 당중우를 탄핵한 일은 기묘하게도 복건 사람 공무량龔茂良이 증적曾覿과 사확연謝廓然을 탄핵 공격한 일을 연상하게 하였기에 그는 모든 복건 사람들은 신용할 수 없는 나쁜 사람이라는 결론을 얻었던 것이다. 순희 9년(1182) 9월 2일에 왕회王淮가 복건 사람 유정留正을 성도成都 안무사 자리에 천거하였을 때 조신은 "민閩(복건) 사람이 아니냐? 민 사람은 쓸 수 없다!"(『속자치통감續資治通鑑』권148 누약樓鑰, 「왕회행장王淮行狀」)고 하였다.

　왕회는 전부터 겸손하고 공손하며, 인재를 아끼고 현자를 좋아하여서 조정에 선비를 곧잘 추천했으므로 사대부로부터 널리 호감을 사고 지지를 받아 단숨에 좌상左相의 보좌에 오른 사람으로서, 도학의 명사들과 격의 없이 널리 사귀어 이들을 가장 힘써 천거하고 발탁하였다. 그런데 주희가 당중우를 여섯 차례나 탄핵한 뒤로 왕회는 도학에 대해 특별한 반감과 증오를 나타냈다.

원래 왕회가 대대적으로 천거했던 도학 명사 육구연陸九淵·팽중강彭仲剛·유청지劉淸之·장진張枃 등은 모두 갑자기 그의 반도학의 중심 타격 대상이 되었다. 한편 그가 힘써 천거했던 명망 있는 청류淸流인 임률林栗·서후徐詡·경당京鐺·허급지許及之 등은 일변하여서 왕회의 당이 되었고, 당금黨禁 때에는 반도학의 수완가로 변모하였다.

조정의 대소 신료들이 황제의 마음에 들려 하고 재상의 뜻에 아부하면서 갈수록 더 격렬하게 전개된 반도학은 먼저 시종 대신 가운데 왕회의 도당과 재상의 수중에서 길이 든 도구가 되어버린 대간의 언관들에 의해 일어났다. 순희 9년(1182) 12월, 당중우의 친밀한 벗 이부 상서 정병鄭丙이 왕회의 지시를 받고 주소奏疏를 올려서 "근세의 사대부 가운데 이른바 도학자들은 세상을 속이고 이름을 훔치고 있으니 신용해서는 안 됩니다."(『송사기사본말宋史紀事本末』 권80) 하고 공격하였다.[1]

---

1 정병이 반도학의 주소를 올린 때가 언제인지는 줄곧 알려지지 않았다. 대다수 사가史家가 두루뭉술하게 순희 10년(1183)이라 하였는데, 이는 잘못되었다. 정병이 순희 10년 8월에 소흥의 지부知府에 제수되어서 조정을 떠난 사실에 따르면(※『남송제무연표南宋制撫年表』 참조), 그의 반도학 상소는 진가陳賈의 상소보다 이르다. 진가는 반도학 상소를 이해 6월에 올렸다. 주희의 『문집』 권22에 수록된, 순희 9년 12월에 올린 「사면강동제형주장삼辭免江東提刑奏狀三」에 "멀리 사우師友가 유래한 연원에까지 거슬러 올라가서 까닭 없이 함부로 배척합니다."라고 한 내용에 근거해서 여러 학자의 주희 연보는 모두 이 말이 "이때 정병이 상소하여 정씨(정자)의 학學을 헐뜯음으로써 선생을 저지하였다. …… 그래서 선생이 상주하여 이를 언급하였다."고 한

이는 당중우를 보호하려는 조정의 태도와 밀접하게 배합되었고, 같은 달 조정에서는 당중우의 죄상에 대해 전부 무죄 석방하는 조처를 취하게 된다. 주희가 강동 제형 자리를 사직하는 장계 가운데서 "멀리 사우師友가 유래한 연원에까지 거슬러 올라가서 까닭 없이 함부로 배척합니다."라고 한 말은 바로 정병이 상소를 올린 일을 가리킨다.

순희 10년(1183)에 왕회는 또 직접 태부시 승太府寺丞 진가陳賈를 감찰어사에 발탁하고, 6월에 조신을 대면할 때 올린 반도학의 주장奏章을 그에게 은밀히 주었는데 거기에서 다음과 같이 말하였다.

표리表裏가 서로 부합하는 것을 성실(誠)이라 하고 언행이 서로 어긋나는 것을 거짓(僞)이라 합니다. 신이 엎드려서 보건대, 근세 사대부 가운데 이른바 도학자道學者들이 있는데 그들의 학설은 근독謹獨을 능사로 여기고 실천(踐履)을 높이며, 정심성의正心誠意, 극기복례克己復禮를 일삼습니다. 이런 내용은 학자라면 모두 함께 배우는 바이거늘 그 무리는 자기들만 할 수 있는 일이라 여깁니다. 그러나 그 소행을 살펴보면 또 대단히 그렇지 않으니, 명분을 가장하고 거짓을 성취하는 데 가깝지 않겠습니까? 신은 원컨대 폐하께서 안팎에 밝히 조서를 내리셔서 이 습성을 혁파하시고, 간언을 받아들이고 벼슬을 제수할 때 그 사람됨을 살펴서 물리치고 쓰지 않음으로써 어떤 것을 좋아하고 싫어하는지를 보이소서. 그리한다면 많은 선비가 바람에 쏠리듯이 거의 교화되어서 언행과 표리가 한결같이 바르게 되고, 혹

<hr>

사실을 가리킨다고 여기고 있으니, 정병이 글을 올린 때는 응당 이해(1182) 12월이다. 주희가 '제수하는 글이 아침에 내리면 탄핵하는 글이 저녁에 들려왔다'고 한 말은 강동 제형에 고쳐 제수된 일과 정병의 상소가 거의 동시에 있었음을 가리킨다.

시라도 함부로 괴이한 일을 하여서 정치의 체통(治體)을 범하지 않을 터이
니, 실로 나라(宗社)의 한없는 복이 될 터입니다.　　　―『송사기사본말』권80

　　이는 대단히 그럴싸한 말로 남을 격동하는 구실이 되었다. 이학理學은 '도
학道學'으로 지목되었을 뿐만 아니라 또한 '가짜 학문(僞學)'으로 주시하는 대
상이 되었다. 진가나 당중우와 같은 대단한 탐오범貪汚犯은 '성실한(誠)' 사람
인 듯이 여겨진 반면, 왕회와 당중우가 결탁하여 저지른 악행을 폭로한 주희
는 도리어 '거짓(僞)'이 되어버렸다. 왕회의 당은 진공보陳公輔로부터 사확연의
무리에 이르기까지 더욱 교묘하게 '도학', '위학僞學'에 반대한다는 연막을 치
고서 봉건통치자의 모든 죄악과 자기들의 진짜 정치적인 목적을 엄폐하려고
했던 것이다.

　　'도학'이라는 말에는 본래 조금도 폄하하는 뜻이 없으며, 이학가도 대부
분 스스로 이학을 도학이라고 일컬었다. 남쪽으로 건너온 이래 권력을 장악
한 통치자는 반도학을 표방하면서 정학程學을 도학이라 일컫지 않고 '정씨의
학(程氏之學)', '전문곡학專門曲學', '낙학洛學'이라고 일컬었다. '도학'이 일종의 조
롱과 폄하의 명칭이 되고 통치자에게 이용된 때는 순희 2년(1175)이었다. 나
중에 손응시孫應時는 이 사실을 다음과 같이 제기한다. "오직 '도학' 두 글자는
몇 년 사이에 위아래가 모두 공공연히 미워하였으므로 현명한 군주를 위해
특별히 변별하여서 밝혀낼 수 없게 되었습니다. …… 그 시초를 살펴보면, 특
히 월중越中(소흥)의 경박한 사람들이 이 명칭을 만들어냈는데, 을미년(*순희 2년)
에 (이 명칭이) 태학에 유입되었고, 얼마 뒤 안팎에 널리 소문이 나서 이제 15,
6년이 되었습니다."(『촉호집燭湖集』권6 「상사월왕上史越王」서5)

　　정병과 진가는 처음으로 반정학反程學에서 돌이켜 반'도학'을 제기하였다.
이는 남송 통치자가 역사상의 정학을 반대하는 데서 나아가 현실의 주학朱學

을 반대하는 데로 이른 역사적 변전이었다. 그러나 남송 통치자의 반도학은 순수하게 정치상의 이색분자를 타격하려는 필요에서 나온 것이지, 문화 학술 상으로 전통적인 공맹 유학의 경전의 학설을 존신尊信하고 한·당의 경학經學을 굳게 지키기 위해 신흥 이학을 반대한 것은 아니었다. 이는 쇠퇴한 시대에 직면한 봉건통치자들 가운데 가장 부패한 보수 세력과 이런 부패한 통치에 반대하고 진취적으로 자구책을 구하려는(*즉, 도학의 청의淸議로 표현되는) 세력 사이의 모순 투쟁이었다. 그리고 공맹의 문화적 겉껍질을 빌려서 정치상 부패하고 구차한 안정을 추구하는 통치를 수호하려는 관료 세력과 사대부 가운데서 진정으로 공맹의 문화적 정신을 부활시켜 부패한 사회의 인심과 세도世道를 구제하려는 지식인 집단 사이의 충돌과 경쟁을 대표한다. 따라서 이는 결코 고전 경학과 신형 이학의 문화 학술적 투쟁의 의의를 지닌 것이 아니라, 진보적 사대부에 대한 봉건 왕조의 가혹한 정치적 박해와 문화적 전제의 성질을 지닌 것이었다.

도학(*이학)은 단순히 철학사에서 볼 때 어쩌면 더욱 유심주의唯心主義의 역사적 오류일지도 모르지만, 인류 문화사의 장구한 흐름에서 조감하면 오히려 중국의 전통문화가 천년을 이어서 무너지지 않고 자기를 드러내어온 역사적 활력의 일대 경관으로서, 아무도 막을 수 없는 일종의 유가 문화의 새로운 조류가 되었다고 하겠다. 도학은 장애로 가득 찬 가시밭길을 밟고 동방 문화의 역사 무대에 올라와서 지나치게 낙관적인 자기의 도덕주의와 '아도일체我道一體'의 철학적 추구를 드러내고, 인의仁義의 인문 정신, 냉철하고 달관한 이성적 사변과 진취적 제세濟世의 인생 태도를 지니고서 전체 민족적 심리의 심층 구조와 사유 방식에서부터 낡은 동방의 문화 정신과 문화 성격에 이르기까지 새롭고 거대한 충격을 주었다.

그러나 주돈이周敦頤와 정호程顥, 정이程頤가 주조한 문화의 지렛대를 손에 잡고 문화사의 거대한 변화에서 주연을 맡은 주희는 도리어 이 거대한 역사적 변화에 대한 역사적 감각을 조금도 자각하거나 의식하지 못한 채 강대한 반도학의 철벽을 마주하고서 되지 않을 줄 알면서도 하려는(知其不可爲而爲之), 다소 비관적이고 감상적인 정서로 충만하였다. 남강南康과 절동浙東에서 두 차례 '스스로를 시험한(自試)' 일은 그로 하여금 '내 도가 행해지기 어렵다 (吾道難行)'는 것을 느끼게 했고, 마침내 그의 사상에 또다시 새로운 전환을 가져왔다. 과재果齋 이공회李公晦(이방자)는 주희에 대해 "남강의 수령, 절동의 제거로 있으면서 몸을 바쳐 나라를 위해 죽으려는 뜻을 지니고 있었다. 그러다가 도가 행해지기 어려움을 안 뒤에 물러나 봉사奉祠로 있으면서 두문불출하였다."(•홍거무의 『연보』에서 인용)고 하였다.

주희는 정신적으로 또 한 차례 퇴조와 위축을 겪은 뒤, 바깥으로 세상에 쓸모 있는 일을 하려던 데서 안으로 관조하고, 함성을 지르던 데서 반성(反思)으로 돌이켰으며, 또한 앞길을 탐색하기 어렵고도 힘겨운 자기의 사변적 회포에 뛰어들었다.

순희 10년(1183) 정월에 그는 사록관祠祿官을 청하여서 얻은 뒤 태주台州의 숭도관崇道觀을 관리하게 되었다. 세상 사람들은 모두 그가 이로부터 참으로 궁벽한 산속에 모습을 감추고 두문불출하여서 자기를 수양하고 세상과 함께 서로를 잊어버리는(與世相忘) 기인畸人이나 고사高士가 되려 한다고 여겼다. 방옹放翁 육유陸游는 그에게 시 다섯 수를 보내주면서 그의 고상한 품행을 기림과 동시에 다소 이러한 우려를 토로하였다.

주원회의 무이정사에 부쳐서 제하다　　　　　寄題朱元晦武夷精舍

선생은 푸른 바위 곁에 집을 엮어서　　　　　先生結屋綠巖邊

『역』을 연구함에 책이 닳고 닳으리라 미리 알았네 　　　讀易懸知屢絶編

선약을 캐서 세상을 놀라게 하지 마오 　　　不用採芝驚世俗

사람들 신선이라 헐뜯을까 두렵다오 　　　恐人謗道是神仙

매미 허물은 바위 사이에 과연 없는데 　　　蟬蛻巖間果是無

세상 사람 그를 까닭 없이 걱정하네 　　　世人妄想可憐渠

그대 위한 한 가지 방도는 환골탈태하여 　　　有方爲子換凡骨

회암에서 글을 읽고 새로 저술하는 것이라오 　　　來讀晦庵新著書

한가한 몸 남은 생각 시내와 산이 좋아 　　　身閑剩覺溪山好

마음 고요하니 해와 달은 더욱 길기도 하다 　　　心靜尤知日月長

온 세상 창생은 아직 깨어나지 못하였는데 　　　天下蒼生未蘇息

그대 마침내 세상을 잊었는가 근심하네 　　　憂公遂與世相忘

백성 다스리기보다 본래 은거하여 혼자 즐거워했으며 　　　齊民本自樂衡門

홍수와 가뭄에도 스스로 살아갈 방도를 몰랐네 　　　水旱哪知不自存

임금은 걱정으로 밤도 제때 못 잡수셔서 　　　聖主憂勤常旰食

그대는 번거롭게 하나하나 백성에게 알리네 　　　煩公一一報曾孫

산은 숭산 소실 서른여섯 봉 같고 　　　山如嵩少三十六

물은 공래 아홉 구비 같네 　　　水似邛崍九折途

우리 어른 한가하게 거처하시니 　　　我老正須閑處看

흰 구름 반나마 나눠줄 수 있을까? 　　　白雲一半肯分無

　　　　　　　　　　　　　　　　　—『검남시고劍南詩稿』권15

일찍이 주희가 진세塵世의 창생蒼生을 잊어버리려 생각한 적이 있었던가? 산림에 퇴거하여 강학하고 저술하는 일은 그가 현실에서 사방으로 벽에 부딪힌 뒤 줄곧 취해온 일종의 더욱 심원한 진취적 태도에 지나지 않았다. '내 도가 행해지지 않는다'는 그의 탄식은 "도가 행해지지 않으니 뗏목이라도 타고 바다로 떠나야겠다.(道不行, 乘桴浮於海)"고 한 공자의 단호한 말과 흡사하다. 그러나 이는 다만 제세행도濟世行道를 향한 백절불굴의 타오르는 근심을 더욱 강하게 표현한 말이며, 치열하고 힘찬 격동의 진격이 그의 도학적 이성주의의 준엄하고도 냉철하고 고요한 절제를 받은 뒤 잠시 현실을 뒤흔드는 힘을 조금 잃어버린 것과 같은 상태에 지나지 않는다.

순희 10년(1183) 봄에 그는 전례를 깨고, 절동에서 돌아온 뒤의 진심과 회포를 「감춘부感春賦」 한 수를 지어서 읊었다. 이 시에는 담담하고 담박한 순유醇儒의 겉모습 아래 방황하고 고민하며 억제하기 어려운 분노를 지닌 그의 진실한 영혼이 드러나 있다.

세상의 험난한 길을 만났으니	觸世途之幽險兮
어디로 고삐를 당겨야 할까?	攬余轡其安之
바퀴를 묻고 말을 묶어 두고 있으니	慨埋輪而繫馬兮
차라리 고향으로 돌아가려네	指故山以爲期
우러러 하늘의 거울이 밝게 비추는 것을 보고	仰皇鑒之昭明兮
내 마음 아직 사라지지 않았음을 돌아본다	眷余衷其猶未替
내리신 조서를 철회하셔서	抑重巽於旣申兮
들에서 밭이나 갈려던 처음 뜻을 따르게 하셨다	徇耕野之初志
내가 고향에 돌아온 뒤로	自余之旣還歸兮
꽃 지는 가을 겨울 지나고 봄이 왔다	畢藏英而發春

숲 속 오두막에서 고요히 지내니	潛林廬以靜處兮
대문은 고요하고 찾아오는 사람 없다	闃蓬戶其無人
먼지 쌓인 경전을 펼쳐서 되풀이 읽으니	披塵編以三復兮
옛 성인의 밝은 가르침을 깨달을 수 있다	悟往哲之明訓
멍하니 책을 덮고 뜻을 이해하며	嗒掩卷以忘言兮
마음속에 원대한 생각을 품네	納遐情於方寸
아침에는 짚신 끌고 상조로 노래하며	朝吾屣履而歌商兮
저녁에는 청조로 고를 연주하네	夕又賡之以淸琴
천년의 세월 어찌 그리 아득한지	夫何千載之遙遙兮
오직 나만 마음으로 이해할 수 있도다	乃獨有會於余心
문득 즐겁게 지저귀는 새소리 듣고	忽嚶鳴其悅豫兮
푸르른 뜰의 나뭇가지를 바라보네	仰庭柯之蔥蒨
아름다운 계절이 이미 지나가서	悼芳月之旣徂兮
고운 님 생각하나 볼 수 없네	思美人而不見
……	

—『문집』 권1 「감춘부」

주희의 제자는 그가 "세상을 근심하는 뜻을 아직 잊지 못하고 「감춘부」를 지어서 뜻을 드러냈다."고 하였으니, 아마도 육유는 바로 그가 보낸 「감춘부」를 읽고서 짧은 시 다섯 수를 지어 화답을 했을 가능성이 크다. 그러므로 시에서 '그대 마침내 세상을 잊었는가 근심하네' 하며 염려하였던 것이다.

그러나 육유는 부賦를 읽고도 결코 한층 더 깊은 우환 의식으로 충만한 주희의 도학적 영혼의 자아를 간파하지 못한 듯하다. '먼지 쌓인 경전을 펼쳐서 되풀이 읽으니'라는 말은 육유가 시에서 읊은, 『역』을 읽느라 책을 묶은

끈이 끊어졌다(讀易絶編)는 구절과 마찬가지로 유가 경전을 읽는 것을 가리키니, '옛 성인의 밝은 가르침'이란 자연 공자가 남겨 놓은 가르침을 가리킨다. '천년의 세월 어찌 그리 아득한지 오직 나만 마음으로 이해할 수 있도다'라는 구절은 그가 홀로 천년 동안 마음과 마음으로 전해진 도통을 얻었음을 말하고, '고운 님 생각하나 볼 수 없네'라는 구절은 바로 그의 이학이 세상에 쓰이지 못하고 있음을 개탄한 말이다.

후촌後村 유극장劉克莊은 나중에 말하기를, 주희가 당시에 이미 '위로는 군주가 알아주지 않았고 그 다음으로 원로대신의 도움을 받지도 못했으며, 아래로는 천하가 기리지 않고 또 왕노공王魯公(*왕회) 무리가 권력을 장악하고 있는 탓에 다만 산림으로 들어가는 한 갈래 길만 있을 뿐 달리 방법이 없는' 상황에 처해 있었다고 하였다(『후촌대전집』 권101 「주문공여진승상서朱文公與陳丞相書」).

그래서 주희는 절동에서 돌아왔을 때 인생의 우환 의식과 세상을 걱정하고 도를 추구하는 심경으로 충만하였는데, 이는 공자가 열국列國을 주유하다가 돌아왔을 때의 심경과 놀랍도록 비슷한 점이 있었다. 그도 다만 그 덕은 있되 그 지위는 없는 당대의 '소왕素王'으로서 경전을 강론하고 제자를 가르치고 도를 선포하고 세상을 구제하였던 것이다. 「감춘부」는 무이정사武夷精舍에서 저술 생활로 전향한 그의 내심의 독백이었다.

순희 10년(1183) 4월, 주희는 무이의 다섯째 골짜기에 무이정사武夷精舍를 지어서 낙성했는데, 그곳은 이학의 '소왕'이 경전을 전수하고 도를 강론하는 당대의 유학 교육과 교화(洙泗弦歌)의 장소가 되었다. 드높고 웅장하고 깊은 무이산이 북쪽에서 남쪽으로 달리다가 우뚝 솟은 대왕봉大王峰 아래 한 줄기 급류가 띠처럼 아홉 차례나 꺾이며 어지러이 늘어선 바위와 절벽 사이를 휘돌아 내닫는 이곳이 바로 그 유명한 구곡계九曲溪이다. 다섯째 골짜기에 여울져 흐르던 물이 갑자기 느리고 깊게 흘러서 푸른 잔물결이 넘실거리는 곳에 거

대한 병풍처럼 봉우리 하나가 땅을 뚫고 치솟아 있는데, 이것이 바로 대은병
大隱屛이다.

무이정사는 바로 이 대은병 아래 붉고 푸른 절벽이 휘돌아 감싸고 있는
평림주平林洲에 지어졌다. 수십 장丈 평방의 평평하고 넓은 땅이 있는데 교목
과 등나무가 빽빽한 숲과 대나무와 함께 서로 얽혀 엄폐하고 있었다. 건도 5
년(1169)에 그는 오부리五夫里 담계潭溪에서 30리 떨어진 무이의 이 승경에 배
를 떠워 유람을 하였고, 늘 제자들을 데리고 다섯째 골짜기에 와서 강론하고
시를 읊었다. 이때 그는 대은병 아래 인지당仁智堂을 짓고 왼쪽에는 은구재隱
求齋를, 오른쪽에는 지숙료止宿寮를 세웠다. 그리고 대나무를 헤치고 오塢(가장자
리가 높고 가운데가 낮은 산지)를 열어서 돌을 쌓고 문을 세운 뒤, 오 안에는 관선재
觀善齋를 세워서 사방 학자들을 거주하게 하고, 문에 면한 곳에는 한서관寒棲館
을 세워서 도사(우객 도사羽客道士)들이 모여서 거주하게 하였다. 또 산꼭대기에
는 만대정晩對亭을, 계곡 가까이에는 철적정鐵笛亭을 세웠다. 앞산의 입구에는
사립문을 세우고 무이정사의 편액을 걸었다. 천하 후세에 이름을 떨친 무이
정사는 뜻밖에도 이와 같이 거칠고 누추한 규모였던 것이다.

그의 제자 채침蔡沈이 시를 지어서 대은병의 봉래蓬萊 선경에 은거한 무이
옹武夷翁을 다음과 같이 묘사하였다.

주회옹에게 부치다   寄朱晦翁

무이 봉우리 높고도 높아   武夷群峀高崔巍

대은병 수직으로 하늘을 찌른다   隱屛直聳天中開

천 길 솟은 벼랑은 옥으로 깎은 벽   千尋拔地出圭壁

만고의 세월 푸른 이끼를 입고 있다   屼屼萬古封蒼苔

안개와 노을은 아침저녁으로 끼었다 흩어지고	煙霞舒卷朝夕移
해와 달은 밤낮을 동서로 돈다	日月晝夜東西回
차가운 물결은 골짜기 바위를 안고 누비며	寒流詰曲抱巖足
물은 맑고 모래는 푸르니 참으로 봉래로다	水清沙碧眞蓬萊
자경 진인은 옥으로 잔을 삼아	紫京眞人玉爲杯
포도로 경장 첫술을 걸러낸다	瓊漿初潑葡萄醅
취해서 달밤에 구름 덮고 소나무 아래 누우니	醉來披雲臥松月
향기로운 송홧가루 눈처럼 흩날린다	松花點點飄香雪
애절한 잔나비 소리 절벽에서 더욱 길게 이어지고	哀猿絶壁聲更長
한이 많은 사람은 해 뜨기를 기다린다	惆悵懷人待明發

— 『무이산지武夷山志』 권10

그리고 시인 남간南澗 한원길韓元吉은 주희를 위해 쓴 「무이정사기武夷精舍記」에서 고(琴) 소리 끊이지 않는 이 무이산의 당대 수사洙泗를 다음과 같이 묘사하였다.

내 벗 주원회朱元晦는 오부리에 거주하는데 무이에서 화살 한 바탕 거리에 있다. 바깥에는 남새밭을 꾸며 두고 한가한 날이면 여기서 노닐었다. 문하의 제자들과 함께 책을 끼고 글을 외며, 옛 『시』 300편과 초楚 사람의 사詞를 취하여서 읊조리고 노래를 하였다. 술이 생기면 노래를 하며 반드시 여러 날 머물렀다. 산중의 즐거움은 오로지 원회 개인을 위한 것인지라 나는 늘 그만 못함이 부끄럽다. 순희 10년(1183)에 원회는 강동의 사절使節(지방관)을 사임하고 사관祠官의 녹을 받게 되었다. 그러고서 말하기를, "내가 이제 그 땅을 경영하게 되었으니 과연 산중의 즐거움을 다 가지게 되었다.'고 하였다. 유람이 더욱 잦아지자, 그 계곡이 다섯 번 꺾어지고 거대한 돌병풍(石屏)을 이고 있는 곳에 경계를 정하여서 정사精舍를 만들었는데, 도사의 여막이 반이나 되었다. 풀을 베고 호미질을 하여서 몇 이랑의 밭을 만들었는데, 형세가 맑고 그윽하였으며 기이한 나무와 멋있는 돌이 주위를 두르고 에워싸서 마치 은근히 나를 위해 남겨 둔 것 같았다. 제자들과 함께 삼태기와 삽을 들고 기와와 대나무를 모아서 서로 도와 완성하였다. 원회가 몸소 그 장소를 구획하였으니, 가운데는 당堂으로 삼고 곁에는 서재(齋)를 삼고 높은 곳에는 정자를 만들고 깊숙한 곳에는 방(室)을 만들어서 글을 강론하고 공부를 하였다. 고(琴)와 노래와 술과 부賦, 없는 것이 없었다.
……
　　　　　　　　　　　　　　　—『고금사문류취속집古今事文類聚續集』권8

　이와 같이 고와 노래와 술과 부, 그리고 학문을 강론하고 도를 논하는 산중의 즐거움에 깊이 잠겨서 주희는 도연명이 전원에 돌아와 은거한 것과 같이 관계官界에서 뛰쳐나오고 정치(憲綱)에서 벗어나 '이제야 내 자리를 얻었다(爰得我所)'는 일종의 위안을 느꼈다. 그는 진량에게 편지를 써서 다음과 같이 말하였다. "요사이 무이 구곡 가운데 작은 집 몇 칸을 지었는데 노닐고 쉴 만합니다. …… 이 사람은 본래 이 시대에 등용되기를 생각하지 않았지만 중간에 발을 잘못 딛는 바람에 쉽게 한번 나갔다가 곤란해져 돌아왔습니다. 가까이 일어난 일로 말하자면 쫓겨났고, 처음 먹은 마음으로 말하자면 이제야 내 자리를 얻었다고 하겠습니다."(『문집』권36 「답진동보答陳同甫」)
　그러나 주희는 도 팽택陶彭澤(도연명) 식의 전원시인이 되리라고는 결코 생각하지 않았고, 더욱이 정기를 호흡하고 영지를 먹는(服氣茹芝) 도가의 은사가 되려고도 생각하지 않았다. 오히려 창도倡道를 자기 임무로 삼은 '공부자孔夫子'가 되려고 하였다. 한원길은 「무이정사기」에서 자기 시대에 등용되지 못하여 산속에서 노닐고 쉬는 이 도학부자道學夫子의 내성외유內聖外儒의 영혼을 남김 없이 다 드러냈다.

저 원회元晦는 유자이다. 학문으로써 그 지역에서 활동하고 제자들을 길렀다. 그래서 기인畸人이나 은사처럼 산골짜기에 숨어서 정기를 호흡하고 영지를 먹으며 도가를 사모하는 유파와 같지 않다. 그러나 진·한 이래 도가 밝혀지지 않은 지 오래되었다. 우리 선생님(孔夫子, 공자)이 이른바 '도에 뜻을 둔다(志於道)' 함은 또한 무엇을 어떻게 한다는 말인가? 선생님은 성인이시다. 그 걸음걸이와 방향에 언제나 법도가 있었다. 태산 꼭대기에 오르고 기우제단(舞雩) 아래서 노래를 읊조린 것이 모두 노닒 아님이 없었으니 흉중에는 저절로 경지가 있었다. 그런데 한때의 제자들 가운데 슬瑟을 두둥 타면서 '봄옷이 마련되면(春服旣成)' 하고 읊은 제자만 성인이 인정하셨다. 옛 군자가 쉰 것이 어찌 자질구레한 일에 얽매인 것이겠는가? 원회는 이런 점을 알고서 찾아오는 자에게 알려, 정사 아래에서 서로 수작을 하며 혹시라도 만정幔亭(무이산의 별칭)의 풍광을 자득하게 하였으니, 또한 어떠한가?

'성인'은 비록 노닐고 쉬는 것을 폐하지는 않지만 '도에 뜻을 두지' 않는 때가 없으며, 나아가 실천하고 물러나 자기를 숨김에 '도'를 지향하지 않음이 없다. 바로 이 간소하고 누추한 무이정사에서 주희는 자기 후반생의 독서, 강학, 저술과 논전의 평정平靜하지 않은 생활을 전개하였던 것이다.

순희 10년 4월, 주희는 「무이정사잡영武夷精舍雜詠」이라는 시편을 지어서 장장 십여 년간 무이정사에서 저술하던 시기의 생활을 스스로 그려냈다. 그는 첫째 수 「정사精舍」에서 다음과 같이 읊었다.

고와 책으로 보낸 사십 년 　　　　　　　　琴書四十年

몇 번 산중 나그네 되었던가?　　　　　　幾作山中客

어느날 띠집이 이루어지니 　　　　　　　一日茅棟成

어느새 내 천석이로세 　　　　　　　　　居然我泉石

— 『문집』 권9 「무이정사잡영·정사」

　　산수와 임천林泉을 노니는 무이정사의 생활에서 주희는 자기와 마찬가지로 운명이 기구한 대시인이나 대사인大詞人들과 함께 시와 사를 주고받으며 화답하였고, 그의 시작詩作도 한 차례 승화하여서 전원시의 간결하고 고상하며 생기 넘치는 기상을 드러냈다. 아울러 무이산의 도가적 선태선화蟬蛻仙化의 동천복지洞天福地에 물들어서 마침내 참으로 '만정慢亭의 풍광'을 획득하였다. 동시에 일찍이 시에서 표현되었던바, 내우외환의 남송 사회에 대한 우국우민憂國憂民의 세속적 정조와 성리학적 현묘한 사색에 잠긴 자아를 읊조리는 정조가 사라지고, 대신 관로에서 겪은 부침과 반도학의 타격을 받고 생겨난 일종의 인생과 생명, 운명에 대한 우환 의식을 탄식하는 정조가 나타났다. 그러나 이런 인생의 우환 의식마저 본성에 맡겨서 자유로이 살아가는(安性自適) 도가의 정신과 심지어 범속凡俗을 초탈한 선가仙家의 분위기(暈圈)에 물들었다.

　　순희 11년(1184) 2월에 그가 지은 「무이도가武夷櫂歌」는 무이정사 시기의 대표작이며, 그의 평생 시가 창작에서 최고봉에 도달한 상징적 작품이다.

무이산 위에는 신령한 신선이 있고 　　　武夷山上有仙靈

산 아래는 차가운 시내 굽이굽이 맑다　山下寒流曲曲清

그중에 기이한 절경을 알려면 　　　　　欲識箇中奇絶處

한가로이 뱃노래 두서너 곡 들어보게　櫂歌閑聽兩三聲

첫째 구비 시냇가서 낚싯배에 오르니　　　　　　一曲溪邊上釣船

만정봉 그림자 맑은 내에 잠겼네　　　　　　　慢亭峰影蘸晴川

무지개다리 끊어진 뒤 무이군武夷君은 흔적 없고　虹橋一斷無消息

만학천봉은 푸른 안개에 녹아드네　　　　　　　萬壑千巖鎖翠煙

둘째 구비 우뚝한 옥녀봉　　　　　　　　　　二曲亭亭玉女峰

누굴 위해 꽃단장하고 물가에 서 있나?　　　　插花臨水爲誰容

도인은 양대의 꿈 다시 꾸지 못하는데　　　　道人不復陽臺夢

앞산에 스민 흥취 푸르름 몇 겹인가?　　　　　興入前山翠幾重

셋째 구비 가학선 그대는 보았지　　　　　　三曲君看架壑船

노를 멈춘 지 몇 해나 되었나?　　　　　　　不知停櫂幾何年

상전벽해 지금 어떠한데　　　　　　　　　　桑田海水今如許

덧없는 인생을 가련하게 여기네　　　　　　　泡沫風燈敢自憐

넷째 구비 동서 두 바위　　　　　　　　　　四曲東西兩石巖

바위에 핀 꽃에 듣는 이슬 푸르게 번지네　　　巖花垂露碧氈毶

금계 울음 그친 뒤 본 사람 없고　　　　　　金鷄叫罷無人見

달은 빈산에 가득하고 물은 못에 찼네　　　　月滿空山水滿潭

다섯 구비 산은 높고 구름 짙은데　　　　　　五曲山高雲氣深

늘 안개비로 평림은 어두워　　　　　　　　長時烟雨暗平林

숲 속 나그네 아는 사람 없고　　　　　　　林間有客無人識

노 젓는 소리에는 만고의 마음　　　　　　　欸乃聲中萬古心

여섯 구비 짙푸른 물 창병봉을 감돌고 　　　　六曲蒼屛遶碧灣

초가집엔 하루 종일 사립문 닫혀 있네 　　　　茅茨終日掩柴關

배 띄워 손님 찾아오고 바위에 핀 꽃 떨어져도 　客來倚櫂巖花落

원숭이 새 놀라지 않으니 봄날 분위기 한가롭네 　猿鳥不驚春意閑

일곱 구비 배를 옮겨 푸른 여울 올라가며 　　　七曲移船上碧灘

은병봉 선장암을 다시 돌아보네 　　　　　　隱屛仙掌更回看

어젯밤 봉우리에 내린 비로 　　　　　　　　却憐昨夜峰頭雨

떨어지는 폭포는 한결 더 차갑겠지 　　　　　添得飛泉幾道寒

여덟 구비 들어서니 바람과 안개 걷히려는데 　八曲風烟勢欲開

고루암 아래에는 물결이 얽혀서 도네 　　　　鼓樓巖下水縈洄

이곳엔 절경이 없다고 마오 　　　　　　　　莫言此處無佳景

유람객 여기까지 오지 않아서라네 　　　　　自是遊人不上來

아홉 구비 다한 곳 눈앞이 환하게 열리고 　　九曲將窮眼豁然

비에 젖은 뽕밭 삼밭 평천이 나타나네 　　　桑麻雨露見平川

어부가 다시 무릉도원 찾는다면 　　　　　　漁郞更覓桃源路

여기 말고 별천지 어디 있으랴! 　　　　　　除是人間別有天

　　　　　―『문집』권9「순희 갑진년 2월에 정사에서 한가로이 거처하다가 장난 삼아
　　　　무이도가 열 수를 지어서 함께 놀러온 사람들에게 주고 서로 한바탕 웃다
　　　　　　　　　　　　(淳熙甲辰仲春精舍閑居戱作武夷櫂歌十首呈諸同遊相與一笑)」

송 대에 여항闾巷과 도시에서 속문학이 세차게 일어나면서 그 조류의 충
격으로 귀족 시인이 고수하던, 판에 박힌 듯한 전아한 문학의 묘당廟堂이 동

요하였다. 주희도 세속적인 평민 시인의 기질을 더욱 많이 지니고 있던 터라, 죽은 듯이 착 가라앉은 강서시파江西詩派와 만당풍晚唐風에 반대하기 위해 방향을 바꾸어서 이 민가악부民歌樂府와 민간문학의 청신한 기운을 마주하였다. 그도 구양수歐陽修와 마찬가지로 비속한 말과 속담 따위를 시에 녹여 넣어서 속체俗體, 배해체俳諧體, 육언시, 오칠언잡시, 회문사回文詞를 즐겨 지었다. 이처럼 범속한 양식을 고전 양식에 집어넣은 형태는 바로 문체 해방의 의의를 지닌 어록체語錄體의 성행과 마찬가지로 일종의 기풍을 형성했고, 그에 따라 '회암(주희) 선생의 회문사는 거의 집집마다 연주하고 읊조리게 될' 정도가 되었다(『독서속록讀書續錄』「주희사朱熹詞」, 『역대사화歷代詞話』 권7). 심지어 추지모鄒祗謨는 그를 동파東坡(소식)와 함께 거론하며 "회문이 시구를 회전시키는 방식은 동파와 회암으로부터 시작되었다."(『고금사화古今詞話』 권상 「사품詞品·회문回文」)고 하였다.

1곡에서부터 9곡까지 읊는 방식을 채용한 이 「무이도가」 열 수는 바로 전형적인 민가악부의 풍모를 지니고 있으면서 은연중에 민간의 뱃노래와 어부의 노래를 융화시켜 표현하고 있다. 그러나 다른 한편으로는 구양수의 유명한 「고자사鼓子詞」로부터 깊은 계발을 받았음을 뚜렷이 드러내고 있다. 주희는 어려서 부친 주송朱松의 도야를 받으며 특별히 구양수의 악부樂府를 애호하여, 그의 「고자사」를 큰 글자로 써서 동창同窗(같이 글 읽는 벗)의 시우詩友인 황수黃銖에게 증정한 적이 있다.[2]

---

2 『역대사화歷代詞話』 권8 「황수어가오黃銖漁家傲」: "주회옹(주희)이 황수에게 구양영숙歐陽永叔(구양수)의 「고자사」를 보여주었는데, 대체로 (그를) 풍자하기 위함이었다. 황수가 읊은 「어가오漁家傲」는 이러하다. '천만 가닥 근심을 벗어날 날이 없고 / 서리 속에 배는 멀리 청장 포구를 떠난다 / 귀한 벗과 차가운 밤 이야기를 나누며 / 먼지떨이를 휘두른다 / 깊은 밤 화각엔 안개처럼 엉긴 향기 / 섬돌에 바람 불어 꽃은 끝없이 떨어지고 / 경쾌한 벌 푸른 나비 한가로이 날아다닌다 / 내일은 버드나무 그늘 길로 강을 따라 가겠지 / 구름이 이는 곳 / 푸른 산 첩첩한 데 사람이 돌아가네(永日離憂千萬緒. 霜舟遠泛淸漳浦. 珍重故人寒夜語. 揮玉塵. 沉沉畫閣凝香霧. 風砌落花留不住.

1곡에서 9곡까지 써 나간 「무이도가」와 정월에서 12월까지 써 나간 「고자사」는 비록 내용은 다르지만 같은 기법을 절묘하게 활용하였으며, 농후한 민가民歌 고사鼓詞의 심미적 의취가 젖어들어 있다. 그래서 아무리 후세의 시인 묵객이 무이를 두고 읊은 노래가 수천, 수만이 넘어도 주희의 「무이도가」를 천고에 으뜸가는 절창으로 내세울 수밖에 없는 것이다.

　주희는 광려匡廬(강서)의 지방관으로 출사했다가 무이로 돌아와 은거하면서 「무이도가」를 지표로 하여 시가에서도 또한 풍격과 취향이 다양하면서도 통일된 새로운 경지에 이르렀으며, 온갖 형식을 잘 취사선택하여서 다듬어 냈다. 그는 현언시玄言詩·이취시理趣詩·풍자시·회문체回文體·고체·근체·악부의 형식을 모두 자유자재로 변화 다단하게 운용하였는데, 이것들 역시 청아하고 생동감 있으며 깊고도 함축적이라는 점에서 공통의 풍모를 드러냈다. 심지어 그가 두목지杜牧之(두목)의 「중양절에 제산에 오르다(九日齊山登高)」라는 시를 은괄檃括(원작의 내용이나 구절을 적당히 잘라내고 덧붙이거나 마름질하여 새로운 작품으로 만들어 냄)하여서 지은 「수조가두水調歌頭」 한 곡은 성정性情과 기골氣骨이 모두 왕성했으므로 사람들로부터 "기골이 호매豪邁한 점은 소식과 신기질辛棄疾을 아래로 보고, 음운이 조화를 이룬 점은 진관秦觀과 유영柳永을 종 부리듯이 한다. 천고 학자들(頭巾)의 속태를 다 씻어냈다."(『독서속록』, 「주희사朱熹詞」, 『역대사화歷代詞話』 권7)는 평가를 받았다. 그의 시가 창작은 무이정사 시기에 이르러 변화가 저절로 드러나고 독창적인 구성의 풍모를 갖췄다. 고문가古文家인 구양수는 사詞에서 온순하고 부드러운 아들딸의 정취를 남김 없이 다 발휘하였다고 하겠

<hr>

經蜂翠蝶開飛舞. 明日柳陰江上路, 雲起處, 蒼山萬疊人歸去)"『중흥이래절묘사선中興以來絶妙詞選』 권4의 이 제호 아래에 "주회옹이 구양 공의 「고자사」를 보여주므로 장난 삼아 한 수 지었다."고 하였다.

으나, 이학가인 주희는 시에서 줄곧 음침하고 위선적인 도학의 면모를 결코 드러내지 않았다.

「무이정사잡영」과 「무이도가」는 나오자마자 바람처럼 세상에 전해져서, 이에 화답한 작품과 모방한 작품이 잇달아 날개 돋친 듯 나왔다. 신기질·원추袁樞·한원길·구숭丘崇·유청지劉淸之·항안세項安世·구양광조歐陽光祖·유원강留元剛·정희량丁希亮·조번趙蕃·손응시 등 유명 시인들이 떠들썩하게 시를 읊어서 화답하였으며, 그의 제자, 동무 학자들(同道)과 진준경陳俊卿 같은 유명한 재상, 고위 공직자도 시를 지어서 응수하였다.

가장 사람들의 주목을 끈 것은 원추가 지은 「정사잡영精舍雜詠」인데, 정교하고 세밀하며 매우 치밀한 붓끝으로 성인이면서 보통 사람이고, 유학자이면서 신선인 이 무이산의 도학 선생을 잘 묘사하였다.

은병정사   隱屛精舍

선생은 구름 골짜기를 나서서   先生出雲谷

동남산 끝을 바라보네   看盡東南山

오나라 월나라를 몇 차례나 오가고   吳越幾往來

형산 여산을 여러 번 올랐다   衡廬屢躋攀

경요 같은 꽃이 없어 한스럽지만   恨無璚瑤英

차가운 구름이 머물고 있네   駐此冰雲顏

무이의 신선을 마음에 품고   有懷武夷仙

푸른 산에서 만나기를 기약한다   相期蒼翠間

인지당   仁智堂

이곳에는 본래 얽매임 없다 함을 듣고   此聞本無累

움직이고 고요함 되는 대로 맡긴다   動靜隨所寓

바위 골짜기에 초가집을 얽어   結廬在巖谷

저절로 산수의 맛을 즐기네   自適山水趣

아침에는 구름이 감싸 안고   朝來抱雲氣

저녁에는 바람에 이슬이 날린다   日夕沐風露

앉아서 천지의 마음을 관조하니   坐觀天地心

어찌 인과 지의 사려를 잊으랴?   詎忘仁智慮

은구재   隱求齋

본래 산속 사람이니   本是山中人

돌아오면 산속의 벗   歸來山中友

어찌 은자와 같이 늙어서   豈同荷蓧老

길이 짝을 지어 몸소 밭을 갈랴?   永結躬耕耦

뜬구름은 홀연 산굴에서 나오고   浮雲忽出岫

한 치 살갗이 온 누리에 가득하다   膚寸彌九有

이 뜻을 헤아리기 어려우리니   此志未可量

천년 뒤에나 알아볼까?   見之千載後

관선재 　　　　　　　　　　　　　　　　　　　觀善齋

출처는 옛 철인과 같이 하고	出處侶前哲
본보기는 뒷사람 바탕이 되리	典型資後生
텅 빈 방에 푸른 거울이 걸려 있어	虛堂懸青鏡
보는 사람 저절로 마음이 밝아지리	視者心自明
옛사람처럼 되기 어렵지 않으니	古人不難到
힘써 행하는 데 달려 있네	動在用力行
모여들던 벗들 회고하여	緬懷朋盍簪
한밤에 잠 못 이루고 그리워한다	耿耿中夜情

한서관 　　　　　　　　　　　　　　　　　　　寒棲館

바람은 바위 앞 소나무에 불고	巖前風入松
골짜기 입구 샘물은 바위를 씻는다	谷口泉漱石
오현금을 타면서 이를 그려내고	寫之五弦琴
몸은 강론하는 자리에 있다	身在函丈席
대숲 사이에 빈 땅이 있어	竹間有餘地
집을 짓고 도사를 불렀네	營館招羽客
고요한 밤에는 고를 타면서	靜夜緪高弦
차가운 숲에서 달을 기다리네	待月寒林隙

만대정   晚對亭

해가 떨어지니 푸른 연기 감돌고   落日鬱蒼煙

빈산은 더욱 창백하다   空山轉寒碧

돌병풍 하늘을 이고 섰고   石屏倚天立

깎아지른 절벽 천 길이다   端峭一千尺

말없이 홀로 마주 대하고   無言獨與對

아침부터 저녁까지 설 만하네   足以承朝夕

시류를 따른들 무엇하랴?   何用向時流

손을 맞잡고 마음껏 이야기하리   抵掌恣談劇

철적정   鐵笛亭

당년에 학을 타고 간 늙은이   當年跨鶴翁

구름 깊은 곳으로 날아갔네   想在雲深處

철적이 홀연 용 울음으로 들리고   鐵笛忽龍吟

온 골짜기는 짙은 안개로 덮였다   萬壑披霑霧

하늘의 신비를 알려고   遙知發天秘

이끼 낀 길을 밟아 나간다   踏破蒼苔路

피리 소리 뭇 신선과 함께 듣고   吹與衆仙聞

저녁에 와서 글귀를 본다   來看晚題句

조기 釣磯

동해로 나가려다 말고 投轄出東溟

낚싯대 들고 구곡으로 돌아온다 持竿歸九曲

골짜기 늙은이는 묻지도 않고 溪翁未問訊

희끗한 살쩍에 실웃음 웃는다 笑失雙鬢綠

못가엔 옛날 낚시하던 바위 潭邊舊釣石

푸른 옥처럼 반들반들 닳고 닳았다 瑩滑磨靑玉

하루 종일 멀거니 낚싯줄 드리우고 景日漫垂綸

기미를 잊고서 몸을 씻는 갈매기를 보네 忘機看鷗浴

다조 茶竈

매미 허물 벗은 바위에서 어린 차를 따고 摘茗蛻仙巖

유룡이 잠긴 굴에서 물을 긷는다 汲水潛虯穴

바위 위에 부뚜막을 차려 놓으니 旋然石上竈

경쾌한 갈매기 눈 속을 난다 輕泛鷗中雪

맑은 바람은 겨드랑이를 파고들고 淸風已生腋

향기로운 맛은 혀끝에 감돈다 芳味猶在舌

어느 때나 홀로 배를 띄워 何時掉孤舟

여기 와서 나와 함께 차를 나눠 마실까? 來此分余啜

어정 漁艇

시내를 돌아드니 산길이 끝나고 溪回山路斷

밝은 달이 모래톱에 차갑게 비친다 月白沙汀冷

누군가 작은 거룻배를 띄워 有人掀短篷

노를 두드리며 길게 노래한다 擊棹歌聲永

세 차례 탄식을 하며 聞之三歎息

깊은 속내를 드러내누나 渙然發深省

바위 그득한 여울로 돌아가며 回去萬石灘

내가 탄 낚싯배를 저어간다 理我釣魚艇

—『무이산지武夷山志』 권10

　사실 주희는 여전히 팔팔하게 살아 있는 유교의 '사람(人)'이었다. 시 가운데서는 무이의 '선仙' 기운에 감염된 한적한 시옹詩翁으로서 출현했다면, 무이산중에서는 도리어 '만세사표萬世師表'의 이학부자理學夫子로서 학문을 강론하고 제자를 기르는 유가의 교육을 진행하였다. 뒷날 강희제康熙帝가 무이정사에 '학달성천學達性天'이라는 '어액御額'을 '흠사欽賜'한 일은 주희를 '성인화聖人化'하려는 문화적 허식에서 나온 헛소리에 지나지 않는다.

　무이정사의 교육에는 주희의 「백록동서원학규白鹿洞書院學規」의 정신이 관철되어 있다. 이는 '의리를 강론하고 밝혀서 자기를 수양한다(講明義理以修其身)'는 도덕지상道德至上의 교육적 기치 아래 학생들에게 궁리격물窮理格物과 수신독행修身篤行의 통일, 덕德과 지知, 지와 행行의 통일을 요구하는 것으로서, 그가 바로 주학과 현학을 위해 쓴 다음의 대련對聯이 표방하는 바와 같다.

많고 많은 스승들은 편안한 집(인)에 거하여서 바른 자리에 서며

많고 많은 선비들은 의로운 길(의)을 걸어서 예의 문으로 들어간다

師師僚庶居安宅而立正位, 濟濟多士由義路而入禮門

학문은 군자에게서 이루어지나니 용과 호랑이처럼 변하고 기린과 봉황처

럼 상서로우며　　　　　　　學成君子如龍虎之爲變而麟鳳之爲祥

덕은 백성에게 있나니 우레와 천둥처럼 위엄이 있고 비와 이슬처럼 혜택을

내린다　　　　　　　　　　德在生民如雷霆之爲威而雨露之爲澤

성현의 글을 읽고 인의를 행하며　　　　　讀聖賢書行仁義事

충효의 마음을 지니고 수신제가의 뜻을 세운다　　存忠孝心立修齊志

자기를 극복하여 예를 회복하며, 마음을 맑게 하고 욕심을 적게 한다

경건을 유지하고 간결하게 행동하며 아침 일찍 일어나고 밤늦게 잔다

克己復禮淸心寡欲, 居敬行簡夙興夜寐

천지와 같이 넓고 통달하며 기상은 구름과 우레 같고

효도하고 공경하고 충직하고 신실하며 예의와 염치를 지닌다

普通天地氣象雲雷, 孝弟忠信禮義廉恥

　　　　　　　　　　　—『주자문집대전류편朱子文集大全類編』「잡저」

　기둥에 붙이는 이들 대련은 모두 그의 교육 사상의 격언이 응축된 결정체
인데, 특히 '덕'이 두드러진다. 주희는 덕과 의를 길로, 인과 예를 문으로 삼
고, 효제충신孝悌忠信, 예의염치禮義廉恥의 도덕적 기질을 갈고 연마하여 박학博

學에서 곧바로 독행篤行에까지 일관되게 관철한 끝에 개인의 자아 완성과 천하의 태평지치太平至治의 통일에 도달하고자 하였다. 그의 교육 이념은 현실적 목적과 방법, 내용을 선명하게 지니고 있었던 것이다.

이러한 이학적 교육 아래서 무이정사의 학자들은 저마다 거의 청교도와 같이 청빈하게 지냈다. 어려서부터 직접 농사를 지었던 주희는 농사를 배우는 것에 반대한 공자와 달리 제자들에게 노동에 참가하도록 하였다. 간소하고 누추한 무이정사는 바로 제자들이 삽을 메고 들것을 들며, 기와를 옮기고 돌을 쌓아서 지었다. 복건 안무사였던 조여우趙汝愚가 군사와 백성을 보내 학사學舍를 짓는 데 도움을 주고, 부유한 벗과 동지들이 힘을 보태 도와주려고 하였지만, 그는 이를 모두 거절하였다. 그는 또 정갈한 밥과 가늘게 썬 회를 좋아했던(食不厭精, 膾不厭細) 공자와 달리, 학도들과 함께 거친 밥과 멀건 국을 먹고 마시는 생활을 보냈다. 바로 이런 점이 정갈한 밥과 가늘게 썬 회를 좋아했던 조정 관료(肉食者)들이 주희와 그 학도를 '거짓의 무리(僞徒)'라고 지적하는 죄목의 하나가 되었다.

시인 추당秋塘 진선陳善(*경보敬甫)이 주희의 제자 보광輔廣(*한경漢卿)에게 보낸 시에서 "평소 보한경의 생활을 듣자 하니, 무이산 아래에서 남이 먹다 남긴 국을 마신다네(聞說平生輔漢卿, 武夷山下啜殘羹)"(『귀이집貴耳集』 권상)라고 했는데, 이는 주희의 제자들이 무이정사에서 보낸 청빈한 생활을 그대로 개괄한 것이다. 학생들은 평소 '현미밥(脫粟飯)'을 먹었고, 가지가 익을 무렵에는 그것을 '생강과 함께 식초에 담가 서너 개를 먹었다.'(『사조문견록四朝聞見錄』 갑집甲集「호굉이목胡紘李沐」) 부귀를 좇아 이익을 탐하는 무리도 그 명성을 사모하여 무이에 와서 배우려고 하였으나 산중의 적막하고 청빈한 학도의 생활을 견디지 못하였다.

경원당금慶元黨禁 동안 반도학에 의지하여 현귀한 고위직에 오른 호굉胡紘이라는 사람도 무이에 와서 배우려고 하였는데, 학도들과 함께 '현미밥'을 먹는 데 습관이 붙지 않아 불만을 가득 품고서 남들에게 다음과 같이 말하였다. "이건 사람이 할 노릇이 아니다. 닭고기와 술만 있더라도 산중 생활이 궁핍하지는 않을 것이다."(『송사』「호굉전」) 나중에 그는 자기가 기초하고 심계조沈繼祖를 조종하여서 올린 주희의 여섯 가지 죄상을 탄핵하는 상소에서 주희에 대해 다음과 같이 말하였다. "문호를 열고 제자를 받는데 반드시 부유한 집안의 자제를 끌어들여서 두터운 속수束脩(수업료)를 가져오게 합니다. 사방에서 뇌물이 꼬리를 물고 이어지니 1년 사이에 1만을 헤아릴 정도입니다."

이는 매우 가소롭다. 주희는 봉사의 직책에 의지하여 절반의 녹으로 살았는데, 때로는 곤궁한 나머지 덧대어 기운 베옷을 입고 곡식을 꾸어 먹고 산장자莊子와 마찬가지로 한원길韓元吉에게 돈을 빌리려다 끝내 얻지 못하기도 하였다. 그가 받아들인 제자들은 삼교구류三敎九流의 사람들을 포괄하였으며, 부유한 집안의 자제이건 가난한 집의 자식이건 찾아오는 사람은 거절하지 않았으니, 오히려 '가르침을 베풀되 부류가 없었다(有敎無類)'는 공자의 말에 부합하였다.

사대부들이 어지러이 다투어서 이익을 좇고 관리들이 염치를 모르는 쇠퇴한 시대에 이와 같이 대단히 청빈한 주희의 교육 방식은 타락한 도덕과 허물어진 인심을 구하기 위한 효과적인 경로를 잃지 않았으며, 관방의 과거제도와 교육제도의 병폐를 겨냥하여 자기의 서원과 정사에서 학교와 교육의 개혁을 추진하는 현실적 의의를 지닌 것이었다.

무이정사를 건축한 것과 동시에 순희 10년(1183) 5월에 그는 멀리 떨어진 소주韶州의 주학 교수에 취임한 제자 요자회廖子晦를 위해 「소주주학렴계선생사기韶州州學濂溪先生祠記」를 써서 주었다. 여기서 그는 무이정사에서 학문을 강론하고 제자를 기르면서 관철한 교육 사상을 개괄했을 뿐만 아니라 고금을 관통하는 그의 평생 문화 사상을 방법론적 수준에서 개괄하였다. 그는 전통

교육과 전통문화에 이르기까지 이와 같이 전면적인 사고를 하였던 것이다.

> 진·한 이래, 천하에 도가 밝혀지지 않아 선비들은 어떻게 학문을 해야할지 알지를 못하였다. 하늘을 말하는 이는 사람을 빠뜨려서 쓸모가 없고, 사람을 말하는 이는 하늘을 언급하지 않아서 근본이 없다. 오로지 하학下學을 하는 이는 상달上達을 알지 못해서 형기形器에 막히고, 기필코 상달하려는 이는 하학에 힘쓰지 않아서 공허空虛에 빠졌다. 치기治己가 충분한 이는 급인及人이 부족하고, 세상을 따라 공명을 성취한 이는 또 반드시 근본으로부터 시작해서 그것을 추진하지는 못했다. 대체로 이와 같기에 천리天理는 밝혀지지 않고 인욕人欲은 들끓으며, 도학은 전해지지 않고 이단이 일어난다. 사사로운 지혜를 발휘하여서 한 시대를 풍미하는 사람은 늙어서 죽지 않고는 그치지 않으며, 끝내 그 잘못을 깨닫지 못한다.
>
> ─ 『문집』 권79 「소주주학렴계선생사기」

이는 확실히 역사와 현실에 대한 드넓고 거대한 전방위적인 문화 반성이었다. '사람을 빠뜨려서 쓸모가 없다' 함은 노자와 장자, 불학과 도교에 대한 비판이며, 사람의 주체성 상실에 대한 침통한 깨달음이다. '하늘을 언급하지 않아서 근본이 없다', '형기에 막혔다' 함은 장구의 훈고를 주로 하는 한·당의 고전 경학에 대한 지양止揚으로서, '사람'에게 천도天道와 인성人性으로 복귀하라고 요구하는 것이다. '하학에 힘쓰지 않아서 공허에 빠지고', '치기가 충분한 이는 급인이 부족하다' 함은 불교와 도교, 그리고 특히 육학陸學에 대한 부정이다. '반드시 근본으로부터 시작해서 그것을 추진하지는 못했다' 함은 주로 절동浙東의 사공학事功學에 대한 부정이었다.

주희가 추구한 것은 '하늘'과 '사람'의 합일, '하학'과 '상달', '기器'와 '도'

의 통일, '치기'와 '급인'의 일치이다. ─ 이것이 바로 형태가 새로운 그의 이학 문화의 기본 원칙이었다. 그는 소외疏外로 가득 찬 봉건사회에 직면하여서 이 사회는 인욕이 흘러넘치고 인성을 해치는 것을 특징으로 한다고 여겼다. 이 때문에 그의 '존천리存天理, 멸인욕滅人欲'은 윤리 도덕의 길을 통한 봉건사회의 소외를 극복하고 해결하는 사상이었으며, 칠정七情과 육욕六欲을 멸절하여서 인성을 왜곡하고 상실하게 만드는 금욕주의와는 결코 같은 점이 없다. 그러므로 그는 주돈이에 기대어 보수적이고 복고적인 허무맹랑한 '도통道統'을 선양하기보다는 차라리 더욱 새롭게 향상된, 현실에 입각한 문화 전통을 선양하려고 하였다.

그가 이 기문記文에서 밝혀 진술한 바에 따르면, 그는 '위로 수사 천년의 계통을 잇고, 아래로 하락 백세의 전승을 연(上接洙泗千年之統, 下啓河洛百世之傳)' 주돈이의 역사적 공적을 다음과 같이 세 가지 조항으로 귀결짓는다. 첫째, '태극·음양·오행의 오묘한 뜻을 밝혀서, 천하의 중정中正과 인의仁義를 실천하는 자가 그 유래할 바를 알 수 있게 된 것', 둘째, '성학聖學에 요점이 있음을 말하여서 하학下學하는 자가 사욕을 이겨내고 예로 돌아감으로써 상달上達에 이를 수 있음을 알게 된 것', 셋째, '천하에는 근본이 있음을 밝혀서 다스림을 말하는 자가 마음을 성실하게 하고 자기를 단정하게 함으로써 이를 천하에 적용하여 쓸 수 있음을 알게 된 것'이다. ─ 이것이 또한 주희 스스로의 천인합일, 하학상달의 통일, 치기급인의 일치라는 세 가지 이학 문화의 원칙이다. '천인합일'은 그의 '나(我)'와 '도'의 통일이라는 유기적 정체관有機的整體觀의 심리─철학적 원칙이다. '하학상달의 통일'은 그의 '덕'과 '앎'의 통일이라는 인식─수양 방법론의 원칙이다. '치기급인의 일치'는 그의 '덕'과 '행'의 통일이라는 도덕─정치론의 원칙이다.

주희의 이학 문화 사상 체계에 내재하는 논리 구조는 바로 도기상즉道器相

卽, 이기상즉理氣相卽 위에 건립된 '이일분수理一分殊'를 철학의 축으로 삼고, 천인합일(*아도통일我道統一), 하학상달의 통일(*덕지통일德知統一), 치기급인의 일치(*덕행통일德行統一)를 심리적·인식론적·도덕적 삼원 구조로 삼아서 형성된다. 무이정사에서 그는 사방의 학자에게 이러한 이학 문화의 사상 체계를 전수하였고, 이 같은 사상 체계를 가지고서 절학浙學과 육학, 관방의 반도학 사조와 크고 작은 논전을 전개하였다. 그는 이학 문화를 대표하는 '선생님(夫子)'으로서 무이의 대은병大隱屛 위에 높이 앉아 인성에 소외되고 인욕이 넘쳐흐르는 세간의 수많은 중생을 굽어보고 있었다.

순희 10년(1183) 이후 주희가 무이에서 강학하는 데로 방향을 돌린 것과 왕회의 반도학 역풍이 일어난 것은 모두 정과 반 양면에서 일종의 역사적 상징이 되었다. 곧 주학朱學은 일종의 학파적 사상에서 보편적인 이학 문화의 새로운 조류로 바뀌어, 그가 무이에서 강학하고 저술하며 얻은 성세에 힘입어 아주 빠른 속도로 전체 사회에 전파되고 만연하였다. 그리하여 이는 왕년에 남강의 주학이 강서와 절동의 학파와 얽혀서 삼자 각축을 벌이던, 학파 간의 경쟁이라는 작은 규모를 이미 멀리 넘어섰음을 보여주고 있다.

맨 먼저 이러한 이학 문화의 새로운 조류에 충격을 받은 지역은 역시 강서였다. 연산鉛山의 극재克齋 진문위陳文蔚가 순희 11년(1184) 9월에 여대아余大雅를 따라 무이에 함께 와서 제자의 예로 처음 주희를 만나 본 일은 주학이 복건과 인접한 신주信州 지역으로 돌입했음을 보여주는 대표적인 의의를 갖고 있다. 주희는 그들에게 용감하게 실천 독행하라고 하였다. "학문을 함은 모름지기 스스로 발분하고 떨쳐 일어나서 용감하게 실행해 나가는 일입니다. 다만 하루를 실천하면 하루의 효과를 보고 한 달을 실천하면 한 달의 효과를 봐야 합니다. 여러분이 이렇게 하려면 바로 오늘부터 실행해야 합니다. 그렇지 않으면 바로 오늘부터 단절됩니다. 말로만 해서는 안 되니 한갓 무익할

뿐입니다."(『어류』 권113)

그는 이 새로운 조류의 이학 문화라는 거대한 물결이 필연적으로 세기의
무대를 석권하리라는 자신감을 드러냈다. 진문위는 그를 배알한 뒤 구민甌閩
(온주溫州와 복건)의 으뜸가는 주州에 높이 누운 무이의 도학부자를 다음과 같이
칭송하였다.

갑진 9월 초 회암 선생을 대안도에서 뵙고 여정숙(여대아)의 운으로 화
답하다 　　　　　　　甲辰九月初訪晦庵先生大安道中和余正叔韻

세찬 바람과 이슬에 국화는 피어 있고	瀟瀟風露菊花秋
사람은 구민의 으뜸가는 주에 있네	人在甌閩第一州
지난날 씩씩한 뜻을 품었더니	少日已嘗懷壯志
오늘 아침 참으로 깨끗한 교유를 저버리지 않았네	今朝端不負清游
선생님 모시고 몇 날 조용히 말씀을 듣고	陪君數日從容語
내 평생 어지러운 근심 씻었다	洗我平生散亂愁
이로부터 돌아가 무엇을 일삼으랴?	從此歸來復何事
물결이 험한들 빈 배를 어이하리?	風濤雖險奈虛舟

연산으로 돌아와 정숙에게 이전의 운을 다시 써서 화답하다
　　　　　　　　　　　　　歸鉛山正叔復用前韻和答之

싸늘한 가을처럼 이미 거둬들여 갈무리하고	斂藏先用肅如秋
차례로 온 세상에 온화한 양기가 펴진다	次第陽和遍九州

한가함 속에 세월은 흐르고	歲月正緣閑裏度
시끄러운 가운데 어떻게 고요히 노닐 수 있나	紛囂那得靜中游
증점에게 참다운 즐거움 있음을 인정한 까닭을 아나니	明知與點有眞樂
안회처럼 될 수 없어 스스로 근심한다	未足希顏却自愁
도가를 읊으며 구곡을 생각하면서	諷詠棹歌思九曲
그대와 배 타고 놀자고 거듭 약속하네	與君重約泛扁舟

—『진극재집陳克齋集』권5

　주희는 여대아에게 '그대를 위해 터전(基址) 하나를 세웠다'고 했는데, 사
실 여대아 또한 강서의 모든 주학朱學의 학문을 신봉하는 학자들을 위해 '터
전 하나를 세웠던' 것이다. 한편 진문위는 나중에 "예장豫章에 있는 주자의 문
인 가운데 비록 현사賢士가 많으리라 생각하지만 선생보다 더 뛰어난 사람은
없었다."(장백행張伯行, 「진극재집서陳克齋集序」)고 인정을 받은 사람이다. 그를 중심
으로 서자융徐子融(서소연徐昭然)·오백풍吳伯豐(오필대吳必大)·이경자李敬子(이번李燔) 등
주학 제자들이 '일시에 화답하여서 예장의 학문이 외롭지 않게 되었던 것이
다.'(장시우張時雨, 「진극재집기술陳克齋集紀述」)
　이러한 이학 문화의 새로운 조류에 휩쓸려 여릉廬陵에서도 신속하게 유청
지劉淸之를 우두머리로 하는 주학의 별파가 형성되었다. 유청지는 소흥 29년
(1159)에 담계潭溪로 와서 주희를 사사하였는데, 그는 스승을 구하는 편지에서
다음과 같이 말하였다. "경전의 스승은 만나기 쉬우나 인생의 스승은 만나기
어렵습니다. 원컨대 흰 실과 같은 바탕으로 붉은빛, 쪽빛을 가까이 하고자 하
니 가르쳐주시기를 바랍니다."(『인원문집麟原文集』권9 「정춘선생전靜春先生傳」) 이로부
터 그는 박학굉사과博學宏詞科의 시험을 포기하고 주희를 좇아 '의리지학義理之
學'을 정밀하게 연구하였다. 그 뒤 그는 주희·장식張栻·여조겸呂祖謙 사이에서

강학을 하였다.

순희 11년(1184), 유청지는 악주鄂州 수령의 임기가 차서 돌아간 뒤 곧 여릉의 선비 양염정楊炎正·황표黃豹·이여규李如圭·증조도曾祖道와 유공도劉公度·허경양許景陽·유계장劉季章(유보劉鞴) 등 30여 인과 함께 종일 괴음정사槐陰精舍에서 강학과 논변을 하며 '사사로움을 제거하고 덕으로 나아가는 방법과 자기를 수양하고 사물을 대하는 도리(去私進德之方, 修身應物之道)'를 탐구하였다. 나중에 그들이 논변하고 문답한 서찰 100여 편을 모아서 엮은 『괴음문답槐陰問答』이라는 책이 전해진다(동상).

이들 여릉의 선비 대다수는 주희의 제자였고 그들의 『괴음문답』은 주희의 직접적인 지도를 받은 것이었다. 나중에 주희는 증조도에게 다음과 같이 말하였다. "근래에 여릉의 여러분이 엮은 『문목問目』과 같은 책을 보았는데, 대강이 느슨하여서 딱 부러진 내용이 없었으니 참으로 의문스러웠습니다. 서로가 평범한 이야기만 하고 말았습니다. 만약에 이처럼 느긋하게 노닥거리기만 한다면 허송세월을 하고 말 것입니다."(『어류』 권116) 주희는 문답 두루마리의 뒷면에 일일이 비평하고 주석을 달았다. 여릉의 도학은 유청지로부터 시작되었다고 여겨진다.

무이산 속에서 솟아오른 이학 문화의 조류는 민閩(복건성)·감贛(강서성)·절浙(절강성)에서부터 곧바로 오중吳中(회하淮河 일대)으로 밀려들었다. 이때 윤주潤州 단양丹陽의 포의한사布衣寒士 두종주竇從周가 과거 공부와 가사를 포기하고 천리 먼 길을 걸어서 민으로 들어와 순희 13년(1186) 4월 5일 무이정사에 와서 수학한 일은 상징적 의의를 갖는다. 주희는 생애 첫 오중의 제자와 긴 시간 담화를 나누었다.

"어디서 왔는가?"

"단양에서 왔습니다."

"그대의 고향(仙鄕)에는 강학을 하는 사람이 아무도 없는가?"

"고향에는 대부분 문사文辭의 배움만 알고 있습니다."

"그대는 어떤 공부에 마음을 쓰는가?"

"놓친 마음을 거둬들이는(收放心) 데 마음을 씁니다. 안자의 극기의 기상을 사모합니다. 유 관원游判院이 저에게 늘 놓친 마음을 거둬들이라, 늘 잊거나 조장하는지를 살피라 하였습니다."

"참으로 옳다. 선배들이 일찍이 가르치기를, 털끝만 한 차이가 천리만큼 멀어진다고 하였다. 오늘날 배우는 사람은 경서를 이해하면 곧 전주傳注로 흘러버리고 사학史學을 이해하면 곧 공리로 흘러버린다. 그렇지 않으면 불교와 도교에 들어가버린다. 가장 잘못된 것이다."

"그대는 이 도에 뜻을 둔 지 몇 년이 되었는가? 무엇 때문에 이쪽을 향하려는가?"

"어머니가 돌아가신 뒤 저는 마음이 아파 몸을 가눌 수 없었습니다. 그래서 「서명西銘」을 읽었는데 '하늘은 아버지, 땅은 어머니'라고 말한 것을 보았습니다. 글의 전체가 모두 옳은 말씀이었습니다. 그리하여 마침내 스스로 과거 공부를 버렸습니다. 저는 10년 전부터 선생님을 뵙기를 원하였으나 집안일에 매여 있었습니다. 지금 집안일을 모두 아내에게 맡겼으므로 세상일에 아무 얽매임이 없으며, 또 공명을 추구하는 마음도 없습니다. 바로 모시고 가르침을 받을 때입니다."

"그대는 이미 마음을 잡는 요체를 터득하였다."

......

— 『어류』 권114

이 담화에서 다음과 같은 역사적 사실이 도출된다. 주희를 대표로 하는 이학 문화의 새로운 조류의 흥기는 첫째, 전주傳注로 흐른 한·당 고전 경학을 반대하고, 둘째, 절학浙學을 대표로 하는 공리주의 문화 사조를 반대하고, 셋째, 불교와 도교의 이단 사상 및 불교와 도교의 진수를 깊이 체득한 무구無垢(장구성)의 선학, 육씨의 심학 등에 반대한다는 사실을 분명히 나타낸다. 그러나 두종주와 같이 빈한한 유사儒士도 천 리 멀리 떨어진 민으로 들어와 스승에게 가르침을 들으려 했다는 사실은 또한 이 이학 문화의 새로운 조류가, 심지어 막 민간에서 몸부림치며 솟아올라와서 아직 봉건통치자에게 승인을 받고 받아들여지거나 '흠정欽定'을 거쳐 관방의 통치 사상이 되지 않았을 때인데도 이미 광대하게 봉건적 선비들(士子)을 깊이 흡수하였음을 밝히 드러낸다. 아울러 그들이 이 이학 문화를 경건하게 신봉하고 지성껏 실천하였다는 점은 사회의 인심에 대해 거대한 충격을 일으켰음을 나타낸다.

무이산의 주희가 일으킨 풍랑의 격동은 육학의 대본영과 육학의 제자들이 모여 있는 소굴인 건창建昌에 직접적인 충격파를 던졌다. 그리하여 독서와 강학을 격렬하게 반대하고 순간적 초월의 돈오를 독실하게 믿던 건창의 육학 선비 포현도包顯道마저 마침내 포상도包詳道·포민도包敏道와 함께 형제 세 사람이 잇달아 순희 10년(1183), 11년, 12년에 무이정사에 와서 주희에게 제자의 예를 갖추고 수학하였다.

민중閩中은 본래 주학 독패獨覇의 천하였지만 이 시기에 이르러 이미 완전히 이학 문화의 새로운 조류에 휩쓸렸다. 복주福州 민현閩縣의 선비 황간黃榦은 일찍이 유청지劉淸之에게서 수학하였는데, 유청지가 그에게 다음과 같이 말하였다. "그대는 원대한 그릇이다. 지금 학문은 그대가 처신할 바가 아니다." 그리고 곧 그를 주희에게 천거하였다. 그는 순희 3년(1176)에 휘날리는 눈발을 무릅쓰고 담계에 와서 주희를 뵈려 했지만 공교롭게 주희가 외출 중이라 객잔에 묵으면서 침상에 누워 두 달 동안 옷을 벗지 않은 채 줄곧 주희가 돌아오기를 기다렸다. 그 뒤 그는 정사에서 각고면려하여 수업을 하며 밤에도 침상을 펴지 않고 잠을 잘 때도 띠를 풀지 않으며 늘 밤을 지새우고 새벽까지 앉아 있었다.

주희는 다른 사람에게 그를 다음과 같이 칭찬하였다. "직경直卿(황간)은 의지가 견고하고, 늘 고심하며 사색한다. 그와 함께 있으면 매우 유익하다." 장식이 죽은 뒤 주희는 황간에게 편지를 써서 그를 중망하고 있음을 말하였다. "우리 도가 더욱 외로워졌다. 현자에게 바라는 바가 가볍지 않다."(『송사』 권430 「황간전黃榦傳」) 순희 9년(1182), 주희는 둘째 딸을 그에게 시집보내고 자양서당紫陽書堂에 머물게 했다. 그로부터 그는 또 채원정蔡元定과 함께 절차탁마하며 도에 참여할 수 있었다. 언제나 '그 말씀을 듣고서는 차마 떠나지 못하였고, 떠날 때는 모두 충분히 소득이 있었다.'(『면재집勉齋集』 권22 「서채서산가서書蔡西山家書」) 그리하여 마침내 '경건에 거하고 의를 모아서 지니며, 독실하게 행동하고 힘써 실천하여서 우뚝하게 이 도를 자임하였으며, 상세하고 명료하게 글의 이치를 파악하여서 스승의 바른 전승을 다 얻은'(『담계황씨종보潭溪黃氏宗譜』) '면재 선생勉齋先生'이 됨으로써 채원정·진순陳淳·채침蔡沈과 함께 주문朱門의 4대 전인四大傳人이 되었다.

주희가 시끄러운 속세를 멀리 떠나 산속에 엎드려서 겉으로는 평정하게 무이정사에서 강학하고 저술을 하고 있을 때, 그 배후에서는 주학이 신속하게 지방에서 전국으로 발전하고 민간에서부터 관방으로 침투함으로써 이학 문화의 새로운 조류를 형성하고 있었다. 그리하여 주희는 선비들의 마음속에 천년을 이어온 진리의 등불을 전승한 도통의 성인이 되었다.

대략 순희 14년(1187) 가을에 장식의 제자인 혜안惠安의 장손張巽도 먼 곳에서부터 무이를 찾아와 주희에게 도를 물었고, 이별할 때 시 한 수를 지어서 당대 도통의 성인을 기렸다.

무이에서 주회옹 선생과 이별하면서 드리다　　　武夷留別朱晦翁先生

천년을 이어온 성인의 도를 그 누가 이으려나?	千燈聖道誰能幾
홀로 뚜렷이 선현께서 물음 하나를 남겼네	苦卓先賢問一遺
맑은 물결치는 거대한 기슭에서 광대함을 알고	巨麓清揚知廣大
석종에서 스스로 정미함을 보였다	石鐘自況示精微
산속에 밤은 차고 눈 내려 손님은 서 있는데	山中夜冷雪客立
동구에 가을은 깊어 기러기 멀리 날아가네	洞口秋深雁望飛
이즈음 은근히 손을 놓고 떠나려 함에	此際殷勤分手去
내년 봄 지팡이 짚고 사립문을 두드리겠소	明春策杖扣仙扉

— 『혜안현속지惠安縣續志』 권11

　'맑은 물결치는 거대한 기슭에서 광대함을 안다' 함은 장식이 지은 「악록서원기岳麓書院記」를, '석종에서 스스로 정미함을 보였다' 함은 주희가 지은 「석고서원기石鼓書院記」를 가리킨다. 주희는 헤어질 때 장손에게 다음과 같이 지적하였다. "남헌(장식)은 악록서원에 기문을 썼고 나는 석고서원에 기문을 썼습니다. 합해서 본다면 힘을 쓸 곳을 알 터입니다."(『송원학안宋元學案』 권71) 순희 14년 봄에 쓴 「석고서원기」에서 주희가 제시한, "아직 발하기(未發) 이전에 그 전체를 기르고 장차 발할(發) 즈음에 그 기미를 살펴, 선하면 확대하여서 채우고 악하면 극복하여서 제거해야 한다."고 제시한 내용은 바로 이 광대함을 다하고 정미함을 다한(致廣大而盡精微) '도통의 성인'이 도덕이 땅에 떨어진 세상의 사람들을 향해 지시해준, '성인의 도'로 통하는 구원의 길이었다.

　그러나 주희에 대해 말하자면, 무이정사의 시기는 정신적으로 어려운, 빽빽한 고난의 가시밭길을 걷던 시기였다. 무이산의 평정平靜 가운데에는 또한

평정하지 못함이 있었기에 고요하고 담박한 '도통의 성인' 마음속은 결코 평
정하지 못하였으며, 인욕이 넘쳐흐르는 혼탁한 세상도 그가 평정을 이루도록
내버려 두지 않았다.

| 반도학反道學 문화의 역풍 속에서 |

　　역사는 새로이 일어난 이학 문화의 조류가 한 차례 또 한 차례 반도학의 고통스러운 '세례'를 받아야 한다고 미리 정해 놓았다. 왕회 당의 반도학은 다만 진회秦檜의 정학程學 금지로부터 경원의 위당僞黨 금지에 이르는 사이의 중간 연결 고리였을 뿐이다. 왕회의 대대적인 반도학은 사적인 원한을 품고 보복하려는 개인적인 목적으로 일으킨 일이었지만, 또한 청렴한 사대부의 도학 청의淸議를 반대함에 가장 부패한 관료 세력을 자각적으로 대표하였다. 그래서 그의 반도학 주창에 첫 번째 희생양이 된 사람은 뜻밖에도 주희가 아니라 '도학'에 붙기를 기꺼워하지 않은 영강 사공학파의 진량이었다.

　　순희 11년(1184) 3월에 진량이 체포되어서 옥에 갇혔는데, 그 직접적인 원인은 같은 마을에 사는 간사한 백성 노씨盧氏의 무고였다. 노씨는 여수呂殊·여호呂皓의 아버지가 진량과 함께 잔치 자리에서 독주毒酒로 자기의 아버지를 독살했다고 무고하고, 또 그 이전 순희 5년(1178)에는 진량이 과거에 합격하지 못하고 풀이 죽어서 실의에 빠져 돌아왔을 때 여수와 노씨의 멍청한 아들과 함께 기생을 끼고 취한 가운데 장난 삼아 황제와 재상으로 스스로를 꾸미고 군신의 예를 차림으로써 위를 범하는 반역을 저질렀다고 무고하였다.[3] 실

3　여호呂皓의 『운계고雲溪稿』에 들어 있는 「상구헌종경서上丘憲宗卿書」에서 다음과 같이 말하였다.
　　"작년에 부사部使(어사御使) 주회옹(주희) 공이 제 이름을 거론하여서 조정에 상주하였습니다.

제로 노씨의 목적은 주현 지방관의 의도에 따라 진량을 무함해서 주희와 도학 전체에 타격을 가하기 위함이었다. 왜냐하면 여호는 주희의 상주에 따른 천거로 관직 한자리를 받았고, 진량은 주희가 당중우를 탄핵했을 때 그를 지지했기 때문에 반도학의 연옥을 마련한 자들은 그에게 한 가지 죄명을 덧씌웠다. 바로 주희의 세력을 믿고 뇌물을 추구했다는 것이다.

진량은 80여 일이나 감옥에 갇혀 있었다. 마지막에는 여호가 도성으로 들어가서 대궐에 머리를 조아리고, 효종 황제에게 글을 올려 억울함을 하소연하면서 자기의 관직을 반납하여 부형의 목숨을 살리고 싶다고 함으로써 5월 25일에야 진량은 겨우 억울함을 씻고 출옥하였다. 진량은 다음 날 임안에서 주희에게 보낸 편지에, 슬픔과 분노로 의기소침하여서 앞으로는 불교에 귀의하여 면벽 수련(少林面壁)하면서 여생을 보내고 싶다는 의사를 드러냈다.

…… 은명恩命을 받은 이래 고을의 간사한 백성 노씨 부자가 여러 차례 시비를 가린다는 명목으로 상사上司와 주현州縣의 판결을 의심해 마지않았습니다. 저의 형이 패악한 헛소리를 했다는 등으로 무함을 하였으며, 일이 막 밝혀질 즈음 또다시 저의 아비가 같은 마을의 진 공陳公(*진량)과 함께 자기 아비를 죽였다고 무함하였습니다. 그래서 비록 각하와 같이 고명하고 통달하시며 사물의 이치를 밝히 보시고 크고 작은 일들을 빠뜨리지 않고 꼼꼼히 살피시는 분도 의심을 하기에 이르는 것을 면치 못했던 것입니다." 또 「상왕량이상서上王粱二相書」에서 말하였다. "수년 전에 술을 마신 뒤 어렷한 상태에서 알 수 없는 말을 했으나 형의 죄에 연좌되어서 은미한 글발까지도 수색을 당하였고 저의 아비도 면하지 못하였습니다.……가장 심한 것은 일행의 평범한 사람들에게 본래 무슨 죄가 있는지는 모르겠으나 저의 형이 원수에게 죄를 얻은 일로 인해 모두 연좌되었으며, 심지어 선비(*생각건대, 진량을 가리킨다)도 자기를 해명할 수 없었다는 점입니다." 또 「상효종황제서上孝宗皇帝書」에서 말하였다. "원수와 원한을 맺은 집안으로부터 곤궁한 일을 당하여 (남은 재산이) 100전도 되지 않으며, 신의 형을 반역으로, 신의 아비를 살인으로 무함하기에 이르렀습니다. …… 부자가 차꼬를 차고 영어囹圄의 고통을 겪은 뒤 옥사의 판결이 갖춰졌으나, 털끝만큼도 사실이 아니었습니다. 끝내 법리法吏의 심리에 따라 수년 전 술을 마시고 한 헛소리를 가지고서 신의 형에게 죄를 가중시키고, 은미한 글발까지 수색하여서 집안사람과 공모하여 범행했다며 신의 아비를 죄에 연좌시켰습니다. ……" 옥사의 자세한 사정은 『사조문견록』, 「천자옥天子獄」에서 볼 수 있다.

주희는 답장을 보내 그에게 권유하였다. "이른바 불교에 귀의하여 면벽 수련하는 일은 노형께서 결코 할 수도 없고, 또한 그렇게 해서도 안 됩니다. 명교名敎(유교) 가운데 저절로 안락한 곳이 있을 것입니다."(『문집』 권36 「답진동보答陳同甫」)

이해 가을, 진량은 주희에게 보내는 편지에서 이 억울한 일이 일어난 진상을 상세히 털어놓았다.

> 당로자當路者의 뜻은 도학을 다스리는 것이 주목적이었을 뿐입니다. 저는 쓸데없는 재앙을 넘치도록 입었습니다. 처음에는 사람을 죽였다면서 목숨을 해치려고 하더니, 나중에는 뇌물을 받았다고 몸을 해치려고 하였습니다. 그들은 저를 감옥에 넣으려고 온갖 방법으로 단서를 찾아내고 수색했으나 끝내 털끝만 한 죄도 찾아내지 못했습니다. 그러나 잘못된 말을 올린 투서 한 장으로 관련도 없는 죄에 연좌되었으니, 털을 불어가면서 흉터를 찾는 일(吹毛求疵)의 극치라 하겠습니다. 가장 가소로운 일은 제가 감사監司의 세력을 끼고서 주현을 선동하고 규합하여 뇌물을 챙겼다고 옥사獄司가 깊이 의심하고 있다는 사실입니다. 제가 비록 불초하나 말을 할 수 있고 손을 쓸 수 있으니, 본래 두 눈을 감고 흐리멍덩한 정신으로 스스로 도학에 붙은 자는 아닙니다. 만약에 참으로 뇌물을 좋아하는 자가 응당 스스로 입과 손을 써서 세간의 관인官人들을 선동하고 규합하여서 서로 사사로이 결탁한다면 누가 막을 수 있겠습니까? 어찌 비서秘書(주희)와 여러 사람의 세력을 빌려 주현에 간여하여 뇌물을 챙기겠습니까!
>
> ──『용천집龍川集』 권20 「우갑진추서又甲辰秋書」

도학을 다스리는 것을 주목적으로 삼은, 권력을 장악한 왕회 당의 눈에 진량은 역시 작은 목표물에 지나지 않았다. 현실에 동떨어지고 언행을 지나치게 단속하는 도학 사대부들과 견줄 때 반도학의 왕회는 특히 간사하고 교활한 모습을 드러냈다. 그는 먼저 대간의 언로와 과거의 벼슬길을 장악하여서 도학 세력에 치명적인 타격을 가하였다.

진가陳賈·왕신王信·장계주蔣繼周·냉세광冷世光 따위 왕회의 당우黨羽는 대간에 안착하고서, '풍문'에 근거하여 제멋대로 자기들과는 다른 사람들을 탄핵하는 대권을 조종하였다. 왕회의 뜻을 받들어서 먼저 당중우를 대신하여 억울함을 호소한 뒤, 다음에 오홍吳洪을 탄핵함으로써 급히 기선을 제압하고는 창끝을 주희에게로 겨냥하였다. 조정 안팎의 관직에 있는 도학 사대부들은 도처에서 수시로 대간의 언관들로부터 논핵을 당하여서 파직되고 쫓겨나는 처지가 되었다. 육구연은 후임 절동 제거인 구창태勾昌泰에게 보낸 편지에서 조정과 대간의 언로 상황이 이미 "무리들이 결탁하고 참된 이치는 꽉 막혔으며, 제어齊語(가르침이 되는 말)를 막고 끊어버렸으므로 초휴楚咻(올바른 가르침에 훼방을 놓는 시끄러운 소리)가 조정에 가득하고, 게다가 모기 떼처럼 몰려들어서 왕왕거리니 현명한 군주는 고립되었습니다."(『육구연집』 권7 「여구희재與勾熙載」)라고 말하였다.

왕회의 당은 도학 선비들이 과거를 통해 벼슬에 오르는 길을 막아버렸다. 순희 11년(1184)에, 3년에 한 번씩 치르는 춘시春試에서 도학의 기미가 보이는 시권은 모두 그들에 의해 탈락되고 채택되지 못하였다. 국자감 승 팽중강彭仲剛은 일찍이 임해臨海 현령으로 부임했을 때 가난한 사람과 부자의 불균등한 역법役法을 개혁하여서 주희로부터 아주 높이 평가를 받았으며, 순희 10년 7월에는 봉사封事를 올려서 당중우 사건에서 주희를 극력 변호하였기에 대간으로 있는 왕회의 하수인들로부터 눈엣가시처럼 여겨졌다. 순희 11년 3월에는 춘시에서 선비를 뽑을 때 도학을 주장하는 내용으로 제출한 시권이 우정언右正言 장계주蔣繼周의 것과 불일치하여서 왕회의 당에 죄를 얻었다. 장계주는 곧 '마음 씀씀이가 간사하고 학식이 터무니없다'는 죄명으로 팽중강을 탄핵하여서 쫓아냈다(『송회요집고宋會要輯稿』 제101책 「직관」 72).

육구연은 주희에게 보낸 편지에서 이 사건의 내막을 다음과 같이 털어놓았다. "팽중강 자복子復이라는 이는 영가永嘉 사람이며 국자감 승을 맡고 있었는데 근래에 논핵을 당하였습니다. 이 사람의 본성과 자질은 지극히 순박하고 아름답지는 않으나 또한 스스로 군자에 붙기를 원하고 있습니다. 지난해 의견을 구하는 조서가 내렸을 때 반차班次를 뛰어넘어 봉사를 올렸는데 시사를 말하는 내용이 매우 많았고, 천태天台의 일(*생각건대, 주희가 당중우를 탄핵한 일을 가리킨다)을 변론하는 데 더욱 힘을 썼습니다. 이로부터 업신여기는 자가 생겨났습니다. 근자에 성장省場(당·송 때 상서성에 속한 예부에서 선비를 시험 치르게 한 장소)의 시권을 점검하는 관리에 의해 도학을 주장하고 그 거취가 장 정언의 것과 다르다 하여서 거듭 죄를 얻었습니다."(『육구연집』 권7 「여주원회與朱元晦」) 팽중강이 쫓겨나기 전후로 왕희려王希呂·원추袁樞·왕자중王自中·장진張枃·육구연도 잇따라 쫓겨났는데, 이는 모두 왕회의 당이 반도학의 '의도'에 따라 만들어낸 걸작이었다.

도학부자 주희는 더욱 기이한 형태로 표출된 일종의 반도학 분위기에 둘러싸이고 말았다. 절동에서 민閩(복건)으로 돌아오자마자 어떤 사람이 조작한 인쇄물(圖榜)을 흩뿌렸는데, 위에는 주희, 유평劉玶 등의 이름과 관직을 나열하여서 세상 사람들에게 도학자들이 붕당을 결성하고 있다는 듯한 인상을 심어주었고, 그 결과 수시로 헐뜯고 죄를 더할 수 있도록 하였다. 이것이 나중에 도학당의 도표(黨圖)와 당적黨籍의 남본藍本이 되었다. 그리하여 주희는 마치 '발자취가 고립되어서 위태로우며, 움직이기만 하면 곧바로 비방을 받는(踪迹孤危, 動輒得謗)' 공포를 느꼈다.

순희 10년(1183)에 건창의 학관學官이 주희의 「재계하며 거함에 느낌이 일다(齋居感興)」라는 옛 작품을 간행하였는데, 조정의 반도학 의도에 영합한 건창의 파렴치한 학자들이 이 시에 대해 조정을 헐뜯고 비판했다고 날조하여서 해설하였으며, 구절마다 주석을 달아서 대간에 고발하였다. 이 일로 건창의 학관과 건창군建昌軍의 수령 임자방林子方(임계林枅)까지 자칫하면 논핵을 당하여 관직을 잃을 뻔하였다.

이해에 주희는 「무이정사잡영」에서 다만 '어느새 내 천석이로세(居然我泉石)'라고 읊었을 뿐인데, 반도학 당권자들은 '내(我)'라는 한 글자를 포착하고 이를 빌미로 삼아서 그가 무이산을 독점하려는 야심을 품고 있다고 하였다. 깜짝 놀란 그는 조여우와 벗들이 돈을 내고 힘을 보태서 무이정사를 짓는 데 도움을 주려는 것마저 모두 거절하였다. 그는 임용중林用中에게 보낸 편지에서 비웃음을 면하고자 자기변명 삼아 다음과 같이 말하였다. "집 짓는 일은 수신帥臣(*생각건대 복건 안무사 조여우를 가리킨다)도 그만두라고 하였는데, 이는 매우 좋습니다. 예전의 상황을 스스로 생각해보면 이설異說이 허다하고 분분했지만 모두 「십이영十二詠」(「무이정사잡영」) 가운데 첫 편의 '아我' 한 글자에서 나왔습니다. 이 글자는 정말로 모든 병의 근원으로서, 만약 깎아내지 않으면 접촉하는 곳마다 재앙이 될 것입니다."(『별집』 권6 「답임택지」 서19)

문자옥文字獄을 잘 꾸며내는 반도학 당권자들은 심지어 주희의 『사서집주』 등 경학 저술 가운데서도 글자와 행간에서 시사를 풍자하고 조정을 헐뜯고 비방하는 죄상의 흔적을 발견하였다. 그래서 광서 안무사 첨의지詹儀之가 사적으로 주희의 경학 저술 몇 종을 간행하려고 했을 때, 그는 두려움을 이기지 못하고 편지를 써서 만류하였다. "듣자 하니 이미 간각刊刻을 거의 마쳤다 하는데, 이 소식을 듣고 정신이 아득하고 두려움에 사로잡혔습니다. ……천한 자취가 바야흐로 헛된 명성으로 구설수에 오르고, 욕됨과 축출의 재앙이 위로 전현前賢(정호와 정이)에까지 미쳤으니 저의 계책은 바로 스스로를 깊이 숨기는 것이며, 그래도 오히려 재앙을 면하지 못할까 걱정됩니다. 지금 시랑 어른(侍郞丈, 첨의지)께서는 (황제의) 깊은 사랑을 받고 계시고 도를 수호하려는 정신이 절실하여서 소식영허消息盈虛의 이치로 사태를 미루어 생각해볼 겨를 도 없이 그 글을 새겨서 원근에 유포하려고 하시니 …… 저는 세상의 교화(世 敎)에 도움이 되지도 않거니와 오히려 불민한 죄를 거듭하게 되고, 또한 문하 에 붕당을 나누어 세운다는 비난을 면하지 못할까 두렵습니다. …… 하물며 경을 해설한 것이 본래 시사時事에 혐의를 두어 기휘忌諱를 피하지 못한 것도 있습니다. 예를 들어 『중용』의 구경九經에 관한 설과 같은 부류입니다. 이를 두고 윗사람을 비난한 것이라 하면서 형벌이나 죽임을 더하는 것이 또한 어찌 불가능한 일 이겠습니까?"(『문집』 권27 「답첨수答詹帥」 서2)

무이산 속에서 그는 자기가 마치 후한 때의 금고禁錮와 당 말 백마역白馬驛 에서 청류淸流를 해친 당화黨禍의 한가운데 처해 있는 듯한 느낌을 받았다. 위 기가 사방에서 도사리고 있는지라 반 발짝도 내딛기 어려워진 그는 어쩔 수 없이 제자 임용중에게 다음과 같이 말하였다. "우리 죄의 자취가 드러나서 가릴 수 없으므로 다만 자취를 숨기고 허물을 염려할 수밖에 없으며, 절대로 사람들과 많이 왕래해서는 안 됩니다. 현임 관리와 그의 자제들, 빈객의 무리 에 대해서는 더욱 마땅히 멀리 피하고 교섭을 하지 말아야 저절로 편안해질 것입니다."(『별집』 권6 「답임택지」 서17)

그러나 주희의 신중하고 조심스러우며 의기소침한 외모 아래에는 오히려 또 다른 오연하고 굽히지 않는 도학의 경골 기질도 있었다. 순희 9년(1182) 겨 울에 그는 매사梅詞 한 수를 지어서 무이산 속에서 반도학의 역풍을 만난 처 지를 스스로 더욱 진실하게 그려내려고 하였다.

염노교 念奴嬌

— 부안도와 주희진(주돈유)의 「매사」의 운을 써서 用傅安道和朱希眞梅詞韻

바람을 맞아 웃으면서 臨風一笑

물노라 뭇 꽃들에게 누가 참된 향기에 순백이냐고 問羣芳誰是眞香純白

홀로 서서 벗이 없나 생각하니 다만 獨立無朋算只有

고야산 꼭대기 신선뿐이라네 姑射山頭仙客

빼어난 아름다움 누가 사랑하는가? 絶艶誰憐

스스로 참된 마음 지키고 眞心自保

아득히 속세의 인연과 멀어졌다네 邈與塵緣隔

천연스레 빼어난 모습 天然殊勝

바람과 이슬, 얼음과 눈일랑 아랑곳 않네 不關風露冰雪

응당 웃으리라 속된 오얏꽃 거친 복사꽃이 應笑俗李麤桃

말없이 나부끼며 잉잉거리는 벌 나풀대는 나비를 끌어들임을 無言翻引得狂蜂輕蝶

마치 황혼에 한가로이 그림자 희롱하는 듯한 벌 나비를 爭似黃昏閑弄影

차가운 달은 맑고 얕은 시내를 비추고 清淺一溪霜月

화각 소리 잦아드네 畫角吹殘

요대의 꿈 깨어나 瑤臺夢斷

곧장 그치네 直下成休歇

푸르른 봄 綠陰青子

쉬 스러지게 하지 말게나 莫教容易披折

—『문집』권10

이는 매화를 사람에 비긴 것이고, 벗도 없이 홀로 고야산 꼭대기에 있는 신선은 바로 무이산 꼭대기에 은거한 도학부자 주희 스스로를 가리킨다. 속된 오얏꽃과 거친 복사꽃, 미친 벌과 경박한 나비는 한때 득세한 반도학자의 무리를 가리킨다. 그러나 그는 결코 속세의 인연과 단절하지도 않았고, 더욱이 한가하게 맑은 그림자를 희롱하지도 않았다.

건도乾道(1165~1173) 이래 주학朱學은 줄곧 민간 학술의 하나로서 그가 강학을 하고 제자들에게 전수하는 과정에서 사대부들 사이에 유행하였으며, 더욱이 문화적 역량의 하나였을 뿐 조정을 좌우하는 정치 세력을 형성하지는 않았다. 주학이라는 이 도학은 조정 당권자의 정치적 역량에 의지하여 발전을 추구했다기보다는 도리어 조정 당권자의 정치적 역량이 주학이라는 도학을 이용하여 다른 세력을 배척했다고 하겠다.

무이정사에서 왕회 당의 반도학 역풍에 직면한 주희는 이미 도학이 반드시 당권자의 어떤 정치적 역량에 붙어서 의탁해야만 비로소 그의 주학을 일종의 관방의 정치적 역량으로 되게 할 수 있는 시점에 이르렀다는 사실을 또렷이 의식하였다. 순희 9년(1182)에 그는 절동에서 돌아오자 곧 조정에 상주하고 자기의 『통감강목』을 올려서 황제의 정치에 보탬이 되게 하고 싶다는 의사를 표시하였다. 이는 그가 주학을 민간의 학술에서 관방의 사상으로 격상시키고자 힘써 도모한 맨 처음 노력이었으나 조신과 왕회가 냉담하게 거들떠보지도 않았기 때문에 실패하고 말았다.

그러나 주학이 도학으로서 당권자의 정치적 역량의 '거죽(皮)'에 붙음으로써 그의 노력은 뜻밖에도 초보적인 성공을 거둔다. 그는 도학 선비와 교제하고 이끌어주는 것을 좋아한 중신 네 사람을 목표로 삼았다. 전임 재상 사호史浩와 진준경陳俊卿, 현임 우상右相 양극가梁克家, 그리고 송의 종실 가운데서도 권세와 위망이 날로 증가하여 인기를 구가하던 조여우였다.

도학을 좋아한 양극가는 순희 9년(1182) 9월에 우상에 취임하였다. 주희는 그와 빈번하게 편지를 주고받으면서 정치를 논하였으며, 또한 "군주가 몸가짐을 바르게 하여서 천하를 통솔하기를 원한다.(願君候正身以統天下)"고 한 왕통王通의 말을 그가 재상으로서 나라를 다스리는 좌우명으로 삼기를 바랐다. 양극가에게 보낸 편지에서 주희는 이 당당한 재상에게 조금도 숙이지 않고 교훈을 베풀었다. "널리 인재를 모아서 자기의 부족한 점을 부지런히 연마함으로써(勤攻己闕) 자기로부터 나온 모든 정사政事에 지적할 만한 허물이 조금도 없게끔 하신다면, 위로는 이로써 임금을 바로잡고 아래로는 이로써 남을 바로잡을 수 있게 되어 장차 구하여 얻지 못할 일이 없을 것입니다."(『문집』 권27 「답양승상서答梁丞相書」)

그는 봉건적 인본주의에 기초한 일종의 경방치국經邦治國의 도를 제출하였다. 군권을 제한하고 언로를 개방함으로써 신하에게도 개인의 도덕상에서 자기를 바로잡아 군주를 바로잡고, 남을 바로잡고, 나라를 안정시키는 데까지 이르기를 요구하는 것이었다. 이는 바로 반도학 수구파의 군권 독단과 재상권 팽창, 신료의 구차한 안정 추구에 맡겨버린 부패한 현실과 날카롭게 대치하는 것으로서 조신의 통치에서 드러난 현실적 고질병을 직접 건드린 일이었다.

남송의 소조정小朝廷은 조신의 전단專斷과 독재 아래 '일은 모두 위에서 결재하고 재상은 다만 전지를 받들어 시행할 뿐이며, 신하는 대부분 두려워서 서로 바라보는' 국면을 형성하였다. 마침내 순희 12년(1185) 5월, 시인 양만리楊萬里는 조서에 응하여 올린 글 가운데에서 조신을 다음과 같이 날카롭게 비평하였다. "천하의 일은 근본이 있고 지엽이 있습니다. …… 이른바 근본이란 군주가 제 마음대로 사용해서는 안 되는 것입니다. 군주가 제 마음대로 사용하면 신하가 책임을 지지 않습니다." 태상승 서의徐誼도 글을 올려서 조신을 풍간하기를, "군주가 날로 성스러워지면 신하는 날로 어리석어집니다. 폐하께서는 누구와 더불어 공명功名을 함께하겠습니까?"(『속자치통감』권150)

반도학 당권파들은 바로 조신 황제의 측근에서 군주의 독단과 신하의 구차한 안정 추구의 문화적 분위기를 만들어내고 조장하였다. 주희는 영향력 있는 재상을 설득함으로써 이런 분위기를 타파할 환상을 품었다. 그러나 무능한 양극가는 왕회의 적수가 되기에는 어림없었고, 게다가 금세 병으로 조정을 돌볼 수 없게 되면서 주희는 그에 대해 완전히 실망하고 말았다.

주희는 당시 가장 덕이 높고 중망을 받는 두 원로인 사호와 진준경에게 시선을 돌렸다. 순희 11년(1184)에서 12년 사이는 남송의 소조정으로 말하자면 비바람이 몰아치는 다사다난한 해였다. 우선 강동과 절서에 큰물이 지고, 복건·광동·길감吉贛·건창·홍원興元·금양金洋·서화西和에는 가뭄이 닥쳤다. 이어서 각지에서 지진이 일어났으며, 굶주린 백성의 폭동과 농민 봉기가 꼬리를 물고 일어났다. 이에 더해 금金의 사람들이 변경에서 꿈틀거리며 일어나려고 하였다. 갖가지 기상 재변의 '견고譴告'가 통치자들을 두렵게 했으나, 독단적인 조신은 끝내 의례히 하는 일로서 자기를 책망하는 조서나 직언을 구하는 조서조차도 내리지 않았다. 군주가 마음대로 독재를 하는 것과 신하가 구차하게 안주하여서 아무것도 하지 않는 것은 일란성 쌍둥이와 같았다. 이로 말미암아 필연적으로 언로는 경색되고 말았다.

주희는 반드시 먼저 언로를 널리 열어야만 이와 같은 죽음의 기운이 드리운 정국을 타파할 수 있을 뿐만 아니라, 또한 도학을 위해서도 조정에 정치적 역량을 주입하여서 길을 열 수 있으리라 생각하였다. 순희 11년에 조신은 위공魏公에 봉한 사호를 융숭하고 대단한 예를 갖추어 국문國門에서 영접하고, 특별히 어연御宴을 베풀어서 넉넉히 포상하고 격려하였다. 하지만 주희는 도리어 그에게 편지 한 통을 보내, 그가 '한마디 말을 하고' "문하의 정직하고 선량하며 견문이 많은 선비를 자주 불러들이고, 더욱 자세히 물어서 그들로 하여금 자기 의견을 다 펼칠 수 있게 하고, 의견을 겸하여 모아서 조리條理가 통하게 한 뒤 모두 위에 보고하십시오."(『문집』 권27 「여사태보서與史太保書」) 하는 바람을 전하였다. 이어서 주희는 또 한 통을 더 보내, 재이로 인해 직언을 구하는 일은 역대로 전해오던 전고가 있는 일이므로 조신을 향해 '한마디 말씀을 올려서 숨겨져 있는 실정이 위로 전달될 수 있도록'(동상, 「답사태보별지答史太保別紙」) 하라고 그에게 요구하였다. 재변의 견고에 대해 주희는 특별한 당황스러움과 두려움을 품고 있었지만, 실상 편지를 보낸 참된 의도는 구언하는 조서를 빌려서 언로를 열고 반도학 당권파의 독패천하獨覇天下에 항거하여서 공격하려는 데 있었다.

주희는 또한 진준경에게도 편지를 보내, 지금은 "온 조정이 머뭇거리며 서로 따르기만 하면서 시간을 보낸 지 이미 오래되었습니다. 사대부 가운데 조금 기절氣節이 있어서 감히 의론하는 자들은 모두 멀리 바깥에 있는 까닭에 적막하기만 하고, 명주明主를 위해 충언을 하여서 간사하고 아첨하는 자를 지적하고, 부족하고 빠진 곳을 보충하며 나라의 근본을 굳게 하고, 백성의 실정에 통달한 자가 한 사람이라도 있다는 말은 듣지 못하였습니다."(동상, 「여진복공서與陳福公書」)라고 하였다. 마찬가지로 그에게도 조신을 직접 대면하고 구언의 조서를 내리게 하여서 보통 사람에게까지 의견을 널리 묻고 황제 스스로의 결점을 깊이 찾아보도록 권유하고 설득하라고 격려하였다.

그러나 사호와 진준경은 모두 왕회의 기염氣焰을 두려워하여서 그저 관망하고 꽁무니를 빼는 태도를 취하였다. 순희 12년(1185) 11월 동지에 조정에서는 환구단圜丘壇에서 하늘과 땅에 제사를 지내는 교례郊禮를 거행한다며 사호와 진준경에게 도성에 들어와 제사에 배행하라는 조서를 내렸다. 주희는 이때야말로 조신에게 직언을 할 수 있는 절호의 기회라 여기고 진준경에게 다시 편지를 보내서 자기를 대신하여 도성에 들어가 진언할 계책을 꾸미게 하였다. "오랑캐 내부의 사정은 말할 것이 없습니다. 오늘날의 근심은 바로 우리 정예병이 무력해져서 관습에 안주하고 있다는 점입니다. 묘당廟堂에는 원대한 도모圖謀가 없으며, 근신近臣의 반열에는 규범規範을 다하는 의로움이 없습니다. 아첨을 하는 자들은 붕당을 짓고, 현자賢者와 지자知者는 엎드리고 숨어버렸습니다. 군정軍政은 형신刑臣(환관)들에게 농간을 당하고 있으며, 나라의 법(邦憲)은 호리豪吏에 의해 왜곡되고 있습니다. 백성은 곤궁해지고 병사는 원망하고 있으니 오래 편안할 수는 없을 것입니다. '계손季孫의 근심은 아마도 전유顓臾에 있는 것이 아닌 듯'(『논어』 「계씨季氏」에 나오는 말. 우환이 외부가 아니라 내부에 있다는 뜻)합니다."(동상, 「여진승상서與陳丞相書」)

그러나 사호와 진준경 두 사람은 머뭇거리며 감히 조정에 들어가지 못하였다. 순희 13년(1186) 정월에 조신은 다시 두 사람에게 도성에 들어와 조구趙構(고종)의 80수 축하 잔치에 나오라고 불렀다. 진준경은 여전히 사양하였고, 사호는 강을 건너 도성에 들어왔으나, 왕회가 그의 높고 중한 명망을 질투하고 시기했기 때문에 넌지시 대간에 있는 하수인들을 꼬드겨 그를 탄핵하여서 결국 도성을 떠나게 하였다.[4] '대단히 지혜롭고(多智)' '온전한 덕(全德)'을 가

---

4 『사조문견록』 을집 「월왕배위越王陪位」 : "부릉阜陵(효종 조신)이 상황上皇(고종 조구)의 팔질八秩(80세)을 경축하였는데 전고를 참조하여 고 재상 진 복국陳福國(진준경)을 부르고 사 월왕史越王(사호)을 배석하게 하였다. 진 복국은 질병을 구실로 애써 사양하였고 사 월왕은 명을 듣고 강을 건넜다. (•사祠) (이 뒤에 祠라는 글자가 이어지는데, 원서에 잘못 쓰인 글자라는 주석이 붙어 있다 ― 역자 주) 일이 끝나자 사 월왕을 옛날 스승이라 하여 간곡히 머물기를 권면하였다. 시임 재상(•생각건대, 왕회를 가리킨다)은 자기를 핍박하는 것으로 의심하고서 언관을 꼬드겨 그를 제거하였다. 진 복국은 사 월왕이 들어온다는 말을 듣고 손님에게 말하기를 '사 직옹史直翁(사호)은 다만 가지 않는 것이 좋을 것이다.' 하였다. 진 복국이 대단히 지혜로움(多智)은 이것이 그 한 가지 예이다. ……" 생각건대, 여기서 '상황의 팔질을 경축'했다고 한 말은 『송사』 「효종본기孝宗本紀」에 근거하면 순희 13년 정월에 조구의 80수를 경축하는 전례를 가리킴이 틀림없다. 『속자치

졌다고 일컬어지는 진준경에 대해 주희는 순희 9년(1182) 이래 줄곧 '거듭 나라의 병폐를 고치는 손길을 펼쳐서 이 인민을 살리기를' 기대하고 있었는데, 그는 도리어 융숭한 우대로 여러 차례 초빙을 받고서도 나아가지 않았으므로 주희가 보기에는 점점 광택을 잃어가고 있었다.

그러다가 주희는 마침내 도학이 의탁하고 의지할 수 있는 정치적 지주로서 조여우를 찾아냈다. 이 종실의 공자는 비록 당시 한 지방의 지방관으로 있었지만 점점 조정에 들어와 신임을 받는 중신이 될 조짐을 드러내고 있었기에 배제와 억압을 당하던 도학의 선비들로부터 크게 주목을 받았다. 순희 9년 7월에 조여우는 복주福州에 곤수閫帥(안무사)로 부임하였는데, 주희를 위정의 가장 중요한 지낭智囊으로 삼아서 그가 하는 말이면 뭐든 듣고 그의 계책은 뭐든지 따를 정도였다. 주희의 고제高弟 임용중의 무리가 모두 조여우의 막부로 들어갔으며, 또 그가 관할하는 복건로福建路 주현의 관리 가운데에서도 적잖은 사람이 모두 주희의 제자였다. 그래서 왕회가 요직에 있던 시기에 전국의 도학이 억압과 타격을 받는 지경에 이르렀음에도 민중閩中의 도학은 도리어 조여우라는 거대한 나무 아래 보호를 받으면서 충분히 활약을 하는 기이한 광경이 나타났다.

주희는 조여우의 힘을 빌려서 주학의 영향력을 확대해갔다. 순희 10년(1183) 8월에 그의 망년忘年 시우詩友 부자득傅自得이 세상을 떠나자 그는 10월에 천 리 먼 길을 남하하여 천주泉州에 가서 곡을 하고 조문을 하였다. 이는 결코 후세 사람이 말하듯이 왕회의 도학 금지를 피하기 위함이 아니라, 바로

『통감』은 순희 12년(1185) 11월의 교례郊禮에 배사陪祀한 일로 잘못 여기고서 『사조문견록』에 실린 기록을 믿을 수 없다고 하였는데, 분명히 잘못이다. 주희의 「진준경행장陳俊卿行狀」과 누약樓鑰의 「사호신도비史浩神道碑」 등을 참조해서 보라.

복주의 조여우, 포전蒲田의 진준경, 천주의 진지유陳知柔와 만나서 강론하고 도학을 전파하기 위함이었다. 왕매王邁는 「발진군보작철장조충정공첩跋陳君保作詰藏趙忠定公帖」에서 다음과 같이 말하였다. "(*조여우의) 아름다운 글귀와 글자 사이에 유학을 높이고 도를 존중하는 성대한 마음이 뚜렷하고 분명하게 드러났으니 더욱 존경하고 우러를 만하다. 회옹(주희)을 불러들이려고 여러 차례 편지를 보냈으며, 반드시 정헌正獻(*생각건대, 진준경이다)의 승낙을 얻으려고 하였다. 그런 뒤에야 회옹으로 하여금 굽혀서 오게 했으니, 회옹에게 정성을 쏟음이 이와 같았다."(『요헌집(臞軒集)』 권10)

이 무렵 주희는 조여우와 진준경의 거듭된 부름을 받았으나 부자득의 죽음을 계기로 그제야 남하하였음을 알 수 있다.[5] 그러므로 그가 석 달 동안 바깥에서 지냈으나 실제로 부자득을 조문한 시간은 많지 않았으며, 도리어 대부분의 시간을 천주에서 진지유와 시를 주고받고, 포전에서 진준경과 도를 논하며, 복주에서 조여우와 정치를 논하는 데 보냈다. 이때의 천주 여행에서 그는 삼교구류三教九流의 거의 모든 사람들과 왕래하고 접촉하였다. 이는 주학 전파의 특별한 '남순南巡'이었으며, 남강과 절동에 이어 무이정사에서 제자들에게 강학을 하던 도학부자의 명성을 빌려 민중에서 불러일으킨 주학의 한 줄기 회오리바람이었다.

그는 먼저 복주에 이르러서 조여우를 만나본 뒤 곧 임용중과 함께 곧바로

---

5 왕매의 「발진군보작철장조충정공첩跋陳君保作詰藏趙忠定公帖」에서 말하였다. "위는 조 충정공이 흥국 판관興國判官 임정백林井伯 군에게 준 첩이다. 모두 스물일곱 장이다. 지금은 그의 사위 진군보 작철의 집에 소장되어 있다." 임정백은 포전蒲田 사람인데 임광조林光朝의 종자侄子(조카)이다. 진준경과 관계가 매우 가까웠다. 조여우는 순희 9년(1182)에서 12년(1185)까지 복주에 있었고 진준경은 순희 13년에 죽었으므로, 여기서 이른바 '회옹이 굽혀서 한 번 왔다'고 한 말은 필시 순희 10년에 주희가 복주, 포전에 온 일을 가리킨다. 주희의 『문집』에서 임정백, 유자징劉子澄, 진준경 등 여러 사람에게 보낸 편지를 참조해 볼 수 있다.

천주로 내려가 거기에서 하루 종일 휴재休齋 진지유와 더불어 경전과 도에 관해 담론을 하였으며, 이어서 천주 남쪽에 첩첩이 이어진 봉우리 사이에서 노닐며 시를 주고받고, 슬픔과 감상에 젖은 시작을 대량으로 남겼다. 그는 휴재에 대해 다음과 같이 서술하였다. "의기意氣는 쇠하지 않았더이다. 나를 위해 술잔치를 차려주시고 경經과 의義를 담론하였으며, 틈틈이 시편을 짓고 부지런히 힘쓰고 쉬지 않았나이다. 서로 더불어 따르며 연화蓮華·구일九日·양봉涼峰·봉황鳳凰·운대雲臺 사이를 노닐었나이다. 낮에는 나란히 수레를 타고 밤에는 침상을 마주하였나이다."(『문집』 권87 「제진휴재문祭陳休齋文」)

노유老儒 진지유는 회고당懷古堂에 높이 누워서 옛 서적을 뒤적이고, 빈산에서 저술을 하면서 혼자 즐기며 천주 남쪽의 도학을 대표하는 인물이 되었다. 이제 백발이 성성하여 다시 만난 늙은이 두 사람은 비록 장한 회포는 여전히 지니고 있었으나, 운대雲臺에서 날리는 눈발을 무릅쓰고 절벽에 쓰인 옛 시제詩題를 함께 읽으며, 반곡盤谷 문 앞에서 배회하고 눈물을 흘리면서 가슴이 메었다. 그들은 술에 취하여 웃고 떠들고 담소하는 가운데 또 늘그막에 젖어든 인생의 진리(眞諦)를 담은 비가悲歌와 실의에 빠진 번민이 북받쳐 올랐다. 주희가 지은 「차운하여 만경한광에 제하고 휴재 선생에게 보내 받들어 올리다(次韻寄題萬頃寒光奉呈休齋先生)」는 청아하고 그윽하며 처연한 색조로 두 사람의 공통된 심경을 토로하였다.

한가한 세월을 보내며 안개 낀 물가에서 늙고	閒將歲月老煙汀
다시 시정을 펴서 그윽한 곳에 이르네	更遣詩情到杳冥
나그네는 응당 고국을 슬퍼할 것이나	遊子故應悲舊國
장한 회포에 어찌 새 정자를 위해 울겠는가?	壯懷那肯泣新亭
벼슬하던 세상을 피하다 이제 머리도 세었으니	一官避世今頭白

오랫동안 많은 책을 읽어 저술을 이루었네   萬卷收功久汗靑

조수가 밀려왔다 밀려감만 볼 뿐   但見潮生與潮落

취했다가 또다시 깨어남은 알지 못하네   不知沈醉又還醒

—『문집』 권8

두 사람은 이런 심경으로 지난날 벗이며 승려인 현암顯庵 익공 도인益公道人, 구일산九日山 동봉東峰의 부공 도인溥公道人과 함께 시를 주고받으며 선방에서 불법을 논하였다. 27년 뒤 다시 찾아온 천주 남쪽은 주희에게 풍경은 다르지 않으나 인물은 너무도 달라진 느낌을 갖게 했다. 그는 시 한 수에서 감개를 읊었다.

관직을 사양하지 않았더라면   不因辭吏役

어찌 천형을 벗어날 수 있었으랴?   那得解天刑

고향은 갈수록 멀어지고   故國重來遠

차가운 산은 예같이 푸르네   寒山依舊靑

흥이 일어나 묵은 자취 느껴   興懷感陳迹

눈을 들어 보니 새 정자가 슬프다   擧目愴新亭

오히려 기쁘기는, 만두의 노인께서   尙喜灣頭老

선방 방문을 허락하심이라   禪房許扣扃

—『문집』 권8 「내가 온릉(천주泉州)을 떠난 지 27년 만에 다시 오니 현암 익로가 칠리정에서 인사하였고 또 아름다운 시구로 초대하였는데, 휴재 진 어른(陳丈, 진지유陳知柔)과 시승寺丞 황 어른(黃丈, 황유지黃維之)이 모두 화답을 부탁하였다. 그래서 차운하여 답하고 받들어서 두 어른에게 드리다(熹去溫陵二十七年而復來顯菴益老見候七里亭又以佳句見招而休齋陳丈寺丞黃丈皆屬和焉因次韻奉酬併呈二丈)」

그런데 이때 주희는 '근거 없는 허황한 삼생은 제멋대로 말하지 않고, 유래가 본래 저절로 한가한 만법(三生漫說終無據, 萬法由來本自閒)'(『문집』 권8 「구일산 동봉도인 부공이 보내준 시에 받들어 답하다(奉酬九日東峰道人溥公見贈之作)」)을 담론하였는데, 이는 선승들을 크게 불쾌하게 하였다. 27년 전에는 없었던 도학부자의 본색을 드러냈던 것이다.

그는 필경 산림에 은퇴한 경학의 노유 진지유와 달리 도를 부르짖어서 세상을 구제하고 백성을 건지려는 열렬한 근심이 조금도 식지 않았으며, 천주 남쪽에서 힘써 그의 주학을 선전하는 일을 잊지 않았다.

원래 허순지許順之를 우두머리로 한 천주 남쪽의 제자들 무리와 서로 만나 강론하는 일을 제외하고 그는 또 도학을 대표하는 인물인 남외종정사南外宗正司 목종원睦宗院 교수 진규陳葵와 알게 되어서 천주 남쪽의 수많은 선비들과 학술 교류를 하였다. 그는 유청지劉淸之에게 보낸 편지에서 천주 남쪽의 학문에 대해 다음과 같이 기본적인 평가를 내렸다.

내가 한 차례 출사한 지 어느덧 3개월이 흘렀습니다. …… 천주에 이르니 남종사南宗司 교관에 진규라는 자가 있었습니다. 그는 처주處州 사람이었는데 매우 좋은 사람입니다. 그의 학문은 육자정陸子靜(육구연)과 비슷하나 온화하고 독실하며 간결하고 솔직한 성품은 더 나았습니다. 그러나 안타깝게도 독서와 강학을 하지 않아 두찬杜撰하는 바가 있음을 면치 못한다는 문제가 있으며, 또 너무 자신감이 넘쳐서 돌이킬 수 없을 뿐입니다. 그의 후생 가운데 가르칠 만한 자가 한둘 있지만, 그 가운데 한 사람은 이미 진 군陳君의 보사保社로 들어갔고 나머지 한 사람은 아마도 올해 안에 이리로 올 것입니다. 그러나 그 또한 자기를 지키는 데만 힘쓰기 때문에 반드시 큰 가망이 있을 것 같지는 않습니다. 그 나머지는 더욱 기대하기 어렵습니다. 이는 매우 우려할 만한 일입니다.

— 『문집』 권35 「답유자징答劉子澄」 서9

주희가 애타게 염려하는 것은 왕회의 반도학당이 일으키는 분서갱유의 재앙이 아니라, 도리어 도학 자체의 후계자가 없다는 점이었다. 사실 주학은 천주 남쪽에서 이미 장족의 발전을 이루었다. 그는 다만 반도학당에 반대하고 육학·절학에 대항하기 위한 현실적 필요에서 출발하여 주학이 천주 남쪽에서 더욱 커다란 지반을 확보하기를 바랐다.

진규는 종래 '도'를 안다고 자부하고서 일찍이 복주에 있는 조여우에게 '도'를 알지 못한다고 비평하는 편지를 보냈다. "귀를 잡아당겨 알려주고 수천 마디 말을 하였으며, 아울러 마시고 노는 것을 높이고 꾸미는 것을 경계하였다. 조 공이 깜짝 놀라서 규제를 받아들였다."(『수심문집水心文集』 권17 「진숙향묘지명陳叔向墓誌銘」) 그러나 주희는 진규에 대해 독서와 강학을 좋아하지 않는 육학형의 학자로 결론지었다. 그런데 한마디로 이 결론이야말로 도리어 적중하였다.

진규의 사상적 연원은 위익지魏益之의 돈오학頓悟學을 직접 계승하였으며, 여학呂學과 주학의 학문 방법상 노선에 대해서는 배척하는 태도를 취하였다. 수심水心 섭적葉適은 그의 학술의 사승師承을 다음과 같이 언급하였다. "군은 이미 위익지와 교유하였는데, (스스로) 늘 의지와 사려가 어두워서 밝히는 바가 없고 기억이 번잡하므로 의뢰하기에 부족함을 한탄하였다. 이에 익지는 마음에 품은 바를 모두 버리고 대상사물을 대하는 처음에 홀로 서라고 가르쳤다. 오래지 않아 홀연 크게 깨달아, 넓고 섬세하고 크고 작은 것, 높고 낮고 굽고 곧은 것에 모두 견해가 있는 듯하였다. 이로부터 스승의 도로 익지에게 귀의하였다. 또 (그는) 여백공呂伯恭(여조겸)이 쓸데없이 많은 글을 읽는 것과 주원회(주희)의 수양 방법이 문제를 해결해주지 못한다고 의심하였다. 이때 여공은 이미 죽었다. 주 공은 비록 논점이 부합하지는 않았지만 그 논조가 정직하고 숨김이 없음을 존중하여서 선비 가운데 그대에게 가고자 하는 자가 있으면 반드시 가서 따르게 하면서 말하기를 '허물을 적게 할 수 있다'고 하였다."(동상)

위익지는 공공연히 학문은 돈오를 문으로 삼아야 한다고 주장하였다. 따라서 선기禪氣가 육학에 견주어 지나치다면 지나쳤지 미치지 못함이 없었다. 진규는 그로부터 의발衣鉢의 전승을 얻었다. 나중에 섭적은 그들 두 사람의 학문을 비교할 때 다소 진규를 편드는 말을 하였다. "인仁에는 반드시 방도가 있고 도에는 반드시 등급이 있으니 한번 나아가서 모두 얻을 수는 없다. 한번 나아가서 모두 얻는다는 것은 장자와 불교의 허망한 주장이다. 숙향叔向(진규)은 어리석음(包蒙)이라는 열쇠를 움켜쥐고 광대한 경지에 노닐면서 늘 스스로 말하기를, 공부하기는 더욱 어렵고 도에 나아가기는 더욱 멀다고 하였다. 옛사람이나 요즘 사람이나 경솔하게 평가하지는 못하지만 의지가 씩씩하고 용맹한 사람은 스스로 깨달은 것으로 자족하지는 않는다. 그러나 익지는 그렇지 않아서 홀로 깨달은 것을 지키기는 했으나 수많은 성인의 문호와 뜰은 텅 비었다. 그렇다면 숙향이 그 스승과 다른 까닭을 익지는 아직 상세히 깨달을 겨를이 없었던 것이다."(동상)

진규가 보기에 독서와 강학에 의한 인식의 공부는 모두 공허한 말에 치달리고 실천을 통해 사실로 나아가지 못하는 것이었다. 이런 점으로 미루어본다면 그에게는 위익지의 뚜렷한 오학悟學의 흔적이 여전히 남아 있었다. 그래서 주희는 천주에서 돌아온 뒤 이 점을 두고 그와 함께 서신을 주고받으면서 논변을 전개하였다. 주희는 다음과 같이 그를 비판하였다.

보내오신 편지에서 학자가 몸소 실천하지 못하고 공허한 말로만 치닫고 있다 하셨는데, 이는 참으로 오늘날 막대한 근심입니다. 그러나 또한 제대로 글을 읽지 못한 사람들의 탓이기도 할 뿐입니다. 글을 꾸며낸 것이 어찌 부질없이 한 일이겠습니까? 대체로 성현의 가르침은 한 마디 한 구절도 덕에 들어가는 문 아님이 없습니다. …… 다만 도체道體는 끝이 없고 사람의 소견은 쉽사리 한쪽으로 치우치니, 내외內外와 본말本末을 또한 겸하여서 포괄하지 않을 수 없습니다. ――『문집』권58 「답진숙향答陳叔向」

이는 도덕적 실천 수양과 지적 독서 강학의 통일을 요구하는 것으로서, 내외와 본말을 겸하여 포괄하며 한쪽으로 치우친 점을 극복하는 데 도달하는 것이었다. 진규와 벌인 논변은 선학과 육학에 대한 주희의 비판이 천주 남쪽에서 울린 여운이었다. 이는 또한 주학이 민의 남쪽에 새롭게 깊이 들어간 사실을 뚜렷이 보여준다.

인문 문화가 왕성한 포중莆中은 주희가 남쪽으로 내려온 이 틈에 주학의 회오리바람이 두 번째로 불어닥친 곳이 되었다. 그는 11월에 북상하여 포전莆田에 이르러서 백호白湖 진준경의 저택 동쪽에 있는 앙지당仰止堂에 머물렀다. 진준경 재상 집안의 위아래 사람들은 모두 그를 '우러러 받드는(仰止)' 도학부자로 섬겼다. 주희는 「임택지의 운을 사용하여서 진복공에게 드리다(用林擇之韻呈陳福公)」라는 시에서 도학을 주로 하는 이 원로를 기렸다. "옛날 그대가 국정을 맡아 다스릴 때 / 우리 제왕의 법도를 금과옥조처럼 여겼네 / 중년에 몇 번이나 강호로 물러나 / 쉬면서 나라의 갈 길 안정시켰네 / 우뚝하여 구정처럼 중후하였고 / 날아서 외로운 구름처럼 떠났네 / 하늘과 땅 사이를 내려다보고 올려다봄에 / 누구인가? 함께 할 사람!(昔公秉鈞衡, 金玉我王度. 中年幾湖海, 偃息安國步. 巋然九鼎重, 翩若孤雲去. 俯仰天地間, 誰哉此同趣)"(『문집』권8)

진준경의 아들 진실陳實·진수陳守·진정陳定·진복陳宓, 손자 진후陳厚·진지陳
址 등도 모두 제자의 예로 그에게 묻고 배웠으며, 주희는 그들에게 『대학장
구』·『중용장구』·『맹자집해』를 선물로 주었다. 황간은 나중에 「진사복앙지당
기陳師復仰止堂記」에서 도학부자 주희와 두 조정을 섬긴 원로 진준경 사이의 지
우知遇를 다음과 같이 묘사하였다.

　　앙지당은 승상 정헌正獻 진 공의 구택 동쪽에 있으며, 회암 문공 주 선생
　　이 일찍이 묵은 곳이다. 문공은 도를 즐기며 남의 권세에 아랑곳하지 않았
　　고, 천 리를 멀다 않고 와서 묵었다. 정헌 공은 도를 즐기며 자기의 권세를
　　잊어버리고, 자기 신분을 낮추어서 숙소로 찾아와 교제를 하였다. 두 분은
　　이 당堂에서 서로 도로써 사귀었다. 당의 남쪽에 산이 있는데 호공산壺公山
　　이다. 산세가 높고 험하며 반듯하고 장중하여서 마치 반듯하고 단정한 선
　　비가 날렵하게 손을 맞잡고 선 듯하다. 문공이 여기에 묵자 정헌 공의 자
　　제가 모두 공경하였다.　　　　　　　　　 —『면재집』 권20 「진사복앙지당기」

　주희는 나중에 『근사록』과 『소학』을 진준경에게 보내주었다. 주학은 이와
같이 포중에서 주로 진준경 일가를 영향력의 구심점으로 삼았다. 또 주희는
포전에서 공무량龔茂良의 묘에 참배하는 길에 그의 집안을 예방하여 널리 선
비들과 교제하였는데, 포전의 수령 임원중林元仲과 명사 방직보方直甫(방병백方秉
白)의 무리까지 모두 와서 서로 시를 주고받고 강론을 하였다.

　포전에서 학술의 중심은 홍천紅泉의 동정東井이었다. 애헌艾軒 임광조林光朝
가 죽은 뒤 그의 고제高弟 망산網山 임역지林亦之가 뒤를 이어 홍천의 동정에서
강학을 주도하였다. 매년 사방에서 학자들이 수백 명씩 찾아와 수업을 들었
기에 낙학洛學은 포중에서 전파의 기세가 쇠퇴하지 않았다.

임역지의 자는 학가學可이며 호는 월어月漁이다. 유극장劉克莊이 그를 일컬어서 "망산의 논저는 구구절절 주공周公의 뜻을 충분히 밝히고, 소릉少陵(두보)의 정수를 얻었다. 고상하고 오묘한 율시는 당唐 사람들을 뛰어넘는다."(『후촌집』권24 「망산집후서網山集後序」) 하였다. 한번은 조여우가 민에서 그를 조정에 천거한 적이 있는데, 그는 권귀權貴에 이용되지 않고 끝내 포의布衣의 신분으로 학문 탐구를 하고 곤궁을 겪으면서 늙었다.

순희 10년(1183) 6월에 임원중이 애헌의 사당을 건립한 뒤 제생을 거느리고 참배하였을 때, 진준경은 사당기祠堂記를 짓고 조여우는 글씨를 썼으며 주희는 제액題額을 하여 돌에 새겨서 비석을 세웠다.[6] 그래서 주희는 넉 달 뒤 포중에 이르러서 또 자연스레 애헌의 사당에 참배하고, 임역지와 함께 마음을 기울여서 강론하였다. 부학府學의 제생과 동정東井의 학자들도 이 얻기 어려운 기회를 틈타, 명성이 사방에 자자한 도학부자를 배알하였다. 임역지는 그를 수행하며 11월 하순에 복주에 왔다.

복주는 주희가 이때 남하하면서 주요 목표로 삼은 곳이었다. 그리고 조여우는 바로 그가 찾으려고 한 도학의 정치적 의지처였다. 복주에서 보낸 10여 일 동안 주희는 조여우와 아침저녁으로 함께 기거하면서, 산수를 읊은 시문에 정감을 싣고, 괴석이 울퉁불퉁하고 거목이 짙은 그늘을 드리운 오석산烏石山 꼭대기에 같이 올라 멀리 강에 이는 바람과 물결에 맡겨 떠 있는 크고 작은 배를 조망하고, 오석산 도석桃石에 큰 글자로 '조자직(조여우)과 주중회(주희)가 순희 계묘년(1183) 중동 병자에 함께 오르다(趙子直朱仲晦淳熙癸卯仲冬丙子同登)'라며 제하여 새기고, 오석산 기슭의 석실에도 '석실청은石室淸隱'이라는 제자題字를 남겼다(『팔경실금석보정八瓊室金石補正』 권97).

---

6 『애헌집艾軒集』 권10에 부록된 진준경의 「애헌사당기艾軒祠堂記」에 보인다.

두 사람은 다만 주로 정치상에서 함께 행동하고 논의하였다. 이때 조여우는 성 서쪽의 옛 호수를 준설하여서 전지에 물을 대고, 민중 염법의 폐정을 개혁하는 데 한창 힘을 쏟았다. 이 때문에 도성에 있는 반도학 조신朝臣들의 비난을 샀다. 하지만 진준경은 가을에 친히 복주에 와서 「서호기유西湖紀游」를 지어서 조여우의 정치 업적을 칭송하였다. "천 이랑 호수를 쳐서 푸른 물 넘실대니 / 영상 전당강을 방불케 한다 / 매화 버들 녹음 진 제방에 비는 내리고 / 십 리 연꽃은 바람에 향기를 나부긴다 / 물결은 층층이 푸른 봉우리를 담고 / 미세기는 새로 생긴 강 곳곳으로 통한다 / 백성은 길에서 칭송하며 농사를 시작하니 / 이제부터 해마다 풍년이 들리라(鑿開千頃碧溶溶, 潁上錢塘彷佛同. 梅柳雨堤連綠蔭, 芰荷十里散香風. 波涵翠巘層層出, 潮接新河處處通. 輿頌載途農事起, 從今歲歲作年豐)"(『민도기閩都記』 권16)

악주鄂州의 수령 나원羅願도 화답시 두 수를 보내서 조여우를 기렸다. "원후께서 준설한 뜻을 알고자 하여, 군왕은 근면하고 검소하게 궁실을 낮추었다(欲識元侯疏鑿意, 君王勤儉正卑宮)"(『악주소집鄂州小集』 권1)

그들은 모두 서호西湖를 준설한 조여우의 정치 업적 가운데서 특별히 그의 도학적 충군애민忠君愛民 정신을 보았다. 주희 역시 조여우가 자기 시 두 편과 진준경의 시를 보여주었을 때 같은 심경을 노래하였다.

시랑 사군(조여우)이 소부 국공(진준경)과 함께 서호를 노래하며 주고받은 아름다운 시구를 보여주셨는데, 이를 받고 삼가 차운하여서 애오라지 한번 웃다   伏承侍郎使君垂示所與少傅國公唱酬西湖佳句謹次高韻聊發一笑

백 년 만에 땅을 연 기이한 공이 있었는데	百年地闢有奇功
처음 보고 오히려 머리 흰 노인이라 놀란다	創見猶驚鶴髮翁

편안한 수레로 나라의 원로를 맞이하여 기쁜데 　　　　　共喜安車迎國老

아름다운 시구를 역졸 아이에게 보내주셨네 　　　　　更傳佳句走郵童

한가하게 또 밀물 밀려옴을 보니 　　　　　　　　　閑來且看潮頭入

즐거운 일에 어찌 술잔이 비는 것을 근심하리오! 　　樂事寧憂酒角戔空

때마침 태성과 달을 보니 　　　　　　　　　　　　會見台星與卿月

밝은 빛이 광한궁을 가지런히 비추네 　　　　　　　交光齊照廣寒宮

월왕성 아래 물은 깊고도 깊은데 　　　　　　　　越王城下水融融

이 즐거움을 이제부터 모두 함께 하려네 　　　　　此樂從今與衆同

눈에 가득 연꽃은 한창 여름날인데 　　　　　　　滿眼芰荷方永日

고개를 돌려 보니 벼이삭엔 가을바람 부는구나 　轉頭禾黍便西風

호수 풍경 끝난 곳에 하늘은 넓고 　　　　　　　湖光盡處天容闊

밀물 밀려올 때 바다 기운 통하네 　　　　　　　潮信來時海氣通

주고받는 시구는 풍물을 좋다 하지 않고 　　　　酬唱不誇風物好

한마음으로 나랏일 걱정하며 풍년 들기 바라네 　一心憂國願年豊

　　　　　　　　　　　　　　　　　　　──『문집』권80

　마음의 자취를 드러내며 주고받은 이 시들을 통해 두 사람은 도학에서 뜻이 같고 길이 같으며, 정사를 상의함에 완전히 일치함을 뚜렷이 보여주었다.

　주희는 남쪽 여행에서 성공을 거두었다. 이 도학부자는 조여우로부터 상객의 대접을 받았으며, 복주 전체의 수많은 선비들이 그를 다투어 사모하여 마지않았다. 그리하여 그를 당대의 곽임종郭林宗(곽태郭泰. 당고黨錮의 화에 연루된 후한後漢의 명사)이나 한 이부韓吏部(한유韓愈)로 여겨서 모두 한 번이라도 가르침을 받으면 영광으로 삼았다. 조여우는 12월 8일과 9일에 멀리 교외까지 친히 나아가 두 차례나 성대한 규모로 고별 연회를 베풀어서 주희를 전송했는데, 역시 도학의 성세를 조장하고 확대하려는 뜻에서였다. 복주의 명류名流들도 모두 와서 주희를 전별하였다.

망산 임역지의 전송 시 두 수는 그에 대한 남주南州 선비의 공통된 앙모를 읊고 있다.

안무사 조여우 자직과 함께 회안에서 주회옹을 시 두 수로 전송하였는데 '중'자 운을 얻다 同按撫趙子直汝愚錢朱晦翁於懷安二首得重字

전송하는 자리에 핀 매화는 아직 다 지지 않았는데	祖帳寒梅白未空
새 잎사귀 짙푸르게 우거졌네	已看新葉綠重重
팔주의 부월은 나그네를 보내고	八州斧鉞送行客
십 리 정기는 저문 산을 휘감았네	十里旌旗繞暮峰
홀로 드높은 북두성 같은 한 이부	北斗獨高韓吏部
다투어 사모하던 남주의 곽임종이어라	南州爭慕郭林宗
한때의 손님과 주인은 모두 호걸이라	一時賓主俱豪傑
감히 들의 농부를 부르라 하네	敢道招要到野農
호이는 길이 혜란의 종적을 생각하고	虎夷長想蕙蘭蹤
나저는 다행히 고향의 부모를 공경하네	螺渚幸修桑梓恭
시는 본래의 정감을 지어서 천하가 읊조리고	詩造本情天下誦
학문은 정통을 전하여서 세상의 유종이 되었다	學傳正統世儒宗
삼산(복주)의 지나는 손 무수한 나날	三山過客日無數
사해에 명망 있는 사람을 이 기회에 만나네	四海聞人此一逢

| 관리가 밝힌 촛불 돌아가는 길 전송하고 | 官燭行行送歸路 |
| 촌락에는 달이 없어 바다에 구름이 짙다 | 半村無月海雲重 |

—『망산집』권1

잔치 자리에서 읊은 시 가운데 주희가 길을 떠나기에 앞서 마지막으로 읊은 고별시에서는 특히 남주 선비들이 도학부자를 전송하는 대단한 장면을 볼 수 있다.

> 섣달 9일 저녁에 회안을 떠나려는데 공보公父 교수와 수옹壽翁 지승知丞
> 이 술을 싣고 와서 전별해주었다. 원례元禮, 경숭景嵩, 자목子木, 택지擇之, 정
> 로珽老, 고숙考叔, 순민舜民 등 여러 분이 함께 배를 탔다. 바람을 타고 순식
> 간에 수십 리를 달렸다. 강은 활짝 트이고 달은 밝아서 술을 마시며 크게
> 즐겼다. 이에 '성수평야활星垂平野闊 월용대강류月湧大江流(별은 넓은 평야에 드리
> 우고, 달은 흐르는 큰 강에 드리운다)'로 운을 나누었는데, 나는 '성星' 자를 얻었
> 다. 취하여 헤어지면서 ……　　　　　　　　　　　　　　　—『문집』권8

전국 도처에 왕회의 반도학당 역풍이 휘몰아치고 있는 가운데 민중에는 남주의 수많은 선비들이 도학부자를 우러러 받들며 옹위하면서 맞이하고 보내는 성대한 광경이 펼쳐져서, 도학의 정치적 역량이 도리어 상승하고 있음을 예시하였다. 이때 주희의 남쪽 여행이 갖는 근본적인 의의는 결국 주학이 바로 일종의 도학문화가 되어서 유력한 정치적 역량과 서로 결합하기 시작했음을 나타내는 지표가 되었다는 사실이다. 나중에 조여우의 상당相黨이 정치적인 면모를 드러내면서 위적僞籍으로 편입된 도학당도 바로 이로부터 비롯되었다.

남쪽 여행에서 돌아온 뒤 주희는 곧바로 조여우와 함께 정치상으로 긴밀하게 협조하기 시작하였다. 순희 11년(1184)에 복건에는 지진과 막대한 가뭄이 일어났고, 정주汀州에는 재민災民의 봉기가 폭발하였다. 조여우의 황정荒政에 관한 조치는 대부분 주희의 도움을 받아 기획된 일이었다. 주희는 조여우에게 '첫째, 일찍 상의해야 한다. 둘째, 계획을 세밀히 살펴야 한다. 셋째, 과감하게 결단하고 조치하며 답습해서는 안 된다.'는 황정의 대체적인 방법을 제시하였다. 그리고 그가 남강 절동에서 펼친 진황賑荒의 경험에 근거하여 광동廣東의 쌀과 절강浙江의 쌀을 대량으로 사들인 뒤 시장가격을 높이는 방법으로 장사치들의 미곡선을 민으로 들어오게 유치함으로써 온갖 폐단이 드러난 관운官運을 대체하도록 건의하였다.

염법鹽法에서도 그는 복건 수사帥司(안무사)의 전매를 '민간에 명목 없는 항목의 세금 부담이 증가한다'고 여겨서 취소하라고 건의하였다. 서호를 준설하는 일에서도 그는 조여우에게 '오로지 자기의 지모를 쓴다'고 비평하고 '여러 사람의 생각을 모으라'고 주장하면서, 관리들과 함께 조리 있게 계획하여 '결코 문을 닫아걸고 너무 깊이 생각한 나머지 공연히 정신을 해칠 필요가 없다'고 하였다. 정주 재민의 봉기를 진압하는 문제에 대해서는 신기질이 강서의 다민茶民 봉기를 진압했던 방법과 장식이 호남의 농민 봉기를 진압했던 방법을 알려준 뒤, 연평延平에 주재하면서 '온 힘을 다해 토벌하여서' 제압하되 '서남쪽은 맞부딪힐 것을 고려하고 동북쪽은 호응을 얻는 방법을 고려하는' 용병의 책략을 제시하였다.

두 사람의 도학 정치 이상이 가장 일치한 것은 조여우가 『국조명신주의國朝名臣奏議』를 편집하는 데 주희가 도운 일이었다. 조여우는 민에 들어온 뒤 송대 명신들의 주의奏議를 모은 정치 서적을 편찬한다는 원대한 계획을 세우고서 이 주의를 조신에게 올리려 하였다. 그는 스스로 이 책은 '지극히 정밀하고 중요한 것을 가려 뽑았기 때문에 더욱 정치의 도리에 절실한 것'이며, '위에서는 시사時事의 득실과 언로의 통색通塞을 알 수 있고, 아래에서는 유사有司가 참조할 만한 실례를 갖추었다. 그 대지는 역사가가 빠뜨리고 놓쳐버린 것을 구비하였다.'고 하였다(『국조명신주의』에 부록된 순희 13년 차자).

주희는 복주에서 그와 함께 이 책의 편집과 선별에 대해 토론하였고, 돌아온 뒤 또 그에게 편지를 써서 이 책의 원고를 수정하고 첨삭하는 일에 관해 상세한 의견을 제시하였다.

여러 제공諸公의 주의는 대체가 매우 옳습니다. 그 사이에 한두 편, 예를 들어서 채승희蔡承禧의 무리가 의론한 내용은 그다지 채택할 만한 점이 없으니 여러 원로들 사이에 나열하기에는 부족합니다. 독단으로 선정한 몇 편은 아마도 약을 먹고 병을 키우는 꼴이라 할 수 있습니다. 온공溫公(사마광)의 주의奏議 두 편은 장돈章惇 때문에 나온 글인데, 비록 당시의 문제를 해결하려는 절실함은 있으나 원대한 도모를 할 겨를은 없었습니다. 그런즉 또한 끝내 후세의 법이 될 수는 없습니다. 가령 소성紹聖(1094~1098)·숭녕崇寧(1102~1106) 사이에 자잘한 무리들이 이 발자취를 얻고서 어찌 기이한 보물처럼 여기지 않을 수 있었겠습니까? 또 듣기에 명도明道(정호)의 「왕패차자王覇箚子」는 중간에 삭제했다가 지금은 다시 거두어 넣었다고 하더군요. 그러나 그 나머지 것들, 곧 「왕패차자」처럼 우활迂闊한 듯하나 실제로는 절실하고, 사소한 듯하나 매우 중요한 것들에 대해서는 모름지기 특별한 안목을 가지고 살펴야지 가볍게 내다 버려서는 안 됩니다. 아마도 후세에 밝은 눈을 가진 사람이 나와서 냉정하게 본 뒤 오늘의 처사를 남몰래 비웃는 한을 남길까 두렵습니다. 백공伯恭(여조겸)의 『문감文鑒』에 실린 주소奏疏는 매우 상세합니다. …… 내가 생각하기에, 책에 실은 주의는 모두 빠뜨려서는 안 될 듯하며, 싣지 않은 주의는 오히려 더 보태야 할 것입니다.
이 또한 조례條例 가운데 한 가지 일입니다.

──『문집』 권27 「여조수서與趙帥書」

이는 정학程學을 주로 하고 왕학王學에 반대하며, 주학朱學을 주로 하고 절학浙學에 반대하는 주희 스스로의 정신을 선명하게 관철했을 뿐만 아니라, 도학을 주로 하고 반도학에 맞서는 그의 태도를 체현한 것이다. 그의 제자도 이 책의 편집에 참가하였다.

나중에 조여우는 150권으로 된 거질巨帙의 정치 저서를 군도君道·제계帝系·천도天道·백관百官·유학儒學·예악禮樂·상형賞刑·재부財賦·병제兵制·방역方域·변방邊防·총의總議의 12문門으로 나누었고, 마침내 순희 13년(1186) 정월에 조신에게 헌정하였다. 그때 마침 그는 사천 제치사四川制置使에 고쳐 제수되어서 조서를 받들고 책을 끼고 도성에 들어가게 되었는데, 도중에 무이를 지나면서 주희에게 들러 함께 친밀하게 지내며 머물렀고, 자연 주희에게 책을 한번 자세히 살펴봐달라고 청하였다. 따라서 『명신주의』는 실제로는 주희의 지도를 받은 것으로서 주희와 조여우가 왕회의 반도학 통치 아래 도학을 전파한 일종의 특수한 방식이었으며, 또한 주학의 도학문화가 유력한 정치적 역량과 결합하여서 결실을 본 첫 번째 성과였다.

조신은 『명신주의』를 읽은 뒤 뜻밖에도 더 이상 바랄 나위 없이 크게 기뻐하며 주필대周必大와 같은 재상들에게 "정치의 도리가 모두 여기에 있다!" 하였고, 심지어 '치도집治道集'이라는 제호를 '하사(御賜)'하려 하였다. 또한 나중에는 재상에 영전한 조여우에게 다음과 같이 말하였다. "짐이 이 책을 보니 『자치통감』과 나란히 사용할 만하다."(『옥해玉海』 권61 「순희국조명신주의淳熙國朝名臣奏議」) 당연히 조신은 자기와 같은 조씨인 송의 종실에서 이처럼 두각을 뚜렷이 드러낸 유아儒雅한 정치적 인재가 나왔다는 점에서 기분이 좋았을 뿐, 조여우와 주희가 도학을 널리 전파하려고 고심했음을 간파하지는 못하였다.

그러나 두 사람이 실제로 가장 큰 관심을 가진 행정적인 사안은 역시 복건의 염법鹽法 개혁이었다. 송 대에 소금 판매는 주로 관매官賣와 통상通商의 두 가지 형식을 채택했는데, 이것이 곧 관선관매제官船官賣制와 초염제鈔鹽制이다. 관선관매제는 소금 판매의 이익을 지방에 귀속시켜서 매염전賣鹽錢을 지방 군현의 경비로 취하여 쓰게 하는 제도였고, 초염제는 이익을 중앙에 귀속시켜서 조정이 직접 관리하는 제도였다. 이 때문에 염법과 관련된 분쟁은 중앙의 조정과 지방 군현 사이의 이익 다툼이라는 첨예한 모순과 충돌을 반영하였으나, 가장 큰 피해자는 오히려 인민이었다.

주희의 태도는 지방 군현의 처지에 서서 일률적으로 통상의 초염제를 반대한 것도 아니고, 그렇다고 중앙 조정의 처지에 서서 일률적으로 관매의 전매제를 반대한 것도 아니었다. 그는 바로 인민의 처지에 서서 주군州郡의 형편에 따라 법을 변통하되 지역에 맞게 적절한 제도를 만들고 시기에 맞춰 폐단을 구제함으로써 '인민(民)'을 침탈하지 않는다는 전제 아래, '관부(官)'의 수입을 보장해주어야 한다고 주장하였다. 대체로 그는 복건에서 초법鈔法을 시행하는 데로 기울었다.

북송 이래, 민중의 여덟 개 주 가운데 위의 네 개 주, 곧 건주建州·남검주南劍州·정주汀州·소무현邵武縣은 소금을 생산하지 않으므로 관선관매법을 시행했으며, 아래의 네 개 주, 곧 복주福州·천주泉州·장주漳州·흥화현興化縣은 소금 산지여서 산염법産鹽法을 시행하였다. 그러나 남쪽으로 건너온 이래 민중에 초법을 시행하자고 주장하는 사람이 끊이지 않아 몇 차례 투쟁이 폭발하였는데, 주희는 이에 대해 모두 지대한 관심을 보였다. 조여우는 민수閩帥로 부임하면서 정주에 초법을 시행하자고 적극 주장하였는데, 이는 주로 주희의 영향을 받은 것이다. 두 사람은 이를 두고 치밀하게 토론하였다. 그러나 조여우의 염법 개혁은 조사漕司 왕사유王師愈 등의 완강한 반대에 부딪혔다.

주희는 나중에 특별히 「왕사유신도비王師愈神道碑」에서 자기와 조여우가 염법 문제에서 왕사유와 대립하고 있었다는 사실을 밝혀 놓았다.

> 위의 네 개 주에서는 관에서 소금을 팔아 세비歲費를 지급했는데 처음부터 모두 인민에게는 병폐가 되었다. 뒤에 여러 차례 법을 개정하여서 세 군郡이 약간 소생할 수 있었으나, 정汀이라는 군은 유독 전란의 피해를 입은 나머지 전세田稅가 누락되었기 때문에 공사公私 간의 온갖 재정이 모두 소금의 수익에 의지하여서 마련되었다. …… 의론하는 자(*생각건대, 조여우를 가리킨다)는 관에서 팔던 것을 바꾸어 초인鈔引(차·소금·명반 등을 생산, 운반, 판매할 수 있도록 상인들에게 허가한 증서)을 발급하여서 해결하자고 했지만, 공(*왕사유)은 홀로 말하기를, "소금을 파는 일은 본래 폐단이 없을 수 없습니다. 그러나 다른 때에 초鈔가 혹시라도 팔리지 않으면 과매科買(관에서 정한 수만큼 사게 함)의 폐해는 반드시 관에서 소금을 팔 때보다 더욱 심할 것입니다. ……"라고 하였다.
>
> ―『문집』 권89 「중봉대부직환장각왕공신도비명中奉大夫直煥章閣王公神道碑銘」

순희 13년(1186) 정월에 조여우가 복건에서 이임하여 무이를 지나갈 때 주희와 만나 토론한 주요 문제 가운데 하나가 바로 염법 개혁 문제였다. 조여우는 도성에 들어간 뒤 바로 정주汀州 한 군에 초법을 널리 시행하자고 조정을 향해 주청하였다. 그는 '정주는 땅이 궁벽하고 백성이 가난한데, 관에서 매긴 소금 값은 매우 높기에 부세를 더하고 추후에 다시 징수해가는 피해가 다른 지역(他路)에 견주어 유독 심하니'(『송회요집고』 권135책 「식화食貨」 28) 오직 '정주 한 군에 오로지 초법을 시행하면 지난날처럼 서로 침탈하는 폐단이 없어질 것'(『임정지臨汀志』)이라고 인식하였다. 이는 바로 주희의 일관된 주장과 관점에서 나온 것이다.

조정에서는 복건 제거福建提擧 응맹명應孟明과 정주 수령 조사홀趙師惚에게 조서를 내려서 이해관계를 상세히 조목별로 보고하라고 하였다. 주희는 일찌감치 조여우에게 전운사와 관계를 잘 처리하라고 일깨웠다. 특히 자기가 전운사의 속관에 충원한 제자 유병劉炳을 통해 조여우에게 조언하였다. "(다만 이 일은) 염법의 폐단에서 (볼만한데) 조사漕司(전운사)는 어찌하여 전혀 깨닫지 못합니까? 논의하신 염법은 모두 좋은데, 응창應倉(*응맹명)과 말해보셨는지요? 만약 아직 말해보지 않았다면 즉시 얼른 자세히 알려야 합니다만, 아마도 조사에게 의혹을 받고 자칫하면 문자를 그릇되게 할 것입니다."(『속집』권4·하 「답유도중 答劉韜仲」 서3)

주희의 예언은 과연 사실이 되었다. 관매의 가격이 앙등하고 인민이 그 피해를 보는 점을 고려한 조여우, 주희와 달리 응맹명은 도리어 객초客鈔가 국가의 세수歲收를 보장할 수 없다는 점을 고려하였다. 응맹명은 단연코 정주에서 초법을 시행해서는 안 된다고 상소를 올렸다. 그가 한번 올린 상주가 효과를 발휘하자 정주에 초법을 시행하자는 조여우의 의론은 빠르게 사그라졌다. 주희는 유병에게 보낸 편지에서 실패한 이 거사를 총결하였다. "염법의 이해관계는 명료하므로 의심할 만한 것이 없습니다. …… 이것은 조 수趙師(안무사 조여우)가 처음부터 조사와 실정을 소통하지 않았기 때문에 생긴 근심입니다. 만약 일찌감치 규모의 대강을 말하였더라면 당연히 이렇게 어긋나는 지경에 이르지는 않았을 것입니다."(동상, 서6)

그러나 주희는 여전히 조여우와 같이 정치적으로 뛰어난 인재가 인민의 폐막弊瘼에 관심을 갖는다는 점은 대단히 귀한 일이라고 긍정하면서, 유약신

劉熽信에게 보낸 편지에서 무한히 감개하며 말하였다.

> 염협鹽筴(소금에 세금을 거두는 정책)은 한 주에 시행하려고 해도 여러 반대
> 의견의 저지를 감당하지 못하는데, 하물며 네 개 군에 두루 시행하려는 것
> 이겠습니까? …… 웅창(웅맹명)이 강江·절浙 사이에서 잠시 왔는데(*생각건대,
> 웅맹명이 절서 제형에서 복건 제거로 고쳐 제수된 일을 가리킨다), 애초 이 문제의 이로
> 움과 병폐를 잘 알지 못하였습니다. 그러나 당시 만약 정주에 한번 가서
> 직접 인민의 말을 들어보고, 다시 유식한 사람에게 널리 물어서 그 옳음을
> 살핀 뒤 회주回奏하더라도 또한 늦지는 않았을 것입니다. 무슨 까닭으로 이
> 와 같이 바쁘게 하는지 모르겠습니다! 곧 성에 들어가 만나 보고자 하는데,
> 이 일은 아마도 입을 열어서 말하기 어렵기 때문일 것입니다. …… 조 수
> (조여우)가 여기에 있는데, 소행이 사람의 뜻에 차지 않음이 없지는 않으나
> 지금으로 보건대, (이런 사람을) 또한 어찌 쉽게 얻을 수 있겠습니까! ……
>
> ─『속집』 권4·상 「답유회백答劉晦伯」 서9

조여우는, 주희가 보기에는 끝내 도학이 중하게 의지할 정치적 지주의
지위를 잃지 않았다. 도학은 그 우두머리가 무이에 엎드려 있다고 해서 결코
침잠하고 사라진 것은 아니었다. 반대로 주희가 세상에 나와서 쓰이지 못한
6년 동안, 아래에서는 조여우가 민에서부터(*나중에는 촉蜀[사천]에서) 도학의 물결
을 일으켜서 주희 도학의 위망이 비록 왕회의 반도학 통치하에 있음에도 의
구히 날마다 높아가게 하였고, 또한 위에서는 도학을 위주로 한 주필대가 착
착 재보의 지위에 올라 깊이 중용되면서 도학이 일종의 정치적 역량이 되어
서 상당相黨에 붙을 수 있도록 새로운 결집을 촉진하였다. 그러므로 주희가
무이산에 엎드려 있던 6년은 도학으로서는 도리어 특별한 의의를 지닌 시기

였던 것이다. 곧 도학이 일종의 문화적 역량에서 정치적 역량으로 상승하는 변전의 시기였다. 이후 도학은 점차 일종의 정치 세력이 되어 조정에서 상당 투쟁에 참여하는 정치적 면모를 나타내게 되었다.

주희는 청의淸議의 명망 있는 중신들에게 희망을 걸었다. 순희 13년(1186) 봄에 조여우가 사천 제치사에 제수되어 특별히 무이를 경유하면서 주희와 만나고 난 뒤 고별할 때,[7] 주희는 잇달아 시 네 수를 지어서 조여우·진준경과 함께 4년 동안 나눈 도학의 정의情誼를 읊었다. 그는 조여우를 다음과 같이 칭송하였다.

공자의 위엄과 명성 천하를 움직이니	公子威名動海濱
4년 동안 함께한 정분 친밀함에 부끄럽네	四年相與愧情親
문득 촉으로 파견됨을 듣고	忽聞黃鉞分全蜀
문물이 정비됨을 다시 축하하네	更祝彤庭列九賓
손을 잡으며 문득 오래 헤어졌음에 놀라고	執手便驚成契闊
덕담을 하면서 또한 봄볕처럼 화창함을 기뻐하네	贈言還喜和陽春
정치에 성취하고 일찍 돌아오기를 바라며	政成但祝歸來早
이별의 한 끝이 없어 거듭 펴지 못하네	別恨無端莫重陳

──『문집』 권8 「제치사 각학사 시랑이 보여주신 시와 치정 소부 상공께서 보내주신 장구를 얻어서 주고받은 아름다운 시편을 가만히 엿보고, 엎드려 읽은 나머지 위로와

---

7 살피건대, 『송사』 「효종본기」에 "순희 12년(1185) 12월 갑자에 복주 지주 조여우를 사천四川 제 치사로 삼았다."고 하였다. 지금 어떤 사람은 조여우가 성도成都의 지주가 된 때를 순희 13년 이라고 하는데, 불확실하다. 순희 13년 봄에는 아직 무이에서 주희와 만나 시를 주고받고 있 었다. 주희의 『문집』 권8의 시 네 수가 입증한다. 그가 촉에 들어간 때는 그해 봄 이후이다.

다행함을 이기지 못하여 삼가 훌륭한 시를 차운하여서 어리석은 정성을 조금 보이고
수레로 떠나심을 전별하니, 보아주시기를 엎드려 바랍니다(伏蒙制置閣學侍郎示及致政少傅
相公送行長句幷得竊窺酬和佳篇伏讀之餘不勝慰幸謹次高韻少見愚悃以餞車塵伏惟采曬)」

주희는 조여우가 끝내 '제갈무후諸葛武侯(제갈량)'가 되기를 바랐고, 면담하
는 가운데 그에게 유성지游誠之, 주거회周居晦 등 성실하고 총명한 제자를 소개
하였다. 그러나 조여우는 막 벼슬길에서 뜻을 얻고 있던 즈음에, 재보라는 높
은 지위에 뛰어오를 처지에 맞닥뜨려 다소 근신하고 신중하게 변하기 시작
하였다. 시정時政을 평론하기를 즐기는 도학 선비가 그에게 예측하지 못한 재
앙을 초래할까 두려워서 막하에 불러들일 생각을 하지 않았던 것이다.

주희는 유청지에게 보낸 편지에서 자못 불만스럽게 말하였다. "조자직趙
子直(조여우)이 촉으로 들어갔는데, 일전에 무이에서 그를 이별하였습니다. 그
때 그와 더불어 유성지와 주거회에 대해서도 말씀을 나누었습니다. 그러나
그는 도리어 '이제는 말을 하지 않는 사람을 찾고 싶다' 하더군요. 이런 생각
을 말하는 것으로 보아, 그는 아마도 이미 이런 부류의 사람들을 두려워하는
듯합니다. 귀인이 되려면 마땅히 그리해야 하겠지요. 한 걸음만 더 나아가면
곧 주자충周子充(•주필대)과 같은 지위에 이르게 될 것입니다."(『문집』 권35 「답유자
징答劉子澄」)

그러나 사실상 조여우는 여전히 주희의 제자 양방楊方 등을 촉으로 불러
들였으며, 그의 막부幕府에는 적잖은 도학 명사들이 모여들었다. 게다가 바로
촉에서 도학자를 충당한 '제갈무후'는 반도학의 당권자에게 죄를 얻었기 때
문에 조정에 들어가 정치에 참여할 시기가 지연되고 말았다. 따라서 그 시점
에서 도학자들이 조여우 상당의 기치 아래 결집하는 것도 시기상조였다. 그
이전에 그들은 할 수 없이 우선 주필대 상당의 '거죽(皮)'에 붙어야 했다.

이런 상황에서도 주희는 정치상으로 조여우에 대해 줄곧 깊은 기대를 품고 있었다. 순희 13년(1186) 11월에 진준경이 세상을 떠난 뒤 주희는 이듬해 정월에 포중으로 가서 조문하였다.[8] 본래 그는 진준경과 '3년을 교유한從游三紀' 정의가 있었지만, 이때 재차 남쪽으로 여행을 떠난 것은 도리어 반도학 당권자들에 대한 그의 한 차례 특별한 '시위示威'였으며, 이에 더하여 조여우와 맺은 도학적 동심상교同心相交, 간담상조肝膽相照에 대한 특별한 '추억'이 작용하였던 일이다.

남쪽 지역 선비들은 이전과 마찬가지로 그를 에워싸고 떠받들었다. 복주에서 그는 고산鼓山에 오르고, 영원靈源에 노닐면서, 용천사湧泉寺 석문石門 뒤 산길 왼쪽 절벽에 마애 제각磨崖題刻 한 줄을 썼다. "순희 정미(1187)에 회옹이 고산의 사 공(직암 선사)을 찾아뵙고, 영원에 노닐며, 마침내 수운정에 올라 사천의 자직(조여우) 시랑을 추억하였다. 같이 논 사람은 청장의 왕자합(왕우王遇), 본군 사람 진승중·반겸지(반병潘柄)·황자방과 승려 단우였다.(淳熙丁未晦翁來謁鼓山嗣公游靈源遂登水雲亭有懷四川子直侍郞同游者淸漳王子合郡人陳勝仲潘謙之黃子方僧端友)"[9]

---

8 각종 연보는 모두 주희가 순희 14년(1187) 봄 정월에 포중으로 가서 진준경을 조문했다고 하는데, 요즘 어떤 사람은 "진준경은 순희 13년 11월 22일에 죽었고, 죽은 뒤 100일에 매장되었다. 주희는 그가 장사될 때 조문하였으니 포전에 도착한 때는 응당 순희 14년 3월 초이다."(『철학연구』 84년 3기期 「주희의 사적 자료에 대한 고찰의 새로운 수확(對朱熹事迹資料考察的新收穫)」)라고 주장한다. 이 설은 매우 잘못되었다. 주희의 「진준경행장」을 보면 분명 다음과 같이 말한다. "돌아가시고 나서 여러 고자孤子들이 모두 유계遺戒를 준행하여서 100일 만에 매장을 하게 되었는데, 소회에 차지 않을까 두려워 (•순희) 15년 7월 2일 공의 영구를 매장하였다."(『문집』 권96) 이는 실로 100일 만에 장사 지낸 일이 없었음을 나타낸다. 또 주희의 「소학서小學序」 뒤에는 '순희 정미(1187) 3월 초하루 아침'에 지은 것이라고 제하였으니, 또한 3월 전에 주희가 이미 포중에서 무이로 돌아왔음을 입증한다. 그 밖에 주희의 『문집』 권8 「석절관에서 묵다, 두 수(宿石邸館二首)」를 참조해 볼 수 있다. 연보는 원래 잘못되지 않았다.

9 이 각석은 지금도 남아 있으며, 많은 금석지金石志와 지방지地方志에도 수록되어 있다. 사 공에

당년에 조여우가 성대한 잔치를 베풀어 전송해주었던 회안懷安에서 주희는 이 사람들을 다시 만나기 어렵다는 일종의 실망감을 품고서 마침내 "덮개 걷고 달리며 멀리 바라보자니 / 노 두드리며 그윽한 노래 이루어지네 / 홀로 말하며 함께 이야기하지 않으니 / 이 마음 결국 어떠할까?(褰篷騁退眺, 擊楫成幽歌. 獨語無與晤, 玆懷竟如何)"(『문집』 권10 「숙석절관宿石聖館」) 하고 그윽이 탄식을 토해냈다.[10]

무이정사에서는 도학이 아직 반도학에 대항하여 겨룰 만한 정치적 역량을 충분히 형성하기 이전이라 그는 내 도가 행해지지 못한다(吾道不行)는 실망감을 품지 않을 수 없었다. 그가 전력으로 하고자 한 일은 바로 우선 도학 세력 내부의 사상적 일치를 보지하고, 온 힘을 기울여 반도학당과 온갖 반대 학파와 함께 크고 작은 논전을 전개하여서 그가 말한바 도학 자체에 합당한 후계자가 있음을 보증하려는 것이었다.

대해서는 『고산지鼓山志』 권4에 "제34대 직암 선사直庵禪師는 휘가 원사元嗣이며 군 소재지(郡城) 정씨程氏의 아들이다. 나이 열넷에 인왕사仁王寺에서 출가하여 심모心謨 화상을 계승하였다. 건도 신묘년(1171)에 건녕建寧의 영석靈石에서 세상에 나와 대동大同으로 옮겼다. 양梁 승상(양극가)이 청하여서 신광神光에 머물렀다. 갑진년에 안무사 조 시랑(조여우)이 고산사鼓山寺로 이주하였다. 주회옹 선생이 평소 그를 중히 여겼다. 순희 기유년(1189) 12월에 입적하여서 적취암積翠庵에 전신탑全身塔을 봉안하였다."고 하였다.

10 생각건대, 석절관石聖館은 회안에 있다. 『민도기閩都記』 권22에 "석절석石聖石은 절강聖江 가에 있다. 회안 현치縣治가 그곳에 있다. 산이 수려하게 빼어나며, 암석이 높고 넓으며 평탄하다. 강은 오마五馬, 삼주三洲의 승경을 돌아든다. 산에는 월왕정越王亭이 있다."고 하였다. 주희의 이 시 두 편은 시령時令에 근거하면 마땅히 순희 14년 봄에 지은 것임을 알 수 있다.

찾아보기

찾아보기(인명)

朱子評傳

주자평전, 上

초판 3쇄 발행 2021년 3월 10일
초판 1쇄 발행 2015년 9월 30일

지은이 수징난
옮긴이 김태완
펴낸이 정순구
책임편집 조수정
기획편집 조원식 정윤경
마케팅 황주영

출력 블루엔
용지 한서지업사
인쇄 한영문화사
제본 대원바인더리

펴낸곳 (주) 역사비평사
등록 제300-2007-139호 (2007.9.20)
주소 10497 경기도 고양시 덕양구 화중로 100 (비전타워21), 506호
전화 02-741-6123~5
팩스 02-741-6126
홈페이지 www.yukbi.com
이메일 yukbi88@naver.com

『**주자평전**』 독자 북펀드에 참여해주신 분들 (가나다순)
강동구 강문숙 강부원 강석여 강영미 강주한 공문선 김경무 김기남 김기태 김병희 김성기 김수린 김수민 김수영 김인겸
김재철 김정환 김주현 김중기 김지수 김판중 김협섭 김현철 김형욱 김혜원 김희곤 나준영 남윤정 남혜숭 노진석 문성환
문세은 민지홍 박경진 박기자 박나윤 박무자 박소연 박수민 박연옥 박춘일 박진순 박진영 박혜미 방세영 변성호 서민정
송덕영 송정환 송주형 송화미 신경화 신동철 신민영 신정훈 신혜영 안대회 오웅석 오지선 원성운 유성환 유숭안 유지영
이경희 이나나 이나라 이만길 이상헌 이상헌 이수진 이수한 이영래 이주효 이진선 이하나 이한샘 임길승 임창민 장경훈
전미혜 정대영 정솔이 정영미 정율이 정진우 정해승 조남호 조민희 조보라 조은수 조정우 최경호 최영기 최우경 최헌영
최효정 탁안나 하나윤 하상우 하태준 한민용 한성구 한승훈 함기령 허민선 현동우 홍상준

책값은 표지 뒷면에 표시되어 있습니다.
잘못 만들어진 책은 구입하신 서점에서 바꾸어 드립니다.